NATIONAL ACADEMY OF SPORTS MEDICINE

퍼스널 피트니스 트레이닝

SEVENTH EDITION

SEVENTH EDITION

NASM NATIONAL ACADEMY OF SPORTS MEDICINE

퍼스널 피트니스 트레이닝

EDITOR Brian G. Sutton, MS, MA, NASM-CNC, PES, CES, CSCS
Content Development and Production Manager
National Academy of Sports Medicine
Gilbert, Arizona

역자
NASM 공인 마스터 인스트럭터 이창훈
NASM 공인 마스터 인스트럭터 박영철
NASM 공인 마스터 인스트럭터 김 진
NASM 공인 마스터 인스트럭터 박연중

도서출판 한미의학

퍼스널 피트니스 트레이닝

7판 1쇄 발행 2023년 1월 2일

지은이 Brian G. Sutton
옮긴이 이창훈, 박영철, 김진, 박연중
펴낸이 이광재
펴낸곳 도서출판 한미의학(2023 Printed in Korea)

책임편집 서영주
본문편집 오인택
책임교정 이순례, 박순옥
마 케 팅 이종희, 이상빈
경영지원 이종희, 박희숙

출판등록 1999년 7월 13일 제22-1586호
주소 서울시 마포구 동교로23길 36 리앤리빌딩
전화 02-336-3477
팩스 02-336-6762
메일 k_medical@hanmail.net
www.hanmibook.co.kr

ISBN 979-11-90322-48-5 93510
정가 50,000원

NASM의 사명

우리는 삶을 변화시키는 도구를 갖춘 세계적 수준의 퍼스널 피트니스 전문가를 양성합니다.
우리의 피트니스 트레이너와, 그들의 고객 및 일반 대중의 성공과 웰빙을 달성합니다.

역자 서문

역자는 지난 20여 년간 트레이너이자 피트니스 교육자로서 국내 피트니스 산업의 변화와 발전을 직접 경험하고 관찰해왔다. 그중 NASM의 도입은 변화의 시발점이 되었다고 해도 과언이 아니다. NASM은 2008년 국내에 최초로 소개되었다. 이후 NASM은 피트니스에 종사하고 있는 트레이너는 물론, 글로벌 운동 트렌드에 관심있는 전문 운동인과 일반인들에게까지 널리 알려졌다. 이러한 현상은 NASM이 기능성 트레이닝의 중요성과 필요성을 충분히 증명하고 있기 때문이라고 생각한다.

역자는 지금까지 미국 NASM 본원 커리큘럼에 수없이 참가하여 NASM 트레이닝에 대한 실전 기술, 과학적 기법, 수많은 구체적 응용 방법을 배우고 연구해 왔다. 이번 'NASM 퍼스널 피트니스 트레이닝' 제7판에서는 정말 중요하고 실전적인 내용을 최신화하여 지난 몇 년간 충분히 담지 못했던 최신의 트레이닝 이론과 기술들을 추가하고 구체화해 흥분을 감출 수 없다.

이번 제7판에는 점점 중요해지는 영양 관련 항목이 포함되었고, 클라이언트(회원)와의 소통에 대한 심리학적 방법론과 한층 더 체계적인 신체 평가 및 트레이닝 방법이 추가되었다. 그뿐만 아니라 NASM의 과학적 프로그램인 디자인론, 철학, 전문가로서 가져야 할 태도와 마음가짐 또한 담고 있다. 양적으로나 질적으로 제7판은 그 내용을 크게 확충하고 이론을 정립해 NASM 트레이닝 시스템의 완성도를 한 단계 끌어올린 퍼스널 트레이닝 교재의 역작이라고 감히 평가한다. NASM이 한국의 피트니스를 다시 한 번 발전시키는 데 크게 이바지할 것으로 믿어 의심치 않는다.

모든 것이 그러하듯, 피트니스 업(業) 또한 하루가 다르게 새로운 이론과 지식이 쏟아지고 있다. 지금 서문을 읽고 있을 여러분들도 객관적이고 검증된 지식을 얻고자 이 책을 선택했을 것이다. 역자는 그 누구보다도 열정적으로 전 세계 최고의 교육과 세미나에 매해 참가해 최신의 기술을 국내에 전수해왔지만, 이번 출간을 계기로 또 한 번 새로운 지식을 업데이트하는 귀중하고 보람된 시간을 가졌다. 이 책은 여러분들에게도 객관적이고 검증된 최신의 피트니스 이론을 전해줄 것이다. 여러분들도 이 교재를 통해 역자와 같은 감정을 공유한다면 이 책의 역자로서 더할 나위 없이 기쁘겠다.

무엇보다 국내 NASM의 길을 열고 지금까지 성원해주신 한국 펑셔널 트레이닝 아카데미의 박호성 대표님께 고개 숙여 감사드린다. 또한 출간 과정에 많은 힘을 써준 도서출판 한미의학 이광재 대표님과 임직원 그리고 지난 10여 년간 함께 NASM 교육과 연수를 진행하며 동고동락했고, 이번 번역에 동참하여 큰 도움과 지도를 해준 박영철 고문님, 김진, 박연중 마스터 인스트럭터 교수진에도 깊은 감사의 마음을 전한다.

대표 역자 이창훈
NASM Senior Master Instructor
NASM-CPT, CES, PES, GFS

편집장으로부터의 편지

사람들이 더 건강한 삶을 살 수 있도록 돕기 위한 헌신과 노력에 박수를 보내며, 퍼스널 트레이닝 인증을 위해 미국 스포츠의학회(NASM)를 선택해 주신 것에 감사합니다. 이 교과서에 제시된 기술을 익힌다면 공인 퍼스널 트레이너로서 세상을 바꾸는 데 필요한 정보, 통찰력 및 영감을 얻을 수 있습니다.

NASM은 30년 이상 피트니스 전문가를 위한 퍼스널 트레이닝 인증, 평생 교육 및 경력 개발 분야의 선도적인 권위자였습니다. 건강 및 피트니스에 대한 NASM의 과학적이고 총체적인 접근 방식은 피트니스 업계의 전문 교육에서 표준이 되고 있습니다.

NASM Essentials of Personal Fitness Training 7판은 피트니스 전문가에게 인간의 잠재력과 성과를 최적화하는 데 필요한 기술을 갖추도록 설계되었으며, 가장 최신의 근거, 전략 및 훈련 기술로 업데이트되었습니다. NASM Optimum Performance Training(OPT) 모델은 이 프로세스의 중추입니다. 이 모델은 고객의 건강, 웰빙 및 피트니스 목표를 달성하기 위해 고객의 능력을 향상시키는 맞춤형 운동 프로그램을 설계하는 간단하고 직접적인 접근 방식입니다. OPT를 사용하면 모든 고객이 목표를 달성하도록 성공적으로 교육할 수 있습니다. 또한 OPT 모델은 검증되었고 구현하기 쉽습니다.

피트니스의 미래를 형성하는 데 도움이 되도록 여러분과 함께 일하기를 기대합니다.

NASM 가족이 되신 것을 환영합니다!

감사합니다.

Brian Sutton, MS, MA, NASM-CNC, CES, PES, CSCS
NASM Content and Production Manager

새로운 콘텐츠

학생 및 피트니스 전문가의 피드백을 기반으로 이 새 교과서에는 확장된 내용이 포함되어 있으며 이전 버전에서 전체적으로 업데이트되었습니다.

- 추가된 장: 20장에서 23장으로 확장된 새로운 챕터를 포함하고 있으며, 이러한 추가 주제는 보다 균형 잡힌 피트니스 전문가를 만드는 데 도움이 될 것입니다.
- 업데이트된 챕터 내용: 이 교과서의 모든 주제는 업계에서 가장 존경받는 건강 및 피트니스 전문가가 제공하고 검토한 새로운 정보와 업데이트된 연구를 포함합니다.
- 용어집: 더 많은 용어를 포함하도록 용어집을 업데이트했습니다.

새로운 교육적 특징

새 교과서에는 다음을 비롯한 다양한 새로운 교육 기능이 포함되어 있습니다.

- 원리와 개념에 생명을 불어넣는 새로운 일러스트레이션
- 본문에 포함되지 않은 추가 정보를 요약한 표 업데이트
- 인체의 중요한 구조를 명확하게 식별하는 새로운 해부학적 이미지
- 관련 연구 및 확장된 콘텐츠에 대해 논의하는 텍스트 상자
- 운동의 적절한 실행을 보여주는 업데이트된 사진

사용자 가이드

잠시 시간을 내어 학습 경험을 향상시킬 기능을 소개하는 이 사용자 가이드를 살펴보십시오.

학습 목표: 각 장에서 논의될 중요한 정보에 집중하고 전달하는 데 도움이 되는 학습 목표를 제시합니다.

학습 목표

- 연관 의료 산업 내에서 피트니스 전문가의 역할을 구분할 수 있다.
- 현대 사회에 영향을 미치는 가장 일반적이고 만성적인 건강 상태를 파악할 수 있다.
- 근거기반 실무를 피트니스와 구분할 수 있다.
- 전문 퍼스널 트레이너의 직무 범위를 정의할 수 있다.

페이지 하단의 **박스**는 해당 장에 나와 있는 주요 용어의 정의를 강조 표시합니다. 주요 용어는 쉽게 참조할 수 있도록 챕터 전체에서 굵게 표시됩니다.

NASM에 오신 것을 환영합니다!

우리는 신체활동량이 줄고 점점 더 자동화되어 가는 사회에서 살고 있다. 해가 지날수록 기술의 발전은 우리의 삶을 더욱 편리하게 만들어준다. 그러나 좌식생활 방식과 편의 중심의 식단은 비만(obesity) 및 비만 관련 만성 질환의 증가율을 높여 전문 교육을 받은 피트니스 전문가의 필요성을 한층 높이고 있다. 공인 퍼스널 트레이너(certified personal trainers, CPT)는 건강 산업의 다른 실무자들과 함께 고객의 건강 및 행복을 실현하는 데 도움을 주는 강력한 변화의 원동력이다.

비만 Obesity 과도한 체지방과 관련된 복합 질병. 체질량 지수 30 이상을 비만으로 분류한다.

지식 확장하기: 토론된 내용에 대한 보충으로 재미있거나 흥미로운 정보를 제공합니다.

지식 확장하기

동료 검토 연구는 근거기반 실무 모델의 필수적인 구성 요소이다. 즉, 저자의 학문적 연구, 작업, 또는 아이디어에 대해 '같은 분야의 전문가인 다른 사람들의 정밀한 조사를 받는 과정'으로 정의된다.

시도하기: 스스로 연습할 수 있는 활동을 제공합니다.

시도하기

현재 인기 있는 피트니스 프로그램이나 제품의 좋아하는 브랜드를 파악하고 각 브랜드 정체성이 제품의 인기를 향상시키는데 어떻게 도움이 되는지 생각해 보자.

중요: 다음 섹션으로 이동하기 전에 알아야 할 주요 정보를 제공합니다.

중요

BMI는 남녀노소 모두 동일하기 때문에 과체중과 비만에 대한 가장 실질적인 측정값을 제공한다. 많은 인구를 분석할 때 BMI는 과체중과 비만 수준을 나타내는 유효하고 신뢰할 수 있는 도구이다.

트레이닝 팁: 논의 중인 개념의 실제 적용을 제공합니다.

트레이닝 팁

건강은 역동적이며 끊임없이 변화하는 과정이다. 먼저 고객과 함께 훈련할 때, 고객에게 **그림 1-3**에 제시된 범위 중 어디에 있다고 생각하는지를 물어본 다음 객관적인 관찰 내용과 비교해야 한다. 그리고 해당 정보를 사용하여 개별화된 트레이닝 프로그램 디자인에 대해 안내할지 의료 전문가에게 의뢰해야 할지의 여부를 결정한다.

유용한 힌트: 비유 또는 기억에 도움이 될 팁을 제공하여 정보를 얻는 데 도움이 됩니다.

유용한 힌트

운동은 체중 감량 및 지구력, 체력 향상 같은 신체적인 적응을 이끌어내기 위해 구조화되고 계획된 인간 움직임의 한 형태이다. 운동의 예로는 역도, 사이클, 달리기, 수영 등이 있다. 운동 프로그램은 체육관이나 야외에서 실시할 수 있으며 혼자 또는 그룹으로 할 수 있다.

전문적으로 알아보기: 논의 중인 내용에 대해 더 깊이 파고듭니다.

전문적으로 알아보기

내적 동기는 일반적으로 행동의 변화를 설명하는 자기 결정 이론에 강하게 뿌리를 두고 있다. 이것은 다음과 같은 상황에서 발생한다(Ryan & Deci, 2000).

(1) 유능감: 업무나 기술을 숙달하는 능력이다.
(2) 다른 사람에 대한 소속감: 이를 연대감(relatedness)이라고 한다.
(3) 자율성: 자신의 행동과 목표를 통제할 수 있다.

감사를 전합니다

공헌하신 분

Chris Camacho, MA, CSCS
Scott Cheatham, PhD, DPT, OCS, ATC, CSCS, CES, PES
Fabio Comana, MA; MS; NASM-CPT, CES, PES; ACE CPT, HC; NSCA CSCS; USAW1; ACSM EP-C; CISSN
Sarah Everman, PhD
Jordan Joy, PhD, CSCS*D, CISSN
Farah Khan, MS, RD, CDN
Morey Kolber, PhD, PT, OCS
Justin Kompf, MS, CSCS
Pete McCall, MS
Cherilyn McLester, PhD, MS
Jon Mike, PhD, CSCS*D, NSCA-CPT*D, USAW
Andrew Payne, MS, APTD, NASM-CPT, CNC, CES, PES
Brian Pietrosimone, PhD, ATC
Laura Pietrosimone, PhD, DPT
Matt Rhea, PhD, CSCS*D, CES, PES
Scott Roberts, PhD, FACSM, FAACVPR
Eric Sorenson, PhD, ATC
Brian Sutton, MS, MA, NASM-CNC, PES, CES, CSCS
Jeff Williams, PhD, PES, CES, CNC, CACWC

감수

Tony Ambler-Wright, MS, LMT, NASM-CPT, CES, PES, CSCS
Kat Barefield, MS, RDN, NASM-CPT, CES, PES, HFS
Wendy Batts, MS, NMT, NASM-CPT, PES, CES
Scott Cheatham, PhD, DPT, ATC, CSCS, NASM-CPT, CES, PES
Brad Dieter, PhD, MS
Rich Fahmy, MS; NASM-CPT, CES, PES
Mike Fantigrassi, MS, NASM-CPT, CES, PES, CSCS
Mike Gelfgot, NASM-CPT, CES, Anytime Fitness Personal Trainer of the Year 2012
Morey Kolber, PhD, PT, OCS
Marty Miller, DHSc, ATC, NASM-CPT, CES, PES, CPT
Ian Montel, MS, NASM-CPT, CES, PES
Andrew Payne, MS, APTD, NASM-CPT, CNC, CES, PES
Ben Reuter, PhD, CSCS*D, ATC
Matt Rhea, PhD, CSCS*D, CES, PES
Scott Roberts, PhD, FACSM, FAACVPR
Antoinette Schoenthaler, EdD, FAACH
Joel Seedman, PhD
Kyle Stull, DHSc, MS, LMT, CSCS, NASM-CPT, CES
Brian Sutton, MS, MA, NASM-CNC, PES, CES, CSCS
Lee Taft, MS, CSCS, USATF Level 1

지도 디자이너

Casey DeJong, MEd, MBA
Andrew Payne, MS, APTD, NASM-CPT, CNC, CES, PES

특별히 감사드리는 분

Editors from previous editions:

- Mike Clark, CEO, Fusionetics
- Rodney Corn, Director, Eleiko Education
- Scott Lucett, Director of Content Development, PTontheNet

Neal Spruce, CEO, dotFIT
Studio 9 Video Productions
Hylete – Athletic Performance Apparel
Hyperice
Nurture Digital
Reflection Software
Rumble Roller
Terra-Core
NASM Marketing Creative Team
NASM Master Instructor Team
NASM Success Coach Team

목차

*Index는 도서출판 한미의학 홈페이지(www.hanmibook.co.kr)—자료실에서 확인하세요.

SECTION 1

전문성 개발 및 책임

CHAPTER 1

현대인의 건강과 체력 상태

학습 목표

- 연관 의료 산업 내에서 피트니스 전문가의 역할을 구분할 수 있다.
- 현대 사회에 영향을 미치는 가장 일반적이고 만성적인 건강 상태를 파악할 수 있다.
- 근거기반 실무를 피트니스와 구분할 수 있다.
- 전문 퍼스널 트레이너의 직무 범위를 정의할 수 있다.

NASM에 오신 것을 환영합니다!

우리는 신체활동량이 줄고 점점 더 자동화되어 가는 사회에서 살고 있다. 해가 지날수록 기술의 발전은 우리의 삶을 더욱 편리하게 만들어준다. 그러나 좌식생활 방식과 편의 중심의 식단은 비만(obesity) 및 비만 관련 만성 질환의 증가율을 높여 전문 교육을 받은 피트니스 전문가의 필요성을 한층 높이고 있다. 공인 퍼스널 트레이너(certified personal trainers, CPT)는 건강 산업의 다른 실무자들과 함께 고객의 건강 및 행복을 실현하는 데 도움을 주는 강력한 변화의 원동력이다. NASM 공인 퍼스널 트레이너가 되기 위한 첫 걸음에 오신 것을 환영한다!

NASM 공인 퍼스널 트레이너 자격

미국 스포츠의학회(NASM) 공인 퍼스널 트레이너(CPT) 인증은 피트니스 전문가로서 경력을 시작하는 데 필요한 과학적 토대가 되고 있다. 하지만 NASM-CPT 자격증 취득은 시작에 불과하다. 피트니스 전문가로서의 성공적인 커리어는 피트니스 산업이 계속 발전함에 따라 지속적으로 요구될 것이다. 가장 최신의 연구와 교육에 따라 코칭 원칙을 준수한다면 피트니스 전문가는 고객의 삶을 더 나은 방향으로, 안전하고 효과적으로 변화시킬 것이다.

퍼스널 트레이닝 분야의 지식은 빠른 속도로 증가하고 있다. Buckminster Fuller의 '지식 2배 증가 곡선'에 따르면 인간의 지식은 약 100년마다 두 배가 된다. 의료 분야의 지식은 몇 개월마다 두 배로 증가한다(Densen, 2011). 신체적으로 건강을 유지하고 건강한 식생활을 하는 것이 최고의 예방의학이기 때문에 피트니스 전문가는 최신 정보를 위해 계속 배우는 것이 무엇보다 중요하다. 피트니스 산업은 잘못된 정보와 소셜 미디어 트렌드로 가득 찬 환경 속에 있다. 그러나 그곳은 또한 인간의 성과를 발전시키는 놀랍고도 새로운 기술과 방법론으로 가득 차 있는 곳이기도 하다. 이러한 이유로 피트니스 전문가는 고객을 위한 안전하고 효과적이며 결과 지향적인 프로그램을 설계하기 위해 늘 새로운 아이디어에 개방적이어야 하고, 사실과 유행을 구분할 수 있어야 한다.

비만 Obesity 과도한 체지방과 관련된 복합 질병. 체질량 지수 30 이상을 비만으로 분류한다.

근거기반 실무

NASM의 시스템과 방법론은 과학적 원리에 초점을 맞추고 있어 피트니스 목표를 향해 노력하는 어떤 고객에게든지 안전하고 효과적이다. 이러한 과학적 원리를 이해하려면 인체해부학, 생리학, 운동학(kinesiology), 피트니스 평가, 피트니스 프로그램 디자인 및 행동 변화에 도움이 되는 코칭 기술에 대한 탄탄한 기초 지식이 필요하다. 이를 위해 NASM은 모든 피트니스 전문가가 최고 수준의 성공을 달성하기 위해 근거기반 실무(evidence-based practice)에 초점을 맞추어야 한다고 권고한다.

근거기반 실무란 고객 관리에 관한 어떤 결정을 내릴 때 현재에서 최선의 근거를 양심적으로 사용하는 것을 말한다. 지침이나 의사 결정을 내릴 때 과학적 근거에 의존하는 모든 실무(의료든 비의료든)로 정의되며(Titler, 2008), 이는 현재의 소셜 미디어 추세가 어떤 것이든 상관없이 과학 연구 결과에 주의를 기울이는 것을 의미한다. 근거에 기초하지 않은 실무는 과학적 과정을 통해 효과적으로 정량화될 수 없거나 불합리한 전통, 직관 또는 기타 입증되지 않은 근거에 의존하도록 만든다.

근거기반 실무에는 세 가지 기본 구성 요소가 있다. 개인별 직업적 전문성 개발, 최신의 외부 근거(예: 동료 검토 연구), 고객 가치와 기대의 우선순위 지정(그림 1-1)이 그것이다.

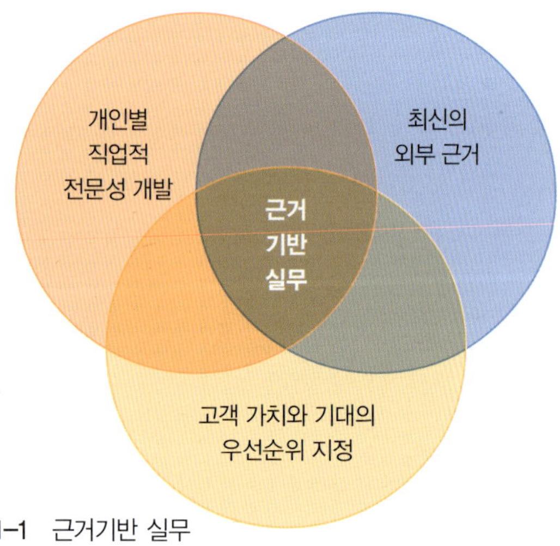

그림 1-1 근거기반 실무

피트니스 전문가의 경우, 최고의 외부 근거를 적용한다는 것은 건전한 연구 방법을 사용하여 수행된 관련 조사(즉, 과학 저널에 발표된 동료 검토 연구)를 사용하는 것을 나타낸다. 개인별 직업적 전문성은 피트니스 전문가로서의 축적된 교육, 경험, 실무 능력을 말한다. 고객의 가치와 기대는 각 고객이 퍼스널 트레이닝 세션에서 가지는 고유한 선호도, 관심사, 목표 및 기대치를 말한다. 공인 퍼스널 트레이너의 근거기반 실무를 정의하는 것은 이 세 가지 구성 요소의 끝없는 통합이라고 말할 수 있다.

지식 확장하기

동료 검토 연구는 근거기반 실무 모델의 필수적인 구성 요소이다. 즉, 저자의 학문적 연구, 작업, 또는 아이디어에 대해 '같은 분야의 전문가인 다른 사람들의 정밀한 조사를 받는 과정'으로 정의된다.

동료 전문가가 심사한 간행물은 연구의 타당성, 중요성 및 독창성을 판단하여 고품질 연구만 명망 있는 학술지에 게재되도록 하는 필터 역할을 한다(Kelly et al., 2014, p. 227).

통합 교육 및 OPT 모델

트레이닝에 대한 NASM만의 독자적 접근 방식인 OPT(최적의 퍼포먼스 트레이닝) 모델(그림 1-2)은 근거기반 실무를 핵심 철학으로 개발되었다. OPT 모델은 과학적 연구에 의해 뒷받침되며(Distefano et al., 2013), 체중 감량이나 건강, 근력, 근육량 또는 운동 능력의 향상을 추구하는 고객뿐만 아니라 다양한 유형의 고객에게서 큰 성공을 거두었다.

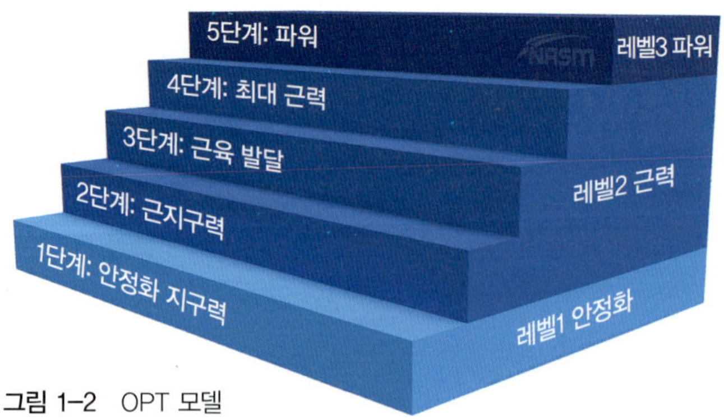

그림 1-2 OPT 모델

트레이닝 프로그램은 과학적으로 인정된 트레이닝 원리를 사용하면서 건강 관련 체력 트레이닝의 모든 구성 요소를 다룰 필요가 있다. 불행하게도 일부 트레이닝 프로그램은 건전한 원칙과 지침을 따르지 않고 있다. 대신 그들은 운동 과학에 대한 공식적인 교육이나 배경이 없는 유명 인사, 운동 애호가, 또는 운동선수의 경험에만 의존한다. 운동 프로그램이 과학에 뿌리를 두고 모든 사람의 필요를 총체적으로 해결하는 것은 필수이다.

예를 들어, 한 사람의 **근골격계**(musculoskeletal system)는 잠재적인 부상 위험과 직접적인 관련이 있다. 주의할 점은 **컨디션 저하**(deconditioned)가 단순히 계단을 오를 때 숨이 차거나 **과체중**(overweight)을 의미하지는 않는다는 것이다. 컨디션 저하는 **근육 불균형**(muscle imbalance), 유연성 저하, 지구력 부족, 제한된 **관절 안정성**(joint stability) 등이 복합적으로 나타난 상태를 말한다. 이 모든 조건은 적절한 움직임을 만들어 내는 인체의 능력을 크게 저해하며, 결국 부상으로 이어진다.

퍼스널 트레이닝 산업은 특히 만성 질환이나 근골격계 장애가 있는 사람을 트레이닝할 수 있는 피트니스 전문가의 능력이 향상됨에 따라 지속적으로 크게 성장하고 있다. 운동선수가 피트니스 전문가의 일반적인 고객이라면 퍼스널 트레이닝 서비스를 찾는 많은 고객은 신체적으로 비활동적이며 컨디션이 좋지 않은 사람들이다. 고객의 많은 신체적, 생리적 요구를 해결하기 위해 최적으로 설계된 피트니스 프로그램은 통합된(즉, 포괄적인) 접근 방식을 따라야 한다. 운동에 대한 통합적 접근 방식은 다음과 같은 형태의 트레이닝을 포함한다.

- 유연성 및 가동성
- 코어 근력 및 안정성
- 심폐 지구력(카디오)
- 밸런스
- 플라이오메트릭
- 속도, 민첩성 및 순발력
- 저항 운동

세계적 건강 현황

현재 건강에 대한 세계적 관심은 개인의 범위를 넘어서 여러 다양한 요소를 포함하는 복잡한 주제로 자리 잡았다. 다양한 요소란 유전학, 건강 관리에 대한 접근성, 예방의학에 대한 접근성, 자연 재해, **사회경제적 지위**(socioeconomic status) 및 인간이 만든 외부 환경과 같은 것이다. 건강을 잘 유지하는 것이 어려움에도 불구하고 사람들은 자신의 건강과 웰빙을 위해 여러 방법으로 건강을 지켜나간다. 예를 들어, 신체활동을 더욱 활발하게 하고 건강에 좋은 음식을 섭취하는 것은 거의 모든 사람이 실행할 수 있는 간단한 두 가지 방법이며, 이것들은 전반적인 건강을 즉각 개선한다 (CDC, 2020a).

건강한 습관을 유지하는 것은 개인적 결정이다. 그러나 운동을 하도록 돕고 성공할 수 있도록 동기를 부여하는 것은 피트니스 전문가가 되기 위한 가장 가치 있고 보람된 두 가지 측면이다. **질병률**(morbidity)과 **사망률**(mortality)을 줄이기 위한 운동과 신체활동 등의 예방 노력은 사실상 전 세계 모든 인구 계층에서 충분히 활용되지 못하고 있다. 그런 점에서 피트니스 전문가에게는 이 분야에 긍정적인 영향을 미칠 수 있는 엄청난 기회가 있다고 볼 수 있다.

건강 및 질병에 대한 정의

세계보건기구(WHO)는 유엔의 국제공중보건기구로서 기능하고 있으며, 국제 공중 보건 및 웰빙 노력의 발전과 증진에 초점을 맞추고 있다. WHO는 세계 공중보건관리국이라고 할 수 있다. WHO(1948)는 건강을 "단순히 질병이 없고 허약하지 않은 상태가 아니라 신체적, 정신적, 사회적으로 완전한 안녕의 상태"라고 정의한다.

운동학 Kinesiology 해부학과 생리학에 관련된 움직임의 연구

근거기반 실무 Evidence based practice 지침이나 의사 결정을 내릴 때 근거에 의존하는 것. 개인의 전문 지식을 개발하며 외부 근거의 최상의 소스(예: 동료 검토 연구)를 최신으로 유지하고, 고객의 가치와 기대의 우선순위를 정하는 연구 방법을 말한다.

근골격계 Musculoskeletal system 인체의 모든 근육과 뼈가 결합된 상호 작용 시스템

컨디션 저하 Deconditioned 근육의 불균형, 유연성 저하, 코어 및 관절의 불안정성이 수반될 수 있는 신체 불균형 상태

과체중 Overweight 정상 체중보다 높은 체중, 체질량 지수 25.0~29.9 사이를 말한다.

근육 불균형 Muscle imbalance 관절의 양쪽에 있는 근육이 변형된 길이-장력 관계를 가질 때 발생한다.

관절 안정성 Joint stability 움직임 중에 관절을 둘러싸고 있는 조직에 의해 관절이 유지되고 조절되는 것을 의미한다.

사회경제적 지위 Socioeconomic status 교육 수준, 소득, 직업 등을 포함하는 개인이나 집단의 사회적 지위

질병률 Morbidity 질병이 있는 상태

사망률 Mortality 사망 또는 사망의 위험이 있는 상태

건강은 고정된 상태가 아니라 인체의 내외부적 상황, 생리적 변화 또는 환경의 변화에 따른 요구로 인해 끊임없이 변화하는 상태이다(**그림 1-3**)(Misselbrook, 2014). 인체는 스트레스에 반응하고 필요한 경우 최적의 건강과 생리적 기능을 유지하기 위해 필요한 변화를 일으키도록 독특하게 설계되었다. 이 과정을 **항상성(homeostasis)**이라고 하는데, 인체는 주변 환경 및 생명 유지를 위한 규칙적인 생리적 활동과 관련하여 상대적으로 안정적인 평형을 지속적으로 유지하려고 한다.

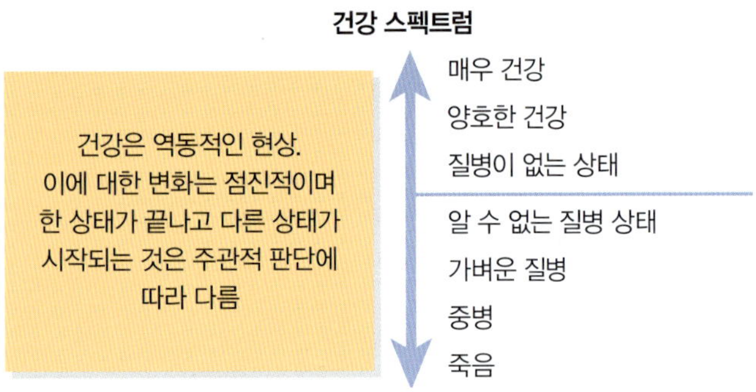

그림 1-3 건강의 스펙트럼

트레이닝 팁

건강은 역동적이며 끊임없이 변화하는 과정이다. 먼저 고객과 함께 훈련할 때, 고객에게 **그림 1-3**에 제시된 범위 중 어디에 있다고 생각하는지를 물어본 다음 객관적인 관찰 내용과 비교해야 한다. 그리고 해당 정보를 사용하여 개별화된 트레이닝 프로그램 디자인에 대해 안내할지 의료 전문가에게 의뢰해야 할지의 여부를 결정한다.

질병의 일반적인 정의는 신체 일부의 구조나 기능에 부정적인 영향을 미치는 비정상적 상태를 말한다. 질병은 신체의 한 부분이나 전신에 영향을 미칠 수도 있다(즉, 다양한 형태의 암). 질병에는 두 가지 기본 유형이 있다. 만성 질환 또는 비전염성 질환과 급성 질환이다. WHO(2018a)는 만성 질환을 다음과 같이 정의한다.

> 만성 질환으로도 알려진 비전염성 질환(NCD)은 오랜 기간 지속되는 경향이 있으며 유전적, 생리학적, 환경적, 행동적 요인의 조합에 의해 발생한다. 또한 NCD의 주요 유형은 심혈관 질환(심근경색, 뇌졸중), 암, 만성 호흡기 질환(만성폐쇄폐질환, 천식 등), 당뇨병 등이다. 급성 질환은 독감 바이러스에 감염되는 것과 같은 상태를 말한다.

지식 확장하기

급성 질환 대 만성 질환

급성 질환은 갑자기 발생하는 모든 의학적 질환으로 단기간에 치료 및 치유될 수 있는 병을 말한다. 예를 들어, 기관지염은 급성 질환으로 항생제와 휴식으로 쉽게 치료되며, 일반적으로 1주일 정도 지나면 낫는다. 그러나 치료하지 않고 방치하면 더 심각한 만성 질환으로 진행될 수 있다.

만성 질환은 오랜 기간 지속되거나 완치가 불가능한 질환으로, 일반적으로 3개월 이상 지속된다. 그것은 일반적으로 백신으로 예방하거나 약으로 치료할 수 없으며 시간이 지나도 그냥 사라지지 않는다. 예를 들어, 오랜 흡연 이력이 있는 사람들은 급성 기관지염에 걸리기 쉬운데, 이는 만성 기관지염으로 진행될 수 있다.

건강 전문가들은 건강 식단을 유지하는 것과 신체적인 건강을 위해 규칙적으로 운동하는 것, 이 두 가지 간단한 것으로 광범위한 만성 질환을 피할 수 있다고 조언한다.

주로 앉아서 생활하여 활동량이 적고 정크 푸드로 구성된 식단을 유지하는 사람은 건강한 식단을 따르고 규칙적으로 활동하는 사람보다 만성 질환에 걸릴 확률이 훨씬 높다(CDC, 2020a, 2020b).

오늘날 세계의 주요 사망 원인은 만성 질환과 만성 컨디션 저하로 분류된다(**그림 1-4**)(WHO, 2018b). 특정 유형의 심장 질환인 관상동맥질환이 남녀 모두에게 주요 사망 원인으로 꼽힌다. 공중 보건에 대한 노력과 더 나은 치료법의 등장으로 지난 수십 년 동안 만성 질환으로 인한 사망률은 낮아졌다. 그런데 여기서 중요한 것은 수많은 만성 질환은 그저 활동적이면서 건강한 생활 방식을 유지하는 것만으로도 예방이 가능하다는 사실이다. 실제 연구에 따르면, 현대 사회에서 압도적으로 예방 가능한 두 가지 사망 원인은 흡연과 과체중(또는 비만)으로 나타났다(**그림 1-5**)(Danaei et al., 2009).

항상성 Homeostasis 인체가 상대적으로 안정된 평형 상태를 유지하기 위해 노력하는 과정

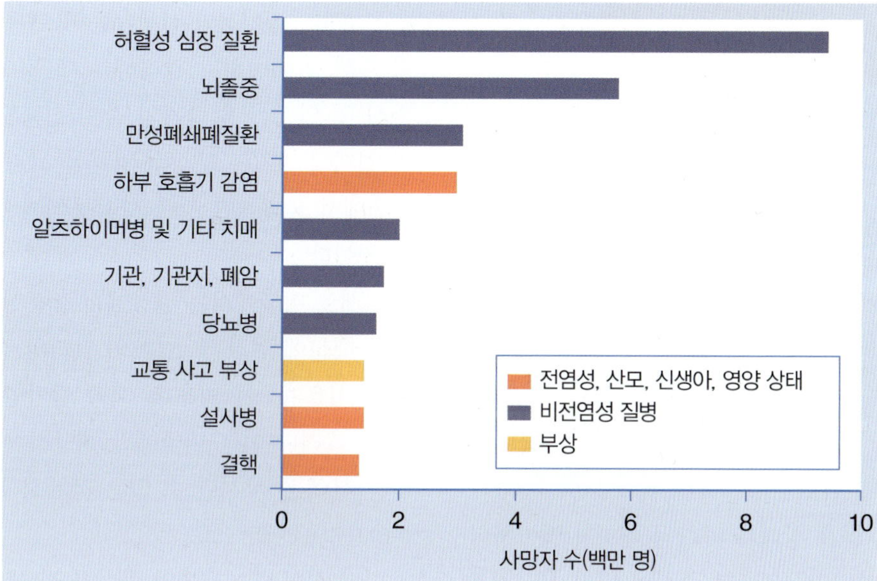

그림 1-4 사망의 주요 원인

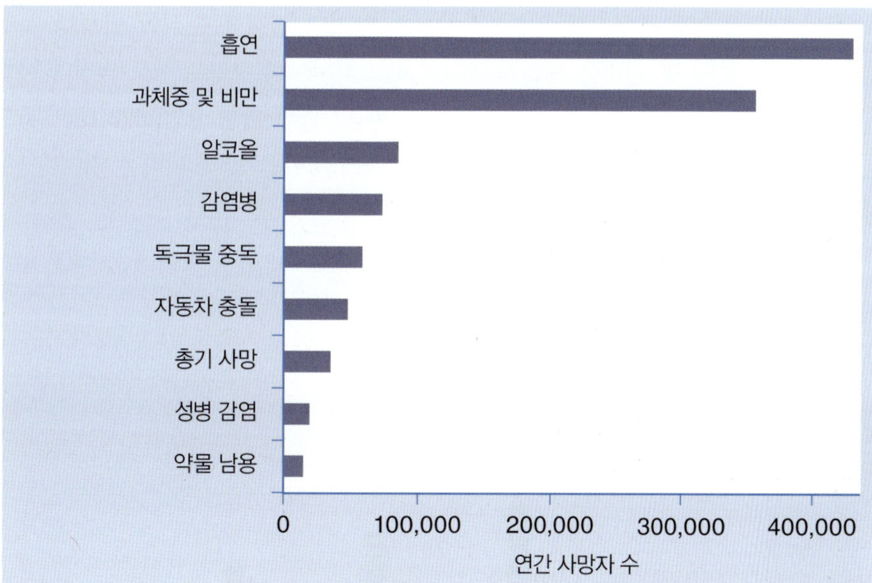

그림 1-5 예방 가능한 사망의 각종 원인

신체적 비활동성과 만성 질환과의 관계

신체활동 부족 및 만성 질환이 전 세계에 미치는 영향에 관한 연구는 경제적 측면과 개인적 측면 모두에서 충격적인 결과를 안겨 주고 있다. 심장병, 암, 당뇨병을 포함한 만성 질환은 미국뿐만 아니라 전 세계 많은 지역에서 사망 및 장애의 주요 원인으로 꼽힌다. 만성 질환 관련 장애로 삶의 질이 저하되는 것은 물론 미국에서만 연간 3조 달러 이상의 연간 의료 비용 증가를 초래하고 있다. 또한 국가 의료 지출의 90%가 만성 질환 및 정신 건강 이상 문제를 가진 개인을 치료하는 데 사용된다(Misselbrook, 2014).

지식 확장하기

활동성이 적은 생활 방식은 만성 질환을 유발하는 가장 큰 원인 중 하나이지만, 대략 성인 4명 중 3명과 청소년의 80% 이상이 권장 신체활동 지침을 충족하지 못하고 있다. 만성 질환 여부에 관계없이 활동적인 생활은 건강과 삶의 질을 향상시키는 데 큰 도움이 될 수 있다(U.S. Department of Health and Human Services, 2018). 미국 보건복지부(2014)의 Healthy People 2020 initiative와 전 세계 유사 프로그램은 시민들이 공원, 자전거 도로, 산책로와 같은 활동 친화적인 환경에 접근하기 쉽도록 하기 위해 입법부 및 정부 기관과 협력하는 등 다양한 노력을 기울이고 있다.

안타깝게도 만성 질환은 상태가 악화될 때까지 알아차리지 못하는 경우가 많다. 비록 명백한 증상이 나타나도 치료할 수는 있겠지만(2차 예방), 그보다 상태가 악화하기 전에 발견하여 치료하는 것(1차 예방)이 더 중요하다. 규칙적인 신체활동과 운동은 만성 질환의 1차 예방과 2차 예방 모두에서 중요하다. 유산소 피트니스와 유산소 운동으로 인한 규칙적인 신체활동은 아마도 사망, 장애 및 질병을 예방하는 강력한 변수로 꼽힐 것이다(Blair, 2009).

다른 관점에서 보면, 평생 동안 심혈관에 좋은 운동을 꾸준하게 지속하는 사람은 심장 질환에 걸릴 확률이나 심장 질환으로 인해 조기 사망할 가능성이 2~4배 낮다(Reimers et al., 2012). 정기적인 신체활동 및 운동은 전 세계적으로 만성 질환을 예방하고 관리하는 데 필수적인 부분이다. 임금 손실 및 의료 비용 증가와 같이 신체활동 부족이 세계 보건과 경제에 미치는 부정적 영향을 고려한다면, 가장 쉽고 비용면에서 효과적인 것이 사람들에게 규칙적인 운동을 시키는 것이다.

실제로 미국에서는 일상에서 충분한 운동을 하지 않는 사람들 때문에 연간 약 1,170억 달러의 건강 관리 비용이 발생하고 있으며, 이 비용은 계속 증가할 가능성이 크다(CDC, 2019). 그러나 이는 미국에만 해당하는 문제가 아니다. 신체활동 부족은 무시할 수 없는 세계적 문제 중 하나이다(**그림 1-6**)(Hallal et al., 2012).

만성 질환은 미국뿐만 아니라 전 세계적으로 가장 만연해 있고, 비용을 발생시키는 요인이 되고 있다(Raghupathi & Raghupathi, 2018). 하버드 대학이 세계경제포럼(WEF)과 협력하여 실시한 연구에서는 2030년까지 만성 질환으로 약 47조 달러의 경제적 손실이 발생할 것으로 추산했다(Bloom et al., 2011). 그 영향력은 실로 엄청나 사회 모든 분야에서 만성 질환 및 관련 **위험 요인(risk factor)**으로 인해 높아지는 유병률에 영향을 받게 된다는 것이다.

위험 요인 Risk factor 질병이나 부상의 발생 가능성을 높이는 개인의 속성, 특성 또는 환경

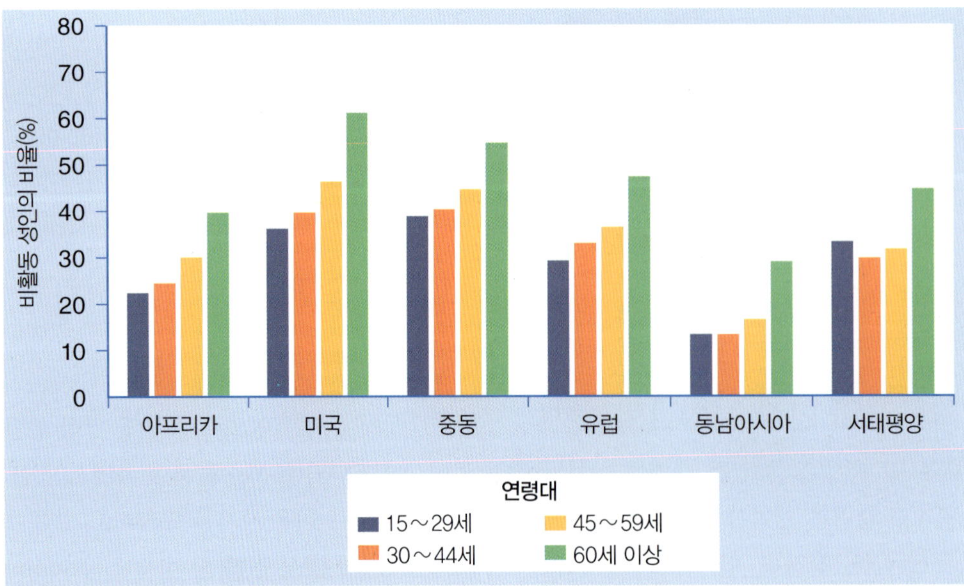

그림 1-6 전 세계적 신체활동 부족 상황

중요

많은 사람이 하나 이상의 만성적 건강 문제를 안고 있기 때문에 피트니스 전문가는 가장 일반적인 건강 상태에 익숙해지는 것이 필수이다. 규칙적 운동 및 건강한 생활 방식으로의 변화는 만성 질환자들의 삶의 질을 크게 향상시킬 수 있다. 그러나 피트니스 전문가는 새로운 피트니스 요법을 시작하기 전에 고객이 의사 또는 기타 의료 서비스 제공자로부터 운동 허가를 받았는지 확인해야 한다.

과체중과 비만

과체중 및 비만이라는 용어는 정상 또는 건강한 상태의 체중을 넘어서는 체중을 나타낸다. 두 경우 모두 건강에 부정적인 영향을 미치는 과도한 체지방 문제를 가지고 있다. 비만은 더 심각하여 비만과 관련된 수많은 건강상의 위험을 일으킨다. 과체중 또는 비만은 근골격계 질환, 당뇨병, 암, 고혈압, 높은 콜레스테롤(cholesterol), 심장병과 같은 만성 질환 발병률을 크게 높인다(GBD 2015 Obesity Collaborators, 2017; WHO, 2018c).

성인의 경우, 과체중과 비만을 진단하기 위해 국제적으로 사용하는 일반적인 척도는 사람의 키를 몸무게와 단순 비교하는 체질량 지수(BMI)이다. 즉, 몸무게(kg)를 키(미터)의 제곱으로 나누거나 몸무게(파운드)를 키(인치)의 제곱으로 나눈 뒤 703을 곱하여 계산한다.

- 미터법: BMI = 몸무게(kg) ÷ $[키(m)]^2$
- 파운드법: BMI = 703 × 몸무게(lb) ÷ $[키(in.)]^2$

과체중과 비만에 대한 BMI 분류는 **표 1-1**에 나와 있다(Nuttall, 2015).

표 1-1 BMI 분류

BMI	질병 위험도	분류
< 18.5	증가	저체중
18.5~24.9	낮음	정상 체중
25.0~29.9	증가	과체중
30.0~34.9	높음	비만
35.0~39.9	매우 높음	비만 II
≥ 40.0	극단적으로 높음	비만 III

잘못된 식습관과 신체활동 부족으로 인한 비만은 아마도 오늘날 직면하고 있는 공중 보건 문제들 중 가장 어려운 문제일 것이다. 과체중과 비만 인구를 모두 합한 수치는 이미 전례 없는 수준에 이르렀고, 대부분의 개발 도상국에서는 매년 상당한 비율로 증가하고 있다. 과체중과 비만이 전 세계 공중 보건에 미치는 영향은 실로 엄청나며, 매년 상황은 악화되고 있다. 1980~2015년 사이에 비만율은 70개국 이상에서 두 배 이상 증가했고, 전 세계적으로 6억 명 이상의 성인과 1억 명 이상의 어린이들이 비만으로 분류되고 있다(GBD 2015 Obesity Collaborators, 2017; Hruby & Hu, 2015).

중요

BMI는 남녀노소 모두 동일하기 때문에 과체중과 비만에 대한 가장 실질적인 측정값을 제공한다. 많은 인구를 분석할 때 BMI는 과체중과 비만 수준을 나타내는 유효하고 신뢰할 수 있는 도구이다.

하지만, BMI는 개별적으로 검사할 때 체지방의 구성에 대해 객관적이고 구체적인 정보를 제공하지는 못한다. 가령 매우 높은 수준의 근육량을 가진 엘리트 운동선수는 체지방량이 매우 적더라도 BMI만 놓고 보면 비만으로 잘못 분류될 수 있다. 이 때문에 BMI를 계산하는 것은 시작점에 불과하며, 체중 감량을 원한다면 다른 신체 구성(체성분) 평가 방법을 고려해야 한다.

하지만 긍정적인 소식이 있다. 과체중과 비만 문제는 피트니스 전문가가 상당한 영향력을 끼칠 수 있는 공중 보건 영역이라는 점이다. 고객들에게 운동량을 늘리도록 하고, 건강한 식생활을 하도록 코칭함으로써 과체중이나 비만이 불러오는 건강 위험을 줄일 수 있다. 또한, 공인 퍼스널 트레이너들은 고객들의 체중 감량뿐만 아니라 장기적으로는 적정 체중을 유지하도록 하는 독특한 위치에 있다. 미국 국립체중조절등록소의 주요 연구(미국에서 체중 감량을 성공적으로 유지한 사람들을 대상으로 한 가장 큰 연구)에 따르면, 하루 평균 1시간씩 꾸준히 운동한다고 보고한 참가자 중 대다수(90%)는 몇 년 동안 상당한 체중 감량을 했다고 한다.

콜레스테롤 Cholesterol 체세포에서 발견되는 지방질

심장 질환

심혈관 질환은 심장과 혈관의 수많은 문제를 설명하는 광범위한 용어이며, 뇌졸중(stroke), 심장마비(heart attack), 심부전(heart failure), 심장 판막 이상(heart valve problem), 부정맥(arrhythmia) 등의 상태를 통틀어 일컫는 말이다(Benjamin et al., 2017). 이러한 질환의 가장 흔한 근본 원인은 허혈성 심장 질환(ischemic heart disease)이다. 허혈성 심장 질환은 심장에 혈액과 산소를 공급하는 관상동맥이 좁아져서 발병하며, 심장 질환을 논할 때 가장 자주 언급되는 질환으로 손꼽힌다.

죽상동맥경화증(atherosclerosis)(그림 1-7)은 동맥에 플라크가 형성되어 심장이나 뇌로 가는 혈류를 감소시킨다. 죽상동맥경화증은 심장마비와 뇌졸중을 직접적으로 유발할 수 있는 가장 흔한 유형의 심장 질환이다. 일반적으로 흡연, 비만, 운동 부족, 알코올 또는 약물 남용, 고혈압, 고콜레스테롤, 제2형 당뇨병, 만성 스트레스, 잘못된 식단과 같은 위험 요소가 복합적으로 작용해 발생한다.

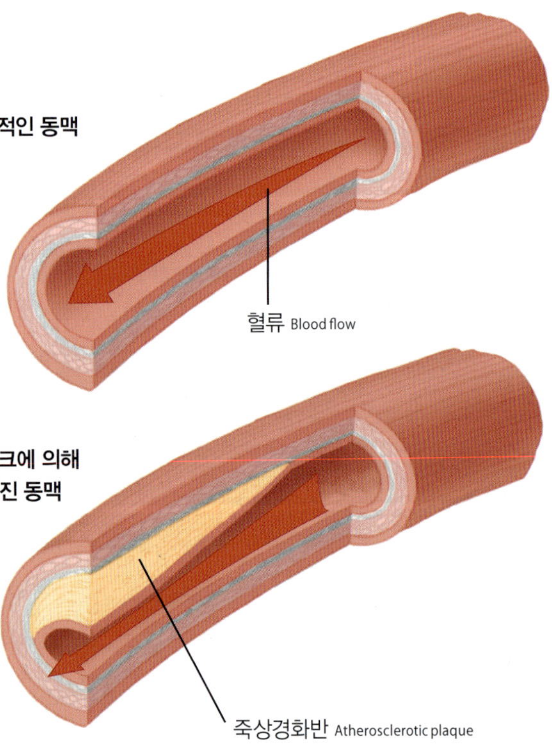

그림 1-7 죽상동맥경화증

대체적으로 만성 질환은 전 세계 모든 인구에서 엄청난 비용을 초래하는데, 그중에서 심장 질환의 비율이 비교할 수 없을 정도로 높다. 심장 질환은 다른 어떤 만성 질환보다 사망 위험이 높다(Finegold et al., 2013). 그러나 심장 질환은 한편으로 예방하기 쉬운 질환이기도 하다. 연구에 따르면 평생 규칙적이고 지속적인 유산소 운동을 하는 사람은 심장 질환 발병 위험이 감소한다는 사실이 일관되게 입증되었다(Brunjes et al., 2017; Kokkinos, 2012; Warburton et al., 2006). 또한 심장 질환 진단을 받은 사람일지라도 운동을 습관화한다면 심장마비를 비롯한 추가 심장 관련 위험을 줄이는 것으로 나타났다. 지속적인 운동은 2차 예방의 중요한 구성 요소이다(Darden et al., 2013).

운동은 또한 심장의 동맥이 더 쉽게 확장(즉, 개방)되도록 도와주며, 혈류를 개선시키는 것과 같은 긍정적인 생리학적 변화를 촉진한다(Bruning & Sturek, 2015). 신체활동과 운동이 심장병 위험 감소에 끼치는 전반적인 영향력은 매우 중요하고 밀접하다. 허혈성 심장 질환과 기존 위험 요인의 유무에 관계없이 모든 성인은 일생 동안 규칙적으로 운동해야 한다(Agarwal, 2012).

> **유용한 힌트**
>
> **운동 대 신체활동**
>
> 운동은 체중 감량 및 지구력, 체력 향상 같은 신체적인 적응을 이끌어내기 위해 구조화되고 계획된 인간 움직임의 한 형태이다. 운동의 예로는 역도, 사이클, 달리기, 수영 등이 있다. 운동 프로그램은 체육관이나 야외에서 실시할 수 있으며 혼자 또는 그룹으로 할 수 있다.
>
> 신체활동(physical activity)은 걷기, 정원 가꾸기, 레크리에이션 스포츠 또는 놀이 시간과 같이 에너지를 소비하는 움직임을 말한다. 신체활동은 지속적 또는 간헐적 활동으로 분류될 수 있으며, 개를 산책시키는 것부터 폭풍우가 지나간 후 격렬하게 눈을 퍼내는 것까지 다양한 강도로 수행할 수 있다. 신체활동은 일반적으로 구조화되거나 계획된 것이 아니라 하루의 자연스러운 움직임을 나타낸다.

고혈압

고혈압(hypertension)은 심장 질환과 뇌졸중의 주요 위험 요인 중 하나이다(WHO, 2019). 고혈압은 혈압이 수은주 밀리미터(mmHg)보다 120/80(수축/이완) 이상 큰 것으로 분류된다(Hernandez-Vila, 2015). 피트니스 전문가는 고혈압에 대한 인식을 높여 고객이 잘못된 식단, 신체활동의 부족, 흡연과 같은 위험 요인을 수정하도록 권장해야 한다.

지식 확장하기

수축기 혈압(systolic blood pressure, SBP)은 심장이 뛰거나 수축할 때 동맥과 다른 혈관의 압력으로, 기록된 첫 번째 수치(상단)이다.

이완기 혈압(diastolic blood pressure, DBP)은 심장이 이완할 때 동맥과 다른 혈관의 압력으로, 기록된 두 번째 수치(하단)이다.

혈압 측정치는 다음과 같이 분류된다

- 정상(건강): 120/80mmHg 미만
- 상승: 수축기 120~129 및 이완기 80mmHg 미만
- 1단계 고혈압: 수축기 130~139 또는 이완기 80~89mmHg
- 2단계 고혈압: 수축기 140 이상 또는 이완기 90mmHg 이상
- 고혈압 위기: 수축기 180 초과 및/또는 이완기 120mmHg 초과(Whelton et al., 2018)

여러 과학적 연구에 의하면 수축기 혈압과 이완기 혈압이 만성적으로 정상 수준 이상일 때 심혈관 합병증의 위험이 두 배가 되며, 이러한 현상은 나이에 비례하여 증가하는 것으로 나타났다(Prospective Studies Collaboration, 2002). 고혈압에 대해 보수적인 입장을 견지하는 연구에서 새롭게 내놓은 지침은 고혈압 예방을 목표로 고혈압에 대한 인식을 제고하고 건강한 행동을 촉진하라는 것이다. 그렇게 할 때 고혈압에 진단되더라도 통제할 수 있다는 것이다(Whelton et al., 2018). 모든 사람이 혈압을 건강한 수준으로 유지하는 방법은 규칙적인 운동이다. 운동은 심혈관 건강과 관련된 요인을 개선하여 혈압을 낮추는 것으로 나타났다. 또한, 채소, 통곡물, 과일을 포함한 섬유질이 풍부한 식단 역시 혈압을 낮추는 데 크게 도움이 된다(Siervo et al., 2015). 혈압을 낮추고 조절하기 위해 함께 실천해야 할 권고 사항에는 스트레스 줄이기, 금연, 지나친 음주 피하기 등이 있다.

신체활동을 더 많이 하면 수축기 혈압을 평균 4~9mmHg 낮출 수 있다(Carpio-Rivera et al., 2016). 고혈압 진단을 받은 사람의 경우, 치료에 대한 일반적 접근법은 전반적인 생활습관 개선(예: 금연, 식습관 개선, 신체활동 증가)과 약물 치료이다. 계획된 운동은 그것만으로 고혈압을 급격히 낮추고 조절하기에는 충분하지 않다. 그러나 큰 틀에서 본다면 운동은 체중을 줄이고 혈류를 개선하며 스트레스와 불안감을 줄이는 데도 도움이 되어 이 모든 것이 장기적으로 혈압을 낮추고 조절하는 데 긍정적인 영향을 미친다(Moraes-Silva et al., 2017).

콜레스테롤

총 콜레스테롤의 증가(의학적으로는 이상지질혈증이라고 함)는 선진국과 개발도상국 모두에서 질병을 일으키는 주요 원인이다. 만성적으로 높아진 콜레스테롤 수치는 심장 질환과 뇌졸중의 위험을 증가시킨다(CDC, 2020c; Park et al., 2018). 콜레스테롤은 지질단백질로 알려진 단백질과 지방산의 조합으로 구성된 혈액에서 발견되는 밀랍성 물질이다. 건강하고 균형 잡힌 식단을 유지하면 인체는 필요한 콜레스테롤을 모두 생산해 낸다. 인간의 몸은 건강한 세포를 만들고, 혈액으로 영양소를 운반하고, 신경계를 지탱하기 위해 콜레스테롤을 필요로 한다.

만성적으로 높은 콜레스테롤은 혈관에 지방 침착을 일으킬 수 있고, 심장 질환의 위험을 증가시킬 수 있다(Nelson, 2013). 콜레스테롤은 중요한 신체 기능에 기여하지만, 죽상동맥경화증을 유발하는 플라크의 주요 구성 요소이기 때문에 건강을 증진하고 질병을 예방하기 위해서는 자주 모니터링해야 한다.

뇌졸중 Stroke 동맥이 막히거나 혈관이 파열되어 갑자기 뇌에 혈액 공급이 부족해진 현상

심장마비 Heart attack 심장에 혈액과 산소를 공급하는 동맥이 막힐 때 발생한다. 의학적으로는 심근경색증으로 알려져 있다.

심부전 Heart failure 심장이 인체에 필요한 충분한 양의 혈액을 보내줄 수 없는 상태

심장 판막 이상 Heart valve problem 하나 이상의 심장 판막이 제대로 작동하지 않아 호흡이 가빠지고 체내에 산소 공급이 줄어드는 상태

부정맥 Arrhythmia 심장 박동의 속도나 리듬에 문제가 있는 상태로, 심장이 너무 빠르게 또는 느리게 또는 불규칙한 패턴으로 박동한다.

허혈성 심장 질환 Ischemic heart disease 심장 근육에 혈액과 산소를 공급하는 관상 동맥의 협착으로 인해 발생하는 심장 관련 문제

죽상동맥경화증 Atherosclerosis 동맥에서 플라크가 형성되어 혈류를 감소시키는 증세

신체활동 Physical activity 여러 강도와 방법으로 에너지를 소비하는 신체 움직임. 여가 활동과 같이 구조화되지 않은 운동(예: 골프, 애견과의 산책 등)

고혈압 Hypertension 지속적으로 상승된 혈압

수축기 혈압 Systolic blood pressure (SBP) 심장이 뛰거나 수축할 때 동맥과 다른 혈관의 압력으로, 기록된 첫 번째(상단) 수치

이완기 혈압 Diastolic blood pressure (DBP) 심장이 쉬거나 박동 사이에 있을 때 동맥과 다른 혈관의 압력으로, 기록된 두 번째(하단) 수치

지식 확장하기

좋은 콜레스테롤, 나쁜 콜레스테롤

체내 콜레스테롤에는 두 가지 주요 유형이 있다. 저밀도지질단백질(LDL)과 고밀도지질단백질(HDL)이다. LDL 콜레스테롤은 '나쁜 콜레스테롤'이라고도 불리며 심혈관 질환의 위험을 증가시킨다(Nelson, 2013). 특히 LDL은 동맥을 막히게 하는 플라크를 구성하는 콜레스테롤의 한 형태로서, 이상적인 LDL 수치는 데시리터당 100밀리그램(mg/dL) 미만이다(O'Keefe et al., 2004).

반면에 HDL 콜레스테롤은 때때로 '좋은 콜레스테롤'이라고 불리며, 동맥을 막히게 하지 않고, 인체에서 LDL 콜레스테롤을 제거하는 것을 돕는다. 심장 질환의 위험을 줄이려면 LDL 수치를 100mg/dL 이하로 낮추고, HDL 수치는 약 60mg/dL로 유지해야 한다(Grundy et al., 2018; U.S. Department of Health and Human Services, 2001).

운동은 높은 콜레스테롤 수치를 줄이는 데 도움이 되는 것으로 나타났지만, 연구자들은 콜레스테롤 수치를 개선하기 위한 최적의 빈도, 지속 시간 및 운동 강도에 대해서는 확신을 갖고 있지 못하다(Mann et al., 2014). 과체중은 인체에 LDL 콜레스테롤의 양을 증가시키는 경향이 있어 심장병의 위험을 증가시킨다. 체중을 줄이고 혈당 수치를 조절하는 데 도움이 되는 운동을 한다면 LDL 콜레스테롤 수치가 감소해 전반적인 심장 질환의 위험을 낮출 수 있다. 연구에 따르면 고강도 운동을 규칙적으로 하는 사람은 HDL 콜레스테롤을 심장 건강에 좋은 수준으로 올릴 수 있다고 한다(Wang & Xu, 2017).

당뇨병

당뇨병(diabetes)은 세포의 에너지 사용을 위한 가장 간단한 탄수화물 형태인 포도당(glucose)을 적절하게 대사하는 능력에 영향을 미치는 질병이다. 당뇨병은 제1형과 제2형으로 나뉘며, 각각 신체의 생리에 미치는 영향이 다르다.

제1형 당뇨병은 췌장이 충분한 인슐린을 만들지 못해서(또는 전혀 생성하지 못함) 발병한다. 포도당을 에너지로 사용하기 위해 세포로 운반하는 것을 돕는 호르몬인 인슐린이 없으면 혈중 포도당(즉, 혈당)이 위험한 수준으로 상승하여 수많은 건강 문제를 일으킬 수 있다. 제1형 당뇨병은 대개 유전적이며 적극적으로 예방할 수 있는 것이 아니다. 그러나 규칙적인 운동은 제1형 당뇨병이 있는 사람들의 혈당 관리와 삶의 질을 향상시키는 데 상당한 도움을 줄 수 있다(American Diabetes Association, 2020).

제2형 당뇨병은 인체가 인슐린을 생산하지만, 세포에서 적절하게 사용되지 않는 것을 말한다. 과도한 탄수화물(특히 설탕)이 포함된 식단을 오랫동안 지속하면 혈당 조절을 돕기 위해 높은 수준의 인슐린이 생성된다. 과도한 인슐린이 세포가 사용할 수 있는 양보다 많은 포도당을 세포에 전달하려고 할 때, 세포는 인슐린에 대한 반응을 멈춘다. 이러한 상태를 인슐린 저항성(insulin resistance)이라고 한다. 일단 세포가 인슐린 저항성을 갖게 되면 제2형 당뇨병에 걸렸다고 한다. 이렇게 되면 혈당을 조절하는 것은 매우 어려우며, 혈당 수치가 조절되지 않아 다양한 합병증으로 이어질 수 있다.

당뇨병, 특히 제2형 당뇨병의 진단 및 치료가 미치는 세계 경제적 영향은 매우 높다. 장애 및 조기 사망률 증가로 인한 막대한 인적 비용을 발생시킨다. 당뇨병은 전 세계적으로 7번째 주요 사망 원인이다(Kharroubi & Darwish, 2015). 규칙적인 신체활동과 운동은 당뇨병의 예방과 치료에 필수적이다(American Diabetes Association, 2020). 비만은 제2형 당뇨병이 발병하는 주요 지표 중 하나이기 때문에, 체중 감량에 도움이 되는 식이요법과 생활 습관 변화와 결합된 운동은 비만인 사람들의 건강을 증진시키는 데 극적인 영향을 미칠 수 있다.

암

요컨대 암(cancer)은 몸 안의 세포가 비정상적이고 공격적으로 성장해 인체에 손상을 주는 종양을 생성하는 질환이다. 암은 근육 조직, 내부 장기, 뼈, 혈액, 그리고 뇌와 같은 인체의 모든 부분에서 발생할 수 있다. 암은 100가지 이상의 다양한 유형으로 나타나는데, 흡연 및 가공된 육류의 과도한 섭취와 같은 생활 방식의 변화나 방사선 노출로 인한 급성 DNA 손상까지 여러 가지 요인으로 인해 발생한다(National Cancer Institute, 2015). 암은 모든 연령대에서 발병할 수 있지만, 특히 노년층에서 가장 흔하다. 모든 암의 약 76%가 55세 이상에서 진단되고 있다(CDC et al., 2019). 긍정적으로 보면 위험 요인을 피하고 예방 전략을 구현함으로써 암의 약 30~50%를 예방할 수 있으며(Bray et al., 2018), 그 예방법 중 두 가지는 규칙적인 운동과 건강한 식단이다.

운동은 많은 종류의 암을 예방하는 데 중요한 역할을 한다. 특히 육체적으로 활동량을 늘리는 것은 일반적으로 암의 전반적인 위험을 줄여준다. 현재 암 치료를 받고 있는 사람들도 1개월에 걸쳐서 매일 신체활동을 늘릴 수 있다고 한다(Segal et al., 2017). 신체활동을 늘리는 것 외에도 금연, 체중 감량, 신선한 채소와 과일 섭취, 금주 등을 통해 암의 위험을 크게 줄일 수 있다.

호흡기 질환

만성폐쇄폐질환(chronic obstructive pulmonary disease, COPD)은 호흡 곤란의 증가, 기류 제한, 폐 기능의 아세틸화 저하를 특징으로 하는 만성 호흡 기능 장애를 포괄하는 용어이다. 이러한 증상들은 완전히 되돌릴 수 없으며, 진단받은 사람들의 일상생활을 크게 제한한다. 폐기종과 만성 기관지염이 만성폐쇄폐질환의 예이다. 2030년까지 만성폐쇄폐질환은 전 세계적으로 세 번째로 큰 사망 원인이 될 것으로 추정된다(Quaderi & Hurst, 2018).

만성폐쇄폐질환을 앓고 있는 사람들은 여러 만성 질환도 함께 가지고 있는 경우가 많다. 그러므로 건강 관련 삶의 질이 낮고, 그 자체로 입원 및 사망률을 높이는 원인이 된다(Janssen et al., 2011). 만성폐쇄폐질환은 일단 진단되면 치료가 어려우며 일생에 걸쳐 의학적으로 관리해 나가야 하는 병이다. 그러나 생활 습관을 바꾸고 신체활동을 늘린다면 만성 호흡기 질환을 가진 사람들에게 긍정적인 영향을 미치는데, 특히 대근육을 사용하는 가벼운 유산소 운동은 산소 사용 능력을 향상시켜 도움이 된다. 그러므로 매일 빠르게 걷기는 만성폐쇄폐질환을 앓고 있는 사람에 가장 좋은 운동이라고 할 수 있다(Bender et al., 2016).

스트레스

세상이 급격하게 변화함에 따라 이에 끊임없이 대응하고 적응해 나가다 보니 세상은 점점 더 복잡해지고 있다. 24시간 뉴스 사이클, 소셜 미디어, 생산성에 대한 요구 증가로 스트레스가 증가하고 있다. 세계스트레스기구(Global Organization for Stress)에 따르면 전 세계 대부분의 사람이 스트레스와 스트레스 관련 합병증의 영향을 받고 있다고 한다(deVries & Wilkerson, 2003). 모든 주요 글로벌 경제에서 근로자 10명 중 6명이 직장 관련 스트레스가 증가하고 있다고 보고하는 등 직장 내 스트레스 수준이 높아지고 있다(Birhanu et al., 2018). 직장 스트레스는 여러 피해를 낳고 있으며, 스트레스 관련 질병도 모든 계층에서 증가하고 있다(Fink, 2016). 스트레스와 불안은 지속적으로 관리되지 않으면 신체와 정신 모두에 해로우며 만성 질환의 위험을 높일 수 있다(Yaribeygi et al., 2017).

여기서도 규칙적인 신체활동과 운동은 스트레스와 불안을 통제하고 관리하는 데 도움이 되는 것으로 나타났다(Rebar et al., 2015). 모든 형태의 신체활동이나 운동은 강력한 스트레스 해소 작용을 하며 스트레스에는 '최고의 약'이다. 규칙적인 운동은 뇌가 통증 감소와 관련된 엔돌핀(endorphins)을 방출하게 하여 삶의 질과 행복감을 높인다. 또한 심박수와 혈압을 낮추거나 조절하는 데 도움을 주어 스트레스와 불안감을 줄여준다. 이 때문에 스트레스를 해소하고 조절하는 데 도움이 되는 신체활동과 운동의 역할은 다방면에서 설득력이 있다(Stults-Kolehmainen & Sinha, 2014).

근육 기능 장애 및 부상 증가의 증거

골격근(skeletal muscle)의 발달과 유지는 일생에 걸쳐 최적의 건강과 안녕을 위해 필수적이다. 골격근 조직은 전체 체질량의 상당 부분을 차지하며 활발하게 움직일 수 있도록 해준다. 신체활동이 너무 없으면 만성 질환의 위험이 증가하고 우리 몸의 근육 및 골격계에 기능 장애를 일으킬 수 있다. 부상의 위험이 증가하고 요통, 어깨 및 목 통증 등이 발생할 수 있다(Law & Sluka, 2017; Owen et al., 2010; Thorp et al., 2011).

당뇨병 Diabetes 인슐린 결핍으로 인한 만성 대사 장애로 탄수화물 사용이 감소하고 지방과 단백질 사용이 증가한다.

포도당 Glucose 인체가 에너지로 사용하는 가장 단순한 형태의 탄수화물

인슐린 저항성 Insulin resistance 세포가 인슐린에 반응하지 못하는 것. 제2형 당뇨병에 의해 발생한다.

암 Cancer 인체의 다른 부분을 침범하거나 퍼질 가능성이 있는 비정상적인 세포 성장과 관련된 질병 그룹

만성폐쇄폐질환 Chronic obstructive pulmonary disease (COPD) 폐기종, 만성 기관지염, 난치성 천식을 포함한 진행성 폐 질환을 설명하는 데 사용하는 일반적인 용어

엔돌핀 Endorphins 통증 인지 감소와 같은 다양한 생리적 기능을 제공하는 뇌에서 분비되는 호르몬 그룹

골격근 Skeletal muscle 뼈와 뼈를 연결하는 근육 조직으로 움직일 때 힘을 생성한다.

발 및 발목 기능 장애

발과 발목 부상은 일상생활에서 정상적인 활동을 심각하게 제한한다(Chinn & Hertel, 2010). 발과 발목 부위에서 발생하는 가장 흔한 두 가지 문제는 발목 염좌(삠, sprain)과 족저근막염(plantar fasciitis)이다.

발목 염좌는 발목을 접질리거나 비틀리거나 돌리면서 발목뼈를 붙잡아주고 발과 종아리를 연결해주는 인대가 늘어나거나 찢어지는 것을 말한다. 족저근막염은 발뒤꿈치뼈와 발가락을 연결하는 발바닥 조직(즉, 족저근막)에 염증이 생겨 종종 만성적인 발뒤꿈치 통증을 유발한다.

발과 발목은 몸 전체를 지탱한다. 그러므로 발과 발목관절의 장애는 무릎, 엉덩이 또는 허리와 같은 다른 부위에도 기능 장애를 일으킬 수 있다(Menz et al., 2013; Riskowski et al., 2013). 또한 이전에 발목을 다친 적이 있는 경우 안정적인 상태로 복귀시키는 재활을 하지 않으면 다시 부상을 입을 위험이 훨씬 커진다(Fulton et al., 2014). 여기서 피트니스 전문가는 운동 중 고객의 발과 발목의 자세를 모니터링하여 적절한 움직임 패턴을 개발할 수 있다.

무릎 기능 장애

무릎 통증은 연령이나 신체활동 수준에 관계없이 누구에게나 영향을 미칠 수 있는 일반적인 불편 사항이다. 무릎 통증의 원인에는 관절염, 급성(갑작스러운 발병) 손상 및 과사용(반복적) 손상 등이 있다. 논란의 여지없이 가장 흔한 무릎 손상 세 가지는 슬개건염(무릎뼈힘줄염, patellar tendonitis), 전방십자인대 파열[anterior cruciate ligament(ACL) tear], 안쪽곁인대 파열[medial collateral ligament(MCL) tear]이다. 일부 형태의 만성 무릎 통증은 과체중, 비만, 신체활동의 부족과도 관련이 있다(Frilander et al., 2016).

적절한 무릎 정렬과 자세에 대한 기초적인 이해를 가지고 부상의 위험을 최소화하기 위한 운동 기술을 모니터링할 줄 아는 것은 피트니스 전문가에게 매우 중요하다. 대개의 무릎 부상과 장애는 적절한 운동 기술, 보조 신발, 필요에 따른 운동과 신체활동 수정으로 예방할 수 있다. 준비 운동과 함께 규칙적으로 유연성과 근력을 기르는 트레이닝을 한다면 무릎 부상 발생률을 크게 줄일 수 있다(Park et al., 2018).

허리-골반-엉덩관절 복합체 장애

허리-골반-엉덩관절 복합체(LPHC)는 요추(요추 부위), 골반, 복부 및 엉덩관절(고관절) 근골격 구조로 구성되며 일반적으로 '코어'라고 한다. LPHC는 인체의 상반신과 하반신을 연결하기 때문에 중요한 해부학적 구조이다. LPHC의 근력과 안정성을 높이는 것은 건강, 스포츠 경기력 향상 및 부상 예방에 중요하다. 불안정한 코어는 팔다리가 힘을 적절하게 생성하는 능력을 제한하며 등 또는 엉덩이 통증을 일으키기 쉽다(De Blaiser et al., 2018; Granacher et al., 2013; Hewett et al., 2005; Richardson et al., 2002). 실제로 성인의 80%가 어떤 형태로든 한 번 이상의 요통을 경험한다(Nam, 2011). 따라서 피트니스 전문가는 코어를 구성하는 근육에 대한 실무 지식을 갖추고 코어 안정성과 근력을 증가시키는 피트니스 프로그램을 설계해야 한다.

어깨 기능 장애

어깨 통증은 신체의 노화로 흔히 발생한다. 쓰레기 버리기, 옷 입기, 머리 위로 손 뻗기와 같은 단순한 일상의 움직임은 어깨관절이 좋지 않을 때 더욱 불편해진다. 어깨 통증과 부상은 스포츠나 웨이트 트레이닝, 특히 머리 위로 기구를 들어 올리는 운동에서 흔히 발생한다. 어깨 문제는 어깨관절의 불안정성 또는 어깨의 연부조직이나 뼈 구조의 충돌로 인해 발생할 수 있다. 이를 어깨충돌증후군(shoulder impingement syndrome)이라고 한다(Mitchell et al., 2005).

너무나 많은 기능적 움직임들이 어깨와 관련되어 있기 때문에 피트니스 전문가는 근육과 구조에 대한 실무 지식이 있어야 한다. 규칙적으로 상체 유연성을 기르는 운동을 하면서 적절하게 시행되는 근력 트레이닝은 어깨 부상 위험을

염좌(삠) Sprain 인대가 지나치게 스트레칭되거나 찢어진 상태

족저근막염 Plantar fasciitis 발바닥을 따라 있는 섬유 조직(족저근막)의 염증으로 종종 심한 발꿈치 통증을 유발한다.

슬개건염(무릎뼈 힘줄염) Patellar tendonitis 무릎뼈와 정강뼈를 연결하는 힘줄의 손상 또는 염증

전방십자인대(ACL) 파열 Anterior cruciate ligament (ACL) tear 무릎 전방십자인대의 신장, 부분 파열 또는 완전 파열을 의미한다.

안쪽곁인대(MCL) 파열 Medial collateral ligament (MCL) tear 무릎 안쪽곁인대(내부측부인대)의 신장, 부분 파열 또는 완전한 파열을 의미한다.

어깨충돌증후군 Shoulder impingement syndrome 회전근개 조직이 어깨봉우리뼈에 마찰되어 발생하는 어깨 통증

줄이는 데 도움이 된다. 피트니스 전문가는 고객이 고강도 운동을 할 때 올바르게 수행하도록 해야 하며 개인의 능력과 목표에 적합한 트레이닝 프로그램에만 참여하도록 해야 한다. 예를 들어, 공격적인 키핑 풀업과 해머 스윙 운동은 고급 수준의 어깨 운동을 하지 않은 사람에게는 매우 위험할 수 있다(Summitt et al., 2016).

머리 및 목 기능 장애

두통과 목 통증은 흔한 질병으로 머리와 목의 잘못된 자세가 원인인 경우가 많다. 오랜 시간 컴퓨터 화면이나 휴대전화를 볼 때 대부분 자세가 나빠지기 쉽다. 요즘 휴대폰의 습관적인 사용이 거북목증후군에 영향을 미치는지를 확인하기 위해 많은 연구가 활발히 진행되고 있다(Gustafsson et al., 2017; Xie et al., 2016). 머리를 숙인 자세(아래를 내려다보는 것)는 목 부위의 많은 근육에 영향을 미치고 통증을 유발할 수 있다. 머리를 앞으로 내민 자세도 머리와 목 통증의 흔한 원인이다.

머리를 앞으로 내밀면 머리를 안정시키는 역할을 하는 경추(상부 부위)의 많은 근육에 부하가 걸린다. 점점 머리를 내민 자세에 몸이 적응하게 되면서 정면을 보기 위해 효율적으로 머리를 들어올리는 자세를 찾기 때문에 목 부위의 기능 장애를 유발할 수 있다. 머리를 내민 자세는 컴퓨터 앞에서 일상적으로 작업하면서 초점을 맞추려고 자연스럽게 머리를 화면쪽으로 이동시키는 사무직 근로자와 기타 개인에게서 볼 수 있다(Nejati et al., 2015; Szeto et al., 2002).

운동은 머리를 앞으로 내미는 자세를 보이는 사람, 특히 목의 불편함을 호소하는 사람에게 도움이 되는 것으로 나타났다(Sheikhhoseini et al., 2018). 피트니스 전문가를 찾는 사람은 주로 일상적으로 휴대전화를 많이 사용하는 사람들과 종일 컴퓨터 작업을 해야 하는 회사원이다. 따라서 피트니스 전문가는 부상 위험을 최소화하고 올바른 자세와 움직임을 할 수 있도록 운동 중 고객의 머리와 목 위치를 모니터링해야 한다.

© Monkey Business Images/Shutterstock.

헬스케어 연속체

헬스케어 연속체(그림 1-8)는 다양한 진입점(즉, 의료 서비스가 필요한 이유), 제공되는 의료 유형(즉, 선택할 전문가), 의도된 결과(즉, 개인이 달성하고자 하는 목표)를 통해 체계적으로 의료 산업을 볼 수 있게 한 것이다. 헬스케어 연속체는 예방적, 치료적 및 장기적인 의료 요구의 스펙트럼을 설명

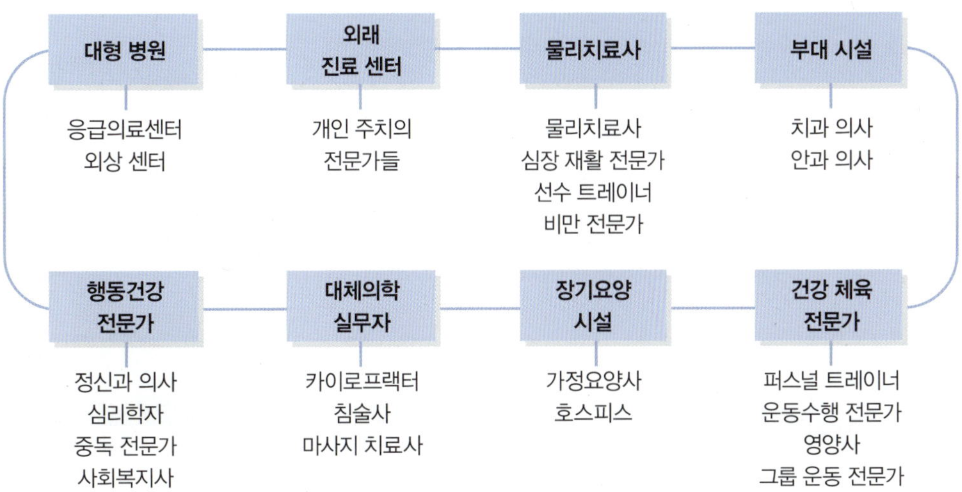

그림 1-8 헬스케어 연속체

한다. 예를 들어, 부상으로 응급실에 입원하는 것은 급성 치료인 반면, 피트니스 전문가와 함께하는 트레이닝은 예방적인 것으로 분류한다.

전반적으로 헬스케어 연속체를 통해 건강 및 웰빙의 어떤 구성 요소에서 면허가 있는 전문가가 필요한지, 어떤 구성 요소가 개인이 완전히 통제할 수 있는지를 명확하게 이해할 수 있다. 이제 더 이상 건강 관리는 아프거나 다쳤을 때 병원에 가는 것만을 의미하지는 않는다. 건강 관리의 현대적 해석은 높은 수준의 자기 관리와 전문적 치료를 결합해 총체적인 삶의 질을 개선하고 확장하는 것을 목표로 하는 역동적인 과정이다.

공인 퍼스널 트레이너는 질병이나 부상을 예방하는 예방 치료의 한 형태로 사람들의 삶에 중요한 역할을 하기 때문에 헬스케어 연속체에서 중요한 부분이다. 또한 이들은 부상을 입거나 질병 진단을 받은 사람을 위해 의료 전문가의 승인하에 운동을 통해 고객의 건강 개선을 돕는다. 따라서 공인 퍼스널 트레이너는 다양한 건강 관련 전문가와 네트워크를 형성하여 고객의 질문이나 우려 사항이 전문가에게 전달될 수 있도록 하는 것이 중요하다.

연합 보건 전문가

대개 피트니스 전문가는 면허가 있는 의료 서비스 제공자와 고객 사이의 다리 역할을 한다. 공인 퍼스널 트레이너는 다른 의료 제공자와 함께 안전하고 효과적인 교육 프로그램을 개발하고 구현하는 데 중요한 역할을 한다. 그러므로 피트니스 전문가는 미래에 함께 일할 수 있는 의료 전문가 유형에 대한 실무 지식을 갖추는 것이 중요하다. 다른 건강 관련 전문가들과의 네트워크는 번창하는 피트니스 사업을 구축하는 데 있어 매우 중요하다. 각자의 서비스에 대해 서로를 참조하고 고객이 신뢰할 수 있는 커뮤니티를 구축할 수 있기 때문이다. 공인 퍼스널 트레이너는 종종 다음과 같은 관련 의료 전문가와 네트워크를 형성한다.

- **물리치료사** 물리치료사는 신체 재활의 많은 분야에서 교육을 받은 실무자이다. 물리치료사는 병원, 재활센터, 요양원, 학교, 피트니스 또는 스포츠 컨디셔닝 시설과 같은 다양한 환경에서 부상을 입은 고객이 일상으로 돌아갈 수 있도록 돕는다.
- **선수 재활 트레이너** 선수 재활 트레이너는 대개 응급 상황에서 의사와 함께 일하며 의료 기술자 및 기타 의료 제공자와 함께 부상을 진단하고 치료하는 데 도움을 준다. 많은 선수 재활 트레이너는 스포츠 의학 팀의 일원으로서 스포츠 팀과 함께 일한다. 그러나 선수 재활 트레이너들은 다양한 피트니스 관련 환경이나 학교에서 일할 수도 있다.
- **카이로프랙터(척추교정사)** 카이로프랙틱 의사는 면허를 받은 전문 의료인으로서(미국의 경우) 주로 척추 정렬과 관련된 상태를 다룬다. 몸 안의 모든 신경이 척수와 연결되어 있기 때문에 카이로프랙터는 척추를 지압하여 신경계 기능 장애 완화에 도움을 준다.
- **공인 영양사** 공인 영양사는 필수 국가 인증 시험을 통과한 식품 및 영양 전문가이다. 이들은 수많은 고객과 환자에게 영양에 대해 조언하거나 치료 및 상담을 해주며, 만성 질환의 치료 및 관리를 위해 전문적인 영양 요법을 실시한다. 이들은 병원, 요양원, 학교, 피트니스 또는 스포츠 컨디셔닝 센터와 같은 다양한 곳에서 일한다.
- **공인 마사지 치료사** 마사지 치료사는 마사지 요법을 시행하는 전문가로서 물리적 접촉을 통해 신체의 근육 및 기타 연부조직의 치료를 돕는다. 이들은 면허를 취득해 재활센터, 피트니스 또는 스포츠 컨디셔닝 센터, 고급 리조트 및 스파와 같은 다양한 환경에서 근무하거나 독립적으로 일한다.

공인 피트니스 전문가

피트니스 전문가에는 공인 퍼스널 트레이너, 그룹 피트니스 강사, 체력 및 컨디셔닝 코치가 포함된다. 공인 퍼스널 트레이너는 피트니스 및 운동 과학에 대한 전문 지식을 갖고 국가 인증을 통과한 전문가이다. 이들은 안전하게 운동 프로그램을 이끌고 라이프 스타일의 변화를 주기 위해 고객을 관찰한다. 그런 다음 목표를 설정하고 트레이닝을 진행하며 피드백을 해주고 권장 사항들을 제공하여 고객에게 동기를 부여한다.

그룹 피트니스 강사는 대규모 그룹 운동 수업을 통해 개인을 가르치고, 리드하며, 동기를 부여하는 전문가를 말한다. 이들은 여러 수업 형식과 환경에서 안전한 교육을 제공하는 데 필요한 다양한 수준의 지식으로 트레이닝하고 교육한다. 그룹 피트니스 강사들은 그룹 운동이나 더 구체적인 전문 분야(예를 들어, 실내 사이클링, 에어로빅 댄스, 필라테스, 요가)의 자격증을 가지고 있다. 그룹 피트니스 대상은 대부분 겉보기에 건강한 사람들로 제한되어 있는데, 왜냐하면 이들은 그룹 수업에 참석하기 전에 피트니스 평가에 거의 참여하지 않기 때문이다.

근력 및 컨디셔닝 코치는 경쟁력 있는 운동선수를 위한 근력 및 컨디셔닝 프로그램을 설계하고 시행하는 고급 지식, 트레이닝 및 경험을 갖춘 피트니스 전문가이다. 이들 대부분은 운동과학 관련 분야의 학사 학위, 하나 이상의 국가 자격증, 그리고 운동선수들과 함께 일한 상당한 실무 경험을 가지고 있다. 이들은 청소년부터 엘리트 프로 운동선수까지 수준이나 연령에 상관없이 모든 선수들과 함께 일할 수 있다.

공인 퍼스널 트레이너의 역할

초급 퍼스널 트레이너는 건강한 고객과 함께 일하는 피트니스 전문가이지만, 추가 트레이닝, 교육 및 경험을 통해 만성 질환이 있는 고객들을 포함하여 더 넓은 범위의 고객과 함께 일할 수 있는 자격을 갖추게 된다. 이들은 일반적으로 고객과 일대일 또는 소규모 그룹으로 활동하며, 다양한 체력 상태, 자세 및 신체 구성(체성분) 평가로 고객의 장단점을 객관적으로 평가한다. 그런 다음 고객이 원하는 건강 상태, 웰빙 및 피트니스 목표를 달성할 수 있도록 안전하고 효과적인 운동 프로그램을 설계한다.

공인 퍼스널 트레이너는 또한 일반적인 건강 정보 및 목표 달성에 더 도움이 되는 기본 영양 지침을 포함해 다른 질병에 대해서도 정보를 제공한다. 또한 체육관 안팎에서 고객의 생활 습관을 평가하고 장기적으로 건강에 좋지 못한 습관들을 개선해 나갈 수 있도록 입증된 코칭 기술을 적용해야 한다. 이런 방식으로 공인 퍼스널 트레이너는 고객이 목표를 달성하도록 최선을 다해 돕는다.

또한, 공인 퍼스널 트레이너는 자신의 전문 분야에 따라 맞춤식 교육을 실시해야 한다. 만약 자신의 고객 중 한 명이 운동을 지속할 수 없는 의학적 상황에 놓여 있다면 그는 해당 고객을 적절한 자격을 갖춘 의료 전문가에게 연결해 평가 및 확인을 의뢰해야 한다.

업무 범위 및 행동 강령

업무 범위는 해당 전문가가 직업상의 법적 테두리 안에서 할 수 있는 모든 것을 나타낸다. 의사나 변호사처럼 업무 범위를 법으로 엄격하게 규제하는 직업도 있고, 모호하게 개인의 해석에 맡기는 직업도 있다. 게다가 직업의 실행 범위는 국가나 지역에 따라 다를 수 있다. 한 지역에서 허용되는 것이 단순히 국경을 넘는 것만으로 완전히 금지될 수도 있다.

때로는 정부 규정에 없는 직업이 다른 인접 분야와의 연관성을 통해 직업으로서의 업무 범위를 가질 수도 있다. 피트니스 전문가들도 이 범주에 속한다. 미국 및 전 세계 많은 선진국에서 공인 퍼스널 트레이너로 일하는 것과 관련된 구체적인 법적 등록 사항이나 규정은 없다. 그러나 관련 의료 전문직에는 공인 퍼스널 트레이너가 특정 건강 관련 활동을 수행하는 것을 금지하고 있다. 예를 들어, 많은 지역에서 영양 치료는 등록된 영양사 또는 면허가 있는 의료 제공자에 의해서만 허락한다. 그러나 어떤 지역에서는 면허증이 없어도 누구나 영양 관련 조언을 해줄 수 있다. 따라서 모든 피트니스 전문가는 자신의 업무 범위뿐만 아니라 인접 의료 전문가의 업무 범위까지 완전히 이해한 상태에서 고객에게 서비스를 제공해야 하며, 건강 및 웰빙 서비스와 관련한 현지의 모든 법률 및 규정을 최신의 것으로 파악하는 것이 매우 중요하다.

공인 퍼스널 트레이너의 직무 범위

공인 퍼스널 트레이너는 개인별 평가를 수행하고, 고객을 위해 안전하고 효과적이며 과학적인 운동 및 컨디셔닝 프로그램을 설계하는 전문가이다. 이때 고객은 특별한 이유 없이 방문하거나 의학적으로 운동을 권장받은 사람들일 수 있다.

공인 퍼스널 트레이너는 고객에게 운동 프로그램, 일반적인 영양 정보, 생활 습관 개선을 제안해 고객이 자신의 건강 및 성과 목표를 달성할 수 있도록 지침을 제공한다. 이들은 응급 심장 진료(심폐소생술) 자격증을 보유하고 있으며 응급 상황에서 적절하게 대응할 수 있다. 공인 퍼스널 트레이너는 통증이나 질병을 진단하거나 치료하지 않으며, 필요한 경우 고객을 다른 의료 전문가에게 의뢰한다. NASM 공인 퍼스널 트레이너는 항상 NASM의 직업행동강령을 준수한다.

NASM 전문가 직업행동강령

NASM은 고객과 전문가를 보호하기 위해 윤리 강령 및 지침을 제정했다. 응시자는 NASM 전문가 직업행동강령에 동의하고 따라야 한다.

프로페셔널리즘

각 공인 전문가는 최적의 전문 서비스를 제공하고 실무에서 탁월하게 고객을 관리해야 한다. 특히 공인 전문가는 다음 원칙을 지켜야 한다.

1. NASM 직업행동강령을 철저히 준수한다.
   일반인, 다른 동료 및 NASM의 존경을 받을 만한 방식으로 행동한다.
2. 동료와 고객을 최대한 존중하고 품위 있게 대한다.
3. 동료 및 고객의 행동에 대해 허위 또는 무례한 추측을 하지 않는다.
4. 모든 구두, 비언어 및 서면 거래에서 적절한 전문적 커뮤니케이션을 사용한다.
5. 고객의 안전을 보장하기 위해 공인 전문가는 다음과 같은 환경을 제공한다.
   a. 기본적 응급처치에 대해 공인 전문가로서 법적 허가를 받았고, 당시 해당 자격으로 일하고 있는 경우가 아니면 질병이나 부상을 진단하거나 치료하지 않는다.
   b. 진단된 질병이 있는 고객은 교육하지 않는다. 단, 공인 전문가로부터 특별 교육을 받은 경우, 면허가 있는 의료 전문가의 감독 절차를 따를 때, 행위에 대한 법적 면허를 받은 경우, 당시 해당 자격으로 일하고 있는 경우는 제외한다.
   c. 고객이 서명한 현재 건강 이력 설문지를 받고 검토하기 전에는 고객 교육을 시작하지 않는다.
   d. 항상 NASM이 승인한 최신 심폐소생술 및 자동제세동기 인증을 보유하고 있어야 한다.
6. 공인 전문가는 최소한 다음과 같은 상황에서 고객을 적절한 의사에게 의뢰한다.
   a. 고객의 건강 상태 또는 약물의 변화를 인지한 경우
   b. 진단되지 않은 질병, 부상 또는 위험 요소를 알게 된 경우
   c. 전문적인 치료가 필요한 교육 세션 중 비정상적인 고객의 고통 혹은 불편함을 인지했을 때 즉시 세션 중단
7. 고객이 영양 및 보충 조언을 요청해올 때 공인 전문가는 다른 의료 전문가를 소개한다. 단, 공인 전문가가 특별히 해당 교육을 받았거나 자격증을 보유하고 있는 경우, 해당 자격으로 일하고 있는 경우는 예외로 한다.
8. 건강 및 피트니스 환경에 적합한 개인 위생 수준을 유지한다.
9. 깨끗하고 단정해야 하며 전문 복장을 착용한다.
10. 지속적인 교육을 통해 교육 내용을 업데이트하며 현재 인증 상태를 잘 유지해 나간다.

기밀성

각 공인 전문가는 모든 고객 정보의 기밀을 보장한다. 공인 전문가는 전문적 역할에서 다음 원칙을 지켜야 한다.

1. 고객과의 대화, 광고 및 기타 모든 영역에서 고객의 기밀을 보호한다. 단, 고객이 서면으로 동의한 경우, 의료 사고로 인해 필요한 경우, 법적으로 요구되는 경우는 제외한다.
2. 법적 미성년자이거나 자발적 동의가 불가능한 경우 적절한 제3자 또는 보호자의 법적 허가를 확보하여 고객의 권익을 보호한다.
3. 고객의 기록은 안전하게 보관하거나 폐기한다.

법적 및 윤리적 규정

각 공인 전문가는 해당 관할 구역 내의 모든 법적 요구 사항을 준수해야 한다. 공인 전문가는 다음을 수행해야 한다.

1. 모든 지방, 주, 연방 및 지방 법률, 규정 및 전문 규칙을 준수한다.
2. 자신의 행동에 대해 완전하게 책임진다.
3. 기록은 항상 정확하고 진실되게 유지한다.
4. 기존의 모든 저작권, 상표 및 지적재산권 법률을 존중하고 지지한다.

NASM은 중범죄 또는 경범죄로 유죄 판결을 받았거나, 법적 절차를 통해 중죄 또는 경범죄에 대해 유죄를 인정하거나(이의제기 없음), 자신의 전문적 역량을 수행하는 과정에서 부주의하거나, 부상 또는 피해에 대한 책임이 있거나, 대중에게 서비스를 제공하기 위한 자격을 허위로 표시한 경우, 개인의 인증을 취소하거나 다른 조치를 취할 수 있다.

업무 관행 규정

각 공인 전문가는 정직, 성실, 합법성을 바탕으로 업무를 수행한다. 공인 전문가는 다음을 수행해야 한다.

1. 적절한 책임 보험을 유지한다.
2. 각 고객에 대한 적절하고 진실된 진행 기록을 보유한다.
3. 제공하는 서비스나 서비스 제공 자격을 고객에게 정확하고 진실되게 알린다.
4. 직업적 자격과 소속을 정직하고 진실되게 표현한다.
5. 정직하고 품위 있는 방식으로 광고하되, 선정적인 언어 또는 사진을 사용하지 않는다.
6. 최소 4년까지 영수증 원본을 포함하여 정확한 재무, 계약, 임명, 세금 기록을 보관한다.
7. 성희롱을 포함한 괴롭힘 및 차별에 관한 모든 지역, 주, 지방 법률과 고용주 규칙을 준수한다.

요약

피트니스 및 건강 관련 산업 내에서 공인 퍼스널 트레이너의 역할은 지속적으로 증가하고 있다. 피트니스 전문가는 피트니스와 퍼스널 트레이닝 분야와 관련해 빠르게 변화하는 지식과 기술의 상태를 이해할 필요가 있다. 고도로 발달한 기술과 편리한 장비들은 현대 생활의 거의 모든 측면에 영향을 미쳐 많은 사람의 신체활동을 감소시켰다. 게다가 풍부한 음식, 과식을 유도하기 쉬운 음식들이 더해지면서 과체중이거나 비만인 환경을 조성해 만성 질환자들이 늘고 있다. 이러한 시대에 피트니스 전문가는 사람들을 보다 활동적으로 만들고, 생활 습관을 개선하여 행복하고 건강한 삶을 영위하도록 코칭하는 역할을 해준다.

제1장 리뷰

움직임이 적은 생활 습관과 편의 중심의 식단은 비만 및 비만 관련 만성 질환을 부추기고 있다. 이와 관련해 피트니스 전문가의 필요성은 그 어느 때보다도 절실하다. 만성 질환과 근골격 기능 장애가 미치는 영향은 개인뿐만 아니라 세계 경제적 측면에서도 영향력이 어마어마하다. 심장병, 암, 당뇨병을 포함한 만성 질환은 전 세계 많은 지역에서 사망과 장애의 주요 원인이며, 신체활동 부족과 불균형한 식단은 전 세계적으로 만성 질환을 일으키는 주요 요인이 되고 있다.

다른 건강 및 웰니스 전문가들과 함께 공인 퍼스널 트레이너는 고객의 지속적인 건강 및 건강 증진에 도움이 되는 강력한 변화의 원동력이다. 또한 공인 퍼스널 트레이너는 의료 연속체의 중요한 부분이다. 왜냐하면 예방 의료의 한 형태가 될 수 있으며, 고객이 의료 허가를 받으면 질병이나 부상 후 건강을 개선하는 데 도움을 줄 수 있기 때문이다. 건강한 식사, 규칙적인 신체활동과 같은 간단한 전략만으로 극적인 결과를 가져올 수 있으며, 만성 질환과 근골격계 기능 장애를 예방하고 치료하는 데 도움을 줄 수 있다.

제1장 하이라이트

- 과학적 원리에 초점을 맞춘 NASM의 시스템과 방법론은 어떤 피트니스 목표를 위해서든지 안전하고 효과적이다.
- NASM은 모든 피트니스 전문가들이 근거에 기반하여 최고 수준의 트레이닝을 실천할 것을 권장한다.
- 근거기반의 트레이닝이란 고객 또는 환자의 케어에 대한 의사결정에 있어 현재 최상의 근거를 양심적으로

사용하는 것이다.

- NASM의 독자적인 접근 방식인 OPT 모델은 근거기반 실무를 핵심 철학으로 개발되었다.
- 급성 질환은 갑자기 발생하는 의학적 상태로 단기간에 치료 및 치유가 가능하다.
- 만성 질환은 증상이 빠르게 사라지거나 완치되지 않고 지속되는 의학적 상태이다.
- 과체중, 비만이라는 용어는 과도한 체지방으로 인해 키에 대한 정상 체중보다 큰 체중을 의미한다.
- 과체중이나 비만은 만성 질환의 발생 가능성을 크게 높인다.
- 심혈관 질환은 뇌졸중, 심장마비, 심부전, 심장판막 질환, 부정맥 등 심장과 혈관의 많은 문제를 기술하는 광범위한 용어이다.
- 고혈압은 세계 주요 사망 원인인 심장 질환과 뇌졸중의 주요 위험 요인 중 하나이다.
- 콜레스테롤은 혈액 속에서 발견되는 단백질과 지방산의 조합으로 구성된 밀랍성 물질이다.
- 당뇨병은 혈당 수치가 너무 높은 질환이다. 포도당은 우리가 먹는 음식에서 나온다.
- 인슐린은 췌장에서 생성되는 호르몬으로서, 일에 필요한 에너지를 생산할 수 있도록 세포에 포도당이 들어가는 것을 돕는다.
- 암은 광범위한 유전적, 환경적 요인으로 비정상적으로 세포가 성장하는 것이다.
- 만성폐쇄폐질환(COPD)은 호흡 곤란 증가, 기류 제한 및 폐 기능의 지속적인 감소를 특징으로 하는 폐 질환을 포괄적으로 이르는 말이다.
- 발과 발목에서 가장 흔한 두 가지 문제는 염좌(삠)와 족저근막염이다. 발목 염좌는 발목을 접질리거나 비틀거나 돌리면서 인대가 늘어나거나 찢어져 발생하고, 족저근막염은 발 아래쪽에 위치한 족저근막 조직에 통증이 유발되면서 발생한다.
- 허리–골반–엉덩관절 복합체(LPHC)는 요추, 골반, 복부 및 엉덩이 근골격 구조로 구성된다. 일반적으로 '코어'라고도 하는데, LPHC는 인체의 상반신과 하반신을 연결하기 때문에 중요한 해부학적 구조이다.
- 어깨 기능 장애는 많은 사람, 특히 머리 위로 물건을 자주 드는 사람들에게서 종종 나타난다.
- 규칙적인 운동과 신체활동의 증가는 다양한 근골격계 기능 장애와 만성 질환을 개선한다는 연구 결과가 많다.
- 공인 퍼스널 트레이너가 항상 자신의 업무 범위 내에서 작업할 수 있기 위해서는 인접한 관련 의료 전문가의 업무 범위와 관련 현지 법률 및 규정을 모두 이해하고 있어야 한다.
- 다른 건강 관련 전문가와 공인 피트니스 전문가가 네트워크를 형성하면 피트니스 업계에서 큰 성공을 거둘 수 있다.
- NASM 공인 퍼스널 트레이너는 항상 NASM 직업행동강령을 준수해야 한다.

참고 문헌

Agarwal, S. K. (2012). Cardiovascular benefits of exercise. *International Journal of General Medicine, 5*, 541–545.

American College of Obstetricians and Gynecologists. (July 2019). Exercise After Pregnancy. Retrieved from https://www.acog.org / Patients/FAQs/Exercise-After-Pregnancy?IsMobileSet=false

American Diabetes Association. (2020). Facilitating behavior change and well-being to improve health outcomes: Standards of medical care in diabetes—2020. *Diabetes Care, 43*(*Suppl. 1*), s48–s65.

Bender, B. G., Depew, A., Emmett, A., Goelz, K., Make, B., Sharma, S., . . . Stempel, D. (2016). A patient-centered walking program for COPD. *Chronic Obstructive Pulmonary Diseases, 3*(4), 769–777.

Benjamin, E. J., Blaha, M. J., Chiuve, S. E., Cushman, M., Das, S. R., Deo, R., . . . Mutner, P. (2017). Heart disease and stroke statistics—2017 update: A report from the American Heart Association. *Circulation, 135*(10), e146–e603.

Birhanu, M., Gebrekidan, B., Tesefa, G., & Tareke, M. (2018). Workload determines workplace stress among health professionals working in Felege-Hiwot Referral Hospital, Bahir Dar, Northwest Ethiopia. *Journal of Environmental and Public Health, 2018*(5), 1–8. https:// doi.org/10.1155/2018/6286010

Blair, S. N. (2009). Physical inactivity: The biggest public health problem of the 21st century. *British Journal of Sports Medicine, 43*(1), 1–2.

Bloom, D. E., Cafiero, E. T., Jané-Llopis, E., Abrahams-Gessel, S., Bloom, L. R., Fathima, S., . . . Weinstein, C. (2011). *The global economic burden of noncommunicable diseases.* Geneva: World Economic Forum.

Bray, F., Ferlay, J., Soerjomataram, I., Siegel, R. L., Torre, L. A., & Jemal, A. (2018). Global cancer statistics 2018: GLOBOCAN estimates of incidence and mortality worldwide for 36 cancers in 185 countries. *CA: A Cancer Journal for Clinicians, 68*(6), 394–424.

Bruning, R. S., & Sturek, M. (2015). Benefits of exercise training on coronary blood flow in coronary artery disease patients. *Progress in Cardiovascular Diseases, 57*(5), 443–453. https://doi.org/10.1016/j .pcad.2014.10.006

Brunjes, D. L., Kennel, P. J., & Christian Schulze, P. (2017). Exercise capacity, physical activity, and morbidity. *Heart Failure Reviews, 22*(2), 133–139. https://doi.org/10.1007/s10741-016-9592-1

Carpio-Rivera, E., Moncada-Jiménez, J., Salazar-Rojas, W., & Solera-Herrera, A. (2016). Acute effects of exercise on blood pressure: A meta-analytic investigation. *Arquivos Brasileiros de Cardiologia, 106*(5), 422–433.

Centers for Disease Control and Prevention, the North American Association of Central Cancer Registries, the American Cancer Society, & the National Cancer Institute. (2019). *Annual Report to the Nation on the Status of Cancer*. Retrieved from https:// seer.cancer.gov/report_to_nation/

Centers for Disease Control and Prevention. (2019). About physical activity: Why it matters. Retrieved from https://www.cdc.gov / physicalactivity/about-physical-activity/why-it-matters.html

Centers for Disease Control and Prevention. (2020a). Physical activity and health: The benefits of physical activity. Retrieved from https://www.cdc.gov/physicalactivity/basics/pa-health/index.htm

Centers for Disease Control and Prevention. (2020b). National Center for Chronic Disease Prevention and Health Promotion: Poor Nutrition Fact Sheet. Retrieved from https://www.cdc.gov /chronicdisease/resources/publications/factsheets/nutrition.htm

Centers for Disease Control and Prevention. (2020c). High cholesterol facts. Retrieved from https://www.cdc.gov/cholesterol/facts.htm

Chinn, L., & Hertel, J. (2010). Rehabilitation of ankle and foot injuries in athletes. *Clinics in Sports Medicine*, *29*(1), 157–167.

Danaei, G., Ding, E. L., Mozaffarian, D., Taylor, B., Rehm, J., Murray, C. J. L., & Ezzati, M. (2009). The preventable causes of death in the United States: Comparative risk assessment of dietary, lifestyle, and metabolic risk factors. *PLOS Medicine*, *6*(4), e1000058.

Darden, D., Richardson, C., & Jackson, E. A. (2013). Physical activity and exercise for secondary prevention among patients with cardiovascular disease. *Current Cardiovascular Risk Reports*, *7*(6), 1–10.

De Blaiser, C., Roosen, P., Willems, T., Danneels, L., Bossche, L. V., & De Ridder, R. (2018). Is core stability a risk factor for lower extremity injuries in an athletic population? A systematic review. *Physical Therapy in Sport*, *30*, 48–56.

Densen, P. (2011). Challenges and opportunities facing medical education. *Transactions of the American Clinical and Climatological Association*, *122*, 48–58.

deVries, M. W. & Wilkerson, B. (2003). Stress, work and mental health: A global perspective. *Acta Neuropsychiatra*, *15*(1):44–53. https:// doi.org/10.1034/j.1601-5215.2003.00017.x

Distefano, L., Distefano, M., Frank, B., Clark, M., & Padua, D. (2013) Comparison of integrated and isolated training on performance measures and neuromuscular control. *Journal of Strength & Conditioning Research*, *27*(4), 1083–1090. https://doi.org/10.1519 / JSC.0b013e318280d40b

Finegold, J. A., Asaria, P., & Francis, D. P. (2013). Mortality from ischaemic heart disease by country, region, and age: Statistics from World Health Organisation and United Nations. *International Journal of Cardiology*, *168*(2), 934–945. https://doi.org/10.1016/j .ijcard.2012.10.046

Fink, G. (Ed.). (2016). *Stress: Concepts, cognition, emotion, and behavior*. New York: Elsevier. Frilander, H., Viikari-Juntura, E., Heliovaara, M., Mutanen, P., Mattila, V. M., & Solovieva, S. (2016). Obesity in early adulthood predicts knee pain and walking difficulties among men: A life course study. *European Journal of Pain*, *20*(8), 1278–1287. https:// doi. org/10.1002/ejp.852

Fulton, J., Wright, K., Kelly, M., Zebrosky, B., Zanis, M., Drvol, C., & Butler, R. (2014). Injury risk is altered by previous injury: A systematic review of the literature and presentation of causative neuromuscular factors. *International Journal of Sports Physical Therapy*, *9*(5), 583–595.

GBD 2015 Obesity Collaborators. (2017). Health effects of overweight and obesity in 195 countries over 25 years. *New England Journal of Medicine*, *377*(1), 13–27.

Granacher, U., Gollhofer, A., Hortobágyi, T., Kressig, R. W., & Muehlbauer, T. (2013). The importance of trunk muscle strength for balance, functional performance, and fall prevention in seniors: A systematic review. *Sports Medicine*, *43*(7), 627–641.

Grundy, S. M., Stone, N. J., Bailey, A. L., Beam, C., Birtcher, K. K., Blumenthal, R. S., . . . Yeboah J. (2018). AHA/ACC/AACVPR / AAPA/ABC/ACPM/ADA/AGS/APhA/ASPC/NLA/PCNA guideline on the management of blood cholesterol: A report of the American College of Cardiology/American Heart Association Task Force on Clinical Practice Guidelines. *Circulation*, *139*(25), e1082–e1143.

Gustafsson, E., Thomée, S., Grimby-Ekman A., & Hagberg, M. (2017). Texting on mobile phones and musculoskeletal disorders in young adults: A five-year cohort study. *Applied Ergonomics*, *58*, 208–214. https://doi.org/10.1016/j.apergo.2016.06.012

Hallal, P., Andersen, L., Bull, F., Guthold, R., Haskell, W., Ekelund, U., & Lancet Physical Activity Series Working Group. (2012). Global physical activity levels: Surveillance progress, pitfalls, and prospects. *Lancet*, *380*(9838), 247–257. https://doi.org/10.1016 /S0140-6736(12)60646-1

Hernandez-Vila, E. (2015). A review of the JNC 8 blood pressure guideline. *Texas Heart Institute Journal*, *42*(3), 226–228. https://doi.org/10.14503/THIJ-15-5067

Hewett, T. E., Myer, G. D., & Ford, K. R. (2005). Reducing knee and anterior cruciate ligament injuries among female athletes: a systematic review of neuromuscular training interventions. *Journal of Knee Surgery*, *18*(1), 82–88. https://doi.org/10.1055 /s-0030-1248163

Hruby, A., & Hu, F. B. (2015). The epidemiology of obesity: A big picture. *PharmacoEconomics*, *33*(7), 673–689.

Janssen, D. J., Franssen, F. M., Wouters, E. F., Schols, J. M., & Spruit, M. A. (2011). Impaired health status and care dependency in patients with advanced COPD or chronic heart failure. *Quality of Life Research*, *20*(10), 1679–1688. https://doi.org/10.1007 /s11136-011-9892-9

Kelly, J., Sadeghieh, T., & Adeli, K. (2014). Peer review in scientific publications: benefits, critiques, & a survival guide. *Journal of the International Federation of Clinical Chemistry and Laboratory Medicine*, *25*(3), 227–243.

Kharroubi, A. T., & Darwish, H. M. (2015). Diabetes mellitus: The epidemic of the century. *World Journal of Diabetes*, *6*(6), 850–867. https://doi.org/10.4239/wjd.v6.i6.850

Kokkinos, P. (2012). Physical activity, health benefits, and mortality risk. *ISRN Cardiology*, 718789. https://doi.org/10.5402/2012/718789

Law, L. F., & Sluka, K. A. (2017). How does physical activity modulate pain? *Pain*, *158*(3), 369–370. https://doi.org/10.1097/j.pain .0000000000000792

Mann, S., Beedie, C., & Jimenez, A. (2014). Differential effects of aerobic exercise, resistance training and combined exercise modalities on cholesterol and the lipid profile: Review, synthesis and recommendations. *Sports Medicine*, *44*(2), 211–221. https:// doi.org/10.1007/s40279-013-0110-5

Menz, H. B., Dufour, A. B., Riskowski, J. L., Hillstrom, H. J., & Hannan, M. T. (2013). Foot posture, foot function and low back pain: The Framingham Foot Study. *Rheumatology*, *52*(12), 2275–2282. https://doi.org/10.1093/rheumatology/ket298

Misselbrook, D. (2014). W is for wellbeing and the WHO definition of health. *British Journal of General Practice*, *64*(628), 582. Retrieved from https://www.ncbi.nlm.nih.gov/pmc/articles /PMC4220217/

Mitchell, C., Adebajo, A., Hay, E., & Carr, A. (2005). Shoulder pain: Diagnosis and management in primary care. *BMJ*, *331*(7525), 1124–1128. https://doi.org/10.1136/bmj.331.7525.1124

Moraes-Silva, I., Mostarda, C., Silva-Filho, A. & Irigoyen, C. (2017). Hypertension and exercise training: Evidence from clinical studies. *Advances in Experimental Medicine and Biology*, *1000*, 65–84. https://doi.org/10.1007/978-981-10-4304-8_5

Nam, G. B. (2011). Exercise, heart and health. *Korean Circulation Journal*, *41*(3), 113–121. https://doi.org/10.4070/kcj.2011.41.3.113

National Cancer Institute. (2015). Understanding cancer: What is cancer? Retrieved from https://www.cancer.gov/about-cancer / understanding/what-is-cancer#related-diseases

Nejati, P., Lotfian, S., Moezy, A., & Nejati, M. (2015). The study of correlation between forward head posture and neck pain in Iranian office workers. *International Journal of Occupational Medicine and Environmental Health, 28*(2), 295–303. https:// doi.org/10.13075/ ijomeh.1896.00352

Nelson, R. H. (2013). Hyperlipidemia as a risk factor for cardiovascular disease. *Primary Care, 40*(1), 195–211. https://doi.org/10.1016/j .pop.2012.11.003

Nuttall, F. Q. (2015). Body mass index: Obesity, BMI, and health: A critical review. *Nutrition Today, 50*(3), 117–128. https:// doi.org/10.1097/ NT.0000000000000092

Ogden, L. G., Stroebele, N., Wyatt, H. R., Catenacci, V. A., Peters, J. C., Stuht, J., . . . Hill, J. O. (2012). Cluster analysis of the national weight control registry to identify distinct subgroups maintaining successful weight loss. *Obesity, 20*(10), 2039–2047.

O'Keefe, J. H., Jr, Cordain, L., Harris, W. H., Moe, R. M., & Vogel, R. (2004). Optimal low-density lipoprotein is 50 to 70 mg/dl: Lower is better and physiologically normal. *Journal of the American College of Cardiology, 43*(11), 2142–2146.

Owen, N., Healy, G., Matthews, C., & Dunstan, D. (2010). Too much sitting: The population-health science of sedentary behavior. *Exercise and Sports Sciences Reviews, 38*(3), 105. https://doi .org/10.1097/ JES.0b013e3181e373a2

Park, H., Jung, M., Park, E., Lee, C., Jee, Y., Eun, D., . . . Yoo, J. (2018). The effect of warm-ups with stretching on the isokinetic moments of collegiate men. *Journal of Exercise Rehabilitation, 14*(1), 78–82. https://doi.org/10.12965/jer.1835210.605

Prospective Studies Collaboration. (2002). Age-specific relevance of usual blood pressure to vascular mortality: a meta-analysis of individual data for one million adults in 61 prospective studies. *Lancet, 360*(3949), 1903–1913.

Quaderi, S. A., & Hurst, J. R. (2018). The unmet global burden of COPD. *Global Health, Epidemiology and Genomics, 3*, e4. https:// doi. org/10.1017/gheg.2018.1

Raghupathi, W., & Raghupathi, V. (2018). An empirical study of chronic diseases in the United States: A visual analytics approach. *International Journal of Environmental Research and Public Health, 15*(3), e431. https://doi.org/10.3390/ijerph15030431

Rebar, A., Stanton, R., Geard, D., Short, C., Duncan, M., & Vandelanotte, C. (2015). A meta-meta-analysis of the effect of physical activity on depression and anxiety in non-clinical adult populations. *Health Psychology Review, 9*(3), 366–378. https://doi .org/10.1080/17437199.2015.1022901

Reimers, C. D., Knapp, G., & Reimers, A. K. (2012). Does physical activity increase life expectancy? A review of the literature. *Journal of Aging Research. 2012*, 243958. https://doi.org /10.1155/2012/243958

Richardson, C. A., Snijders, C. J., Hides, J. A., Damen, L., Pas, M. S., & Storm, J. (2002). The relation between the transverse abdominis muscle, sacroiliac joint mechanics and low back pain. *Spine, 27*(4), 399–405. https://doi.org/10.1097/00007632-200202150-00015

Riskowski, J., Dufour, A., Hagedorn, T., Hillstrom, H., Casey, V., & Hannan, M. (2013). Associations of foot posture and function to lower extremity pain: Results from a population-based foot study. *Arthritis Care & Research, 65*(11), 1804–1812. https:// doi. org/10.1002/acr.22049

Segal, R., Zwaal, C., Green, E., Tomasone, J. R., Loblaw, A., Petrella, T., & Exercise for People with Cancer Guideline Development Group. (2017). Exercise for people with cancer: A clinical practice guideline. *Current Oncology, 24*(1), 41–46. https://doi.org/10.3747 /co.24.3376

Sheikhhoseini, R., Shahrbanian, S., Sayyadi, P., & O'Sullivan, K. (2018). Effectiveness of therapeutic exercise on forward head posture: A systematic review and meta-analysis. *Journal of Manipulative and Physiological Therapies, 41*(6), 530–539. https://doi.org/10.1016/j .jmpt.2018.02.002

Siervo, M., Lara, J., Chowdhury, S., Ashor, A., Oggioni, C., & Mathers, J. (2015). Effects of the Dietary Approach to Stop Hypertension (DASH) diet on cardiovascular risk factors: A systematic review and meta-analysis. *British Journal of Nutrition, 113*(1), 1–15. https://doi. org/10.1017/S0007114514003341

Stults-Kolehmainen, M. A., & Sinha, R. (2014). The effects of stress on physical activity and exercise. *Sports Medicine, 44*(1), 81–121. https:// doi.org/10.1007/s40279-013-0090-5

Summitt, R. J., Cotton, R. A., Kays, A. C., & Slaven, E. J. (2016). Shoulder injuries in individuals who participate in CrossFit training. *Sports Health, 8*(6), 541–546. https://doi.org/10.1177 /1941738116666073

Szeto, G., Straker, L., & Raine, S. (2002). Field comparison of neck and shoulder postures in symptomatic and asymptomatic office workers. *Applied Ergonomics, 33*(1), 75–84. https://doi.org/10.1016/ s0003-6870(01)00043-6

Thorp, A., Owen, N., Neuhaus, M., & Dunstan, D. W. (2011). Sedentary behaviors and subsequent health outcomes in adults: A systematic review of longitudinal studies, 1996–2011. *American Journal of Preventive Medicine, 41*(2), 207–215. https://doi.org/10.1016/j .amepre.2011.05.004

Titler, M. G. (2008). The evidence for evidence-based practice implementation. In R. G. Hughes (Ed.), *Patient safety and quality: An evidence-based handbook for nurses*. Rockville, MD: Agency for Healthcare Research and Quality. Retrieved from https:// www.ncbi. nlm.nih.gov/books/NBK2659/

U.S. Department of Health and Human Services. (2001). High Blood Cholesterol: Detection, Evaluation, and Treatment of High Cholesterol in Adults (Adult Treatment Panel III). NIH Publication No. 01-3670.

U.S. Department of Health and Human Services. (2014). Healthy People 2020: Overview of physical activity. Retrieved from https://www. healthypeople.gov/2020/topics-objectives/topic /physical-activity

U.S. Department of Health and Human Services. (2018). *Physical activity guidelines for Americans* (2nd ed). Washington, DC: U.S. Department of Health and Human Services. Retrieved from https://health.gov/sites/ default/files/2019-09/Physical_Activity _Guidelines_2nd_edition.pdf

Wang, Y., & Xu, D. (2017). Effects of aerobic exercise on lipids and lipoproteins. *Lipids in Health and Disease, 16*(1), 132. https:// doi. org/10.1186/s12944-017-0515-5

Warburton, D. E., Nicol, C. W., & Bredin, S. S. (2006). Health benefits of physical activity: The evidence. *CMAJ, 174*(6), 801–809.

Whelton, P. K., Carey, R. M., Aronow, W. S., Casey, D. E., Collins, K. J., Himmelfarb, C. D., . . . Wright, J. T. (2018). 2017 ACC/ AHA/AAPA/ ABC/ACPM/AGS/APhA/ASH/ASPC/NMA/ PCNA guideline for the prevention, detection, evaluation, and management of high blood pressure in adults. *Journal of the American College of Cardiology*, 71(19), e127–e248.

World Health Organization. (1948). Preamble to the Constitution of WHO as adopted by the International Health Conference, New York, 19 June–22 July 1946; signed on 22 July 1946 by the representatives of 61 States (Official Records of WHO, no. 2, p. 100) and entered into force on 7 April 1948. Retrieved from https://www.who.int/about/ who-we-are/constitution

World Health Organization. (2018a). Noncommunicable diseases facts sheet. Retrieved from https://www.who.int/en/news-room /fact-sheets/detail/noncommunicable-diseases

World Health Organization. (2018b). Global Health Estimates 2016: Disease burden by cause, age, sex, by country and by region, 2000-2016. Geneva: World Health Organization. Retrieved from https://www. who.int/healthinfo/global_burden_disease/estimates /en/index1.html

World Health Organization. (2018c). Obesity and overweight facts sheet. Retrieved from https://www.who.int/en/news-room /fact-sheets/ detail/obesity-and-overweight

World Health Organization. (2019). Hypertension facts page. Retrieved from https://www.who.int/health-topics/hypertension/

Xie Y., Szeto, G., & Dai, J. (2016). Prevalence and risk factors associated with musculoskeletal complaints among users of mobile handheld devices: A systematic review. *Applied Ergonomics, 59*(Pt. A), 132–142. https://doi.org/10.1016/j.apergo.2016.08.020

Yaribeygi, H., Panahi, Y., Sahraei, H., Johnston, T. P., & Sahebkar, A. (2017). The impact of stress on body function: A review. *EXCLI Journal, 16*, 1057–1072. https://doi.org/10.17179/excli2017-480

CHAPTER 2

직업으로서의 퍼스널 트레이닝

학습 목표

- 신입 피트니스 전문가를 위한 고용 기회를 찾을 수 있다.
- 전문 이력서 작성 및 면접 기술을 연마할 수 있다.
- 피트니스 전문가의 가장 일반적인 일상 업무를 설명할 수 있다.
- 판매 및 마케팅 전략을 개발하여 고객 성장을 주도할 수 있다.
- 피트니스 업계에서 계속 교육 받기 위한 요구 사항과 기회를 파악할 수 있다.

피트니스 산업 고용 전망

© NDAB Creativity/Shutterstock.

피트니스 산업은 전 세계적으로 엄청난 성장세이다. 미국 내의 헬스클럽 시장에서만 피트니스 트레이너와 강사(모든 피트니스 전문가를 위한 광범위한 범위에서 보았을 때)에 대한 일자리 수요가 2028년까지 402,000개로 증가할 전망이다(Bureau of Labor Statistics, 2019). 이러한 성장세는 다른 지역에서도 마찬가지이기 때문에 피트니스 산업 고용에 대한 전망은 지속적으로 커질 것으로 보인다. 피트니스 전문가들은 다양한 곳에 취업하거나 혼자 개업하여 효과적으로 사업을 운영할 수 있다. 성공적인 피트니스 전문가가 되려면 지식과 기술을 향상시키기 위해 평생 배우겠다는 마음가짐을 가져야 한다.

교육 및 전문 자격증 소지의 중요성

퍼스널 트레이너라는 직업은 1970년대 바디빌더와 운동선수가 고용되어 고객들의 근육질 외모를 가꾸어 주었던 것에서부터 시작되었다. 얼마 지나지 않아 상업적 헬스클럽은 회원들에게 퍼스널 트레이닝 서비스를 제공함으로써 완전히 새로운 수익원을 창출할 수 있다는 것을 깨달았다. 퍼스널 트레이닝 전문직이 성장함에 따라 CPT(Certified Personal Trainer, 공인 퍼스널 트레이너) 같은 자격증 취득이 점점 중요해졌다. 여기서 전문가 인증의 목적은 개별 직무 지원자가 특정 직무 범주에 필요한 업무를 수행할 능력을 입증할 수 있도록 하는 것이다.

현재 공인 퍼스널 트레이너는 밸런스와 협응력, 코어 근력, 전반적인 움직임 및 건강을 향상시키는 다양한 운동을 통해 모든 신체 시스템을 통합하는 운동 프로그램을 설계하는 일을 담당하고 있다. 공인 퍼스널 트레이너의 기능은 단순히 미적 외관 개선에서 벗어나 체중 감량, 부상 예방, 운동 성과 및 일상생활의 활동 기능 향상을 위한 운동 프로그램을 설계함으로써 사람들의 전반적 삶의 질 향상을 도와주는 방향으로 발전했다. 이러한 흐름은 맞춤형 운동 프로그램을 만들 수 있는 지식, 기술 및 능력을 가진 피트니스 전문가에게 고용의 기회를 제공하고 있다.

피트니스 전문가가 경력을 쌓으면서 만성 건강 상태(심장 질환, 제2형 당뇨병, 골다공증 등) 또는 근골격 기능 장애(유연성이 제한되고 운동 품질이 좋지 않음)와 같은 다양한 고객의 요구를 충족하는 고급 기술을 개발하기 위해서는 지속적인 교육을 받는 것이 필요하다.

지식 확장하기

NASM 공인 퍼스널 트레이너 경력을 시작하려면 모든 연령 및 세대를 위한 운동 프로그램을 설계할 준비가 되어 있어야 한다. 여기서 세대별 고객 수요층을 구별할 필요가 있다.

- Z세대(밀레니엄 세대 이후): 1997년 이후 출생한 세대
- 밀레니엄 세대: 1981~1996년 출생 세대
- X세대: 1965~1980년 사이 출생 세대
- 베이비붐 세대: 1946~1964년 출생 세대
- 침묵 세대: 1925~1945년 출생 세대

인간 수명이 지속적으로 늘어남에 따라 그에 따른 운동 프로그램 혁신 필요성도 지속적으로 늘어나고 있다(Mora & Valencia, 2018). 따라서 피트니스 전문가들은 변화하는 고객의 요구를 충족시킬 수 있는 기술을 개발할 수 있도록 지속적인 교육을 추구해야 한다.

고용 기회

NASM-CPT 인증 취득 후 이어지는 다음 단계는 일과 삶의 균형을 유지할 수 있도록 안정적인 수입을 제공하는 최상의 고용 조건을 찾는 것이다. 대형 헬스클럽에서 일하는 것에서부터 자택에서 고객을 교육하는 것까지 공인 퍼스널 트레이너는 일관되게 고객과 함께 운동할 수 있는 기회가 여러 곳에 있다.

그중 한 가지 고려 사항은 조직의 직원으로 일할 것인지 독립 계약자로 일할 것인지를 선택하는 것이다. 독립 계약자로 일하려면 자택에서 하거나 아니면 지역 공원에서 그룹 운동 프로그램을 운영하거나(적절한 허가를 받아) 돈을 투자해 스튜디오를 열 수도 있다. 요즘에는 기술의 발전에 따라 온라인 피트니스 트레이닝 서비스를 제공할 수 있는 수많은 옵션도 있다. 어떤 방법을 선택하든 고객을 확보하고 안정적인 수입원을 제공하는 탄탄한 사업 체계를 구축하는 데에는 시간이 걸릴 수 있다.

피트니스 전문가가 사업을 시작하거나 피트니스 스튜디오를 오픈하더라도 상업적인 헬스클럽에서 직원으로 일해 보는 경험은 장기적인 성공에 필요한 기본 기술을 배운다는 점에서 도움이 된다. 헬스클럽이나 스튜디오에서 직접 직원으로 일할 때도 피트니스 전문가는 해당 시설을 이용하는 고객에게 자신의 비즈니스를 하는 것처럼 서비스를 제공해야 한다. 왜냐하면 그러한 것이 피트니스 전문가의 평판과 개인 브랜드에 영향을 미치기 때문이다. 고용되어 일하는 피트니스 전문가는 여기서 중요한 비즈니스 및 고객 서비스 기술을 배우게 되는데, 이는 결국 그들이 사업을 시작했을 때 매우 유용할 것이다.

상업적 헬스클럽

© Vereshchagin Dmitry/Shutterstock.

2019년 기준, 세계 헬스클럽 산업에는 1억 8천만 명 이상의 회원에게 서비스를 제공하는 21만 개 이상의 시설이 있다고 보고되고 있다(International Health, Racquet & Sportsclub Association, 2019). 헬스클럽 산업을 적극적으로 촉진하는 '국제 건강', '라켓 및 스포츠클럽 협회'의 목표는 2030년까지 전 세계적으로 2억 3천만 명 이상의 헬스클럽 회원을 확보하여 피트니스 전문가를 위한 엄청난 고용 기회를 창출하는 것이다. 간단히 말해서 더 많은 헬스클럽 회원으로 더 많은 공인 퍼스널 트레이너에 대한 수요를 창출하는 것이다. 결과적으로 헬스클럽에서 일하기로 결정하면 재정적으로나 개인적으로 보람 있는 경력을 쌓을 수 있는 기반을 마련할 수 있게 된다는 것이다.

헬스클럽은 지역, 지방, 전국 또는 여러 국가에 위치하는 글로벌한 형태일 수 있다. 또한, 상업 헬스클럽은 중앙 사무실이 운영을 감독하는 기업 구조로 운영되거나 각 시설이 독립적으로 소유한 개별 프랜차이즈 계열사로 운영될 수도 있다(표 2-1). 지역 소유주가 있는 프랜차이즈는 대규모 헬스클럽 체인과 다르게 운영될 것이기 때문에 이를 고려하는 것이 중요하다. 언젠가 사설 시설을 여는 것이 목표라 할지라도 피트니스 사업을 운영하기 위한 본질적인 직업 훈련으로 상업 시설에서 경력을 쌓는 것은 좋은 생각이다.

표 2-1 헬스클럽의 형태

유형	특징
저가	최근 몇 년 동안 이러한 유형의 헬스클럽이 폭발적으로 인기를 얻었다. 저렴한 가격의 회원제를 제공하며 운동 장비를 이용하는 것 외에는 편의 시설이 거의 없다. 그룹 피트니스 수업, 소그룹 운동 프로그램 또는 개인 트레이닝과 같은 편의 시설 또는 프로그램을 이용하려면 서비스가 전혀 제공되지 않는 경우 추가 비용이 든다. 또한 이런 곳은 프론트 데스크 직원을 고용하는 대신 회원을 위해 연중무휴 키 카드를 제공한다.
중간 가격대	저가 클럽의 모든 기능과 고급 라커룸, 스낵 및 보충제 판매, 회원 가격에 포함된 그룹 피트니스 운동과 같은 추가 편의 시설을 제공한다. 또한 동일한 수준의 회원 자격으로 접근할 수 있는 여러 프로그램이 있다.
프리미엄	실내 사이클링, 심신 및 전통적인 그룹 피트니스 프로그램과 같은 여러 그룹 피트니스 스튜디오 옵션을 제공한다. 또한 수건 및 무료 개인 위생용품, 운동 후 영양을 제공하는 카페, 수영장, 풀 서비스 스파 및 살롱, 스포츠 코트, 사내 보육 서비스와 같은 고급 편의 시설을 자주 제공한다. 프리미엄 멤버십 가격은 위치, 회사 및 원하는 시설 이용 수준에 따라 크게 차이가 난다. 이러한 클럽은 가족 패키지를 판매하여 더 저렴하게 이용할 수 있다.
비영리	YMCA와 같은 많은 비영리 단체에서 피트니스 시설을 운영하고 있다. 이들은 피트니스 프로그램 및 멤버십의 수익으로 운영 비용을 충당하고 시설을 개선하며 다양한 지역 사회 기반 계획에 자금을 지원한다. 그러나 비영리라는 용어는 약간의 오해의 소지가 있다. 이런 조직은 개인 소유주나 기업을 위해 수익을 창출하지 않지만, 피트니스 전문가가 수익을 창출하는 다른 클럽과 같이 수익을 창출해야 한다.

공인 퍼스널 트레이너는 매일 클럽 회원들과 직접 접촉하고 그들이 원하는 결과를 얻을 수 있도록 돕기 때문에 헬스클럽에서 가장 중요한 직원이다. 헬스클럽의 주요 업무는 회원권을 판매하고 유지하는 것이다. 고용주는 이를 염두에 두고 공인 퍼스널 트레이너의 성공을 보는 데 지대한 관심이 있다. 개인 트레이닝 서비스를 구매하는 회원이 많을수록 회사에 더 많은 수익이 발생하기 때문이다.

피트니스 전문가는 직원으로서 피트니스 플로어에서 예정된 교대 근무 시 시간당 급여를 받는 경우가 많고, 고객에게 개인 트레이닝 세션을 제공할 때 추가 금액을 지급받는다. 판매된 개인 트레이닝의 양 또는 제공된 개인 훈련 세션 수에 따라 다양한 보너스도 받는다. 대부분의 고용 모델에서 피트니스 전문가는 고객이 개별 훈련 세션에 대해 클럽에 지불하는 금액의 40~70%까지 벌 수 있다.

독립 피트니스 전문가

공인 퍼스널 트레이너로 일하는 또 다른 옵션은 피트니스 전문가가 하나 이상의 헬스클럽이나 트레이닝 스튜디오에 계약하는 독립 계약자 모델이다. 독립 계약자로서 피트니스 전문가는 해당 시설을 사용할 수 있도록 고객당 또는 월별 요금을 지불하고 본질적으로 시설의 고객이 된다. 또한 독립 피트니스 전문가는 집이나 공원 및 운동장과 같은 공공장소에서 고객을 트레이닝할 수 있다(표 2-2).

표 2-2 독립 계약자를 위한 고용 옵션

고용 옵션	특징
스튜디오 또는 헬스클럽	피트니스 전문가는 책임보험에 가입하고 지침 및 운영 절차를 준수하는 한 시설을 사용하기 위해 임대료를 지불한다.
고객의 집 방문	피트니스 전문가가 서비스를 제공하기 위해 고객의 집을 방문한다. 이 서비스에서는 고객이 피트니스 센터가 있는 주변 지역에 거주하는 경우 시설 이용도 포함될 수 있다.
온라인 코칭	교육 서비스를 다양한 옵션으로 온라인으로 제공한다. 사전 패키지 프로그램 판매, 마라톤 준비와 같은 유사한 목표를 가진 원격 고객 그룹에 코칭 제공, 원격 일대일 코칭과 같은 개인화된 서비스를 제공한다.
조직(회사)에 고용	고용주가 피트니스 전문가와 계약하여 직원이 건강하고 질병에 걸리지 않도록 하는 피트니스 수업을 제공한다. 이 서비스는 고용주의 시설을 사용하기 위해 책임보험이 필요하다.

독립 계약자로 일하는 피트니스 전문가는 자신의 트레이닝 가격을 설정해 그대로 받을 수 있다. 그러나 이것은 궁극적

으로 피트니스 전문가가 시설 사용료, 신규 고객을 위한 마케팅비, 평생 교육, 의료, 휴가, 자동 수입과 같은 혜택 등 모든 운영 비용(operational costs)을 지불해야 함을 의미한다. 처음에는 능력에 맞게 세션당 더 많은 수입을 올릴 수 있다는 생각에 독립 계약자로 일하고 싶어 한다. 그러나 모든 비용 및 기타 관리 요소를 고려할 때, 시작하는 피트니스 전문가에게는 매우 어려울 수 있다. 독립적으로 트레이닝하는 공인 퍼스널 트레이너는 비용과 이익을 현명하게 관리하기 위해 영업, 마케팅 및 비즈니스 운영에 정통한 기술이 필요하다.

시설마다 피트니스 전문가가 공간을 임대하는 방법이 다르지만, 일반적으로 독립 계약자가 고객과 만날 수 있는 피트니스 시설은 계약을 통해 임대료를 제공하고 해당 시설을 임대하면 된다. 단순히 체육관 이용료를 지불하고 클럽 회원들에게 직접 개인 트레이닝 서비스를 제공하고 싶은 마음이 들 수도 있지만, 이는 '불법적인 트레이닝'으로써 일종의 절도 행위와 같다. 헬스클럽은 그런 피트니스 전문가를 적발했을 때 도둑질로 간주하거나 무단 침입으로 기소할 수 있다. 이는 NASM 직업 행동 강령을 위반하는 것이며 NASM-CPT 자격을 상실할 수도 있다. 시설과 계약을 체결할 때 피트니스 전문가는 관리자 또는 소유자의 모든 기대 사항이 명확하게 기재되도록 하여 서면으로 작성해야 한다.

트레이닝 팁

피트니스 전문가가 독립 계약자로 일하기 전에 고려해야 할 많은 요소들이 있다.

- 대여 시설을 찾을 때 그 시설의 직원들이 기존 회원을 대하는 자세에 세심한 주의를 기울인다. 탁월한 서비스를 제공하지 않는 시설에서는 개인 트레이닝 서비스를 마케팅하기 어려울 수 있다.
- 가정에서 고객과 직접 운동하는 것이라면 시간을 내어 현지 시장을 조사하여 해당 비즈니스를 지원할 수 있는지 확인해야 한다. 기름 값을 포함한 차량 유지비, 장소까지의 운전 시간 등도 고려해야 한다.
- 고객 유치에 필요한 마케팅 비용을 파악해야 한다. 꾸준히 고객을 유치할 수 있는 마케팅 전략을 개발하려면 많은 시간과 노력이 필요하다.
- 책임보험에 가입할 수 있는 예산을 책정해야 한다. 고용주가 따로 있는 경우 고용주가 책임보험을 들어주지만, 스스로 사업을 운영할 경우 피트니스 전문가는 소송 시 개인 자산을 보호하기 위해 자체 책임보험에 가입해야 한다.

스몰 그룹 트레이닝

코치 주도의 운동을 보다 저렴한 가격으로 제공하는 것에서부터 보다 즐거운 체험에 이르기까지, 수많은 요소들이 소규모 그룹 트레이닝 또는 그룹 퍼스널 트레이닝(그룹PT)의 성장을 이끌었다. 가령 댄스 에어로빅과 실내 사이클링과 같은 전통적인 단체 운동 수업에는 최대 30명 이상이 참여할 수 있다. 그러나 스몰 그룹 트레이닝 프로그램은 개인 피트니스 전문가가 지도할 수 있는 소규모 개인 그룹을 위한 운동을 특징으로 한다. 고강도 인터벌 트레이닝(high-intensity interval training, HIIT) 세션 및 부트 캠프에서 특수 집단(예: 노인, 청소년)을 위한 맞춤형 그룹 운동까지 다양한 그룹 트레이닝을 제공하는 수많은 브랜드 피트니스 스튜디오가 있다.

그룹 트레이닝은 개인을 트레이닝하는 것과는 다른 기술을 요구하므로, 피트니스 전문가들은 이에 필요한 커뮤니케이션 및 코칭 기술을 개발하기 위한 추가 교육을 받아야 한다.

온라인 피트니스 코칭

스스로 운동 동기를 가진 수많은 피트니스 소비자들이 있지만, 그들이 정확히 방향을 잡을 수 있도록 하기 위해 피트니스 전문가의 지도가 필요하다. 이러한 필요는 온라인 코칭 프로그램을 위한 완벽한 기회이다. 온라인 코칭은 지난 10년간의 개인 피트니스 서비스에서 탄생한 완전히 새로운 비즈니스 모델이라고 할 수 있다.

실제 개인 트레이닝과 마찬가지로 온라인 피트니스 코칭을 고객에게 제공하는 다양한 모델이 있다. 가장 일반적인 두 가지 모델에는 미리 설계된 운동 프로그램을 판매하거나 특정 요구 사항에 따라 맞춤형 운동을 제공하는 것이 있다.

일부 온라인 코치는 카메라 기반 앱을 사용해 고객을 만나 운동을 코칭하는 반면, 다른 온라인 코치는 단순히 여러 가지 미리 포맷된 프로그램을 만들어 소셜 미디어 채널을 통해 고객을 끌어들인다. 또한 일부 피트니스 전문가는 고객과 직접 만나 평가를 수행하고 초기 운동 프로그램을 설계하는 혼합형 서비스를 제공하며, 그 후 온라인 플랫폼을 통해 원격으로 지속적인 코칭 및 프로그램을 유지 관리해 나가기도 한다. 특히, 혼합형 모델의 경우, 모든 피트니스 전문가들이 매주 며칠씩 진행되는 교육 패키지를 구매하지 않는 고객과 일관된 상호 작용을 유지함으로써 프로그램에 대한 책임감과 지속성(adherence)을 높일 수 있다.

트레이닝 팁

공인 퍼스널 트레이너는 주식 중개인 및 부동산 중개인과 공통점이 많다. 개인이 주식이나 부동산을 판매할 수 있는 면허를 취득하면 이는 경력의 기초일 뿐이다. 모든 비즈니스를 자체적으로 창출하는 것은 개인 중개인이나 에이전트에 달려 있다. NASM-CPT 자격증을 취득하는 것은 가능성이 풍부한 경력의 기초 단계이다. 그러나 어떤 고용 모델을 선택하든 장기적인 성공을 위해 비즈니스 장부를 작성하는 것은 각 개인 피트니스 전문가에게 달려 있다.

경력 개발

퍼스널 트레이너는 다른 사람들의 삶을 바꾸는 데 도움을 주고 좋은 삶을 살 수 있게 한다는 점에서 보람 있는 직업이 될 수 있다. 많은 피트니스 전문가가 피트니스 경력을 택하는 이유는 직원 정책을 관리하거나 경비 보고서를 관리하는 작은 부분을 위해서가 아니라 타인을 돕는 것 자체를 즐기기 때문이다. 거의 모든 피트니스 전문가의 경력 중 어느 시점에서, 승진은 일관된 급여를 제공받을 수 있고 장기적인 경력 성장에 큰 도움이 될 수 있기 때문에 승진을 신청할지 여부에 대한 고민이 있을 수 있다.

모든 직장은 개별적인 특성을 지니기 때문에 피트니스 전문가들은 회사에서 많은 역할을 부여받기 전에 그것이 자신의 장기간 커리어에 도움이 될지 신중하게 고려해야 한다. 관리직으로 이동하면 피트니스 경력의 초점이 비즈니스 업무를 감독하는 것으로 빠르게 바뀐다. 어떤 이들에게는 그것이 바라는 것이지만, CPT 자격증을 얻기 위해 노력했던 다른 이들에게는 적절한 경력 개발이 아닐 수 있다.

피트니스 매니저

피트니스 매니저의 임무는 직원 일정 관리, 피트니스 전문가에게 멘토링 제공, 전체 피트니스 팀과의 정기 회의 개최 등이 있으며, 필요할 때 회원의 요구에 직접 응답한다. 시설 개설을 장기적 목표로 하는 피트니스 전문가가 피트니스 매니저로 일하는 것은 성공적인 운영을 위해 필요한 많은 비즈니스 및 관리 기술을 습득할 기회가 된다. 피트니스 매니저는 성과 목표를 달성한 것에 대한 보너스와 함께 급여를 받는다.

총괄 매니저

종종 부서장직에서 승진하는 총괄 매니저는 영업, 수리 및 유지 보수에 이르기까지 피트니스 모든 비즈니스 운영을 책임지는 자리이다. 구체적으로 그들은 여러 부서와 개별 직원을 감독한다. 이들은 기본적으로 성과급제에 기반하여 기본 급여 및 보너스를 받으며, 기업 구조에 따라 지역, 사업본부(headquarter), 더 나아가 국가 공공기관으로 진출할 수 있는 기회도 있다. 경영진에 더 가까운 높은 수준의 역할을 꿈꾼다면 일반적으로 피트니스와 비즈니스 분야 모두에 대한 고급 교육이 필요하다.

시설 운영자

공인 퍼스널 트레이너가 되는 것의 이점 중 하나는 다른 여러 산업에 비해 창업 비용이 상대적으로 낮다는 것이다. 가장 간단한 형태로, 신규 개인 트레이닝 비즈니스의 창업 비용은 인증 시험, 책임보험, 적절한 사업 허가서(현지별 적용 가능), 마케팅 비용 및 쉽게 운반할 수 있는 운동 장비 몇 가지에 대한 비용이 전부이다.

피트니스 전문가들은 자신의 집 및 공공장소에서 고객과 함께 사업을 시작한 다음, 결국 실제 장소에 투자하고 개업하는 수준까지 성장할 수 있다. 프랜차이즈 창업, 처음부터 창업, 기존 피트니스 시설 구입 등 다양한 모델이 있다. 일부 소유자는 사업에 매우 깊이 관여하여 시설의 총 관리자로서 일하는 반면, 어떤 소유자는 사업에 투자하고 사업을 운영하기 위해 관리자에게 비용을 지불하고 맡기기도 한다. 고려해야 할 옵션이 매우 많기 때문에, 피트니스 전문가들은 사업을 하는 것이 올바른 선택인지를 진지하게 고려해 보아야 한다.

관련 직업

고객과 직접 협력하는 것 외에도 NASM-CPT 자격 증명은 대체 경력 경로의 기초가 될 수 있다. 다음 리스트는 전통

운영 비용 Operational costs 일상적인 비즈니스 운영과 관련된 다양한 금전적 요구 사항

고강도 인터벌 트레이닝 High-intensity interval training (HIIT) 상대적으로 짧은 휴식 시간으로 나누어 최대에 가까운 강도의 인터벌을 교대로 하는 트레이닝 방법

지속성 Adherence 주어진 행동이나 행동 계획에 지속해서 따르는 정도

적인 헬스클럽 경영 및 운영과는 다른 방식으로 경력 축적에 관심이 있는 피트니스 전문가를 위한 잠재적인 기회 목록이다. 그러나 이러한 선택 사항 중 많은 부분이 학사 또는 석사 학위와 같은 추가 교육이 필요하다.

- **마스터 강사:** 장비 회사 또는 피트니스 교육 기관과 직접 협력하여 참가자들에게 워크숍 등을 통해 지속적인 교육을 제공한다. 이를 위해서는 기업이 신뢰할 수 있는 대표가 되기 위한 공식적인 선발 과정에 참여할 뿐만 아니라 운동 관련 분야의 학위 같은 공식적인 교육이 필요하다.
- **작가 또는 블로거:** 온라인 리소스 또는 인쇄 잡지에 대한 특정 인구 통계와 관련된 피트니스 관련 콘텐츠를 작성한다. 독립 블로거들은 그들의 웹사이트에서 광고 수익을 통해 돈을 벌 수 있으며, 헬스클럽, 장비 회사 또는 기타 피트니스 관련 사업체를 위한 콘텐츠를 작성하고 기사당 비용을 받는다. 이를 위해서는 효과적인 서면 커뮤니케이션 기술과 특정 독자와 관련된 흥미로운 내용을 식별할 수 있는 능력이 필요하다. 또한 콘텐츠 제작 환경으로 전환하기 전에 신뢰성과 확고한 전문적 평판을 구축해야 한다.
- **근력 및 컨디셔닝 코치:** 운동 능력 향상을 위해 운동 프로그램을 설계, 실행 및 코칭한다. 근력 및 컨디셔닝 코치는 일반적으로 스포츠 단체나 대학에 고용되며, 청소년, 고등학교, 대학, 레크리에이션, 프로 운동선수들과 함께 일할 수 있다. 대학이나 전문 팀에서 이러한 자격으로 일하려면 고급 학위, 피트니스 산업 인증 및 인턴십 수료 등이 필요하다.
- **소셜 미디어 인플루언서:** 다양한 소셜 미디어 플랫폼에서는 후원을 받는 대가로 특정 제품 또는 브랜드를 대표하고 홍보한다. 이를 위해서는 피트니스 업계 안팎에서 확립된 전문적 평판뿐만 아니라 특정 시청자와 관련이 있어야 한다. 그러므로 팔로워를 끌어들여 브랜드 성장을 이끌 수 있는 흥미롭고 매력적인 콘텐츠를 개발, 제작 및 배포할 수 있는 능력이 필요하다. 이곳은 경쟁이 치열한 공간이다. 일반적으로, 성공적인 피트니스 인플루언서들은 운동 경기에서 업적을 이루었거나 유명 인사들로 구성되어 이미 고객층들을 먼저 구축함으로써 플랫폼을 얻는 경우가 많다.
- **대학 또는 직업학교 강사:** 인증 대학 또는 직업학교에서 피트니스 커리큘럼을 가르친다. 이를 위해서는 항상 과학 석사나 박사 학위와 같은 고급 학위가 있어야 한다. 또한 이 수준에서 효과적으로 가르치기 위해서는 학습 이론과 교육 설계에 대한 추가 교육과 자격 증명이 필요할 수 있다.

이력서 작성

© NAN728/Shutterstock.

피트니스 전문가 지망생들은 고용 관리자나 사업주에게 제출할 이력서를 잘 써야 한다. 이력서는 특정 조직에 기여할 수 있는 개인의 능력에 대한 간략하면서도 효과적인 프레젠테이션이어야 한다. 요컨대, 이력서에서는 단지 일만이 아니라 삶 전체를 강조해야 한다(Schultze, 2010). 새로 시작하는 퍼스널 트레이너는 피트니스 업계에서 일한 특별한 경험이 없을 수 있지만, 연관된 다른 기술과 직무 경험을 강조하는 것이 중요하다.

헬스클럽 회원들에게 개인 트레이닝 서비스를 판매하고 우수한 고객 서비스를 보여주는 것은 피트니스 전문가의 직무에서 중요한 기능이다. 면접을 하기 위해서는 지원자들이 채용 관리자들에게 그들이 고객 서비스와 판매 과정을 어려워하지 않는다는 것을 보여주는 것이 중요하다. 따라서, 이력서 작성 시에는 판매 및 고객 서비스와 관련된 모든 전문적 경험을 소개해야 한다. 예를 들면, 지원자가 레스토랑에서 서버로 일한 경험이 있다면, 서버는 고객에게 접근하여 애피타이저나 디저트와 같은 추가 제품을 판매할 능력을 보여주기 때문에 특정 업무 경험을 강조할 필요가 있다.

전문 이력서는 한 페이지 또는 두 페이지로 하며, 연대기적 업무 경험을 기술하거나 직무에 맞는 특정 기술을 강조하기 위해 별도의 형식으로 작성할 수 있다. 일반적으로는 한 페이지 분량이 적당하지만, 개인이 엄청난 양의 업무 경험을 가지고 있다면 두 페이지까지도 괜찮다. 이력서가 한 페이지든 두 페이지든, 개인의 이전 업무 경험이 어떻게 효과적인 피트니스 전문가가 될 수 있는 기술을 제공하는지를 강조해야 한다(그림 2-1). 전문 이력서를 작성하는 방법에 대해 온라인에서도 검색할 수 있는데, 거기서 잠재적인 고용주의 관심을 끌 수 있도록 하는 가장 효과적이면서 최신의 방법을 찾을 수 있을 것이다.

유용한 힌트

이력서를 작성할 때 피트니스 전문가는 이전 직장에서 성공했던 고객 서비스 경험을 강조하면 좋다. 눈에 띄려면 독자의 관심을 끌 흥미로운 개인 활동을 설명한다(Schultze, 2010).

이력서는 다음과 같이 쓴다.

- **창의성:** 가장 창의적인 방법으로 정확한 고용 이력을 쓴다. 이전 직장 경험에 대해 '말을 잘하는 것'은 고용주에게 어필하는 데 도움이 된다.
- **구성력:** 이력서는 구직자를 표현하는 것이다. 세부 사항에 주의를 기울여 일관된 정보 흐름으로 잘 구성해야 한다. 행동 동사를 사용할 때는 이전 직장에서의 성취를 강조한다.
- **관련 경험:** 이력서에는 피트니스 전문가와 관련된 경험도 들어 있어야 한다. 예를 들어 청소년 캠프에서 카운슬러로 일한 것 역시 많은 사람을 통솔하는 능력을 보여준 것이므로 기재한다.
- **정직성:** 피트니스 전문가는 정직해야 하며 성공과 실패를 모두 강조하여 그것에서 배우고 성장할 수 있었던 점을 표현한다.

구직 및 면접

이력서의 목적은 채용 관리자와 대면 면접을 하기 위해 지원자의 능력을 홍보하는 것이다. 면접에서는 지원자가 비즈니스 개선에 도움이 될 솔루션으로 잠재적인 고용주에게 자신의 기술을 제시한다. 대부분의 상업적 헬스클럽은 영업 기반 비즈니스이자 고객 서비스 지향 비즈니스이며, 면접은 예비 피트니스 전문가가 고용 관리자와 함께 영업 및 고객 서비스 기술을 입증해야 하는 첫 번째 관문이다. 그러나 그보다 먼저 야심 찬 피트니스 전문가는 능력을 발휘할 적절한 곳을 찾는 것이 중요하다.

© Mangostar/Shutterstock.

일자리를 찾을 수 있는 곳

인터넷을 검색해 보면, 대부분의 온라인 취업 웹사이트에는 공인 퍼스널 트레이너를 고용하고자 하는 회사의 구인 게시물이 올라와 있다. 취업 웹사이트를 이용하는 것 외에도 구직자들은 고용주들의 웹사이트를 직접 방문하여 채용 절차에 대해 알아보아야 한다. 또 다른 방법은 고용이 필요한 곳이 없는지 돌아다니며 시설을 찾아내는 것이다. 이력서와 더불어, 대부분의 고용주들은 채용 절차를 시작하기 위해 회사 웹 사이트에서 채용 신청서를 작성하도록 요구한다. 그러나 합격률을 보다 더 높이기 위해서는 가능하다면 지원자가 직접 방문하는 것이 좋다.

지원서가 완료되면, 대면 면접 전에 조건을 충족하는지를 알아보기 위한 사전 인터뷰 질문지 또는 전화 인터뷰와 같은 초기 심사 과정이 있을 수 있다.

복장

피트니스 전문가의 표준 유니폼은 트레이닝복이지만, 취업을 위해 고용주를 방문할 때는 정장 차림을 갖춰야 한다. 정장을 입는 것은 구직자가 이 기회를 진지하게 받아들이고 전문성의 중요성을 이해한다는 메시지를 주는 것이다.

해당 직무에 대한 인터뷰 때도 직업의 전문적 특성에 대한 존중을 나타내기 위해 정장을 입는 것이 똑같이 필요하다. 비록 피트니스 전문가가 다양한 다른 운동을 시연해야 하는 비공식적인 환경에서 일하더라도 여전히 전문적인 서비스를 제공하고 있으므로 면접을 볼 때는 전문가처럼 옷을 입어야 한다. 일단 고용되면, 대부분의 피트니스 업체는 일관되고 고품질의 고객 서비스를 보장하기 위해 특정한 지침을 내릴 것이다.

구성 요소	내용
이름, 주소, 이메일 주소, 전화번호	Percy Trainer 1234 Main Street Anytown, USA percytrainer@email.com, +1 (555) 555-5555 지원자들은 가장 최신 주소, 이메일 주소 및 전화번호를 사용해야 한다. 명확한 명명 구조가 포함된 전문 이메일 주소를 사용하는 것도 중요하다. 속어나 관련 없는 용어가 포함된 이메일 주소를 사용하는 것은 피해야 한다.
소셜 미디어 계정	Linked In: Percy Trainer Facebook: Percy Trainer Instagram: @PercyTrainerFitness 많은 고용주가 지원자의 소셜 미디어 계정을 검토한다. 지원하기 전에 모든 소셜 미디어 계정을 검토하여 당락에 영향을 끼칠 수 있는 부적절한 게시물이나 사진을 정리하거나 삭제한다.
요약	저는 NASM 인증 퍼스널 트레이너로서 좋은 결과를 만들어 내고 우수한 고객 서비스 기술을 제공하는 운동 프로그램을 설계할 수 있는 능력을 가지고 있습니다. ABC 헬스클럽의 개인 트레이너가 된다면 의류 관리 분야에서 수년간 터득한 서비스 경험이 큰 도움이 될 것입니다. 이력서는 지원하고자 하는 자리에 대한 관심을 진술하고, 동시에 본인의 최고 기술에 대해 한두 문장으로 요약해 전달한다.
경력	유통 아울렛 2005년~현재까지 근무 2015년~현재 총괄 매니저 한 달에 8만 달러 매출을 올리는 대형 유통 시설의 모든 운영을 관리한다. 분기별 총괄지배인상을 3회 수상했다. 어시스턴트 매니저에서 승진했다. 2012~2015년 어시스턴트 매니저 직원을 관리하는 슈퍼바이저로 근무. 팀장에서 승진함 2009~2012년 팀장 캐셔들을 감독함. 캐셔에서 승진함 2005~2009년 캐셔 고객 서비스 및 고객 주문에 대한 대금 징수와 관련된 일반 업무를 수행함 피트니스 전문가로 일하는 것과 특별히 관련 없더라도 일관된 고용 기록을 보여주는 것이 중요하다. 여기에서 지원자는 피트니스 산업과 관련된 기술을 적극 어필해야 한다. 예산 또는 고객 서비스 관리, 승진 또는 감독자로서의 책임감과 같은 리더십을 보여줄 수 있다. '이달의 직원'이나 최고 실적을 내는 판매원과 같은 특별상이나 표창을 받으면 좋다. 고용주는 우수한 실적을 거뒀던 지원자를 원한다.
학력	2019년, NASM 인증 퍼스널 트레이너 자격증 취득 2012년, 캘리포니아 주립 대학 경영학 학사 2006년, 애니타운 고등학교 일반 교육 졸업 지원자는 NASM-CPT 자격증과 함께 직업 학교, 커뮤니티 칼리지, 4년제 대학 또는 대학원 과정과 같은 기타 정규 교육 내용을 기재한다. 다시 한 번 말하지만, 그동안의 학위 과정이 반드시 피트니스 산업과 관련 있어야 하는 것은 아니다. 학력을 기재함으로써 학습 능력을 보여주고, 교육 프로그램을 끝까지 완수한 성실성을 보여준다.
기타 관심사	자원봉사-애니타운 적십자사를 지원한 바 있음 적십자사가 도움이 필요한 사람들에게 식사를 제공하는 것을 돕기 위해 매달 자원봉사 중 애니타운 고등학교 바시티 농구팀에서 2년 연속 선발, 2005년 주 챔피언임 지원자는 운동선수 경험과 같은 비업무 경험도 때로는 어필할 필요가 있다. 이는 지원자가 팀의 일원으로서 성공적으로 일할 수 있는 방법 또는 시간 관리 능력이 있다는 것을 보여주고 타인에게 도움되는 존재임을 보여주는 것이다.

그림 2-1 이력서의 구성 요소

트레이닝 팁

피트니스 전문가로 일할 때, 너무 꽉 끼거나 너무 노출이 심한 머슬 셔츠나 옷을 입는 것을 피한다. 대신 세련된 운동복을 입어라. 머리를 빗거나 뒤로 묶고, 최소한의 향수를 사용한다. 향수나 장신구는 적절하고 전문적인 기준으로 사용한다. 고객의 관점에서 생각해 보아야 한다. 고객 입장에서는 지저분하거나 단정하지 못한 피트니스 전문가나, 전문적인 환경에 적합하지 않은 옷을 입은 사람과 함께 운동하고 싶지 않을 것이다.

면접

면접은 구직자들이 이력서에 기록한 것을 넘어 자신의 개성을 드러내고, 직업 윤리를 전달하며, 그들의 직업 이력에 대해 논의하는 공식적인 과정이다. 또한 구직자들이 사업, 사업 관행과 과정, 그것의 문화에 대해 더 많이 배울 수 있는 기회이기도 하다.

면접에서는 대화에 집중하며 정확하고 정직하게 모든 질문에 임하는 게 중요하다. 기술적 질문에 모르는 것을 "모른다"고 말하는 것은 괜찮다. 문제를 회피하고 답을 꾸며내는 것보다 정직하고 진실한 것이 훨씬 낫다. 면접의 주된 목적은 지원자가 팀의 일원으로서 효과적으로 의사소통하고 일할 수 있는가를 확인하는 것이다. 면접 중에 지원자는 이전 근무 경험이 고용주에게 어떤 도움이 되는지를 효과적으로 전달함과 동시에, 팀 구성원으로 성공적 기여 가능성을 보여주는 것이 좋다.

면접 성공률을 높이기 위한 지침은 아래와 같다.

- ■ 면접 준비
  - 면접 전에 직무 설명을 여러 번 읽고 구체적 직책을 숙지해야 한다.
  - 웹 사이트를 방문해서 그 회사에 대한 정보를 습득한다.
  - 실제 면접에 앞서 예상되는 질문에 대해 연습한다. 면접관에게 물어볼 질문을 최소 3개 이상을 미리 준비한다.
- ■ 실제 면접 주의 사항
  - 정장을 착용한다.
  - 포트폴리오, 전문가용 필기도구 및 사본 이력서를 지참해 면접장에 15분 일찍 도착한다.
  - 과도한 화장, 화려한 보석, 지나치게 과감한 헤어스타일은 피한다.
  - 자기소개를 할 때, 인터뷰 진행자와 악수하고 눈을 쳐다본다(해당 국가의 문화가 이러한 행동을 선호하지 않는 경우는 제외).
  - 잠재적인 직무 책임과 비즈니스 문화에 대해 사려 깊고 개방적인 질문을 한다.
  - 인터뷰 질문에 효과적인 예를 들며 명확하고 간결하게 대답한다.
  - 자세를 바르게 한다. 구부리지 말고 똑바로 앉는다.

후속 조치 방법

면접이 끝난 후 감사 이메일이나 손으로 쓴 감사 메모를 남기는 것은 좋은 생각이다. 이것은 지원자가 그 기회에 대해 진지하게 생각하고, 그 회사에 취업하는 데 관심이 있다는 것을 보여준다. 감사 메시지에서 지원자는 경력 발전 가능성이나 면접 중에 고용주가 언급했던 옵션 등 특정 측면을 반드시 언급해야 한다. 잘 작성된 감사 편지는 여러 명이 면접을 보았을 때 자기만의 차이를 만들어 취업 기회를 얻는 데 도움이 될 수 있다.

트레이닝 팁

직원으로 일할 때도 피트니스 전문가는 개인 사업을 하는 것처럼 행동해야 한다. 많은 고용주는 피트니스 전문가들이 매달 목표를 설정하고 달성하는 데 도움이 되는 사업 계획을 개발하도록 요구한다. 고용주를 위해 일할 때 주인 정신을 갖고 임하는 것은 피트니스 전문가가 장기적인 직업 성공을 위한 기반을 마련하는 데 도움이 된다. 고용주에게 약속하기 전에 고려해야 할 요소는 다음과 같다.

- ■ 면접 중 고용주에게 개인 트레이닝 마케팅 및 영업에 대한 구체적인 절차에 대해 물어본다. 많은 고용주는 특히 영업 프로세스와 관련하여 시설에서 비즈니스를 수행할 수 있도록 신입 직원 교육을 실시한다. 면접을 통해 어떤 고용주가 본인의 경력 성장에 도움이 되는 옵션을 제공하는지 식별할 수 있다.
- ■ 고령자, 운동선수, 여성 등 특정 고객을 전문으로 하는 시설인지를 확인한다. 특정 대상을 타깃으로 전문 분야를 개발하고자 하는 야심찬 피트니스 전문가는 이러한 시설에서 일함으로써 큰 도움을 받을 수 있다.
- ■ 하루의 비즈니스의 흐름을 파악한다. 교외 시설은 출근 전 아침에 가장 붐빌 수 있다. 낮에는 전업주부, 은퇴자, 고등학생으로, 그리고 저녁에는 근무 시간 이후에 사람이 몰린다. 도시에서는 출근 전, 점심시간, 퇴근 직후에 가장

고객이 많으며, 그 사이에는 한가하다. 하루 중 가장 바쁜 시간을 파악한 후 그 시간에 고객과 함께 일할 수 있도록 계획하라.

- 통근 시 유의 사항을 고려해 본다. 매일 출퇴근하는 비용과 시간을 현실적으로 생각하라. 특히 아침이나 늦은 저녁에 고객을 트레이닝할 계획이라면 더욱 그렇다.
- 면접관에게 건강보험, 유급 휴가, 평생교육 등 부가적인 혜택에 대해 문의하라. 피트니스 전문가는 세션별 보상이나 시간당 급여뿐만 아니라 전체 복리후생 제도를 고려해야 한다. 피트니스 업계의 많은 고용주는 처음 시작할 때와 경력을 쌓는 동안 직원들을 위해 전문성 개발과 교육을 제공한다.
- 회사의 평판을 조사한다. 직원으로서 피트니스 전문가는 시설을 대표하지만, 고용주도 직원을 대표한다는 것을 명심해야 한다. 피트니스 전문가는 자신의 가치관과 고용주의 미래 가치관이 일치하는지 판단해야 한다. 예를 들어, 다음과 같은 질문을 해본다. 피트니스 시설은 주목할 만한 고객 서비스를 제공하거나, 직원들의 성공을 보상하거나, 전문적이면서도 편안한 환경을 유지하는가?

공인 퍼스널 트레이너의 하루

© Ruigsantos/Shutterstock.

대부분의 고객이 피트니스 전문가와 만날 수 있는 일반적인 시간대가 정해져 있다. 예외가 있지만 대개 출근 전 아침, 점심 시간, 퇴근 후에 이용할 수 있다. 가장 인기 있는 시간은 오전 5시부터 9시까지, 낮 12시부터 오후 2시까지, 그리고 오후 4시부터 8시까지이다. 그러나 출퇴근을 하지 않거나 재택근무를 하는 현대 사회의 특성을 감안하면 하루 종일 고객들과 만나는 것이 점점 더 가능해지고 있다.

피트니스 전문가가 더 많은 고객을 수용하려면 시간도 더 많이 필요하다(**그림 2-2**). 워라밸을 확립하기 위해서는 피트니스 전문가 역시 근무 시간을 정하고 따르는 것이 중요하다.

시간	활동 내용
5:00–6:00 a.m.	일어나서 옷을 갈아입고 출근한다.
6:00–9:00 a.m.	출근 전 아침 운동하는 고객을 트레이닝한다.
9:00–10:00 a.m.	장비를 청소하고 프론트 데스크에서 손님을 맞는다.
10:00–11:00 a.m.	개인 운동 시간, 소셜 미디어에 매일 피트니스 팁을 촬영해 올린다.
11:00–11:45 a.m.	점심 식사
11:45 a.m.–2:00 p.m.	점심 시간 고객을 위한 그룹 운동 코치
2:00–3:00 p.m.	고객 관리 시간, 고객 커뮤니케이션, 고객을 위한 프로그램 디자인 및 필요한 서류 작성
3:00–4:00 p.m.	휴식
4:00–6:30 p.m.	저녁 고객 트레이닝
6:30 p.m.	하루 일과 종료

그림 2-2 NASM 공인 퍼스널 트레이너의 하루

퍼스널 트레이닝 사업을 시작할 때 열심히 하는 것도 중요하지만, 과도하게 사업을 확장하는 것은 고객 서비스와 에너지 소진으로 이어질 수 있다는 것을 명심해야 한다. 업무 시간에 대한 가이드라인을 정하고 이를 준수하는 것이 필요하다.

근로 시간을 줄이고 수입을 늘리기 위해 많은 공인 퍼스널 트레이너들이 그룹 운동을 코칭하는 방법을 배우고 있다. 그룹 운동 프로그램은 참가자의 수에 따라 보상한다. 사람이 많을수록 전문가는 시간당 더 많은 돈을 벌 수 있다. 고객이 가장 많은 시간대에 그룹 운동을 코칭하는 것은 피트니스 전문가가 수입을 늘리는 동시에 일과 삶의 균형을 개선하는 한 방법이다.

운영

공인 퍼스널 트레이너로 일하는 것에는 평가 또는 접수 양식 검토, 청구서 준비 및 월이용료 받기, 운동 프로그램 개발 또는 업데이트, 후속 전화 걸기, 이메일 작성, 예약 및 확인을 위한 문자 메시지 발송 등 고객을 직접 트레이닝하는 것 외에도 수많은 비즈니스 작업을 해야 한다. 일과 중 비즈니스 업무를 관리하는 것은 시간이 걸리지만, 새로운 잠재 고객

(prospect)이 들어오고 기존 고객이 다시 돌아오도록 하는 것은 매우 중요하다.

고용주들은 일반적으로 피트니스 전문가가 고객과 함께 일하지 않을 때 시설 주변에서 특정한 의무를 수행하도록 요구한다. 모든 회원에게 도움을 주기 위해 피트니스 플로어를 순회하는 것, 체육관 장비 청소, 회원들이 빠뜨린 장비 치우기, 외부 행사(헬스 관련 컨퍼런스, 거리 홍보) 또는 안내 데스크에서 회원을 돕는 것 등이다.

고객을 트레이닝할 때, 피트니스 전문가는 고객을 만날 수 있는 특정 시간을 정하고 일관성을 위해 이 일정을 준수해야 한다. 한 세션이나 그룹 운동이 다른 세션과 겹치지 않도록 고객 세션이나 그룹 운동을 제시간에 시작하고 종료하는 것이 중요하다. 고객은 정해진 시간에 대해 비용을 지불한다. 고객이 늦더라도 세션은 제시간에 끝내 다음 시간까지 이어지지 않도록 해야 한다. 트레이닝 후에 다른 장소로 이동해야 하는 독립 피트니스 전문가들은 통근 시간을 고려해서 교통 계획을 세워야 한다.

비협조적인 고객을 위한 지침

© Jacob Lund/Shutterstock.

피트니스 세계에서 일상 업무의 주요 초점은 고객에 대한 서비스이다. 고객은 자신이 특별한 대접을 받고 있다는 생각이 들 때 재방문한다는 사실을 기억해야 한다. 개인이 헬스클럽에 가입하는 이유는 건강과 전반적인 삶의 질 향상, 건강한 체중 관리, 가족을 위한 활동 제공, 또는 편안함을 피부로 느끼는 것 등 여러 가지가 있다.

회원과 고객이 계속 재방문하는 것은 두 가지이다.

1. 운동을 즐기는 방법을 배웠고, 원하는 결과를 경험하고 있다.
2. 서비스를 받는 것이 매우 즐겁고 공동체 의식을 느낀다.

피트니스 산업은 서비스 산업의 일부분이다. 개인이 헬스클럽 멤버십에 투자할 때 직원들이 제공하는 시설 및 서비스 비용을 부담하고 있는 것이다. 공인 퍼스널 트레이너가 고객에게 높은 수준의 서비스를 제공하지 못하면 고객을 유치하고 유지하는 것이 매우 어려워진다. 고객들은 그들의 시간에 대해 다양한 요구 사항을 가지고 있다는 점에 유의해야 한다. 가장 성공적인 퍼스널 트레이너는 개인의 의사소통 선호도와 코칭 니즈에 따라 적응할 수 있는 사람이다. 고객은 여러 가지 이유로 공인 퍼스널 트레이너를 고용할 수 있지만, 고객이 실제로 지불하고 기대하는 서비스는 다음과 같다.

- **책임감:** 많은 고객이 운동 목표에 대해 책임지는 것을 보고 싶어하며, 특히 세션을 놓친 후 연락 받기를 원한다. 피트니스 전문가는 고객이 트레이닝 참여를 못했을 때 24시간이 지나기 전에 연락해야 한다. 이것은 고객이 프로그램을 확실히 준수하도록 돕는다.
- **지원:** 운동복을 입거나 공공장소에서 운동하는 것은 많은 사람들로 인해 위축될 수 있다. 공인 퍼스널 트레이너를 고용하면 특정 개인이 운동에 대한 자신감을 키우는 데 도움이 될 수 있다. 피트니스 전문가는 항상 고객이 운동 목표를 추구하는 데 적절한 지원과 격려를 받을 수 있는 긍정적인 환경을 조성해야 한다.
- **피드백 및 안내:** 피트니스 전문가와 함께 트레이닝할 때 가장 중요한 이점 중 하나는 목표를 달성하는 데 필요한 운동에 대한 적절한 지침과 장기 운동 프로그램 진행 지침을 받는 것이다.
- **결과:** 고객들은 운동 프로그램이 원하는 결과를 가져왔는지를 알고 싶어 한다. 진행 상황을 평가하는 가장 효과적인 방법은 다양한 체력 평가를 수행하는 것이다. 피트니스 전문가는 구체적이고 체계적이며 일관된 피트니스 평가를 통해 몇 주마다 고객의 진행 상황에 대한 데이터를 수집할 수 있다.

잠재 고객 Prospect 앞으로 피트니스를 계속할 가능성이 높은 고객 기존 고객들과 잠재적 고객들은 항상 일정 수준의 서비스를 기대한다. 만약 그들의 기대를 충족시켜 주지 못하면 고객은 다른 곳으로 옮기거나 운동을 완전히 그만둘 수도 있다. 그러나 기대치를 초과하면 고객의 재방문 가능성은 높아지고, 친구나 사랑하는 사람에게 추천할 수도 있다. 장기 고객층 확보와 관련해 최고의 마케팅 및 영업 기술도 고객의 직접적인 추천만큼 강력한 효과를 발휘하기 어렵다. 고객의 추천은 더 많은 고객을 확보하고 꾸준한 비즈니스 흐름을 유지하기 위한 강력한 전략이다.

피트니스 전문가는 헬스클럽에서 고객을 트레이닝하거나 야외 운동을 통해 그룹을 이끌 때, 소셜 미디어에 동영상을 게시할 때 항상 다른 사람들의 관심을 받고 있다는 것을 깨달아야 한다. 예를 들어, 유산소 운동 기구를 사용 중인 고객이 피트니스 전문가가 다른 고객을 개인 트레이닝하는 것을 지켜보고 있다면 개인적인 관찰을 바탕으로 다양한 판단을 내릴 것이다. 피트니스 전문가가 주의를 산만하게 하거나 비전문적인 행동을 한다면 해당 개인은 서비스를 선택하지 않을 가능성이 크다. 하지만, 세심하고 명확하게 의사소통하고 격려하며, 동기를 제공하는 피트니스 전문가는 시설의 다른 구성원에게 호의적으로 보일 것이다. 전문적인 모습으로 고객을 대하는 것은 미래 고객을 위한 최고의 광고이다.

트레이닝 팁

피트니스 전문가는 항상 고객 서비스 기술 향상을 추구해야 한다. 탁월한 고객 서비스를 제공하면 고객이 운동 프로그램을 고수할 가능성이 높아진다. 영업 및 관리 전문가인 데일 카네기(1936)는 《친구를 얻고 사람들에게 영향을 미치는 방법》이라는 그의 책에서 모든 산업에서 고객에게 탁월한 서비스를 제공하는 방법에 대한 중요한 팁을 제시했다.

- **웃어라.** 전문가가 먼저 웃을 때 사람들은 고마움을 느끼고 미소를 짓는 경향이 있다.
- **눈을 바라보고 인사하라.** 눈맞춤을 위협적인 것으로 간주하는 문화가 아니라면 이것은 사람들과의 즉각적인 관계를 만드는 좋은 방법이다.
- **경청하라.** 적극적으로 경청하고 다른 사람들이 자신에 대해 이야기하도록 격려한다.
- **주인 정신을 갖고 행동하라.** 다른 사람을 위해 일하더라도 일상적인 행동에 사업의 가치를 반영해야 한다.
- **자기를 소개하고 상대방의 이름을 물어본다.** 대화할 때 반드시 상대방의 이름을 불러준다.
- **상대방의 관심사에 대해 대화한다.** 이것은 이해를 쌓고 공통 관심 분야를 찾는 데 도움이 된다.

안전 절차

발목 염좌와 같은 경미한 부상부터 심장마비와 같은 심각한 응급 상황까지, 시설에서 일하는 모든 피트니스 전문가들은 다양한 응급 상황과 예상치 못한 상황에 대처할 준비가 되어 있어야 한다. 따라서 피트니스 전문가는 응급 장비의 위치, CPR(심폐소생술) 수행 방법, 자동 제세동기(AED) 사용 방법 등 모든 안전 시설의 절차를 숙지해야 한다. 각 피트니스 업체에는 고유한 안전 지침이 있으며 이는 신입 직원 교육에서 명확히 설명되어야 한다.

공인 퍼스널 트레이너가 트레이닝 공간으로 쓸 장소를 계약하는 경우, 비상시 각 시설의 안전 정책 및 절차에 대해 문의하는 것이 중요하다. 고객의 집에서 일하거나 야외 프로그램을 주도하는 피트니스 전문가는 강력한 안전 지침을 수립해야 하며, 운동 중에 발생할 수 있는 예기치 않은 부상을 처리할 수 있도록 항상 AED 장치를 포함한 응급 처치 장비를 갖추어야 한다. 독립 피트니스 전문가는 모든 공인 퍼스널 트레이너에게 필요한 심폐소생술 및 AED 인증 외에 별도의 응급처치 인증을 받을 것을 적극 권장한다. 또한, 고객과 독립적으로 작업하기 전에 책임보험을 가입해야 하며, 법률 전문가와 협력하여 추가 보호 수준으로 고객 동의 양식을 개발할 것을 제안한다.

영업 및 마케팅

고객들은 해결해야 할 문제가 있기 때문에 피트니스 전문가의 서비스를 찾는다. 그들의 문제로는 살을 빼는 것, 혈압이나 콜레스테롤을 낮추는 것, 또는 농구팀 대표를 만드는 데 필요한 힘과 체력을 향상시키는 것 등이다. 피트니스 전문가들은 고객이 선택한 도구로 운동하여 해결책을 제공한다. 이러한 협력적 노력을 통해 고객은 더 나은 자신을 목표로 노력한다.

이러한 서비스는 영업 프로세스(sales process) 없이 이루어질 수 없다. 성공적인 퍼스널 트레이닝 경력을 쌓으려면 영업을 성사시킬 수 있는 능력이 필요하며, 이는 이 직업에서 가장 어려운 측면이다. 또한 이것은 피트니스 전문가가 배우고 연습해야 하는 가장 중요한 기술 중 하나이다. 특히, 공인 퍼스널 트레이너는 개인 훈련 세션 패키지의 가격을 제시하고 잠재 고객에게 판매를 요청하는 등의 영업 프로세스에 익숙해져야 한다. 결국, 영업 프로세스가 없다면 피트니스 전문가는 고객이 건강, 웰빙, 혹은 피트니스와 관련된 목표에 도달하도록 도울 수 없다. 이 두 기능은 서로 연결되어 있고 종속되어 있다.

영업

영업 사원이라는 용어는 때로는 부정적인 이미지를 만들어 내기도 하지만, 윤리적 영업 기법은 남을 돕는 데 뿌리를 두고 있다. 사람들이 퍼스널 트레이닝 서비스에 대해 질문할 때, 그들은 정말로 운동을 통해 구체적인 결과를 얻을 수 있도록 도와줄 수 있는 전문가의 조언과 지도를 찾고 있는 것이다. 개인 트레이닝 서비스를 판매하는 것은 고객에게 자신의 건강, 삶의 질 및 체력을 향상시키기 위한 운동 프로그램에 참여하기를 요청하는 것이다. 그런 관점에서 영업은 잠재 고객들에게 그들의 개별적인 요구에 맞춘 운동 프로그램이 그들의 목표를 달성하는 데 어떻게 도움이 되는지에 대해 교육하는 과정이 된다. 피트니스 소비자들은 그들의 운동 프로그램에서 결과를 얻는 것에 관심이 있다. 자신 있게 그들의 해결 방법을 제시하는 피트니스 전문가들이 영업 프로세스에서 가장 성공적이다.

영업 프로세스 개요

공인 퍼스널 트레이너가 성공적인 경력을 쌓기 위해서는 잠재 고객에게 개인 트레이닝 세션을 구매하도록 요청하는 것이 불편하지 않아야 하며, 이를 위해서는 영업 프로세스에 익숙해질 수 있어야 한다. 영업 프로세스의 구체적인 단계는 다음과 같다.

1. 고객의 니즈 파악하기
2. 고객의 필요에 대한 솔루션에 대해 소통하기
3. 고객의 필요를 해결하기 위해 재정적 약속을 요구하고 판매하기(Gitomer, 2015)

운동 프로그램을 설계하는 과정은 프로그램이 해결할 수 있는 체력 요구 사항을 평가하는 것에 기초한다. 윤리적인 판매 프로세스도 다르지 않다. 그것은 고객의 요구를 평가하고 해결책을 제공하는 것이다.

많은 피트니스 전문가가 진심으로 사람들을 돕고 싶어 하는데, 영업 전문가가 되는 것이 그러한 열망을 실현시키는 길이다. 영업 전문가는 소비자에게 제공되는 제품이나 서비스의 혜택을 받을 수 있는 방법을 교육하는 사람이다.

영업 프로세스가 올바르게 수행되면 고객에게 결정을 강요하는 압박이 없다. 영업 전문가는 고객에게 몇 가지 개방형 질문(open-ended questions)을 함으로써 대화를 리드한다. 이러한 질문은 영업 전문가가 고객의 요구, 필요, 두려움 및 욕구에 대해 알아차릴 수 있도록 도와준다. 이 정보를 이용하여 영업 사원은 고객에게 잠재적인 해결책을 정확하게 제공할 수 있다. 영업 전문가들의 성공은 고객이 원하고 필요로 하는 솔루션을 찾도록 돕는 능력에 달려 있으며, 모든 커뮤니케이션에서 윤리적이고 정직해야 한다.

잠재 고객 발굴

새로운 고객을 찾는 일은 모든 피트니스 전문가에게 필수적인 일이다. 새로운 사람들을 만나면서 잠재 고객들의 파이프라인을 개발하지 않는다면, 가장 숙련된 공인 퍼스널 트레이너조차도 경력을 지속하기 어려워진다. 이 파이프라인이 없다면 고객의 요구 사항을 알기 어렵고, 개인 교육 프로그램도 판매하기 어려워진다.

잠재 고객은 유료 고객으로 전환될 수 있는 잠재적 영업 대상이다. 그들은 단지 길거리에서 무작위로 나온 사람들이 아니다. 그들은 피트니스 전문가가 피트니스 서비스에 잠재적으로 관심이 있다고 이미 판단한 사람들이다. 잠재 고객은 다음과 같은 방법으로 찾을 수 있다.

1. 기존 고객에게 추천을 요청한다.
2. 최대한 많은 시설의 구성원을 만나기 위해 플로어 근무(working the floor)을 통해 친밀감(rapport)를 쌓는다.

영업 프로세스 Sales process 잠재 고객의 요구에 대해 학습하여 그러한 요구에 대한 여러 솔루션을 식별하고 제시할 수 있는 시스템

개방형 질문 Open-ended questions '예' 또는 '아니오'로 답할 수 없는 비지시형 질문. 질문에 대답하기 위한 비판적 사고가 필요하다.

플로어 근무 Working the floor 피트니스 전문가들이 공개적으로 세일즈를 하지 않고, 회원들과 이야기를 나누며 체육관을 돌아다니는 관계 형성 기술

친밀감 Rapport 두 사람이 서로의 생각을 이해하고 서로 존중하며 잘 소통하는 관계

3. 회원 및 영업부에서 제공하는 고객 리스트(warm leads: 제품이나 서비스에 관심을 보이는 잠재 고객)를 확보한다.
4. 소셜 미디어 및 기타 다른 마케팅 흐름의 요구에 응답한다.

헬스클럽은 고객 리스트를 계속 받기 위해 일반적으로 신규 회원이 가입할 때 보통 1회 이상의 무료 개인 교육 세션을 제공한다. 이는 공인 퍼스널 트레이너들이 그들의 전문성을 입증하고 고객을 사로잡아 서비스를 판매할 수 있는 자연스러운 기회를 만든다. 이것은 대형 헬스클럽에서 일하는 또 다른 이점이다. 많은 상업적인 헬스클럽들이 매달 수십에서 수백 명의 새로운 회원들을 모집할 수 있기 때문이다. 각 신규 회원은 시설에서 일하는 피트니스 전문가의 잠재 고객이다.

이런 유형의 시설에서 관리팀은 피트니스 직원 간에 신규 회원 정보를 배포하는 시스템을 갖추고 있다. 그러나 모든 시설이 다르기 때문에 신규 회원 모집에 대한 고객 리스트(웜 리드)를 기대하거나 의존해서는 안 된다. 피트니스 전문가들은 항상 기존 회원에 기반해 친밀감을 쌓고 매일 자신의 전문성을 입증해야 한다. 신규 회원 무료 세션은 잠재 고객 형성 프로세스에 대한 보너스라고 생각해야 한다.

헬스클럽 외부에서 영업 리드를 생성하기 위해서는 피트니스 전문가가 잠재 고객을 발굴하기 위해 모든 브랜딩 및 마케팅 자료를 개발하고 배포해야 하는 것이기 때문에 조금 더 어렵다. 한 가지 적극 권장하는 전략은 서비스를 제공하는 지역의 다른 서비스 기반 비즈니스와 네트워크를 구축하는 것이다. 진료실, 물리치료실, 마사지 치료실, 척추 지압요법소, 체중 감량 센터는 모두 공인 퍼스널 트레이너와 협력하기 좋은 서비스 기반 전문 비즈니스다. 상호 보완적인 서비스 기반 사업은 지역 상공회의소 또는 기타 비즈니스 네트워킹 그룹을 통해 파악할 수 있다. 그리고 나서 피트니스 전문가는 헬스클럽에서 해왔던 것처럼 관계를 구축하고 잠재 고객의 피트니스 요구 사항을 파악한다.

트레이닝 팁

현장에서 일할 때는 가능한 한 많은 헬스클럽 회원들을 알아가는 것이 중요하다. 그러나 너무 무리하거나 공격적이지 않는 것도 마찬가지로 중요하다. 분위기를 밝고 쾌적하게 유지하면 도움이 된다. 목표는 간단하다. 간단한 자기소개를 하고, 고객의 이름을 외우고, 친분을 쌓기 시작한 다음 세일즈를 하지 않고 물러난다. 그런 다음 잠재 고객과 반복적으로 상호 작용해 나가면 세일즈를 하지 않고도 피트니스 요구 사항을 자연스럽게 찾을 수 있고, 솔루션을 제시할 수 있다.

친밀감 형성

친밀감(rapport)은 열린 의사소통과 신뢰를 바탕으로 한 관계의 구축을 나타낸다. 고객과의 친분을 쌓기 위해서는 정직하게 소통하고 친근하고 개인적인 관계를 맺을 수 있는 능력이 필요하다. 회원이나 고객과의 모든 상호 작용은 잠재적 고객과의 관계를 확립하고 발전시킬 수 있는 기회다. 그래서 피트니스 전문가는 항상 웃고, 외향적이고, 우호적이어야 한다. 사람들의 이름을 묻고, 대화할 때 그들의 이름을 불러 주면 좋다. 그리고 각 잠재 고객이 좋아하는 것, 원하는 것을 찾아낸다. 또한 개인의 이야기와 삶의 경험을 고객의 이야기와 연결하여 신뢰를 쌓을 수 있고, 직업적 존경으로 이어지는 관계를 구축할 수 있다.

성공한 개인 트레이너들은 운동 프로그램이 어떻게 도움이 되는지를 이야기하기 전에 잠재 고객의 가족, 취미, 삶을 더 나은 방향으로 바꾸고자 하는 열망에 초점을 맞춘다. 피트니스 전문가가 먼저 관계를 구축하기 위해 노력한다면 회원 모집은 자연스럽고 자동적으로 이루어질 수 있다. 잠재 고객들은 그들의 욕구, 추구하는 것이 어떻게 충족될 것인지 이해하고 싶어 한다. 공인 퍼스널 트레이너가 사전에 자신의 가치를 입증한다면 잠재 고객에게 남은 유일한 결정은 첫 번째 약속을 언제 잡을 것인가이다. 성공적인 피트니스 전문가는 고객에게 어떤 영업도 할 필요가 없다. 대신, 잠재 고객이 운동을 통해 어떤 변화를 만들고 싶어 하는지를 이해하는 데 시간을 들여야 한다. 그리고 지지하고 격려하며, 끝까지 도와줄 것이라고 느끼도록 해주어야 한다.

예측

예측(forecasting)은 재정적인 목표 설정이며, 이것은 고객 파이프라인의 흐름을 유지하기 위해 매일 얼마나 많은 잠재 고객과 상호 작용해야 하는지를 결정하는 데 도움이 된다. 피트니스 전문가는 진행 상황과 성공을 가늠하기 위해 재정적인 목표를 설정하는 것이 중요하다. 급여 목표를 설정하면 피트니스 전문가가 해당 목표를 달성하기 위해 얼마나 많은 고객 세션을 제공해야 하는지를 파악하는 데 도움이 된다. 이것은 독립적인 피트니스 전문가로서의 삶을 고려할 때 특히 중요하다. 공인 퍼스널 트레이너가 고용되어 근무하는 동안 월별 매출 목표를 정확히 설정하고 달성할 수 없다면 임대료, 전문 책임보험, 시설 수리 및 직원 보상과 같은 간접비를 포함하여 훨씬 더 복잡한 예산을 유지해야 하는 시설 운영은 어려울 것이다.

회원 가입 유도

회원 가입은 주로 감정적으로 이루어지며, 공인 퍼스널 트레이너와의 세션에 투자하기로 하는 결정은 즉흥적일 수 있다(Ahmad et al., 2019; Kemp et al., 2018). 잠재 고객들은 공포, 불안, 또는 부적절함과 같은 다양한 감정들을 가지고 있기 때문에 피트니스 판매 프로세스의 일부는 시간을 들여 그러한 감정들을 드러내게 하는 것이다. 예를 들어, 의사는 고객에게 심장마비나 뇌졸중의 위험을 피하기 위해 체중을 줄이고 혈압을 낮추라고 조언할 수 있다. 이는 고려해야 할 감정적 부담이 크지만, 공인 퍼스널 트레이너가 도움을 줄 수 있다. 피트니스 전문가가 고객에게 회원 가입을 권유하는 것은 드러난 문제에 대한 해결책을 제시한 후에야 가능하다.

고객의 건강 문제를 해결하는 데 도움이 되는 능력을 입증한 후, 회원 가입을 권유하는 첫 번째 단계는 다양한 구매 옵션을 제시하는 것이다. 고객마다 피트니스 서비스에 다른 수준의 가치를 부여하며, 시간과 예산 제약도 있다. 그러한 이유로 피트니스 전문가는 '좋은, 더 나은, 최고의' 패키지 계획을 다양한 개인에게 어필할 수 있는 가격대로 제공한다. 그래서 바쁜 경영진부터 전업주부, 은퇴한 퇴직자에 이르기까지 모든 사람이 사용할 수 있는 솔루션이 있다.

헬스클럽은 일반적으로 개인 트레이닝 세션의 사전 설정 패키지로 진행하거나 또는 월 단위 고정 요금으로 특정 수의 개인 트레이닝 세션을 제공한다. 예를 들어 헬스클럽은 1시간 개인 트레이닝 세션 20개를 선불 패키지로 제공하거나 월 회비로 매월 4개 세션을 제공할 수 있다. 등록한 프로그램은 경제적인 이유로 인해 점점 인기를 얻게 된다. 부유한 고객만이 대규모 교육 패키지 비용을 선불로 지불할 수 있으므로 적은 비용으로 편성하는 것이 훨씬 편할 수 있다.

예측 Forecasting 업무 수행에 필요한 업무량을 예측하는 데 도움이 되는 비즈니스 관리 기법

시도하기

몇 가지 기본적인 수학을 사용하여 연간 수입 목표를 달성하기 위해 하루에 필요한 개인 트레이닝 세션 수를 결정한다.

1. 총 연간 수입 목표 설정: ₩ ________
2. 해당 연도를 50으로 나누어 주당 벌어야 하는 소득을 결정한다.
   연간 소득 목표 ÷ 50 = ₩________ 주간 소득 목표*
   * 52대신 50을 사용하여 피트니스 전문가에게 연간 2주의 휴가를 제공한다.
3. 주간 소득 목표 수치를 교육 세션당 얻은 급여로 나눈다.
   주간 소득 목표 ÷ 세션당 비율 = ________ 연간 소득 목표를 달성하는 데 필요한 주간 세션 수
4. 주간 세션 수를 주당 근무일로 나누어 연간 소득 목표를 지원하기 위해 매일 필요한 세션 수를 결정한다.
   주당 세션 수 ÷ 주당 근무일 수 = ________ 연간 소득 목표를 달성하기 위한 일일 세션 수
5. 일반적인 피트니스 업계의 사례에 비추어 보면 초기 잠재 고객의 평균 10%가 회원으로 가입하고 고객으로 전환한다. 이를 염두에 두고 일일 세션 수에 10을 곱하여 연간 수입 목표를 설정하면 충분한 고객 파이프라인을 확보한다. 고객 파이프라인을 가득 채운 상태로 유지하기 위해 매일 얼마나 많은 잠재 고객을 응대해야 하는지 알아낸다.
   일일 세션 × 10 = ________ 각 영업 일과 응대할 잠재 고객 수

독립 계약자로서 일하는 피트니스 전문가들은 제공하고자 하는 서비스를 구성하는 방법을 결정해야 한다. 이 때문에 주변 지역에 경쟁 업체가 없는지 파악하기 위해 상당한 노력을 기울여야 한다. 많은 경쟁 시설들이 비슷한 요금을 부과한다면, 독립 피트니스 전문가들은 경쟁력을 유지할 수 있는 적절한 요금을 책정해야 한다.

회원 가입을 요청할 때 피트니스 전문가는 모든 가격대를 제시하고, 잠재 고객이 정보를 선택할 수 있는 시간을 주어야 한다. 고객은 의사 결정 과정에서 스스로 자신에게 가장 적합한 프로그램을 선택할 수 있도록 해야 한다. 피트니스 전문가는 다음과 같은 말로 고객의 결정을 도울 수 있다. "우리가 일주일에 2일 만나면 10주 안에 목표를 달성할 수 있도록 도울 수 있습니다. 하지만 일주일에 3일 만나면 더 빨리 목표를 달성할 수 있습니다." 이와 같은 말은 고객에게 가격과 결과에 대한 기대치를 인식할 수 있게 한다. 고객이 가장 낮은 수준의 패키지에 만족한다는 것은 좋은 일이다. 왜냐하면 일단 고객이 개인 트레이닝을 결정하면 친분을 쌓고 전문성을 발휘하여 고객을 트레이닝하면서 기회를 얻을 수 있기 때문이다.

마케팅

일단 성과 목표가 정해지고 피트니스 전문가가 특정 금액의 수입을 얻기 위해 얼마나 많은 일을 수행해야 하는지 알게 되면, 잠재적인 고객들에게 피트니스 서비스를 홍보하는 것이 필요하다. 마케팅은 퍼스널 트레이닝의 특징, 장점 및 이점을 잠재 고객에게 전달할 목적으로 서비스를 홍보하는 과정이다. 많은 헬스클럽에서는 이러한 일을 전담하는 마케팅 부서가 있다. 하지만, 가장 큰 상업적 헬스클럽에서도 모든 피트니스 전문가들은 여전히 자신의 고객층을 구축하고 유지해야 할 책임이 있다. 헬스클럽에서 일하든 독립 계약자로 일하든 적어도 잠재적인 고객들과 소통하고 그들을 체육관으로 데려올 수 있도록 하는 개인 마케팅 계획을 세워야 할 것이다. 이제 막 시작하는 피트니스 전문가들은 전체 고객을 확보하는 데 3~6개월의 시간이 걸릴 수 있다.

자신의 서비스를 홍보하는 피트니스 전문가는 마케팅 문제를 해결해야 한다. 구체적으로, 서비스(또는 제품)가 어떻게 고객의 삶을 향상시킬 수 있는지에 대한 이야기를 해야 한다. 마케팅에서는 잠재적인 고객이 건강과 체력 단련 목표를 달성할 수 있도록 공인 퍼스널 트레이너와 함께 협력하는 것의 이점을 전달해야 한다. 예를 들어, 공인 퍼스널 트레이너가 전업주부 또는 노년층의 비율이 높은 교외 지역에서 일하는 경우, 그들은 특정 고객과 의사소통하는 효과적인 방법을 터득해야 한다. 이 경우, 부모가 된 경험이 있는 공인 퍼스널 트레이너는 전업주부에게 마케팅할 수 있는 반면, 특정한 교육을 받은 트레이너는 노년층과의 접근도 가능하다. 잠재 고객 탐색에 개별적인 피트니스 니즈의 파악이 필요한 것처럼, 독립된 피트니스 전문가는 대단지 커뮤니티와 주변 인구의 피트니스 니즈를 파악하고 해결하기 위해 더 많은 마케팅 노력이 필요하다.

피트니스 전문가는 자신의 **고유 판매 제안(unique selling proposition, USP)**이 도움이 될 수 있다. USP는 독특하거나 다른 서비스를 제공함으로써 다른 피트니스 전문가와 차별화되도록 하는 특성 또는 기술이다. 고강도의 운동 프로그램이 처음 도입되었을 때 USP는 단기간에 극단적인 운동을 하는 것이 다른 방법으로는 얻을 수 없는 결과를 만들어 내는 방법이라고 했다. 피트니스 전문가가 사용할 수 있는 USP의 예는 다음과 같다.

- 55세 이상 성인 활동 전문
- 체중 감량 고객에 초점을 맞춰 장기 건강 및 체성분 개선을 위한 신체활동 담당
- 운동선수들의 스포츠별 경기력 향상을 위한 훈련

> **시도하기**
>
> **코칭 그룹 운동**
>
> 그룹 피트니스 수업은 공인 퍼스널 트레이너에게 효과적인 마케팅 전략이 될 수 있다. 목적이 분명한 소비자 집단에 퍼스널 트레이닝 서비스를 홍보할 수 있다. 그룹 피트니스 강사로 추가 자격증을 취득하면 잠재 고객 확보에서 완전히 새로운 세계를 열 수 있다.

브랜드 구축

브랜드(brand)는 이야기를 들려주고 제품이나 서비스에 대한 정체성을 만들어낸다(Ries & Ries, 2004). 브랜드 정체성을 창출하는 이유는 가장 먼저 떠오르는 이미지를 만들기 위해서다. 즉 소비자가 일반 상품 카테고리에 대해 생각할 때

특정 브랜드 이름이 즉시 떠오르도록 하는 것을 의미한다. 피트니스 전문가는 바디빌딩이나 지구력 훈련과 같은 프로그램 디자인 스타일을 특징으로 하는 브랜드를 만들거나, 케틀벨을 가지고 훈련하는 것과 같은 장비의 범주를 중심으로 브랜드를 만들 수 있다.

대부분의 영업이 감정적 의사결정에 기반을 두고 있기 때문에, 고객이 기대하는 퍼스널 트레이닝 서비스의 품질을 규정하는 브랜드를 만드는 것은 고객과 감정적 연결을 구축하는 중요한 단계다. 서비스를 위한 특정 브랜드를 개발하기 위해 시간을 투자하는 공인 퍼스널 트레이너는 퍼스널 트레이닝 경험에서 고객이 기대하는 바를 준비할 수 있다.

시도하기

현재 인기 있는 피트니스 프로그램이나 제품의 좋아하는 브랜드를 파악하고 각 브랜드 정체성이 제품의 인기를 향상시키는 데 어떻게 도움이 되는지 생각해 보자.

특정 고객 유형이나 장비 유형으로 작업하는 것 외에 브랜드를 확립하는 또 다른 방법은 개성이나 운동 경험을 전달하는 특정 방법을 이용하는 것이다. 예를 들어, 명령을 하는 흡사 교관형 피트니스 전문가와 모든 사람의 감정적 욕구를 더 잘 보살피고 지원하는 사람 사이에는 중요한 차이점이 있다. 각각을 선호하는 사람이 많기 때문에 피트니스 전문가는 자신만의 독특한 개성과 코칭 스타일이 직결된 브랜드를 구축할 수 있는 기회가 된다. 한 명의 공인 퍼스널 트레이너는 도시에서 가장 힘든 운동이라는 브랜드를 만들 수 있고, 또 다른 피트니스 전문가는 특히 체력이나 건강이 안 좋은 사람에게 환영 받는 브랜드를 만들 수 있다. 어떤 브랜드의 종류를 선택하든 브랜드의 정체성을 확립하는 가장 효과적인 방법 중 하나는 서비스 약속을 이행하는 것이다.

SWOT 분석을 이용한 브랜드 구축

전체 일정을 개발하기 위해 피트니스 전문가는 시간을 내어 퍼스널 트레이닝 서비스를 받을 수 있는 특정 잠재 고객의 그룹을 파악해야 한다(대상 인구 통계학). SWOT 분석(SWOT analysis)을 통해 브랜드 구축 및 USP 구축에 사용할 수 있는 강점 영역을 확보하고, 동시에 전문적 성장과 개발 기회를 파악할 수 있다. SWOT는 강점, 약점, 기회, 위협을 나타낸다.

- **강점**(Strengths): 특정 인구 집단의 교육, 기술, 능력 또는 업무 경험을 포함한 강점과 경쟁 우위를 파악한다. 강점의 예로는 교육, 자격증 취득, 강력한 브랜드 정체성을 가진 고용주의 이름 또는 지위, 특정 유형의 고객과 함께 일한 경험이 있다. 이러한 강점은 궁극적으로 브랜드 정체성을 확립하는 데 도움이 된다.
- **약점**(Weaknesses): 모든 약점을 찾아라. 정직하고 철저할수록, 피트니스 전문가가 자신의 약점을 정직하게 평가할수록 더 많은 성장 기회가 있다. 약점의 예로는 엘리트 운동선수와 같은 특정 유형의 고객에게 익숙하지 않음, 영업에 대한 불편함, 전반적인 피트니스 업계 경험 부족 등이 있다.
- **기회**(Opportunities): 그룹 운동 프로그램을 코칭하는 것과 같이 새로운 전문 기술을 개발하거나 새로운 비즈니스 기회로 확장하는 기회를 찾아본다. 약점은 기회로 바뀔 수 있다. 예를 들어, 운동 과학의 특정 영역에 대해 지식이 부족하다면 특정 유형의 고객을 트레이닝하는 데 필요한 지식을 얻기 위해 지속적인 개발을 해야 하는 동기를 얻을 수 있다.
- **위협**(Threats): 피트니스 전문가의 비즈니스에 영향을 미칠 수 있는 모든 위협을 파악해야 한다. 위협의 예로는 일반적인 경제 환경, 헬스클럽에서 일하는 다른 피트니스 전문가의 수, 또는 시장에서 성장하거나 규모를 확장하려는 경쟁자들이 있다. 어떤 경우에는 통제할 수 없는 외부 요인(예: 경기 침체)으로 발생할 수도 있다. 하지만 어떤 경우에는 위협 요인을 새로운 비즈니스 기회로 바꿀 수 있다.

[표 2-3]은 대도시 시장에서 신입 공인 퍼스널 트레이너에 대한 SWOT 분석이 어떤 모습일지를 보여준다.

고유 판매 제안 Unique selling proposition (USP) 개인이 경쟁에서 눈에 띄도록 하는 영업 프레젠테이션 중 고유한 기술이나 특성을 강조하는 서비스
브랜드 Brand 특별하고 고유한 특성으로 식별되는 제품 또는 서비스
SWOT 분석 SWOT analysis 자신의 강점과 약점, 성장 기회, 성공에 대한 잠재적 위협을 파악하는 데 도움이 되는 전문 개발 기법

표 2-3 SWOT 분석 샘플

강점	▪ NASM-CPT 자격증 ▪ 대학 재학 중 레크리에이션 센터 인턴십으로 다른 학생들을 위한 평가 및 운동 프로그램을 설계했다. ▪ 생활 방식 및 체중 관리 문제가 있는 고객을 돕는 데 관심이 있었다. 고객이 체중 감량을 위한 운동 프로그램을 준수하도록 돕는 데 성공했다.
약점	▪ 고객에게 돈을 요구하는 데 자신이 없다. ▪ 마케팅 및 영업에 대해 더 많이 알아야 한다. ▪ 그룹 운동 수업을 가르칠 수 있는 자격이 없다.
기회	▪ 피트니스 전문가를 위한 영업 및 마케팅에 대해 자세히 알아보기 위해 워크숍에 참여한다. ▪ 한 달에 100명 이상의 신규 회원을 유치하는 도시의 대형 헬스클럽에서 일한다. 매주 6~10명의 신입 회원을 만나 평가를 실시하고 가입을 유도한다. ▪ 클럽 회원들을 트레이닝할 수 있는 기회를 확대하기 위해 그룹 운동을 지도하는 방법을 배운다.
위협	▪ 인근 타 헬스클럽 및 트레이닝 스튜디오와 경쟁해야 한다. ▪ 현재 경제 상황에서 소비자 신뢰도가 낮다. ▪ 헬스클럽이 혼잡할 때 고객을 교육할 수 있는 공간이 제한된다.

마케팅의 4P

마케팅 계획에서는 특별한 시장 환경에서 비즈니스를 유지하는 방법을 알아야 한다. 헬스클럽 직원에게 시장은 단순히 헬스클럽 회원일 수 있고, 독립 퍼스널 트레이너에게는 특정 동네의 모든 거주자나 지역 사회의 가구가 될 수 있다. 마케팅 계획은 공인 퍼스널 트레이너의 프로그램을 홍보하는 가장 효과적인 방법을 결정하는 데 도움이 되지만, 공인 퍼스널 트레이너가 일하는 특정 시장에 따라 다르다. 이 과정을 단순화하기 위해 피트니스 전문가들은 마케팅 믹스라고도 알려진 마케팅의 4P(제품, 가격, 판매촉진, 유통경로)를 고려해야 한다.

마케팅 계획은 다음을 통해 4P를 해결해야 한다.

- 제품(product) 사용의 이점 전달
- 서비스의 경쟁력 있는 가격(price) 파악
- 판매촉진(promotion) 방법 결정
- 유통경로(place) 또는 방법 선정(Westwood, 2016)

[표 2-4]는 4P 마케팅 계획이 독립 퍼스널 트레이너에게 어떤 도움이 되는지를 설명한다.

표 2-4 마케팅 계획 샘플

마케팅 계획: 제인 도스(Jane Doe's)의 에픽 개인 트레이닝
제품: 제인 도스의 에픽 개인 트레이닝 안전하고 효과적인 스트렝스(strength) 트레이닝 방법을 배우고자 하는 여성들에게 홈트레이닝 서비스를 제공한다.
가격: 고객이 실시간 개인 교육 세션(월 4, 8, 12회)을 주당 1, 2 또는 3 세션을 원하는지 여부에 따라 고정 월간 요금을 청구한다.
유통경로: 고객과 함께할 수 있는 운동 시설이 있는 아파트와 사무실을 포함하여 대도시의 특정 지역에서 홈트레이닝을 한다.
판매촉진: 블로그와 소셜 미디어 피드를 시작하여 여성의 비즈니스 성장을 위한 근력 훈련 조언에 중점을 둔다. 또한 기존 고객의 직접적인 소개를 받는다.

소셜 미디어

© Oleksiy Mark/Shutterstock.

어떤 관점에서 보면, 다양한 소셜 미디어 플랫폼은 마치 피트니스 전문가를 위해 특별히 설계된 것처럼 보인다. 인스타그램, 페이스북, 스냅챗, 트위터, 유튜브와 같은 소셜 미디어 플랫폼을 통해 피트니스 전문가들은 수많은 잠재 고객과 정보를 공유할 수 있다. 짧은 영상은 특정 운동, 전체 운동에 대한 간략한 데모를 제공하거나 어려운 동작을 수행하는 방법에 대한 자세한 설명을 보여주려는 피트니스 전문가에게 적합하다.

소셜 미디어는 헬스클럽에서 만나는 고객보다 훨씬 더 많은 사람에게 온라인 코칭 서비스를 광고할 수 있기 때문에 많은 피트니스 전문가가 비즈니스하는 방식을 바꾸고 있다. 예를 들어, 소셜 미디어 플랫폼을 통해 피트니스 전문가는 온라인 서비스를 마케팅하는 데 사용할 수 있는 운동 동영상을 게시할 수 있다. 이론적으로 이것은 피트니스 전문가가 체육관에 발을 들이지 않고도 잠재적으로 전체 고객 목록을 개발하고 작업할 수 있음을 의미한다.

소셜 미디어를 사용하여 비즈니스를 홍보하려는 피트니스 전문가에게 중요한 권장 사항은 별도의 계정을 유지하는 것이다. 하나는 잠재 고객 및 동료를 위해 공개 정보를 공유하고, 다른 계정은 친구 및 가족과 개인 정보를 공유한다. 업무 외 개인 활동을 공유할 때 공인 퍼스널 트레이너는 건강한 생활 방식을 유지해야 하지만, 비즈니스와 개인 생활을 분리하는 것이 좋다.

업계 이벤트 및 네트워킹

피트니스 사업을 마케팅하기 위한 또 다른 방법은 콘퍼런스, 산업 박람회, 워크숍과 같은 피트니스 업계 행사에 참석해 비슷한 생각을 가진 다른 피트니스 전문가와 네트워킹하는 것이다. 일부 피트니스 전문가들은 특정 고객층과의 협력을 선호할 수 있으므로, 이러한 전문화된 개인들을 알게 되면 전문적인 협업을 진행할 수 있다. 각자 고유한 스킬을 바탕으로 고객을 다른 사람에게 추천할 수 있다. 이 시나리오에서는 경쟁하는 대신 각 피트니스 전문가가 함께 향상되고 성공한다.

산업 행사 참석의 또 다른 이점은 피트니스 소비자와 일반 대중들에게도 마케팅되어 광범위한 소비자에게 서비스를 홍보할 기회가 된다는 점이다. 건강 박람회와 피트니스 박람회는 운동에 대해 더 알고 싶어 하는 많은 소비자를 행사에 참여할 수 있도록 한다. 또한 피트니스 전문가는 단순한 참가자가 아니라 업계 리더에게 좀더 가까이 다가가기 위해 행사에서 자원봉사를 할 수도 있다. 행사 자원봉사는 비싼 이벤트 비용을 지불할 필요 없이 수많은 학습 기회를 제공받을 수 있고, 평생 교육 단위를 제공하는 많은 행사들은 행사를 담당하는 자원봉사자들에게 무료로 기회를 제공할 것이다.

이메일 캠페인

이메일 목록을 만들고 관리하기 위해 고안된 수많은 온라인 플랫폼과 웹사이트가 있다. 피트니스 전문가는 이메일 목록 서비스를 이용해 잠재 고객 및 기존 고객과 직접 소통할 수 있다. 이메일 캠페인은 중요한 정보를 배포하거나 개인 훈련 프로그램에 대한 영업을 촉진하기 위해 사용된다. 대부분의 헬스클럽 고용주들은 현재 이메일 캠페인을 통해 클럽 회원들과 직접 소통하고 있다. 공인 퍼스널 트레이너는 클럽 회원들에게 보다 나은 시장 서비스를 제공하는 방법에 대해 이메일로 홍보할 수 있다. 독립적인 피트니스 전문가들에게, 자동화된 이메일 서비스는 사업을 확장하는 데 매우 유익한 도구가 될 수 있다.

평생 교육

© Stoatphoto/Shutterstock.

피트니스 분야의 경력이 쌓여 가면 더 넓은 범위의 고객 유형을 서비스할 수 있는 기술과 능력을 개발하기 위해 추가적으로 교육을 받는 것이 중요하다. 가장 성공적인 피트니스 전문가는 평생 학습의 가치를 알고 있으며, 알면 알수록 배울 것이 많다는 것을 깨닫게 된다. 피트니스 산업은 끊임없이 진화하고 있으며, 매일 새로운 연구 결과들이 나오고 있어 인체에 대한 우리의 잠재적 생각이 변화되고 있다. 이 때문에 다른 의료 관련 전문가와 마찬가지로 공인 퍼스널 트레이너는 CPT 자격증을 취득하는 것이 전문가로서의 시작일 뿐임을 기억해야 한다. 피트니스 전문가가 일하는 업계에서 지속적으로 증가하는 지식 체계를 최신 상태로 유지하는 것은 매우 중요하다. NASM은 공인 퍼스널 트레이너 인증을 유효하게 유지하기 위해 2년마다 일정량의 지속적인 교육을 완료하도록 요구하고 있다.

요구 사항들

NASM은 교육 시간당 0.1의 비율로 평생 교육 단위(CEU)를 수여한다. 예를 들어, 교육 활동 0.5CEU에 대해 재인증 부서에서 승인한 경우 해당 활동을 완료하는 데 약 5시간이 소요된다. NASM-CPT 자격 증명을 활성 상태로 유지하기 위해 NASM은 피트니스 전문가에게 2년마다 1.9 CEU(약 19시간의 교육)를 완료하도록 하고 있다. 또한 엄격한 인증 요건이 필요한 CPR/AED 인증은 갱신 시 최종 0.1 단위를 부여한다. 이 모두를 교육 받으려면 2년마다 총 2.0 CEU가 필요하다.

유용한 힌트

NASM-CPT 자격 증명을 2년마다 갱신하려면 총 2.0CEU가 필요하다. 평생 교육 노력에서 1.9CEU, CPR/AED 인증 갱신에서 0.1CEU가 필요하다.

기회

CEU를 얻는 가장 인기 있는 두 가지 방법은 워크숍이나 콘퍼런스와 같은 라이브 행사에 참석하거나 온라인 교육 과정을 이수하는 것이다. 온라인 CEU는 라이브 웨비나(webinar: 인터넷상의 세미나)에 참여하거나 특정 주제에 대한 온라인 자율학습 과정을 이수하면 얻을 수 있다. 디지털 학습 기회를 통해 피트니스 전문가는 자신의 속도에 맞추어 학습할 수 있으며, 학습 자료에 대한 보다 심층적인 분석도 할 수 있다. 그러나 대면 워크숍과 회의는 귀중한 네트워킹을 만들 수 있게 하고, 업계를 선도하는 전문가로부터 직접 배울 수 있는 기회를 제공한다. 개인마다 학습 선호도가 다르기 때문에 특정 요구 사항에 가장 적합한 지속적 교육을 찾아 그 출처를 파악하는 것은 각 피트니스 전문가에게 달려 있다.

산업 박람회

콘퍼런스, 컨벤션 및 산업 박람회는 전통적으로 다양한 워크숍 주제와 발표자로 구성되어 여러 날 열리는 행사다. 자주 열리는 연례 회의나 산업 박람회에 한 번만 참석하면 CEU(1.9)의 갱신 주기를 얻을 수 있으므로 회의와 산업 박람회 참석은 비용 대비 효율적인 재인증 수단이 된다. 일반적으로 참가 신청서는 행사 시작 시 제공되며, 피트니스 전문가가 교육 세션 및 강의에 참석할 때 출석을 인정받기 위해 발표자의 서명이 필요하다. 기술이 발전함에 따라 이 방법은 산업 박람회 CEU를 훨씬 쉽게 만드는 모바일 디지털 솔루션으로 대체되기 시작했다. 이벤트가 종료되면 참가 신청서나 디지털 출석 기록 사본을 관련 CEU 획득의 증거로 재인증 포털에 업로드할 수 있다.

워크숍

워크숍은 특정 주제, 운동 프로그래밍 기술 또는 새로운 장비를 실습하면서 CEU를 획득할 기회를 제공한다. 다양한 헬스클럽, NASM을 포함한 인증 기관, 장비 회사들은 다양한 주제에 대한 워크숍을 자주 개최한다. 피트니스 전문가가 특정 교육의 필요성을 확인한 후 '내 주변의 피트니스 워크숍'을 인터넷에서 검색해 보면 여러 기회를 찾는 데 도움이 된다. 산업 박람회와 마찬가지로 제3자 워크숍에는 참석 증명서가 필요하다.

온라인 CEU 및 전문화

온라인에서 CEU를 취득하기 위한 방법으로는 웨비나 참여, 특별히 설계된 CEU 과정 이수, 온라인 교육으로 CEU를 획득할 수 있다. 온라인 교육 과정은 깊이, 엄격함, 가격면에서 다양하다. 일부 코스는 짧고 저렴하며 소량의 CEU(0.1~0.3)를 제공한다. 고급 전문화를 포함한 다른 과정들은 최대 1.9CEU의 가치가 있으며, 주제를 아주 상세하게 가르치고 있다. 온라인 평생 교육 과정의 주제는 영양학, 교정 운동, 수행능력 향상, 행동 변화 등이 있다.

대학 과정 및 산업 기여

커뮤니티 칼리지와 같은 많은 고등 교육 기관들은 지역 주민들이 단일 수업을 들을 수 있도록 하고 있으며, 이 수업은 인증 기관에서 평가하고 CEU에 대해 승인을 받을 수 있다. 일반적으로 운동 과학, 운동 생리학, 해부학, 체육, 영양 과학의 모든 고등 교육 과정을 CEU로 제출할 수 있다. 값은 코스에 포함된 수업 시간에 따라 달라진다.

또한, 피트니스 업계에서 신뢰할 수 있는 전문적 평판을 구축한 후, 숙련된 피트니스 전문가는 재인증을 위해 업계 기여도를 CEU로 전환할 수 있다. 업계 공헌에는 존경받는 피트니스 잡지에 기사 쓰기, 피트니스 교육 프로그램 콘텐츠 제작, 콘퍼런스에서 연설, 웨비나 발표 등이 있다. 이러한 모든 것을 업계를 발전시키는 기여로 보고 NASM 및 기타 인증 기관은 관련된 노력을 인정하고 사례별로 CEU를 제공한다.

습득한 기술 및 혜택

앞에서 언급한 바와 같이, NASM-CPT 자격증을 취득하는 것은 피트니스 경력의 시작점일 뿐이다. 평생 교육 프로그램은 운동 프로그램 디자인에 대한 추가적인 학습 기회를 제공하여 피트니스 전문가로 종사하는 동안 겪을 수 있는 광범위한 고객들의 요구를 충족시켜 준다. 교육을 통해 공인 퍼스널 트레이너는 경력을 쌓으면서 2년마다 재인증 요건을 충족할 뿐만 아니라 경력을 발전시킬 수 있으므로 이러한 기능을 가진 교육 기회에 초점을 맞추어야 한다.

특정 집단과 협력

청소년 운동선수, 활동적인 노년층, 산전 및 산후 여성 등과 같은 특정 모집단은 운동 프로그램에서 특별한 요구 조건이 있다. 평생 교육은 틈새 고객에게 적용할 수 있는 주제에 대한 학습 기회를 제공하여 피트니스 사업 영역을 확장하는 데 도움이 된다. 평생 교육은 도구 상자와 같다. 피트니스 전문가들이 추구하는 기회가 많을수록, 다양한 상황을 위한 도구 상자에 더 많은 도구를 가지고 있는 것이다. 특정 집단과 협력하는 데 필요한 지식과 기술을 습득하면 기초적인 자격만 있는 사람보다 더 많은 사람들과 함께 일할 수 있다.

급여 인상

상업 시설에서 일할 때 지속적인 교육이 가져다 준 이점 중 하나는, 특히 고급 전문화를 이루거나 또는 추가 인증을 취득할 때 더 높은 급여를 받게 된다는 것이다. 많은 시설에는 계층별 보상 프로그램이 있고, 신규 인증 퍼스널 트레이너는 고객을 교육할 때 기본 요율을 받는다. 그러나 일단 고급 전문화 또는 추가 자격증을 취득하면 동일한 피트니스 전문가가 더 높은 등급으로 진급해 세션당 더 많은 수입을 올릴 수 있다. 이것은 또한 복합적으로 작용하여 수많은 전문화 또는 자격증을 가진 피트니스 전문가가 하나의 자격증만 보유한 전문가보다 훨씬 더 많은 수입을 올릴 수 있다. 그리고 독립적인 피트니스 전문가의 경우, 특정 인구를 수용할 수 있는 능력은 함께 일할 수 있는 고객 수를 늘릴 뿐만 아니라 세션당 더 많은 비용을 청구할 수 있게 해준다.

요약

퍼스널 트레이닝 분야는 지난 50년간 크게 발전했다. 바디빌더와 운동선수들을 위한 특정 부업으로 시작된 것이 운동과 신체활동으로 다양한 피트니스 구성 요소를 개선하고 최적의 건강과 웰빙을 증진하는 분야로 발전했다. 전 세계적으로 운동 프로그램을 설계할 수 있는 지식, 기술, 능력을 갖춘 피트니스 전문가의 직업 기회가 늘고 있다.

공인 퍼스널 트레이너는 평생 학습자가 되겠다는 약속과 함께 고객 서비스, 영업 및 마케팅에 대한 헌신적인 노력을 통해 피트니스 업계에서 매우 성공적인 경력을 쌓을 수 있다.

제2장 리뷰

개인이 공인 퍼스널 트레이너 자격증을 취득하면 트레이닝 스튜디오를 개설하거나, 집이나 헬스클럽에서 일하거나, 온라인 코칭 사업을 운영하는 등 다양한 방식으로 일할 수 있다. 각각의 선택에 따라 다양한 요구 사항들이 있을 수 있고, 어느 쪽을 선택하든 꾸준한 수입을 주는 고객층을 개발하기 위해서는 시간이 걸린다. 피트니스 전문가가 창업이나 피트니스 스튜디오 개설을 목표로 하더라도 헬스클럽에서 직원으로 일하면서 경력을 쌓는다면 성공에 필요한 기초 기술을 확립하는 데 도움이 된다.

NASM-CPT 자격증을 취득한 후 면접에서 좋은 점수를 받기 위해서는 잘 짜인 이력서가 필요하다. 이력서는 특정 유형의 조직에 기여할 수 있는 개인의 능력에 대해 한두 페이지로 정리해야 한다. 신규 퍼스널 트레이너는 피트니스 업계에서 근무한 경험이 없을 수 있다. 그러나 고객 서비스나 영업과 관련한 경험을 피트니스 업계와 연계하여 강조할 수 있다. 면접 중에는 효과적이고 공개적이며 정직하게 소통하는 것이 가장 중요하다.

고객의 집을 방문하든 헬스클럽 직원으로 일하든 피트니스 전문가는 자신의 사업을 관리할 책임이 있으므로 모든 작업을 전문적으로 수행하는 것이 중요하다. 고객 관리에는 평가 또는 접수 양식 검토와 같은 서류 작업이 있다. 여기에는 청구서 또는 서류 준비 및 회원비 징수, 운동 프로그램 개발 또는 업데이트, 후속 전화 통화, 예약을 확인하기 위한 이메일 또는 문자 메시지 발송, 기존 고객과의 작업과 관련된 기타 커뮤니케이션 등이 있다. 고용되어 일하는 피트니스 전문가는 온라인 채널이나 소셜 미디어를 통한 마케팅에 대해서 기존 지침을 따르면 되고, 독립 공인 퍼스널 트레이너는 서비스를 마케팅하고, 고객들과 소통하고, 지불금을 받기 위해 수많은 온라인 리소스와 모바일 앱 사용법을 배워야 한다.

일자리를 얻거나 새로운 사업을 시작하면 피트니스 전문가는 시간을 정해 일관성 있게 고객과 만나야 한다. 고객은 한 시간에 대한 피트니스 비용을 지급한다. 고객이 늦더라도 세션은 제시간에 끝나야 하며 다음 고객의 세션에 영향을 주어서는 안 된다. 모든 고객은 일관된 일정을 세워 유지하는 능력을 높이 평가한다. 이것은 또한 번아웃을 방지하고 건강한 일과 삶의 균형을 유지하는 데 도움이 된다.

많은 피트니스 전문가는 사람들을 돕고 싶어 업계에 진출했기 때문에 영업에는 관심이 없다. 하지만 현실은 생계를 유지하기 위해 영업 기술이 필요하다. 개인 트레이닝 서비스를 판매한다는 것은 고객에게 자신의 건강, 삶의 질, 체력을 향상시키기 위한 운동 프로그램에 참여하도록 요청하는 것이다. 그러한 관점에서 본다면 영업은 고객의 니즈를 파악하고 그 니즈에 대한 해결책을 제공하는 보다 편안한 접근이다.

마케팅은 영업과 함께 서비스의 기능, 장점을 고객에게 전달할 목적으로 서비스를 홍보하는 과정이다. 헬스클럽에서 일하든 독립적으로 일하든 잠재적인 신규 고객을 발굴하기 위한 마케팅 계획을 수립할 필요가 있다. 헬스클럽은 종종 신규 퍼스널 트레이너가 고객을 확보할 수 있도록 새로운 회원들에게 무료 서비스를 제공한다. 또한 고객과 트레이닝하지 않을 때는 새로운 회원을 만나 관계를 구축하기 위해 현장에서 일할 수 있다는 장점이 있다. 이제 막 경력을 시작하는 피트니스 전문가는 전체 고객 일정을 정상화하는 데(월간 목표 PT 수업 수를 채우는 데) 3~6개월의 시간이 걸릴 수 있다.

평생 교육은 NASM-CPT 자격증을 유지하기 위한 요구 사항일 뿐만 아니라 피트니스 전문가가 특정 집단과 협력하는 방법을 학습해 비즈니스를 확장하는 데 도움을 준다. 2년마다 필요한 2.0CEU를 획득할 다양한 방법이 있다.

제2장 하이라이트

- 대형 헬스클럽에서 일하는 것부터 자신의 집에서 개인 피트니스를 하는 것까지, 피트니스 전문가는 고객의 일관된 흐름과 함께 퍼스널 트레이닝 수업을 구축할 수 있는 다양한 선택권이 있다.
- 피트니스 전문 인력의 또 다른 고용 선택지는 피트니스 창업이다. 여기에는 집에서 고객들과 함께하거나 야외 그룹 운동 프로그램을 운영하거나 스튜디오를 여는 것 등이 있다.
- 기술이 발전하면서 온라인 교육 서비스를 제공할 수 있는 옵션이 다양해지고 있다.
- 독립적으로 일하는 피트니스 전문가는 직접 개인 트레이닝 가격을 정하고 전액을 벌 수 있지만, 운영비, 보험료, 세금 등을 감안해야 한다.
- 공인 퍼스널 트레이너로 성공하기 위한 첫 번째 단계는 성실한 고객 서비스 제공이다.
- 퍼스널 트레이닝 서비스 판매는 고객에게 자신의 건강, 삶의 질, 체력 향상을 위한 운동 프로그램에 참여하도록 요청하는 것으로, 고객의 요구 사항을 파악하고 그 문제에 대한 해결책을 제시하는 활동이다.
- 잠재 고객과의 관계가 적절하게 구축되면 영업은 자연스럽고, 저절로 된다.
- 원하는 연간 재무 목표를 이루기 위해 얼마나 많은 고객을 확보해야 하는지를 예측하기 위해 예측 기법을 사용해야 한다.
- 마케팅은 특정 제품이나 서비스가 잠재 고객의 요구를 어떻게 충족시킬 것인지 소통하는 과정이다.
- 마케팅의 4P는 제품, 가격, 판매촉진, 유통경로이다.
- 소셜 미디어 및 기타 디지털 마케팅 캠페인은 현대 피트니스 사업을 성장시키는 데 매우 중요하다.
- 지속적인 교육 과정은 재인증을 위해서만 필요한 것이 아니다. 피트니스 전문가가 틈새 인구와 협력하여 사업을 새롭고 흥미로운 영역으로 확장하는 방법을 알려준다.
- CEU를 얻는 가장 보편적인 방법은 워크숍이나 콘퍼런스 참석 또는 온라인 교육 프로그램 이수이다. 또한, CEU는 실시간 웨비나에에 참여하고, 피트니스 기사를

읽고, 퀴즈나 시험을 통과하고, 피트니스 교육 프로그램을 위한 콘텐츠를 만들고, 콘퍼런스에서 연설하고, 웨비나에서 발표하는 등 업계에 기여함으로써 얻을 수 있다.

참고 문헌

Ahmad, M. B., Ali, H. F., Malik, M. S., Humayon, A. A., & Ahmad, S. (2019). Factors affecting impulsive buying behavior with mediating role of positive mood: An empirical study. *European Online Journal of Natural and Social Sciences*, *8*(1), 17–35. Retrieved from http://european-science.com/eojnss/article /view/5510

Bureau of Labor Statistics, U.S. Department of Labor. (2019). Fitness trainers and instructors. *Occupational Outlook Handbook*. Retrieved from https://www.bls.gov/ooh/personal-care-andservice/fitness-trainers-and-instructors.htm

Carnegie, D. (1936). *How to win friends and influence people*. New York, NY: Simon & Schuster.

Gitomer, J. (2015). *Jeffery Gitomer's sales bible: The ultimate sales resource*. Hoboken, NJ: John Wiley & Sons.

International Health, Racquet & Sportsclub Association. (2019). *The 2019 IHRSA Global Report*. Retrieved from https://www.ihrsa.org / publications/the-2019-ihrsa-global-report/

Kemp, E. A., Borders, A. L., Anaza, N. A., & Johnston, W. J. (2018). The heart in organizational buying: Marketers' understanding of emotions and decision-making of buyers. *Journal of Business & Industrial Marketing*, *33*(1), 19–28. https://doi.org/10.1108 /JBIM-06-2017-0129

Mora, J. C., & Valencia, W. M. (2018). Exercise and older adults. *Clinics in Geriatric Medicine*, *34*(1), 145–162. https://doi.org/10.1016/j .cger.2017.08.007

Ries, A., & Ries, L. (2004). *The origin of brands: Discover the natural laws of product innovation and business survival*. New York, NY: Harper Collins.

Schultze, Q. J. (2012). *Resume 101: A student and recent-grad guide to crafting resumes and cover letters that land jobs*. New York, NY: Ten Speed Press.

Westwood, J. (2016). *How to write a marketing plan* (5th ed.). Philadelphia, PA: Kogan Page.

SECTION 2

고객과의 관계 및 행동 코칭

CHAPTER 3

운동 심리학

학습 목표

- 사람들이 규칙적인 운동을 기피하는 일반적인 이유를 설명할 수 있다.
- 운동 지속에 대한 다양한 사회적 영향을 평가할 수 있다.
- 고객이 운동을 지속할 수 있도록 최상의 지원 방식을 추천할 수 있다.
- 규칙적인 운동의 심리적 이점을 파악할 수 있다.

피트니스와 건강에서 심리학의 역할

피트니스 및 건강에서 심리학(psychology)의 역할은 매우 중요하다. 운동 참여가 장단기적으로 기분에 미치는 영향, 체중 감량이 자존감에 미치는 영향, 신체활동을 하려는 동기, 사회적 영향이 전반적인 운동 참여에 미치는 영향 등을 포함한 여러 주제를 다룰 수 있기 때문이다. 심리학과 피트니스 및 건강과의 관계에서 가장 중요한 것 중 하나는 행동 변화 과정에서 심리학의 역할이다. 정말 많은 사람이 규칙적으로 신체활동에 참여하지 않기 때문에, 특히 앉아있는 생활 방식에서 활동적인 생활 방식으로 전환하도록 행동 변화를 돕는 지속적인 개입이 필요하다.

일반적으로 심리학은 특정한 날에 신체활동을 할지 말지를 결정하는 데 영향을 미친다. 사람들은 가족, 일, 그리고 여가 시간과 같은 다른 여러 관심사들 속에서도 운동을 중시하고 우선시해야 한다. 운동 참여는 동기, 목표, 장애 요인, 자신감, 다양한 사회적 영향을 포함한 여러 가지 요인의 영향을 받는다. 운동을 처음 하는 사람이나 운동을 다시 시작하는 사람을 지도할 때, 피트니스 전문가는 고객들이 왜 지금 운동하기를 원하는지, 과거에 그만둔 이유가 무엇인지를 알아내어 행동 변화를 유도할 수 있다. 이 정보를 알아내면 운동을 지속(adherence)함에 있어 고객이 직면한 과제를 이해하게 되어 운동 프로그램이 각 고객의 특정 요구에 맞추어 조정될 수 있도록 할 수 있다.

심리학의 역할은 운동 중독 또는 섭식 장애와 관련된 신체에 대한 잘못된 인식 문제와 같은 일부 임상적 문제로도 확장될 수 있는데, 이는 공인 퍼스널 트레이너의 전문 범위를 벗어난다. 전반적으로 피트니스 전문가는 심리학과 관련된 많은 도구를 사용하여 고객에게 더 나은 서비스를 제공할 수 있다. 특히 경청과 설명은 모두 정확한 정보 교환을 위해 매우 중요하기 때문에 이것들을 활용한 우수한 의사소통 기술을 연습해야 한다.

심리학 Psychology 사람, 특히 마음과 감정이 행동에 미치는 영향에 중점을 두는 과학 분야

지식 확장하기

의사소통은 심리학에서 매우 중요한 부분이다. 올바른 질문을 하고 올바른 답변을 들어야 한다. 의사소통의 다른 중요한 측면은 바디랭귀지, 몸짓, 전체적인 외모, 눈맞춤, 목소리 톤, 얼굴 표정, 제스처를 포함하는 비언어적 단서에 있다. 비언어적 신호는 매우 강력하다. 사람의 비언어적 신호가 관심이 없거나 지루하거나 방어적이라면 말하는 내용에 관계없이 메시지가 효과적으로 전달되거나 수신되지 않을 가능성이 높기 때문이다.

심리학의 과학

© Photographee.eu/Shutterstock.

심리학은 사람에 초점을 맞춘 과학 분야이다. 특히 마음과 감정이 어떻게 다양한 행동에 영향을 미치는지에 중점을 둔다. 심리학은 뇌 기능과 인간 행동 사이의 관계와 행동에 대한 환경적 영향을 조사한다(American Psychological Association, 2019). 심리학 과학을 전문으로 하는 사람들은 심리학자나 정신과 의사이다. 그러한 면허가 있는 사람은 행동을 관찰하고 환자의 말을 경청하며, 사람들이 행동을 조정하거나 다양한 상황에서 대처할 수 있도록 고도의 교육과 훈련을 받는다.

심리학자와 정신과 의사는 의료 산업, 교육 환경, 상담, 법 집행, 심지어 운동 경기와 같은 많은 분야에서 활약한다. 이들은 인간 행동에 관심이 있는 다양한 산업 분야의 컨설턴트로 일하거나 우울증이나 불안과 같은 정신 건강 문제로 어려움을 겪는 개인, 또는 집중하기 어려운 운동선수를 위해 일하기도 한다. 그러므로 모든 피트니스 전문가는 자신들의 전문 범위 안에서 일해야 한다. 피트니스 전문가는 정신 질환이 있는 개인을 진단, 평가 또는 분석하려고 시도해서는 안 된다. 진단 및 평가, 분석은 심리학자나 정신과 의사와 같이 자격을 갖춘 의료 전문가만이 할 수 있다.

그러나 때로 심리학의 어떤 측면은 행동 변화를 시도하는 사람들과 협력할 때 도움이 될 수 있다. 고객의 관심사와 운동을 원하는 이유를 확실히 이해한다면 고객에게 훌륭한 서비스를 제공하는 데 큰 도움이 된다.

심리학 분야에는 임상, 발달, 사회, 건강, 스포츠 및 운동 심리학을 포함한 수많은 하위 주제가 있다(American Psychological Association, 2019). 스포츠 및 운동 심리학은 신체활동에 대한 참가자의 동기와 장애 요소, 환경이 운동 행동에 미치는 영향, 운동에 대한 사회적 영향, 운동의 심리적 이점 및 장기적인 운동 지속에 미치는 심리적 요인 등의 측면에 초점을 맞춘다. 성공적인 행동 변화와 관련된 몇 가지 심리적 원칙들을 적용하면 고객이 보다 활동적으로 변화하는 데 도움이 된다.

전문적으로 알아보기

심리학자와 정신과 의사 모두 정신 질환이 있는 개인을 상담하는 데 중점을 두기 때문에 유사한 직무를 수행한다. 주요 차이점은 각 전문가가 취득한 교육의 유형과 의약품 처방 능력이다. 나라에 따라 심리학자는 최소한 석사 학위, 대부분의 경우 박사 학위를 취득하고 정신 질환 환자를 평가할 수 있지만, 대부분 심리 치료로 제한되어 있다. 이에 반해 정신과 의사는 의학 학위를 가지고 있고, 일반 의학 교육을 받았으며, 4년간의 레지던트 정신의학을 이수했다. 의학 학위를 취득한 후, 정신과 의사는 심리치료 외에 약물을 처방할 수 있다.

중요

피트니스 전문가는 동기 부여 및 사회적 영향과 같은 행동 변화에 영향을 미치는 심리적 변수를 알고 있어야 하지만, 정신 장애가 있는 개인에게 상담을 시도해서는 안 된다. 교육을 받고 면허를 취득한 의료 전문가(예: 의사, 정신과 의사, 심리학자)만이 이러한 개인을 치료할 자격이 있다.

동기

심리학 및 행동 변화의 맥락에서 동기(motivation)는 노력의 강도와 방향을 설명하는 데 사용되는 용어이다. 여기서 강도는 소비된 노력의 양을 의미하고, 방향은 행동 추구

여부를 의미한다(Weinberg & Gould, 2019c). 일반적으로 특정한 행동을 추구하는 개인은 대개 성공을 위해 노력하므로 강도와 방향은 종종 관련이 있다. 예를 들어, 체중 감량에 대한 욕구가 강한 사람은 규칙적인 운동과 식단 조절과 같은 행동에 끌리고 성과를 내기 위해 열심히 노력할 가능성이 높다.

대부분의 피트니스 전문가들은 운동 동기에 관심이 많다. 왜냐하면 목표를 향해 고객을 코칭할 때 개인 맞춤형 접근 방식을 이용하기 때문이다. 연구에 따르면 동기는 모집단마다 다르다. 예컨대, 남성과 여성은 젊은 성인과 노인이 그런 것처럼 운동 동기가 다른 경향이 있다. 동기의 차이는 문화, 사회경제적 지위(socioeconomic status), 또는 주변 환경에 따라 다르게 나타난다. 동기는 크게 다를 수 있기 때문에 개인별로 평가하는 것이 중요하다. 또한 동기는 동적인 변수로서 장단기적으로 변할 수 있다.

누군가는 체중 감량을 위해 운동 프로그램을 시작했지만, 운동을 지속하면서 스트레스 감소, 근력 증가, 또는 다른 운동자와의 동지애 개발로 운동 동기가 바뀔 수 있다. 또한 새로운 건강 정보나 결혼식, 가족 모임처럼 다가오는 행사 때문에 갑자기 동기가 바뀔 수도 있다. 때때로 동기는 피트니스 전문가로부터 바로 얻어지기도 한다. 예를 들어, 고객이 피곤해 보통 때보다 노력하지 않을 때, 피트니스 전문가는 격려의 말로 강도와 노력을 증가시키도록 동기를 부여할 수 있다.

사람들이 무언가를 하고자 하는 동기가 없을 때 이를 무동기(amotivation)라고 한다. 운동하려는 동기가 없을 때 전혀 참여하지 않거나 운동이 가져올 긍정적인 결과에 대한 기대나 믿음 없이 단지 동작만 따라 하게 된다. 예를 들어, 일부 고객은 지인이나 의사가 더 활동적이어야 한다고 조언했기 때문에 운동한다. 그렇지 않으면 운동할 의욕이 없다. 이러한 경우 고객이 운동의 가치를 깨닫도록 하거나 운동의 결과를 믿도록 하기 위해 더 깊이 파고들어 도움을 주는 것이 중요하다. 적어도 운동으로 얻게 될 결과를 믿게 된다면 그것은 확고한 동기가 될 수 있다.

활동적인 사람과 비활동적인 사람을 비교할 때, 활동적인 사람은 신체 건강, 향상된 심리적 건강, 즐거움, 외모, 기술의 숙달, 그리고 사회적 상호 작용에 의해 더 잘 동기가 부여되는데, 이들에게서는 다양한 동기가 혼합되어 나타난다(Aaltonen et al., 2013). 그러므로 활동적인 사람이 다양한 동기를 가지고 있다는 인식을 바탕으로, 피트니스 전문가는 고객의 개인적인 동기를 결정하고 운동 프로그램을 구성하도록 해야 한다.

고객의 동기에 대해 알고자 할 때 피트니스 전문가는 (1) 외적 동기와 (2) 내적 동기라는 두 가지 범주를 알고 있어야 한다(그림 3-1). 사람들은 둘 중 어느 한쪽에 의해서만 동기가 부여되지 않으며 각각의 동기를 함께 가질 수도 있다. 어느 쪽이든 두 동기가 겹칠 때 둘의 차이점을 이해하는 것이 중요하다.

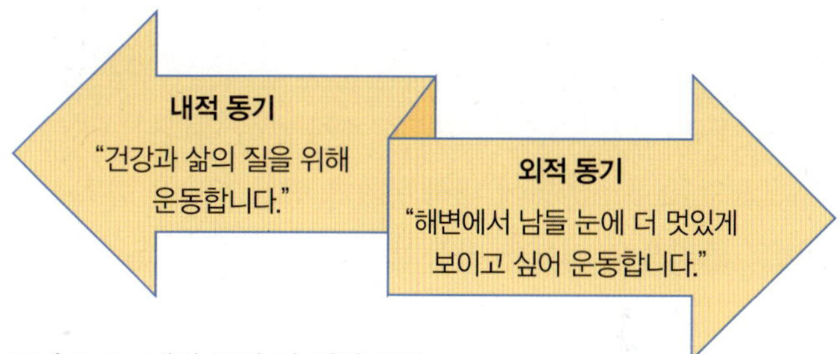

그림 3-1 내적 동기 대 외적 동기

외적 동기

외적 동기(extrinsic motivation)는 트로피나 상을 받는 것과 같은 유형으로, 인정을 위한 활동을 하는 것이다. 즉, 특정한 행동이 달성될 경우 보상을 기대하게 된다. 보상은 크거나 작을 수 있지만 성과와 일치해야 한다. 예를 들어, 1개월간 1주일에 3일을 운동하면 새로운 신발을 받거나 수개월의 훈련이 필요한 마라톤을 완주하면 휴가로 보상을 받는 식이다.

운동에 대한 외적 동기는 사회적 인정, 경쟁으로부터의 보상 또는 외모 개선의 형태로 나타날 수 있다. 보상을 받으면 일상적인 운동 루틴에서 얻을 수 없는 만족감이 생긴다. 그러나 외적 동기에만 중점을 두다 보면 일단 보상을 받으면 운동을 계속할 동기가 사라질 수 있다. 그러므로 운동을 장기간 지속하기 위해서는 어느 정도 내적 동기가 필요하다.

동기 Motivation 활동이나 행동에 참여하려는 노력의 강도와 방향

사회경제적 지위 Socioeconomic status 교육 수준, 소득, 직업 등을 포함하는 개인이나 집단의 사회적 지위

무동기 Amotivation 활동이나 행동에 참여하려는 동기가 없을 때를 설명한다.

외적 동기 Extrinsic motivation 다른 사람으로부터 어떤 유형의 보상이나 인정을 받기 위해 활동이나 행동에 참여하게 되는 것

내적 동기

내적 동기(intrinsic motivation)는 장기간 운동을 지속하는 원동력으로 작용하기 때문에 더 많이 주목 받는다. 이것은 사람 내부에서 나오는 동기이다. 외적 동기와는 달리 보상보다 흥미나 의미를 추구하는 것이다. 내적 동기가 있는 사람은 과정을 즐기고 여정에서 가치를 찾는다. 내적 동기가 있는 사람은 신체적으로 활동적인 것을 즐기고 운동이 가져올 수 있는 모든 신체적, 심리적 이점에 감사하기 쉽다. 내적 동기에는 스트레스 완화를 위한 운동, 에너지 증가 및 신체적 도전을 위한 새로운 방법 찾기 등이 있다.

이러한 유형의 동기는 규칙적인 운동 참여에서 오는 만족감과 운동을 동일시하는 사람들에게서 많이 나타난다(Ntoumanis et al., 2018). 운동에 내적 동기가 있는 사람은 규칙적인 참여로 즐거움을 경험할 가능성이 높으며, 이는 운동을 좋아하는 유전적 성향에도 기인한다(Caldwell Hooper et al., 2014). 또한 내적 동기가 일어나기 위해서는 어느 정도의 지식과 진행 방법을 선택할 수 있는 능력이 필요하다. 사람들은 행동을 변화시키는 과정에 참여할 때 더 성공적으로 결과를 달성한다는 것이 입증되었다.

예를 들어, 신체활동에서 내적 동기에 구체적으로 노출된 사람이 표준화된 정보를 받은 그룹에 비해 12개월 후 더 활동적이고 더 내적으로 동기를 부여 받은 것으로 나타났다((Silva et al., 2010). 또한 운동의 중요성과 운동 능력에 대한 자신감을 확인하도록 안내했을 때, 그들은 신체적으로 활동적인 맞춤형 운동 계획을 선택했다. 더욱이 시간이 지날수록 다른 그룹에 비해 더 활동적이었다(Friederichs et al., 2015).

전문적으로 알아보기

내적 동기는 일반적으로 행동의 변화를 설명하는 자기 결정 이론에 강하게 뿌리를 두고 있다. 이것은 다음과 같은 상황에서 발생한다(Ryan & Deci, 2000).

(1) 유능감: 업무나 기술을 숙달하는 능력이다.
(2) 다른 사람에 대한 소속감: 이를 연대감(relatedness)이라고 한다.
(3) 자율성: 자신의 행동과 목표를 통제할 수 있다.

동기가 외적이면서 내적인 상황이 있다. 몇 가지 예를 들자면, 실패를 회피하고자 하는 외적 동기가 있지만 실패를 피하려는 욕구가 전반적인 자존감과 관련이 있거나, 운동을 하면 더 건강하고 활력이 넘친다는 것을 알기 때문에 체중 감량을 원하는 경우 등이 있다. 따라서 내외적 동기와 상관없이 고객의 동기를 이해하고 시간의 흐름에 따른 고객의 동기를 재점검하여 고객의 요구를 충족시키는 맞춤형 프로그램을 제공하는 것이 중요하다.

유용한 힌트

두 가지 유형의 동기를 구별하려고 할 때 다음을 기억하라. 내적 동기는 내면에서 오는 것이고 외적 동기는 사람의 외부에 있는 것이다.

동기가 어떻게 다른지 이해하기

운동 동기는 사람마다 모두 다르다. 그러나 특정 인구에 따라 동기가 어떻게 달라질 수 있는지 이해하는 것은 고객 기반을 구축하고 성장시킬 때 유용하다. 항상 예외는 있지만 젊은 성인은 경쟁적인 상황, 사회 집단의 일원이라는 느낌, 또는 외모 개선 욕구에 의해 동기가 부여되는 경향이 있다. 나이가 들면서 혈압을 낮추거나 다른 만성적인 질병을 피하는 것과 같이 건강 관련 변수로 동기가 더 많이 이동한다(Kulavic et al., 2013).

동기는 사람들이 추구하는 운동 유형에서도 역할을 한다.

지식 확장하기

고객이 운동 동기를 결정하도록 돕는 것은 단순히 왜 참여하기를 원하는지 묻는 것보다 훨씬 낫다. 고객이 객관적으로 동기를 파악할 수 있도록 검증된 설문 조사를 이용할 수 있다. 이러한 설문 조사 중 하나가 '운동 동기 목록-2'이다(Markland & Ingledew, 1997). 이 조사는 14개의 하위 척도를 구별해 놓았는데, 개인에 대한 잠재적인 중요성을 나타내는 동기에 더 높은 점수를 주었다. '운동 동기 목록-2' 설문 조사는 빠른 인터넷 검색으로 찾을 수 있다. 이것은 운동하는 사람과 운동하지 않는 사람 모두를 위해 설계되어 신규 고객과 기존 고객 모두에게 이상적이다.

객관적 척도를 사용하는 또 다른 이점은 운동 동기가 어떤 사람들에게는 바뀌기 때문에 시간이 지남에 따라 동기를 재점검하기 쉽다는 점이다. 이러한 변화를 추적하면 피트니스 전문가가 개인 프로그램을 조정하는 데 도움이 된다.

외적 동기를 가진 사람은 신체적 변화나 경쟁 상황을 추구하고, 내적 동기를 가진 사람은 건강과 삶의 질에 초점을 맞추는 경향이 있다(Brown et al., 2017). 따라서 무엇이 고객에게 동기를 부여하는지를 아는 것은 그들이 선호하는 기회를 제공하는 데 큰 도움이 되며, 이는 궁극적으로 고객 만족으로 이어진다.

운동에 대한 일반적인 장애 요인

규칙적인 운동이 신체적, 심리적 이점과 많은 관련이 있다는 수많은 증거에도 불구하고 편리함을 추구하거나 활동량이 적은 사람들은 운동할 수 없는 장애 요인들을 자주 언급한다. 운동에 대한 장애 요인은 가족, 일, 사회적 위치 등 바쁜 생활 방식으로 거의 모든 사람이 공통적으로 경험하는 것들이다. 사실 장애 요인은 운동 동기와 직접적인 경쟁 관계에 있는 경우가 많다. 장애 요인은 일회성이든 규칙적이든 상관없이 누군가의 운동 능력을 방해하는 모든 것이다.

어떤 장애 요인은 질병, 부상, 교통수단 부족, 또는 운동하기에 안전한 장소의 부족과 같은 물리적인 것이다. 다른 장애 요소는 운동할 시간이나 에너지가 충분하지 않다는 등의 인식에 기반을 두고 있다. 인식 장벽을 가진 사람들은 실제 육체적인 것으로 느낄 수 있고, 어떤 상황에서는 그럴 수도 있다(예: 직장을 다니며 자녀를 양육해야 하는 한부모). 그러나 더 나은 시간 관리 기술을 개발하고 매일 건강에 대한 우선순위를 설정하면 문제를 해결할 수 있다.

피트니스 전문가의 역할은 고객이 자신의 장애 요인을 극복할 전략을 세울 수 있도록 돕는 것이다. 고객은 또한 늦게까지 일해야 하거나, 운동복 챙기는 것을 잊어버리거나, 육아를 해야 하는 것과 같이 발생할 수 있는 모든 변수에 대해 대처하는 계획을 세워야 한다. 장애 요인은 어떤 사람들에게는 지속적인 싸움이 될 것이기 때문에, 고객의 개인적 장애 요인을 확인하고 극복하도록 돕는 것은 오랫동안 운동을 해나가는 데 도움이 된다.

장애 요인은 또한 사람들이 나이가 들고 책임이 바뀌면서 변하기도 한다. 예를 들어, 젊은 사람에게는 자녀나 중요한 직업의 책임이 없을 수 있다. 사람들은 나이가 들면서 자녀를 낳고 직장에서 더 많은 책임을 맡은 후에 시간에 대한 요구가 바뀐다. 특히 여성은 부모가 되는 것이 운동의 주요 장애 요인이 되며, 늘어나는 자녀 수와 함께 장애 요인도 증가한다(El Ansari & Lovell, 2009). 대조적으로 노인들은 건강 문제, 매력적인 시설의 이용 가능성, 참여 비용과 같은 장애 요인에 직면할 수 있다(Gray et al., 2016). 그러므로 피트니스 전문가는 장애 요인을 재평가하고 이를 극복할 전략을 세우기 위해 고객들과 자주 소통해야 한다.

시간

© Chutima Chaochaiya/Shutterstock.

시간은 운동, 적절한 음식 섭취, 전반적인 스트레스 관리를 포함한 많은 건강한 행동에 대한 장애 요인으로 자주 언급된다. 일, 가족, 사회적 의무, 건강한 식생활과 규칙적인 운동에 균형을 맞추는 것은 대부분의 사람들에게 어려운 과제이다. 피트니스 전문가는 운동의 우선순위를 정하는 방법을 찾아 개인이 시간을 관리하는 데 도움을 줄 수 있다. 누구에게나 하루 24시간이 주어지며, 그 속에서 운동이 더 우선시 되어야 한다고 말한다. 사실이긴 하지만, 달성 가능한 목표를 설정하는 것이 좋고, 시간이 정확히 어떻게 소비되는지 검토하여 현실적으로 할 수 있는 신체활동의 양을 결정하는 것이 도움이 된다.

시간은 대부분 연령대의 성인에게서 운동을 막는 가장 큰 장애 요인이다(Ashton et al., 2015; Kulavic et al., 2013). 운동을 처음 하는 사람이 정기적으로 참여할 시간을 내는 일은 가장 어려운 과제 중 하나이다. 특히 다른 활동을 제한해야 할 때 더욱 그렇다. 사람들은 서로 상충되는 관심사를 가지고

내적 동기 Intrinsic motivation 만족감을 느껴 활동이나 행동에 참여하게 되는 계기

있으며 운동 이외의 것에서 가치를 찾는 사람도 많다. 예를 들어, 대부분의 사람들은 생활 유지를 위해 수입을 제공하는 직업을 소중히 생각한다. 그러므로 일하는 데 쓰는 시간은 당연하게 생각한다. 많은 사람은 자녀나 다른 가족 구성원, 또는 중요한 사람들을 돌보아야 한다. 그밖에 사회적 상호 작용과 단순한 휴식 시간도 소중히 여긴다.

시간 부족이라는 인식의 장애물을 극복하는 한 가지 방법은 고객이 스스로 시간 관리를 할 수 있도록 돕는 것이다. 운동 시간을 확보하는 몇 가지 방법 중에는 운동을 우선하도록 일정을 재조정하는 것이 있다. 아침이나 퇴근 직후 가장 먼저 운동을 하게 하는 것은 고객이 경쟁 활동보다 운동을 우선시할 수 있는 한 가지 방법이다. 피트니스 전문가는 일정을 조정할 수 없는 고객의 삶의 영역을 파악한 후 고객의 수행능력을 극대화하는 프로그램을 설계할 수 있도록 도와야 한다. 시간 부족이 계속해서 신체활동의 장애 요소가 될 때, 전반적인 목표와 목표 달성을 위한 일정을 재점검해야 한다.

트레이닝 팁

고객이 특정 장애 요인에 확신을 갖지 못하는 경우, 일주일 동안 시간을 어떻게 보냈는지 기록하도록 하라. 기록은 그들의 평균적인 수면 패턴과 일, 육아, 가사, 식사 준비, 운동 및 여가 활동(텔레비전 시청, 컴퓨터 사용, 독서, 또는 휴식)에 할애된 시간을 파악하는 데 도움이 된다. 평균 일주일간을 정리해 보면 시간 관리를 위한 개선 영역을 쉽게 파악할 수 있으므로 운동을 우선순위에 넣을 수 있게 된다.

비현실적인 목표

목표를 설정하기 위해서는 고객과의 협력이 필요하며, 목표는 기대치가 현실적이면서도 다소 어려울 수 있도록 설정하는 것이 중요하다. 처음 운동하는 사람들은 종종 비현실적인 목표를 설정하는 함정에 빠지고, 목표가 달성되지 않으면 좌절한다. 비현실적인 목표는 단기간에 극심한 체중 감량 결과를 기대하는 것부터 5km 경주를 시도하기도 전에 마라톤을 완주하는 것까지 무엇이든지 될 수 있다. 목표는 진행 상황에 따라 조정이 가능하도록 어느 정도 유연성이 있어야 한다. 또한, 진행 과정에서 작은 성취를 맛볼 수 있도록 하는 것은 장기적 목표로 가는 데 도움이 되므로 점진적으로 설계해야 한다.

목표가 비현실적일 때 좌절과 실망을 경험하게 되어 오히려 목표가 장애물이 될 수 있다. 젊은 남성은 신체 능력을 과신하여 비현실적인 목표를 세우기 쉽다. 예를 들어, 일정 수준의 체력을 보여주려 시도했지만 성공하지 못하면 목표가 비현실적으로 여겨져 포기한다(Ashton et al., 2015). 자신이 충분한 진전을 이루지 못하고 있다고 생각하면 패배감을 느끼기 시작하고 결국 운동을 중단할 수 있다. 피트니스 전문가는 고객이 적절한 체지방 감소나 근력 증가와 같은 현실적인 **결과 목표(outcome goals)**를 설정하도록 돕는 전문 지식을 가지고 있다. 일주일에 특정 일수 동안 신체활동을 하게 하거나 매일 특정 시간에 특정 목표에 도달하도록 하는 것과 같이 현실적이고 달성 가능한 **과정 목표(process goals)**를 설정하는 것도 중요하다(표 3-1).

표 3-1 목표의 유형

목표 유형	예
결과 목표	10km 경주에서 10위 안에 들기
과정 목표	월요일부터 금요일까지 오전 6:30에 시작하여 45분간 조깅하기

목표는 객관적이지 않을 때, 한 번에 너무 많은 목표가 설정될 때, 목표가 조정되지 않을 때, 사람들이 목표를 세우도록 강요받을 때 비현실적인 목표를 세울 수 있다(Weinberg & Gould, 2019a). 이러한 함정은 목표를 설정할 때 '더 건강해지기', '좀 더 활동적으로 하기'와 같은 애매한 표현을 하지 않음으로써 피할 수 있다. 사람들이 목표를 처음 설정할 때, 피트니스 전문가는 처음에 1~2개의 단기 목표로 제한해야 한다. 또한 고객에게 목표를 상향 및 하향으로 조정하는 것이 과정의 일부라고 설명하여 변화가 실패로 비치지 않도록 해야 한다. 마지막으로 고객이 저항한다면 목표를 설정하도록 강요해서는 안 된다. 고객이 현실적인 목표를 세우도록 돕는 것은 성공을 위한 여정에 큰 도움이 된다.

사회적 지원의 부족

사회적 지원(social support)이란, 특정한 행동을 달성하기 위해 사람들이 취하는 의도적인 행동을 의미한다. 사회적 지원이 부족하면 어떤 사람들은 규칙적인 운동에 참여하기 어려울 수 있다. 지원을 받지 못하는 사람들은 운동에 대한 다른 장애 요인을 극복하지 못하거나 정기적으로 운동에 참여할 수 없게 된다. 사회적 지원을 받지 못하는 사람은 다음과 같은 것들이 부족하다.

- 운동 참여에 대한 격려
- 운동의 어려움에 대해 논의할 수 있는 사람
- 피트니스 시설로 이동하는 교통편
- 건강과 피트니스에 대한 정확한 정보를 찾는 능력
- 운동 파트너

사회적 외모 불안

사회적 외모 불안(social physique anxiety)이란, 개인이 자신의 신체적 외모에 대해 불안을 느끼거나 타인에게 자신이 어떻게 보일지, 또는 타인이 자신의 신체를 어떻게 인식하는지에 대해 불안해하는 것을 말한다(Hart et al., 1989; Portman et al., 2018). 피트니스 시설은 자신의 외모에 대해 불안감을 느껴본 적이 없는 사람이 갑자기 신체적으로 부족하다고 느낄 수 있는 장소이다. 이유는 몸에 꼭 맞는 옷, 또는 최소한의 부분만 가린 의복을 포함해 많은 사람이 운동 중에 입는 특정 복장 때문에 다른 사람과 외모를 비교할 수 있다. 사회적 외모 불안감이 있는 사람들은 다음과 같은 말을 할 수 있다.

- 살을 조금 빼면 운동을 시작하겠어요.
- 나도 운동하고 싶지만, 입기 편한 옷이 없어요.
- 사람들 앞에서 운동하는 것이 신경 쓰여요.
- 모두가 나를 쳐다보는 것 같아요.

다른 사람들의 시선에 대해 불편함을 암시하는 어떤 말도 어느 정도 사회적 외모 불안을 나타낸다고 할 수 있다. 사회적 외모 불안은 신체 이미지 문제와도 관련이 있기 때문에 극복하기 어려운 장애 요인이 될 수 있다. 이것을 극복하는 몇 가지 방법에는 피트니스 시설 외부에서 하는 운동 유형을 실시하거나 다른 사람의 눈에 띄지 않는 영역을 사용하여 고객을 운동시키는 방법 등이 있다. 또한 고객은 편안한 복장을 착용해야 하며 수영이나 수중 에어로빅과 같이 특정 복장이 필요한 활동은 선택 사항임을 강조해야 한다.

일반적으로 여성이 남성에 비해 더 많이 사회적 외모 불안을 느끼지만, 남성도 일정 수준 외모 불안을 경험한다(Chu et al., 2008; Hagger & Stevenson, 2010; McLester et al., 2018). 사회적 외모 불안은 체질량 지수가 낮을수록 덜 느끼는 것으로 밝혀졌다. 사회적 외모 불안이 운동의 장애 요인으로 작용할 때 피트니스 전문가는 고객이 참여할 수 있는 대안을 찾아야 하며, 고객에게 적절한 선택지를 제공할 수 있도록 주의를 기울여야 한다(그림 3-2).

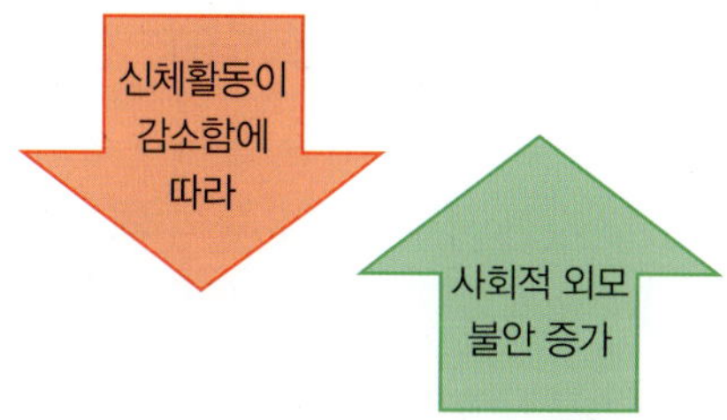

그림 3-2 사회적 외모 불안과 신체활동의 역관계

편리성

편리함은 거의 모든 사람이 선호하는 것이며 운동의 편리성도 다르지 않다. 대부분의 사람들은 소요 시간, 이동 거리, 필요한 복장, 참가 비용 등 불편한 것들을 기피한다. 예를 들어, 출퇴근길에 피트니스 시설이 있으면 편리하겠지만, 출근 전에 운동하는 경우에는 로커룸이나 집과의 근접성 등 다른 요소들을 고려해야 한다. 편리성은 주관적이므로 두 사람이 동일한 요소를 다르게 받아들일 수 있다. 시설까지 5마일을 운전하는 것은 어떤 사람에게는 괴로운 일이 아닐 수 있지만, 다른 사람은 그것을 매우 불편하게 느껴 장애 요인이 될 수 있다.

고객들은 특별 단체 수업, 최신 장비를 갖춘 깨끗한 시설이나 특정 피트니스 전문가와 함께 운동하는 것과 같이 특별한 서비스를 찾아 여기저기 이동한다. 그렇게 하지 않도록 하는 한 가지 방법은 개인화된 운동 프로그램을 포함한 우수한 고객 서비스를 제공하는 것이다. 고객이 신체활동을 극대화하도록 하는 또 다른 방법은 집에서나 점심시간 동안이나 다른 일들 사이사이에 운동하는 방법을 찾아주는 것이다. 결론은 신체활동을 원하는 사람들에게는 운동을 가능하게 하는 여러 방법을 찾을 수 있다는 것이다.

결과 목표 Outcome goals 최종 결과에 초점을 맞춘 목표

과정 목표 Process goals 최종 결과에 도달하기 위해 추구하는 과제

사회적 지원 Social support 특정 행동을 달성하기 위해 다른 사람들을 돕는 의도적인 방법

사회적 외모 불안 Social physique anxiety 다른 사람들이 자신의 신체를 부정적으로 평가할 수 있다고 인식하는 데서 발생하는 특정 형태의 불안

양면적 감정

양면적 감정(ambivalence)은 누군가가 어떤 상황에 대해 복합적인 감정을 가질 때 발생한다. 어떤 것을 인식하는 방식에는 보통 긍정적인 요소와 부정적인 요소가 있다. 운동에 관해서 사람들은 전반적으로 긍정적으로 인식하고 있지만, 운동을 하게 되면 가족과 함께하는 시간, 직장에서의 시간, 또는 사교 모임에서 보내는 시간을 줄여야 한다. 운동에 대해 양면적 감정을 가진 사람들은 운동이 왜 자신과 맞지 않는지에 대해 쉽게 핑계를 찾는다. 이때는 운동의 모든 이점과, 지나치게 편리한 생활이 전반적인 삶의 질에 미치는 부정적인 영향에 대해 고객에게 알려줄 필요가 있다. 그러나 양면적 감정을 지닌 사람들은 이점을 알고 있지만, 규칙적인 운동이 다른 삶에 변화를 초래하는 것을 우려한다. 사람들은 종종 이익 대비 필요한 노력이나 참여하기 위해 희생해야 하는 것들 사이에서 저울질할 수 있다. 이러한 사람들은 운동을 주저하게 만드는 요소와 운동 동기를 불어넣을 수 있는 요소가 무엇인지를 알아내기 위해 더 자세히 관찰하고 조사해야 한다.

시도하기

시간을 내어 운동 참여를 방해하는 장애 요인을 파악하고 그것을 극복하는 방법을 전략화하라. 해결책이 제시되는 동안 고객은 직면한 자신의 어려움을 이해할 수 있다. 고객은 자신만 겪는 어려움이 아니라는 것을 깨닫고 의사소통을 통해 도움을 받을 수 있게 된다.

운동에 대한 사회적 영향

© Pixelheadphoto digitalskillet/Shutterstock.

전반적인 운동 행동에 미칠 수 있는 사회적 영향은 많으며, 개인마다 다를 수 있다. 어떤 사회적 영향이 고객에게 의미 있는지를 알게 되면 이러한 영향이 운동 행동 측면에서 할 수 있는 역할을 설명하는 데 도움이 될 것이다. 일반적으로 영향력은 개인이나 집단의 행동에 영향을 미치는 것을 의미한다. 사회적 영향은 운동 행동에서 중요한데, 개인에게 구조화된 운동을 지향하거나 거부하도록 만들 수 있다. 모든 사회적 영향이 긍정적인 것은 아니며, 부정적인 경우 극복해야 할 장애 요인이 된다는 점을 인식해야 한다.

사회적 지원에는 두 가지 주요 요소가 있다. 즉 누가 또는 무엇을 지원하고, 어떤 유형의 지원을 제공하느냐이다. 가족과 친구의 격려가 가장 운동 가능성을 높이는 지원이 될 수 있지만, 동료, 의료 서비스 제공자, 피트니스 전문가, 또는 함께 운동하는 사람들을 포함한 누구에게서나 지원을 받을 수 있다.

사람들이 소셜 미디어를 사용하면서 사회적 영향력은 개인적인 상호 작용보다 영향력이 더 커졌다. 소셜 미디어는 비대면으로 사람들에게 여러 콘텐츠를 제공해 준다. 예를 들어, 어떤 사람들은 자신의 피트니스 경험을 소개하는 블로그, 웹사이트, 또는 소셜 미디어 플랫폼을 운영한다. 행동 변화와 상관없이 온라인에는 지원 그룹들이 있다. 피트니스 전문가는 고객의 사회적 영향을 더 잘 이해하기 위해 어떤 온라인 사이트를 사용하는지 물어봐야 한다. 피트니스 전문가는 정보의 출처가 신뢰할 만한지, 건강한 습관이 권장되는지 등을 평가하여 고객이 엇갈린 메시지를 받지 않도록 해야 한다. 또한 소셜 미디어 플랫폼의 정보는 현실적인지 비현실적인지에 대해서도 평가해야 한다. 예를 들어, 바디빌더나 피트니스 모델과 같은 극단적인 체격을 묘사하는 이미지는 고객이 자신의 몸에 대해 갖는 인식에 부정적인 영향을 미칠 수 있다.

중요

피트니스 전문가는 웹사이트가 신뢰할 수 있는 정보를 제공하는지를 고객이 판단할 수 있도록 도움을 줄 수 있다. 먼저, 정보의 출처를 살펴보라. 대학, 정부 기관 및 유명 단체(예: 세계보건기구)와 같이 연락처 정보를 쉽게 찾을 수 있는 출처여야 한다. 또한 체중 감량을 위한 제품이나 서비스가 광고되어 있다면 항상 주의해야 한다. 고객이 사실과 과장 광고를 구별하도록 돕는 것은 결국 고객의 안전과 궁극적인 성공을 이끄는 길이다.

고객을 처음 만날 때, 가장 먼저 그들의 삶에 영향을 미치는 사회적 영향의 유형이 무엇인지, 그리고 그러한 영향이 운동 행동에 도움이 되는지를 파악해야 한다. 예를 들어, 운동 파트너가 있는가, 아니면 강력한 정서적 지원 시스템이 있는가 등을 물어본다. 대부분의 경우, 운동에 대한 과거의 성공 또는 실패는 사회적 지원의 양과 관련이 있다. 고객의 운동 욕구를 지지하는 사람과 무관심하거나 지지하지 않는 사람을 구분해 본다면 고객이 받는 지원의 유형에 대한 영향력 수준을 파악하는 데 도움이 된다. 고객은 또한 지원이 아닌 방해를 받을 수도 있는데, 이는 그들이 운동과 다른 일들 사이에서 갈등하게 만든다.

사회적 영향의 유형과 관계없이 고객의 행동 변화는 어떤 유형의 영향이나 지원을 받았는지에 따라 다르게 나타난다. 고객이 적절한 사회적 지원을 받을 수 없을 때 피트니스 전문가는 피트니스 시설을 고객이 지원을 받는다고 느끼도록 매력적인 장소로 만들면 좋다. 직원과 회원들에게 고객을 소개하거나, 고객에게 어필할 수 있는 그룹 운동 클래스를 찾거나, 공통 관심사나 목표를 가진 사람들을 위한 소그룹 훈련 시간을 제공함으로써 고객에게 다가갈 수 있다. 중요한 것은, 특히 강력한 지원 시스템을 갖추지 못한 사람들을 위해 건강한 커뮤니티를 연결해 주거나 구축할 수 있도록 기회를 주는 것이다.

지원의 유형

사회적 지원은 가족, 친구, 피트니스 전문가 등 다양한 곳에서 받을 수 있으며, 지원 유형에는 도구적, 정서적, 정보적, 동반자적 지원이 있다(표 3-2). 사회적 지원의 개별적인 특성과 그것이 운동 행동과 관련된 방식으로 인해 이것은 여전히 실무자들이 완전히 이해하지 못하는 주제이다(Scarapicchia et al., 2017). 유용하고 의미 있는 지원의 원천과 유형은 개인마다 다르다. 이는 삶의 단계, 가족 및 친구와의 근접성, 전반적인 환경에 따라 변할 수 있기 때문이다.

사회적 지원의 원천으로서 피트니스 전문가의 역할은 잘 설명되어 있지 않지만, 고객의 기대에 따라 트레이너-클라이언트 관계를 위해 일부 형태의 사회적 지원(정보 제공 및 동반자적인 관계)을 설정해야 한다. 삶의 단계마다 사회적 지원이 미치는 영향력이 다르다. 예를 들어, 아동과 청소년은 부모와 다른 가족 구성원의 영향을 가장 많이 받는 반면, 젊은 성인의 경우는 친구에게, 노인은 가족 구성원에게 영향을 가장 많이 받는다(Belanger & Patrick, 2018; Lindsay Smith et al., 2017; Mutz & Albrecht, 2017).

도구적 지원

도구적 지원(instrumental support)은 운동에 참여할 수 있도록 돕는 개인의 실제 행동을 말한다. 이러한 행동은 장애 요인을 제거하고 행동을 직접적으로 촉진한다. 도구적 지원이 이루어지지 않으면 운동에 참여할 수 없기 때문에 일부 고객에게는 이러한 유형의 지원이 운동을 지속하는 데에 매우 중요하다. 여기에는 체육관이나 헬스클럽으로 가는 교통수단, 육아 책임, 재정적 문제 등이 포함된다. 피트니스 시설까지 태워다 주거나 아이를 돌봐 주거나, 또는 체육관 회원권을 끊어 주는 것은 모두 도구적 지원이다. 또한 시간 부족이 가장 큰 장애 요인으로 언급되는 상황에서 가용 시간을 더 늘리는 데 도움을 주는 것도 도구적 지원이다. 예를 들면 장보기, 아이들 데리고 다니기, 요리하기와 같이 누군가를 위해 무언가를 해주는 것이다. 적절한 운동복을 찾기 위해 쇼핑을 하도록 하거나 체육관 가방을 싸주는 행동도 될

표 3-2 사회적 지원의 유형

유형	예시
도구적 지원	•피트니스 시설까지 교통수단 제공 •체육관 회원권 비용 지불 •부모가 운동할 수 있도록 아이를 돌봄
정서적 지원	•운동하도록 격려함 •긍정적 피드백 제공 •운동하다 좌절했을 때 고충을 들어줌 •감정에 대해 소통함으로써 공감함
정보적 지원	•최적의 건강 상태 및 운동 방법을 위한 건전한 조언 제공 •신체활동에 대한 최신 권장 사항 제공 •편리한 생활 방식에 따른 건강 악화의 위험성 교육
동반자적 지원	•함께 운동함 •운동 시간 중 동반해 줌 •신체적으로 활동하는 사회적 모임 찾기

양면적 감정 Ambivalence 상황에 따라 복합적으로 나타나는 감정의 상태

도구적 지원 Instrumental support 행동이 일어나도록 직접적으로 촉진하는 행동. 도구적 지원에는 헬스클럽으로 데려다 주는 것, 체육관 회원권을 끊어주는 것 등이 있다.

수 있다. 도구적 지원은 유형과 상관없이 규칙적으로 운동하려고 애쓰는 사람에게 긍정적인 영향을 미친다.

유용한 힌트

사회적 지원의 목적을 생각할 때 항상 고려해야 할 두 가지 요소가 있음을 명심하라.

- 누구와 무엇을 하는가, 누가 지원을 제공하는가?
  중요한 다른 사람, 가족 구성원, 친구, 동료, 의료 제공자, 또는 피트니스 전문가가 될 수 있다.
- 어떤 유형의 지원이 제공되는가?
  도구적, 정서적, 정보적, 동반자적 지원이 있다.

정서적 지원

전반적으로 정서적 지원(emotional support)은 사람들이 운동 프로그램을 시작하고 계속하는 데 매우 중요하다. 정서적 지원이란 격려해주고 긍정적인 강화를 해주는 것을 말하며, 배려하고 공감하며 관심을 보이는 것이다. 예를 들면 운동을 잘하고 있다고 말해주거나, 운동이 어떻게 진행되고 있는지 물어보거나, 실망했을 때 감정을 공감하며 불편한 감정을 발산하도록 하는 것이다.

정서적 지원의 중요한 요소인 공감(empathy)은 다른 사람의 감정과 동일시할 때 발생한다. 공감을 설명하는 간단한 방법은 자신이 다른 사람의 입장이 되어 보는 것이다. 공감은 사람들과 관계를 맺는 데 도움이 되며 궁극적으로 그들이 이해받고 있다는 느낌을 준다. 운동은 사람들이 충분히 즐기는 매우 보람 있는 경험일 수 있지만, 결과가 명확하지 않거나 움직임이 불편할 때 좌절감을 줄 수도 있다. 정서적 지원은 무언가를 계속하게 하는 유일한 것이 될 수 있다.

고객과 일상적으로 소통하면서 어떻게 지내고 있는지, 프로그램이 어떻게 진행되고 있는지 물어보는 것은 고객과의 관계를 발전시키는 방법이다. 피트니스 전문가는 또한 고객이 어떻게 느끼는지에 대한 이해를 표시함으로써 공감해주어야 한다. 정서적 지원은 일부 고객에게는 매일 해주어야 하지만, 어떤 고객에게는 가끔씩만 해주어도 된다. 시간을 내어 고객을 알아가고, 그들의 선호도를 파악하는 것은 결국 고객의 욕구 충족으로 돌아온다.

지식 확장하기

공감과 동정심은 다른 개념이다. 동정심에는 일반적으로 다른 사람에 대한 연민과 미안함이 수반된다. 반대로, 공감은 누군가의 감정을 깊이 이해하고 인식하는 것이다. 공감에는 판단이 필요 없다.

정보적 지원

정보적 지원(informational support)은 행동이나 주제에 대한 정확한 정보를 제공받는 것이다. 이것은 피트니스 전문가가 제공하는 가장 일반적인 유형의 지원이다. 수많은 온라인 플랫폼에서 운동과 피트니스에 대한 정보를 찾는 것이 더 쉬워졌지만, 출처에 따라 정보의 정확성이 의심스러울 때가 있다. 고객은 먼저 의료 제공자, 가족 구성원, 친구, 동료 또는 소셜 미디어 인플루언서로부터 운동에 관한 정보 지원을 받을 수 있다. 그러나 보다 더 구체적인 정보를 얻기 위해 공인 퍼스널 트레이너를 고용한다.

고객은 가장 정확한 최신 정보와 질문에 대한 답을 찾기 위해 피트니스 전문가에게 많이 의존한다. 정보 지원에는 일반적인 피트니스 조언 및 프로그램 제공, 프로그램 진행 상황에 대한 구체적인 피드백 제공, 운동의 이점 대비 비활동의 단점에 대한 새롭고 흥미로운 정보 제공, 잘못된 정보를 없애고 수정하는 것 등이 있다. 그러므로 피트니스 전문가는 일반적인 운동과학에 관한 탄탄한 기초를 갖추어 올바른 정보를 전달하기 위해 지속적으로 노력하는 습관이 필수적이다.

동반자적 지원

동반자적 지원(companionship support)은 누군가가 다른 개인과 함께 행동에 관여하는 것을 말한다. 이러한 유형의 지원은 친구나 파트너와 함께 운동하는 환경에서 종종 관찰된다. 동반자적 지원은 운동 행동에 몇 가지 긍정적인 영향을 미칠 수 있다. 책임감의 한 형태로 일관성 있게 운동할 수 있게 장려하고, 우호적인 경쟁 의식을 불러 일으켜 사회적 관계를 강화한다. 또한 운동으로 인한 불편함을 해소하는 작용도 한다.

파트너와 함께 운동하려면 일정을 조율해야 하기 때문에 계획을 세워야 한다. 이 때문에 운동을 거르고 싶어도 핑계를 대기 어려워진다. 동반자적 지원은 피트니스 전문가가 전체 운동 세션에 상주하는 대면 개인 트레이닝의 핵심 구성 요소이다. 고객이 공인 퍼스널 트레이너를 고용하는 경우 동반자적 지원을 기대한다. 피트니스 전문가는 고객에게 계속 집중하여 적절한 강도로 지속적으로 운동할 수 있도록 살핀다. 마지막으로, 동반자적 지원은 파트너와 상관없이 단지 운동을 더 재미있게 만들 수 있다.

트레이닝 팁

고객을 트레이닝할 때는 주의를 산만하게 만들지 말고, 비용을 지불하고 서비스를 받고 있는 고객에게 계속 집중하는 것이 매우 중요하다. 세션 중에는 다른 헬스클럽 회원이나 동료와 깊이 대화하거나 전화기를 쳐다보는 등의 사소한 행동으로 고객의 주의가 분산되지 않도록 한다. 고객에게 집중하는 것은 중요한 동반자적 지원을 제공할 뿐만 아니라 훌륭한 고객 서비스도 된다.

운동에 대한 집단의 영향

© Rawpixel.com/Shutterstock.

집단의 영향력은 많은 의사 결정 과정에서 핵심적인 역할을 한다. 앞서 설명한 바와 같이 지원은 수많은 방식으로 이루어지지만, 그러한 지원을 제공하는 사람도 마찬가지로 중요하다. 예를 들어, 젊은 성인은 또래로부터 더 많은 영향을 받는 반면, 중년의 성인은 배우자나 가족 구성원의 지원을 선호할 수 있다. 또한 정보의 출처도 중요하다. 가령 전반적인 건강과 웰빙에 대한 조언은 의료 제공자에게서 받을 때는 수긍하지만, 가족 구성원의 동일한 조언은 거부될 수 있다. 신체활동에 정기적으로 영향을 미칠 수 있는 그룹은 중요한 타인, 가족, 동료 및 운동 지도자이다. 지원의 출처나 형태에 관계없이 고객은 지원이 효과를 낼 수 있도록 개방적이어야 한다.

가족

가족은 특히 어린이와 청소년의 삶에서 가장 중요한 영향을 주는 집단이며, 그 영향은 평생 동안 강하게 유지될 가능성이 높다. 연구에서 '가족'이라는 용어는 동거 여부와 관계없이 모든 가족 구성원과, 한 가구 안에 살고 있지만 혈연이 아닌 사람을 지칭한다. 앞서 언급한 대로 개인 삶의 단계에 따라 가족의 영향력은 상당히 다르다. 젊은 사람들은 부모의 영향을 더 많이 받는 반면, 중년과 노년층은 중요한 다른 사람의 영향을 더 많이 받는다. 가족의 신체활동에 대한 사회적 지원은 특히 노인에게 중요하다는 연구 결과가 있다. 가족 구성원이 함께 걸어줄 수 있고 운동을 장려할 수 있기 때문이다(Böhm et al., 2016; Lindsay Smith et al., 2017).

가족 구성원은 일반적으로 오랫동안 함께하기 때문에 가족의 지원은 다른 지원과 다르다. 만약 누군가를 운동 지도자나 그룹이 돌보지 않는다면 간단하게 그만두면 되지만, 가족에 대해서는 그 영향이 긍정적이든 부정적이든 그렇게 하지 못한다. 움직이기 싫어하고 운동을 중요하게 생각하지 않는 가족과 함께 살다 보면 끊임없이 장애 요인을 만나게 된다. 그러므로 피트니스 전문가는 가족 구성원이 운동을 지지하는지 여부와 그들이 도움을 줄 수 있는지를 파악해야 한다. 가족 구성원이 도움이 안 될 때는 이를 인정하고 다른 지원 출처와는 구분해야 한다.

부모

운동 행동에 대한 부모의 영향은 특히 어린이와 청소년에게 중요하다. 부모가 운동을 긍정적으로 생각하면 자녀들도 규칙적인 운동에 대해 긍정적인 시각을 가질 가능성이 높으며, 이는 성인이 되어서도 계속될 수 있다. 부모는 일반적으로 교통수단 제공, 활동 비용 지불 등과 같은 도구적 지원과 함께 정서적 지원을 제공한다. 청소년의 경우, 이러한 유형의 지원은 가족 및 또래의 정서적 지원보다 훨씬 더 장기적으로 운동을 수행할 수 있게 한다(Siceloff et al., 2014).

정서적 지원 Emotional support 배려, 공감, 관심을 보이는 것을 말하며, 다른 사람을 격려하고 긍정적으로 강화해 주는 것

공감 Empathy 다른 사람의 감정, 태도 또는 생각과 동일시하는 능력

정보적 지원 Informational support 최신의 정확하고 유익한 정보를 제공하는 것

동반자적 지원 Companionship support 누군가와 함께하는 것. 이 유형의 지원은 친구나 파트너와 함께 운동하는 환경에서 관찰된다.

연구에 따르면 성인기로의 전환을 포함하여 청소년기에 부모가 신체활동을 지원하는 것은 중요한데, 이는 부모의 영향력이 어린이와 청소년기에 매우 중요함을 나타낸다(Gill et al., 2018; Li et al., 2016). 신체활동에 대한 부모의 영향력은 아주 어린 나이에 명백하게 나타난다. 엄마와 취학 전 아동의 신체활동 사이에 긍정적인 관계가 있는 것으로 밝혀졌는데, 엄마가 활동적이라면 자녀도 그렇다는 것을 의미한다(Hesketh et al., 2014). 부모는 또한 규칙적인 운동의 중요성과 그것이 가져오는 모든 이점에 대해 이야기함으로써 자녀에게 정보적 지원도 제공할 수 있다. 또한 다양한 신체활동(예: 스포츠, 레크리에이션 활동)을 시도하여 자녀가 어떤 활동을 잘하는지, 혹은 단순히 즐기는지를 자연스럽게 알아내기도 한다. 운동과 신체활동도 조기에 노출될수록 운동을 오래 지속하는 습관을 만드는 데 도움이 된다.

운동 지도자

그룹 운동은 음악으로 진행되는 정형화된 수업과 부트 캠프나 스포츠별 훈련과 같은 소그룹 개인 훈련을 포함하여 다양한 형태로 제공된다. 다양한 그룹 운동들은 대형 피트니스 시설이나 소규모 부티크 스튜디오에서 볼 수 있으며, 일부 업소는 그룹 운동만 하는 곳도 있다. 모든 사람이 그룹으로 운동하는 것을 매력적으로 생각하지는 않겠지만, 그룹 수업은 많은 사람이 정기적으로 운동에 참여하도록 하는 인기 있는 방법이다. 그룹 수업에서 운동 지도자는 전반적인 분위기와 흐름에서 중요한 역할을 한다. 모든 구성원을 맞이하고, 모든 사람을 환영해 주어야 하며, 참가자들이 안전하게 운동할 수 있도록 적절한 장비와 복장을 갖추고 있는지 확인하고, 다양한 기술을 사용하여 그룹에 동기와 활력을 불어넣어야 한다.

운동 지도자는 한 걸음 더 나아가 참가자의 이름을 외우고, 새로운 회원을 기존 그룹에 소개하며, 수업 전후에 회원들과 연결하여 격려하거나 피드백을 주고 받아야 한다. 운동 환경에서도 리더십이 필요하다는 인식은 피트니스 업계에 입문할 때는 대수롭게 생각하지 않지만, 리더십은 참가자가 운동을 지속할지 중도에 포기할지 결정하는 데 핵심적인 역할을 한다. 리더십에 대해 최선의 접근법은 없지만, 리더의 자질, 리더십 스타일, 상황적 요인, 그리고 팔로워의 자질 등 효과적인 리더십을 위한 구성 요소들은 있다(Weinberg & Gould, 2019b). [표 3-3]은 이러한 리더십 구성 요소의 예를 보여준다.

운동 지도자는 크고 작은 그룹의 사람들에게 긍정적인 영향을 주고, 화합하는 그룹 환경을 조성하는 데 큰 역할을 한다. 단체로 모이는 것 외에도 운동 지도자는 또한 눈맞춤, 미소, 긍정적인 언어 피드백과 같은 간단한 제스처로 참가자에게 다가갈 수 있어야 한다. 모두가 소속감을 느끼도록 목표를 정하고 다양한 기술을 가진 사람들이 단일 세션에서 모두 도전할 수 있도록 운동 수정을 시연하는 것도 필요하다. 운동 지도자는 운동을 시연하고 목표 설정을 도우며 운동이 일관되게 수행될 수 있음을 보여주기 때문에 고객이 본받을 수 있는 중요한 사람이다(Morton et al., 2019). 운동 지도자는 회원들이 자신이 무엇을 하고 있는지, 그리고 어떻게 운동에 접근하는지에 대해 세심한 주의를 기울이기 때문에 긍정적인 역할 모델이 되어야 하고, 적절한 언어 및 비언어적 메시지를 보내는 것이 중요하다.

표 3-3 리더십의 구성 요소

리더십 구성 요소	예
리더(지도자)의 자질	리더는 낙천적이고 공감해주며, 많은 지식을 갖추고 건강하고 균형 잡힌 삶을 영위하는 훌륭한 예를 제시해야 한다.
리더십 스타일	다양한 스타일의 리더십에는 피드백과 의견을 장려하는 '참가자 중심의 접근법' 또는 참가자에게 결과 지향적인 환경에서 무엇을 해야 하는지 지시하는 '독재적인 접근법'이 있다. 리더는 상황에 따라 자신의 스타일을 적용할 수 있어야 한다.
상황적 요인	그룹 크기에 따라 스타일 조정을 해야 한다. 예컨대, 큰 그룹에는 더 독재적인 스타일이 필요할 수 있다.
팔로워의 자질	리더는 나이, 성별, 운동 경험을 포함한 팔로워의 자질을 고려해야 한다.

시도하기

공인 퍼스널 트레이너는 어떤 그룹 운동 수업에 참여하는 것이 가장 좋은지에 대한 권장 사항을 고객에게 제공해야 한다. 따라서 공인 퍼스널 트레이너는 다양한 수업 형식과 이를 가르치는 강사에 대해 잘 알고 있어야 한다. 모든 피트니스 전문가는 다양한 운동 형식과 강습 스타일을 배우기 위해 여러 수업도 들어보아야 한다. 이것은 고객의 필요와 성격에 맞게 수업과 강사를 연결해주는 데 도움이 된다.

그룹 운동

그룹 운동의 개념은 공인 전문가가 코칭하는 운동 세션의 인기가 높아짐에 따라 피트니스 업계에서 보편화되었다. 그룹 운동 구성원은 주어진 수업이나 세션에 참석한 참가자로 구성된다. 많은 사람이 특정 유형의 운동에 끌리고 일관된 일정을 따라가기 때문에 그룹 운동 시간에 같은 얼굴들을 보는 것이 일반적이다. 역량 있는 운동 지도자는 교육생들을 양성해 운동 그룹을 형성한다. 운동 그룹의 한 측면은 다른 그룹과 구별되도록 하는 것이다. 피트니스 전문가는 단순히 참가자에게 같은 색상의 셔츠를 입게 하거나 세션의 마지막에 그룹 응원 또는 그 그룹만의 특정한 의식을 하게 함으로써 이를 장려할 수 있다.

운동 행동에 대한 그룹의 전반적인 영향력은 아직 완전히 인정되지는 않았지만, 그룹의 일원이 되는 것이 긍정적인 영향을 미친다는 공감대는 형성되어 있다(Evans et al., 2019b). 그룹에는 뚜렷한 특성이 있고, 구성원은 종종 공식 또는 비공식적인 역할을 하기 때문에 단순히 함께 운동한다고 해서 반드시 그룹으로 구별되는 것은 아니다.

공식적인 역할은 지도해주고 조직을 만들 수 있는 운동 리더 또는 코치가 맡게 된다. 비공식적인 역할은 그룹에 영감을 주고 새로운 구성원에게 멘토링을 제공하거나 사교 모임을 계획하는 사람들이 맡는다. 다른 그룹과 확실하게 구분되는 온전한 운동 그룹의 경우, 그 구성원들은 서로 간에 사회적으로도 연결되어 집단 결속력을 경험한다. 그러나 운동 환경에서 개인이 실제로 그룹이 되는 과정은 잘 알려져 있지 않다(Evans et al., 2019a). 사람들은 여러 다양한 이유로 그룹 운동에 끌린다. [표 3-4]는 사람들이 그룹 운동에 끌리는 몇 가지 이유와 이점을 보여준다.

지역 사회

지역 사회는 신체적 활동 기회를 기반으로 운동 행동에서 독특한 역할을 한다. 건축 환경에 비유될 수 있는 물리적 환경이 지역 사회의 활동 수준에 강한 영향을 미친다는 증거가 있다. 이용 가능한 보도, 산책로, 자전거 도로의 수는 사람들의 활동 수준에 영향을 미칠 수 있다. 지역 사회의 영향은 자원, 안전, 교통, 사회 규범 측면에서 상당히 다양하다는 점을 주목하는 것이 중요하다. 활동적인 지역 사회는 더 많은 녹지 공간, 산책로, 놀이터, 보도, 자전거 도로가 있을 뿐만 아니라 안전한 대중교통 및 이웃에 중점을 둔다. 피트니스 시설 외부에서 운동에 참여할 기회를 갖거나 도전해 보는 것은 고객이 보다 활동적으로 라이프 스타일을 넓혀가도록 하는 데 도움이 된다.

표 3-4 그룹 운동의 이점

이유	이점
책임	운동 그룹의 일원이 되는 것은 그룹 구성원과 운동 리더에게 규칙적인 참석에 대한 책임을 지게 한다.
비교	참가자는 자신과 비교할 수 있는 사람들을 갖게 된다. 다른 사람들이 무엇을 할 수 있고 무엇을 성취할 수 있는지 보는 것은 추가적인 동기 부여가 될 수 있다.
경쟁	그룹 환경은 참가자 간에 또는 개인 내부에서 우호적인 경쟁을 유도하여 개인 능력의 최고점에 도달하게 한다.
동지애	개인은 우정, 친밀감, 충성심을 경험하면서 비슷한 결과를 얻으려는 사람들과 관계를 형성할 수 있다.
일관성	참가자들이 경험을 예상할 수 있는 일정을 갖는 것은 습관을 형성하는 데 도움이 된다.
에너지	대부분의 그룹 운동 수업은 에너지가 넘치도록 설계되어 사람들을 끌어당기는 매력적인 환경을 만든다.
강도	참가자들은 가능한 한 최선을 다하도록 격려 받아 그룹에서 더 열심히 운동할 수 있다.
무신경	운동 세션이 계획되어 있기 때문에 참가자는 자신의 운동 설계에 대해 생각할 필요 없이 그냥 참석해서 지시를 따르기만 하면 된다.
동기 부여	그룹과 함께하는 운동은 그 자체로 규칙적으로 참가하려는 동기 부여의 한 형태가 될 수 있다.
사교성	그룹이나 상황이 따뜻하고 매력적일 때 사람들은 한데 모이고, 환영을 받는다고 느낄 때 사람들이 돌아오기 쉽다.

트레이닝 팁

일부 고객은 그룹 운동을 꺼릴 수 있다. 피트니스 전문가는 고객과 비슷한 특성이나 목표를 공유하는 그룹을 확인하고 고객이 참여하도록 권장해야 한다. 고객이 그룹 수업에 적응할 수 있을지 확신이 서지 않는다면 적응을 돕기 위해 함께 운동 세션에 참여해 본다. 이는 새로운 시도에 대한 불안감을 줄이는 데 도움이 된다.

운동의 심리적 이점

운동의 긍정적인 이점은 신체적인 변화를 훨씬 뛰어넘는다. 운동의 심리적 이점은 잘 확립되어 있으며 장단기적으로 경험할 수 있다. 운동에 대해 알려진 심리적 이점에는 기분 개선, 자존감 증가, 긍정적인 신체 이미지 증가, 수면 질 향상, 우울증과 불안감의 감소 등이 있다. 반대로 활동량 부족은 우울증의 증가와 관련이 있다. 이러한 관계는 활동에 제한이 있는 사람들과 수면 문제 및 에너지 부족, 움직임에 따른 통증과 불편함, 높은 수준의 불안감을 경험하는 사람들에 의해 부분적으로 설명되고 있다(Stubbs et al., 2018).

적은 활동량이 우울증을 증가시키는지, 아니면 우울증이 사람을 움직이지 않도록 하는지는 아직 명확하게 밝혀지지 않았다. 그러나 적당한 강도의 신체활동이 가장 효과적인 접근 방식일 수 있다는 근거는 늘어나고 있다. 한 연구에 따르면 적당한 강도의 유산소 운동은 근력과 근육 발달에 대한 자기 인식을 개선하고 자율성을 높이고 삶의 질을 개선했다(Delextrat et al., 2016). 운동은 여러 가지를 동시에 개선한다. 예를 들어, 우울증은 수면의 질 향상과 사회적 상호 작용 개선과 함께 좋아질 수 있다. 일반적으로, 신체적으로 활동적인 것과 삶의 만족도는 연관성이 있다. 비활동적인 사람들은 운동을 하는 사람들보다 자신의 건강과 삶에 대한 만족도를 낮게 평가했다(Pelletier et al., 2017). 운동은 결심한 이유와 상관없이 반드시 심리적인 이점을 가져다 주며, 신체활동을 강화하는 데 도움을 준다.

긍정적인 기분의 고취

기분이란, 느끼는 방식을 말한다. 어떤 상황에 대한 단기적인 반응인 감정과 달리 더 장기적인 마음의 상태를 이른다(Brehm, 2014). 사람들은 자신이 일반적으로 느끼는 방식에 따라 기분을 '좋음' 또는 '나쁨'으로 정의한다. 기분에 영향을 미치는 요인에는 피로감, 성공 또는 실패 경험, 좋은 소식 또는 나쁜 소식 듣기 등이 있다. 많은 사람이 몸짓 언어, 목소리 톤, 눈맞춤과 같은 비언어적 의사소통으로 기분을 표현한다. 또한 사람들은 종종 좋은 기분이나 긍정적인 에너지를 내는 사람들에게 끌리기 때문에 좋은 기분은 관계와 사회적 상호 작용을 촉진하는 데에도 영향을 미친다. 연구자들은 한 차례의 운동이 단기적인 기분에 미치는 영향과 장기간의 운동 참여가 전반적인 기분에 미치는 영향을 연구했다. 운동은 10~60분 사이의 지속 시간으로 다양한 기분에서 좋은 효과를 나타냈으며, 짧은 운동조차도 기분을 개선하는 데 효과를 나타냈다(Crush et al., 2018; Fritz & O'Connor, 2016).

자존감과 신체 이미지 개선

자존감(self-esteem)과 **신체 이미지**(body image)는 우울증, 섭식 장애, 운동 중독을 비롯한 여러 건강 문제와 관련된 심리적 변수이다. 상태의 심각성을 줄이기 위해서는 이러한 변수를 모니터링하는 것이 중요한데, 특히 정신 및 신체 건강을 악화시킬 위험이 높은 인구 집단에서 더욱 그러하다. 자존감과 신체 이미지는 상호 의존적인 관계로 인해 오랫동안 서로 연결되어 왔다. 즉, 자존감이 낮은 사람은 신체 이미지에 문제가 있을 수 있고, 신체 이미지에 문제가 있으면 자존감이 낮을 수 있다(그림 3-3).

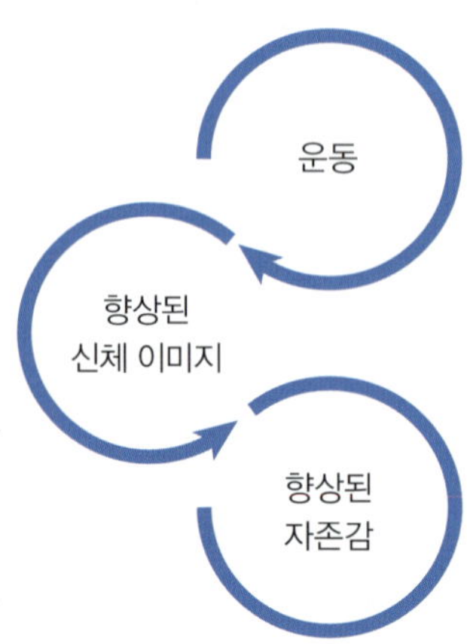

그림 3-3 운동, 자존감, 신체 이미지 간의 관계

자존감은 사람이 자신의 가치를 평가하는 방식을 의미하며 신체적, 정서적, 사회적인 자존감과 같은 다양한 영역이 있다. 신체적 자존감은 자신의 체력 수준, 체격의 매력도, 신체 근력, 스포츠 능력 수준에 대한 사람들의 자기 인식을 포함하는 하위 영역을 가지고 있다(Hausenblas & Rhodes, 2017). 일반적으로 사람들이 자신의 신체적 자아를 보는 방식으로 정의되는 신체 이미지는 자신의 몸을 시각화하는 방식 또는 피부로 느끼는 방식에 기반한다. 신체 이미지는 실제와 일치하지 않을 수 있다. 즉, 사람들은 자신의 몸을 부정적으로 보고 부정확하게 평가할 수 있다(Hausenblas & Rhodes, 2017). 이상적인 신체는 남성과 여성, 그리고 문화마다 다르기 때문에 이러한 변수와 이것이 피트니스와 관련된 방식은 인구 집단마다 다르다.

예를 들어, 근력은 역사적으로 남성과 그들의 자존감에 중요했지만, 여성에게는 그다지 중요하지 않았다(Ciccolo et al., 2016). 신체 이미지가 광범위하게 연구되었지만, 신체 이미지가 부정적인 '여성의 문제'로만 여겨지는 일반 대중들 사이에서는 여전히 약간의 혼란이 있다(Bailey et al., 2017). 이에 비추어 다른 연구에서는 유산소 운동과 저항 훈련 모두 기존의 신체 이미지 문제가 있는 여성들에서 전반적으로 신체 이미지를 개선했으며, 이는 적절한 운동이 신체 이미지를 개선할 수 있음을 보여주었다(Martin Ginis et al., 2014). 그러나 생물학적 성별에 관계없이 체중 감량과 체중 관리는 자존감과 신체 이미지 모두와 관련이 있다. 비만이었던 청소년들이 청년기에 체중을 감량했을 때 자존감과 신체 이미지가 모두 긍정적인 영향을 받았다는 장기 연구 결과가 있다(Watts et al., 2016).

유용한 힌트

신체 이미지와 자존감은 관련이 있다. 이들은 상호 관련성이 있어서 신체 이미지가 향상되면 자존감도 향상된다. 이것은 다른 방향에서도 마찬가지이다. 예컨대 자존감이 낮아지면 신체 이미지가 더 부정적으로 변한다.

수면의 질 개선

수면은 사람의 기능적인 측면에서 하루 중 중요한 부분이다. 우리 몸을 회복시키는 도구로써 수면은 거의 모든 신체적, 생리적, 심리적 기능에 필요하다. 수면 또는 수면 부족은 신체적, 정신적 건강, 전반적인 삶의 질, 심지어 개인의 안전에도 중요한 역할을 한다(National Heart, Lung, and Blood Institute, 2019). 수면은 많은 회복 기능을 가지고 있으며 적절한 성장, 발달, 치유, 학습에 필수적이다(National Heart, Lung, and Blood Institute, 2019). 수면이 부족한 사람은 심장병, 뇌졸중, 고혈압, 비만에 걸릴 위험이 더 크다. 수면이 부족하면 잘못된 결정을 내리고 제대로 생각하지 못해서 직장이나 관계에 문제를 일으킬 위험도 있다.

운동은 수면을 개선하는 것으로 나타났다. 빈도, 지속 시간, 강도 측면에서 적당한 양의 운동은 수면 장애를 현저히 낮춘다. 이러한 주장이 의미가 있으려면 특정 임계값에 도달해야 하지만, 과도한 신체활동은 오히려 수면의 질을 개선하지 못할 수 있음을 시사한다(Litleskare et al., 2018). 만성 수면 장애 진단을 받은 사람들은 모든 유형의 규칙적인 운동을 통해 수면의 질을 향상할 수 있었다. 실제로 적당한 강도의 신체활동을 주당 최소 150분으로 늘리면 불면증 증세를 줄일 수 있다(Hartescu et al., 2015).

저항 트레이닝 역시 만성 불면증 환자의 수면을 개선하는 것으로 나타났다(D'Aurea et al., 2019). 운동은 또한 더 심각한 수면 장애를 가진 사람들에게 유익한 것으로 알려졌다. **수면무호흡증(sleep apnea)**으로 운동 치료를 받는 환자는 신체활동이 증가할수록 증상이 개선되는 것으로 나타났다(Aiello et al., 2016). 전반적으로 규칙적인 운동과 수면의 질 사이의 관계는 긍정적이다.

우울증과 불안감 감소

세계보건기구(WHO)에 따르면 우울증은 전 세계 약 3억 명의 사람을 괴롭히는 흔한 정신 건강 문제이다(WHO, 2018). 불안감은 우울증과 함께 경험할 수 있지만 그 자체로도 발생할 수 있다. 운동이 우울증과 불안감에 미치는 영향에

자존감 Self-esteem 신체적, 정서적, 사회적으로 자신의 가치를 평가하는 방식

신체 이미지 Body image 자신의 육체적 자아를 보거나 신체를 시각화하는 방식

수면무호흡증 Sleep apnea 수면 중 심한 코골이와 주간기면 등의 수면장애 증상을 나타내며 수면 중 호흡 정지가 빈번하게 발생함

대한 연구는 수십 년 동안 수행되어 왔으며, 의사, 심리학자 및 운동 과학자를 포함한 건강 전문가들 사이에서 계속 관심 분야가 되고 있다.

이 분야에 대한 관심의 대부분은 우울증 치료 옵션인 운동에 집중되고 있다. 연구 주제 중 하나는 우울증을 앓고 있는 사람들이 낮은 수준의 신체활동에 참여하는 경향이 있고, 우울하지 않은 사람들보다 현재의 신체활동 지침을 따를 가능성이 낮다는 것이다(Schuch et al., 2018). 또한 운동이 지리적 영역에 관계없이 모든 연령대에 걸쳐 우울증 발병 예방에 효과적일 수 있음을 보여주고 있다(Schuch et al., 2018).

우울증을 해소할 때 운동의 강도는 중요하다. 한 연구는 적당한 강도의 운동과 높은 강도의 운동 모두 우울증을 감소시킨다는 것을 보여주었지만, 높은 강도의 운동은 스트레스도 증가시켜 중간 강도의 운동이 가장 좋을 수 있음을 시사했다(Paolucci et al., 2018). 어떤 사람들에게는 신체활동에 대한 간단한 접근만으로도 심리적인 개선으로 이어졌다. 예를 들어, 일주일에 세 번 수행된 걷기 프로그램을 모니터링한 결과 이전에 비활동적이었던 과체중 및 비만 그룹에서 불안감이 감소되었다(Vancini et al., 2017). 우울증과 불안은 흔하지만, 사람의 정신 건강과 관련한 문제는 항상 진지하게 받아들여야 한다. 증상을 줄이거나 예방하는 방법으로 운동을 포함하는 것은 긍정적이지만, 치료 계획은 항상 자격을 갖춘 의료 제공자로부터 시작되어야 한다.

중요

운동은 우울증과 불안감을 줄여주는 것으로 알려져 있지만, 피트니스 전문가는 정신 질환을 진단하거나 치료의 한 형태로 고객에게 운동을 처방하려고 해서는 안 된다. 면허가 있는 의료인만이 질병을 진단하고 치료 및 처방할 수 있다. 따라서 정신 질환이 의심되면 고객을 1차 진료 의사에게 의뢰해 추가 진단을 받도록 해야 한다.

요약

심리학은 건강과 삶의 질에서 중요한 역할을 한다. 규칙적인 운동에 참여하기 위해서는 많은 의사 결정의 과정을 거쳐야 한다. 개인적인 동기, 인식된 장애 요인, 사회적 영향 및 사회적 지원을 포함하여 몇 가지 심리적 측면이 있다. 또한 운동 참여로 인한 심리적 이점은 기분 개선, 수면 질 개선, 자존감과 긍정적인 신체 이미지 향상, 우울증 및 불안 증상의 개선 등이 있다. 공인 퍼스널 트레이너는 몇 가지 알려진 심리학 원리를 빌려서 고객이 참여하려는 구체적인 동기를 파악하고, 장애 요인을 극복하기 위한 전략을 수립하며, 사회적 지원 시스템을 파악해 고객에게 도움을 줄 수 있다. 운동을 규칙적인 습관으로 정착시키는 것은 대부분의 사람들에게 어렵지만, 적절한 지도와 지원을 통해 피트니스 전문가는 신체적, 정신적 웰빙을 증진시키는 평생 습관을 정착시키는 데 중요한 역할을 해야 한다.

제3장 리뷰

거의 모든 인구 집단에서 규칙적인 운동이 심리적 이점을 뒷받침한다는 연구 결과가 많이 나오고 있다. 또한, 행동 변화는 다면적인 접근법으로 이끌어야 하며, 이는 새로 운동을 시작하는 사람에 대해 몇 가지 변수를 고려해야 함을 의미한다. 건강과 피트니스에서 심리학의 역할은 사람들의 행동을 변화시키도록 하는 것뿐만 아니라 장기적으로 건강한 생활 습관을 유지하도록 하는 데 더 역점을 두고 있다. 여기에는 사람들이 운동하는 이유와 포기하는 이유를 파악하는 것도 포함된다. 운동 동기는 고객마다 다르기 때문에 운동을 시작할 때 중요한 고려 요소가 된다.

공인 퍼스널 트레이너는 고객이 목표를 설정하고 프로그램을 설정할 때 내외적 동기를 발견하도록 돕는 좋은 위치에 있다. 성공적인 행동 변화의 또 다른 측면은 고객이 겪고 있는 운동 장애 요인을 확인하고 이를 극복하는 방법을 제안해 주는 것이다. 운동에 대한 일반적인 장애 요인은 시간 부족, 비현실적인 결과 및 과정 목표, 사회적 지원 시스템의 부족, 사회적 외모 불안, 운동의 불편함, 또는 운동에 대한 양면적 감정이 포함된다. 장애 요인과 상관없이 고객이 장애 요소를 극복할 수 있도록 돕는 것은 전반적인 성공과 지속적인 운동 습관으로 이어지도록 하는 지름길이다.

운동 행동에 대한 사회적 영향도 고객이 성공적으로 운동에 참여할 수 있도록 하는 데 영향을 미친다. 이러한 사회적 영향에는 가족, 파트너, 친구, 동료 및 의료 전문가가 포함된다. 도구적 지원은 규칙적인 일상에서 운동을 추가하거나 유지하는 데 도움이 될 수 있는 유형의 것들이다. 정서적 지원은 운동 행동을 촉진하는 격려와 긍정적인 강화 등을 말한다. 정보적 지원은 고객이 운동 참여에 대한 적절한 결정을 내리는 데 도움이 되는 정보를 제공하는 것을 말한다. 동반자적 지원은 도움이 필요한 사람과 함께 운동 행동에 참여하는 것이다.

고객을 돕는 것 외에도 피트니스 전문가는 활동적인 라이프스타일을 홍보하는 추가 플랫폼을 제공하는데, 이것들은 신체활동이 심리적 변수에 미치는 중요한 영향 및 이점 등을 홍보한다. 운동은 기분 개선, 수면의 질 향상, 자존감 증가, 신체 이미지 개선, 우울증과 불안 증상의 감소와 관련이 있다. 피트니스 전문가는 독특하고 진보적인 프로그램을 만드는 것을 넘어 훌륭한 고객 서비스를 제공하기 위해 노력해야 한다. 여기에는 관계를 강화하는 개인적인 측면을 포함한다.

제3장 하이라이트

- 심리학은 행동 변화의 중요한 구성 요소이며 규칙적인 운동 습관을 들이는 데 중요한 역할을 한다.
- 심리학자와 정신과 의사는 정신 질환을 가진 사람을 치료하는 훈련을 받고 면허를 갖춘 전문가이다.
- 스포츠 및 운동심리학은 운동의 동기와 장애 요인을 포함하여 사람들이 스포츠와 운동에 참여하는 이유를 이해하는 데 중점을 둔 심리학의 하위 주제이다.
- 외적 동기는 보상이나 인정을 위해 무언가를 할 때 발생한다.
- 내적 동기는 내면에서 하고자 하는 동기를 말하는데, 운동을 장기적으로 유지하는 것과 밀접한 관련이 있다.
- 운동 동기는 개인마다 다르고 시간이 흐르면서 변하기도 하므로 시간의 경과에 따라 재점검해야 한다.
- 운동에 대한 일반적인 장애 요인에는 시간 부족, 비현실적인 목표, 사회적 지원 부족, 사회적 외모 불안, 편의성 부족 및 양면적 감정이 포함되지만, 현실적인 해결책이나 대안을 제공하는 몇 가지 기본 전략으로 모든 장애 요인을 제거하거나 최소화할 수 있다.
- 시간 부족은 시간 관리 개선 및 일상의 우선순위 재검토를 통해 최소화할 수 있다.
- 비현실적인 목표도 장애 요인이 될 수 있다. 따라서 피트니스 전문가는 고객이 적절한 결과와 과정 목표를 설정하도록 도와야 한다.
- 사회적 외모 불안은 자신의 신체에 대해 타인의 시선을 지나치게 의식하는 것으로 운동 참여에 장애가 될 수 있다. 고객의 불안감을 줄이는 활동을 찾아준다면 편안한 운동 환경을 조성하는 데 도움이 될 것이다.
- 운동이 불편하다는 인식의 장벽은 깨끗한 시설에서 우수한 고객 서비스를 제공하고, 피트니스 시설 밖에서 운동할 수 있는 방법을 찾도록 도와줌으로써 운동 경험을 최대한 매력적으로 만들어 극복할 수 있다.
- 운동에 대한 양면적 감정은 타인이 운동에 대해 여러 감정을 가지고 찬반 양론으로 나뉠 때 발생한다.
- 운동에 대한 사회적 영향은 타인, 인터넷 또는 환경으로부터 올 수 있다. 이들은 운동을 하게 하거나 운동에서 멀어지게 할 수 있다.
- 사회적 지원은 출처(누가 또는 무엇을 제공하는지)와 유형(도구적, 정서적, 정보적, 동반자적)으로 구성되며, 고객은 사회적 지원에 대한 다양한 욕구와 기대를 갖는다.
- 도구적 지원에는 피트니스 시설로의 교통편 제공, 육아 돌봄, 체육관 가방 챙기기 등의 것들이 포함된다.
- 정서적 지원은 운동 경험을 배려하고, 공감하며, 걱정해주는 것이다.
- 공감한다는 것은 다른 사람이 어떤 상황을 느끼거나 보는 방식에 관계하는 능력을 말한다.
- 정보적 지원은 고객이 피트니스 전문가를 찾는 주된 이유 중 하나이다. 피트니스와 운동에 대한 최신의 정확한 정보를 제공하는 것이 포함된다.
- 동반자적 지원은 다른 사람과 운동을 함께 하는 것이다.
- 그룹이 운동에 미치는 영향은 운동에 참여한 다른 사람의 영향력을 말하며, 가족, 부모, 운동 지도자, 운동 그룹, 주변 공동체 등의 영향을 받을 수 있다.
- 부모의 영향은 어린이와 청소년에게 중요하며 도구적 지원은 가장 영향력 있는 지원 유형이다.
- 운동 지도자는 수업의 분위기를 조성하고 편안하고 포용적인 운동 환경을 제공할 책임이 있다.

- 운동 그룹이 일단 조직되면 다른 사람들과 구별된다고 느끼며 추가적인 책임감과 격려로 이어질 수 있다.
- 지역 사회는 보도, 녹지, 놀이터, 산책로 등 운동 환경의 안전 수준과 운동 기회의 횟수로 운동에 영향을 미친다.
- 운동은 기분 개선, 수면의 질 향상, 자존감 향상, 신체 이미지 개선, 우울증 및 불안 증상 감소 등 전반적인 삶의 질을 향상시킬 수 있는 여러 심리적 이점을 준다.

참고 문헌

Aaltonen, S., Rottensteiner, M., Kaprio, J., & Kujala, U. M. (2013). Motives for physical activity among active and inactive persons in their mid-30s. *Scandinavian Journal of Medicine & Science in Sports, 24*(4), 727–735. https://doi.org/10.1111/sms.12040

Aiello, K. D., Caughey, W. G., Nelluri, B., Sharma, A., Mookadam, F., & Mookadam, M. (2016). Effect of exercise training on sleep apnea: A systematic review and meta-analysis. *Respiratory Medicine, 116*, 85–92. https://doi.org/10.1016/j.rmed.2016.05.015

American Psychological Association. (2019). Psychology: Science in action. Retrieved from https://www.apa.org/action/science

Ashton, L. M., Hutchesson, M. J., Rollo, M. E., Morgan, P. J., Thompson, D. I., & Collins, C. E. (2015). Young adult males' motivators and perceived barriers towards eating healthily and being active: a qualitative study. *International Journal of Behavioral Nutrition and Physical Activity, 12*, 93–93. https://doi.org/10.1186 /s12966-015-0257-6

Bailey, K. A., Gammage, K. L., & van Ingen, C. (2017). How do you define body image? Exploring conceptual gaps in understandings of body image at an exercise facility. *Body Image, 23*, 69–79. https://doi.org/10.1016/j.bodyim.2017.08.003

Belanger, N. M. S., & Patrick, J. H. (2018). The influence of source and type of support on college students' physical activity behavior. *Journal of Physical Activity & Health, 15*(3), 183–190. https:// doi.org/10.1123/jpah.2017-0069

Böhm, A. W., Mielke, G. I., da Cruz, M. F., Ramires, V. V., & Wehrmeister, F. C. (2016). Social support and leisure-time physical activity among the elderly: A population-based study. *Journal of Physical Activity & Health, 13*(6), 599–605.

Brehm, B. J. (2014). Understanding exercise and its psychophysiological effects. In *Psychology of health and fitness* (pp. 73–115). Philadelphia, PA: F. A. Davis Company.

Brown, T. C., Miller, B. M., & Adams, B. M. (2017). What's in a name? Group fitness class names and women's reasons for exercising. *Health Marketing Quarterly, 34*(2), 142–155. https://doi.org /10.1080/07359683.2017.1309212

Caldwell Hooper, A. E., Bryan, A. D., & Hagger, M. S. (2014). What keeps a body moving? The brain-derived neurotrophic factor val66met polymorphism and intrinsic motivation to exercise in humans. *Journal of Behavioral Medicine, 37*(6), 1180–1192. https:// doi.org/10.1007/s10865-014-9567-4

Chu, H.-W., Bushman, B. A., & Woodard, R. J. (2008). Social physique anxiety, obligation to exercise, and exercise choices among college students. *Journal of American College Health, 57*(1), 7–14.

Ciccolo, J. T., SantaBarbara, N. J., Dunsiger, S. I., Busch, A. M., & Bartholomew, J. B. (2016). Muscular strength is associated with self-esteem in college men but not women. *Journal of Health Psychology, 21*(12), 3072–3078.

Crush, E. A., Frith, E., & Loprinzi, P. D. (2018). Experimental effects of acute exercise duration and exercise recovery on mood state. *Journal of Affective Disorders, 229*, 282–287. https://doi.org/10.1016/j .jad.2017.12.092

D'Aurea, C. V. R., Poyares, D., Passos, G. S., Santana, M. G., Youngstedt, S. D., Souza, A. A., . . . de Mello, M. T. (2019). Effects of resistance exercise training and stretching on chronic insomnia. *Revista Brasileira De Psiquiatria, 41*(1), 51–57. https:// doi.org/10.1590/1516-4446-2018-0030

Delextrat, A. A., Warner, S., Graham, S., & Neupert, E. (2016). An 8-week exercise intervention based on Zumba improves aerobic fitness and psychological well-being in healthy women. *Journal of Physical Activity & Health, 13*(2), 131–139.

El Ansari, W., & Lovell, G. (2009). Barriers to exercise in younger and older non-exercising adult women: A cross sectional study in London, United Kingdom. *International Journal of Environmental Research and Public Health, 6*(4), 1443–1455.

Ersöz, G., Altiparmak, E., & Aşçı, F. H. (2016). Does body mass index influence behavioral regulations, dispositional flow and social physique anxiety in exercise setting? *Journal of Sports Science & Medicine, 15*(2), 295–300.

Evans, M. B., Graupensperger, S., Benson, A. J., Eys, M., Hastings, B., & Gottschall, J. S. (2019a). Group structure and entitativity in group fitness: Considering groupness at within- and between-group levels. *Psychology & Health, 34*(6), 715–732.

Evans, M. B., Graupensperger, S., Benson, A. J., Eys, M., Hastings, B., & Gottschall, J. S. (2019b). Groupness perceptions and basic need satisfaction: Perceptions of fitness groups and experiences within club environments. *Group Dynamics: Theory, Research, and Practice, 23*(3–4), 107–184. https://doi.org/10.1037/gdn0000103

Friederichs, S. A. H., Oenema, A., Bolman, C., & Lechner, L. (2015). Long term effects of self-determination theory and motivational interviewing in a web-based physical activity intervention: Randomized controlled trial. *International Journal of Behavioral Nutrition and Physical Activity, 12*, 101–101. https://doi.org /10.1186/s12966-015-0262-9

Fritz, K. M., & O'Connor, P. J. (2016). Acute exercise improves mood and motivation in young men with ADHD symptoms. *Medicine and Science in Sports and Exercise, 48*(6), 1153–1160. https:// doi.org/10.1249/MSS.0000000000000864

Gill, M., Chan-Golston, A. M., Rice, L. N., Roth, S. E., Crespi, C. M., Cole, B. L., . . . Prelip, M. L. (2018). Correlates of social support and its association with physical activity among young adolescents. *Health Education & Behavior, 45*(2), 207–216.

Gray, P. M., Murphy, M. H., Gallagher, A. M., & Simpson, E. E. (2016). Motives and barriers to physical activity among older adults of different socioeconomic status. *Journal of Aging and Physical Activity, 24*(3), 419–429. https://doi.org/10.1123/japa.2015-0045

Hagger, M. S., & Stevenson, A. (2010). Social physique anxiety and physical self-esteem: Gender and age effects. *Psychology & Health, 25*(1), 89–110. https://doi.org/10.1080/08870440903160990

Hart, E. A., Leary, M. R., & Rejeski, W. J. (1989). The measurement of social physique anxiety. *Journal of Sport & Exercise Psychology, 11*(1), 94–104.

Hartescu, I., Morgan, K., & Stevinson, C. D. (2015). Increased physical activity improves sleep and mood outcomes in inactive people with insomnia: A randomized controlled trial. *Journal of Sleep Research, 24*(5), 526–534. https://doi.org/10.1111/jsr.12297

Hausenblas, H., & Rhodes, R. (2017). Social environment. In *Exercise psychology: Physical activity and sedentary behavior* (pp. 373–380). Burlington, MA: Jones & Bartlett Learning.

Hesketh, K. R., Goodfellow, L., Ekelund, U., McMinn, A. M., Godfrey, K. M., Inskip, H. M., . . . van Sluijs, E. M. F. (2014). Activity levels in mothers and their preschool children. *Pediatrics, 133*(4), e973–e980. https://doi.org/10.1542/peds.2013-3153

Kulavic, K., Hultquist, C., & McLester, J. (2013). A comparison of motivational factors and barriers to physical activity among traditional versus nontraditional college students. *Journal of American College Health, 61*(2), 60–66.

Li, K., Liu, D., Haynie, D., Gee, B., Chaurasia, A., Seo, D.-C., . . . Simons-Morton, B. G. (2016). Individual, social, and environmental influences on the transitions in physical activity among emerging adults. *BMC Public Health, 16*, 682. https:// doi.org/10.1186/s12889-016-3368-3

Lindsay Smith, G., Banting, L., Eime, R., O'Sullivan, G., & van Uffelen, J. G. Z. (2017). The association between social support and physical activity in older adults: A systematic review. *International Journal of Behavioral Nutrition and Physical Activity, 14*(1), 56–56. https://doi.org/10.1186/s12966-017-0509-8

Litleskare, S., Vaktskjold, A., & Barene, S. (2018). A cross-sectional study to examine the association between self-reported sleep and the frequency, duration and intensity of exercise. *Journal of Sports Medicine and Physical Fitness, 58*(11), 1635–1641. https:// doi.org/10.23736/S0022-4707.17.07878-1

Markland, D., & Ingledew, D. (1997). The measurement of exercise motives: Factorial validity and invariance across gender of a revised exercise motivations inventory. *British Journal of Health Psychology, 2*(4), 361–376.

Martin Ginis, K. A., Strong, H. A., Arent, S. M., Bray, S. R., & Bassett-Gunter, R. L. (2014). The effects of aerobic- versus strength-training on body image among young women with pre-existing body image concerns. *Body Image, 11*(3), 219–227. https://doi.org/10.1016/j.bodyim.2014.02.004

McLester, C. N., Hicks, C. S., Miller, L., & McLester, J. R. (2018). An investigation of the differences between perceived vs. measured body composition, social physique anxiety, and overall appearance satisfaction among college students. *International Journal of Exercise Science, 11*(5), 957–967.

Morton, L. C., Layton, R. L., & Muraven, M. (2019). Social modeling of exercise inventory: A measure of exercise-specific social influence. *Journal of Applied Social Psychology, 49*(3), 178–191. https:// doi.org/10.1111/jasp.12575

Mutz, M., & Albrecht, P. (2017). Parents' social status and children's daily physical activity: The role of familial socialization and support. *Journal of Child & Family Studies, 26*(11), 3026–3035. https://doi.org/10.1007/s10826-017-0808-3

National Heart, Lung, and Blood Institute. (2019). Sleep deprivation and deficiency. Retrieved from https://www.nhlbi.nih.gov /health-topics/sleep-deprivation-and-deficiency

Ntoumanis, N., Stenling, A., Thøgersen-Ntoumani, C., Vlachopoulos, S., Lindwall, M., Gucciardi, D. F., & Tsakonitis, C. (2018). Longitudinal associations between exercise identity and exercise motivation: A multilevel growth curve model approach. *Scandinavian Journal of Medicine & Science in Sports, 28*(2), 746–753. https://doi.org/10.1111/sms.12951

Paolucci, E. M., Loukov, D., Bowdish, D. M. E., & Heisz, J. J. (2018). Exercise reduces depression and inflammation but intensity matters. *Biological Psychology, 133*, 79–84. https://doi.org/10.1016 /j.biopsycho.2018.01.015

Pelletier, L., Shanmugasegaram, S., Patten, S. B., & Demers, A. (2017). Self-management of mood and/or anxiety disorders through physical activity/exercise. *Health Promotion and Chronic Disease Prevention in Canada: Research, Policy and Practice, 37*(5), 149–159. https://doi.org/10.24095/hpcdp.37.5.03

Portman, R. M., Bradbury, J., & Lewis, K. (2018). Social physique anxiety and physical activity behaviour of male and female exercisers. *European Journal of Sport Science, 18*(2), 257–265. https://doi.org/10.1080/17461391.2017.1417485

Ryan, R. M., & Deci, E. L. (2000). Self-determination theory and the facilitation of intrinsic motivation, social development, and well-being. *American Psychologist, 55*(1), 68–78.

Scarapicchia, T. M. F., Amireault, S., Faulkner, G., & Sabiston, C. M. (2017). Social support and physical activity participation among healthy adults: A systematic review of prospective studies. *International Review of Sport and Exercise Psychology, 10*(1), 50–83. https://doi.org/10.1080/1750984X .2016.1183222

Schuch, F. B., Vancampfort, D., Firth, J., Rosenbaum, S., Ward, P. B., Silva, E. S., . . . Stubbs, B. (2018). Physical activity and incident depression: A meta-analysis of prospective cohort studies. *American Journal of Psychiatry, 175*(7), 631–648. https:// doi.org/10.1176/appi.ajp.2018.17111194

Siceloff, E. R., Wilson, D. K., & Van Horn, L. (2014). A longitudinal study of the effects of instrumental and emotional social support on physical activity in underserved adolescents in the ACT trial. *Annals of Behavioral Medicine, 48*(1), 71–79. https:// doi.org/10.1007/s12160-013-9571-x

Silva, M. N., Vieira, P. N., Coutinho, S. R., Minderico, C. S., Matos, M. G., Sardinha, L. B., & Teixeira, P. J. (2010). Using self-determination theory to promote physical activity and weight control: A randomized controlled trial in women. *Journal of Behavioral Medicine, 33*(2), 110–122. https://doi.org/10.1007 /s10865-009-9239-y

Stubbs, B., Vancampfort, D., Firth, J., Schuch, F. B., Hallgren, M., Smith, L., . . . Koyanagi, A. (2018). Relationship between sedentary behavior and depression: A mediation analysis of influential factors across the lifespan among 42,469 people in low- and middle-income countries. *Journal of Affective Disorders, 229*, 231–238. https://doi.org/10.1016/j.jad.2017.12.104

Vancini, R. L., Rayes, A. B. R., de Lira, C. A. B., Sarro, K. J., & Andrade, M. S. (2017). Pilates and aerobic training improve levels of depression, anxiety and quality of life in overweight and obese individuals. *Arquivos De Neuro-Psiquiatria, 75*(12), 850–857. https://doi.org/10.1590/0004-282X20170149

Watts, A. W., Loth, K. A., Peterson, C., Boutelle, K. N., & Neumark-Sztainer, D. (2016). Characteristics of a favorable weight status change from adolescence to young adulthood. *Journal of Adolescent Health, 58*(4), 403–409. https://doi.org/10.1016/j .jadohealth.2015.09.009

Weinberg, R., & Gould, D. (2019a). Goal setting. In *Foundations of sport and exercise psychology* (7th ed., pp. 361–380). Champaign, IL: Human Kinetics.

Weinberg, R., & Gould, D. (2019b). Leadership. In *Foundations of sport and exercise psychology* (7th ed., pp. 211–232). Champaign, IL: Human Kinetics.

Weinberg, R., & Gould, D. (2019c). Motivation. In *Foundations of sport and exercise psychology* (7th ed., pp. 53–76). Champaign, IL: Human Kinetics.

World Health Organization. (2018). Depression. Retrieved from https://www.who.int/news-room/fact-sheets/detail/depression

CHAPTER 4

행동 코칭

학습 목표

- 공인 퍼스널 트레이너에 대한 고객의 기대와 피트니스 환경에 대한 고객의 기대치를 요약할 수 있다.
- 고객의 원치 않는 행동을 변화시키는 변화 단계를 평가할 수 있다.
- 최적의 효과를 내는 초기 수업을 구성할 수 있다.
- 효과적으로 의사소통하여 고객과의 관계를 구축할 수 있다.
- 운동의 지속성을 높이기 위해 행동 변화 기술을 구현할 수 있다.

행동 코칭의 개요

적절한 신체활동에 참여하고 지속적으로 유지해 목표를 달성하는 것은 어려운 일이다. 그렇기 때문에 신체활동(physical activity)과 구조화된 운동을 촉진하기 위해서는 효과적인 코칭 기술이 필요하다. 공인 퍼스널 트레이너는 운동 행동과 운동을 장기간 지속(adherence)하는 것이 이롭다는 것을 어떻게 교육할 수 있을까? 고객을 성공적으로 돕기 위한 몇 가지 필수적인 요소는 운동 행동에 대한 결정적 요소 확인하기, 행동 변화를 주도하는 이론과 기술 이해하기, 초기 수업에서 고객의 요구 사항 확인하기, 가장 효율적인 전달 방식 사용하기가 있다(효과적인 의사소통 기술 포함). 이 장에서는 고객의 요구를 파악하고 동기를 부여하며, 운동을 시작해 지속하기 위한 필수적인 몇 가지 요소들을 탐구한다.

공인 퍼스널 트레이너에 대한 고객의 기대

공인 퍼스널 트레이너는 고객의 건강에 중요한 영향력을 미친다. 그러므로 퍼스널 트레이너는 프로그램을 만들고, 효과적인 조언을 하고, 고객이 피트니스 루틴을 지속하도록 돕는 환경을 만들어야 할 책임이 있다.

고객에게 좋은 첫인상을 남기는 것은 중요하다. 좋은 첫인상이란 트레이너가 고객의 협력자이자 체육관의 리더로 보이는 것이다. 공인 퍼스널 트레이너는 반드시 긍정적인 태도와 강한 의사소통 능력, 듣기 기술을 갖추어야 한다. 그들은 고객이 좋아하는 운동을 하고, 싫어하는 운동은 하지 않는 자율성(autonomy)을 유지하면서 고객에게 자신감과 유능감을 느끼도록 해야 한다.

좋은 첫인상을 남기기 위해서는 다음과 같이 한다.

- 눈맞춤하기(문화적으로 받아들여진다면)
- 자신을 소개하고 고객의 이름 묻기
- 미소 짓기
- 고객과 악수하기(문화적으로 받아들여진다면)
- 고객 이름을 기억하고 사용하기
- 긍정적인 몸짓(body language) 사용하기

신체활동 Physical activity 여러 강도와 방법으로 에너지를 소비하는 신체 움직임. 여가 활동과 같이 구조화되지 않은 운동(예: 골프, 애견과의 산책 등)
지속성 Adherence 주어진 행동이나 행동 계획에 지속해서 따르는 정도
자율성 Autonomy 어떻게 행동하고 싶은가에 맞춰서 행동하는 것

만약 고객이 과거 병력 또는 취미 같은 그들의 개인적 관심사를 온라인으로 제공했다면 퍼스널 트레이너는 반드시 그것들에 대해 질문해 보아야 한다. 고객들은 트레이너가 자신을 알기 위해 수업 전에 시간을 투자했을 때 감사하게 생각한다. 긍정적인 태도와 효과적인 의사소통 기술을 갖는 것 외에도 트레이너는 다음과 같은 자질을 보여주어 고객이 계속 방문하도록 포괄적인 환경을 조성해야 한다.

- 전문가다운 모습을 보인다(단정, 깨끗, 적절한 복장).
- 새로운 고객과 신뢰 관계를 쌓기 위해 시간을 할애한다.
- 고객들의 의견을 듣고 이해하고 있다는 확신이 들게 한다.
- 운동 시 고객의 안전을 보장한다.
- 고객의 운동 루틴을 협력적인 노력으로 만들어 공동체를 구축한다.

환경에 대한 고객의 기대

트레이닝 환경에는 실제 시설과 시설 내부 사람들이 있다. 트레이닝 환경은 내적 동기(intrinsic motivation)를 방해하거나 촉진할 수 있다. 친절하게 배려하고 고객의 목표를 지원해주는 트레이너는 고객이 계속 재방문하는 데 긍정적인 영향을 미친다. 그러므로 공인 트레이너가 일하는 환경은 그들이 누구인지를 반영하고, 궁극적으로 그들이 유치하는 고객의 유형을 결정한다. 이러한 이유로 가장 성공한 헬스클럽은 회원들을 위한 제3의 공간을 만들어 주기 위해 열심히 노력한다.

제3의 공간(third space)은 집 또는 직장과 분리되는 특별한 공동 공간을 말한다. 이 장소는 개인이 자신의 정체성을 표현하면서 타인과의 관계를 형성하는 공간이다. 제3의 공간은 고객들이 집에 있는 것처럼 느낄 수 있도록 즐거운 분위기로 만들어야 한다. 공인 퍼스널 트레이너는 고객이 체육관 또는 피트니스 스튜디오를 제3의 공간처럼 느낄 수 있도록 노력해야 한다. 고객은 체육관에 가입하기 전에 다음을 고려한다.

- 다양한 트레이닝 선택 사항이 있는가?
- 트레이닝 환경이 협력적인가?
- 그들이 클럽 문화에 어울리는가?
- 멤버십과 퍼스널 트레이닝의 비용은 얼마인가?
- 위치는 가까운가?
- 시설은 깨끗한가?

행동 변화 기술 개요

행동을 변화시키는 코칭 기술을 향상시키기 위해 공인 퍼스널 트레이너는 적절한 행동 변화 기술(behavior change technique, BCT)을 사용한다. BCT는 행동 결정 요소에 영향을 미치는 개입 전략의 활성 요소이다(Kok et al., 2014, 2016). 예를 들어, 자기 효능감(self-efficacy)은 운동 행동을 결정하는 요소이다. 그러므로 운동의 지속성을 높이기 위해서는 자기 효능감에 영향을 미치는 행동 변화 기술을 사용해야 한다. [표 4-1]은 피트니스 전문가가 고객과 함께 일반적으로 사용하는 가장 효과적인 행동 변화 기술의 일부를 요약한 것이다.

유용한 힌트

행동 변화 기술은 본질적으로 포괄적이다. 예를 들어 자기 효능감은 여러 다른 채널을 통해서도 향상될 수 있다. 피트니스 전문가가 항상 행동 변화 기술을 직접 전달할 수는 없다. 문자 메시지 알림, 이메일 목록 및 소셜 미디어 상호 작용과 같은 것들은 고객이 체육관 밖에 있는 동안 루틴을 준수하도록 하는 데 상당한 도움이 된다.

운동 참여의 결정 요인

피트니스로 고객을 성공적으로 변화시키려면 참여에 영향을 미치는 요인을 명확하게 이해하는 것부터 시작해야 한다. 코칭은 행동 결정 요인(determinants of behavior) 중 하나 이상을 변화시킬 때 작동한다. 기본적으로 행동 결정 요인은 행동을 유발하는 일반적이면서 수정 가능한 변수를 나타낸다(Kok et al., 2016). 운동에 참여하는 것은 동기, 자기 효능감, 자기 통제, 운동 이력, 몸무게, 스트레스, 사회적 지지, 접근성, 시간 제약, 운동 행동의 특징을 포함하는 몇몇 결정 요인에 의해 좌우된다(Sherwood & Jeffery, 2000). 피트니스 전문가는 무엇이 운동 참여에 기여하는 요소인지 이해하고 나면, 그다음은 행동 변화 기술을 고객의 요구에 맞추기 위한 기본 이론을 이해해야 한다.

신체활동과 운동 참여의 결정 요인

자기 효능감(즉 자신감)은 성인의 신체활동을 결정하는 가장 강력한 요소이다(Choi et al., 2017). 개인의 변화 단계와

표 4-1 행동 변화 기술

기대하는 결과	행동 변화 기술	내용
자기 효능감 향상	구체적인 과제 설정	운동 또는 목표를 성취하기 쉬운 과제로 나누고, 점점 더 도전적인 운동이나 행동을 위한 단계로 진행한다.
	지침 제공	행동 수행 방법에 대한 지침을 제공한다. 직접 또는 서면, 영상으로 할 수 있다.
	숙달을 위한 연습	숙달을 위해 적절한 피드백과 함께 도전적인 과제를 자주 연습하도록 권장한다.
	긍정적인 소통	더 나은 방향으로 변화할 수 있다는 믿음을 갖도록 긍정적으로 격려한다.
긍정적인 결과 기대와 태도	정보 제공	운동의 건강적 이익과 운동 부족의 부정적 결과에 대한 기초 과학을 제시한다.
	즉각적으로 예상된 후회	행동을 변화시켰을 때와 변화시키지 않았을 때의 삶이 어떻게 달라지는지를 상상해보도록 한다.
	동기 부여 인터뷰 제공	변화에 대한 **양면적 감정(양면 가치, ambivalence)**을 해결하고, 비판적 사고를 할 수 있는 질문을 한다.
사회적 영향력 관리	사회적 지지 독려	친구나 가족들로부터 사회적 지지를 확보할 계획에 대해 질문한다.
	훈련 촉진	고객이 사회적 압력에 저항하는 기술을 갖추도록 돕는다.
자기 통제 촉진	계획 세우기	고객이 언제 어디서 운동할 것인지에 대한 자세한 계획을 제공한다.
	대처 능력 기르기	잠재적인 장애 요소를 나열하고 극복하기 위한 계획을 세운다.
	SMART 목표 설정	구체적이고, 측정 가능하고, 달성 가능하고, 현실적이고, 시기적절한 장단기 목표를 수립한다.
	셀프 모니터링(self-monitoring) 촉진	고객의 프로그램 지속도를 높이기 위해 되도록 변경하려는 특정 행동을 기록하도록 한다.

의도(intention)도 또한 행동 결정 요인으로 확인되었다(Sherwood & Jeffery, 2000). 업무 스트레스와 근로 시간은 여가 시간의 신체활동과 반비례하는 것으로 나타났다(Sherwood & Jeffery, 2000). 또한 가정과 직장 환경에서 사람들의 지원을 받을 때 규칙적인 운동에 참여할 가능성이 높았다(Sherwood & Jeffery, 2000). **자율적 동기(autonomous motivation)** 및 지각된 능력과 같은 **자기 결정 이론(self-determination theory)** 변수도 운동 행동과 관련이 있는 것으로 밝혀졌다(Teixeira et al., 2012).

여기에 더해, 자기 조절을 가능하게 하는 **계획(planning)**은 신체활동에 긍정적인 영향을 미친다(Belanger-Gravel et al., 2013; Karoly et al., 2005; Rovniak et al., 2002). 규칙적으로 운동하는 사람들은 더 높은 수준으로 자신을 모니터링한다고 한다(Karoly et al., 2005; Rovniak et al., 2002). 가장 최근 리뷰 중 하나는 신체활동과 관련한 40개의 심리적 요인과 13개의 사회적 요인에 관한 것이었다(Choi et al., 2017). 인지 및 정서적 요인, **태도(attitudes)**, 의도, **기대치(outcome expectations)**, **스트레스(stress)**, **인지된 행동 통제(perceived behavioral control)**, 자기 효능감 모두 신체활동과 관련 있는 것으로 확인되었다(Choi et al., 2017).

내적 동기 Intrinsic motivation 만족감을 느껴 활동이나 행동에 참여하게 되는 계기

제3의 공간 Third space 자신의 정체성과 다른 사람들과의 관계를 경험하는 곳으로, 집이나 직장과 분리된 공동 공간

행동 변화 기술 Behavior change techniques (BCT) 행동의 몇 가지 결정 요소를 바꾸는 데 사용되는 고객에 대한 개입

자기 효능감 Self-efficacy 과업, 목표를 달성하거나 성과를 완수할 수 있다는 믿음. 자신감이라고도 한다.

양면적 감정(양면 가치) Ambivalence 상황에 따라 복합적으로 나타나는 감정의 상태

셀프 모니터링(자기관찰) Self-monitoring 주로 일기나 일지의 형태로 자기 행동을 관찰, 측정, 평가한다.

행동 결정 요인 Determinants of behavior 행동에 영향을 미치는 심리적, 사회적 또는 환경적 요소를 말한다.

의도 Intention 행동에 영향을 미치는 동기 요인을 포착하는 생각

자율적 동기 Autonomous motivation 운동의 동기가 결과와 관련이 있을 때, 운동이 고객의 정체성과 일치할 때, 고객이 운동을 즐길 때 나타남

자기 결정 이론 Self-determination theory 인간 동기 연구를 위한 광범위한 이론적 틀

계획 Planning 운동이 언제 어디서 일어날 것인지에 대한 구체적인 표현

태도 Attitudes 관심 있는 행동에 대해 호의적이거나 호의적이지 않은 평가를 받는 정도

기대치 Outcome expectations 행동에서 예상되는 긍정적이고 부정적인 결과

스트레스 Stress 까다로운 상황으로 인한 신체적 또는 정서적 긴장 상태

인지된 행동 통제 Perceived behavioral control 행동을 수행할 수 있는 수단, 자원 및 기회가 있는지에 대한 평가

저항 트레이닝 참여의 결정 요인

저항 트레이닝은 유산소 운동이나 레크리에이션 신체활동보다 시작하기가 더 어려운 독특한 형태의 운동이다. 프로그램 디자인 방법에 대한 지식과 복잡한 동작을 실행하는 기술을 포함해 수많은 참여 자원이 필요하다. 그러므로 많은 결정 요소들이 운동과 신체활동과 공유되지만, 저항 트레이닝은 개별적으로 다루는 것이 좋다.

저항 트레이닝 참여와 정서적 판단(affective judgment), 자기 효능감과 인지된 행동 통제, 자기 규제 행동 및 의도 사이의 관계를 뒷받침하는 근거가 있다(Bryan & Rocheleau, 2002; Gao & Kosma, 2008). 다시 말해서, 사람들은 기분이 좋을 때 저항 트레이닝을 하는 경향이 있고, 운동을 올바르게 할 수 있고, 장애 요인을 극복할 수 있고, 스스로 모니터링하고 계획을 세울 수 있고, 높은 수준의 동기를 가진다. 의도는 행동의 직접적인 예측 변수이며 계획은 의도와 자기 효능감을 행동으로 바꾸는 데 도움이 되는 것으로 나타났다(Lubans et al., 2012; Paech & Lippke, 2017). 주관적인 규범(subjective norms)은 저항 트레이닝과 작지만 긍정적인 관계가 있다(Rhodes et al., 2017).

변화 단계 모델

변화 단계 모델(또한 행동 변화의 범이론적인 방식으로 알려진)은 변화를 일련의 단계를 거쳐 진행하는 프로세스로 본다(Prochaska & Velicer, 1997). 이러한 단계들에는 고려 전(precontemplation), 고려(contemplation), 준비(preparation), 행동(action) 및 유지(maintenance)가 있다(그림 4-1). 이 모델은 원래 금연을 돕기 위한 방법으로 고안되었지만, 나쁜 습관을 고치고, 긍정적인 습관을 형성하려고 하는 거의 모든 상황에도 적용하게 되었다. 개인 건강과 관련한 변화의 단계는 운동 프로그램을 시작하고 지속할 준비가 되어 있는지를 나타낸다.

- 고려 전 단계: 운동하지 않으며, 향후 6개월 이내에 운동을 시작할 계획이 없다.
- 고려 단계: 현재 운동하고 있지 않으나 6개월 이내에 시작할 생각이다.

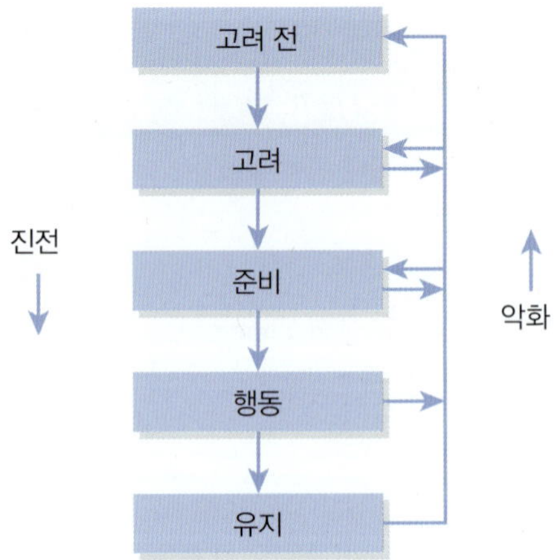

그림 4-1 변화 단계 모델

전문적으로 알아보기

원래의 변화 단계 모델에는 여섯 번째 단계인 '종료(termination)' 단계가 있지만, 운동에서는 적용되지 않는다(Prochaska & Velicer, 1997). 금연의 경우 종료 단계는 더 이상 재발의 위험 없이 흡연 욕구가 사라지는 시점을 나타낸다. 운동과 관련해 생각해 보면, 바쁜 생활 방식으로 운동 계획을 영원히 고수하는 것은 사실상 불가능하다. 그렇기 때문에 운동을 열심히 하는 운동선수라도 준비, 행동, 유지 단계 사이를 왔다 갔다 한다.

- 준비 단계: 곧 운동을 시작할 계획이며, 다음 단계로 나아갈 준비를 하고 있고 간헐적으로 운동하고 있다.
- 행동 단계: 운동한 지 6개월 미만이다.
- 유지 단계: 6개월 이상 지속적으로 운동하고 있다(Glanz et al., 2008; Spencer et al., 2006).

변화 단계 모델에는 변화의 과정, 자기 효능감, 의사결정 균형(decisional balance)도 포함된다. 사람들은 변화 전략의 행동 및 인지 과정을 사용해 변화의 단계를 진행한다. 예를 들어, 체력 증진 행동은 저항 트레이닝으로 향상된 자신감 및 인지된 이점과 함께 자가 모니터링 전략의 영향을 받는다(Cardinal & Kosma, 2004; Harada et al., 2008). 의사결정 균형은 운동 행동에 참여하거나 운동 행동을 증가시키는 긍정적인 결과와 부정적인 결과를 저울질하는 과정을 말한다. 긍정적인 이점이 증가하고 부정적인 면이 감소하면서 사람들은 변화 단계의 끝인 유지 단계로 나아가게 된다(Spencer et al, 2006).

변화의 과정을 알면 BCT(행동 변화 기술)를 적용하는 전략을 세울 수 있다. 초기 단계에서 고객들은 인지 과정을 적용하여 단계를 진행한다. 이후 단계에서는 유지 관리를 위해 행동 프로세스에 더 많이 의존하게 된다. 예를 들어, 고려 단계에 있는 사람은 운동(행동 과정)에 참여하라는 신호나 운동을 자극하는 말보다는 건강상 이점에 대한 정보(인지 과정)로부터 더 많은 이점을 취한다. 공인 퍼스널 트레이너는 다양한 변화의 단계에 있는 고객을 각각 다르게 지도해야 한다. 그들은 고객의 삶에 긍정적인 변화를 만들기 위해 고객의 준비도에 따라 BCT 및 권장 사항을 맞춰야 한다.

고려 전 단계

사람들은 운동 부족의 결과에 대해 알지 못하거나 운동의 건강적 이점에 대해 인지하지 못하기 때문에 고려 전 단계에 있을 수 있다. 또한 이전에 시도했다가 자신감을 얻지 못했거나 일관성을 유지하지 못했고, 규칙적으로 운동할 수 없어 의기소침해 있을 수 있다. 이러한 사람들은 운동에 대해 양면적 생각을 가지고 있다.

인지적 전략은 고려 전 단계에 있는 사람들을 위한 최고의 선택이다. 또한 교육을 통해 지식을 전달하는 일은 운동의 가치를 높이는 데 필요하다. 공인 퍼스널 트레이너는 운동을 둘러싼 부정적 인식을 이해하고 고객의 잘못된 믿음을 없애도록 해야 한다.

예를 들어, 일부 고객은 저항 트레이닝이 매일 체육관에서 몇 시간을 보내야 하는 운동이라고 생각할 수 있다. 그럴 때 피트니스 전문가는 건강상의 큰 이점을 얻기 위해서는 일주일에 2~4일, 30~60분의 집중적인 저항 트레이닝 프로그램이 필요하다고 가르쳐줄 수 있다.

즉, 공인 퍼스널 트레이너는 일반적으로 고려 전 단계에 있는 사람을 트레이닝하지 않는다. 그것은 앉아 있는 상태에서 운동을 시작하는 것과 같기 때문이다. 체육관에 들어가는 단순한 행위는 적어도 건강한 삶으로 변화하겠다는 생각을 갖고 있음을 의미한다. 하지만, 고객들은 여전히 프로그램 진행과 관련해 고려 전 단계에 있을 수 있다.

예를 들면, 주 2회 운동을 목표로 유지 관리 단계에 있는 잠재 고객이, 목표를 더 잘 달성하기 위해 주 3회 운동으로 진행하기 위해서는 고려 전 단계에 있을 수 있다는 것이다. 비슷하게, 고객이 저항 트레이닝을 시작하기 위해 고려 전 단계일 수 있지만, 이미 유산소 운동 및 레크리에이션 신체 활동을 위한 행동 단계에 있을 수 있다.

고려 단계

© WAYHOME studio/Shutterstock.

고려 단계의 사람은 더 활동적으로 변화되는 것을 생각하고 있기 때문에 피트니스 전문가가 상당한 영향력을 행사할 수 있다. 공인 퍼스널 트레이너들은 고려 단계에 있는 사람들의 필요와 욕구를 경청하고, 운동 기반 솔루션으로 목표와 연결할 수 있도록 도와야 한다. 고려 단계에 있는 사람들은 운동 참여에 더 많은 가치를 부여하기 시작하지만, 여전히 오해가 있을 수 있다. 사실, 장점과 단점이 팽팽할 때(예: 어떤 것에 대해 이중적인 마음 상태) 양면적 감정을 가질 수 있다. 이러한 사람은 즉각적으로 움직일 준비가 되어 있지 않아서 트레이너는 가능한 한 모든 방법을 동원해 그들을 지원해야 한다.

고려 전 단계와 유사하게, 교육은 고려 단계에 있는 사람들에게 사용하기 좋은 전략이다. 왜냐하면 때때로 알고 있는 운동 프로그램의 가치를 더 높이기 위해서는 더 많은 정보가 필요하기 때문이다.

정서적 판단 Affective judgment 기대되는 기쁨이나 즐거움을 나타낸다.

주관적 규범 Subjective norms 중요한 사람이나 집단이 어떤 행동을 승인하고 지지할 것이라는 믿음

고려 전 Precontemplation 고객은 운동을 하지 않으며 6개월 이내에 운동을 시작할 계획도 없다.

고려 Contemplation 개인이 변화하기 위해 생각은 하고 있지만, 아직 시작하기 위한 조치를 취하지 않은 경우. 향후 6개월 이내에 조치를 취할 수 있다.

준비 Preparation 고객은 가까운 장래에, 일반적으로 다음 달 안에 행동을 취하려고 한다.

행동 Action 고객은 지난 6개월 이내에 운동 루틴을 구체적으로 수정했다.

유지 Maintenance 고객은 6개월 이상 운동했으며 지속하기 위해 노력하고 있다.

의사결정 균형 Decisional balance 변화의 장단점에 대해 비교하는 단계

이러한 사람들에게는 운동을 둘러싼 부정적 인식을 처리하는 방법을 논의하는 것이 중요하다. 이 단계에 있는 사람들 역시 자기 효능감이 낮다. 그들은 하고 싶지만, 할 수 있을지 확신하지 못해 망설인다. 달성 가능한 작은 목표는 고려 단계에 있는 사람들이 자기 효능감과 추진력을 얻는 데 도움이 된다.

준비 단계

준비 단계에 있는 사람은 변화를 위한 계획을 진행 중이다. 그들은 아마 벌써 체육관에 가입했거나 산발적으로 운동은 하고 있다. 다음 달 안에 공식적인 주간 운동 계획을 시작할 예정이다. 이 단계에 있는 사람은 피트니스 전문가가 만날 가능성이 가장 높은 사람이다. 그들은 운동을 시작하고 싶어 하며, 클럽에 가입하고, 개인 트레이닝 상담에 참석하기 위해 움직인다. 이 단계의 사람들은 구조나 지속성 없이 이미 다양한 형태의 신체활동에 참여하고 있다.

피트니스 전문가는 고객이 언제, 어디서, 어떻게 운동할 것인지를 계획하는 데 도움을 줄 수 있다. 준비 단계에서는 고객이 자신 있게 따를 수 있다고 느끼는 계획을 수립하는 것이 필요하다. 또한 운동에 대한 내적 동기를 만드는 것은 이 그룹의 지속성을 위해 중요하다. 그러한 이유로 이 장의 후반부에서 설명하는 동기 부여 상담은 모든 새로운 잠재 고객에게 매우 유익한 행동 변화 기술이 될 수 있으며, 그들의 근본적인 욕구를 밝혀내고 계획을 행동으로 바꾸는 데 도움을 줄 것이다.

행동 단계

행동 단계는 고객이 6개월까지 지속적으로 운동하고 있는 단계이다. 이 단계에서는 단기적인 실수로 운동 프로그램을 이탈하지 않도록 주의해야 한다. 피트니스 전문가는 운동의 장애 요인에 대해 계속 논의하고, 고객에게 발생할 수 있는 잠재적인 장애 요인을 예상할 수 있도록 도와야 한다. 이를 위해 진행 상태를 유지할 수 있도록 수업을 놓친 경우를 대비한 특정 계획을 미리 세워 놓아야 한다. 즉 집에서 할 수 있는 운동을 미리 준비해 제공하는 것이다.

트레이닝 팁

고객이 수업을 취소하면 피트니스 전문가는 아래의 두 가지 중 하나는 반드시 해야 한다.

1. 고객에게 수업 일정을 재조정하고 싶은 날짜를 물어본다.
2. 일정이 변경되지 않는 경우(24~48시간 이내), 고객에게 중간에 운동을 유지할 계획을 세우도록 한다.

유지 단계

유지 단계는 6개월 이상 운동 계획을 고수하면서 활동적인 생활 방식을 유지하기 위해 지속적으로 노력하는 단계이다. 이러한 사람들은 행동 단계에서처럼 인지 변화가 자주

시도하기

이 설문지를 사용하여 고객의 변화 단계를 판단하라. 고객이 '아니오'라고 대답할 때마다 다음 질문으로 이동한다. 만약 그들이 '예'라고 대답하면 거기에서 멈춘다. 당신이 멈춘 곳이 고객의 현재 단계이다.

	질문	아니오	예
1	6개월 이상 규칙적으로 운동했는가?	↓ □ 다음 질문으로 이동	**유지 단계**
2	6개월 미만으로 정기적인 운동을 했는가?	↓ □ 다음 질문으로 이동	**행동 단계**
3	앞으로 6개월 이내에 운동 프로그램을 시작할 계획이 있는가?	↓ □ 다음 질문으로 이동	**준비 단계**
4	운동량을 늘려야 한다고 생각하는가?	↓↓↓↓↓↓	**고려 단계**
		고려 전 단계*	

* 모든 질문에 '아니오'라고 대답한다면 그들은 고려 전 단계에 있다. 그러나 이 단계는 극히 드물다는 것을 기억하라. 어떤 사람이 피트니스 전문가와 대화를 나누고 있다면 그들은 이미 고려 단계에 있다.

일어나지 않으며, 이전으로 돌아가려는 유혹도 덜 받는다. 이 단계의 사람들은 자기 효능감이 일반적으로 높다. 유지 단계에 있는 사람은 다른 사람과 함께 운동하도록 초대하거나 놓친 수업을 보충하기 위한 계획을 세우는 전략으로 유지 단계를 지속할 수 있다.

효과적인 의사소통 기술의 중요성

운동을 지속적으로 유지하도록 하는 구체적인 기술을 고려하기 전에, 공인 퍼스널 트레이너는 다음을 이해해야 한다. 즉 의사 전달 스타일과 각 고객과 구축한 관계는 운동 지속력을 높이는 데 도움이 되는 행동 변화 기술(BCT)만큼 중요하다. 다른 말로 피트니스 전문가가 무엇을 말하는지 뿐만 아니라 어떻게 전달하는지가 중요하다는 것이다. 효과적인 의사소통 기술은 고객의 요구 사항을 더 잘 이해하고 신뢰 관계를 구축하는 데 필요하다. 의사소통을 잘 하려면 반드시 아래 사항을 지켜야 한다.

- 도전적이고 감정적인 문제를 논의할 수 있는 안전한 환경을 만든다.
- 휴대전화 같은 방해물은 치우고 고객에게 집중한다.
- 그 사람이 말하는 내용을 이해하기 위해 질문한다.
- 바디랭귀지 같은 비언어적 신호를 관찰한다.
- 공감(empathy)하고 인정해 준다(Zenger & Folkman, 2016).

공인 퍼스널 트레이너는 이러한 의사소통 전략을 위해 노력해야 한다. 그래야 고객과의 관계를 불편하게 하는 의견 불일치를 최소화할 수 있다. 최대한 지지해주고, 의견 불일치를 최소화함으로써 피트니스 전문가는 고객과 라포(rappot, 친밀감)를 형성하여 고객이 운동 프로그램을 꾸준히 준수하도록 할 수 있다.

비언어적 또는 언어적 의사소통

비언어적 의사소통은 언어 외에 신체적 신호를 통한 정보의 교환이며, 사회적 상호 작용에 깊은 영향을 미칠 수 있다. 그것은 직접적인 대화 없이 의사소통하는 여러 방법을 나타낸다. 비언어적 의사소통은 대개 언어적 의사소통과 동시에 일어나며, 자세, 손짓, 타인에 대한 근접성, 표정 등이 해당된다(Crane & Crane, 2010).

표정과 자세는 타인과의 모든 상호 작용에서 사용하는 핵심적인 비언어적 의사소통 수단이다. 피트니스 전문가는 찡그린 표정을 피하고 반드시 미소를 지어야 하며, 팔짱을 끼지 않은 바른 자세로 서야 한다. 구부정한 자세는 자신감과 전문성의 부족을 드러내며, 팔짱을 낀 자세는 폐쇄적인 시각을 드러낸다. 시선의 방향 또한 상대방에 대한 관심 수준을 보여준다. 공인 퍼스널 트레이너는 고객이 말하는 동안 시선을 맞춰야 하고, 말하는 내용을 이해하고 있다는 뜻으로 고개를 끄덕여야 한다. 또한, 고객의 말을 들을 때 고객 쪽으로 몸을 약간 기울이는 것이 좋다. 이것은 고객이 하는 모든 말에 집중하고 있다는 것을 보여주며, 관리되고 있다는 느낌을 줄 수 있다.

하지만, 고객과의 거리는 사례별로 판단해야 한다. 사람마다 다른 사람과의 거리에 따라 느끼는 편안함의 수준이 다르기 때문이다. 이것은 피트니스 전문가가 비언어적 긍정의 의사소통 방법을 유지하되, 고객의 비언어적 신호를 읽고 그에 맞게 조정할 수 있어야 함을 의미한다.

언어적 의사소통은 말로 전달되는 정보이다. 전문적 환경에서는 언어적 메시지가 정확하게 전달되고, 올바르게 수신되고 해석되는 것이 매우 중요하다. 청자는 화자로부터 들은 내용을 명확히 이해해야 하며, 화자는 청자가 올바르게 들었는지 확인해야 한다. 가끔씩 사람들은 불완전한 표현을 사용한다(그림 4-2). 그러므로 공인 퍼스널 트레이너는 새로운 주제로 이동하기 전에 고객이 의미하는 바를 분명히 이해

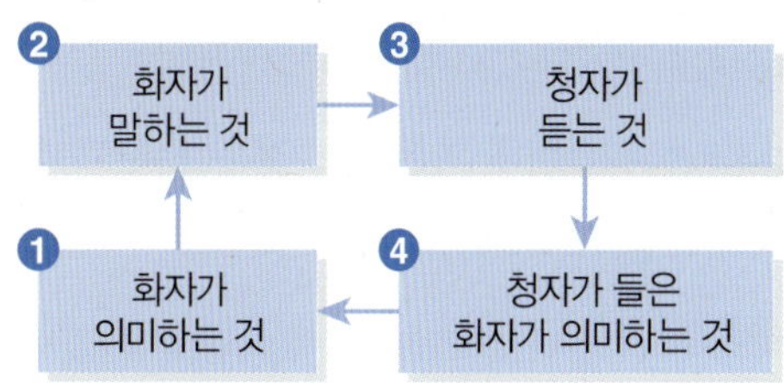

그림 4-2 반영적 경청(Reflective listening)

공감 Empathy 다른 사람의 감정, 태도 또는 생각과 동일시하는 능력
라포(친밀감) Rappot 두 사람이 서로의 생각을 이해하고 존중하며 의사소통이 잘 되는 관계

했는지를 확인해야 한다. 이것은 반영적 경청(reflective listening) 기술을 사용해 해결할 수 있다. 반영적 경청은 화자가 의미하는 바를 가장 잘 추측하고 확인하기 위해 화자에게 다시 말하는 것까지를 포함한다.

전 세계의 언어와 방언의 차이로 인해 청자는 화자가 말한 의미가 해석하기에 달려있다고 생각한다. 반영적 경청은 그러한 혼란을 없앨 수 있으므로 관련된 모든 당사자가 전체 이야기를 이해할 수 있다. 반영적으로 듣는다는 것은 피트니스 전문가가 고객이 말한 것의 이면에 숨겨진 의미에 대해 최선을 다해 추측하고, 고객이 말한 내용을 확실히 이해하기 위해 유사한 단어로 그 내용을 고객에게 다시 말하는 것이다(Miller & Rollnick, 2013).

적극적 경청과 관계 형성

대부분의 사람은 다른 사람이 말하는 동안 말하지 않는 것, 적절한 표정을 짓는 것, 사람들이 말한 것을 반복하는 것을 좋은 경청이라고 생각한다(Zenger & Folkman, 2016). 반면에 적극적 경청(active listening)은 고객의 관점을 찾아 더 깊은 수준으로 이해하려는 진정성 있는 태도를 갖는 것이다. 적극적 경청은 대화에 집중하고, 다른 대화를 중단하고, 주의를 산만하게 하지 않고, 화자의 눈을 바라보고, 적절한 시기에 피드백을 제공하는 것을 말한다.

대중적인 의견과는 달리, 경청은 그저 조용히 앉아 있는 것을 의미하지 않는다. 그렇다고 고객의 말을 중단시키는 것도 안 된다. 좋은 청자는 긍정적인 방향으로 대화를 유지하기 위해 특정한 기술을 사용하여 대화에 참여한다. 적극적 경청은 배려를 보여주고 누군가와 건강한 관계를 만드는 가장 좋은 방법이다.

좋은 청자가 되기 위해 피트니스 전문가는 고객과의 대화에서 다음 기술을 사용해야 한다.

- 질문하기
- 반영하기
- 요약하기
- 긍정적 확언하기
- 허락 구하기

질문하기

대화에서 사용할 수 있는 질문에는 두 가지 유형이 있다. 개방형과 폐쇄형이다. 폐쇄형 질문(closed-ended questions)(지시적인)은 일반적으로 '예' 아니면 '아니오'와 같이 한 단어로 답할 수 있다. 폐쇄형 질문이 중요할 수 있지만(예를 들면, 이름이 무엇인가요?) 개방형(비지시적인) 질문은 고객이 더 많은 정보를 전달할 수 있다. 개방형 질문(open-ended questions)은 고객이 비판적으로 생각하고 더 복합적인 대답을 제공하도록 유도한다. 개방형 질문은 더 많은 대화를 이끌어내고 고객의 관점과 고민을 탐구하는 데 사용될 수 있기 때문에 고객과 협력 관계를 구축하는 데에 중요하다.

변화에 대한 긍정적 사고를 이끌어 내는 개방적 질문의 예시는 아래와 같다.

- 어떻게 이러한 변화를 이끌어 낼 수 있는가?
- 어려움이 있을 때 어떻게 극복할 계획인가?
- 목표에 도달하기 위해 어떤 준비가 되어 있는가?
- 피트니스 목표에 도달하기 위해 과거에 어떤 시도를 했는가? (Miller & Rollnick, 2013)

공인 퍼스널 트레이너는 고객에 대한 정보를 알아내기 위해 개방형과 폐쇄형 질문을 잘 섞어서 사용해야 한다. 예를 들면, 피트니스 전문가는 운동 루틴을 시작하는 것이 1에서

시도하기

긍정적인 부분 강조

고객의 요구 사항을 파악하기 위해 변화하는 것이 1에서 10(1=가장 낮음, 10=가장 높음) 중 얼마만큼 중요한지 질문하라. 만약 변화를 매우 중요하게 생각한다면(9 또는 10) 아주 좋다! 이 반응 유형은 피트니스 계획에 완전히 몰두하고, 장기간 함께하기에 비교적 쉬운 사람이라는 지표이다. 고객이 낮은 숫자를 말한다면(6 이하) 실제 참여시키기 위해서는 약간의 코칭과 강화된 동기가 필요하다

고객에게 왜 변화에 관심이 적은지를 묻는 대신에, 긍정적인 방향으로 변화를 유도하기 위해 왜 더 낮게 평가하지 않았는지를 질문해 보라(3 또는 4). 이 질문은 고객이 삶에서 이미 긍정적으로 보고 있는 것들을 기반으로 변화를 옹호하고 주장하도록 할 것이다.

고객에게 "왜 더 높게 평가하지 않았나요?"라고 묻는 것은 그들이 하고 있지 않은 것들에 대해 생각하게 만들어 부정적인 것으로 내면화하고, 자기 회의감으로 이어질 수 있다. 하지만, "왜 더 낮은 평가를 하지 않았나요?"라는 질문은 현재 관심을 뒷받침하는 모든 긍정적인 요소를 생각하게 만든다.

10까지의 척도에서 어느 정도인지 폐쇄형 질문을 할 수 있다. 만약 고객이 5라고 답하면, 피트니스 전문가는 후속으로 개방형 질문을 통해 왜 그런 응답을 했는지 더 깊이 파고들 수 있다.

폐쇄형 질문은 피트니스 전문가가 대화를 주도하여 질문에 대한 구체적 답변을 얻을 수 있게 하는 반면, 개방형 질문은 고객이 질문을 받았지만 대화에 참여하고 있다는 느낌을 준다. 포용의 느낌은 라포를 쌓고, 편안함과 신뢰를 구축하기 위한 첫 번째 단계이다.

반영하기

반영(reflection)이란 방금 들은 내용에 대한 추정된 의미를 표현하는 것으로, 앞에서 언급되었던 '반영적 경청'의 기초가 되는 대화 기술이다. 반영은 미묘하고 강력하며, 각 사람이 말하는 내용이 정확하게 전달되었는지를 확인하는 기회를 갖는다. 또한 고객이 생각한 것이나 느낀 것에 대해 확실히 말할 기회를 준다. 반영은 적극적 경청을 하고 있다는 것을 분명하게 보여줄 수 있기 때문에 강력하다.

고객들은 공인 퍼스널 트레이너가 고객이 방금 한 말을 반영하고 다시 언급하거나 숨은 뜻을 찾아내려 시간을 들일 때, 고객의 이야기를 듣고 있고 이해하고 있다고 느낀다. 반영적 경청은 왜 고객들이 변화에 양면적 감정을 가지는지, 고객의 강점은 무엇인지, 그리고 왜 고객에게 변화가 중요한지를 강조할 수 있기 때문에 이점이 크다(Clifford & Curtis, 2016). 정확한 반영적 진술을 작성하려면 고객이 말하는 것을 주의 깊게 그 의미를 이해하려고 해야 한다.

반영은 반드시 질문을 명확하게 해야 하는 것은 아니다. 간단한 진술을 얻기 위해 적극적으로 듣고 있다는 것을 보여주며 오랜 시간 대화할 수도 있다. 그럴 때는 적절하게 "그렇군요", "아하"라고 고개를 끄덕이며 공감을 표시하고, "저런" 하며 동정적인 눈으로 걱정과 배려를 표현한다. 사실, 반영은 고객에게 공감을 표현하는 가장 좋은 방법이기도 하다.

요약하기

요약은 반영의 연속이다. 피트니스 전문가가 성공적으로 고객에게 반영했다면 요약은 간략해야 한다. 요약은 대화의 모든 중요한 점을 집약하고, 고객과 피트니스 전문가가 말한 내용을 어떻게 이해했는지를 명확하게 해준다. 요약은 전체 대화에서 깊이 있는 경청을 보여준다. 요약에는 세 가지 유형이 있다. **수집 요약(collecting summaries)**, **연결 요약(linking summaries)**, **전환 요약(transitional summaries)**이다(Miller & Rollnick, 2013).

수집 요약은 대화가 계속 진행되도록 고객의 생각을 이어가는 짧은 문장이다. 그것은 청자가 대화에 집중하고 있는지 확인시키기 위해 대화 중 더 단순한 반영과 같은 방식으로 한다. 연결 요약은 조금 더 적극적인데, 전체 대화에서 제시된 정보나, 시간이 지나면서 많은 대화들에 제시되었던 정보들을 하나로 묶는 역할을 한다. 이것은 피트니스 프로그램의 더 큰 비전에 따라, 특히 습관 변화와 관련하여 장기적인 소통을 이어 나가는 데 도움이 된다. 그리고 전환 요약은 용어에서 알 수 있듯이 다음 주제로 넘어가기 전 한 주제를 마무리하는 데 사용한다. 예를 들어, 고객이 잠재적 건강 계획에 대해 이야기하기 전에 건강 문제에 대한 논의를 끝낼 때 사용할 수 있다.

긍정적 확언하기

긍정적 확언(affirmations)은 고객과 고객의 장점에 대한 인정을 나타낸다. 피트니스 전문가는 긍정적으로 확언해 주기 위해 주의 깊게 들어야 한다. 긍정 확언은 고객의 특징적 장점에 대한 긍정적인 말이며 칭찬과는 다르다(Clifford & Curtis, 2016). 칭찬은 보통 '나'라는 표현을 사용하고("제 생각엔 정말 열심히 운동에 임하시는 것 같아요.") 고객이 아닌 피트니스 전문가에게 초점을 맞춘다. 반면 긍정적 확언

반영적 경청 Reflective listening 화자의 말을 이해하려고 하고, 그 의미를 화자에게 다시 확인하여 그들이 올바르게 소통했는지를 확인하는 과정

적극적 경청 Active listening 화자가 말하는 것에 진정한 관심을 갖는 경청 스타일. 청자는 화자의 메시지를 이해하기 위해 완전히 집중해야 한다.

폐쇄형 질문 Closed-ended questions 일반적으로 '예' 또는 '아니오'로 답할 수 있는 지시형 질문

개방형 질문 Open-ended questions '예' 또는 '아니오'로 답할 수 없는 비지시형 질문. 질문에 대답하기 위한 비판적 사고가 필요하다.

수집 요약 Collecting summaries 생각을 유지하고 대화에 추진력을 더하기 위한 짧은 문장들

연결 요약 Linking summaries 제시한 정보를 연결하는 요약. 이전의 수업에서 나온 정보도 포함한다.

전환 요약 Transitional summaries 수업을 종료하거나 집중의 변화를 알리기 위해 사용되는 요약

긍정적 확언 Affirmations 성격적 장점에 대한 긍정적인 언급

("당신은 오늘 기술에 매우 세심한 주의를 기울였습니다.")은 고객의 장점과 노력을 인정하고, 변화에 대한 고객의 자기 효능감을 향상시키는 데 사용된다. 긍정 확언은 고객이 누구이든지 인정하는 마음을 전하는 것이다. 긍정 확언의 장점은 자기 효능감 향상, 인내심 고취, 수동성 감소, 변화에 대한 추진력 지원 및 고객의 지지 감정 개선 등이 있다(Clifford & Curtis, 2016).

허락 구하기

전문가인 공인 퍼스널 트레이너는 일반적으로 고객보다 유용한 정보를 더 많이 갖고 있다. 그러나 사람들은 지시를 받고 스스로 선택할 수 있는 자율성이 있을 때 가장 잘 반응한다는 것을 인식해야 한다. 특정 고객은 신병 훈련소와 같이 '훈련 교관' 같은 방식의 코칭을 선호하기도 하지만, 많은 개인 고객은(특히 운동을 처음 하는 고객) 이 접근 방식에 겁을 먹고 불편해할 수 있다. 운동을 처음 하거나 특정 장비를 사용한 적이 없는 경우 특히 더 그렇다. 먼저 물어보는 것은 고객의 손에 결정권을 건네어 고객이 새로운 경험에 더 열린 마음을 갖도록 하는 것이다. 예를 들어, 시간이 걸리더라도 "재미있고 새로운 기술을 한번 시도해 보시겠어요?"나 "워밍업에 어떤 유산소 기구를 사용하시겠어요?"라는 질문으로 고객이 자기 효능감을 강화하는 방향으로 진행해야 한다.

또한 사람들은 새로운 것을 배우고자 하는 의사가 전달되지 않은 상황에서는 남의 말을 들으려 하지 않는다. 고객은 정보 공유를 위해 피트니스 전문가에게 요금을 지불한다. 그렇다 하더라도 고객이 요청하지 않은 정보를 공유하기 위해 허락을 구하는 것은 매우 중요하다. 정보 공유에 대한 허락을 구하면 고객의 자율성을 유지하면서 트레이너의 말을 더 잘 듣게 할 수 있다. 존중, 선택, 협력, 고객 삶의 경험을 먼저 존중하는 단순한 행위는 또 다른 만남으로 이어지게 할 것이다(Miller & Rollnick, 2013).

동기 부여 상담

훌륭한 공인 퍼스널 트레이너는 효과적인 의사소통을 위해 변화의 과정을 순조롭게 만드는 특별한 방법으로 사람들과 소통한다. 그들은 고객들이 변화에 대한 이유를 이해하고 목소리를 낼 수 있도록 돕는다. **동기 부여 상담(motivational interviewing)**과 행동 변화 기술(BCT)은 별개로 개발되었지만, 변화의 단계 중 고려 단계의 특징인 양면적 감정과 같은 개념을 참조한다. 동기 부여 상담은 고객이 고려 단계에서 벗어나 양면적 감정을 극복하고 행동할 준비가 되도록 지침을 준다.

동기 부여 상담의 개요

동기 부여 상담이란 고객의 양면적 감정을 해소함으로써 변화에 대한 욕구를 강화시키는 고객 중심의 코칭 방법이다(Miller & Rollnick, 2013). 이것은 공감하고 협력적이며 대립적이지 않고, 목표 지향적인 의사소통 방식으로 고객이 삶을 변화시켜야 하는 이유를 찾도록 해준다. 모든 사람은 행동 변화에 대한 준비도가 다르므로 동기 부여 상담에서는 개인이 변화를 원하는 이유와 그 변화에 대해 양면적 감정을 느끼는 요인을 이해하는 것이 중요하다. 모든 사람은 무엇인가에 대해 양면적 감정을 가질 때가 있다. 따라서 동기 부여 상담의 궁극적 목표는 고객이 마음 상태를 공고히 하고 변화에 대한 개인적 동기를 높이도록 하는 것이다(Miller & Rollnick, 2013).

양면적 감정은 잠재적 변화가 가져다줄 긍정적인 것과 부정적인 것이 서로 동일할 때 발생하여 어느 쪽으로 결정하면 좋을지 확신할 수 없는 상황을 만든다. 이런 상황에서 두 행동 사이의 요구는 본질적으로 서로 대립하고 있다. 예를 들어, 고객은 운동을 일상적인 일과의 일부분으로 생각하고 기대에 들떠 있겠지만, 사무실에서 오랜 시간 근무하고 돌아와 가족과 함께 소파에서 휴식을 취하고 싶은 욕구도 그만큼 매력적일 수 있다. 양면적 감정은 변화 과정에서 매우 정상적이며, 공인 퍼스널 트레이너가 고객을 도울 수 있는 핵심 영역이다. 만약 고객이 양면적 감정으로 주저하고 있다면 그들은 일반적으로 고려 단계에 있다는 것을 의미한다.

동기 부여 상담의 적용

동기 부여 상담은 표적 질문을 사용하여 고객이 자신의 삶을 변화시키기 위한 더 높은 내적 동기를 개발하도록 이상적인 상태를 시각화하는 것이다. 그 과정에서 고객이 긍정적인 행동을 유지하거나 부정적인 행동을 바꿀 수 있도록 질문과 진술이 특별히 선택된다. 동기 부여 상담을 적절하게 적용하면 논쟁을 피하는 데 도움이 된다. 대신 피트니스 전문가는 고객의 마음에 변화할 준비가 되어 있고 의지가 있으며 변화할 수 있다는 느낌을 심어 주기 위해 노력해야 한다.

자기 모순

자기 모순(self-discrepancy)은 이상적인 자아와 실제 자기 모습 사이의 내적 갈등을 말한다(그림 4-3). 모순이 행동을 야기하는 방법은 피드백 회로의 일부로 볼 수 있다. 사람들은 현재 자신에 대한 정보를 받아들이고, 현재 자신의 모습과 그들이 원하는 이상적인 모습 사이에서 모순이 일어나면 두 상태 사이의 불일치를 줄이기 위해 행동을 취한다. 예를 들어, 고객이 생각하는 최고의 자아가 일주일에 4번 운동하는 사람이지만, 실제로는 가끔 운동하고 있다면 이러한 불일치의 인식은 변화 욕구를 증가시키는 역할을 한다.

모순에 대한 인식 없이는 동기도 없다(Miller & Rollnick, 2013). 자신이 생각하는 이상적인 삶을 살고 있다고 생각한다면 최선의 선택은 그대로 유지하는 것이다. 이러한 이유로, 동기 부여 상담 방법론 내에서 적절하게 구성한 질문은 고객이 자신의 이상적인 자아가 현재 상태보다 낫다는 것을 깨닫고 더 나은 방향으로 변화하려는 동기를 높이는 데 도움이 된다.

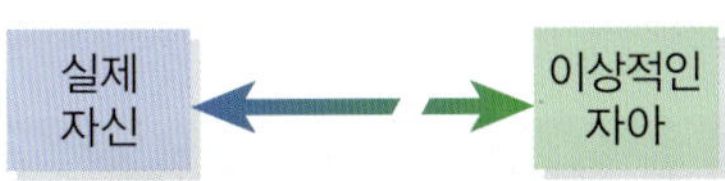

그림 4-3 자기 모순

변화 대화와 유지 대화

고객에게 동기 부여 상담을 사용하는 또 다른 기술은 고객의 대화에 있어서 유지 대화와 변화 대화 사이의 차이를 이해하는 것이다. 신체적 비활동성 같은 현재의 행동을 지속하려는 고객의 말은 유지 대화(sustain talk)에 해당한다(Clifford & Curtis, 2016). 고객이 현 상태의 이점, 변화의 단점, 변화하지 않으려는 의도, 그리고 변화에 대한 부정적 목소리를 낼 때 유지 대화로 분류할 수 있다. 예를 들어, "바빠서 운동 스케줄 잡기가 어려워."와 같은 말을 하는 고객은 유지 대화를 사용하고 있는 것이다.

유지 대화의 반대는 변화 대화(change talk)이다. 변화 대화는 변화를 향한 움직임을 드러내며 고객이 현재 상태에 대한 불만족을 나타내고, 변화의 장점이나 변화하려는 의도, 변화의 낙관론을 표시할 때를 말한다(Miller & Rollnick, 2013). 예를 들어, "내가 몸 상태를 더 좋게 만들지 못한다면 아이들이랑 잘 놀아주지 못할 거야"라고 인정하는 고객은 그들이 인지하든 못하든 변화 대화를 사용하고 있는 것이다.

논쟁을 피하라

피트니스 전문가가 고객과 논쟁을 벌일 때 변화를 유도할 가능성은 훨씬 낮아진다. 논쟁은 고객을 방어적으로 만들고 현재 행동을 정당화하게 한다. 고객이 건강에 대한 대화에서 유지 대화를 할 경우, 고객은 변화에 대한 저항을 표현하고 있는 것이지만, 그 저항이 반드시 변화를 할 수 없다거나 변화할 의지가 없다는 것을 의미하지는 않는다. 고객은 단순히 변화를 받아들이는 것에 대한 양면적 감정을 겪고 있는 것이다.

논쟁을 피하면서 저항을 물리칠 수 있도록 하기 위해, 피트니스 전문가는 변화가 관리 가능하고 매력적인 것이 될 때까지 고객 주도의 변화를 위한 다양한 옵션과 솔루션을 제시해야 한다. 이때 단어를 주의 깊게 선택하는 것이 변화에 대한 논쟁을 피하는 데 중요하다. 저항을 유발하는 진술이나 질문은 고객이 현 상태를 주장하게 하고 변화 대화로부터 멀어지게 한다. [표 4-2]는 저항을 유발하는 몇 가지 질문의 예를 요약하고 적절한 대안을 제시한다.

중요성, 자신감, 준비도

동기 부여 상담의 다음 개념은 고객이 다음 단계로 넘어가도록 하기 위해 동기 부여 정도를 확인하는 것이다. 피트니스 전문가는 고객에게 변화할 준비가 되었는지, 목표 달성에 대해 얼마나 자신감이 있는지, 변화가 얼마나 그들에게 중요한지 평가하도록 요청함으로써 고객이 얼마나 노력하고 있는지에 대한 상대적인 아이디어를 얻을 수 있다. 모두 1에서 10까지 간단한 척도로 표시된다(그림 4-4). 피트니스 전문가가 받은 대답은 잠재 고객과 다음에 무엇을 할 것인지를 결정하는 데 도움이 된다.

동기 부여 상담 Motivational interviewing 양면적 감정을 탐색하고 해결함으로써 변화에 대한 내적 동기를 강화하기 위한 고객 중심의 지시적 방법

자기 모순 Self-discrepancy 실제적 자아와 이상적 자아를 비교했을 때 발생하는 내적 갈등

유지 대화 Sustain talk 변화로부터 멀어지는 움직임을 드러내고 예측하는 말

변화 대화 Change talk 행동 변화를 향한 움직임을 반영하는 말

표 4-2 변화를 자극하는 질문들

저항을 자극하는 질문들	변화를 자극하는 질문들
■ 왜 변화하고 싶지 않은가? ■ 자신이 위험하지 않다고 생각하는 이유는 무엇인가? ■ 그냥 이렇게 하는 것이 어떻겠는가? ■ 왜 일정을 변경할 수 없는가?	■ 무엇을 바꾸고 싶은가? ■ 변화하지 않으면 어떤 일이 일어날 것 같은가? ■ 이것이 당신에게 효과가 있다고 생각하는가? ■ 만약 변화하기로 결심했다면, 당신의 삶에서 무엇이 달라질 것 같은가?

변화 약속 체크

중요성

1에서 10까지의 척도 중에서, 삶에서 이러한 변화를 만드는 것이 얼마나 중요하다고 생각하는지 표시하라.

1	2	3	4	5	6	7	8	9	10

전혀 중요하지 않다 / 매우 중요하다

자신감

1에서 10까지의 척도 중에서, 이러한 변화를 일으킬 수 있다고 얼마나 확신하는지 표시하라.

1	2	3	4	5	6	7	8	9	10

전혀 자신 없다 / 매우 자신 있다

준비도

1부터 10까지의 척도 중에서, 오늘 이 변화를 시작하기 위한 준비가 얼마나 되어 있는지 표시하라.

1	2	3	4	5	6	7	8	9	10

전혀 준비되지 않았다 / 매우 잘 준비되었다

그림 4-4 중요성, 자신감, 준비도 척도

10점 만점의 등급 척도는 학교에서 흔히 볼 수 있는 등급 체계와 유사하다. 예를 들어, 10점은 A+, 7점은 C, 그리고 5점 이하는 낙제라고 볼 수 있다. 이를 염두에 두고 살펴보면, 6점 이하의 응답(D 이하)은 고객이 해당 변경 지표를 둘러싸고 충분히 노력하고 있지 않다는 것을 의미한다. 이를 통해 더 많은 코칭이 필요한 고객을 신속하게 구별해 낼 수 있다. 만약 고객이 중요성, 자신감, 준비도에서 7점 이상의 점수로 평가하면 변화를 시작해 유지하기 좋은 위치에 있는 것이다.

운동을 지속시키기 위한 전략

운동의 건강상 이점은 장기적 노력에 달려 있다(Kompf & LaVaute, 2017). 체육관 회원권을 구매하는 것(특히 퍼스널 트레이닝 수업)은 운동을 하겠다는 강한 의지를 나타낸다. 그러므로 공인 퍼스널 트레이너를 고용한 사람은 누구나 운동하겠다는 의지가 있다고 봐도 무방하다(즉, 그 사람은 최소한 변화를 고려하는 단계에 있다). 하지만, 좋은 의도가 있다고 해서 반드시 그 고객이 운동 계획을 지속한다는 것은 아니다.

실제로 운동하려는 상당수의 사람이 끝까지 해내지 못한다(Godin & Conner, 2008). 체육관 예상 방문 횟수로 실제 체육관 방문 횟수를 예측할 수 있다. 사람들은 자신이 운동할 것이라고 과도하게 믿는 경향이 있다. 한 연구에 따르면, 주 3회 이상 운동할 것이라고 예상한 체육관 회원들은 일주일에 단지 1.39회만 운동하는 것으로 나타났다(Garon et al., 2015). 또한, 자기 통제를 잘하지 못하는 사람은 운동 빈도를 과대평가할 가능성이 훨씬 높았다(Garon et al., 2015). 따라서 고객이 운동 의도에 따라 행동하도록 돕는 모든 행동 변화 기술은 유익하다.

지식 확장하기

행동 변화 기술과 적용은 전문적이고 혼란스럽게 들리겠지만, 너무 어렵게 생각할 필요는 없다. 당신은 이미 무의식적으로 이 중 몇 가지를 사용하고 있을 것이다. 예를 들어, 고객이 특정 무게를 들어올릴 때 할 수 있다고 자신감을 높여주는 것은 자기 효능감을 수정하기 위해 행동 변화 기술을 사용하는 것이나 마찬가지다. 또한 고객에게 프로그램을 짜주고 어디에서 그것을 할 것인지 지시할 때, 당신은 자기 통제를 향상시키는 행동 변화 기술을 사용하고 있는 것이다.

행동 전략

피트니스 전문가는 고객이 운동을 지속하도록 하기 위해 몇 가지 기술을 사용할 수 있다. 자기 통제는 목표 지향적인 행동을 위한 기반을 제공한다. 자기 통제형 BCT는 이전에 개인이 운동 요법을 선택하는 데 중요한 것으로 확인되었고(Rhodes et al., 2017), 긍정적인 결과와 관련이 있었다(Belanger-Gravel et al., 2013; Samdal et al., 2017).

피트니스 전문가는 고객의 자기 효능감을 향상시킴과 동시에 운동 경험을 즐겁게 만드는 데 집중해야 한다. 자기 효능감에서 나오는 믿음은 자기 통제 노력, 노력의 양, 위기가 발생할 때 얼마나 오래 견디는지를 결정한다. 과제에 도전하고 유지하는 능력의 평가는 운동 행동이 달성 가능하고 추구할 수 있는 것인지의 여부를 결정한다(Bandura, 1991). 그러므로 목표 설정, 자기 효능감, 계획, 그리고 셀프 모니터링을 목표로 삼아야 한다.

목표 설정

피트니스 전문가는 고객이 목표를 설정하도록 돕는 방법을 알아야 한다. 목표는 '어떻게'와 '왜'의 교차로에 있는 대상이다. 여기서 '왜'는 고객의 가치를, '어떻게'는 목표를 달성하는 방법을 말한다. 고객과 피트니스 전문가는 함께, 왜 목표가 중요한지를 이해하고 말로 표현하는 것이 중요한다. 이 '왜'라는 것은 최상위 목표가 된다.

고객은 비현실적인 목표를 세울 수 있으므로 적절한 방법으로 고객의 기대치를 조정해 주어야 한다. 운동과 관련된 많은 목표는 시간이 충분하다면 달성 가능하다. 단기간의 비현실적인 목표는 여러 가지 이유로 지키기 힘들고 지나치게 도전적인 운동 프로그램으로 이어진다. 고객이 성취할 수 있는 적정한 목표를 세울 수 있도록 피트니스 전문가는 SMART 목표 설정 기술을 통합하는 것이 좋다.

SMART 목표

SMART 목표는 목표 설정 원리를 모두 포함하지는 않지만, 매우 효과적이다. SMART는 구체적임(Specific), 측정 가능함(Measurable), 달성할 수 있음(Attainable), 현실적임(Realistic), 시기적절함(Timely)을 나타낸다(그림 4-5).

피트니스 전문가는 고객이 그들의 목표에 맞춰 행동하도록 격려해야 한다. 목표는 잘 정의되고 추적될 수 있는 하위 목표로 세분화될 수 있다. 예를 들어, 더 포괄적인 목표(예시: 연속으로 푸시업 30개 달성)는 보다 작은 목표(예시: 매일 아침 푸시업 10개를 3세트 한다.)로 세분화될 수 있다. 푸시업 10개 3세트를 달성했는지 추적하는 것은 쉽게 측정 가능한 과제이다. 그리고 진행 상황을 평가하기 위해서 피트니스 전문가는 고객이 목표를 기록하고 자주 참조하도록 격려해야 한다.

그림 4-5 SMART 목표

잘 정의된 목표는 지정된 시간 내에 최종 단계, 또는 숙련의 단계를 목표로 하고 지시한다. 목표는 아래를 포함하는 4가지 기능으로 달성될 수 있다.

- 관련 활동에 주의와 노력을 기울이고 비생산적인 활동은 피한다.
- 행동과 노력을 활력 있게 한다.
- 노력의 지속성을 강화한다.
- 사람들에게 목표와 연관된 정보를 찾도록 지도한다 (Locke & Latham, 2002).

운동과 관련한 목표 설정은 현재 체력 수준을 평가하고 미래 체력 수준에 대한 광범위한 목표를 설정한 다음, 그 목표를 성취하기 위해 취해야 할 조치를 자세히 설명하는 과정이다. 신규 고객과의 초기 목표 설정은 먼저 개인적 가치관을 기반으로 장기 목표를 설립하는 것에 집중해야 한다. 중요한 장기 목표를 설정하기 위해 피트니스 전문가는 고객에게 다음과 같은 질문을 할 수 있다.

- 앞으로 6개월 동안 무엇을 성취하고 싶은가?
- 다음 해에 이루고 싶은 것은 무엇인가?
- 당신에게 피트니스에서의 성공이란 어떤 모습인가?

피트니스 전문가는 고객의 장기 목표를 위해 현재 달성 가능한 단기 목표를 세우도록 해야 하는데, 단기 목표는 집중 경로를 제공해야 하고, 동기 부여 및 자신감을 높이는 것이어야 한다. 단기 목표는 고객이 현재에 집중하도록 하고, 가장 중요하고 실행 가능한 목표로 그 범위를 좁혀준다. 여기서 SMART 개념이 핵심적인 역할을 한다. SMART 목표는 아래의 기준을 준수해야 한다.

- 구체적이다
  - 의도한 목표가 분명하게 정의되어야 한다. 예를 들어, "살을 빼고 싶어요."는 언제 그것이 달성될지 모르는 모호한 목표이다. 구체적인 목표는 "3kg를 감량하고 싶다."이다. 감량 목표 3kg을 정확하게 설명할 수 있어야 한다.
- 측정 가능하다
  - 목표 진행은 반드시 주관적인 보고가 아닌 정확한 데이터를 통해 객관적으로 측정되고 추적되어야만 한다. 예를 들어, 정기적으로 계획된 체중 측정은 날짜와 고객의 무게를 매번 기록하여 체중 감량 목표를 추적할 수 있도록 한다. 이 데이터는 구체적인 목표를 객관적으로 추적하는 데 이용된다.
- 달성 가능하다
  - 목표는 도전적이면서도 성취할 수 있어야 한다. 목표가 너무 쉬우면 고객이 충분한 노력을 하지 않고, 목표가 너무 도전적이면 쉽게 낙담하여 피트니스 계획을 포기할 수 있다.
- 현실적이다
  - 현실적인 목표는 고객의 삶과 관련이 있다. 어떤 것이 기술적으로 가능하더라도 라이프스타일 맥락에서 특정 고객에게는 불가능할 수 있다. 예를 들어, 하루에 10시간 이상을 일하는 경영자에게 6개월 동안 45kg(100파운드)을 감량하도록 하는 것은 비현실적이다. 적절하게 관리하는 것은 피트니스 전문가에게 달려 있다.
- 시기적절하다
  - 목표를 적절하게 측정하고 추적하기 위해 자주 확인하는 특정 시간 프레임이 있어야 한다. 목표를 완료하기 위한 시간적 프레임은 의도한 결과만큼 도전적이고 현실적이어야 한다. 그것은 긴급할 정도로 짧아야 하지만, 도중에 한두 번의 실수를 할 수 있을 만큼 충분히 길어야 한다.

만약 목표가 SMART 기준을 하나라도 충족하지 못하면 고객의 요구를 충족시키지 못해 잠재적으로 운동을 지속하지 않을 수 있고, 더 나아가 고객을 잃을 수도 있다. 스마트(SMART)하지 않은 목표의 예시로는 "올 여름에 바다에서 더 멋져 보이기 위해서 살을 빼고 싶다."이다. 이 목표는 정의된 구체적인 결과가 없고, 진행 상황을 추적하거나 달성 방법을 알 수 없다. 또한 완료 기간이 모호하며, 고객의 건강 상태에 따라 라이프스타일 내에서 달성 불가능하거나 현실적이지 않을 수 있다. 고객에게 더 나은 서비스를 제공하기 위해 그 목표를 "일이 끝나고 여유 시간에 하루 1시간, 일주일에 4일, 총 6개월 동안 달리기를 통해 체지방 3kg을 감량하고 싶다."로 재구성할 수 있다.

시도하기

SMART 목표를 작성하는 것은 쉬운 과정이 아니며 연습이 필요하다. 스스로 SMART 목표를 세워보자. 그리고 SMART 목표의 모든 구성 요소가 적용되었는지 확인한다. SMART 목표의 예는 다음과 같다.

- 오늘부터 매주 4일씩 각 수업에 1시간씩 웨이트 트레이닝을 하여 5개월 이내에 2kg의 근육을 얻을 것이다.
- 매일 30분 이상 걷고, 하루 염분 섭취량을 2,300mg 이하로 줄여서 6개월 내에 혈압을 5포인트 낮출 것이다.
- 일일 칼로리를 하루 3,000kcal에서 2,000kcal로 줄이고, 주당 최소 150분의 적당한 강도로 운동하여 3개월 이내에 체지방 5kg(약 10파운드)를 감량할 것이다.

위에 있는 각 예시는 합리적으로 달성할 수 있고, 현실적인 시간 프레임을 가지며, 객관적으로 측정 가능하고, 추적 가능한 기준으로 의도하는 목표를 구체적으로 설명하고 있다.

결과 대 과정 목표

결과 목표(outcome goals)는 최종 결과 목표를 말한다. 경주에서 이기거나 체중계에서 원하는 목표 무게를 보는 것과 같이 노력으로 얻을 수 있는 최종 성과를 나타낸다. **과정 목표(process goals)**는 최종 결과에 도달하기 위해 수행해야 하는 일간 또는 주간 목표를 말한다. 일단 결과 목표가 설정되면, 어떻게 결과를 성취해 나갈 것인지에 대한 과정 목표를 설정해야만 한다.

예를 들어, 어떤 사람이 일년 내에 10km 경주에서 우승하는 것을 목표로 한다면, 과정 목표는 일주일에 3일 1시간 동안 조깅하고, 일주일에 2회 퍼스널 트레이닝에 참석하는 것으로 할 수 있다. 또한 진행 이정표를 정하기 위해 유사한 과정 목표를 만들 수 있다. 가장 효과적인 목표 설정은 항상 과정 목표를 사용하여 결과 목표를 완료하는 방향으로 진행하는 것이다.

운동 채택의 시작 단계에서 결과 목표는 어려워 보이고 도달할 수 없을 것처럼 보인다. 과정 목표는 성취하는 데 몇 달 또는 몇 년이 걸릴지 모르는 특정 결과에 집착하기보다 현재에 집중하도록 돕는다. 예를 들어, 몸을 많이 움직이지 않는 새로운 고객이 하프 마라톤 완주를 결과 목표로 할 수 있다. 그러나 현재 3km를 달리는 것도 문제가 있다는 것에 초점을 맞추면 금세 낙심하게 된다. 과정에 집중하면 시야가 좁아져 더 편안해지고(즉, 현실적이고 달성 가능한) 작은 성과를 자주 달성할 수 있어 능력을 키울 수 있다. 각각의 작은 승리는 프로그램을 지속하고 싶다는 고객의 동기를 증가시키면서 객관적으로 그들의 발전을 목격할 수 있도록 한다. 과정 목표는 능력, 유능감, 자신감을 높이고, 새로 발견한 능력을 더 잘 구현하는 지점까지 단계적으로 진행해 최종 결과에 이르게 한다.

예를 들어, 6개월 안에 하프 마라톤을 완주하겠다는 결과를 훨씬 덜 힘들어 보이게 하기 위해 2주간 주 3일, 20분간 지속적으로 달리는 초기 과정 목표를 설정한다. 이제 20분 달리기 6회를 완료하는 단순한 행위가 고객에게 승리감을 안겨주면, 목표를 주 3일, 30분 달리기와 같이 조금 더 도전적으로 진행한다. 이 속도로 2주마다 10분의 추가 달리기 프로세스를 진행하면 고객은 약 18주 훈련 후 2시간(평균 하프 마라톤 완주 시간) 달리기를 할 수 있게 된다.

결과 목표 Outcome goals 최종 결과에 초점을 맞춘 목표
과정 목표 Process goals 최종 결과에 도달하기 위해 추구하는 과제

유용한 힌트

결과 목표는 최종 결과에 초점을 맞추며 개인의 기술과 동기에 따라 다르다. 결과 목표의 몇 가지 예로, 4개월 만에 10kg 감량, 소프트볼에서 주 챔피언십 우승, 경쟁 스포츠 팀에게 이기기 등이다.

과정 목표는 개인이 결과 목표에 도달하기 쉽도록 일간 또는 주간 단위로 세운 전략을 말한다. 예를 들면, 경쟁적인 농구 팀을 이긴다는 결과 목표를 가지고 있다면, 적절한 과정 목표는 볼 핸들링과 슛 기술에 매진하기 위해 방과 후 매일 1시간의 연습을 잡는 것이다.

트레이닝 팁

목표 설정 원칙을 따르는 것이 피트니스 전문가에게 중요하지만, 고객은 개성과 동기가 다르기 때문에 개인적 차이를 고려해야 한다.

고객의 목표를 개별화하는 데 도움이 되도록 개방형 질문을 하여 내적 동기와 새로운 생활습관으로 인한 장애 요인을 더 명확하게 이해해야 한다. 몇 가지 예는 다음과 같다.

- 건강과 운동 습관에 대한 가장 큰 고민은 무엇인가?
- 목표에 도달하기 위해서 어떤 준비가 되어 있는가?
- 목표에 도달하기 위해 얼마나 동기 부여가 되었는가?
- 목표에 도달하기 위해 과거에 무엇을 시도했는가?
- 과거 목표를 성공했는가? 그 이유는 무엇인가?
- 과거에 목표 달성을 막는 것은 무엇이었는가?
- 이미 운동 습관 또는 식습관을 바꾸기 시작했는가?

자기 효능감 향상

신체활동에 대한 자기 효능감을 향상시키는 기술에는 행동 계획, 운동을 향한 노력 또는 진행 강화, 지침 제공, 셀프 모니터링 및 사회적 지원 등이 있다(Olander et al., 2013; Williams & French, 2011). 활동 계획과 셀프 모니터링은 다음 섹션에서 다룬다. 목표 달성을 위한 고객의 시도에 대해 칭찬하는 것은 자기 효능감과 신체활동 수준을 더 높인다. 이러한 긍정적 피드백은 과정에서의 작은 성공에 초점을 맞춤으로써 자신감을 높인다(Williams & French, 2011).

고객이 피트니스 평가에서 향상된 능력을 보이면 긍정적인 피드백과 칭찬을 하는 것이 중요하다. 특히 기술이 아직 숙달되지 못한 행동 변화의 초기 단계에서는 더욱 중요하다. 칭찬은 능력에 대한 자신감을 높이는 데 도움이 된다. 사회적 지지를 이끌어 내는 것 또한 운동에 대한 고객의 통제감을 향상시킨다. 타인이 지지하고 있다는 느낌을 받는다면 어떤 어려움이나 장애 요인에도 잘 대처할 수 있게 된다(Olander et al., 2013).

계획

계획은 의도를 행동으로 바꾸는 데 도움이 된다. 운동에 참여하려면 고객이 무엇을 할 것인지, 어디에서 할 것인지를 계획해야 한다. 월 이용료를 내고 퍼스널 트레이닝 약속을 잡는 것은 목표 달성을 위한 계획을 세우는 확실한 예이다. 하지만, 고객이 반드시 스스로도 운동하도록 해야 한다. 그러므로 고객과 계획 기술을 논의하는 것은 이러한 행동을 촉진하는 좋은 전략이다.

자주 사용되는 두 가지 계획 행동 변화 기술에는 실행 의도(implementation intentions)와 대처 계획(coping plans)이 있다. 실행 의도는 행동을 향한 신호를 인식해 행동을 이끌어 내는 구체적인 계획이다. 실행 의도를 설정하는 것으로, 고객은 점심 시간 동안이나 근무 후와 같은 구체적인 일정과 운동 루틴을 연결할 수 있다. 실행 의도는 운동과 신체활동을 촉진하는 데 효과적인 것으로 나타났다.

실행 의도는 운동 시기, 장소, 방법을 말하고, 대처 계획은 장애 요인을 예상하고 대안 계획을 수립하는 것을 말한다(Sniehotta et al., 2005). 행동 계획과 대처 계획 모두 신체활동에 영향을 미치는 것으로 밝혀졌다(Belanger-Gravel et al., 2013). 하지만, 행동 변화 기술로서의 계획이 모두에게 효과적인 것은 아니다. 예를 들어, 자기 효능감이 낮은 사람은 계획을 통해 좋은 의도를 행동으로 옮기지 못한다(Koring et al. 2012; Lippke et al., 2009; Zhou et al., 2016). 그러므로 계획에 대한 논의는 변화의 고려 단계에 있는 사람에게는 이상적이지 않다. 게다가 고객이 운동할 수 없는 장애 요인을 확인하는 것은 잠재적 실패에 주의를 환기시켜 자기 효능감을 떨어뜨릴 수 있다(Williams & French, 2011). 더 나은 접근법은 이미 발생한 장애 요인을 검토하고 문제가 다시 발생할 경우 이를 해결하기 위한 계획에 협력한 다음, 더 높은 수준의 자기 효능감이 생길 때까지 기다리는 것이다. 추가적인 장애 요인이 발생할 경우에는 그때 가서 대책을 찾아본다.

트레이닝 팁

새로운 피트니스 고객이 효과적으로 실행 의도를 발전시키는 방법은 이미 존재하는 구체적인 행동을 계획과 연결시키도록 하는 것이다. 예를 들어, 한 고객이 아침에 조깅을 시작하고 출근하기 전에 커피를 마신다고 생각해 보자. 첫 커피를 마신 후에 달리기 스케줄을 짜도록 제안할 수 있다. 이에 대한 고객의 실행 의도는 "일단 내가 첫 커피를 마시고 나면, 나는 빠른 20분 조깅을 할 것이다"이다. 고객이 계획을 지속할 수 있도록 각 수업이 끝나기 전에 특정 의도를 세 번 반복해서 말하게 하는 것이 좋다.

셀프 모니터링

셀프 모니터링은 현실적인 목표를 세우게 하고, 목표 진행 상황 평가에 필요한 정보를 제공한다. 셀프 모니터링을 통해 고객의 행동을 촉진하는 외부적 요인을 파악할 수 있다(Bandura, 1991). 만약 고객이 자신의 수행능력이나 행동에 영향을 미치는 조건이나 행위의 결과에 주의를 기울이지 않는다면 변화를 만들어내기 어렵다. 셀프 모니터링은 목표를 향한 진행 상황을 평가할 때 필요한 정보를 준다. 어떤 때 행동하고 어떤 때 행동하지 않는지를 자신의 사고 패턴 및 행동과 함께 모니터링할 수 있다면 행동의 전조를 알아차릴 수 있게 된다(Bandura, 1991). 예를 들면, 고객이 퇴근할 계획이 있거나 운동복을 준비하지 않았거나 밤에 잠을 설쳤다면 운동할 가능성이 적다는 것을 알 수 있다. 피트니스 전문가는 고객에게 삶의 일부를 수정하고 행동의 구체적 변화를 기록하도록 격려할 수 있다.

고객이 운동 성과에 세심한 주의를 기울인다면 개선해야 할 사항을 인지하고 점진적으로 목표를 설정해갈 것이다. 셀프 모니터링은 보통 고객이 바꾸고 싶어 하는 행동에 대해 매일 기록하는 것이다. 즉, 새롭게 운동을 시작한 사람은 진행 상황을 추적하고 프로그램에 대한 책임감을 유지하기 위해 운동 일지를 기록해야 한다. 이와 비슷하게, 체중 감량 중인 사람은 일일 칼로리를 객관적으로 모니터링할 수 있도록 음식 섭취 일지(식단 기록표)를 작성하면 큰 도움을 얻을 수 있다(예: 식단 기록표, 그림 4-6).

실행 의도 Implementation intentions 언제, 어디서, 어떻게 행동해야 하는지를 지정함으로써 목표 지향적인 반응을 상황적 단서와 연결하는 행동 변화 기술

대처 계획 Coping plans 목표 행동에 대한 장벽을 예상하고 의도된 전략을 사전에 준비하는 행동 변화 기술

이름	날짜		요일	
음식 설명	칼로리(kcal)	단백질(g)	탄수화물(g)	지방(g)
예: 2% 우유 1컵	120	8	11	5
총계				
총 수분 섭취량(OZ.)				

노트:

그림 4-6 식단 기록표

고객은 일기, 달력에 메모하기, 또는 휴대전화의 피트니스 추적 앱과 같은 셀프 모니터링에 효과적인 방법을 찾아본다. 전통적인 세트, 반복, 웨이트, 운동 시간을 기록하는 것 외에도 운동한 시간, 운동하기 전에 일어난 사건, 운동 전후에 느낀 감정, 어떤 운동이 즐거웠는지 등을 기록하도록 한다. 셀프 모니터링 기록은 아래와 같은 여러 이점이 있다.

- 시간이 지나면서 자신감을 향상시키는 상황을 관찰할 수 있다.
- 피트니스 전문가가 일지를 확인한다는 것을 알고 있을 때 의무감을 갖게 된다.
- 운동에 대한 장애 요소나 촉진제 역할을 하는 행동의 전조를 알 수 있다.

피트니스 전문가는 고객에게 시간 관리 기술도 알려준다. 시간 관리는 사람들에게 시간을 잘 관리하는 방법을 가르쳐 신체활동에 긍정적인 영향을 미치도록 하는 또 다른 행동 변화 기술(BTC)이다(Williams & French, 2011). 몇 가지 일반적인 시간 관리 전략을 소개한다.

- 일과에 우선순위를 부여하여 더 중요한 일을 먼저 완료하도록 한다.
- 한 번에 모든 요청을 수락하지 않는다. 예상치 못한 사건과 개인적 필요를 감안해 시간을 잡는다.
- 핵심 업무는 습관처럼 한다.
- 중요한 과제 사이에는 여유 시간을 가진다.
- 조직의 시스템을 따른다.
- 불필요한 작업은 없앤다.
- 소셜미디어 둘러보기 같은 공허한 활동에 시간을 낭비하지 않는다.

인지 전략

인지 전략은 운동과 신체활동에 대한 고객의 태도를 변화시키는 데 사용된다. 그것은 동기와 지속성을 높이고, 가끔은 성과를 높이기 위해 활동에 대한 사고 방식을 변화시키기기도 한다. 이러한 전략에는 긍정적인 자기 대화, 사이킹업(psyching up), 형상화하기가 있다.

긍정적인 자기 대화

운동을 처음 시작하는 사람은 운동에 대한 여러 부정적인 생각이 있을 수 있다. 그런 생각에는 '난 할 수 없어', '이건 너무 어려워', '시간이 너무 오래 걸려', '너무 고통스러워' 등이 있다. 공인 퍼스널 트레이너는 고객이 부정적 생각을 극복하도록 두 가지 구체적인 방법을 사용한다.

첫 번째는 긍정적인 자기 대화(self-talk)이다. 긍정적인 자기 대화는 자기 효능감을 증가시키고 동기를 부여하는 내적 대화의 한 형태이다.

두 번째는 부정적인 자기 대화를 극복하도록 돕는 것이다. 부정적인 자기 대화는 스스로의 능력을 비판하는 내적 대화이다. 부정적인 자기 대화를 줄이는 방법으로는 '리버스 리스팅(reverse listing)'과 '멈추기(stopping)'가 있다. 리버스 리스팅은 부정적인 내적 대화를 확인하고, 그것을 긍정적인 대화로 바꾸어 보는 것이다. 멈추기는 부정적인 생각이 들 때 큰 소리로 "그만!"이라고 외치는 기술이다. 멈추는 것은 부정적인 생각의 악순환을 끊는 데 도움이 되며, 반대로 생각해보는 것은 생각을 긍정적으로 바꾸는 데 유용하다. 피트니스 전문가가 고객을 부정적인 상태에서 긍정적인 상태로 코칭하는 몇 가지 방법을 소개한다.

- 운동에 대해 가질 수 있는 부정적인 생각들의 리스트를 만들어 고객이 부정적인 생각을 인식할 수 있도록 한다. 기록하다 보면 부정적인 자기 대화의 내용과 빈도를 인식해 개선하는 데 도움을 준다(Hardy et al., 2009).
- 운동에 대한 긍정적인 생각 리스트를 만들도록 한다. 예를 들면, '난 할 수 있어', '계속할 수 있어', '계속해 나갈 거야'라고 하는 것이다.
- 부정적인 생각이 들면 생각을 멈추고, 부정적인 생각을 긍정적인 생각 리스트로 바꾸어 보도록 한다.
- 고객에게 생각은 생각일 뿐이라는 것을 상기시킨다. 생각은 단순히 의식에 들어왔다 나가는 것들일 뿐, 그 사람의 정체성이나 능력을 나타내지 않는다.
- 고객이 부정적인 자기 대화를 보여줄 때 목표를 상기시킨다.

인지적 융합(cognitive fusion)은 사람들이 스스로 생각한 것을 믿을 때 발생하는 것으로 부정적 자기 대화는 문제가 될 수 있다. 부정적인 생각이 진실인지 아닌지에 대해 쓸데없이 논쟁하는 것보다는 피트니스 전문가가 동기 부여 상담 기술을 사용하여 고객이 정신적 장애 요소를 극복하도록 해야 한다. 예를 들어, 고객에게 "이것을 사실이라고 생각한다면 목표 도달에 도움이 될까요?"라고 질문해 보면 고객은 스스로 부정적인 태도를 깨닫게 될 것이다.

형상화

정신적 형상화(imagery)를 사용하는 것은 운동 참여를 지지하고 향상시키는 상황과 경험을 상상하는 과정이다. 고객은 더 큰 자신감을 가지고 스스로 운동 또는 신체활동에 참여하는 모습을 상상할 수 있다. 그들은 긍정적인 감정과 결과를 갖고 운동하는 것을 정신적으로 리허설할 수 있으며, 긍정적인 결과를 상상하여 지속적으로 동기를 부여할 수 있다. 형상화는 직접적으로, 또는 불안을 감소시킴으로써 자신감을 향상시킬 수 있다(Kossert & Munroe-Chandler, 2007). 더 높은 성과 수준을 상상하는 고객일수록 자신감을 얻고 더 나은 성과를 얻을 수 있다.

고객은 운동 프로그램으로부터 얻을 수 있는 결과 기대치를 향상하기 위해 형상화를 사용할 수 있고(Kossert & Munroe-Chandler, 2007), 다양한 형상화 기법을 사용할 수도 있다.

외모 형상화(appearance imagery)란 고객이 외모 또는 건강 관련 결과를 상상하는 것이다. 에너지 형상화(energy imagery)는 에너지를 증가시키고 스트레스를 덜어주는 데 사용되는 정신적 이미지를 말한다(예: 나는 운동할 때 기분이 좋다). 기술 형상화(technique imagery)는 운동 기술에 초점을 맞춘 것이다(Giacobbi et al., 2003; Kossert & Munroe-Chandler, 2007). 고객이 집중하고, 자신감을 향상시키고, 노력을 통제하기 위해서 이미지를 사용한다(Kossert & Munroe-Chandler, 2007). 일단 피트니스 전문가가 고객과 협력해 긍정적이고 성공적인 이미지를 개발한 후에 그것을 사용할 최적의 시간을 파악한다. 고객은 언제든지 이미지를 사용할 수 있지만, 운동에 대한 동기나 긍정적인 느낌이 없을 때 이 이미지는 특히 효과적이다.

사이킹 업

운동을 새롭게 시작하는 사람들에게는 동기 부여가 어려울 수 있다. 사이킹 업(psyching up) 기술은 운동 전에 고객을 즐겁게 하고 긍정성과 참여 의지를 높이며 활력을 느끼도록 하는 것이다. 피트니스 전문가는 고객에게 운동에 필요한 긍정적 에너지를 발전시키는 지식과 기술을 주어야 한다. 사이킹 업은 고객이 삶의 다른 상황에 흥분하고 동기를 부여받도록 하는 데 사용하는 내적 대화를 발전시킨다.

예를 들어, 고객은 그들을 흥분시키고 긍정적으로 만들며 활기찬 장소로 이끄는 특정한 음악 취향이 있다. 결과적으로, 운동 전후에 이러한 종류의 음악을 듣는 것은 고객이 수업에 최선을 다하도록 돕는다. 고객을 기분 좋게 만드는 것에는 동기 부여 영상이나 춤, 전문적인 워밍업 루틴 구현 등이 있다. 피트니스 전문가는 고객의 기분을 전환시키는 가장 효과적인 방법에 대해 고객과 계속 대화해야 한다. 이것은 고객이 운동 프로그램을 지속하게 만드는 데 중요하다.

초기 수업

© Wavebreakmedia/Shutterstock.

피트니스 산업에서의 성공은 고객과 지속적인 관계 구축에 달려 있다. 이를 위해서는 고객과 시간을 보내고 고객의 목표가 왜 중요한지를 이해해야 한다. 초기 상담 동안, 고객

자기 대화 Self-talk 감정과 인식을 해석하고, 평가와 신념을 조절 및 변경하여 자신에게 지시와 강화를 제공하는 내적 대화
리버스 리스팅 Reverse listing 부정적인 진술을 긍정적인 진술로 대체하기
멈추기 Stopping 원하지 않는 말에 "그만"이라고 큰 소리로 말하는 행위
인지적 융합 Cognitive fusion 자신이 생각한 내용을 정확하게 믿을 때
형상화 Imagery 내면화된 경험을 구체적이고 명확한 형상으로 나타냄
외모 형상화 Appearance imagery 외모나 건강과 관련된 결과를 이미지로 만듦
에너지 형상화 Energy imagery 에너지를 증가시키고 스트레스를 완화하는 정신적 이미지를 만듦
기술 형상화 Technique imagery 정신적으로 기술을 연마하는 이미지를 만듦
사이킹 업 Psyching up 어떤 것을 수행하기 위한 심리적 준비 상태를 만드는 과정

은 피트니스 전문가와 관계를 계속할지 여부를 결정한다. 따라서 초기 수업 후 그들이 다시 방문했을 때 자신의 요구가 충족될 것이라고 느끼게 하는 것이 중요하다. 여기에는 운동 준비 상태를 평가하고, 목표를 이해하고, 지원을 보여주고, 개별 운동 프로그램을 위해 그들과 협력하는 것들이 해당된다.

변화에 대한 준비를 평가하는 것 외에도, 운동에 대한 과거 경험에 대해서도 질문해 보아야 한다. 어떤 것을 가장 좋아했고, 어떤 것이 가장 효과가 있었는지 파악해야 한다. 고객이 이전에 퍼스널 트레이너와 함께한 적이 있다면 그들과 함께했던 장단점에 대해 질문해 보라. 초기 상담이 끝나기 전에 공인 퍼스널 트레이너는 고객이 가진 건강 문제와 피트니스 목표, 이전 운동 경험을 다루고, 고객을 위한 계획을 마무리해야 한다. 일단 프로그램이 구성되고 나면 공인 퍼스널 트레이너는 진행 과정이 어떨지에 대해 이야기하고, 고객이 시작할 준비가 되었는지를 평가해야 한다.

본질적으로 BCT는 일반적인 내용이어서 실제 적용하기 위해서는 해석이 필요하다(Kok, 2014). 실제적 적용을 위해서는 적절한 전달 채널(대면, 문자 메시지, 이메일 또는 소셜 미디어)을 결정해야 한다. 따라서 피트니스 전문가는 고객에게 변화 방법을 이해시키기 전에 고객들이 무엇을 바꾸고 싶은지부터 알아야 한다. 초기 고객 상담은 변화에 대한 고객의 준비도에 따라 BCT의 방향을 제공하기 때문에 매우 중요하다.

건강적 관심에 대한 논의

부상으로 인한 것이든 현재 건강 문제 때문이든 고객의 건강 문제를 이해하는 것은 미래 운동 프로그램 계획을 위해 중요하다. 피트니스 전문가는 반드시 초기 상담의 일부로 건강 문제를 다뤄야 한다. 고객의 건강 문제와 운동 요법을 연결할 수 있다면 고객에게 긍정적인 결과에 대한 기대감을 주고, 태도에 동기를 부여할 수 있다. 때때로 고객은 첫 수업 전에 병력 설문지를 작성한다. 그들이 온라인이나 클럽 멤버십에 가입할 때 이미 작성했을 수도 있지만, 고객이 가진 건강적 문제를 직접 검토해 논의하는 것은 매우 중요하다. 말해주어야 하는 우려 사항을 고객이 잊어버릴 수도 있으므로 피트니스 전문가는 항상 알아야 할 다른 사항이 있는지 물어보는 것이 좋다. 건강 문제에 대해 대화함으로써 고객과 관계를 구축하고, 우려 사항에 대해 운동이 어떻게 도움이 될지를 말해줌으로써 건강에 대한 희망을 심어줄 수 있다.

피트니스 목표 확인

좋은 첫인상을 주고, 건강 문제에 대해 논의한 후에는 피트니스 목표에 대해 이야기해야 한다. 목표는 사람들에게 노력을 발휘하게 하고, 시간이 지나도 지속할 수 있도록 하며, 목표 성취에 도움이 되는 행동과 정보에 집중하도록 해 동기를 부여하고 활력을 불어넣는다(Locke & Latham, 2002). 고객은 지나치게 높거나 모호한 목표를 세울 수 있다. 모호한 목표는 주관적 목표라고도 한다. 모호한 목표를 세운 고객의 경우는 그들의 기대치를 집중된 결과에 두거나 과정 목표로 관리해 나가야 한다.

각각의 목표에는 성취되었을 때의 모습이 어떠할지 명확하게 알 수 있도록 측정 가능한 작은 목표를 가지고 있어야 한다. 그러므로 피트니스 전문가는 고객이 바라는 바를 해석하기보다 목표를 명확히 할 수 있도록 '반영'을 사용해야 한다. 모호한 목표를 좀 더 구체적인 목표로 바꾸는 단순한 방법은 고객에게 목표에 도달하면 달성할 수 있다고 생각하는 것이 무엇인지를 물어보는 것이다. 예를 들어, 고객의 목표가 체중 감량이라면 체중 감량 후에 무엇을 할 수 있을지를 질문해 보는 것이다. 체중 감량으로 3km를 더 빨리 달릴 수 있다는 것을 알게 된다면 고객은 그 상태 유지에 도움이 되는 하위 목표를 세울 수 있게 된다. 이 상황에서 3km의 러닝 타임을 20초 향상시키겠다는 목표를 설정하는 것은 최종 목표에 도달하기 위해 명확하고 확실한 효과가 있다.

목표도 자주 검토하고 조정되어야 한다. 고객은 모두 다른 속도로 발전하기 때문에, 목표를 재검토하고 재평가할 방법을 논의하기 위해 시간 계획을 세우는 것이 좋다. 필요하다면 목표를 수정하거나 추가하거나 삭제할 수 있다고 고객에게 알리는 것도 중요하다. 고객의 기대치를 관리할 수 있도록 돕고 피드백을 자주 제공하는 것은 기대치를 유지하는 데 필수적이다.

과거 운동 경험 검토하기

운동에 관한 과거 경험은 잠재적으로 현재 개인의 운동에 좋게, 또는 나쁘게 영향을 미친다. 운동 계획이 이전에 효과가 없었다면 비슷한 해결책을 제공하는 것은 역효과를 낳을 수 있다. 따라서 고객이 무엇을 좋아했고 싫어했는지, 그들에게 무엇이 효과가 있었고 없었는지를 알아보기 위해 이전 경험을 나누는 것은 필수적이다. 이를 위해 운동 경험과 현재 하고 있는 일에 대해 고객과 대화해야 한다. 운동했을 때와 지금을 비교했을 때 느낌이 어떤지, 다시 규칙적으로 운동해서 이루고 싶은 것이 무엇인지를 물어보아야 한다. 피트니스 전문가는 아래를 포함하는 후속 질문을 할 수 있다.

- 하루 중 운동하기 가장 좋은 시간은 언제였나?
- 개인 또는 그룹 수업 중에 어떤 것이 더 성공적이었나?
- 이전 운동 경험에서 가장 긍정적인 측면은 무엇인가?
- 운동을 그만둔 계기는 무엇인가?

고객은 과거에 다른 피트니스 전문가와 함께했을 수도 있다. 고객에게 이전 프로그램에서 무엇이 잘 되었는지, 그 경험에서 무엇이 가장 좋았는지를 물어보는 것이 좋다. 운동에 대한 이전 시도가 왜 부족했는지에 대한 정보를 입수하고, 고객이 겪었을 장애 요인에 대해서도 물어보아야 한다. 고객이 현재의 운동 습관을 방해하는 장애 요인을 아는 것이 중요하다. 공인 퍼스널 트레이너는 잠재적 장애물을 예상해 고객이 장애 요인을 잘 극복해 갈 수 있도록 계획을 세울 수 있게 도와주어야 한다. 장애 요인은 시간 부족, 동기 부족, 즐겁지 않음, 지루함, 자신감 결여, 부상, 지지의 부족 같은 운동의 결정 요소와 관련 있을 수 있다. 고객들이 인식하는 각 장애 요인은 개별화된 접근법이 필요하다.

프로그램 마무리

고객의 주관적인 건강 문제, 목표 그리고 과거 운동 경험에 대한 정보를 얻은 후에, 피트니스 전문가는 운동의 시작점을 결정하기 위해 고객의 건강을 평가해 보아야 한다. 이를 위해 NASM은 고객의 운동 질과 수준에 대한 분명하고 객관적인 정보를 제공하는 다양한 피트니스 평가(11장과 12장 참조)를 제공하므로 사용하기를 권한다. 객관적인 정보와 주관적인 정보의 조합은 운동 프로그램을 디자인하는 데 큰 도움이 될 것이다.

운동 프로그램은 초기 상담 후에 설계되어 첫 번째 수업에서 고객에게 제시한다. 첫 수업 동안에 수행해야 할 것들이 너무 많아서 시간이 충분하지 않을 수도 있다. 개별화된 피트니스 계획은 신중하게 생각하고 고려해야 하므로 고객에게 프로그램이 맞춤화될 것이라고 말하고, 다음 시간에도 기다리고 있겠다고 설명한다.

고객이 과정을 예측할 수 있도록 돕기

과정과 다음에 일어날 일을 이해하면 운동에 대한 두려움을 훨씬 덜어낼 수 있다. 첫 번째 미팅이 끝나면 공인 퍼스널 트레이너는 아래의 주제를 가지고 고객과 대화를 나누어야 한다.

- 운동 프로그램을 지속할 준비가 되어 있는가?
- 논의된 내용에 대해 더 많은 정보를 원하는가?
- 추가로 운동하는 데 필요한 모든 것을 스스로 가지고 있는가?
- 다른 질문이나 우려 사항이 있는가?

트레이닝 팁

첫 수업 동안 다음 체크리스트를 수행하라.

1. 건강 문제에 대해 논의하라.
2. 피트니스 목표를 명확히 하라.
3. 과거 운동 경험을 검토하라.
4. 종합적인 체력 평가를 하라.

위의 체크리스트를 완료하고 나면 수집된 정보를 바탕으로 운동 프로그램을 설계하라. 다음 수업에서 설계한 이 프로그램을 제시하고 고객에게 과정을 예측할 수 있는 분명한 기대치를 알려 주라.

여기에 더해 가능하다면 고객을 시설의 다른 멤버에게 소개한다. 고객이 헬스클럽에서 더 많은 사람을 알게 되면 보다 편안함을 느끼게 되고, 이는 공동체 의식을 조성해 동기를 부여하고 지속적인 방문으로 이어진다.

요약

피트니스 전문가의 주요 목표는 고객이 규칙적인 운동 프로그램을 선택하여 장기간 적극적인 상태를 유지하도록 하는 것이다. 공인 퍼스널 트레이너는 고객이 변화할 준비가 되어 있는지 확인하고 동기를 부여하며, 열심히 하도록 적극적인 조치를 취해야 한다. 피트니스 전문가는 행동 변화에 대한 범이론적인 모델로 고객들이 처해 있는 변화의 단계를 평가해볼 수 있다. 공인 퍼스널 트레이너는 운동의 결정 요소가 무엇인지를 이해하고 지속적으로 운동하기 위해 고객이 변화해야 할 사항이 무엇인지 평가해야 한다. 또한 변화가 왜 고객에게 중요한지 이해하고, 고객과 효과적으로 의사소통해야 하며, 고객의 목표를 성공적으로 달성하기 위해 적절한 BTC를 적용해야 한다. 공인 퍼스널 트레이너는 고객이 규칙적인 운동을 하는 데 동기가 되는 지침과 지원을 제공하며, 방해 요소에 대해서도 알아두어야 한다.

제4장 리뷰

운동과 신체활동에 규칙적으로 참여하는 것이 이로움에도 불구하고, 대부분의 사람은 권장 지침을 따르지 못한다. 사람들은 운동 시작의 실패, 운동 프로그램 유지 실패 등 운동과 관련한 다양한 문제를 가지고 있다. 이것은 사람들이 시작도 못 하고 포기할 수 있다는 것을 말해준다. 자신감을 심어주고 운동 의지를 지지해 주기 위해 공인 퍼스널 트레이너는 조심스럽게 행동하고, 복장도 전문적인 것으로 갖추어 트레이닝 환경이 장기적으로 잘 유지되도록 해야 한다.

운동에 참여하기 위해서는 자기 효능감, 행동 의도, 결과 기대치, 계획, 셀프 모니터링, 목표 설정 등 여러 결정 요인이 있다. 고객이 동기, 자신감, 지식, 목표 수립 또는 장애 요인 문제로 고군분투한다면, 공인 퍼스널 트레이너는 해당 영역을 평가하고 전략을 제공할 수 있어야 한다. 또한 고객이 필요한 것과 변화에 얼마나 준비가 되어 있는지를 평가하고, 더 나은 방향으로 변화를 주도해 나가는 기술을 발휘해야 한다.

초기 상담에서는 고객의 건강 문제를 다루고 고객의 목표를 명확히 하도록 해야 한다. 고객의 이전 운동 경험을 제대로 이해하고, 그들이 무엇을 했고 무엇을 좋아하지 않았는지를 알아내야 한다. 트레이닝 프로그램은 동기를 부여하고 지속성을 유지하기 위해 고객의 선호도와 능력을 기반으로 한다. 공인 퍼스널 트레이너는 효과적인 의사소통 기술을 숙달하고 동기 부여 상담과 같은 코칭 스타일로부터 통찰력을 얻어야 한다.

피트니스 전문가는 고객의 목표를 이해하기 위해 적극적으로 경청하고, 고객이 원하는 위치와 현재 위치 사이의 불일치를 파악해 변화를 촉진하는 대화를 함으로써 고객과의 관계를 구축해 나가야 한다. 일단 고객의 목표를 이해하고 고객과의 친밀한 관계가 설정되면 공인 퍼스널 트레이너는 고객이 SMART 목표를 설정하고, 경험을 통해 자신감을 높이며, 장애 요인을 파악해 문제를 해결할 방법을 계획하여 어려움을 헤쳐 나가도록 돕는다. 또한 행동에 대한 셀프 모니터링도 장려한다. 고객은 수업 동안에 긍정적 자기 대화, 형상화, 사이킹 업 전략에 의해 긍정성이 향상된다. 올바르게 실행되면 그것들은 운동의 선택과 지속을 촉진한다.

제4장 하이라이트

- 고객은 전문성을 기대한다. 따라서 관계를 구축하고 트레이닝 역량을 지원하는 시설을 유지하는 것이 중요하다.
- 프로그램 디자인은 고객의 능력에 기반해야 하고 고객들의 건강 문제와 목표를 다루어야 한다.
- 자기 효능감은 성인의 신체활동을 결정하는 가장 강력한 요인이다. 대부분의 코칭 노력은 자기 효능감을 높이는 데 맞춰져 있다.
- 계획과 셀프 모니터링은 자기 효능감을 향상시키기 위한 자기 통제 전략을 개발하는 필수적인 기술이다.
- 감정적 판단과 주관적인 기준은 저항 운동을 수행하는 개인의 준비성에 영향을 미친다.
- 공인 퍼스널 트레이너는 고객의 변화 단계를 평가하고 운동 능력을 촉진해야 한다.
- 변화의 단계는 고려 전, 고려, 준비, 행동, 유지로 나뉜다.
- 전문가와 고객의 관계를 발전시키는 데 있어서 언어적, 비언어적 형태의 의사소통은 모두 중요하다.
- 적극적 경청은 고객의 건강과 피트니스 목적을 이해하는 데 진정한 관심을 갖는 것이다. 여기에는 적절한 질문을 하고, 주의를 산만하게 하는 것이나 내적 대화를 피하고, 적절한 피드백을 하는 것이다.
- 동기 부여 상담은 변화를 위한 내적 동기 향상을 위해 사용되는 코칭 스타일이다. 공인 퍼스널 트레이너는

고객의 현재 상태와 이상적 상태 사이의 불일치, 변화 대화 촉진, 준비도, 의지, 변화에 대한 인식 능력과 같은 것들을 동기 부여 상담을 통해 파악할 수 있다.

- BCT는 행동 결정 요소를 발전시키는 데 사용된다. 공인 퍼스널 트레이너는 계획, 셀프 모니터링, 목표 설정을 통해서 고객의 자신감과 동기, 자기 통제 기술을 향상시키기 위해 다양한 전략을 사용한다.
- 행동 변화를 돕는 인지 전략에는 긍정적인 자기 대화, 형상화, 사이킹 업이 있다.
- 고객이 세우는 목표는 반드시 SMART해야 한다. 구체적이고(Specific), 측정 가능하고(Measurable), 달성 가능하고(Attainable), 현실적이고(Realistic), 시기적절해야(Timely) 한다. 또한 고객은 과정 목표와 결과 목표 모두에 초점을 맞춰야 한다.
- 최선의 결과를 위해 고객은 장기적으로 더 큰 목표를 결정한 다음, 주요 목표의 진행을 돕는 일련의 작은 목표를 만들어야 한다.

참고 문헌

Bandura, A. (1991). Social cognitive theory of self-regulation. *Organizational Behavior and Human Decision Processes, 50*(2), 248–287. https://doi.org/10.1016/0749-5978(91)90022-L

Belanger-Gravel, A., Godin, G., & Amireault, S. (2013). A meta-analytic review of the effect of implementation intentions on physical activity. *Health Psychology Review, 7*(1), 23–54. https://doi.org/10.1080/17437199.2011.560095

Bryan, A. D., & Rocheleau, C. A. (2002). Predicting aerobic versus resistance exercise using the theory of planned behavior. *American Journal of Health Behavior, 26*(2), 83–94. https://doi.org/10.5993 / ajhb.26.2.1

Cardinal., B. J., & Kosma, M. (2004). Self-efficacy and the stages and processes of change associated with adopting and maintaining muscular fitness-promoting behaviors. *Research Quarterly for Exercise and Sport, 75*(2), 186–196. https://doi.org/10.1080/02701367.2004.10609150

Choi, J., Lee, M., Lee, J. K., Kang, D., Choi, J. Y. (2017). Correlates associated with participation in physical activity among adults: A systematic review of reviews and update. *BMC Public Health, 17*(1), 356. https://doi.org/10.1186/s12889-017-4255-2

Clifford, D., & Curtis, L. (2016). *Motivational interviewing in nutrition and fitness*. New York, NY: Guilford Press.

Crane, J., & Crane, F. G. (2010). Optimal nonverbal communications strategies physicians should engage in to promote positive clinical outcomes. *Health Marketing Quarterly, 27*(3), 262–274. https:// doi.org/10.1080/07359683.2010.495300

Gao, Z., & Kosma, M. (2008). Intention as a mediator of weight training behavior among college students: An integrative framework. *Journal of Applied Sport Psychology, 20*(3), 1–12. https://doi.org/10.1080/10413200701871200

Garon, J. D., Masse, A., & Michaud, P. C. (2015). Health club attendance, expectations, and self-control. *Journal of Economic Behavior & Organization, 119*, 364–374. https://doi.org/10.1016/j.jebo.2015.08.015

Giacobbi, P. R., Hausenblas, H. A., & Fallon, E. A. (2003). Even more about exercise imagery: A grounded theory of exercise imagery. *Journal of Applied Sport Psychology, 15*(2), 160–175. https://doi.org/10.1080/10413200305391

Glanz, K., Rimer, B. K., & Viswanath, K. (2008). *Health behavior and health education: Theory, research, and practice. The transtheoretical model and stages of change*. San Francisco, CA: Jossey-Bass.

Godin, G., & Conner, M. T. (2008). Intention-behavior relationship based on epidemiologic indices: An application to physical activity. *American Journal of Health Promotion, 22*(3), 180–182. https://doi.org/10.4278/ajhp.22.3.180

Harada, K., Oka, K., Shibata, A., Ota, A., Okada, J., & Nakamura, Y. (2008). Factors associated with stage of change for strength training behavior. *International Journal of Sport and Health Science, 6*, 251–263. https://doi.org/10.5432/ijshs.IJSHS20070313

Hardy, J., Roberts, R., & Hardy, L. (2009). Awareness and motivation to change negative self-talk. *Sport Psychologist, 23*(4), 435–450. https://doi.org/10.1123/tsp.23.4.435

Karoly, P., Ruehlman, L. S., Okun, M. A., Lutz, R. S., Newton, C., & Fairholme, C. (2005). Perceived self-regulation of exercise goals and interfering goals among regular and irregular exercisers: A life space analysis. *Psychology of Sport and Exercise, 6*(4), 427–422. https://doi.org/10.1016/j.psychsport.2004.03.004

Kok, G. (2014). A practical guide to effective behavior change: How to apply theory- and evidence-based behavior change methods in an intervention. *European Health Psychologist, 16*(5), 156–170. https://doi.org/10.31234/osf.io/r78wh

Kok, G., Gottlieb, N. H., Peters, G. J., Mullen, P. D., Parcel, G. S., Ruiter, R. A., . . . Bartholomew, L. K. (2016). A taxonomy of behaviour change methods: An intervention mapping approach. *Health Psychology Review, 10*(3), 297–312. https://doi.org/10.1080/17437199.2015.1077155

Kompf, J., & LaVaute, B. (2017). Commitment-based strategies to increase exercise participation. *Strength and Conditioning Journal, 39*(4), 82–88.

Koring, M., Richert, J., Lippke, S., Parschau, L., Reuter, T., & Schwarzer, R. (2012). Synergistic effects of planning and self-efficacy on physical activity. *Health Education and Behavior, 39*(2), 152–158. https://doi.org/10.1177/1090198111417621

Kossert, A. L., & Munroe-Chandler, K. (2007). Exercise imagery: A systematic review of the empirical literature. *Journal of Imagery Research in Sport and Physical Activity, 2*(1). https://doi.org/10.2202/1932-0191.1015

Lippke, S., Wiedemann, A. U., Ziegelmann, J. P., Reuter, T., & Schwarzer, R. (2009). Self-efficacy moderates the mediation of intentions into behavior via plans. *American Journal of Health Behavior, 33*(5), 521–529. https://doi.org/10.5993/ajhb.33.5.5

Locke, E. A., & Latham, G. P. (2002). Building a practically useful theory of goal setting and task motivation: A 35-year odyssey. *American Psychologist, 57*(9), 705–717. https://doi.org/10.1037 //0003-066x.57.9.705

Lubans, D. R., Plotnikoff, R. C., Jung, M., Eves, N., & Sigal, R. (2012). Testing mediator variables in a resistance training intervention for obese adults with type 2 diabetes. *Psychology and Health, 27*(12), 1388–1404. https://doi.org/10.1080/08870446.2011.613471

Miller, W. R., & Rollnick, S. (2013). *Motivational interviewing: Helping people change* (3rd ed.). New York, NY: Guilford Press.

Olander, E. K., Fletcher, H. L., Williams, S., Atkinson, L., Turner, A., & French, D. P. (2013). What are the most effective techniques in changing obese individuals' physical activity self-efficacy and behaviour: A systematic review and meta-analysis. *International*

Journal of Behavioral Nutrition and Physical Activity, *10*(1), 29. https://doi.org/10.1186/1479-5868-10-29

Paech, J., & Lippke, S. (2017). Social-cognitive factors of long-term physical exercise 7 years after orthopedic treatment. *Rehabilitation Psychology*, *62*(2), 89–99. https://doi.org/10.1037/rep0000136

Prochaska, J. O., & Velicer W. F. (1997). The transtheoretical model of health behavior change. *American Journal of Health Promotion*, *12*(1), 38–48. https://doi.org/10.4278/0890-1171-12.1.38

Rhodes, R. E., Lubans, D. R., Karunamuni, N., Kennedy, S., & Plotnikoff, R. (2017). Factors associated with participation in resistance training: A systematic review. *British Journal of Sports Medicine*, *51*(20), 1466–1472. https://doi.org/10.1136/bjsports -2016-096950

Rovniak, L. S., Anderson, E. S., Winett, R. A., & Stephens, R. S. (2002). Social cognitive determinants of physical activity in young adults: A prospective structural equation analysis. *Annals of Behavioral Medicine*, *24*(2), 149–156. https://doi.org/10.1207 / S15324796ABM2402_12

Samdal, G. B., Eide, G. E., Barth, T., Williams, G., & Meland, E. (2017). Effective behaviour change techniques for physical activity and healthy eating in overweight and obese adults: Systematic review and meta-regress analyses. *International Journal of Behavioral Nutrition and Physical Activity*, *14*(1), 42. https://doi.org/10.1186 /s12966-017-0494-y

Sherwood, N. E., & Jeffery, R. W. (2000). The behavioral determinants of exercise: Implications for physical activity interventions. *Annual Review of Nutrition*, *20*, 21–44. https://doi.org/10.1146 /annurev. nutr.20.1.21

Sniehotta, F. F., Schwarzer, R., Scholz, U., & Schüz, B. (2005). Action planning and coping planning for long-term lifestyle change: Theory and assessment. *European Journal of Social Psychology*, *35*(4), 565–576. https://doi.org/10.1002/ejsp.258

Spencer, L., Adams, T. B., Malone, S., Roy, L., & Yost, E. (2006). Applying the transtheoretical model to exercise: A systematic and comprehensive review of the literature. *Health Promotion Practice*, *7*(4), 428–443. https://doi.org/10.1177/1524839905278900

Teixeira, P. J., Carraca, E. V., Markland, D., Silva, M. N., & Ryan, R. M. (2012). Exercise, physical activity, and self-determination theory: A systematic review. *International Journal of Behavioral Nutrition and Physical Activity*, *9*(78). https://doi.org/10.1186/1479-5868-9-78

Williams, S. L., & French, D. P. (2011). What are the most effective intervention techniques for changing physical activity self-efficacy and physical activity behavior—and are they the same? *Health Education Research*, *26*(2), 308–322. https://doi.org/10.1093/her / cyr005

Zenger, J., & Folkman, J. (2019). What great listeners do. In *Mindful listening: HBR emotional intelligence series*. Boston, MA: Harvard Business Review Press.

Zhou, G., Wang, D., Knoll, N., & Schwarzer, R. (2016). Planning mediates between self-efficacy and physical activity among motivated young adults. *Journal of Physical Activity and Health 13*(1), 87–93. https://doi.org/10.1123/jpah.2014-0555

SECTION 3

기초 및 응용 과학과 영양

CHAPTER 5

신경계, 뼈대계, 근육계

학습 목표

- 신경계의 기본 구조와 기능을 개략적으로 설명할 수 있다.
- 뼈와 관절의 종류와 관련 기능을 분류할 수 있다.
- 근육계의 구조와 기능을 요약할 수 있다.
- 운동이 인체 움직임 시스템의 각 구성 요소에 미치는 영향을 파악할 수 있다.

인체 움직임 시스템 개요

인체의 움직임은 인체 내에서 신경계, 뼈대계(골격계), 근육계의 세 가지 시스템이 통합되어 이루어진다. 이 세 가지 시스템은 상호 의존적이며 인체의 움직임을 생성하기 위해 함께 작동해야 한다(Chu et al., 2016). 인체 움직임 시스템(human movement system, HMS)의 한 구성 요소가 제대로 작동하지 않으면 다른 시스템에 영향을 끼치고 궁극적으로 움직임에 영향을 미친다(Sueki et al., 2013). 그러므로 피트니스 전문가는 시스템이 어떻게 함께 작동하여 효율적인 움직임을 위한 운동 사슬(kinetic chain)을 형성하는지 이해하는 것이 중요하다.

피트니스 전문가에 대한 기대

피트니스 전문가는 정확한 피트니스 평가를 통해 안전한 운동을 프로그램화하며 고객이 피트니스 프로그램에 대해 가질 수 있는 모든 질문에 답하기 위해 해부학과 생리학에 대한 실무 지식을 갖춰야 한다. 예를 들어, 고객은 어떤 근육이 특정 운동에 관여하는지, 또는 심혈관 훈련의 생리학적 이점이 무엇인지에 대해 질문할 수 있다. 다양한 고객 질문에 정확하게 답하고, 운동 기술이 왜 그런 방식으로 작용하는지를 더 잘 이해시키기 위해 피트니스 전문가는 신경계, 뼈대계, 근육계의 구조와 기능에 대한 기초적인 이해를 하고 있어야 한다.

신경계

신경계(nervous system)는 인체 내에서 정보를 전달하는 특수 신경망이다. 신경계는 감각 정보(예: 통증, 시각, 미각)를 뇌에 제공하고 근육 수축을 통해 인체의 움직임을 자극하며 심장과 장기의 기능을 유지하는 등의 많은 기능을 한다. 본질적으로 신경계는 인간이라는 기계를 작동시키는 배선(통신 네트워크)과 운영 소프트웨어를 나타낸다.

인체 움직임 시스템 Human movement system (HMS) 인체를 움직이기 위해 함께 작용하는 집합적 구성 요소 및 구조. 근육계, 뼈대계 및 신경계

운동 사슬 Kinetic chain 움직임을 위해 함께 작용하는 상호 의존적 연결 사슬로서 인체를 설명하는 개념

신경계 Nervous system 신호를 전송하고 조율하는 뉴런이라고 하는 특수 세포 네트워크로, 인체 내에서 통신 네트워크를 제공한다.

유용한 힌트

인체 움직임 시스템과 운동 사슬이라는 용어는 동의어이다. 운동 사슬이라는 용어는 근육, 뼈, 관절, 신경이 함께 연결되어(사슬을 형성하여) 움직임(운동)을 생성하는 방식을 나타낸다. 예를 들어, 스쿼트(스쾃*)를 하는 동안 엉덩이, 무릎, 발목, 발이 모두 함께 움직여서 동작을 수행한다. 피트니스 전문가는 한 관절의 움직임이 운동 사슬 내의 다른 관절의 움직임에 영향을 줄 수 있음을 인식해야 한다. 마찬가지로 신체의 한 부위의 문제는 다른 부위에도 문제를 가져오는 '도미노 효과'를 일으킬 수 있다.

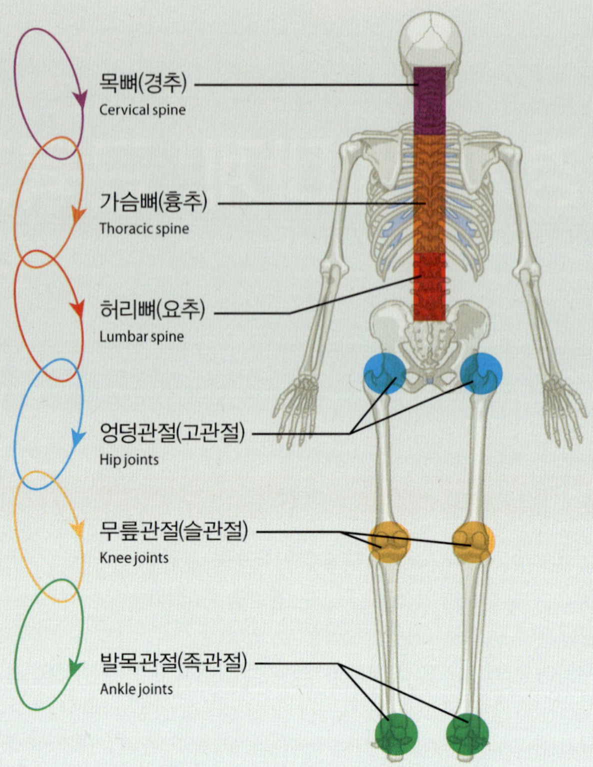

*이 저서에서 스쾃(squat)은 현장 용어를 존중하여 '스쿼트'로 표기함.

신경계의 해부학

신경계는 인체의 주요 기관 시스템 중 하나로써 신호를 전달하고 조정하는 '뉴런'이라는 특수 세포 네트워크로 구성되어 인체 내에 통신 네트워크를 제공한다(Karemaker, 2017). 뉴런(신경세포, neuron)은 특수한 세포이며 신경계의 기능적 단위이다(그림 5-1). 수십억 개의 뉴런이 신경계의 복잡한 구조를 구성한다. 이 세포들은 신경계에 외부 환경뿐만 아니라 자신과 소통할 수 있는 능력을 제공한다. 뉴런은 전기적, 화학적 신호를 통해 정보를 처리하며 뇌, 척수, 말초신경을 포함하는 신경계의 핵심이다(Wehrwein et al., 2016).

집합적으로 많은 뉴런이 합쳐져 인체의 신경을 형성한다. 뉴런은 세포체(cell body), 축삭(axon), 가지돌기(수상돌기, dendrites)라는 세 가지 주요 부분으로 구성되어 있다. 모든 세포와 마찬가지로 뉴런의 세포체에는 핵(nucleus)과 미토콘드리아(mitochondria)와 같은 다른 세포 소기관(organelles)이 있다. 축삭은 신경 자극을 다른 뉴런이나 효과기 부위(effector sites)(근육과 장기)로 전달하는 세포체의 원통형 돌출부이다. 또한 뇌와 척수에서 신체의 다른 부분으로 통신을 제공하는 뉴런의 일부이다. 가지돌기는 다른 구조로부터 정보를 수집하여 뉴런으로 다시 전달한다(Wehrwein et al., 2016).

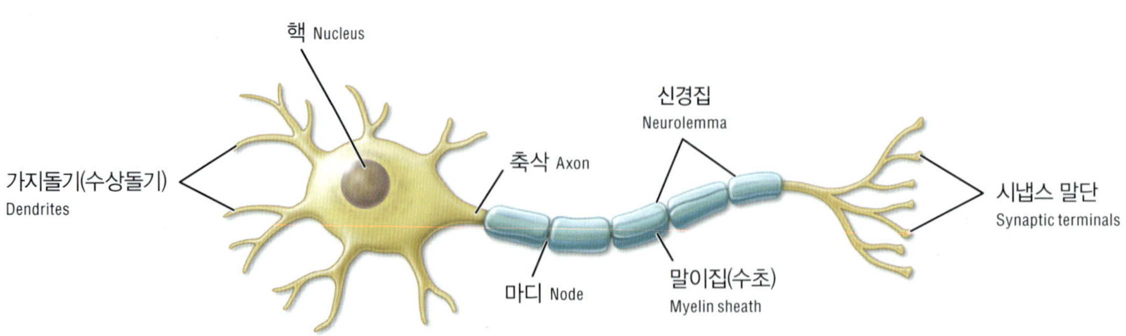

그림 5-1 뉴런

신경계는 몸 전체에 신경 자극을 전달하는 데 도움이 되는 다양한 전해질이나 전하를 띠는 미네랄을 필요로 한다. 이 과정에 관련된 네 가지 주요 전해질은 나트륨, 칼륨, 마그네슘 및 물이다. 적절한 신경 기능을 생성하기 위해서는 적절한 수준의 **전해질(electrolytes)**을 유지해야 한다(Kenney et al., 2020).

> **유용한 힌트**
>
> 뉴런은 세 가지 주요 부분으로 구성되어 있다.
> 1. 핵과 세포 소기관을 포함하는 세포체
> 2. 신경 메시지를 전달하는 세포체에서 뻗어 나온 원통형 돌출부인 축삭
> 3. 다른 뉴런으로부터 메시지를 받는 가지돌기

중추신경계와 말초신경계

신경계는 중추신경계와 말초신경계라는 두 가지 상호 의존적인 부분으로 구성되어 있다. **중추신경계(central nervous system, CNS)**는 뇌와 척수로 구성되며, 그 주요 기능은 신체의 모든 부분의 활동을 조정하는 것이다(그림 5-2)(Ludwig & Varacallo, 2019). **말초신경계(peripheral nervous system, PNS)**는 중추신경계를 신체의 나머지 부분과 외부 환경에 연결하는 신경으로 구성되어 있다. 말초신경계의 신경은 중추신경계가 감각 입력을 수신하고 정보를 통합한 다음 신체의 나머지 부분에 반응을 보내는 방식이다(Ludwig & Varacallo, 2019).

말초신경계는 12개의 뇌 신경, 뇌와 척수에서 분기되는 31쌍의 척추신경, 감각수용기로 구성된다(그림 5-3)(Kenney et al., 2020). 말초신경은 두 가지 주요 기능을 수행한다. 첫째, 감각 정보(예: 시각, 후각, 촉각, 미각)를 신체의 나머지 부분으로부터 **구심 경로(afferent pathway)**(즉, 감각 경로)를 통해 중추신경계까지 제공한다. 둘째, 말초신경은 중추신경계로부터 **원심 경로(efferent pathway)**(즉, 운동 경로)를 통해 신체의 나머지 부분으로 정보를 전달한다. **사이신경세포(interneurons)**는 척수와 뇌에만 있다. 이들은 구심 뉴런과 원심 뉴런 사이에 자극을 전달한다(Kenney et al., 2020).

감각수용기(감각수용체)는 환경 자극(열, 빛, 소리, 맛, 움직임)을 뇌와 척수가 반응을 일으키는 데 사용하는 감각 정보로

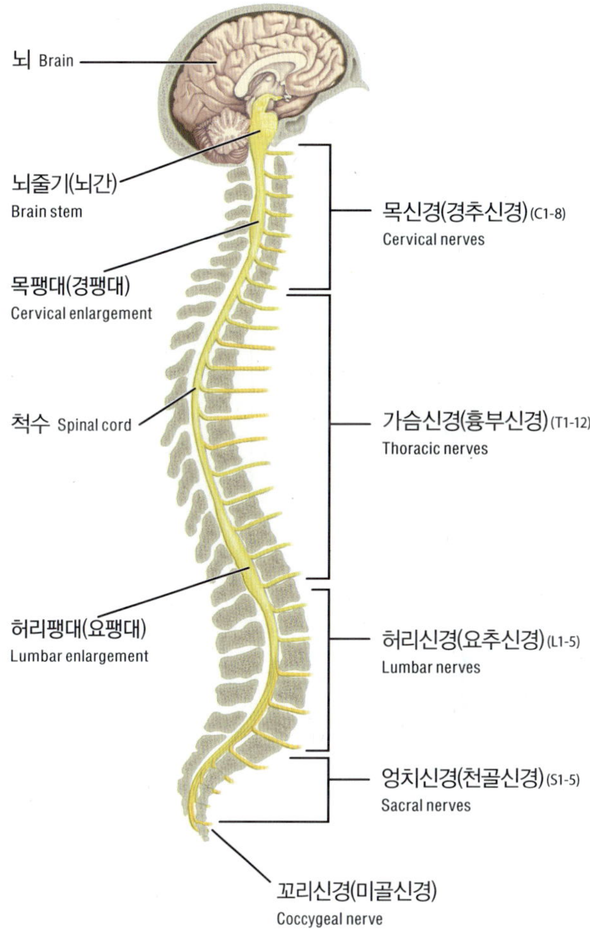

그림 5-2 중추신경계

뉴런 Neuron 신경계의 기능적 단위인 전문화된 세포
핵 Nucleus 염색체의 형태로 세포 유전 물질의 대부분을 포함하는 세포 구조
미토콘드리아 Mitochondria 세포를 위한 에너지를 만들기 위해 영양소를 이용하는 세포의 부분. 보통 세포의 발전소라고 알려져 있다.
세포 소기관 Organelles 세포 내에서 특정한 기능을 수행하는 작은 세포 구조. 예로는 핵, 미토콘드리아, 리소좀, 리보솜, 소포체 등이 있다.
효과기 부위 Effector sites 생리적 반응을 생성하기 위해 뉴런으로부터 신호를 받는 근육이나 장기와 같은 신체의 부위
전해질 Electrolytes 나트륨, 칼륨, 마그네슘과 같이 몸 전체에 신경 자극을 전달하는 데 도움이 되는 전하를 띤 미네랄
중추신경계 Central nervous system (CNS) 뇌와 척수를 포함하는 신경계의 한 부분
말초신경계 Peripheral nervous system (PNS) 인체의 나머지 부분을 중추신경계에 연결하는 신경
구심 경로 Afferent pathway 정보를 중추신경계에 전달하는 감각 경로
원심 경로 Efferent pathway 중추신경계에서 나머지 인체 부위로 정보를 전달하는 운동 경로
사이신경세포 Interneurons 척수와 뇌에 위치하여 구심 뉴런과 원심 뉴런 사이에 자극을 전달하는 뉴런

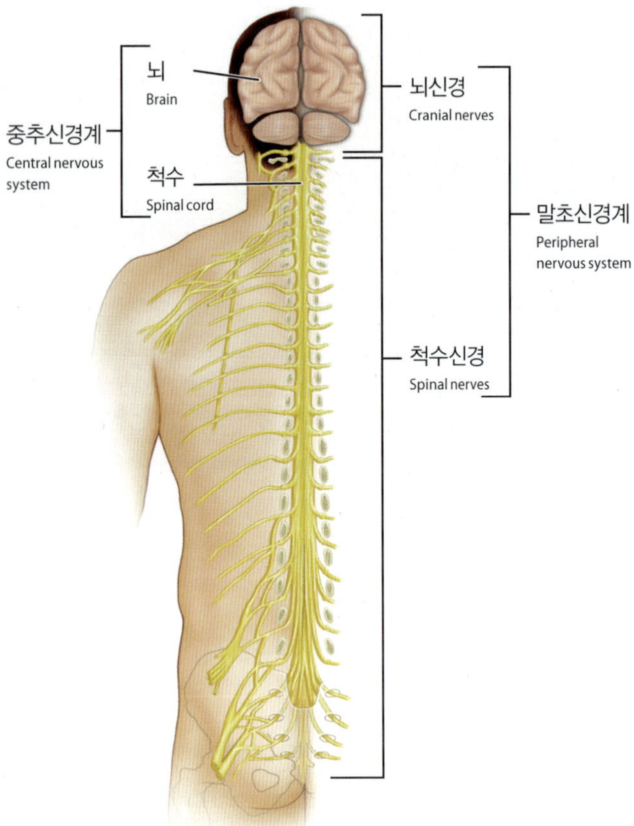

그림 5-3 말초신경계

변환하는 몸 전체에 있는 특수 구조이다. 감각수용기는 중추신경계로 정보를 보내기 위해 구심 경로를 사용한다. 이러한 감각수용기는 기계수용기, 통각수용기, 화학수용기, 빛수용기로 세분화된다(Wade, 2019).

기계수용기(기계수용체, mechanoreceptors)는 기계적 힘(촉각과 압력)에 반응하고, 통각수용기(통각수용체, nociceptors)는 통증에, 화학수용기(화학수용체, chemoreceptors)는 화학적 상호 작용(냄새와 맛)에, 그리고 빛수용기(광수용체, photoreceptors)는 빛(시각)에 반응한다(Ackerley & Watkins, 2018). 기계수용기는 인체 운동의 과학과 가장 관련이 있으며, 피트니스 전문가가 반드시 알아야 할 중요한 부분이다.

신경계 하위 분류

말초신경계(PNS)의 두 가지 하위 분류에는 체성신경계와 자율신경계가 있다(그림 5-4)(Waxenbaum & Varacallo, 2019). 체성신경계(somatic nervous system)는 신체의 바깥 부분과 뼈대근(골격근)을 담당하는 신경으로 구성되며 신체의 자율적인 움직임 조절에 큰 역할을 한다. 자율신경계(autonomic nervous system)는 신체 내에서 의지와 상관없이 움직이는 비자발적 과정(예: 혈액 순환, 음식 소화, 호르몬 생성)에 관여한다. 이런 일들은 자율신경계 덕분에 생각할 필요도 없이 일어나는 것이다. 자율신경계는 다시 교감신경계와 부교감신경계로 세분된다.

운동하는 동안 교감신경계는 신경 활동을 왕성하게 하고 다른 내분비 기관에 신호를 보내 아드레날린과 같은 호르몬을 분비하여 심박수, 호흡 및 각성을 증가시킨다. 이 과정은 종종 '투쟁 또는 도피'라고 불리는데, 신체는 활동 증가를 예상하여 더 흥분된(즉, 고조된) 상태에 놓인다.

부교감신경계는 정반대의 작용을 하며 흥분성 호르몬의 분비를 억제하여 신경 활동을 감소시키는 작용을 한다. 이것은 신체를 좀 더 편안한 상태로 만드는데, 이것을 '휴식과 소화'라고 부른다. 두 시스템은 함께 작동하여 신체 기능의 균형을 유지하고 주변 세계와의 상호 작용을 관리한다(Waxenbaum & Varacallo, 2019).

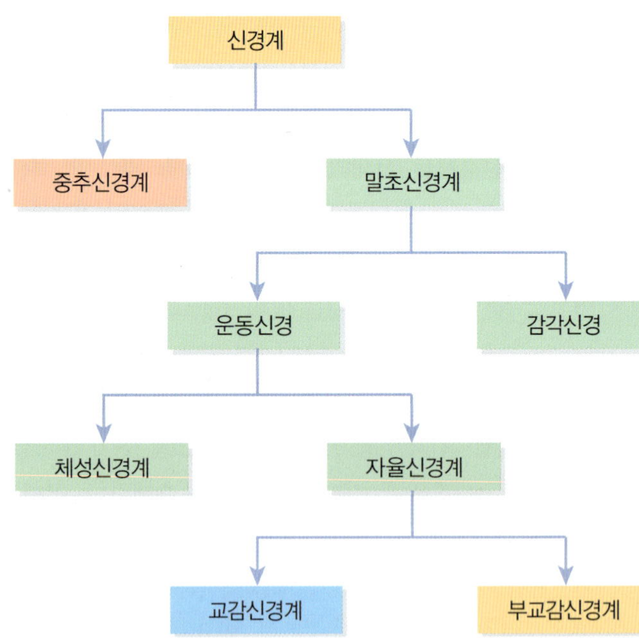

그림 5-4 신경계 흐름도

신경계의 기능

신경계의 세 가지 주요 기능은 감각, 통합 및 운동 기능이다. 감각 기능(sensory function)은 신경계가 내외부 환경

지식 확장하기

반사 작용

중추신경계와 말초신경계는 함께 작동하여 주변 세계에 대한 정보를 처리하고 의도된 반응을 만들어낸다. 이러한 반응은 의식적인 자각 없이 자주 일어나는데, 이를 반사라고 한다.

예를 들어, 뜨거운 불꽃 위에 손가락을 대면 매우 뜨겁다. 이때 사람은 통증이나 피부 손상을 피하기 위해 재빨리 손을 빼낸다. 열을 감지하고, 정보를 CNS로 전송하고, 그 정보를 고통스럽고 위험한 것으로 처리한 다음, 팔 근육에 명령을 보내 불꽃에서 손을 빼내는 전체 과정은 거의 순간적으로 일어난다. 운동 반응을 일으키기 위해 처리되는 감각 정보의 이러한 예를 도피 반사라고 한다(Eckert & Riley, 2013).

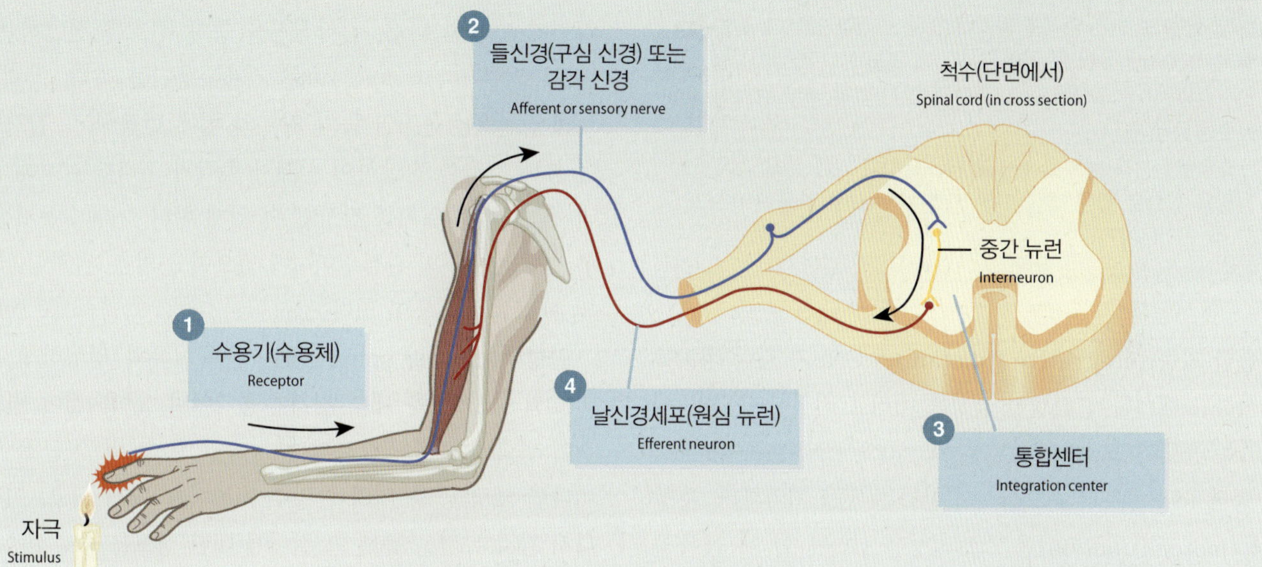

의 변화를 감지하는 능력이다(Ludwig & Varacallo, 2019). 예를 들어, 신경계는 내부적으로 근육에 가해지는 스트레칭을 감지할 수 있다. 신경계는 외부적으로 시각, 후각, 미각, 촉각, 청각과 같은 1차 감각을 사용하여 신체 외부의 환경에 대한 정보를 수집한다. 내부와 외부의 감각 피드백은 구심 경로를 통해 PNS에서 CNS로 이동한다.

인체의 주요 감각 기능은 고유수용감각(proprioception)으로, 신체가 모든 부분의 일반적인 방향과 상대적 위치를 자연스럽게 감지하는 능력이다(Greenbaum-Maya, 2019). 예를 들어, 사람들이 농구공으로 슛을 할 때, 고유수용감각은 바스켓에 집중하면서 팔과 손의 위치를 느낄 수 있도록 도와준다. 슛을 할 때 팔이 머리 위에 위치한다는 것을 깨닫기 위해 팔을 쳐다볼 필요는 없다. 신체의 고유수용감각 능력이 그러한 정보를 제공한다. 신체의 고유수용감각 능력을 훈련하면 균형, 조정, 자세가 향상되고 어떤 상황에서 어떤 움직임이 가장 적합한지 의식적으로 생각하지 않고도 주변 환경에 적응할 수 있다. 따라서 신경계를 효율적으로 훈련하여 적절한 운동 패턴이 발달하도록 하는 것이 중요한데, 이는 수행능력을 향상시키고 부상 위험을 줄일 수 있다.

기계수용기(기계수용체) Mechanoreceptors 조직 내의 기계적 힘(촉각 및 압력)에 반응한 다음, 감각 신경을 통해 신호를 전달하는 특수 구조

체성신경계 Somatic nervous system 신체의 바깥 부분과 뼈대근을 담당하고 자율적인 움직임 조절에 큰 역할을 한다.

자율신경계 Autonomic nervous system 의지와 상관없이 움직이는 인체의 비자발적 과정(예: 혈액 순환, 음식 소화, 호르몬 생성)을 실행하는 기관에 신경 입력을 제공하는 말초신경계의 한 부분

교감신경계 Sympathetic nervous system 신경 활동을 증가시키고 인체를 고조된 상태로 만드는 역할을 하는 자율신경계의 한 부분

부교감신경계 Parasympathetic nervous system 신경 활동을 줄이고 인체를 좀 더 이완된 상태로 만드는 자율신경계의 한 부분

감각 기능 Sensory function 내부 또는 외부 환경의 변화를 감지하는 신경계의 능력

고유수용감각 Proprioception 신체의 일반적인 방향과 부분의 상대적 위치를 자연스럽게 감지하는 능력

시도하기

고유수용감각의 개념을 더 잘 이해하려면 다음을 시도해 보라.

1. 눈을 감는다.
2. 왼손을 머리 위로 들어올린다.
3. 오른손을 머리 위로 들어올린다.
4. 양팔을 동시에 옆으로 내린다.

오감을 사용하지 않고 어떻게 이 일을 할 수 있었는지 생각해 보라. 팔을 보거나, 냄새를 맡거나, 맛을 보거나, 듣거나, 팔을 만질 수 없었지만, 어쨌든 주어진 시간에 팔을 어디에 위치시킬 것인지 정확히 알고 있었다. 그러한 신체 방향의 내부 감각이 고유수용감각이다.

고유수용감각 능력을 제대로 테스트하기 위해 눈을 감은 채 양팔을 옆으로 뻗은 다음 좌우 집게손가락으로 코를 만져보라. 할 수 있었는가?

통합 기능(integrative function)은 CNS가 감각 정보를 분석하고 해석하여 적절한 결정을 내리고 적절한 응답을 생성하는 능력이다(Ludwig & Varacallo, 2019). CNS는 구심 경로를 통해 PNS로부터 정보를 수신한다는 것을 기억하라. **운동 기능(motor function)**은 스트레칭을 심하게 할 때 근육을 수축하게 하거나 인도를 걷다가 모래 위를 걸을 때 보행 패턴을 바꾸는 것과 같이 통합된 감각 정보에 대한 신체의 반응(원심 경로를 통해서)이다. [그림 5-5]는 갈증을 느낄 때 물컵에 손을 대는 작업을 완성하기 위해 작동하는 감각, 통합 및 운동 기능의 예를 보여준다.

기계수용기

기계수용기(mechanoreceptor)는 조직 내의 기계적인 압력에 반응한 다음, 감각신경을 통해 신호를 전달하는 특수 구조이다(Dean et al., 2013). 기계수용기는 촉각, 압력, 스트레칭, 음파, 움직임 등의 외부의 힘에 반응하고, 감각신경을 통해 자극을 전달하여 신체가 촉각과 소리를 감지해 근육과 뼈, 관절의 위치를 감시할 수 있게 한다. 기계수용기는 근육, 힘줄, 인대 및 관절주머니에 있으며 근방추, 골지힘줄기관 및 관절수용기 등이 있다(Dean et al., 2013; Karemaker, 2017).

근방추(muscle spindles)는 근육섬유와 평행하게 위치한(그림 5-6) 근육 내의 감각수용기이며, 근육 길이 변화와 길이 변화 속도에 민감하다(Dean et al., 2013). 특정 근육이 늘어나면 해당 근육 내의 근방추 또한 늘어나게 되고, 이것은 다시 감각 뉴런을 통해 그 길이에 대한 정보를 중추신경계에

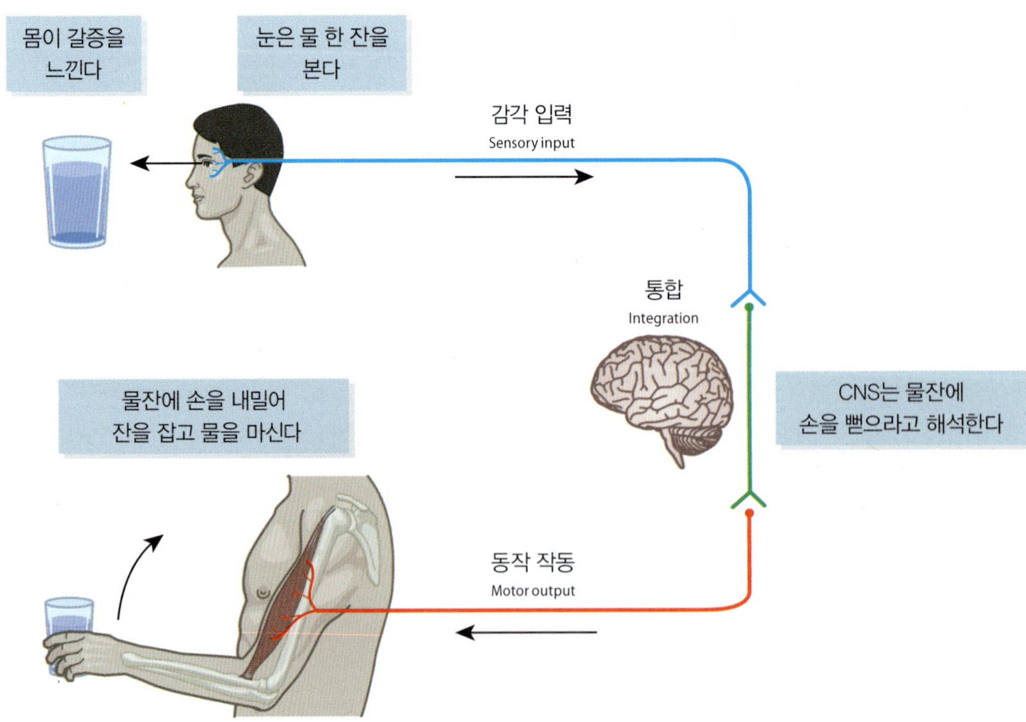

그림 5-5 감각, 통합 및 운동 기능

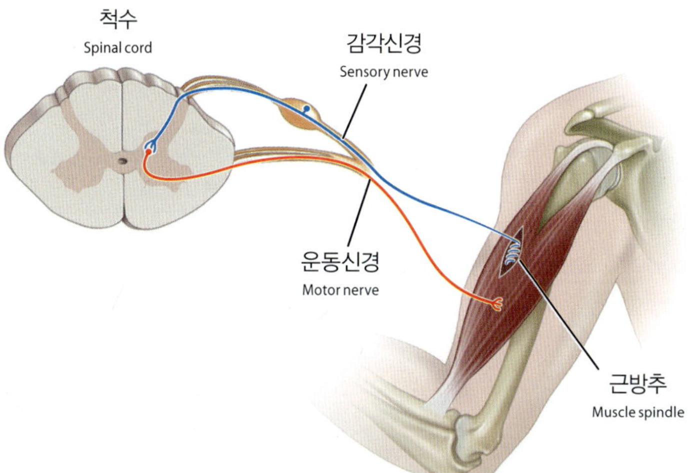

그림 5-6 근방추

전달한다. 일단 근방추의 정보가 뇌에 도달하면 다양한 신체 부위의 위치를 결정할 수 있다.

근방추는 또한 **신전 반사(stretch reflex)** 메커니즘을 통해 근육의 수축을 조절하는 데 도움을 준다. 신전 반사는 근육을 늘리는 자극에 대한 신체의 정상적인 반응이다. 근방추가 늘어나면 즉시 척수로 자극이 전달되어 근육 수축에 대한 반응이 1~2밀리초(1000분의 1초, ms) 내에 수신된다. 빠른 신경 반응은 과도한 스트레칭과 잠재적인 근육 손상을 방지하기 위한 보호 메커니즘으로 설계되었다(Kistemaker et al., 2013).

시도하기

스트레칭할 때 근육에서 무슨 일이 일어나고 있는지 생각해 보라. 스트레칭이 한계에 도달하면 "더 이상 스트레칭하지 말라." 는 긴장감과 불편함을 느낀다. 이것은 근육이 너무 많이 늘어나거나 너무 빠르게 늘어나는 것을 방지하기 위해 작용하는 신전 반사이다.

골지힘줄기관[골지건기관, golgi tendon organ(GTO)]은 뼈대근육섬유가 뼈대근의 힘줄에 삽입되는 지점에 위치한 특수 감각수용기이다. 이것은 근육 긴장의 변화와 그 긴장 변화 속도에 민감하다(그림 5-7)(Lyle & Nichols, 2019). 골지힘줄기관(golgi tendon organs)이 활성화되면 근육이 이완되어 근육의 과도한 스트레스와 부상 가능성을 막아준다(Chalmers, 2002). 근방추와 골지힘줄기관의 기능은 유연성 트레이닝과 관련하여 매우 중요하다.

관절수용기(joint receptors)는 관절주머니 내부와 주변에 위치하며 관절의 압력, 가속 및 감속에 반응한다(그림 5-8). 이 수용기는 극단적인 관절 위치를 알리는 역할을 하고 부상을 예방하는 것을 돕는다. 관절에 너무 많은 스트레스가 가해지면 주변 근육에서 반사적(자동) 억제 반응을 시작하도록 작용한다(Dean et al., 2013).

신경계의 발달 과정

신경계는 출생부터 노년기에 이르기까지 지속적으로 발달한다. 아동의 발달을 통해 인체는 신체적(예: 첫 걸음 내딛기), 정신적(예: 문제 해결), 사회적, 정서적(예: 감정 관리), 의사소통(예: 첫 단어 말하기)을 포함하는 일련의 발달 이정표를 거친다. 이러한 이정표는 의료 전문가가 아동이 어떻게 발달하고 있는지를 결정하는 데 지표로 사용된다(Scharf et al., 2016).

청소년기의 뇌는 10~25세 사이에 계속 발달한다. 청소년기에 CNS의 성숙은 유전, 환경, 산전 및 산후 손상, 영양 상태, 수면 패턴, 약물 및 유아기 동안의 외과적 개입과 같은 여러 요인의 영향을 받을 수 있다(Arain et al., 2013).

인간의 전체 수명에 걸쳐 CNS는 새로운 기술의 습득으로 발생하는 **신경 가소성(neuroplasticity)**(즉, 뉴런 변화)과 **신경 회로(neurocircuitry)**(즉, 뉴런 연결)의 변화를 통해 계속 발달한다. 예를 들어, 청소년기 아동이 공을 차는 방법을 배울 때, 그들의 뇌는 특정한 뉴런 변화와 연결을 자극하여 새로 습득한 기술을 이해하고 재현할 수 있도록 한다.

통합 기능 Integrative function 신체의 일반적인 방향과 부분의 상대적 위치를 자연스럽게 감지하는 신경계의 능력

운동 기능 Motor function 통합된 감각 정보에 대한 신경근(또는 신경 및 근육계)의 반응

근방추 Muscle spindles 근육의 길이와 그 변화 속도에 민감한 감각수용기

신전 반사 Stretch reflex 근육이 과도하게 늘어나는 것을 방지하기 위해 근육을 수축시키는 근방추의 신경학적 신호

골지힘줄기관(골지건기관) Golgi tendon organ (GTO) 뼈대근육섬유가 뼈대근의 힘줄에 삽입되는 지점에 위치한 특수 감각수용기로, 근육 내부의 긴장과 긴장 변화 속도의 변화에 민감하다.

관절수용기 Joint receptors 관절주머니 내부와 주변에 위치한 수용기로 관절의 압력, 가속 및 감속에 반응한다.

신경 가소성 Neuroplasticity 뇌가 지속적으로 변화하거나 성장하여 개인의 전 생애에 걸쳐 신경 경로를 변화(재결성)시켜 나가는 현상

신경 회로 Neurocircuitry 뇌와 척수에 있는 뉴런의 상호 연결된 집합

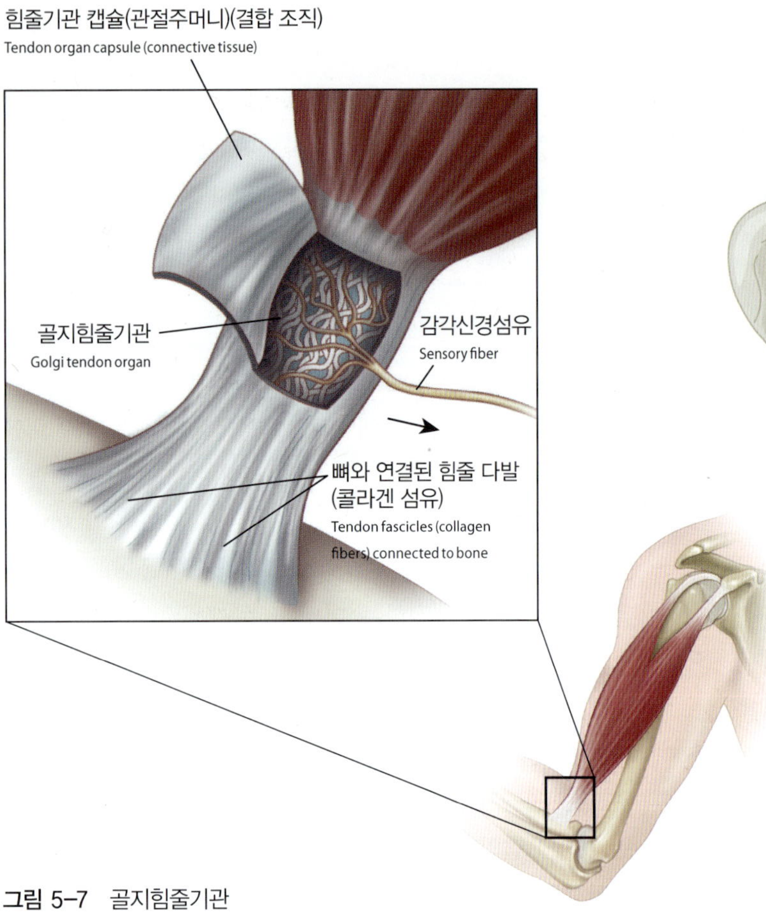

그림 5-7 골지힘줄기관

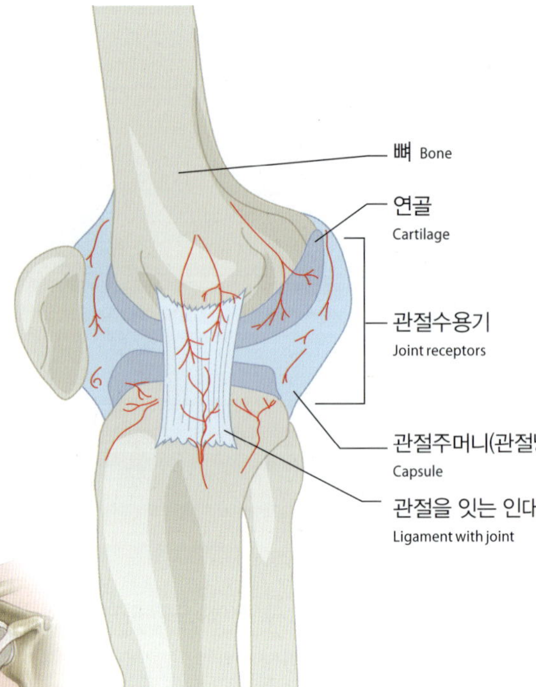

그림 5-8 관절수용기

이 개념은 피트니스 전문가들에게 매우 중요하다. 이는 고객이 운동에 더 능숙해지고 체육관에서 더 어려운 도전으로 나아갈 준비가 되었을 때 뇌에서 일어나는 일을 반영하기 때문이다.

인간은 삶의 어떤 단계에서든 항상 새로운 것을 배울 수 있지만, 나이가 들면서 신체적, 인지적 쇠퇴가 일어난다. 몇몇 고전적인 연구에서는 초기 성인기 이후에 신경 전달 물질 수치(예: 도파민 및 세로토닌)가 약 10% 감소하고, 40세 이후에는 뇌의 물리적 무게가 10년마다 5%씩 감소하며, 65세 이상 성인에서는 신경 인지적 문제(예: 알츠하이머병)가 가장 만연해 있다는 것을 입증했다. 다행히도, 노화와 관련된 인지 저하에 대처하는 가장 좋은 방법 중 하나가 바로 신체적인 건강을 유지하는 것이다.

신체활동과 신경계

신경계는 감각과 운동 보조 시스템의 조정된 노력을 통해 성공적으로 운동 기술(motor skills)(즉, 운동)을 수행하도록 한다. 신체활동을 수행하려면 운동 기술을 습득해야 한다. 예를 들어, 인간은 협응력이 완전히 발달된 상태로 태어나지 않으며(아기는 처음에 걷지 못함), 신체적인 능력은 시간이 지남에 따라 발달되어 간다. 역기 들기나 자전거 타기와 같은 운동 기술은 반복적인 연습을 통해 배우고 습득한다.

신경계는 인간이 어떻게 새로운 기술을 배우고 유지하는가에 중요한 역할을 한다. 운동 기술 학습 이면의 메커니즘은 신경 가소성 및 신경 회로를 통한 뇌 발달과 관련이 있다(Hötting & Röder, 2013). 운동 기술의 발달은 3단계 과정으로 이해할 수 있다(Taylor & Ivry, 2012).

- 1단계(인지): 기술을 이제 막 배우는 단계이다. 기술의 목표를 이해하고 동작 전략을 개발하며 기술을 수행할 수 있지만 일관성이 없다.
- 2단계(결합): 기술을 이해하기 시작하는 단계이다. 연습을 통해 기술과 동작 전략을 연마하고 실수를 덜 하면서 기술을 수행할 수 있다.

- 3단계(연속): 기술을 완전히 익히는 단계이다. 실수 없이 기술을 일관되게 수행하고 독립적으로 기술을 수정한다.

> **트레이닝 팁**
>
> 운동 기술 개발의 3단계는 피트니스 전문가에게 새로운 동작이나 운동을 가르치기 위한 로드맵을 제공한다.
> - 1단계(인지)에서는 고객이 동작의 목표를 이해할 수 있도록 지침을 사용하고 기술을 더 작은 단계로 세분화한다.
> - 2단계(결합)에서는 연습과 규칙적인 피드백을 통해 고객의 기술을 연마할 수 있도록 돕는다.
> - 3단계(연속)에서는 고객에게 더욱 도전할 수 있도록 기술의 새로운 버전을 가르친다.

뼈대계

뼈대계(골격계, skeletal system)는 많은 중요한 기능을 한다. 우리 몸의 모양과 형태를 잡고, 내부 장기를 지지하고 보호하며, 동작이 만들어지는 구조를 제공한다. 또한 혈액을 생산하며 미네랄을 저장한다(그림 5-9)(Moore et al., 2018). 뼈대계의 성장, 성숙, 기능은 신체활동과 영양 상태의 영향을 받을 수 있다(Hamill et al., 2015).

예를 들어, 영양과 신체활동이 부족하면 **골다공증(osteoporosis)**을 초래해 골격 건강과 인간의 움직임에 부정적 영향을 미친다(Aspray & Hill, 2019). 뼈대계는 근육계와 상호 작용을 통해 움직임의 필수적인 부분으로 작용한다. 근육은 힘줄로 뼈와 연결되어 있다. 뼈에는 근육과 결합 조직에 의해 연결된 접합부가 있다. 접합부는 **관절(joints)**로 알려져 있으며 근육 수축의 결과로 움직임이 일어나는 부위이다(Hamill et al., 2015).

> **운동 기술** Motor skills 감각 및 운동 보조 시스템의 조정된 노력을 통한 특정 움직임
>
> **뼈대계(골격계)** Skeletal system 신체의 뼈에 대한 설명
>
> **골다공증** Osteoporosis 골밀도가 감소하여 골절의 위험을 증가시키는 상태
>
> **관절** Joints 근육 수축의 결과로 두 뼈가 만나 움직임이 일어나는 부위

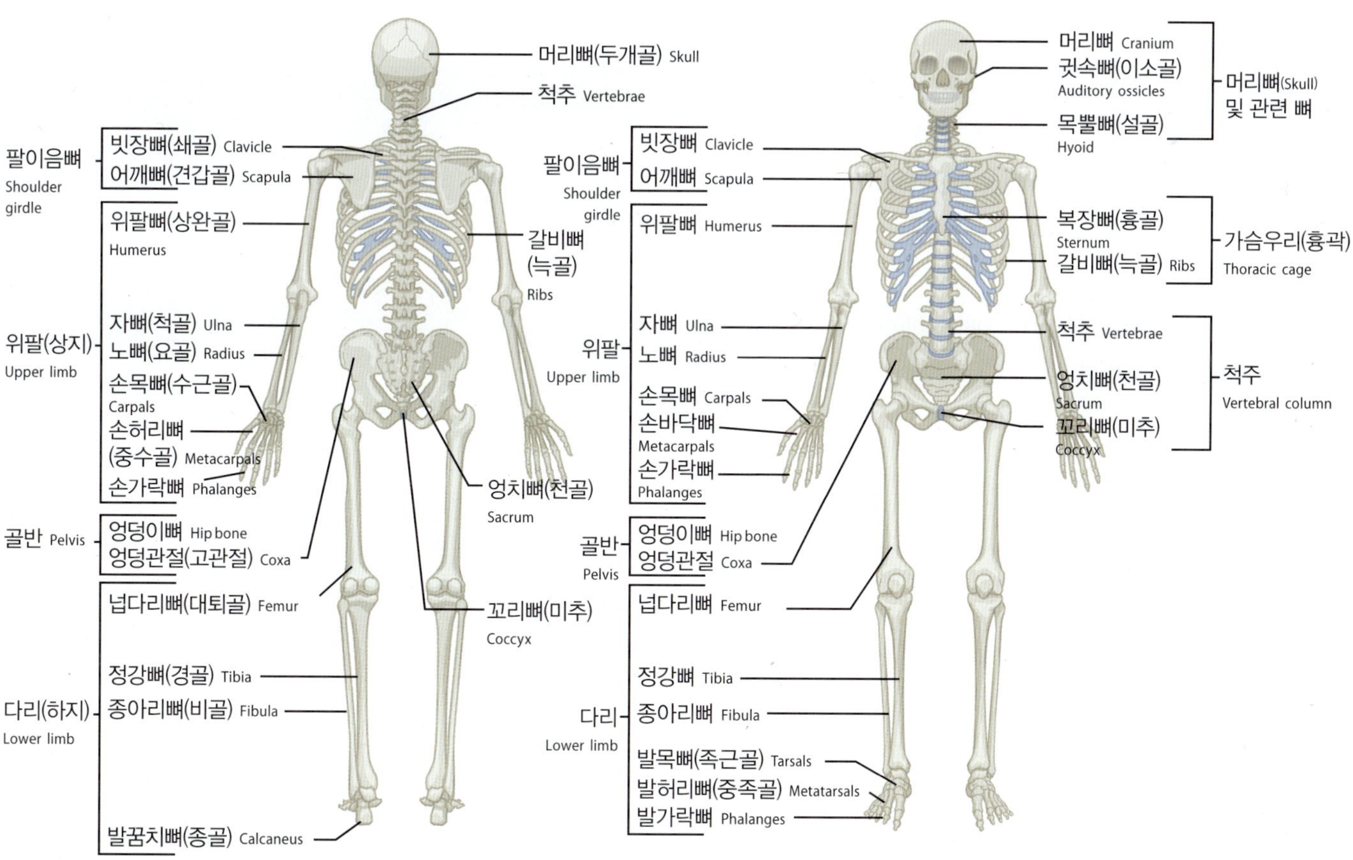

그림 5-9 뼈대계

뼈대계의 분류

뼈대는 몸통 뼈대와 팔다리 뼈대라는 두 부분으로 분류된다. **몸통 뼈대(축골격, axial skeleton)**는 머리뼈(두개골), 흉곽(rib cage), 척추로 이루어져 있다. 몸통 뼈대에는 약 80개의 뼈가 있다. **팔다리 뼈대(사지골격, appendicular skeleton)**에는 팔, 다리, 골반대가 있고, 팔다리 뼈대(골격)는 약 126개의 뼈로 구성되어 있다(Hamill et al., 2015). 인간의 뼈대계에는 206개의 뼈가 있으며, 그중 약 177개가 자율적인 움직임에 사용된다. 인체의 뼈에는 300개 이상의 관절이 있다(Hamill et al., 2015).

뼈

뼈는 움직임에서 두 가지 중요한 기능을 한다. 첫째, 뼈는 근육이 붙어 있는 **지렛대(levers)** 또는 단단한 막대의 역할을 한다. 근육이 수축하면 각각의 뼈를 잡아당겨 움직임을 일으킨다(Tagliaferri et al., 2015). 움직임과 관련된 뼈의 두 번째 주요 기능은 지지력을 제공하는 것이다. 이것은 신체에 작용하는 힘을 효율적으로 분배하는 데 필요한 자세로 해석할 수 있다(Floyd, 2018).

뼈의 성장

뼈는 일생 동안 특별한 세포에 의해 뼈 구조가 다시 흡수되고 형성되는 과정, 즉 **재형성(remodeling)**이라고 불리는 과정을 통해 끊임없이 재생된다. **뼈파괴세포(파골세포, osteoclasts)**는 노화된 뼈 조직을 분해하고 제거하는 특별한 세포이다. **뼈모세포(골모세포, osteoblasts)**는 새로운 뼈 조직을 형성하는 특별한 세포이다(Rolfe et al., 2013). 유년기부터 청소년기까지는 노화된 뼈가 제거되는 것보다 더 빨리 새로운 뼈가 생성된다. 그 결과 뼈는 더 커지고 무거워지며 밀도가 높아진다(Dirckx et al., 2013).

대부분의 사람들의 뼈 형성은 일반적으로 30대까지 최대 골량으로 빠르게 진행된다. 이때는 제거보다 빠른 속도로 뼈가 형성된다(Floyd, 2018). 또한 **울프의 법칙(Wolff's law)**으로 알려진 뼈 재형성은 뼈에 가해지는 스트레스의 선(lines of stress)을 따라 발생하는 경향이 있다는 점도 주목할 필요가 있다(Florencio-Silva et al., 2015). 예를 들어 걷기나 달리기와 같은 활동은 활동 중에 발생하는 체중 부하 스트레스로 인해 넙다리뼈(대퇴골)가 뼈 전체를 재형성하도록 자극할 수 있다. 따라서 운동과 습관적인 자세는 뼈대계의 건강에 근본적인 영향을 끼친다. 잘못된 운동 기술과 잘못된 자세 정렬은 잘못된 자세를 강화할 수 있는 재형성 과정으로 이어진다(Ailon et al., 2015).

> **트레이닝 팁**
>
> 걷기, 조깅, 춤, 점프와 같은 체중 부하 운동은 재형성(remodeling)을 통해 뼈를 강화하는 데 도움을 준다. 사이클이나 수영과 같은 체중 부하가 없는 운동은 지구력과 심혈관 건강 개선에는 효과가 있지만, 체중 부하 운동만큼 효과적으로 뼈를 강화하지는 못한다. 그러나 체중 부하가 없는 운동은 정형외과적으로 제약이 있는 사람에게는 유용하다. 결과적으로 피트니스 전문가는 고객의 욕구와 능력에 가장 적합한 운동을 선택해야 한다.

뼈의 종류

뼈대계에는 긴뼈, 짧은뼈, 납작뼈, 불규칙뼈, 종자뼈와 같이 5가지 주요 유형의 뼈가 있다(표 5-1)(Hamill et al., 2015). 뼈는 조직의 모양, 크기, 비율에 따라 분류된다.

표 5-1 뼈의 종류

뼈 유형	특성	예시
긴뼈	끝이 불규칙하거나 넓어진 긴 원통형 줄기(shaft)	▪ 위팔뼈(상완골) ▪ 넙다리뼈(허벅지뼈)
짧은뼈	길이와 너비가 비슷하고 모양이 약간 입방체로 보임	▪ 손목의 손목뼈 ▪ 발목의 발목뼈
납작뼈	근육이 붙을 수 있고, 넓고 보호할 수 있는 표면을 가진 뼈	▪ 어깨뼈 ▪ 복장뼈(흉골) ▪ 갈비뼈
불규칙뼈	독특한 모양과 기능을 가진 다른 뼈 유형	▪ 척추(척주)
종자뼈	관절주머니에 박혀 있거나 힘줄이 관절 위로 지나가는 위치에 있는 작고 둥근 뼈	▪ 무릎뼈(슬개골)

긴뼈

긴뼈는 긴 원통형을 특징으로 하며, 뼈 끝이 불규칙하거나 넓다. 기둥과 매우 유사한 형태이며 효율적인 힘 분산에 필요한 약간의 곡률이 있다(Floyd, 2018). 긴뼈는 주로 강도와 강성이 있어야 하므로 조밀한 뼈 조직으로 구성되어 있다. 또한 충격 흡수를 위해 상당한 양의 해면뼈 조직을 가지고 있다. 상체의 긴뼈는 빗장뼈, 위팔뼈, 노뼈와 자뼈(아래팔뼈), 손허리뼈(중수골), 손가락뼈가 있고, 하체의 긴뼈에는 넙다리뼈(그림 5-10), 정강뼈와 종아리뼈, 발허리뼈, 발가락뼈 등이 있다.

몸통 뼈대(축골격) Axial skeleton 두개골, 흉곽, 그리고 척추로 구성된 뼈대계의 분류

팔다리 뼈대(사지골격) Appendicular skeleton 팔, 다리, 골반대로 구성된 뼈대계의 분류

지렛대 Levers 근육이 붙어 있는 단단한 막대

재형성 Remodeling 뼈 구조의 재흡수 및 형성에 의해 뼈가 지속적으로 새로워지는 과정

뼈파괴세포(파골세포) Osteoclasts 노화된 뼈 조직을 분해하고 제거하는 특수 세포

뼈모세포(골모세포) Osteoblasts 새로운 뼈 조직을 형성하고 저장하는 특별한 세포

울프의 법칙 Wolff's law 뼈에 가해지는 스트레스 라인을 따라 리모델링(새로운 뼈 성장)이 어떻게 일어나는지에 대해 과학적으로 설명한다.

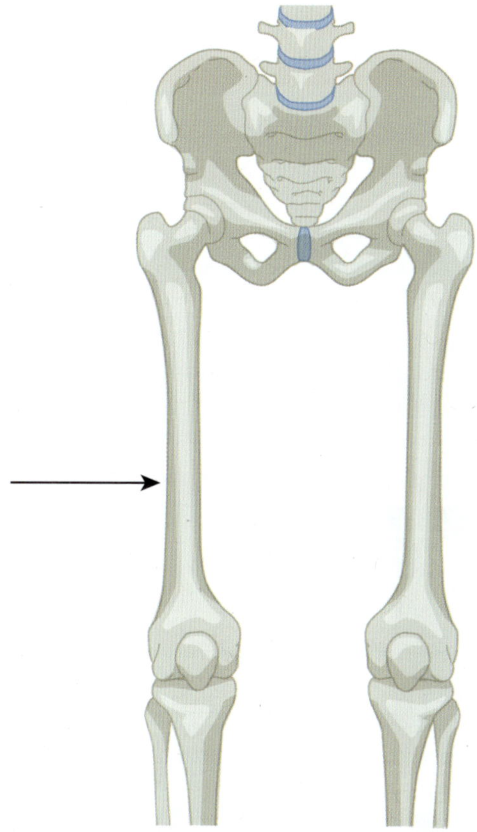

그림 5-10 긴뼈

기술적 내용

긴뼈 해부학에 대한 상세한 분석은 뼈대계의 일부 특성과 기능을 강조하는 데 유용하다. 여기서 우리는 긴뼈의 내부 구조의 시각적 예로서 넙다리뼈의 단면을 살펴보자.

- 관절(유리질) 연골: 뼈의 관절 표면을 덮고 있는 연골
- 뼈끝(골단): 적혈구를 생성하고 뼈 성장의 주요 부위 중 하나인 적색 골수를 함유하는 긴뼈의 끝 부분
- 뼈몸통(골간): 넙다리뼈의 축 부분
- 뼈끝 성장판: 뼈몸통과 뼈끝을 연결하는 넙다리뼈의 영역
- 골수공간(골수강): 골수가 저장되는 뼈축의 중심 공간
- 뼈막(골막): 뼈를 덮어주고 힘줄이 부착되어 있는 신경, 혈관, 뼈 생성 세포를 포함하는 조밀한 섬유질 막(Hamill et al., 2015)

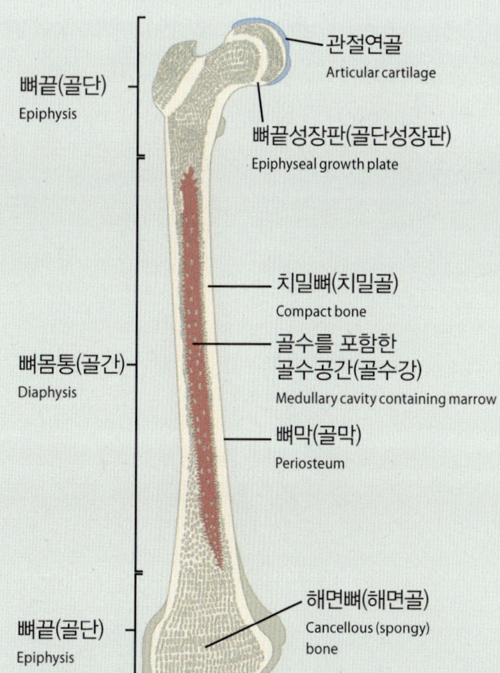

지식 확장하기

어린이와 청소년을 대상으로 한 근력 트레이닝은 부모들 사이에서 오랫동안 논쟁의 여지가 있는 주제였다. 한 가지 속설은 근력 트레이닝이 성장이나 성장판 손상으로 이어질 수 있다는 것이다. 현재로서는 잘 설계된, 연령에 맞는 근력 트레이닝 프로그램이 그러한 부상으로 이어진다는 근거는 없다. 부상에 대한 기존 사례를 보면 주로 장비의 오남용, 부적절한 체중, 부적절한 기술 또는 전문 트레이너의 감독 부재 때문이었다(Dahab & McCambridge, 2009). 실제로 많은 의료 및 피트니스 관리 기관에서 어린이와 청소년의 저항 트레이닝을 지지하는 입장을 발표했다(Behm et al., 2008; Bergeron et al., 2015; Faigenbaum et al., 2009; Lloyd et al., 2014; McCambridge & Stricker, 2008).

짧은뼈

짧은뼈는 길이와 폭이 비슷하고 모양이 다소 정육면체처럼 보인다. 충격 흡수를 극대화하기 위해 주로 해면질의 뼈 조직으로 구성되어 있다. 손목뼈(그림 5-11)와 발목뼈가 이런 범주의 뼈에 속한다.

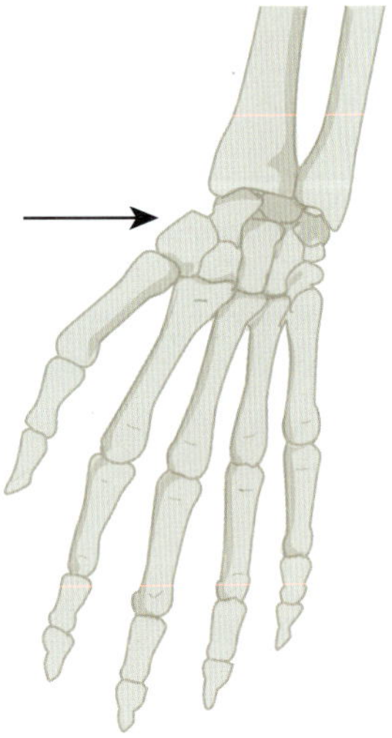

그림 5-11 짧은뼈의 예–손목뼈

납작뼈

납작뼈는 해면질 뼈 조직층을 둘러싸고 있는 두 개의 단단한 뼈 조직층으로 구성된 얇은 뼈이다(Florencio-Silva et al., 2015). 이 뼈는 내부 구조를 보호하고 넓은 부위에 근육이 부착되어 있다. 납작뼈에는 복장뼈, 어깨뼈(그림 5-12), 갈비뼈, 엉덩뼈, 머리뼈 등이 있다(Hamill et al., 2015).

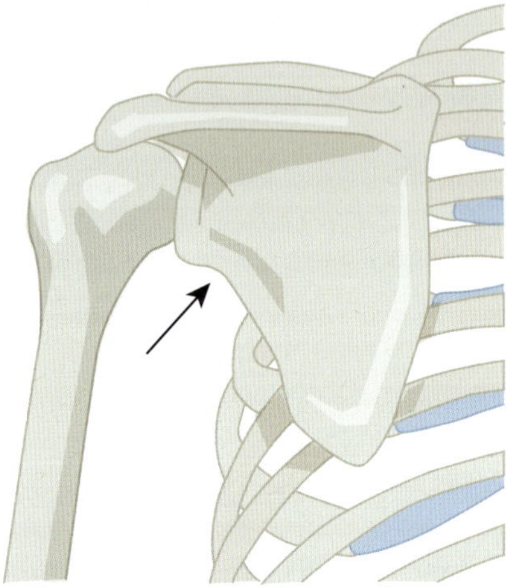

그림 5-12 납작뼈의 예–어깨뼈

불규칙뼈

불규칙뼈는 다른 범주의 뼈와 달리 독특한 모양과 기능을 가진 뼈이다(그림 5-13). 여기에는 척추, 골반뼈, 꼬리뼈 및 특정 얼굴뼈가 있다(Hamill et al., 2015).

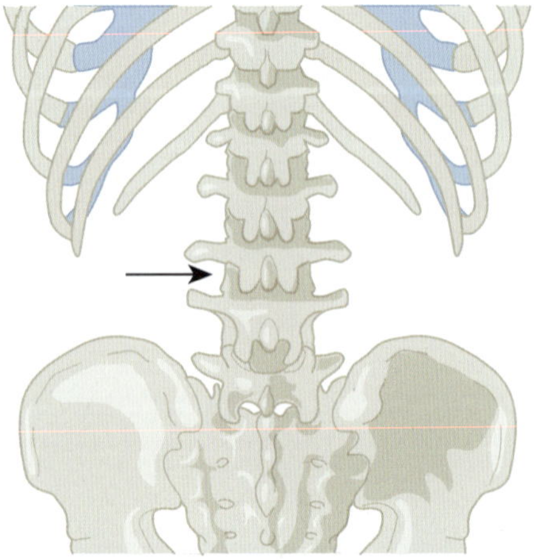

그림 5-13 불규칙뼈의 예–척추

종자뼈

종자뼈는 관절주머니에 박혀 있거나 힘줄이 관절을 지나가는 위치에서 발견되는 작은 뼈다. 무릎뼈(슬개골)가 종자뼈이다(그림 5-14). 종자뼈는 손과 발에서도 발견된다. 종자뼈는 마찰이나 긴장이 심한 부위의 특정 힘줄 내에서 발달한다(Hamill et al., 2015). 종자뼈들은 지렛대를 향상시키고 관절을 손상으로부터 보호하는 역할을 한다.

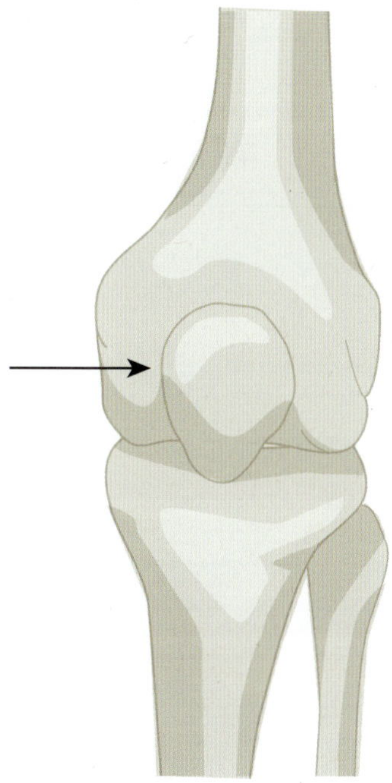

그림 5-14 종자뼈의 예－무릎뼈

뼈 표지점

대부분의 뼈는 표면 표지점으로 알려진 특별히 구별되는 구조를 가지고 있다. 이러한 구조는 관절의 안정성을 높이고 근육이 잘 부착되는 데에 필요하다. 뼈 표지점은 함몰과 돌기라는 두 가지 모양으로 나눌 수 있다(Bandovic & Futterman, 2019).

함몰

함몰(depressions)은 뼈가 평평하다가 움푹 들어간 부분이다. 일반적인 함몰은 오목(와, fossa: 뼈의 구멍)이라고 불린다. 그 예로는 어깨뼈에 위치한 가시아래오목(극하와)(그림 5-15)이 있다. 이것은 가시아래근(극하근)의 부착 부위이다(Hamill et al., 2015).

함몰의 또 다른 형태는 고랑(sulcus) 모양이다. 이것은 연부조직(즉, 근육, 힘줄, 인대)이 통과할 수 있도록 하는 뼈의 홈이다. 그 예로는 위팔뼈의 큰 결절과 작은 결절 사이에 위치한 결절사이고랑이 있다(그림 5-16)(Bandovic & Futterman, 2019). 이것은 보통 두갈래근 힘줄의 홈으로 알려져 있다.

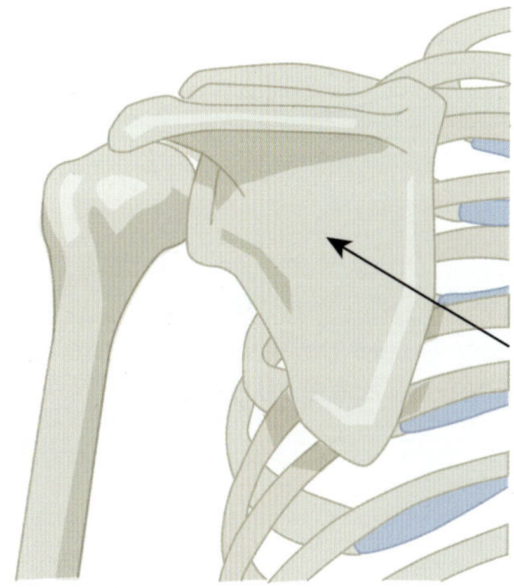

그림 5-15 함몰의 예－어깨뼈의 오목

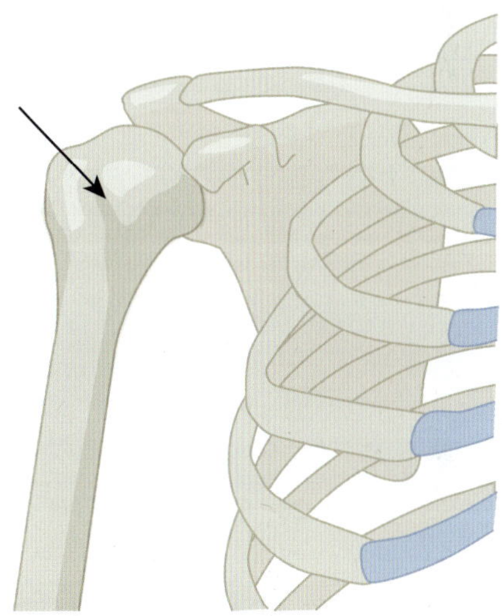

그림 5-16 홈의 예－위팔뼈의 고랑

돌기

돌기(process)는 힘줄과 인대가 부착될 수 있는 뼈에서 튀어나온 돌출부이다. 일반적으로 돌기, 관절융기(condyle), 위관절융기(상과, epicondyle), 결절(tubercle), 넙다리돌기(대퇴돌기, trochanter) 등이 있다(Bandovic & Futterman, 2019). 돌기의 예로는 척추에서 발견되는 가시돌기가 있다(그림 5-17).

함몰 Depressions 뼈가 평평하다가 움푹 들어간 부분
돌기 Processes 힘줄과 인대가 부착될 수 있는 뼈에서 튀어나온 돌출부

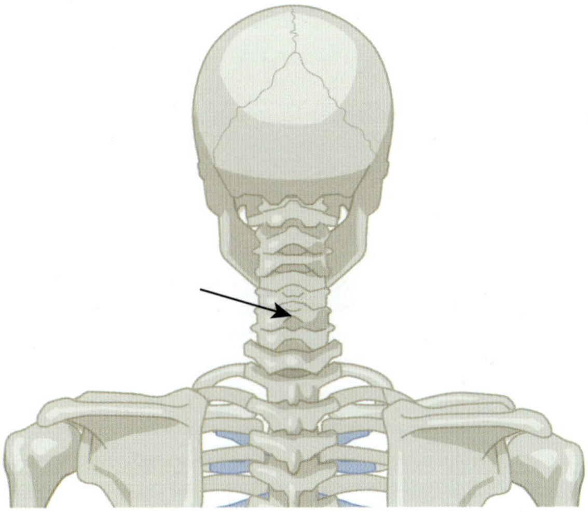

그림 5-17 돌기의 예-척추의 가시돌기

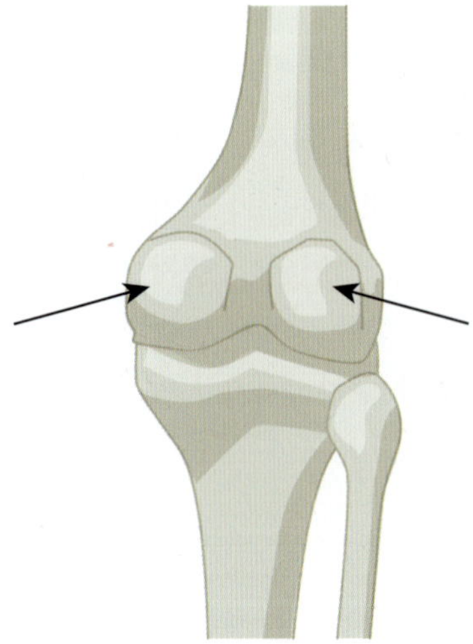

그림 5-18 관절융기의 예 -넙다리뼈 하단

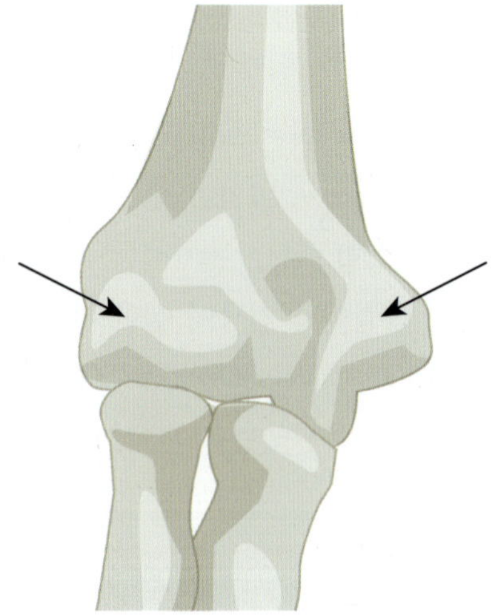

그림 5-19 위관절융기의 예 -위팔뼈 하단

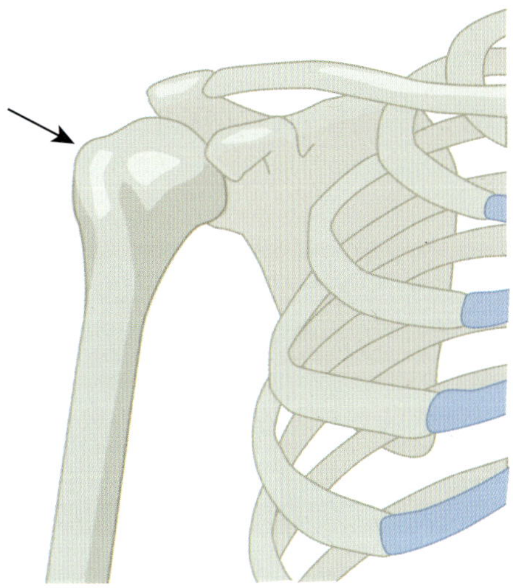

그림 5-20 결절의 예-위팔뼈 상단

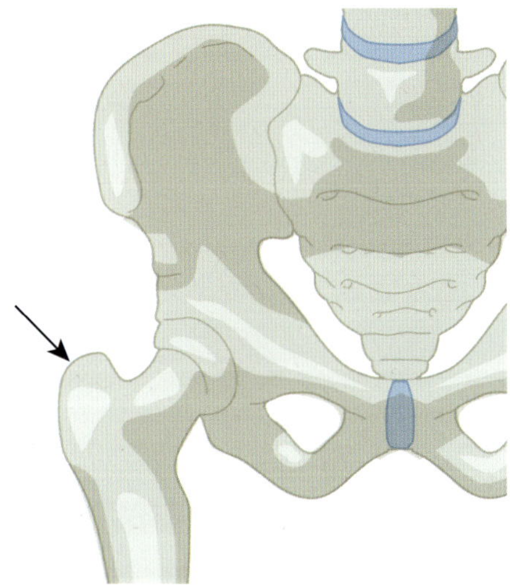

그림 5-21 넙다리돌기의 예-넙다리뼈 윗부분

관절융기는 넙다리뼈의 아랫부분과 정강이뼈 윗부분의 안쪽과 바깥쪽 부분에 위치하여 무릎관절(그림 5-18)을 형성한다(Bandovic & Futterman, 2019). 위관절융기는 위팔뼈의 안쪽과 바깥쪽에 위치하여 팔꿈치 관절을 형성하는 데 도움을 준다(그림 5-19)(Floyd, 2018).

결절은 오목위팔(어깨)관절의 위팔뼈 상단에 위치한다. 어깨 근육의 부착 부위에 크고 작은 결절이 있다(그림 5-20). 마지막으로, 넙다리돌기는 넙다리뼈의 윗부분에 위치하며 엉덩근 조직을 위한 부착 부위이다(그림 5-21)(Bandovic & Futterman, 2019).

척주

척주(vertebral column)는 척추뼈로 불리는 불규칙한 모양의 뼈들로 이루어져 있다. 이 뼈는 뇌와 함께 중추신경계를 구성하는 척수(spinal cord)라고 알려진 신경 다발을 수용하고 보호하는 역할을 한다(그림 5-22)(Bican et al., 2013). 이 뼈는 척추의 위치에 따라 5가지 범주로 나뉜다(표 5-2)(Hamill et al., 2015).

척추뼈 사이에는 척추원반(추간판, intervertebral discs)이 있는데, 척추원반은 충격을 흡수하고 척추를 움직일 수 있게 하는 섬유질 연골로 되어 있다(Newell et al., 2017). 척주(척추 기둥)는 사람이 똑바로 서서 균형을 유지하도록 하는 것 외에도 여러 가지 다른 중요한 기능을 한다. 머리와 팔을 받쳐주면서 자유로운 움직임을 할 수 있도록 도와준다. 또한 많은 근육, 갈비뼈 및 결합 조직이 부착되어 있다(Galbusera & Bassani, 2019).

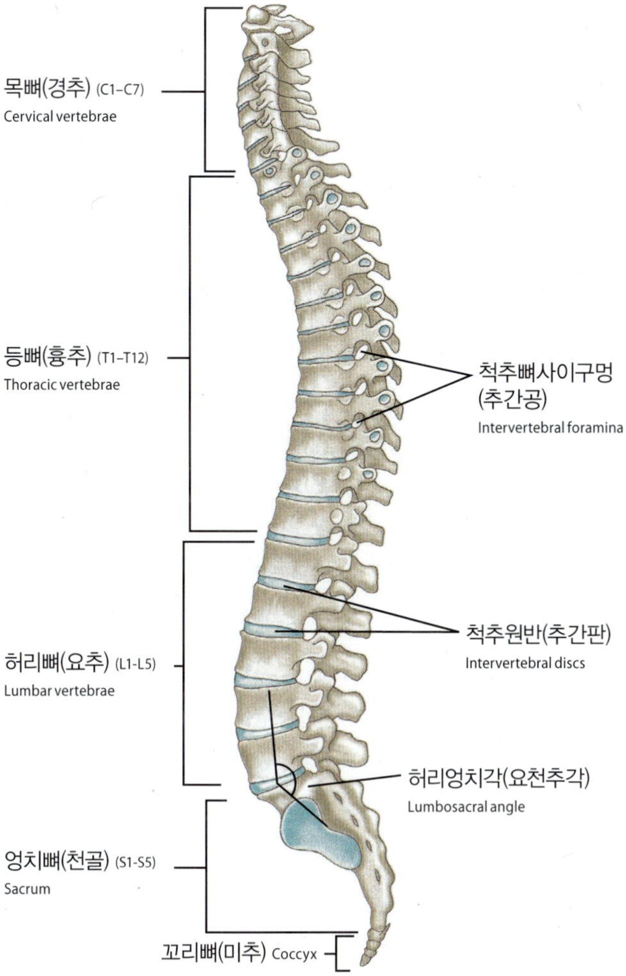

그림 5-22 척추

표 5-2 척추의 부분

부분	설명
목뼈(경추) (C1-C7)	■ 척추 상단에서 시작하는 처음 7개의 척추 ■ 유연한 뼈대를 형성해 머리를 지지하고 움직임을 제공한다.
등뼈(흉추) (T1-T12)	■ 갈비뼈 뒤 등 상부와 중간에 위치한 12개의 척추 ■ 각 척추는 갈비뼈와 연결되어 갈비뼈의 뒤쪽을 고정하는 데 도움이 된다. ■ 목뼈보다 크고 위에서 아래로 갈수록 크기가 커진다.
허리뼈(요추) (L1-L5)	■ 등뼈 아래 허리의 5개 척추 ■ 척추의 가장 큰 부분 ■ 체중의 대부분을 지지하고 많은 등 근육이 부착되어 있다.
엉치뼈(천골)	■ 요추 아래에 위치한 삼각형 뼈 ■ 신체가 성인으로 발달함에 따라 융합되는 5개의 척추로 구성된다.
꼬리뼈(미추)	■ 엉치뼈 아래에 위치해 있으며 일반적으로 꼬리뼈로 불린다. ■ 3~5개의 작은 융합 뼈로 구성된다.

신체를 측면에서 보았을 때 척추는 부분적으로 S자를 닮은 곡선 형태를 띠고 있다. 최적의 곡선 배열을 **중립 척추(neutral spine)**라고 하며, 척추 및 관련 구조가 가장 적은 하중을 받고 기능적 움직임을 최적으로 지원할 수 있는 상태를 나타낸다(Wallden, 2009). 성인의 척추는 세 가지 주요 곡선(그림 5-23)이 있다.

- 후방(오목) 경추 곡선(전만: 안쪽으로 둥글게)
- 후방(볼록) 흉추 곡선(후만: 바깥쪽으로 둥글게)
- 후방(오목) 요추 곡선(전만: 안쪽으로 둥글게)

척주 Vertebral column 척수를 수용하는 뼈들로, 경추, 흉추, 요천추 부위로 구성된다.
척수 Spinal cord 척추 안에 있는 신경다발
척추원반(추간판) Intervertebral discs 충격 흡수제 역할을 하며 움직임을 보조하는 척추 사이의 섬유질 연골 구조
중립 척추 Neutral spine 척추 및 관련 구조가 가장 적은 하중을 받고 기능적 움직임을 최적으로 지원할 수 있는 위치

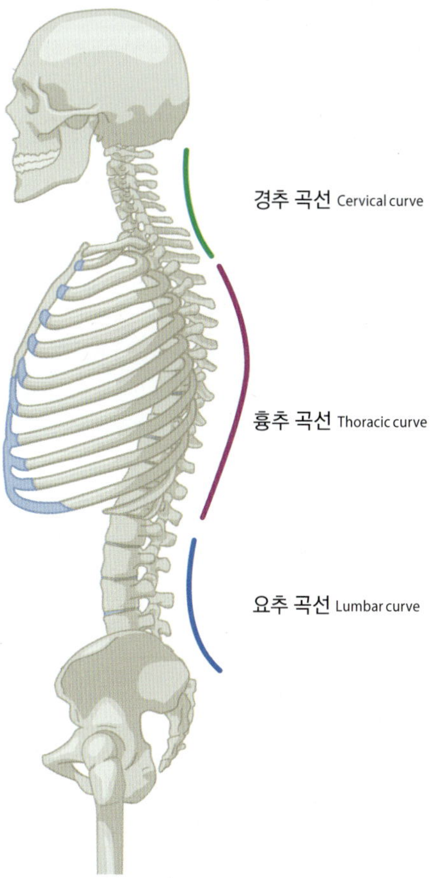

그림 5-23 척추의 만곡(굽이)

> **유용한 힌트**
>
> 척추의 구조를 '아침, 점심, 저녁 식사'에 비유해 보자.
> - 오전 7시 아침 식사 = 목에 있는 7개의 목뼈
> - 오후 12시 점심 식사 = 등 중간에 있는 12개의 등뼈
> - 오후 5시 저녁 식사 = 등 하부에 있는 5개의 허리뼈

관절

관절은 한 뼈가 다른 뼈와 결합할 때 형성된다. 관절은 모양, 구조 및 기능에 따라 분류할 수 있다(Hamill et al., 2015). 골격 구성 요소의 움직임을 설명하는 두 가지 방법이 있다. 골운동학(뼈운동학, osteokinematics)은 뼈의 움직임(예: 굽힘 및 폄)을 설명하는 것이고, 관절운동학(arthrokinematics)은 관절의 움직임(예: 두 뼈 표면 사이의 상호 작용)을 설명하는 것이다(Lee et al., 2017; Neumann, 2012). 관절운동학의 세 가지 주요 유형은 굴림(roll), 미끄러짐(slide), 회전(spin)이다. 움직임은 고립된 방식으로는 거의 발생하지 않는다는 것을 유념해야 한다. 인체의 경우와 마찬가지로 다양한 움직임 패턴에서 여러 관절운동학의 변형과 조합이 일어난다.

굴림(roll)은 한 관절이 마치 자전거의 타이어가 도로에서 굴러가는 것처럼 다른 관절의 표면을 가로질러 굴러가는 것이다. 쪼그리고 앉을 때 넙다리뼈의 관절융기(넙다리뼈의 아래쪽)가 정강뼈 관절융기(정강이뼈의 상단) 위로 굴러간다(그림 5-24).

미끄러짐(slide)은 한 관절의 표면이 도로를 따라 미끄러져 가는 자전거의 타이어처럼 다른 관절의 표면을 가로질러 미끄러지는 것이다. 무릎을 펴거나 쪼그리고 앉는 동안 정강뼈 관절돌기가 넙다리뼈 관절돌기를 가로질러 미끄러진다(그림 5-25).

회전(spin)은 한 관절 표면이 병뚜껑을 비트는 것과 같이 다른 관절 표면에서 회전한다(그림 5-26). 노뼈(요골)의 엎침(회내) 및 뒤침(회외) 중에 위팔뼈의 끝에서 노뼈의 머리가 회전한다.

관절의 분류

윤활관절(synovial joints)은 인간의 움직임과 관련된 가장 일반적인 관절이다. 이것은 신체에 있는 모든 관절의 약 80%를 차지하며 가장 큰 운동 능력을 가지고 있다. 윤활관절은 모두 활액낭(전체 관절을 둘러싸고 있는 콜라겐 구조), 윤활막(주머니의 내부 막), 관절 뼈의 끝을 감싸는 연골을 가지고 있다(Tamer, 2013).

윤활관절은 윤활액을 생성한다는 점에서 또 다른 독특한 특성도 가지고 있다. 윤활액은 계란의 흰자와 비슷하며 엔진 오일과 매우 유사하다. 윤활액은 관절주머니 내에서 분비되며 관절 표면을 매끄럽게 하여 과도한 마모를 줄이고 활액낭

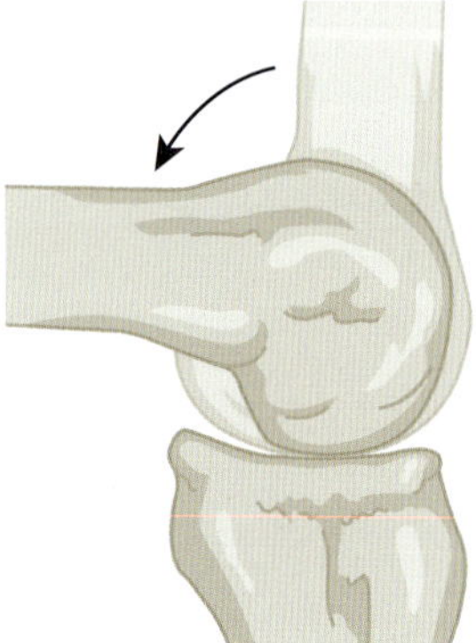

그림 5-24 관절운동학-굴림(Roll)

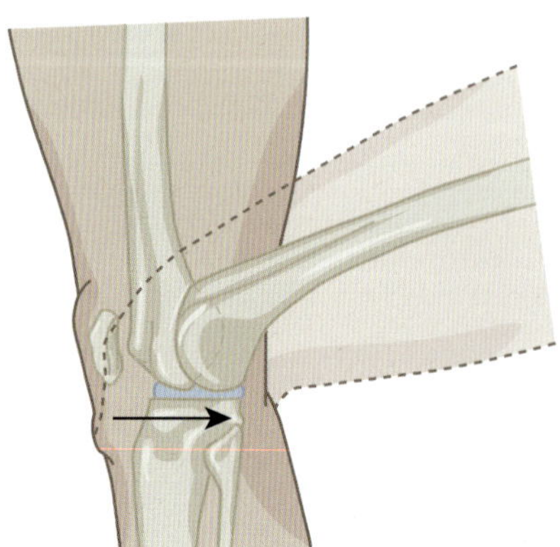

그림 5-25 관절운동학-미끄러짐(Slide)

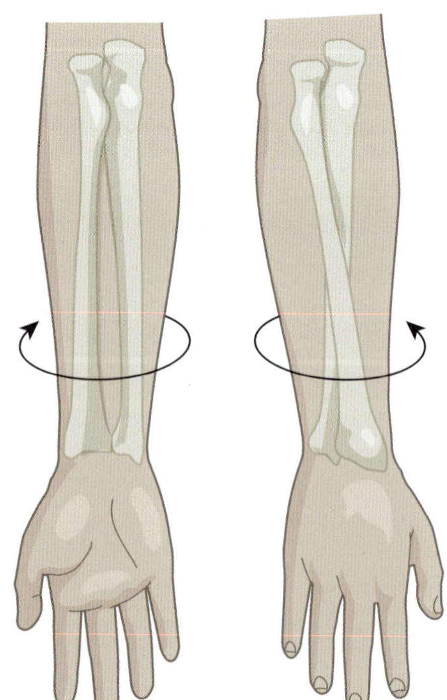

그림 5-26 관절운동학-회전(Spin)

내의 관절 구조에 영양을 공급한다(Hui et al, 2012).

인체의 윤활관절에는 여러 분류가 있다. 미끄럼(gliding), 관절융기(condyloid), 경첩(hinge), 안장(saddle), 중쇠(pivot), 볼-소켓(ball-and-socket) 관절이 있다.

미끄럼관절은 평면 관절로도 알려져 있으며 모든 관절 중에서 가장 단순한 움직임을 갖는 **비축관절(nonaxial joint)**이다. 앞뒤로 또는 좌우로 움직인다. 손목의 손목뼈 사이의 관절이 여기에 해당된다(그림 5-27)(Hamill et al., 2015).

관절융기관절은 한 뼈의 관절 융기가 다른 뼈의 타원형 구멍에 들어가 관절을 형성하기 때문에 붙여진 이름이다(Hamill et al., 2015). 모양 때문에 주로 한 방향으로 움직이며 다른 방향으로는 움직임이 거의 없다. 손가락 관절에서 볼 수 있다(그림 5-28)(Floyd, 2018).

경첩관절은 주로 한 방향으로 움직일 수 있는 홑축관절이다. 팔꿈치, 발가락(발가락 마디 사이), 발목 등의 관절은 경첩관절로 볼 수 있다(그림 5-29)(Floyd, 2018).

안장관절은 모양을 본떠 이름이 붙여졌다. 하나의 뼈는 안장처럼 생겼고 관절뼈가 사람처럼 그 위에 걸터앉아 있다. 엄지의 손목손허리관절(수근중수관절)에서만 발견된다. 모양으로 인해 주로 두 방향으로 움직인다(그림 5-30)(Floyd, 2018).

골운동학(뼈운동형상학) Osteokinematics 눈에 보이는 사지의 움직임을 설명하는 생체역학의 한 분야
관절운동학(관절운동형상학) Arthrokinematics 관절면 움직임에 대한 설명으로 굴림(roll), 미끄러짐(slide), 회전(spin)의 세 가지 유형으로 구성된다.
윤활관절(활막관절) Synovial joints 액체로 채워진 관절주머니가 있는 관절
비축관절(무축관절) Nonaxial joint 앞뒤 또는 좌우로 한 평면에서만 움직이는 미끄럼관절

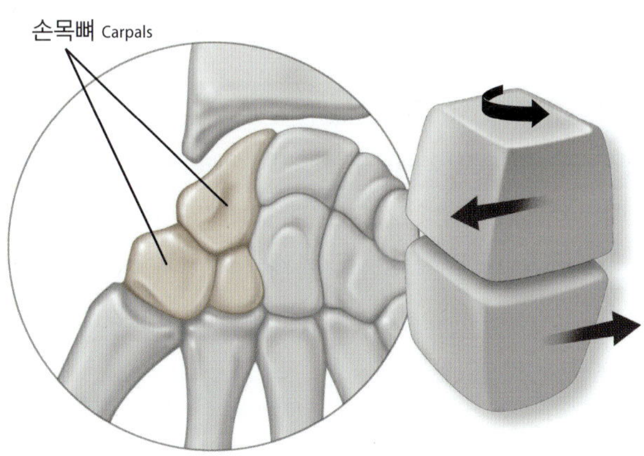

그림 5-27 미끄럼관절의 예-손목뼈

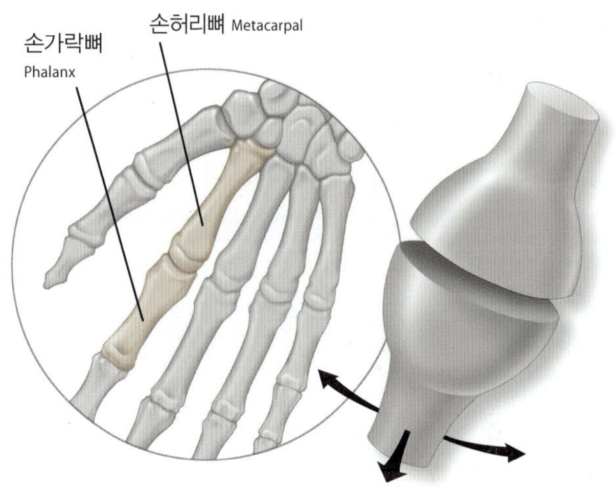

그림 5-28 관절융기관절의 예-손가락관절

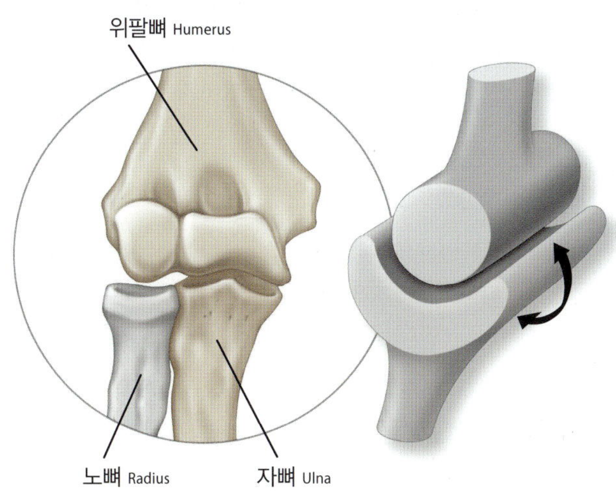

그림 5-29 경첩관절의 예-팔꿈치

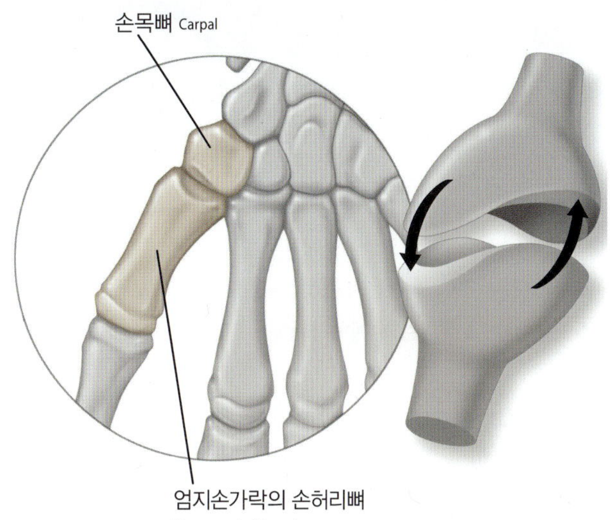

그림 5-30 안장관절의 예-엄지손가락

중쇠관절(차축관절)은 주로 한 방향으로 움직일 수 있다. 이 관절은 머리뼈 아랫부분(척추 상단)의 고리중쇠관절과 팔꿈치의 몸쪽 노자관절(그림 5-31)에서 발견된다(Floyd, 2018).

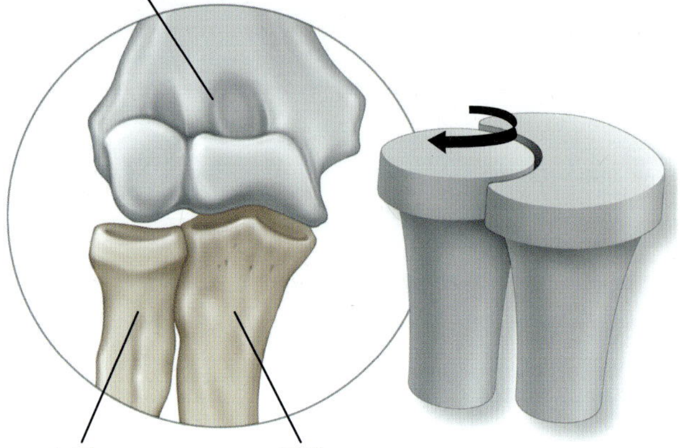

그림 5-31 중쇠관절의 예-노자관절

볼-소켓관절[구(球)관절]은 관절 중에서 운동성이 가장 높으며, 세 방향으로 모두 움직일 수 있다. 여기에는 어깨와 엉덩관절이 있다(그림 5-32)(Floyd, 2018).

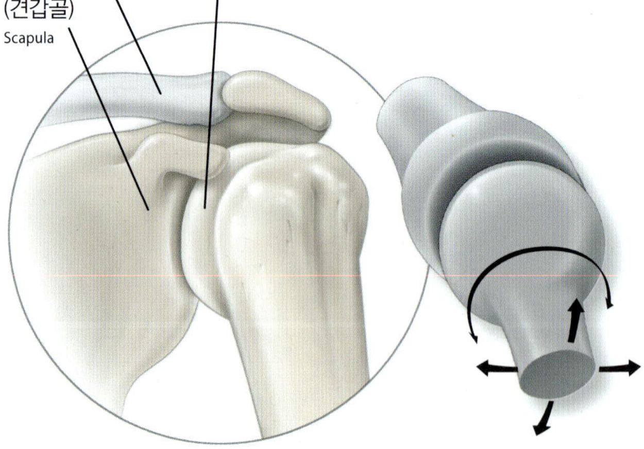

그림 5-32 볼-소켓관절의 예-어깨

부동관절(nonsynovial joints)은 결합 구조에 관절주머니, 섬유질 결합 조직 또는 연골이 없기 때문에 그렇게 이름 붙여졌다. 이 관절은 움직임이 거의 없다. 이 관절의 예로는 머리뼈 봉합선(그림 5-33)이 있다(Hamill et al., 2015).

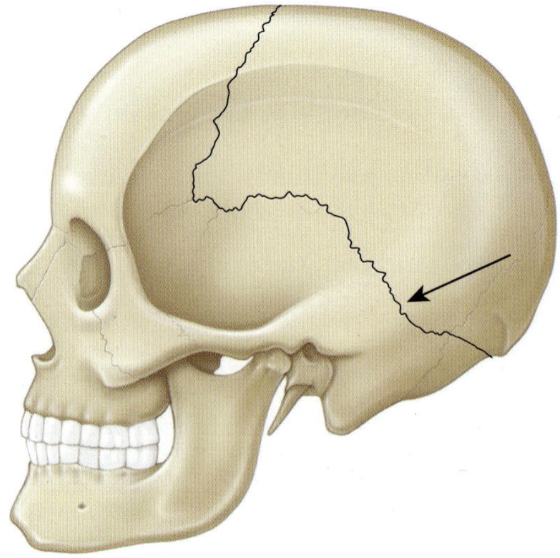

그림 5-33 부동관절의 예-머리뼈 봉합선

관절의 기능

관절은 근골격계의 다양한 기능적 요구 사항을 충족한다. 관절의 가장 중요한 기능 중 하나는 동작과 움직임에 관여하는 것이다. 관절은 또한 안정성을 제공하여 원치 않는 움직임 없이 동작이 일어날 수 있도록 한다(Lee et al., 2017). 인체의 모든 부분은 서로 연결되어 있어 한 관절의 움직임이 다른 관절의 움직임에 직접적으로 영향을 미친다(Sueki et al., 2013). 이것은 신체가 기능적으로 어떻게 작동하는지를 보여주는 것으로 운동 사슬 개념의 기본 전제이기 때문에 피트니스 전문가가 이해해야 하는 필수 개념이다(Karandikar & Vargas, 2011).

관절 결합 조직

인체의 관절에는 뼈 관절을 지지하는 몇 가지 다른 결합 조직이 있다. 관절 주위에는 근육을 뼈에 연결하는 힘줄과 관절뼈를 연결하는 인대가 있다. 피트니스 전문가에게 특히 흥미로운 것은 근뼈대 기능과 관련된 인대의 해부학 구조와 기능이다.

인대(ligaments)는 뼈와 뼈를 연결하고 정적 및 동적 안정성을 제공할 뿐만 아니라 고유수용감각에 도움이 되는 신경계에 감각 입력을 제공하는 섬유질 조직이다(그림 5-34)(Hamill et al., 2015). 인대는 주로 콜라겐(아교질, collagen)이라고 불리는 단백질과 엘라스틴(탄력소, elastin)이라고 불리는 두 번째 단백질로 구성되어 있다. 콜라겐 섬유는 일반적으로 인대에 가해지는 힘과 더 평행하게 위치하므로, 장력(인장 강도)을 견딜 수 있는 능력을 제공한다.

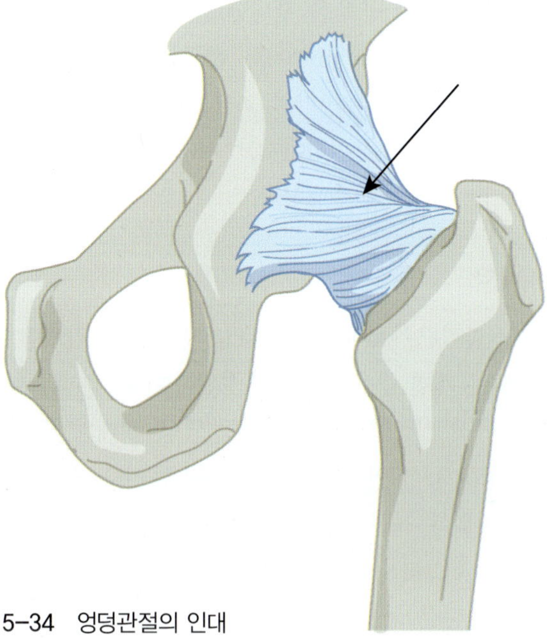

그림 5-34 엉덩관절의 인대

엘라스틴은 인대에 가해지는 굽힘과 비틀림을 견디기 위해 약간의 유연성 또는 탄성 반동을 제공한다(Kenney et al., 2020). 모든 인대가 동일한 양의 엘라스틴을 가지고 있는 것은 아니다. 예를 들어, 무릎의 전방십자인대(anterior cruciate ligament)에는 엘라스틴이 거의 없고 주로 콜라겐으로 구성되어 있다. 이 때문에 강한 힘에 저항하는 데 훨씬 더 적합하고 무릎의 안정적 구조를 잘 만들어준다.

마지막으로 인대는 혈액 공급이 좋지 않은 특성이 있다. 그래서 인대는 잘 치유되거나 회복되지 않으며, 운동으로 인한 스트레스와 같이 신체에 가해지는 스트레스에 적응하는 속도가 늦다(Hamill et al., 2015).

뼈대계의 발달 과정

정상적인 아동기와 청소년기에 뼈대계는 많은 변화를 겪는다. 노화가 진행되면서 뼈는 **성장판(growth plate)**을 통해 길어진다. 성장판은 뼈끝(골단)에 위치한 특수한 연골 디스크로 세로의 뼈 성장(즉, 뼈 길이)을 담당한다(**그림 5-35**).

뼈도 나이가 들수록 더 강해지고 밀도가 높아진다. 최대 뼈 질량과 크기의 90%까지는 여성의 경우 18세, 남성의 경우 20세까지 얻어지며, 총 최대 뼈 질량은 남녀 모두 30세 전후에 도달한다(Lu et al., 2016). 뼈대의 질량은 30~50세 사이에 안정적이며, 이 연령대가 지나면 감소한다. 고령층은 뼈 질량이 크게 낮고 골절 위험이 높아지는 뼈 질환인 골다

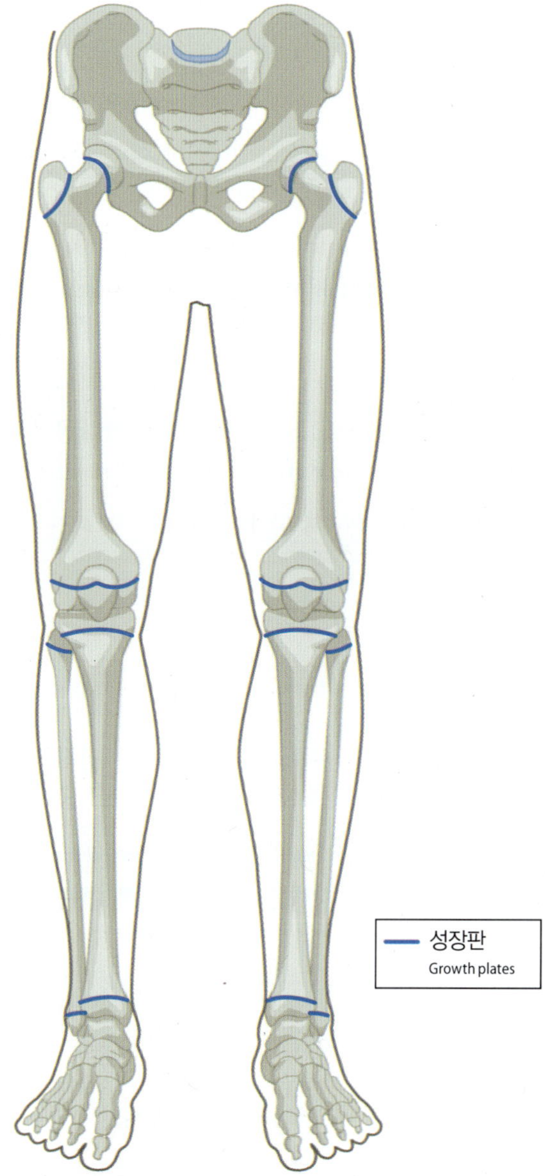

그림 5-35 다리의 성장판

공증에 걸릴 위험에 처할 수 있다(Lu et al., 2016). 최대 뼈 질량에 영향을 미치는 요인에는 환경, 식단, 호르몬, 생활 방식, 신체활동 및 유전적 영향 등이 있다(Levine, 2012).

부동관절(비활막 관절) Nonsynovial joints 결합 구조에 관절주머니, 섬유질 결합 조직 또는 연골이 없는 관절

인대 Ligament 뼈와 뼈를 연결하는 섬유질 결합 조직

콜라겐(아교질) Collagen 힘과 구조를 제공하는 결합 조직, 근육 및 피부에서 발견되는 단백질. 인체에서 가장 풍부한 단백질

엘라스틴(탄력소) Elastin 피부, 힘줄, 인대 및 기타 구조에 탄성을 제공하는 단백질

성장판 Growth plate 뼈의 세로 성장을 담당하는 골단에 위치한 특수 연골 디스크

운동이 뼈 질량에 미치는 영향

피트니스 전문가는 운동, 특히 저항 운동과 체중 부하 운동을 통해 고객이 뼈 질량을 유지하거나 개선하도록 해야 한다(Qaseem et al., 2017). 현재 보편적으로 민첩성, 근력, 자세 및 균형을 개선하는 데 도움이 되는 규칙적인 체중 부하 운동과 근육 강화 운동을 하고 있다. 이러한 운동의 목표는 뼈 강도를 향상시키고 노인의 낙상 위험을 줄이는 것이다(Cosman et al., 2014; Qaseem et al., 2017). 피트니스 전문가는 미국 골다공증재단, 캐나다 골다공증협회, 호주 골다공증협회 또는 왕립 골다공증협회와 같이 신뢰할 수 있는 자료를 사용하여 이 주제를 더 연구해 나가야 한다.

근육계

근육계(muscular system)(그림 5-36)는 신경계와 뼈대계를 연결하고 인체를 움직이는 힘을 생성하는 역할을 한다. 근육은 신경계의 통제하에 뼈를 조작하여 관절 주위에 움직임을 만들어 내는 내부 장력을 생성하기 위해 수축한다. 신체 내 세 가지 유형의 근육은 뼈대근(골격근), 심근, 민무늬근(평활근)이다(Kenney et al., 2020). 심근은 심장을 구성하고, 민무늬근은 주로 내부 장기의 조직을 구성한다. 각 유형은 생명 자체의 기능에 필수적이지만, 뼈대근은 피트니스 전문가의 지식 기반에서 가장 중요하다.

뼈대근의 구조

뼈대근(골격근, skeletal muscle)은 결합 조직에 의해 함께 유지되는 개별 근육섬유로 구성된다(Floyd, 2018; Hamill et al., 2015). 주요 기능은 수축 및 운동 생성, 뼈대계(골격계) 지지, 열생성을 통한 인체의 항상성 유지 등이다. 근육의 해부학 구조는 외부 표면에서 가장 안쪽까지의 층으로 더 세분화될 수 있다(그림 5-37)(Frontera & Ochala, 2015).

첫 번째 층은 근막이라고 불리는 결합 조직이다. **근막(fascia)**은 뼈대근을 감싸고 있으며 이를 주변의 다른 근육들과 연결한다. 전체 근육을 직접 감싸고 있는 근막층을 **근육바깥막(근외막 또는 상피, epimysium)**이라고 하며, 흔히 '깊은근막(심부근막)'이라고도 한다(Frontera & Ochala, 2015). 근육 내에서 가장 큰 섬유다발은 **근육다발(facicles)**이라고

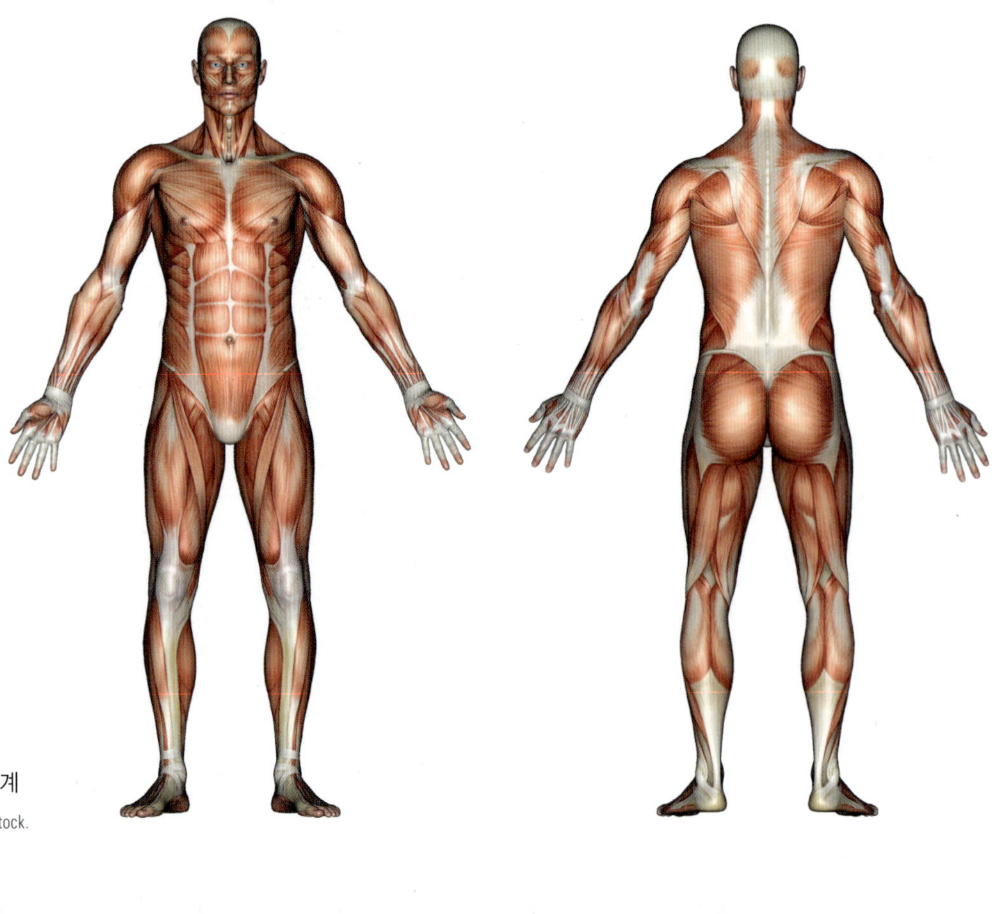

그림 5-36 근육계

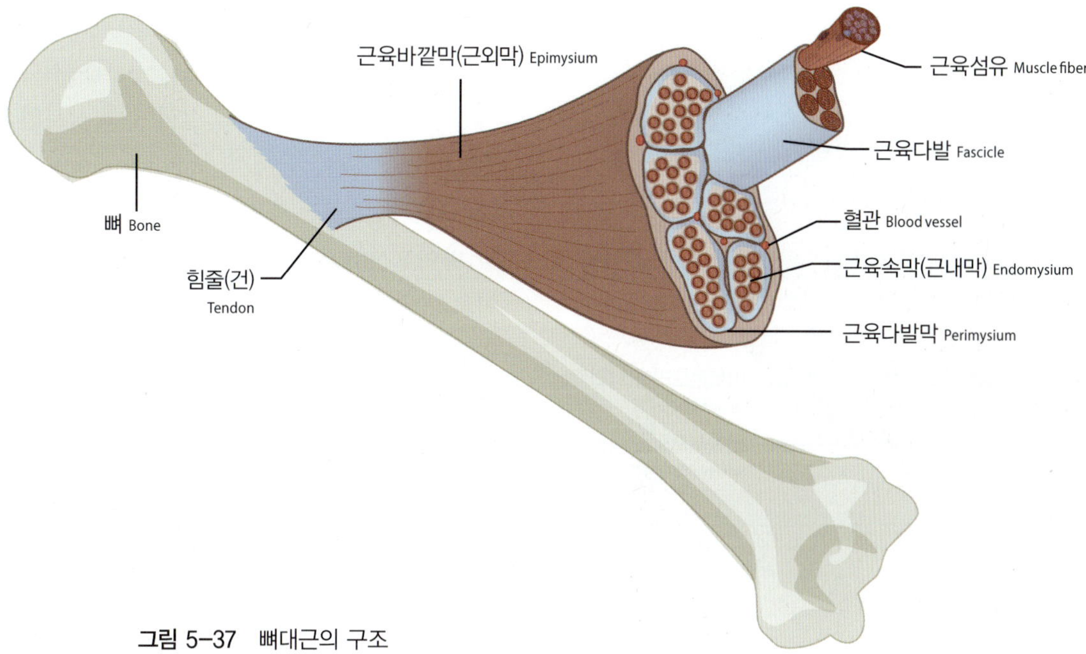

그림 5-37 뼈대근의 구조

불린다. 근육바깥막이 전체 근육을 감싸는 방식과 비슷하게 각 근육다발은 **근육다발막(perimysium)**이라는 결합 조직에 의해 개별적으로 싸여 있다. 각 근육다발은 **근육속막(근내막, endomysium)**이라는 결합 조직에 의해 함께 묶인 많은 근육섬유로 구성된다(Frontera & Ochala, 2015).

근육 내 결합 조직은 움직임에 필수적인 역할을 한다. 이것은 근육에 의해 생성된 힘이 근육의 수축성 요소로부터 뼈로 전달되어 움직임을 만들도록 한다. 결합 조직은 무릎을 펴기 위해 함께 작용하는 4개의 넙다리네갈래근과 같이 근육이 기능 그룹으로 함께 작용하도록 한다. 결합 조직의 각 층은 근육의 길이를 연장하여 끝에서 모여 힘줄을 형성하고 뼈에 부착되는 것을 돕는다(Krause et al., 2016).

유용한 힌트

힘줄과 인대

- 힘줄은 근육과 뼈를 연결한다. 힘줄에는 발목의 아킬레스건과 무릎의 무릎힘줄(슬개건) 등이 있다. 힘줄이 과도하게 늘어나거나 찢어지는 것을 좌상(strain)이라고 한다.
- 인대는 뼈와 뼈를 연결한다. 인대에는 정강이뼈와 넙다리뼈를 연결하는 무릎의 전방십자인대가 있다. 인대가 과도하게 늘어나거나 끊어지는 것을 염좌(삠, sprain)라고 한다.

근육섬유와 수축성 요소

근육다발의 근육속막 내에서 개별 근육섬유 자체는 근육세포막(횡문근형질막, sarcolemma)으로 알려진 형질막(원형질막)으로 둘러싸여 있다(그림 5-38). 각 개별 근육섬유에는 **글리코겐(당원, glycogen)**, 지방, 미네랄, 산소 결합 **마이오글로빈(근색소, myoglobin)**을 포함하는 근세포질(근형질, sarcoplasm)과 음식의 에너지를 세포를 위한 에너지로 변환하는 미토콘드리아와 같은 세포 구성 요소가 있다. 각각의 개별 근육섬유는 **근원섬유(myofibrils)**라고 불리는 구조로

뼈대근(골격근) Skeletal muscle 뼈에 연결하여 움직일 수 있는 힘을 생성하는 근육 조직의 유형

근막 Fascia 근육과 뼈를 둘러싸고 있는 결합 조직

근육바깥막(근외막 또는 상피) Epimysium 전체 근육을 직접 감싸고 있는 근막의 내부 층으로 흔히 '깊은근막(심부근막)'이라 불린다.

근육다발 Fascicles 근육 내에서 가장 큰 섬유다발. 근육다발은 근육다발막으로 둘러싸여 있다.

근육다발막 Perimysium 근육다발 주변의 결합 조직

근육속막(근내막) Endomysium 근육다발 내에 개별 근육섬유를 둘러싸고 있는 결합 조직

글리코겐(당원) Glycogen 간, 근육 세포와 같은 체내 조직에 축적 및 저장되는 포도당. 탄수화물의 저장 형태

마이오글로빈(근색소) Myoglobin 근육으로 산소 분자를 운반하는 단백질 기반의 분자

근원섬유 Myofibrils 근육 세포의 수축성 성분. 근필라멘트(액틴 및 마이오신)는 근원섬유 내에 있다.

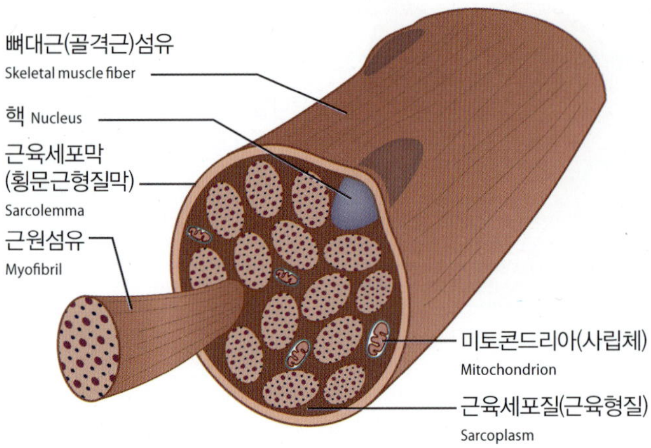

그림 5-38 근육다발의 구조

구성되어 있다(Frontera & Ochala, 2015). 근육 수축의 생리학적 과정이 일어나는 것은 근원섬유 내에서다.

근원섬유는 근육 조직의 실제 수축 성분인 중첩된 **근필라멘트(근육잔섬유, 근세사, myofilaments)**로 구성되어 있다. 근필라멘트에는 **액틴(actin: 가늘고 긴 끈 같은 필라멘트)**과 **마이오신(myosin: 두꺼운 필라멘트)**이 있다. 액틴과 마이오신 필라멘트는 근원섬유 안에서 많은 반복적인 부분을 형성한다. 이러한 특정 반복 섹션 각각을 **근원섬유마디(근절, sarcomere)**라고 한다(그림 5-39)(Kenney et al., 2020). 근원섬유마디는 근육계의 기능적 단위이며, 근육 수축이 일어나는 특정 물리적 부위를 의미한다. 각 근원섬유마디가 만나는 지점은 **Z-라인**이라고 하며, 각 Z-라인은 근원섬유를 따라 다른 근원섬유마디를 나타낸다(Frontera & Ochala, 2015).

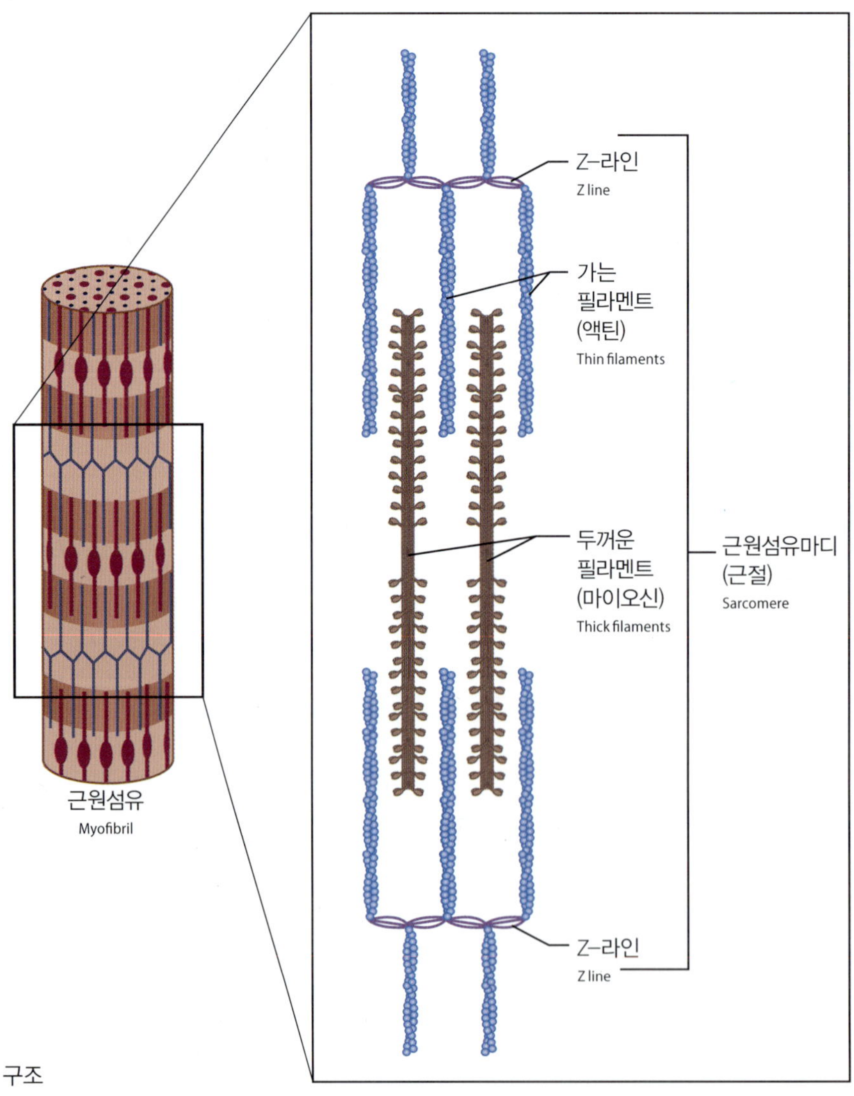

그림 5-39 근원섬유의 구조

유용한 힌트

근육 해부학 구조 흐름도

근육: 근육바깥막(epimysium: 심부근막) 결합 조직으로 둘러싸인 근육섬유다발

↓

근육섬유다발: 근육속막 결합 조직으로 둘러싸인 근육섬유다발

↓

근육섬유: 근육속막(근육내막, endomysium) 결합조직으로 둘러싸인 근원섬유다발

↓

근원섬유: 근필라멘트(액틴 및 마이오신)를 포함하는 반복적인 근원섬유마디(근절, sarcomere)의 집합

↓

근원섬유마디(근절): 근육 수축이 물리적으로 일어나는 두 Z-라인 사이의 근원섬유의 부분

↓

근필라멘트(근육잔섬유): 근원섬유를 구성하는 개별 단백질 구조인 액틴과 마이오신

전문적으로 알아보기

근육 수축에 중요한 두 개의 단백질 구조는 트로포마이오신(tropomyosin)과 트로포닌(tro-ponin)이다. 트로포마이오신은 액틴 필라멘트에 위치하여 액틴 필라멘트에 있는 마이오신 결합 부위를 차단하고, 근육이 이완된 상태일 때 마이오신이 액틴에 달라붙지 않도록 한다. 액틴 필라멘트에 위치한 트로포닌은 근육이 수축해야 할 때 칼슘과 트로포마이오신 모두에 결합 부위를 제공함으로써 근육 수축에 역할을 한다(Kenney et al., 2020).

신경 활성화

뼈대근(골격근)은 운동 뉴런에 의해 자극을 받지 않는 한 수축하지 않는다. **신경 활성화(neural activation)**는 신경계와 근육계 사이의 통신 연결을 나타낸다. 신경계는 신경 **근육 접합부**(그림 5-40)라고 불리는 특수 부위를 통해 근육섬유와 통신한다. 이 접합부는 실제로 운동 뉴런과 근육세포 사이의 작은 간격, 즉 **시냅스(연접, synapse)**이다. 하나의 운동 뉴런과 신경이 분포된(즉, 연결되는) 근육섬유는 **운동 단위(motor unit)**로 알려져 있다(Kenney et al., 2020).

근필라멘트(근육잔섬유, 근세사) Myofilaments 근원섬유의 필라멘트. 액틴과 마이오신을 포함한다.

액틴 Actin 근육 수축을 생성하기 위해 마이오신과 함께 작용하는 가늘고 긴 끈 같은 근필라멘트

마이오신 Myosin 근육 수축을 일으키기 위해 액틴과 함께 작용하는 두꺼운 근필라멘트

근원섬유마디(근절) Sarcomere 두 개의 Z-라인 사이에 있는 액틴과 마이오신 필라멘트로 구성된 근원섬유의 구조 단위

Z-라인 Z-line 각 근원섬유마디가 만나는 지점

신경 활성화 Neural activation 근육이 수축하도록 지시하는 신경계의 신호

근육 접합부 Neuromuscular junction 신경계가 근육섬유와 직접 통신하는 특수 부위

시냅스(연접) Synapse 운동 뉴런과 근육 세포 사이의 접합부 또는 작은 틈새

운동 단위 Motor unit 하나의 운동 뉴런과 그 신경이 지배하는 모든 근육섬유 그룹

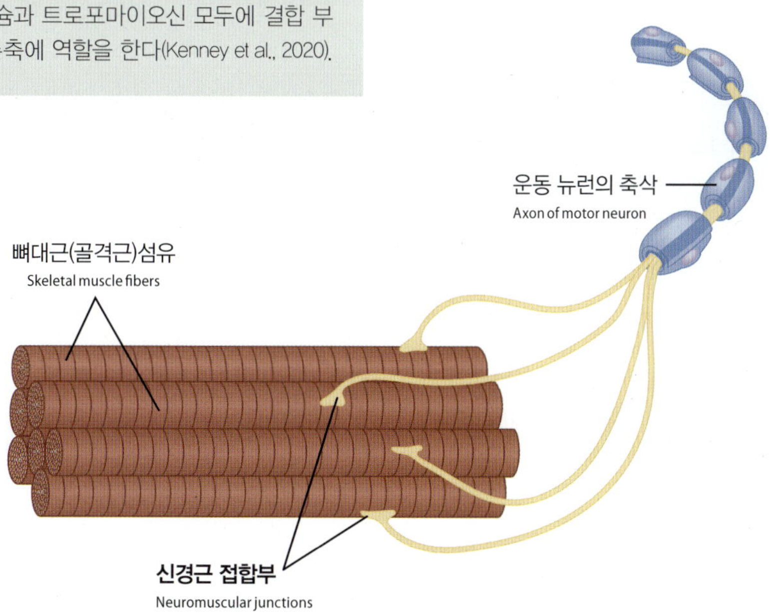

그림 5-40 신경근 접합부

활동전위

활동전위(action potential)는 중추신경계에서 말초신경계를 거쳐 신경근육 접합부를 가로질러 근육으로 전달되는 신경 자극이다. 이전 섹션에서 언급한 바와 같이 전해질인 나트륨과 칼륨은 신경을 따라 자극을 신경근 접합부로 전달하는 데 도움을 준다. 활동전위가 접합부에 도달하면 뉴런과 근육 사이의 시냅스를 가로지르는 화학적 메신저인 신경전달물질(neurotransmitters)이 틈새로 분비된다(그림 5–41)(Raiteri et al., 2002).

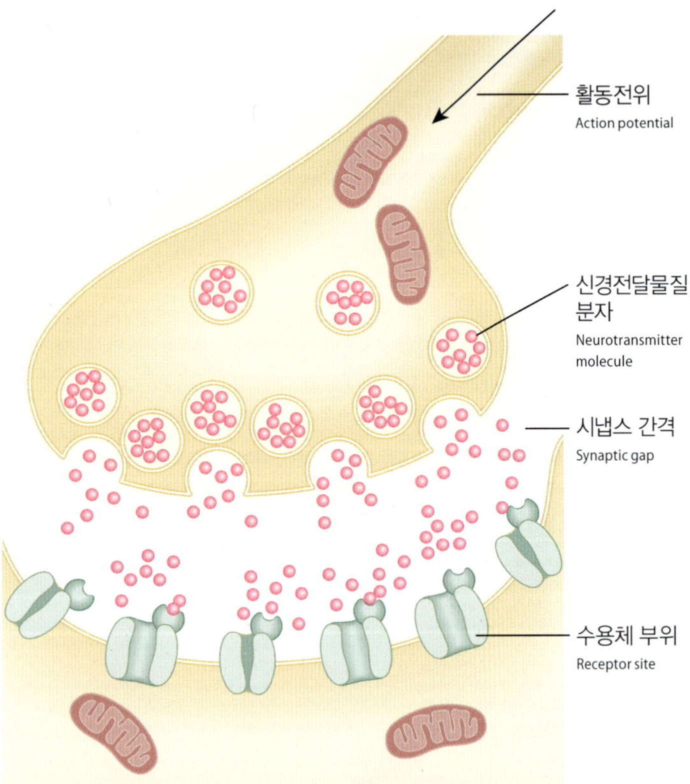

그림 5–41 뉴런과 근육 사이의 시냅스

본질적으로 신경전달물질은 신경계의 전기적 메시지를 근육 세포가 이해하고 행동할 수 있는 형태로 변환한다. 일단 신경전달물질이 분비되면 부착을 위해 특별히 고안된 근육 섬유의 수용기 부위와 결합한다. 아세틸콜린(acetylcholine, ACh)은 신경근육계에서 사용되는 신경전달물질이다. 아세틸콜린이 틈새에서 분비되면 활동전위가 시냅스를 넘어 근육으로 들어가 근육 수축 단계를 시작하게 한다(Mori, 2014).

근세사 활주설

근육 수축은 액틴과 마이오신 근필라멘트를 포함하는 근원섬유마디(근절)가 짧아지는 것이다. 근세사활주설(sliding filament theory)은 마이오신(두꺼운)과 액틴(얇은) 필라멘트가 어떻게 서로 미끄러져 근육 수축을 일으키며 근원섬유마디의 전체 길이와 전체 근육을 수축시키는지를 설명한다(그림 5–42).

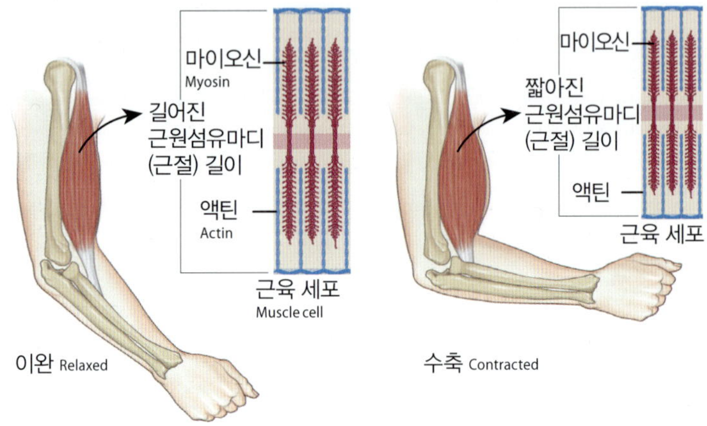

그림 5–42 근세사활주설

근육 수축 단계는 흥분수축연결(excitation–contraction coupling)이라고 불리는 생리적 과정을 통해 이루어진다(그림 5–43)(Mackrill & Shiels, 2020).

1. 신경 자극은 CNS에서 시작하여 나트륨과 칼륨 전해질로 촉진되는 운동 뉴런을 따라 신경근 접합부로 이동한다.
2. 아세틸콜린이 신경근 접합부로 분비되어 신경 자극이 시냅스를 통해 근육으로 전달되도록 도와준다.
3. 신경 자극은 근육 기반으로 이동해 근육세포질그물(근육형질그물, sarcoplasmic reticulum)이라고 불리는 작은 기관을 자극하여 전해질 칼슘을 방출한다(Frontera & Ochala, 2015).
4. 그런 다음 칼슘은 근육으로 방출되어 일련의 작용들을 자극하여 마이오신 머리가 액틴에 결합하도록 한다.
5. 마이오신 머리는 액틴을 근원섬유마디 중심으로 잡아당겨 겹쳐진 필라멘트를 서로 지나치도록 미끄러뜨려 전체 근육을 단축시킨다.

액틴과 마이오신 필라멘트의 중첩 작용을 파워 스트로크(power stroke)라고 하는데, 이는 아데노신 삼인산(adenosine triphosphate, ATP) 분자를 사용하여 마이오신 머리

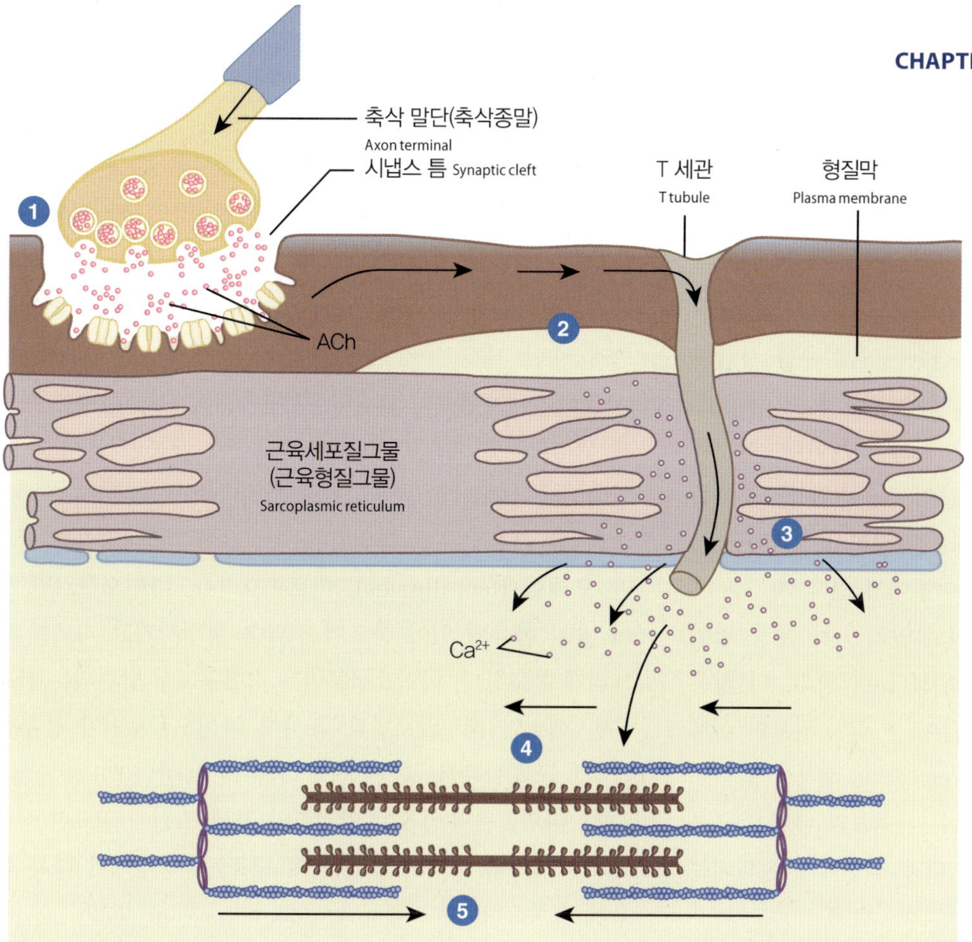

1. 아세틸콜린 분비
2. 활동전위가 T세관에 도달
3. 근육세포질그물은 칼슘 이온 (Ca^{2+})을 방출
4. 마이오신 머리가 액틴에 결합
5. 수축 시작

그림 5-43 흥분수축연결

에 에너지를 공급한다. 파워 스트로크가 끝난 후 마이오신은 분리되었다가 그들의 휴식 길이(resting length)라고 알려진 원래 위치로 돌아간다. 일단 CNS의 활동전위가 멈추면 근육은 이완되고 CNS의 다음 자극을 준비하기 위해 스스로 재설정된다(Mackrill & Shiels, 2020; Rebbeck et al., 2014).

활동전위 Action potential 중추신경계에서 말초신경계를 거쳐 신경근육 접합부를 통해 근육으로 전달되는 신경 자극

신경전달물질 Neurotransmitters 뉴런과 근육 사이의 시냅스를 넘어 신경 전달을 돕는 화학 메신저

아세틸콜린 Acetylcholine (ACh) 활동전위가 시냅스를 넘어 근육으로 들어가는 것을 돕는 신경전달물질로, 근육 수축 단계를 시작함

근세사활주설 Sliding filament theory 근육 수축의 과정은 마이오신(두꺼운) 필라멘트와 액틴(얇은) 필라멘트가 서로 미끄러져 근육을 수축하여 근원섬유마디의 전체 길이를 단축시키는 것을 말한다.

흥분수축연결 Excitation-contraction coupling 전기적 자극을 근육 수축으로 바꾸는 생리학적 과정

파워 스트로크 Power stroke 마이오신 머리는 액틴에 결합하여 근원섬유마디 중심으로 끌어당겨서 필라멘트를 서로 미끄러지게 하여 근육을 단축시킨다.

아데노신 삼인산 Adenosine triphosphate (ATP) 인체에서 주요 형태의 에너지 역할을 하는 고에너지 분자. 인체의 에너지 화폐로 알려져 있다.

휴식 길이 Resting length 근육이 활발하게 수축하거나 늘어나지 않을 때의 근육 길이

유용한 힌트

근세사활주설의 두 가지 주요 원칙은 다음과 같다.

1. Z-라인이 서로 더 가까이 이동하면서 근원섬유마디가 짧아진다.
2. Z-라인은 마이오신 필라멘트의 머리가 액틴 필라멘트의 머리에 부착되어, 마이오신을 가로질러 액틴을 끌어당겨 근육섬유를 수축시킨다.

지식 확장하기

인체는 다양한 근육 기능을 수행하기 위해 여러 전해질을 필요로 한다. 근육 기능에 가장 필수적인 전해질에는 칼슘, 칼륨, 나트륨, 물이다(Pollock et al., 2014). 칼슘은 근육 내부의 액틴과 마이오신 활동을 자극하고, 칼륨과 나트륨은 운동 신호를 신경 축삭을 따라 전달하도록 한다. 전기 전도성이 있는 물은 대부분의 신체 기능 시나리오에 관여하기 때문에 신체의 주요한 전해질이다(Kenney et al., 2020). 이 모든 필수 전해질은 우리가 먹는 음식이나 영양 보충제를 통해 얻을 수 있다. 전해질 또는 수분 불균형은 운동 관련 근육 경련을 유발할 수 있다(Harris & Braun, 2017).

운동 단위와 실무율

근육은 기능적으로 운동 단위로 나뉘며, 하나의 운동 단위는 하나의 운동 뉴런과 그 신경이 분포된 근육섬유로 구성되어 있음을 기억해야 한다. 근육에는 크고 작은 운동 단위가 있다(Frontera & Ochala, 2015). 작은 근육섬유를 자극하는 타입I으로 알려진 작은 운동 단위는 피로에 더 강하고, 천천히 수축하며 상대적으로 작은 힘을 생성한다. 이것은 특히 직립 자세를 유지하는 것과 같이 지속적인 근육 수축이 필요한 활동에서 중요하다. 신체를 안정화시키는 작은 근육들은 대부분 제1형 근육섬유로 이루어져 있다.

큰 근육섬유를 자극하는 타입II로 알려진 큰 운동 단위는 빨리 피로해지고 작은 운동 단위보다 더 빨리, 더 많은 힘을 생성한다. 달리기나 점프와 같이 큰 힘이 필요한 신체 활동에서 특히 중요하다(Kenney et al., 2020). 신체를 움직이는 주요 기능을 하는 큰 근육은 작은 근육보다 타입II 근육섬유가 많다. 이러한 운동 단위는 다음 섹션에서 논의되는 특정 근육섬유 타입과 관련이 있다.

신경 자극이 활동전위를 일으킬 만큼 충분히 강하면, 그것은 근육섬유 전체 길이로 퍼진다. 더 구체적으로 말하자면, 하나의 신경이 공급하는 모든 근육섬유를 통해 퍼진다는 것이다. 반대로 자극이 충분히 강하지 않으면 활동전위도 근육수축도 일어나지 않는다. 이것을 실무율(all-or-nothing principle)이라고 한다(Pareti, 2007).

운동 단위는 생성하는 힘의 양을 변경할 수 없다. 즉 이들은 최대로 수축하거나 전혀 수축하지 않는다. 이 원칙이 전부 아니면 전무, 즉 실무율(all-or-nothing)로 명명되는 이유다. 실무율의 결과로 뼈대근 수축의 전체 강도는 동원된 운동 단위의 유형(즉, 단위 크기가 큰지 작은지 여부)과 주어진 시간에 활성화되는 전체 운동 단위의 수에 따라 달라진다(Pareti, 2007).

또한 특정 근육을 구성하는 운동 단위의 유형은 해당 근육의 기능과 직접 관련이 있음을 이해해야 한다(Floyd, 2018). 미세한 운동 조절과 관련된 근육(예: 눈이나 손가락을 조절하는 근육)은 운동 단위당 섬유 수가 더 적다. 반대로 크고 강력한 움직임에 관여하는 근육은 운동 단위당 더 많은 섬유 수가 필요하다(예: 스쿼트 운동 중 넙다리네갈래근)(Mackrill & Shiels, 2020; Rebbeck et al., 2014).

근육섬유의 유형

근육섬유의 두 가지 주요 유형, 즉 타입I과 타입II는 화학적, 기계적 특성이 다르다(표 5-3)(Wilson et al., 2012). 타입I 근육섬유는 최대 장력을 생성하는 속도가 느리고 피로에 대한 내성이 강하기 때문에 흔히 '느린 연축(slow twitch)' 근육섬유로 불린다. 반대로 타입II는 장력은 빠르게 생성하지만 피로가 빠르게 발생하기 때문에 흔히 '빠른 연축(fast twitch)' 근육섬유로 불린다(Joumaa et al., 2015).

타입I 근육섬유는 타입II 근육섬유에 비해 크기는 작지만 모세혈관(capillaries), 미토콘드리아, 마이오글로빈 등이 많이 함유돼 있어 산소의 전달을 향상시키고 피로를 더 느리게 유도한다. 마이오글로빈은 적혈구에서 발견되는 산소 운반 색소인 헤모글로빈과 유사해 마이오글로빈이 풍부한 타입I 근육섬유를 종종 '적색 섬유'라고 한다(Wilson et al., 2012). 타입I 근육섬유는 안정화와 자세 조절에 필요한 장시간의 수축(예: 척추의 깊은 근육 구조)을 생성해야 하는 근육에서 중요하다(Moore et al., 2018; Wilson et al., 2012).

타입II 근육섬유는 타입I 근육섬유보다 크기가 더 크고 최대 장력을 더 빠르게 발생시킨다. 일반적으로 타입II 근육섬유에는 모세혈관, 미토콘드리아, 마이오글로빈이 더 적다. 제한된 마이오글로빈으로 인해 산화 능력이 낮고 빨리 피로

표 5-3 근육섬유의 유형

	특징
타입I	모세혈관, 미토콘드리아, 마이오글로빈이 더 많다.
	산소를 많이 전달한다.
	크기가 더 작다.
	더 적은 힘을 생성한다.
	피로가 느리다.
	장시간의 수축(안정화)에서 중요하다.
	느린 근수축(연축)
타입II	모세혈관, 미토콘드리아, 마이오글로빈이 적다.
	산소 전달력이 느리다.
	크기가 더 크다.
	많은 힘을 생성한다.
	피로가 빠르다.
	단시간의 수축(강한 힘)에서 중요하다.
	빠른 근수축(연축)

해져 '백색 섬유'라고도 불린다(Wilson et al., 2012). 이 근육섬유는 전력 질주 시 넙다리네갈래근과 같이 높은 수준의 힘이 필요한 운동을 만들어내는 근육에서 중요하다(Brunner et al., 2007).

모든 근육은 타입I과 타입II 근육섬유의 다양한 조합을 가지고 있다. 각각의 농도는 근육의 기능과 유전자에 따라 달라진다. 예를 들어, 종아리 내에서 가자미근(soleus muscle)은 대부분 타입I 근육섬유로 구성되어 있는 반면, 장딴지근은 대부분 타입II 근육섬유로 구성되어 있다(Balius et al., 2013; Edgerton et al., 1975).

전문적으로 알아보기

타입IIa 및 IIx 근육섬유

타입II 근육섬유는 화학적 및 기계적 특성에 따라 타입IIa와 타입IIx로 세분화된다. 타입IIx 근육섬유는 산화 능력이 낮고 피로가 매우 빠르다. 타입IIa 근육섬유는 IIx 섬유보다 산화 능력이 더 높고 피로가 느리지만, 타입I 섬유보다는 훨씬 더 빨리 피로해진다(Kenney et al., 2020).

이 때문에 타입IIa 섬유는 보통 '중간 속도 연축 섬유(intermediate fast-twitch fibers)'로 알려져 있다. 이것은 에너지를 생성하기 위해 호기성 물질대사와 혐기성 물질대사를 거의 동일하게 사용할 수 있다(물질대사는 8장에서 더 자세히 논의된다). 기본적으로 타입IIa 섬유는 '느린 연축'인 타입I의 근육섬유와 '빠른 연축'인 타입IIx 사이의 중간 지점에 있다(Wilson et al., 2012).

근육계 발달 과정

아동기부터 청소년기 및 성인기에 이르기까지 근육계는 계속해서 발달하고 성장하는데, 20~30세 사이에 최대의 질량, 힘, 근력이 생긴다(Keller & Engelhardt, 2014). 근육량, 힘, 근력의 변화는 30~50세 사이에는 작지만, 50세 이후에는 근육량이 연평균 1~2%씩 감소하고 근력은 연간 약 1.5~5%씩 감소한다(Keller & Engelhardt, 2014). 저항 트레이닝은 노년층의 근육량, 힘 및 근력의 손실을 방지하는 데 매우 유익하다(Fragala et al., 2019).

타입I(느린 근수축) 근육섬유 Type I (slow twitch) muscle fibers 크기가 작은 근육섬유는 더 적은 양의 힘을 생성하며 피로에 잘 견딘다.

타입II 근육섬유 Type II muscle fibers 크기가 큰 근육섬유는 더 많은 양의 힘을 생성하며 더 빨리 피로해진다.

실무율 All-or-nothing principle 운동 단위는 생성하는 힘의 양을 변경할 수 없다. 운동 단위는 최대로 수축하거나 전혀 수축하지 않는다.

모세혈관 Capillaries 가장 작은 혈관이며 혈액과 조직 사이의 원소 교환 부위이다.

요약

이 장에서는 피트니스 전문가와 관련된 인체 움직임 시스템에 대해 간략히 설명한다. 신경계, 근육계, 뼈대계에 대한 실무 지식은 정확한 고객 평가와 안전한 운동 프로그램을 위한 기초이다. 피트니스 전문가는 세 가지 시스템과 관련한 고객의 질문에 대답할 수 있어야 하며, 고객의 이해를 더욱 발전시키기 위해 이 장 이후에도 이러한 주제들을 계속 연구해 나가야 한다.

제5장 리뷰

인체 움직임 시스템은 신경계, 근육계, 뼈대계의 모든 상호 작용을 포함한다. 신경계에는 CNS와 PNS가 있다. 감각 정보는 PNS에 의해 CNS로 전송된다. 그런 다음 CNS는 그 정보를 처리하고 PNS를 통해 근육과 기관으로 다시 전달한다. 이 경로를 통해 인간은 환경과 상호 작용할 수 있다. 이 세 시스템 모두 적절한 기능을 위해 물과 특정 전해질이 필요하다. 인체 움직임 시스템은 인간이 아동기부터 성인기까지 나이가 들면서 더욱 발전한다.

뼈대계는 인체를 지지하고 근육이 부착되어 있는 곳이다. 뼈대계에는 몸통 뼈대와 팔다리 뼈대의 두 부분으로 나뉜다. 뼈대계에는 두 개의 뼈가 결합되는 관절이 있다. 인체에는 많은 종류의 뼈와 관절이 있다.

근육계는 뼈대계를 지지하고 움직임을 만들어 내는 다양한 종류의 근육을 말한다. 근육은 지구력 활동과 높은 힘 생성이 필요한 움직임 모두에서 활약하는 타입I(낮은 힘, 느린 피로)과 타입II(높은 힘, 빠른 피로) 근육섬유로 더 분류된다.

제5장 하이라이트

신경계

- 인체 움직임 시스템은 신경계, 뼈대계, 근육계의 통합이다.
- 신경계는 감각 정보(구심성)와 운동 정보(원심성)를 제공한다.
- 뉴런은 신경계의 기능 단위이다.
- 신경계에는 CNS(뇌와 척수)와 PNS(체성 및 자율신경계)가 포함된다.
- PNS에는 기계수용기, 통각수용기, 화학수용기, 빛수용기 등 다양한 종류의 감각수용기가 있다.
- 근방추와 골지힘줄기관은 두 가지 중요한 감각수용기(기계수용기)이다.
- PNS는 체성 및 자율신경계의 두 가지 부문을 가지고 있다.
- 신경계가 제대로 기능하려면 나트륨, 칼륨, 마그네슘, 물 등 다양한 전해질이 필요하다.
- 운동 능력 발달은 인지, 결합, 자율 3단계로 이루어지는 경우가 많다.
- 신경계는 인간이 아동기부터 성인기까지 나이가 들면서 발달한다.

뼈대계(골격계)

- 뼈대계는 신체를 지지하고 내부 장기를 보호한다.
- 뼈대계는 축과 부속기의 두 부분으로 나뉜다.
- 인체의 뼈는 근육이 수축할 때 움직임을 일으키는 부착 부위 및 지렛대(딱딱한 막대)의 역할을 한다.
- 뼈의 성장은 일생 동안 일어나며, 파골세포와 골모세포라고 하는 특수한 세포로 스스로를 리모델링한다.
- 뼈에는 긴뼈, 짧은뼈, 납작뼈, 불규칙뼈, 종자뼈의 5가지 분류가 있다.
- 척주에는 목뼈(경추), 등뼈(흉추), 허리뼈(요추), 엉치뼈(천골), 꼬리뼈(미추)의 5개 부위가 있다.
- 각 척추뼈 사이에는 충격을 흡수하고 움직임을 보조하는 역할을 하는 척추원반(추간판)이 있다.
- 관절은 하나의 뼈가 다른 뼈와 연결되어 형성되며 모양, 구조, 기능에 따라 분류된다.
- 골운동학(osteokinetics)은 뼈의 움직임을 관절운동학(arthrokinematics)은 관절 표면의 움직임을 설명한다.
- 윤활관절은 활막낭과 인대, 근막 등 다른 결합 조직도 포함하고 있다.
- 윤활관절은 미끄럼(활주), 관절융기, 경첩, 안장, 중쇠(피봇), 볼-소켓(구) 등 6가지로 구분된다.
- 운동과 적절한 영양 섭취는 노년층의 뼈 질량에 매우 긍정적인 영향을 미친다.

근육계

- 근육계는 신경계와 뼈대계를 연결하고 인체를 움직이는 힘을 발생시킨다.
- 근육은 수축성 근육섬유를 둘러싸고 있는 여러 결합 조직층을 포함하는 복잡한 구조를 가지고 있다.
- 근원섬유는 반복되는 근원섬유마디와 근필라멘트인 액틴과 마이오신으로 구성되어 있는데, 이는 근세사활주설로 설명되는 근육 수축을 만들어 낸다. 아데노신삼인산은 이 과정에서 에너지를 생성하는 데 필요하다.
- 흥분수축연결은 신경계와 근육계를 포함하는 근육 수축 과정의 단계를 설명한다.
- 전해질 칼슘과 신경전달물질 아세틸콜린은 흥분수축 연결 과정에 관여한다.
- 실무율(all-or nothing)은 운동 단위가 최대로 수축하거나 전혀 수축하지 않는 방식을 말한다.
- 소근육 운동(fine motor skill)과 관련된 근육은 신경 분포가 적은 섬유를 지닌 운동 단위를 가지고 있다. 대근육 운동(gross motor cotrol)에 관여하는 근육은 신경 분포가 더 많은 운동 단위를 가지고 있다.
- 느린 근수축인 타입 I 근육섬유는 크기가 작고 적은 힘을 생성하며 피로에 강하다.
- 빠른 근수축인 타입 II 근육섬유는 크기가 크고 큰 힘을 생성하며 피로가 빠르다.

참고 문헌

Ackerley, R., & Watkins, R. H. (2018). Microneurography as a tool to study the function of individual C-fiber afferents in humans: Responses from nociceptors, thermoreceptors, and mechanoreceptors. *Journal of Neurophysiology*, *120*(6), 2834–2846. https://doi.org/10.1152/jn.00109.2018

Ailon, T., Shaffrey, C. I., Lenke, L. G., Harrop, J. S., & Smith, J. S. (2015). Progressive spinal kyphosis in the aging population. *Neurosurgery*, *77*(4), 164–172. https://doi.org/10.1227/neu.0000000000000944

Arain, M., Haque, M., Johal, L., Mathur, P., Nel, W., Rais, A., . . . Sharma, S. (2013). Maturation of the adolescent brain. *Neuropsychiatric Disease and Treatment*, *9*, 449–461. https://doi .org/10.2147/NDT.S39776

Aspray, T. J., & Hill, T. R. (2019). Osteoporosis and the ageing skeleton. *Sub-cellular Biochemistry*, *91*, 453–476. https://doi.org/10.1007 /978-981-13-3681-2_16

Balius, R., Alomar, X., Rodas, G., Miguel-Perez, M., Pedret, C., Dobado, M. C., . . . Koulouris, G. (2013). The soleus muscle: MRI, anatomic and histologic findings in cadavers with clinical correlation of strain injury distribution. *Skeletal Radiology*, *42*(4), 521–530. https://doi.org/10.1007/s00256-012-1513-3

Bandovic, I., & Futterman, B. (2019). Anatomy, bone markings. In *StatPearls*. Treasure Island, FL: StatPearls Publishing.

Behm, D. G., Faigenbaum, A. D., Falk, B., & Klentrou, P. (2008). Canadian Society for Exercise Physiology position paper: Resistance training in children and adolescents. *Applied Physiology, Nutrition, and Metabolism*, *33*(3), 547–561. https://doi.org/10.1139/h08-020

Bergeron, M. F., Mountjoy, M., Armstrong, N., Chia, M., Côté, J., Emery, C. A., . . . Engebretsen, L. (2015). International Olympic Committee consensus statement on youth athletic development. *British Journal of Sports Medicine*, *49*(13), 843–851. https://doi .org/10.1136/bjsports-2015-094962

Bican, O., Minagar, A., & Pruitt, A. A. (2013). The spinal cord: A review of functional neuroanatomy. *Neurologic Clinics*, *31*(1), 1–18. https://doi.org/10.1016/j.ncl.2012.09.009

Brunner, F., Schmid, A., Sheikhzadeh, A., Nordin, M., Yoon, J., & Frankel, V. (2007). Effects of aging on type II muscle fibers: A systematic review of the literature. *Journal of Aging and Physical Activity*, *15*(3), 336–348. https://doi.org/10.1123/japa.15.3.336

Chalmers, G. (2002). Do Golgi tendon organs really inhibit muscle activity at high force levels to save muscles from injury, and adapt with strength training? *Sports Biomechanics*, *1*(2), 239–249. https://doi.org/10.1080/14763140208522800

Chu, S. K., Jayabalan, P., Kibler, W. B., & Press, J. (2016). The kinetic chain revisited: New concepts on throwing mechanics and injury. *PM & R*, *8*(3), 69–77. https://doi.org/10.1016/j.pmrj.2015.11.015

Cosman, F., de Beur, S. J., LeBoff, M. S., Lewiecki, E. M., Tanner, B., Randall, S., . . . National Osteoporosis Foundation (2014). Clinician's guide to prevention and treatment of osteoporosis. *Osteoporosis International*, *25*(10), 2359–2381. https://doi .org/10.1007/s00198-014-2794-2

Dahab, K. S., & McCambridge, T. M. (2009). Strength training in children and adolescents: Raising the bar for young athletes? *Sports Health*, *1*(3), 223–226. https://doi.org/10.1177/1941738109334215

Damoiseaux, J. S. (2017). Effects of aging on functional and structural brain connectivity. *NeuroImage*, *160*, 32–40. https://doi.org/10.1016/j.neuroimage.2017.01.077

Dean, B. J. F., Gwilym, S. E., & Carr, A. J. (2013). Why does my shoulder hurt? A review of the neuroanatomical and biochemical basis of shoulder pain. *British Journal of Sports Medicine*, *47*(17), 1095–1104. https://doi.org/10.1136/bjsports-2012-091492

Dirckx, N., Van Hul, M., & Maes, C. (2013). Osteoblast recruitment to sites of bone formation in skeletal development, homeostasis, and regeneration. *Birth Defects Research Part C Embryo Today*, *99*(3), 170–191. https://doi.org/10.1002/bdrc.21047

Eckert, N., & Riley, Z. A. (2013). The nociceptive withdrawal reflex does not adapt to joint position change and short-term motor practice. *F1000Research*, *2*, 158–158. https://doi.org/10.12688 / f1000research.2-158.v2

Edgerton, V. R., Smith, J. L., & Simpson, D. R. (1975). Muscle fibre type populations of human leg muscles. *Histochemical Journal*, *7*(3), 259–266. https://doi.org/10.1007/bf01003594

Faigenbaum, A. D., Kraemer, W. J., Blimkie, C. J., Jeffreys, I., Micheli, L. J., Nitka, M., & Rowland, T. W. (2009). Youth resistance training: Updated position statement paper from the National Strength and Conditioning Association. *Journal of Strength and Conditioning Research*, *23*(5), 60–79. https://doi.org/10.1519 / JSC.0b013e31819df407

Florencio-Silva, R., Sasso, G. R., Sasso-Cerri, E., Simões, M. J., & Cerri, P. S. (2015). Biology of bone tissue: Structure, function, and factors that influence bone cells. *BioMed Research International*, *2015*, 421746. https://doi.org/10.1155/2015/421746

Floyd, R. T. (2018). *Manual of structural kinesiology* (20th ed.). New York, NY: McGraw-Hill.

Fragala, M. S., Cadore, E. L., Dorgo, S., Izquierdo, M., Kraemer, W. J., Peterson, M. D., & Ryan, E. D. (2019). Resistance training for older adults: Position statement from the National Strength and Conditioning Association. *Journal of Strength and Conditioning Research*, *33*(8), 2019–2052. https://doi.org/10.1519/jsc .0000000000003230

Frontera, W. R., & Ochala, J. (2015). Skeletal muscle: A brief review of structure and function. *Calcified Tissue International*, *96*(3), 183–195. https://doi.org/10.1007/s00223-014-9915-y

Galbusera, F., & Bassani, T. (2019). The spine: A strong, stable, and flexible structure with biomimetics potential. *Biomimetics*, *4*(3), 60. https, //doi.org/10.3390/biomimetics4030060 Greenbaum-Maya, K. (2019). Proprioception. *Chest*, *156*(1), 182. https://doi.org/10.1016/j.chest.2019.02.315

Hamill, J., Knutsen, K., & Derrick, T. R. (2015). *Biomechanical basis of human movement* (4th ed.). Baltimore, MD: Lippincott Williams & Wilkins.

Harris, L., & Braun, M. (2017). Electrolytes: Oral electrolyte solutions. *FP Essentials*, *459*, 35–38.

Hötting, K., & Röder, B. (2013). Beneficial effects of physical exercise on neuroplasticity and cognition. *Neuroscience and Biobehavioral Review*, *37*(9 Pt B), 2243–2257.

Hui, A. Y., McCarty, W. J., Masuda, K., Firestein, G. S., & Sah, R. L. (2012). A systems biology approach to synovial joint lubrication in health, injury, and disease. *WIREs Systems Biology and Medicine*, *4*(1), 15–37. https://doi.org/10.1002/wsbm.157

Joumaa, V., Power, G. A., Hisey, B., Caicedo, A., Stutz, J., & Herzog, W. (2015). Effects of fiber type on force depression after active shortening in skeletal muscle. *Journal of Biomechanics*, *48*(10), 1687–1692. https://doi.org/10.1016/j.jbiomech.2015.05.023

Karandikar, N., & Vargas, O. O. (2011). Kinetic chains: A review of the concept and its clinical applications. *PM & R*, *3*(8), 739–745. https://doi.org/10.1016/j.pmrj.2011.02.021

Karemaker, J. M. (2017). An introduction into autonomic nervous function. *Physiological Measurement*, *38*(5), 89–118. https:// doi.org/10.1088/1361-6579/aa6782

Keller, K., & Engelhardt, M. (2014). Strength and muscle mass loss with aging process. Age and strength loss. *Muscles, Ligaments and Tendons Journal*, *3*(4), 346–350.

Kenney, W. L., Wilmore, J. H., & Costill, D. L. (2020). *Physiology of sport and exercise* (7th ed). Champaign, IL: Human Kinetics.

Kistemaker, D. A., Van Soest, A. J., Wong, J. D., Kurtzer, I., & Gribble,

P. L. (2013). Control of position and movement is simplified by combined muscle spindle and Golgi tendon organ feedback. *Journal of Neurophysiology*, *109*(4), 1126–1139. https://doi.org /10.1152/ jn.00751.2012

Krause, F., Wilke, J., Vogt, L., & Banzer, W. (2016). Intermuscular force transmission along myofascial chains: A systematic review. *Journal of Anatomy*, *228*(6), 910–918. https://doi.org/10.1111/joa.12464

Lee, S. H., Kim, Y., Lee, D. G., Lee, K.-B., & Lee, G. C. (2017). Osteokinematic analysis during shoulder abduction using the C-arm. *Physical Therapy Rehabilitation Science*, *6*(4), 208–213. https://doi.org/10.14474/ptrs.2017.6.4.208

Levine, M. A. (2012). Assessing bone health in children and adolescents. *Indian Journal of Endocrinology and Metabolism*, *16*(Suppl 2), 205–212. https://doi.org/10.4103/2230-8210.104040

Lloyd, R. S., Faigenbaum, A. D., Stone, M. H., Oliver, J. L., Jeffreys, I., Moody, J. A., . . . Myer, G. D. (2014). Position statement on youth resistance training: The 2014 international consensus. *British Journal of Sports Medicine*, *48*(7), 498–505. https://doi.org/10.1136 / bjsports-2013-092952

Lu, J., Shin, Y., Yen, M. S., & Sun, S. S. (2016). Peak bone mass and patterns of change in total bone mineral density and bone mineral contents from childhood into young adulthood. *Journal of Clinical Densitometry*, *19*(2), 180–191. https://doi.org/10.1016/j. jocd.2014.08.001

Ludwig, P. E., Reddy V., & Varacallo, M. (2019). Neuroanatomy, central nervous system (CNS). In *StatPearls* [Internet]. Treasure Island, FL: StatPearls Publishing.

Lyle, M. A., & Nichols, T. R. (2019). Evaluating intermuscular Golgi tendon organ feedback with twitch contractions. *Journal of Physiology*, *597*(17), 4627–4642. https://doi.org/10.1113/jp277363

Mackrill, J. J., & Shiels, H. A. (2020). Evolution of excitation-contraction coupling. In Islam M. (Ed.), *Calcium signaling. advances in experimental medicine and biology* (Vol. 1131, pp. 281–320). Springer Cham. https://doi.org/10.1007/978-3-030-12457-1_12

Macpherson, H., Teo, W., Schneider, L. A., & Smith, A. E. (2017). A lifelong approach to physical activity for brain health. *Frontiers in Aging Neuroscience*, *9*, 147. https://doi.org/10.3389/fnagi.2017.00147

McCambridge, T. M., & Stricker, P. R. (2008). Strength training by children and adolescents. *Pediatrics*, *121*(4), 835–840. https:// doi. org/10.1542/peds.2007-3790

Moore, K. L., Dalley, A. F., & Agur, A. M. R. (2018). *Clinically oriented anatomy* (8th ed.). Philadelphia, PA: Wolters Kluwer Health/ Lippincott Williams & Wilkins.

Mori, H. (2014). [A perspective on acetylcholine]. *Brain and Nerve*, *66*(5), 501–505.

Neumann, D. A. (2012). The convex-concave rules of arthrokinematics: Flawed or perhaps just misinterpreted? *Journal of Orthopaedic and Sports Physical Therapy*, *42*(2), 53–55. https://doi.org/10.2519 / jospt.2012.0103

Newell, N., Little, J. P., Christou, A., Adams, M. A., Adam, C. J., & Masouros, S. D. (2017). Biomechanics of the human intervertebral disc: A review of testing techniques and results. *Journal of the Mechanical Behavior of Biomedical Material*, *69*, 420–434. https:// doi.org/10.1016/j.jmbbm.2017.01.037

Pareti, G. (2007). The "all-or-none" law in skeletal muscle and nerve fibers. *Archives Italiennes de Biologies*, *145*(1), 39–54.

Peters, R. (2006). Ageing and the brain. *Postgraduate Medical Journal*, *82*(964), 84–88. https://doi.org/10.1136/pgmj.2005.036665

Pollock, J. S., Ryan, M. J., Samson, W. K., & Brooks, D. P. (2014). Water and electrolyte homeostasis brings balance to physiology. *American Journal of Physiology—Regulatory, Integrative and Comparative Physiology*, *307*(5), R481–R483. https://doi .org/10.1152/ ajpregu.00246.2014

Qaseem, A., Forciea, M. A., McLean, R. M., & Denberg, T. D. (2017). Treatment of low bone density or osteoporosis to prevent fractures in men and women: A clinical practice guideline update from the American College of Physicians. *Annals of Internal Medicine*, *166*(11), 818–839. https://doi.org/10.7326/m15-1361

Raiteri, L., Raiteri, M., & Bonanno, G. (2002). Coexistence and function of different neurotransmitters in the plasma membrane of CNS neurons. *Progress in Neurobiology*, *68*(4), 287–309.

Rebbeck, R. T., Karunasekara, Y., Board, P. G., Beard, N. A., Casarotto, M. G., & Dulhunty, A. F. (2014). Skeletal muscle excitation-contraction coupling: Who are the dancing partners? *International Journal of Biochemistry and Cell Biology*, *48*(1), 28–38. https://doi. org/10.1016/j.biocel.2013.12.001

Rolfe, R., Roddy, K., & Murphy, P. (2013). Mechanical regulation of skeletal development. *Current Osteoporosis Reports*, *11*(2), 107–116. https://doi.org/10.1007/s11914-013-0137-4

Scharf, R. J., Scharf, G. J., & Stroustrup, A. (2016). Developmental milestones. *Pediatrics in Review*, *37*(1), 25–37. https://doi. org/10.1542/pir.2014-0103

Sueki, D. G., Cleland, J. A., & Wainner, R. S. (2013). A regional interdependence model of musculoskeletal dysfunction: Research, mechanisms, and clinical implications. *Journal of Manual and Manipulative Therapy*, *21*(2), 90–102. https://doi.org/10.1179/2042 618612y.0000000027

Tagliaferri, C., Wittrant, Y., Davicco, M. J., Walrand, S., & Coxam, V. (2015). Muscle and bone, two interconnected tissues. *Ageing Research in Review*, *21*, 55–70. https://doi.org/10.1016/j. arr.2015.03.002

Tamer, T. M. (2013). Hyaluronan and synovial joint: Function, distribution and healing. *Interdisciplinary Toxicology*, *6*(3), 111–125. https://doi. org/10.2478/intox-2013-0019

Taylor, J. A., & Ivry, R. B. (2012). The role of strategies in motor learning. *Annals of the New York Academy of Sciences*, *1251*(1), 1–12. https:// doi.org/10.1111/j.1749-6632.2011.06430.x

Wade, N. J. (2019). Microscopic anatomy of sensory receptors. *Journal of the History of the Neurosciences*, *28*(3), 285–306. https://doi.org /10.1080/0964704x.2018.1554298

Wallden, M. (2009). The neutral spine principle. *Journal of Bodywork Movement and Therapy*, *13*(4), 350–361. https://doi.org/10.1016 /j.jbmt.2009.07.006

Waxenbaum, J. A., Reddy, V., & Varacallo, M. (2019). Anatomy, autonomic nervous system. In *StatPearls* [Internet]. Treasure Island, FL: StatPearls Publishing.

Wehrwein, E. A., Orer, H. S., & Barman, S. M. (2016). Overview of the anatomy, physiology, and pharmacology of the autonomic nervous system. *Comprehensive Physiology*, *6*(3), 1239–1278. https://doi .org/10.1002/cphy.c150037

Wilson, J. M., Loenneke, J. P., Jo, E., Wilson, G. J., Zourdos, M. C., & Kim, J. S. (2012). The effects of endurance, strength, and power training on muscle fiber type shifting. *Journal of Strength Conditioning Research*, *26*(6), 1724–1729. https://doi.org/10.1519 /JSC.0b013e318234eb6f

Wyss-Coray, T. (2016). Ageing, neurodegeneration, and brain rejuvenation. *Nature*, *539*(7628), 180–186. https://doi.org/10.1038/ nature20411

CHAPTER 6

심폐계, 내분비계, 소화기계

학습 목표

- 심폐계의 통합 구조와 기능을 파악할 수 있다.
- 내분비계의 기본 구조와 기능을 분류할 수 있다.
- 소화기계의 기본 구조와 기능을 요약할 수 있다.

심폐계

심폐계(cardiorespiratory system)는 밀접하게 관련된 두 시스템의 기능적 조합을 나타낸다(그림 6-1).

- 심혈관계(심장, 혈관 및 혈액)
- 호흡기계(기도 및 폐)

이러한 시스템은 함께 작동하여 신체에 적절한 산소(O_2)를 공급하고 영양분을 전달하며 체내 세포에서 이산화탄소(CO_2)와 같은 노폐물을 제거한다(Brooks, 2000; Fox, 2006; Reid et al., 2014; Vander et al., 2003). 심폐계의 효율적인 기능은 특히 운동 및 운동 수행과 관련하여 건강과 피트니스의 거의 모든 구성 요소에 필수적이다. 그러므로 피트니스 전문가는 심폐계가 어떻게 효율적으로 기능하고 작동하는지에 대한 기초적인 지식을 갖추어야 한다.

심혈관계

심혈관계(cardiovascular system)는 심장, 혈액, 심장과 신체 조직 사이에 혈액을 운반하는 혈관으로 구성된다(그림 6-2). 이것은 인체와 그 생존에 필요한 모든 기능을 조절하는 여러 시스템 중 하나이다.

심장

심장은 전신에 혈액을 공급하기 위해 리듬감 있게 수축하는 근육 펌프이다. 가슴안(흉강, thoracic cavity) 중앙에 비스듬히 위치하며, 척추의 앞쪽과 가슴뼈(흉골)의 뒤쪽 약간 왼쪽에 있다(Reid et al., 2014). 왼쪽과 오른쪽 폐는 심장의 양쪽에 있다(Swain, 2014). 심장은 가슴세로칸(종격, mediastinum)이라고 알려진 가슴 영역 안에 있으며(Tortora, 2008), 대략 성인 주먹 크기로 무게는 약 300g(10온스) 정도이다(Swain, 2014; Tortora, 2008).

심근(cardiac muscle)은 인체에서 발견되는 세 가지 주요 근육 중 하나이다. 심근 외에도 뼈대근(골격근, skeletal muscle)

심폐계 Cardiorespiratory system 심장, 혈액, 혈관, 폐 및 기도로 구성된 신체 시스템

심혈관계 Cardiovascular system 혈액을 인체 조직으로 운반하는 시스템으로 순환계라도 한다.

가슴안(흉강) Thoracic cavity 심장과 폐를 감싸고 있는 가슴 안의 방

가슴세로칸(종격) Mediastinum 폐를 제외한 흉부의 모든 내부 장기(심장, 식도 등)를 담고 있는 두 개의 폐 사이의 흉부 공간

심근 Cardiac muscle 심장의 근육

뼈대근(골격근) Skeletal muscle 뼈에 연결하여 움직일 수 있는 힘을 생성하는 근육 조직의 유형

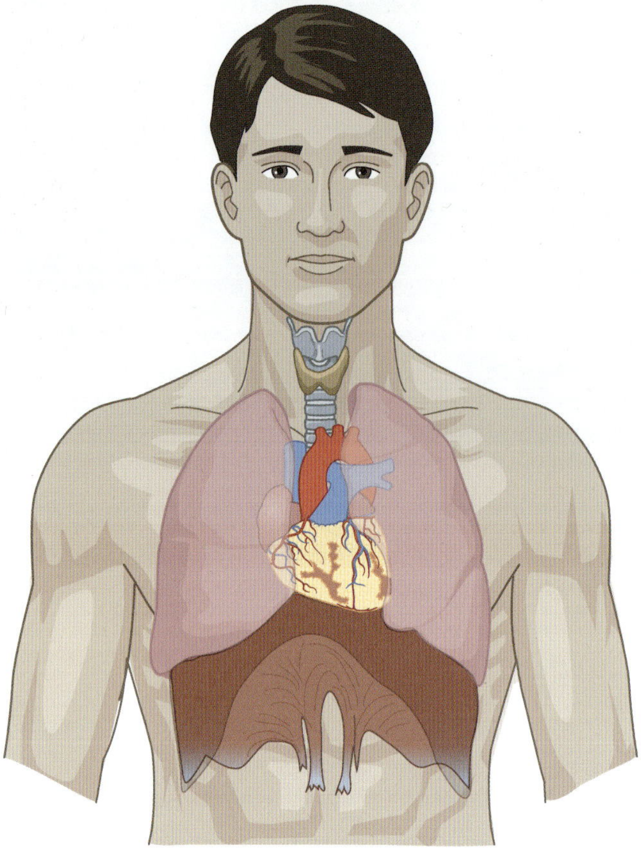

그림 6–1 심폐계

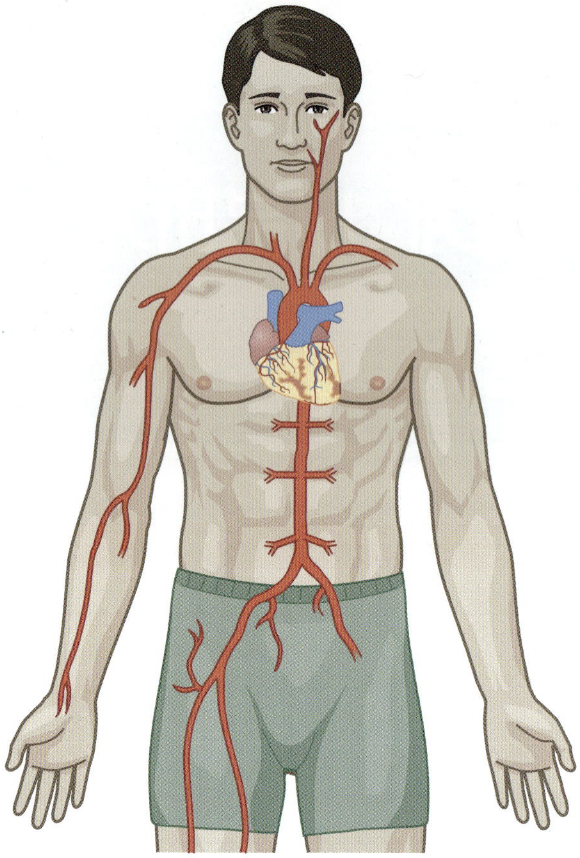

그림 6–2 심혈관계

과 민무늬근(평활근, smooth muscle)이 있다. 심근은 심장 근육 세포에 나란히 정렬된 근원섬유(myofibrils)와 근원섬유마디(근절, sarcomere)가 줄무늬 모양을 하고 있다는 점에서 뼈대근과 유사하다(Brooks, 2000; Fox, 2006; Vander et al., 2003). 그러나 뼈대근은 맘대로근(수의근, voluntary muscle)인 반면, 심근은 일반적으로 의식적으로 통제할 수 없는 제대로근(불수의근, involuntary muscle)이다.

심장의 구조

심장은 양쪽으로 펌프와 같은 두 개의 상호의존적(그러나 분리된)인 부분으로 나뉘고, 네 개의 속이 빈 방으로 구성되어 있다. 심장의 각 측면에는 심방[atrium(atria)]과 심실(ventricle)이라는 두 개의 공간이 있다(Fox, 2006; Tortora, 2008; Vander et al., 2003). 심장의 오른쪽은 산소가 적고 이산화탄소가 많은 혈액(산소가 제거된 피)이 들어오기 때문에 폐측(폐와 관련됨)이라고 한다. 또한 이것을 탈산소화된 혈액이라고 부른다. 산소가 제거된 혈액은 폐로 펌핑되어 산소를 공급받는다.

심장의 왼쪽은 폐로부터 산소가 공급되어 산소가 풍부하고 이산화탄소가 적은 혈액을 인체로 펌핑하기 때문에 전신측이라고 한다. [그림 6–3]은 심장의 양쪽을 보여주고 있으며, 파란색은 폐측을 나타내고 빨간색은 전신측을 나타낸다.

지식 확장하기

해부학 이미지는 독자가 거울을 보는 것이 아니라 독자가 정면에서 다른 사람을 보는 것처럼 보인다. 그러므로 책이나 화면에서 보는 해부학 이미지의 오른쪽은 실제로 인체의 왼쪽을 나타낸다.

민무늬근(평활근) Smooth muscle 장기에서 발견되는 비자발적이고 줄무늬가 없는 근육 유형

근원섬유 Myofibrils 근육 세포의 수축성 성분. 근필라멘트(액틴 및 마이오신)는 근원섬유 내에 있다.

근원섬유마디(근절) Sarcomere 두 개의 Z–라인 사이에 있는 액틴과 마이오신 필라멘트로 구성된 근원섬유의 구조 단위

심방 Atrium (atria) 심장으로 되돌아오는 혈액을 모으는 심장 상부의 방

심실 Ventricle 폐와 몸에 혈액을 공급하는 심장 하부의 방

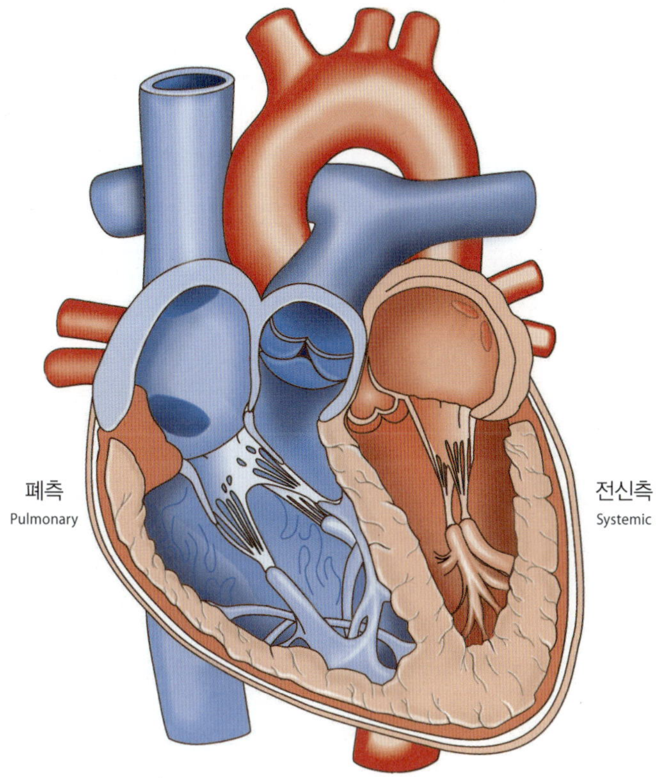

그림 6-3 심장의 폐측 및 전신측

심방은 심장 양쪽 위에 있는 작은 방이다. 심방은 심장으로 되돌아오는 피를 모으는 저수지와 같은 역할을 한다. 우심방은 몸에서 되돌아오는 산소가 제거된 혈액을 모으는 반면, 좌심방은 폐에서 들어오는 산소가 공급된 혈액을 모은다.

심실은 심장 양쪽 아래에 있는 더 큰 방이다. 우심실은 우심방으로부터 산소가 제거된 혈액을 받아 폐동맥을 통해 폐로 유입되는 산소를 공급받는다. 우심실은 벽이 얇고 폐까지 짧은 거리로 혈액을 보내기 때문에 낮은 압력으로 펌프질을 한다.

폐가 혈액에 산소를 공급하면 혈액은 폐정맥을 통해 좌심방으로 이동한다. 좌심실은 좌심방으로부터 산소가 공급된 혈액을 받아 전신으로 펌프질한다. 좌심실은 인체의 먼 거리로 혈액을 보내야 하기 때문에 벽이 더 두껍고, 높은 압력으로 펌프질한다. 심장의 각 방은 한 방향의 판막을 통해 서로 분리되어 있어 혈액이 역류하거나 유출되는 것을 방지한다. [그림 6-4]는 산소가 제거된 혈액과 산소가 공급된 혈액이 심장을 통해 어떻게 흐르는지를 보여준다.

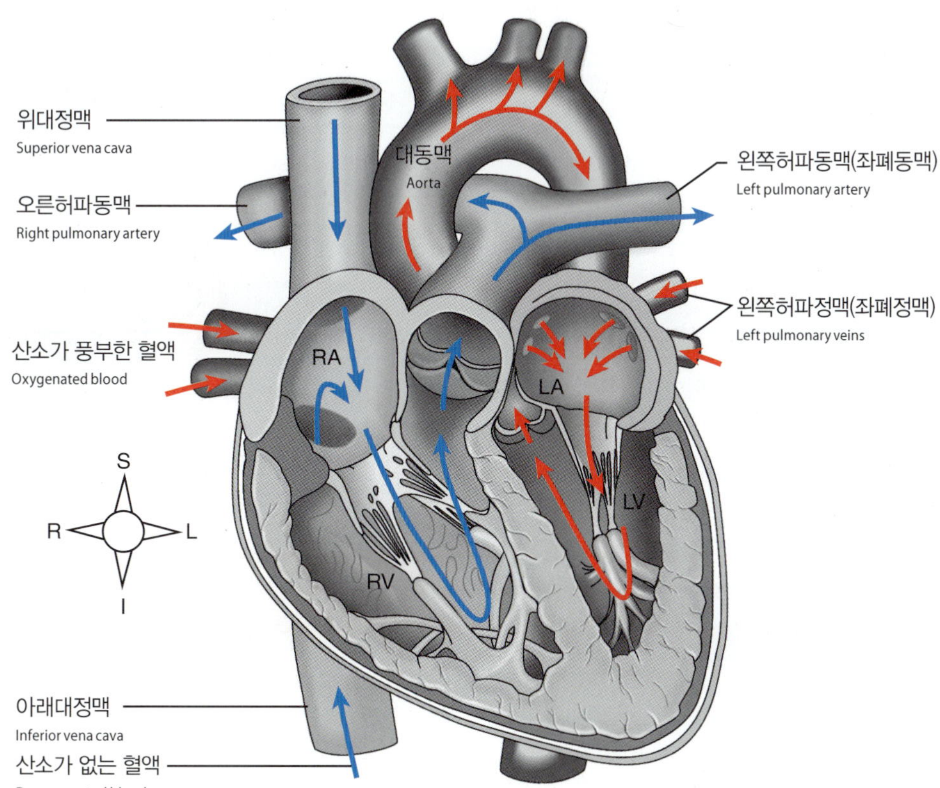

그림 6-4 심장을 통한 혈액의 경로

유용한 힌트

심방의 위치와 심방을 통한 혈류의 경로를 기억하는 데 도움이 되는 문구를 소개한다.

- "알파벳에서 A가 V 앞에 온다"
  혈액이 먼저 위에 있는 심방(Atria)으로 흘러간 다음, 폐나 신체로 펌프질되기 위해 심실(Ventricles)로 내려가는 것을 나타낸다.
- "오른쪽으로 돌아오고 왼쪽으로 나간다
  (Right returns and left leaves)"
  심장의 오른쪽(right) 방은 되돌아오는(return) 혈액을 모아(우심방) 폐로 보내는(우심실) 반면, 왼쪽(left) 방은 폐에서 나온(left) 산소를 얻은 혈액을 모아(좌심방) 신체로 내보낸다(좌심실)는 것을 뜻한다.

심장근육의 수축

심장근육 섬유는 뼈대근보다 더 짧고 더 촘촘하게 연결되어 있다. 심장근육의 또 다른 독특한 특징은 사이원반(개재원반, intercalated discs)이라고 불리는 어두운 띠가 있는 것인데, 이것은 심장 세포 사이에 불규칙한 간격으로 나 있다. 개재원반은 심장이 수축하는 동안 심장근육 세포를 함께 잡아주고 세포 사이에 전기적 연결을 만들어 심장이 하나의 기능 단위로 수축할 수 있도록 도와준다.

심장은 모든 심장 세포에 전기 신호를 빠르게 전송하는 자체 전도 시스템을 갖추고 있다(Brooks, 2000; Fox, 2006; McArdle et al., 2016; Vander et al., 2003). 맥박으로 알려진 안정시 심박수(resting heart rate, RHR)는 휴식 중에 심장이 분당 수축하는 횟수를 의미한다. 안정시 심박수 범위는 개인의 나이, 체격, 성별, 건강 상태 및 체력 수준에 따라 크게 달라질 수 있다. 일반적으로 말해서, 대부분의 인구 집단에서 안정시 심박수는 분당 60~100회이다(Brooks, 2000; Fox, 2006; Reid et al., 2014; Tortora, 2008; Vander et al., 2003). 인체는 운동이나 신체활동에 반응하여 심박수를 증가시키고 수면 중에는 심박수를 낮춘다(Naves et al., 2019; Reid et al., 2014).

전문적으로 알아보기

일부 컨디션이 좋은 운동선수 또는 지구력 훈련이나 요가에 참여하는 고객은 혈액을 펌프질하는 심장의 능력을 향상시키는 활동의 결과로 이들의 심박수는 정상적인 안정시 심박수(예: 분당 40~60회)보다 느릴 수 있다(Reimers et al., 2018).

심장의 전기 전도 시스템은 전기 신호가 동방결절[굴심방결절, sinoatrial(SA) node]에서 심방을 통해 심실로 전달되도록 하는 특수 세포로 구성되어 있다(그림 6-5). 따라서 심장의 전기 전도 시스템은 심근(심장) 세포가 규칙적인 리듬 패턴으로 수축하도록 하는데, 이것을 정상 부비동 리듬이라고 한다(Brooks, 2000; Fox, 2006; Swain, 2014; Tortora, 2008; Vander et al., 2003).

우심방에 위치한 동방결절은 심장 박동을 유발하는 전기 신호를 개시하기 때문에 '심박 조율기(심장 박동기)'라고 불린다. 결절 간 경로는 동방결절에서 방실(AV)결절[atrioventricular(AV) node]로 임펄스(자극)를 전달한다. 방실 결절은 심방과 심실 사이에 위치하며 심실로 이동하기 전에 자극을 지연시킨다. 자극의 지연은 심실이 수축하기 전에 심방의 혈액으로 채워지게 한다.

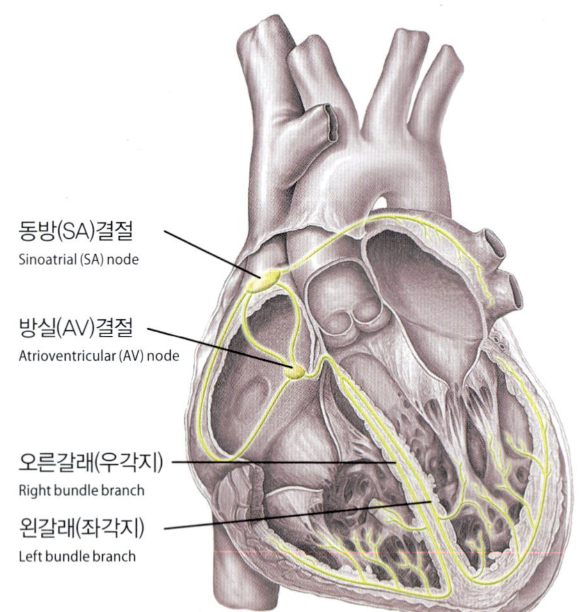

그림 6-5 심장의 전도 시스템

지식 확장하기

심장의 전도 시스템이 제대로 작동하지 않을 경우 심박 조율기라고 불리는 전기 장치를 피부 아래의 가슴에 외과적으로 이식한다. 심박 조율기는 주먹 크기보다 작으며, 개인의 필요에 따라 심장의 전도 시스템을 제어하는 하나 이상의 전선이 있다(Goodman & Fuller, 2015).

심장의 기능

수축할 때마다 심장에서 펌핑되는 혈액의 양을 일회박출량(stroke volume)이라고 한다. 일회박출량은 심실 확장기말 부피(ventricular end-diastolic volume)와 수축기말 부피(end-systolic volume) 간의 차이이다. 확장기말 부피는 수축 전에 심실에 채워진 혈액 부피이고, 수축기말 부피는 방출 후 심실에 남아 있는 혈액 부피이다. 일반적인 심장에서 확장기말 부피는 약 120mL이고, 수축기말 부피는 약 50mL이다. 이 두 부피 간 차이인 70mL는 일회박출량을 나타낸다(Brooks, 2000; Fox, 2006; Vander et al., 2003).

심장의 박동 속도를 심박수(heart rate, HR)라고 한다. 훈련 받지 않은 성인의 평균 안정시 분당 심박수(BPM)는 약 60~100회이다(Brooks, 2000; Fox, 2006; Hicks, 2000; Vander et al., 2003). 60BPM 미만의 수준을 느린맥(서맥, bradycardia)이라 하고, 100BPM 이상의 수준을 빠른맥(빈맥, tachycardia)이라고 한다(Reid et al., 2014). 심박출량(Q)은 분당 심장에서 펌핑되는 혈액량(mL 혈액/분)이다. 심박출량은 심박수와 일회박출량의 함수이다. 안정시 심박출량[cardiac output(Q)]은 약 5L/min이지만 격렬한 운동 중에는 최대 30L/min까지 증가할 수 있다(Reid et al., 2014).

전문적으로 알아보기

평균적인 사람의 안정시 심박수가 70 BPM이고 안정시 일회박출량이 70 mL/beat인 경우, 안정시 심박출량은
70 BPM × 70 mL/beat = 4,900 mL/min (또는 4.9 L/min)이다.

심박출량의 증가는 일회박출량 또는 심박수가 증가했기 때문일 수 있다. 운동 중에는 심박수와 일회박출량이 모두 증가한다. 지구력 운동선수들은 시간이 지남에 따라 일회박출량이 증가하는데, 이는 낮은 심박수에서도 심장이 동일한 수준의 순환을 유지할 수 있게 한다. 운동 중 심박수를 모니터링하면 주어진 시간에 심장이 하는 일의 양을 잘 추정할 수 있다(Brooks, 2000; Swain, 2014). [그림 6-6]은 심박수를 수동으로 모니터링하는 절차를 보여준다.

심박수를 모니터링하는 데 사용되는 또 다른 일반적인 방법은 자동으로 BPM을 유도하는 심박수 모니터를 몸에 착용하고 측정하는 것이다. 이 기기는 때때로 가슴에 묶여 있지만, 스마트워치와 기타 웨어러블 기술로 통합될 수 있다. 스마트폰 앱(생체인식 손가락 스캐너가 장착된 장치)도 가슴 띠와 기타 의료 모니터링 장치와 비교할 때 심박수를 측정하는 유효한 도구로 입증되고 있다(Cheatham et al., 2015; Reid, 2014). 한편 일부 최신 스마트폰에서 사용할 수 있는 안면 스캔 기능은 정확한 심박수 측정을 제공하지 않는 것으로 나타나 현재 사용을 권장하지 않는다(Cheatham, 2015).

전문적으로 알아보기

5장에서 자율신경계는 교감신경계와 부교감신경계 두 개의 하위 시스템으로 구분된다고 했다. 교감신경계는 활동을 위한 신경 근육을 활성화시키는 반면, 부교감신경계는 휴식, 소화, 회복에 필요한 신경 근육의 활성화를 감소시킨다. 그런 점에서 심장은 뼈대근과 매우 비슷하다.

운동하는 동안 교감신경계는 인체의 산소 요구량을 충족시키기 위한 전도율을 높이기 위해 심장에 신호를 보낸다. 반면, 부교감신경계는 활동 강도가 낮아지면 전도 속도를 늦추는 역할을 한다(Reid et al., 2014).

지식 확장하기

의사가 심장 검사를 할 때 청진기를 통해 들리는 심장 소리는 판막의 기능을 알려준다. 비정상적인 소리는 심장 잡음이라고 할 수 있다(Reid et al., 2014).

사이원반(개재원반) Intercalated discs 심장에서 발견되는 이러한 띠는 근육 세포를 함께 유지하는 데 도움이 된다.

안정시 심박수 Resting heart rate (RHR) 완전한 휴식을 취하는 동안 1분당 심장 박동 수

동방결절[굴심방(SA)결절] Sinoatrial (SA) node 우심방에 있는 이 결절은 심장을 뛰게 하는 전기 신호를 시작한다.

방실(AV) 결절 Atrioventricular (AV) node 심방과 심실 사이에 있는 이 결절은 동방결절의 자극을 심실로 전달하기 전에 지연시킨다.

일회박출량 Stroke volume 심장이 한 번 수축할 때마다 펌핑되는 혈액의 양

심실 확장기말 부피 Ventricular end-diastolic volume 심장 수축 전 심실에 채워진 혈액의 부피

수축기말 부피 End-systolic volume 혈액 배출 후 심실에 남아 있는 혈액의 부피

심박수 Heart rate (HR) 지정된 시간(보통 1분) 동안 측정한 심장 박동 수

느린맥(서맥) Bradycardia 심박수가 분당 60회 미만일 때

빠른맥(빈맥) Tachycardia 심박수가 분당 100회 이상일 때

심박출량 Cardiac output (Q) 심장의 전반적인 수행능력
(1분 동안의 심박수 × 일회박출량)

수동으로 심박수를 모니터링하는 방법

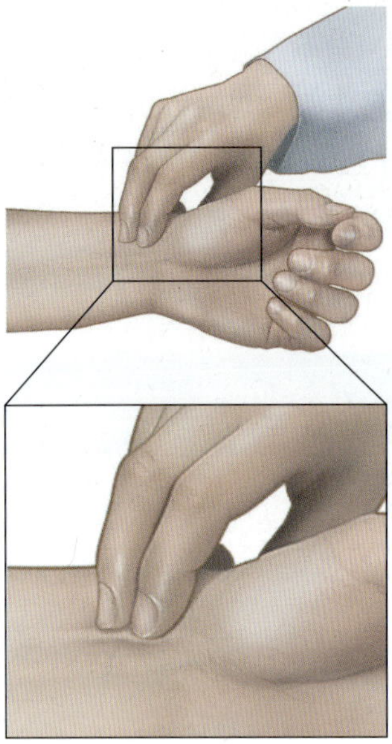

1 검지와 중지를 손목의 손바닥 쪽(손목 위쪽에서 약 1인치, 엄지 쪽)에 놓는다.

목의 경동맥을 사용하기도 하지만, NASM에서는 경동맥 측정은 권장하지 않는다. 경동맥에 가해지는 압력은 뇌로 가는 혈류를 감소시켜 현기증을 일으키거나 부정확하게 측정될 수 있다.

2 검지와 중지로 맥박을 감지하여 동맥을 찾는다. 맥박을 느끼기 위해 가벼운 압력으로 누른다. 이때 결과가 왜곡될 수 있으므로 과도한 압력은 가하지 않는다.

3 휴식 중 맥박을 측정할 때 60초 동안의 박동수를 센다.

소화, 정신 활동, 환경 온도, 생체 리듬, 신체 위치 및 심폐 건강을 포함하여 안정시 심박수에 영향을 미칠 수 있는 몇 가지 요인이 있다. 이 때문에 안정시 심박수는 깨어 있을 때(또는 최소한 5분 동안 완전히 휴식을 취한 후) 측정해야 한다.

4 운동 중 맥박을 측정할 때 6초 동안의 박동수를 세고, 그 숫자에 10을 곱한다. 10을 곱하면 60초 동안의 예상 비트 수가 된다. 또는 단순히 숫자 끝에 0을 붙혀도 동일한 값을 얻을 수 있다.

예) 6초 동안의 박동수: 17
여기에 10을 곱하면 170이 된다.
이것은 170BPM 또는 17 × 10=170과 같다.

그림 6-6 수동으로 심박수를 모니터링하는 방법

혈액

혈액(blood)은 인체의 장기와 세포에 산소와 영양분을 공급하고, 체온 조절, 감염 퇴치, 노폐물 제거에 도움을 주는 독특한 생명 유지 액체이다(Fox, 2006; Hicks, 2000; Vander et al., 2003). 혈액은 혈장이라고 불리는 수분이 많은 액체에 떠 있는 세포들로 구성되어 있으며, 혈장은 포도당(설탕), 지질(지방), 단백질, 호르몬, 응고제, 그리고 기타 필수 분자와 같은 영양소를 포함하고 있다.

혈액에는 적혈구, 백혈구 및 혈소판이라는 세 가지 종류의 세포가 있다. 적혈구는 폐에서 온몸으로 산소를 운반하고, 백혈구는 감염성 질환에 대항하는 면역 기능을 담당하며 혈소판은 응고를 돕는다. 혈소판에는 부상 후에 치유를 담당하는 수많은 성장인자(growth factors)가 들어있다.

혈장은 전체 혈액 부피의 약 55%를 차지하며, 나머지 45%는 세포 물질(적혈구, 백혈구, 혈소판)로 구성되어 있다. 평균적인 성인은 몸에 4~6L의 혈액을 가지고 있다(Brooks,

2000; Fox, 2006; Hicks, 2000; Vander et al., 2003). 혈액은 인체의 내부 운반, 조절 및 보호 시스템을 제공하는 필수적인 지원 메커니즘이다(표 6-1).

표 6-1 혈액의 지원 메커니즘

메커니즘	기능
운반	산소와 영양분을 조직으로 운반
	조직에서 노폐물을 운반
	호르몬, 성장인자, **줄기세포(stem cells)**를 장기와 조직으로 운반
	몸 전체에 열 전달
조절	인체의 체온과 산(acid)의 균형 조절
보호	응고를 통해 과도한 출혈로부터 인체를 보호
	질병 및 질병 퇴치를 돕는 특수 면역 세포 함유

운반

혈액은 생명을 유지하는 산소를 모든 인체 조직으로 운반하고 노폐물을 인체의 다른 부위로 이동시킨다(Fox, 2006; Hicks, 2000; Vander et al., 2003). 또한 호르몬을 저장하고 보호하며 호르몬이 효과를 발휘하는 신체 부위로 운반한다. 혈액은 위장관에서 몸 전체의 다양한 기관 및 조직으로 영양소를 운반한다(Fox, 2006; Hicks, 2000; Vander et al., 2003). 특히 신체에 부상을 입었을 때 줄기세포와 같이 치유를 돕는 세포를 저장하고 운반한다(Villaron et al., 2004).

지식 확장하기

아스피린이나 혈액 희석제 또는 항응고제로 분류되는 약을 매일 복용하는 사람은 다른 사람과 같은 응고 능력이 없을 수 있다. 이러한 사람은 폼 롤링 또는 마사지로도 멍이 들 가능성이 크다.

조절

혈액은 순환하면서 체내 코어 및 주변부와 열을 주고받아 체온 조절을 돕는다. 혈액은 피부 가까이로 이동하기 때문에 외부 환경에 따라 가열되거나 냉각될 수 있다(Brooks, 2000; Fox, 2006; Tortora, 2008; Vander et al., 2003). 외부 환경이 순환하는 혈액보다 차가우면 체온이 손실되고, 그 반대의 경우도 마찬가지이다.

혈액은 또한 체내 pH(산성 균형) 수치를 조절하고 체세포의 수분 함량을 유지하는 데 필수적이다(Tortora, 2008). 혈액은 인체가 pH 수치를 정상 범위로 유지하기 위해 사용하는 많은 완충 시스템 중 하나이다. 인체의 pH 수치를 관리하는 데 도움을 주는 다른 시스템으로는 호흡기와 신장(신장/비뇨기)이 있다.

보호

혈액은 손상된 조직을 감염으로부터 차단하고 딱지를 형성하는 응고 메커니즘(예: 혈소판)을 통해 과도하게 혈액이 손실되지 않도록 보호한다(Fox, 2006; Hicks, 2000; Vander et al., 2003). 또한 체내 이질적인 독소에 대항할 수 있는 특수 면역 세포를 제공하여 질병과 질환의 위험을 줄이는 역할을 한다(Brooks, 2000; Fox, 2006; Hicks, 2000; Vander et al., 2003).

혈관

혈관(blood vessels)은 속이 빈 튜브 형태의 폐쇄 회로를 형성하여 혈액이 심장으로, 또는 심장으로부터 운반될 수 있게 한다(그림 6-7). 혈관에는 크게 세 가지 유형이 있다. 심장으로부터 혈액을 운반하는 **동맥(arteries)**, 혈액과 조직 사이의 물과 화학 물질의 교환 부위인 **모세혈관(capillaries)**, 그리고 혈액을 심장으로 다시 운반하는 **정맥(veins)**이 그것이다(Fox, 2006; Swain, 2014; Tortora, 2008; Vander et al., 2003).

동맥

인체에서 가장 큰 동맥은 심장에서 혈액을 운반하는 대동맥이다(Swain, 2014; Tortora, 2008). 대동맥의 가지에는 중간 크기의 동맥이 연결되어 있다. 즉, 목동맥(목을 통해 뇌에

혈액 Blood 심장, 동맥, 모세혈관 및 정맥에서 순환하는 체액. 혈액은 인체의 모든 부분에 영양분과 산소를 운반하고, 처리(예: 간)나 배설(예: 신장)을 위해 인체의 노폐물을 이동시킨다.

성장인자 Growth factors 세포에 부착되어 성장과 발달을 돕고 부상 후 치료를 돕는 혈액 내의 물질

줄기세포 Stem cells 뇌 세포, 혈액 세포, 심장 세포 및 뼈 세포와 같은 특수 세포로 분열 및 발달하는 신체 내의 세포

혈관 Blood vessels 몸 전체에 혈액을 순환시키는 속이 빈 관의 네트워크

동맥 Arteries 심장에서 혈액을 운반하는 혈관

모세혈관 Capillaries 가장 작은 혈관이며 혈액과 조직 사이의 원소 교환 부위이다.

정맥 Veins 혈액을 다시 심장으로 운반하는 혈관

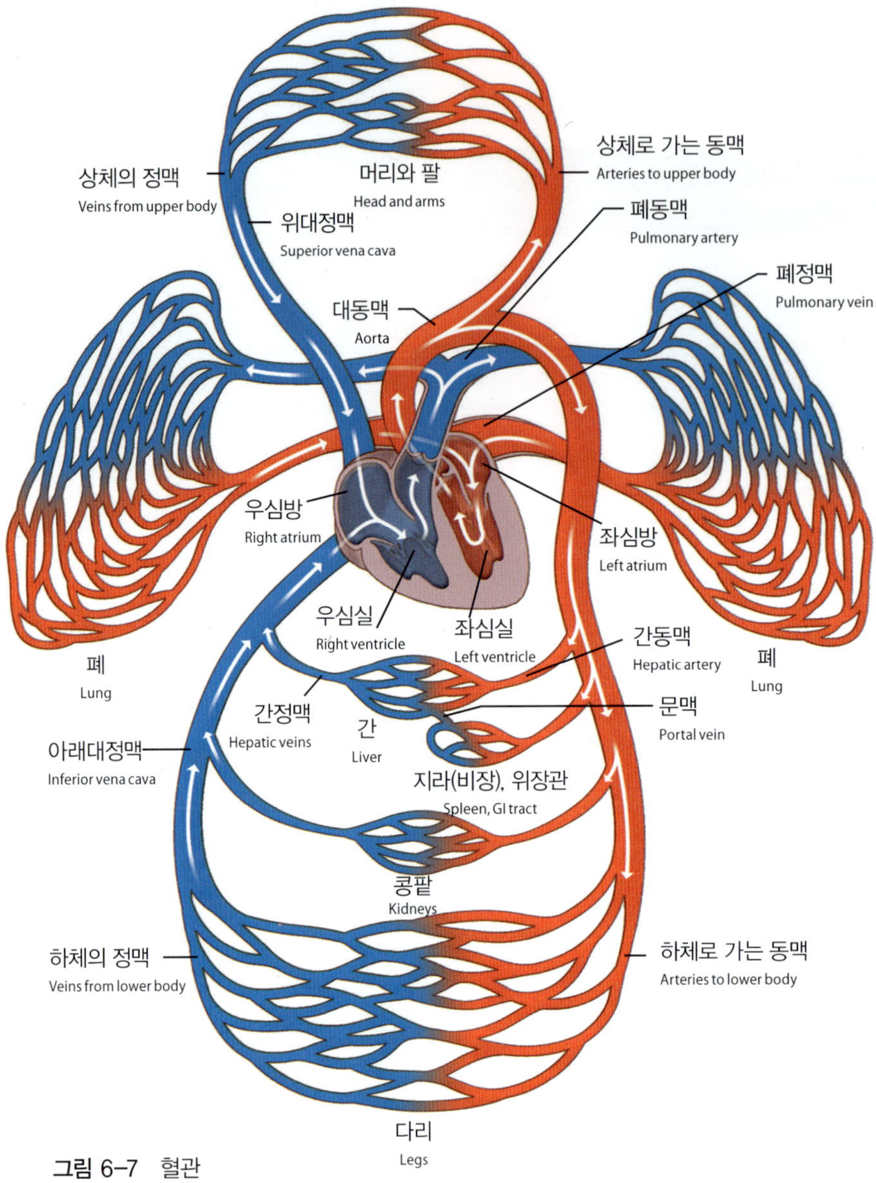

그림 6-7 혈관

혈액을 공급함), 빗장밑동맥(양팔에 혈액을 공급함), 창자간막동맥(소화기계에 혈액을 공급함), 콩팥동맥(콩팥에 혈액을 공급함), 엉덩동맥(골반 및 생식 기관에 혈액을 공급함)이다(Fox, 2006; Hicks, 2000; Swain, 2014; Tortora, 2008; Vander et al., 2003). 이러한 중간 크기의 동맥은 **세동맥(arteriole)**이라고 불리는 더 작은 동맥으로 나뉘고, 최종적으로 모세혈관으로 알려진 미세 혈관으로 나뉜다(Fox, 2006; Swain, 2014; Tortora, 2008; Vander et al., 2003).

모세혈관

모세혈관은 인체에서 가장 작은 혈관이다. 모세혈관은 세동맥이 **세정맥(venules)**으로 전환되는 연결 지점과 혈액과 신체 조직 사이의 요소 교환 부위 역할을 한다(Fox, 2006; Tortora, 2008; Vander et al., 2003). 물과 같은 일부 물질은 모세혈관으로 들어오고 나갈 수 있다. 이산화탄소와 같은 다른 물질은 인체 조직에서 모세혈관으로만 들어갈 수 있고, 일부는 포도당과 산소와 같이 모세혈관에서 빠져나와 인체 조직으로 갈 수 있다. **혈관형성(맥관형성, vasculogenesis)**이라는 용어는 새로운 모세혈관의 형성을 설명하는 데 사용되는 반면, **혈관신생(angiogenesis)**이라는 용어는 기존 혈관에서 새로운 모세혈관의 형성을 설명하는 데 사용된다. 혈소판의 성장인자는 혈관형성과 혈관신생을 모두 돕는다(Kolber et al., 2018).

정맥

모세혈관에서 혈액을 수거하는 혈관을 정맥이라고 한다(Brooks, 2000; Fox, 2006; Hicks, 2000; Tortora, 2008; Vander et al., 2003). 모세혈관은 합쳐져 정맥을 형성하고, 정맥은 점차적으로 합쳐져 더 큰 정맥을 이룬다. 그런 다음 정맥은 모든 혈액을 인체에서 심장으로 다시 운반한다(Fox, 2006; Vander et al., 2003; Tortora, 2008). 정맥의 벽은 많은 양의 혈액을 감당할 수 있고, 정맥을 통한 혈류는 뼈대근의 수축 또는 정맥을 따라 움직이는 민무늬근육(평활근)의 수축에 의해 도움을 받는다(Reid et al., 2014). 혈액이 말단 정맥에서 심장으로 흐를 때 특수 판막이 혈액의 역류를 방지한다(Goodman, 2015).

> **유용한 힌트**
>
> (대)동맥과 세동맥은 '폐정맥이 폐에서 심장으로 운반한 산소화된 혈액'을 인체로 운반한다.
>
> (대)정맥과 세정맥은 산소가 제거된 혈액을 다시 심장과 폐로 운반한다.
>
> 모세혈관(가장 작은 혈관)은 세동맥과 세정맥이 만나는 인체 조직에서 영양소가 교환되는 부위이다.

운동하는 동안 혈액은 정맥에서 심장으로 점점 더 많이 되돌아오고, 이는 차례로 심실충만(ventricular filling)으로 이어진다. 이것의 이점은 정맥 환류 및 심실충만 등이 증가하면 일회박출량이 증가한다는 '프랭크 스탈링(Frank Starling)의 심장 법칙'에 있다. 이 법칙의 전제는 심실충만이 증가하면 심장의 근육섬유가 더 늘어나 수축력이 향상된다는 것이다(Reid et al., 2014).

> **중요**
>
> **정맥 울혈(venous pooling)**은 정맥을 통한 느린 혈류(정맥 환류) 또는 역류로 인해 사지에 혈액이 축적되는 것을 설명하는 용어이다(Goodman, 2015; Reid et al., 2014). 한 방향 판막이 작동하지 않는 등의 정맥 손상으로 인해 정맥 환류가 줄어들면 사지에 부종이 축적되고, 다리의 정맥이 더 잘 보일 수 있다(Goodman, 2015). 또한 정맥 환류가 감소하면 심박출량이 줄어들고 현기증을 유발할 수 있다(Reid et al., 2014). 정맥 울혈을 경험하는 사람은 누워 있다가 빨리 일어날 때 현기증을 느낄 가능성이 높다(Goodman, 2015).

혈압

혈압(blood pressure, BP)은 동맥 벽에 대한 순환하는 혈액의 압력을 측정한 것이다. 혈압 측정 결과는 사람의 심박출량과 **말초 저항**(peripheral resistance)을 기반으로 한다. 동맥이 수축하면 말초 저항이 증가하고, 동맥이 확장(개방)되면 말초 저항이 감소한다. 혈압을 측정할 때 수축기 혈압은 심장이 수축할 때 동맥의 압력을 나타내는 반면, 이완기 혈압은 심장 박동 간에 혈액이 충만해 있을 때 동맥 압력을 반영한다. 정상 혈압은 수축기 혈압이 120mmHg 미만이고, 이완기 혈압이 80mmHg 미만일 때를 말한다(Whelton et al., 2018).

미국심장협회(American Heart Association)와 미국심장대학(American College of Cardiology)은 **고혈압**(hypertension)이 있는 사람을 분류하기 위한 지침을 제공했다(표 6-2)(Whelton et al., 2018). 더 최근에는 유럽심장학회(European Society of Cardiology)와 유럽고혈압학회(European Society of Hypertension)가 수축기 혈압이 139mmHg 이상이고 이완기 혈압이 89mmHg 이상이면 고혈압으로 분류했다(Brakis, 2019).

표 6-2 고혈압의 단계

미국심장협회의 혈압 분류	기준(mmHg)
정상	수축기 120 미만 및 이완기 80 미만
상승	수축기 120~129 및 이완기 80 미만
1단계	수축기 130~139 또는 이완기 80~89
2단계	수축기 140 이상 또는 이완기 90 이상
고혈압 위기	수축기 180 초과 또는 이완기 120 초과

세동맥 Arterioles 마지막에 모세혈관으로 나뉘는 작은 동맥

세정맥 Venules 혈액이 모세혈관에서 더 큰 정맥으로 배출되도록 하는 작은 정맥

혈관형성(맥관형성) Vasculogenesis 새로운 모세혈관 형성

혈관신생 Angiogenesis 기존 혈관에서 새로운 모세 혈관이 형성되는 것

정맥 울혈 Venous pooling 정맥을 통한 느린 혈류(정맥 복귀) 또는 역류로 인해 사지에 혈액이 축적되는 것

혈압 Blood pressure (BP) 혈관 벽에 혈액에 의해 가해지는 외부 압력. 수축기 혈압과 이완기 혈압으로 기록된다.

말초 저항 Peripheral resistance 혈액이 흐르기 위해 극복해야 하는 동맥의 저항 양

고혈압 Hypertension 지속적으로 상승된 혈압

유용한 힌트

혈압을 판독할 때, 상단 숫자는 심장이 수축할 때의 수축기 혈압을 나타내고, 하단 숫자는 심장이 쉬면서 혈액으로 채워질 때의 이완기 혈압을 나타낸다.

호흡기계

폐 시스템이라고도 알려진 **호흡기계(respiratory system)**의 기능은 공기를 들이마실 때 산소를 폐로 들여오고 폐에서 외부 환경으로 이산화탄소를 배출하는 것이다. 호흡기계에는 기도, 폐 및 호흡기 근육이 있다(그림 6-8). 호흡기계의 주요 역할은 적절한 세포 기능을 보장하는 것이다(Brown, 2000; McArdle et al., 2016). 호흡기계는 심혈관계와 긴밀하게 작용하여 혈액에서 이산화탄소를 제거해 외부로 내보내면서 외부로부터 산소를 들여와 체내로 운반함으로써 최적의 세포 기능을 유지하도록 한다(McArdle et al., 2016).

이 모든 과정은 호흡 통로를 통해 이루어지는데, 호흡 통로는 호흡 펌프의 통합된 기능을 통해 공기를 인체 안팎으로 이동시키고 공기를 폐로 보내는 역할을 한다(McArdle et al., 2016). 호흡기계의 또 다른 기능은 우리가 매일 호흡하는 7,000~9,000L의 공기를 여과해 이물질과 감염성 세균을 제거하는 것이다(Reid et al., 2014; Swain, 2014).

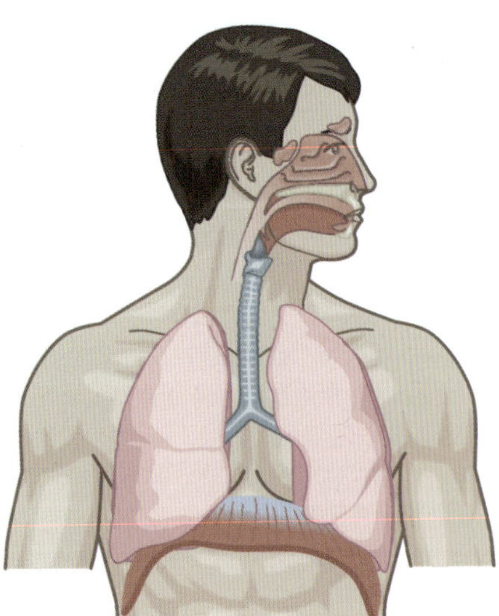

그림 6-8 호흡기계

호흡 메커니즘

호흡(또는 환기)은 공기를 신체 안팎으로 이동시키는 실제 과정으로, **호흡 펌프(respiratory pump)**와 모든 구성 요소의 최적 기능을 필요로 한다(표 6-3). 호흡은 **흡기(들숨, inspiration)**과 **호기(날숨, expiration)** 두 단계로 나뉜다. 흡기 환기는 능동적이다. 이것은 흉강 용적을 증가시키기 위해 흡기 근육의 활발한 수축을 필요로 하며, 이는 폐내압(흉강 내 공기압)을 감소시킨다.

표 6-3 호흡 펌프의 구조

뼈	가슴뼈(흉골)
	갈비살
	척추
흡기 근육	가로막(횡격막)
	바깥갈비사이근(외부 늑간, 개별 갈비뼈 사이의 근육)
	목갈비근(사각근, 목 근육의 측면)
	목빗근(흉쇄유돌근, 목 앞 근육)
	작은가슴근(소흉근, 작은 가슴 근육)
호기 근육	내부갈비사이근(개별 갈비뼈 사이의 근육)
	복부

폐내 압력이 대기압보다 낮아지면 공기가 폐로 유입된다(Brooks, 2000; Brown, 2000; Fox, 2006; McArdle et al., 2016; Vander et al., 2003). 반대로, 호기(날숨)는 공기를 몸 밖으로 보내기 위해 능동적으로 또는 수동적으로 흡기(들숨) 근육을 이완시키는 과정이다.

흡기 환기는 정상적인 휴식 상태(조용한) 호흡과 무거운(깊고 강제적인) 호흡이라는 두 가지 형태로 일어난다. 정상적인 호흡은 1차 호흡근[가로막(횡격막), 바깥갈비사이근(외부늑간근)]을 사용하는 반면, 무거운 호흡은 목갈비근(사각근), 목빗근(흉쇄유돌근), 작은가슴근(소흉근)과 같은 2차 호흡근을 추가로 사용해야 한다(Brown, 2000; Fox, 2006; Hicks, 2000; Tortora, 2008; Vander et al., 2003). 휴식 시 정상 호흡 수는 분당 12~16회이다(Reid et al., 2014).

호기 환기는 능동적이거나 수동적이다. 정상적으로 호흡하는 동안 호기 환기는 수축하는 흡기 근육의 이완으로 인해 수동적이다. 과호흡이나 호흡이 강제적일 때, 호기 환기는 흉강을 압박하고 공기를 배출하기 위해 호기 근육의 활동

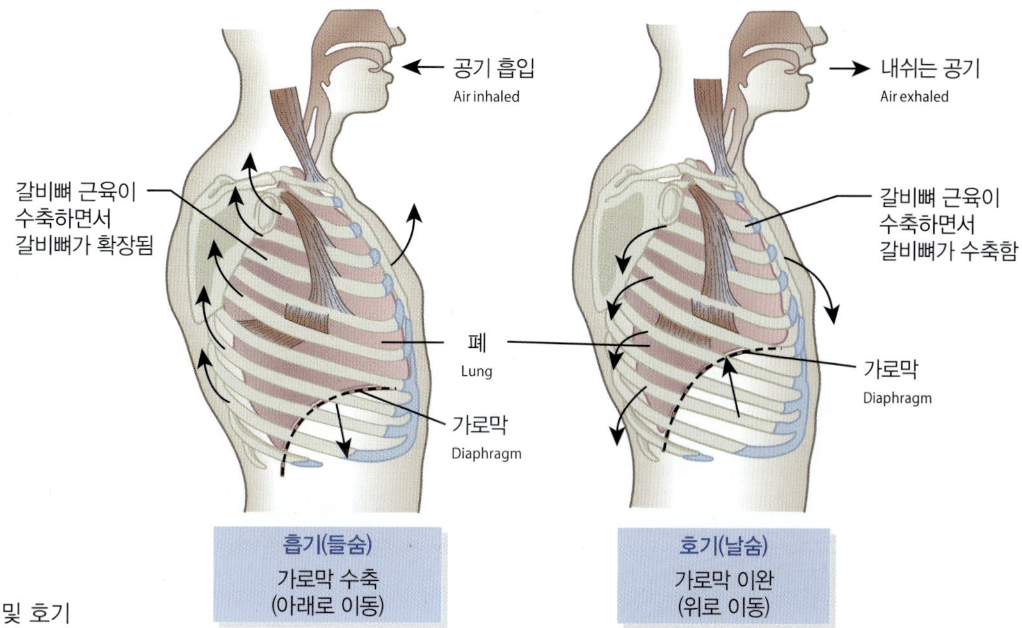

그림 6-9 흡기 및 호기

에 의존한다(Brown, 2000; Fox, 2006; Hicks, 2000; Tortora, 2008; Vander et al., 2003). [그림 6-9]는 흡기와 호기 과정을 보여준다.

호흡은 또한 심장으로 되돌아가는 혈류를 조절하는 데 도움이 된다. 호흡 펌프는 흡기 중에 혈액을 심장으로 되돌려 보내는 데 도움이 되는 메커니즘으로 작용한다. 즉, 흡기 중에 흉강 내 압력이 감소하여 우심방의 압력을 낮추고, 심장으로 가는 혈액 순환 개선에 도움을 준다. 복부를 수축시키면서 운동 중 숨을 참는 **발살바 메뉴버(Valsalva maneuver)**는 척추의 강성을 증가시켜 무거운 하중을 지탱하기 쉽게 한다. 그러나 잘못하면 압축력이 심장에 가해져 혈액이 심장으로 돌아가는 것을 더 어렵게 만든다(Hackett & Chow, 2013). 특히 저항 트레이닝 중 운동하면서 호흡하는 것이 중요하다.

> **중요**
>
> 발살바 메뉴버(Valsalva maneuver)는 일시적으로 혈압을 상승시킨다. 고혈압 진단을 받은 고객을 트레이닝시킬 때는 이 테크닉을 최소화해야 한다.

호흡성 기도

환기의 목적은 공기를 인체 안팎으로 이동시키는 것이다. 호흡 통로는 전도성 기도와 호흡성 기도의 두 가지로 나뉜다. 전도성 기도는 공기가 기도에 들어가기 전에 통과하는 모든 구조를 말한다(표 6-4). 비강과 구강, 입, 인두, 후두, 기관 및 세기관지는 공기와 산소가 인체로 향하는 집합소와 같다(그림 6-10). 전도성 기도의 구조는 유입되는 공기를 정화하고 가습(즉, 수분 첨가)하며, 체온에 맞도록 따뜻하게 또는 차갑게 할 수 있다(Brooks, 2000; Brown, 2000; Fox, 2006; Hicks, 2000; Swain, 2014; Vander et al., 2003).

> **전문적으로 알아보기**
>
> 서늘하고 건조한 기후에서 운동하면 천식이 있는 사람은 호흡이 어려워질 수 있다. 천식은 호흡 중 일시적인 호흡 곤란, 기침, 쌕쌕거리는 소리를 유발하는 호흡기 질환이다(Reid et al., 2014). 천식이 있는 사람은 특히 중강도 내지 고강도 운동을 하는 동안에는 항상 비상 흡입기를 휴대해야 한다.

호흡기계 Respiratory system 폐에서 이산화탄소를 제거하고 산소를 가져오는 폐 시스템이라고도 하는 인체 시스템. 기도, 폐, 호흡기 근육이 있다.

호흡 펌프 Respiratory pump 골격 구조(뼈)와 연부조직(근육)이 함께 작용하여 적절한 호흡 역학을 허용하고, 흡기 중에 혈액을 심장으로 다시 펌핑하도록 한다.

흡기(들숨) Inspiration 흡기 근육을 수축시켜 공기를 체내로 이동시키는 과정

호기(날숨) Expiration 흡기 근육을 능동적 또는 수동적으로 이완시켜 공기를 몸 밖으로 내보내는 과정

발살바 메뉴버 Valsalva maneuver 기관지를 닫은 채 숨을 내뱉으려고 배에 힘을 주는 조작. 추가적인 복부 압력 및 척추 안정화를 만들어낸다.

표 6-4 호흡 통로의 구조	
전도성 기도	비강
	구강
	인두
	후두
	기관
	좌우 폐기관지
	세기관지
호흡성 기도	폐포
	폐포낭

호흡성 기도는 전도성 기도에서 보내오는 공기를 수집한다. 세기관지 끝에는 폐포낭이 모여 있는 폐포가 있다. 폐포낭에서 산소나 이산화탄소와 같은 기체가 확산(diffusion)이라는 과정을 통해 혈류 안팎으로 운반된다. 이것이 산소가 외부 환경에서 인체 조직으로 이동하는 방식이다(Brooks, 2000; Fox, 2006; Swain, 2014; Tortora, 2008; Vander et al., 2003).

심폐계의 기능

생명을 유지하는 데 필수 요소는 산소이다. 호흡기는 외부로부터 산소를 모아서 우리 몸으로 전달하는 수단이다. 산소는 코와 입으로 흡입되고 기관과 세기관지를 거쳐 결국 폐와 폐포에 도달한다(Brooks, 2000; Fox, 2006; Hicks, 2000; Swain, 2014; Tortora, 2008; Vander et al., 2003).

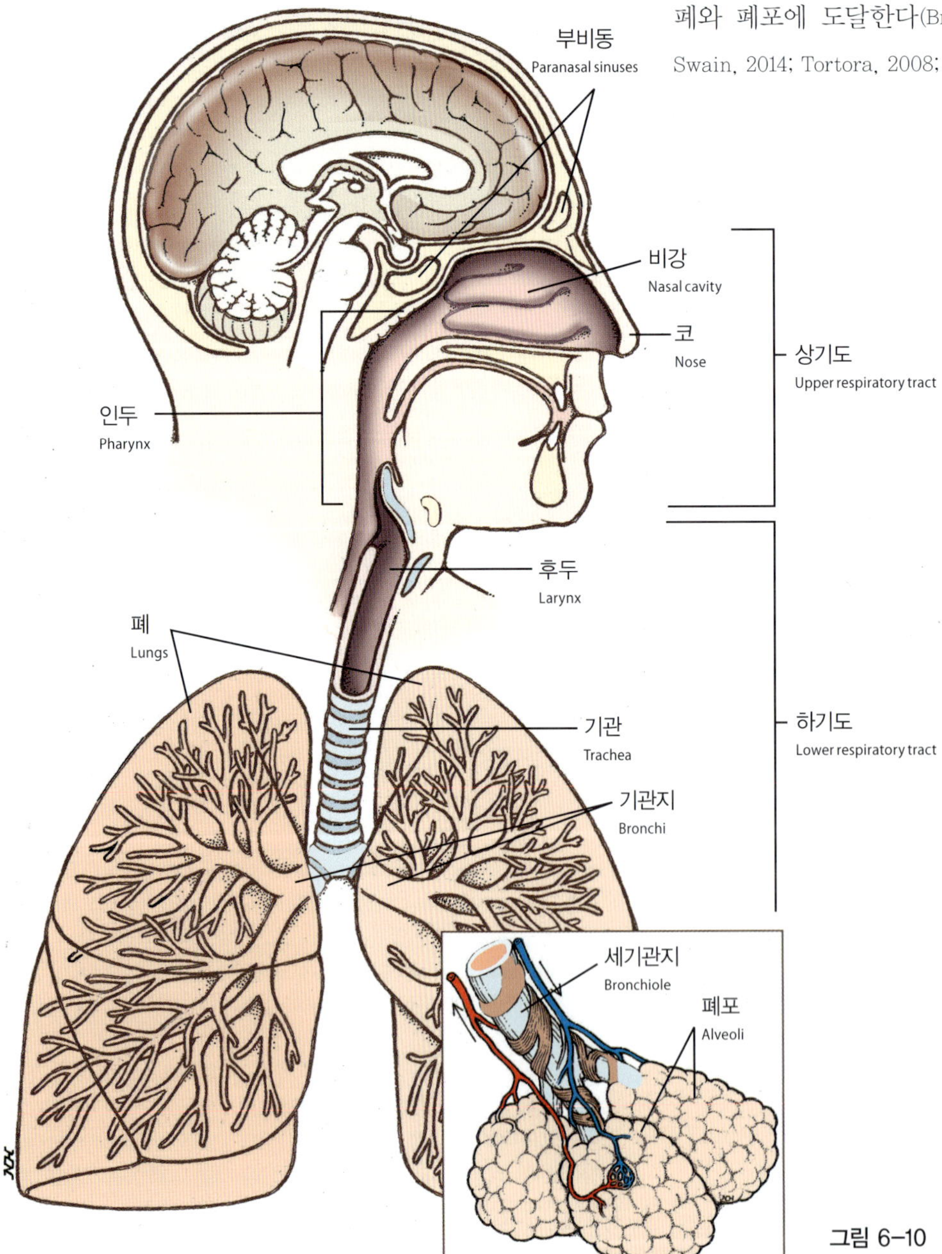

그림 6-10 호흡 통로

동시에 산소를 소진한 혈액은 우심실에서 폐로 펌핑되는데, 폐동맥에서 모세혈관을 거친다. 폐모세혈관(pulmonary capillary)은 폐포낭을 둘러싸고 있으며, 산소가 폐포를 채우면서 모세혈관막을 가로질러 혈액으로 확산된다(Tortora, 2008). 산소가 공급된 혈액은 폐정맥을 통해 좌심방으로 돌아가고, 폐정맥에서 좌심실로 펌핑되어 신체 조직으로 보내진다.

인체 세포는 산소를 사용하기 때문에 인체에서 제거해야 하는 이산화탄소도 생성한다. 이산화탄소는 조직에서 다시 심장으로, 결국 폐로 운반된다. 폐포낭에서 이산화탄소는 폐모세혈관에서 폐포로 확산된다(동시에 산소가 혈액으로 확산됨). 그런 다음 이산화탄소는 호기를 통해 방출된다(Brooks, 2000; Fox, 2006; Hicks, 2000; Swain, 2014; Tortora, 2008; Vander et al., 2003). 요컨대, 산소와 이산화탄소는 인체, 혈액 및 폐의 조직에서 교환된다. 즉, 하나가 들어오면 다른 하나가 나간다.

산소 소비

© illustrissima/Shutterstock.

산소를 효율적으로 사용하는 능력은 산소를 수집하는 호흡기계의 능력, 산소를 흡수하여 신체의 조직으로 운반하는 심혈관계의 능력, 산소를 사용하는 조직과 세포의 능력에 달려 있다(Franklin, 2000). 인체에서 산소를 사용하는 것을 산소 섭취(즉, 산소 소비)라고 한다.

어떤 대사 과정에서는 인체에 에너지를 공급하기 위해 산소가 필요하지만, 그렇지 않은 대사도 있다. 이것은 산소가 없으면 지방을 태울 수 없기 때문에 체중 감량 고객이 명심해야 할 필수적인 개념이다. 탄소 기반 생명체로서 외과적 시술을 제외하고 인체에서 많은 노폐물을 물리적으로 제거할 수 있는 유일한 방법은 숨을 내쉴 때마다 내뿜는 이산화탄소를 통해서이다.

비정상적인 호흡 패턴

평균 체격의 성인 호흡수가 분당 24회 이상이면 너무 높은 것[빈호흡(tachypnea)]으로 간주하고, 분당 8회 미만이면 너무 느린 것[서호흡(bradypnea)]으로 본다(Goodman, 2015; Reid et al., 2014). 정상적인 호흡 패턴의 어려움이나 변화는 운동에 대한 정상적인 반응에 영향을 미칠 수 있다(Timmons, 1994). 정상적인 생체역학적 호흡 기능에 변화가 있는 경우 호흡이 종종 얕아지는데, 이때 가로막보다 2차 호흡근[예: 목갈비근(사각근)과 목빗근(흉쇄유돌근)]을 사용하는 경우가 많다(Vidotto et al., 2019). 빠르고 얕은 상부 흉부 호흡 패턴이 발생하면 현기증, 호흡 곤란(dyspnea), 과호흡으로 이어질 수 있다(Vidotto et al., 2019).

트레이닝 팁

트레이닝 세션 동안 2차 호흡근을 과도하게 사용하는 고객은 목빗근(흉쇄유돌근), 목갈비근(사각근) 및 위등세모근(위승모근)의 수축이 눈에 띄게 나타난다(Reid et al., 2014).

호흡근은 또한 인체에서 중요한 자세에도 영향을 미치며, 모두 목뼈(경추), 어깨, 두개골 부위에 직접 연결된다. 이러한 근육의 활동 증가와 과도한 긴장은 두통, 어지러움, 현기증을 일으킬 수 있다. 과도한 호흡(짧고 얕은 호흡)은 이산화탄소와 산소의 혈중 농도를 변화시키고, 과도한 호흡 반응을 유발하는 불안감으로 이어질 수 있다.

부적절한 호흡의 결과로 생기는 척추와 흉곽의 부적절한 관절 운동은 관절을 제한하고 뻣뻣하게 만든다(Mendes et al., 2019; Reid et al., 2014). 척추와 흉곽의 제한된 움직임, 또는 구부정한 척추 자세(예: 척주후만증)는 나이가 들면서 더 나빠질 수 있으며, 이는 호흡기계의 능력을 더욱 제한하여 비정상적인 호흡의 원인이 되므로 간과해서는 안 된다(Mendes et al., 2019; Reid et al., 2014).

확산 Diffusion 외부 환경에서 인체 조직으로 산소를 얻는 과정
빈호흡 Tachypnea 너무 빠른 호흡. 분당 24회 이상의 호흡
서호흡 Bradypnea 너무 느린 호흡 수. 분당 8회 미만의 호흡
호흡 곤란 Dyspnea 숨가쁨 또는 호흡이 힘듦

비정상적인 호흡 패턴은 기능 저하로 이어져 혈액순환 장애뿐 아니라 두통, 불안, 피로, 수면 패턴 불량 및 운동 장애, 혈액순환 장애를 유발할 수 있다. 그러나 피트니스 전문가는 이러한 문제를 진단하려고 해서는 안 된다. 이는 피트니스 전문가의 실무 범위를 넘어서기 때문이다. 고객이 명백히 비정상적인 호흡 패턴을 보이는 경우, 의료 전문가에게 도움을 요청해야 한다. 그러나 고객에게 가로막(즉, 위를 통해) 호흡(diaphragmatic breathing)을 가르치면 운동 수행에 도움이 된다.

시도하기

척추가 구부러진 나쁜 자세로 고객을 앉게 한다. 그 상태에서 숨을 깊게 들이마시고 내쉬게 한다. 다음은 똑바로 앉아서 이것을 반복하게 한다. 똑바로 앉아서 호흡하는 것이 얼마나 쉬운지 확인시켜 운동할 때 고객이 이 점을 명심하도록 한다.

지식 확장하기

가로막(횡격막)은 폐의 기저부에 있는 근육으로, 다른 근육과 마찬가지로 강화할 수 있다. 숨을 들이마시면 가로막이 수축하고 아래로 이동하여 폐가 확장된다. 숨을 내쉬면 가로막이 이완되어 위로 올라간다. 적절한 호흡으로서의 가로막 호흡은 코를 통해 천천히 숨을 들이마시는 동안 가슴을 비교적 안정적으로 유지하면서 위가 확장되도록 하는 호흡이다. 가슴 호흡은 그 반대이며 효율적인 산소 교환을 촉진하지 않는다.

내분비계

내분비라는 용어는 문자 그대로 '호르몬 분비'를 의미한다(McArdle et al., 2016). 내분비계에서 생성된 호르몬은 근육 수축 유발, 단백질과 지방 합성[즉, 지방 분해(lipolysis)] 자극, 효소(enzyme) 시스템 활성화, 성장과 신진대사 조절, 운동과 부상과 같은 스트레스 요인에 대한 몸의 신체적, 정서적 반응 결정을 포함하여 사실상 모든 형태의 인간 기능에 영향을 미친다(McArdle et al., 2016).

내분비계는 기분 조절, 성장과 발달, 조직 기능, 신진대사 등 다양한 신체 기능을 조절하는 시스템이다. 내분비계는 숙주 기관(샘, glands), 화학적 메신저(호르몬, hormone), 표적(수용체) 세포[target (receptor) cell]로 구성되어 있다. 일단 호르몬이 분비샘에서 분비되면 혈류를 따라 메시지를 수신하도록 설계된 표적 세포로 이동한다.

표적 세포에는 호르몬 특이 수용체가 있어 호르몬이 세포와 결합하여 의도된 작용이나 기능을 발휘할 수 있게 한다. 호르몬이 분비샘에서 혈류를 통해 이동할 때 특수 단백질은 일부 호르몬에 결합하여 표적 세포와 상호 작용하며, 영향을 미치는 호르몬의 양을 조절하는 보호제 및 운반체(수송체) 역할을 한다(McArdle et al., 2016). 온도 조절 장치가 실내 온도를 조절하는 것처럼 내분비계는 여러 신체 기능을 조절하여 인체 내부 환경을 안정시키는 역할을 한다.

내분비샘(내분비선)

1차 내분비샘은 시상하부(hypothalamus), 솔방울샘(송과체, pineal gland), 이자(췌장, pancreas), 갑상선(갑상샘, thyroid gland), 뇌하수체(pituitary gland), 부신(adrenal gland) 및 생식샘(생식선, reproductive glands)이다(그림 6-11). 시상하부는 인체에서 뇌하수체로 메시지를 전달하는 역할을 하기 때문에 호르몬 작용의 중요한 역할을 한다. 뇌하수체는 다른 많은 내분비샘의 기능을 조절한다. 뇌하수체에는 전엽, 중엽, 후엽의 세 가지 다른 부분을 가지고 있으며 각각의 엽은 특정한 종류의 호르몬을 분비한다. 또한 호르몬은 간과 위 모두에서 분비될 수 있다.

호르몬 활동 조절의 대부분은 궁극적으로 뇌에 위치한 시상하부와 뇌하수체에 달려 있다. 이들은 함께 신경계와 내분비계 사이의 중요한 연결을 나타낸다(McArdle et al., 2016). 이 부위에서 생성되는 많은 호르몬은 다른 분비샘의 활동에 직접적으로 영향을 미치므로, 때로 시상하부와 뇌하수체를 '주샘'이라고 한다(McArdle et al., 2016).

인슐린, 글루카곤 및 혈당 조절

격렬한 운동 중에 탄수화물, 특히 포도당은 주요 에너지원이다. 탄수화물은 인체의 주요 에너지원 중 하나이며, 포도당은 뇌의 주요 연료이다. 혈당 수치의 급격한 변동은 위험할 수 있다. 혈당은 너무 낮으면 기능을 저해하고, 너무 높으면 혈관계를 손상시킨다. 혈당의 조절은 크게 인슐린(insulin)과 글루카곤(glucagon)이라는 두 가지 호르몬에 의해 조절되는데, 이는 췌장에서 조절되고 분비된다.

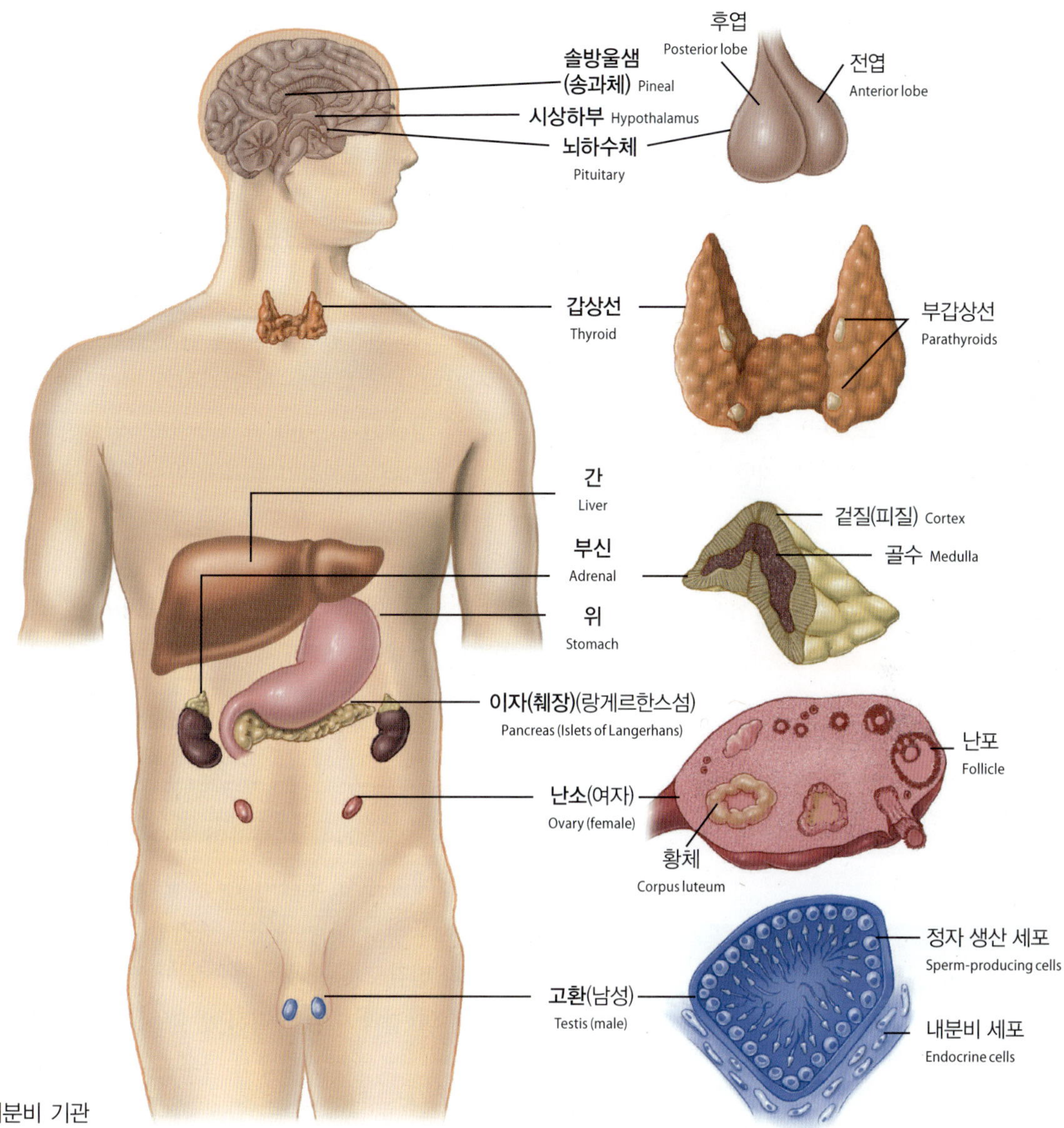

그림 6-11 내분비 기관

가로막 호흡 Diaphragmatic breathing 복부를 팽창시켜 깊게 하는 호흡

지방 분해 Lipolysis 에너지를 위한 지방의 분해 및 이용

효소 Enzyme 특정 반응이나 변화를 일으키는 인체의 물질

샘 Glands 물질을 혈류(예: 호르몬) 또는 인체의 다른 표면으로 방출하는 세포

호르몬 Hormone 특정 기능을 활성화하기 위해 세포로 이동하는 샘에서 방출되는 화학적 메신저

표적(수용체) 세포 Target (receptor) cell 호르몬이나 효소로부터 메시지를 받은 세포. 표적 세포는 자극되거나 활성화된 후에 작용한다.

시상하부 Hypothalamus 뇌하수체와 소통하는 뇌에 위치한 샘

솔방울샘(송과체) Pineal gland 수면 주기를 조절하는 데 도움이 되는 호르몬인 멜라토닌을 분비하는 뇌의 작은 샘

이자(췌장) Pancreas 인슐린, 글루카곤, 소화액 생성을 포함하여 수많은 기능을 가진 기관

갑상선(갑상샘) Thyroid gland 목 앞쪽에 있는 내분비샘으로 티록신과 칼시토닌을 비롯한 많은 호르몬의 분비를 담당한다.

뇌하수체 Pituitary gland 성장 호르몬을 비롯한 많은 호르몬의 분비를 조절하는 내분비샘

부신 Adrenal gland 신장 바로 위에 위치한 샘으로 카테콜아민과 코티솔의 분비를 담당한다.

생식샘(생식선) Reproductive glands 난소나 고환과 같이 성별에 따른 기능을 하는 분비샘

인슐린 Insulin 포도당 대사를 담당하는 췌장에서 분비되는 호르몬

글루카곤 Glucagon 췌장에서 분비되는 호르몬으로 혈당을 조절하고 인슐린과 반대 기능을 한다.

인슐린

인슐린은 주로 인체에 연료로 사용할 기질(substrate)(예: 지방 또는 탄수화물)과 몸이 섭식 또는 금식 상태인지를 알려줌으로써 신진대사를 조절하는 데 도움을 준다. 식사 후 포도당은 작은창자의 혈액으로 들어가 혈당 수치를 상승시킨다. 포도당의 상승은 췌장이 인슐린을 혈류로 분비하도록 자극한다. 인슐린은 포도당과 결합하여 포도당을 근육, 간, 지방 세포로 운반한다. 근육과 간 세포에서 포도당은 포도당의 저장 형태인 글리코겐(glycogen)으로 전환된다. 결국 인슐린은 혈중 포도당 수치를 떨어뜨린다(**그림 6-12**). 따라서 인슐린은 간, 근육 및 지방 조직의 세포가 혈액으로부터 포도당을 흡수하도록 한다(McArdle et al., 2016).

지식 확장하기

인슐린 호르몬과 당뇨병은 밀접한 관련이 있다. 제1형 당뇨에서는 췌장이 충분한 인슐린을 생산할 수 없는 반면, 제2형 성인 당뇨병에서는 세포가 인슐린에 내성을 갖게 된다. 인슐린 저항성은 혈당 함량을 높여 몸에 해로울 수 있다.

유용한 힌트

인슐린은 특정 목적지로 향하는 기차와 같은 기능을 한다. 포도당 분자는 기차의 승객이고, 혈류는 철도의 선로 역할을 한다. 기차(인슐린)와 선로(혈류)가 없으면 승객(포도당)은 목적지(간, 근육 및 지방 세포)에 도달할 수 없다.

글루카곤

글루카곤은 혈당 수치를 조절하기 위해 췌장에서 분비되는 2가지 호르몬 중 하나로, 인슐린의 대응물로서 인슐린과 상반되는 역할을 한다. 글루카곤은 주로 간에서 저장된 글리코겐의 분비를 유발하여 혈당 수치를 높이는 역할을 한다(**그림 6-13**)(Qaid & Abderlrahman, 2016).

식사 후 몇 시간이 지나거나 정상적인 대사 과정을 거치면, 또는 신체활동을 하면 인체에서 혈당 수치가 하락하기 시작한다. 순환하는 혈당 수치가 떨어지면 췌장에서 글루카곤이 방출된다. 여러 효과가 있는 인슐린과 달리 글루카곤은 훨씬 더 구체적인 효과가 있는데, 간을 자극하여 저장된 글리코겐을 다시 포도당으로 전환한 다음 혈류로 방출한다. 글루카곤은 급성 환경에서 지방 분해(지방 연소)와 관련하여 인슐린의 반대 효과를 가지고 있다(Qaid & Abderlrahman, 2016). 그러나 이러한 효과가 글루카곤의 만성적 상승으로 발생하는지는 불분명하다.

운동의 효과

운동의 효과를 이해하면 인슐린과 글루카곤의 상호관계를 이해하는 데 도움이 된다. 활동 수준이 증가함에 따라 인체 세포의 포도당 흡수도 증가한다. 이는 인슐린에 대한 세포의 민감도 증가와 비인슐린 매개 메커니즘을 통한 포도당 흡수의 결과이다. 따라서 인슐린 수치는 신체활동 중에 떨어진다. 동시에 췌장에서 글루카곤 분비가 증가하여 혈당을 안정적으로 공급할 수 있게 한다.

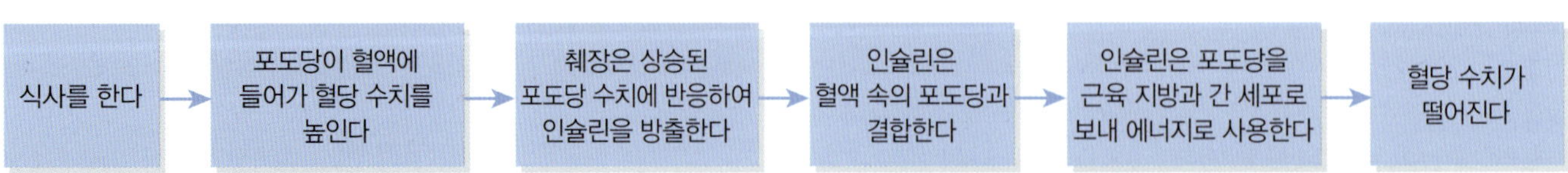

그림 6-12 혈당 상승에 대한 인슐린의 반응

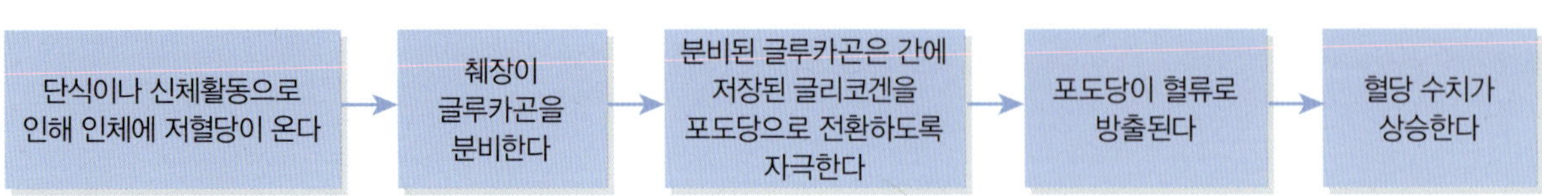

그림 6-13 저혈당에 대한 글루카곤의 반응

지식 확장하기

운동은 근육 세포가 인슐린을 사용하여 포도당을 세포로 운반하는 능력을 증가시킨다는 증거가 있다. 이러한 효과는 주로 단기적이지만, 본질적으로 인슐린 저항성을 감소시킨다(Keshel & Coker, 2015). 또한 인슐린 민감성 개선이 식이조절 및 체중 감소와 무관하게 발생할 수 있다는 것을 설명한다(Bird & Hawley, 2016).

부신, 뇌하수체 및 생식 호르몬

부신과 뇌하수체는 신진대사에서 성장과 회복에 이르기까지 다양한 기능을 담당한다. 부신은 신장 위의 복부에 위치하며 부신피질과 수질로 구성되어 있다. 부신은 자극을 받으면 카테콜아민(catecholamine)과 코티솔(cortisol)을 분비한다.

뇌하수체는 뇌의 시상하부 바로 아래에 있다. 이 분비샘은 다른 많은 내분비샘을 제어하기 때문에 주샘이라고 불린다. 건강 및 피트니스 분야에서 뇌하수체는 **성장 호르몬(growth hormone)**을 담당하기 때문에 중요하게 인식되는 경우가 많다. 뇌하수체는 다른 내분비샘을 자극하는 능력을 통해 생식 호르몬에도 중요한 역할을 한다.

카테콜아민

두 가지 **카테콜아민(catecholamine)**인 에피네프린(epinephrine, 아드레날린이라고도 함)과 노르에피네프린(norepinephrine)은 각 신장 위에 있는 부신에서 생성되는 호르몬이다. 특히 이것들은 내부 부신수질(adrenal medulla)에 의해 만들어진다. 이들 호르몬은 신체가 활동을 준비하는 데 도움을 주는데, 이때 신체의 활동은 보다 구체적으로는 투쟁-도피 반응으로 알려진 스트레스 반응의 일부이다.

그러나 이것들의 역할이 운동 강도와 관련이 있을 수 있다는 증거가 있다. 활동을 준비하기 위해 시상하부(뇌의 일부)와 인체의 신경계는 부신수질을 자극하여 더 많은 에피네프린을 분비하게 한다. 이는 다음과 같이 운동 활동을 지속하는 데 도움이 되는 몇 가지 특정 생리학적 효과를 가진다.

- 심박수 및 일회박출량 증가
- 혈당 수치 상승
- 작업 조직으로 혈액 재분배
- 기도 개방
- 지방을 분해해 에너지로 사용하는 신체 능력 향상

(McArdle et al., 2016)

지식 확장하기

운동에서는 신경 자극으로 인해 부신이 에피네프린을 즉시 생성할 수 있으며, 이는 운동 세션 동안 에너지와 힘 생성을 증가시킨다(French et al., 2007; Kraemer & Ratamess 2005).

코티솔

코티솔(cortisol)은 일반적으로 **이화 작용(catabolic)** 호르몬(조직 파괴와 관련됨)이라고 한다. 운동과 같은 스트레스를 받을 때 코티솔은 부신피질에서 분비되어 지방과 단백질의 분해를 통해 에너지 공급을 유지하는 역할을 한다. 코티솔이 에너지를 유지하는 메커니즘 중 하나는 **포도당신생합성(gluconeogenesis)**을 통해서이다. 포도당신생합성은 지방과 단백질 모두에서 에너지 기질을 생성함으로써 포도당의 가용성을 증가시킨다. 다시 말해, 포도당신생합성은 비탄수화물 공급원을 분해하여 에너지로 사용하는 것이다.

오버트레이닝(overtraining), 과도한 스트레스, 부족한 수면, 불충분한 영양 섭취로 야기되는 높은 수준의 코티솔은 잠재적으로 해로운 다른 부작용뿐만 아니라 근육 조직의 심각한 파괴를 초래할 수 있다. 저혈당과 수면 부족이 코티솔의 증가를 자극할 수 있다는 증거가 있다(Leproult & Cauter, 2010; Qaid & Abderlrahman, 2016). 코티솔은 보통 이른 아침에

기질 Substrate 아데노신 삼인산을 생성하기 위해 대사 반응에 사용되는 중간 형태의 영양소

글리코겐 Glycogen 간, 근육 세포와 같은 체내 조직에 축적 및 저장되는 포도당. 탄수화물의 저장 형태

성장 호르몬 Growth hormone 성장과 발달을 담당하는 뇌하수체에서 생성되는 동화 호르몬

카테콜아민 Catecholamine 투쟁-도피 반응으로 알려진 스트레스 반응의 일부로서 부신에서 생성되는 호르몬

이화 작용 Catabolic 분자를 에너지에 사용되는 더 작은 단위로 분해하는 대사 과정

포도당신생합성 Gluconeogenesis 비탄수화물 공급원(단백질 및 지방)으로부터 포도당이 형성되는 것

오버트레이닝 Overtraining 트레이닝의 과도한 빈도, 양, 강도로 인해 수행능력이 저하된 상태이며, 적절한 휴식과 회복 부족으로 발생한다.

상승하며, 하루 종일 그리고 수면 초기에 이르기까지 수치가 낮아진다. 수면 시간이 줄어들면 초저녁 시간에 코티솔 수치가 높아진다(Leproult & Cauter, 2010).

테스토스테론과 에스트로겐

테스토스테론(testosterone)은 남성의 고환, 여성의 난소와 부신에서 소량 생산된다. 남성이 여성보다 테스토스테론을 최대 10배 더 많이 생산하며, 이는 수염과 체모, 더 많은 근육량 등 남성의 2차 성징의 주된 원인이 된다(McArdle et al., 2016).

테스토스테론은 남성과 여성 모두에게 조직의 성장과 재생에 중요한 역할을 한다. 테스토스테론의 수치 증가는 동화작용(anabolic: 조직 형성) 상태를 나타낸다. 테스토스테론 수치는 나이가 들수록 감소하지만, 고강도 인터벌 훈련이나 충분한 과부하를 동반한 근력 훈련에 반응하여 증가할 수 있다. 이 경우 휴식 시간은 짧고 근육량은 더 많이 훈련된다(Kraemer & Ratamess, 2005).

에스트로겐은 주로 여성의 난소에서 생산되며, 남성의 경우 부신에서 소량 생성된다. 가임기 여성은 남성보다 에스트로겐 수치가 훨씬 높기 때문에 유방 발달과 생리 주기 조절 등 여성의 2차 성징을 나타낸다. 에스트로겐은 많은 기능을 가지고 있지만, 특히 엉덩이, 허벅지 주변의 지방 축적에 영향을 미친다.

운동으로 인한 호르몬 변화는 일반적으로 급성이기 때문에 훈련 반응은 이러한 단기적인 변화에 한정된다. 급성 호르몬 분비는 큰 근육을 훈련할 때 더 큰 영향을 받는다. 예를 들어, 백스쿼트 운동을 75%의 강도로 10회씩 5세트를 수행하면, 훈련 후 최대 45분 동안 테스토스테론 수치가 증가하는 것으로 나타났다. 그러나 벤치 프레스는 동일한 훈련 강도로 수행했을 때 스쿼트와 동일한 양으로 테스토스테론 수치를 변화시키지 않는 것으로 나타났다(Geisler et al., 2019).

나이가 들수록 테스토스테론 수치가 감소하지만, 전반적인 건강 및 운동 수준과 같은 다른 요인이 변화의 정도에 영향을 미칠 수 있다(Erenpreiss et al., 2019). 노년 남성의 경우 고혈압, 관절염, 만성 호흡기 질환 등 동반 질환이나 만성 질환이 있는 사람에 비해 건강한 사람일수록 테스토스테론 수치가 높은 것으로 나타났다(Erenpreiss et al., 2019). 운동은 노년 남성의 호르몬 수치를 증가시키지만, 일반적으로 젊은 남성보다는 증가폭이 적었다(Hayes & Elliott, 2019; Negaresh et al., 2019).

전문적으로 알아보기

테스토스테론을 자극하는 근육 성장과 회복을 위한 경로는 격렬한 저항 트레이닝에 의해 자극을 받는 시상하부에서 시작된다. 이에 반응하여 시상하부는 생식샘 자극 호르몬 분비 호르몬을 분비하고, 이것은 뇌하수체로 이동하여 황체형성 호르몬의 분비를 자극한다. 황체형성 호르몬은 고환으로 이동하여 레이디그(leydig) 세포에 부착되어 결국 테스토스테론을 방출한다.

성장 호르몬

© Monkey Business Images/Shutterstock.

이 호르몬의 이름은 특히 그것의 주요한 기능과 관련되어 있다. 성장 호르몬은 뇌하수체에서 분비되고 근처의 시상하부에 의해 조절된다. 성장 호르몬은 에스트로겐, 테스토스테론, 숙면, 격렬한 운동 등 여러 요인에 의해 자극을 받는다(Kraemer & Ratamess, 2005; Leproult & Cauter, 2010). 성장 호르몬은 주로 단백 동화 호르몬으로서, 유년기부터 1차 성 호르몬이 그 통제권을 넘겨받는 사춘기까지 성장과 발달의 대부분을 담당한다.

성장 호르몬은 또한 뼈, 근육 조직, 단백질 합성의 발달을 증가시키고, 지방 연소를 증가시키며 면역 체계를 강화한다(McArdle et al., 2016). 수면 부족이 성장 호르몬 분비를 감소시킬 수 있다고 하니 적절한 수면의 가치를 다시 한 번 알 수 있다(Leproult & Cauter, 2010). 성장 호르몬은 또한 간과 근육으로 이동하여 각각 인슐린 유사 성장인자와 메카노 성장인자의 분비를 자극하는데, 둘 다 강력한 동화 작용 호르몬이다(McArdle et al., 2016; Velloso, 2008).

갑상선 호르몬과 인슐린 유사 성장인자

갑상선은 목 앞쪽 부위에 있으며 신체의 거의 모든 기관에서 수많은 기능을 조절하는 호르몬을 혈류로 방출한다. 갑상선 호르몬의 더 중요한 기능 중 하나는 신진대사에 미치는 영향이다. 이와 유사하게 간에서도 인슐린 유사 성장인자로 알려진 호르몬을 분비하는데, 이것은 대량 영양소의 대사와 단백질 합성을 조절한다.

인슐린 유사 성장인자

인슐린 유사 성장인자(insulin-like growth factors, IGF)는 성장 및 발달과 같은 동화 작용을 주로 담당하는 호르몬의 일종이다(Kraemer & Ratamess, 2005; Velosso, 2008). IGF는 간에서 방출되며 단백질 합성, 지방 대사, 성장 및 발달을 담당한다(Velosso, 2008). 호르몬은 표적 기관이나 조직에 특정한 영향을 미치지만, 다른 호르몬과 협력하여 작용한다는 사실을 알아야 한다. 예를 들어, 근육 비대증(근육 성장)과 운동 후 재생은 테스토스테론과 성장 호르몬과 같은 다른 호르몬뿐만 아니라 IGF 분비의 결과일 수 있다(Ahtiainen, 2011; Roberts et al., 2010; Velloso, 2008).

IGF의 고유한 특징은 합성되어 근육과 힘줄에 저장되는 것으로, 이것을 메카노 성장인자(mechano-growth factor)라고 한다(Kraemer & Ratamess, 2005; Roberts et al., 2010; Velloso, 2008). 메카노 성장인자는 IGF와 유사한 강력한 동화 호르몬이다(Kraemer & Ratamess, 2005). 그 결과, 근육이나 힘줄의 과부하에 대한 반응으로 메카노 성장인자가 분비되며, 이는 성장, 복구 및 회복에 부분적으로 역할을 한다(Ahtiainen, 2011; Kraemer & Castracane, 2015; Kraemer & Ratamess 2005; Philippou et al., 2007; Roberts et al., 2010; Velosso, 2008). IGF와 관련된 흥미로운 발견은 저항 트레이닝 후 최대 48시간까지 수치가 증가하는 것으로 나타났고, 근육의 국소 수치가 반드시 나이에 영향을 받는 것은 아니라는 것이다(Roberts et al., 2010).

트레이닝 팁

체중을 서서히 시작 위치로 되돌리는 운동의 신장(낮추거나 감속) 단계를 강조하면 과부하된 근육의 국소 IGF가 증가한다는 연구 결과가 있다(Heinemeier et al., 2007; Kraemer & Castracane, 2015; Philippou et al., 2007; Velloso, 2008).

갑상선 호르몬

갑상선은 '아담의 사과'라고 불리는 갑상선 연골 바로 아래 목의 기저부에 있다. 이 분비샘은 다른 많은 기능 중에서도 심박수, 체온, 신진대사 조절과 관련된 수많은 생리학적 기능을 담당하는 필수 호르몬을 분비한다(Armstrong, 2018).

수치가 너무 높거나 낮지 않은 적절한 양의 갑상선 호르몬이 분비되는 것이 중요하다. 시상하부와 뇌하수체는 갑상선 호르몬의 정상 수준을 유지하는 역할을 한다. 예를 들어 갑상선 호르몬 수치가 너무 낮으면 시상하부는 뇌하수체에 신호를 보내 일정량의 갑상선 자극 호르몬을 분비하도록 한다.

갑상선 호르몬은 탄수화물, 단백질 및 지방의 대사, **기초대사율(basal metabolic rate, BMR)**, 단백질 합성, 에피네프린에 대한 민감성, 심박수, 호흡수 및 체온 등을 담당하는 것으로 나타났다(Armstrong, 2019). 더욱이 **칼시토닌(calcitonin)**이라고 불리는 중요한 호르몬을 분비하기 때문에 골밀도에 중요한 역할을 한다. 칼시토닌은 신체가 칼슘을 적절하게 사용하여 골밀도를 유지하게 한다.

또한 갑상선 호르몬은 다른 호르몬이 더 효과적으로 기능하도록 돕는다. 다른 호르몬과 유사한 방식으로 갑상선 호르몬은 수면의 영향을 받는다(Kessler et al., 2010). 갑상선의 장애는 신체의 거의 모든 시스템에 영향을 미칠 수 있다. 잘 알다시피 갑상선 기능이 떨어지면 낮은 신진대사, 피로, 우울증, 추위에 대한 민감성, 체중 증가로 이어진다(Armstrong, 2019).

호르몬 수치에 대한 운동의 효과

연구에 따르면 근력 트레이닝 및 중강도의 격렬한 유산소 운동 후에 테스토스테론, 성장 호르몬 및 IGF 수치가 증가하는 것으로 나타났다(Goto et al., 2009; Kraemer & Ratamess,

테스토스테론 Testosterone 남성의 2차 성징을 일으키는 호르몬

동화 작용 Anabolic 조직을 만들고 복구하는 데 사용되는 더 작은 분자를 더 큰 단위로 합성하는 대사 과정

인슐린 유사 성장인자 Insulin-like growth factors (IGF) 성장과 발달을 담당하는 간에서 생성되는 단백 동화 호르몬(anabolic hormone)

기초대사율 Basal metabolic rate (BMR) 신체의 휴식을 유지하는 데 필요한 에너지의 양

칼시토닌 Calcitonin 신체가 칼슘을 적절하게 사용하여 골밀도를 유지하도록 돕는 갑상선 호르몬

2005; Roberts et al., 2010). 이러한 호르몬 증가에 대한 추론은 이전 섹션에서 다루었지만, 이러한 호르몬이 회복과 적응의 필요에 따라 증가한다는 점을 인식하는 것이 중요하다.

유사한 패턴이 코티솔에서도 나타나는데, 혈류 내에서의 코티솔 수치 상승(기저 수치 상승)은 과도한 오버트레이닝(overtraining)을 나타내는 것으로 간주한다(Kraemer & Ratamess, 2005). 코티솔은 정상적인 운동 활동 중에 에너지 수준을 유지하는 데 필수적인 부분이며, 운동 후 회복과 복구를 촉진할 수도 있다(McArdle et al., 2016).

그러나 코티솔 수치를 높이면서 테스토스테론 수치를 낮추는 것으로 밝혀진, 극도로 강렬하거나 장기간 지속되는 지구력 훈련은 문제가 발생할 수 있다. 이러한 상황에서 이화 작용(분해)이 동화 작용(축적)을 능가하여 오버트레이닝 증상을 일으킬 수 있다(McArdle et al., 2014). 저항 트레이닝과 관련하여, 고강도와 제한된 휴식 기간의 과부하 훈련에 반응하여 IGF, 성장 호르몬 및 테스토스테론이 증가한다는 연구 결과도 있다(Goto et al., 2009; Kraemer & Ratamess, 2005; Roberts et al., 2010).

트레이닝 팁

저항 트레이닝 중 반복 속도를 늦추면(긴장 상태에서는 시간이 증가함) 긴장 상태에서 시간 단축과 관련이 있는 짧은 수축과 비교할 때 성장 호르몬, 테스토스테론, 에피네프린이 증가한다(Goto et al., 2009).

수면과 호르몬에 미치는 영향

수면은 연령이나 체력 수준에 상관없이 모든 인간에게 필수적인 생리학적 과정이다. 적절한 수면은 정상적인 뇌 기능과 발달, 기억력, 회복과 복구를 포함하여 여러 신체 시스템을 위해 필요하다. 보편적으로 수면이 필요하다는 것은 알고 있다. 그러나 수면 부족의 부정적인 영향이나 정상적인 수면 지속 시간은 사람마다 다를 수 있다(Aldabal & Bahammam, 2011).

평균적으로 대부분의 성인과 청소년은 하룻밤에 5~6시간을 자고 추가로 2시간을 더 자야하는 것으로 나타났다(Kessler et al., 2010; Leproult & Cauter, 2010). 수면은 성장 호르몬, 갑상선 호르몬, 코티솔을 포함하여(이에 국한되지 않음) 호르몬 수치에 직접적인 영향을 미친다. 특히, 숙면은 낮과 초저녁 내내 코티솔 수치를 낮추고, 밤에는 성장 호르몬 수치를 증가시키며, 갑상선 호르몬과 포도당 대사를 더 잘 조절하게 한다(Aldabal & Bahammam, 2011; Chaput et al., 2007; Kessler et al., 2010; Leproult & Cauter, 2010).

포도당 대사와 관련하여, 수면 장애가 있는(수면 시간 6시간 미만) 사람은 7시간 이상 잠을 자는 사람에 비해 **포도당 불내성(glucose intolerance)**이 발생할 가능성이 높다는 연구 결과가 있다. 게다가 수면은 운동으로부터 근육을 회복시키는 역할을 한다. 수면 부족이 근육 회복에 미치는 영향은 참가자들이 반복적인 과부하 운동을 하도록 한 조사에서 더 잘 드러났다. 이 연구에서 수면 부족인 사람들은 정상 수면 수준을 가진 사람들과 비교했을 때 IGF, 코티솔, 테스토스테론 대비 코티솔 비율이 더 높았다(Dáttilo et al., 2019).

소화기계

소화기계(the digestive system)는 우리가 먹는 음식과 우리가 섭취하는 액체가 소화, 처리, 흡수(에너지로 사용됨)되거나 추가 조직을 만드는 기능을 하는 복잡한 해부학적 구조 그룹이다(Patricia, 2019). 에너지, 영양, 회복의 실질적인 요소를 이해하기 위해서는 소화기계에서 일어나는 기본적인 생리적 과정에 대한 이해가 필요하다.

소화기계의 개요

소화기계는 (1) 입을 포함하는 머리와 목 (2) 상부 위장관(GI) (3) 하부 위장관이라는 세 가지 기능 영역으로 분류할 수 있다(그림 6-14). 우리가 먹는 음식과 우리가 섭취하는 액체는 차례로 입을 통과하여 주로 위장으로 구성된 상부 위장관으로 들어가며, 궁극적으로 하부 위장관, 그리고 곧창자를 순차적으로 통과하고, 소비되지 않은 음식과 액체는 고형 폐기물(대변)로 버려진다. 이 과정에서 세 영역은 음식의 소화를 돕는 효소와 산을 생산하는 **담낭(gall bladder)**, **간(liver)**, 췌장 등의 도움을 받는다(Pantol, 2009; Patricia, 2019).

소화기계의 작용은 일반적으로 음식물이 소화관을 통과하기 위한 **운동성**을 가지는데, **씹기(저작, mastication)**, 삼키기, 소화 및 **연동 운동(peristalsis)**이 여기에 해당된다.

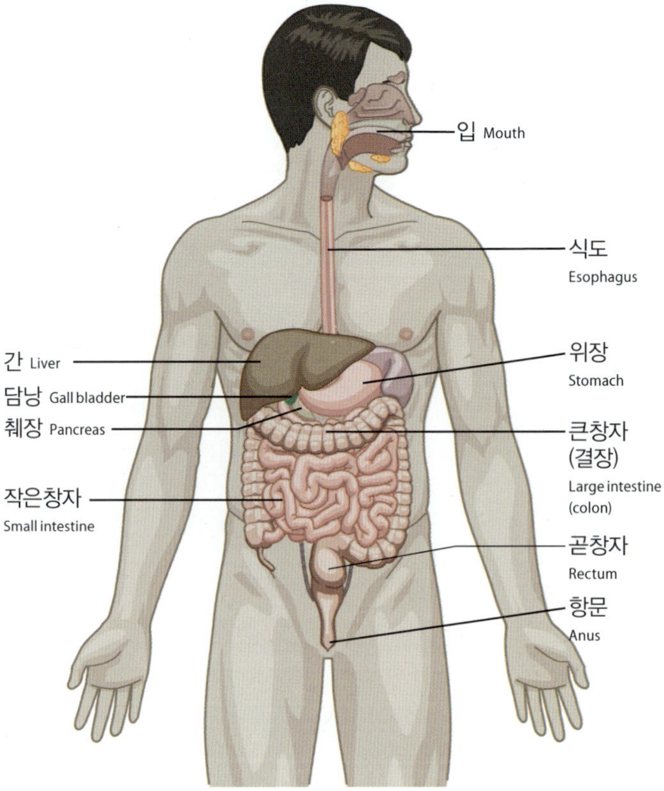

그림 6-14 소화기계

소화(digestion)는 음식물을 흡수될 수 있는 구조로 처리하는 것을 설명하는 공식 용어이다. 흡수(absorption)는 이미 소화된 음식이 에너지, 영양분, 조직 형성을 위해 쓰일 수 있도록 혈액 시스템으로 이동하는 것을 설명하는 용어이다 (Patricia, 2019). GI 시스템은 음식물의 소화 및 흡수 외에도 신체 면역 세포의 70~80%가 있는 곳이다(Goodman & Fuller, 2015).

소화기계의 구조

소화기계의 구조에는 구강, 상부 GI관, 하부 GI관이 있다. 머리와 목은 구강이 있는 곳으로 식도(esophagus)를 거쳐 위로 전달되는 음식물을 처리한다. 식도와 위는 상부 위장관의 시작 부분이다. 위에서 나온 음식물은 작은창자와 큰창자를 거쳐, 결국 항문관으로 이동하여 배설된다. 이 과정에서 소화에 기여하는 기관의 다양한 기계적 과정을 거치며 호르몬 및 효소의 도움을 받는다.

머리와 목

우리가 먹을 때 음식물은 섭취(ingestion)라고 불리는 과정을 통해 입으로 삼켜진다(Pandol et al., 2015). 치아, 침, 혀는 섭취를 돕고, 저작이라고 하는 과정에서 음식을 분해한다(Patricia & Dhamoon, 2019). 씹는 과정에서 치아가 음식을 분해하면서 침과 섞이게 되는데, 침에는 다음 단계를 위해 음식물 분해를 돕는 자체 효소가 있다(그림 6-15)(Patricia & Dhamoon, 2019). 저작하여 섭취된 음식물은 결국 삼켜지고, 상부 위장관을 거쳐 하부 위장관으로 들어가게 된다(Patricia & Dhamoon, 2019).

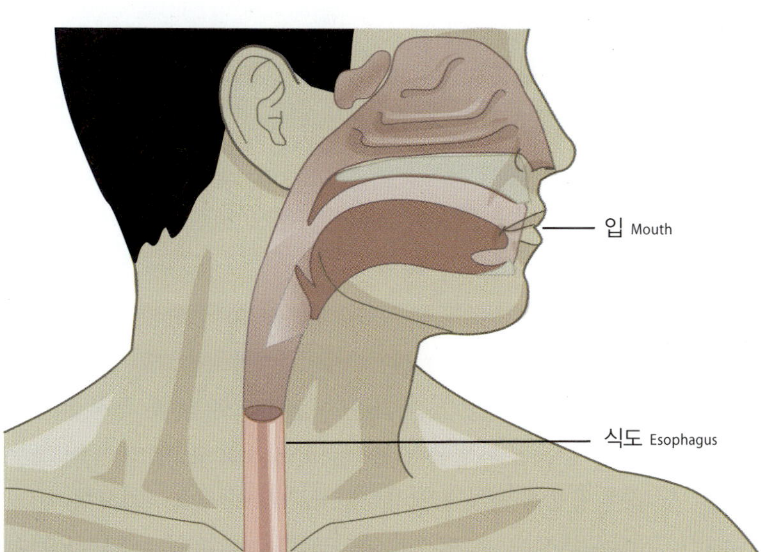

그림 6-15 소화 시스템–머리와 목

포도당 불내성 Glucose intolerance 혈당 수치가 상승하는 상태

담낭 Gall bladder 간 아래 인체의 오른쪽에 있는 기관으로, 간에서 담즙을 받아 십이지장으로 분비한다.

간 Liver 오른쪽 위 복강에 있는 기관으로, 담즙의 생성과 분비를 포함하여 여러 기능을 하며 담즙은 담낭에 저장되어 농축된 후 십이지장으로 분비한다.

운동성 Motility 소화기 계통에서 내용물이 통과할 수 있는 해부학적 구조의 움직임

씹기(저작) Mastication 구강 근육이 음식을 분해하는 기계적 과정

연동 운동 Peristalsis 소화 중에 음식을 몸 전체로 밀어내는 위장 시스템의 근육 작용

소화 Digestion 음식이 몸을 통과하는 과정을 설명하는 다단계 과정

흡수 Absorption 소화 과정에서 영양소가 체내로 흡수되는 과정

식도 Esophagus 음식물이 구강에서 위로 전달되도록 하는 소화관의 해부학적 부분

섭취 Ingestion 소화를 준비하기 위해 음식, 액체 또는 기타 물질을 체내로 가져오는 행위

상부 위장관

삼킨 음식은 근육관인 식도로부터 소화를 돕는 다량의 위액이 있는 위장으로 전달된다(Pandol et al., 2015; Patricia & Dhamoon, 2019). 삼킨 음식은 연동 운동의 일부인 근육 수축을 통해 식도를 거쳐 위장으로 들어간다(Pandol et al., 2015; Patricia & Dhamoon, 2019). 식도는 음식이 통과하는 부분이 이완하는 동안 다른 일부가 수축하는 독특한 구조를 가진다. 음식이 식도에서 위로 넘어가면 식도 괄약근이 수축하여 위에서 음식이 식도로 다시 들어가는 것을 방지한다(Goodman & Fuller, 2015).

위에서 음식물은 소화액과 혼합되어 미즙(chyme)을 만들고, 위장 내용물의 높은 산도는 소화가 계속되는 과정에서 박테리아를 죽인다(Patricia & Dhamoon, 2019). 위는 음식과 위액으로 가득 차면 수축한다. 분비되는 위액으로는 염산, 점액, 단백질 소화에 사용되는 펩시노겐(pepsinogen)이 있다(Pandol et al., 2015; Patricia & Dhamoon, 2019). 위에 있는 음식이 충분히 소화되면 위의 수축으로 판막(유문 괄약근)을 통해 작은창자로 음식물을 밀어 넣는다(Patricia & Dhamoon, 2019).

지식 확장하기

식도 괄약근은 위에서부터 음식이나 위액이 다시 나오는 것을 방지하도록 되어 있지만, 때때로 실패하여 위액이 다시 나오는 경우가 있다. 속쓰림은 위에서 나온 위액이 식도로 들어가면서 생기는 증상이다. 이러한 증상은 식사 후 바로 누울 때 잘 발생한다(Goodman & Fuller, 2015).

작은창자(소장)는 샘창자(십이지장, duodenum), 빈창자(공장, jejunum), 돌창자(회장, ileum)로 구성되며 위와 큰창자(대장) 사이에 있다(그림 6–16). 큰창자에 비해 상대적으로 작기 때문에 작은창자로 불린다. 길이로 보면 작은창자는 대략 3m(거의 10피트)이다. 음식은 일반적으로 첫 25cm(10인치)에 해당하는 십이지장으로 먼저 전달된다. 음식은 샘창자에서 빈창자로 이동한 후 결국 돌창자로 들어간다. 음식물은 돌창자에서 큰창자로 이동한다.

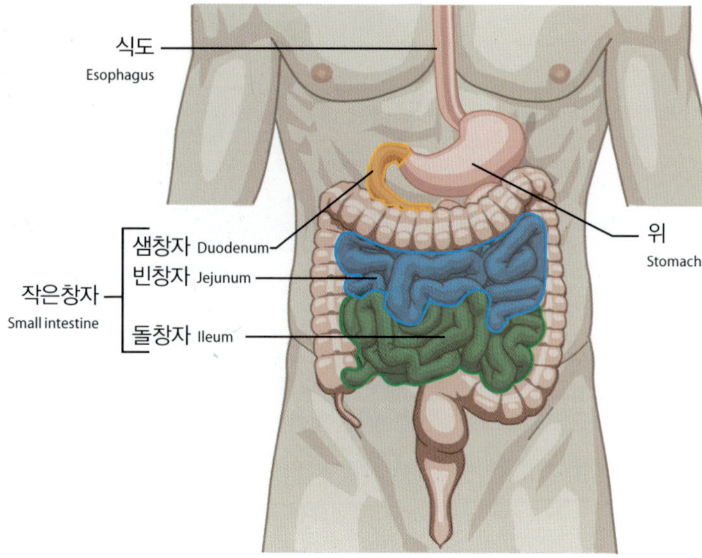

그림 6–16 상부 위장관

탄수화물, 지질(지방), 칼슘, 아미노산(단백질), 철분의 흡수는 주로 샘창자와 빈창자에서 일어난다(Pandol et al., 2015; Patricia & Dhamoon, 2019). 염분, 비타민, 물, 전해질(예: 나트륨, 칼륨, 마그네슘)의 흡수는 돌창자에서 한다. 작은창자에서는 흡수 외에도 많은 소화 효소를 분비한다. 이 효소들은 흡수에 필요하다. 이자(췌장), 간, 담낭에는 소화액이 샘창자 부위로 통과할 수 있는 관이 있다.

위나 담낭과 마찬가지로 장 수축은 음식물을 관을 통해 큰창자로 이동시킨다. 이 단계에서 대량 영양소(지방, 탄수화물, 단백질)는 소화를 통해 혈류로 흡수되어 인체가 사용할 수 있는 형태로 전환된다(Patricia & Dhamoon, 2019).

지식 확장하기

위장관의 신경계는 장 신경계라고 한다. 이 시스템 속 작은창자에는 전체 척수만큼 많은 신경이 존재한다(Goodman & Fuller, 2015). 장의 수축은 자동적이고 음식물에 의해 자극을 받지만, 신경계는 장의 민무늬근육(평활근)의 민감성에 큰 역할을 한다. 가장 흥미로운 점은 장 신경계가 뇌와 척수의 도움 없이 스스로 작동할 수 있다는 것이다(Goodman & Fuller, 2015).

하부 위장관

큰창자[잘록창자(결장)]는 부분적으로 물과 특정 비타민을 포함한 전해질을 흡수한다(Pandol et al., 2015). 큰창자는 작은창자와 곧창자(직장) 및 항문관 사이에 위치하며, 여기서 노폐물이 몸 밖으로 배출된다(그림 6–17). 해부학적 관점에서 음식물을 가장 먼저 받아들이는 큰창자의 부위는

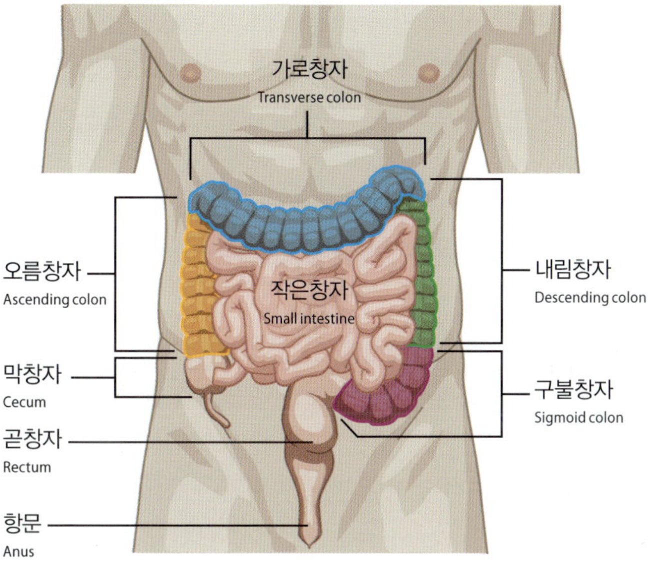

그림 6-17 하부 위장관

막창자(맹장)이다(Pandol et al., 2015). 미즙은 막창자를 지나 오름창자(상행결장), 가로창자(횡행결장), 내림창자(하행결장), 구불창자(S자형 결장), 곧창자(직장), 항문을 차례로 통과한다(Pandol et al., 2015). 큰창자는 소화 기능이 거의 또는 전혀 없고, 주로 노폐물을 흡수해 곧창자로 전달하는 역할을 한다.

위장관에 있는 체액의 대부분은 작은창자에서 흡수되지만, 큰창자는 전체 체액 흡수에 역할을 한다(Pandol et al., 2015). 장관 내 체액은 사람이 마시는 것뿐만 아니라 침샘, 위, 췌장, 간, 담낭에서 위장관으로 분비되는 체액도 들어있다. 작은창자는 이 대부분을 흡수하지만, 큰창자는 수분을 비롯한 자기 몫만 흡수하며, 남은 체액은 대변과 함께 배설된다(Pandol et al., 2015).

지식 확장하기

소화기계가 제대로 작동하려면 적절한 수분 섭취가 필요하다. 부적절한 수분 섭취는 음식물이 하부 위장관을 통과하지 못하게 하고, 변비와 불편함을 초래할 수 있다.

물을 포함한 전해질이 큰창자에서 흡수된 후, 노폐물은 곧창자와 항문관으로 이동한다. 곧창자로 들어가면 내부 압력이 발생하여 내부 항문 괄약근이 이완되고 배변 충동을 일으킨다(Pandol et al., 2015). 이렇게 되면 노폐물이 항문으로 전달된다. 여기에서 복부와 기타 골반 근육 구조의 도움을 받아 곧창자 근육의 자발적인 수축이 노폐물을 항문 밖으로 밀어낸다(Pandol et al., 2015).

운동이 위장 시스템에 미치는 영향

신체활동이 장의 운동성을 개선하고 변비에 도움이 된다는 연구 결과가 있다(Goodman & Fuller, 2015; Kim et al., 2014; Song et al., 2012, 2018). 장의 연동 운동이 신체활동에 의해 활성화되기 때문이다. 음식물이 위에서 곧창자로 이동하는 데 걸리는 시간을 흔히 '통과 시간'이라고 하는데, 연구에서는 운동과 신체활동이 결장 통과 시간에 미치는 영향을 높이 평가했다. 신체활동은 광범위한 용어이다. 그러나 신체활동 수준이 높은 사람은 신체활동 수준이 더 낮은 사람에 비해 결장 통과 시간이 향상되었다(시간 단축)(Song et al., 2012).

운동과 관련하여 유산소 및 저항 트레이닝이 모두 결장 통과 시간을 개선한다는 연구가 있다(Kim et al., 2014; Song et al., 2018). 한 연구에서 개인이 12주 동안 일주일에 3번씩 60분 동안 저항 트레이닝과 달리기를 함께 수행한 결과, 결장 통과 시간이 이전에 비해 개선되었다(Song et al., 2018). 또 다른 연구에서는 12주간의 유산소 운동 프로그램을 수행했는데, 통과 시간은 개선되었지만, 결과는 유산소 운동과 저항 트레이닝을 결합한 이전만큼은 좋지 않았다(Kim et al., 2014; Song et al., 2018). 요컨대, 신체활동은 연동 운동을 개선하며, 음식물이 위장 시스템을 통과하는 데 걸리는 시간과 관련하여 유익한 것으로 나타났다. 신체활동을 늘릴수록 더 큰 이점이 있지만, 유산소 운동과 저항 트레이닝이 결합될 때 보다 효과적이다.

미즙 Chyme 위장에서 작은창자로 전달되는 소화된 음식물의 반액체 덩어리
샘창자(십이지장) Duodenum 위와 빈창자 사이에 있는 작은창자의 일부
빈창자(공장) Jejunum 샘창자와 돌창자 사이에 있는 작은창자의 일부
돌창자(회장) Ileum 작은창자의 마지막 부분으로 빈창자와 막창자(맹장) 사이에 위치하며 큰창자로 이어진다.

요약

인체는 정상적인 생리 기능을 지원하기 위해 집합적으로 작동하는 수많은 시스템과 하위 시스템으로 구성된다. 여기

에는 심폐, 내분비 및 소화기계가 포함된다. 심폐계는 심혈관계와 호흡기계로 구성된다. 심장, 혈액, 혈관을 포함하는 심혈관계는 몸 전체에 혈액을 순환시키고 운반하는 역할을 한다. 심장 내에서 심방과 심실은 함께 작동하여 각각 신체와 폐에서 혈액을 모으고, 폐와 신체로 혈액을 되돌려 보낸다. 호흡기계는 우심실에서 산소가 제거된 혈액을 모아서 혈액에 산소를 공급하고, 그 혈액을 좌심실로 돌려보내 온몸으로 펌프질한다. 호흡 능력은 호흡기계의 기능에 의해 좌우된다. 흡입된 산소는 혈액에 산소를 공급하는 데 사용되고, 불필요한 이산화탄소는 호기를 통해 체외로 배출된다.

내분비계는 성장과 발달뿐만 아니라 생리적 기능을 담당하는 호르몬을 분비한다. 호르몬은 혈류를 통해 이동하기 때문에 호르몬 기능은 심혈관계와 상호 의존적이다. 간단히 말해서, 호르몬은 심폐 및 소화 기능뿐만 아니라 성장과 발달, 신진대사, 생식을 조절하는 기능을 한다. 더 나아가 근골격계 및 심폐계와 같은 다른 시스템과 통신하여 성장과 회복과 관련하여 스트레스 요인에 대한 필요한 반응은 물론 움직임을 위한 에너지를 공급한다.

소화기계는 신체의 생리적인 기능에 필수적인 역할을 한다. 즉, 움직임과 내부 항상성에 필요한 에너지의 기초를 제공하는 기초 시스템이다. 상부 위장 시스템으로 진입하기 전 음식물은 음식물과 액체를 처리하는 구강부터 시작하여 저작 과정을 통해 분해되어 결국 위장으로 넘어간다. 상부 위장 시스템의 일부인 위는 음식물을 흡수하고 더 분해하여 작은창자로 통과할 수 있도록 하며, 음식물을 더욱 소화시켜 흡수하는 핵심 역할을 한다. 작은창자는 섭취한 음식과 액체를 하부 위장관에 맞게 준비하는데, 하부 위장관에는 소화되지 않은 음식과 노폐물을 배출하는 큰창자, 곧창자, 항문 등이 있다.

제6장 리뷰

심폐계는 심혈관계와 호흡기계으로 구성된다. 이것들은 함께 인체에 산소, 영양분을 공급하고 보호제 역할을 하며 노폐물을 제거한다. 심혈관계는 심장, 혈액 및 혈관으로 구성되어 있다. 심장은 가슴세로칸(종격)에 위치하며 불수의적인 심장근육으로 이루어져 있는데, 이 근육은 내장된 리듬에 따라 수축하여 몸 전체에 규칙적으로 혈액을 펌프질한다. 심장은 네 개의 방으로 나누어져 있다. 양쪽으로 각각 심방(신체에서 혈액을 모으는 곳)과 심실(혈액을 신체로 내보내는 곳)이 있다.

심박수와 일회박출량은 심장의 전반적인 기능을 나타낸다. 심박출량은 분당 심장 박동 횟수와 매 박동마다 펌핑되는 혈액 양의 조합이다. 심박수는 수동으로, 또는 심박수 모니터를 사용하여 모니터링할 수 있다.

혈액은 인체 조직에 필수적인 물질을 주고받는 매개체 역할을 하며, 내부 운반, 조절 및 보호 시스템을 제공한다. 혈액을 심장으로부터 멀리 운반하는 혈관은 동맥이라고 하며, 세동맥이라고 불리는 더 작은 혈관으로 나뉜다. 혈액을 심장으로 되돌려 보내는 혈관을 정맥이라고 하며, 세정맥이라고 불리는 더 작은 혈관으로 나뉜다. 모세혈관은 가장 작은 혈관이며 세정맥과 세동맥을 연결한다.

호흡기계은 환경으로부터 산소를 모아서 혈류로 운반한다. 호흡은 흡기(들숨)와 호기(날숨)로 나뉜다. 흡기 환기는 능동적인 반면, 호기 환기는 수축하는 흡기 근육의 이완으로 인해 정상적으로 호흡할 때와 같이 능동적이거나 수동적이다.

호흡 통로에는 두 그룹이 있다. 첫 번째는 전도성 기도이며, 호흡성 기도로 들어가기 전에 공기가 통과하는 모든 구조를 말한다. 이들 구조는 체온에 맞게 공기를 정화, 가습하고, 따뜻하거나 차갑게 한다. 두 번째 그룹은 호흡성 기도로, 이것은 전도성 기도에서 공기를 수집하여 산소나 이산화탄소와 같은 기체가 혈류 안팎으로 전달되도록 한다.

호흡기계은 환경으로부터 산소를 모아서 처리하여 신체의 조직으로 전달한다. 세포가 산소를 사용하면서 생성된 이산화탄소는 산소가 제거된 혈액과 함께 심장과 폐로 다시 운반되어 호기를 통해 배출된다.

인체에서 산소를 사용하는 것은 산소 소비라고 한다. 최대산소소비량은 최대 신체활동에서 달성되는 산소 운반 및 활용 비율이다.

호흡 패턴의 변화는 인체의 구성 요소에 직접적인 영향을 미치며, 추가적인 기능 장애를 초래할 수 있다. 호흡 패턴이 얕아지면 신체는 가로막보다 2차 호흡근을 더 많이 사용하여 자세와 기능에 부정적인 영향을 미친다. 이것은 과도한 근육 긴장을 유발하여 두통, 약간의 어지러움, 현기증을 일으킬 수 있다. 짧고 얕은 호흡은 이산화탄소와 산소 혈액 함량을 변화시켜 불안감을 유발한다. 산소가 불충분하고 근육 내에 대사 노폐물이 남아 있으면 근육과 관절이 경직될 수 있다. 고객이 두통, 불안감, 피로감, 수면 패턴 불량, 혈액 순환 장애 등을 호소하는 경우, 즉시 의료 전문가에게 의뢰하여 도움을 받는다.

내분비계는 여러 가지 신체 기능을 조절하여 인체의 내부 환경을 안정시키는 역할을 한다. 내분비계에서 생성되는 호르몬은 거의 모든 형태의 인체 기능에 영향을 미치며 인체가 스트레스에 육체적, 정서적으로 어떻게 반응하는지를 결정한다. 내분비계는 숙주 기관(분비샘), 화학적 메신저(호르몬), 표적(수용체) 세포로 구성된다. 주요 내분비 기관에는 뇌하수체, 송과체, 시상하부, 갑상선 및 부신이 있다. 그 외에도 췌장, 간, 생식 기관을 포함하여 호르몬을 생성하는 내분비 조직의 개별 영역이 있다.

운동 프로그램은 호르몬 분비에 큰 영향을 미친다. 피트니스 전문가는 프로그래밍 전략을 극대화하기 위해 오버트레이닝이 되지 않도록 호르몬 반응의 적절성을 알아야 한다.

음식물과 음료로부터 섭취하는 칼로리는 소화기계에 의존한다. 먹기 시작하는 순간부터 음식물과 음료는 구강에서 시작하여 처리된다. 구강에서는 음식물과 음료는 혀, 치아, 침, 그리고 입 안 효소의 도움을 받아 분해된다. 그런 다음 음식과 액체는 상부 소화관을 따라 식도로 향하고, 결국에는 다양한 효소와 산이 소화를 더욱 촉진하는 위장으로 이동한다. 미즙의 일부는 흡수되고 일부는 장을 통과하여 추가로 분해되고 흡수된다. 결국 에너지원으로 흡수되어 사용되거나 저장되지 않은 것은 노폐물로 제거된다. 이렇게 고도로 복잡한 소화 시스템의 상호 작용은 상부 및 하부 GI 시스템의 협력이 필요하다. 이러한 시스템은 특정 식단, 수분 섭취, 약물 및 활동 수준의 자극을 통해 작동한다. 섬유질 감소와 같은 부적절한 식단은 부분적으로 소화를 방해할 수 있다. 소화 기능은 내분비계와 신경계의 통합을 필요로 한다는 점을 유념해야 한다.

제6장 하이라이트

- 심폐계는 심장, 혈액, 혈관 및 폐로 구성된다.
- 호흡기계는 기도, 폐, 호흡근으로 구성된다.
- 심장은 가슴세로칸(종격)이라고 하는 부위에 들어있다.
- 정상 심박수는 분당 60~100회이다.
- 심장의 양쪽에는 심방과 심실이라는 두 개의 방이 있다.
- 신체는 운동에 반응하여 심박수를 높이고 수면 중에는 심박수를 낮춘다.
- 심장의 전기 전도 시스템은 그것의 기능을 담당하며 우심방에 있는 동방결절(굴심방결절)에서 시작한다.
- 동방결절은 심박 조율기(심장 박동기)라고 하며 전기 신호를 방실결절로, 궁극적으로는 심실로 보낸다.
- 우심방은 몸에서 심장으로 되돌아오는 산소가 제거된 혈액을 모아서 우심실과 폐로 보내 산소를 공급한다.
- 좌심방은 폐에서 산소가 공급된 혈액을 받아 좌심실로 보내 인체로 펌프질한다.
- 심장에 특수 판막이 있어 혈액이 한 방향으로 펌핑되도록 한다.
- 폐동맥은 우심실에서 산소가 제거된 혈액을 폐로 운반하는 반면, 폐정맥은 폐에서 산소가 공급된 혈액을 좌심방으로 운반한다.
- 심폐계의 정상적인 통합 기능의 일환으로 혈액 내의 이산화탄소는 궁극적으로 정상적인 호기를 통해 바깥으로 배출된다.
- 일회박출량은 심장이 수축할 때마다 펌핑되는 혈액의 양이다.
- 확장기말 부피는 수축 전 심실에 있는 혈액량이며 수축기말 부피는 수축 후 심실에 존재하는 혈액량이다.
- 일회박출량은 궁극적으로 수축기말 부피에서 확장기말 부피를 뺀 값이다.
- 심박출량은 1분 동안 심장에서 펌핑되는 혈액의 양으로, 심박수와 일회박출량의 함수이다.
- 정상 혈압은 수축기 120mmHg 미만, 이완기 80mmHg 미만이다.
- 동맥은 혈액을 심장에서 몸으로 운반하고, 정맥은 혈액을 심장으로 다시 운반하며 모세혈관은 혈관과 신체 조직 사이에 교환 통로 역할을 한다.
- 호흡(환기)은 흡기와 호기 두 단계로 구분된다.
- 호흡기계는 흡기에서 산소를 들여와 공기를 걸러낸 후 심장의 혈액에 산소를 공급하고 이산화탄소를 배출하는 역할을 한다.
- 정상 호흡수는 분당 12~16회이며 1차 호흡근(가로막

과 갈비 사이)에 의존한다.

- 정상 흡기 시에는 호흡 근육의 능동적인 수축이 일어나는 반면, 호기 시에는 이완이 일어난다.
- 강제 또는 거친 호흡 시에 호기 환기는 2차 근육에 의존하여 흉강을 압박하고 공기를 배출한다.
- 확산은 외부 환경에서 신체 조직으로 산소가 유입되는 과정을 설명하는 데 사용되는 용어이다.
- 비정상적인 호흡 패턴은 운동 수행에 영향을 미치며, 얕은 호흡으로 식별할 수 있다. 이는 종종 2차 호흡근(목빗근, 위등세모근 또는 목갈비근)의 사용과 관련이 있다.
- 분당 8회 미만의 호흡수는 너무 느리고(서호흡), 분당 24회 이상의 호흡수는 너무 높은 것(빈호흡)으로 본다.
- 내분비계는 호르몬을 분비하는 분비샘으로 구성되어 있다.
- 호르몬이 혈류로 방출될 때 수송체에 의해 보호되며, 수송체는 특정 기능을 자극하기 위해 수용체와 결합하여 의도한 기관이나 구조로 호르몬을 운반한다.
- 시상하부와 뇌하수체는 내분비계 대부분의 기능을 제어한다.
- 부신피질에 의해 자극을 받는 코티솔은 운동 회복을 돕지만, 과도한 훈련의 지표로도 사용할 수 있다.
- 인슐린과 글루카곤은 모두 혈당 수치를 조절하는 기능을 하며 서로 반대되는 작용을 한다. 글루카곤은 포도당의 대사를 돕고, 인슐린은 포도당의 세포 흡수 및 저장을 돕는다.
- 에피네프린과 노르에피네프린으로 구성된 카테콜아민은 운동에 반응하여 부신수질로부터 즉시 자극된다.
- 이화 호르몬인 코티솔은 부신피질에서 생성되며 혈당과 수면에 민감하다.
- 테스토스테론 수치는 나이가 들수록 감소하지만, 격렬한 운동을 통해 자극을 받을 수 있다.
- 성장 호르몬은 지방 분해뿐 아니라 성장과 발달을 담당하며, 뇌하수체에서 생성된다.
- 가장 강력한 동화 호르몬 중 하나는 인슐린 유사 성장인자로, 간 수용체에 결합하는 성장 호르몬에 반응하여 간에서 생성된다.
- 테스토스테론, 성장 호르몬 및 인슐린 유사 성장인자는 격렬한 유산소 운동(예: 고강도 훈련 방식)뿐만 아니라 무산소 저항 훈련에 반응하여 자극을 받는다.
- 갑상선 호르몬은 체내에서 신진대사와 칼시토닌 분비를 통한 골밀도 증가 등 다양한 기능을 수행한다.
- 적절한 수면은 포도당 대사, 호르몬 기능 및 근육 회복을 위해 필요한 요건이다.
- 소화기계는 구강(머리와 입), 상부 위장관[위, 작은창자(십이지장, 공장, 회장)] 및 하부 위장관(큰창자, 곧창자, 항문), 그리고 간, 담낭, 췌장으로 구성된다.
- 섭취한 음식과 액체는 구강에서 저작(음식을 씹고 분해하는 기계적 과정) 과정을 거치는데, 이것은 소화 과정의 시작이다.
- 음식물이 분해되면 식도를 지나 위장으로 들어가는데, 위액은 소화를 돕고 박테리아를 죽이며 음식물을 미즙으로 바꾼다. 그 뒤 음식물은 작은창자로 전달된다.
- 작은창자는 탄수화물, 지질, 칼슘, 아미노산, 철분을 흡수하는 핵심 기능을 갖고 있다. 또한 물을 포함한 전해질을 흡수한다.
- 큰창자는 전해질과 비타민을 흡수하고, 소화되지 않은 음식물의 노폐물을 곧창자로 전달하는 역할을 한다.
- 유체가 작은창자와 큰창자로 흡수되는 동안 큰창자는 물을 이용하여 노폐물을 곧창자로 전달하는 데 도움을 준다.
- 간, 담낭, 췌장은 소화액을 생성하고 저장하며, 이들 소화액은 작은창자로 분비되어 소화를 돕는다.
- 운동이 상부 위장관에서 하부 위장관으로 음식물이 이동하는 시간을 늘려 소화 기능을 향상시킬 수 있다는 근거가 있다.

참고 문헌

Ahtiainen, J. P., Lehti, M., Hulmi, J. J., Kraemer, W. J., Alen, M., Nyman, K., . . . Häkkinen, K. (2011). Recovery after heavy resistance exercise and skeletal muscle androgen receptor and insulin-like growth factor-I isoform expression in strength trained men. *Journal of Strength and Conditioning Research*, *25*(3), 767–777. https://doi.org/10.1519/JSC.0b013e318202e449

Aldabal, L., & Bahammam, A. S. (2011). Metabolic, endocrine, and immune consequences of sleep deprivation. *Open Respiratory Medicine Journal*, 5, 31–43.

Armstrong, M., Aziz, N., & Fingeret, A. (2018). *Physiology, thyroid function*. Treasure Island, FL: StatPearls. Retrieved from https://www.ncbi.nlm.nih.gov/books/NBK537039/

Bird, S. R., & Hawley, J. A. (2016). Update on the effects of physical activity on insulin sensitivity in humans. *BMJ Open Sport – Exercise Medicine*, *2*(1), e000143. https://doi.org/10.1136 / bmjsem-2016-000143

Brooks, G. A., Fahey, T. D., White, T. P., & Baldwin, K. M. (2000). *Exercise physiology: Human bioenergetics and its application* (3rd ed.). New York: McGraw-Hill. Brown, D. D. (2000) Pulmonary responses to exercise and training. In W. E. Garrett & D. T. Kirkendall (Eds.), *Exercise and sport science* (pp. 117–132). Philadelphia, PA: Lippincott Williams & Wilkins.

Chaput, J. P., Despres, J. P., Bouchard, C., & Tremblay, A. (2007). Association of sleep duration with type 2 diabetes and impaired glucose tolerance. *Diabetologia*, *50*(11), 2298–2304. https:// doi.org/10.1007/s00125-007-0786-x

Cheatham, S. W., Kolber, M. J., & Ernst, M. P. (2015). Concurrent validity of resting pulse-rate measurements: A comparison of 2 smartphone applications, the polar H7 belt monitor, and a pulse oximeter with blue tooth. *Journal of Sport Rehabilitation*, *24*(2), 171–178. https://doi.org/10.1123/jsr.2013-0145

Dáttilo, M., Antunes, H. K. M., Nunes-Galbes, N. M., Mônico-Neto, M., Souza, H. S., dos Santos Quaresma, M. V. L., . . . de Mello, M. T. (2020). Effects of sleep deprivation on the acute skeletal muscle recovery after exercise. *Medicine & Science in Sports & Exercise*, 52(2), 507–514. https://doi.org/10.1249/MSS.0000000000002137. [Epub ahead of print]

Erenpreiss, J., Fodina, V., Pozarska, R., Zubkova, K., Dudorova, A., & Pozarskis, A. (2019). Prevalence of testosterone deficiency among aging men with and without morbidities. *Aging Male*, *1*, 1–5. https://doi.org/10.1080/13685538.2019.1621832

Fox, S. I. (2006). *Human physiology* (9th ed.). New York: McGraw-Hill.

Franklin, B. A. (2000). Cardiovascular responses to exercise and training. In W. E. Garrett & D.T. Kirkendall (Eds.). *Exercise and sport science* (pp. 107–115). Philadelphia, PA: Lippincott Williams & Wilkins.

French, D. N., Kraemer, W. J., Volek, J. S., Spiering, B. A., Judelson, D. A., Hoffman, J. R., & Maresh, C. M. (2007). Anticipatory responses of catecholamines on muscle force production. *Journal of Applied Physiology*, *102*(1), 94–102. https://doi.org/10.1152 / japplphysiol.00586.2006

Geisler, S., Aussieker, T., Paldauf, S., Scholz, S., Kurz, M., Jungs, S., . . . Zinner, C. (2019). Salivary testosterone and cortisol concentrations after two different resistance training exercises. *Journal of Sports Medicine and Physical Fitness*, *59*(6), 1030–1035. https://doi.org/10.23736/S0022-4707.18.08786-8

Goodman, C. C. & Fuller, K. S. (2015). *Pathology implications for the physical therapist* (4th ed.). St. Louis, MO: Elsevier/Saunders.

Goto, K., Ishii, N., Kizuka, T., Kraemer, R. R., & Takamatsu, K. (2009). Hormonal and metabolic responses to slow movement resistance exercise with different durations of concentric and eccentric action. *European Journal of Applied Physiology*, *106*(5), 731–739. https://doi.org/10.1007/s00421-009-1075-9

Hackett, D. A., & Chow, C. M. (2013). The Valsalva maneuver: Its effect on intra-abdominal pressure and safety issues during resistance exercise. *Journal of Strength and Conditioning Research*, *27*(8), 2338–2345. https://doi.org/10.1519 /JSC.0b013e31827de07d

Hayes, L. D. & Elliott, B. T. (2019). Short-term exercise training inconsistently influences basal testosterone in older men: A systematic review and meta-analysis. *Frontiers in Physiology*, *9*, 1878. https://doi.org/10.3389/fphys.2018.01878

Heinemeier, K. M., Olesen, J. L., Schjerling, P., Haddad, F., Langberg, H., Baldwin, K. M., & Kjaer, M. (2007). Short-term strength training and the expression of myostatin and IGF-1 isoforms in rat muscle and tendon: Differential aspects of specific contraction types. *Journal of Applied Physiology*, *102*(2), 573–581. https:// doi.org/10.1152/ japplphysiol.00866.2006

Hicks, G. H. (2000). *Cardiopulmonary anatomy and physiology*. Philadelphia, PA: WB Saunders.

Keshel, T. E., & Coker, R. (2015). Exercise training and insulin resistance: A current review. *Journal of Obesity and Weight Loss Therapy*, *5*, 1–16. https://doi.org/10.4172/2165-7904.S5-003

Kessler, L., Nedeltcheva, A., Imperial, J., & Penev, P. D. (2010). Changes in serum TSH and free T4 during human sleep restriction. *Sleep*, *33*(8), 1115–1118. https://doi.org/10.1093 /sleep/33.8.1115

Kim, Y. S., Song, B. K., Oh, J. S., & Woo, S. S. (2014). Aerobic exercise improves gastrointestinal motility in psychiatric inpatients. *World Journal of Gastroenterology*, *20*(30), 10577–10584. https:// doi.org/10.3748/wjg.v20.i30.10577

Kolber, M. J., Purita, J., Paulus, C., Carreno, J. A., & Hanney, W. J. (2018). Platelet rich plasma: Basic science and biological effects. *Strength and Conditioning Journal*, *40*(5), 77–94. https:// doi.org/10.1519/ SSC.0000000000000402

Kraemer, R. R., & Castracane, V. D. (2015). Endocrine alterations from concentric vs. eccentric muscle actions: A brief review. *Metabolism*, *64*(2), 190–201. https://doi.org/10.1016/j.metabol .2014.10.024

Kraemer, W. J., & Ratamess, N. A. (2005). Hormonal responses and adaptations to resistance exercise and training. *Sports Medicine*, *35*(4), 339–361. https://doi.org/10.2165/00007256-200535040-00004

Leproult, R., & Cauter, E. V. (2010). Role of sleep and sleep loss in hormonal release and metabolism. *Endocrine Development*, *17*, 11–21. https://doi.org/10.1159/000262524

McArdle, W., Katch, F., & Katch, V. (2014) *Exercise physiology: Nutrition, energy and human performance* (8th ed.). Philadelphia, PA: Wolters Kluwer.

McArdle, W. D., Katch, F. I., & Katch, V. L. (2016). *Essentials of exercise physiology* (5th ed.). Philadelphia, PA: Wolters Kluwer.

Mendes, L. P. S., Vieira, D. S. R., Gabriel, L. S., Ribeiro-Samora, G. A., Dornelas De Andrade, A., Brandão, D. C., . . . Parreira, V. F. (2019). Influence of posture, sex, and age on breathing pattern and chest wall motion in healthy subjects. *Brazilian Journal of Physical Therapy*, *24*(3), 240–248. https://doi.org/10.1016 /j.bjpt.2019.02.007

Naves, J. P. A., Rebelo, A. C. S., Silva, L. R. B. E., Silva, M. S., Ramirez-Campillo, R., Ramirez-Velez, R., & Gentil, P. (2019). Cardiorespiratory and perceptual responses of two interval training and a continuous training protocol in healthy young men. *European Journal of Sport Science*, *19*(5), 653–660. https://doi.org /10.1080/17461391.2018.1548650

Negaresh, R., Ranjbar, R., Baker, J.S., Habibi, A., Mokhtarzade, M., Gharibvand, M. M., & Fokin, A. (2019). Skeletal muscle hypertrophy, insulin-like growth factor 1, myostatin and follistatin in healthy and sarcopenic elderly men: The effect of whole-body resistance training. *International Journal of Preventive Medicine*, *10*, 29. https://doi.org/10.4103/ijpvm.IJPVM_310_17

Pandol, S. J., Raybould, H. E., & Yee, H. F. Jr. (2015). Integrative responses of the gastrointestinal tract, pancreas, and liver to a meal. In T. Yamada, D. Alpers, A. Kalloo, N. Kaplowitz, C. Owyang, & D.

Powell (Eds.), *Textbook of gastroenterology*. Hoboken, NJ: Blackwell Publishing. Retrieved from https:// onlinelibrary.wiley.com/doi/ abs/10.1002/9781118512074.ch12

Patricia, J. J., & Dhamoon, A. S. (2019). *Physiology, digestion*. Treasure Island, FL: StatPearls. Retrieved from https://www.ncbi.nlm.nih. gov/ books/NBK544242/

Philippou, A., Maridaki, M., Halapas, A., & Koutsilieris, M. (2007). The role of the insulin-like growth factor 1 (IGF-1) in skeletal muscle physiology. *In Vivo, 21*(1), 45–54. Retrieved from https:// www.ncbi. nlm.nih.gov/pubmed/17354613

Qaid, M. M., & Abderlrahman, M. M. (2016). Role of insulin and other related hormones in energy metabolism—A review. *Cogent Food & Agriculture, 2*(1). https://doi.org/10.1080/23311932.2016.1267691

Reid, D. W., Chung, F., & Hill, K. (2014). *Cardiopulmonary physical therapy: Management and case studies* (2nd ed.). Thorofare, NJ: SLACK.

Reimers, A. K., Knapp, G., & Reimers, C. D. (2018). Effects of exercise on the resting heart rate: A systematic review and meta-analysis of interventional studies. *Journal of Clinical Medicine, 7*(12), 503. https://doi.org/10.3390/jcm7120503

Roberts, M. D., Dalbo, V. J., Sunderland, K. L., Poole, C. N., Hassell, S. E., Bemben, D., . . . Kerksick, C. M. (2010). IGF-1 splice variant and IGF-1 peptide expression patterns in young and old human skeletal muscle prior to and following sequential exercise bouts. *European Journal of Applied Physiology, 110*(5), 961–969.

Song, B. K., Cho, K. O., Jo, Y., Oh, J. W., & Kim, Y. S. (2012). Colon transit time according to physical activity level in adults. *Journal of Neurogastroenterology and Motility, 18*(1), 64–69. https://doi .org/10.5056/jnm.2012.18.1.64

Song, B. K., Kim, Y. S., Kim, H. S., Oh, J. W., Lee, O., & Kim, J. S. (2018). Combined exercise improves gastrointestinal motility in psychiatric in patients. *World Journal of Clinical Cases, 6*(8), 207–213. https:// doi.org/10.12998/wjcc.v6.i8.207

Swain, D. P. (2014). *ACSM's resource manual for guidelines for exercise testing and prescription* (7th ed.). Baltimore, MD: Lippincott Williams & Wilkins.

Timmons, B. (1994). *Behavioral and psychological approaches to breathing disorders*. New York: Plenum Press.

Tortora, G. J., & Nielsen, M. (2008) *Principles of human anatomy* (11th ed.). New York: Wiley.

Vander, A., Sherman, J., & Luciano, D. (2003). *Human physiology: The mechanisms of body function* (9th ed.). New York: McGraw-Hill.

Velloso, C. P. (2008). Regulation of muscle mass by growth hormone and IGF-1. *British Journal of Pharmacology, 154*(3), 557–568. https://doi. org/10.1038/bjp.2008.153

Vidotto, L. S., Carvalho, C. R. F., Harvey, A., & Jones, M. (2019). Dysfunctional breathing: What do we know? *Journal Brasileiro Pneumologia, 45*(1), e20170347. https://doi.org/10.1590/1806-3713 / e20170347

Villaron, E. M., Almeida, J., Lopez-Holgado, N., Alcoceba, M., Sanchez-Abarca, L. I., Sanchez-Guijo, F. M., . . . Del Cañizo, M. C. (2004). Mesenchymal stem cells are present in peripheral blood and can engraft after allogenic hematopoietic stem cell transplantation. *Haematologica, 89*(12), 1421–1427. Retrieved from https://www. ncbi.nlm.nih.gov/pubmed/15590390

Whelton, P. K., Carey, R. M., Aronow, W. S., Casey, D. E. Jr., Collins, K. J., Dennison-Himmelfarb C., . . . Wright, J. T. (2018). 2017 ACC/ AHA/AAPA/ABC/ACPM/AGS/APhA/ASH/ASPC/NMA/ PCNA guideline for the prevention, detection, evaluation, and management of high blood pressure in adults: Executive summary: A report of the American College of Cardiology/ American Heart Association Task Force on clinical practice guidelines. *Hypertension, 71*(6), 1269–1324. https:// doi.org/10.1161/HYP.0000000000000066

CHAPTER 7

인체 움직임 과학

학습 목표

- 운동 및 움직임을 통제하는 과학 용어를 요약할 수 있다.
- 신경근 시스템이 어떻게 기능하는지를 정의하는 주요 생체역학 개념을 파악할 수 있다.
- 운동 행동과 신경근 시스템이 환경 변화에 적응하는 방법을 설명할 수 있다.

인체 움직임 과학의 개요

움직임은 인체 내부의 세 가지 주요 시스템인 신경계, 골격계, 근육계의 통합 기능을 나타낸다. 이 집합적 요소와 구조들은 인체 움직임 시스템(human movement system, HMS)을 구성한다(그림 7-1). 각 시스템은 구조 및 기능이 분리되어 있지만, HMS는 기능적 운동 사슬(kinetic chain)을 이루는 상호 의존적 관계를 형성하기 위해 협력한다. 예를 들면, 사람의 팔, 어깨, 척추는 움직임을 위해 함께 기능하는 서로 연결된 부분들이다.

운동 사슬의 일부분이 손상되거나 적절히 기능하지 못하면 전체적 연결이 어렵게 되며, 최적화된 기능을 할 수 없다. 인체의 분절과 그 움직임은 한 인체 분절에서 다음 분절로 이동할 때 몸 전체에 에너지와 힘을 효율적으로 전달할 수 있도록 조정되어야 한다. 인체 한 부분의 기능이 다른 부분에 어떻게 영향을 줄 수 있는지에 대한 개념을 신체 부위의 상호 의존성 모델(regional interdependence model)이라고 한다(Sueki et al., 2013). 이 장에서는 HMS가 효과적인 인체 움직임을 학습하고 만들어내기 위해 상호 의존적으로 작동하는 방법에 초점을 맞춘다.

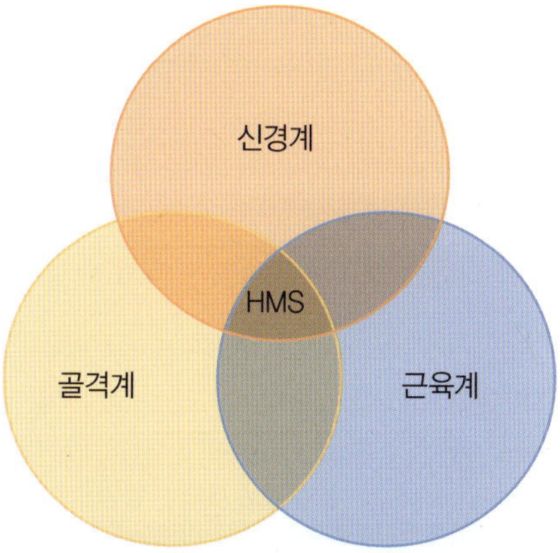

그림 7-1 인체 움직임 시스템

인체 움직임 시스템 Human movement system (HMS) 인체를 움직이기 위해 함께 작용하는 집합적 구성 요소 및 구조. 근육계, 뼈대계 및 신경계

운동 사슬 Kinetic chain 움직임을 위해 함께 작용하는 상호 의존적 연결 사슬로서 인체를 설명하는 개념

신체 부위의 상호 의존성 모델 Regional interdependence model 다양한 인체의 시스템, 혹은 인체 부위의 통합된 기능을 설명하는 개념

지식 확장하기

신체 부위의 상호 의존성은 통합된 인체 움직임 시스템(HMS)의 중요성을 강조한다. 예를 들면, 정상적인 근육계와 신경계 기능을 가진 고객은 어깨관절의 관절가동범위(ROM)를 통해 프론트 숄더 레이즈(정면 90도 팔 들기)를 완료할 수 있다. 하지만, 관절(접합)계에 경직이 오면 근육계와 신경계가 정상적으로 기능함에도 불구하고 움직임이 완료되지 않는다. 반면에, 어깨세모근(어깨 근육)에 신호를 보내는 신경계가 제대로 작동하지 않으면, 고객은 정상적인 관절 운동과 온전한 근육을 가지고 있음에도 팔을 들어올릴 수 없다.

생체역학

생체역학(biomechanics)은 움직임과 관련된 기계적 법칙이나 원리를 연구하는 학문이다. 다시 말하면, 생체역학은 특히 운동과 스포츠의 맥락에서 인체가 어떻게 관절을 움직이는지를 연구하기 위해 물리학의 과학적 원리를 이용한다. 운동학(kinesiology)은 움직임을 연구하는 또 다른 공식적 학문이다. 인체운동학은 여전히 생체역학의 원리와 관련이 있고, 인체해부학 및 생리학과 추가적인 관련이 있기 때문에 운동을 더 깊이 연구한다. 인체 움직임 시스템(HMS)에 대한 탐구는 그것이 만들어내는 다양한 움직임과 그에 작용하는 힘에 초점을 맞춘다(Hamill & Knutzen, 2003; Levangie et al., 2019). 피트니스와 스포츠에서는 기본적인 해부학 용어, 운동면(planes of motion), 관절 움직임, 근육 작용, 힘의 결합, 지렛대, 힘, 그리고 힘과 속도 사이의 근육 내 관련성에 대한 많은 지식을 가지고 있어야 한다.

생체역학 용어

피트니스 전문가들은 생체역학 및 인체운동학 연구에 사용되는 용어를 이해하고 있어야 한다. 그렇게 함으로써 고객의 움직임을 평가하고, 고객과 함께 운동 프로그램을 실행하는 데 기반이 되는 과학적 원리를 더 잘 이해하고 적용할 수 있는 능력을 갖출 수 있다. 생체역학 용어는 항상 해부학적 자세(anatomic position)의 신체를 지칭한다는 점을 명심해야 한다(그림 7-2). 서 있는 자세에 대한 해부학적 설명은 팔을 옆으로 늘어뜨리고 손바닥을 앞쪽으로 향하게 한 자세이다. 이 자세는 모든 건강 관련 전문가들이 인간의 생체역학을 정확하게 논의할 수 있는 보편적인 기준점을 제공하기 때문에 중요하다.

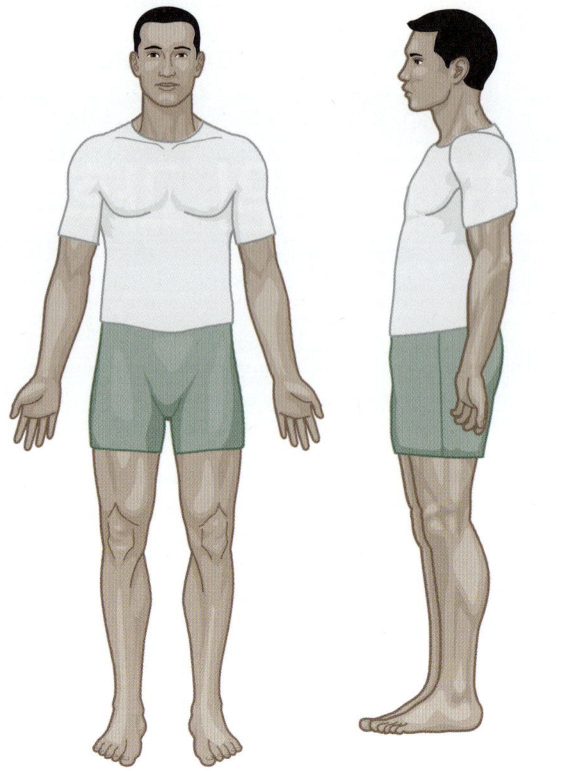

그림 7-2 해부학적 자세

해부학적 위치

해부학적 위치(anatomic locations)는 신체 부위의 상대적 위치를 나타낸다. 피트니스 산업에서 일반적으로 사용되는 해부학 용어에는 안쪽(medial), 가쪽(lateral), 반대쪽(contralateral), 같은쪽(ipsilateral), 앞쪽(anterior), 뒤쪽(posterior), 몸쪽(proximal), 먼쪽(distal), 위쪽(superior), 아래쪽(inferior)이 있다(그림 7-3, 표 7-1). 이 용어들은 위/아래 또는 앞/뒤와 같은 일반적인 용어보다 더 구체적인 방법으로 다양한 신체 구조가 위치하는 곳을 설명하기 위해 사용된다.

생체역학 Biomechanics 신체에 작용하는 내외부의 힘과 이 힘들에 의해 발생되는 효과들과 관련된 과학

운동학 kinesiology 해부학과 생리학에 관련된 움직임의 연구

해부학적 자세 Anatomic position 몸을 곧게 세우고, 양팔은 옆구리에 놓고, 손바닥을 앞으로 한 자세. 해부학적 명명법의 기준 위치이다.

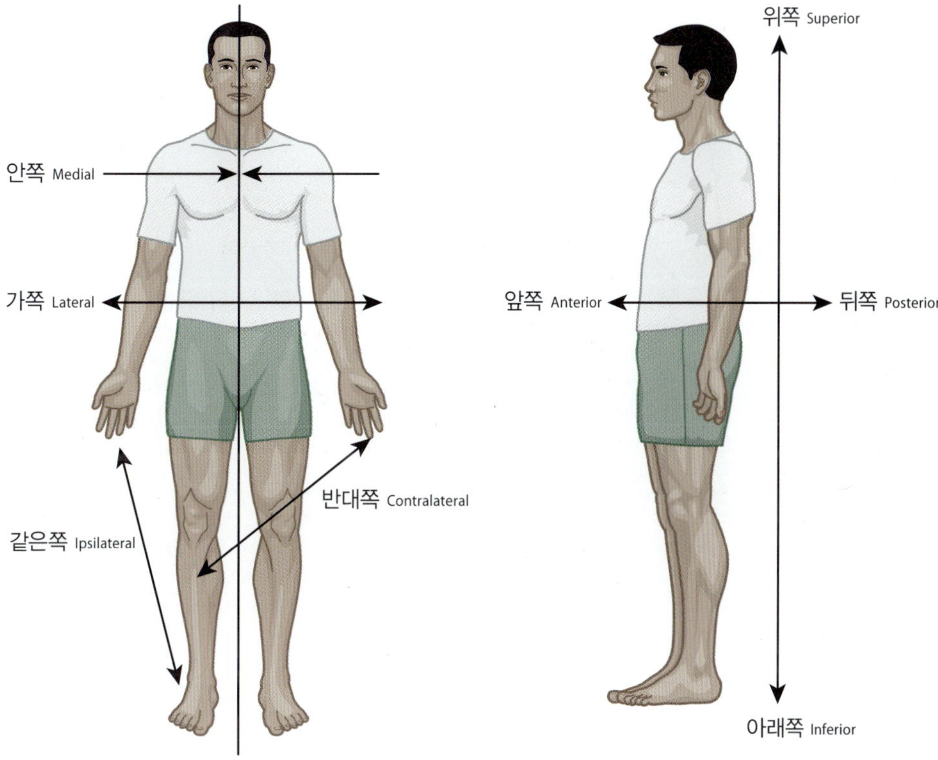

그림 7-3 해부학적 위치

표 7-1 해부학적 위치의 정의와 예시

해부학적 위치	정의	예시
안쪽(Medial)	신체 중앙선에 비교적 가깝게 위치함	모음근(허벅지 안쪽 근육)은 넙다리뼈의 안쪽 측면에 부착됨(허벅지뼈)
가쪽(Lateral)	중앙선에서 비교적 멀리 떨어지거나 신체 바깥쪽으로 향함	귀는 머리의 가쪽에 위치함
반대쪽(Contralateral)	신체의 반대쪽에 위치함	오른발은 왼손과 반대쪽임
같은쪽(Ipsilateral)	신체의 같은 쪽에 위치함	오른발과 오른손은 같은쪽임
앞쪽(Anterior)	신체의 앞쪽에 위치하거나 앞쪽을 향함	네갈래근은 허벅지 앞쪽에 위치함
뒤쪽(Posterior)	신체의 뒤쪽에 위치하거나 뒤쪽을 향함	햄스트링(넙다리뒤인대) 복합체(hamstring complex)는 허벅지 뒤쪽에 위치함
몸쪽(Proximal)	신체의 중심 또는 기타 식별된 기준점에서 가장 가까운 쪽에 위치함	손목은 손가락보다 더 팔꿈치에 가까움
먼쪽(Distal)	신체의 중심 또는 기타 식별된 기준점에서 가장 멀리 위치함	발목은 무릎보다 엉덩이에서 더 멀리 있음
아래쪽(Inferior)	식별된 기준점 아래에 위치함	가자미근(장딴지 근육)은 햄스트링 복합체보다 아래에 있음
위쪽(Superior)	식별된 기준점 위에 위치함	골반은 정강뼈(경골)보다 위에 있음

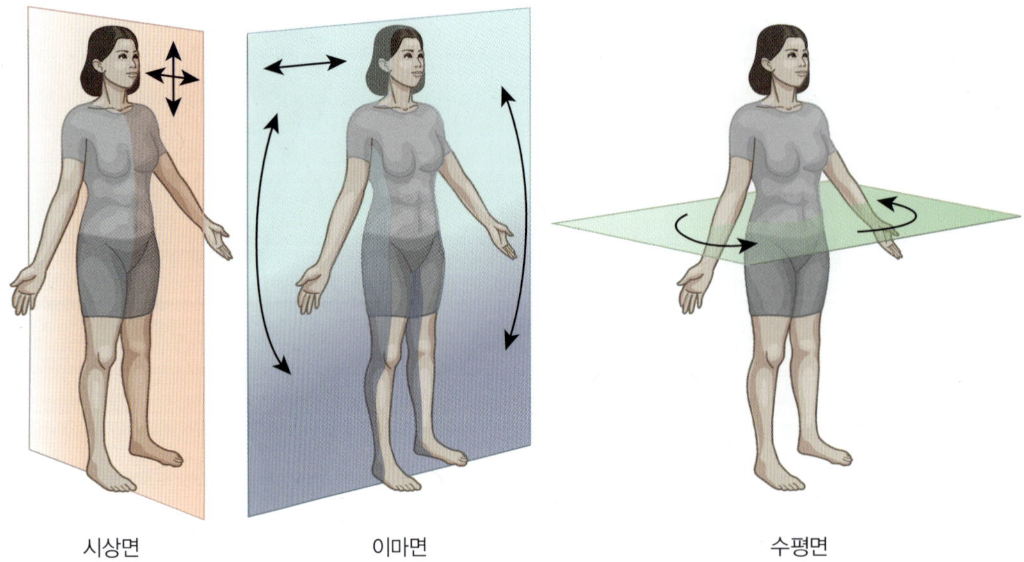

그림 7-4 운동면

운동면, 축 및 관절 운동

보편적으로 신체의 움직임을 나타내는 방법은 3차원적이며 시상면, 이마면, 수평면의 세 가지 가상 평면 시스템을 기반으로 한다(그림 7-4). 이 평면들은 직각으로 배치되기 때문에 중심에서 교차한다. 움직임이 단일 운동면에서 지배적일 수도 있지만, 전형적인 일상 운동은 하나의 운동면에서 발생하는 경우가 거의 없다는 것을 기억해야 한다. 그러나 움직임, 관절 운동 및 많은 일반 운동이 해당 평면을 따라 실행되는 경우(즉, 그것에 평행으로), 주로 특정 운동면에 있는 것으로 분류된다. 하나 이상의 평면에서 움직임이 일어나 몸을 움직이는 패턴을 다중 평면(multiplanar)이라고 한다.

각 평면에서의 움직임은 자동차 바퀴가 회전하는 축처럼 그 평면과 수직을 이루는 축에서 발생한다. 이것을 관절 운동이라고 한다. 관절 운동은 세 가지 운동면 각각에서의 작용에 의해 이름 붙여진다. 우리가 관찰하거나 볼 수 있는 움직임을 설명하는 데 사용되는 구체적 용어는 골운동학(osteokinematics)인 반면, 우리가 볼 수 없는 관절 내부에서 일어나는 움직임은 관절운동학(arthrokinematics)이라고 한다(Levangie et al., 2019). 정상적인 움직임이 일어나려면 이 두 가지 모두가 필요하다.

시상면

시상면(sagittal plane)은 몸을 오른쪽과 왼쪽으로 이등분하는 상상의 선이다. 무릎을 구부릴 때 볼 수 있듯이, 시상면 관절 운동은 안쪽과 가쪽, 축 주변에서 발생한다. 시상면의 움직임에는 굽힘 및 폄이 있다(그림 7-5). 굽힘(flexion)은 인접한 두 부위 사이의 상대 각도가 감소하는 접기 운동이다. 폄(extension)은 인접한 두 부문 사이의 상대 각도가 증가하는 펴기 운동이다(Hamill & Knutzen, 2003; Levangie et al., 2019).

지식 확장하기

과다폄(과신전, heyperextension)은 관절이 정상 한계치 또는 관절가동범위(ROM) 이상으로 확장되어 부상을 입을 수 있다. '과다폄'이라는 용어는 정상적인 신전값을 초과한 움직임에 대해 사용되므로, '완전폄'의 ROM을 가진 사람을 설명하는 데 사용하지 말아야 한다.

골운동학(뼈운동형상학) Osteokinematics 눈에 보이는 사지의 움직임을 설명하는 생체역학의 한 분야
관절운동학(관절운동형상학) Arthrokinematics 관절면 움직임에 대한 설명으로 굴림(roll), 미끄러짐(slide), 회전(spin)의 세 가지 유형으로 구성된다.
시상면 Sagittal plane 몸을 왼쪽과 오른쪽으로 반으로 나누는 상상의 이등분선
굽힘 flexion 인접한 두 부위 사이의 상대 각도가 감소하는 접기 운동
폄 Extension 인접한 두 부위 사이의 상대 각도가 증가하는 펴기 운동
과다폄(과신전) Hyperextension 정상 한계 또는 관절가동범위를 벗어난 관절의 확장

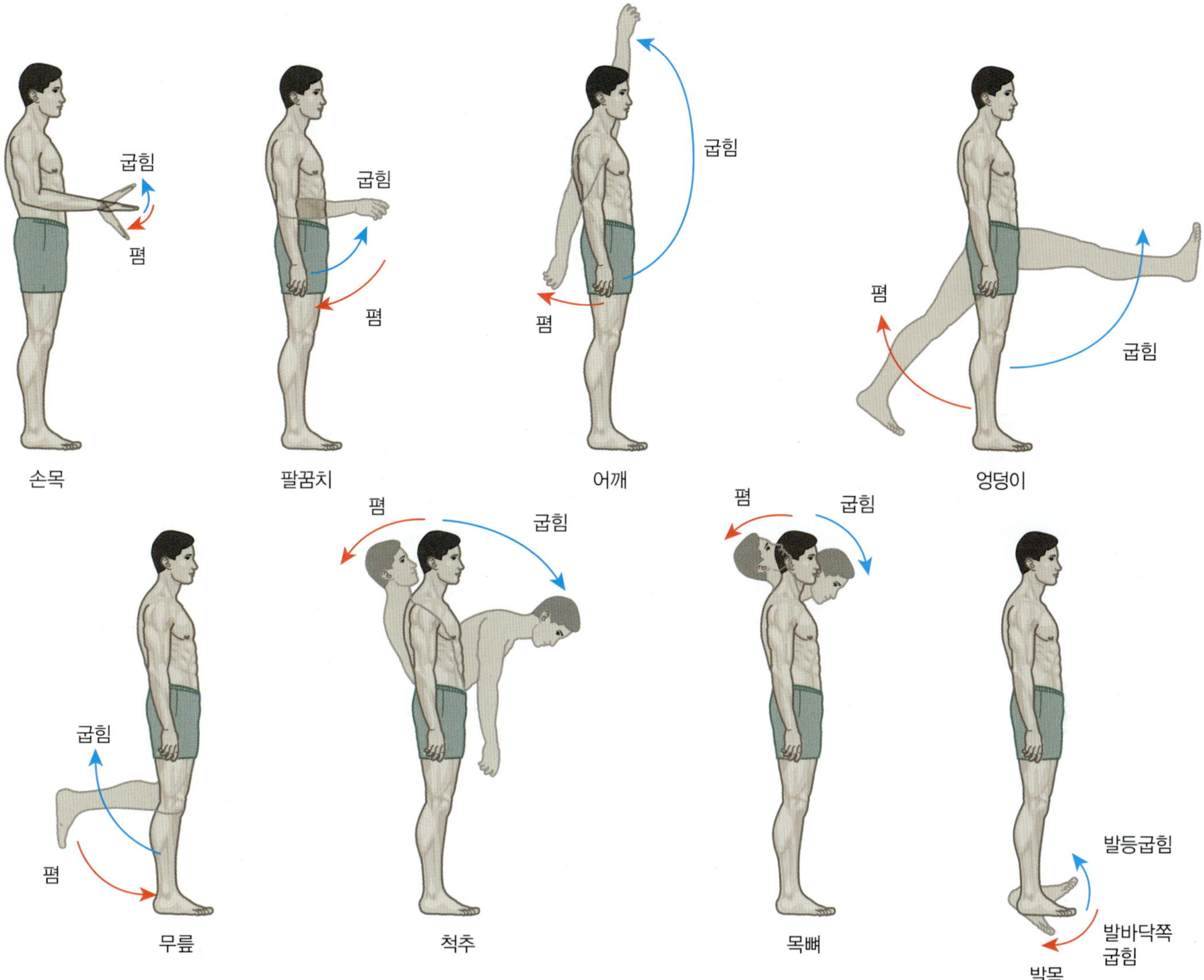

그림 7–5 굽힘(flexion)과 폄(extension)

유용한 힌트

시상면을 더 잘 이해하기 위해 좌우로 움직일 공간이나 어떻게든 회전할 공간이 없는 매우 좁은 복도에 갇혀 있다고 상상해 보자. 거기다 벽은 완전히 유리로 만들어졌고, 여러분은 그것을 깨고 싶지 않다고 가정하자. 이렇게 비유해 보면 좁은 시상면 공간에서 사용할 수 있는 유일한 움직임은 앞뒤 및 상하 운동밖에 없다.

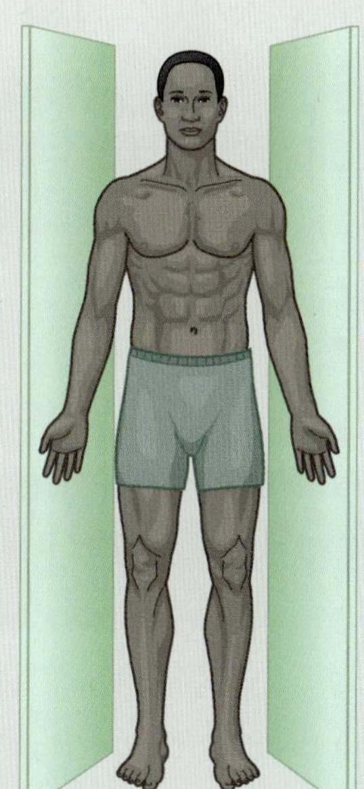

굽힘과 폄은 척추, 어깨, 팔꿈치, 손목, 엉덩이, 무릎, 발, 손을 포함한 신체의 많은 관절에서 일어난다. 발목에서의 굽힘은 발등굽힘(dorsiflexion), 폄은 발바닥쪽굽힘(plantar flexion)이다(Levangie et al., 2019). 시상면 운동의 주요 예로는 바이셉스 컬, 세갈래근 푸시 다운, 스쿼트, 프론트 런지, 카프 레이즈, 걷기, 달리기, 수직 점프, 계단 오르기, 농구공 던지기 등이 있다.

지식 확장하기

시상면에서의 엉덩관절 굽힘

엉덩관절 굽힘은 넙다리뼈(대퇴골)와 골반 또는 허리 사이의 각도를 감소시키는 것으로, 무릎을 복부 쪽으로 올릴 때 일어난다(넙다리뼈-골반 엉덩관절 굽힘). 이 동작에서 넙다리뼈가 회전하면서 골반과 척추가 고정된다. 엉덩관절 굽힘의 또 다른 형태는 몸통에서 앞으로 구부릴 때(발가락에 닿으려는 것처럼) 생긴다. 이 경우, 골반과 허리는 고정된 넙다리뼈 위에서 함께 회전한다(골반-넙다리뼈 회전).

유용한 힌트

발등굽힘(dorsiflexion)을 잘 기억하려면 돌고래의 몸 윗부분에 있는 등지느러미를 생각해 보라. 여기서 등쪽은 발 위쪽과 발목이 구부러질 때 움직이는 방향을 나타낸다.

발바닥쪽 굽힘(plantar flexion)은 정원을 만들기 위해 땅을 판다고 생각해보라. 발바닥은 발의 밑부분을 나타내며 발목이 펴질 때 그것이 움직이는 방향을 나타낸다.

이마면

이마면(frontal plane)은 몸을 이등분하여 앞면과 뒷면을 만든다. 이마면 관절 운동은 '점핑 잭'을 할 때 어깨에서 보이는 것처럼 전방-후방 축 주변에서 발생한다. 이마면에서의 움직임에는(몸통과 관련 있는) 팔다리의 벌림(abduction) 및 모음(adduction), 척추의 가쪽굽힘(lateral flexion), 발과 발목 복합체의 가쪽번짐(외번, eversion) 및 안쪽번짐(내번, inversion)이 있다(그림 7-6)(Hamill & Knutzen, 2003; Levangie et al., 2019).

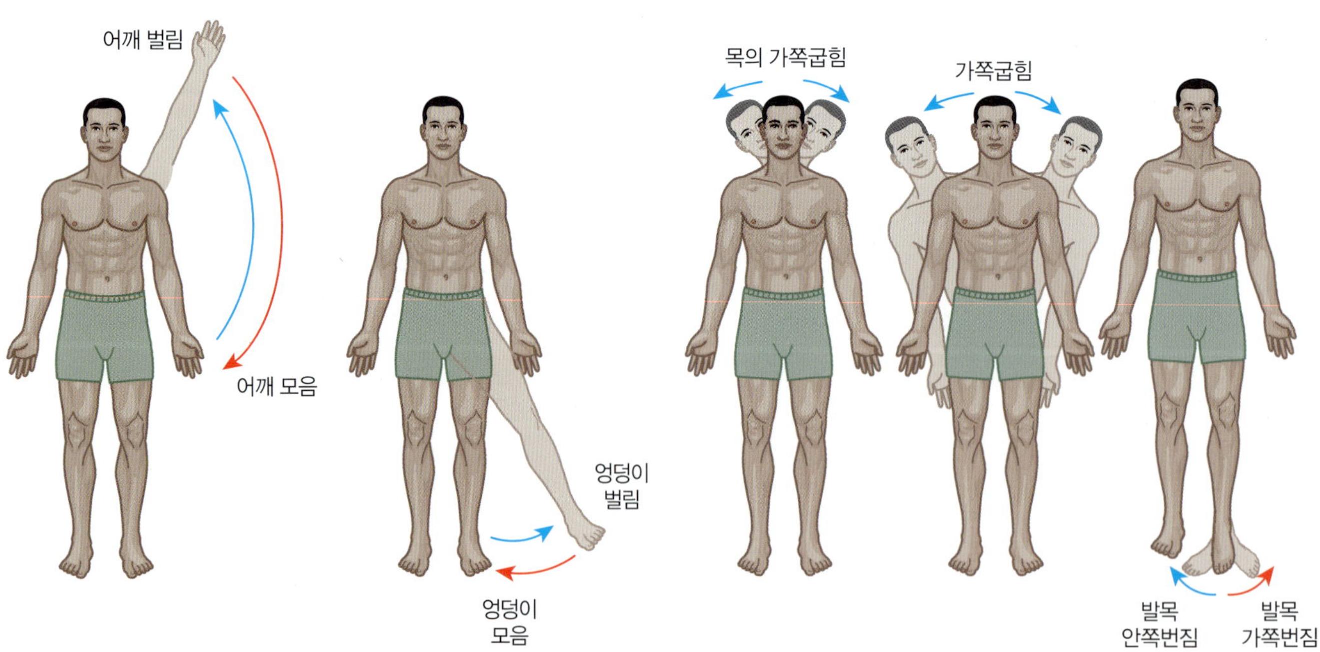

그림 7-6 벌림 및 모음 운동

유용한 힌트

이마면을 더 잘 이해하려면 앞뒤로 움직이거나 회전할 공간이 없는 벽을 상상해 보라. 앞의 예와 마찬가지로 벽은 완전히 유리로 되어 있고, 그것을 깨고 싶지 않다고 가정하자. 결과적으로, 이마면에서의 움직임은 주로 좌우 운동이다.

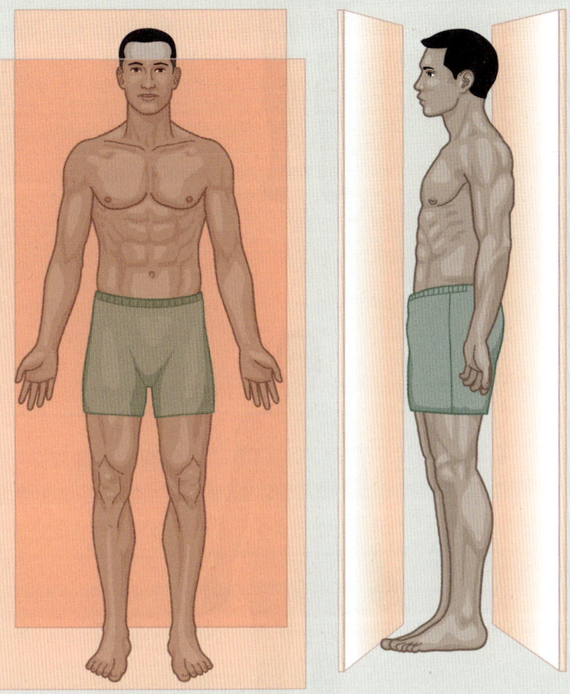

벌림(abduction)은 몸의 중앙선에서 멀어지는 움직임이다. 폄과 유사하게 이것은 이마면을 제외하고 인접한 두 부위 사이의 각도가 증가한다. 모음(adduction)은 몸의 중간선을 향하는 운동이다. 굽힘과 마찬가지로 이마면을 제외하고 두 개의 인접 부위 사이의 각도가 감소한다(Hamill & Knutzen, 2003; Kendall et al., 2005; Levangie et al., 2019).

가쪽굽힘(lateral flexion)은 척추가 이마면에서 좌우로 구부러지는 것을 말한다. 추가적으로, 굽힘 및 폄과 유사한 발의 관절 움직임에 대한 용어는 약간 다르다. 가쪽번짐(eversion)과 안쪽번짐(inversion)은 가쪽굽힘과 동일한 원리를 따르는데, 특별히 이마면에서 발꿈치뼈(종골, calcaneus)와 발목뼈(족근골, tarsals)는 진자(추)와 같은 움직임을 보인다(Hamill & Knutzen, 2003; Kendall et al., 2005; Levangie et al., 2019). 발이 가쪽번짐되면 발꿈치뼈가 바깥쪽으로 스윙한다(중간선에서 멀어짐). 발이 안쪽번짐되면 발꿈치뼈가 안쪽으로 스윙한다(중간선 쪽으로). 이마면 운동의 주요한 예로는 점핑 잭(jumping jacks), 사이드 런지(side lunges), 래터럴 숄더 레이즈(lateral shoulder raises), 사이드 셔플링(side shuffling) 등이 있다.

수평면

수평면(가로면, transverse plane)은 몸을 위쪽과 아래쪽으로 이등분한다. 수평면 운동은 세로 또는 세로축을 중심으로 일어난다. 수평면 운동에는 팔다리의 안쪽돌림(내회전, interal rotation)과 바깥돌림(외회전, exteral rotation), 머리와 몸통의 좌우 돌림, 팔다리의 수평 벌림(horizontal abduction)과 수평 모음(horizontal adduction), 노자 엎침(radioulnar pronation) 및 노자 뒤침(radioulnar supination), 아래팔의 돌림(전완 회전) 등이 있다(그림 7-7)(Hamill & Knutzen, 2003; Levangie et al., 2019). 수평면 운동의 주요한 예로는 케이블 트렁크 로테이션, 덤벨 체스트 플라이, 야구 배트나 골프채 휘두르기 등이 있다.

발등굽힘 Dorsiflexion 발목에서 일어나는 굽힘
발바닥쪽굽힘 Plantar flexion 발목에서 일어나는 폄. 발을 아래로 향하게 함
이마면 Frontal plane 몸을 앞뒤로 나누는 가상의 이등분선. 이마면에서의 운동은 벌리기, 모으기 및 좌우 움직임이 포함된다.
벌림 Abduction 몸의 정중선에서 멀어지는 이마면의 움직임
모음 Adduction 신체 중간선 쪽으로 다시 움직이는 이마면의 운동
가쪽굽힘 Lateral flexion 척추를 좌우로 굽힘
가쪽번짐 Eversion 발꿈치뼈가 옆으로 움직이는 운동. 발바닥이 바깥쪽을 향한다.
안쪽번짐 Inversion 발꿈치뼈(heel bone)가 안쪽으로 움직이는 움직임. 발바닥이 안쪽으로 향한다.
수평면(가로면) Tranverse plane 몸을 상하로 나누는 상상의 이등분선
안쪽돌림(내회전) Inernal rotation 몸 중앙으로 향하는 신체 부위의 회전
바깥돌림(외회전) Exteral rotation 몸 중앙으로부터 멀어지는 신체 부위의 회전
수평 벌림 Horizontal abductio 수평면에서 팔이나 허벅지가 앞쪽 위치에서 옆 위치로 움직이는 것
수평 모음 Horizontal adduction 측면 위치에서 전방 위치로 수평면에서 팔 또는 허벅지를 움직임
노자 엎침(요척골 회내) Radioulnar pronation 손바닥을 위로 한 자세에서 손바닥을 아래로 향한 자세로 팔뚝 안쪽을 회전
노자 뒤침(요척골 회외) Radioulnar supination 손바닥을 아래로 향한 위치에서 손바닥이 위로 오도록 팔뚝의 바깥쪽을 회전

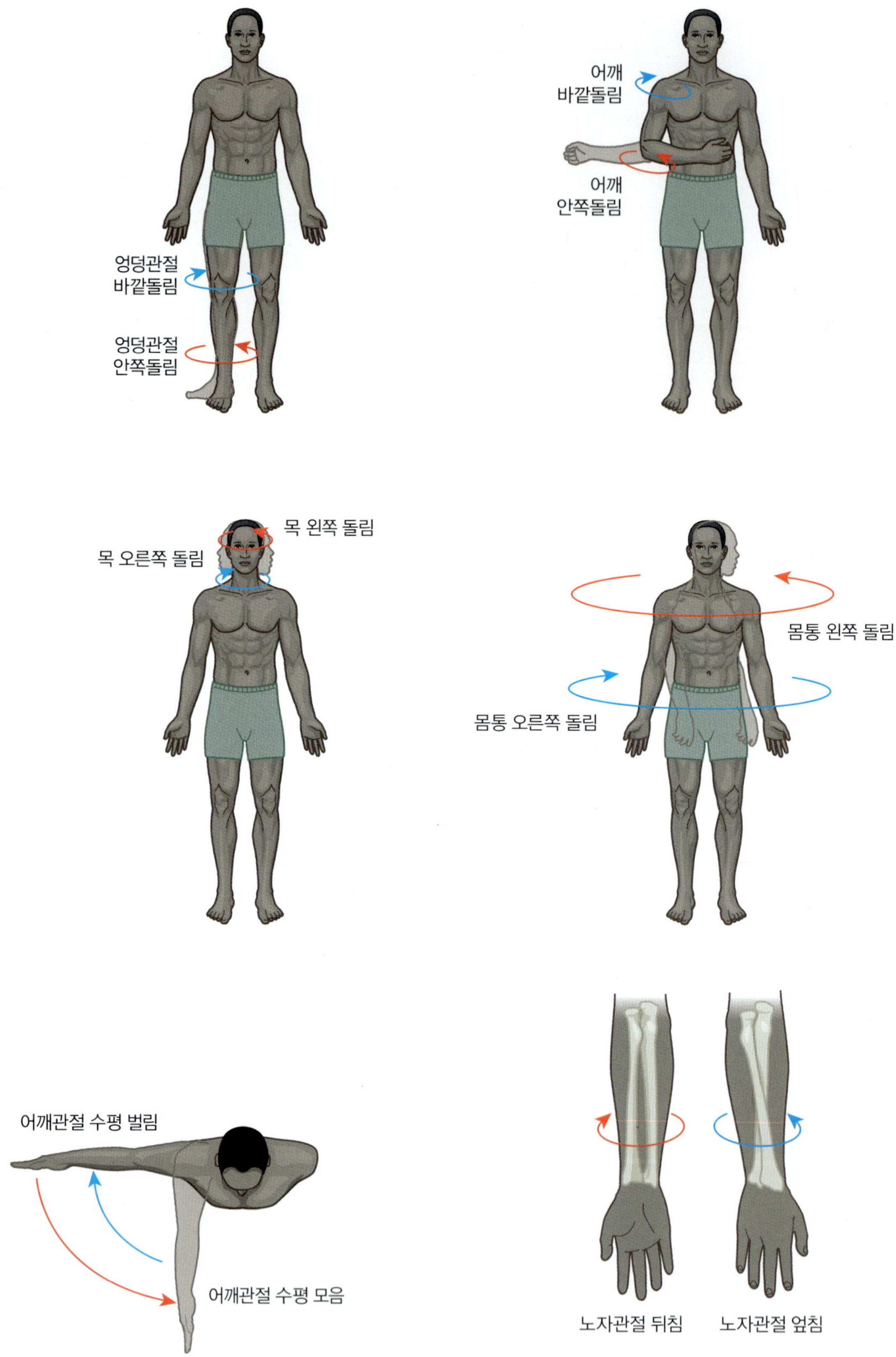
엉덩관절
바깥돌림
엉덩관절
안쪽돌림
어깨
바깥돌림
어깨
안쪽돌림
목 왼쪽 돌림
목 오른쪽 돌림
몸통 왼쪽 돌림
몸통 오른쪽 돌림
어깨관절 수평 벌림
어깨관절 수평 모음
노자관절 뒤침
노자관절 엎침

그림 7–7 회전 운동

지식 확장하기

수평면은 머리, 몸통, 팔, 다리의 회전 운동이 일어나는 곳이다. 또한, 수평면에서의 움직임은 어깨나 엉덩이에서 발생할 수 있는 수평 벌림과 수평 모음이 있다. 예를 들어, 머신 체스트 플라이(machine chest fly) 운동은 어깨의 수평 벌림과 모음을 하는 반면, 힙 어브덕트 머신(hip abductor machine)은 엉덩이의 벌림과 모음을 한다.

© lunamarina/Shutterstock.

© UfaBizPhoto/Shutterstock.

전문적으로 알아보기

시상면과 이마면에서의 발등굽힘(dorsiflexion), 발바닥쪽굽힘(plantar flexion), 가쪽번짐(eversion), 안쪽번짐(inversion)과 같이 발의 수평면 움직임에 대한 특수한 용어가 있다. 이러한 맥락에서, 발을 발목 바깥쪽으로 회전하는 것(다리 전체가 회전하지 않음)을 벌림(발가락이 가쪽으로 회전함)이라 하고, 발목에서 발을 안쪽으로 회전시키는 것을 모음(발가락이 안쪽을 향함)이라고 한다(Hamill & Knutzen, 2003; Levangie et al., 2019).

그러나 신체를 기능적으로 움직이기 위해 발과 발목 복합체는 단독으로 단일 평면 운동을 수행하는 경우는 거의 없다. 대신 발목은 노자관절 엎침(pronation) 및 뒤침(supination)과는 다른, 그 부위만의 엎침과 뒤침 방식을 통해 움직인다. **발의 엎침(회내, pronation of the foot)**은 가쪽번짐(eversion), 등쪽 굽힘(dorsiflexion), 발목 모음(ankle adduction)의 조합으로 구성된 다중 평면 운동이다. **발의 뒤침(회외, supination of the foot)**은 안쪽번짐(inversion), 바닥쪽 굽힘(plantar flexion), 발목 벌림(ankle abduction)의 조합이다. **걸음(gait)**(걷기와 뛰기)에서 발과 발목 복합체는 각 걸음마다 힘이 감소하는 동안(발이 착지할 때)의 엎침(회내)과 힘을 생성하는 동안(발이 지면을 밀 때)의 뒤침(회외) 사이에서 매 걸음마다 움직인다.

발의 엎침(회내) Pronation of the foot 가쪽번짐(eversion), 발등굽힘(dorsiflexion), 발목 벌림(ankle abduction)으로 구성된 발과 발목 복합체의 다중 평면 운동. 힘 감소와 관련이 있다.

발의 뒤침(회외) Supination of the foot 안쪽번짐(inversion), 바닥쪽굽힘(plantar flexion), 발목 모음(ankle adduction)으로 구성된 발과 발목 복합체의 다중 평면 운동. 힘 생산과 관련 있다.

걸음 Gait 걷기, 달리기, 전력 질주 중 하지의 생체역학적 움직임

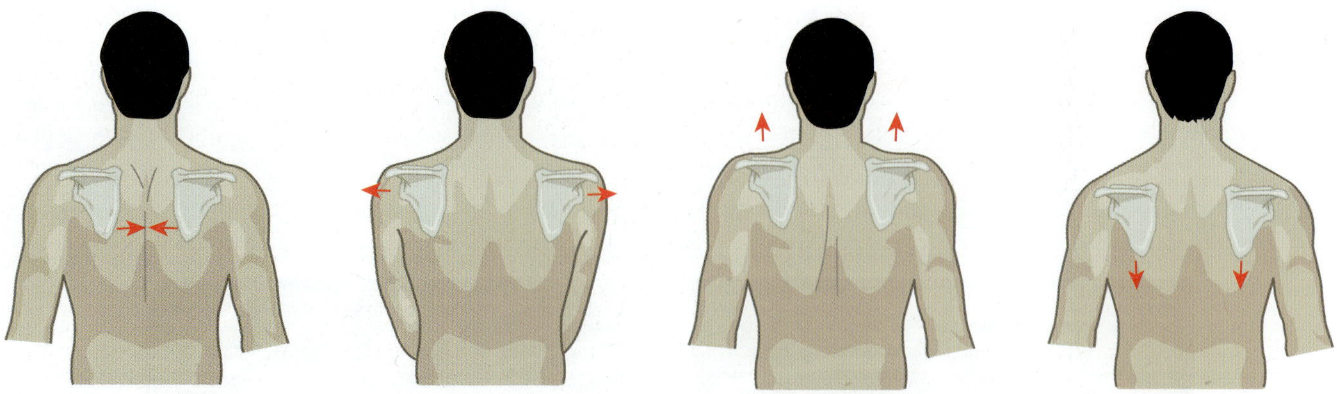

그림 7-8 어깨뼈 운동

어깨뼈 운동

어깨뼈(견갑골) 운동은 어깨 복합체의 적절한 움직임을 보장하기 위해 피트니스 전문가가 잘 알아야 한다. 고정된 축을 중심으로 회전하지 않기 때문에 병진운동이라고 하는 고립된 어깨뼈의 움직임에는 주로 뒤당김(수축), 내밈, 올림, 내림이 있다(Levangie et al., 2019)(그림 7-8).

어깨뼈 뒤당김(scapular retraction)은 어깨뼈가 서로 가까워지게 한다. **어깨뼈 내밈(scapular protraction)**은 어깨뼈를 서로 멀어지게 하는 것이다. **어깨뼈 올림(scapular elevation)**은 어깨뼈를 귀 쪽 방향, 즉 위로 움직이는 것이고, **어깨뼈 내림(scapular depression)**은 어깨뼈를 아래로 움직이는 것이다(Levangie et al., 2019).

지식 확장하기

어깨뼈 뒤당김은 중간등세모근(승모근)과 마름근(능형근)을 포함한 여러 근육이 필요하다. 어깨뼈 내밈은 주로 가슴 근육의 도움과 함께 앞톱니근(전거근, serratus anterior muscle)이 필요하다.

움직임의 속성

인체 움직임 시스템(HMS)은 복잡해서 서로 다른 시스템의 통합 기능뿐만 아니라 시스템 내에서의 협력적인 노력이 필요하다. 일반적으로 움직임은 지배적인 운동면과 관절의 특정한 움직임으로 설명된다. 움직임은 다시 정상 또는 기능장애로 분류된다. 정상적인 움직임은 골격계, 신경계 및 근육계의 효율적이고 협력적인 기능을 나타낸다(Kendall et al., 2005). 정상적인 움직임을 위해서는 관절이 전체 관절가동범위(ROM)를 통해 움직일 수 있어야 하며, 이를 위해서는 정상적인 뼈대 및 관절 운동학이 필요하다(Levangie et al., 2019).

정상적인 움직임의 양은 관심 활동에 따라 달라진다. 예를 들어, 야구공을 던질 때 어깨의 움직임과 단순히 머리를 감을 때의 어깨의 움직임이 차이가 나듯이 특정 스포츠는 일상생활의 활동보다 더 큰 ROM이 필요하다. 완전한 ROM은 관절을 둘러싸고 있는 캡슐(capsule)과 **인대(ligaments)**의 정상적인 **탄성(elasticity)**, 정상적인 근육 길이, **유연성(flexibility)**뿐만 아니라, 정상적인 신경 및 근육 시스템이 필요하다. **과운동성(hypermobility**: 관절에서 과도한 ROM)의 고객들은 일반적으로 인대가 단단하게 지지하지 못하며, **저운동성(hypomobility**: 관절에서 제한된 ROM)의 고객들은 대개 관절을 가로지르는 근육 구조의 길이가 짧다(Kendall et al., 2005).

근육 작용

근육 작용에는 세 가지 중요한 유형이 있다. 등장성(isotonic), 등척성(isometric), 등속성(isokinetic)이다(표 7-2)(Kendall et al., 2005). 등장성 근육 작용은 저항의 근원인 중력과 함께 움직이는지, 혹은 중력 반대 방향으로 움직이는지에 따라 단축성(concentric) 또는 신장성(eccentric) 근육 작용으로 세분화된다.

표 7-2 근육 작용의 유형

작용	내용
등장성(isotonic)	힘이 생성되고, 근육 긴장이 발달하며, 주어진 관절가동범위를 통해 움직임이 발생한다. 등장성 근육 작용은 단축성(concentric) 및 신장성(eccentric) 근육 작용으로 세분화된다.
등척성(isometric)	근육의 긴장은 근육 길이의 변화 없이, 그리고 관절의 가시적인 움직임 없이 만들어진다.
등속성(isokinetic)	운동 속도는 고정되어 있고, 저항은 가해지는 힘에 따라 달라진다. 재활이나 운동 생리학 실험실에서 흔히 볼 수 있는 정교한 훈련 장비가 필요하다.

등장성

등장성(isotonic) 근육의 수축에서는 길이가 눈에 띄게 변화하면서 근육 긴장을 발달시켜 힘이 생성된다. 등장성 근육 작용은 단축(concentric) 또는 신장(eccentric)으로 분류되며, 각각 저항 트레이닝의 낮추기 및 들기 단계를 나타낸다. 예를 들어, 바이셉스 컬 운동을 할 때, 위팔두갈래근(상완이두근)은 단축적으로 수축하며 팔꿈치를 굽히기 위해 짧아진다. 그리고 덤벨을 어깨까지 들어올린 상태에서 팔꿈치가 펴지면서 덤벨을 다시 아래로 내리는 동안 신장적으로 수축된다.

신장성

신장성 근육 작용(eccentric muscle action)은 근육이 늘어나면서 긴장이 생길 때 일어난다(Kendall et al., 2005). 근육에 작용하는 외부 힘(저항의 원천)이 내부 근육 힘보다 크기 때문에 근육이 길어진다. 근육이 길어질수록 액틴과 마이오신의 교차 교합은 분리되었다가 다시 붙어서 근육이 기능적으로 길어지게 된다(근육 해부학에 대한 자세한 내용은 제5장 참조). 실제로 여기서 설명하는 근육이 길어진다는 것은 휴식 길이로 되돌아간다는 것이지 실제로 길이가 늘어나는 것은 아니다(Levangie et al., 2019).

신장성 근육 작용은 단축성 수축보다 더 효율적이며, 역도와 같은 움직임을 완료하는 데 더 적은 에너지가 든다(Franchi et al., 2017; Lastayo et al., 2014). 신장 단계에서는 동일한 무게나 저항을 사용하는 단축 단계에 비해 운동 단위(motor units)가 덜 필요하기 때문이다(Franchi et al., 2017; Levangie et al., 2019).

신장성 움직임은 감속과 같은 말로, 점프에서 착지하거나 저항 운동 중 무게를 낮추는 등의 많은 움직임에서 관찰된다. 그래서 신장성 근육 작용을 '네거티브(negative: 반대 방향성)' 움직임이라고도 한다. '네거티브(반대 방향성)'라는 용어는 신장성 운동에서, 중력에 의해 당겨지는 하중을 버티면서 낮추는 것과 같은 작용이 근육에서 실제로 일어난다는 사실에서 유래되었다. 이는 신장성 운동이 저항의 이동 방향과 같은 방향으로 움직인다는 사실과도 관련이 있는데, 이를 저항 방향이라고 한다(Hamill & Knutzen, 2003; Levangie et al., 2019).

일상적인 움직임이나 스포츠와 같은 기능적 활동에서, 근육은 단축성으로나 등척성으로 작용하는 것만큼이나 신장성으로도 작용한다. 신장성 운동을 위해 근육은 신체에 작용하는 힘을 감소시켜야 한다. 이러한 형태는 모든 운동 유형에서 볼 수 있다. 러닝머신을 걷든 벤치 프레스를 하든 신체 또는 외부 하중의 무게는 등척성으로 안정화된 후 다시 단축성으로 가속되기 전에 감속되어야 한다.

어깨뼈 뒤당김 Scapular retraction 어깨뼈 모음. 어깨뼈는 중앙선을 향해 움직인다.

어깨뼈 내밈 Scapular protraction 어깨뼈 벌림. 어깨뼈는 중앙선에서 멀어지게 움직인다.

어깨뼈 올림 Scapular elevation 어깨뼈를 위쪽으로 움직인다.

어깨뼈 내림 Scapular depression 어깨뼈를 아래쪽으로 움직인다.

인대 Ligament 뼈와 뼈를 연결하는 섬유질 결합 조직

탄성 Elasticity 연부조직이 늘어난 후 휴식 길이로 돌아오는 능력

유연성 Flexibility 전체 관절가동범위(ROM)를 허용하는 연부조직의 정상적인 신장성

과운동성 Hypermobility 신경 근육의 지지가 부족하면 필요 이상으로 많은 관절가동범위를 갖게 되어 해당 관절 손상의 위험이 크게 증가하는 상태

저운동성 Hypomobility 관절에서 움직임의 범위가 제한될 때

신장성 근육 작용 Eccentric muscle action 근육이 길어지면서 근력을 발현하는 근육 작용

운동 단위 Motor unit 하나의 운동 뉴런과 그 신경이 지배하는 모든 근육섬유 그룹

트레이닝 팁

신장성 근육 작용은 단축성 활동보다 더 많은 무게에 저항할 수 있다. 따라서 신장 단계에서 근육에 최적의 부하를 가하기 위해 저항 기구(덤벨, 바벨 등)를 들어올리는 것보다, 천천히 내릴 때 더 나은 근력 향상을 얻을 수 있고, 장력을 받는 시간을 늘릴 수 있다(Franchi et al., 2017; Goto et al., 2009; Kraemer & Ratamess, 2005). 다시 말해, 무거운 무게를 들 때 같은 무게를 내려놓는 것보다 속도가 더 빨라진다.

단축성

단축성 근육 작용(concentric muscle action)은 수축력(즉, 근육 내에서 발달된 힘)이 저항력보다 클 때 발생하며, 그 결과 근육이 눈에 띄게 짧아진다. 근육이 짧아질수록 액틴과 마이오신의 교차 결합이 함께 이동하여 근육이 짧아지게 된다[근세사활주설(sliding-filament theory)에 대한 자세한 내용은 제5장 참조](McArdle et al., 2016).

단축성 근육 작용은 가속과 같은 말이며, 저항 훈련 중 위로 점프하거나 '들어올리기'와 같은 많은 움직임에서 관찰된다. 단축성 근육 수축 동안, 관절이 중력에 대항하여 하중을 이동시키기 위해 ROM을 통해 움직일 때 '긍정적인 작업(positive work)'이 근육에 일어난다. 단축성(concentric) 근육 작용은 등척성(isometric) 및 신장성(eccentric) 근육 작용과 비교할 때 더 많은 에너지를 소비한다(Levangie et al., 2019).

등척성

등척성 근육 작용(isometric muscle action)은 수축력과 저항력이 같을 때 일어나며, 근육 길이에 눈에 띄는 변화가 없다(Kisner & Colby, 2007). 예를 들어, 플랭크 운동을 하려면 **코어(core)**라고도 알려진 LPHC(Lumbo-Pelvic-Hip Complex, 허리-골반-엉덩관절 복합체) 근육의 등척성 수축이 일어나야 한다. 이 예에서, 코어 근육은 모두 활성화되지만 눈에 보이는 신체의 움직임은 일어나지 않는다. 등척성 수축은 저항 운동 동안의 들어올리기 단계와 내리기 단계 사이에서 일시 정지할 때도 관찰된다.

신체가 움직일 때마다 수많은 근육들이 돌아가며 등척 작용을 일으켜, 주변 관절과 척추를 동적으로 안정화시킨다. 예를 들어, 스쿼트 운동 중에 엉덩이의 벌림근(abductor)과 모음근(adductor)은 등척성으로 수축하여 이마면(frontal plane)과 수평면(transverse plane)에서 불필요한 움직임(불안정성)을 방지하고, 볼기근(gluteals), 네갈래근(quadriceps), 햄스트링(hamstrings)은 시상면에서 단축성(concentrically) 및 신장성(eccentrically)으로 작용한다(Kolber et al., 2017).

트레이닝 팁

신장성 근육 작용으로만 구성된 운동은 적절한 부하가 가해지면 단축성 근육 작용으로만 구성된 운동보다 동화 호르몬을 더 많이 자극하는 것으로 나타났다(Franchi et al., 2017; Kraemer & Ratamess, 2005). 따라서 피트니스 전문가들은 저항력 운동 중 신장성 부분을 소홀히 해서는 안 된다.

등속성

등속성(등운동성) 근육 작용(isokinetic muscle actions) 동안에 근육은 전체 ROM에 걸쳐 일정한 속도로 짧아진다. 등속성 근육 작용을 할 때에는 근육에서 발생하는 힘의 양을 측정해 아무리 근육 긴장이 많이 발생하더라도 운동 속도가 일정하게 유지되도록 저항(부하)를 조절해주는 고가의 정교한 장비를 사용해야 한다. 이때 강하게 밀거나 당길수록 저항감이 더 커진다. 전체적으로 등속성 수축이 일어나는 동안, 근육의 긴장감은 전체 ROM에서 최대가 되며, 이것은 힘과 지구력을 향상시키는 것으로 보인다. 그러나 등속성 머신에서 수행할 수 있는 움직임의 유형은 다소 제한적이며, 이러한 머신은 주로 재활 클리닉이나 운동생리학 실험실에서만 볼 수 있다.

근육 작용 스펙트럼

대부분의 운동은 1회 반복을 완료하기 위해 신장성, 등척성, 단축성 근육 작용으로 구성되는데, 이러한 움직임을 '**근육 작용 스펙트럼(muscle action spectrum)**'이라고 한다. 덤벨컬 운동은 이 개념을 설명하기에 좋은 예이다. 초기 동작은 덤벨의 무게(즉, 덤벨을 바닥으로 당기는 중력의 힘)를 들기 위한 충분한 힘을 만들어내기 위해 위팔두갈래근이 짧아지면서 점차 팔꿈치가 구부러지고, 덤벨이 어깨 앞쪽으로 올라간다(그림 7-9). 이것이 이 운동의 단축 단계이다.

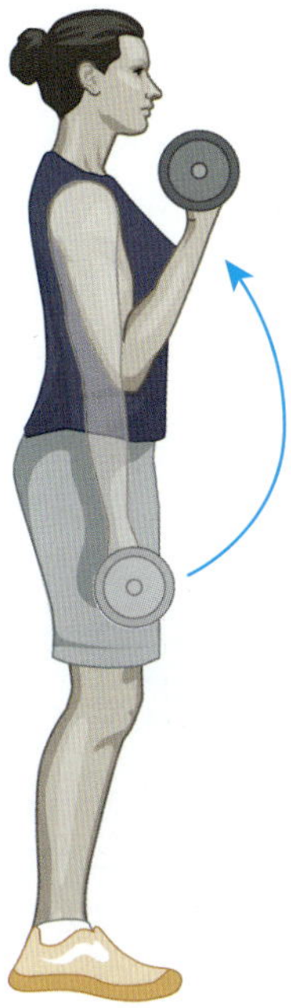

그림 7-9 덤벨 바이셉스 컬 –단축성 운동

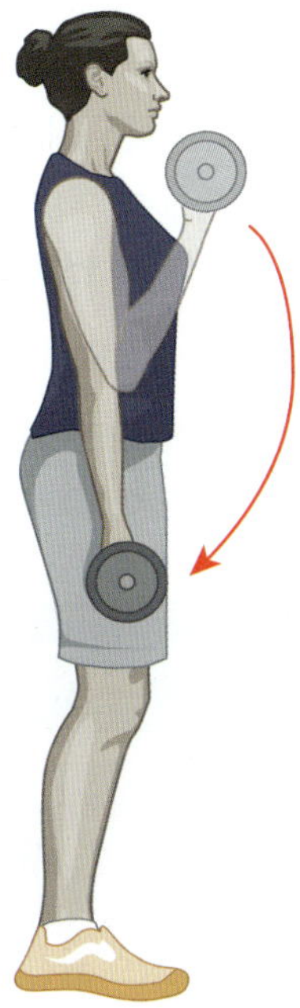

그림 7-10 덤벨 바이셉스 컬 –신장성 운동

그림 7-11 백 스쿼트 –신장성 운동

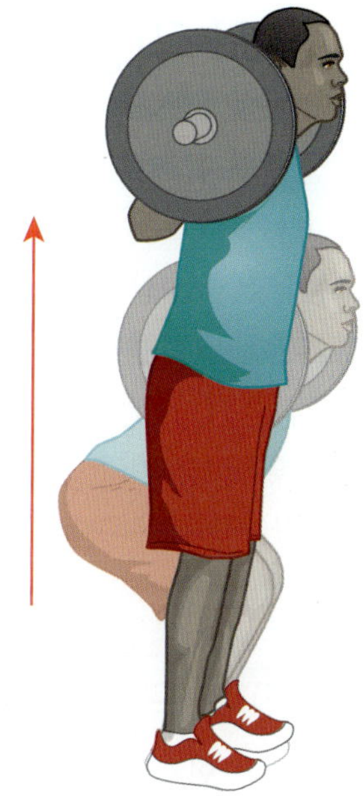

그림 7-12 백 스쿼트 –단축성 운동

일단 덤벨을 어깨 앞쪽으로 올리면 이 자세를 유지한다. 이 자세를 유지하기 위해 힘을 주면 근육의 길이는 변하지 않기 때문에 운동의 등척성 부분이 된다. 덤벨을 다시 시작 위치로 낮출 때 위팔두갈래근은 중력에 대항하는 덤벨의 힘을 줄이기 위해 길어지면서 힘을 생성한다(그림 7-10). 이것이 운동의 신장성 부분이다.

전문적으로 알아보기

손바닥을 위로 향하게 하여 바이셉스 컬 운동을 할 때 위팔두갈래근(biceps brachii)이 주요 목표 근육이다. 손바닥을 아래로 향하도록 손의 위치를 바꾸면 위팔근을 더 자극하며, 엄지손가락을 위로 하는 운동(해머 컬)은 위팔노근(상완요골근)을 자극하는 것이다. 컬 운동의 세 가지 종류 모두에서 모든 팔꿈치굽힘근이 동시에 동원된다. 그러나 각 근육의 동원 정도는 손과 아래팔의 위치에 따라 다르다(Kendall et al., 2005; Levangie et al., 2019).

근육 작용을 설명하는 데 도움이 되는 두 번째 예는 스쿼트 운동이다. 선 자세에서 스쿼트를 시작하려면 엉덩이, 무릎, 발목을 구부리면서 쪼그리고 앉는다(그림 7-11). 아래로 내려갈 때, 볼기근(gluteal)과 넙다리네갈래근(quadriceps)은 기계적으로 길어지며 동시에 몸무게의 힘을 감소시킨다. 이것이 스쿼트 운동의 신장성 근육 작용이다. 등척성 근육 작용은 바닥 위치에서 멈추고 관절 움직임이 보이지 않을 때 일어난다. 마지막으로 단축성 근육 작용은 발목, 무릎, 엉덩이를 늘여서 펴며 시작 자세로 돌아갈 때 발생하며, 볼기근과 넙다리네갈래근(즉, 들어올리기 단계)을 수축시킨다(그림 7-12).

트레이닝 팁

인체 움직임 시스템(HMS)의 통합된 기능은 스쿼트 운동을 하는 동안 인식할 수 있다. 발목에서 제한된 발등굽힘(dorsiflexion)을 가진 고객은 신장 단계에서 스쿼트의 깊이가 깊지 않다. 이들이 더 깊은 스쿼트 ROM을 얻기 위한 가장 빠른 방법은 발뒤꿈치 아래에 작은 판자(또는 웨이트 플레이트)를 두는 것이다. 장기적인 해결책은 정기적인 스트레칭을 수행하여 발목관절의 뻣뻣함을 해결하는 것이다(Macrum et al., 2012).

단축성 근육 작용 Concentric muscle action 근육이 저항력보다 더 큰 힘을 가할 때 발생하는 근육 작용으로, 이때 근육이 단축된다.

등척성 근육 작용 Isometric muscle action 근육에 가해지는 힘과 같은 힘을 가할 때, 근육 길이에 가시적인 변화를 일으키지 않는다.

코어 Core 허리뼈, 다리이음뼈, 복부 및 엉덩관절을 포함하여 허리-골반-엉덩관절 복합체(LPHC)를 구성하는 구조

근육 작용 스펙트럼 Muscle action spectrum 움직임을 수행하기 위해 필요한 신장성, 등척성, 단축성 수축의 전체 범위

근육의 기능해부학

신체의 움직임을 보다 효과적으로 이해하고 효율적인 운동 프로그램을 설계하기 위해서는 모든 운동면과 전체 근육 작용 스펙트럼(신장성, 등척성, 단축성)을 통해 기능하는 근육의 능력을 확인하는 것이 중요하다. 또한 근육은 신경계의 직접적인 제어하에 힘을 생성하고 몸을 안정시키며, 힘을 줄이기 위해 시너지 효과를 낼 수 있다. 기능해부학을 더 많이 이해할수록 운동 프로그램은 더욱 구체화될 수 있다. 신체의 근육을 더 자세히 살펴보려면 **부록 C**를 참조하라.

움직이는 근육

근육은 인체에 가해지는 힘을 조절하여 움직임을 만들고 안정화하며 저항할 수 있도록 하는 다양한 기능을 한다. 근육이 기능적으로 움직일 때 활약하는 관절의 움직임에 따라 주동근(agonist), 협력근(synergist), 안정근(stabilizer) 또는 길항근(antagonist)으로 분류할 수 있다.

주동근(agonist)은 관절 운동의 원동력 역할을 하는 근육이다. 다시 말해서, 특정한 움직임을 위한 기본적 힘을 발생시키는 데에 중요한 역할을 하는 근육이다. 예를 들어, 큰볼기근(gluteus maximus)은 엉덩관절 폄(extension)의 주동근, 넙다리네갈래근(quadriceps)은 무릎 폄의 주동근, 앞어깨세모근(anterior deltoid)은 어깨 굽힘의 주동근, 위팔두갈래근(biceps brachill)은 팔꿈치 굽힘의 주동근, 위팔세갈래근(triceps brachii)은 팔꿈치 폄의 주동근이다(Kendall et al., 2005; Levangie et al., 2019).

협력근(synergist)은 주동근을 보조하는 힘을 생성하지만, 관절 운동에서 주요 힘의 생성원은 아니다. 예를 들어, 햄스트링 복합체(hamstring complex)와 척주세움근(척주기립근, erector spinae)은 엉덩관절이 펴지는 동작에서 큰볼기근과 협력해 시너지 효과를 발휘하며(Kendall et al., 2005), 위팔노근(brachioradialis)과 위팔근(brachialis)은 바이셉스 컬을 하는 동안 위팔두갈래근(biceps brachii)을 돕는다. 추가적인 예로는 체스트 프레스를 하는 동안 가슴근육을 돕는 위팔세갈래근과 풀-업 동안 넓은등근(latissimus)을 보조하는 위팔두갈래근이 있다.

안정근(stabilizer)은 주요 주동근과 협력근들이 움직임 패턴을 수행하는 동안 관절을 지지하고 신체를 지탱하거나 안정화시킨다. 예를 들어, 배가로근(transversus abdominis, 복횡근), 배속빗근(내복사근, interal obliques) 및 뭇갈래근(다열근, multifidus, 척추 깊은 곳의 근육)은 엉덩관절이 펴하는 동안 LPHC(허리-골반-엉덩관절 복합체)를 안정화시킨다. 또 다른 예로 상체 운동 중에 어깨를 안정화시키는 회전근개 근육(가시위근, 가시아래근, 작은원근, 어깨밑근)이 있다(Day et al., 2012).

전문적으로 알아보기

안정화에 관한 흥미로운 사실은 특정 근육이 움직임을 예상해 자동 수축하여 관절을 안정시키는 능력이 있다는 것이다(Day et al., 2012; Masse-Alarie et al., 2012). 이러한 예상 안정화 효과를 **'피드-포워드 활성화(feed-forward activation)'**라고 한다.

지식 확장하기

앞에서 언급했듯이 근육은 수행되는 관절 동작에 따라 다른 역할을 맡는다. 예를 들어, 회전근개 근육은 어깨 바깥돌림(외회전)을 할 때는 주동근(원동력) 역할을, 어깨가 머리 위로 닿게 벌릴 때는 협력근 역할을, 어깨의 다른 관절 운동 중에는 안정근의 역할을 한다(Day et al., 2012; Kisner & Colby, 2007; Levangie et al., 2019).

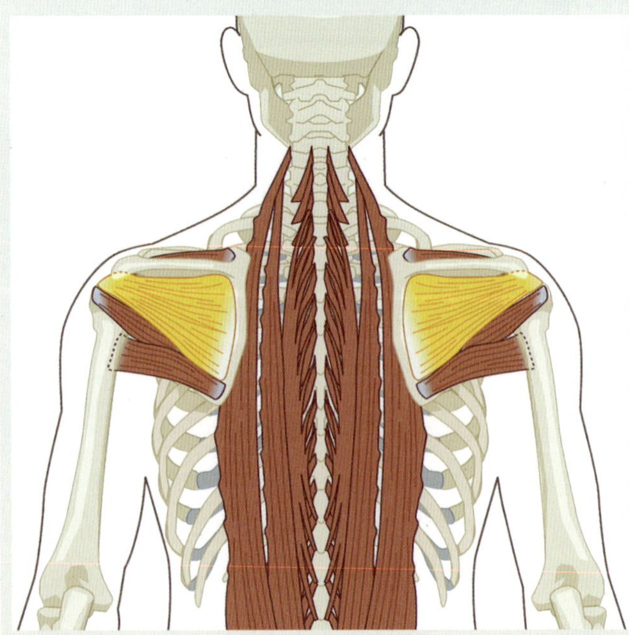

마지막으로, 길항근(antagonist)은 주요 주동근과 반대되는 역할을 한다. 예를 들어, 위팔두갈래근(팔꿈치 굽힘)은 팔꿈치 폄 동작 수행 시 위팔세갈래근의 길항근이며, 반대로 팔꿈치 굽힘 중에 위팔세갈래근은 위팔두갈래근의 길항근이다. 또한 엉덩관절 굽힘 동안에 큰볼기근이 엉덩관절 굽힘 복합체의 길항근인 반면, 엉덩관절 폄 동작을 하는 동안에는 엉덩관절 굽힘 복합체가 큰볼기근의 길항근이다.

열린 사슬 운동과 닫힌 사슬 운동

건강 및 피트니스 산업에서 운동은 다양한 하중 또는 체중 부하 특성에 따라 분류된다. 그러한 분류 중 하나는 운동을 열린 사슬 또는 닫힌 사슬로 설명하는 것이다. 운동을 이러한 방식으로 분류하면 근육 동원의 패턴, 체중 부하 정도, 관련된 관절 수에 대한 통찰력을 얻을 수 있다(Kisner & Colby, 2007).

닫힌 사슬 운동

닫힌 사슬 운동(closed-chain movements)의 일차적인 특징은 사람의 손이나 발과 같은 먼쪽(원위부, distal)이 고정된 표면과 접촉한 상태를 유지한다. 또한, 여러 근육 그룹의 수축과 함께 예측 가능한 방식으로 여러 관절이 움직이는 경우가 많다(Kisner & Colby, 2007).

반드시 그런 것은 아니지만, 닫힌 사슬 운동의 대부분은 체중 부하 운동이다. 예로는 푸시업, 스쿼트, 풀업, 런지 등이 있다.

스쿼트나 런지를 하는 동안, 다리는 안정된 표면에 고정되고, 엉덩이, 무릎, 발목에서 움직임이 일어난다. 전체 엉덩이근(gluteal) 및 넙다리근(quadriceps group)을 포함한 여러 근육이 활성화된다. 체중 또는 중량의 저항은 다리의 모든 관절에 동시에 가해진다.

푸시업이나 풀업을 할 때, 팔이 바닥이나 철봉에 고정된 상태에서도 같은 작용이 일어난다. 이러한 움직임 동안, 신체는 힘을 고정된 표면으로 다시 전달하면서 움직이며, 운동 사슬의 여러 관절은 저항을 처리한다(그림 7-13).

열린 사슬 운동

열린 사슬 운동(open-chain movements)의 주된 특징은 먼쪽(손과 발)이 고정되지 않고 공간 내에서 자유롭게 움직인다. 또한, 열린 사슬 운동은 움직이는 관절 자체의 말단 부분만 독립적으로 관절 운동을 한다(Kisner & Colby, 2007). 필수 사항은 아니지만, 열린 사슬 운동의 대부분은 체중을 실어 움직이지 않는다.

예로는 랫 풀다운, 바이셉스 컬, 벤치 프레스, 레그 컬, 레그 익스텐션 운동 등이 있다(그림 7-14). 여러 근육을 활성화시키는 닫힌 사슬 운동과 달리 열린 사슬 운동은 주동근(prime mover muscles)을 고립시키는 데 초점을 맞추는 경향이 있다(Kisner & Colby, 2007).

> **유용한 힌트**
>
> 닫힌 사슬 운동(closed-chain movements)은 바닥, 벽 또는 풀업 바와 같이 움직이지 않는 물체에 힘을 가하는 것이다. 다시 말해, 손이나 발을 일반적으로 고정하여 움직이지 않는다.
>
> 열린 사슬 운동(open-chain movements)은 손발과 같은 팔다리를 자유롭게 움직이는 것이다.
>
> 예를 들어, 풀업은 등 근육 구조를 위한 닫힌 사슬 운동인 반면, 랫 풀다운은 동일한 근육 집단을 위한 열린 사슬 운동이다.

근력

힘(force)은 물체의 가속이나 감속을 일으키는 두 개체 또는 물체 사이의 상호 작용으로 정의된다. 힘은 크기(얼마나 많이)와 방향(어떤 방향으로 움직이는지)이 있다(Hamill & Knutzen, 2003; Levangie et al., 2019). 인체 움직임 시스템(HMS)은 효과적인 움직임을 만들어내기 위해 여러 방향에서 다양한 힘을 조작하도록 설계되었다. 이와 같이 피트니스 전문가는 HMS가 다루어야 하는 보다 적절한 힘과 그것들이 운동에 어떻게 영향을 미치는지를 이해해야 한다.

> **주동근** Agonist 움직임에 있어 힘을 제공하는 주요 근육
> **협력근** Synergist 움직임을 일으키기 위해 주동근을 돕는 근육
> **안정근** Stabilizer 몸이 움직일 때 몸통과 관절의 안정화를 위해 등척적으로 수축하는 근육
> **피드-포워드 활성화** Feed-forward activation 움직임을 예상하여 근육이 자동으로 활성화 됨
> **길항근** Antagonist 주동근과 정반대인 관절의 반대쪽 근육
> **힘** Force 한 물체에 의해 다른 물체에 가해지는 영향으로, 두 번째 물체의 가속 또는 감속을 일으킨다.

그림 7-13 닫힌 사슬 운동-백 스쿼트 및 풀업

그림 7-14 열린 사슬 운동-앉아서 하는 랫 풀다운 및 바이셉스 컬

길이-장력 관계

길이-장력 관계(length-tension relationship)는 근육의 **휴식 길이**(resting length)와 거기서 생성할 수 있는 내부 장력 사이의 연관성을 의미한다(Levangie et al., 2019). 인체의 각 근육은 **근절**(sarcomere) 내의 **액틴**(actin)과 **마이오신**(myosin) 필라멘트가 가장 많이 겹치는 최적의 근육 길이를 가지고 있다(**그림 7-15**). 최적의 길이에서 액틴과 마이오신은 최대한의 연결을 만들어내고, 최적의 길이에 있는 근육은 최대의 힘을 생성한다.

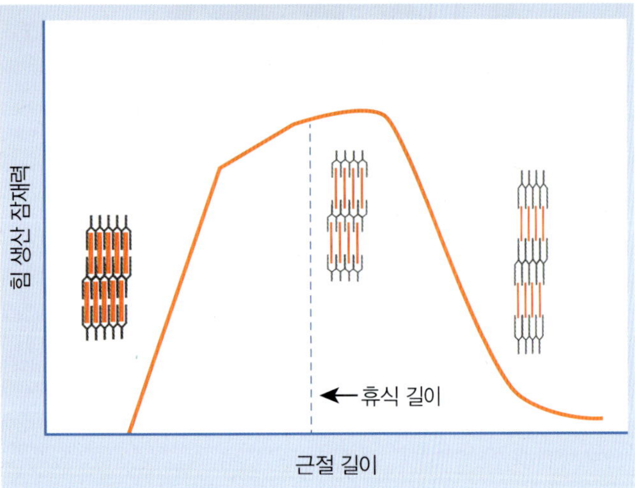

그림 7-15 길이-장력 관계

근육이 짧아지거나 길어지는 양 극단에서는 힘을 내는 능력이 감소한다. 근육이 만성적으로 신경활성도가 낮고 원래보다 길면, 액틴과 마이오신이 겹치는 양이 줄어들어 그 길이로 생성될 수 있는 힘의 양 또한 줄어든다. 근육이 만성적으로 신경활성도가 높고 규칙적으로 수축된(짧아진) 상태로 유지되면, 액틴과 마이오신이 최대 중첩 상태로 놓이고, 필라멘트 사이에서 더 이상 움직임이 일어나지 않게 하여 힘의 생산 가능성을 떨어뜨린다(Levangie et al., 2019).

근육 균형

길이-장력 관계는 **근육 균형**(muscle balance) 개념과 밀접한 관련이 있다. 관절의 양쪽에는 주동근와 길항근이 있다는 것을 기억하라. 운동이 일어나려면 한쪽이 수축하여 짧아질 때 다른 한쪽은 이완되고 길어져야 한다. 관절을 둘러싼 모든 근육이 최적의 길이-장력 관계를 가질 때, 어느 쪽도 더 세게 당기는 일 없이 가장 효율적인 움직임을 위한 최적의 관절 위치를 유지하게 된다.

그러나 만약 근육의 휴식 길이(resting length)가 관절의 한쪽에서 너무 길거나 너무 짧다면 **변형된 길이-장력 관계**(altered length-tension relationship)가 된다. 이로 인해 관절 주위에 불균형이 발생하여 한쪽은 수축되어 있어야 하는 것보다 더 많이 당기고, 다른 한쪽은 액틴/마이오신 중첩이 감소된 연장 상태로 당겨져 관절이 최적의 휴식 길이에서 벗어나게 된다(**그림 7-16**).

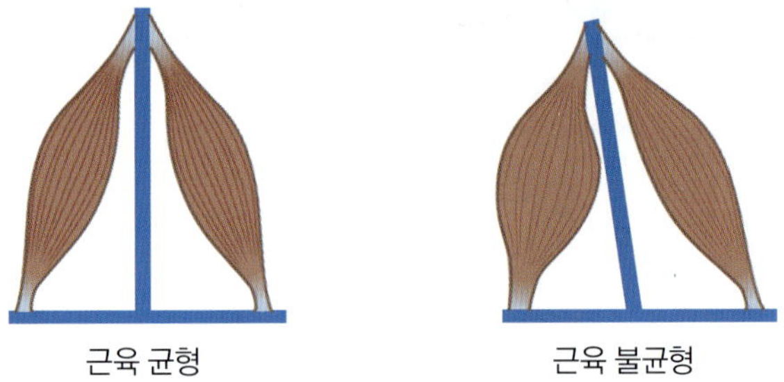

그림 7-16 변형된 길이-장력 관계(근육 불균형)

이와 같이 최적이 아닌 자세로 관절 상태를 유지하는 것은 잘못된 자세의 근간이 된다. 가령, 허벅지 안쪽의 모음근(내전근)이 수축/단축된 위치에 있고, 엉덩이 바깥쪽의 벌림근(중둔근)이 늘어난 위치에 있으면 외반슬 자세(knock-kneed posture, X다리 자세)가 만들어지며, 이는 관절에 불필요한 스트레스를 가하고 불편함과 부상 위험을 증가시킬 수 있다(Ford et al., 2015; Padua et al., 2012).

전문적으로 알아보기

주동근과 길항근 사이의 수축-이완 관계에서 신경계의 역할을 설명하는 과학적 용어를 **'상호억제(reciprocal inhibition)'**라고 부른다. 운동을 위해 주동근이 수축 신호(운동 뉴런 충동)를 받으면 중추신경계도 동시에 길항근의 활성화를 억제하는 신호를 보내 긴장을 풀어준다. 예를 들어 바이셉스 컬 운동을 하려면 위팔두갈래근(주동근)이 수축하고, 동시에 위팔세갈래근(길항근)이 이완해야 움직임이 발생한다.

근육이 길이-장력 관계를 변화시킬 때 상호억제의 정상적인 과정도 변화한다. **변형된 상호억제**(altered reciprocal inhibition)는 주동근이 활성화 신호를 만성적으로 수신하고, 기능적 길항근 또한 억제 신호를 만성적으로 수신하게 되는 것이다.

근육이 만성적으로 과활성 상태일 때는 신경 활동이 증가된 상태가 되어 근육이 일정한 수축 상태에 있도록 한다. 근육이 만성적으로 저활성 상태일 때는 억제된 신경 운동 상태가 된다. 이 상황에서 과활성 근육은 관절의 한쪽 방향으로 너무 많이 움직이는 반면, 저활성 근육은 그 당김에 저항할 만큼 충분히 활성화되지 않는다. 그 결과 **근육 불균형(muscle imbalance)**이 발생하고, 그로 인해 관절이 나쁜 위치(poor postural alignment, 부정렬)로 고정된다.

고객의 자세에 대한 객관적 평가는 근육 불균형을 확인하는 데 도움이 된다. 그 다음에 유연성 기술을 활용해 근육의 과활성을 진정시키고, 강화 기술을 활용해 저활성 근육의 신경 활성화를 개선할 수 있다. 이를 통해 근육 내에서 최적의 길이-장력 관계를 회복하고, 관절 주위의 균형을 회복하여 관절이 가장 효율적인 **중립 위치(neutral position)**로 유지되도록 한다.

신장-단축 주기

신장-단축 주기(stretch-shortening cycle)는 빠른 단축성 수축을 위해 근육과 힘줄을 준비하는 부하된 신장성 근육 작용을 설명하는 데 사용되는 용어이다. 신장성 근육 작용은 스트레칭의 구성 요소로서, 수축 조직에는 스프링 같은 특성으로 인해 탄성 에너지가 저장된다. 저장된 에너지는 근육과 힘줄(대부분 힘줄)의 **연속된 탄성 요소(series elastic component)**의 결과이다(Kisner & Colby, 2007).

유용한 힌트

신장-단축 주기는 고무줄을 늘이는 것과 비슷하다. 고무줄을 늘이면 탄성 에너지가 저장된다. 고무줄이 풀리면 탄성 에너지가 운동 에너지로 전환되어 공중으로 날아간다. 우리 몸의 근육과 결합 조직에도 같은 원리가 적용된다. 점프를 해야 할 때, 점프를 시작하기 앞서 살짝 스쿼트 동작을 취하는데, 이는 고무줄을 당기는 것과 같은 신체의 움직임이다.

에너지가 저장된 후, 수축성 조직은 단축 단계 동안 탄성 에너지를 방출한다. 신장 단계와 단축 단계 사이의 시간이 짧을수록 이 탄성 에너지의 저장과 방출은 힘의 생성을 증가시킨다. 특히, **아모티제이션 단계(전환 단계, amortization phase)**는 이러한 힘의 전환을 설명해준다(Kisner & Colby, 2007). 힘 생산의 증가, 즉 수행능력 향상은 빠른 아모티제이션 단계에 달려 있다. 빠른 아모티제이션 단계에서는 수축성 조직의 에너지 저장과 신경 **신전 반사(stretch reflex)** 모두가 필요하다(Kisner & Colby, 2007).

운동에서 신장-단축 주기는 플라이오메트릭(plyometric) 트레이닝의 기초가 되는데, 이 트레이닝에서는 점프-착지가 보다 폭발적인 단축성 수축(점프)을 달성하기 위해 근육에 신장성 장전(저장)을 한다. 고객이 아모티제이션 단계(전환 단계: amortization phase)를 빠르게 진행할수록 단축성 수축은 더 강력해지며, 이를 '**통합 수행 패러다임(integrated performance paradigm)**'이라고 한다. 이를 적절히 적용한다면, 이러한 유형의 트레이닝은 속도, 힘 및 스포츠별 특정 능력을 개선하는 데 필요한 신경 및 근육 적응에 도움을 준다(McArdle et al., 2016).

길이-장력 관계 Length-tension relationship 근육의 휴식 길이와 이 휴식 길이에서 근육이 만들어 낼 수 있는 장력

휴식 길이 Resting length 근육이 활발하게 수축하거나 늘어나지 않을 때의 근육 길이

근절 Sarcomere 두 개의 Z라인 사이에 있는 액틴과 마이오신 필라멘트로 구성된 근섬유의 구조 단위

액틴 Actin 근육 수축을 일으키기 위해 마이오신과 함께 작용하는 가늘고 끈 같은 근섬유

마이오신 Myosin 근육 수축을 일으키기 위해 액틴과 함께 작용하는 두꺼운 근필라멘트

근육 균형 Muscle balance 관절을 둘러싼 모든 근육이 최적의 길이-장력 관계를 가질 때 관절이 중립 위치에 놓일 수 있다.

변형된 길이-장력 관계 Altered length-tension relationship 근육의 휴식 길이가 너무 짧거나 길면 근육이 생성할 수 있는 힘의 양은 줄어든다.

상호억제 Reciprocal inhibition 주동근이 수축 신호를 받으면 기능적 길항근 또한 억제 신호를 받아 길어지게 한다.

변형된 상호억제 Altered reciprocal inhibition 과활성화된 주동근이 기능적 길항근에 대한 신경 자극을 감소시킬 때 발생한다.

근육 불균형 Muscle imbalance 관절의 양쪽에 있는 근육이 변형된 길이-장력 관계를 가질 때 발생한다.

중립 위치 Neutral position 전체 관절가동범위를 통해 효율적으로 기능할 수 있도록 하는 관절의 최적 휴식 위치

신장-단축 주기 Stretch-shortening cycle 빠른 단축성 수축을 위해 근육에 신장성 부하를 가한다.

연속된 탄성 요소 Series elastic component 탄성 에너지를 저장하는 근육과 힘줄의 스프링과 같은 비수축성 요소

아모티제이션 단계(전환 단계) Amortization phase 신장-단축 주기 동안 신장성 저장 단계에서 단축성 방출 단계로 전환되는 단계

신전 반사 Stretch reflex 근육이 과도하게 늘어나는 것을 방지하기 위해 근육을 수축시키는 근방추의 신경학적 신호

통합 수행 패러다임 Integrated performance paradigm 효율적으로 움직이기 위해서는 힘을 감속(신장성)하고 안정화(등척성)한 다음, 가속(단축성)해야 한다.

예를 들어, 뎁스 점프(depth-jump)를 잘하는 방법은 상자에서 뛰어내리고 착지할 때 바로 스쿼트 자세로 떨어지는 것이다. 이 스쿼트 자세로 이동하면 직렬 탄성 구성 요소를 통해 탄성 충돌 에너지가 저장되고, 저장된 탄성 에너지가 단축성 수축과 결합해 점프를 더 강력하게 구현한다. 아모티제이션 단계가 길어지면 저장된 에너지가 소멸되고, 신경 신전 반사(stretch reflex)가 최적으로 활성화되지 않으며, 단축 단계가 덜 강력하다.

신장-단축 주기의 개념은 감속에서 가속으로 반복적으로 전환해야 하는 민첩성 트레이닝에서도 적용될 수 있다. 이 전환은 신장-단축 주기이며, 근육 작용을 신장성(하중)에서 등척성(전이)으로, 그리고 단축성(비부하)으로 빠르게 역전시키는 것이다. 본질적으로 근육에 신장성 장전을 할 때마다 탄성력은 더 강력한 단축성 수축을 제공하기 위해 전이되고 방출된다.

지식 확장하기

역도 세계에서, 벤치 프레스에서 경쟁하는 선수들은 대개 바벨을 다시 들어올리기 전에 가슴을 향해 역기를 빠르게 내렸다가 든다. 이 기술은 위험하기 때문에 일반적으로 운동하는 사람들에게는 권장되지 않지만, 상승의 단축 단계에 약간의 힘을 더하기 위해 통합 수행 패러다임을 사용하는 방식이라고 할 수 있다.

힘-속도 곡선

힘-속도 곡선(force-velocity curve)은 힘과 속도의 반비례 관계를 설명하며, 다양한 수축 속도에서 장력을 생성하는 근육의 능력을 나타낸다. 단축성 근육 작용 속도가 증가할수록 힘을 생산하는 능력은 감소하고, 단축성 근육 수축 속도가 감소하면 힘을 생산하는 능력은 증가한다(Levangie et al., 2019).

예를 들면, 헤비 바벨 백 스쿼트(heavy barbell back squat)를 하는 동안 근육은 많은 양의 힘을 생산한다. 하지만, 움직임은 다소 느리다. 반대로, 스쿼트 점프 운동 중에는 움직임의 속도는 높지만, 힘 출력은(헤비 바벨 백 스쿼트에 비해) 낮다.

신장성 근육 작용 동안, 수축 속도가 증가함에 따라 힘을 발생시키는 능력도 증가한다. 이는 신장-단축 주기의 저장 단계와 유사한 근육 주변 및 근육 내 결합 조직의 탄성 요소 사용의 결과로 생각된다(Hamill & Knutzen, 2003; Radnor et al., 2017). 간단히 말해서, 신장성 수축 속도가 빠를수록 근육이 감속할 수 있는 힘은 늘어난다. 신장성 및 단축성 수축 속도 간의 반대 관계와 이들이 생성하는 힘의 양을 그래프로 나타내면 힘-속도 곡선으로 나타낼 수 있다(그림 7-17).

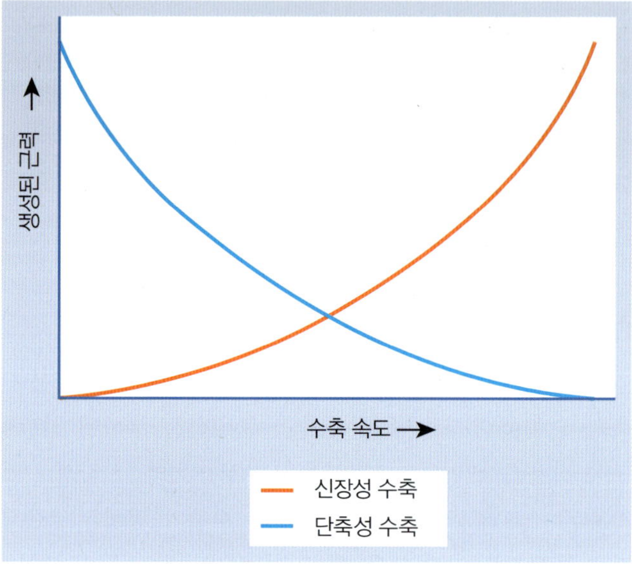

그림 7-17 힘-속도 곡선

짝힘 관계

근육은 **힘줄(tendons)**이라고 하는 결합 조직을 통해 뼈로 전달되는 힘을 만들어 낸다. 근육은 그룹으로 동원되어 각각의 뼈에 힘을 전달하고 관절의 움직임을 만들어 낸다. 이렇게 관절 주위에서 움직임을 생성하기 위한 여러 근육의 상호 시너지 작용을 **짝힘 관계(force-couple relationship)**라고 한다(Levangie et al., 2019).

짝힘 관계의 근육은 서로 연결된 뼈 또는 갈라진 뼈에 당기는 힘을 만든다. 즉, 각 근육은 서로 다른 부착 지점을 가지고 있고, 다른 각도로 당기고, 그 관절에 다른 힘을 생성한다. 서로 다른 힘의 조합에서 발생하는 운동은 관절의 구조와 관련된 각 근육이 집단적으로 당기는 힘에 달려 있다(Levangie et al., 2019). 예를 들어, 중간등세모근(trapezius), 아래등세모근 및 앞톱니근(serratus anterior)은 모두 어깨 벌림(abduction)을 돕기 위해 다른 방향으로 어깨뼈를 당긴다(그림 7-18).

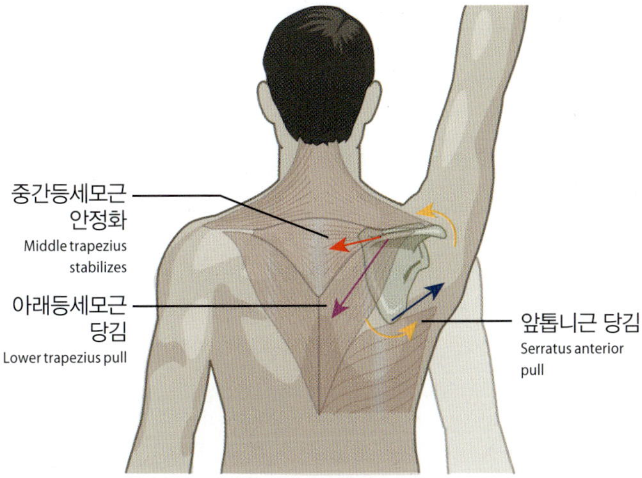

그림 7-18 짝힘 관계의 예시-어깨 벌림

> **중요**
>
> 근육은 힘줄을 통해 뼈와 연결되어 있다. 근육이 수축할 때 근육의 힘줄은 관절 운동을 만들기 위해 각각의 뼈를 잡아당긴다. 근육은 각각의 뼈만 잡아당길 수 있고, 능동적으로 밀어낼 수 없다.

그러나 실제로 발생하는 모든 동작은 적절한 관절 운동을 보장하고 원치 않거나 불필요한 동작을 제거하기 위해 모든 근육 운동(신장성, 등척성, 단축성)과 모든 기능(주동근, 협력근, 안정근, 길항근)이 함께 작용해야 한다. 또한 원하는 움직임을 만들어 내기 위해 함께 작용하는 모든 근육은 짝힘 관계로 작동한다(Levangie et al., 2019).

HMS가 제대로 가동되려면 관절 주위에 적절한 짝힘 관계가 있어야 하는데, 이는 근육이 올바른 길이-장력 관계에 있고, 관절에 적절한 관절운동학이 있는 경우에만 발생한다. 요약하면, 근육의 적절한 길이-장력 관계는 관절에서 적절한 자세와 움직임이 일어나도록 하며, 이는 차례로 가장 효율적인 움직임을 만들어 내는 짝힘 관계를 만든다(Levangie et al., 2019).

신체의 근육 체계

근육은 관절 주변의 짝힘 관계에서 함께 작동할 뿐만 아니라 세 가지 운동면 모두에서 움직임을 안정화하고 생성하도록 하는 상호 연동 시스템 네트워크를 형성한다. 이러한 체계에는 소/대 근육 시스템이라고 알려진 두 가지 중요한 범주가 있다.

국소 근육 시스템

국소 근육(local muscle)은 일반적으로 척추 위나 근처에 부착되며, 주로 몸통을 안정화시키는 역할을 한다. 국소 근육 시스템은 코어의 내부 단위로 구성되며, 돌림근(회전근, rotatores), 뭇갈래근(다열근, mutifidus), 배가로근(복횡근, transversus abdominis), 가로막(횡격막, diaphragm), 골반기저근(골반바닥근, pelvic floor), 허리네모근(요방형근, quadratus lumborum)이 있다. 이러한 근육들 중 대부분은 능동적으로 수축될 수 있고, 피드-포워드 활성화(feed-forward activation)로 알려진 신경학적 과정인, 팔다리 또는 몸통의 움직임을 예상하여 자동으로 활성화될 수 있다(Masse-Alarie et al., 2012; Okubo et al., 2010). 국소 근육 시스템은 척추에 분절 안정화 효과를 제공하는 것으로 보인다(Okubo et al., 2010). 이 때문에 일부에서는 이것을 단순히 코어의 안정화 시스템이라고도 한다.

> **지식 확장하기**
>
> 요통 환자들 사이에서 배가로근(transversus abdomins) 및 배속빗근(internal oblique)의 피드-포워드 안정화 효과가 지연된다는 근거가 있다(Masse-Alarie et al., 2012). 이런 내재적 코어 안정화 근육들은 과활성의 엉덩관절 굽힘근(hip flexors)이 있는 사람들에게서 자주 과소 활성화되어 골반과 허리 아치의 전방 경사를 유발한다.

그러나 **관절 지지 시스템(joint support system)**으로 알려진 신체의 다른 영역에서 체계적으로 함께 작용하는 안정화 짝힘(stabilization force-couples) 시스템도 있다는 점에 유의해야 한다. 예를 들어, 어깨의 회전근개는 오목위팔관절(어깨)의 안정화를 지원하는 것과 유사한 방식으로 기능하는 근육 그룹이다(Day et al., 2012).

힘줄 Tendon 근육과 뼈를 연결하는 섬유질 결합 조직

짝힘 관계 Force-couple relationship 관절 주위에서 움직임을 만들어내기 위해 함께 작용하는 여러 근육의 협력적 작용

관절 지지 시스템 Joint support system 척추의 말단 관절에 위치한 근육 안정화 시스템

대근육 시스템

대근육 시스템(global muscular system)은 움직임을 시작하고 하나 이상의 관절에 걸쳐 기능하는 더 큰 근육들로 구성되어 있다(Okubo et al., 2010). 이 근육들은 일반적으로 더 크고, 밀기·당기기·쪼그려 앉기·걷기와 같은 많은 기능적인 움직임에서 주동근 역할을 한다. 이런 이유로 대근육 시스템을 일반적으로 움직임 시스템이라고 부른다. 대근육의 예로는 배곧은근(abdominis), 척주세움근(erector spinae), 넓은등근(latissimus dorsi) 등이 있다.

대근육 시스템의 주요 상호 연결 기능은 LPHC를 통해 힘을 전달하여 가능한 한 가장 효율적인 움직임을 만드는 동시에, 몸이 움직일 때 몸통과 척추를 보호하기 위한 추가적인 역할을 한다. 움직임 시스템의 근육이 동시에 어떻게 함께 작용하는지를 더 잘 설명하기 위해, 대근육 보조 시스템은 깊은 세로(deep longitudinal), 뒤쪽 사선(posterior oblique), 앞쪽 사선(anterior oblique) 및 측면 보조 시스템(lateral subsystems)이 포함된 하위 시스템으로 분류할 수 있다. 이러한 근육 보조 시스템은 국소적 상호 의존성의 기능적 요소뿐만 아니라 짝힘 관계의 필수 확장을 강조한다. 이러한 보조 시스템이 없으면 정상적인 움직임이 손상되어 부상 위험이 따르고, 수행력이 떨어진다. 각 보조 시스템은 신체의 왼쪽과 오른쪽이 서로 대칭된다.

깊은 세로 보조 시스템

깊은 세로 보조 시스템(deep longitudinal subsystem, DLS)에는 다리 아래 근육, 햄스트링 및 등 허리 부분의 근육이 해당된다(그림 7-19). 함께 시너지 효과를 발휘하는 이 근육들은 걸음(걷기, 달리기) 중에 땅의 반작용력을 흡수하고 제어하는 수축 긴장을 만들어낸다. 예를 들면, 달리기에서 발뒤꿈치를 딛기 전후에 넙다리두갈래근(햄스트링)의 긴머리가 신장성 수축하여 무릎 확장을 줄인다. 햄스트링이 골반에 붙어 있기 때문에 힘은 등 허리 근육(척주세움근)으로 전달된다. 따라서 다리 발목 근육, 햄스트링, 허리 사이의 국소적 상호 의존성이 강화된다.

뒤쪽 사선 보조 시스템

뒤쪽 사선 보조 시스템(posterior oblique subsystem, POS)은 넓은등근, 등허리근막(허리의 연결 조직), 반대쪽 큰볼기근으로 구성된다. [그림 7-20]은 넓은등근(latissums)과 반대쪽 큰볼기근(gluteus maximus)이 엉치엉덩관절(sacroiliac joint, 엉치뼈와 엉덩뼈 사이의 관절)을 가로질러 대각선을 형성하는 구조를 보여준다. POS 근육들이 수축

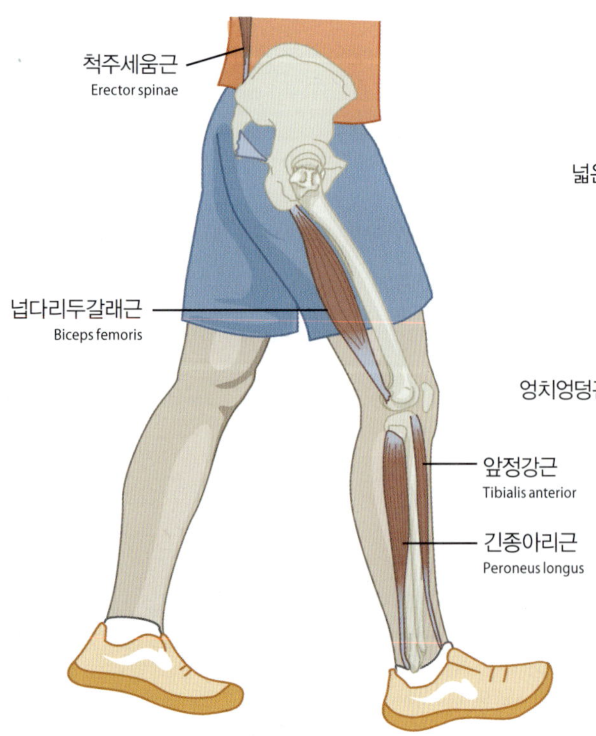

그림 7-19 깊은 세로 보조 시스템(DLS)

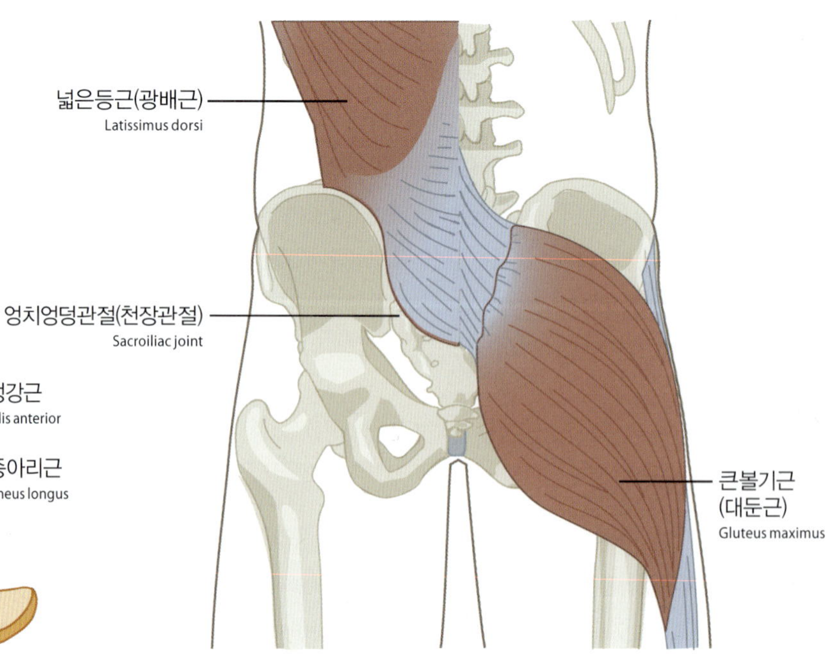

그림 7-20 뒤 사선 보조 시스템(POS)

하면 등허리근막(thoracolumbar fasica)을 가로질러 당기는 힘과 엉치엉덩관절의 안정화하는 힘이 만들어진다. 신체의 왼쪽과 오른쪽 모두에서 대칭으로 일어날 때, POS는 엉치엉덩관절을 가로질러 X자를 형성해 안정화 효과로 이어지는 분산 긴장을 만들어내는 것을 볼 수 있다.

이 시스템은 큰볼기근과 넓은등근이 신장성 장전을 하기 때문에 발뒤꿈치가 닿기 직전 또는 걷는 동안에 DLS와 함께 작동한다(Levangie et al., 2019). 큰볼기근과 넓은등근의 짝힘 관계가 여기서 강조되며, 아울러 LPHC(허리-골반-엉덩관절 복합체) 전체에 안정화의 기능적 요소를 제공한다. 나아가 LPHC, 등 중간 부분 및 상부의 국소적 상호 의존성은 POS 근육 구조의 상호 작용에 의해 강조된다.

앞쪽 사선 보조 시스템

앞쪽 사선 보조 시스템(anterior oblique subsystem, AOS)은 POS와 거의 비슷하며, 차이는 단지 신체의 앞쪽에 있다는 것이다. 이 시스템의 근육에는 배속빗근(internal obliques), 배바깥빗근(external obliques), 모음근 복합체, 엉덩관절바깥돌림근이 있다. 신체 전면에 걸쳐 만들어진 X자 패턴 때문에(그림 7-21), 배빗근(obliques)과 반대쪽 모음근(adductors, 내전근)은 이 보조 시스템을 가장 일반적으로 시각화한 것이라 할 수 있다. AOS는 몸통에서부터 골반을 통과해 엉덩이까지 안정성을 만들어 내고 회전 운동에 기여한다. AOS와 POS는 수평면에서 회전력 생산을 가능하게 하는 큰-짝힘(global force-couple)으로서 함께 작동한다.

> **지식 확장하기**
>
> 정상적인 걷기과 달리기를 할 때, 골반은 수평면에서 회전하는데, 이러한 움직임은 다리와 허벅지가 시상면에서 앞으로 전진하도록 하는 걸음 유각기(swing phase)에 필요한 운동량을 촉진한다.

측면 보조 시스템

측면 보조 시스템(lateral subsystem, LS)은 중간볼기근(중둔근, gluteus medius)과 안쪽 넙다리 근육(모음근, adductors), 반대쪽 허리네모근(요방형근, quadratus lumborum)으로 구성되며, 모두 이마면에서 움직임을 만들어낸다(그림 7-22). 이 근육들은 함께 움직이는 동안 LPHC(허리-골반-엉덩관절 복합체)의 이마면(좌우측면)의 안정화를 꿰하고 유지하는 역할을 맡는다.

LS는 걸음, 달리기, 런지와 같이 외발 자세 단계(입각기)가 필요한 수많은 활동 중에 기능한다. 또한, 활동 중 비정상적 또는 올바르지 않은 이마면 이동 패턴을 방지하기 위해 하체에 안정성을 제공한다. 예를 들어, LS는 스쿼트를 하는 동안 올바르지 않은 엉덩이 및 허벅지 모음을 방지한다(Kolber et al., 2017). 부적절하게 작동하는 LS는 이마면에서 적절한 하체 정렬을 유지할 수 없는 사람(스쿼트 중에 무릎이 안쪽으로 무너짐)에게서 많이 나타난다(Kolber et al., 2017).

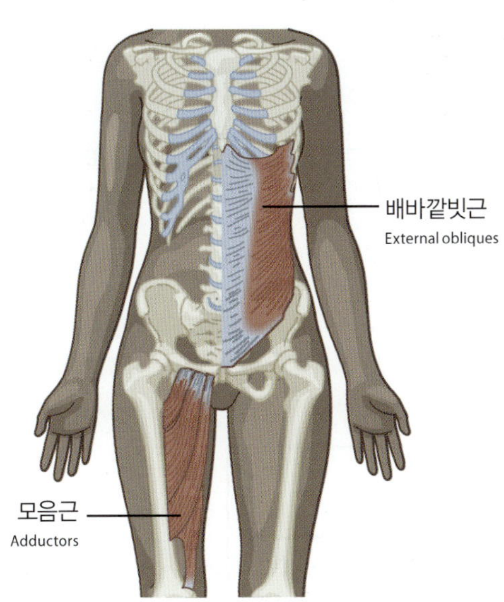

그림 7-21 앞 사선 보조 시스템(AOS)

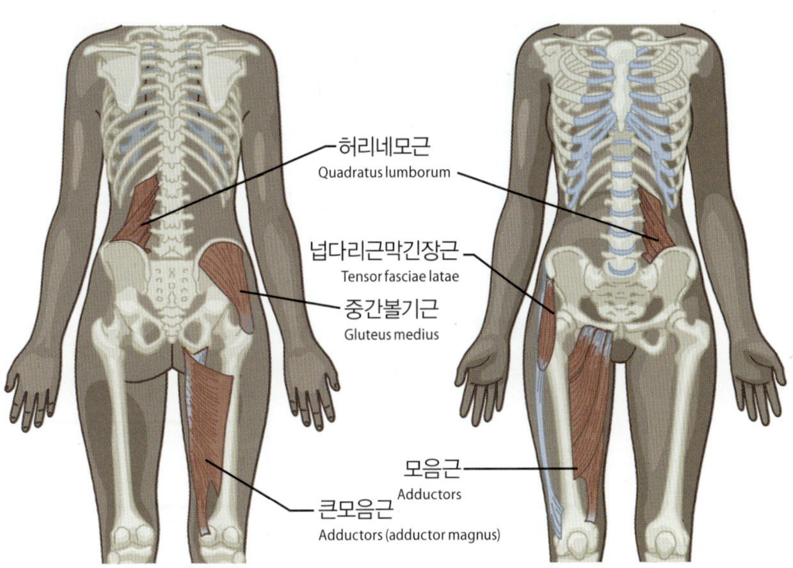

그림 7-22 측면 보조 시스템(LS)

보조 시스템 조정

이러한 보조 시스템들은 개별적으로 설명되었지만, 움직임 중에 조정되고 복잡해지는 동작을 인식하는 것이 중요하다. 신체가 활동하는 동안, 보조 시스템은 시너지 효과를 발휘하여 효율적인 움직임을 수행하고, 척추와 골반을 안정화시킨다.

비록 보조 시스템이 근육 작용의 맥락에서만 설명되었지만, 피트니스 전문가는 모든 움직임이 신경계와 골격계에도 의존한다는 것을 기억해야 한다. 신경계의 모든 근육이 적절한 길이-장력 관계를 가지고 있더라도, 관절 기능이 모자라거나 적절한 신호를 제공하지 못한다면 잠재적으로 부적절한 운동 패턴이 발생할 수 있다.

근육 지렛대와 운동형상학

HMS가 생산할 수 있는 힘의 양은 운동 단위 동원과 근육 크기뿐만 아니라 관절의 지렛대 시스템에도 의존한다. 근골격계는 뼈, 근육, 힘줄, 및 인대로 구성되며, 이 모든 요소가 외부 물체에 대해 힘을 발생시키는 일련의 지렛대와 도르래를 만든다.

골격근은 힘줄에 의해 뼈에 부착되어 있고, 가동 관절에서 골격을 구부림으로써 움직임을 만들어낸다. 관절 운동은 근육이 뼈를 잡아당겨서 생긴다는 것을 기억하자. 근육은 스스로 밀어낼 수 없다. 뼈에 근육이 특정하게 부착되어 근육이 만들어낼 수 있는 힘의 양을 결정한다. 예를 들면, 넙다리근은 손의 근육보다 더 많은 힘을 낼 수 있다.

대부분의 동작은 지렛대의 원리를 사용한다. 지렛대는 고정된 받침점(피벗 점 또는 지렛목)을 중심으로 회전하는 단단한 막대로 되어 있다. 인체에서 받침점은 관절 축이며 뼈는 지렛대이다. 근육은 움직임을 만들고(힘), 저항은 신체 부위의 무게 또는 물체의 무게이다(Hamill & Knutzen, 2003; Levangie et al., 2019).

지렛대는 받침점, 힘 및 저항 사이의 관계에 따라 제1종, 제2종, 제3종으로 분류된다(그림 7-23). 제1종 지렛대는 시소처럼 가운데에 받침점이 있다. 머리를 끄덕일 수 있는 것은 척추 최상단에 받침점이 있어서이며, 이것은 제1종 지렛대의 예가 된다(Levangie et al., 2019).

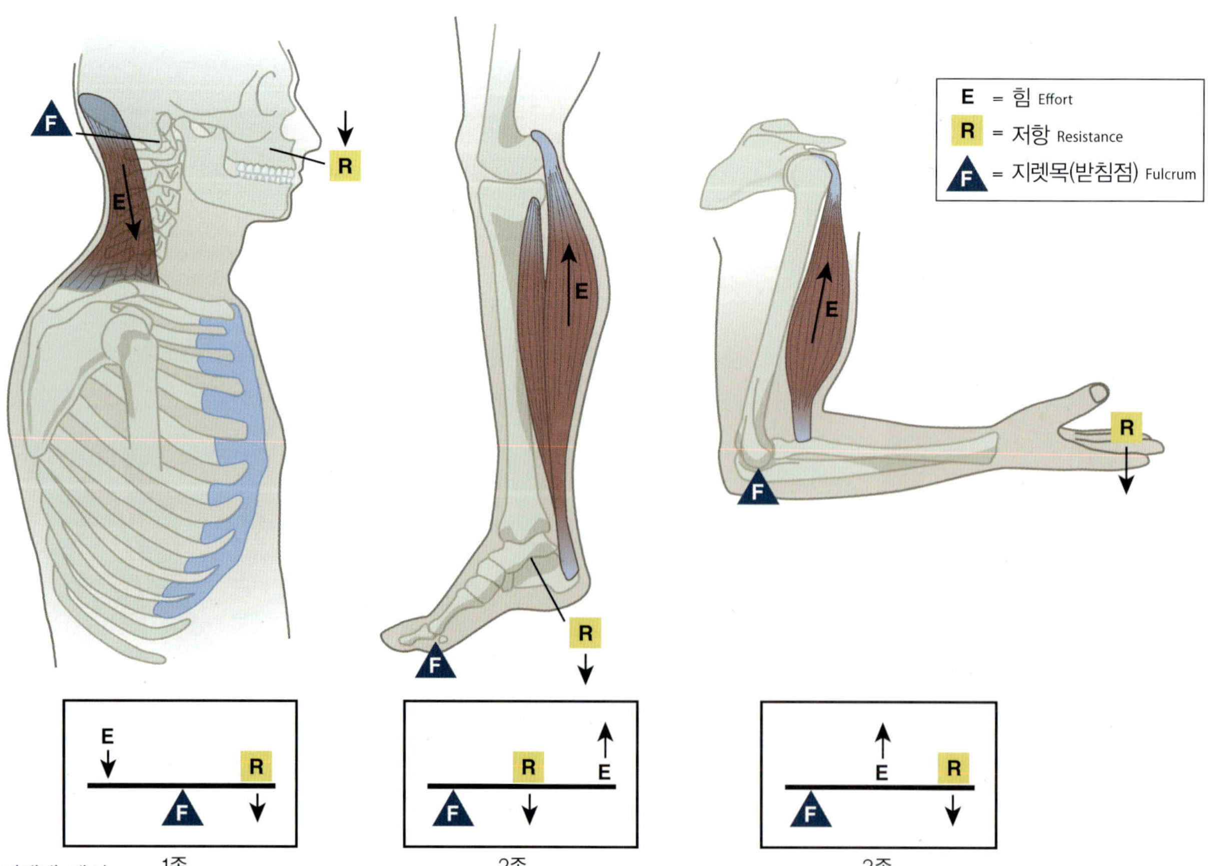

그림 7-23 지렛대 예시

제2종 지렛대는 축과 바퀴가 받침점인 외바퀴 손수레에서의 하중과 유사하게, 양쪽에 받침점과 힘이 있고 가운데에 저항이 있다. 전신 푸시업이나 카프 레이즈 등을 할 때 신체는 2종 지렛대 역할을 한다. 카프 레이즈 운동을 예로 들자면 발볼은 받침점이고, 몸무게는 저항이며, 힘은 장딴지 근육 조직에 의해 가해진다(Levangie et al., 2019).

제3종 지렛대는 저항과 받침점 사이에 힘을 가한다. 힘은 저항과 거리가 짧을수록 작아지며 저항보다 항상 커야 한다. 인체의 팔다리는 대부분 제3종 지렛대로 작동한다. 제3종 지렛대로는 팔뚝이 있다. 받침점은 팔꿈치이고, 힘은 위팔두갈래근에 의해 가해지고, 하중은 바이셉스 컬을 수행할 때의 덤벨처럼 손에 가해진다. 제3종 지렛대의 또 다른 예는 스탠딩 햄스트링 컬에서 나타나는데, 무릎 관절이 받침점이고, 햄스트링 근육은 힘, 저항은 발목에 있다.

유용한 힌트

지렛대를 기억하려고 할 때 F–R–E–1–2–3을 생각해 보라. 이것은 받침점(Fulcrum)은 제1종 지렛대 중간에 있고(F, 1), 저항(Resistance)은 제2종 지렛대의 중간에 있고(R, 2), 힘(Effort)은 제3종 지렛대의 중간에 있다(E, 3)는 의미이다.

HMS의 원리에 지렛대의 개념을 적용하면 뼈는 근육이 가하는 힘으로 하중을 움직이는 지렛대 역할을 한다. 축 주위의 이러한 움직임은 **회전 운동(rotary motion)**이라 할 수 있으며, 이것은 뼈가 관절 주위로 회전함을 의미한다(Hamill & Knutzen, 2003; Levangie et al., 2019). 접합부의 이러한 회전 효과를 '**토크(torque, 회전력)**'라고 한다(Hamill & Knutzen, 2003; Levangie et al., 2019). 토크(torque)는 물체가 축을 중심으로 회전하게 할 수 있는 힘의 양을 측정한 것이다. 토크는 힘, 지레팔의 길이, 힘 적용과 지레팔 사이의 각도에 따라 달라진다.

유용한 힌트

토크(torque)의 예를 들면 렌치를 사용하여 볼트를 푸는 것이 있다. 렌치는 지렛대 역할을 하며, 토크는 렌치에 가해지는 힘과 렌치 손잡이 길이의 곱이 된다. 렌치 손잡이의 길이를 늘리면 볼트에 가해지는 토크가 증가한다.

저항 트레이닝에서는 관절이 움직일 수 있도록 토크가 가해진다. 신경근계는 궁극적으로 힘을 조절하는 역할을 하기 때문에, 인체 움직임 시스템(HMS)이 가지는 지렛대의 양(어떤 주어진 움직임에 의해)은 저항과 관련된 근육의 지렛대에 따라 다르다. 무게에서 관절의 중심까지의 거리, 근육 부착, 당기는 선의 차이가 근육이 움직임을 조작하는 효율성을 결정한다(Hamill & Knutzen, 2003; Levangie et al., 2019).

힘줄을 통해 부착 부위나 근육의 당기는 선을 바꿀 수 없기 때문에, 관절에서 생성되는 토크의 양을 바꾸는 가장 쉬운 방법은 저항을 움직이는 것이다. 즉, 중량이 회전점에 가까울수록 토크가 감소한다(그림 7-24). 중량이 회전점에서 멀어질수록 토크가 커진다. 생체역학적 관점에서 볼 때, 체중이 작용하는 관절로부터의 거리는 체중을 이동하는 데 필요한 근육의 힘을 직접적으로 결정한다(Levangie et al., 2019). 즉, 거리가 멀수록 근육이 더 많이 일해야 하기 때문에 근육의 활성화가 커진다는 의미이다.

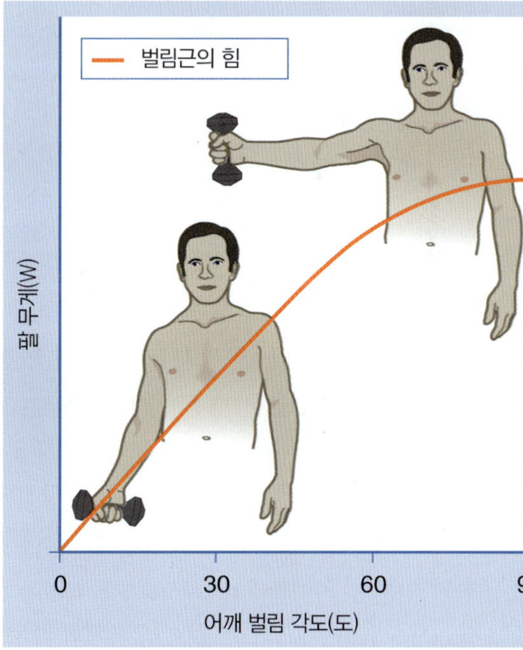

그림 7-24 하중과 토크 관계

회전 운동 Rotary motion 관절 주위 뼈의 움직임

토크(회전력) torque 회전을 일으키는 힘. 일반적인 측정 단위는 뉴턴 미터(Nm)이다.

예를 들어, 덤벨을 팔 길이만큼 옆으로 똑바로 잡을 때(어깨 벌림), 무게는 어깨 관절의 중심에서 약 24인치(61cm) 정도일 것이다. 어깨 벌림의 주동근은 어깨세모근(삼각근)이다. 그것의 부착물이 관절 중심에서 약 2인치(5cm) 떨어져 있으면 22인치(11배)의 차이가 난다. 그러나 무게가 관절 중심, 즉 팔꿈치로 더 가까이 이동하면 저항은 관절 중심에서 약 12인치밖에 되지 않는다. 그 차이가 10인치(5배)이다. 기본적으로 무게는 절반으로 줄었다.

덤벨로 사이드 래터럴 레이즈를 하는 많은 사람은 별 생각 없이 팔꿈치를 구부리고 무게를 어깨 관절에 더 가까이 가져가는데, 이것은 실수이다. 피트니스 전문가들은 인체 움직임 시스템(HMS)에 가해지는 토크를 줄임으로써 너무 부담이 큰 운동에 대해서는 강도를 줄이고, HMS에 가해지는 토크를 증가시켜 더 많은 요구를 가함으로써 강도를 높일 수 있다.

시도하기

옆으로 누워서 다리 위쪽의 발목관절에 무게를 싣고 허벅지를 벌린다. 이제 무릎에 무게를 싣는 것을 반복하라. 움직이는 관절(엉덩관절)의 중앙으로 저항을 더 가까이 이동시킬 때, 엉덩관절을 벌리는 것이 얼마나 쉬운지 확인하라. 그 이유는 중량을 관절 쪽으로 더 가까이 이동시키면 필요한 토크의 양이 감소하기 때문이다.

운동 행동

운동 행동(motor behavior)은 내부 및 외부의 환경 자극에 대한 HMS 반응이다. 운동 행동에 대한 연구는 신경계, 골격계, 근육계가 내외부 환경의 감각 정보를 사용하여 숙련된 움직임을 만들어내기 위해 상호 작용하는 방식을 조사한다. 운동 행동 연구는 운동 제어, 운동 학습, 운동 발달에 대한 집합적 연구를 의미한다(Schmidt & Lee, 1999).

운동 조절(motor control)은 의도적으로 통제된 움직임을 시작하고 교정하는 능력이며, 감각 정보를 이전 경험과 동화 및 통합하기 위해 중추신경계가 사용하는 메커니즘이다(Newton, 2003; Rose, 1997). 운동 조절은 움직임을 만들어내는 운동 행동과 관련된 중추신경계 구조와 연관이 있다(Rose, 1997).

운동 학습(motor learning)은 이러한 과정을 연습과 경험에 사용하는 것으로, 숙련된 동작을 만들어내는 능력에 비교적 영구적 변화를 가져온다(Schmidt & Wrisberg, 2000). 새로운 신체 기술을 배우고 연습할 때마다 운동 학습이 일어난다.

운동 발달(motor development)은 일생에 걸쳐 일어난 운동 행동의 누적된 변화로 정의된다(Gabbard, 2008). 본질적으로 개인의 운동 발달은 유아기 때 처음으로 몸을 구르는 것에서부터 성인기 및 그 이후에 운동 경기를 위해 복잡한 동작을 수행하는 것까지, 평생 동안 배운 모든 신체적 능력을 나타낸다.

운동 조절

조직적이고 효율적인 방식으로 움직이기 위해 HMS는 집합적인 부분들을 정확하게 통제해야 한다. 이 분절 제어는 적절한 운동 반응을 생성하기 위해 신경계, 골격계 및 근육계의 구성 요소를 통합하는 과정이다. 이 과정과 이러한 움직임에 대한 연구를 운동 제어라고 하며, 숙련된 운동 반응을 만들어내기 위해 내외부 감각 정보를 통합한다. 이를 위해 중추신경계가 사용하는 관련 구조와 메커니즘에 초점을 맞춘다.

운동 제어는 운동 행동과 관련된 신경 구조와 이것이 움직임을 생성하는 방법에 관한 것이다(Coker, 2004; Nordin et al., 2017; Rose, 1997; Schmidt & Wrisberg, 2000). 본질적으로 운동 학습과 발달은 개인이 적절한 운동 제어를 하기 위해 필요하다. 피트니스 전문가는 운동 및 피트니스 활동 중에 적절한 설명을 통해 고객의 운동 제어 능력 개발에 중요한 역할을 수행한다.

근육 시너지

운동 조절에서 가장 중요한 개념 중 하나는 근육이 근육 시너지(muscle synegies, 근육 협력 작용)로 알려진 그룹의 신경계에 의해 동원된다는 것이다(Newton, 2003; Rose, 1997; Singh et al., 2018). 단 하나의 근육만 단독으로 활성화되는 경우는 절대로 없다. 근육 시너지는 근육과 관절이 기능적 단위로 작동하도록 하여 움직임을 보다 효율적으로 제어한다(Bizzi & Cheung 2013).

근육 시너지는 주어진 운동 패턴에 대한 주동근과 협력근 역할 간의 상호 작용 관계를 나타낸다. 적절한 운동 기술과 형식을 연습함으로써 이러한 시너지 효과는 더욱 능숙해지고 자동화된다. [표 7-3]은 일반적인 웨이트 트레이닝에 대한 근육 시너지를 보여준다.

표 7-3 일반 운동을 위한 근육 시너지

운동	근육 시너지
스쿼트	주동근: 넙다리네갈래근(qusdriceps), 큰볼기근(gluteus maximus) 협력근: 햄스트링 복합체(hamstrings complex) 안정근: 배가로근(transvers abdominis)
숄더 프레스	주동근: 어깨세모근(detoids) 협력근: 위팔세갈래근(triceps brachii) 안정근: 회전근개(rotator cuff)
벤치 프레스	주동근: 큰가슴근(pectoralis major) 협력근: 위팔세갈래근(triceps brachii), 앞어깨세모근(anterior deltoid) 안정근: 회전근개(rotator cuff)
시티드 로우	주동근: 넓은등근(latissimus dorsi) 협력근: 뒤어깨세모근(posterior deltoid), 위팔두갈래근(biceps brachii) 안정근: 회전근개(rotator cuff)

운동 행동 Motor behavior 내부 및 외부의 환경 자극에 대한 운동 반응

운동 조절 Motor control 중추신경계가 어떻게 내부와 외부의 감각 정보를 이전의 경험과 통합하여 운동 반응을 만들어내는지에 대한 것

운동 학습 Motor learning 연습과 경험을 통한 운동 제어 과정의 통합이며, 숙련된 운동 행동을 생산할 수 있는 역량은 상대적으로 영구적인 변화로 이어진다.

운동 발달 Motor development 일생 동안 시간이 지남에 따라 일어나는 숙련된 운동 행동의 변화

근육 시너지(근육 협력 작용) Muscle synergies 움직임을 생성하기 위해 중추신경계에 의해 동시에 동원되는 근육 그룹

기계적 수용기 Mechanoreceptors 조직 내의 기계적 힘(촉각 및 압력)에 반응한 다음, 감각 신경을 통해 신호를 전달하는 특수 구조

고유수용감각 Propriception 신체의 일반적인 방향과 부분의 상대적 위치를 자연스럽게 감지하는 신체의 능력

감각 운동 통합 Sensorimotor integration 알맞은 운동 반응을 수행하기 위해 감각 정보를 수집하고 해석하며 움직임을 실행하는 신경계와 근육계의 협력

고유수용감각

기계적 수용기(mechanoreceptors)는 고유수용감각(proprioception)이라고 알려진 형태의 감각 정보를 신경계에 집합적으로 공급한다. 고유수용감각은 기계적 수용기(즉, 근방추, 골지건기관, 관절 수용기)의 정보를 사용하여 근육과 관절의 힘과 관련된 신체 위치, 움직임, 감각에 대한 정보를 제공한다(Newton, 2003). 고유수용감각은 신경계가 가장 효율적이고 정확한 움직임을 생성하기 위해 환경에 대한 정보를 수집하는 데 사용하는 정보의 중요한 원천이다.

예를 들어, 고유수용감각이 러너(runner)에게 안쪽번짐(inversion) 부상을 피하기 위해 발목 근육을 수축시키라는 신호를 입력할 수 있다. 고유수용감각은 부상을 예방하는 데 도움이 될 수 있지만, 부상 후에는 고유수용감각의 변화가 일어난다는 것이 연구에서 밝혀졌다. 이러한 사실은 현재 많은 헬스클럽 회원들이 과거의 부상으로 인해 고유수용감각을 변화시켰을 수 있다는 것을 의미한다. 이것은 또한 개인의 고유수용감각 능력을 향상시키기 위해 코어 및 균형 트레이닝을 해야 하는 근거가 된다.

시도하기

눈을 감고 의자에 앉아라. 다음으로 오른 팔을 머리 위로 들어 올린 다음, 팔로 작은 원운동을 5회 실시하라. 멈추고 눈을 떠보라.

팔이 한 일에 대해 어떻게 이해할 수 있는가? 오른팔이 움직이는 동안, 우리는 그 팔을 볼 수도, 냄새를 맡을 수도, 맛볼 수도, 들을 수도, 또는 만질 수도 없었지만, 팔이 무엇을 하고 있는지에 대해 내부적으로 감지할 수 있었다. 이 내부 감각이 바로 고유수용감각(proprioception)이다.

감각 운동 통합

감각 운동 통합(sensorimotor integration)은 감각 정보를 수집해 해석하고 적절한 운동 반응을 선택하여 실행하는 신경계의 능력이다(Biedert, 2000; Drury, 2000; Janda & Va Vrova, 1996; Levangie et al., 2019; Rose, 1997). 이 정의는 신경계가 궁극적으로 움직임을 지시한다는 것을 의미한다. 신경계 기능에는 중추신경계와 말초신경계뿐만 아니라 근건 구조(musculotendinous structures) 및 비수축 조직(인대와 캡슐)과의 통합이 포함된다는 것을 알아야 한다.

가령, 운동하는 동안 근육이 활성화되고 움직임이 일어난다. 움직임은 신경계에서 근육으로 신경이 입력되면서 발생한다. 또한, 발생하는 움직임은 근육 수용체뿐만 아니라 관절 자체의 수용체들을 활성화시켜 신경계에 피드백을 제공하고, 움직임에 영향을 줄 수 있다.

감각 운동 통합은 전달되는 감각 정보의 질이 좋다면 효과적이다(Janda & Va Vrova, 1996; Levangie et al., 2019). 부적절한

방식을 사용하여 트레이닝하는 사람은 중추신경계에 부적절한 감각 정보가 전달되어 보상 작용 및 잠재적 부상을 초래할 수 있다. 따라서, 적절하게 설계된 운동 프로그램을 만들고, 고객이 항상 올바른 기술로 트레이닝하도록 장려하는 것이 중요하다. 예를 들어, 어깨를 둥글게 만들면서 계속 체스트 프레스를 수행하면, 근육의 길이-장력 관계, 짝힘 관계 및 관절 운동학 변경으로 이어져 결국 어깨 손상으로 이어질 수 있다.

운동 학습

운동 학습은 운동 제어 과정을 연습 및 경험과 통합하여 숙련된 동작을 생성하는 능력으로, 비교적 영구적 변화를 일으킨다(Levangie et al., 2019; Rose, 1997; Schmidt & Lee, 1999). 운동 학습에 대한 연구는 움직임이 어떻게 학습되고 유지되는지를 살펴본다. 운동 학습은 자전거를 타거나 야구공을 던지거나 피아노를 치는 등 신체가 수행할 수 있는 모든 육체적 움직임을 연습할 때 일어난다.

모든 경우에서 적절한 연습과 경험은 동작을 효율적으로 수행할 수 있는 능력에 영구적인 변화를 가져온다. 움직임이 반복적으로 일어나기 위해서는 피드백 과정에서 HSM를 지원하기 위해 감각 정보와 감각 운동 통합이 필요하다. 본질적으로 신경계는 반복되는 활동으로부터 배우며, 새로운 움직임은 대부분 다듬어지거나 숙달되기 위해 더 많은 시간이 소요된다.

피드백

피드백(feedback)은 HMS가 운동 패턴의 영구적 신경 표현을 개발하는 데 도움을 주기 위해 감각 정보와 감각 운동 통합을 사용하는 것이다. 피드백은 효율적인 움직임을 가능하게 하며, 이는 두 가지 다른 형태의 피드백, 즉 내적(또는 감각) 피드백과 외적(또는 증강) 피드백을 통해 이루어진다.

내적 피드백

내적 피드백(internal feedback)은 신체가 감각 정보를 사용하여 움직임과 환경에 따라 어떻게 반응하는지를 모니터링하는 과정이다. 이는 주로 자율신경계를 통해 정보를 전달하는 신체의 내부 생물학적 구조(기계수용기)에서 비롯된다. 내적 피드백은 가이드 역할을 하며, 주어진 상황에서 적절한 힘, 속도 및 움직임 패턴의 진폭으로 인체 움직임 시스템(HMS)을 통제한다.

전달되는 감각 피드백이 정확한 정보인지 확인하기 위해, 운동할 때 적절한 방식을 사용하도록 고객에게 지시하여 최적의 감각 운동 통합을 가능하게 하는 것이 중요하다. 예를 들면, 햄스트링 스트레칭을 하는 동안, 스트레칭이 견딜 수 있는 한계에 도달했음을 느낄 수 있으므로 이때 과도한 스트레칭이 되지 않도록 움직임을 멈출 수 있다.

외적 피드백

외적 피드백(external feedback)은 공인 퍼스널 트레이너, 비디오 녹화, 거울 또는 심박수 모니터 등과 같이 외부에서 제공하는 정보를 말하는데, 이것은 효율적인 운동 학습이 이루어지도록 내적 피드백을 보완해준다. 외적 피드백은 완성된 움직임 패턴이 '좋았는지', '나빴는지'에 대해 내부적으로 느끼고 있는 것과 연관시킬 수 있도록 고객에게 정보를 제공한다.

외적 피드백의 두 가지 주요 형태는 결과에 대한 지식과 수행능력에 대한 지식이다(Rose, 1997; Schmidt & Lee, 1999; Schmidt & Wrisberg, 2000; Swinnen, 1996). 결과에 대한 지식은 움직임이 완료된 후 고객에게 수행 결과를 알리기 위해 사용된다. 결과에 대한 지식을 효과적으로 사용하고 적용하기 위해서는 피트니스 전문가와 고객 모두가 참여하는 것이 중요하다. 결과에 대한 지식의 예로는 피트니스 전문가가 고객에게 '스쿼트가 좋았다'고 말한 다음, 고객에게 자신들의 좋은 방식을 '느낄 수 있는지' 혹은 '볼 수 있는지'를 물어보는 것이다.

고객들이 결과에 대한 지식에 참여함으로써 그들의 움직임을 더 잘 알게 하고, 다른 형태의 감각 피드백을 증가시켜 보다 더 효과적인 운동 기술로 이어지도록 한다. 결과에 대한 지식은 각 동작 반복 이후, 몇 번의 반복 이후, 또는 한 세트가 완료된 후에 할 수 있다. 고객들이 원하는 운동 기술에 점점 익숙해지면 피트니스 전문가가 제공하는 결과에 대한 지식은 점점 줄어들게 된다. 결과에 대한 지식이 구현되면 **신경근 효율성(neuromuscular efficiency)**도 개선된다(Swinnen, 1996).

수행능력에 대한 지식은 운동 중 움직임의 질에 대한 정보를 제공한다. 예를 들어, 스쿼트를 하는 동안 고객의 발이 과도하게 바깥돌림하고, 무릎이 모아지고 있다는 것을 알아차린 후 고객에게 동작이 반복될 때마다 느낌이나 동작의 모습이 어떻게 다른지 물어보는 것이다. 수행능력에 대한 지식은 고객이 자신의 감각 과정에 참여하게 한다. 수행능력에 대한 지식은 동작에 능숙해질수록 적어진다(Swinnen, 1996).

이러한 형태의 외적 피드백을 통해 움직임의 오류를 줄이고 향후 효과적인 운동 결과를 가져올 수 있다. 이것들은 또한 동기 부여의 중요한 요소이기도 하다. 아울러 원하는 행동이 어떤 것인지를 알게 하는 추가적인 감각을 고객에게 길러준다. 고객들은 외적 피드백(특히 피트니스 전문가)에 의존하지 않는 것이 중요하다. 왜냐하면 외적 피드백은 내부 감각을 발달시키고 내부 동기를 기르는 데 장애가 될 수 있기 때문이다(Rose, 1997; Schmidt & Lee, 1999; Schmidt & Wrisberg, 2000; Swinnen, 1996). 외적 피드백의 과도한 사용은 감각 운동 통합 및 운동 학습, 궁극적으로는 움직임 패턴에 부정적인 영향을 미칠 수 있다.

피드백 Feedback 운동 학습에서 인체 움직임 시스템(HMS)을 돕기 위한 감각 정보와 감각 운동 통합의 사용

내적 피드백 Internal feedback 움직임과 환경에 어떻게 반응하는지 모니터링하기 위해 신체가 감각 정보를 사용하는 과정

외적 피드백 External feedback 내적 피드백을 보완하기 위해 피트니스 전문가, 비디오, 거울 또는 심박수 모니터 등과 같이 외부에서 제공하는 정보

신경근 효율성 Neuromuscular efficiency 신경계가 정확한 근육을 동원하여 힘을 생성하고, 힘을 줄이며, 세 가지 운동면 모두에서 신체 구조를 동적으로 안정화시키는 능력

요약

인체 움직임 시스템(HMS)은 매우 복잡한 시스템 및 보조 시스템 집합체로, 개인이 일상 생활 전반에 걸쳐 움직일 수 있도록 설계되었다. 정상적으로 움직이는 동안에는 인체의 근육계, 골격계 및 신경계가 통합된 광대한 네트워크가 필요하다. 새로운 움직임을 학습하려면 이러한 시스템의 협력 기능, 적절한 피드백 메커니즘, 그리고 비정상적인 움직임 패턴을 파악하는 능력이 중요하다. 움직임 패턴을 수정, 개발 및 발전시키기 위해서는 피드백 메커니즘에 대한 이해와 전통적인 운동을 보완하는 데 사용되는 생체역학적 원리에 대한 실무 지식이 있어야 한다.

제7장 리뷰

생체역학에 대한 연구는 신체가 움직이는 방식에 대해 내외부의 힘이 미치는 영향을 살펴본다. 신체를 이해하고 신체에 대해 효과적으로 소통하기 위해서, 피트니스 전문가는 다양한 해부학적 위치에 대한 용어를 잘 알고 있어야 한다. 각 운동면에서의 관절 운동뿐만 아니라 신체가 시상면, 이마면, 수평면에서 어떻게 움직이는지를 아는 것도 중요하다.

또한, 운동과 움직임은 주동근, 안정근, 길항근 및 짝힘에 관한 근육 기능에 기반하여 설명할 수 있다. 신체 운동의 초기 이해는 단순한 움직임의 속성을 인식하는 것에 기반하지만, 더 높은 수준의 이해를 위해서는 움직임과 힘의 전달을 수행할 때 근육 시스템의 협력적 기능에 통찰력을 제공하는 대근육 보조 시스템뿐만 아니라, 소/대근육 시스템에 대한 인식도 필요하다.

근육의 움직임에는 신장성, 등척성, 단축성의 세 종류가 있다. 각각의 근육은 기능뿐만 아니라 다른 근육과 어떻게 시너지 효과를 발휘하는지를 조사하기 위해 자세히 연구되어야 한다. 또한, 등속성 근육 작용은 일정한 속도로 일어나기 때문에 고가의 정교한 장비가 필요하다.

근육 움직임이나 수축의 유형에 따라 운동이나 움직임을 설명하는 것 외에도, 열린 사슬이나 닫힌 사슬과 같은 운동 환경이 핵심 특성에 대한 통찰력을 제공한다. 닫힌 사슬 운동은 여러 근육 그룹과 관절을 동원할 가능성이 높은 반면, 열린 사슬 운동은 특정 관절이나 근육을 고립시킬 가능성이 더 높다.

근육은 여러 방향에서 오는 외부 힘에 의해 영향을 받는다. 이를 보완하기 위해 근육은 뼈와 관절을 움직이는 짝힘 작용으로 알려진 그룹으로 상응하는 힘을 생성한다. 그러나 생성 가능한 힘의 양은 지렛대에 따라 달라진다. 지렛대는 회전 운동과 토크(torque)에 직접적으로 영향을 미치며, 지렛대를 수정하는 것은 운동 강도 상승(progression)이나 강도 하강(regression)의 수단으로 사용될 수 있다. 더 나아가 플라이오메트릭스(plyometrics)와 같은 상급 운동은 신장-단축 주기를 이용하여 근육과 힘줄의 기계적, 신경학적 특성을 활용해 힘을 생산하고 증가시킨다.

인체 움직임 시스템((HMS)의 각 시스템은 상호 의존적이다. 모든 부분과 프로세스는 움직임을 만들고 학습하기 위해

내외부 환경에서 정보를 수집하고 함께 작동해야 한다. 신체는 고유수용감각, 감각 운동 통합, 그리고 근육 간 협력으로 효율적인 움직임을 만든다. 그런 다음 반복적인 연습과 내외부 피드백을 통해 효율적인 움직임을 할 수 있게 된다.

제7장 하이라이트

- 운동은 시상면, 이마면, 수평면을 기반으로 하는 3차원으로 설명된다.
- 골운동형상학은 팔다리의 관찰 가능한 움직임을 설명하는 반면, 관절운동형상학은 관절 자체에서 일어나는 움직임을 설명한다.
- 움직임은 관련 의료 산업의 모든 직업에서 보편적인 생체역학 용어를 사용하여 설명된다.
- 시상면은 몸을 좌우로 이등분하는 상상의 선이다. 시상면의 운동에는 굽힘(flexion)과 폄(extension), 발과 발목의 발등굽힘 및 발바닥굽힘이 있다.
- 이마면은 몸을 앞뒤로 이등분한다. 앞면에서의 움직임에는 팔다리의 벌림(abbuction)과 몸통쪽으로의 모음(adduction), 척추의 가쪽 굽힘(lateral flextion), 발과 발목 복합체의 가쪽번짐(eversion)과 안쪽번짐(inversion)이 있다.
- 수평면(trensverse plane)은 몸을 위아래로 이등분한다. 수평면에서의 움직임으로는 팔다리에 대한 안쪽/바깥돌림(interal/exteral rotation), 머리와 몸통의 좌우 돌림, 팔다리의 수평 벌림(horizontal abduction)와 수평 모음(horizontal adduction), 노자관절(radioulnar)의 엎침(회내, pronation)과 뒤침(회외, supination)이 있다.
- 어깨뼈의 움직임에는 어깨뼈 뒤당김(수축), 내밈, 올림, 내림이 있다.
- 근육 작용은 등장성, 등척성, 등속성으로 설명된다.
- 등장성 근육 작용은 단축 단계와 신장 단계로 나눌 수 있다.
- 근육은 수행되는 움직임에 따라 주동근, 협력근, 안정근, 길항근의 역할을 할 수 있다.
- 닫힌 사슬 운동은 몸을 땅이나 움직이지 않는 물체에 고정시키는 반면, 열린 사슬 운동은 공간에서 팔다리가 자유롭게 움직이는 것이다.
- 최적 길이는 액틴과 마이오신 필라멘트가 최대로 겹치는 위치이기 때문에, 근육을 짧은 위치에 놓거나 최적의 길이 이상으로 늘리면 힘 생산을 감소시킬 수 있다.
- 신장-단축 주기는 신장 단계, 아모티제이션(전환) 단계, 단축 단계의 3단계로 구분된다.
- 짝힘이라는 용어는 관절 주변에서 협력 기능을 하는 근육을 설명할 때 사용한다.
- 국소 근육 시스템은 일반적으로 척추 위 또는 근처에 부착되어 LPHC에 안정성을 제공하는 근육이다.
- 대근육 시스템은 깊은 세로, 뒤쪽 사선, 앞쪽 사선 및 측면 보조 시스템로 나눌 수 있다.
- 보조 시스템은 복잡한 다중관절 움직임 및 인체 움직임 시스템((HMS)의 안정화를 위해 힘을 전달하기 위한 근육 그룹의 통합 기능을 말한다.
- 인체 움직임 시스템((HMS)에 의해 생성된 힘의 양은 근육 동원뿐만 아니라 움직이는 관절의 지렛대 유형에 따라 달라진다.
- 지렛대 시스템은 1종, 2종, 3종으로 분류된다. 3종 지렛대가 인체에서 가장 지배적이다.
- 근육 시너지는 주어진 움직임 패턴을 완성하기 위해 신경계에 의해 동원된 여러 근육의 협동 기능을 말한다.
- 고유수용감각은 공간에서의 움직임 및 신체 위치에 대한 본질적 인식이다.
- 피드백은 내부 또는 외부에서 할 수 있으며 운동 학습 과정을 돕는다.
- 운동 학습은 운동 제어 과정을 연습 및 경험과 통합하여 숙련된 동작을 만들어 내는 과정이며 비교적 영구적인 변화를 가져온다.

참고 문헌

Biedert, R. M. (2000). Contribution of the three levels of nervous system motor control: Spinal cord, lower brain, cerebral cortex. In S. M. Lephart & F. H. Fu (Eds.), *Proprioception and neuromuscular control in joint stability* (pp. 23–29). Champaign, IL: Human Kinetics.

Bizzi, E., & Cheung, V. C. (2013). The neural origin of muscle synergies. *Frontiers in Computational Neuroscience*, *7*, 51. https://doi.org/10.3389/fncom.2013.00051

Coker, C. A. (2004). *Motor learning and control for practitioners*. Boston, MA: McGraw-Hill.

Day, A., Taylor, N. F., & Green, R. A. (2012). The stabilizing role of the rotator cuff at the shoulder: Responses to external perturbations. *Clinical Biomechanics*, *27*(6), 551–556.

Drury, D. G. (2000). Strength and proprioception. *Orthopaedic Physical Therapy Clinics of North America*, *9*(4), 549–561.

Ford, K., Nguyen, A.-D., Dischiavi, S., Hegedus, E., Zuk, E., & Taylor, J. (2015). An evidence-based review of hip-focused neuromuscular exercise interventions to address dynamic lower extremity valgus. *Open Access Journal of Sports Medicine*, *6*, 291. https:// doi.org/10.2147/oajsm.s72432

Franchi, M. V., Reeves, N. D., & Narici, M. V. (2017). Skeletal muscle remodeling in response to eccentric vs. concentric loading: Morphological, molecular, and metabolic adaptations. *Frontiers in Physiology*, *8*, 447.

Gabbard, C. P. (2008). *Lifelong motor development* (5th ed). San Francisco, CA: Pearson Benjamin Cummings.

Goto, K., Ishii, N., Kizuka, T., Kraemer, R. R., & Takamatsu, K. (2009). Hormonal and metabolic responses to slow movement resistance exercise with different durations of concentric and eccentric action. *European Journal of Applied Physiology*, *106*(5), 731–739.

Hamill, J., & Knutzen, J. M. (2003). *Biomechanical basis of human movement* (2nd ed.). Baltimore, MD: Lippincott Williams & Wilkins.

Janda, V., & Va Vrova, M. (1996). Sensory motor stimulation. In C. Liebenson (Ed.), *Rehabilitation of the spine* (pp. 319–328). Baltimore, MD: Lippincott Williams & Wilkins.

Kendall, F. P., McCreary, E. K., Provance, P. G., Rodgers, M. M., & Romani, W. A. (2005). *Muscles: Testing and function with posture and pain* (5th ed.). Baltimore, MD: Lippincott Williams & Wilkins.

Kisner, C., & Colby, L. A. (2007). *Therapeutic exercise: Foundations and techniques* (5th ed.). Philadelphia, PA: F. A. Davis Company.

Kolber, M. J., Stull, K. R., Cheatham, S. W., & Hanney, W. J. (2017). The influence of muscle impairments on squat performance. *Strength and Conditioning Journal*, *39*(3), 66–73.

Kraemer, W. J., & Ratamess, N. A. (2005). Hormonal responses and adaptations to resistance exercise and training. *Sports Medicine*, *35*(4), 339–361.

LaStayo, P., Marcus, R., Dibble, L., Frajacomo, F., & Lindstedt S. (2014). Eccentric exercise in rehabilitation: Safety, feasibility, and application. *Journal of Applied Physiology*, *116*(11), 1426–1434.

Levangie, P. K., Norkin, C. C., & Lewek, M. D. (2019). *Joint structure and function: A comprehensive analysis* (6th ed.). Philadelphia, PA: FA Davis Company.

Macrum, E., Bell, D. R., Boling, M., Lewek, M., & Padua, D. (2012). Effect of limiting ankle-dorsiflexion range of motion on lower extremity kinematics and muscle-activation patterns during a squat. *Journal of Sport Rehabilitation*, *21*(2), 144–150. https:// doi.org/ 10.1123/ jsr.21.2.144

Masse-Alarie, H., Flamand, V. H., Moffet, H., & Schneider, C. (2012). Corticomotor control of deep abdominal muscles in chronic low back pain and anticipatory postural adjustments. *Experimental Brain Research*, *218*(1), 99–109.

McArdle, W. D., Katch, F. I., & Katch, V. L. (2016). *Essentials of exercise physiology* (5th ed.). Philadelphia, PA: Wolters Kluwer.

Newton, R. A. (2003). Neural systems underlying motor control. In P. C. Montgomery & B. H. Connoly (Eds.), *Clinical applications for motor control* (pp. 53–78). Thorofare, NJ: SLACK, Inc.

Nordin, A. D., Rymer, W. Z., Biewener, A. A., Schwartz, A. B., Chen, D., & Horak, F. B. (2017). Biomechanics and neural control of movement, 20 years later: What have we learned and what has changed? *Journal of Neuroengineering and Rehabilitation*, *14*(1), 91. https://doi.org/10.1186/s12984-017-0298-y

Okubo, Y., Kaneoka, K., Imai, A., Shiina, I., Tatsumura, M., , . . . Miyakawa, S. (2010). Electromyographic analysis of transversus abdominis and lumbar multifidus using wire electrodes during lumbar stabilization exercises. *Journal of Orthopaedic and Sports Physical Therapy*, *40*(11), 743–750.

Padua, D. A., Bell, D. R., & Clark, M. A. (2012). Neuromuscular characteristics of individuals displaying excessive medial knee displacement. *Journal of Athletic Training*, *47*(5), 525–536. https:// doi.org/ 10.4085/1062-6050-47.5.10

Radnor, J. M., Oliver, J. L., Waugh, C. M., Myer, G. D., Moore, I. S., & Lloyd, R. S. (2018). The influence of growth and maturation on stretch-shortening cycle function in youth. *Sports Medicine*, *48*(1), 57–71. https://doi.org/10.1007/s40279-017-0785-0

Rose, D. J. (1997). *A multilevel approach to the study of motor control and learning*. Boston, MA: Allyn & Bacon.

Schmidt, R. A., & Lee, T. D. (1999). *Motor control and learning: A behavioral emphasis* (3rd ed.). Champaign, IL: Human Kinetics.

Schmidt, R. A., & Wrisberg, C. A. (2000). *Motor learning and performance* (2nd ed.). Champaign, IL: Human Kinetics.

Singh, R. E., Iqbal, K., White, G., & Hutchinson, T. E. (2018). A systematic review on muscle synergies: From building blocks of motor behavior to a neurorehabilitation tool. *Applied Bionics and Biomechanics*, 3615368. https://doi.org/10.1155/2018/3615368

Sueki, D. G., Cleland, J. A., & Wainner, R. S. (2013). A regional interdependence model of musculoskeletal dysfunction: Research, mechanisms, and clinical implications. *Journal of Manual & Manipulative Therapy*, *21*(2), 90–102.

Swinnen, S. P. (1996). Information feedback for motor skill learning: A review. In H. N. Zelaznik (Ed.), *Advances in motor learning and control* (pp. 37–60). Champaign, IL: Human Kinetics.

CHAPTER 8

운동 대사와 생체에너지학

학습 목표

- 열역학 제1법칙이 에너지 소비를 어떻게 통제하는지 요약할 수 있다.
- 인체의 에너지 시스템을 설명할 수 있다.
- 각 대량 영양소가 에너지원으로 어떻게 사용될 수 있는지 발견할 수 있다.
- 신체 구성 관리와 관련한 에너지 밸런스의 개념을 통합할 수 있다.
- 활동 강도와 관련하여 몸에 효율적으로 에너지를 공급하는 방법을 확인할 수 있다.

운동 대사와 생체에너지학 개요

인간의 몸이 제대로 기능하기 위해서는 끊임없는 에너지 공급이 필요하다. 에너지에 대한 요구는 변할 수 있고, 운동은 인체에 더 많은 에너지를 요구하도록 한다. 운동은 또한 에너지 요구량을 증가시킬 뿐만 아니라 인체의 추가적인 대사 부산물도 처리한다.

우리가 먹는 음식에는 탄수화물, 단백질, 지방이 포함되어 있고, 이들 영양소는 세포가 에너지를 생성하고 제대로 기능할 수 있도록 한다. 식품에 저장된 에너지는 일련의 화학작용을 통해 **아데노신 삼인산**(adenosine triphosphate, ATP)이라고 불리는 고에너지 화합물로 변환되어 인체의 주요 에너지 형태로 작용한다(그림 8-1). 운동 중 에너지 대사의 역할을 이해한다는 것은 에너지가 어떻게 공급되는지, 운동 중 어떤 에너지 시스템이 작동하는지, 얼마나 빨리 에너지를 공급할 수 있는지, 세포가 ATP를 생성하는 방법이 무엇인지를 이해하는 것이다.

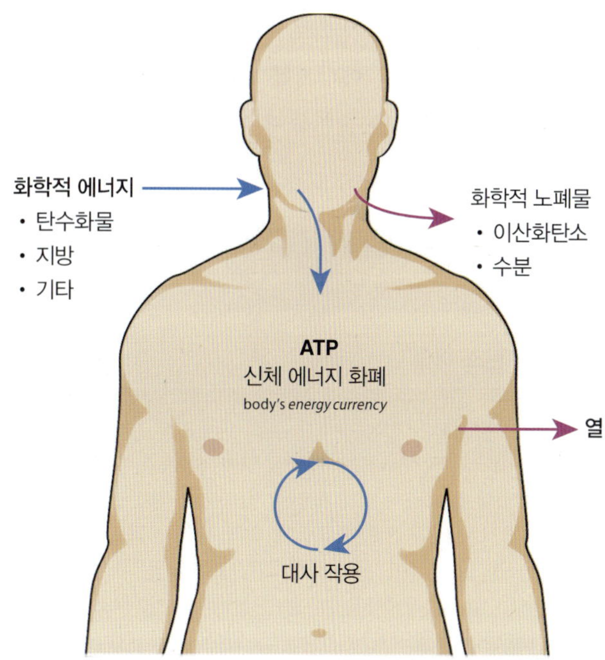

그림 8-1 에너지 대사의 기본 개요

아데노신 삼인산 Adenosine triphosphate (ATP) 인체에서 주요 형태의 에너지 역할을 하는 고에너지 분자. 인체의 에너지 화폐로 알려져 있다.

생체에너지학 Bioenergetics 인체의 에너지에 대한 연구

생체에너지학과 대사

에너지 대사, 또는 **생체에너지학**(bioenergetics)은 다양한

생화학 작용을 통해 에너지가 어떻게 변환되는지를 연구하는 학문이다. 에너지는 생명을 유지시키고 운동을 지원하며 신체활동이나 구조화된 운동으로부터 회복을 촉진하는 데 필요하다. 대사(metabolism)라는 용어는 몸을 유지하기 위해 일어나는 모든 화학 작용을 일컫는다. 앞서 얘기한 것처럼 인간의 화학 에너지의 주요 공급원은 탄수화물, 지방, 단백질이다. 운동 대사(exercise metabolism)는 운동 중 발생하는 독특한 생리적 변화 및 에너지 수요와 관련된 생체 에너지를 탐구하는 것이다.

열역학 법칙의 개요

인체는 온전한(즉, 폐쇄된) 시스템이다. 다른 자연의 모든 시스템과 마찬가지로 인체도 열역학 제1법칙(first law of thermodynamics)을 따르고 있다. 인체의 에너지는 생성되거나 소멸될 수 없고, 재활용되거나 한 형태에서 다른 형태로 전환될 뿐이다. 인체에서는 이것을 에너지 균형의 개념으로 일컫는다. 간단히 말해서, 대량 영양소(macronutrients)의 형태로 몸에 들어온 에너지와 몸에서 나가는 에너지는 항상 질량(즉, 사람의 몸무게)의 변화로 설명되는데, 만일 어떤 사람이 먹는 것보다 더 많은 에너지를 지속적으로 소모한다면 그 사람의 질량(몸무게)은 줄어들 것이고, 소모하는 에너지보다 더 많은 양을 먹는다면 그 사람의 질량(몸무게)은 늘어날 것이다. 따라서 사람이 소모하는 모든 에너지는 신체를 기능하게 하는 데 이용되거나 신체 내에 저장된다(대개 체지방 형태로).

에너지 대사를 위한 연소

음식은 생명을 유지하고 신체적 활동을 도와주는 에너지를 제공하지만, 직접적으로 제공하지는 않는다. 소화 시스템에 의해 기질(substrates)이라 불리는 더 작은 형태로 우선 분해되어야 한다. 모든 형태의 세포 활동과 생명 유지에 사용되는 대사 에너지를 전환하는 데 필요한 주요 기질은 단백질(더 구체적으로는 아미노산의 연결 사슬), 탄수화물, 지방으로 구성된다(Becker & Smith, 2006; Gleeson, 2005; Kalish et al., 2012; Maughan, 2005). 모든 에너지 기질이 유기물의 형태이기 때문에 많은 기질들이 필요에 따라 몸 안에서 서로서로 변환될 수 있다. 예를 들어, 인체는 추후 사용을 위해 에너지를 저장하기 위한 용도로 탄수화물 기반 음식을 지방 분자로 바꿀 수 있다. 그러나 소량의 기질은 이런 방식으로 내부적으로 생성될 수 없어 음식으로 섭취해야 한다. 우리가 건강하게 살기 위해 반드시 섭취해야 하는 이런 영양소들을 필수 영양소라고 한다.

전문적으로 알아보기

탄소 흡수–탄소 배출

지구상의 모든 생명체는 탄소를 기반으로 이루어져 있다. 즉 탄소가 생명체의 물리적인 질량의 주요 구성 요소라는 의미이다. 음식에 포함된 '에너지'는 탄수화물, 단백질, 지방 분자(즉, 먹을 수 있는 유기체 물질)를 형성하기 위해 다양한 방식으로 탄소와 다른 구성 요소가 연결된 분자 구조 안에 위치해 있다. 유기체 물질의 다른 요소들(산소, 인, 질소, 수소)은 물리적 질량으로 거의 나타나지 않는다. 생명체의 질량에 기여하는 수분은 물리적 질량 구조(즉, 세포 및 혈액 내) 안에 포함되어 있다(물은 그 일부가 아니다). 동물이 유기체를 섭취할 때, 대사(대량 영양소를 유기물의 수많은 중간 형태로 변환하는 과정)가 이루어지는 동안 근육과 장기들이 기능하도록 하는 '에너지 화폐', 즉 ATP를 형성하는 과정에서 분자 구조가 수천 번 끊어지고 재형성된다.

에너지는 식품 내 저장 방식과 동일한 탄수화물(포도당, 글리코겐), 지방(체지방), 단백질(근육 및 기타 연조직) 구조의 분자 결합 방식으로 인체에 저장된다. 열역학 제1법칙에 따라 소모하는 양보다 섭취하는 에너지양이 더 많을 때 몸의 질량이 증가한다. 에너지는 탄소 기반 유기체 물질의 분자 결합 내에 물리적으로 축적되어야 하기 때문이다. 쉽게 말해, 에너지가 소모되지 않는다면 나중을 대비해 에너지를 저장하게 되는데, 그 에너지를 담기 위한 탄소 기반 체질량의 동반 증가 없이는 에너지를 저장할 수 없다.

체중은 딱 한 가지 특정한 방법으로만 빠진다. 대사가 음식물과 신체에 저장된 물질(즉, 글리코겐과 지방)을 ATP로 변환시켜 사용할 때 주요 노폐물인 이산화탄소(CO_2)가 생성된다. 수술을 통해 물리적으로 근육을 제거하지 않는 한, 탄소를 몸에서 제거하는 유일한 방법은 CO_2 배출이다. 신체가 CO_2를 배출할 때 CO_2의 탄소–산소 분자 결합 내의 에너지는 외부 환경으로 다시 방출되고, 이는 식물이 흡입함으로써 다시 거대한 식량 공급을 위해 다시 제공된다. 에너지는 생성되거나 없어지지 않는다. 그저 탄소 기반 유기체 물질에서 다른 형태로 전환될 뿐이다. 인간의 몸에서도, 에너지는 음식으로 출발해서 대사를 통해 신체 내에서 다양한 형태로 변환되고, 마지막으로 호흡을 통해 CO_2로 자연 속으로 다시 배출된다.

포도당과 글리코겐

포도당(glucose)은 에너지의 주요 공급원 중 하나로, 특히 두뇌 기능과 고강도 활동에 사용된다. 포도당은 체내 다른 기질(지방과 아미노산)에서 생성될 수 있지만, 날마다 생성되는 대부분의 포도당은 탄수화물 기반의 음식을 섭취함으로써 생성된다. 탄수화물은 섭취되면 소화를 통해 포도당으로 분해된다. 그러면 포도당이 혈액에 흡수되어 혈액을 타고 이동하면서 세포로 들어가게 된다. 그리고 ATP를 만드는 데 사용되거나 추후 사용을 위해 저장된다. 포도당은 글리코겐(glycogen)이라 불리는 가지 구조의 실 분자 형태로 저장된다. 글리코겐은 간과 골격근에 저장되며 혈액 내 자유포도당(free glucose)이 충분하지 않을 때 에너지를 공급하기 위해 빠르게 분해될 수 있다.

포도당은 휴식이나 저강도 운동을 하는 동안 전체적인 에너지 생성에 상대적으로 적게 기여한다. 뇌가 항상 기능하기 위해서는 포도당이 꼭 필요하지만, 지방은 신체가 활동하지 않을 때 주로 몸에 에너지를 공급한다. 활동 강도가 높아지면 신체는 에너지 공급원으로 지방을 사용하는 대신 포도당을 사용하게 된다. 포도당은 지방보다 더 빨리 사용할 수 있으며 지방이 연소할 때 산소를 필요로 하는 것과 달리 산소 없이도 대사 작용을 할 수 있다.

활동 강도가 증가하면 에너지원으로서 탄수화물과 지방 사용률은 각각 50%가 된다. 이러한 대사 마커는 환기 역치1(ventilatory threshold 1, VT1)라고 불린다. 이것은 특히 고객에게 있어 지방 감량 목표와 수행 목표 둘 다를 최대로 끌어올리는 것과 관련되어 있기 때문에 심폐 평가와 프로그래밍 중에 기억해야 할 중요한 개념이다. 운동 강도가 최대 수준까지 증가하면 환기 역치2(ventilatory threshold 2, VT2)에 도달한다(Ballweg et al., 2013; Foster et al., 2008). VT2는 운동이 매우 강해서 최대 에너지 요구치를 맞추기에는 지방 대사가 너무 느릴 때 사실상 포도당이 활동에 필요한 모든 에너지를 제공하는 지점을 의미한다. 포도당과 글루코겐 공급이 중단되면 사람은 더 이상 최대 강도의 운동을 할 수 없으므로 이때를 보통 한계에 도달하는 지점이라고 한다. 이때는 지방을 다시 사용할 수 있을 정도로 강도를 낮춰야 한다. 일부 운동선수들이 장기간의 격렬한 훈련과 경기에서 '에너지 젤'과 기타 탄수화물 보충제를 이용하는 것도 이 때문이다.

자유지방산

에너지의 또 다른 중요한 공급원은 지질로도 알려져 있는 지방(fats)이다. 이 에너지원은 휴식 및 저강도 운동(즉 VT1 이하의)을 하는 동안 특히 중요하다. 신체뿐만 아니라 음식물에 존재하는 대부분의 지방은 트라이글리세라이드(triglyceride)라는 화학적(또는 기질) 형태로 존재한다(Gleeson, 2005; Kalish et al., 2012). 혈액 내에서 순환할 때 자유지방산(free fatty acids)으로 불리는 트라이글리세라이드(중성지방)는 음식에 포함되어 있는 지방에서 직접 얻어지거나, 운동에 필요한 에너지보다 더 많은 음식을 섭취한 경우 여분의 에너지를 저장하기 위해 체내에서 생성된다.

섭취한 지방이나 저장된 체내 지방이 세포의 연료 공급원으로 사용될 수 있으려면 먼저 자유지방산으로 분해되어야 한다. 그런 다음 자유지방산은 ATP를 생성하기 위한 호기성 경로에 독점적으로 사용된다. 연료 공급원으로서 지방의 이점 중 하나는 상대적으로 마른 사람이라도 체내에 저장된 대형 공급원을 가질 수 있다는 점인데, 이때 지방은 장기간

대사 Metabolism 신체의 유지를 위해 몸 안에서 일어나는 모든 화학 작용

운동 대사 Exercise metabolism 운동 중 발생하는 독특한 생리적 변화와 운동 중 신체에 가해지는 요구와 관련된 생체에너지학 검사

열역학 제1법칙 First law of thermodynamics 에너지는 생성되거나 소멸될 수 없고, 오로지 한 형태에서 다른 형태로 순환하거나 전환될 뿐이라는 법칙

대량 영양소 Macronutrients 에너지 공급을 위해 많은 양이 필요한 식품 물질. 단백질, 탄수화물, 지방이 있다.

기질 Substrates 아데노신 삼인산을 생성하기 위해 대사 반응에 사용되는 중간 형태의 영양소

포도당 Glucose 인체가 에너지로 사용하는 가장 단순한 형태의 탄수화물

글리코겐 Glycogen 간, 근육 세포와 같은 체내 조직에 축적 및 저장되는 포도당. 탄수화물의 저장 형태

환기 역치1 Ventilatory threshold 1 (VT1) 신체가 탄수화물과 지방을 같은 비율로 혼합하여 연료로 사용하는 지점

환기 역치2 Ventilatory threshold 2 (VT2) 포도당이 활동에 필요한 거의 모든 에너지를 제공하는 지점

지방 Fats 3대 영양소 중 하나이자 에너지 공급원. 지방은 몸이 일부 비타민을 이용할 수 있도록 돕고 피부를 건강하게 유지시켜 준다. 또한 몸의 에너지 저장소 역할을 한다. 음식에는 포화지방과 불포화지방의 두 가지 종류의 지방이 있다.

트라이글리세라이드(중성지방) Triglyceride 음식과 몸에 존재하는 대부분 지방의 화학적 형태 또는 기질 형태

자유지방산 Free fatty acids 저장 지방 또는 섭취된 지방이 분해되면서 발생하는 부산물로, 아데노신 삼인산을 생성하는 데 산소를 이용하는 호기성 경로를 통해서만 대사 작용이 일어난다.

의 저강도 활동 및 운동 중에 트라이글리세라이드로 분해될 수 있고 에너지로도 사용될 수 있다. VT1 이하 강도로 운동할 때는 자유지방산이 항상 우선적으로 에너지를 공급하게 된다.

지식 확장하기

체지방 1파운드(0.5kg)는 저장 에너지 약 3,500kcal와 같다. 예를 들어, 체지방률이 10%이며 150파운드(68kg)인 마른 사람의 체내에 저장된 지방은 약 15파운드(6.8kg)이다. 이는 대충 어림잡아도 52,500kcal이다.

아미노산

세 번째 연료 공급원은 단백질(protein)이다. 이것은 아미노산(amino acids)이라 불리는 '기본 요소' 물질이 긴 사슬 형태로 이루어져 있다. 인체는 단백질을 구성하기 위해 20가지 다른 아미노산을 사용한다. 이 20가지 아미노산 중에서 9가지가 필수 아미노산(essential amino acids, EAA)이며, 이것은 몸에서 스스로 합성되지 않아 반드시 식이로 섭취해야 한다. 나머지 11가지 아미노산은 비필수 아미노산(nonessential amino acids, NEAA)이라 하며, 영양 섭취가 전체적으로 적절하다면 신체에서 합성할 수 있다(탄수화물 또는 지방 기질 섭취를 통해).

단백질을 섭취하면 단백질 구성 성분인 아미노산으로 분해된다. 이러한 아미노산 기본 요소들은 근육을 만들고 세포 기관(cellular machinery)을 복구하며 체내 단백질을 합성하는 데 이상적으로 사용된다. 그러나 탄수화물과 지방 공급원이 적은 경우 단백질 음식으로 섭취된 아미노산이 ATP 생산을 위해 에너지를 공급할 수 있다. 이런 상황을 '여유분 단백질'이라고 하여 드물게 발생하는데, 이것이 바로 격렬한 운동 직후에 적절한 탄수화물 섭취가 중요한 이유이다. 탄수화물을 섭취하면 저장된 글리코겐은 탄수화물 공급원에서 보충되며, 아미노산은 운동 후 주요 역할인 근육을 만들고 복구하는 역할을 한다.

단백질은 운동 중에는 거의 에너지를 공급하지 않아 많은 연구에서 에너지 대사의 주요 연료 공급원으로서의 단백질 존재를 무시하곤 한다(Mitchell et al., 2016; Phillips, 2017). 부적 에너지 균형(negative energy balance) 상태에서는 아미노산이 에너지 생성을 돕는 데 이용되는데, 극단적인 경우, 즉 굶주렸을 때나 장기간 극도로 강도 높은 운동을 할 때(예: 올림픽 마라톤 선수) 음식으로 섭취한 단백질이나 근육 조직 자체의 분해로 인해 발생할 수 있다. 아미노산이 ATP를 생성하는 데 사용되기 전에 더욱 잘게 분해되고 포도당신생합성(gluconeogenesis)이라 불리는 과정을 통해 포도당으로 재결합되거나 케톤체 생성(ketogenesis)이라 불리는 과정을 통해 케톤체(ketone bodies)로 재결합된다(Maughan, 2005; McArdle et al., 2010).

케톤체

케톤체(ketone bodies)는 포도당과 유사하게 무산소로 대사될 수 있는 세 가지 분자인 아세톤(acetone), 아세토아세트산(acetoacetic acid), 베타 하이드록시부티르산(beta-hydroxybutyric acid)을 함께 일컫는 이름이다. 이 분자들은 지방산 분해의 부산물로서, 또는 케톤 생성 아미노산의 합성을 통해 간에서 생성된다. 인체는 이런 분자들을 저장할 능력이 없어 정확히 에너지를 생성하는 데만 이용하며, 글리코겐처럼 나중을 위해 저장하지 않는다(Miller et al., 2018). 저강도 운동을 하고 휴식을 취할 때 신체가 자유지방산(free fatty acids)을 주로 연소함에도 불구하고 적절하게 기능하기 위해서는 여전히 탄수화물 기질을 필요로 한다. 따라서 저장된 탄수화물이 적은 경우 케톤체가 생성되며, 탄수화물 부족을 메우기 위해 포도당신생합성 포도당(gluconeogenic glucose)과 함께 사용된다. 이러한 대사 상태에 있는 경우 몸이 케토시스(ketosis) 상태에 있다고 표현한다. 아래와 같은 경우에 체내 케톤 수치가 증가할 수 있다.

1. 전체 칼로리가 매우 낮은 수준으로 제한된 경우
2. 저탄수화물 식이 섭취를 하는 경우(예: 케토제닉 다이어트)
3. 외인성 케톤(fxsogenous ketone)을 섭취하는 경우
4. 인슐린 생성이 부족하거나(제1형 당뇨병) 또는 인슐린 저항성(insulin resistance)이 상당한 경우(제2형 당뇨병)

대부분의 경우, 위의 1~3까지의 식이 습관을 가진 사람의 케톤 수치는 혈액 1리터당 약 0.5~1.5밀리몰(mmol/L)까지 증가하며, 이를 영양학적 케토시스라고 한다. 이는 케토산증

(ketoacidosis)이라고 알려진 것과는 다른 생리학적 상태로, 주로 당뇨병 환자에게서 발생한다. 대부분의 사람들에게 있어 영양학적 케토시스일 경우일지라도 케톤이 인체의 에너지 생성 기질에서 차지하는 비중은 적다. 그러나 케토시스 및 운동 수행을 위해 행하는 키토제닉 다이어트로 알려진 케톤 생성 다이어트의 효과에 대한 몇몇 연구들이 있다(LaFountain et al., 2019; Volek et al., 2016).

에너지와 역학적 일

인체가 **역학적 일(mechanic work)**을 수행하기 위해서는 일련의 화학적 작용을 통해 분해된 연료가 필요하다. 열역학 제1법칙과 에너지가 생성되거나 소멸될 수 없는 방법을 떠올려보자. 생태계에 새로운 에너지가 유입되는 유일한 방법은 태양이다. 식물은 태양 에너지를 음식으로 변환하고 음식은 동물(인간 포함)에게 세포 기능과 역학 기능을 수행할 수 있는 에너지를 공급해준다(Kalish et al., 2012; Maughan, 2005). 본질적으로 인간의 몸은 화학 에너지를 역학적 일로 바꿀 수 있는 유기적 기관이다. 흥미롭게도 대사 작용 중 방출되는 에너지의 약 40%는 사실 더 많은 분자들을 생성하는 세포 대사(cellular work)에 사용되고, 나머지는 열로 방출된다(McArdle et al., 2010). 이는 운동과 열을 생성하기 위해 가솔린(화학물질)을 사용하는 자동차 엔진과 유사하다.

> **유용한 힌트**
>
> 몸에서 ATP는, 엔진에서 가장 잘 연소되는 특정 연료 기질이라는 점에서 차에서의 가솔린과 같다. 우리가 섭취하는 음식은 원유와 같다. 원유에는 모든 필요한 화학적 에너지가 포함되어 있지만, 우리의 '엔진(세포 내 미토콘드리아)'이 사용할 수 있는 형태로 변화시키는 과정을 거쳐야 한다. 대사는 근본적으로 인체의 내부 '정유 공장'에 해당한다. 이는 '원유(즉, 대량 영양소)'를 세포가 연료로 이용할 수 있는 특정한 것, 즉 ATP로 바꾼다.

에너지 시스템

아데노신 삼인산은 인체의 주요 에너지 공급 분자이다. 이는 질소 염기(아데닌), 당 분자(리보스), 3개의 인산염 그룹으로 구성된 복합 분자이다. 특히, 인체가 ATP로부터 얻는 에너지는 3개의 인산염을 함께 연결한 화학적 결합 내에 저장된다. 이 화학적 결합이 끊어지면 3개의 인산염 중 하나에서 에너지가 역학적 일(근육 수축 같은)을 위해 방출되어 **아데노신 이인산(adenosine diphosphate, ADP)**이라 불리는 또 다른 분자와 여분의 인산염 그룹이 남게 된다(그림 8-2).

ADP는 세포 내에서 자유롭게 남겨져서 음식이나 체내 저장 물질로부터 충분한 에너지 기질을 이용할 수 있을 때 ATP로 다시 전환되기를 기다린다. 이렇게 되기까지 ADP는 수많은 생리학적 과정과 화학 작용을 거친다. 우리가 섭취한 음식과 인체의 저장고에서 나오는 이용 가능한 모든 에너지의 최종 목표는 동일하게 더욱 이용 가능성이 높은 ATP를 생성하는 것이다. 인체에는 ADP에서 ATP를 생성하는 여러 가지 방법이 있는데, 이를 **인산화(phosphorylation)**라고 한다. 인산화가 이루어지는 주요 세 가지 방법은 세 가지 대사 경로로 알려져 있다.

> **단백질** Protein 펩타이드 결합으로 연결된 아미노산. 체내 조직의 기본 요소
>
> **필수 아미노산** Essential amino acid (EAA) 인체에서 만들지 못하기 때문에 반드시 음식으로 섭취해야 하는 아미노산. 9가지 필수 아미노산이 있다.
>
> **비필수 아미노산** Nonessential amino acids 몸에서 합성될 수 있으며 일반적인 환경에서는 음식으로 섭취할 필요가 없는 아미노산
>
> **부적 에너지 균형** Negative energy balance 칼로리 소비량보다 칼로리 섭취량이 적은 경우
>
> **포도당신생합성** Gluconeogenesis 비탄수화물 공급원(단백질 및 지방)으로부터 포도당이 형성되는 것
>
> **케톤체 생성** Ketogenesis 특정 아미노산처럼 비지방 공급원에서 케톤체가 형성되는 것
>
> **케톤체** Ketone bodies 지방산이 산화되면서 간에서 생성되는 수용성 분자. 이들은 아데노신 삼인산을 생성하기 위해 미토콘드리아에서 산화될 수 있다.
>
> **케토시스** Ketosis 자유지방산의 산화로 충족되지 않는 에너지 수요를 맞추기 위해 간이 케톤체를 생성하는 경우 발생하는 탄수화물 고갈 상태
>
> **외인성 케톤** Exogenous ketones 대개 보충제 형태로 섭취되는 분리된 케톤체
>
> **인슐린 저항성** Insulin resistance 세포가 인슐린에 반응하지 못하는 것. 제2형 당뇨병에 의해 발생한다.
>
> **케톤산증** Ketoacidosis 제1형 당뇨병이나 심각한 인슐린 저항성에서 나타나는 것처럼 케톤체의 수치가 매우 높아서 발생하는 대사성 산증
>
> **역학적 일** Mechanical work 근육 수축처럼 몸을 움직이게 하고 살아있게 만드는 물리적인 과정
>
> **아데노신 이인산** Adenosine diphosphate (ADP) 아데노신 삼인산이 형성되는 모든 세포에서 발생하는 고에너지 합성물
>
> **인산화** Phosphorylation 아데노신 삼인산을 생성하기 위해 인산 그룹이 아데노신 이인산으로 변환되는 것처럼 인산 그룹이 분자에 추가되는 것

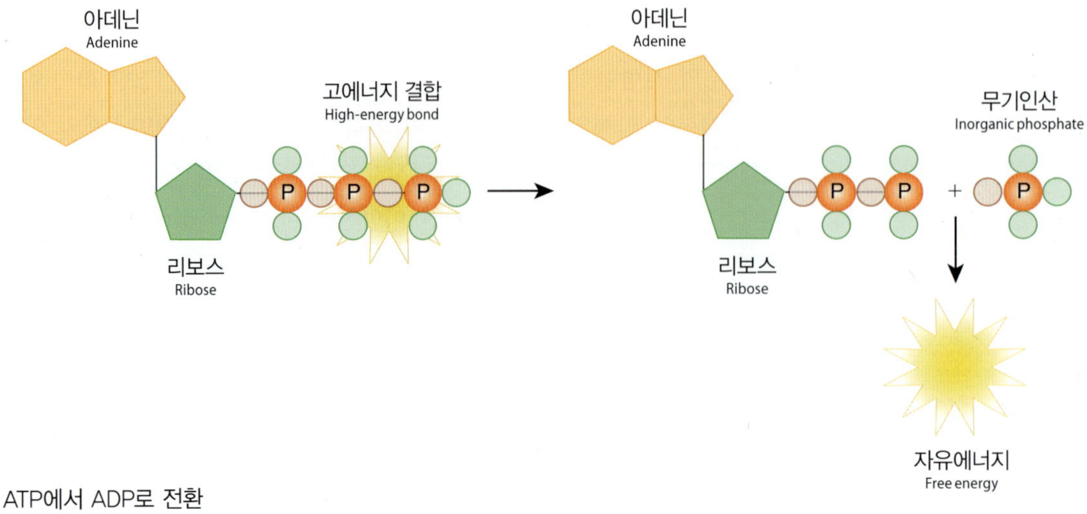

그림 8-2 ATP에서 ADP로 전환

1. ATP-PC 시스템
2. 해당 시스템(해당 과정)
3. 산화적 시스템(산화적 인산화)

운동의 강도에 따라 각 시스템은 ATP를 주로 공급하기 위해 우선순위가 바뀐다. 그러나 한 가지 시스템만 혼자서 활성화되는 경우는 거의 없다. 이 세 가지 시스템은 인체가 필요로 하는 총 에너지 수요를 충족하기 위해 함께 작동한다. 에너지 시스템은 순차로 작동하고 꺼지는 것이 아니다. 오히려 감광 스위치에 더 가깝다. 운동의 강도가 변하면 에너지 시스템은 역학적으로 에너지 수요를 충족시키기 위해 다른 시스템과 연관되어 조정된다. 특정 운동 강도에서 한 에너지 시스템이 다른 시스템보다 더 많이 작동할지도 모르지만, 다른 두 시스템도 여전히 어떤 방식으로든 배후에서 역할을 한다.

이는 최대한 빠른 속도로 트랙을 몇 바퀴 달리는 것처럼(몇 분간 최대 속도가 동일하게 유지된다는 가정하에) 최대 강도의 운동을 장시간 할 때 에너지 시스템이 어떻게 반응하는지는 그래프(그림 8-3)를 보면 가장 잘 알 수 있다. 휴식을 취할 때와 강도가 낮은 운동을 할 때 자유지방산은 산화적 시스템을 통해 대부분의 에너지를 공급한다는 점을 떠올려보자. 그런 다음, 강도가 높아지면(예: 정지 상태에 있다가 전력 질주를 하는 것) 산화 시스템이 따라가지 못하고 무산소 과정이 시작된다.

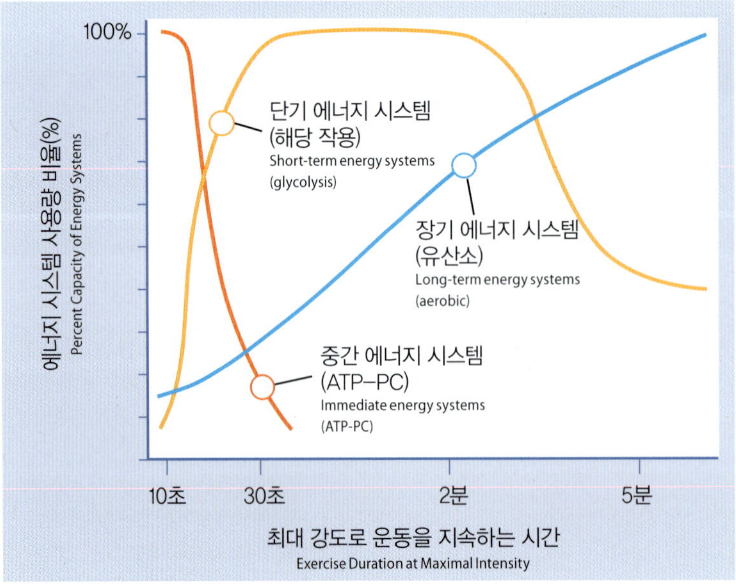

그림 8-3 격렬한 운동 중 에너지 시스템 사용

인체가 저강도에서 고강도로 전환되는 최초 10~15초간, ATP-PC 시스템이 대부분의 에너지를 제공한다. ATP-PC가 고갈되고 가늘어지기 시작할 때 해당 작용이 이미 늘어나면서 에너지를 생성하는 대부분의 일을 넘겨받는데, 이는 약 2분 동안 도움을 줄 수 있다. 그동안 산화적 시스템이 증가하면서 ATP 생산의 주요 공급원이 될 때까지 점점 더 많은 양을 차지하게 된다. 심폐 능력이 더 좋을수록 산화적 시스템은 무산소 과정에 많이 의존하지 않고도 더욱 고강도에서 더 효율적으로 버틸 수 있다.

산화적 시스템이 운동에 더 이상 에너지를 공급할 수 없을 정도의 강도가 지속되면 운동의 속도를 늦추고 휴식을 취하며 회복하는 것 말고는 다른 선택의 여지가 없다(즉, 보통 한계에 다다른 지점이라고 알려진 VT2 지점 이상).

유용한 힌트

세 가지 에너지 시스템의 기여도는 항상 더해서 100%가 되어야 한다. 하나가 완전히 '꺼지는' 때는 없다. 오래 지속되는 강도의 운동에서 산화적 시스템이 주로 에너지를 공급할 때조차도 다른 시스템이 보완하기 때문에 필요한 경우 폭발적으로 증가하는 강도에 다시 에너지를 공급할 수 있다.

ATP-PC 시스템

ATP 생성 대사 경로의 첫 단계는 ATP-PC 시스템, 즉 인원질 또는 인산 크레아틴 시스템이라고 알려져 있다(그림 8-4). 인체는 특정 아미노산의 분해 및 결합을 통해 크레아틴 인산 저장 물질을 만들어낸다. 이 시스템은 더 많은 ATP를 만들어내는 가장 간편하고 빠른 방법이다. 기본적으로 이것은 이전의 근육 수축에서 남은 ADP를 취하고 크레아틴 인산(PC) 분자에서 가져온 인산염을 추가하여, 작동해야 하는 부위에서 사용 가능한 ATP를 신속하게 생성한다. 이 과정에는 산소가 필요하지 않으므로 ATP-PC 에너지 경로는 무산소(혐기성, anaerobic) 과정으로 간주된다.

ATP-PC 시스템은 강도가 높고 짧게 지속되는 활동에 주로 에너지를 공급한다. 이는 여러 번 반복하거나, 짧은 전력질주 중에 무거운 하중을 사용하는 강도 높은 훈련 형태에서 볼 수 있다. 운동의 강도가 급격히 강해지면 근육 조직과 ATP-PC 시스템에 있는 소량의 자유 ATP가 고갈되기 전, 단 10~15초간만 에너지를 공급할 수 있다(Wells et al., 2009). 다른 시스템과 비교했을 때 매우 신속하게 에너지를 생성하기 때문에 이 시스템은 활동 강도가 증가할 때 활성화된다. 그러나 PC 저장물은 보충되는 속도보다 빠르게 고갈되는데, 이 지점에서 ATP를 생성하는 다른 방법이 그 공백을 채우게 된다.

해당 과정

PC 저장물이 고갈되기 시작하면 다소 느린(그래도 여전히 상대적으로는 빠른) 무산소 에너지 상태가 증가한다. 이는 해당 과정(glycolysis)이라고 불리는 포도당의 화학적 분해의 첫 단계이다(그림 8-5). 해당 과정에서는 자유혈당 또는

ATP-PC 시스템 ATP-PC system 무산소 대사를 통해 약 10~15초간 매우 빠르게 에너지를 공급하는 에너지 시스템
무산소(혐기성) Anaerobic 산소 없이 이루어지는 과정
해당 과정 Glycolysis 세포질에서 포도당을 피루브산과 아데노신 삼인산으로 전환시키는 대사 과정. 무산소 해당 과정이라고 함은 이 과정이 산소 없이 발생하는 것을 말한다.

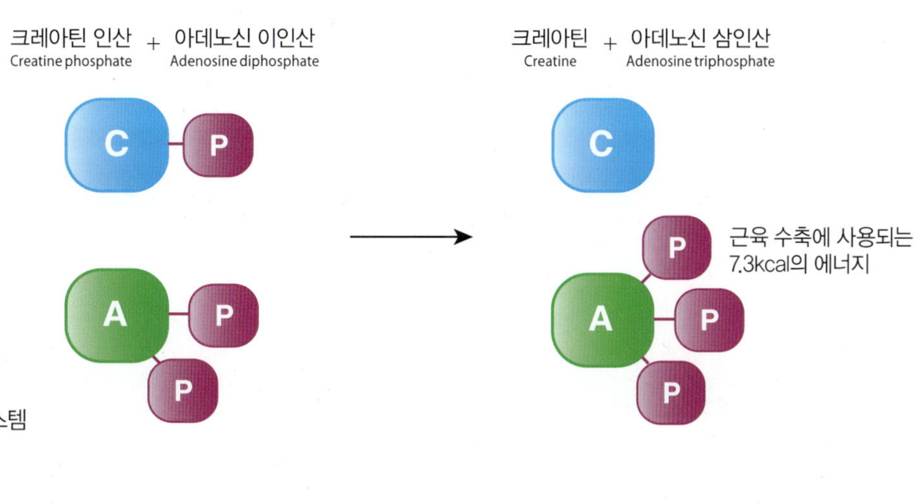

그림 8-4 ATP-PC 시스템

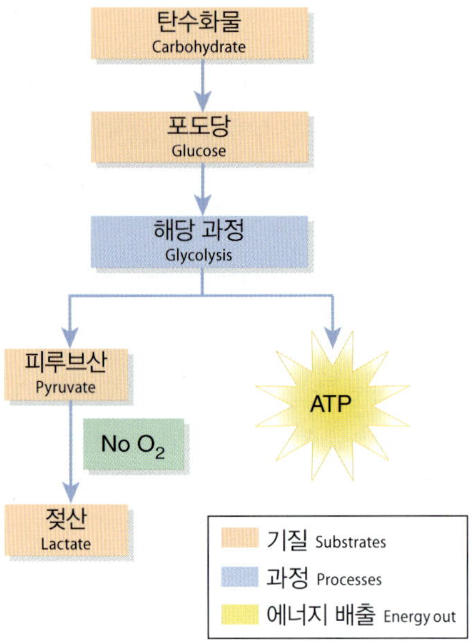

그림 8-5 해당 과정

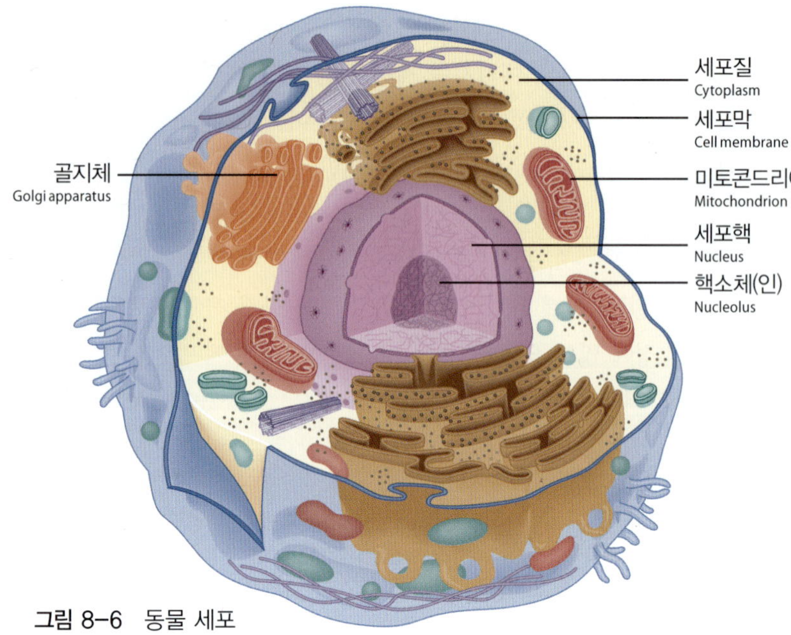

그림 8-6 동물 세포

저장된 글리코겐을 피루브산과 ATP로 변화시킨다. 해당 과정은 동물 세포의 세포질에서 일어난다(그림 8-6). 이렇게 산소 없이 발생된 ATP는 ATP-PC 시스템으로 생성되는 ATP와 마찬가지로 직접 사용할 수 있다. 이 시스템은 ATP-PC 시스템보다 엄청나게 많은 양의 에너지를 생성할 수 있지만, 전체 ATP 생산 능력을 끌어올리는 데는 다소 느린 편이다. 그러나 약 30~60초의 지속력으로 길게 유지되며 고강도 형태의 트레이닝에서는 몇 초 더 늘어날 수 있다(Burke et al., 2011; Wells et al., 2009).

대부분 사람의 혈액 속에는 충분한 양의 자유포도당과 저장 글리코겐이 있어서 전력 질주나 고강도의 인터벌 트레이닝 세션같이 여러 번 반복하여 폭발적인 힘을 내는 무산소 해당 과정에 충분한 연료를 공급해준다(Maughan, 2005). 그러나 대부분의 사람에게 이러한 탄수화물 공급원은 운동을 지속하고 약 1시간 뒤에 고갈되기 때문에 60분 이상 지속되는 운동을 할 때는 인체가 최상의 기능을 발휘하도록 탄수화물 드링크나 젤을 섭취하는 것이 도움이 된다.

해당 과정은 피루브산 부산물이 생성되면서 산화적 시스템에 직접 연결된다. 이는 산소의 존재 여부에 따라 두 가지 방법으로 처리될 수 있다. 산소가 있다면 피루브산은 더 분해되어 산화적 시스템으로 들어가고 ATP를 추가로 생성하게 만든다. 산소가 충분히 신속하게 공급될 수 없다면 피루브산은 젖산이라 불리는 분자로 전환되어 운동 중에 근육 조직에 축적되기 때문에 격렬한 운동을 할 때 '타는' 느낌을 받게 되는 원인이 된다(제거할 수 있는 속도보다 더 빠르게 근육 조직에 축적되는 CO_2도 타는 느낌의 요인이 된다).

전문적으로 알아보기

젖산이란?

고강도 운동 중에는 산소가 심폐 시스템에 전달되는 것보다 더 빨리 ATP가 필요하다. 따라서 인체는 최대 강도에 다다를 때 에너지를 내기 위해 ATP-PC 시스템과 해당 과정에 대부분 의존한다. 피루브산이 무산소 환경에 축적되면 빠르게 젖산으로 변하면서 그 과정에서 자유 수소 이온을 방출한다.

이러한 수소 이온은 근육의 pH를 낮추는 데 기여하는데, 이를 산성증이라고 한다. 산성증은 pH를 낮추는 수소 이온이 근육 수축을 방해할 수 있기 때문에 격렬한 운동과 관련된 통증과 피로감의 일부 원인이 될 수 있다. 이 때문에 조직의 pH는 산성으로 변해간다. 무산소 해당 과정에서 발생하는 젖산과 수소 이온을 보통 총칭해서 '젖산'이라고 한다.

그러나 젖산이 CO_2처럼 '노폐물'이라는 건 사실이 아니다. 부드러운 조직 세포에서 제거되어 혈류 속으로 들어오면, 체내에서 제거되지 않고 코리 회로라고 부르는 별도의 대사 과정을 통해 간에서 처리된다. 코리 회로를 겪으면서 ATP는 젖산을 다시 피루브산으로, 그 다음 포도당으로 바꾸는 데 이용된다(Cori & Cori, 1929). 이렇게 전환된 포도당은 다시 혈류 속으로 방출되어 사용된다. 이 때문에 코리 회로는 인체의 pH 균형을 유지하는 데 매우 중요하다.

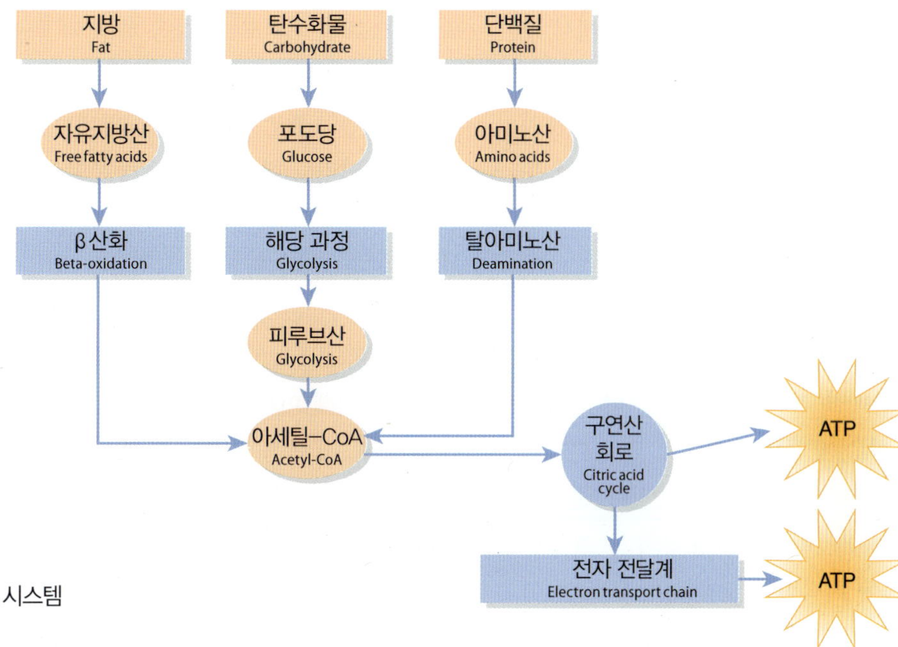

그림 8-7 산화적 시스템

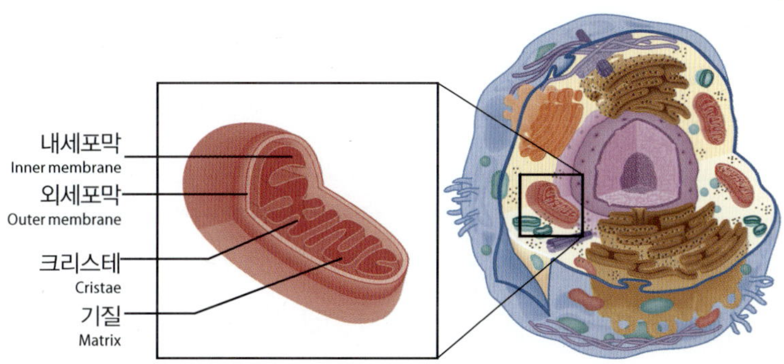

그림 8-8 미토콘드리아

산화적 시스템

세 가지 에너지 시스템 중 가장 복잡한 것은 음식 기질을 ATP로 전환하는 데에 산소를 사용하는 산화적 시스템이다(그림 8-7). 이 과정은 산화적 인산화(oxidative phosphorylation)라 불리며, 반응을 완료하는 데 산소를 필요로 하기 때문에 유산소(호기성, aerobic) 과정으로 정의된다. 산화적 시스템에 사용되는 세 가지 기질에는 자유지방산, 해당 과정에서 발생하는 피루브산, 탈아미노산(deamination)이 있다.

산화적 인산화는 일련의 화학적 반응을 이용해서 궁극적으로는 ATP와 이산화탄소를 만들어낸다. 이 경로에는 두 세트의 반응 작용이 있다. 두 세트 모두 미토콘드리아(mitochondria)라고 불리는 세포 기관에서 발생한다(그림 8-8). 반응의 첫 번째 단계는 크렙스 회로(krebs cycle)라고 알려진 구연산 회로[시트르산 회로, citric acid cycle(CAC)]이며, 여기에서 약간의 ATP 분자와 이산화탄소 노폐물을 생성한다. 이 단계에서 전자는 전자 전달계(ETC)라고 알려진 다음에 일어날 반응 작용에 사용되기 위해 해체된다. 이때 전자 전달계(electron transport chain, ETC)는 ATP를 생성하는 복잡한 일련의 반응을 유도하기 위해 전자를 사용한다.

산화적 시스템은 신체가 주로 저강도에서 중강도의 운동

산화적 인산화 Oxidative phosphorylation 아데노신 삼인산을 생성할 때 산소를 사용하는 미트콘드리아 내의 일련의 반응 작용

유산소(호기성) Aerobic 산소와 관련되거나 산소를 필요로 하는 과정

탈아미노산 Deamination 에너지 대사 과정에 사용될 수 있는 기질로 아미노산이 분해되는 것

미토콘드리아 Mitochondria 세포를 위한 에너지를 만들기 위해 영양소를 이용하는 세포의 부분. 보통 세포의 발전소라고 알려져 있다.

전자 전달계 Electron transport chain (ETC) 아데노신 삼인산을 생성하는 일련의 반응 작용을 통해 시르트산 회로에서 받은 양성자와 전자를 전달하는 일련의 단백질 복합체

을 할 때 의존하는 시스템이다. 무산소 과정이 몇 초에서 몇 분간 지속되는 동안, 유산소 대사는 점점 더 낮은 강도로 무기한 지속될 수 있다(Kalish et al., 2012). 사람의 심폐 기능이 향상되면(즉, 산소를 세포에 전달하는 능력), 우선적으로 무산소 과정을 활성화하지 않고도 더 고강도를 지탱할 수 있는 산화적 에너지 시스템 능력도 향상된다.

여러 가지 대량 영양소의 산화적 대사

탄수화물, 지방 또는 단백질 기질의 사용 여부와 관계없이, 이들은 CAC(구연산 회로)에 들어가기 전에 모두 아세틸 조효소 A(acetyl coenzyme A)라 불리는 동일한 물질로 분해되어야 한다(Gleeson, 2005). 아세틸 조효소 A는 효소들이 CAC에 사용되는 공통된 시작점을 제공하며, CAC는 아세틸 조효소 A에서 전자를 제거하고 음전하를 띤 전자를 양전하를 띤 수소 전자와 함께 ETC(전자전달계)로 운반한다. 이런 전자와 수소 이온은 미토콘드리아 내에 저장되고, ADP를 ATP로 전환하기 위한 에너지를 공급할 때 사용된다.

유산소 에너지 공급에 지방 기질을 사용하려면 지방(예: 트라이글리세라이드)은 우선 자유지방산으로 전환되어야 하고 β산화(beta-oxidation)라 불리는 과정을 통해 아세틸 조효소 A로 분해되어야 한다. 지방 분자는 크고 에너지가 밀집되어 있으며 탄수화물보다 더욱 복잡하기 때문에 지방 대사가 느리고 고강도 에너지 수요를 충족할 수 없다. 지방 산화가 느림에도 불구하고 하나의 지방산 분자는 포도당보다 상당히 더 많은 ATP를 생산할 수 있다. 예를 들어, 지방산 팔미테이트(palmitate) 분자 하나가 완전히 대사될 때 129 ATP를 생산한다.

포도당의 최초 무산소 대사와 달리 에너지원으로 지방을 이용할 때는 항상 산소가 필요하다. 사람이 지방을 분해할 수 있는 속도는 근육 세포 내 미토콘드리아의 수와 혈액으로 운반되는 산소의 양에 따라 달라진다(Gleeson, 2005). 운동선수들과 체력이 좋은 사람들은 몸을 많이 움직이지 않는 사람들에 비해 근육 세포 내에 더 많은 미토콘드리아가 존재하기 때문에 지방을 더 잘 분해한다(Nielsen et al., 2016). 마지막으로 사용 가능한 탄수화물(포도당)이 많을 경우, 신체는 대신 탄수화물의 일부를 사용하게 되고, ATP 생성에 필요한 지방의 총량은 감소된다.

산화적 인산화가 탄수화물 공급원에서 시작되면, 먼저 포도당으로 분해되고 그 다음 해당 과정을 통해 피루브산염으로 변환되어야 한다. 본질적으로, 해당 과정은 무산소 에너지 시스템일 뿐만 아니라 포도당의 유산소 대사 과정의 첫 번째 단계이기도 하다. 산소가 충분할 때 피루브산염은 젖산으로 변환되지 않는다. 대신 아세틸 조효소 A로 추가 분해되고 CAC(구연산 회로)로 들어간다. 단일 포도당 분자의 완전한 대사 과정(무산소 및 유산소)은 35~40 ATP를 생성한다(McArdle et al., 2010). 추가적으로, 탄수화물과 지방 모두 에너지를 위해 아미노산에 직접적으로 의존할 정도로 고갈된 경우(예: 극단적이 기아 상태), 탄수화물과 지방 역시 유산소(호기성)로 분해되고 대사된다.

전문적으로 알아보기

아미노산은 매우 드물게 탈아미노화되며, 산화적 인산화를 위해 직접적으로 아세틸 조효소 A로 변환된다. 아미노산을 에너지원으로 사용하는 대부분의 경우에, 아미노산은 먼저 포도당 신생합성과 케톤체 생성을 통해 포도당이나 케톤체로 변환된다. 이렇게 변환된 기질들은 각각 탄수화물, 지방 기반 대사 경로를 밟게 된다.

전자 전달계

전자 전달계(ETC)는 CAC가 아세틸 조효소 A에서 전자를 제거한 후 미토콘드리아 막 내에서 일어나는 엄청나게 복잡한 과정이다. 이 과정에서 단백질 복합체로 인해 저장된 수소 이온에 기울기가 생기고, CAC에 의해 전자는 수소 이온을 통해 자유롭게 이동할 수 있게 된다. ATP 수치가 떨어지고 ADP 수치가 올라가면, 수소의 기울기는 ADP와 산소를 ATP 및 물로 바꾸기 위해 ATP 합성 효소라 불리는 단백질에 의해 '채취'된다(Everman et al., 2011). 이렇게 효율적으로 분자들이 처리된 결과, ETC는 노폐물을 최소화하면서 비교적 많은 양의 ATP를 생성할 수 있다.

유용한 힌트

CAC(구연산 회로)는 아세틸 조효소 A를 분해하여 몇 개의 ATP를 생산하고, 노폐물로 CO_2 및 자유 전자를 배출한다.

이후 자유 전자는 ETC로 들어가서 더 많은 ATP와 물의 노폐물을 생성하는 화학 반응 사이클을 주도한다.

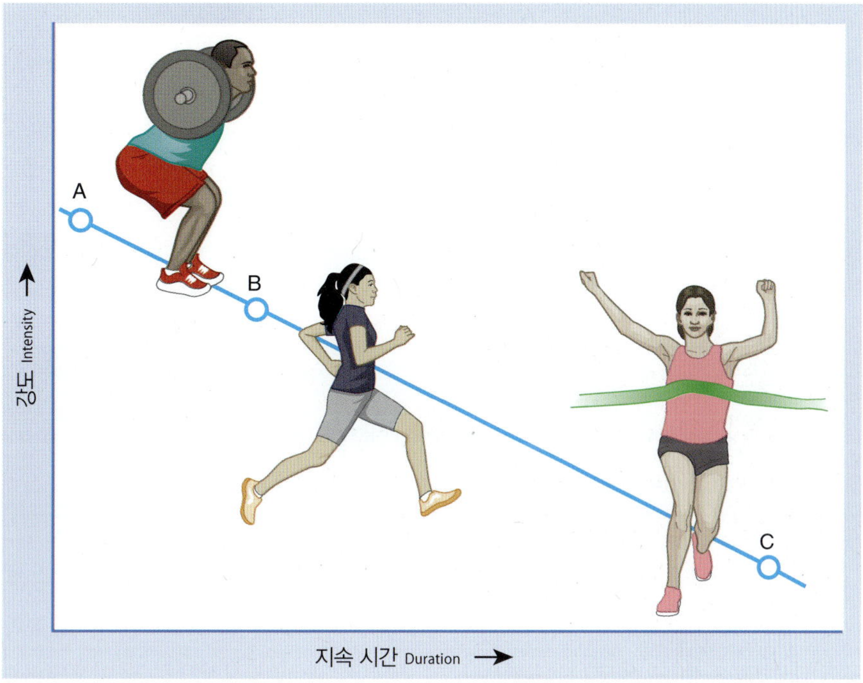

그림 8-9 운동 중 에너지

운동 중 에너지

어떠한 형태의 운동이라도 두 가지 요소로 정의될 수 있다. 강도와 지속 시간이다. 이 핵심 요소들은 반비례 관계에 있는데, 강도가 증가가면 지속 시간은 감소한다는 의미이다. [그림 8-9]는 이 요소들의 관계를 보여준다. 이 그림에서는 고강도로 매우 짧은 시간 동안 웨이트를 들어올리는 것은 지점 A로, 400m 달리기는 지점 B로, 더 낮은 강도로 장시간 달리는 것은 지점 C로 표시되어 있다. 기본적으로 더 열심히 노력할수록 운동의 지속 시간은 더 짧아진다. 이러한 관계 내에서 운동이 위치한 곳을 파악하면 그 운동에서 우세한 에너지 시스템을 파악하는 데 도움이 된다.

고강도(VT1 이상) 운동에서 탄수화물(포도당)은 해당 과정을 통해 빠르게 분해될 수 있기 때문에 지방에 비해 ATP를 생산하는 데 더 많은 에너지를 공급한다. 저강도 운동(VT1 미만)은 ATP를 공급하는 데 지방 산화에 대부분 의존한다. 운동 강도가 VT1 이상 수준으로 높아지면 신체는 혈당과 저장 글리코겐에 더 의존하도록 극적으로 변한다 (Romijn et al., 1993). 그러면 운동 중 에너지가 갑자기 폭발할 필요가 있을 때 ATP-PC 시스템이 여기에 큰 기여를 하게 되는 것이다. 본질적으로 이 세 가지 시스템은 활동 강도의 전 범위에 걸쳐 인체에서 필요로 하는 에너지 수요를 100% 충족하기 위해 유동적이며 즉시 적응할 수 있는 상태를 유지한다.

항정 상태 운동 중 대사

운동의 생체에너지학(bioenergetics)은 다양한 형태의 운동(예: 러닝머신 또는 사이클 에르고미터)을 통해 실험실에서 간접적으로 측정할 수 있다. 심박수, 혈압, 운동 부하 또는 운동량을 포함한 다른 생리적 기능도 측정할 수 있다. 운동 대사를 측정하기 위해서는 보통 항정 상태에서 측정한다. **항정 상태 유산소 운동**(steady-state aerobic exercise)은 그 용어에서 알 수 있듯, 꾸준한 속도(강도)로 이루어지는 유산소 운동이다. 예를 들어, 항정 상태 운동은 1마일을 일정한 속도로 걷거나 조깅하는 것이다.

아세틸 조효소 A Acetyl coenzyme A 해당 과정을 통한 탄수화물의 분해와 β 산화를 통한 지방산에 의해 생성되며, 구연산 회로에 대한 이러한 기질의 전구체이다.

β 산화 Beta-oxidation 산화적 인산화를 통한 지방 분해 과정의 첫 단계

항정 상태 유산소 운동 Steady-state aerobic exercise 심박수, 산소 소비, 강도를 일정하게 유지한 상태로 진행하는 유산소 운동

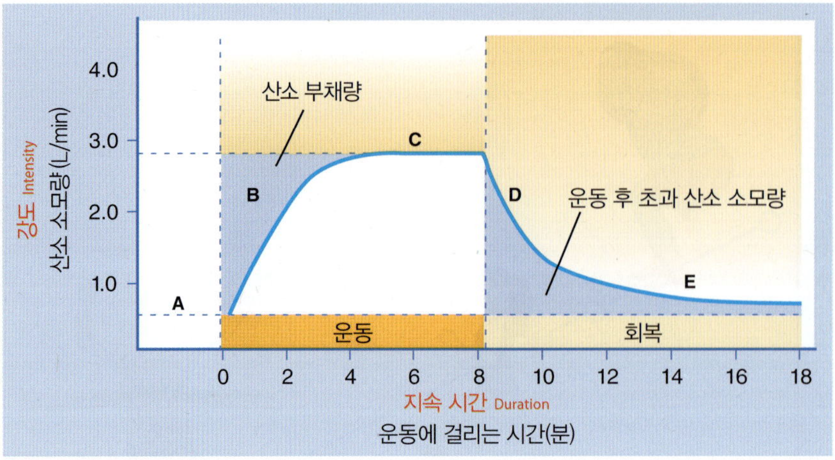

그림 8-10 항정 상태 운동 시의 대사

항정 상태 운동에서 요구되는 전체 에너지는 [그림 8-10]에 잘 나와 있다. 그림에서는 가벼운 조깅 속도로 설정된 러닝머신을 달리는 것으로 시작된다([그림 8-10] A 영역). 운동이 시작될 때(예: 러닝머신 벨트 위로 올라가서 아무것도 하지 않을 때부터 조깅을 시작할 때까지) 유산소 대사 경로는 처음 요구를 충족시키기에는 매우 느리기 때문에 신체는 ATP-PC 주기와 해당 과정에 의존하여 요구량을 보충한다. 이를 산소 부채량(산소 부족량, O_2 deficit)이라고 한다([그림 8-10]의 첫 번째 음영 영역으로 표시됨, B 영역).

점차적으로 유산소 ATP 생산 비율이 증가하고, 무산소 공급원에서 나오는 에너지는 점점 줄어든다. 항정 상태 노력으로 몇 분이 지난 시점에서 산화적 대사 과정이 대부분의 ATP 생산 업무를 따라잡아 ATP 생산을 도맡게 된다. 이 지점에 한 번 도달하면, 운동에 필요한 에너지 필요량은 유산소 수단을 통해서 충족된다([그림 8-10] C 영역). 주로 유산소 상태는 운동하는 사람의 근지구력과 체력 수준에 의해서만 제한되며, 본질적으로는 무기한 지속된다.

그런 다음, 예시와 같이 러닝머신에 올라가면 에너지 필요량은 기준선까지 급격하게 떨어지기 시작하고([그림 8-10] D 영역), 그 다음에는 더 천천히 감소([그림 8-10] E 영역)하기 시작한다. 그러나 산소를 이용해서 ATP 생산을 계속하기 위해 산소 소비량은 몇 분간 상승된 채 유지된다. 이렇게 음영 처리된 영역은 보통 **운동 후 초과 산소 섭취량(excess postexercise oxygen consumption, EPOC)** 또는 EPOC라고 불린다(McArdle et al., 2010; Wells et al., 2009). EPOC의 목적은 ATP와 PC의 기준 수치를 다시 설정하고 ATP를 추가로 생산하여(회복에 필요한 수준 이상) 대사 노폐물을 제거하는 것을 돕는 데 있다. ATP와 PC 수치가 회복되고 생리적 과정이 정상으로 돌아오면 산소 섭취량은 기준선에 가깝게 회복되고, 대부분 즉시 회복된다.

간헐적 운동 중의 대사

간헐적 운동 중에는, 항정 상태 운동일 때와 동일한 에너지 생산 패턴이 강도의 변화에 따라 운동 전체에 걸쳐 여러 번 발생한다. [그림 8-10]의 예시처럼 운동하는 사람이 강도를 높이면 대부분의 에너지는 무산소 대사에서 나온다(Burke et al., 2011; Romijn et al., 1993; Wells et al., 2009). 강도가 줄어들면 산소 소비량은 다음 고강도 운동을 준비하기 위해 빠르게 회복하려고 조금씩 상승하기는 하지만, 높게 유지된다. 근본적으로 [그림 8-10]의 B와 D 영역 사이의 간헐적 운동 사이클은, C 영역처럼 유산소 과정이 완전히 차지하도록 하지 않고 EPOC가 반복되게 한다.

이전의 고강도 운동이 1분 미만, 즉 ATP-PC 시스템이 주로 연료를 공급한 경우, 회복 시간 역시 1분이나 1분에 살짝 못 미친다. 인터벌 트레이닝을 반복하는 것처럼 고강도 운동 시간이 길어지면, 회복 시간은 운동 대 휴식 시간의 비율이 1:1과 비슷해져야 한다(Daniels, 2014). 회복 운동은 APT-PC 농도를 정상으로 되돌리고 대사 노폐물을 제거하는 유산소 운동이다. 따라서 인터벌 트레이닝 운동과 운동 경기와 같은 고강도 운동에서 참가자들이 최적의 기량을 발휘하고 회복하기 위해서는 유산소 에너지 생산을 개선하는 훈련을 하는 것이 중요하다.

운동 중 연료 기여도 측정

저강도에서 인체는 주로 지방을 연료로 사용하므로 많은 양의 ATP를 발생시키고, 약간의 산소를 사용하며, 비교적 적은 양의 이산화탄소를 발생시킨다. 운동 강도가 세지면 생성되어야 하는 ATP의 비율이 늘어나 더 많은 산소가 미토콘드리아로 운반되어야 한다. 이는 호흡량의 증가(호흡의 길이와 깊이)를 가져오는데, VT1에 도달하는 것의 특징이다. 그러나 운동 강도가 계속 증가하면 지방의 유산소 대사로는 ATP를 충분히 빠르게 생산해 내지 못한다. 따라서 몸은 해당 과정을 통해 연료를 공급하기 위해 포도당에 의존하는 쪽으로 바뀌게 된다(Romijn et al., 1993).

연료 공급원의 이런 변화는 배출되어야 할 이산화탄소가 더 많이 생성되는 것을 의미하며, 이산화탄소는 내쉬는 호흡으로 배출된다. 결과적으로 호흡 속도가 높아져 더 많은 산소를 공급할 뿐만 아니라 증가하는 이산화탄소를 배출한다. 이렇게 되면 호흡이 너무 빨라져서 말하기가 매우 어렵거나 불가능하게 되는데, 이 지점을 VT2로 표시한다.

요약하면, VT1에서는 미토콘드리아가 자유지방산의 산화적 대사에 도움이 되는 산소를 더 많이 공급하기 위해 더 많은 공기를 흡입해야 한다. 그러다가 VT2에서는 무산소 대사에 주로 의존하고, 몸은 이산화탄소를 배출하는 데 더욱 집중하여 산소 없이 회복하려고 하기 때문에 날숨이 더욱 거칠어지면서 말하기가 어려워진다. 이 때문에 피트니스 전문가는 '대화 테스트'를 사용하여 고객이 유산소 운동을 하는지 무산소 운동을 하는지를 판단할 수 있다. 이 개념은 11장에서 더 자세히 설명한다. [표 8-1]과 [그림 8-11]은 각 에너지 시스템이 전체적인 에너지 수요에 어떻게 기여하는지를 대략적으로 보여준다.

운동 후 초과 산소 섭취량 Excess postexercise oxygen consumption (EPOC) 운동 후 몸의 신진 대사가 상승한 상태

표 8-1 세 가지 에너지 시스템의 특징

	ATP-PC	해당 과정	산화
연료 기질	크레아틴 인산(PC)	저장 글리코겐 및/또는 혈당	피루브산 및 자유지방산
지지할 수 있는 강도	고강도	중강도에서 고강도	저강도에서 중강도
최대치 ATP 생산 시작	1초	5~10초	2~3분
시스템의 연소 시간	10~15초	30~60초	이론상 제한 없음
최종 제한 계수	ATP-PC 저장물의 고갈	젖산 및 CO_2 축적	불충분한 산소, 열 축적, 근육 피로

Modified from Wells et al., 2009.

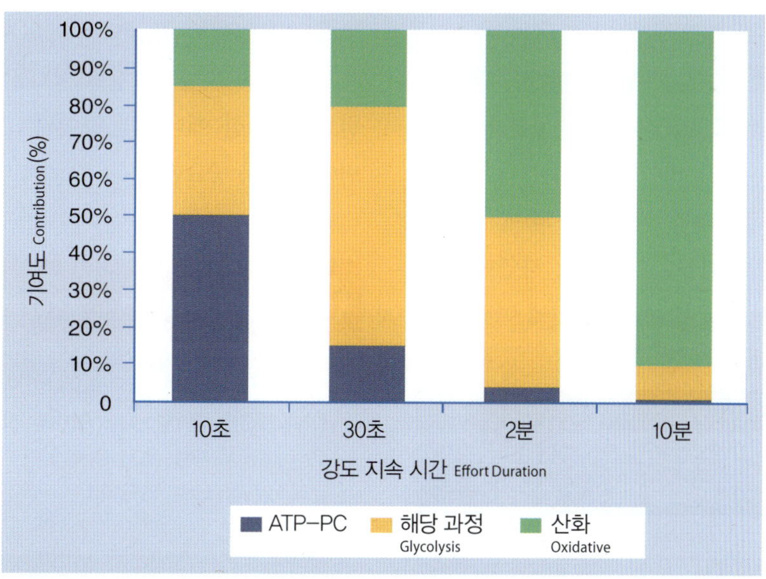

그림 8-11 강도 지속 시간에 따른 에너지 시스템 기여도

'지방 연소 구간'의 신화

운동 강도에 대해 잘못 생각하고 있는 것이 또 하나 있다. 이른바 지방 연소 구간이라는 개념이다. 사람들은 저강도 운동에서 더 많은 지방을 태울 수 있다고 생각한다. 저강도 운동에서는 주로 자유지방산의 산화에 의존하며, 탄수화물에서 에너지를 빨리 얻을 필요가 없기 때문이다. 저강도 운동이 연료 기질로서 포도당보다는 지방에 더 의존하는 것은 사실이나 결론은 조금 더 복잡하여 하루 24시간 전체의 관점에서 바라볼 필요가 있다.

지방 연소를 고려할 때 운동의 강도와 운동 지속 시간을 모두 고려하는 것이 중요하다. 저강도 운동은 더 높은 비율의 지방을 연료로 사용하지만 아주 긴 시간 동안 운동하지 않는 한 많은 칼로리를 연소하지는 않는다. 그러나 중강도에서 고강도의 운동은 탄수화물에서 나오는 에너지의 상당 부분을 쓰면서, 주어진 시간 동안 더 많은 총 칼로리를 연소한다. [표 8-2]는 저강도와 중강도의 운동을 20분간 할 때 소모하는 칼로리의 차이를 비교한 것이다. 이 같은 사실은 상업적으로 유산소 장비에 대해 자주 광고하는 지방 연소 영역에 대한 신화를 깨어 준다. 하루 24시간 동안의 총 칼로리 소모량은 짧은 시간의 산화적 시스템의 저강도 운동보다 중강도 운동이 신체 구성 변화에 효과적이다.

[표 8-2]에서 보는 것처럼, 운동하는 사람은 중강도의 운동을 할 때에 비해(50%) 저강도 운동을 할 때 더 많은 비율의 지방(70%)을 연소한다. 그러나 지방의 총 칼로리는 저강도 운동(42칼로리)보다 중강도 운동(60칼로리)을 할 때가 더 많다.

이는 체중 감소를 목표로 할 때, 하루에 1시간을 운동하는 보통의 사람은 중강도에서 고강도 유형의 운동을 하는 것이 더 좋은 결과를 얻는다는 것을 의미한다. 이 사람은 고강도 운동을 할 때 더 많은 칼로리를 연소하게 되며, 이것은 더 많은 1일 총 칼로리 소모를 가져온다. 한편, 자연에서 하는 긴 시간 하이킹과 같은 저강도 활동을 한 번에 여러 시간 동안 할 수 있다면, 그렇게 하는 것이 좋다. 사실상 책상에 하루 종일 앉아 있는 사람이 60분간 인터벌 트레이닝을 하는 것보다 긴 시간의 하이킹이 연소시키는 순 지방이 더 많기 때문이다.

표 8-2 에너지 소모량 비교

운동 프로그램의 예	소모되는 지방 칼로리	소모되는 탄수화물 칼로리	소모되는 총 칼로리
저강도 20분	42(70%)	18(30%)	60
중강도 20분	60(50%)	60(50%)	120

일일 에너지 필요량

1일 식품 섭취량이 에너지 필요량과 일치할 때 에너지 균형 상태를 유지하여 안정적인 체중을 유지할 수 있다고 한다. 에너지 섭취량이 총 1일 에너지 필요량을 넘는 경우 체중 증가로 이어질 수 있다. 마찬가지로 1일 에너지 필요량보다 적게 먹는 사람은 신체가 내부 저장고에서 연료를 공급하므로 체중이 줄어든다. 이상적인 체중을 초과하는 사람들은 1일 에너지 섭취량을 줄이거나 이상적인 몸무게에 도달할 때까지 1일 운동량을 늘려야 한다. 반대로 근육량을 늘리고자 하는 사람은 사용하는 것 이상으로 1일 에너지 섭취량을 늘려야 한다. 개인이 필요로 하는 1일 에너지양은 나이, 성별, 임신 여부, 근육량, 호르몬 기능, 약 복용 여부, 유전적 요인에 영향을 받는다. 결과적으로 개인별 1일 에너지 필요량은 사람에 따라 차이가 크다.

1일 총 에너지 소비량

사람이 하루에 쓰는 총 칼로리를 **1일 총 에너지 소비량(total daily energy expenditure, TDEE)**이라고 한다. 칼로리는 음식에서 공급되는 에너지의 기본 단위이다. 과학적으로 설명하면, 1**킬로칼로리(kcal)**는 물 1kg을 섭씨 1도 올릴 때 필요한 에너지의 양이다. 그러나 건강과 피트니스 측면에서 더욱 중요한 것은, 칼로리(보통 음식 라벨에 써 있다)는

지식 확장하기

칼로리(cal, 소문자 c)는 에너지의 단위이며 물 1g을 섭씨 1℃ 올릴 때 필요한 열 에너지의 양으로 정의된다. 킬로칼로리(kcal, 때로는 대문자 C를 써서 Calorie라고도 표기한다)는 1,000cal와 같다. 과학적으로 정확하지는 않지만, cal(식품 라벨에 써 있는 것)와 kcal는 전 세계 어디에서든 같은 의미로 사용한다. 하지만 식품 칼로리는 엄밀하게 말하면 kcal이다.

생존과 신체 기능 유지, 이동 및 운동에 사용되는, 식품에서 나오는 에너지 단위를 나타낸다는 점이다.

각 개인이 날마다 소비하는 칼로리의 양은 굉장히 다양하다. 종일 소모한 칼로리는 **안정시 대사율(resting metabolic rate, RMR)**의 유지, 음식의 소화와 흡수, 우편함까지 걸어가는 것부터 키보드를 두드리는 것에 이르는 일반적인 활동과 운동 이외의 다양한 활동에 사용된 것이다. 열은 에너지를 위한 대량 영양소 기질을 처리하면서 발생하는 부산물이기 때문에 '칼로리 소모'를 보다 구체적으로 '열생성(thermogenesis)'이라고 한다. 이를 염두에 두고 운동에 사용되는 에너지는 **운동 활동 열생성(exercise activity thermogenesis, EAT)**, 음식 소화에 사용되는 에너지는 **식이성 발열효과(thermic effect of food, TEF)**라고 하며, 기타 일상적인 움직임에 사용되는 에너지 및 사람이 수행하는 활동들은 **비운동 활동 열생성(nonexercise activity thermogenesis, NEAT)**이라고 한다. RMR, EAT, TEF, NEAT의 조합은 1일 총 에너지 소비량(TDEE)을 구성한다.

안정시 대사율

안정시 대사율(RMR)은 완전한 휴식(예: 혈액 보내기, 호흡, 뇌에 에너지 공급, 장기의 기능)을 취할 때 신체가 사용하는 칼로리양이다. 간단히 말하면 RMR은 사람이 생존하기 위한 최소한의 에너지 소비량(즉, 필요한 칼로리양)이다. 이 수치는 개인마다 상당히 차이가 있지만, 근육량이 많은 사람의 RMR이 더 높은 경향이 있다. 왜냐하면 근육은 다른 신체 조직보다 ATP를 더 활발하게 이용하기 때문이다. RMR은 TDEE의 약 70%를 차지하며 1일 에너지 소비량의 잔여분을 구성하는 활동(EAT + NEAT)과 TEF로 구성되어 있다(Trexler et al., 2014)(그림 8-12).

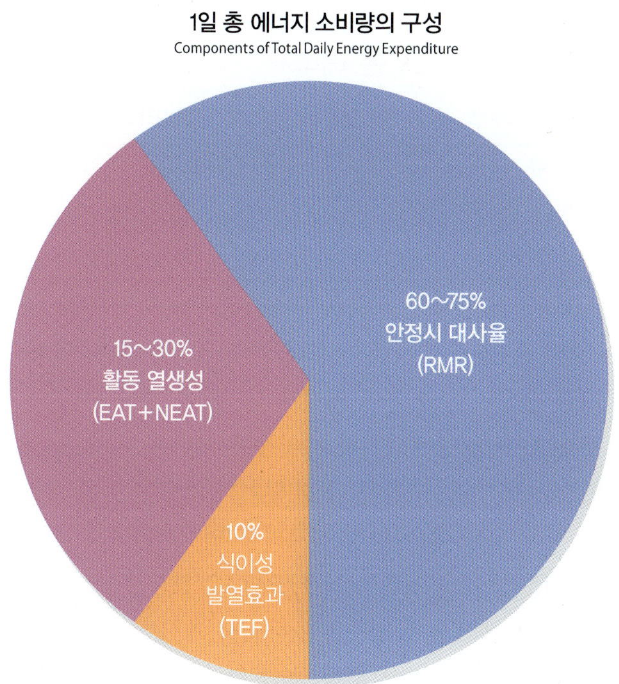

그림 8-12 TDEE의 구성

전문적으로 알아보기

RMR을 측정하는 가장 좋은 방법 중 하나는 호기 가스(CO_2)를 사용하여 에너지 소비를 예측하는 간접적인 열량 측정법을 사용하는 것이다. 그러나 측정 기기가 널리 보급되지 않아서 Harris-Benedict, Mifflin St. Jeor, Katch-McArdle의 방법을 포함하여 RMR을 추정하는 몇 가지 공식을 사용할 수 있다. 정확성을 높이기 위해 한 가지 이상의 예측 공식을 합쳐서 개발한 온라인 계산기도 많이 있다.

그러나 간접적인 열량 측정법과 비교할 때 모든 예측 공식은, 특히 근육질의 사람과 일반적인 사람의 경우 RMR을 과소 측정하는 경향이 있다(Joseph et al., 2017; Zanella et al., 2018). 또한 RMR을 결정하는 예측 공식은 비만인 사람들에게는 잘 맞지 않으므로 비만 고객의 RMR을 예측 공식으로 추정할 때는 주의를 기울여야 한다(Madden et al., 2016; Spears et al., 2009).

1일 총 에너지 소비량 Total daily energy expenditure (TDEE) 하루에 소비되는 총 에너지양

킬로칼로리 Kilocalorie (kcal) 한 가지 음식의 칼로리. 또한 물 1kg을 섭씨 1℃ 올리는 데 필요한 에너지양

안정시 대사율 Resting metabolic rate (RMR) 수면 또는 조용히 누워 있을 때처럼 음식을 먹지 않고 완전한 휴식을 취할 때 몸이 소모하는 에너지 비율(칼로리)

운동 활동 열생성 Exercise activity thermogenesis (EAT) 구조화된 운동이나 트레이닝을 할 때 소모되는 칼로리

식이성 발열효과 Thermic effect of food (TEF) 섭취한 영양소를 소화, 흡수 및 처리하는 데 필요한 에너지

비운동 활동 열생성 Nonexercise activity thermogenesis (NEAT) 걷기, 가사일, 계단 오르기 등 체계적 운동 이외의 일상 활동을 통한 에너지 소비

식이성 발열효과

식이성 발열효과(TEF)는 음식의 구성 요소를 분해할 때 소모되는 칼로리이다(Secor, 2009). 즉 음식을 소화시키는 데 사용되는 에너지(칼로리)이다. 평균적으로 음식에 포함된 칼로리의 약 7~10%가 해당 음식의 소화 및 흡수에 사용된다. 일반적으로 단백질은 더 높은 TEF를 필요로 하는데, 이는 탄수화물이나 지방과 비교했을 때 단백질을 분해할 때 더 많은 칼로리가 소모된다는 것을 의미한다.

신체활동 중 소모되는 에너지

사람이 하루 동안 연소하는 에너지(칼로리)의 대부분은 생명을 유지하는 기초 대사 과정에서 연소되는 것이며, 모든 활동이나 운동도 칼로리를 연소하므로 TDEE를 상승시킨다. 신체활동은 구조화된 목적이 있는 활동(EAT)과 집안 청소, 장보기와 같은 비운동 활동(NEAT) 두 가지로 나눌 수 있다. 운동은 대사율 상승과 회복 과정을 통해 활동 그 자체와 활동이 끝난 후에 에너지 소비량을 늘릴 수 있다.

유산소 활동 중 1L의 산소 이용은 에너지 5kcal를 요구하기 때문에 지속 시간이 더 길거나 더 강도가 높은 유산소 활동은 상당히 많은 양의 칼로리를 연소시킨다. **신체활동 수준(physical activity level, PAL)**은 1일 총 에너지 소비량을 휴식 에너지 소모량으로 나눠서 계산한다(Westerterp, 2013). 신체활동 수준은 활동 중 소모되는 칼로리양을 앉아 있을 때 소모되는 양과 비교함으로써 사람의 활동 수준을 정량화한다. 지속 가능한 생활 방식을 위한 이상적인 신체활동 수준 비율이 1:1~2:5 사이임을 보여주는 근거들이 몇몇 있다. 이 비율은 가임 연령에서 가장 높고 삶의 후반으로 갈수록 다소 낮아진다(Westerterp, 2013).

전문적으로 알아보기

활동을 정량화하는 다른 방법은 **대사당량(metabolic equivalent, MET)**에 의한 것이다. 1MET는 분당 체중 1kg당 소비되는 산소 3.5mL(3.5mL O_2/kg per min)와 동일하며, 이는 많은 사람의 평균 안정시 대사율이다(McArdle et al., 2010). 중강도 운동에는 5MET(RMR의 5배, 또는 17~18mL/kg/min)가 필요할 수 있고, 매우 높은 강도의 운동은 9MET(RMR의 9배 또는 분당 > 30mL/kg/min) 이상이 필요할 수 있다.

비운동 활동 열생성

비운동 활동 열생성(NEAT)은 체계적이고 계획된 운동과 무관하게 활동 중 연소되는 칼로리를 말한다. 앉아 있는 대신 서 있기, 꼼지락거리기, 팔이나 다리 떨기, 주차장으로 걸어가기, 집안일하기와 같은 일상적인 활동이 모두 NEAT의 구성 요소이다. NEAT 수준은 사람마다 매우 다양하며 앉아서 일하지 않는 직업(예: 육체노동)을 가진 사람의 경우 TDEE의 최대 20%까지 되기도 한다. 일부 연구에서는 안절부절못하는 사람과 같이 습관적으로 NEAT를 수행하려는 고유한 경향이 있고, 1일 NEAT의 수치가 높을수록 비만이 될 확률이 적다고 주장한다(Levine, 2007; Villablanca et al., 2015). 일부 사람들은 다른 사람들에 비해 무의식적으로 NEAT를 하는 경향이 더 많을 수 있는데, 누구라도 입식 책상 이용, 주차장에서 더 멀리 주차하기, 전화하면서 걷기, 엘리베이터 대신 계단 이용하기 같은 활동을 통해 더 많은 NEAT를 일상생활에서 실천할 수 있다.

신체활동 수준 Physical activity level (PAL) 신체활동과 체계적 운동을 통해 소비하는 칼로리의 양

대사당량 Metabolic equivalent (MET) 안정시 대사율의 곱으로서, 신체활동에 사용되는 에너지양을 설명하는 데 사용하는 측정법. 1MET는 1분간 1kg당 3.5mL의 산소 소비량이다.

요약

우리의 인체는 적절한 기능을 하고, 건강을 유지하고, 신체활동을 하기 위해 끊임없이 에너지를 공급받아야 한다. 우리가 섭취하는 음식은 생명을 유지하는 데 필요한 에너지를 세포에 공급하고, 운동은 에너지 생산 경로에서 독특한 과정을 거치게 한다. 음식이 사용할 수 있는 에너지 형태가 되기 위해서는 탄수화물, 단백질, 지방을 포함한 기질이라 불리는 더 작은 단위로 전환되어야 한다. 이러한 기질 분자들은 그 다음에 모든 세포의 에너지 화폐인 ATP로 전환된다.

운동은 활동의 강도와 지속 시간으로 구분된다. 이 두 가지 요인은 반비례하는데, 강도가 올라갈수록 이 강도를 유지할 수 있는 지속 시간은 떨어진다. 대사는 활동의 강도와

지속 시간에 따라 ATP를 공급하는 세 가지 경로에 의한 에너지 생산을 말한다. ATP-PC 시스템은 짧은 시간에 이루어지는 고강도 운동에서 매우 빨리 에너지를 생산한다. 해당 과정은 에너지를 조금 빠르게 생산하며, 산화적 시스템은 상대적으로 천천히 긴 시간 동안 에너지를 생산한다. 이러한 에너지 시스템은 모든 활동 중에 서로 다른 지점에서 어느 정도 모두 기여한다.

제8장 리뷰

생체에너지학(bioenergetics)은 음식이 ATP 형태의 에너지로 바뀌는 방법에 대한 학문이다. 이 과정은, 에너지는 소멸되지 않고 환경을 통해 다른 형태로 전환된다는 열역학 제1법칙을 따른다. 음식은 소화되어 결국에는 대사가 되어 ATP를 생성하고, ATP는 근육이 수축되고 신체 대사 과정을 유지할 수 있게 해주는 에너지를 방출하기 위해 분해된다. ATP는 근육 수축(활동)에 직접적으로 사용되는 유일한 에너지원으로, ATP의 생산은 신체활동을 위해 필수적이다.

운동에 필요한 연료는 주로 포도당과 자유지방산이지만, 단백질과 케톤체도 특정 상황에서 에너지로 사용될 수 있다. 근육 수축에 사용되는 에너지(ATP)를 생성하는 세 가지 에너지 시스템이 있으며, 이들은 에너지 생성률과 사용되는 기질에 따라 구별된다. ATP-PC 시스템은 크레아틴 인산 분자에서 인산염을 얻어 ADP에 결합되어 ATP를 생성한다. 해당 과정은 ATP를 비교적 신속하게 생산하기 위해 포도당 또는 글리코겐의 형태로 탄수화물만을 이용한다. 산화적 시스템은 탄수화물, 지방, 단백질, 케톤체 등 모든 유형의 기질을 사용하는 유일한 에너지 경로이지만, ATP를 비교적 느리게 생산한다.

항정 상태 활동 중의 에너지 생성률은 비교적 일관되게 유지된다. 항정 상태 활동은 또한 지속 시간이 몇 분 이상인 것이 특징이다. 그에 비해 간헐적 운동과 인터벌 운동은 항상 필요한 에너지율을 변화시킨다. 고강도 운동 중에는 ATP-PC 시스템과 해당 과정이 필요한 ATP를 공급해야 하는 반면, 휴식 중에는 산화적 경로가 ATP 생성에 더 많은 기여를 한다. 따라서 인터벌 트레이닝 중에는 모든 에너지 시스템이 운동의 어느 시점에서 ATP를 생성하는 데 기여하게 된다.

운동 강도가 다소 높고 강도가 최소 몇 분간 지속된다면, 인체는 산화적 인산화 반응을 돕기 위해 미토콘드리아에 더 많은 산소를 전달하려고 호흡을 더 많이 하게 된다. 중강도 운동 동안 더 많은 양의 호흡을 하도록 전환되는 것을 VT1이라고 한다. VT1은 또한 탄수화물과 지방이 똑같이 에너지 생산에 기여하는 지점이다. 그러나 운동 강도가 계속해서 증가하면 인체는 산화적 대사에 의존할 수 없게 되고, 자유지방산을 더 이상 이용하지 않고 탄수화물에 의존하는 무산소 과정으로 바뀐다. 연료 사용의 이러한 변화는 더 많은 이산화탄소가 생성된다는 것을 의미한다. 이산화탄소는 밖으로 배출되어야 하는 부산물이며, 결과적으로 호흡률이 증가하고 계속해서 말하는 것이 더 어려워진다. 이 지점이 VT2이며, 이것은 산소를 공급하는 데 있어서 뿐만이 아니라 증가하는 이산화탄소를 배출하는 데도 중요하다. 따라서 VT1에서 사람은 미토콘드리아에 더 많은 산소를 공급하기 위해 더 많은 공기를 흡입해야 하는 반면, VT2에서는 이산화탄소 배출에 집중하게 된다.

총 1일 에너지 필요량은 RMR, TEF, NEAT, EAT에 연료를 공급하기 위한 칼로리양이다. 높은 RMR을 가지고 있거나 더 많은 NEAT, EAT에 관여하는 사람은 ATP를 생성하는 데 더 많은 칼로리(음식에서 얻거나 내부 저장물에서 얻거나)가 필요하다. 단백질 같은 일부 음식은 다른 음식보다 TEF를 더 많이 생성한다. 체중 감소를 위해서는 모든 과정(RMR, TEF, NEAT, EAT)에서 섭취량보다 더 많은 에너지를 소비해야 한다. 대부분의 사람에게 있어 신체활동(NEAT와 EAT를 포함해서)이 전체 TDEE에서 비교적 적은 비율을 차지하기 때문에, 체중을 감소시키려면 활동을 늘려 에너지 부족을 만드는 것보다 더 적은 칼로리를 섭취하는 것이 효과적이다. 그러나 대부분의 전문가는 신체활동과 운동을 늘리면서 더 적은 에너지를 섭취할 것을 권한다.

제8장 하이라이트

- 인간의 인체는 적절하게 기능하고 운동의 요구를 충족하기 위해 지속적인 에너지 공급을 필요로 한다.
- 세포 대사에 사용되는 에너지 분자는 아데노신 삼인산

(ATP)이라고 불리며 섭취를 통한 식품 기질에서 만들어진다.

- 열역학 제1법칙에 따르면 에너지는 생성되거나 소멸되지 않으며, 오직 한 형태에서 다른 형태로 전환될 뿐이다.
- ATP를 생성하는 데 사용되는 연료는 탄수화물의 포도당, 지방의 자유지방산, 단백질의 아미노산, 케톤체이다. 이러한 연료들은 대부분 음식 섭취를 통해 얻는다.
- 음식에 포함된 탄수화물은 포도당으로 분해되며, 포도당은 해당 과정을 통해 신속하게 ATP를 생산할 수 있다.
- 포도당은 글리코겐 형태로 저장된다. 체내에 저장할 수 있는 글리코겐의 양은 저장할 수 있는 지방의 양보다 훨씬 적다.
- 자유지방산은 저장된 지방이나 섭취한 지방이 분해되면서 발생하는 부산물이다. 이들은 산소를 사용하여 ATP를 생성하는 유산소 경로를 통해서만 산화된다.
- 아미노산은 단백질이 분해되거나 소화되면서 발생하는 부산물이다.
- 아미노산은 산화적 인산화를 통해 대사될 수 있으나, 단백질은 보통 ATP 생산보다는 근육 형성을 위해 저장되기 때문에 건강한 사람들에게는 이러한 대사가 잘 일어나지 않는다.
- 케톤체는 에너지 섭취량이 낮거나 사용 가능한 탄수화물이 적을 때 간에서 생성된다. 케톤체는 ATP를 생산하기 위해 산화적 인산화 과정을 통해 산화될 수 있다.
- 운동은 강도와 지속 시간이라는 두 가지 요인에 따라 구분되며, 활동의 강도가 높을수록 지속 시간은 짧아야 한다.
- 운동을 수행하기 위해서는 연료가 필요한데, 이것들은 음식이 일련의 화학 반응을 통해 분해되어 에너지(ATP)와 열을 냄으로서 얻을 수 있다.
- ATP-PC 경로는 ATP를 생성하는 가장 간단하고 빠른 방법이다. 이 시스템은 PC 공급이 제한적이기 때문에 짧은 시간의 운동에서만 에너지를 공급할 수 있다.
- 해당 과정은 무산소 과정이며 ATP를 빠르게 생산하지만, 양이 많지는 않다. 해당 과정의 최종 산물은 ATP와 피루브산으로, 이들은 무산소 환경하에서 젖산이 될 수 있다.
- 산화적 인산화는 상대적으로 느린 속도로, 산소를 이용하여 기질 분자에서 ATP를 만드는 과정이다.
- 산화적 인산화는 피루브산(포도당에서 시작하는), 지방산, 아미노산, 또는 케톤체를 기질 분자로 이용할 수 있다. 이러한 산화적 대사는 부산물로 이산화탄소를 생성하여 배출한다.
- 운동 중 사용되는 에너지 형태를 결정짓는 가장 중요한 인자는 강도와 지속 시간이다.
- 운동의 강도와 지속 시간은 반비례 관계에 있으며, 이는 강도가 높아지면 지속 시간은 낮아진다는 것을 의미한다.
- 항정 상태 유산소 운동은 몇 분간 강도의 변화 없이 같은 수준의 운동을 하는 상황으로 정의한다.
- 간헐적 운동은 운동 중 운동 요구 사항(강도)이 빈번하게 변하는 것으로 정의한다.
- 운동은 대사율을 높이고, 호흡률도 이에 비례하여 증가한다.
- 호흡이 말하기 어려울 만큼 아주 빨라졌다면, 인체는 에너지를 공급하기 위해 탄수화물만을 산화하도록 바뀌었다는 뜻이다.
- 저강도 운동은 연료로서 많은 비중의 지방을 사용하지만, 일반적으로 아주 오랜 시간 동안 운동하지 않는 한 많은 칼로리를 연소하지는 않는다.
- 고강도 운동은 탄수화물로부터 나오는 에너지 비중이 높고, 일반적으로 주어진 시간 동안 연소하는 총 칼로리가 더 많다.
- 1일 식품(에너지) 섭취량은 건강한 체중을 유지하고, 적절한 신체 기능과 신체활동을 지원하기 위해 충분해야 한다.
- 1일 식품 섭취량이 에너지 필요량과 일치하는 경우 에너지 균형 상태에 있다고 말한다.
- 칼로리는 음식으로 공급되는 에너지의 기본 단위이며, 사람이 하루에 연소하는 총 칼로리를 1일 총 에너지 소비량(TDEE)이라고 한다.
- 안정시 대사율(RMR)은 생명을 유지하고 신체의 모든 기능적 요구를 충족하기 위해 휴식 시 필요한 최소한의 칼로리이다.

- 식이성 발열효과(TEF)는 음식을 소화시키는 데 필요한 칼로리이다.
- 비운동 활동 열생성(NEAT)은 체계적 운동이 아닌 활동에서 연소하는 칼로리이다.
- 운동 활동 열생성(EAT)은 체계적 신체활동 또는 목적이 있는 운동 중에 연소되는 칼로리이다.

참고 문헌

Ballweg, J., Foster, C., Porcari, J., Haible, S., Aminaka, N., & Mikat, P. R. (2013). Reliability of the talk test as a surrogate of ventilatory and respiratory compensation thresholds. *Journal of Sports Science and Medicine*, *12*(3), 610–611.

Becker, G. W., & Smith, K. (2006). Basic metabolism III: Protein. *Surgery*, *24*(4), 115–120.

Burke, L. M., Hawley, J. A., Wong, S. H., & Jeukendrup, A. E. (2011). Carbohydrates for training and competition. *Journal of Sports Sciences*, *29*(S1), S17–S27. https://doi.org/10.1080/02640414.2011.585473

Cori, C. F., & Cori G. T. (1929). Glycogen formation in the liver from d- and l-lactic acid. *Journal of Biological Chemistry*, 81, 389–403.

Daniels, J. T. (2014). *Daniels' running formula* (3rd ed.). Champaign, IL: Human Kinetics.

Everman, S., Yi, Z., Langlais, P., Mandarino, L. J., Luo, M., Roberts, C., & Katsanos, C. S. (2011). Reproducibility of an HPLC-ESI-MS/MS method for the measurement of stable-isotope enrichment of in vivo-labeled muscle ATP synthase beta subunit. *PLoS One*, *6*(10), e26171. https://doi.org/10.1371/journal.pone.0026171

Foster, C., Porcari, J. P., Anderson, J., Paulson, M., Smaczny, D., Webber, H., . . . Udermann B. (2008). The talk test as a marker of exercise training intensity. *Journal of Cardiopulmonary Rehabilitation and Prevention*, *28*(1), 24–30. https://doi.org/10.1097/01.HCR.0000311504.41775.78

Gleeson, M. (2005). Basic metabolism I: Fat. *Surgery*, *23*(3), 83–88.

Joseph, M., Gupta, R. D., Prema, L., Inbakumari, M., & Thomas, N. (2017). Are predictive equations for estimating resting energy expenditure accurate in Asian Indian male weightlifters? *Indian Journal of Endocrinology and Metabolism*, *21*(4), 515–519. https://doi.org/10.4103/ijem.IJEM_563_16

Kalish, B. T., Fallon, E. M., & Puder, M. (2012). A tutorial on fatty acid biology. *Journal of Parenteral and Enteral Nutrition*, *36*(4), 380–388.

LaFountain, R. A., Miller, V. J., Barnhart, E. C., Hyde, P. N., Crabtree, C. D., McSwiney, F. T., . . . Volek, J. S. (2019). Extended ketogenic diet and physical training intervention in military personnel. *Military Medicine*, *184*(9–10), e538–e547. https:// doi.org/10.1093/milmed/usz046

Levine, J. A. (2007). Nonexercise activity thermogenesis—Liberating the life-force. *Journal of Internal Medicine*, *262*(3), 273–287.

Madden, A. M., Mulrooney, H. M., & Shah, S. (2016). Estimation of energy expenditure using prediction equations in overweight and obese adults: A systematic review. *Journal of Human Nutrition and Dietetics*, *29*(4), 458–476. https://doi.org/10.1111/jhn.12355

Maughan, R. (2005). Basic metabolism II: Carbohydrate. *Surgery*, *23*(5), 154–158.

McArdle, W. D., Katch, F. I., & Katch, V. L. (2010). *Exercise physiology. Energy, nutrition, and human performance* (7th ed.). Philadelphia, PA: Lippincott Williams & Wilkins.

Miller, V. J., Villamena, F. A., & Volek, J. S. (2018). Nutritional ketosis and mitohormesis: Potential implications for mitochondrial function and human health. *Journal of Nutrition and Metabolism*, *2018*, 5157645. https://doi.org/10.1155/2018/5157645

Mitchell, W. K., Wilkinson, D. J., Phillips B. E., Lund, J. N., Smith, K., & Atherton, P. J. (2016). Human skeletal muscle protein metabolism responses to amino acid nutrition. *Advances in Nutrition*, *7*(4), 828S–838S. https://doi.org/10.3945/an.115.011650

Nielsen, J., Kejl, K. D., Hey-Mogensen, M., Holmberg, H. C., Suetta, C., Krustrup, P., . . . Ortenblad, N. (2016). Plasticity in mitochondrial cristae density allows metabolic capacity modulation in human skeletal muscle. *Journal of Physiology*, *595*(9), 2839–2847.

Phillips, S. M. (2017). Current concepts and unresolved questions in dietary protein requirements and supplements in adults. *Frontiers in Nutrition*, *4*(13). https://doi.org/10.3389/fnut.2017.00013

Romijn, J. A., Coyle, E. F., Sidossis, L. S., Gastaldelli, A., Horowitz, J. F., Endert, E., & Wolfe, R. R. (1993). Regulation of endogenous fat and carbohydrate metabolism in relation to exercise intensity and duration. *American Journal of Physiology*, *265*(3), 380–391. https://doi.org/10.1152/ajpendo.1993.265.3.E380

Secor, S. M. (2009). Specific dynamic action: A review of the postprandial metabolic response. *Journal of Comparative Physiology*, *179*(1), 1–56. https://doi.org/10.1007 /s00360-008-0283-7

Spears, K. E., Kim, H., Behall, K. M., & Conway, J. M. (2009). Handheld indirect calorimeter offers advantages compared with prediction equations, in a group of overweight women, to determine resting energy expenditures and estimated total energy expenditures during research screening. *Journal of the American Dietetic Association*, *109*(5), 836–845. https://doi.org/10.1016/j.jada.2009.02.016

Trexler, E. T., Smith-Ryan, A. E., & Norton, L. E. (2014). Metabolic adaptation to weight loss: Implications for the athlete. *Journal of the International Society of Sports Nutrition*, *11*(1), 7. https:// doi.org/10.1186/1550-2783-11-7

Villablanca, P. A., Alegria, J. R., Mookadam, F., Holmes, D. R., Wright, R. S., & Levine, J. A. (2015). Nonexercise activity thermogenesis in obesity management. *Mayo Clinic Proceedings*, *90*(4), 509–519. https://doi.org/10.1016/j.mayocp.2015.02.001

Volek, J. S., Freidenreich, D. J., Saenz, C., Kunces, L. J., Creighton, B. C., Bartley, J. M., . . . Phinney, S. D. (2016). Metabolic characteristics of keto-adapted ultra-endurance runners. *Metabolism*, *65*(3), 100–110. https://doi.org/10.1016/j.metabol.2015.10.028

Wells, G. D., Selvadurai, H., & Tein, I. (2009). Bioenergetic provision of energy for muscular activity. *Paediatric Respiratory Reviews*, *10*(3), 83–90. https://doi.org/10.1016/j.prrv.2009.04.005

Westerterp, K. R. (2013). Physical activity and physical activity induced energy expenditure in humans: Measurement, determinants, and effects. *Frontiers in Physiology*, *4*(90). https://doi.org/10.3389 / fphys.2013.00090

Zanella, P. B., Ávila, C. C., & de Souza, C. G. (2018). Estimating resting energy expenditure by different methods as compared with indirect calorimetry for patients with pulmonary hypertension. *Nutrition and Clinical Practice*, *33*(2), 217–223. https://doi.org /10.1177/0884533617727731

CHAPTER 9

영양

학습 목표

- 최적의 건강 상태를 달성하고 유지하는 대량 영양소, 미량 영양소 및 수분 공급의 역할에 대해 설명할 수 있다.
- 영양 코칭에 있어서 보건 의료 전문가와 공인 퍼스널 트레이너의 역할의 차이 및 범위를 알 수 있다.
- 다양한 유형의 영양 정보에 대한 신뢰성 및 유효성을 판단할 수 있다.
- 지식 수준이 다른 고객에게도 영양 정보를 전달할 수 있다.
- 고객이 신체 구성에 미치는 영향을 이해하고 영양 관리에 대한 바른 결정을 내리도록 할 수 있다.

영양에 대한 개요

영양(nutrition)은 기본적으로 조직의 성장, 복구 및 유지, 재생산, 소화 및 호흡과 같은 에너지 요구와 세포 과정을 지원하기 위해 식품이나 식재료를 통해 영양소를 얻는 과정으로 정의할 수 있다(Shiel, 2018). 영양학은 생물의 성장과 세포 활동을 위해 영양소를 얻어 대사하는 방법, 체내 영양소의 상호 작용, 그리고 이러한 과정과 관련된 다양한 결과들을 연구하는 학문이다.

영양소 섭취 과잉이나 결핍으로 인한 영양 부족, 영양 불균형은 생물의 성장과 건강에 큰 영향을 미칠 수 있다. 또한 영양은 순수 근육량의 증가나 체지방 감소 같은 신체 구성을 변화시킬 뿐만 아니라, 운동과 스포츠에서 최대의 성과를 만드는 중요한 역할을 한다. 공인 퍼스널 트레이너는 수행능력 및 체성분 변화를 달성하기 위해 고객과 긴밀히 협력해야 하는데, 이러한 목표를 달성하기 위해 영양이 중요한 역할을 한다. 피트니스 전문가가 기본적인 영양 원리를 이해하면, 트레이닝 프로그램을 보완하고 향상시키기 위한 모범적인 영양 실천의 중요성에 대해 고객에게 안내할 수 있다.

적절한 영양 섭취가 없다면 트레이닝이 아무리 지방 감소, 근육 증가, 또는 스포츠 성과에 초점이 맞춰져 있다 하더라도 개인 트레이닝이 크게 손상될 수 있다. 이 장에서는 대량 영양소와 미량 영양소의 개요뿐만 아니라 기본 영양소에 대해 개괄적 내용을 제공하고, 영양소가 건강과 운동 성과를 유지하는 데 중요한 역할을 하는 방식을 강조한다. 또한, 지방 감소, 근육 증가 또는 스포츠 경기력 향상의 목표를 가진 고객에게 도움이 되는 수준 높은 영양 전략을 제시한다.

실무 범위: 퍼스널 트레이너와 공인 영양사

피트니스 전문가는 적절한 영양 지침을 고객 교육 프로토콜에 통합할 수 있도록 영양의 원리를 기본적으로 이해해야 한다. 하지만, 피트니스 전문가는 의료 영양 치료 처방에 대한 법적 자격을 갖춘 공인 영양사(RD) 및 CDN의 진료 범위

영양 Nutrition 조직의 성장, 복구 및 유지, 생식, 소화 과정 및 호흡 등의 에너지 요구와 세포 과정을 지원하기 위해 식품이나 식재료를 통해 영양소를 얻는 과정

CDN 공인 전문 영양사: 주(미국)에서 공인하는 영양사/영양 전문가

와 자신의 실무 범위(scope of practice)를 인식하고 존중하는 것이 중요하다(역자 주: 미국에는 다양한 영양사 라이선스가 있는데, 주에 따라 통용되는 라이선스가 다름. RDN 및 CDN은 그런 라이선스의 종류임).

여기서 실무 범위란, 전문 라이선스나 인증의 범위에서 실무자가 실시하거나 실행할 수 있는 분야, 행동, 프로세스를 말한다. 미국에서 공인 영양사는 영양 및 영양학인증위원회(Accreditation Council for Education in Nutrition and Dietetics)의 승인을 받은 공인된 대학 또는 현장 연구를 통해 식품 및 영양 분야에 대한 광범위한 교육을 받는다. 그들은 RD 자격증을 획득하기 위한 국가 시험을 보기 전에 1,200시간의 교육을 수료해야 하고, 자격 유지를 위해 추가 교육 또한 완료해야 한다. 영양사 자격증 보유자들도 영양사로 활동할 수 있는 면허를 취득하기 위해 비슷한 단계를 거치지만, 국가 RD 시험을 대신하여 주(미국)에서 승인하는 시험을 선택할 수 있다. 영양 관련 다른 자격증은 [표 9-1]에 나와 있지만, 이 자격증들은 여전히 각 주의 규정을 따른다. 영국, 캐나다, 호주 및 해외의 영양사들에게도 유사한 기준이 적용된다.

피트니스 전문가의 실무 범위는 주로 신체 평가와 고객의 목표 및 능력에 기초한 적절한 트레이닝 프로그램의 개발, 두 가지 영역이다. 여기서 영양은 이 프로그램의 성공에 있어 중요한 요소이다. 따라서 공인 퍼스널 트레이너가 고객에게 특정 영양 처방이나 식이 상담을 제공하는 것은 엄격히 말해 실무 범위에서 벗어나지만(피트니스 전문가가 [표 9-1]에 열거된 영양 자격증을 보유하지 않았다면), 그들은 고객에게 기본적인 영양 전략에 대해 교육하며, 체성분 변화 및 트레이닝의 목표 성과를 달성할 수 있도록 도움이 되는 적절한 영양 정보를 안내할 수 있다.

예를 들면, 피트니스 전문가는 건강과 운동에서 영양소의 역할을 고객에게 알리고 안내할 수 있다. 또한, 고객이 자신에게 도움이 되거나 방해가 되는 식단을 구별하게 하고, 더 적절한 식품 선택으로 안내하며, 식단 조절 중에도 책임감을 갖도록 도울 수 있다.

그렇지만 고객이 특정한 식습관 수정을 필요로 하는 의료적 문제가 있거나 특정한 식단 계획을 요청하는 경우에는 추가

지식 확장하기

대부분의 나라에서 영양사는 영양에 대한 조언을 제공하는 사람들을 총칭한다. 영양사는 반드시 자격증을 소지한 의료 전문가일 필요는 없으며, 자신을 그렇게 설명해서도 안 된다. 영양사는 공중 보건 기관, 학교, 건강 및 피트니스 센터, 체중 감량 클리닉 또는 개인 진료소에서 일한다. 미국을 포함한 일부 국가들은 영양사가 받은 교육 기관과 자격증의 신뢰도는 소비자의 판단에 맡기고 있다.

실무 범위 Scope of practice 전문가들이 면허나 인증 조건에 따라 수행할 수 있는 행위들

표 9-1 영양 자격 및 자격증

영양 자격증	자격
공인 영양사 (RD/RDN)	영양인증위원회(Commission on Dietetic Registration)에 의해 국가적으로 인정되는 자격을 부여한다. 업무 범위는 임상 영양에서부터 지역 사회, 급식 및 영양 교육까지 다양하다. 일부 공인 영양사들은 스포츠 영양학 분야에서 고급 자격 및 전문성을 인정받았다. 국가적으로 인정받기는 했지만, 미국의 경우 일부 주에서는 공인 영양사가 독립적으로 임상 또는 의료 환경에서 일하기 전에 주 면허 취득을 요구받을 수 있다.
인증 영양 전문가 (Certified Nutritionist)	인증 기관과, 해당 기관이 인증을 받았는지를 확인하는 것이 중요하다. 인증된 조직은 다른 정부 기관에 의해 검토를 받고, 최소 교육 기준을 충족하거나 충분한 것으로 확인되었기 때문에 공식적으로 자격을 제공할 권한이 있다.
CISSN	국제스포츠영양학회(International Society of Sports Nutrition)에서 스포츠 영양 인증을 받음
CNS	영양전문가 인증위원회(Board for Certification of Nutrition Specialists)로부터 영양 전문가로 인정 받음
CDN or LDN	미국의 경우 주에서 인증한 영양사/영양 전문가 혹은 자격을 받은 영양사/영양 전문가. 이는 인증/허가 상태에서 영양 관련 업무를 실행할 수 있는 라이선스이다. 일부 주에서는 영양 상담 제공 이전에 영양사 및 비영양사 모두에 대해 이 라이선스가 법적으로 요구될 수 있다.

시도하기

다음 예시는 피트니스 전문가에게 영양 지침을 요청하는 두 가지 시나리오이다. 각각의 경우에 피트니스 전문가가 실무 범위 내에서 행동하고 있는지 여부를 판단해 보자.

시나리오 1

제임스는 지역 체육관의 공인 퍼스널 트레이너이며, 오늘 아침 새로운 고객, 줄리를 맞았다. 그녀는 두 달 동안 7kg(15파운드)을 줄이고 근육량을 늘리려고 하고 있다. 트레이닝을 받는 동안, 그들은 줄리의 식단에 대해 이야기하기 시작했고, 줄리는 제임스에게 매일 먹는 식단을 알려주었다. 제임스는 그녀의 식단이 대부분 패스트푸드와 가공식품이며, 과일과 채소 섭취가 부족하다는 것을 알게 되었다. 세션 종료 시점에 줄리가 제임스에게 다이어트 조언을 구했다. 제임스는 자격증을 소유한 영양 전문가는 아니지만, 일반적인 조언을 해줄 수 있다는 것을 알았다. 그래서 구체적인 지침은 어렵지만 패스트푸드와 가공 스낵 대신 더 많은 채소와 과일을 먹을 것을 제안했다.

- 제임스는 자신의 실무 범위 안에서 줄리의 질문에 대답했는가?

시나리오 2

잉그리드는 지역 체육관의 공인 퍼스널 트레이너이다. 그녀의 정규 고객인 빌은 제2형 당뇨병 환자이다. 빌은 운동 프로그램을 허가받았고, 잉그리드와 함께 9kg(20파운드)을 성공적으로 감량했다. 빌은 식단을 바꿔 더 많은 감량을 위해 탄수화물 섭취를 중단하고자 했다. 잉그리드는 이에 동의하며 빌이 식습관을 바꿔 단백질과 지방을 주로 섭취할 것을 제안했다.

- 잉그리드는 자신의 실무 범위 안에서 빌에게 권장 사항을 제공했는가?

해답

1. 그렇다. 제임스는 본인의 실무 범위 안에서 대답했다. 과일 및 채소 섭취에 대한 지침을 제공하는 것은 공인 퍼스널 트레이너가 할 수 있는 조언이다.
2. 아니다. 잉그리드는 본인의 실무 범위를 벗어났다. 빌은 제2형 당뇨병 환자이고, 자신의 식습관에 대해 보건 전문가에게 상담 받아야 한다.

지침을 위해 RD나 LD 같은 공인 영양 전문가를 고객에게 추천해야 한다. 이는 양쪽 전문가의 실무 범위를 존중할 뿐만 아니라 고객이 피트니스 전문가의 영역 안에서 제공하는 또 다른 전문가의 혜택을 받을 수 있게 하는 것이다.

[표 9-2]는 피트니스 전문가가 고객과 논의할 수 있는 영역과 논의할 수 없는 영역의 영양 관련 주제를 보여준다.

표 9-2 실행 영역 개요

할 수 있다	할 수 없다
▪ 건강한 사람들에 대한 영양 지침	▪ 특정한 식단과 일일 식단표에 대한 기술
▪ 고객의 현재 식습관 평가와 일반적 지침	▪ 특정한 보충제를 처방하거나 만성 질환 치료를 위한 비타민 및 미네랄 복용량의 권장
▪ 단백질, 탄수화물, 지방의 역할과 중요성에 대한 논의	▪ 급격한 열량 제한 또는 초저열량 식단 처방
▪ 섬유질과 미량 영양소(비타민과 미네랄)의 중요성에 대한 설명	▪ 단식, 해독, 또는 기타 극단적 영양 섭취에 대한 처방
▪ 칼로리, 염분, 알코올, 첨가당 과잉 섭취의 위험성에 대한 논의	▪ 특정한 식품군을 생략 또는 엄격히 제한하는 식단 처방
▪ 기초 수분 공급 전략	▪ 의료 전문가의 권장 사항에 반하는 조언
▪ 영양에 대한 신화와 오류 제거	▪ 극한 트레이닝 프로그램(예를 들면, 철인 3종 경기나 울트라 마라톤) 참여자를 위한 상세한 영양 계획
▪ 필요시 고객의 개인 의료 제공자 추천	▪ 만성적 건강 상태(예를 들면, 당뇨병이나 심장병)를 가진 사람을 위한 식이 계획 처방
▪ 일반 운동 경기(예를 들면 10km 달리기)에 참여를 원하는 모두를 위한 기초 영양 지침	▪ 급성 또는 만성 질환 치료를 위한 영양 치료
▪ 질병의 위험을 낮추거나 진행을 늦추는 것으로 알려져 있는 식습관에 대한 조언	▪ 섭식 장애가 있는 고객의 상담 또는 치료
▪ 운동과 신체활동 지침	▪ 먹는 것에 대한 일원화된 접근법 처방
▪ 건강한 1인분 양에 대한 설명	
▪ 고객들의 현실적인 건강 목표 설정을 돕고, 진행 경과의 평가를 도우며, 필요시 목표 수정을 도움	

신뢰할 수 있는 영양 정보에 접근하기

영양 정보나 교육 및 조언은 인터넷과 다양한 소셜 미디어 플랫폼에 널려 있다. 그렇기 때문에 허위 또는 오해의 소지가 있는 영양에 관한 주장과, 신뢰할 수 있고 유효한 영양 정보를 구별하는 것이 중요하다. 다양한 소셜 미디어 플랫폼에 나타난 잘못된 **영양 강조 표시(nutrition claim)**의 예로는 고혈압과 고콜레스테롤을 포함한 모든 종류의 질병을 치료하기 위해 셀러리 주스를 마시라는 것과 해독을 위해 아침에 뜨거운 레몬수를 마시라는 것 등이 있다.

신뢰할 수 있는 영양 정보는 경험적 과학에 기반을 두고 있으며, 해당 분야 자격증이 있고, 인증된 전문가들에 의해 세심하고 철저한 검토 및 조사가 이루어진 후에 제공되는 정보이다. 개인의 경험과 식이요법의 성공에 기초한 개별 추천이나 영양 권장 사항은 많은 변수와 개인차가 있기 때문에 즉시 예측하거나 다른 개인에게 적용할 수 있는 신뢰할 수 있는 영양 정보가 아니다.

다음 지침을 고려한다면 신뢰할 수 있는 영양 정보에 접근하는 것은 어렵지 않다.

- 정보의 원천이 어디인가? 추천, 개인 블로그 포스트, 연구 기반 기사 중 어떤 것인가? 개인적인 추천이 반드시 연구나 과학에 의해 증명되어야 하는 것은 아니지만, 정보로서의 가치를 지니기 위해서는 주장을 뒷받침하는 과학적 증거에 의해 평가되어야 한다.
- 정보를 제공한 개인은 어떤 자격을 가지고 있나? 신뢰할 수 있는 연구가 그들의 주장이나 진술을 뒷받침하고 있는가?
- 추가적으로 같은 분야의 전문가 연구에 의해 근거가 뒷받침되고 있는가?
- 해당 정보가 자격을 가진 다른 개인들에 의해 검토되었는가?

트레이닝 팁

때때로 피트니스 전문가는 고객의 훈련이나 목표와 관련된 영양 지침에 대해 고객으로부터 요청받을 수도 있다. 특정 식단 계획을 제공하는 것은 피트니스 전문가의 실무 범위를 넘어설 수 있지만, 추가 영양 정보를 위해 신뢰할 수 있는 출처를 고객에게 안내할 수 있고, 아울러 과학이나 연구에 기초하지 않은 부적절하고 유해한 정보의 함정에 빠지지 않도록 도울 수도 있다.

신뢰할 수 있는 정보의 출처는 아래와 같다.

- 영양 및 영양학 아카데미 (Academy of Nutrition and Dietetics)
- 스포츠 영양 국제 학회 (International Society of Sports Nutrition)
- 국립보건원(National Institutes of Health)
- 미국 농무부 및 식품영양부 (U.S. Department of Agriculture, Nutrition.gov)
- 캐나다 영양사협회(Dietitians of Canada)
- 영국영양재단(British Nutrition Foundation)
- 뉴트리션 오스트레일리아(Nutrition Australia)
- 세계보건기구(World Health Organization)

대량 영양소

영양학에서 **대량 영양소(주 영양소, macronutrients)**라는 용어는 에너지를 생산하는 세 가지 영양소, 즉 단백질, 탄수화물, 지질(지방)을 말한다. **미량 영양소(micronutrients)**라는 용어는 **비타민(vitamins)**, **미네랄(minerals)**, 식물성 영양소를 말하는데, 이것들은 항염증, 항산화 특성처럼 다양한 건강상의 이점을 제공하는 식물에서 발견되는 화합물이다. 세 가지 대량 영양소는 다양한 생물학적 과정을 위해 세포가 사용할 수 있는 에너지를 제공한다는 점에서 에너지 생산과 관련한 영양소라고 할 수 있다. 단백질과 탄수화물은 모두 그램당 4kcal를 제공하는 반면, 지질은 그램당 9kcal를 제공한다. 미량 영양소는 그 자체로 사용 가능한 에너지를 제공하지는 않지만, 많은 에너지 산출 경로와 대사 주기를 조절하는 데 있어 중요하다.

[표 9-3]은 대사 경로에서 특정 에너지의 기여도와 함께 알코올을 포함한 세 가지 대량 영양소가 나열되어 있다. 피트

표 9-3 대량 영양소 및 알코올

에너지 산출 영양소	그램당 에너지
단백질	4kcal
탄수화물	4kcal
지질	9kcal
알코올(에너지를 산출하지만 대량 영양소에 포함되지 않음)	7kcal

니스 전문가가 대량 영양소와 그것이 식이 및 운동에 미치는 영향을 이해한다면, 식이요법이 트레이닝에 미치는 영향과 방법을 파악하여 고객의 식이 불균형을 해결하는 데 도움이 되도록 자격을 갖춘 전문가에게 안내할 수 있다.

단백질

3대 대량 영양소 중 하나인 **단백질(protein)**은 신체에서 다양하고 중요한 기능을 한다. 단백질의 주요 기능은 콜라겐, 엘라스틴, 근육과 같은 세포, 조직, 구조의 합성과 복구이다. 단백질은 또한 호르몬, 효소, 항체 및 펩타이드의 합성뿐만 아니라 지질과 미네랄(예: 칼슘)과 같은 다양한 화합물의 체내 운반에도 필요하다. 또한, 열량, 탄수화물, 지방 섭취가 불충분한 경우, 단백질은 에너지로도 사용될 수 있다.

단백질의 구조

단백질의 기본 구성 요소는 **아미노산(amino acids)**이며, 이는 탄소, 수소, 산소, 질소 원자를 포함하는 화합물이다. 단백질은 폴리펩타이드(polypeptide) 사슬의 **펩타이드 결합(peptide bond)**에 의해 함께 연결된 아미노산의 배열로 구성된다(그림 9-1).

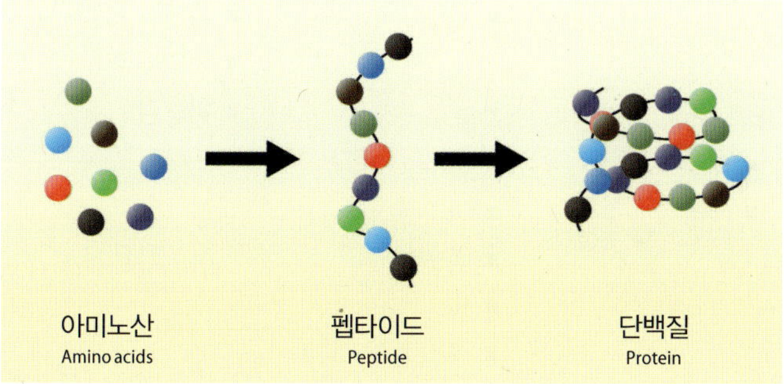

그림 9-1 아미노산, 펩타이드, 단백질

© Nasky/Shutterstock.

아미노산은 주로 우리 몸에서 단백질을 합성하고 복구하는 데 필요하기 때문에 단백질의 구성 요소로 본다. 20개의 아미노산이 있으며, 그중 9개는 **필수 아미노산(essential amino acid, EAA)**이다. 필수 아미노산은 식단을 통해 얻어야 하며 체내에서 만들어질 수 없다. 나머지 11개의 아미노산은 합성을 위한 충분한 필수 아미노산과 **기질(substrates)**이 있다면 체내에서 만들어질 수 있기 때문에 비필수 아미노산이라고 한다.

인체의 아미노산 공급원은 두 가지이다. 하나는 음식과 보충제로부터 섭취하는 것이고, 하나는 내부 단백질 공급원과 신체 조직의 분해로부터 얻어지는 것이다. 내부 단백질을 분해하고 구성 요소인 아미노산을 재활용하는 과정을 **단백질 전환(protein turnover)**이라 하며, 이것은 새로운 단백질 합성을 위한 중요한 아미노산의 공급원 역할을 한다.

그러나 식이 단백질은 신체의 아미노산 풀, 특히 9가지 필수 아미노산에 중요한 기여를 한다. 부적절하고 불균형한 단백질 섭취는 단백질 합성을 위한 적절한 필수 아미노산의 영양 대사를 저해할 수 있다. 일부 아미노산은 성장, 많은 운동, 질병 또는 부상과 같은 특정 상황에서 조건부 필수 성분이다(표 9-4). 예를 들면, 아르기닌(arginine)과 히스티딘(histidine)은 대량의 훈련이나 대사 스트레스하에서 조건부로 필수적일 수 있다. 글루타민(glutamine) 역시 위장관의 문제를 수반하는 상황에서 조건부로 필수적일 수 있다.

영양 강조 표시 Nutrition claim 식품이 특정한 영양 성질을 가지고 있거나 특정한 이점을 제공한다는 주장

대량 영양소 Macronutrients 에너지 공급을 위해 많은 양이 필요한 식품 물질. 단백질, 탄수화물, 지방이 있다.

미량 영양소 Micronutrients 비타민, 미네랄 및 식물성 영양소. 이들은 대사 경로에서 중요한 조절 기능을 가지며 에너지를 생산하지 않는 영양소이다.

비타민 Vitamins 성장 및 대사 과정을 지원하기 위해 식단에서 소량 필요한 유기 화합물 집단

미네랄 Minerals 무기, 천연 물질로 일부는 인체 영양에 필수적이다. 대량 미네랄(주요 미네랄)과 미량 미네랄 두 가지가 있다.

단백질 Protein 펩타이드 결합으로 연결된 아미노산. 체내 조직의 기본 요소

아미노산 Amino acids 카르복실기(carboxyl)와 아미노기(amino group) 모두를 포함하는 단백질의 유기적 구성 요소

펩타이드 결합 Peptide bond 두 개의 아미노산을 연결하는 화학적 결합

필수 아미노산 Essential amino acid (EAA) 인체에서 만들지 못하기 때문에 반드시 음식으로 섭취해야 하는 아미노산. 9가지 필수 아미노산이 있다.

기질 Substrates 아데노신 삼인산을 생성하기 위해 대사 반응에 사용되는 중간 형태의 영양소

단백질 전환 Protein turnover 신체가 기존 단백질을 분해하고 구성 요소 아미노산을 재활용하여 새로운 단백질 또는 기타 질소 포함 화합물로 결합하는 과정

표 9-4 아미노산

필수	비필수	조건부 필수
류신(Leucine)^	알라닌(Alanine)	히스티딘(Histidine)
이소류신(Isoleucine)^	아르기닌(Arginine)*	아르기닌(Arginine)
발린(Valine)^	아스파라긴산(Aspartic acid)	글루타민(Glutamine)
메티오닌(Methionine)	아스파라긴(Asparagine)	
페닐알라닌(Phenylalanine)	시스테인(Cysteine)	
트레오닌(Threonine)	글루탐산(Glutamic acid)	
트립토판(Tryptophan)	글루타민(Glutamine)*	
리신(Lysine)	글리신(Glycine)	
히스티딘(Histidine)*	프롤린(Proline)	
	세린(Serine)	
	트레오닌(Threonine)	

^분지 사슬 아미노산
*아미노산은 특정 상황에서 조건부 필수가 될 수 있다.

식이 단백질

식이 단백질(dietary protein)은 음식을 통해 얻는 단백질이다. 과일과 기름을 제외한 대부분의 식품에는 어느 정도 단백질을 함유하고 있다. 육류, 유제품, 계란, 가금류, 생선, 콩류(완두콩, 콩, 렌틸콩 등), 대두, 채소, 곡물 등은 우리 몸에서 단백질을 만드는 데 사용되는 아미노산을 제공한다. 일부 식품은 필수 아미노산을 모두 제공하고, 다른 음식들보다 더 쉽게 소화되고 흡수된다는 점에서 어떤 음식들보다 더 나은 단백질 공급원이다.

단백질 공급원은 필수 아미노산을 모두 제공할 경우 **완전 단백질(complete protein)**이라고 하며, 반면 하나 이상의 필수 아미노산이 결핍되어 있으면 **불완전 단백질(incomplete protein)**이라고 한다. 일반적으로 동물성 단백질(고기, 가금류, 생선, 계란 및 유제품)과 대두, 대마 단백질이 완전 단백질이다(Hoffman & Falvo, 2004). 콩류, 곡물, 채소는 그 자체로 필수 아미노산을 제공하지 않기 때문에 불완전 단백질 공급원이다(Food and Drug Administration, 2018)(표 9-5).

표 9-5 완전/불완전 단백질 공급원

완전 단백질의 예시	불완전 단백질의 예시	
동물성 공급원	콩류	채소 단백질
■ 고기 ■ 가금류 ■ 해물 ■ 계란	■ 콩 ■ 견과류 ■ 완두콩 ■ 렌틸콩 ■ 씨앗	■ 시금치 ■ 청경채 ■ 아스파라거스 ■ 브로콜리 ■ 콜라드 그린 ■ 싹양배추 ■ 아보카도
비동물성 공급원	곡물	
■ 대두 ■ 대마	■ 수수 ■ 아마란스 ■ 퀴노아 ■ 쌀 ■ 쿠스쿠스 ■ 오트밀 ■ 메밀	

동물성과 식물성 음식을 모두 포함한 **잡식성 식단(omnivorous diet)**을 섭취하는 사람은 동물성 음식이 완전 단백질 공급원이기 때문에 모든 필수 아미노산을 쉽게 얻을 수 있다. 그러나 비건(완전채식)이나 채식주의자들은 적절한 필수 아미노산을 모두 얻기 위해 다양한 식물성 단백질 공급원을 식단에 올려야 한다. 대부분의 식물성 단백질 공급원에는 한두 개의 필수 아미노산이 부족하다. 그러나 채식 단백질은 다양하기 때문에 쌀과 콩을 결합하는 것과 같이 한 음식에 부족한 필수 아미노산을 다른 식품에서 공급받을 수 있다. 이를 **상호 보완(mutual supplementation)**이라 한다.

전문적으로 알아보기

펩타이드(peptide)는 펩타이드 결합을 통해 서로 연결된 아미노산이다. 다이펩타이드(dipeptide)는 펩타이드 결합에 의해 결합된 두 아미노산의 조합이다. 트라이펩타이드(tripeptide)는 펩타이드 결합에 의해 결합된 세 개의 아미노산 배열이다. 폴리펩타이드(poly-peptide) 사슬은 펩타이드 결합에 의해 연결된 일련(종종 3개 이상)의 아미노산이다.

단백질은 코일(coil), 구체(sphere), 또는 나선(helix)과 같은 다양한 구조로 함께 결합된 다수의 폴리펩타이드 사슬로 구성되며, 이것을 단백질의 2차 구조라고 한다(폴리펩타이드 사슬은 1차 구조로 간주). 단백질의 3차 구조는 3차원 형태 또는 코일, 구체, 또는 나선이 스스로 접히는 방식이다.

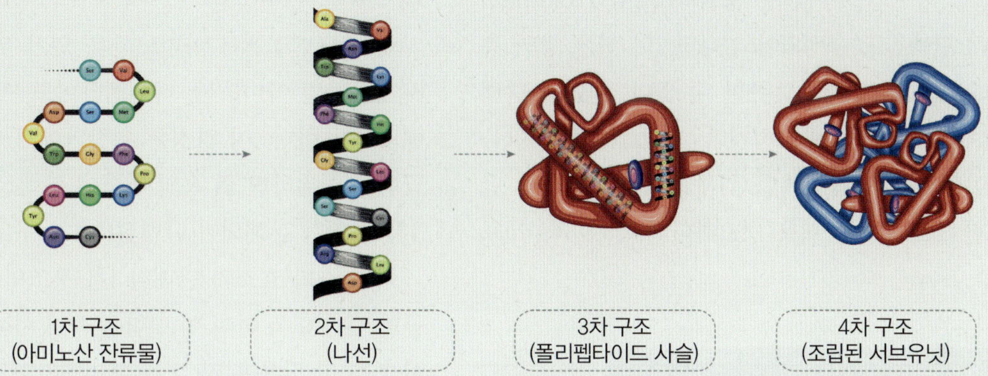

비건이나 채식주의자 고객과 함께할 때 건강과 운동 수행, 적절한 단백질 섭취를 위해 다양하고 균형 잡힌 식단의 중요성을 강조하는 것이 도움이 된다. 고객이 비건 또는 채식주의자 단백질 공급원에 대해 배우고, 균형 잡힌 비건 또는 채식주의자 식단에 관심을 보인다면, 추가 영양 상담을 위해 전문/공인 영양사를 연결해 주는 것이 도움이 될 수 있다.

지식 확장하기

곡물, 콩류, 견과류, 씨앗 및 채소에는 필수 아미노산이 모두 들어 있는 것이 아니기 때문에(일부는 포함하고 있지만) 불완전 단백질 공급원이다. 이것들은 구성 요소가 다르다. 예를 들어, 콩과 채소에는 메티오닌, 견과류와 씨앗에는 리신, 옥수수에는 트립토판과 리신, 곡물에는 리신과 트레오닌이 부족하다(Mariotti & Gardner, 2019).

이 모든 공급원들의 균형 잡힌 혼합물을 섭취함으로써, 채식 식단에서 모든 필수 아미노산을 공급받을 수 있다. 보충 단백질을 식사와 같이 섭취할 필요가 없으며 상호 보완을 위해 같은 날 안에 섭취하면 충분하다.

Modified from Mariotti & Gardner, 2019.

단백질의 품질

단백질의 품질(protein quality)은 단백질 공급원의 아미노산 프로필(amino acid profile)과 함량, 소화율을 나타낸다(Hoffman & Falvo, 2004; Wolfe et al., 2016). 동물성 단백질과 같은 일부 단백질은 필수 아미노산을 모두 포함하고 있는 동시에 쉽게 소화·흡수되기 때문에 품질이 더 높은 것으로 본다.

지식 확장하기

이 경우에 '품질(quality)'이라는 용어는 단백질 공급원이 유기농인지, 비유기농인지, 풀인지, 또는 옥수수 사료인지와 같은 재배 방법이나 동물 사육 방식을 말하는 것이 아니다. 단백질의 품질은 필수 아미노산 구성과 소화율을 나타낸다.

완전 단백질 Complete protein 모든 필수 아미노산을 제공하는 단백질 공급원

불완전 단백질 Incomplete protein 세포를 구축하는 데 필요한 하나 이상의 아미노산이 부족한 단백질

잡식성 식단 Omnivorous diet 동물성과 식물성 모두가 포함된 식단

상호 보완 Mutual supplementation 모든 필수 아미노산을 함께 제공하는 두 가지 불완전 단백질 공급원의 조합

단백질의 품질 Protein quality 단백질 공급원의 아미노산 프로파일 및 소화성을 말한다.

단백질의 품질(protein quality)은 식단에서 개인의 총 단백질 요구량에 영향을 줄 수 있기 때문에 일부 식단에서 중요한 고려 사항이다. 만약 개인의 식단이 주로 **낮은 생물가(low biological value, LBV) 단백질**로 구성되어 있다면 총 단백질 요구량은 더 높을 수 있다.

모든 필수 아미노산을 개인의 필요에 맞게 적절한 양으로 제공하려면 더 많은 양의 LBV 단백질이 필요하다. 반대로, 개인의 식단이 주로 매우 **높은 생물가(high biological value, HBV) 단백질**로 구성되어 있다면, 더 적은 양의 총 단백질로 필요한 아미노산을 충족할 수 있다. 식단의 단백질 적정성은 모든 사람에게 중요하지만, 특히 식물성 식단을 섭취하거나 아미노산 요구 충족을 위해 더 많은 양의 총 단백질이 필요한 고객에게는 더욱 중요하다(Marsh et al., 2013; Young & Pellet, 1994).

전문적으로 알아보기

단백질 품질은 소화율, 아미노산 구성, 아미노산이 몸에 흡수되고 이용되는 효율성 등 여러 측면에서 다양한 기준을 이용하여 평가할 수 있다(Hoffman & Falvo, 2004; Millward et al., 2008).

단백질 효율비(protein efficiency ratio, PER): 테스트 기간 동안 피험자의 체중 증가량을 특정 단백질 섭취량으로 나눈 값에 기초한, 단백질에 할당된 값이다.

생물가(biological value, BV): 단백질 공급원에 의해 제공되는 아미노산의 소화 및 흡수에 대한 측정값. BV는 체내의 새로운 단백질 합성에 사용되는 흡수된 단백질의 양을 반영한다.

단백질 소화율 수정 아미노산 점수(protein digestibility-corrected amino acid score, PDCAAS): 식품의 아미노산 구성을 표준 아미노산 프로필과 비교하며, 100점이 최고점임. 또한 단백질 품질에 대한 전반적인 가치를 나타내기 위해 식품의 소화율(분뇨 소화성)을 평가한다.

순단백질 이용률(net protein utilization, NPU): 단백질로 변하는 아미노산의 비율을 식이 섭취를 통해 제공되는 아미노산의 비율과 비교한다.

시도하기

HBV 단백질 대 LBV 단백질

계란 흰자, 계란, 닭가슴살 및 기름기 없는 쇠고기는 0.90~1.00(계란 흰자) 사이의 높은 소화율(PDCAAS)로 고품질의 완전 단백질이다. 반대로 콩, 렌틸콩, 완두콩, 통밀 등과 같은 LBV 단백질은 0.4~0.7 사이의 상대적으로 낮은 단백질 소화율 수정 아미노산 점수(PDCAAS)를 보인다. 따라서 총 30g 미만을 제공하는 현미와 함께 약 4개의 계란 또는 약 127.5g(4.5온스)의 닭가슴살(HBV) 또는 약 3컵의 병아리콩을 먹으면 모든 필수 아미노산을 포함한 30g의 고품질 단백질을 얻을 수 있다.

단백질 소화, 흡수 및 이용

식이 단백질에서 아미노산을 얻기 위해서는 더 작은 분자, 즉 단일 아미노산, 다이펩타이드, 트라이펩타이드로 분해되어야 한다. 이 과정은 위장관에서 일어난다. 단백질 공급원을 섭취하면 위 속의 염산이 단백질을 소화시켜 2차 및 3차 구조가 분해되어 단백질의 1차 구조로 조정된다.

이는 소화 효소가 단백질 1차 구조의 펩타이드 결합에 접근할 수 있도록 하여 이 결합을 끊기 시작하고, 폴리펩타이드 사슬을 더 작은 분자 또는 다이펩타이드와 트라이펩타이드의 폴리펩타이드 조각으로 분해할 수 있도록 한다. 펩신은 위에서 이 과정을 시작하는 소화 효소 중 하나이다.

폴리펩타이드 조각은 췌장 및 장내 효소에 의해 소장에서 더 작게 분해된 후, 장벽을 통해 **장세포(창자 세포, enterocyte)**로 흡수된다. 일부 아미노산, 특히 글루타민은 장세포에서 연료로 사용될 수 있다. 나머지는 장세포의 기저부에서 나와 혈류로 들어간 후 간으로 향한다(그림 9-2).

간에서 아미노산은 다른 조직으로 보내져 다양한 방법으로 사용된다.

- 새로운 단백질의 합성
- 기존 단백질의 복구
- 비필수 아미노산의 합성
- 다른 비필수 아미노산으로의 아미노기 전이(즉, 아미노기를 한 분자에서 다른 분자로 이동)
- 비단백질성 질소 함유 화합물 합성
- 열량 또는 탄수화물 섭취가 불충분한 경우, 에너지 요구 충족을 위해 사용

에너지를 위한 단백질 사용

간단히 말하자면, 단백질의 주요 기능은 새로운 단백질을 합성하고 기존 단백질을 복구하는 것이다. 그러나 에너지 충족을 위한 적절한 칼로리를 섭취하지 않을 때는 이 에너지

단백질

소화와 흡수

1 입

입 안에서 씹는 행위는 단백질을 변화시킨다. 탄수화물이나 지방과는 달리 타액 효소는 단백질을 거의 소화시키지 못한다.

2 위

염산과 펩신 효소는 위에서 단백질을 펩타이드 사슬로 분해하기 시작한다.

3 소장

소장에서 단백질 분해 효소(프로테아제)는 펩타이드 사슬을 단일 아미노산과 다이펩타이드로 분해하여 체내에 흡수시킬 수 있다.

4 간문맥/간/순환

아미노산은 간문맥으로 흡수되고, 간을 통해 혈류로 처리되어 몸 전체에 사용된다.

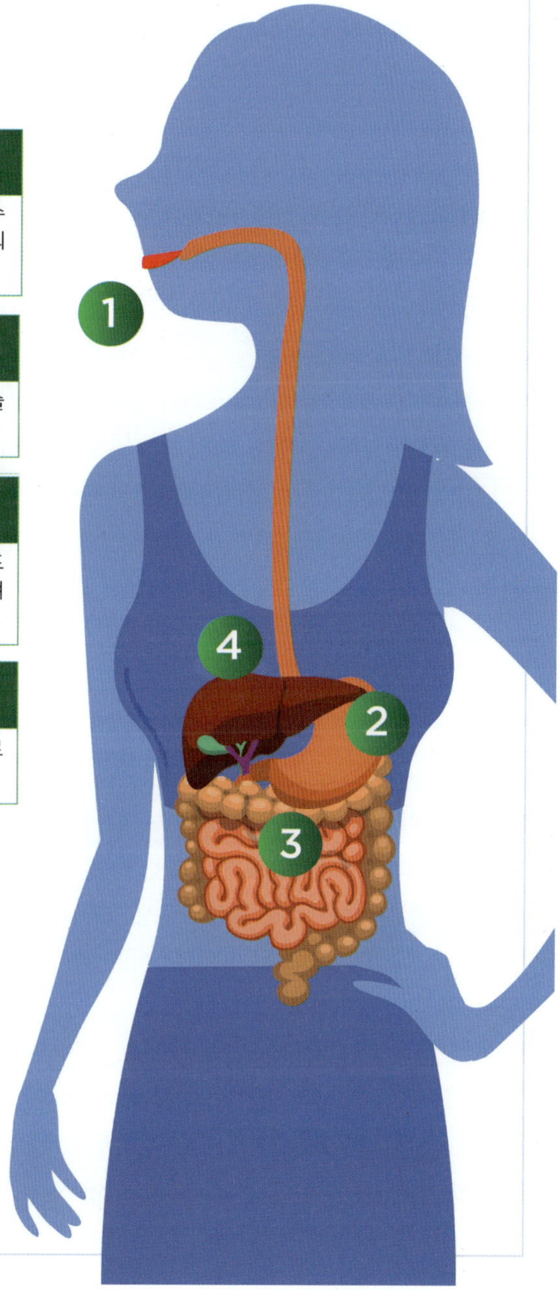

그림 9-2 단백질 소화 및 흡수

낮은 생물가 단백질 Low Biological Value (LBV) proteins 하나 이상의 필수 아미노산이 없는 식품

높은 생물가 단백질 High biological value (HBV) proteins 모든 필수 아미노산을 포함한 단백질 식품

단백질 효율비 Protein efficiency ratio (PER) 피검자에 의해 증가된 체중을 단백질 식품 섭취량으로 나눈 단백질 평가의 척도

생물가 Biological value (BV) 단백질 공급원 중 아미노산이 흡수되는 정도를 나타내기 위해 사용되는 기준량

단백질 소화율 수정 아미노산 점수 Protein digestibility-corrected amino acid score (PDCAAS) 아미노산 구성 및 그 소화성에 기반한 단백질 공급원 평가 척도

순단백질 이용률 Net protein utilization (NPU) 식단에서 섭취한 총 아미노산 질량과 비교하여 단백질로 전환된 아미노산 질량의 비율

장세포(창자 세포) Enterocyte 영양소를 흡수하는 장 내의 세포

충족을 위해 식이 단백질 또는 신체 조직의 단백질을 사용할 수 있다. 이 상황에서 단백질의 아미노산은 탈아미노화(질소 성분 제거)되고 탄소, 산소 및 수소 성분은 에너지 요구 충족을 위해 코리 회로(크랩스 회로, Cori cycle) 주기를 통해 산화된다. 탈아미노화된 질소 성분은 간에서 요소와 합해지고 신장에서 소변으로 배설된다. 알라닌과 글루타민 같은 일부 아미노산은 **포도당신생합성**(gluconeogenesis)이라 불리는 과정을 통해 포도당 생성에 사용된다.

트레이닝을 통해 근육을 만들고자 하는 고객은 운동 프로그램에서 좋은 결과를 얻기 위해 적절한 칼로리와 단백질 섭취 두 가지 모두의 중요성을 알아야 한다. 공인 퍼스널 트레이너가 훈련 프로토콜을 보완하기 위해 적절한 열량과 단백질 섭취의 중요성을 강조하는 것이 도움이 될 수 있다. 그러나 고객이 자신의 식이 요구를 잘 모르는 경우는 영양 전문가나 보건 전문가에게 문의해 추가 관리를 받을 필요가 있다.

단백질 식이 요구

단백질 요구량은 개인에 따라 다르며, 개인별로 고유한 몇몇 요인, 즉 나이, 체격, 필요 칼로리, 현재 체성분, 신체활동, 스포츠/수행 목표, 체성분 목표, 건강 상태, 부상 상태 등에 따라 달라진다. 고객과 피트니스 전문가 모두, 어떤 고객의 단백질 요구량은 다른 고객의 요구량과 매우 다를 수 있다는 점을 기억해야 한다. 각 고객은 서로 다른 목표, 체격 및 구조를 가지고 있으며, 운동 유형, 강도 및 (지속)기간에 따라 다른 교육 프로토콜이 필요할 수 있다. 또한 그들의 에너지와 대량 영양소의 요구량도 체격, 구조, 목표 설정, 트레이닝 프로토콜에 따라 달라져야 한다. 피트니스 전문가는 고객에게 단백질 요구 사항에 대한 일반적인 지침을 제공할 수는 있지만, 특히 고객의 건강에 문제가 있는 경우에는 보다 개인화된 처방을 위해 RD 또는 기타 자격을 보유한 영양사에게 의뢰해야 한다.

권장식이허용량(RDA)

단백질에 대한 **권장식이허용량**(recommended dietary allowance, RDA)은 킬로그램당 0.8g이며, 이 양은 신체 내의 질소 균형을 유지하거나 정상적인 대사 과정의 결과인 질소 손실을 상쇄하기 위해 필요한 단백질의 최소량이다(Wolfe et al., 2017). 그러나 단백질 요구량은 운동과 동화 작용, **부정적 에너지 균형**(negative energy balance), 질병 또는 부상 등의 다양한 상황에서 증가한다. 대부분의 경우, 개인의 실제 단백질 섭취량은 총 열량의 10~35%의 범위에 속하며, 이는 개인의 식단에서 단백질의 **대량 영양소 허용 섭취 범위**(acceptable macro-nutrient distribution range, AMDR)이다(U.S. Department of Agriculture, 2015).

운동과 동화성 요구

유산소 운동(aerobic)과 **무산소 운동**(anaerobic) 모두는 근육 분해와 회복으로 인한 단백질 교체 증가와, 에너지 요구를 충족시키기 위한 아미노산 산화의 증가로 인해 개인의 단백질 요구량을 증가시킬 수 있다(Kerksick et al., 2018). 대부분의 고객은 식단을 통해 1kg의 체중당 0.8g 이상의 단백질을 섭취할 수 있지만, 이는 특정 요구와 요인에 따라 달라질 수 있다. 여러 당국의 스포츠 영양 지침은 근력 및 지구력 운동선수들을 위해 아래와 같은 단백질 권장 섭취 범위를 제시했다(표 9-6).

표 9-6 권장 단백질 섭취량(하루)

인구 구분	양	출처
움직임이 적은 성인	체중 1kg당 0.8g	미농무부 식생활 지침(USDA Dietary Guidelines)
체력/저항 트레이닝을 하는 운동선수	체중 1kg당 1.6~1.7g	영양 및 영양학 아카데미(Academy of Nutrition and Dietetics) (Karpinski & Rosenbloom, 2017)
지구력 운동선수	체중 1kg당 1.2~1.4g	영양 및 영양학 아카데미 (Karpinski & Rosenbloom, 2017)
대부분의 운동 중인 개인들(근육량을 만들고 유지하기 위해 운동)	체중 1kg당 1.4~2.0g	국제스포츠영양학회(International Society of Sports Nutrition) (Kerksick et al., 2018)

전문적으로 알아보기

현재 단백질에 대한 스포츠 영양 권장 사항 또한 다양하며, 많은 스포츠 영양 당국에서 아래와 같은 범위를 제시했다.

- 체중 1kg당 0.25~0.55g 또는 한 끼에 20~40g, 3~4시간 간격(Kerksick et al., 2018)
- 체중 1kg당 0.24g 또는 한 끼에 0.18~0.30g의 범위(Moore et al., 2015; Morton et al., 2018)
- 최적의 근육 생성을 위한 식사당 단백질은 체중 1kg당 0.4~0.55g(하루 4끼 이상)(Schoenfeld & Aragon, 2018)

요점은 단백질에 대한 RDA(체중 1kg당 0.8g)가 대부분의 활동적인 사람과 운동선수에게는 너무 낮다는 것이다.

단백질에 대한 개별 고객의 요구 사항은 고객의 목표, 운동량 및 강도뿐만 아니라 질병 및 의학적 건강 상태에 따라 달라진다. 피트니스 전문가는 고객에게 최적의 단백질 공급원에 대한 정보를 안내하고 일반적인 권장 사항을 제공할 수 있다. 그러나 특정 단백질 섭취 권장 사항을 원하는 고객은 RD 또는 기타 영양 전문가와 협력하여 전반적인 요구와 최적의 단백질 섭취 범위를 결정해야 한다.

잘못된 에너지 균형

체중 감량을 원하는 사람을 위해 칼로리를 제한하는 상황에서의 단백질 요구량은 순수 근육량의 손실을 줄이거나 상쇄하기 위해 증가한다. 탄수화물 및 지방 섭취가 감소하는 계획된 식이요법에서 아미노산은 신체의 에너지 욕구 충족을 위해 포도당신생합성을 통해 산화된다. 그 결과, 에너지 요구를 충족시키기 위한 포도당신생합성의 수요 증가로 순수 근육량이 손실될 수 있다. 다시 말해 더 적은 칼로리를 섭취하면 지방과 근육 모두가 손실되는 경향이 있다. 근육의 손실은 아미노산을 보충하고 질소 균형을 회복하기 위해 식이 단백질 섭취를 늘리면 부분적으로 상쇄할 수 있다.

지식 확장하기

체중 감소나 지방 감량을 위해 권장되는 단백질 양은 얼마인가?

중등도의 체중 또는 지방 감량을 원하고, 중등도의 칼로리 결핍 상태에 있는 고객은 하루 RDA 최소량인 0.8g/kg보다 많아야 한다. 그러나 앞서 언급한 바와 같이 개별화된 식단 계획을 찾는 고객은 RD 또는 기타 영양 전문가에게 추가 지침을 요청해야 한다.

유행하는 단백질 연구

과거에는 고단백 식단이 신장에 부담을 주고 골밀도를 떨어뜨리며 체중과 지방 증가의 원인이 될 수 있다는 우려가 있었다. 그러나 최신 연구에 따르면 기존에 신장 질환 진단을 받지 않았거나 병력이 없는 건강한 사람은 고단백 식단을 섭취해도 신장 질환이 발생하지 않는 것으로 나타났다(Antonio et al., 2016). 신장 질환 진단을 받았거나 병력이 있는 사람은 저단백 식단이 신장 기능을 보존하는 데 도움이 된다(Ko et al., 2017).

의학적 진단으로 영양적으로 개입해야 하거나 식이요법을 수정해야 하는 고객의 경우 모든 상황에서 공인 퍼스널 트레이너는 식이 조언을 위해 RD 또는 공인 영양 전문가에게 조언을 구하도록 해야 한다. 이를 위해 트레이닝 프로그램을 시작하기 전 초기 평가에서 환자의 병력 및 관련 의료 문제를 질문하는 것이 중요하다.

업데이트된 연구에서는 높은 수준의 단백질 섭취가 골밀도를 감소시키지 않는다고 발표했다. 저항 운동과 결합된 고단백 식이요법 연구에서 참가자들의 골밀도는 실제로 개선되었다(Antonio et al., 2018; Kerstetter et al., 2005, 2011).

마찬가지로, 최근 연구에 따르면 단백질이 전체 식단에서 추가 칼로리에 기여하더라도 고단백 식단이 반드시 체중이나 지방 증가로 이어지는 것은 아니었다(Antonio et al., 2014). 일부 연구에서 저항 운동과 결합된 순수 단백질 섭취 증가는 순수 근육량 증가 및 체지방 감소, 체성분 개선으로 나타

포도당신생합성 Gluconeogenesis 비탄수화물 공급원(단백질 및 지방)으로부터 포도당이 형성되는 것

권장식이허용량 Recommended dietary allowance (RDA) 특정 연령 및 성별 그룹 내에서 가장 건강한 개인의 요구를 충족하는 영양소 권장량

부정적 에너지 균형 Negative energy balance 칼로리 섭취량이 소비되는 칼로리보다 낮은 경우

대량 영양소 허용 섭취 범위 Acceptable macro-nutrient distribution range (AMDR) 전체 인구의 97~98%의 요구를 충족시키고 만성 질환의 위험 감소와 관련된 영양소의 섭취 범위. AMDR은 미국국립의학아카데미(National Academy of Medicine)에서 설정했다.

유산소 운동 Aerobic 산소와 관련 있고, 산소가 관여하고, 산소를 필요로 하는 과정들

무산소 운동 Anaerobic 산소의 결핍과 관련된 과정들

났다(Antonio et al., 2015; Jager et al., 2017; Layman et al., 2005). 이러한 결과는 다른 두 가지 대량 영양소에 비해 단백질에 대한 식이성 발열효과(thermic effect of food, TEF)가 높기 때문에 나타난 현상이다(그림 9-3).

식이성 발열효과			
단백질 (~15-30%)	탄수화물 (~5-10%)	지방 (~0-3%)	혼합 식단 (~5-20%)

Calcagno et al., 2019

그림 9-3 식이성 발열효과

단백질 고려 사항 및 우려 사항

고객들은 두 가지 중요한 질문을 할 수 있다.

(1) 과다한 단백질 양이란 어느 정도를 말하는가?
(2) 단백질을 과다 섭취하면 위험한가? 과다 섭취에 대한 위험이 있는가?

단백질 섭취를 제한해야 하는 의학적 진단이나 질병이 없는 한 2.2g/kg 이상의 단백질을 제공하는 고단백 식단은 대부분의 건강한 사람에게 역효과를 줄 가능성이 없으며, 특히 저항 운동과 병행했을 때 체성분 개선에 도움이 될 수 있다(Kerksick et al., 2018; Layman et al., 2005).

고단백 식단(단백질 섭취가 체중 1kg당 2.2g 이상)의 부작용 중 보고된 사례는 다음과 같은 것들이 있다.

- 변비 및 위장 문제
- 칼슘 배출량 증가
- 신장 결석 또는 통풍의 위험 증가(Delimaris, 2013)

그러나 부작용에 대한 보고는 일관성이 없으며, 단백질 선택과 부적절한 수분 섭취의 영향을 받았을 수도 있다. 단백질 섭취가 증가하면 거기서 발생하는 노폐물인 요소를 쉽게 제거하기 위해 수분 섭취를 늘려야 한다. 체성분 개선을 원하는 건강하고 활동적인 사람은 2.2g/kg을 초과하는 단백질 섭취는 불필요하다. 또한, 전체 식단의 불균형과 다른 대량 영양소와 미량 영양소의 결핍을 초래하는 경우에는 바람직하지 않을 수 있다. 최적의 단백질 섭취는 균형 잡힌 식단 구조를 해치지 않으면서 건강, 피트니스 및 운동 수행 목표를 지원해야 한다.

탄수화물

탄수화물(carbohydrates)이라는 용어는 탄소, 수소, 산소 원자를 포함하는 다양한 에너지 생성 화합물을 포함한다. 섬유질을 제외하고, 탄수화물은 그램(g)당 4kcal(단백질과 유사)를 생산하며, 특히 신체활동에 연료를 공급하는 중요한 연료 공급원이다. 세 가지 대량 영양소 중 단백질은 스포츠와 영양 보충 분야에서 주로 주목받는다. 그러나 탄수화물도 최적화된 훈련과 스포츠 수행능력에 있어 똑같이 중요하다. 적절한 탄수화물 섭취는 스포츠 훈련 및 수행능력의 이점을 극대화하고자 하는 사람이나 운동선수에게 여전히 필수적이다(Kerksick et al., 2018). 피트니스 전문가는 근육 강화나 운동 수행를 위해 엄격한 운동 프로그램을 실시하고자 하면서도 식단에서 탄수화물을 줄이려는 고객에게 이러한 점을 강조해야 한다. 다른 영양소뿐만 아니라 식단에서 적절한 탄수화물과 단백질의 중요성을 강조하는 것은 고객들이 더 나은 훈련 결과를 얻도록 하는 데 도움이 된다.

탄수화물은 일반적으로 다음 중 하나로 분류된다.

- 단당류
- 복합 탄수화물
- 글리코겐(당원)
- 섬유질

탄수화물의 구조

대부분의 사람이 설탕이라는 단어를 연상하는 단순당(simple sugars)은 단당류(monosaccharides)와 이당류(disaccharides)로 구성된다. 단당류는 탄수화물의 가장 단순한 형태인 단일 단위의 설탕이다. 이것은 포도당, 과당 및 갈락토스로 구성되어 있다(표 9-7).

표 9-7 단당류

단당류	포함된 식품
포도당	과일, 심플 시럽
과당	과일, 설탕 일부(자당)
갈락토스	우유/유제품

이당류는 두 개의 단당류가 결합한 것이며(포도당은 항상 포함된다), 자당, 엿당, 유당이 있다(표 9-8).

표 9-8 이당류		
이당류	구조	포함된 식품
자당	포도당 + 과당	설탕
엿당	포도당 + 포도당	녹말 소화의 초기 생성물
유당	포도당 + 갈락토스	우유/유제품

다당류(polysaccharides)는 포도당 단위의 긴 사슬로 결합되어 **녹말(starch)**, **글리코겐(glycogen)**, **섬유질(fiber)**의 구조를 형성한다(표 9-9). 녹말은 채소(특히 뿌리 채소), 과일, 곡물 및 씨앗과 같은 식물의 탄수화물 형태이다. 다당류인 글리코겐은 사람과 동물의 탄수화물 저장 형태로, 간 글리코겐과 근육 글리코겐으로 저장되어 있다. 글리코겐은 운동 중 중요한 에너지원이다.

표 9-9 다당류	
다당류	설명
녹말	식물에 저장된 탄수화물의 형태. 곡물, 감자, 과일, 채소, 견과류, 씨앗 등에 있다.
글리코겐	사람과 동물에 저장되어 있는 탄수화물의 형태. 간과 근육 조직에 저장되어 있다.
섬유질	소화 시스템으로 완전히 분해되지 않는 식물성 식품(섬유질 식품이라고도 함). 섬유질은 몇몇 건강상의 이점이 있으며 용해성과 불용성의 두 유형이 있다.

섬유질은 포도당 단위 사이의 화학적 결합이 신체의 소화 시스템에 의해 쉽게 분해되지 않는 구조이다. 따라서 식단에서 중요한 칼로리 공급원이 되지 못한다. 그렇지만 섬유질은 [표 9-10]에서 강조되어 있는 건강상의 이점을 제공하며, 건강한 식단에 꼭 필요한 성분이다. 미국 식이 지침은 19~50세의 여성에게는 일일 약 25~28g, 19~50세의 남성에게는 일일 약 30~34g의 섬유질을 권장하고 있다(U.S. Department of Agriculture, 2015). 섬유질은 용해성과 불용성의 두 가지가 있다.

탄수화물 소화, 흡수 및 이용

탄수화물은 에너지로 사용되기 위해 더 작은 단위로 분해되어 인체에 흡수되어야만 한다. 이 과정은 위장관, 주로

식이성 발열효과 Thermic effect of food (TEF) 섭취한 영양소를 소화, 흡수 및 처리하는 데 필요한 에너지

탄수화물 Carbohydrates 단당, 복합 탄수화물, 글리코겐, 섬유질을 포함하는 탄소, 수소 및 산소 분자로 구성된 화합물

단순당 Simple sugars 단당류와 이당류를 포함함. 혈류에 쉽게 흡수됨

단당류 Monosaccharides 탄수화물의 가장 단순한 형태. 단일 당 분자(예를 들면, 포도당)

이당류 Disaccharides 두 개의 단당류가 결합하여 단순당을 형성한다. 영양적으로 중요한 세 가지 이당류에는 유당, 자당, 엿당이 포함된다.

다당류 Polysaccharides 포도당의 긴 사슬로 구성된 탄수화물 유형. 녹말과 글리코겐이 있다.

녹말 Starch 식물에 저장된 탄수화물의 형태

글리코겐 Glycogen 간, 근육 세포와 같은 체내 조직에 축적 및 저장되는 포도당. 탄수화물의 저장 형태

섬유질 Fiber 과일, 채소, 콩류와 같은 식물 식품에 포함된 소화할 수 없는 탄수화물

표 9-10 용해성 및 불용성 섬유질			
섬유질 유형	정의	좋은 공급원	건강상의 이점
용해성 섬유질	물에 녹아 젤을 형성하는 식이섬유의 유형. 심장 건강에 이롭고, 포도당 조절과 연관 있다.	▪ 귀리 ▪ 보리 ▪ 콩류 ▪ 대부분의 과일(특히, 배와 베리류) ▪ 대부분의 채소 ▪ 질경이 씨앗	▪ 위 비우기를 지연하여 포만감 연장이 가능 ▪ 콜레스테롤 감소에 도움을 준다. ▪ 심혈관 질환 위험 감소와 연관 있다. ▪ 건강한 장내 미생물 촉진을 통해 위장관의 건강을 증진한다.
불용성 섬유질	물에 녹지 않는 식이섬유의 유형. 정기적 배변 촉진과 연관 있다.	▪ 통겨 시리얼, 통곡물 ▪ 렌틸콩, 콩류 ▪ 견과류 ▪ 감자 ▪ 대부분의 과일 및 채소(특히 껍질)	▪ 부피를 추가하여 포만감 촉진에 도움을 준다. ▪ 정기적 배변 개선 및 변비 예방에 도움을 준다.

소장 내에서 일어난다. 단순당은 단당 또는 이당의 작은 단위이기 때문에 장 내벽을 통해 쉽게 소화되고 흡수된다. 그러나 녹말은 긴 다당류 사슬로 구성되어 있어 흡수되기 위해서는 효소에 의해 더 작은 단위로 분해되어야 한다. 예를 들어, 곡물, 감자, 빵과 같은 녹말 공급원을 섭취하면 녹말은 입과 위장에서 물리적으로 더 작은 조각으로 쪼개진 후 소장에서 효소에 의해 단당류와 이당류로 분해된다. 이 작은 단위는 간으로 이동하여 대부분의 과당과 갈락토스를 포도당으로 변환한 다음, 포도당을 다른 조직과 기관으로 보내는데, 포도당은 세포에 흡수되어 에너지로 사용된다. 일부 포도당은 추후 에너지 요구량을 충족시키기 위해 간과 골격근에 글리코겐으로 저장된다(그림 9-4). 여분의 탄수화물은 지방으로 전환되어 간, 근육 및 지방 조직(adipose tissue)에 저장된다.

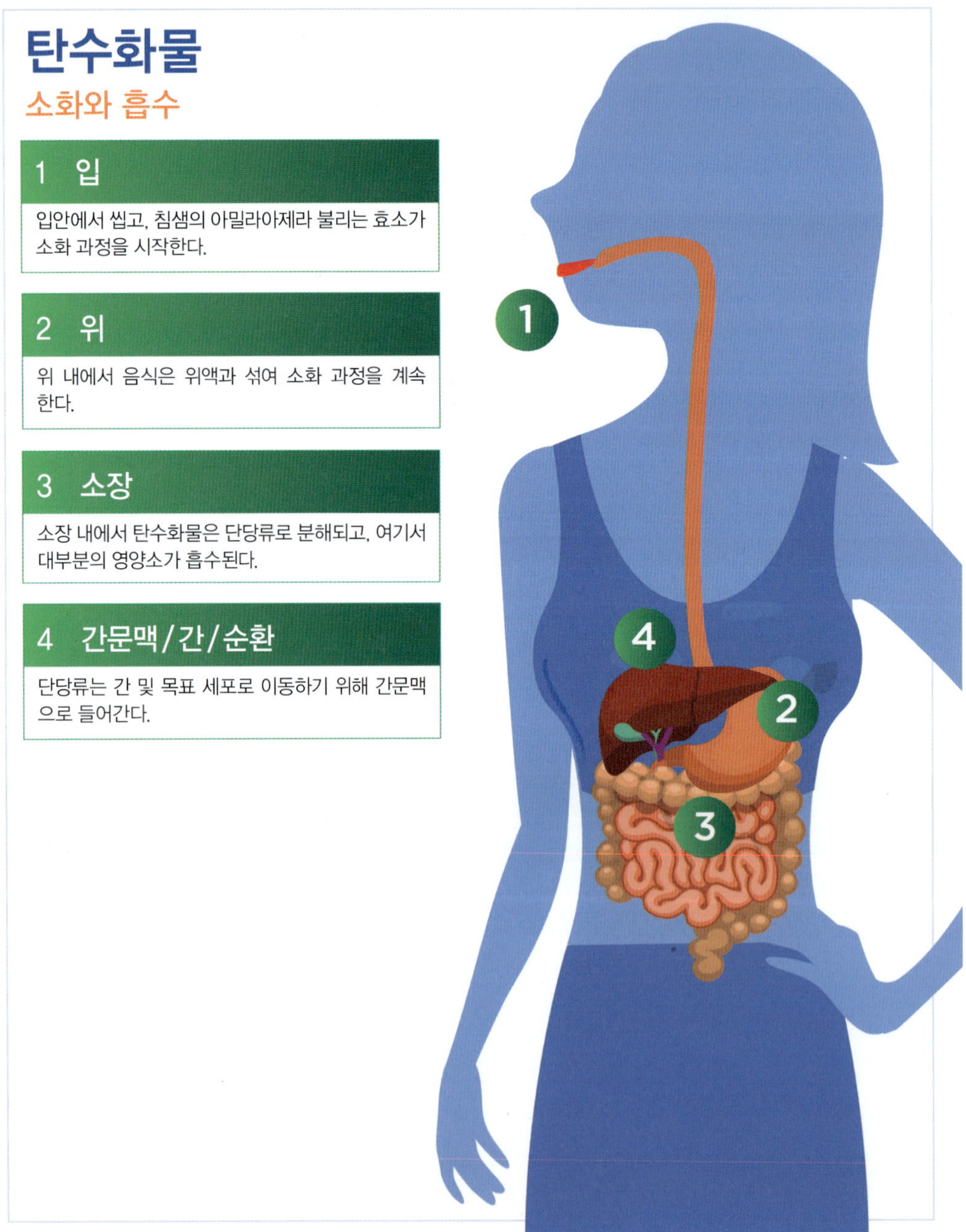

그림 9-4 탄수화물 소화 및 흡수

포도당과 혈당

탄수화물이 흡수되면 포도당이 혈류로 유입되면서 그에 상응하여 혈당 수치가 높아진다. 주스, 스포츠 음료, 사탕 등에서 발견되는 단순당과 같이 스스로 섭취하는 단순 탄수화물은 **복합 탄수화물(complex carbohydrates)**에 비해 더 빨리 흡수되어 포도당 수치를 빠르게 상승시킨다. 복합 탄수화물(통곡물, 녹말 채소, 콩류, 채소 등의 녹말)은 더 느리게 소화되고 포도당 수치가 상대적으로 천천히 상승한다. 포도당 진입 속도가 느리고 포도당 수치가 천천히 상승하면, 급격한 상승에 비해 더 지속적인 에너지원으로 쓰일 수 있다.

트레이닝 이후나 빠른 글리코겐 보충이 필요한 스포츠에서는 스포츠 수분 보충 음료에 포함된 단당류나 저섬유 탄수화물 같은 소화하기 쉬운 탄수화물 공급원을 사용하는 것이 유리하다. **혈당지수(glycemic index, GI)**와 **혈당부하(glycemic load, GL)**는 탄수화물 공급원이 혈당치를 높이는 속도와 정도를 나타내는 데 자주 사용되는 측정값들이다.

혈당지수(GI)

혈당지수(GI)는 탄수화물이 단독으로 섭취될 때 포도당 수치를 얼마나 빨리 상승시키는지를 측정한 것이다. GI 척도에서 모든 탄수화물은 GI 값이 100인 포도당과 비교된다(Harvard Medical School, 2015)(표 9-11). GI 척도가 70 이상인 경우, 해당 탄수화물은 혈당 수치를 빠르게 상승시킬 수 있는 반면, GI 척도가 낮은 식품은 반응이 훨씬 느리다. 설탕, 주스, 가당 소다, 사탕 등과 같은 단순 탄수화물은 일반적으로 GI 척도가 더 높은 반면, 대부분의 복합 탄수화물과 고섬유질 식품(예: 모든 곡물, 콩류, 채소)은 GI 척도가 훨씬 더 낮다. 높은 GI를 가진 식품은 훈련 전후 운동선수에게 도움이 된다. 소화가 쉬운 탄수화물을 운동 직전에 섭취하면 즉시 연료 공급원이 되고, 운동 후에 섭취하면 글리코겐 보충을 위해 즉각적으로 포도당을 공급한다. 식품의 GI 값은 당뇨병이 있는 사람이 혈당 수치를 관리하는 데도 도움을 준다(Harvard Medical School, 2015).

그러나 GI 척도는 동시에 섭취할 수 있는 탄수화물 또는 다른 음식의 양을 설명하지 않기 때문에 일부 제한이 있다. 이 수치는 단순히 탄수화물만을 먹었을 때의 혈당 반응을 측정한 것이다. 실제로, 같은 식단에서 다른 대량 영양소와 함께 섭취한 탄수화물의 양은 혈당 반응에 영향을 미친다. 탄수화물 공급원의 혈당 반응에 대해 관심이 있는 고객에게는 혈당부하(GL)가 더 의미 있는 척도라 할 수 있다.

혈당부하(GL)

탄수화물 공급원의 혈당부하(GL)는 식품의 혈당지수와 일반적으로 1회 섭취참고량으로 섭취되는 양을 모두 설명한다. 예를 들면, 팝콘은 72의 높은 혈당지수를 가지고 있다. 하지만, 튀긴 팝콘 한 컵은 고작 30kcal와 약 6g의 탄수화물을 함유하고 있어 많은 양의 포도당을 제공하지 않는다. 따라서 팝콘 1컵의 GL은 낮다. GL 하나에만 집중하기보다는 특정 식품의 총체적 혈당 반응을 이해하기 위해 탄수화물의 유형(단순 대 복합), 섭취량, 기타 대량 영양소(지방과 단백질)의 존재를 고려하는 것이 더욱 도움이 된다. 현실적으로, 탄수화물의 GI와 GL은 제한된 상황에서 일부 고객에게만 유의미하다. 예를 들면, 특정한 스포츠 훈련을 하는 고객이나 하루에 여러 트레이닝 세션을 소화하는 고객은 빠른 글리코겐 보충을 위해 훈련 후 고혈당 탄수화물을 섭취하는 것이 도움이 된다. 당뇨병 환자는 총 탄수화물 섭취가 훨씬 더 중요하긴 하지만, 어떤 탄수화물의 GI가 높고 낮은지 아는 것은 유익하고 필요하다. 당뇨병이 없고 스포츠 수행능력을 위해 엄격한 훈련을 받지 않는 대부분의 고객에게는 이런 측정값은 크게 도움이 되지 않을 수도 있다.

표 9-11 혈당지수

분류	예시
낮은 GI 식품(55 이하)	대부분의 비전분 채소 및 통곡물, 콩, 우유
보통 GI 식품(56~69)	햄버거 빵, 파인애플, 바나나
높은 GI 식품(70 이상)	포도당, 하드 캔디, 즉석 밥, 스포츠 음료

Data from Burke et al., 2011.

지방 조직 Adipose tissue 주로 에너지를 저장하는 데 사용되는 지방의 대체 용어

복합 탄수화물 Complex carbohydrates 다당류. 단당류의 긴 사슬. 통곡물, 콩류, 채소 등에 많이 들어 있다.

혈당지수 Glycemic index (GI) 식품 섭취 후 혈당 상승을 나타내는 식품 공급원에 할당된 숫자(0~100).

혈당부하 Glycemic load (GL) 혈당지수와 유사하지만, 먹는 식품(탄수화물)의 양을 고려한다.

표 9-12 운동선수들을 위한 탄수화물 권장 사항

활동	하루 기준 탄수화물 권장량
가벼운 운동	체중 1kg당 3~5g
보통 강도 운동: 하루당 1~2시간, 주당 5~6일	체중 1kg당 5~7g
보통 고강도 지구력 운동: 하루당 1~3시간, 주당 5~6일	체중 1kg당 6~10g
보통에서 고강도 운동: 하루당 3시간 이하, 하루당 2세션, 주당 5~6일	체중 1kg당 8~10g 체중 1kg당 8~12g(초지구력)

Data from Burke et al., 2011; Karpinski & Rosenbloom, 2017.

식이 탄수화물의 중요성

고객에게 필요한 탄수화물 요구량은 신장(키), 에너지 요구량, 신체활동 수준과 당뇨병과 같은 전반적 의료 상태에 따라 다르므로 피트니스 전문가는 이러한 사실을 알고 있어야 한다. 주류 매체에서 자주 언급되는 저탄수화물과 케톤생성 식단의 인기에도 불구하고, 탄수화물은 여전히 스포츠와 운동에서 최적의 수행능력을 위해 필수적이다(Kerksick et al., 2018). 많은 연구에서 탄수화물을 줄이는 식단은 고강도 및 최대 강도 운동이나 지구력 운동, 스포츠 기량 모두에 해를 끼치는 것으로 밝혀졌다(Burke et al., 2017; Cermak et al., 2013; Stepto et al., 2016).

스포츠 성과를 향상시키려고 하거나 근육을 만들고자 하는 고객은 활동에 필요한 연료를 공급하기 위해 탄수화물을 섭취하는 것이 좋다. 이러한 고객과 협력하는 공인 퍼스널 트레이너는 효과적인 훈련을 위해 적절한 탄수화물 섭취의 중요성을 강조해야 한다. 고객이 개별 탄수화물 요구량을 평가하기 위해 추가 지침을 요청한다면 RD 또는 CNS와 같은 자격을 갖춘 영양 전문가에게 문의해야 한다.

AMDR은 칼로리의 45~65%가 탄수화물(곡물, 채소, 콩류, 과일, 유제품)에서 나오며, 2,000kcal의 식단 기준 일일 최소 130g의 탄수화물을 섭취해야 한다고 제안한다(U.S. Department of Agriculture, 2015). 활동적인 사람의 탄수화물 요구량은 활동의 종류, 지속 시간, 강도에 따라 달라진다. [표 9-12]는 다양한 강도 및 지속 시간에 대한 고객의 현재 탄수화물 권장 사항을 나타낸다.

운동 전·중·후의 탄수화물

활동적인 사람에게는 장시간 강도 높은 운동을 하기 전이나 운동 중, 운동 후에 적절한 탄수화물을 섭취해 주는 것이 운동수행능력을 향상시킬 뿐만 아니라 회복을 촉진한다. 피트니스 전문가는 고강도 지구력 기반 운동으로 트레이닝 프로그램의 효과를 최대화하려는 고객에게 이러한 탄수화물의 중요성을 강조할 수 있다. 고강도의 장시간 운동을 하기 전에 탄수화물을 섭취하면 밤새 단식하는 동안 고갈된 글리코겐 저장고를 보충하고, 활동에 적절한 연료를 확보할 수 있다. 1시간 이상 지속되는 운동 중에는 글리코겐 저장고가 고갈되기 때문에 이때 탄수화물을 섭취하면 안정적인 혈당 수치를 유지하고 필요한 포도당을 운동하는 근육에 공급하는 데 도움이 된다. 지구력 스포츠 중의 탄수화물 섭취는

전문적으로 알아보기

섭취된 탄수화물은 포도당으로 분해된 후, 즉각적인 에너지 요구를 충족시키기 위해 산화되거나 간과 근육에 글리코겐으로 저장된다. 짧은 시간의 고강도 무산소 운동을 하는 동안, 활동의 주요 연료 공급원은 탄수화물(근육 글리코겐 및 일부 혈장 포도당 산화)이다(Cermak & Van Loon, 2013; Coyle, 1995). 긴 시간 저강도 유산소 및 지구력 활동을 하는 동안에는 근육 글리코겐은 신체의 에너지 요구의 절반 정도를 충족시키고 나머지는 자유지방산, 근육 내 트라이글리세라이드 및 포도당의 조합을 통해 공급된다(Coyle, 1995; Romijn et al., 1993).

지식 확장하기

적절한 탄수화물 섭취는 적절한 글리코겐 저장과 연료 활동을 보장하기 위해 필수적이다. 대부분의 탄수화물은 콩류, 채소, 과일, 그리고 통곡물같이 비타민과 미네랄도 함께 풍부한 것이 좋다. 저섬유질이나 단순 탄수화물은 스포츠 경기 직전에 쉽게 소화할 수 있는 연료 공급원이 되고, 회복 중에 글리코겐을 빠르게 보충하는 데 중요한 역할을 한다(Kerksick et al., 2018).

표 9-13 지질

지질의 유형	설명	식품 공급원 / 포함된 식품
트라이글리세라이드	3개의 지방산 사슬을 가진 글리세롤 뼈대	고체 지방(동물 및 식물 공급원) 및 기름
인지질	▪ 2개의 지방산 사슬과 인산염 분자를 가진 글리세롤 뼈대 ▪ 체내 세포막 구조의 중요한 구성 요소	▪ 계란 노른자 ▪ 살코기, 생선, 가금류 ▪ 콩 ▪ 곡물 ▪ 씨앗 ▪ 세포막(살아있는 세포를 둘러싼 얇은 층)
스테롤	▪ 탄소와 수소 원자의 고리 모양 구조 ▪ 많은 호르몬(에스트로겐, 테스토스테론, 안드로겐), 담즙 및 비타민 D 합성의 전구체 ▪ 세포막 구조의 일부	▪ 동물 지방에 포함된 식이 콜레스테롤(육류, 가금류, 생선, 조개류, 계란 노른자) ▪ 간에서 생성된 콜레스테롤 ▪ 식물성 스테롤(식물에 포함된 콜레스테롤) ▪ 세포막

수행능력과 피로 시간을 증가시킬 수 있다는 다양한 연구 결과도 있다(Currell & Jeukendrup, 2008; Patterson & Gray, 2007). 운동 후에 섭취하는 탄수화물과 단백질은 **근육 단백질 합성(muscle protein synthesis)**을 돕고, 회복 및 글리코겐 보충을 촉진하여 몸 상태를 최적화할 수 있다.

지구력 운동선수나 하루에 여러 번 훈련 세션이 있는 운동선수를 대상으로 트레이닝하는 피트니스 전문가는 선수의 영양 섭취 상태에 따라 운동수행능력 및 회복에 영향을 받는다는 것을 기억해야 한다. 트레이닝의 이점을 최대화하기 위해 피트니스 전문가는 적절한 영양의 중요성을 강조해야 하며, 필요할 때는 자격을 갖춘 영양 전문가에게 추가 지침을 얻어야 한다.

중요

등록된 영양 전문가가 아니거나 자격증이 없다면, 피트니스 전문가가 고객이나 운동선수를 위한 특정 식이 계획을 처방하는 것은 실무 범위를 벗어난다. 더 높은 수준의 영양 처방이 필요할 때는 고객을 영양 전문가에게 소개해 주는 것이 서로의 실무 범위를 존중하는 전문가로서의 예의이며, 고객에게도 이롭다.

지질

지질(lipids)은 탄수화물이나 지방이 그램(g)당 4kcal를 제공하는데 비해 9kcal를 제공하는, 활동적인 사람에게는 농축된 에너지의 공급원이다. 지질은 일반적으로 지방이라고 한다. 그러나 지방은 **트라이글리세라이드(중성지방, triglycerides)**, **인지질(phospholipids)**, **스테롤(sterols)**로 구성된 더 큰 지질군에 속하는 화합물의 한 종류일 뿐이다.

지질의 구조

각 지질 범주(트라이글리세라이드, 인지질, 스테롤)는 약간 다른 구조를 가지고 있으며, 신체에서 다른 역할과 기능을 한다. 트라이글리세라이드 계열은 지방과 기름으로 구성되어 있고, 체내에 저장된 지질 중 98%, 식품 내 지질 중 약 95%를 차지하고 있다. 트라이글리세라이드는 3개의 지방산 사슬을 가진 글리세롤 골격으로 구성되어 있다. 인지질은 트라이글리세라이드와 구조가 유사하지만, 세 번째 지방산 사슬 대신 인산염 분자가 있다. 스테롤은 트라이글리세라이드 및 인지질과는 매우 다른 고리 모양의 구조를 가지고 있다(표 9-13).

근육 단백질 합성 Muscle protein synthesis (MPS) 새로운 근육 단백질이 형성되어 근육이 분자 수준에서 성장하거나 복구되는 과정

지질 Lipids 트라이글리세라이드, 인지질 및 스테롤을 포함한 지방/지방산 및 그 파생물

트라이글리세라이드(중성지방) Triglycerides 음식과 몸에 존재하는 대부분 지방의 화학적 형태 또는 기질 형태

인지질 Phospholipids 글리세롤, 2개의 지방산 사슬 및 인산기로 이루어진 지질(지방)의 유형

스테롤 Sterols 고리 모양의 구조를 가진 지질군. 콜레스테롤은 스테롤의 일종

전문적으로 알아보기

트라이글리세라이드 분자 내의 각 지방산 사슬은 포화 또는 불포화될 수 있다. 포화지방산은 이중 결합(불포화점)이 없지만, 불포화지방산은 사슬의 어느 지점에서 하나 이상의 이중 결합이 있다. 트라이글리세라이드 분자 중 단일 지방산 사슬에 불포화점(이중결합)이 있는 경우 **불포화지방(unsaturated fats)**으로 분류한다. 불포화지방은 불포화 정도에 따라 더욱 세분화된다. 불포화지방이 단일 불포화(이중결합) 지점만 있으면 단일 불포화지방, 지방산 사슬을 따라 두 개 이상의 이중 결합이 있으면 다가 불포화지방이라고 한다.

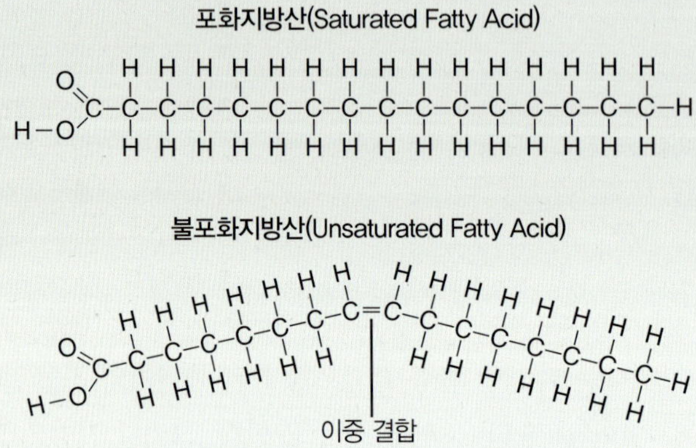

포화지방산과 불포화지방산의 화학적 구조

지식 확장하기

포화지방(saturated fat)은 이전에 '동맥을 막는 지방'이라고 하여 심장 건강에 해롭다고 생각했다. 하지만 최근 연구에 따르면 적당한 양의 포화지방 섭취는 큰 위험은 없다고 한다(Siri-Tarino et al., 2010). 현재 누적된 연구 결과를 보면 심혈관 위험이나 사망률의 위험을 높이는 것은 단일 영양소 때문이 아니라 개인 식단의 전반적인 구성과 품질, 유전적 영향이 더 중요한 것으로 나타났다. 포화지방을 심장 질환의 원인으로 비난하기보다, 전반적으로 건강한 식단의 맥락에서 적당히 섭취하는 것이 더 나은 접근법일지 모른다. 피트니스 전문가는 단일 영양소에 초점을 맞추기보다는 전반적으로 균형 잡힌 건강한 식단의 중요성을 강조해야 한다.

지식 확장하기

오메가6 지방산과 오메가3 지방산의 최적 비율은 인구에 따라 다르겠지만 대략 4:1 정도이다. 그러나 식물성 기름을 포함한 가공 식품을 많이 섭취하는 전형적인 서양식 식단은 10:1 또는 20:1에 가까운 비율로 훨씬 더 많은 양의 오메가6가 함유되어 있다(Simopoulous, 2003). 서양식 식단에서 오메가6 지방산과 오메가3 지방산의 불균형이 염증 및 만성 질환을 높이는 요인이라는 추측도 있다. 하지만 오메가6 대 오메가3의 실제 식사 비율보다 비만과 적은 활동량이 더 많은 영향을 미치는 것으로 보인다.

[표 9-14]는 포화지방과 불포화지방의 여러 가지 유형으로, 그 역할과 건강상에 미치는 이점, 주요 식품 공급원을 보여준다.

지질은 신체 내에서 구조와 역할이 다양하다. 일부 고객은 다양한 지질 그룹이나 식이, 건강이나 만성 질환에서 지질의 역할을 모를 수도 있다. 피트니스 전문가는 고객이 건강한 식단에서 지질의 필요성과 중요성 그리고 운동과 피트니스 목표 달성을 위해 섭취하는 방법 등을 이해하도록 도와야 한다. 일부 유형의 지질은 건강 증진, 낮은 염증률, 그리고 만성 질환과 관련이 있다.

지질의 소화, 흡수 및 이용

대부분 지질의 소화 및 흡수는 소장에서 일어나며, 소장에서는 지질이 장세포로 흡수되도록 하기 위해 **췌장 효소(pancreatic enzymes)**가 장쇄 지방산(long-chain fatty

표 9-14 단일 불포화지방, 오메가3, 오메가6, 포화지방, 트랜스 지방

지방의 유형	역할/건강상 이점	식품 공급원
단일 불포화지방	■ 심장에 좋음 ■ 지중해식 식단에서 특히 높음	■ 올리브, 올리브 오일 ■ 카놀라 오일 ■ 아보카도 ■ 땅콩
다가 불포화지방: 오메가3 ■ 에이코사펜타에노산(EPA) ■ 도코사헥사에노산(DHA) ■ 알파-리놀렌산(ALA)	■ 심장에 좋음 ■ 더 낮은 트라이글리세라이드 ■ 고밀도 리포단백(HDL) 콜레스테롤 수치 개선 ■ 염증 감소 ■ 인지 기능 향상 ■ 치매 위험 감소	■ 지방이 많은 생선(EPA, DHA): 연어, 참치, 정어리, 고등어 ■ 호두, 아마씨, 치아씨(ALA) ■ 강화유, 강화란(DHA) ■ 목초 유제품(DHA, ALA) ■ 녹색 채소(ALA)
다가 불포화지방: 오메가6	■ 일반 성장 및 발달에 필수적임	■ 채소 오일, 견과류, 씨앗
포화지방	■ 정확한 건강상 이익은 불명 ■ 일반적인 권고 사항은 식단에서 과도한 포화지방을 제한할 것을 권장	■ 동물 지방, 완전 지방 유제품, 코코넛 오일, 팜유
트랜스 지방	■ 인공/첨가 트랜스 지방은 LDL 콜레스테롤을 증가시키고, HDL 콜레스테롤을 감소시킴. 또한 이것들은 염증 및 심장병 증가와 관련이 있음(Harvard Medical School, 2015) ■ 자연적으로 생성된 트랜스 지방은 인공 트랜스 지방보다 해가 덜함	■ 인공/첨가 트랜스 지방은 부분적으로 수소화된 오일 및 이런 오일을 함유한 가공 식품에 포함 ■ 자연적으로 생성된 트랜스 지방은 동물 지방 및 유제품에서 발견

acids)을 더 작은 분자로 분해한다(**그림 9-5**). 소량의 식이 지방은 처음에 **혀 리파아제**(lingual lipase)에 의해 입안에서 소화된다. 그러나 지질 소화 및 흡수의 주요 부위는 소장이다.

리파아제(lipase, 지방 분해 효소)는 섭취한 지질들을 지방산과 모노글리세리드로 분해하여 장세포로 흡수되도록 한다. 그리고 나서 장세포는 지방산을 지용성 비타민과 같은 다른 지용성 영양소와 함께 **킬로미크론(유미 미립, chylomicrons)**으로 재포장하여 간으로 보낸다. 간은 트라이글리세라이드(중성지방)를 **지질단백질**(lipoprotein, LDL 및 초저밀도)로 재분배하여 **지질단백질 리파아제**(lipoprotein lipase, LPL)가 트라이글리세라이드 성분을 절단하여 지방산을 방출하게 한다. 이 지방산은 근육, 장기, 지방 조직의 세포에 의해 흡수되고, 인체의 에너지 요구에 따라 에너지를 저장하거나 대사된다.

지질 식이의 중요성

대부분의 건강한 성인의 경우, 식이 지방의 AMDR은 총 열량의 20~35%이다. 미국 식생활 지침(U.S. Dietary Guidelines 2015-2020)과 호주 식생활 지침(Australian Dietary Guidelines) 모두에서 포화지방을 총 열량의 10% 이하로 제한하고, 총 지방 열량의 10~25%를 단일 불포화지방과

불포화지방 Unsaturated fats 화학 구조에 하나 이상의 불포화점(이중 결합)이 있는 지방산

포화지방 Saturated fat 트라이글리세라이드의 한 유형으로 화학 구조에는 이중 결합(불포화점)이 없으며, 보통 실온에서 고체 상태이다. 버터, 라드, 전유, 쇠고기, 가공육, 트로피컬 오일 등

췌장 효소 Pancreatic enzymes 지방, 녹말, 단백질의 소화를 돕기 위해 신체에서 생성되는 소화 효소

혀 리파아제 Lingual lipase 입안에서 지질 소화 과정을 시작하는 침 속의 효소

리파아제 Lipase 지질을 소화시키는 효소

킬로미크론(유미 미립) Chylomicrons 트라이글리세라이드, 인지질, 콜레스테롤, 지용성 비타민 및 단백질을 포함하는 지방 분자. 이것들은 지질이 함유된 식품의 소화 후 장세포에 의해 형성된다.

지질단백질 Lipoprotein 혈장 내 지방 또는 기타 지질과 결합하여 운반하는 수용성 단백질 집단

지질단백질 리파아제 Lipoprotein lipase (LPL) 트라이글리세라이드를 지방산으로 분해하는 효소

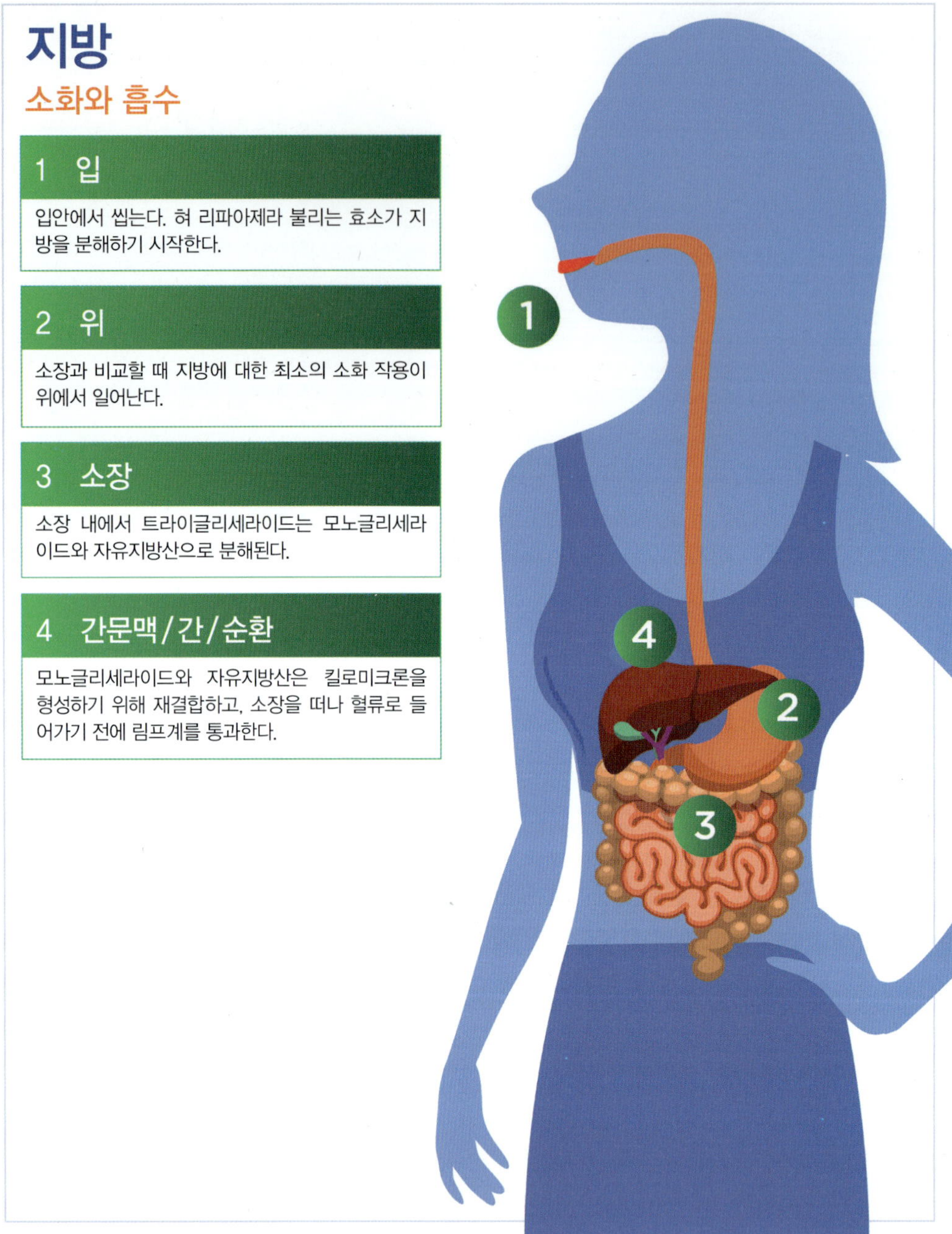

그림 9–5 지방 소화 및 흡수

다가 불포화지방으로 구성할 것을 권고하고 있다. 영국영양재단(British Nutrition Foundation, 2018)은 칼로리의 11% 이하로 포화지방을 섭취하라고 권장한다. 앞서 언급했듯이 오메가3와 오메가6는 모두 필수적인 식이 지방이며, 대사 기능을 지원하기 위해 식단을 통해 얻어야 한다.

지방과 포만감

지질은 다양한 생리적 과정을 지원하기 위한 에너지원이자 대사물(metabolites)의 공급원으로서 식단에서 중요한 대량 영양소이다. 오메가3와 같은 특정 지방은 필수적이며, 체내에서 합성될 수 없기 때문에 대사 기능을 지원하기 위해 반드시 식단에 포함시켜야 한다. 올리브 오일과 같은 일부 유형의 지질도 건강상의 이점이 있다. 균형 잡힌 식단에 포함될 때 심혈관 건강을 향상시킬 수 있다(Nocella et al., 2018; Wongwarawipat et al., 2018). 그러나 지질은 균형을 이루는 것이 중요한데, 쉽게 과다 섭취되므로 남은 지질은 과도한 칼로리 섭취로 이어질 수 있다.

올리브, 올리브 오일, 견과류, 씨앗, 그리고 지방이 많은 생선과 같은 지질은 균형 잡힌 식단에서 중요한 건강상의 이점을 제공한다. 맛과 포만감을 주기 위해 식단에 첨가하는 등 전반적으로 건강한 식습관에서 활용하는 것은 좋은 전략이다.

지식 확장하기

콜레스테롤: LDL 대 HDL

콜레스테롤은 동물성 식품이나 우리 인체 안에서 발견되는 지질의 일종이다. 여러 가지 유형의 콜레스테롤이 있지만, 가장 일반적인 유형은 LDL과 HDL 두 가지이다. LDL 콜레스테롤은 저밀도 지질단백질을 말하며, HDL보다 심장 건강에 더 좋지 않다. HDL 콜레스테롤은 고밀도 지질단백질을 말하며, 대부분 단백질과 일부 트라이글리세라이드로 구성되어 있다. 이것은 조직과 혈액에서 트라이글리세라이드를 제거하고 폐기하기 위해 간으로 다시 운반하기 때문에 일반적으로 심장 건강에 좋다.

지식 확장하기

콜레스테롤은 인체에서 만들어지기 때문에 필수는 아니지만 세포막 구조의 중요한 부분이며, 담즙, 비타민 D, 성호르몬인 에스트로겐과 테스토스테론의 합성에 필요하다. 많은 동물성 식품(계란 노른자, 조개류, 육류, 가금류)에는 약간의 콜레스테롤이 들어 있으며, 이는 건강한 식단의 일부이다. 계란 노른자와 조개류는 콜레스테롤이 높지만, 연구에 따르면 대부분의 건강한 사람에게는 음식 속의 콜레스테롤은 혈청(혈중) 콜레스테롤에 거의 영향을 미치지 않는 것으로 나타났다(Fernandez, 2012; Nakamura et al., 2007).

콜레스테롤 함량 때문에 계란 노른자와 조개류 먹기를 꺼리는 고객은 이 식품들이 매우 영양가가 높고 그것들을 섭취하는 것으로 혈중 콜레스테롤 수치에 영향을 미치지 않는다는 것을 알려 안심시킬 수 있다. 혈중 콜레스테롤 수치와 관련된 의료 및 식이 문제에 대해 추가적인 도움을 주기 위해서는 의료 전문가, RD, 또는 허가 받은 영양사에게 문의해야 한다.

미량 영양소와 수분 공급

미량 영양소에는 비타민, 미네랄, 식물성 영양소 등이 있다. 그것들은 칼로리가 없기 때문에 에너지원은 아니지만, 에너지 대사를 포함한 다양한 대사(metabolism) 과정을 조절하는 데 중요한 역할을 한다. 비타민과 미네랄의 불충분한 섭취는 개인의 건강 상태에 영향을 미치는 미량 영양소 결핍과 부족 때문일 수 있다.

비타민 D, 니아신, 비오틴을 제외한 모든 비타민과 미네랄은 우리 몸에서 생성되지 않기 때문에 필수 영양소이다. 따라서 대부분의 비타민과 미네랄은 반드시 식단을 통해 섭취해야 한다. 거의 가공되지 않은 식품으로 구성된 균형 잡힌 식단을 유지하는 것만으로 대부분의 건강한 성인이 필요한 미량 영양소를 충족시킬 수 있다. 그러나 부적절한 섭취(편식자)나 결핍, 부상, 질병, 또는 고강도 트레이닝같이 많은 영양소를 요구할 때는 보충제가 도움이 되거나 필요할 수 있다.

비타민

비타민은 지용성과 수용성 두 가지로 분류된다. 지용성 비타민은 비타민 A, D, E, K이다. 수용성 비타민에는 비타민 C와 비타민 B군이 있다.

지용성 비타민

지용성 비타민은 소화 및 흡수를 위해 지방이 필요하다. 그것들은 림프계를 통해 이동하고 다른 지용성 영양소와 함께 간으로 순환되며, 간에서 지질단백질과 함께 재포장되어 다른 기관과 조직으로 재분배된다. 지용성 비타민은 간과 지방 조직에 저장될 수 있으며, 일반적으로 매일 섭취할 필요는 없다. [표 9-15]는 지용성 비타민과 주요 기능, 그리고 이것의 좋은 공급원들을 보여준다.

수용성 비타민

수용성 비타민에는 비타민 C와 비타민 B군이 있다. 비타민 B군에는 티아민, 리보플라빈, 니아신, 엽산, 비타민 B6, 비타민 B12, 비오틴 및 판토텐산이 있다. [표 9-16]은 수용성 비타민과 주요 기능, 이것의 좋은 공급원들을 보여준다.

대사물 Metabolites 대사 작용에 필요한 물질의 형성
대사 Metabolism 신체의 유지를 위해 몸 안에서 일어나는 모든 화학 작용

표 9-15 지용성 비타민

지용성 비타민	주요 역할	식품 공급원
A	■ 시력(망막의 보존 및 건강) ■ 상피(장기, 혈관 및 피부의 외벽) 생성 ■ 유전자 발현 ■ 면역 기능 ■ 성장	■ 계란 노른자, 간 ■ 오렌지 및 흙에서 재배되는 녹색 채소(당근, 호박, 고구마, 땅콩단호박, 살구, 근대, 케일, 콜라드 잎)
D	■ 칼슘 흡수 ■ 부갑상선 호르몬(칼슘 수치를 조정하는 호르몬)의 조절 ■ 면역 기능 ■ 유전자 발현	■ 지방이 많은 생선 ■ 계란 노른자 ■ 유제품
E	■ 항산화 활성(세포 구조 보존) ■ DNA 산화 손상 방지	■ 견과류, 씨앗, 오일 ■ 맥아 ■ 카놀라 오일 ■ 해바라기씨
K	■ 혈액 응고 ■ 뼈 건강 및 뼈 재흡수	■ 어두운 잎 채소(시금치, 케일, 근대, 콜라드 잎, 겨자 잎) ■ 브로콜리, 작은 양배추

표 9-16 수용성 비타민

수용성 비타민	주요 역할	식품 공급원
C	■ 항산화제 ■ 콜라겐 합성 ■ 면역 지원 강화	■ 대부분의 과일 및 채소, 특히 감귤류, 키위, 딸기, 멜론, 아사이베리, 월귤(링곤베리) 및 크랜베리 ■ 일부 채소(브로콜리, 콜리플라워, 붉은 고추, 감자)
타이아민(B1)	■ 에너지 대사 작용 ■ 각기병(심장과 신경의 염증 또는 퇴화) 예방	■ 대부분의 육류, 가금류, 생선, 돼지고기(축산물) ■ 강화 시리얼
리보플라빈(B2)	■ 에너지 대사 작용 ■ 구순구각염(염증 또는 입꼬리의 작은 균열) 예방	■ 유제품 ■ 대부분의 동물성 단백질 ■ 강화 시리얼
니아신(B3)	■ 에너지 대사 작용 ■ 펠라그라병(치매, 설사 및 피부염) 예방	■ 대부분의 동물성 단백질 ■ 강화 시리얼 ■ 콩 및 콩류
피리독신(B6)	■ 에너지 대사 작용 ■ 아미노산의 아미노기 전이 및 이탈 ■ 트립토판의 니아신으로의 전환	■ 대부분의 동물성 단백질 ■ 강화 시리얼 ■ 콩, 콩류
엽산(B9)	■ DNA 및 RNA 합성 ■ 적혈구 합성 ■ 신경관 결손(뇌 또는 척수의 선천적 결함) 예방 ■ 암 예방 역할 ■ 에너지 대사 작용	■ 녹색 잎 채소(시금치, 근대, 케일, 겨자 잎, 콜라드 잎), 아스파라거스 ■ 오렌지 ■ 오렌지주스
코발라민(B12)	■ 에너지 대사 작용 ■ DNA 및 RNA 합성 ■ 신경 신호 ■ 메틸화 반응	■ 동물성 단백질(육류, 가금류, 생선, 유제품) ■ 영양 효모
비오틴(B7)	■ 에너지 대사 작용 ■ 구조 단백질 합성(손/발톱, 피부, 머리카락)	■ 대부분의 식품에 소량 포함됨
판토텐산(B5)	■ 에너지 대사 작용	■ 대부분의 식품에 소량 포함됨

비타민 C의 주요 역할은 콜라겐 합성과 항산화 작용이다. 콜라겐은 피부, 힘줄, 인대에서 발견되는 단백질의 한 종류이며, 비타민 C는 콜라겐 합성에 필수적인 성분이다. 비타민 C의 만성적 결핍은 조직 파열로 이어지고 콜라겐이 분해되어 괴혈병이라는 질환으로 이어질 수 있다. 또한, 비타민 C는 세포 내벽, DNA와 RNA, 지질단백질에 대한 산화 작용 및 자유 라디칼 손상을 중화시키는 항산화제 기능을 한다.

비타민 B군은 두 그룹으로 분류할 수 있다. 한 그룹은 적혈구(RB) 합성과 에너지 대사 그룹에서 핵심적인 역할을 하며, 해당작용(glycolysis) 및 코리(크랩스) 회로와 같은 에너지 생성 경로에서 중요한 역할을 한다. 적혈구 합성에 관여하는 비타민 B는 엽산과 비타민 B6, B12이다. 이러한 비타민의 결핍은 부적절한 적혈구 합성으로 인해 다양한 유형의 빈혈(헤모글로빈 또는 적혈구 결핍)을 초래할 수 있다. 또한 엽산은 DNA와 RNA 합성에 중요한 역할을 한다. 신경관 결손(뇌 또는 척수의 선천적 기형)과 특정 유형의 암을 예방하는 데 중요하다(Duthie, 2011). 비타민 B의 에너지 대사군에는 티아민, 리보플라빈, 니아신, 비오틴, 판토텐산, 비타민 B6, B12이다. 이러한 비타민의 유도체와 대사물은 탄수화물과 아미노산으로부터 ATP 합성 과정을 촉진하는 대사 경로에 관여한다. 비타민 B의 결핍은 피로, 혼란, 무기력증 및 운동 능력 저하로 나타난다. 이러한 비타민의 심각한 결핍은 여기서 표현한 것 이상으로 더욱 심각한 건강 이상을 초래할 수 있다.

미네랄

미네랄은 식물성 식품과 동물성 식품 모두에서 발견되는 화합물이다. 영양학적 관점에서 미네랄은 **대량 미네랄(주요 미네랄, major minerals)**과 **미량 미네랄(trace minerals)**, 두 가지 범주로 분류될 수 있다. 대량 미네랄은 미량 미네랄에 비해 더 많은 양이 체내에 존재하며, 식단에서도 많은 양이 필요하다. 대량 미네랄에는 칼슘, 인, 마그네슘, 나트륨, 칼륨, 염화물, 황이 있다.

대량 미네랄(주요 미네랄) Major minerals 체내에 많은 양이 있는 미네랄
미량 미네랄 Trace minerals 체내에 적은 양이 있는 미네랄. 철분, 아연, 구리, 셀레늄, 요오드, 망간, 크롬, 불소, 몰리브덴

철, 아연, 구리, 셀레늄, 요오드, 망간, 크롬, 불소, 몰리브덴 등의 미량 미네랄은 식단에서 훨씬 적은 양이 필요하다. 비타민과 마찬가지로 미네랄은 칼로리를 제공하지 않지만, 구조적 발달과 많은 대사 과정의 조절에 필수적이다(표 9-17과 9-18). 미국국립의학아카데미(National Academy of Medicine)에서 권장한 다양한 연령대의 비타민과 미네랄의 하루 요구량은 미국국립과학, 공학, 의학 아카데미(National Academies of Sciences, Engineering, and Medicine) 웹사이트에서 볼 수 있다.

지식 확장하기

대량 미네랄 중 칼슘과 인은 인체에 가장 많이 존재하며, 주로 뼈와 골격 조직에 함유되어 있다. 건강하고 균형 잡힌 식단에는 대부분의 사람에게 필요한 대량 미네랄과 미량 미네랄이 적절하게 들어 있다. 불충분하게 섭취하거나 인체에서 소비하는 요구량이 증가할 때, 또는 식이 흡수 장애의 경우에는 보충이 필요할 수 있다.

수분 공급 전략

© Una Shimpraga/Shutterstock.

물은 생명을 유지하는 데 필수적인 영양소이자 필수 요소이다. 물은 성인 신체의 약 60%를 차지한다. 여성들은 비율이 약간 더 낮을 수 있고, 일부 남성들은 높은 글리코겐 저장으로 체수분 비율이 약간 더 높을 수 있다.

표 9–17 대량 미네랄

대량 미네랄	주요 기능	식품 공급원
칼슘	■ 뼈 건강 ■ 근육 수축 ■ 신경 신호 ■ 혈액 응고 ■ 혈압 조절 ■ 면역 기능	■ 유제품 ■ 강화 비유제품 우유(아몬드, 콩, 코코넛, 대마, 쌀, 귀리) ■ 녹색 잎 채소(시금치, 콜라드 잎, 겨자 잎, 브로콜리) ■ 뼈가 있는 생선(정어리, 뼈를 포함한 캔 연어) ■ 강화 오렌지주스
인	■ 뼈 건강 ■ 세포 구조(인지질로서) ■ DNA 및 RNA 생성 ■ 산–염기 균형 유지	■ 동물성 단백질(육류, 가금류, 생선, 유제품) ■ 콩, 콩류 ■ 통곡물 ■ 코코아 ■ 콜라
마그네슘	■ 다양한 대사 반응을 위한 조효소 ■ 근육 이완 ■ ATP 합성 ■ 단백질 합성 ■ 면역 기능 ■ 신경 신호	■ 녹색 잎채소 ■ 견과류 및 씨앗 ■ 아보카도 ■ 해산물 ■ 다크 초콜릿
나트륨	■ 체액 및 전해질 균형 ■ 신경 신호 ■ 근육 수축	■ 식염 ■ 해산물 ■ 일부 채소에서 자연적으로 발생 ■ 가공, 통조림, 포장 식품
칼륨	■ 체액 및 전해질 균형 ■ 신경 신호 ■ 근육 수축	■ 어두운 잎채소 ■ 대부분의 과일 및 채소(바나나, 살구, 아보카도, 감자, 멜론, 자두 등에 다량 함유) ■ 육류, 유제품, 곡물 등에 소량 포함
염소	■ 체액과 전해질 균형 ■ 염산 제조(위)	■ 식염 ■ 가공 식품
황	■ 구조적 단백질 구성물(머리카락, 피부, 손발톱)	■ 대부분의 단백질 식품(계란, 육류, 생선, 가금류, 우유, 견과류, 콩류)

표 9–18 미량 미네랄

미량 미네랄	주요 기능	식품 공급원
철분	■ 적혈구에서 헤모글로빈의 일부로 산소 운반 및 방출 ■ 에너지 대사 작용	■ 동물성 단백질(육류, 가금류, 생선, 조개) ■ 콩, 콩류 ■ 어두운 잎채소 ■ 당밀 및 강화 곡물
아연	■ 단백질 및 유전자 합성을 포함한 다양한 대사 과정을 위한 조효소 ■ 상처 치료 ■ 미각 ■ 면역 건강 ■ 성장, 성적 성숙, 태아 발달	■ 동물성 단백질(육류, 가금류, 생선) ■ 조개류 ■ 통곡물

미량 미네랄	주요 기능	식품 공급원
구리	▪ 다양한 대사 과정을 위한 조효소 ▪ 에너지 대사 작용 ▪ 철분 흡수 및 대사 작용의 역할	▪ 내장육 ▪ 콩, 콩류 ▪ 견과류 및 씨앗(특히 캐슈넛) ▪ 통곡물
셀레늄	항산화 작용	▪ 해산물 ▪ 육류 ▪ 곡물
요오드	▪ 대사 작용, 체중, 성장, 발달을 조절하는 티록신(갑상선 호르몬)의 일부	▪ 해산물 ▪ 요오드 첨가 식염 ▪ 유제품
망간	▪ 다양한 대사 작용을 위한 조효소 ▪ 뼈 성장 및 발달	▪ 콩류 ▪ 오트밀 ▪ 통밀빵 ▪ 녹색 잎채소
크롬	▪ 인슐린 호르몬과 함께 포도당 조절	▪ 통곡물 ▪ 간 ▪ 양조 효모 ▪ 견과류 ▪ 치즈
불소	▪ 뼈와 치아 건강 ▪ 충치 예방에 도움	▪ 수돗물 ▪ 차 ▪ 특정 해산물
몰리브덴	▪ 일부 대사 경로의 조효소	▪ 대부분의 식품, 특히 채소, 녹색 잎 채소, 콩류, 우유, 간

Modified from Michigan Medicine, 2018.

물은 다음과 같이 체내에서 몇 가지 중요한 기능을 한다.

- 체온 조절
- 수용성 영양소의 운반 및 배분
- 혈액량 유지
- 관절, 막, 윤활 조직 윤활화
- 충격 흡수
- 노폐물 및 독소 제거

부적절한 수분 섭취는 인지 과정뿐만 아니라 많은 생리적 기능을 손상시킨다. 가벼운 탈수증조차 기능 저하를 초래하고, 운동선수와 운동하는 사람들의 수행능력 및 회복에 영향을 미친다. 대부분의 남성과 여성에게 권장되는 수분 섭취량은 여성의 경우 하루 약 11.5컵(2.7L), 남성의 경우 약 15.5컵(3.7L)이다(Institute of Medicine, 2005). 운동 및 질병, 임신, 수유, 더운 날씨, 고도, 단백질과 섬유질 식이 증가 등과 같은 특정 조건과 환경 또한 고객의 일일 수분 요구량에 영향을 미친다(그림 9-6).

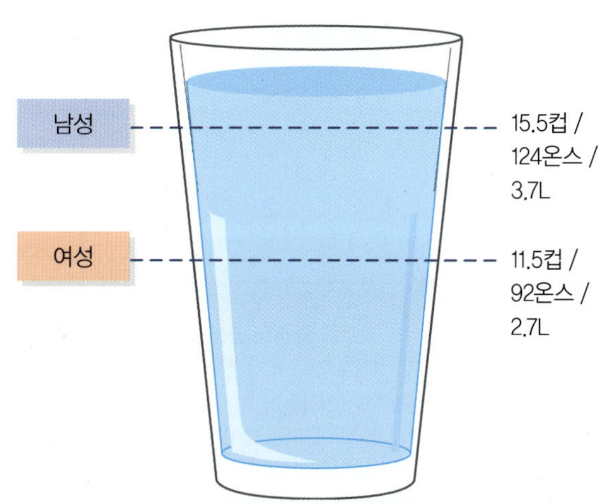

그림 9-6 수분 섭취 권장

지식 확장하기

수분이 풍부한 어떤 식품을 섭취할 때 식품 속의 수분이 고객의 수화(Hydration, 水和) 상태에 도움이 되지만, 수화를 위해서라면 아무리 수분이 풍부한 식품이라도 물 한 잔을 마시는 것과 비교할 수 없다. 수분 함량이 90% 이상인 식품으로는 딸기, 멜론, 오이, 상추, 애호박, 셀러리, 토마토 등 많은 식품이 있다.

물과 운동

수분 공급이 부족한 사람은 여러 가지 부작용으로 인해 수행능력 저하 징후를 보인다. 불충분한 수분 공급과 약간의 탈수 상태 조차도 신체와 운동수행능력에 아래와 같은 부정적 영향을 미친다.

- 심박수 증가
- 체온 상승
- 낮은 비율의 자각 운동
- 근육 글리코겐 사용 증가
- 혈액량 감소
- 심박출량 감소
- 혈류 감소
- 발한율 저하(및 체온 조절)

피트니스 전문가는 운동 전·중·후 모두 적절한 수분 공급의 중요성을 강조해야 한다. 또한, 탈수 증상을 인지하고 체액 수치가 적절하게 처리되도록 운동량을 조정할 수 있어야 한다. 대부분의 건강한 성인의 경우, 수분 공급 상태는 소변의 색깔로 확인할 수 있다. 매우 옅은 노란색의 소변은 충분한 수분 공급을 나타낸다. 어두운 색은 부족한 수분 공급 또는 기타 의료적 문제를 나타낸다(그림 9-7).

그러나 과중한 운동 요법을 사용하는 사람은 탈수 위험을 피하기 위해 수분 손실을 더 잘 알아차리고 수분 재공급에 힘써야 한다. 트레이닝 중 체액의 손실은 이미 탈수를 겪고 있는 사람이라면 상황을 더 악화시킬 수 있다. 따라서 고객은 운동 중이나 후에 수분을 공급하는 것 외에도 운동 전 충분한 수분 공급의 중요성에 대해서도 교육 받아야 한다. 운동 중 체액 손실로 4% 이상의 체중 감량이 일어나면 열탈진(heat exhaustion), 열사병(heatstroke), 심각한 경우 사망으로까지 이어질 수 있다(Maughan & Noakes, 1991). 그러므로 운동 전이나 운동 중에 탈수 예방은 매우 중요하다. 강도 높은 훈련 또는 지구력 스포츠에 참여한 사람은 갈증이 지속되지 않도록, 설명한 대로 권장 수분 공급 프로트콜을 따라야 한다(표 9-19).

시도하기

운동이나 활동 후의 수분 공급

현재 스포츠 영양 지침은 트레이닝 후의 수분 보충이 트레이닝 세션 또는 경기 중 체중의 125%(1.25배) 범위에 있어야 한다고 권장한다. 트레이닝으로 체중이 2파운드(약 1kg) 감소한 경우, 선수가 이 손실(2파운드=32온스)을 보충하기 위해 32온스×1.25=40온스(1.18L)의 수분을 섭취해야 함을 의미한다.

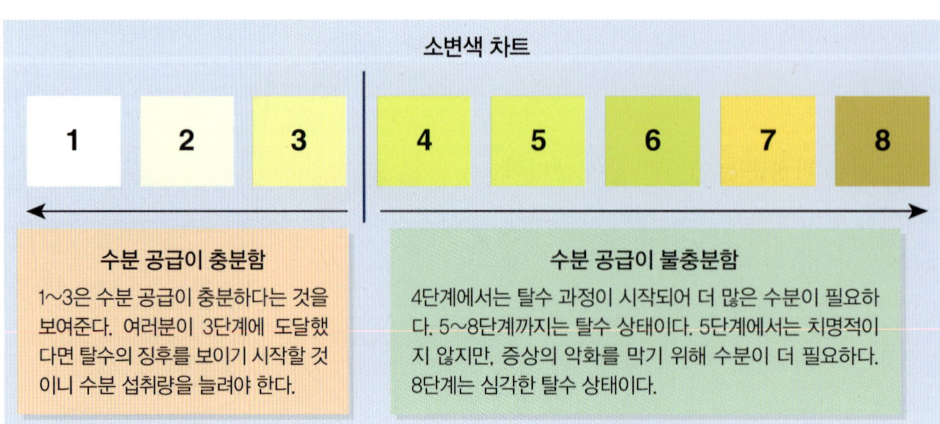

그림 9-7 소변색 차트

표 9-19 수분 공급 권장 사항

수분 공급 권장 사항	시기
▪ 500mL(16온스)의 물 또는 스포츠 음료	▪ 활동 전날 저녁 ▪ 활동 당일 오전
▪ 400~600mL(13~20온스)	▪ 활동 시작 20~30분 전
▪ 350~500mL(12~16온스)의 액체	▪ 운동 중 매 10~15분마다(특히 덥고 습한 기후에서)
▪ 물	▪ 활동 시간 60분 미만(따뜻한 온도 및/또는 스포츠 음료가 필요할 정도로 땀을 많이 흘리지 않은 경우)
▪ 스포츠 드링크 또는 물과 혼합된 전해질 정제	▪ 90분 미만의 운동(따뜻한 온도 및/또는 땀을 많이 흘리지 않은 경우)
▪ 훈련 세션 또는 경기 동안 체중 감량의 1.25배	▪ 경기/훈련 후

Data from Kerksick et al., 2018.

수분 공급과 스포츠 음료

스포츠 음료(sports drink)는 많은 사람에게 수분 공급의 원천으로 인식되고 있다. 그러나 하루에 1시간 미만으로 저강도 또는 중강도로 훈련하는 대부분의 고객에게는 필요하지 않다. 스포츠 음료는 장시간 강렬한 트레이닝 동안의 수분 및 전해질(electrolytes)을 보충하고 탄수화물 공급원이 되도록 설계되었다. 일부의 제품에는 다양한 비타민 및 미네랄과 함께 카페인과 녹차 추출물과 같은 각성제도 들어 있다.

스포츠 음료는 재수화(rehydration)를 촉진하며, 어떤 경우에는 한 시간 이상 지속되는 장시간 운동에서 글리코겐 저장고를 보충하는 데 도움을 준다. 1시간 미만의 짧은 트레이닝 세션, 특히 땀을 많이 흘리지 않았을 때는 물만으로도 충분하다. 일부 스포츠 음료에는 설탕이 많이 들어 있기 때문에 운동량이 적으면 불필요하게 추가적으로 칼로리를 공급받게 된다.

현재 다양한 탄수화물과 전해질 조성으로 구성된 수많은 스포츠 음료들을 구입할 수 있다. 스포츠 음료는 용액 속 전해질과 탄수화물의 농도에 따라 저삼투압성(저장성, hypotonic), 등삼투압성(등장성, isotonic), 고삼투압성(고장성, hypertonic)으로 나뉜다(표 9-20). 저삼투압성 음료는 인체에 비해 염분과 전해질의 농도가 더 낮다. 등삼투압성 음료는 인체와 비슷하며, 고삼투압성 음료는 염분과 전해질 농도가 인체보다 더 높다. 따라서 고삼투압성 음료는 등삼투압성이나 저삼투압성 음료보다 더 빠르게 흡수된다. 가게에서 판매하는 대부분의 스포츠 음료는 등삼투압성 또는 저삼투압성 음료이다. 그러나 특정한 상황에서는 고삼투압성 음료가 적절할 수 있다.

적절한 수분 공급은 최적의 건강, 운동 및 성과를 위해 필수적이다. 피트니스 전문가는 모든 고객에게 수분 공급의 중요성을 강조해야 하며, 아울러 혈류, 체온 유지, 혈액량, 노폐물 처리, 운동 및 수행에 영향을 미치는 체액의 생리학적 중요성을 강조해야 한다. 트레이닝 전에 충분한 수분을 공급하지 않으면 트레이닝 강도에 영향을 미치고, 체온 상승, 높은 운동자각도 및 심박출량 증가로 이어질 수 있다. 또한, 고객은 트레이닝의 강도 및 분량을 유지하는 데 어려움을 겪는다. 운동 중이나 후의 수분 공급은 체액 및 전해질 손실을 막아주고, 트레이닝 세션에서 회복력을 높이기 위해 꼭 필요하다. 특히 많은 양의 운동 또는 스포츠 수행능력 향상 트레이닝을 하는 고객에게는 더욱 중요하다.

열탈진 Heat exhaustion 신체가 과열되었을 때 발생하는 상태. 더운 기후에서의 탈수에서 발생할 수 있고, 증상은 많은 땀, 빠른 맥박, 저혈압, 메스꺼움, 어지럼증, 근육 경련 등이다.

열사병 Heatstroke 열탈진이 빨리 치료되지 않으면 발전할 수 있는 상태. 열사병의 증상은 두통, 발열, 혼란 및 방향감각 상실, 피부 홍조 등이 있다. 열사병은 응급 상황이며 빨리 치료되지 않으면 치명적일 수 있다.

스포츠 음료 Sports drink 신체활동 중 수분 보충 및 탄수화물 보충을 위해 탄수화물 및 전해질의 조합으로 만든 음료. 등삼투압성(운동 중 손실된 수분을 보충할 수 있도록 미네랄과 염분을 첨가), 저삼투압성, 또는 고삼투압성이 있다.

전해질 Electrolytes 나트륨, 칼륨, 마그네슘과 같이 몸 전체에 신경 자극을 전달하는 데 도움이 되는 전하를 띤 미네랄

저삼투압성(저장성) Hypotonic 체액보다 낮은 용해 부하/농도를 가진 용액

등삼투압성(등장성) Isotonic 체액과 유사한 용해 부하/농도를 가진 용액

고삼투압성(고장성) Hypertonic 체액보다 높은 용해 부하/농도를 가진 용액

표 9-20 스포츠 음료

스포츠 음료의 유형	가장 적절한 사용법
저삼투압성	탄수화물이나 전해질 교체보다 수분 보충이 훨씬 우선이다.
등삼투압성	60분 이상 지속되는 활동 중간 정도의 수분 및 전해질 손실 적당한 땀
고삼투압성	60~90분 이상 지속되는 다량 및 고강도 트레이닝 많은 수분 및 전해질 손실 많은 땀 탄수화물 및 전해질 대체에 대한 우선순위가 더 높음(수액 대체에만 해당)

지식 확장하기

고삼투압성 스포츠 음료는 염분과 전해질 농도가 더 높기 때문에 체액보다 고농도이다. 또한, 등삼투압성이나 저삼투압성 음료보다 더 빨리 흡수된다. 그러나 높은 농도와 빠른 흡수율 때문에 일부 사람에게 위장 장애를 일으킬 수 있다. 위장 장애가 우려된다면 등삼투압성 스포츠 음료를 이용하거나 고삼투압성 음료에 물을 섞어서 마시면 이런 부작용을 완화시킬 수 있다.

영양 전략

모든 고객은 고유한 유전적 프로필과 생활 방식이 있다는 점에서 다르다. 이것들은 기초대사율(basal metabolic rate, BMR), 전체 체성분, 키, 체중, 체중 증가나 감소를 포함한 다양한 요인에 영향을 미친다. 어떤 사람은 키, 체중, 연령이나 체격이 다른 사람과 비슷한데도 더 쉽게 체중을 감량하거나 증가시키는 것을 볼 수 있다. 그러므로 체중과 체중 관리 모두에 영향을 미치는 여러 요인이 있다는 점에 유의해야 한다.

체중 관리에 영향을 미치는 요인들

유전적 영향은 고객의 체중 관리 능력에 영향을 미치는 요인 중 하나이다. 여기에 신체활동, 에너지 섭취, 수면, 호르몬, 약물도 중요한 역할을 한다. 피트니스 전문가는 살을 빼거나 찌우려고 하는 고객과 함께 작업할 때 이런 점을 명심해야 한다. 식단, 신체활동, 수면 같은 일부 요소들은 더 쉽게 수정이 가능하다. 그러나 내분비(호르몬) 장애[endocrine (hormonal) disorders]와 약물 같은 것들은 체중에 상당한 영향을 미칠 수 있으므로 자격을 가진 의료 전문가에게 의뢰해야 한다.

열역학 법칙

에너지 섭취는 체중 관리에 영향을 미치는 요인 중 하나이다. 어떤 사람은 그것이 가장 중요한 원인이라고 주장하기도 한다. 어쨌든 체중 증가든 감소든 상관없이 에너지 섭취는 체중 관리에 있어 중요한 구성 요소이다. 열역학 제1법칙(first law of thermodynamics)에 따르면 에너지는 시스템에서 생성되거나 소멸될 수 없으며(그림 9-8), 한 형태에서 다른 형태로 변환될 수만 있다(Hall et al., 2012). 에너지 섭취가 소비 에너지보다 적으면 체내에 저장된 에너지가 연료로 사용된다. 체중 감량과 증가에 대한 많은 이론들이 있음에도 불구하고, 이 기본 개념은 여전히 변함없이 유효하다.

체중 감량을 위해서는 열량을 감소시키고, 체중 증가를 위해서는 초과 칼로리가 생기도록 열량을 공급하면 된다. 에너지 섭취는 주로 개인이 섭취하는 음식물의 양과 질에 의해 결정된다. 어떤 식품들은 칼로리 밀도가 높아 과도한 에너지 섭취의 원인이 될 수 있다. 저지방 단백질, 고섬유질의 통곡물, 채소 및 과일 같은 음식들은 영양가가 높을 뿐만 아니라 설탕과 지방이 첨가되어 입맛에 잘 맞는 많은 식품보다 칼로리 밀도가 낮다. 예를 들어, 일반 오렌지는 약 45kcal인 반면, 오렌지 스무디는 200~500kcal 이상이다.

일부 연구에 따르면, 자연 식품 식단은 가공 식품 식단에 비해 전체 에너지(열량) 섭취량이 낮았다(Barr & Wright, 2010; Hall et al., 2019). 자연 식품은 대부분 가공 식품보다 섬유질과 단백질 함량이 높고 첨가당(added sugars) 함량이 낮아 이러한 차이가 발생한다. 저지방 단백질, 통곡물, 콩류, 채소

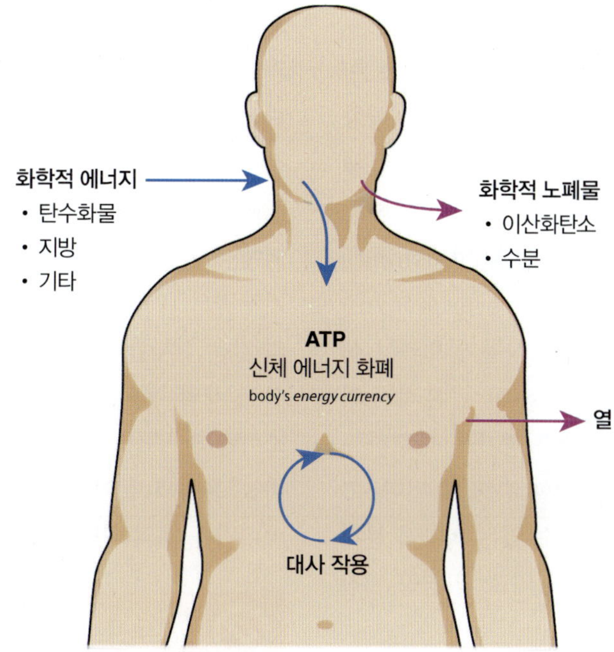

그림 9-8 신체 내부의 에너지 전환

등과 같은 자연 식품은 또한 가공 식품보다 더 많은 포만감(satiating)을 준다. 그 이유는 이것들은 섬유질과 단백질의 함량이 더 높고, 풍미와 신선도가 높기 때문이다. 고객의 식단에서 가공식품을 제한하면서 더 많은 자연 식품을 선택하도록 하면 칼로리 균형을 유지하고 과도한 에너지 섭취를 줄이는 하나의 전략이 될 수 있다. 개인의 일일 총에너지 소비량(total daily energy expenditure, TDEE)이 총에너지 섭취량과 동일한 경우 체중은 변하지 않는다. 수면, 호르몬, 운동 부족, 활동, 약물 등과 같은 요소들이 에너지 방정식의 양측에 영향을 미친다.

불충분한 수면

18~64세의 성인은 하루에 7~9시간의 수면을 취하는 것이 좋다(National Sleep Foundation, 2015). 그러나 많은 성인이 이 지침에 미치지 못한다. 2016년 미국 질병통제예상센터(CDC)는 미국 성인의 1/3 이상이 정기적으로 충분한 수면을 취하지 못하고 있다고 보고했다(CDC, 2016). 전 세계적으로도 유사한 추세가 나타나고 있다(Stranges et al., 2012; Van de Straat & Bracke, 2015). 많은 연구에서 수면 부족은 심혈관 질환, 뇌졸중, 제2형 당뇨병, 비만과 같은 수많은 만성 질환의 위험을 증가시킨다고 보고하고 있다(McHill & Wright, 2017).

수면 부족이 비만 위험 증가와 관련이 있는 이유 중 하나는 만성 수면 부족이 체내 식욕과 포만감 호르몬에 악영향을 미치기 때문이다. 여러 연구에서 며칠간 충분한 수면을 취하지 못하게 했더니 참가자들의 포만감 호르몬 펩타이드 YY(peptide YY)의 수치가 낮아지고 공복 호르몬 그렐린(ghrelin) 수치가 더 높아진 것을 볼 수 있었다(Hibi et al., 2017; Reutrakul & Van Cauter, 2018). 또한, 일부 연구는 수면 장애가 다음날 더 많은 칼로리 섭취의 원인이 된다는 것을 보여주었다(Al Khatib et al., 2017). 따라서, 부족한 수면은 체중 관리에 해로운 영향을 미친다. 고객에게 7~9시간의 수면을 권장하는 것은 체중과 체성분 목표를 달성하는 데 중요한 요소이다.

기초대사율 Basal metabolic rate (BMR) 신체의 휴식을 유지하는 데 필요한 에너지의 양

내분비(호르몬) 장애 Endocrine(hormonal) disorders 신체가 내분비 호르몬을 너무 적게 또는 많이 생산하는 경우

열역학 제1법칙 First law of thermodynamics 에너지는 생성되거나 소멸될 수 없고, 오로지 한 형태에서 다른 형태로 순환하거나 전환될 뿐이라는 법칙

첨가당 Added sugars 식품에 첨가된 당류

포만감 Satiating 가득차 만족스러운 느낌

일일 총에너지 소비량 Total daily energy expenditure (TDEE) 하루에 소비되는 총에너지 양

펩타이드 YY Peptide YY 펩타이드 티로신(peptide tyrosine)이라고 불리는 펩타이드로 영양 공급 중에 결장 내에서 방출된다.

그렐린 Ghrelin 식욕을 자극하는 배고픔 호르몬

내분비 장애

체중 증가 및 감량의 어려움은 여러 가지 내분비(호르몬) 장애 및 방해의 영향을 받는데, 이는 고객의 체중에 영향을 미치거나 체중 변화 달성을 어렵게 한다. 일반적으로 체중 증가를 초래하는 몇 가지 내분비 장애는 갑상선 저하증(갑상샘 저하증, hypothyroidism), 쿠싱 증후군(Cushing's syndrome), 다낭성 난소 증후군(polycystic ovarian syndrome, PCOS), 인슐린종(인슐린 과잉 생성을 일으키는 췌장 종양) 등이 있다(Kokkoris & Pi-Sunyer, 2003). 근본적인 의학적 문제를 치료하면, 일반적으로 체중 증가를 해결하는 동시에 고객이 성공적으로 체중을 관리할 수 있게 된다. 고객이 체중 증가 또는 감량의 원인이 될 수 있는 의학적 문제를 이야기한다면 의료 전문가나 RD에게 의료 및 영양 지침을 의뢰해야 한다.

약물

항우울제, 항불안제, 향정신성 약물, 피임약, 프레드니손(prednisone) 등의 스테로이드제와 같은 여러 약물들도 살을 빼거나 찌우는 데 영향을 줄 수 있다. 체중 증가와 대사 조절 장애는 특히 향정신성 의약품(De Hert et al., 2011; Hasnain & Vieweg, 2015)과 일부 항우울제의 사용(Himmerich et al., 2015)과 관련이 있다. 이러한 약물들은 포도당과 지질 대사를 방해하고 신체활동량에도 영향을 미쳐 이러한 모든 요소가 체중 증가의 원인이 될 수 있다.

또한, 프레드니손과 같은 코르티코스테로이드(corticosteroids)는 체액 저류(fluid retention)뿐만 아니라 식욕 증가를 통해 체중을 증가시킨다. 경구 피임약을 복용하는 사람은 호르몬 변동으로 인한 체중 변화에 민감할 수 있다(University of California, San Francisco, n.d.). 향정신성 약물, 코르티코스테로이드 또는 호르몬 약물을 복용하고 체중 증가 또는 감소를 경험한 사람들은 체중 관리 및 의약품 검토를 위해 의료 전문가나 RD에게 문의해야 한다. 또한, 약물 및 식이요법에 대한 평가는 피트니스 전문가의 실무 범위를 벗어나기 때문에 이것 역시 의료 전문가나 RD에게 검토를 의뢰해야 한다.

신진대사

신진대사(metabolism)는 살아있는 세포의 화학적 변화로 정의되며, 신진대사에 의해 만들어진 에너지는 생명 유지 과정과 활동에 제공되고 새로운 물질로 흡수된다. 더 넓은 관점에서, 인체와 같은 유기체의 모든 에너지 사용의 축적이라고 생각할 수 있다. 신진대사는 종종 개인의 기초대사율(BMR)이라고 불리는데, BMR은 신체활동이나 음식 섭취 외에 휴식을 취할 때 소모하는 칼로리를 나타낸다. BMR은 기본적으로 호흡, 소화, 세포 신호 전달, 미토콘드리아 활동과 같은 신체활동 외의 생물학적 과정에 연료를 공급하기 위한 신체의 에너지 요구량이다. 또한, TDEE(일일 총에너지 소비량)의 구성 요소 중 하나이며, 극도의 지구력을 필요로 하는 운동과 같이 격렬하고 장기적인 신체활동에서 쓰이는 에너지를 제외하면 BMR이 일반적으로 가장 크다.

지식 확장하기

TDEE의 구성 요소에는 BMR, 신체활동 및 TEF가 포함된다.

신체활동으로 인한 에너지 소비는 구조화된 운동 이외의 일상 활동을 통해 에너지를 소비하는 **비운동 활동 열생성(non-exercise activity thermogenesis, NEAT)**과 구조화된 운동을 통해 에너지를 소비하는 **운동 활동 열생성(exercise activity thermogenesis, EAT)**으로 더 분류될 수 있다.

개인의 BMR은 주로 신체 크기에 의해 결정되며, 갑상선 호르몬인 티록신 등 여러 호르몬들에 의해 조절된다. 그러나 EAT, NEAT, TEF는 가변적이며, 활동의 증가 또는 감소와 식단 구성 조정을 통해 변경될 수 있다.

BMR은 나이, 키, 몸무게, 근육량, 호르몬 등의 요인에 의해 영향을 받기 때문에 개인마다 다르고, 나이가 들면서 변할 수도 있다. 고객은 "신진대사를 증가시킬 수 있을까요?"라고 질문할 수 있다. 정답은 "그렇다"이다. 하지만 한계가 있다. 저항 운동과 근육량 생성을 통해 BMR을 증가시킬 수 있지만, 일부 연구에서는 근육량의 증가가 신체가 쉬고 있을 때 연소되는 칼로리양을 증가시키는 데 미치는 영향이 미미하다는 것을 보여주었다(Kinucan & Kravitz, n.d.).

전체적인 에너지 소비를 효과적으로 증가시킬 수 있는 것은 EAT와 NEAT이며, 피트니스 전문가는 이러한 효과를 고객에게 강조하면 된다. 근육량의 증가는 신체활동 중에 몸의 에너지 요구량을 증가시키고, 이는 다시 EAT와 NEAT를 증가시키기 때문에 긍정적인 영향을 미친다. 효과적인 체중 관리 전략은 BMR 증가에 초점을 맞추기보다는 원하는 목표를 달성하기 위해 저항 운동 및 기타 신체활동(운동 및 비운동 활동)을 하면서 칼로리 섭취의 균형을 맞추는 것이다.

적응성 열생성

적응성 열생성(adaptive thermogenesis)은 에너지 섭취의 변화로 인한 대사 적응과 에너지 소비의 변화로 정의할 수 있다(Camps et al., 2013). 이는 열량 섭취를 지속적으로 줄여나감에도 불구하고 많은 사람이 체중을 감량할 수 없다는 것을 설명하는 데 자주 사용된다(Rosenbaum & Leibel, 2010). 주목할 것은 체중을 감량하면 에너지 소비도 줄어들며, 감소된 에너지 소비량은 예상보다 더 크다. 여러 요인이 이러한 영향의 원인이 될 수 있지만, 주로 신체활동의 감소와 열량 섭취 감소, 또는 체질량 감소 때문으로 보인다(Leibel et al., 1995; Rosenbaum et al., 2008; Trexler et al., 2014). 따라서 에너지 소비의 감소는 대사 적응으로 인한 체중 감소와 함께 예상할 수 있다. 그러므로 에너지 섭취 및 신체활동을 적절히 조정할 수 있도록 고객에게 설명하는 것이 중요하다.

트레이닝 팁

체중이 감소하면서 에너지 요구량도 변화한다. 다시 말하면, 일반적으로 변화된 체중을 유지하기 위해 더 적은 칼로리가 필요하다는 것이다. 예를 들면, 체중이 113kg(250파운드)인 사람은 체중을 유지하기 위해 특정한 범위의 칼로리를 소비할 수 있다. 그러나 만약 그가 체중을 감량하여 현재 몸무게가 79kg(175파운드)라면, 이 변화된 체중을 같은 활동 수준으로 유지하기 위해 필요한 칼로리는 일반적으로 더 적다. 이는 영구적인 체중 감량을 원하는 사람이 알아두어야 할 사항이다.

식품 라벨

제품의 식품 라벨은 성분과 영양 함량에 대한 중요한 정보를 전달한다. 사람들은 식품 라벨을 확인함으로써 식품 품목의 영양이 건강 목표에 적합한 것인지 판단할 수 있다. 식품 라벨을 읽고 해석하는 능력은 사람들이 제품을 비교하고 건강에 좋은 선택을 하는 데 도움을 준다.

식품 라벨은 국가마다 조금씩 다를 수 있지만, 일반적으로 각 라벨에는 다음과 같은 정보가 들어 있다. 제품명, 제공 수량, 제조사명 및 주소, 성분 목록 및 영양성분표(종종 영양 정보 패널이라고 한다). 영양성분표는 특정 제품에 포함된 모든 영양 정보를 표시한다. 이 정보는 식단에 필요한 영양 성분을 찾아내고 제품을 비교하는 데 사용될 수 있다.

미국 식품 라벨

미국에서 포장 제품의 영양성분표는 일반적으로 성분 목록(ingredients list) 및 제품에 포함된 모든 알레르겐(알레르기 유발 항원, 계란, 유제품, 밀, 콩, 땅콩 등)에 대한 정보와 함께 포장 뒷면에 표시한다. 소비자에게 식품 라벨에서 가장 유익한 두 가지 부분은 영양성분표 및 성분 목록이다.

영양성분표

미국에서는 포장 식품에 대한 영양성분표(nutrition facts panel)는 제품의 특정 제공량에 대한 영양 정보를 제공한다(그림 9-9).

검토해야 할 두 가지 정보는 용기당 제공 횟수와 1회 섭취참고량이다. 용기당 제공 횟수는 지정된 1회 섭취참고량(serving size)을 기준으로 포장되어 있는 제품이 몇 회분인지를 나타낸다. 1회 섭취참고량은 소비자들이 한 번에 일반적으로 소비한다고 생각되는 제품의 양에 근거한 참고량이다. 이는 소비 권장량이 아니라 참고용으로 봐야 한다. 사람들은 자신들의 칼로리 및 대량 영양소 요구량, 공복 수준,

갑상선 저하증(갑상샘 저하증) Hypothyroidism 심박수, 체온, 신진대사를 방해할 수 있는 갑상선의 낮은 활동

쿠싱 증후군 Cushing's syndrome 체내에서 비정상적으로 높은 수준의 코티솔을 일으키는 호르몬 장애

다낭성 난소 증후군 Polycystic ovarian syndrome (PCOS) 가임기 여성에게 발생하는 호르몬 장애로 생리불순, 남성 호르몬 안드로겐 과잉, 난소 바깥쪽 낭종, 비만 등을 일으킨다.

비운동 활동 열생성 Nonexercise activity thermogenesis (NEAT) 걷기, 가사일, 계단 오르기 등 체계적 운동 이외의 일상 활동을 통한 에너지 소비

운동 활동 열생성 Exercise activity thermogenesis (EAT) 구조화된 운동이나 트레이닝을 할 때 소모되는 칼로리

적응성 열생성 Adaptive thermogenesis 에너지 섭취 변화에 따른 대사 적응 및 에너지 소비의 변화

성분 목록 Ingredients list 식품에 포함된 모든 성분을 중량별 내림차순으로 기록한 목록

영양성분표 Nutrition facts panel 식품의 영양소 함량에 대한 정보를 제공하는 식품 라벨. 용기당 제공 횟수, 1회 섭취참고량, 특정 영양소의 양을 나열한다.

1회 섭취참고량 Serving size 소비자가 일반적으로 1회에 소비한다고 생각되는 제품의 양에 기반한 기준량

그림 9-9 영양성분표(미국)

기호 등에 기반하여 특정 1회분 제공량보다 더 많거나 적은 양을 섭취한다.

1~3회 제공량의 제품은 1회 및 전체 용기에 대한 영양 정보를 나열해야 하므로 2개의 영양성분표를 표시한다(그림 9-10). 1~3인분의 제품이 때로는 한 번에 소비될 수 있기 때문에 이러한 개별 표시 방법은 소비자에게 도움이 된다. [표 9-21]은 영양성분표를 검토하기 위한 주요 고려 사항이다.

지식 확장하기

첨가당은 원래 미국 영양성분표에 포함되어 있지 않았다. 2016년에 수립된 현재의 영양성분표에는 제품에 대한 총당 및 첨가당에 대한 정보가 분류되어 있다. 유제품 및 과일과 같은 일부 제품들은 자연적으로 발생하는 당을 포함하고 있다. 유제품은 유당이, 과일에는 포도당과 과당이 들어 있다. 천연당은 당뇨병이 아니라면 대부분의 사람에게는 우려 대상이 아니다. 당뇨병의 경우는 자격을 갖춘 의료 전문가에게 의뢰해야 한다. 그러나 첨가당은 제품에 첨가한 당이다. 첨가당에는 설탕(자당), 콘시럽, 고과당 콘시럽, 덱스트린, 말토덱스트린, 사탕수수 시럽 등이 있다. 미국 식생활 지침 2015-2020에 따르면, 성인은 식단에서 첨가당의 양을 총 열량의 10% 미만으로 제한할 것을 권장한다(U.S. Department of Agriculture, 2015).

Nutrition Facts

2 servings per container
Serving size **1 cup (255g)**

	Per serving		Per container	
Calories	**220**		**440**	
		% DV*		**% DV***
Total Fat	5g	**6%**	10g	**13%**
Saturated Fat	2g	**10%**	4g	**20%**
Trans Fat	0g		0g	
Cholesterol	15mg	**5%**	30mg	**10%**
Sodium	240mg	**10%**	480mg	**21%**
Total Carbohydrate	35mg	**13%**	70mg	**25%**
Dietary Fiber	6g	**21%**	12g	**43%**
Total Sugars	7g		14g	
Includes Added Sugars	4g	**8%**	8g	**16%**
Protein	9g		18g	
Vitamin D	5mcg	25%	10mcg	50%
Calcium	200mg	15%	400mg	30%
Iron	1mg	6%	2mg	10%
Potassium	470mg	10%	940mg	20%

* The % Daily Value (DV) tells you how much a nutrient in a serving of food contributes to a daily diet. 2,000 calories a day is used for general nutrition advice.

그림 9-10 영양성분표(미국)

표 9-21 영양성분표 검토 시 고려 사항

항목	주요 고려 사항
용기당 제공 횟수	■ 특정한 1회 섭취참고량에 기반하여, 포장 안에는 몇 회분이 들어 있는가?
1회 섭취참고량	■ 1회 섭취참고량이 나에게 적당한가? ■ 명시된 1회 섭취참고량보다 더/덜 필요한가?
총 칼로리	■ 지정된 제공량의 칼로리 기여도는 얼마인가? ■ 명시된 1회 섭취참고량에 비해 너무 많아 보이는가? ■ 이것이 나의 식단, 건강 목표, 기호와 맞는가?
총 포화지방	■ 제품의 1회 섭취참고량에 포함된 지방과 총 지방이 얼마나 되는가? ■ 이것이 나의 식단, 건강 목표, 기호와 맞는가?
트랜스 지방	■ 이 제품에는 트랜스 지방이 포함되어 있는가?
콜레스테롤	■ 주의: 심장병과 식이 콜레스테롤 사이에는 직접적인 상관관계가 없기 때문에 미국인들을 위한 미국 식생활 지침은 더 이상 식이 콜레스테롤 섭취에 대한 제한을 명시하지 않는다.
나트륨	■ 제품의 지정된 제공량에 나트륨이 얼마나 포함되어 있는가? ■ 1회 섭취참고량에 비해 너무 많아 보이는가? ■ 이것이 나의 식단, 건강 목표, 기호와 맞는가?
총 탄수화물	■ 제품의 1회 섭취참고량에 탄수화물이 얼마나 포함되어 있는가? ■ 이것이 나의 식단 및 탄수화물 요구의 맥락과 맞는가?
식이섬유	■ 제품의 1회 섭취참고량에 식이섬유가 얼마나 포함되어 있는가? ■ 이것이 나의 식이섬유 요구량에 얼마나 기여하는가?[현재의 지침은 19~50세의 여성에 대해 일일 25~28g의 식이섬유를, 19~50세의 남성에 대해 일일 30~34g의 식이섬유를 권장한다(U.S. Department of Agriculture, 2015).]
총 당	■ 제품의 1회 섭취참고량에 몇 그램의 당이 포함되어 있는가? ■ 지정된 1회 섭취참고량에 비해 너무 많아 보이는가?
첨가당	■ 제품의 1회 섭취참고량에 첨가당이 얼마나 포함되어 있는가? ■ 지정된 1회 섭취참고량에 비해 너무 많아 보이는가? ■ 이것이 나의 식단 및 건강 목표의 맥락과 맞는가?
단백질	■ 제품의 1회 섭취참고량에 단백질이 얼마나 포함되어 있는가? ■ 이것이 나의 식단 및 단백질 요구 맥락과 맞는가?
비타민D 칼슘 철분 칼륨	■ 이 제품이 이런 미량 영양소의 좋은 공급원인가?

1일 영양성분 기준치에 대한 비율

영양성분표의 1일 영양성분 기준치에 대한 비율[percent daily value(%DV)]은 고객이 다양한 제품의 영양가를 비교할 수 있는 또 다른 유용한 도구이다. 이 일일 값은 식품의약국(FDA)에서 일일 권장량을 지정하지 않은 트랜스 지방, 총당, 총단백질을 제외하고, 영양성분표에 나열된 모든 영양소에 대해 표시된다.

%DV는 표준 2,000kcal 식단을 기준으로, 식품의 지정된 1회 섭취참고량에 해당하는 영양소의 1일 영양성분 기준치에 대한 비율을 나타낸다. 개인의 요구가 하루에 2,000kcal 이상이라면 지정된 제공량은 그 영양소에 대한 일일 권장 섭취량보다 부족하게 된다.

1일 영양성분 기준치에 대한 비율 Percent daily value (%DV) 2,000kcal 식단을 기준으로 지정된, 영양소의 1회 섭취참고량에 해당하는 일일 권장량을 백분율로 나타내는 영양성분표의 참조값

전문적으로 알아보기

식생활 지침은 식이 트랜스 지방의 제한을 권고하므로 트랜스 지방에 대한 정해진 일일 권장량은 없다. 하루에 섭취해야 하는 총당에 대한 권장 사항도 없기 때문에 총당에 대한 %DV도 없다. 그러나 식생활 지침은 첨가당을 일일 칼로리의 10% 이하로 제한할 것을 권장한다(U.S. Department of Agriculture, 2015). 단백질의 %DV는 미국 성인이 거의 충분한 단백질을 섭취하고 있다고 생각하기 때문에 대부분 제품의 영양성분표에 기재되어 있지 않다. 그러나 단백질에 대한 특이 사항이 있거나(예를 들면, 양질의 단백질 공급원), 제품이 4세 미만의 유아 및 소아용인 경우, 단백질에 대한 %DV를 표시해야 한다.

또한, 이러한 일일 권장량은 소비자들이 제품의 특정 영양소 함량이 높은지 낮은지, 또는 영양소의 좋은 공급원인지 아닌지를 식별하는 데 도움을 준다. 일반적으로 %DV가 5 이하이면 제품에 해당 영양소가 적음을 나타내고, %DV가 20 이상이면 제품의 해당 영양소가 많다는 것을 의미한다. 영양 및 영양학 아카데미(Academy of Nutrition and Dietetics, 2019)는 총 지방, 포화지방, 콜레스테롤, 나트륨은 5% 이하를, 섬유질, 비타민, 미네랄은 20% 이상을 제공하는 제품을 선택할 것을 권장한다.

시도하기

시리얼, 수프, 단백질바와 같이 집에 있는 제품의 영양 성분 표시를 확인해 보자. 나열된 각 영양소의 %DV를 보고 다음 질문에 답하라.

1. 총 지방, 포화지방, 탄수화물 및 식이섬유의 %DV는 얼마인가?
2. 포화지방에 대한 %DV가 5% 이하/이상인가? 그 수치는 이 상품에 대해 어떤 정보를 주는가?
3. 식이섬유에 대한 %DV가 5% 이하/이상인가? 그 수치는 이 상품에 대해 어떤 정보를 주는가?

영양성분표에는 비타민 D, 칼슘, 철분 및 칼륨이 마이크로그램(㎍) 또는 밀리그램(mg) 단위로 표시되고, 비타민 D, 칼슘, 철분 및 칼륨의 %DV가 표시되는데, 이는 대부분의 미국 성인이 이러한 영양소를 권장량만큼 섭취하지 않기 때문이다. 다른 비타민과 미네랄은 제품에 첨가되지 않았거나 "이 제품은 엽산의 좋은 공급원이다."와 같이 영양소에 대한 특이 사항이 없으면 패널에 기재할 필요가 없다.

영국 식품 라벨

영국(UK)과 유럽연합(EU)의 식품 라벨은 몇 가지 면에서 미국의 식품 라벨과 다르다. 가장 큰 차이점 중 하나는 미국은 제품의 지정된 1회 섭취참고량에 대한 영양 정보를 표시하는 반면, 영국과 EU의 영양성분표는 제품의 표준 양(건조 제품 100g 또는 액체 제품 100mL 혹은 200mL)에 대한 영양 정보를 제공한다는 것이다(그림 9-11).

	100g당 일반값	
열량	1055kJ/250cal	
지방	2.3g	
지방 중: 포화지방	1.2g	
고도불포화유지	0.9g	
탄수화물	56g	
탄수화물 중: 당	1.4g	
섬유질	2.0g	
단백질	<0.5g	
염분	<0.1g	
비타민:	%RI	
비타민 D	3.5μg	(70)
비타민 B6	0.9mg	(64)

그림 9-11 영국의 영양성분표

미국 라벨처럼 영국과 유럽연합(EU)의 영양성분표는 총 지방, 포화지방, 탄수화물, 당, 섬유질, 단백질, 염분, 비타민 D 및 B6의 양과 함께 제품의 기준 열량 정보를 제공한다. 칼로리는 킬로줄(kJ) 또는 킬로칼로리(kcal)로 표시되며, 나트륨 대신 염분 함량이 표시된다. 식품에 첨가된 비타민과 미네랄은 기준량(예: 100g)과 함께 영양성분표에 표시되어야 한다. 영국과 유럽연합의 식품 라벨은 %DV 대신 영양성분표에 **영양섭취기준 비율(percent reference intake, %RI)**을 사용한다. 미국 %DV와 마찬가지로 소비자들은 %RI를 통해 제품에 나열된 영양소의 기준 섭취 값이 영양적으로 어떻게 기여하는지 알 수 있다. %RI와 미국 %DV는 모두 소비자가 영양가 및 식단에 대한 기여도를 비교함으로써 정보에 기반한 결정을 내릴 수 있도록 한다(그림 9-12).

Nutrition Information

	Per 100g % Reference Intake RI	
Energy	485 kJ/117 kcal	6% RI
Fat	8 g	11% RI
of which: saturates	3.7 g	19% RI
Carbohydrate	9 g	3% RI
of which: sugars	8 g	9% RI
Protein	1.4 g	3% RI
Salt	0.02 g	0% RI
Vitamin C	14,81 mg	19% RI

Salt content is exclusively due to the presence of naturally occuring sodium.

Reference intake of an average adult (8,400 kJ/2000 kcal)

INGREDIENTS: Mandarin Oranges (37.9%), Light Whipping Cream (**Milk**), Pears (12.4%), Peaches (7.7%), Thompson Seedless Grapes (7.6%), Apple (7.5%), Banana (5.9%), English Walnuts (**Tree Nuts**)

그림 9-12 영양섭취기준 비율

영국 및 EU 식품 라벨의 색 구분

대부분의 영국 식품 라벨은 제품의 지방, 포화지방, 당 및 염분의 양을 색상으로 구분한 차트를 보여준다(그림 9-13). 식생활 지침에서 이런 특정한 영양소들을 식단에서 제한함에 따라 소비자들이 제품에 많은 양(빨간색) 또는 적은 양(녹색)을 색깔로 빠르게 식별할 수 있도록 색상 구성표를 사용하여 강조해 놓았다. 노란색은 해당 제품이 영양소의 '중간' 공급원이며, 주의하여 적당한 양을 섭취해야 함을 나타낸다.

1회 섭취참고량(150g)에는 다음과 같은 성인 영양섭취기준량이 포함되어 있다.

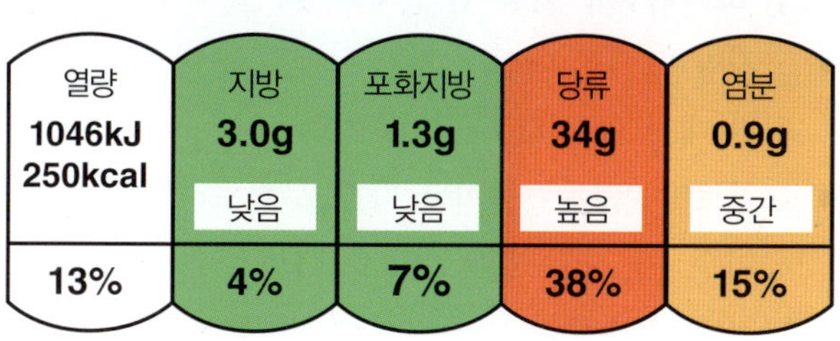

100g당 일반 값: 697kJ/167kcal

그림 9-13 영국 식품 라벨의 색상 구분

식품 라벨 성분 목록

식품 라벨에 기재되어 있는 성분 목록 역시 중요한 정보원이다. 미국과 영국의 모든 식품 생산자들은 포장에 포함된 모든 성분을 보급률의 내림차순으로 표시해야 한다. 이것은 나열된 첫 번째 성분이 가장 많이 들어 있다는 것을 의미한다. 일반 식품 알레르기 유발 항원들은 제품에 포함되거나 성분과 접촉했을 가능성이 있는 경우에도 반드시 표시되어야 한다(Center for Food Safety and Applied Nutrition, 2013; Gov.UK, n.d.).

지식 확장하기

영국의 식품 라벨에서는 제품 이름에 들어 있거나 식품 라벨에서 강조 표시된 경우, 또는 일반적으로 제품과 관련된 성분인 경우 성분 비율까지 표시해야 한다(Gov.UK, n.d.). 예를 들어, 영국의 혼합 베리 잼은 이름에 베리가 들어 있고, 베리가 제품과 연관되기 때문에 잼에 함유된 베리의 비율을 표시해야 한다.

고객은 성분 목록을 통해 제품이 자연 상태를 유지하고 있는지, 많이 함유된 성분이 무엇인지, 어떤 첨가물이 들어 있는지, 방부제가 포함된 고도로 가공된 제품인지를 확인할 수 있다. 일반적으로 자연 상태를 많이 유지한 제품은 대체로 성분 목록이 짧고 쉽게 알아볼 수 있는 성분을 가지고 있는

영양섭취기준 비율 Percent reference intake (%RI) 영국과 EU의 식품 라벨에 사용된다. 식품 규정량(100g 또는 100mL)이 영양소 권장량의 몇 퍼센트를 충족하는지 나타내는 기준값이다.

경향이 있다. 성분 목록이 길수록 정제된 성분과 첨가물이 많을 가능성이 높아진다. 그러나 비타민과 미네랄을 강화한 식품은 예외이다. 이때는 생산자가 첨가된 미량 영양소를 성분 목록에 포함해야 하기 때문에 길어진다.

식품 라벨 및 성분 목록 참조하기

고객이 건강에 좋은 제품을 선택하는 방법에 대해 질문할 경우, 피트니스 전문가는 식품 성분과 영양가를 평가하는 유용한 도구인 영양성분표와 성분 목록을 참조할 수 있다. 고객은 이들 항목에 기재된 정보를 사용하여 제품의 영양가를 평가하고, 건강 및 피트니스 목표의 관점에서 그것을 이용할 수 있다. 체중 관리를 목표로 하는 고객은 섬유질이 많은 제품을 선택하고, 선택한 음식의 칼로리, 단백질, 지방 함량을 계산할 수 있다. 수행능력 기반 목표를 가지고 있고 특정 영양소 공급이 필요한 사람은 1회에 제공되는 탄수화물, 지방 및 단백질의 양뿐만 아니라 제품의 구성을 궁금해 할 수도 있다. 운동선수는 에너지 공급 및 수행능력 향상을 위해 스포츠 음료의 전해질 및 탄수화물 성분과 단백질바의 구성을 비교해볼 수 있다. 이 제품들의 성분 목록과 영양성분표를 보고 자신들의 필요 및 요구 사항에 가장 적합한 제품을 선택할 수 있다.

목표 기반 영양 전략

운동이나 스포츠를 하는 많은 사람은 지방 감소, 근육 증가, 또는 스포츠 경기력 향상 등 어떤 것이든 간에 체중 목표나 수행능력 목표를 가지고 있다. 이러한 목표를 달성하려면 효과적인 트레이닝 프로그램과 이를 보완하는 적절한 영양 전략이 필요하다. 구체적인 권장 사항은 고객의 개별 특성에 따라 달라진다. 연령, 키, 체중, 트레이닝 및 체중 관련 이력, 생활 방식, 직업 및 식생활 선호도 등. 그러나 각 유형의 목표(지방 감소, 근육 증가 또는 스포츠 수행능력 향상)에 대한 전반적인 전략은 다른 사람과 유사할 수 있다.

중요

피트니스 전문가가 특정 식단 계획을 처방하는 것은 실무 범위를 벗어난다. 고객이 목표 달성을 위해 보다 구체적인 영양 지침을 요청하는 경우, RD 또는 공인 스포츠 영양사에게 문의해야 한다.

지방 감소 전략

지방 감소는 제지방 체질량의 손실을 최소화하고 TDEE(일일 총에너지 소비량)를 감소시키기 위한 적응성 열생성 반응을 목표로 하면서, 섭취량보다 운동량을 늘려 칼로리의 결핍이 일어나게 해야 한다. 열량 부족은 에너지 섭취의 감소, 에너지 소비의 증가 또는 이 두 가지의 조합(고객이 더 쉽게 관리할 수 있고 지속할 수 있는)을 통해 달성할 수 있다.

에너지 섭취량 줄이기

칼로리를 급격하게 줄이면 전해질 불균형, 불충분한 영양소 섭취(비타민과 미네랄 결핍), 순근육량의 감소와 관련된 위험성 때문에 권장되지 않는다. 그러나 적당한 열량 감소(예를 들면, 하루 500kcal 감소)는 활동에 연료를 공급하는 적절한 칼로리 섭취를 유지하여 더욱 지속 가능하면서 제지방 근육의 손실을 최소화할 수 있다. 적절한 칼로리 결핍은 다음과 같은 다양한 방법으로 달성할 수 있다.

- 고칼로리 식품을 저지방 식품으로 교체(예: 샌드위치의 사이드 메뉴로 감자튀김 대신 샐러드)
- 고가공, 고칼로리 식품 대신 저가공, 영양이 풍부한 식품 선택(예: 간식으로 사과 파이 대신 사과 1개)
- 저식이섬유, 고칼로리 식품(예: 감자칩, 감자튀김) 대신 고식이섬유 식품 선택(채소, 과일 및 통곡물)
- 고지방 단백질 대신 저지방 단백질 선택(예: 프라이드치킨 대신 껍질 없는 닭 가슴살)
- 고칼로리 음료는 물이나 다른 무칼로리 음료(탄산수, 향미수, 차, 또는 블랙커피)로 대체
- 디저트, 패스트리 등 고칼로리 식품의 섭취 빈도 및 양 제한

적절한 열량 결핍은 전체적인 양을 조절하고, 더 많은 양의 채소와 저지방 단백질을 섭취하며, 고칼로리의 가공식품 일부를 제한함으로써 달성할 수 있다. 미국 농무부의 'My Plate'와 영국의 'Eatwell Guide'는 적절한 양을 잘 모르는 사람이 참고할 수 있는 유용한 도구이다.

에너지 소비 늘리기

에너지 소비를 늘리는 것은 순 칼로리 결핍을 통해 지방 감소를 달성하기 위한 또 다른 방법이다. 앞서 설명한 바와 같이 일일 총에너지 소비량(TDEE)의 구성 요소에는 BMR, 신체활동 및 TEF가 포함된다. 구조화 운동(EAT)과 일상생활의 비운동 활동(NEAT)을 통해 신체활동을 증가시키면 TDEE도 증가할 수 있다. 그러나 단기간 동안 운동 프로그램에 참여하는 사람의 경우 EAT가 그리 크지 않을 수 있다. EAT의 증가는 반대로 배고픔을 증가시켜 TDEE에 대한 EAT의 기여를 상쇄할 만큼 섭취를 늘릴 수 있다. NEAT의 증가는 TDEE를 증가시키는 더 효과적인 방법이다. 특히 활동량이 적은 사람이나 구조적 운동 루틴에 참여하지 않는 사람에게 그렇다(Levine et al., 2000). 이는 고객이 에너지 소비의 증가를 위해 구조화된 체육관 환경 밖에서 더 많은 활동, 즉 앉지 않고 서 있기, 걷기, 집 청소, 정원 가꾸기, 계단 오르기 등을 하도록 고객을 장려해야 하는 이유이다. 에너지 소비의 적당한 증가와 적당한 열량 결핍은 어느 한쪽 또는 양쪽에 급격한 변화를 주는 것보다 고객이 더 오래 지속할 수 있다. 궁극적으로 일정 기간 동안 이러한 전략을 고수하면 지속 가능한 지방 감소를 촉진한다.

세 번째 전략은 약간 더 많은 단백질 섭취를 유지하는 것인데, 다른 전략들이 이미 시행되고 있을 때 더욱 유용하다. 앞서 언급했듯이 고단백 및 칼로리 조정 식단을 유지하는 것은 낮은 단백질 또는 혼합 대량 영양소 식단보다 TEF가 더 높으며, 이는 저지방 단백질의 높은 TEF로 인해 더 낮은 칼로리를 섭취하게 된다. 하루 2.3~3.4g/kg 이상의 단백질 섭취는 여러 연구에서 체성분에 좋은 영향을 미치는 것으로 나타났다(Antonio et al., 2014, 2015). 하지만, 이런 수준의 단백질 섭취는 일반적인 식사로는 그 양을 채우기 어렵기 때문에 보충이 필요하다.

또한 높은 수준의 단백질 섭취는 수분 섭취의 증가로 이어져 신장병이나 요소 기능 주기 장애와 같이 고단백질 식단을 금하는 의학적 문제가 있는 경우에는 금지된다는 것을 유념해야 한다. 지방을 감소시킨 고단백 식단의 열량적 이점에도 불구하고, 전반적인 대량 또는 미량 영양소 섭취는 일반 건강에서 여전히 중요하다. 다른 대량 또는 미량 영양소 대신 고단백질을 더 많이 섭취하는 것이 영양소 결핍을 초래하고 건강에 해로운 문제가 되는 경우에는 권장되지 않는다.

지방 감소를 위한 칼로리 결핍 상태에서 순수 근육량의 손실을 최소화하기 위해서는 적절한 단백질 섭취를 유지하는 것이 여전히 중요하다. 순 칼로리 결핍 상태에서 하루에 1.6~2.2g/kg의 단백질을 섭취하는 것은 경기나 신체 운동을 위해 체지방 수치를 줄이려는 운동선수들 사이에서 순수 근육량을 유지하는 방법이다(Kerksick et al., 2018)(표 9-22).

지방 감소를 위해서는 궁극적으로 일정 기간 동안 열량 결핍 상태를 유지해야 한다. [표 9-22]의 전략을 유지하는 것은 지방 감소를 달성하는 핵심 요소이다. 지방 감소, 체성분 개선의 목표를 가지고 있는 고객에게 피트니스 전문가는 체지방 감소에 시간이 걸리며, 트레이닝과 식단의 일관성이 성공을 위한 중요한 요소라는 사실을 강조해야 한다.

근육 증가 전략

근육을 만드는 것은 근육 단백질 합성(MPS) 자극과 적절한 영양 대사 모두를 필요로 하는 동화 과정이다. 적절한 열량 섭취, 특히 저항 트레이닝과 결합된 적절한 단백질 섭취는 근육량을 증가시키는 데 필수적인 요소이다. 한 연구는 단백질 섭취가 충분히 높을 경우, 근육 단백질 합성 촉진 및 제지방 질량 증가를 위한 초과 칼로리가 필요하지 않다고 주장했다(Longland et al., 2016). 일부 연구에서는 체중 1kg당 1.6~2.2g 범위의 단백질 섭취가 근육 단백질 합성에 최적인 것으로 보고 있으며(Stokes et al., 2018), 일부 연구에서는 체중 1kg당 하루 1.6g의 단백질 섭취가 근육량의 큰 증가와 관련이 있다고 보고 있다(Morton et al., 2018). 지방 감소에 대한 순 칼로리 결핍이 없다면, 더 높은 수준의 섭취는 MPS에 추가적으로 도움이 되지 않는 것으로 보이며, 이 경우 체중 1kg당 2.4g 범위의 단백질 섭취는 제지방 질량의 손실을 줄이고 실제로 MPS를 촉진하는 것으로 나타났다(Longland et al., 2016). 단백질 섭취량이 충분할 때 초과 칼로리가 MPS에 필요하지 않을 수 있지만, 개별적인 요인 및 훈련 이력을 고려할 필요가 있다. 스포츠 수행능력을 위한 제지방 질량 증가를 원하는 바디빌더, 파워리프터, 하드게이너(역자 주: 운동을 해도 근육이 잘 발달되지 않는 사람), 또는 운동선수는 **근비대(hypertrophy)**를 위해 초과 칼로리의 이득을 얻을 수

> **근비대** Hypertrophy 기관이나 조직의 비대화. 피트니스 맥락에서는 골격근을 크게 하는 것을 설명하는 데 주로 사용된다.

표 9-22 지방 감소 전략

지방 감소 전략	전략	예시
적절한 칼로리 결핍	■ 양 조절	■ 파스타 1/2 접시 대신 1/4 접시
	■ 고칼로리 식품을 기름기 없는 대체물로 교체	■ 감자튀김 또는 감자칩 대신 샐러드
	■ 고지방 단백질보다 순수 단백질 선택	■ 프라이드 치킨 대신 껍질 없는 닭가슴살
	■ 고가공, 고칼로리 식품을 영양가 높은 자연 식품으로 교체	■ 간식으로 사과 파이 대신 사과 1개
	■ 고칼로리 식품의 양 및 빈도 제한	■ 디저트 섭취, 매일 대신 1주에 1~2회
	■ 저섬유질, 고칼로리 식품 대신 고섬유질 식품(채소, 과일, 통곡물) 선택	■ 추가 음식으로 마카로니&치즈 대신 채소
	■ 고칼로리 음료를 물 또는 다른 무칼로리 음료로 교체	■ 감미료를 넣은 소다, 주스, 에너지 드링크 및 기타 음료 대신 물, 탄산수, 향미수, 차 또는 블랙커피
에너지 소비 증가	■ 정기적 운동(EAT)을 통한 신체활동 증가	■ 주당 최소 150분의 적절한 강도 운동 또는 75분의 격렬한 운동
	■ 일상생활의 비운동 활동(NEAT)을 통한 신체활동 증가	■ 운전 대신 걷기 ■ 에스컬레이터 또는 엘리베이터 대신 계단 이용하기 ■ 재미로 걷기 ■ 정원 가꾸기 ■ 가사 ■ 통화 중에 서 있거나 서성거리기
TEF 증가	■ 순수 근육 손실을 최소화하기 위한 약간 높은 단백질 섭취량 유지	■ 각 식단에서 적절한 순수 단백질 공급원 포함

있다. 초과 칼로리의 구체적인 양은 에너지 대사의 유전적 차이 및 운동량, 부하의 차이 때문에 개인마다 다르다. 하지만 근비대를 위한 초과 칼로리의 권장 범위는 하루에 350~500kcal가 될 수 있다(Slater et al., 2019).

대량 영양소 구성

앞서 설명한 것과 같이, 근육 단백질 합성(MPS)을 위한 최적 단백질 섭취량은 하루에 1.6~2.2g/kg 범위이다(Stokes et al., 2018). 이상적으로는 이 단백질의 대부분은 HBV여야 한다. 유제품(특히 유청), 가금류, 생선과 같은 살코기 등의 육류는 동등한 양의 낮은 BV 단백질보다 더 많은 양의 류신 및 기타 필수 아미노산을 제공하기 때문이다(Tang et al., 2009).

MPS의 탄수화물 섭취 권장 범위는 저항 트레이닝을 받은 운동선수의 경우 하루 4~7g/kg 범위이다(Slater et al., 2019). 스포츠 경기력을 보완하기 위해 근육량을 만들고자 하는 운동선수는 탄수화물 요구 사항을 충족하고 저항 트레이닝 동안 MPS를 지원하기 위해 이 범위 내에서 최고 양을 섭취하는 것이 좋다(Slater et al., 2019). 저항 트레이닝이 근육 글리코겐 저장소를 고갈시킬 수 있다는 것을 고려하면, 부하를 증가시키고 고갈된 글리코겐 저장소를 보충하기 위한 더 많은 양의 탄수화물 섭취가 권장된다. 지방 섭취는 현행 식이 지침에 따라 총 열량의 20~35% 범위를 유지하는 것이 좋다(U.S. Department of Agriculture, 2015). 지방 섭취량이 총 열량의 15~20% 미만이면 필수 지방산, 지용성 비타민 및 기타 영양소의 부적절한 섭취 위험을 증가시키고, 호르몬 수치에 부정적 영향을 미칠 수 있기 때문에 일반적으로 권장하지 않는다(Wang et al., 2005). 지방이 세 가지 영양소 중 가장 에너지 밀도가 높다는 것을 고려하면, 지방은 젊은 운동선수들과 하드게이너들(hard gainers)의 초과 칼로리를 촉진할 수 있다. 그러나 초과 칼로리를 촉진하기 위해 사용되는 지방의 종류를 생각해 보아야 한다. 포화지방의 과잉 섭취는 다가 불포화지방과 단일 불포화지방의 과잉 섭취에 비해 지방이 발생하는(지방의 대사 형성) 경향이 크다(Rosqqvist et al., 2014). 또한, 오메가3 지방의 초과 에너지는 적절한 단백질 및 열량 섭취와 결합될 때 근육 증가를 강화할 수 있다(Smith et al., 2011).

섭취량 및 섭취 시기

칼로리 과잉은 많은 양을 섭취하거나 자주 섭취할 때 일어난다. MPS에 대한 최적의 단백질 투여량은 식사당 20~40g (또는 식사당 0.25~0.40g/kg) 범위로 나타났다(Kerksick et al., 2018). 여기서 섭취 빈도는 여전히 논쟁의 대상이다. 일부 연구에 따르면, 3~5시간 간격으로 매일 5번씩 적게 자주 먹는 것이 칼로리 섭취량을 늘리거나 근육량을 증가시키려는 운동선수에게 최적이라고 한다(Erdman et al., 2013). 이러한 섭취 시간 구조는 규칙적인 간격으로 최적의 단백질 섭취를 촉진하는 동시에 과식 시 잠재적으로 발생할 수 있는 위장 문제나 불편함을 최소화할 수 있다(Moore et al., 2015).

이전에는 저항 트레이닝 후 30~45분간을 '동화 작용의 창(anabolic window)'이라고 하여, 이 기간에 단백질과 고혈당 탄수화물을 즉각적으로 섭취해주면 MPS가 최적화되어 인슐린 방출과 근육 세포에 아미노산과 포도당의 빠른 흡수를 자극한다고 생각했다. 그러나 저항 트레이닝의 동화 자극이 운동 후 24~48시간 동안 지속되는 것으로 나타나 MPS에 대한 '동화 작용의 창'의 개념은 재고되어야 할 문제가 되었다(Kerksick et al., 2018). MPS를 최대화하는 최적의 시간은 30~45분보다 훨씬 길며, 기본적으로 24시간 이상 지속된다(Kerksick et al., 2018). 그러나 운동 후 단백질과 탄수화물 섭취를 늦추는 것은 바람직하지 않다. 특히 단백질과 탄수화물 섭취를 늦춰 순 단백질과 칼로리 섭취가 부족해지거나, 운동선수가 하루에 여러 번 운동하는 경우에는 더욱 그렇다(표 9-23).

근육을 만들고 싶어 하는 고객과 일하는 피트니스 전문가는 근육을 늘리는 데 시간이 걸린다는 생각을 강조해야 한다. 체지방 감소와 마찬가지로, 운동과 식이요법을 꾸준히 준수한다면 좋은 결과를 얻을 수 있다. 여기서 일관성이 핵심 요소이다. 피트니스 전문가는 [표 9-23]에 열거된 전략의 중요성을 강조하여 근육 증가를 위한 고객의 노력을 향상시킬 수 있다. 특정 식단 계획에 대해서는 고객들의 병력, 체중 기록, 생화학적 데이터와 같은 개인적인 조건이 다르므로 영양 전문가를 추천해야 한다.

스포츠 수행능력 전략

최적의 스포츠 수행능력은 유전 요인, 트레이닝, 영양, 수분 공급 및 적절한 회복 등과 같은 요인들의 조합에 따라 결정된다. 이 섹션에서는 높은 수준의 경쟁에 참여하는 운동선수와 운동량이 많은 사람을 위한 주요 스포츠 영양 권장사항에 대해 간략히 서술한다. 여기에 제시한 내용은 주요 권장 사항을 요약한 것이며, 포괄적인 지침은 아니다. 권장 사항은 개인의 요구와 선호도, 스포츠 유형, 운동량 및 강도, 운동 이력이나 병력, 생활 방식 등에 따라 다르기 때문이다. 이 섹션에서는 스포츠 수행능력을 위한 주요 영양 지침의 하이라이트를 제공하지만, 스포츠 수행 목표가 있는 고객은 개별 지침을 위해 자격을 갖춘 스포츠 영양사(CSSD) 또는 공인 스포츠 영양사(CISSN)에게 문의해야 한다.

지구력 운동선수에게는 적절한 탄수화물 섭취가 가장 중요하다. 그들은 주요 연료 공급원으로 탄수화물에 크게 의존하며, 장시간의 강도 높은 트레이닝은 근육 글리코겐 저장소를 빠르게 고갈시킬 수 있다(Coyle, 1995). 트레이닝 기간과 활동 전에 적절한 탄수화물을 섭취하는 것은 근육과 간 글리코겐 저장을 최대화하고 수행력을 최적화할 수 있다(Kerksick

표 9-23 근육 증가 전략

전략	권장 사항
적절한 단백질 섭취량	▪ 개인의 필요에 기반함 ▪ 하루당 1.6~2.2g/kg ▪ 2.4g/kg(칼로리 결핍의 경우)
적절한 칼로리 섭취량	▪ 개인의 필요에 기반함 ▪ 하루 300~500kcal의 초과 칼로리가 도움이 될 수 있음
적절한 탄수화물 섭취량	▪ 개인의 필요에 기반함 ▪ 저항 운동을 하는 운동선수에게 하루 4~7g/kg
적절한 지방 섭취량	▪ 미국 농무부 지침에 따라 총 칼로리의 20~35% ▪ 다가 불포화지방(오메가3) 및 단일 불포화지방에서 선호됨

트레이닝 팁

스포츠 능력 및 근비대의 목표를 가진 운동선수의 주요 관심사는 훈련에 에너지를 보충하고 다른 에너지 요구 사항을 충족시키기 위한 적절한 칼로리 섭취이다(Burke et al., 2006). 아마추어 선수들의 칼로리 요구량은 하루에 25~35kcal/kg의 범위 내에 있는 현재 섭취량에서 충분하다(Kerksick & Kulovitz, 2013). 그러나 하루 훈련량이 많거나 다수의 훈련 세션이 있는 선수들 및 개인에게 필요한 에너지량은 하루에 40~70kcal/kg로 높다(Barrero et al., 2015; Loucks, 2004). 예를 들어, 몸무게가 68kg(150파운드)이고 하루에 40kcal/kg의 전략을 선택한 운동선수는 매일 2,730kcal를 소비한다(40×68=2,720).

중요

스포츠 영양은 복잡한 분야이므로 운동선수 및 매우 운동량이 많은 사람들의 특정화된 식이 요구는 자격을 갖춘 스포츠 영양 전문가 또는 공인 스포츠 영양사(CSSD 또는 CISSN)에게 처방 받아야 한다. [표 9-24]에 제시된 지침은 현행 스포츠 영양 권장 사항이지만, 개인의 요구는 병력 및 모든 의학적 상태, 음식 알레르기와 민감성, 개인 선호도, 체중, 나이, 운동 이력 및 트레이닝 요법과 같은 다양한 요소에 따라 달라진다. 고객의 최선의 이익과 전문가로서의 실무 범위를 지키기 위해 피트니스 전문가는 스포츠 수행 목표를 가진 고객은 자격을 가진 스포츠 영양사 또는 공인 스포츠 영양사에게 추천하여 고객의 요구 사항과 개인적인 권장 사항에 대한 완전한 영양 처방을 받도록 해야 한다.

et al., 2018). 지구력 운동선수의 탄수화물 권장 섭취량은 하루 5~12g/kg이며, 일주일에 12시간 이상 중강도에서 고강도로 운동하는 운동선수에게는 더 많은 탄수화물 섭취(8~10g/kg)가 권장된다(Riddell et al., 2003, qtd. in Kersick et al., 2018; Van Hall et al., 2000).

고칼로리와 탄수화물 요구로 인해 스포츠 및 운동선수에게 영양 보충 타이밍은 더 큰 관심사이다. 근육 증가에 초점을 맞춘 운동선수에게 운동의 동화 효과는 24시간 동안 지속되므로 즉각적으로 단백질을 섭취하지 않아도 되며, 24시간 내에 단백질 및 필수 아미노산을 적절하게 섭취하면 된다.

그러나 스포츠에 종사하는 운동선수, 하루에 다수의 훈련 세션을 진행하는 운동선수, 수행능력의 최적화를 원하는 운동선수에게 있어서, 글리코겐의 저장을 최적화하고 회복을 촉진하기 위한 영양소 섭취 타이밍은 보다 중요하다. [표 9-24]에는 높은 수준의 성과를 내는 운동선수를 위한 활동

표 9-24 스포츠 수행능력 전략

전략	권장 사항
적절한 칼로리 섭취량	▪ 개인의 필요에 따라 ▪ 레저 운동 경기자: 일일 25~30kcal/kg ▪ 프로 선수, 고용량 고강도 트레이닝, 하루 여러 번 세션: 일일 40~70kcal/kg
적절한 탄수화물 섭취량	▪ 개인의 필요에 따라 ▪ 일일 5~12g/kg ▪ 주당 12시간 이상의 중강도에서 고강도 훈련을 하는 운동선수들에 대해 일일 8~10g/kg
적절한 단백질 섭취량	▪ 개인 필요와 스포츠에 따라 ▪ 일일 1.2~2.0g/kg
적절한 수분 섭취량	▪ 개인 필요에 따라 ▪ 활동 전날 저녁: 물 또는 스포츠 드링크 500mL(16온스) ▪ 활동 당일 아침: 500mL(16온스) ▪ 활동 시작 20~30분 이전: 400~600mL(13~20온스) ▪ 운동 10~15분마다 350~470mL(12~16온스) ▪ 활동 이후 감소된 체중의 1.25배의 수분 보충
탄수화물 영양 타이밍	▪ 활동 전 1~4시간: 1~4g/kg 섭취 ▪ 90분 이상 활동 시 시간마다 30~60g ▪ 활동 후 최대 4시간 기준 시간당 1g/kg
단백질 영양 타이밍	▪ 활동 후 최대 4시간 기준 시간당 0.3g/kg
적절한 수면	▪ 최소 7~9시간 ▪ 강도가 있는 운동선수는 9~10시간

전·중·후의 탄수화물, 단백질, 수분 섭취의 현행 스포츠 영양 권장 사항들이 나와 있다.

스포츠 수행 목표를 가진 고객과 일하는 피트니스 전문가는 적절한 영양, 수분 공급 및 회복의 중요성을 강화함으로써 트레이닝을 최적화한다. 이런 요인들은 트레이닝의 이점을 강화하는 데 있어 상호 보완적이며 매우 중요하다. 적절하거나 부족한 영양, 수분 공급, 또는 수면은 스포츠 수행능력에 큰 영향을 미친다. 앞서 설명한 바와 같이, 고객이 영양 섭취에 대해 특정 처방을 요구할 경우, 자격을 갖춘 영양 전문가에게 더 많은 지침을 받아야 한다.

요약

영양은 건강과 운동에서 중요한 역할을 한다. 피트니스 전문가가 영양에 대한 기초적 지식을 갖고 있다면 고객이 운동 성과나 트레이닝 목표를 향해 나아갈 때 고객의 요구를 더 잘 충족시킬 수 있다. 단, 고객과 영양에 대해 논의할 때 실무 범위를 명심하는 것이 중요하다. 영양 상담, 의료 영양 요법, 특정 식단 계획 등에 대한 것은 영양 관련 자격증이 없는 피트니스 전문가의 실무 영역이 아니다. 그러나 피트니스 전문가는 좋은 영양 실천에 대한 일반 지침, 즉 건강, 트레이닝 및 성과에 대한 영양과 수분 공급의 중요성을 설명할 수는 있다. 신뢰할 수 있는 건강 정보 및 추가 지침을 위해서는 자격을 갖춘 전문가에게 의뢰해야 한다. 또한 피트니스 전문가는 대량 영양소와 미량 영양소의 출처, 건강한 요리법, 영양 성분표와 성분 목록을 읽는 법과 같이 다양한 곳에서 식품에 대한 영양 정보를 얻을 수 있도록 안내할 수 있다.

피트니스 전문가는 대량 영양소(탄수화물, 단백질, 지질)와 미량 영양소(비타민과 미네랄)가 운동과 성과에 미치는 영향에 대해 이해함으로써 고객의 트레이닝 프로그램 개발을 보완할 수 있다. 지방 감량이든 근육 증대든 혹은 스포츠 수행능력이든 간에 대부분의 고객은 특정한 트레이닝 목표를 가지며, 영양은 분명히 이러한 목표들을 달성하는 데 핵심적 역할을 한다. 이러한 목표에 맞게 특정 영양 처방을 제공하는 것은 공인 퍼스널 트레이너의 실무 범위는 아니지만, 지방 감량, 근육 증대, 스포츠 성과에 있어 영양이 어떤 역할을 하는지를 이해함으로써 고객을 올바른 방향으로 나아가게 할 수 있다. 또한 피트니스 전문가가 수면, 약물, 체중과 수행능력에 대한 내분비 기능의 역할을 기본적으로 알고 있으면 초기 평가에서 고객에게 이것들에 대해 질문하고, 이것들이 고객의 목표에 영향을 미치는지를 확인할 수 있다.

영양은 과학적인 분야이며, 이 분야의 연구는 계속 성장하고 있다. 하지만 소셜 미디어와 같은 공공 영역에서도 많은 영양 정보 이용이 가능하다. 고객은 과학에 근거한 신뢰할 수 있는 영양 정보와 대중적인 트렌드 및 유행의 차이를 구별하지 못할 수도 있다. 그러므로 피트니스 전문가는 신뢰할 수 있는 영양 정보를 이해하고, 추가적인 영양 정보를 위해 고객에게 정보의 출처를 안내함으로써 이 격차를 메울 수 있다.

제9장 리뷰

영양은 조직의 성장, 복원 및 유지, 재생산, 소화, 호흡을 위한 에너지 요구를 지원하기 위해 음식을 통해 영양소를 얻는 과정에 기초하고 있다. 최적의 영양은 건강 및 체중 유지, 체성분 및 스포츠 수행능력 목표 달성에 있어 중요하다. 피트니스 전문가는 고객의 트레이닝 목표를 지원하기 위해 주요 영양소에 대해 이해하고, 고객에게 좋은 영양의 중요성을 강조하고 실천하도록 함으로써 여러 가지 이점을 얻을 수 있다.

의료 영양 요법을 제공하는 것은 등록/면허가 있는 영양사 및 의료 전문가의 관할이다. 공인 트레이너는 기본적인 영양 전략에 대해 안내하고, 체성분, 트레이닝 및 수행능력 목표에 도움이 되는 신뢰할 만한 정보를 고객에게 소개하며, 고객이 트레이닝 및 식이 변화를 실천하도록 도와야 한다.

영양에서 대량 영양소의 세 가지 분류는 단백질, 탄수화물, 지방이다. 단백질은 세포, 조직 및 구조의 합성, 호르몬, 효소, 항체 및 펩타이드의 합성에 필요하다. 단백질은 아미노산으로 구성되며, 그램당 4kcal를 제공한다. 단백질의 식이 공급원으로는 육류, 가금류, 생선, 달걀, 유제품(모든 필수 아미노산을 제공하는 단백질의 완전한 공급원)과 같은 동물성 식품과 콩, 콩류, 곡물 및 채소(콩을 제외한 대부분은 하나 이상의 필수 아미노산이 없는 불완전 단백질이다)와 같은 식물성 식품이 있다. 단백질 관련 현행 RDA의 최소량은 0.8g/kg이다. 그러나 현재 스포츠 영양 지침은 운동선수들과 대부분의 운동하는 사람에게 1.2~2.0g/kg의 단백질 섭취량을 권장한다.

탄수화물은 단당류, 복합 탄수화물, 글리코겐 및 섬유질로 구성된다. 섬유질을 제외한 탄수화물은 그램당 4kcal를 제공하며, 신체의 중요한 연료 공급원으로 쓰인다. 탄수화물의 식이 공급원으로는 채소, 과일, 곡물, 곡물 제품, 콩류와 같은 모든 식물성 식품과 유제품이 있다. 현행 지침은 칼로리의 45~65%를 탄수화물로부터 섭취하라고 권장한다.

대량 영양소의 세 번째 분류인 지질은 트라이글리세라이드, 인지질, 스테롤로 구성된다. 지질은 그램당 9kcal를 제공한다. 활동량이 많은 사람에게 주요 에너지원으로 사용되며, 중요한 에너지 공급원이다. 단일 불포화지방과 다가 불포화 오메가3 지방과 같은 일부 유형은 염증을 감소시키고 심장 건강에 이롭다는 이점이 있다. 제조된 트랜스 지방과 같은 다른 지질은 과다 섭취 시 건강에 나쁜 영향을 미칠 수 있다. 지질의 식이 공급원으로는 육류, 생선, 가금류, 유제품, 계란 노른자, 콩류, 견과류 및 씨앗과 같은 식품의 고체 지방과 기름이 있다. 현행 식이 지침은 칼로리의 20~35%는 지질에서 공급할 것을 권장한다. 생선, 콩류, 견과류 및 씨앗 같은 것들은 심장 건강에 좋은 공급원이다.

미량 영양소에는 비타민과 미네랄이 있으며 이것들은 에너지 대사와 같은 다양한 대사 과정을 조정하는 데 필수적인 무기 화합물이다. 비타민과 미네랄 결핍과 부족은 다양한 건강 문제의 원인이 된다. 비타민은 지용성과 수용성이 있다. 지용성 비타민에는 비타민 A, D, E, K가 있고, 수용성 비타민에는 비타민 C와 비타민 B군이 있다. 미네랄은 환경에서 뿐만 아니라 동식물성 식품 모두에 들어 있는 화합물이며, 다양한 건강 및 대사 과정을 지원하기 위해 식단에서 필요하다. 대량 미네랄은 미량 미네랄과 비교하여 더 많은 양이 신체 내에 존재하며, 식단에서도 더 많은 양이 필요하다.

물은 신체 내에서 체온 조절과 수송을 포함하여 영양소 분배, 혈액량 유지, 관절·막 및 활막 조직의 윤활, 충격 흡수, 노폐물 및 독소 제거 등 인체에서 많은 중요한 기능을 담당한다. 부적절한 수분 섭취는 많은 생리적 기능과 인지 과정에 영향을 미친다. 운동 전·중·후에 불충분한 수분 보충은 운동수행능력을 저하시키고, 심박수 및 체온 상승, 운동 속도 저하, 근육 글리코겐 사용, 심박출량 및 혈류 감소 등 신체에 다양한 부정적 영향을 미친다.

체중 증량이나 감량과 같은 체중 관리를 위한 영양 전략은 에너지 섭취, 신체활동, 수면, 호르몬, 약물, 유전학 등의 다양한 요인들의 조합으로 이루어진다. 총 에너지 섭취량과 소비량은 체중 관리에서 여전히 중요하다. 운동이나 스포츠를 하는 많은 사람은 지방 감소든 근육 증대든 혹은 스포츠 수행능력 향상이든지 간에 일반적으로 체중이나 수행능력에 대한 목표를 가지고 있다. 이러한 목표들을 성공적으로 달성하려면, 상호 보완할 수 있는 효과적 트레이닝 프로그램과 적절한 영양 전략이 필요하다. 지방 감소는 제지방 체질량의 손실을 최소화하고 TDEE (일일 총에너지 소비량)를 증가시키며 열량 섭취를 줄여서 이룰 수 있다. 순칼로리 결핍을 달성하기 위해서는 열량 섭취를 적당하게 줄이고 에너지 소비를 증가시키면 된다. 근육 생성은 MPS의 자극 및 적절한 영양 대사를 모두 필요로 하는 동화 과정이다. 근육을 증가시키기 위해서는 모든 필수 아미노산을 제공하는 생물학적 가치가 높은 단백질 공급원에 중점을 두어 체중 1kg당 1.6~2.2g의 범위에서 적절한 열량 및 단백질을 섭취하고, 이와 함께 저항 운동을 해야 한다. 그러나 스포츠 수행능력을 위한 제지방 질량 증가를 원하는 바디빌더, 파워리프터, 하드게이너, 또는 운동선수들은 근비대를 위해 일일 350~500kcal 범위의 초과 칼로리를 섭취해야 한다.

식품 라벨은 식품의 성분과 영양가에 대한 중요한 정보를 전달하며, 고객이 해당 식품의 영양이 피트니스 목표에 어떤 도움을 주는지에 대한 결정을 내리는 데 도움을 준다. 식품 라벨의 특히 중요한 두 가지 기능은 영양성분표와 성분 목록으로, 고객이 목표에 맞는 식품의 구성과 영양가를 평가할 수 있도록 한다. 고객에게 식품 라벨 사용법을 교육하는 것은 체중과 수행능력 목표를 위한 영양 전략의 중요한 요소가 될 수 있다.

제9장 하이라이트

- 등록된/면허가 있는 영양사 및 영양 전문가는 영양 상담, 의료 영양 요법 및 식단 계획을 제공할 수 있는 권한이 있다.
- 피트니스 전문가(등록되지 않거나 면허가 없는 영양사 또는 영양 전문가)는 일반적 영양 지침을 제공하고, 신뢰할 수 있는 영양 정보로 안내하며, 영양사 및 영양 전문가에게 고객을 소개하고, 식단 변화에 대한 책임 및 지원을 제공할 수 있다.
- 신뢰할 수 있는 영양 정보에는 동료 전문가들의 심사

를 받은 연구 논문 및 학술적 자료 등이 있다.

- 단백질은 20개의 아미노산으로 구성되어 있다. 이 중 9개는 필수 아미노산이며, 식단을 통해 섭취해야 한다.
- 단백질의 역할은 조직, 기관, 호르몬, 효소 및 펩타이드의 합성이다.
- 완전 단백질의 식이 공급원에는 콩 및 육류, 가금류, 해산물, 유제품과 같은 동물성 식품과 콩류, 곡물 및 채소 등의 식물성 불완전 단백질 식품이 있다.
- 단백질은 그램당 4kcal를 제공한다.
- 단백질에 대한 RDA는 체중 1kg당 0.8g이다(질소 균형 유지를 위해 최소한으로 고려되는).
- 단백질에 대한 AMDR은 총 칼로리의 10~35%이다.
- 탄수화물은 단당류, 복합 탄수화물, 글리코겐 및 섬유질이 있다.
- 탄수화물은 운동하는 사람 및 운동선수들에게 중요한 에너지 공급원이다.
- 탄수화물의 식이 공급원에는 곡물, 채소, 콩류, 과일, 우유 및 요거트 등이 있다.
- 단순당에는 단당류(글루코스, 과당, 갈락토오스)와 이당류(유당, 자당, 엿당)가 있다.
- 복합 탄수화물은 다당류라 불리는 포도당의 긴 사슬인데, 이것은 소화 속도가 느리고 혈당 수치를 올리는 데 시간이 걸린다.
- 복합 탄수화물의 공급원은 녹말, 콩류, 채소 등이 있다.
- 혈당지수는 혈당 수치에 대한 탄수화물의 영향을 반영한다. 낮은 GI 식품은 GI 지수가 높은 것에 비해 혈당 상승이 적다.
- 혈당부하는 혈당지수와 섭취한 탄수화물의 양을 설명하기 때문에 혈당 수치에 대한 탄수화물의 영향을 더 잘 나타내는 지표이다.
- 탄수화물은 그램당 4kcal를 제공한다.
- 글리코겐은 동물과 인간의 탄수화물 저장 형태이다. 이것은 간과 골격근에 저장된다.
- 섬유질은 다양한 건강상의 이점과 관련된 소화할 수 없는 탄수화물이며, 수용성 섬유질과 불용성 섬유질 모두를 포함한다.
- 탄수화물의 AMDR은 식이 칼로리의 45~65%이다.
- 섬유질 권장량은 여성(19~50세)은 일일 25~28g, 남성(19~50세)은 일일 30~34g이다.
- 지질은 흔히 지방이라고 불리며, 트라이글리세라이드, 인지질, 스테롤이 있다.
- 포화지방 공급원에는 동물성 지방, 완전 지방 유제품, 코코넛 및 팜유 등이 있다.
- 다가 불포화지방 공급원에는 오메가6(견과류, 씨앗, 오일), 오메가3(지방이 많은 생선, 아마씨, 호두, 치아씨드, 강화 우유/계란, 목초 유제품 및 녹색 채소) 등이 있다.
- 단일 불포화지방 공급원에는 올리브, 올리브 오일, 아보카도, 땅콩 및 카놀라유 등이 있다.
- 인지질 공급원에는 육류, 계란 노른자, 해산물, 가금류, 콩 및 곡물 등이 있다.
- 스테롤 공급원에는 동물성 식품의 콜레스테롤, 계란 노른자 및 식물성 콜레스테롤이 있다.
- 지질은 그램당 9kcal를 제공한다.
- 지질의 AMDR은 총 칼로리의 20~35%이다.
- 비타민과 미네랄은 에너지 대사와 같은 대사 과정을 조정하는 데 필수적인 무기 화합물이다. 비타민의 결핍과 부족은 건강 문제를 일으킬 수 있다.
- 비타민에는 지용성 및 수용성 두 그룹으로 나뉜다.
- 비타민 A, D, E, K는 지용성이다.
- 수용성 비타민은 비타민 C와 비타민 B군(티아민, 리보플라빈, 나이아신, 엽산, B12, 판토텐산, 비오틴)이다.
- 최소한으로 가공된 다양한 종류의 균형 잡힌 식단은 적절한 비타민을 공급한다.
- 미네랄에는 대량 미네랄과 미량 미네랄이 있다.
- 수분 섭취 권장량(일반인)은 여성 기준 일일 약 11.5컵(2.7L), 남성 기준 약 15.5컵(3.7L)이다.
- 운동선수를 위한 수분 공급 지침은 60분 이상의 활동에 대해 매 10~15분마다 약 350~470mL(12~16온스)를 섭취하는 것이다.
- 운동선수는 경기 중 감량된 체중의 1.25배의 수분을 보충해야 한다.
- 스포츠 음료에는 저삼투압성(체액보다 낮은 농도), 등삼투압성(체액과 비슷한 농도), 고삼투압성(체액보다 높은 농도)이 있다.
- 스포츠 음료는 60분 이하로 짧게 지속되는 운동에서는 필요하지 않다(덥고 습한 온도가 아니라면).

- 식이 관리 전략은 주로 에너지 섭취 및 신체활동의 수정을 통해 고객의 체중 목표를 달성하도록 돕는다.
- 열역학 제1법칙에 따르면 에너지는 생성되거나 소멸될 수 없고, 하나에서 다른 것으로 전환될 뿐이다.
- 체중 감량은 에너지 소비량이 에너지 섭취량을 초과한 결과인 반면, 체중 증가는 에너지 섭취량이 에너지 소비량을 초과한 결과이다.
- 체중에 영향을 주는 다른 요인에는 수면, 약물 및 내분비 장애 등이 있다.
- 식품 라벨은 영양성분표 및 성분 목록을 통해 제품의 영양가 및 함량에 대한 정보를 제공한다.
- 식품 라벨은 고객들에게 식품 품목 및 영양이 자신들의 영양 및 피트니스 목표에 기여하도록 결정을 내리는 데 도움이 된다.
- 지방 감소를 위해서는 순칼로리 결핍이 필요하지만, 제지방 체질량 손실을 최소화하고 적응성 열생성으로 인한 TDEE의 감소를 목표로 해야 한다.
- 적절한 열량 섭취, 특히 저항 운동과 결합된 적절한 단백질 섭취는 근육량을 증가시키는 데 있어 필수적 요소이다.
- 스포츠 경기력 향상을 위한 영양 전략은 다양하며, 적절한 에너지(칼로리)와 대량 영양소 섭취를 보장해야 한다. 영양소 타이밍과 수분 공급 역시 스포츠 수행능력을 극대화하기 위해 중요하다.

참고 문헌

Academy of Nutrition and Dietetics. (2019, November 4). The basics of Al Khatib, H. K., Harding, S. V., Darzi, J., & Pot, J. K. (2017). The effects the nutrition facts label. Eat right. Retrieved from https://www of partial sleep deprivation on energy balance: A systematic .eatright.org/food/ nutrition/nutrition-facts-and-food-labels review and meta-analysis. *European Journal of Clinical Nutrition*, /the-basics-of-the-nutrition-facts-label *71*(5), 614–624. https://doi.org/10.1038/ejcn.2016.201

Antonio, J., Ellerbroek, A., Silver, T., Orris, S., Scheiner, M., Gonzalez, A., & Peacock, C. A. (2015). A high protein diet (3.4 g/kg/d) combined with a heavy resistance training program improves body composition in healthy trained men and women—a follow-up investigation. *Journal of the International Society of Sports Nutrition*, *12*(39). https://doi.org/10.1186/s12970 -015-0100-0

Antonio, J., Ellerbroek, A., Silver, T., Vargas, L., & Peacock, C. (2016). The effects of a high protein diet on indices of health and body composition—a crossover trial in resistance-trained men. *Journal of the International Society of Sports Nutrition*, *13*(3). https:// doi.org/10.1186/s12970-016-0114-2

Antonio, J., Ellerbroek, A., Evans, C., Silver, T., & Peacock, C. (2018). High protein consumption in women: Bad to the bone? *Journal of the International Society of Sports Nutrition*, *15*(6). https:// doi.org/10.1186/s12970-018-0210-6

Antonio, J., Peacock, C. A., Ellerbroek, A., Fromhoff, B., & Silver, T. (2014). The effects of consuming a high protein diet (4.4g/kg/d) on body composition in resistance-trained individuals. *Journal of the International Society of Sports Nutrition*, *11*(19). https:// doi.org/10.1186/1550-2783-11-19

Barr, S., & Wright, J. (2010). Postprandial energy expenditure in whole-food and processed-food meals: Implications for daily energy expenditure. *Food and Nutrition Research*, *54*(1). https://doi.org/10.3402/fnr.v54i0.5144

Barrero, A., Erola, P., & Bescós, R. (2015). Energy balance of triathletes during an ultra-endurance event. *Nutrients*, *7*(1), 209–222. https://doi.org/10.3390/nu7010209

Bird, S. P. (2013). Sleep, recovery, and athletic performance: A brief review and recommendations. *Strength and Conditioning Journal*, *35*(5), 43–47. https://doi.org/10.1519/SSC.0b013e3182a62e2f

British Nutrition Foundation. (2018). Fat. In *Nutrition Science: Nutrients, Food and Ingredients*. https://www.nutrition.org .uk/ nutritionscience/nutrients-food-and-ingredients /fat.html

Burke, L. M., Hawley, J. A., Wong, S. H., & Jeukendrup, A. E. (2011). Carbohydrates for training and competition. *Journal of Sports Science*, *29*(Suppl 1), S17–S27. https://doi.org/10.1080/02640414.2011.585473

Burke, L. M., Loucks, A. B., & Broad, N. (2006). Energy and carbohydrate for training and recovery. *Journal of Sports Science*, *24*(7), 675–685. https://doi.org/10.1080/02640410500482602

Burke, L. M., Ross, M. L., Garvican-Lewis, L. A., Welvaert, M., Heikura, I. A., Forbes, S. G., Mirtschin, J. G., Cato, L. E., Strobel, N., Sharma, A. P., & Hawley, J. A. (2017). Low carbohydrate, high fat diet impairs exercise economy and negates the performance benefit from intensified training in elite race walkers. *The Journal of Physiology*, *595*(9), 2785–2807. https://doi.org/10.1113 /JP273230

Calcagno, M., Kahleova, H., Alwarith, J., Burgess, N. N., Flores, R. A., Busta, M. L., & Barnard, N. D. (2019). The thermic effect of food: A review. *Journal of the American College of Nutrition*, *38*(6), 547–551. https://doi.org/10.1080/07315724.2018.1552544

Camps, S., Verhoef, S., & Westerterp, K. R. (2013). Weight loss, weight maintenance and adaptive thermogenesis. *American Journal of Clinical Nutrition*, *97*(5), 990–994. https://doi.org/10.3945 /ajcn.112.050310

Centers for Disease Control and Prevention. (2016, February 16). 1 in 3 adults don't get enough sleep. Retrieved from https://www.cdc .gov/media/releases/2016/p0215-enough-sleep.html

Center for Food Safety and Applied Nutrition. (2013). Guidance for industry: Food labeling guide. Retrieved from https://www.fda.gov/Food/ GuidanceRegulation/ GuidanceDocumentsRegulatoryInformation/ LabelingNutrition/ ucm2006828.htm

Cermak, N. M., & Van Loon, L. J. (2013). The use of carbohydrates during exercise as an ergogenic aid. *Sports Medicine*, *43*(11), 1139–1155. https://doi.org/10.1007/s40279-013-0079-0

Coyle, E. F. (1995). Substrate utilization during exercise in active people. *American Journal of Clinical Nutrition*, *61*(4 Suppl.), 968S–979S. https://doi.org/10.1093/ajcn/61.4.968S

Currell, K., & Jeukendrup, A. E. (2008). Superior endurance performance with ingestion of [13C] glucose: Evidence for a carbohydrate dose response. *Journal of Applied Physiology*, *108*(6), 1520–1529.

De Hert, M., Detraux, J., Winkel, R. V., Yu, W., & Correll, C. U. (2011). Metabolic and cardiovascular adverse effects associated with antipsychotic drugs. *Nature Reviews Endocrinology*, *8*(2), 114–126. https://doi.org/10.1038/nrendo.2011.156

Delimaris, I. (2013). Adverse effects associated with protein intake above the Recommended Dietary Allowance for adults. *ISRN Nutrition*, *2013*, Article 126929. https://doi.org/10.5402/2013/126929

Duthie, S. J. (2011). Folate and cancer: How DNA damage, repair and methylation impact on colon carcinogenesis. *Journal of Inherited Metabolic Disease, 34*(1), 101–109. https://doi.org/10.1007 /s10545-010-9128-0

Erdman, K. A., Tunnicliffe, J., Lun, V. M., & Reimer, R. A. (2013). Eating patterns and composition of meals and snacks in elite Canadian Athletes. *International Journal of Sport Nutrition and Exercise Metabolism, 23*(3), 210–219. https://doi.org/10.1123 /ijsnem.23.3.210

Fernandez, M. L. (2012). Rethinking dietary cholesterol. *Clinical Nutrition and Metabolic Care, 15(2)*, 117–121. https://doi.org /10.1097/ MCO.0b013e32834d2259

Food and Drug Administration, Office of Dietary Supplement Programs. (2018). Dietary supplements. Retrieved from https://www.fda.gov/ food/dietarysupplements/

Gov.UK. (n.d.). Food labeling and packaging. Retrieved from https:// www.gov.uk/food-labelling-and-packaging/ingredients-list

Hall, K., Ayuketah, A., Brychta, R., Cai, H., Cassimatis, T., Chen, K. Y., . . . Zhou, M. (2019). Ultra-processed diets cause excess calorie intake and weight gain: An inpatient randomized controlled trial of ad libitum food intake. *Cell Metabolism, 30*(1), 67–77. https:// doi. org/10.1016/j.cmet.2019.05.008

Hall, K. D., Heymsfield, S. B., Kemnitz, J. W., Klein, S., Schoeller, D. A., & Speakman, J. R. (2012). Energy balance and its components: implications for body weight regulation. *The American Journal of Clinical Nutrition, 95*(4), 989–994. https://doi.org/10.3945 / ajcn.112.036350

Harvard Medical School. (2015). Glycemic index for 60+ foods: Measuring carbohydrate effects can help glucose management. *Harvard Health Publishing*. Retrieved from https://www.health .harvard.edu/diseases-and-conditions/glycemic-index-and -glycemic-load-for-100-foods

Hasnain, M., & Vieweg, W. V. (2015). Weight considerations in psychotropic drug prescribing and switching. *Journal of Postgraduate Medicine, 125*(5), 117–121. https://doi.org/10 .3810/ pgm.2013.09.2706

Hibi, M., Kubota, C., Mizuno, T., Aritake, S., Mitsui, Y., Katashima, M., & Uchida, S. (2017). Effect of shortened sleep on energy expenditure core body temperature, and appetite: A human randomised crossover trial. *Scientific Reports, 7*, Article 39640. https://doi .org/10.1038/srep39640

Himmerich, H., Minkwitz, J., & Kirkby, K. C. (2015). Weight gain and metabolic changes during treatment with antipsychotics and antidepressants. *Endocrine Metabolic & Immune Disorders-Drug Targets, 15*(4), 252–260. https://doi.org/10.2174/18715303156661 50623092031

Hoffman, J. R., & Falvo, M. J. (2004). Protein—which is best? *Journal of Sports Science Medicine, 3*(3), 118–130. Retrieved from https:// www. ncbi.nlm.nih.gov/pubmed/24482589

Institute of Medicine. (2005). *Dietary Reference Intakes for Water, Potassium, Sodium, Chloride, and Sulfate*. Washington, DC: The National Academies Press. https://doi.org/10.17226/10925.

Jager, R., Kerksick, C. M., Campbell, B. I., Cribb, P. J., Wells, S. D., Skwiat, T. M.,... Antonio, J. (2017). International Society of Sports Nutrition position stand: Protein and exercise. *Journal of the International Society of Sports Nutrition, 14*, 20. https://doi .org/10.1186/s12970-017-0177-8

Karpinski, C., & Rosenbloom, C. A. (2017). *Sports nutrition: A handbook for professionals* (6th ed., pp. 37 and 52). Chicago, IL: Academy of Nutrition and Dietetics.

Kerksick, C. M., & Kulovitz, M. G. (2013). Requirements of protein, carbohydrates and fats for athletes. In D. Bagchi, S. Nair, & C. Sen (Eds.), *Nutrition and enhanced sports performance: Recommendations for muscle building* (pp. 355–364). London: Elsevier Publishers.

Kerksick, C. M., Wilborn, C. D., Roberts, M. D., Smith-Ryan, A., Kleiner, S. M., Jäger, R., & Kreider, R. B. (2018). ISSN exercise & sports nutrition review update: Research & recommendations. *Journal of the International Society of Sports Nutrition*, 15, 38. https://doi. org/10.1186/s12970-018-0242-y

Kerstetter, J. E., O'Brien, K. O., Caseria, D. M., Wall, D. E., & Insogna, K. L. (2005). The impact of dietary protein on calcium absorption and kinetic measures of bone turnover in women. *Journal of Clinical Endocrinology & Metabolism, 90*(1), 26–31. https:// doi.org/10.1210/jc.2004-0179

Kerstetter, J. E., Kenny, A. M., & Insogna, K. L. (2011). Dietary protein and skeletal health: A review of human research and health. *Current Opinion in Lipidology, 22*(1), 16–20. https:// doi.org/10.1097/ MOL.0b013e3283419441

Kinucan, P., & Kravitz, L. (n.d.). *Controversies in metabolism*. Unpublished manuscript, Department of Exercise Science, University of New Mexico, Albuquerque, NM.

Ko, G. J., Obi, Y., Tortorici, A. R., & Kalantar-Zadeh, K. (2017). Dietary protein intake and chronic kidney disease. *Current Opinion in Clinical Nutrition and Metabolic Care, 20*(1), 77–85. https:// doi. org/10.1097/MCO.0000000000000342

Kokkoris, P., & Pi-Sunyer, F. X. (2003, December). Obesity and endocrine disease. *Endocrinology & Metabolism Clinics of North America, 32*(4), 895–914.

Layman, D. K., Evans, E., Baum, J. I., Seyler, J., Erickson, D. J., & Boileau, R. A. (2005). Dietary protein and exercise have additive effects on body composition during weight loss in adult women. *Journal of Nutrition, 135*(8), 1903–1910. https://doi.org/10.1093 /jn/135.8.1903

Leibel, R. L., Rosenbaum, M., & Hirsch, J. (1995). Changes in energy expenditure resulting from altered body weight. *New England Journal of Medicine, 332*(10), 621–628. https://doi.org/10.1056 /NEJM199503093321001

Levine, J. A., Schleusner, S. J., & Jensen, M. D. (2000). Energy expenditure of nonexercise activity. *American Journal of Clinical Nutrition, 72*(6), 1451–1454. https://doi.org/10.1093 /ajcn/72.6.1451

Longland, T. M., Oikawa, S. Y., Mitchell, C. J., Devries, M. C., & Phillips, S. M. (2016). Higher compared with lower dietary protein during an energy deficit combined with intense exercise promotes greater lean mass gain and fat mass loss. *American Journal of Clinical Nutrition, 103*(3), 738–746. https://doi.org/10.3945 /ajcn.115.119339

Loucks, A. B. (2004). Energy balance and body composition in sports and exercise. *Journal of Sports Science, 22*(1), 1–14. https://doi .org/10.10 80/0264041031000140518

Mariotti, F., & Gardner, C. D. (2019). Dietary protein and amino acids in vegetarian diets—A review. *Nutrients, 11*(11), 2661. https://doi .org/10.3390/nu11112661

McHill, A. W., & Wright, K. P. (2017). Role of sleep and circadian disruption on energy expenditure and in metabolic predisposition to human obesity and metabolic disease. *Obesity Reviews, 18*(S1), 15–24. https://doi.org/10.1111/obr.12503

Marsh, K. A., Munn, E. A., & Baines, S. K. (2013). Protein and vegetarian diets. *Medical Journal of Australia, 199*(4), S7–S10. https://doi. org/10.5694/mja11.11492

Maughan, R. J., & Noakes, T. D. (1991). Fluid replacement and exercise stress. A brief review of studies on fluid replacement and some guidelines for the athlete. *Sports Medicine (Auckland, N.Z.), 12*(1), 16–31. https://doi.org/10.2165/00007256 -199112010-00003

Metabolism. (n.d.) In *Merriam Webster online dictionary*. Retrieved from https://www.merriam-webster.com/dictionary /metabolism

Michigan Medicine: University of Michigan. (2018). Minerals: Their functions and sources [Web log]. Retrieved from https://www .uofmhealth.org/health-library/ta3912

Millward, D. J., Layman, D. K., Tome, D., & Schaafsma, G. (2008). Protein quality assessment: Impact of expanding understanding of protein and amino acid needs for optimal health. *American Journal of Clinical Nutrition, 87*(5), 1576S–1581S. https://doi .org/10.1093/ajcn/87.5.1576S

Moore, D. R., Churchward-Venne, T. A., Witard, O., Breen, L., Burd, N. A., Tipton, K. D., & Phillips, S. M. (2015). Protein ingestion to stimulate myofibrillar protein synthesis requires greater relative protein intakes in healthy older versus younger men. *Journals of Gerontology, Series A, Biological Sciences and Medical Sciences, 70*(1), 57–62. https://doi. org/10.1093/gerona/glu103

Morton, R. W., Murphy, K. T., McKellar, S. R., Schoenfeld, B. J., Henselmans, M., Helms, E., Aragon, A. A., Devries, M. C., Banfield, L., Krieger, J. W., & Phillips, S. M. (2018). A systematic review, meta-analysis and meta-regression of the effect of protein supplementation on resistance training-induced gains in muscle mass and strength in healthy adults. *British Journal of Sports Medicine, 52*(6), 376–384. https://doi.org/10.1136 /bjsports-2017-097608

Nakamura, Y., Iso, H., Kita, Y., Ueshima, H., Okada, K., Konishi, M., Inoue, M., & Tsugane, S. (2006). Egg consumption, serum cholesterol concentrations and coronary heart disease incidence: Japan Public Health Center-based prospective study group. *British Journal of Nutrition, 96*(5), 921–928. https://doi.org/10.1017 /bjn20061937

Nakamura, Y., Ueno, Y., Tamaki, S., Kadowaki, T., Okamura, T., Kita, Y., Miyamatsu, N., Sekikawa, A., Takamiya, T., El-Saed, A., Sutton-Tyrrell, K., & Ueshima, H. (2007). Fish consumption and early atherosclerosis in middle-aged men. *Metabolism: Clinical and Experimental, 56*(8), 1060–1064. https://doi.org/10.1016/j .metabol.2007.03.014

National Sleep Foundation. (2015). National Sleep Foundation recommends new sleep times. [Data file]. Retrieved from https://www.sleepfoundation.org/press-release/national-sleep -foundation-recommends-new-sleep-times

Nocella, C., Cammisotto, V., Fianchini, L., D'Amico, A., Novo, M., Castellani, V., & Carnevale, R. (2018). Extra virgin olive oil and cardiovascular diseases: Benefits for human health. *Endocrine, Metabolic and Immune Disorders Drug Targets, 18*(1), 4–13. https://doi.org/10.2174/1871530317666171114121533

Patterson, S. D., & Gray, S. C. (2007). Carbohydrate-gel supplementation and endurance performance during intermittent high-intensity shuttle running. *International Journal of Sport Nutrition and Exercise Metabolism, 17*(5), 445–455. https://doi .org/10.1123/ijsnem.17.5.445

Reutrakul, S., & Van Cauter, E. (2018). Sleep influences on obesity, insulin resistance, and risk of type 2 diabetes. *Metabolism Clinical and Experimental, 84*, 56–66. https://doi.org/10.1016/j .metabol.2018.02.010

Romijn, J. A., Coyle, E. F., Sidossis, L. S., Gastaldelli, A., Horowitz, J. F., Endert, E., & Wolfe, R. R. (1993). Regulation of endogenous fat and carbohydrate metabolism in relation to exercise intensity and duration. *American Journal of Physiology-Endocrinology and Metabolism, 265*(3), E380–E391. https://doi.org/10.1152 / ajpendo.1993.265.3. e380

Rosenbaum, M., Hirsch, J., Gallagher, D. A., & Leibel, R. L. (2008). Long-term persistence of adaptive thermogenesis in subjects who have maintained a reduced body weight. *American Journal of Clinical Nutrition, 88*(4), 906–912.

Rosenbaum, M., & Leibel, R. L. (2010). Adaptive thermogenesis in humans. *International Journal of Obesity, 34*(Suppl 1), S47–S55. https://doi.org/10.1038/ijo.2010.184

Schoenfeld, B. J., & Aragon, A. A. (2018). How much protein can the body use in a single meal for muscle-building? Implications for daily protein distribution. *Journal of the International Society of Sports Nutrition, 15*(10). https://doi.org/10.1186/s12970-018 -0215-1

Shiel, W. C. Jr. (2018). Medical definition of nutrition. MedicineNet [Data file]. Retrieved from: https://www.medicinenet.com/script /main/art.asp?articlekey=4602

Simopoulous, A. P. (2003). Importance of the ratio of omega-6/ omega-3 essential fatty acids: Evolutionary aspects. In A. P. Simopoulos & L. G. Cleland (Eds.), *World Review of Nutrition and Dietetics Omega-6/ Omega-3 Essential Fatty Acid Ratio: The Scientific Evidence* (pp. 1–22). Basel, Switzerland: Karger. https:// doi.org/10.1159/000073788

Siri-Tarino, P. W., Sun, Q., Hu, F. B., & Krauss, R. M. (2010). Meta-analysis of prospective cohort studies evaluating the association of saturated fat with cardiovascular disease. *American Journal of Clinical Nutrition, 91*(3), 535–546. https://doi.org/10.3945 /ajcn.2009.27725

Slater G. J., Dieter, B. P., Marsh, D. J., Helms, E. R., Shaw, G., & Iraki J. (2019). Is an energy surplus required to maximize skeletal muscle hypertrophy associated with resistance training? *Frontiers in Nutrition, 6*, 131. https://doi.org/10.3389/fnut.2019.00131

Smith, G. I., Atherton, P., Reeds, D. N., Mohammed, B. S., Rankin, D., Rennie, M. J., & Mittendorfer, B. (2011). Omega-3 polyunsaturated fatty acids augment the muscle protein anabolic response to hyperinsulinaemia-hyperaminoacidaemia in healthy young and middle-aged men and women. *Clinical Science, 121*(6), 267–278. https://doi.org/10.1042/CS20100597

Stepto, N. K., Carey, A. L., Staudaccher, H. M., Cummings, N. K., Burke, L. M., & Hawley, J. A. (2016). Effect of short-term fat adaptation on high intensity training. *Medicine and Science in Sports and Exercise, 34*(3), 449–455. https://doi.org/10.1097 /00005768-200203000-00011

Stokes, T., Hector, A. J., Morton, R. W., McGlory, C., & Phillips, S. M. (2018). Recent perspectives regarding the role of dietary protein for the promotion of muscle hypertrophy with resistance exercise training. *Nutrients, 10* (2), E180. https://doi.org/10.3390 /nu10020180

Stranges, S., Tigbe, W., Gomez-Olive, F. X., Thorogood, M., & Kandala, N. B. (2012). Sleep problems: An emerging global epidemic? Findings from the INDEPTH WHO-SAGE study among more than 40,000 older adults from 8 countries across Africa and Asia. *SLEEP, 35*(8), 1173–1181. https://doi.org/10.5665/sleep.2012

Tang, J. E., Moore, D. R., Kuibida, G. W., Tarnopolsky, M. A., & Phillips, S. M. (2009). Ingestion of whey hydrolosatem, casein, or soy protein isolate: Effects on mixed muscle protein synthesis at rest and following resistance exercise in young men. *Journal of Applied Physiology, 107*(3), 987–992. https://doi.org/10.1152 / japplphysiol.00076.2009

Trexler, E. T., Smith-Ryan, A. E., & Norton, L. E. (2014). Metabolic adaptation to weight loss: Implications for the athlete. *Journal of the International Society of Sports Nutrition, 11*(1), 7. https://doi .org/10.1186/1550-2783-11-7

U.S. Department of Agriculture. (2015). Daily nutritional goals for age-sex groups based on dietary reference intakes and dietary guidelines recommendations. *Dietary Guidelines 2015–2020* (8th ed.). Retrieved from https://health.gov/dietaryguidelines /2015/ guidelines/appendix-7/

University of California San Francisco. (n.d.) ILD Nutrition Manual: Prednisone and weight gain. Retrieved from https://www .ucsfhealth.org/education/ild_nutrition_manual/prednisone _and_weight_gain/

Van de Straat, V., & Bracke, P. (2015). How well does Europe sleep? A cross-national study of sleep problems in European older adults. *International Journal of Public Health, 60*(6), 643–650. https:// doi.org/10.1007/s00038-015-0682-y

Wang, C., Caitlin, D. H., Starcevic, B., Heber, D., Ambler, C., Bermqan, N., & Swerdloff, R. S. (2005). Low-fat high-fiber diet decreased serum and urine androgens in men. *Journal of Clinical Endocrinology and Metabolism, 90*(6), 3550–3559. https://doi .org/10.1210/jc.2004-1530

Wolfe, R. R., Cifelli, A. M., Kostas, G., & Il-Young, K. (2017). Optimizing protein intake in adults: Interpretation and application of the recommended dietary allowance compared with the acceptable macronutrient distribution range. *Advances in Nutrition, 8*(2), 266–275. https://doi.org/10.3945/an.116.013821

Wolfe, R. R., Rutherfurd, S. M., Il-Young, K., & Moughhan, P. (2016). Protein quality as determined by the Digestible Indispensable Amino Acid Score: Evaluation of factors underlying the calculation. *Nutrition Reviews, 74*(9), 584–599. https://doi .org/10.1093/nutrit/ nuw022

Wongwarawipat, T., Papageorgiou, N., Bertsias, D., Diasos, G., & Tousoulis, D. (2018). Olive oil-related anti-inflammatory effects on atherosclerosis: Potential clinical implications. *Endocrine, Metabolic and Immune Disorders Drug Targets, 18*(1), 51–62. https://doi.org/10.2174/1871530317666171116103618

Young, V. R., & Pellett, P. L. (1994). Plant proteins in relation to human protein and amino acid nutrition. *American Journal of Clinical Nutrition, 59*(5), 1203S–1212S. https://doi.org/10.1093 / ajcn/59.5.1203S

CHAPTER 10

보충제

학습 목표

- 보충제의 개념과 보충제 섭취가 필요한 고객을 정의할 수 있다.
- 최적의 건강과 신체 구성을 위해 사용되는 보충제를 요약할 수 있다.
- 퍼스널 트레이닝 직업 세계에서 보충제의 역할을 설명할 수 있다.

보충제 개요

건강보조식품과 그 기능, 건강 증진 식품이나 물질의 개념은 몇 천 년 전부터 있었다. 아유르베딕(Ayurvedic) 요법은 BC 6,000년 초부터 인도에서 행해졌고, BC 300년부터 로마 검투사들은 식물의 재로 만든 회복제 쉐이크를 만들어 먹었다(Losch et al., 2014; Mackenzie & Rakel, 2006). 현대의 보충제는 1940년대 종합 비타민제로 시작되었으며, 건강보조식품 산업은 2018년 전 세계적으로 1,150억 달러의 수익을 올릴 정도로 성장했다. 이 중 대부분은 비타민 및 미네랄이었다(Grand View Research, 2019).

시중에 판매되는 다양한 보충제에는 피트니스 관련 제품도 늘어난 만큼 피트니스 전문가는 식이 보충제와 사용법, 규정 및 기능에 대해 일반적인 지식을 갖추고 있는 것이 중요하다.

지식 확장하기

Carl Rehnborg는 중국에 살면서 미량 영양소 결핍을 관찰하고 최초로 종합 비타민제를 만들었다. 그의 회사인 Nutrilite는 캘리포니아에서 1939년에 설립되었다. 칼은 다단계 마케팅을 만들어 제품을 판매했으며, 이 판매 기술은 오늘날까지 일부 보충제, 피트니스, 홈케어, 화장품 회사에서 사용하고 있다.

피트니스, 영양 및 보충제는 보통 패키지 개념으로 사용된다. 그래서 피트니스 전문가는 전문가 의견을 원하는 이들로부터 보충제에 대한 질문을 자주 받는다. 체육관에서 공인 퍼스널 트레이너는 고용주로부터 고객이나 회원들에게 보충제를 판매하라는 요청을 받을 수도 있다. 또한 소셜 미디어나 다른 플랫폼에서 인플루언서로서 보충제 마케팅 기회를 얻을 수도 있다. 보충제 사용이 피트니스 커뮤니티에서 흔해 보일 수 있지만, 피트니스 전문가는 식이 보충제와 관련한 책임과 규정을 이해하여 허용 범위 내에서만 활동해야 한다.

식이 보충제란 무엇인가?

식단에 없거나 결핍될 수 있는 영양소를 편리하게 섭취하기 위해 시작된 것이 몇 가지 다른 화합물을 포함하는 제품으로 확대되었다. 1994년 건강보조식품 건강 및 교육법(Dietary Supplement Health and Education Act of 1994)은 **식이 보충제(dietary supplement)**를 다음과 같이 설명했다. 비타민, 미네랄, 허브 또는 기타 식물, 아미노산 중 하나 이상을 함유하거나, 식이 보충을 위한 제품(담배 제외), 농축물, 대사 산물, 구성 성분, 추출물 또는 앞에 기술한 성분의 조합과 같이 총 식이 섭취량을 증가시켜 식이를 보충하기 위해 사람이 사용하는 물질.

보충제는 말그대로 보충하기 위한 것이다. 보충제는 식단의 기본 구성 요소가 아니며 음식으로 사용되어서는 안 된다. 모든 식이 보충제는 캡슐, 파우더, 소프트젤, 액체, 기타 다른 형태로 경구 섭취 된다. 보충제는 경피나 주사, 기타 다른 방법으로는 투여할 수 없다. 이런 방법들은 의약품에서 가능하다. 의약품과 달리 보충제는 미국과 영국 등 대부분의 나라에서 판매되고 있지만 판매를 위해 식품의약국(FDA)의 사전 승인을 받을 필요가 없다. 사전 승인이 없다면 보충제는 규제받지 않는 것으로 여겨질 수도 있으나 규정이 엄연히 존재하기 때문에 이는 완전히 맞는 말은 아니다. 그러나 식이 보충제가 출시될 때까지 사전 승인이나 감독이 없다는 것은 식이 보충제의 질, 장점, 순도가 전적으로 회사에 달려있다는 것을 의미한다. 이는 신뢰할 수도, 신뢰하지 못할 수도 있다. 식이 보충제 구성 성분의 승인에 대해서는 나라마다 차이가 있다. 일반적으로 미국과 호주는 관대한 반면, 유럽과 아시아는 덜 관대하다.

식이 보충제 사용의 근거

식이 보충제는 다양한 이유로 사용된다. 책임 있는 영양위원회가 실시한 2018년도 설문 조사에 따르면 미국 성인의 75%, 호주 성인의 40%가 최소 한 가지 이상의 식이 보충제를 이용하고 있다고 했다(Burnett et al., 2017). 그 이유는 연령대별로 다르다. 젊은층은 주로 체중 관리, 면역력, 에너지, 미용을 이유로 식이 보충제를 섭취한다고 답한 반면, 노년층은 부족한 영양을 채우고 뼈, 심장, 관절 건강 등의 특정 건강상 우려 때문에 식이 보충제를 이용한다고 답했다.

식이 보충제를 이용하는 또다른 이유는 근력이나 지구력 같은 기량을 개선하고, 신체 구성을 바꾸며, 인지력과 주의력을 향상시키고 운동 손상이나 격렬한 운동에서 회복을 돕는 데에 있다. 어떤 사람은 식이 보충제를 특정한 건강상 필요 때문에 섭취할 수도 있고, 수술 후, 임신 중 또는 약물-영양 상호 작용을 억제하기 위해 의사가 처방하기도 한다. 식이 보충제를 섭취하려는 수많은 이유가 있지만 그중에서 가장 일반적인 이유는 전반적인 건강 증진(wellness)이다.

보충제를 사용하는 이유로는 보편적으로 사용되는 종합비타민과의 조화가 가장 흔히 언급된다. 종합 비타민 보충제는 심혈관 질환과 암과 같은 몇몇 질환의 위험 감소와 연관되어 있다(Blumberg et al., 2018). 그러나 보충제를 섭취하는 것이 건강과 체력을 확실히 증진시키는 직접적인 결과를 가져오는지에 대해서는 명확하지 않다. 보충제를 섭취하는 사람들은 그렇지 않은 사람들에 비해 운동을 많이하고, 더 잘 자고, 식단을 조절하고, 병원을 자주 가고, 건강한 몸무게를 유지하고, 더 적극적으로 금연하는 편이기 때문이다.

일부 식이 보충제는 식품 영양상 **필수 영양소(essential nutrient)**를 공급하기 때문에 다른 것보다 더 상당한 이용가치가 있다. 예를 들어, 건강 증진을 위해 운동 전 보충제 섭취는 거의 필요하지 않지만, 제한된 식사를 해야 하는 사람은 불충분한 섭취로 인해 생리학적으로 미네랄이나 비타민 보충제를 먹어야 할 수도 있다. 그러나 이것은 운동 전 먹는 보충제가 모든 경우에서 트레이닝 능력과 목적한 결과에 이점이 있다고 말하는 것은 아니다. 일부 식이 보충제는 과용할 경우 **독성(toxicity)**을 유발할 수도 있다. 이런 이유로, 식이 보충제를 논의함에 있어 고객의 전반적인 영양 상태를 고려해야 하는데, 여기서 중요한 것은 건강과 관련해서는 주치의와 상담해야 한다는 것이다.

모든 고객은 어떤 형태로든 피트니스 관련 목표를 갖고 있다. 체중을 줄이거나 근육을 키우거나 심폐 지구력을 강화하거나 더 건강한 삶을 위해 생활습관을 개선하고 싶어 한다. 고객들의 목표가 무엇이든 그 목표를 달성하는 데 도움이 되는 보충제가 있을 것이다. 피트니스 전문가는 책임감 있게 고객이 효과적인 보충제를 결정할 수 있도록 안내하며, 필요한 경우 자격 있는 헬스케어 제공자(의사, 면허 있는 식이요법 전문가)에게 의뢰할 수 있다.

보충제 지침과 라벨

식이 보충제가 규제받지 않는 산업이라는 주장에도 불구하고 FDA는 미국에서 식이 보충제 지침을 마련했다. 1994년에 시행된 **식이 보충제에 관한 건강 및 교육법**(Supplement Health and Education Act of 1994)과 FDA **연방규정집**(Code of Federal Regulations)은 식이 보충제 제조업체, 유통업체가 반드시 지켜야 할 기본적인 가이드라인이자 법규이다. 유럽에서 보충제는 유럽식품안전청 및 EU의 일반적인 식품법, 특히 지침 2002/46/EC의 규제를 받는다. 호주에서는 보충제가 보완 의약품으로 간주되며 호주 연방의료제품청(Therapeutic Goods Administration, TGA)의 규제를 받는다. 캐나다에서는 식이 보충제를 천연 건강식품으로 보며 캐나다 보건부의 식품의약법의 규제를 받는다.

식이 보충제는 천연이거나 최소한 자연에 존재하는 것이어야 한다. 보충제가 화학적 합성물일 수도 있지만, 천연 물질의 복제물인 경우에만 합성으로 볼 수 있다. 예를 들어, 아스코르브산(비타민 C)은 감귤류 및 기타 식품에 자연적으로 존재하지만 대부분의 비타민 C 보충제에는 합성하여 제조한 아스코르브산이 들어 있다.

보충제 섭취를 위한 일반 지침

보충제는 건강과 효과, 기타 바람직한 특징들을 증진시킬 수 있지만, 부적절하게 사용하면 해가 될 수도 있다. 본질적으로 보충제는 식품의 대용품으로 사용되서는 안 된다. 단백질 파우더 같은 경우, 식단 구성 요소 중 단백질 양을 늘리는 데 도움을 주는 것이지 식단에서 단백질 공급원이 되어서는 안 된다는 말이다.

모든 보충제가 과다 복용했을 때 심각한 문제를 일으키는 것은 아니지만, 일일 권장 섭취량이 정해져 있는 보충제(비타민과 미네랄)의 경우, **허용 상한선**(tolerable upper limit)이 있는 경우가 많다. 허용 상한선 이상 복용 시 **부작용**(adverse effect)이나 독성이 나타난다(표 10-1). 독성은 비타민 A 과다증과 같이 체내에 비타민이나 미네랄이 과다하게 축적되어 시력 변화, 뼈 통증, 건조하고 갈라진 피부와 같은 증상을 유발할 수 있다.

비타민과 미네랄뿐만 아니라 다른 식이 보충제도 권장량 이상 섭취하면 부작용을 일으킨다. 부작용을 일으키지 않는 사람도 있지만, 권장량 이상 섭취하면 결과가 개선되지 않는 경우가 많다. 가장 주목할 만한 것이 **각성제**(stimulant)인데, 각성제는 효과 없음, 긍정적 효과, 역효과 사이에서 아슬아슬하게 줄타기를 하고 있다. 반대로 **크레아틴**(creatine)은

> **유용한 힌트**
>
> [표 10-1]은 피트니스 전문가들이 영양 섭취의 적절한 수준을 잘 이해할 수 있게 해주는 참고 자료이다. 의사나 영양상 개입이 필요한 환자들과 일하지 않는 한 피트니스 전문가들은 이를 전부 외울 필요는 없다.

> **유용한 힌트**
>
> **1일 영양성분 기준치(DV) 대 식품 섭취 권장량(DRI)**
>
> 보충제의 양을 말할 때, 피트니스 전문가는 DV와 DRI라는 약어가 호환되어 사용되는 것을 종종 본다. 식품 섭취 권장량(DRI)은 소비자에게 미량 영양소의 적정 섭취량 및 섭취 상한선과 같은 정보를 제공한다. 1일 영양성분 기준치(DV)는 해당 미량 영양소에 대한 FDA의 권장 섭취량이며 국립의학회(National Academy of Medicine's)의 권장식이허용량(RDA)과 비슷하다.

식이 보충제 Dietary supplement 다음 식이 성분 중 하나 이상을 함유하거나 식단을 보완하기 위한 제품(담배 제외). 비타민, 광물, 허브 또는 기타 식물, 아미노산, 총 식이 섭취량을 증가시켜 식이를 보충하기 위해 사람이 사용하는 물질, 또는 농축물, 대사 산물, 구성 성분, 추출물 또는 이러한 성분의 조합

필수 영양소 Essential nutrient 체내에서 영양분을 생성할 수 없기 때문에 반드시 음식으로 섭취해야 하는 것

독성 Toxicity 비타민 또는 미네랄이 체내에 과다 축적되었을 때 발생하는 질병이나 기타 증상

식이 보충제에 관한 건강 및 교육법 1994 Supplement Health and Education Act of 1994 식이 보충제를 규율하는 미국 정부의 기본 법률

연방규정집 Code of Federal Regulations 보충제의 라벨링, 제조 및 시장 출시 또는 제거 방법을 포함하여 식이 보충제에 대한 법률 및 규정을 설명한다.

허용 상한선 Tolerable upper limit 건강상 부작용 없이 하루에 섭취할 수 있는 비타민 또는 미네랄 최대량

부작용 Adverse effect 약 복용, 약물 개입 또는 식이 보충제와 관련해서 발생하는 좋지 않은 의학적 현상

각성제 Stimulant 생리활동 또는 대사 활동을 증진시키는 물질. 흔한 각성제로는 카페인과 니코틴이 있다.

크레아틴 Creatine 아미노산에서 만들어져서 트레이닝 역량, 근력, 순발력, 근육을 증진하기 위해 아데노신 삼인산 재생산을 촉진하는 식품 보충제로서 사용되는 분자

표 10-1 미량 영양소의 1일 영양성분 기준치(DV) 및 허용 상한선(UL)

		성인		임산부 및 수유부	
영양소	측정 단위	DV (1일 영양성분 기준치)	UL (허용 상한선)	DV	UL
비타민 D	mcg	20	100	15	100
칼슘[a]	mg	1,300	2,500	1,300	2,500
철	mg	18	45	27	45
칼륨	mg	4,700	n/a	5,100	n/a
비타민 A[b]	mcg RAE	900	3,000	1,300	3,000
비타민 C	mg	90	2,000	120	2,000
비타민 E	mg	15	1,000	19	1,000
비타민 K	mcg	120	n/a	90	n/a
티아민	mg	1.2	n/a	1.4	n/a
리보플라빈	mg	1.3	n/a	1.6	n/a
나이아신	mg	16	35	18	35
비타민 B6	mg	1.7	100	2	100
엽산[c]	mcg DFE	400	1,000	600	1,000
비타민 B12	mcg	2.4	n/a	2.8	n/a
비오틴	mcg	30	n/a	35	n/a
판토텐산	mg	5	n/a	7	n/a
인[a]	mg	1,250	4,000	1,250	4,000
요오드	mcg	150	1,100	290	1,100
마그네슘[d]	mg	420	350[a]	400	350[a]
아연	mg	11	40	13	40
셀렌	mcg	55	400	70	400
구리	mg	0.9	10	1.3	10
망간	mg	2.3	11	2.6	11
크롬	mcg	35	n/a	45	n/a
몰리브덴	mcg	45	2,000	50	2,000
염화물	mg	2,300	3,600	2,300	3,600
콜린	mg	550	3,500	550	3,500

참고: UL은 미국의학회에서 제시한 것이다. n/a는 결정되지 않았거나 정보의 부족으로 UL이 설정되지 않은 것을 의미한다.

[a]칼슘의 UL은 50세 이상일 경우 1일 2,000mg, 인의 UL은 70세 이상의 경우 3,000mg으로 감소한다.

[b]비타민 A는 레티놀 마이크로그램(mg)의 활성당량(RAE)으로 복용한다. 1mcg RAE=레티놀 1mcg, 보조 베타카로틴 2mcg, 식이 베타카로틴 12mcg, 또는 식이 알파카로틴 24mcg, 또는 식이 베타 크립토산틴 24mcg.

[c]엽산은 식이엽산당량(DEF)의 마이크로그램 단위로 섭취한다. 1DEF=천연 엽산 1mcg=엽산 0.6mcg.

[d]마그네슘의 UL은 보조 마그네슘에만 적용되며, 식품으로 섭취한 마그네슘에는 적용되지 않는다.

부작용을 일으키는 것으로 알려져 있지 않지만, 권장량보다 많이 섭취한다고 해도 결과가 더 좋아지지는 않는다(Kreider et al., 2017).

식이 보충제에 대한 규제가 존재함에도, 보충제는 대부분의 나라에서 정부의 사전 허가 없이 시장에 출시된다. 이로 인해 검증되지 않은 새로운 성분이나 미공개 성분, 금지된 각성제(banned stimulants)나 아나볼릭 스테로이드(anabolic steroid) 같은 불법 성분이 잠재적 안전 문제를 야기한다. 아주 드물게 발생하기는 하지만, 모든 식이 보충제를 무조건적으로 믿어서는 안 된다는 것을 이해하는 것이 중요하다. 따라서 책임 있는 사용을 위해 다음의 지침을 준수해야 한다.

1. 먼저 라벨을 확인해야 한다. 보충제의 성분에 대한 설명서를 검토하지 않고 보충제를 이용하거나 추천해서는 안 된다.
2. 식이 보충제의 허용 섭취량을 초과해서는 안 된다.
3. 활성 성분의 리스트가 모두 공개되어 있는 식이 보충제를 찾는다. 보충제에 포함된 특정 성분에 대해 더 많은 정보가 나올 때까지 독점 상품은 피한다.
4. 18세 미만 청소년에게는 의사가 처방하지 않는 한 보충제 추천을 하지 않는다. 보충제는 성인에만 한정되어 있다.
5. 보충제가 상호 작용하여 부작용을 일으킬 수 있으므로 여러 식이 보충제를 함께 복용하거나 다량으로 복용하지 않는다.
6. 식이 보충제는 약물과 함께 사용해서는 안 된다. 영양소와 약물의 상호 작용이 발생할 수 있으므로 약을 복용 중인 고객은 보충제를 섭취하기 전에 의사와 상담해야 한다.
7. 질환이 있는 사람은 의사와 상담하지 않고 식이 보충제를 섭취해서는 안 된다.

식이 보충제 라벨

식이 보충제 라벨을 해석하고 분석하는 능력은 보충제의 질과 안전성을 파악하는 데 중요하다. 피트니스 전문가는 성분 및 보충제 성분이 투명하게 공개되었는지, 효과를 과장하거나 제품 사용에 금기 사항이 있는지를 살펴야 하며, 알레르기 성분이나 기타 물질이 들어 있는지에도 세심하게 주의를 기울여야 한다.

식이 보충제 라벨 요건

식이 보충제의 라벨은 식품 라벨과 매우 유사하며 모든 식이 보충제 라벨에는 최소한의 요건이 정해져 있다. 라벨에는 보충제의 이름, 성분의 양, 모든 성분의 이름, 영양소, 제조업체의 이름과 위치를 표시해야 한다. 이런 라벨은 식품 라벨과 상당히 유사해 보이지만, 반드시 표기하지 않아도 되는 사항이 있어 식품 라벨과는 약간의 차이가 있다. 예를 들면, 식품 라벨에는 칼로리가 반드시 기재되어야 하지만, 많은 식이 보충제는 칼로리를 표시하지 않는다. 0으로 표시할 수 없는 양이 들어있는 경우에는 정보를 모두 나열한다. 총 칼로리, 총 지방, 포화지방, 트랜스 지방, 콜레스테롤, 나트륨, 총 탄수화물, 식이섬유, 총 당류, 첨가당, 단백질, 비타민 D, 칼슘, 철, 칼륨 등.

영양 세부 사항은 양에 관계없이 항상 주요 영양소를 나열하기 때문에 보충제 정보와는 다르다. 포화지방산, 다가불포화지방산, 단일 불포화지방산, 수용성 섬유질, 불용성 섬유질, 당 알코올 등의 칼로리를 임의로 표시할 수 있지만, 표기 요구가 있는 경우에는 반드시 표시해야 한다. 기타 성분들도 표기해야 하지만 이들 성분이 활성 성분인지 아닌지 여부는 요구가 없는 한 보충제 회사의 재량이다(U.S. Code of Federal Regulations, 2019a).

조정된 적용법들은 **활성 성분**(active ingredient)을 더욱 두드러지게 표시할 수 있다. 그러나 반드시 기재해야 하는 것도 아니며, 개별 성분의 정확한 양까지는 표시할 필요가 없다. 영업 비밀이나 지적 재산권을 보호하기 위한 업계의 흔한 방법은 독점 혼합물에 몇 가지 활성 성분을 포함시킨 뒤 독점 혼합물의 총량을 나열하는 것이다. 소비자의 교육 수준이 높아짐에 따라 보충제 제조사가 독점 혼합물보다 완전히 공개된 활성 성분을 선호하고 있으므로 피트니스 전문가는 이런 보충제를 쉽게 찾을 수 있다.

활성 성분은 개별 성분인지 또는 해당 성분이 포함된 혼합물인지 관계없이 함량을 표시해야 하는 반면 비활성 성분 또는 **기타 성분**(other ingredient)은 중량 기준으로 내림차순으로 나열하면 된다. 보통 기타 성분에는 감미료, 향료, 맛을 좋게 하거나 뭉쳐지는 것을 방지하기 위한 산이 있다. 여기에는 수크랄로스(sucralose, 설탕 대체제), 천연 향료, 구연산 같은 화합물이 있다. 기타 성분은 인공 감미료를 꺼리거나 칼로리에 신경 쓰는 사람들이 관심을 가진다. 예를 들면, 식품 첨가제인 말토덱스트린 또는 기타 저렴한 탄수화물을 충전제로 사용하여 1회 공급량의 무게를 늘릴 수 있다. 어떤 첨가물은 맛과 질감 또는 색을 강화하기 위해 사용하고, 어떤 성분은 식품을 건조하게 유지하고 곰팡이나 박테리아 증식을 막기 위해 첨가한다.

탄수화물, 단백질, 지방 또는 미량 영양소(비타민과 미네랄)와 같은 다량의 영양소를 포함하는 제품은 성분을 그램(g), 밀리그램(mg) 또는 마이크로그램(μg) 단위로 **영양성분표**(supplement facts panel) 상단에 나열해야 한다. 또한 1일 영양성분 기준치(DV)가 있다면, 1일 영양성분 기준치에 대한 비율도 기재해야 한다. 미국에서 확정된 **1일 영양성분 기준치**(daily value, DV)의 전체 리스트는 [표 10-2]에 나와 있다. 다른 나라들도 자체 해석 및 메시지를 가지고 있지만, 미국과 유사한 권고를 하는 경향이 있다. 예를 들어, 최근 유럽식품안전청(European Food Safety Authority) 지침은 다량의 영양소를 에너지에 대한 비율로 나타내도록 권고한다. 미국도 마찬가지지만 섭취량이 2,000kcal 식단을 기준으로 사전에 계산되어 있다.

식이 보충제 라벨에서 찾을 수 있는 기타 정보에는 제품 설명, 권장 섭취 방법, 경고 및 요구 사항이 있다. 제품 설명, 권장 섭취 방법, 요구 사항 등은 회사에서 제공하지만, 대개 규제를 받지 않는다. 합리적인 과학적 뒷받침이 없는 한 효과를 주장할 수 없으며, 이는 미국, 호주, EU을 포함한 대부분의 나라에서도 마찬가지다. 미국에서는 "제품이 치료, 예방

금지된 각성제 Banned stimulants 특정 스포츠 또는 스포츠 리그에서 사용이 금지될 수 있는 식품 보충제. 이러한 보충제들은 불법이거나 일년 내내 금지되는 것은 아니다.

아나볼릭 스테로이드 Anabolic steroid 근육의 크기나 근력을 증진시키기 위해 호르몬 수용기에 작용하는 테스토스테론 또는 다른 호르몬제로 만든 합성물

활성 성분 Active ingredient 생리학적 효과를 목적으로 첨가한 식품 보충제의 성분. 영양성분표의 본문에 나와 있다.

기타 성분 Other ingredient 맛과 부피를 위해 또는 보존제로 식이 보충제에 추가된 모든 성분. 영양성분표의 본문 아래에 나와 있다.

영양성분표 Supplement facts panel 활성 성분, 기타 성분, 1회 섭취참고량, 용기당 제공 횟수, 성분의 양, 1일 영양성분 기준치에 대한 비율이 나와 있는 식이 보충제 라벨의 영역

1일 영양성분 기준치 Daily value (DV) 건강을 유지하기 위해 하루에 섭취해야 하는 영양분의 양. 4세 이상의 사람을 위해 2,000kcal를 기준으로 한다.

표 10-2 대량 영양소의 1일 영양성분 기준치

영양소	측정 단위 (g/mg)	성인	임산부 및 수유부
		DV	DV
단백질	g	50	71
지방	g	78	78
포화 지방	g	20	20
콜레스테롤	mg	300	300
총 탄수화물	g	275	275
나트륨	mg	2,300	2,300
식이섬유	g	28	28
첨가당	g	50	50

참고: DV는 성인 및 4세 이상의 어린이를 위한 권장 사항을 기반으로 설정되었다(U.S. Code of Federal Regulations, 2019b).

또는 진단을 위한 것이 아니며 작성된 주장이 FDA에서 검토받지 않았다"는 사실을 모든 표시에서 밝히고 있다.

경고는 굉장히 다양하다. 유청 단백질 함유 유제품과 같이 알레르기 유발 물질을 포함한 제품에는 알레르기 안내가 필요하다. 식이 보충제를 만드는 데 이용된 설비가 대표적인 여덟 가지 알레르기 유발 항원[땅콩, 견과류, 대두, 계란, 우유, 유제품, 밀가루(글루텐), 어류, 갑각류] 중 어느 하나를 가공하는 데 사용된 경우에도 알레르기 안내가 필요하다.

중요

영양성분표에 있는 여덟 가지 알레르기 유발 항원을 알아야 한다. 식품 알레르기가 있는 고객은 식품의 라벨을 확인하는 것처럼 식이 보충제 라벨도 반드시 확인해야 한다.

일반적인 경고에는 18세 미만은 섭취하지 말 것, 다른 보충제나 약물과 함께 복용하지 말고 의학적 질환이 있는 사람은 사용하지 말 것, 건조하고 서늘한 곳에 보관할 것과 같은 내용과 특정 성분에 대한 경고가 나와 있다. 흔하게 볼 수 있는 특정 성분 경고에는 카페인 함유가 있다. 일반적인 경고의 내용은 식품 보충제 회사가 결정한다. FDA가 요구하는 경고는 "이 문구는 FDA의 검토를 받지 않았습니다. 이 제품은 질병을 진단, 치료, 치유, 예방하기 위한 것이 아닙니다(U.S. Code of Federal Regulations, 2019c)"이다. 이 문구는 미국법을 따르는 모든 식품 보충제에서 볼 수 있다.

추가 라벨에는 보충 유형에 따라 약간 다를 수 있다. 예를 들어, [그림 10-1]은 단백질 분말 브랜드의 보충 정보 라벨이다. 일회 공급량, 총 공급 횟수, 나열된 각 영양소의 제공되는 양(칼로리, 지방 열량, 총 지방, 탄수화물, 식이섬유, 당류, 단백질, 칼슘, 철, 나트륨)을 보자. 비타민 A와 C, 기타 미량 영양소는 측정이 가능한 만큼 포함되어 있지 않기 때문에 나타나 있지 않다. 왜냐하면 이 보충제는 단백질 혼합물이며 모든 필수 아미노산을 공급한다고 주장하고 있기 때문에 제조사는 라벨에 모든 아미노산을 기재하기로 한 것이다.

이에 반해 [그림 10-2]는 칼슘과 비타민 D 보충제의 영양성분표이다. 여기에는 1회 섭취참고량의 칼로리, 지방에서 나오는 칼로리, 비타민 D와 칼슘 양에 대한 정보만 나와 있다. 탄수화물, 식이섬유, 당류, 단백질, 비타민 A와 C는 무의미할 정도의 양만 들어있기 때문에 생략되어 있다. 보충제 라벨에는 칼로리, 대량 영양소, 특정 미량 영양소 목록 등 자세한 정보를 기재해야 하는 식품 영양성분표와 달리 존재하는 성분만 표시하면 된다. EU와 영국의 보충제 라벨은 미국과 상당히 유사하다. 그러나 비타민과 미네랄이 포함된 EU(및 일부 국가)의 보충제는 '%DV(1일 영양 성분 기준치에 대한 비율)' 대신 영양소 기준치율(%NRV)을 기재한다(그림 10-3).

NRV와 RDA의 양은 기본적으로 동일하다. EU와 영국에서 RDA(권장식이허용량)에서 NRV로 명칭을 변경한 것은 EU 라벨링 가이드라인 때문이다. 미국의 %DV(1일 영양 성분 기준치에 대한 비율)와 유사하게 %NRV(영양소 기준치율)는 규정된 1회 섭취참고량(및/또는 100g)에서 제공되는 비타민 또는 미네랄의 권장량의 백분율을 나타낸다. 소비자들은 %NRV를 보고 식이 보충제를 평가하고, 이것이 비타민 또는 미네랄의 일일 필요량에 어떻게 기여하는지, 식단의 맥락에서 어떻게 부합하는지를 확인할 수 있다.

우수 의약품 제조 및 품질 관리 공정

현재 시행되는 우수 의약품 제조 및 품질 관리 공정은 미국 연방 규정 제21편 111편에서 FDA에 의해 확립되었다. 이것의 주요 목적은 식이 보충제 제품의 오염 및 불순물 방지이다. 이것은 제조 현장, 제조 설비, 꾸준히 기록해야 할 사항과 같이 공정에 참여하는 사람에 관한 지침과 생산된 식이 보충제의 품질과 순도를 보장하기 위한 프로세스를 제공한다.

SUPPLEMENT FACTS

Serving Size 25 g (1 scoop)
Servings Per Container 40

Amount per serving	%Daily Value*
Calories 100	
Calories from Fat 15	
Total Fat 1.5 g	2%
Total Carbohydrate 4 g	1%
Dietary Fiber 1 g	4%
Sugars 0 g	
Protein 18 g	36%
Calcium 29 mg	2%
Iron 7 mg	40%
Sodium 350 mg	14%

Proprietary Protein Blend 22 g**
Organic Pea Protein, Organic Hemp Protein, Organic Goji Berry

* Percent Daily Values are based on a 2,000 calorie diet.
** Daily Values are not established.

Suggested Use: Mix, shake, or blend 1 scoop with 10 oz of your favorite beverage. Refrigerate and use prepared product same day. Keep package out of direct light and away from heat.

Amino Acid Profile

AMOUNT PER SERVING

Amount	Amino acid
886 mg	Alanine
1074 mg	Arginine
1637 mg	Asparatic Acid
460 mg	Cystine
325 mg	Glutamic Acid
673 mg	Glycine
418 mg	Histidine
1055 mg	Isoleucine
1743 mg	Leucine
875 mg	Lysine
447 mg	Methionine
756 mg	Phenylalanine
1154 mg	Proline
826 mg	Serine
832 mg	Threonine
277 mg	Tryptophan
777 mg	Tyrosine
1041 mg	Valine

Other Ingredients: Organic Vanilla Flavor, Organic Guar Gum, Sea Salt, Organic Stevia Extract, Organic Whole Ground Coconut

그림 10-1 식이 보충제 라벨

Supplement Facts

Serving Size 2 softgels
Servings Per Container 150

	Amount per serving	%Daily Value
Calories	10	
Calories from Fat	10	
Total Fat	1 g	2%*
Vitamin D (as cholecalciferol, D3)	700 IU	175%
Calcium (as calcium carbonate, citrate, malate)	1,200 mg	120%

* Percent Daily Values are based on a 2,000 calorie diet.

Other Ingredients: Soybean oil, gelatin, vegetable glycerin, water, soy lecithin and caramel color
***Contains:* Soy**

그림 10-2 칼슘 보충제 라벨

EU Nutrient Reference Values

	Per serving 10g		Per 100g	
Energy	128.1 kJ/30.6 kcal		1281 kJ/306 kcal	
Fat	0.6g		6g	
Of which: saturates	0.17g		1.7g	
Carbohydrate	2.6g		26g	
Of which: sugars	0.79g		7.9g	
Fibre	2.4g		24g	
Protein	2.5g		25g	
Salt	0.017g		0.17g	
Vitamin A	15μg	18.9%	1510μg	189%
Vitamin E	8.1mg	67.4%	81mg	674%
Vitamin K	119μg	158.7%	1190μg	1587%
Vitamin C	2.3mg	2.9%	23mg	29%
Thiamin (B1)	0.08mg	7.3%	0.8mg	73%
Riboflavin (B2)	0.1mg	7.9%	1.1mg	79%
Vitamin B6	0.1mg	7.2%	1mg	72%
Vitamin B12	0.2μg	8.1%	2μg	81%
Potassium	145mg	7.3%	1450mg	73%
Calcium	198mg	24.7%	1980mg	247%
Magnesium	49.5mg	13.2%	495mg	132%
Iron	4.5mg	32.2%	45mg	322%
Zinc	0.25mg	2.5%	2.5mg	25%
Rich Source	NUMBER OF VITAMINS AND MINERALS AT 'SOURCE' OR 'RICH SOURCE' PER SERVING AND PER 100G			
Source				

NRV = Nutrient Reference Value

그림 10-3 영양소 기준치

중요

독점 혼합물에 숨겨진 성분이 의도적으로 너무 적거나 너무 많을 수 있음을 알아야 한다. 항상 그런 것은 아니지만, 대개 이런 제품들은 혼합물 내 성분들이 최적 용량 이하로 포함되어 있는 경우가 많다. 제대로 된 제품을 선택하기 위해서는 성분이 모두 공개된 제품을 찾거나 제조사에 각 성분의 양을 문의해 보는 것이 좋다.

제3자 검증

피트니스 전문가가 믿을 만한 보충제를 찾는 가장 손쉽고 빠른 방법은 라벨에서 제3자 검증을 찾아 보는 것이다. 식이 보충제 제조사는 테스트를 위해 독립적인 제3자 검증 기관에 검증을 의뢰할 수 있으며, 그 대가로 검증 기관의 상표를 사용하여 제품의 신뢰성을 높일 수 있다. 그러나 제3자 검증은 비용이 매우 비싸서 소규모 제조사는 감당하기 어려울 수 있다. 따라서 독립적인 검증을 받지 않았다고 해서 제품을 신뢰할 수 없다는 의미가 아니라는 점을 유의해야 한다. 가장 일반적인 제3자 검증 기관은 인폼드 초이스(Informed Choice)와 미국국제위생안전기관(National Sanitation Foundation; NSF, 현재 NSF International로 알려짐)이다.

Informed Choice는 운동선수에게 세계도핑방지기구(WADA)가 정한 금지 약물 테스트를 실시한다. 이 기관의 로고를 사용하려면 제조 공정을 감사 받아야 하며, 금지 물질 테스트를 받기 위해 생산된 제품의 모든 회분의 샘플을 제출해야 한다.

NSF는 표준 인증과 NSF 스포츠 인증을 제공하고 있다. 표준 NSF 인증의 경우, NSF는 식이 보충제가 라벨에 써 있는 것과 동일한 성분으로 만들어졌는지, 건강상 위험이나 환경적인 위험이 없으며 일반적인 오염물(박테리아 또는 미신고 성분)을 포함하지 않았는지를 검증한다. NSF 스포츠 인증은 몇 단계를 더 실시하며, 여기에는 WADA(세계도핑방지기구)가 지정한 270가지 이상의 금지 약물에 대한 테스트, 제조 시설에 대한 감사, 현재 진행 중인 제품의 지속적인 모니터링이 포함된다(표 10-3).

미국 약전(USP)은 식이 보충제의 품질을 평가하는 검증 프로그램을 갖춘 기관이다. 검증 프로그램의 일부로서 USP는 현재 우수한 의약품 제조 공정의 시설 감사, 품질 관리 및 제조 과정 평가, 무작위 테스트를 포함한 제품 테스트를 시행한다. 금지성분통제기관(BSCG)는 약물 미사용 인증, 품질 인증 모두를 제공한다. BSCG 품질 인증은 다른 인증들과 비슷하게 오염물에 대한 테스트, 제조 현장 감사, 보충제 라벨에 있는 성분이 들어있는지를 확인하는 무작위 테스트를 실시한다. 약물 미사용 인증은 WADA, 전미 대학체육협회(NCAA), 기타 주요 스포츠 리그의 금지 물질, 의약 기관을 위해 테스트가 이루어진다. [표 10-4]는 제3자 보충제 테스트 기관의 리스트를 보여준다.

표 10-3 품질 및 금지 물질 테스트

인증 기관	품질 테스트	금지 약물 검사
정보에 입각한 선택	×	×
NSF	×	
NSF 스포츠	×	×
USP	×	
BSCG	×	×

표 10-4 제3자 보충제 테스트 기관

미국 약전 (USP)	금지 약물 통제 그룹(BSCG)	Informed Choice	NSF 인터내셔널

건강보조식품

건강보조식품은 넓게 건강 보충제(health supplement)와 기능 보충제(performance supplement) 두 가지 카테고리로 나눌 수 있다. 기능 보충제가 좀 더 집중을 받는 것처럼 보이지만, 건강 보충제가 더 큰 시장을 형성하고 있다. 보충제를 이용하는 모든 사람 중 최소 70%는 건강과 체력 증진을 위해 종합 비타민제를 섭취한다고 하며, 이 숫자는 18~34세 그룹에서는 83%에 이른다(Council for Responsible Nutrition, 2018). 건강보조식품에는 기본적으로 비타민, 미네랄, 오메가3 보충제가 포함되는데, 이들의 주요 기능이 건강 증진이다. 피트니스 고객들은 대부분 기량을 향상시키려는 전문 운동선수들이 아니라, 신체 구성과 삶의 질을 개선하려는 사람들이다. 따라서, 피트니스 전문가는 건강보조식품에 대한 질문과 요구를 받을 수 있다. 고객을 평가한 결과 고객의 영양 상태가 불충분하다면, 건강 보충제 복용에 대해 의사에게 문의하도록 고객에게 권하는 것이 적절하다.

비타민과 미네랄 보충제

현재 판매되는 건강보조식품의 대부분은 다양한 **비타민(vitamins)**과 **미네랄(minerals)**로 이루어져 있는 종합비타민제이다. 특별한 요구 조건이 있는 사람도 개별 비타민과 미네랄을 섭취한다. 식이 보충제에서 이 카테고리는 주로 비타민과 미네랄을 적절하게 섭취하는 데 이용되는데, 서구식 식단과 엄격한 다이어트 식단을 하는 경우에는 미량 영양소 섭취가 대개 불충분하기 때문이다. 간과하기 쉽지만, 비타민은 **생물학적 활성(biologically active)** 형태와 **생물학적 비활성(biologically inactive)** 형태로 섭취할 수 있다. 경우에 따라서 비활성 형태가 활성 형태로 전환될 수 있다. 비활성 형태는 신체의 수준을 높이고 원하는 결과를 달성하는 데 덜 효율적이기 때문에 이 점은 중요하다.

지용성 비타민

지용성 비타민(fat-soluble vitamin)은 비타민 A, D, E, K이다(그림 10-4). 이런 비타민은 수용성 비타민처럼 물에 저장되는 대신 지방 조직에 저장된다. 이 비타민들은 용해성 때문에 지방이 함유된 식품과 함께 섭취하는 것이 가장 좋다(Dawson-Hughes et al., 2015). 이 때문에 지용성 비타민은 독성 위험이 더 크다.

그림 10-4 지용성 비타민

비타민 A는 보통 **베타 카로틴(beta-carotene)**으로 흔히 보충되며, 과다 복용하는 경우 독성이 있을 수 있다. 부작용으로는 어지러움, 두통, 골밀도 감소, 혼수 상태, 선천성 기형이 있으며 심지어 사망까지 이를 수 있다(Institute of Medicine, 2001). 비타민 D는 '햇빛 비타민'으로 알려져 있는데, 자외선에 노출되면 피부에서 자연적으로 생성되기 때문이다. 동물들의 경우, 비타민 D는 햇빛에 의해 활성화된 후 콜레스테롤에서 생성된다.

비타민 D는 칼슘과 함께 뼈 건강에 중요한 역할을 한다. 비타민 D의 건강상 이점에 대한 관심이 증가함에도 불구하고 의학계는 아직 비타민 D의 권장 혈중 농도에 동의하지 않았다. 왜냐하면 비타민 D 수치는 식습관이나 생활방식에 크게 영향을 많이 받기 때문에 광범위한 영양 섭취 권장량을 정확하게 정하기 어렵기 때문이다. 많은 나라에서 비타민 D 결핍이 흔하며, 인구의 39%가 비타민 D 결핍으로 분류되는 미국을 비롯하여 유럽에서는 40%, 중동 60%, 아시아 30%, 호주에서는 60%가 비타민 D 결핍이라고 한다(Edwards et al., 2014; Liu et al., 2018). 비타민 D가 결핍된 사람들은 보통 **유당불내증(lactose intolerance)**, 유제품 알레르기, **과민성대장증후군(irritable bowel syndrome)** 및 기타 흡수 장애를 일으키기도 하고, 피부가 검거나 북위도 지역에 거주하는 사람들, 채식주의자, 완전 채식주의자들에게도 결핍증이 나타난다(Institute of Medicine, 2011). 비타민 D 부족은 **구루병(rickets)** 및 약한 뼈, 골절 위험, **골다공증(osteoporosis)**을 일으킬 수 있다.

유해 작용을 일으킬 수 있는 수준은 보충제를 통해서만 가능하다. 비타민 D의 과용은 체중 감소, 과도한 배뇨, **심장 부정맥(heart arrhythmias)**을 일으킬 수 있다. 칼슘과 함께 복용하면 신장결석, 혈관 및 조직 석회화 위험이 높아진다(Institute of Medicine, 2011).

건강 보충제 Health supplement 웰빙의 구성 요소를 증진하기 위해 사용되는 식이 보충제

기능 보충제 Performance supplement 기능이나 몸의 구성을 강화하는 식이 보충제. 보충제(ergogenic aid)의 원조라고도 할 수 있다.

비타민 Vitamins 성장 및 대사 과정을 지원하기 위해 식단에서 소량 필요한 유기 화합물 집단

미네랄 Minerals 무기, 천연 물질로 일부는 인체 영양에 필수적이다. 대량 미네랄(주요 미네랄)과 미량 미네랄 두 가지가 있다.

생물학적 활성 Biologically active 비타민이 체내에서 효과를 발생시키기 위한 비타민의 형태

생물학적 비활성 Biologically inactive 체내에서 효과를 발생시킬 수 없는 비타민의 모든 형태

베타 카로틴 Beta-carotene 채소와 과일에 있는 붉은 오렌지빛 색소로 체내에서 비타민 A로 전환된다.

유당불내증 Lactose intolerance 위장관 질환으로 인해 보통 발생하는 락토오스(유당)에 민감한 증상

과민성대장증후군 Irritable bowel syndrome 특정 음식에 의해 유발되는 위장관의 불편감. 때로는 심각하지만 음식 알레르기는 아니다.

구루병 Rickets 비타민 D 결핍으로 인한 뼈 약화 질환

골다공증 Osteoporosis 골밀도가 감소하여 골절의 위험을 증가시키는 상태

심장 부정맥 Heart arrhythmias 불규칙한 심장박동

지식 확장하기

비타민 D 수치는 25-하이드록시 비타민 D로 체내에서 측정되는데, 대부분의 사람은 20~40 ng/mL(밀리리터당 나노그램)이다. 미국의학회(National Academy of Medicine)는 20 ng/mL가 뼈 건강에 적절하다고 생각하지만, 내분비학회(Endocrine Society)는 뼈 건강을 위한 최소 수치를 30 ng/mL를 권장하며 최적 수치를 40~60 ng/mL로 보고 있다. 내분비학회에 따르면 일일 비타민 D 섭취량은 하루에 1,500~2,000 IU가 되어야 한다고 한다(38~50 mcg). 허용 상한선은 하루에 4,000 IU이다.

비타민 E는 항산화제로 가장 널리 알려져 있고, 염증, 혈소판 응집(platelet aggregation), 심장 질환 및 암 발병 위험, 면역 결핍(immunodeficiency)을 감소시키기도 한다(Institute of Medicine, 2000). 비타민 E 결핍은 비타민 E를 적게 섭취하는 경우에는 드물고, 흡수 장애로 인한 다른 소화기 질환을 가진 사람들에게서 주로 발생한다. 비타민 E 결핍 증상에는 말초신경 장애(peripheral neuropathy), 골격근병증(skeletal myopathy), 면역 기능 저하가 있다. 음식으로 비타민 E를 섭취함으로써 관찰된 건강상 부작용은 없었다. 그러나 비타민 E를 고용량으로 섭취하면 과다 출혈의 원인이 된다는 연구가 있다(Traber, 2008).

비타민 K는 비타민 D와 칼슘과 함께 뼈 건강을 위해 섭취하도록 권장된다. 일반적으로, 비타민 D는 뼈에 칼슘이 저장되도록 돕고, 비타민 K는 뼈 단백질 함량을 증가시키고 강도를 높여 골절 위험을 줄여주기도 한다(Bolton-Smith et al., 2007; Lanham-New, 2008). 더 중요한 점은 비타민 K는 혈관 구조 대신 뼈에 칼슘이 저장되도록 직접 작용하며, 잠재적으로 관상동맥성 심장병의 위험을 줄여줄 수 있다(Shea et al., 2009).

비타민 K 결핍은 매우 드물며 영아나 흡수 장애가 있는 사람에게만 발생하는 편이다. 비타민 K 결핍은 혈액 응고 시간을 줄이고 과도한 출혈을 유발할 만큼 낮을 때만 임상적으로 관련이 있다. 비타민 K는 독성을 일으키는 것으로 알려져 있는데, 와파린과 기타 항응고 약물과 함께 사용하면 부정적인 상호 작용으로 과다 출혈을 유발할 수 있다.

수용성 비타민

수용성 비타민은 비타민 C와 비타민 B 복합체이다(그림 10-5). 이들은 쉽게 용해되며 즉시 몸에 흡수되지만, 저장되지 않으므로 일관적인 수치를 유지하기 위해서 정기적으로 섭취해야 한다. 수용성 비타민은 대개 생리활성 형태로 식품 보충제에 들어있다.

그림 10-5 수용성 비타민

중요

지용성 비타민과 비교했을 때 수용성 비타민은 일시적이기 때문에 독성을 일으킬 가능성이 적고 급성 결핍을 치료하기가 더 쉽다.

비타민 C의 활성 형태는 L-아스코빅산(ascorbic acid)이다. 비타민 C는 콜라겐(collagen) 합성, 단백질 대사, 몸의 기본적인 항산화 물질인 글루타티온 생성에 필요하다. 비타민 C가 면역 기능에 작용한다는 증거들도 있다. 예를 들어, 운동선수들이 비타민 C 섭취량을 늘리면 감기가 50% 줄고, 감기에 걸리더라도 발병 기간이 짧아지며 중증도도 감소하는 것으로 나타났다(Constantini et al., 2011; Peters et al., 1993; Van Straten & Josling, 2002).

지식 확장하기

비타민 C의 주요 역할 중 덜 알려진 하나는 콜라겐 합성이다. 콜라겐 보충제의 인기가 올라가면서 비타민 C 섭취가 콜라겐 합성을 높인다는 데에 주목하는 것은 흥미롭다(DePhillipo et al., 2018).

고용량 비타민 C 보충제가 상당히 보편화되어 있지만, 인체는 비타민 C 흡수를 조절하는 능력이 있다. 권장 DV(1일 영양성분 기준치)에 가까운 일반적인 용량의 비타민 C

는 거의 흡수된다. 그러나 섭취량이 1g을 초과하면 흡수율이 50% 미만으로 떨어지고, 잔여 비타민 C는 소변으로 배출된다. 권장 DV의 약 200배를 섭취하더라도 인체는 정상 수준의 약 4배 정도까지만 흡수하는 것으로 추정된다(Padayatty et al., 2004). 따라서 비타민 C 고용량 섭취로 인한 위장 장애는 있을 수 있지만, 독성은 거의 없다.

비타민 C 결핍은 매우 드물지만, 급성 결핍은 **괴혈병(scurvy)**으로 나타난다. 증상은 일반적으로 경미하지만, 치료하지 않으면 치명적일 수 있다. 괴혈병의 초기 증상은 피로감과 잇몸 염증이다. 이것은 관절, 뼈, 모세혈관의 약화로 진행되고 상처 회복이 느려질 수 있다.

유용한 힌트

비타민 C의 가장 흔한 결핍 증상을 기억하기 위해 이 농담을 생각해 보자.

선원들은 어디에서 괴혈병에 걸리나요? 그들은 씨(Sea, 바다)에서 괴혈병을 얻는다.

비타민 B 복합체는 비타민 B1(티아민), B2(리보플라빈), B3(니아신), B5(판토텐산), B6(피리독신), B7(비오틴, 비타민 H로도 불림), B9(엽산), B12(코발라민)이다.

비타민 B 복합체는 모든 것에 조금씩 관여한다. 기본적으로 이 비타민들은 주로 대량 영양소 대사에 관여하는데, 몇 가지는 논의할 가치가 있는 중요한 기능을 한다. 비오틴은 주로 모발, 피부, 손톱 건강에 작용하며, 엽산은 유전자 발현에 관여하고 임신 중 비타민으로 매우 중요하다. B12는 적혈구 생산에 필수적이다.

비타민 B를 과다하게 섭취함으로 인해 발생하는 독성은 드물고, 부작용은 대부분 비타민 B 때문에 나타나는 것이 아니다. 그러나 니아신, 비타민 B6, 엽산에는 독성이 있을 수 있다. 니아신 과다 섭취로 인한 부작용은 경미하며 홍조와 메스꺼움이 있다. 비타민 B6의 독성은 발생하기 쉽지 않지만, 발생했다면 매우 심각한데, 점진적인 감각 신경 장애(무감각 또는 손발의 저림), 운동 실조증(신경 손상으로 인한 협응 장애), 빛에 민감해짐, 피부 병변(비정상적인 피부 성장 또는 외형)을 일으킨다(Simpson et al., 2010). 엽산 과다 섭취를 둘러싼 한 가지 염려되는 점은 엽산 결핍과 함께 자주 발생하는 B12의 결핍을 모르고 지나칠 수 있다는 점이다. B12를 섭취하지 않고 엽산 결핍을 해소하기 위해 엽산만 먹으면 B12의 결핍 증세는 계속될 수 있다. 엽산은 매우 중요한 태아기 비타민이지만, 임신 기간 중 하루에 1,000mcg 이상을 먹는 여성의 아이는 인지 발달이 느려지는 것이 발견되었다. 종합 비타민과 임산부 비타민의 DFE(식이 엽산 당량)는 각각 400~600mcg, 600~800mcg이다. 1DFE는 엽산(folate) 1mcg 또는 보충제 엽산(folic acid) 0.6mcg과 같고, 보충제 엽산의 효과가 더 강력하다.

판토텐산과 비오틴을 제외한 모든 비타민 B가 결핍될 수 있다. 티아민 결핍증은 각기병을 일으키는 것으로 가장 유명한데, **각기병(beriberi)**은 말초신경 장애와 운동 기능 장애를 일으키는 질환으로 티아민 보충으로 쉽게 극복된다. 리보플라빈 결핍증은 운동선수와 채식주의자 또는 비건(vegan, 완전 채식주의자)인 임산부를 제외하고는 흔하지 않다. 이 둘 모두 불충분하게 섭취할 가능성이 높아지면서 필요량도 높아졌다. 결핍의 증상은 주로 내분비(호르몬) 교란이며, 이는 또한 과도한 체중으로 나타날 수 있다.

니아신 결핍증은 선진국에서는 거의 사라졌지만, 선천적 대사 장애로 인해 발생할 수 있다. 결핍증은 피부 발진으로 시작되는 **펠라그라(pellagra)**로 시작되며, 이를 치료하지 않고 방치하면 소화 장애, 기분 장애, **식욕 부진(anorexia)**, 사망으로 이어진다.

비타민 B6 결핍도 흔하지 않다. 신장 질환 또는 알코올 중독 같은 다른 질환이 있는 경우에만 선진국에서 발생하는

혈소판 응집 Platelet aggregation 혈전이 생기기 전에 혈액 세포가 축적됨

면역 결핍 Immunodeficiency 약화된 면역 체계

말초신경 장애 Peripheral neuropathy 뇌나 척수에서 발생하지 않는 신경 손상

골격근병증 Skeletal myopathy 근육 변성

콜라겐 Collagen 힘과 구조를 제공하는 결합 조직. 근육 및 피부에서 발견되는 단백질. 인체에서 가장 풍부한 단백질

괴혈병 Scurvy 비타민 C 부족으로 인한 질병으로 자연 출혈(보통 잇몸), 빈혈, 부기, 관절 약화, 치아 상실을 특징으로 한다.

각기병 Beriberi 심장과 신경의 염증이나 퇴화, 말초신경 장애, 운동 기능 장애를 유발할 수 있는 티아민 결핍증

펠라그라 Pellagra 피부 발진(피부염), 위장 장애(설사), 기분 또는 인지력 감퇴(치매)로 이어지는 니아신 또는 트립토판 결핍

식욕 부진 Anorexia 신경성 식욕부진증. 식욕 상실 또는 의식적으로 섭식을 거부하는 것으로 종종 위험할 정도의 저체중 또는 영양실조를 일으킨다.

편이다. 결핍증이 발생하면 빈혈(anemia), 피부염(dermatitis), 면역 장애를 일으킨다.

엽산 결핍은 또한 빈혈을 일으킬 수 있지만, 주로 척추갈림증(spina bifida)과 같은 신생아의 신경관 결손과 관련 있다. 따라서 엽산은 임산부가 먹어야 할 필수적인 산전 비타민 중 하나이다.

마지막으로, 비타민 B12 결핍 역시 빈혈을 일으키고, 피로와 무감각, 혼란, 기억력 저하 같은 신경학적 장애, 즉 빈혈을 자각하기 전에 나타나는 신경학적 증상들이 나타난다. B12 결핍은 채식주의자 및 B12 섭취가 줄어들고 흡수력이 줄어든 노령층에서 더 흔하다. B12의 유일하면서도 좋은 식물성 공급원은 강화 곡물 제품밖에 없기 때문에 동물성 음식을 피하는 사람들은 B12 보충제를 섭취할 것을 권장한다.

콜린

콜린(choline)은 한때 비타민 B로 여겨졌다가 후에 해당 분류에서 제외되었다. 이제는 비타민류로 여겨진다. 2018년까지 FDA는 콜린을 영양성분표에 표시하지 못하도록 했지만, 식품안전현대화법(Food Safety and Modernization Act)에 따라 미국의학회(National Academy of Medicine)의 적정 섭취량을 반영하여 콜린의 1일 영양성분 기준치(DV)를 550mg으로 정했다. 콜린의 중요성이 간과되었지만, 콜린은 간과 신경학적, 심혈관 건강에 필수적인 영양소로 알려져 있다.

대부분의 미국인들은 콜린을 적정량 섭취하지 않고 있다. 남성의 평균 하루 섭취량은 402mg, 여성은 278mg이다. 사실, 90%의 사람들이 콜린을 충분히 섭취하지 않는다(Wallace & Fulgoni, 2016). 이 수치는 흥미롭게도, 사람들이 달걀을 섭취하자 43%로 줄어들었는데, 달걀을 먹지 않은 사람의 콜린 섭취량이 294mg인데 비해 달걀을 섭취하는 사람의 평균 콜린 섭취량은 525mg이었다(Wallace & Fulgoni, 2017). 영국, 캐나다, 중국, 프랑스, 그리스, 이탈리아, 멕시코는 263~407mg으로 섭취량이 유사하다(Wiedeman et al., 2018).

콜린 결핍은 근육이나 간 손상을 일으킬 수 있지만, 이 정도로 심각한 결핍증은 지속적으로 불충분하게 섭취하더라도 흔하지 않다. 콜린 결핍이 간 문제를 일으킬 수 있지만, 과잉 섭취는 간 독성뿐만 아니라 구토, 몸에서 나는 악취, 저혈압(낮은 혈압) 같은 더 경미한 증상도 일으킬 수 있다(Institute of Medicine, 1998).

미네랄

미네랄에는 16가지 필수 미네랄이 있으며, 이 중 14가지인 칼슘, 철, 인, 요오드, 마그네슘, 아연, 셀레늄, 구리, 망간, 크롬, 몰리브덴, 염화물, 나트륨, 칼륨이 보충제에 들어 있다면 영양성분표에 표시되어야 한다. 나머지 두 가지 미네랄은 유황과 불소로, 영양성분표에는 표시되지 않는다. 미네랄은 대량 미네랄(거대 미네랄)과 미량 미네랄(트레이스 미네랄)로 나눌 수 있다.

대량 미네랄

대량 미네랄(macrominerals)은 칼슘, 마그네슘, 나트륨, 염소, 칼륨, 인, 유황이다(그림 10-6). 대량 미네랄이라고 한 명명법은 미량 미네랄보다 훨씬 많이 필요한 상대적인 양을 나타낸다. 많은 양이 필요함에도 불구하고, 대부분의 대량 미네랄은 종합 비타민에 소량으로 들어가는데, 나트륨이나 염화물의 경우는 소금으로 존재할 뿐 일반적으로 보충제로 사용하지 않는다.

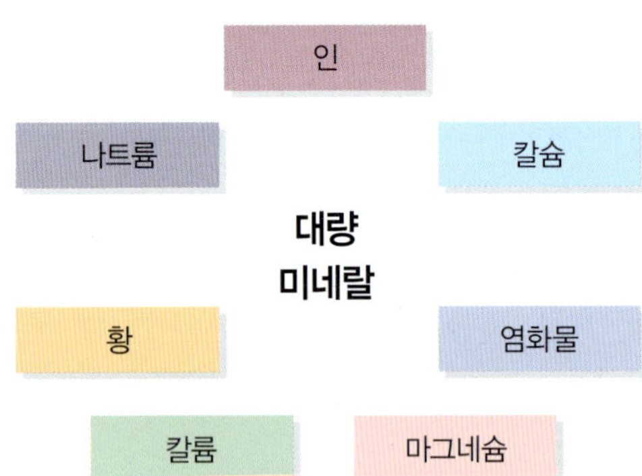

그림 10-6 대량 미네랄

칼슘은 뼈 건강에 기여하는 것으로 가장 잘 알려져 있다. 대부분의 미네랄 보충제처럼, 칼슘 보충제는 여러 형태가 있다. 탄산칼슘, 구연산염, 인산염은 모두 칼슘 수치를 향상시킨다. 구연산칼슘은 가장 쉽게 흡수되고, 탄산칼슘은 보충제 1mg당 칼슘의 양이 거의 두 배지만, 섭취 시 기능면에서 비슷하다(Harvey et al., 1990). 인산칼슘은 쉽게 흡수되며 탄산칼슘 형태와 비슷한 칼슘 비율을 가지고 있지만 대개 더 비싸다(Shires & Kessler, 1990).

> **지식 확장하기**
>
> 칼슘은 근육 수축에 핵심적인 역할을 한다. 마이크로 수준의 양으로 칼슘은 근육 필라멘트 사이 결합 부위를 메꿔준다. 근육이 수축해야 할 때, 칼슘은 결합 부위에서 빠지고, 필라멘트들이 연결되어 근육을 수축할 수 있도록 해준다.

칼슘 결핍 위험군은 여성, 특히 폐경을 겪은 여성, 무월경(amenorrheic) 여성, 골감소증(osteopenia) 및 골다공증 위험이 높은 신체활동이 많은 여성, 채식주의자가 있다. 유제품과 달걀은 먹는 락토 오보 채식주의자(lacto-ovo vegetarians)은 채식주의자가 아닌 사람들과 칼슘 수치가 비슷하지만, 엄격한 채식주의자들, 유제품은 먹지 않고 달걀을 먹는 오보 채식주의자(ovo vegetarians), 완전 채식주의자는 칼슘 섭취도 적을 뿐만 아니라 칼슘 흡수를 방해하는 식물 속의 항영양소 때문에 칼슘 부족 위험이 더 크다. 이 위험군의 사람들은 칼슘 보충을 통해 이점을 찾을 수 있지만 칼슘은 또한 독성의 위험도 있다. 고칼슘혈증(hypercalcemia)은 기존에 갑상선 질환이 없는 한 보통 발생하지 않지만, 연부조직 석회화, 변비, 신장결석 가능성이 있다.

> **지식 확장하기**
>
> 항영양소(antinutrients, 영양소 흡수를 방해하는 혼합물)는 식물에 흔한 성분이다. 이 물질은 칼슘이나 철 같은 다른 중요 영양소의 흡수를 방해한다. 가장 흔한 항영양소에는 피트산, 옥살산, 효소저해제가 있다. 예를 들어, 콩류(콩, 완두콩, 렌틸콩)에는 단백질 효소 억제제가 있다. 이것은 대장에서 소화가 되지 않게 하며 최종 대장에서 발효해 위장관으로 가스를 방출한다. 콩과 다른 식물들을 물에 담궈두면 항영양소 함량을 줄이는 데 도움이 될 수 있다.

마그네슘 공급과 더불어, 마그네슘 보충제는 근긴장도와 혈관 장력(혈압) 감소를 포함한 신체 이완을 촉진하는 데 이용되며(Hatzistavri et al., 2009) 유산소 운동 능력을 향상시킨다(Golf et al., 1998).

신장은 체내 마그네슘 수치가 줄어들면 자연적으로 마그네슘 배출을 제한하기 때문에 진정한 마그네슘 결핍은 흔하지 않다. 그러나 마그네슘 결핍은 선진국에서 두 번째로 흔한 미량 영양소 결핍증이다. 미국에서는 약 50%를 차지한다(DiNicolantonio et al., 2018). 마그네슘 수치가 낮아지면 근육 경련과 비자발적 수축이 발생할 수 있으므로(Garrison et al., 2012), 마그네슘은 근육 경련을 예방하거나 줄일 수 있다. 마그네슘의 다른 결핍 증상으로는 피로, 구토, 혈압 상승, 식욕 부진, 무감각, 저림이 있다.

신장이 체내 마그네슘을 조절하기 때문에 마그네슘 과다섭취로 설사와 메스꺼움이 발생하더라도 독성은 거의 없다. 그러나 신장 기능이 비정상적인 사람들은 근육 약화, 부정맥, 심장마비같이 마그네슘 복용으로 더욱 심각한 증상을 초래할 수 있기 때문에 주의가 필요하다(Musso, 2009).

나트륨, 칼륨, 염화물은 건강상의 목적으로 보통 보충하지는 않지만, 칼륨은 가끔 불충분할 때 섭취하기도 한다. 지구력 운동을 하는 사람이나 팀 스포츠 선수들은 땀을 흘린 후 전해질을 대신하기 위해 염화나트륨(소금) 및 염화칼륨 중 하나로 전해질을 보충한다. 적절한 섭취량은 선수들이 흘린 땀의 양과 땀의 염도에 따라 달라진다.

> **지식 확장하기**
>
> 땀이 더 짠 사람은 어두운 색의 옷을 입고 땀을 흘린 뒤 말려 보면 육안으로 확인할 수 있다. 옷에 염분이 많은 땀이 묻으면 마른 후 땀자국의 경계에 하얀 고리가 생긴다. 이 하얀 고리가 나트륨이다.

미량 미네랄

미량 미네랄은 철, 망간, 요오드, 아연, 구리, 셀레늄, 코발트, 크롬, 몰리브덴, 불화물이다(그림 10-7). 이 중 철, 아연, 요오드, 크롬은 보충제에서 가장 쉽게 볼 수 있는 것들이다([표 10-1]에 DV가 제시되어 있음).

빈혈 Anemia 철 농도가 낮은 상태
피부염 Dermatitis 피부 염증, 발진, 극심한 피부 건조 또는 포진
척추갈림증 Spina bifida 척추와 척수가 제대로 형성되지 않는 선천적 기형으로 신경관 결함의 일종
무월경 Amenorrheic 월경이 없음
골감소증 Osteopenia 정상 골밀도보다 낮은 상태이며 골다공증의 전조이다.
락토 오보 채식주의자 Lacto-ovo vegetarian 유제품과 계란을 먹는 채식주의자
오보 채식주의자 Ovo-vegetarian 계란을 먹는 채식주의자
고칼슘혈증 Hypercalcemia 과도한 혈중 칼슘 수치를 보임

철은 헴철(heme, 헤모글로빈의 색소 성분), 비헴철(non-heme) 형태로 음식에 들어 있다. 헴철의 약 25%가 흡수되는데 비해 비헴철은 약 10%만이 흡수된다(Monsen, 1988). 헴철은 육류에만 존재하기 때문에(그때에도 음식에 포함된 철분의 약 절반만을 구성) 인체에 필요한 철분의 대부분은 혼합 식단을 섭취하는 사람들의 경우에도 비헴 공급원에서 나온다. 인체는 철분이 필요할 때 더 많이 흡수하고 덜 필요할 때 덜 흡수하면서 엄격하게 흡수량을 조절한다. 체내 철의 대부분은 적혈구에서 산소를 운반하는 헤모글로빈에서 발견된다.

그림 10-7 미량 미네랄

채식주의자와 완전 채식주의자(비건)는 철 섭취가 부족할 가능성이 크고 빈혈의 위험이 높지만(Pawlak et al., 2018), 철 보충제나 콩, 렌틸콩, 두부, 특정 견과류와 씨앗같이 철이 풍부한 음식을 섭취함으로써 위험을 완화할 수 있다. 또한 폐경 전의 여성도 철분 요구량이 증가하며, 특히 임산부와 수유부도 그러하다. 운동선수들도 철이 필요한데, 발이 지면을 세게 칠 때(발에 맞은 용혈)와 같이 충격을 가하면 적혈구의 완전성이 파괴되고 적혈구 세포의 변화로 인해 철이 손실되기 때문이다. 남성은 상대적으로 철의 필요성이 적고, 붉은 육류 섭취량이 많아 철이 부족한 경우가 더 적다. 그럼에도 불구하고 철 결핍은 선진국에서 가장 흔한 영양소 결핍증 중 하나이다. 남성의 2%, 여성의 10~20%가 빈혈을 앓고 있다(Killip et al., 2007).

철은 과다 섭취해도 대부분 흡수되지 않아서 철의 독성은 흔치 않다. 다량의 철분 섭취는 특히 빈속에 섭취할 때 위장 장애를 유발할 수 있다. 아주 과한 양을 섭취한 경우, 심각한 장기 부전, 혼수상태, 사망에 이를 수 있다. 혈색소침착증(hemochromatosis)이 있는 사람의 철분 보충도 잠재적으로 치명적이다. 현재 새로운 연구는 붉은 육류 섭취와 질병 간 상관관계에서 붉은 고기가 자유라디칼(free radicals)과 산화 스트레스의 증가를 유도하는지에 초점을 맞추고 있다(Czerwonka & Tokarz, 2017).

요오드는 갑상선 호르몬을 형성하는 데 이용된다. 요오드 결핍과 그로 인한 갑상선종을 예방하기 위해 1924년부터 소금에 요오드를 첨가했다. 이는 바다에서 나지 않은 식품들은 요오드 함유량이 상대적으로 적기 때문에 요오드를 보충하기 위한 방법이다. 자연에서 찾을 수 있는 요오드는 대부분 요오드화염에 존재하는 것과 같은 형태, 즉 요오드화칼륨 또는 요오드화나트륨으로 발견된다. 예를 들어 다시마는 요오드 농도가 높은 해조류이다.

요오드 결핍증은 미국 및 대부분의 선진국에서는 드물지만 요오드가 결핍된 토양을 가진 내륙 지역(약 22억 명의 인구가 거주하는 지역)에서는 여전히 발생한다(Peterson, 2000). 요오드 결핍은 예방 가능한 심각한 인지 장애의 가장 흔한 원인이다. 인지 능력을 감소시키고 주의력 결핍 장애의 위험을 증가시킨다. 이 때문에 인구 통계학적으로 임신 중이거나 수유 중인 여성은 요오드 섭취는 고려해야 할 대상이다.

요오드를 과다 섭취하면 갑상선종이나 갑상선 저하증(활성이 부족한 갑상선)을 일으킬 수 있지만, 인지 장애를 일으키는지는 알려져 있지 않다. 상한치의 100배를 섭취할 경우, 메스꺼움, 구토, 발열, 약한 맥박, 의식불명 같은 증상이 발생할 수 있다(Institute of Medicine, 2001).

아연은 여러 가지 화학 반응의 촉매제로 사용된다. 아연 결핍 증상에는 느린 성장, 식욕 부진, 탈모, 면역 기능 저하, 생식 기능 장애가 있다. 아연 결핍은 흔하지는 않지만 채식주의자나 완전 채식주의자, 임신 중인 여성의 경우에는 아연 섭취량이 불충분할 가능성이 더 크다. 아연 과다 섭취 시에는 위장 장애나 두통 같은 경미한 부작용이 생길 수 있다. 만성적인 아연의 독성 작용은 면역 기능을 저하시키고, 혈중 지질 농도를 떨어뜨리며 다른 미네랄의 흡수를 방해할 수 있다(Institute of Medicine, 2001).

크롬은 대량 영양소의 대사에 관여하며, 포도당 내성에 영향을 미칠 수 있어 식품 보충제로 인기를 얻어 왔다. 크롬 보충제는 크롬 상태가 좋지 않거나 당 관리가 되지 않는 사람들의 혈당을 줄이는 데 도움이 될 수 있다. 그러나 충분한 크롬을 섭취하는 건강한 사람에게는 효과가 없을 수 있다. 포도당 내성이 떨어지는 것이 크롬 결핍증의 유일한 증상이라고 알려져 있으며, 독성은 거의 없다(National Academy of Medicine, 2001).

지식 확장하기

식이 보충제, 특히 종합 비타민과 미네랄을 적절하게 사용하는 것은 일반화되어 있고, 영양 부족을 채우는 데 도움이 되는 것으로 나타났다(Bailey et al., 2012; Blumberg et al., 2017). Blumberg(2017)는 미국의 약 11,000명의 성인들을 대상으로 음식만 먹은 그룹, 음식과 종합 비타민 보충제, 미네랄 보충제를 함께 섭취한 그룹으로 나누어 17가지 영양분의 섭취에 대해 분석했다. 비타민 D, E, 칼슘, 마그네슘을 제외하고, 보충제의 섭취 빈도가 높을수록 검사한 모든 비타민과 미네랄의 부적절한 섭취가 사라졌다. 더욱이, 종합 비타민 보충제를 먹는 경우 17가지 영양소 중 16가지의 섭취가 크게 개선되었다. 따라서 흔하게 발생하는 결핍증을 예방하고, 연령, 성별, 생애 단계에 근거한 권장 섭취량을 충족하기 위해서 종합 비타민과 미네랄을 매일 섭취하는 것은 효과적인 영양 전략으로 보인다. 칼슘, 마그네슘, 철 및 비타민 D와 오메가3 지방산, DHA, EPA 같은 기타 필수 영양소의 일일 권장량을 섭취하려면 별도 보충제를 먹어야 할 것이다. 식이 보충제가 건강한 식이요법을 대체하지는 못하지만, 필수 영양소의 권장 섭취량을 충족하는 데 도움이 될 수 있으며, 건강한 노화에 필수적인 역할을 할 수 있다.

오메가3 보충제

오메가3 지방은 보다 더 철저한 연구가 이루어진 식이 보충제 중 하나이다. 대개 피시 오일(fish oil)로 보충되는데, 오메가3 보충제는 심혈관 질환 예방과 염증 상태 완화, 신경학적 발달에서 중요하다. 오메가3는 세 번째로 많이 섭취하는 식이 보충제이며, 피트니스 전문가는 고객들과 오메가3에 대해 얘기할 기회가 많을 것이다(Grand View Research, 2019).

오메가3 보충제는 독특한 물리 구조를 가진 불포화지방산이다. 오메가3에는 에이코사펜타엔산(eicosapentaenoic acid, EPA), 다코사헥사엔산(docosahexaenoic acid, DHA), 알파-리놀렌산(alpha-linolenic acid, ALA)의 3가지 형태가 있다(표 10-5). EPA와 DHA는 피시 오일로 알려져 있고, ALA는 식물에서 나오며, EPA로 전환되었다가 DHA로 전환된다. 피시 오일은 생물학적 활성 형태이기 때문에 생물학적 관련성이 가장 높으며, ALA의 약 5~15%만이 EPA로 전환된다(Gerster, 1998; Wang et al., 2006).

표 10-5 오메가3 지방산

오메가-3 지방산	출처
에이코사펜타엔산(EPA)	지방이 많은 생선: 청어, 고등어, 연어, 정어리, 대구 간
도코사헥사엔산(DHA)	지방이 많은 생선: 청어, 고등어, 연어, 정어리, 대구 간
알파리놀렌산(ALA)	식물: 치아씨드, 호두, 아마씨 및 그 오일

관상동맥 심장 질환의 감소와 같이 건강에 있어 긍정적인 결과를 얻기 시작하려면 피시 오일을 최소 250mg을 섭취해야 하지만, 피시 오일은 하루에 1~4g 사이가 더 적절하다(de Lorgeril et al., 1994; Harris, 1997; Mozaffarian, 2008). 이상적인 용량은 개인의 식단에서 오메가6 성분이 차지하는 양에 따라 많이 달라진다. 피시 오일의 장점은 오메가6 대 오메가3의 비율이 잘 조성되어 있다는 것이다. 오메가3는 염증을 억제하는 것이 특징이며, 오메가6는 염증을 유발하는 것이 특징이다. 따라서 식단에 오메가6 지방산이 많이 포함되어 있다면 염증성 균형을 맞추기 위해 오메가3가 더 많이 필요하다(Simopoulos, 2008). 게다가, 오메가3 대 오메가6 비율 외에도 EPA 대 DHA 비율도 관련이 있으며, 이상적인 정확한 비율은 알려져 있지 않지만, EPA 대 DHA가 2:1이 되는 것이 좋다(Shang et al., 2017).

피시 오일의 여러 건강상 이점은 심혈관 질환과 관련 있다. 피시 오일은 트라이글리세라이드(중성지방, triglycerides)를 감소시키는 데 효과적이다(Wei & Jacobson, 2011). 피시 오일은 고밀도 지단백 콜레스테롤(HDL) 수치를 높이고 염증을 감소

헴철 Heme 동물성 식품에서 발견되는 철의 형태

비헴철 Nonheme 식물성 식품에서 발견되는 철의 형태

혈색소침착증 Hemochromatosis 섭취한 음식에서 철을 너무 많이 흡수하는 병

오메가3 Omega-3 고도 불포화지방산, 에이코사펜타에노산(EPA), 다코사헥사엔산(DHA), 알파-리놀렌산(ALA)

에이코사펜타엔산 Eicosapentaenoic Acid (EPA) 참치, 고등어, 연어, 청어 같은 냉수성 어류의 살에서 발견되는 오메가3 지방산 중 하나

다코사헥사엔산 Docosahexaenoic Acid (DHA) 어류나 피시 오일 같은 해산물에서 발견되는 오메가3 지방산 중 하나

알파-리놀렌산 Alpha-Linolenic Acid (ALA) 씨앗과 씨앗 오일에서 발견되는 오메가3 지방산 중 하나. 호두, 아마씨, 일반적인 여러 가지 식물성 기름이 있다.

트라이글리세라이드(중성지방) Triglycerides 음식과 몸에 존재하는 대부분 지방의 화학적 형태 또는 기질 형태

시키는 것과 같은 심혈관 질환의 다른 위험 요소를 개선한다(Dangardt et al., 2010; Zulyniak et al., 2013). 고밀도 지단백 콜레스테롤은 혈중의 과도한 콜레스테롤을 제거하고 다시 간으로 보내기 때문에 때로는 '좋은' 콜레스테롤이라고도 한다. 심혈관 건강 이외에도 피시 오일은 우울증과 루푸스 증상을 완화시킬 수 있다(Sarris et al., 2012; Wright et al., 2008). DHA는 특히, 뇌 건강에 도움이 되고 체내 조직 내 산소 결핍(저산소증)을 예방하는 것으로 알려져 있다(Mayurasakorn et al., 2011). 전미대학체육협회(National Collegiate Athletic Association) 부문1 풋볼 선수들에게 DHA 복용량을 늘린 연구에서 DHA의 용량을 늘리면 뇌 외상으로부터 더 잘 보호되었고, 하루에 2g을 섭취하는 것이 최적의 용량으로 나타났다(Oliver et al., 2016). 이러한 효과는 머리 부상 위험이 큰 선수들 모두에게로 확대 적용할 수 있다. 오메가3의 복용 상한선은 정해져 있지 않지만, EPA와 DHA를 섞어서 2~15g을 섭취했을 때 과다출혈이 관찰되었다(Institute of Medicine, 2005).

에르고제닉 에이드(강장제)

고객은 얼마나 빨리 목표를 성취할 수 있는지 알고 싶어 한다. 따라서 고객들은 그 목표를 이루는 데 에르고제닉 에이드(ergogenic aids)가 도움이 되는지를 물어볼 수도 있다. 많은 보충제가 지방을 감소시키고, 근력을 증진시켜 주거나 근육을 만들어 준다고 광고하지만, 엄격히 증명된 바는 없다. 피트니스 전문가는 고객의 목표와 일치하는 결과를 낳게 해주는 안전한 보충제도 알려주지만, 안전하지 않으며 역효과를 내는 보충제를 피하는 방법에 대해서도 안내해 줄 수 있어야 한다. 고객들은 적절한 식단 및 운동 계획의 대체물로서 보충제를 사용할 수도 있기 때문에 피트니스 전문가는 에르고제닉 에이드를 추천하는 데 신중을 기해야 한다. 예를 들어, 고객은 새로운 지방 연소제를 먹고 있기 때문에 디저트를 더 먹어도 된다고 생각할 수 있는데, 이는 체중 감량 진행을 무효화하거나 개선에 역행할 수도 있다. 보충제를 추천할 때도 주의를 기울여야 한다. 피트니스 전문가는 추천에 대한 책임이 있고, 건강 보충제보다 일부 에르고제닉 에이드의 위험이 더 크기 때문이다.

에르고제닉 에이드는 사람들이 스포츠 보충제라고 할 때 떠올리는 식품 보충제의 한 유형이다. 에르고제닉(ergogenic)이라는 단어는 '일'을 의미하는 ergo와 '생산하다'를 의미하는 genic의 두 부분으로 나누어진다. 육체적 관점에서 신체의 능력을 향상시키는 것이 보충제 섭취의 근본 목적이다. 운동선수는 힘을 끌어내고, 더 오래 경기하며, 빨리 회복할 수 있는 능력을 향상시키고 싶어 한다.

이용 가능한 에르고제닉 에이드가 무수히 많지만, 일부는 다른 것보다 더 효과가 있는 것으로 입증되었다. 이 장에서 언급되지 않은 보충제가 효과가 없다는 뜻은 아니다. 단지 그것들은 이 책의 범위 밖일 뿐이다. 가장 많이 사용되는 에르고제닉 에이드는 단백질, 아미노산, 크레아틴, 카페인이다.

단백질

모든 단백질은 아미노산(amino acids)으로 구성되어 있다. 인체 영양소의 경우 20개의 관련 아미노산이 있다. 11개는 비필수 아미노산(nonessential amino acids)이고 9개는 필수 아미노산(essential amino acid, EAA)이다. 이 9가지 아미노산 중 3가지는 분지쇄아미노산(branched chain amino acids, BCAA)으로 류신(leucine), 이소류신(isoleucine), 발린(valine)이다(표 10-6). 단백질과 아미노산은 주로 근육 단백질 합성(muscle protein synthesis, MPS) 속도를 향상시켜 근육 크기를 키우고 회복하는 데 사용된다.

MPS(근육 단백질 합성)가 발생하기 위한 두 가지 주요 요소가 있다. 첫째, 정확한 조건과 신호가 있어야 한다. 둘째, 물질이 근육 단백질을 조직할 수 있어야 한다. MPS에 영향을 주는 몇 가지 신호가 있지만, 가장 중요한 식이 관련 요인은 단일 아미노산인 류신(leucine)이다. 단백질 전체, EAA, 비필수 아미노산, BCAA, 개별 BCAA에 대한 MPS 비율을 비교하면, 류신을 포함한 물질(단백질, EAA, BCAA, 류신 단독)이 MPS를 유의미하게 증가시킬 수 있다(Garlick, 2005).

섭취하는 단백질의 형태도 중요하지만, 고객에게 있어 가장 중요한 고려 사항은 일일 총 단백질 섭취량이다. 활동적이지 않은 사람은 활동적인 사람이나 선수들보다 단백질 필요량이 더 적다. 격렬한 운동일수록 근육이 더 많이 손상되기 때문에 이런 사람들은 회복하기 위해 단백질이 더 필요하다. 이전에는 비활동적이었다가 지금은 활동적인 사람들

표 10-6 아미노산

필수	비필수	조건부 필수
류신(Leucine^)	알라닌(Alanine)	히스티딘(Histidine)
이소류신(Isoleucine^)	아르기닌(Arginine*)	아르기닌(Arginine)
발린(Valine^)	아스파르트산(Aspartic acid)	글루타민(Glutamine)
메티오닌(Methionine)	아스파라긴(Asparagine)	
페닐알라닌(Phenylalanine)	시스테인(Cysteine)	
트레오닌(Threonine)	글루탐산(Glutamic acid)	
트립토판(Tryptophan)	글루타민(Glutamine*)	
라이신(Lysine)	글리신(Glycine)	
히스티딘(Histidine*)	프롤린(Proline)	
	세린(Serine)	
	트레오닌(Threonine)	

^분지쇄 아미노산
*아미노산은 특정 환경하에서 조건부로 필수 아미노산이 될 수 있다.

의 단백질 필요량은 증가할 것이다. 어떤 경우에 이것은 생활방식의 큰 변화를 가져오고 고객은 그것을 어렵게 받아들일 수 있다.

단백질 필요량은 식품을 통해서만 채우기가 어렵기 때문에 많은 사람이 단백질 쉐이크를 택한다. 단백질 쉐이크는 먹기 간편하고 쉬워서 고객들의 식단에 단백질을 보충하는 데 가장 손쉬운 방법이다. 단백질 파우더는 농축 단백질(단백질 80%), 또는 분리 단백질(단백질 90%)로 만들어진다. 나머지 10~20%는 수분, 칼슘, 회분, 탄수화물(유당), 지방으로 이루어져 있다. 탄수화물과 지방 섭취를 엄격하게 관리해야 하는 사람이 아니라면 다른 영양소의 섭취 없이 단백질만 보충할 수 있는 가장 비용 대비 효율적인 전략이다. 칼로리를 더 적게 섭취해야 하거나 알레르기 항원을 우려하는 사람, 특별한 식단을 유지하는 사람, 위장 장애를 걱정하는 사람은 대안으로 MPS의 비슷한 증가를 위해 단백질 대신 EAA를 섭취할 수 있다(Wilkinson et al., 2018).

에르고제닉 에이드 Ergogenic aid 기량과 몸 구성을 강화시킬 수 있는 식품 보충제. 기능 보충제로도 불린다.

아미노산 Amino acids 카르복실기(carboxyl)와 아미노기(amino group) 모두를 포함하는 단백질의 유기적 구성 요소

비필수 아미노산 Nonessential amino acids 인체에서 합성할 수 있으며 일반적인 환경에서는 음식으로 섭취할 필요가 없는 아미노산

필수 아미노산 Essential amino acid (EAA) 인체에서 만들지 못하기 때문에 반드시 음식으로 섭취해야 하는 아미노산. 9가지 필수 아미노산이 있다.

근육 단백질 합성 Muscle protein synthesis (MPS) 새로운 근육 단백질이 형성되어 근육이 분자 수준에서 성장하거나 복구되는 과정

전문적으로 알아보기

류신은 MPS 신호를 증가시키지만, 필수 아미노산과 에너지(칼로리/APT)를 사용할 수 없으면 단백질은 합성될 수 없다.

최근, 류신과 BCAA는 작용하지 않는다는 논란이 있었지만, 이는 류신과 BCAA는 "하나만 있을 때 작용하지 않는다"로 확장하면 논란은 사실이 된다. 이들은 다른 물질이 단백질을 합성할 수 있을 만큼 MPS를 증가시킨다. 다른 EAA 및 에너지 없이는 BCAA 보충제는 MPS에 충분하지 않을 수 있다.

MPS를 최대한 증가시키는 데 필요한 류신의 절대량은 신체의 크기에 따라 증가한다. MPS를 최대화하도록 몸무게 kg당 매끼 류신을 0.05g 복용할 때(Norton & Wilson, 2009) 신호가 약 3시간 동안 유지된다는 몇몇 지표가 있다(Wilson et al., 2011).

동물성 단백질에는 류신이 더 많이 들어 있고, 이들은 근육 성장에서 식물성 단백질보다 더 좋은 것으로 여겨진다. 76일간 밀가루(류신 6.8%), 콩(8%), 달걀(9%), 또는 유청(11%) 단백질을 섭취하는 식단은 근육 팽대율과 단백질 내 류신 성분 관련 체지방 감소를 입증했다. 특히 근육 성장과 지방 감소는 유청, 달걀, 콩, 밀가루순으로 좋았다(Norton et al., 2010).

따라서 근육 성장을 최대화(혹은 회복)하는 것이 목표라면 매 3~4시간마다 적절한 고품질의 단백질(또는 BCAA/EAA)을 섭취하는 것이 가장 좋은 접근법일 수 있다. 고객의 경우에는 먼저 총 단백질량에 초점을 맞추고, 그 다음에 단백질 품질, 단백질 타이밍(섭취 시기)순으로 초점을 맞추는 것이 적절하다.

단백질 쉐이크가 운동 후 회복을 위해 필수적인 보충제로 여겨지지만, 운동 후라는 시간 범위는 인식하는 것보다 사실 더 넓다. 운동 바로 직후에 단백질을 섭취할 이유는 없다. 근육 성장에 대한 20가지 연구, 근육 근력 강화에 대한 23가지 연구에 대한 메타 분석 결과, 1일 총 단백질 섭취량이 동일하면 운동 직후의 단백질 섭취량은 통계학적으로 유의미한 효과를 나타내지 않았다고 한다(Schoenfeld et al., 2013). 그러나 운동 후 단백질을 섭취하는 것은 일일 총 단백질 섭취량에 일조할 수 있는 기회이긴 하다. 또한 타이밍이라는 점에서 보자면, 운동 중에 류신이 풍부한 EAA를 섭취하면 운동 후 회복을 촉진하고 근육 이화 작용(reducing muscle catabolism)을 줄이는 데 도움이 된다(Pasiakos et al., 2011). EAA(필수 아미노산) 보충제는 전형적으로 다른 EAA에 비해 류신의 양이 불균형하게 높은데 보통 총 EAA의 양 6~10g 중에 몇 그램이다.

피트니스 전문가는 고객의 목표에 맞는 충분한 단백질 섭취를 위해 적절하게 안내할 수 있다. 대부분 단백질이 근육을 키우는 보충제로 인식되지만, 고객이 적절한 양의 칼로리를 섭취하고 저항 훈련을 할 때는 단백질이 근육을 형성하는 회복 보충제(및 고객 식단에 필수적인 성분)에 더 가깝다. 피트니스 전문가는 고객이 필요한 단백질을 그들의 식사 횟수에 맞게 나눠서 계산하도록 도와준다. 예를 들어, 하루에 120g의 단백질이 필요하고, 하루 세끼 식사를 하는 80kg(176파운드) 고객에게는 매끼당 40g[매끼당 살코기 140~170g(5~6온스)]의 단백질을 섭취하도록 권할 수 있다. 동일한 고객이 이런 패턴이 어렵다고 한다면, 단백질 쉐이크를 네 번째 식사로 보고 네 끼를 먹을 때 매번 쉐이크 30g을 먹도록 하는 것이 가장 좋은 방법이다. 이 시나리오에서 고객은 세 번 식사마다 살코기 약 110~140g(4~5온스)을 먹고, 단백질 쉐이크는 운동 후 한 번, 아침식사 대용으로나 저녁 식사 후 디저트로 한 번 먹을 수 있다. 고기를 먹지 않는 사람도 비슷한 계획을 따르되 콩이나 식물성 단백질로 바꿀 수 있다. 하지만 정확한 양은 달라질 수 있다.

크레아틴 보충제

많은 고객의 목표는 근육 크기와 근력을 키우는 데 집중되어 있다. 단백질과 아미노산은 이 목표를 달성하는 데 확실히 도움이 되지만 크레아틴 역시 근육량, 근력, 피로 저항도를 늘리는 또다른 보충제가 될 수 있다는 증거들이 많다. 크레아틴 보충제는 운동 잠재력을 극대화하는 가장 간단한 방법이다.

© Aleksandra Gigowska/Shutterstock.

신체적 한계에 도전하려는 고객에게 크레아틴은 추가 반복을 할 수 있게 하며 운동량을 늘려 적응에 대한 자극이 올라가도록 한다. 크레아틴은 메치오닌, 아르기닌, 글리신 이 세 가지 아미노산으로 구성되어 자연적으로 생성(하루에 약 1g)된 화합물이다. 간과 신장에서 생성되나 주로 주요 기능을 할 수 있는 골격근에 저장된다. 크레아틴은 ATP를 지원하는 역할을 한다. 즉 ADP를 ATP로 재인산화하는 데 사용하는 크레아틴 인산염(phosphate)과 같은 여분의 **인원질(phosphagen)**을 운반하여 근육 섬유가 운동 시작 약 15초 동안 강한 수축을 계속하게 해준다(그림 10-8). 크레아틴 사용을 시작한 후, 고객은 운동 부하를 더 늘릴 때 크레아틴의 효과가 나타난다는 것을 알 수 있다. 고객은 같은 무게로 더 많은 반복을 수행할 수 있게 된다.

지금까지 가장 잘 입증된 크레아틴의 형태는 **크레아틴 모노하이드레이트(creatine monohydrate)**이며 이 화합물에 대한 500가지 이상의 연구가 있다. 시중에 12가지가 넘는 크레아틴 보충제가 있지만, 크레아틴 모노하이드레이트보다 우수하다고 입증된 것은 없다(Jager et al., 2011). 크레아틴 보충제 섭취를 고려할 때 가장 중요한 점은 복용량이다. 복용량에 대해서는 가장 논란이 많고, 잘못된 정보도 많다.

크레아틴에 대한 연구에 따르면 하루에 5g을 권장하지만, 근육량이 평균 이상인 사람들은 하루에 10g까지도 필요할 수 있다. 크레아틴이 많을 필요는 없지만, 많을 경우 근육이 완전히 포화되는 데 시간이 더 적게 걸리기 때문에 더 빨리 역할을 하게 된다(Kreider et al., 2017). 보통 **로딩(loading)** 전략은 하루에 20g씩 5~7일 동안 섭취하고 그 다음에 5g씩

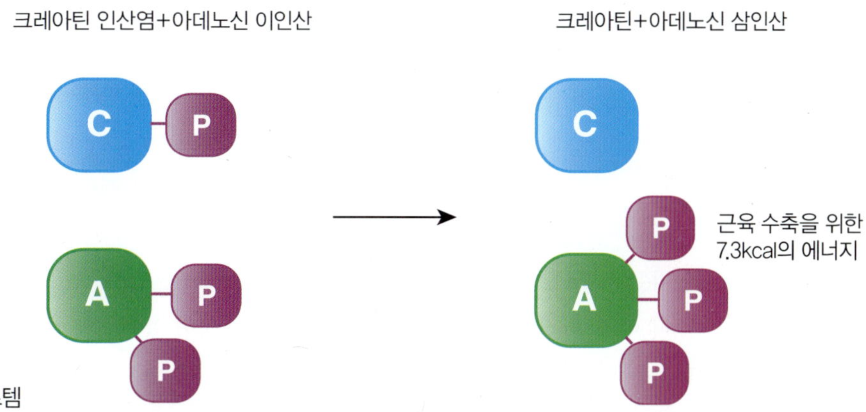

그림 10-8 ATP-PC 시스템

유지하는 것이다. 크레아틴은 회로가 필요 없다(Rawson et al., 2004). 만성적인 크레아틴 보충이 **내인성(endogenous; 인체의 자체적)** 생산을 손상시킬 수 있다고 믿었지만, 입증된 바는 없다(Kreider et al., 2017).

일반적으로 근육이나 체중, 근력, 파워 발산, 격렬한 고강도 운동에 대한 내성을 늘리고 싶어하는 사람들이 크레아틴을 섭취할 수 있다(Branch, 2003; Law et al., 2009; Rawson & Volek, 2003). 마라톤 선수들은 체중 증가에 대한 부담 때문에 크레아틴을 꺼리는 경우가 많은데, 크레아틴 섭취는 지구력에 약간의 영향을 미치지만, 산소 소비와 글리코겐 재합성을 개선하는 데 효과적인 것으로 나타났다(Ayoama et al., 2003; Graef et al., 2009; van Loon et al., 2004). 많은 체중 증가 없이 크레아틴의 효과를 누리고 싶은 사람은 5g 대신 하루의 2~3g만 먹어도 된다(구체적으로는 몸무게 1kg당 0.3g)(Rawson et al., 2011). 크레아틴으로 인해 즉각적으로 늘어난 몸무게는 수분 무게 때문일 수 있다는 것을 강조하는 것이 중요하다. 크레아틴은 시간이 지나면서 근육 조직에 유익한 효과가 있으며, 어떤 몸의 조직에서도 급격하게 무게를 늘리는 원인이 되지 않는다.

크레아틴에 대한 새로운 연구 분야는 뇌 손상 예방이다. 대부분의 크레아틴은 골격근에 저장되지만, 일부 크레아틴은 뇌에 저장되는데, 크레아틴을 보충하면 뇌에 저장된 크레아틴의 양도 증가한다. 허혈성 뇌 손상을 입은 경우, 뇌 손상 동안 세포가 살아 있도록 APT가 필요하기 때문에 에너지 부족으로 일부 뇌가 손상될 수 있다. 이 분야에 대한 초기 연구에서는 뇌세포에 크레아틴이 증가하면 허혈증(부적절한 혈액 공급)으로 인한 뇌손상이 줄어든다고 했다(Adcock et al., 2002). 그러나 이 분야에 크레아틴을 적용하는 것은 피트니스 전문가의 영역을 벗어난다.

크레아틴이 때로는 근육 경련과 신장 손상을 일으킨다는 주장이 있다. 크레아틴은 ATP 대사의 부산물이며, 신장에 의해 배출된다. 혈액과 소변에서 크레아틴 수치가 높으면 신장이 배출 기능을 수행하지 못하고 있다고 볼 수 있다. 그러나 크레아틴 수치는 근육량, 동물성 단백질 섭취량, 활동량, 크레아틴 보충제 섭취량과도 상관관계가 있다. 이들은 크레아틴 수치 상승의 특발성 원인이며, 혈액 검사에서 위양성(false positive)이 나오게 하고 크레아틴이 신장을 손상시킨다는 혼란을 일으키기도 한다. 건강한 사람을 대상으로 이루어진 한 연구에서 크레아틴 보충제로 인해 신장이 받는 스트레스가 높아진다는 연구 결과는 없으며, 신장 문제가 있는 사람들의 경우에도, 단기간 섭취 시에는 하루 3g은 안전한 것으로 관찰되었다(장기간 연구는 자료가 부족하다)(Kreider et al., 2017). 크레아틴은 또한 경련을 일으킨다고 보고 되었지만, 크레아틴 보충제로 인해 근육 경련 발병률이 감소하거나 경련에 영향이 없다는 사실을 뒷받침하는 증거가 있다(Greenwood et al., 2003).

피트니스 전문가는 이 정보를 인용해 고객에게 크레아틴의 적절한 사용법을 교육할 수 있다. 크레아틴을 복용하고 싶어하는 고객은 크레아틴 모노하이드레이트가 가장 좋다. 그들은 크레아틴을 로딩할 수도 있고(요구되는 것은 아니다) 크레아틴을 사이클할 필요가 없다고 알려주어야 한다. 상당한 체중 증가를 피하면서 크레아틴의 장점 중 일부를 경험

인원질 Phosphagen 결합이 깨지면서 에너지를 방출하는 고에너지 분자
크레아틴 모노하이드레이트 Creatine monohydrate 식품 보충제로 섭취할 수 있는 가장 흔하고 가장 효율이 좋은 크레아틴의 형태
로딩 Loading 근육 조직을 포화시키거나 더 적은 용량에 의지하기 전 다른 신체 조직에 저장하기 위해 많은 양을 섭취하는 것
내인성 Endogenous 유기체 내에서 생성 혹은 합성되는 것

하고 싶은 사람에게는 보통 섭취량의 절반을 섭취하라고 충고할 수 있다.

카페인 보충제

카페인은 커피, 차, 에너지 음료, 운동 전 보충제, 에너지 주사 및 껌 같은 여러 식품에 들어 있다. 이 장에서 논의된 모든 식이 보충제 중 카페인은 고객들이 이미 가장 많이 사용하고 있는 보충제이다. 대부분은 피로를 이겨내고 일상적인 기능을 예상 수준으로 유지하기 위해 카페인을 섭취한다. 일부 사람들에게는 카페인을 먹는 것이 운동 루틴의 일부를 의미하기도 한다.

카페인은 세계에서 가장 인기 있는 보충제이다(Mitchell et al., 2014). 이용 가능한 각성제가 많이 있지만, 커피와 차가 카페인 전달 물질로 가장 많이 사용된다. 평균적으로, 한 사람이 1년에 대략 차 236잔, 커피 132잔을 소비한다(Infiniti Research Limited, 2018). 카페인을 포함한 각성제는 생리 활동과 대사 활동을 증진시킨다. 카페인은 주로 에너지와 지구력, 대사율을 높이기 위해 사용된다.

카페인은 피로감을 만들어내는 수용기를 화학적으로 차단하여 각성, 주의, 집중력을 높인다. 그러나 아드레날린 분비를 유발하여 대사율을 높이고 더 많은 에너지(APT)가 대사되도록 한다. **아드레날린(adrenaline)** 분비는 통증 내성 수준을 향상시키고 몸에 저장된 체지방을 동원하는 역할도 한다.

카페인의 에르고제닉 효과는 지방산 동원보다는 통증 내성 개선 때문이라고 보고 있다(Astrup et al., 1990). 메커니즘에 관계없이 카페인은 지구력을 향상시키는 데 큰 도움이 되는데, 5~9%의 개선을 가져온다는 일부 연구 결과가 있다(Paton et al., 2010; Schneiker et al., 2006). 또한 대사율 증가, 지방산 동원, 포만감 때문에 카페인은 체중 감소에 도움이 될 수 있지만(Astrup et al., 1990; Tremblay et al., 1988), 사람들이 카페인 내성을 갖게 되면서 녹차 폴리페놀 또는 마황과 같은 다른 성분과 함께 사용될 때에만 체중 감소 효과를 얻을 수 있다(Astrup et al., 1992; Tabrizi et al., 2019; Westerterp-Plantenga et al., 2005). 카페인은 근력 기능 향상에는 그다지 도움이 되지 않는다(Goldstein et al., 2010).

식이 보충제에 있는 카페인은 100% 카페인에 가까운 **무수 카페인(caffeine anhydrous)**이다. 또한 카페인 구연산, 디카페인 사과산염(말산염), 또는 카페인 프테로스틸벤(pterostilbene)이 있다. 이러한 형태들은 카페인을 천천히 배출하도록 해주지만, 화학적 결합 때문에 카페인 함량이 낮고 대개 더 비싸다. 최적의 카페인 양은 운동하기 약 1시간 전에 몸무게 1kg당 3~6mg(1.4~2.7mg/lb)이며(Goldstein et al., 2010) 6mg/kg(2.7mg/lb)를 초과하는 양은 부작용 및 손상을 일으킬 가능성이 높다. 약 85~90%의 사람들이 카페인 섭취에 대해 호의적으로 반응한다(Pickering & Kiely, 2018).

카페인 사용은 일반적이며, 피트니스와 관련해서는 운동 전 보충제 또는 지방 연소 보충제로 흔히 사용된다. 피트니스 전문가는 카페인을 포함한 각성제에 대해 고객과 논의할 때 주의를 기울어야 하며, 고객이 약을 복용하고 있거나 질병이 있는 경우에는 절대로 각성제를 추천해서는 안 된다. 여기에 해당하는 고객들은 카페인이나 다른 각성제에 대해 주치의의 추천을 받도록 의사에게 안내해야 한다. 건강한 고객은 운동 기량, 에너지 레벨, 몸의 구성을 개선하는 데 장점이 있다고 생각되면 카페인을 계속 이용해도 된다. 카페인이 저장된 체내 지방을 배출하고 대사율을 높여주긴 하지만, 고객에게 카페인 섭취를 권장할 경우에는 리스크를 가정해야 한다. 녹차나 마황과 같이 섭취하지 않는 한 카페인 단독으로는 지방 감소 효과가 크지 않은데, 마황은 금지 물질이며 어떠한 경우에도 권장될 수 없다. 카페인은 400mg을 전후로 한 용량에서 원치 않는 부작용을 일으킬 수 있으며, 카페인을 섭취하지 않는 사람이나 카페인 부작용 소인이 있는 사람은 10g 가까이 섭취하면 치명적이다. 흔한 부작용으로는 행동 불안, 불면증, 심장박동 증가(휴식 시), 불안, 초조, 위장 장애 등이 있다.

에르고제닉 에이드에 대한 윤리적·법적 이슈

수많은 식이 보충제가 시중에 나와 있고, 문제가 발생하기 전까지는 알 수 없는 판매 루트로 인해 피트니스 전문가는 에르고제닉 에이드(강장제) 이용에 대해 교육하기 전 반드시 알고 있어야 하는 몇 가지 우려 사항들이 있다. 첫 번째, 전적으로 효과가 있는지의 여부는 PubMed 또는 구글 스콜라(Google Scholar)와 같은 평판 좋은 리소스의 연구나 미국영양 및 식이요법학회(Academy of Nutrition and Dietetics), 전국체육지도자협회(National Athletic Trainers Association), 국제스포츠영양학회(International Society of Sports Nutrition), 기타 저명한 단체의 보고서를 검색하여 판단할 수 있다.

제품이 섭취할 가치가 있다고 생각되면, 두 번째 고려해야 할 점은 합법적이고 안전한 제품인지 확인하는 것이다. 특정 상황에서는 NCAA나 WADA 같은 단체의 규제를 받는 윤리적인 문제도 있다. 보충제가 대부분 합법적이지만, 스포츠 연맹의 규칙 때문에 스포츠에서 늘 허용되는 것은 아니다. NCAA는 현재 어떠한 성분이라도 금지할 수 있는 권한을 가지고 있으며, WADA는 매년 금지 약물 리스트를 웹사이트에 공개하고 있다. NCAA 또는 WADA는 보충제가 경기력에 영향을 미치거나 다른 약물 사용을 은폐하거나 건강상 위험을 초래할 수 있다고 생각하기 때문에 특정 보충제를 금지할 수 있다. 이런 기관들은 경기가 있는 해의 특정 시기 동안만 보충제를 금지하거나 보충제에 대한 제도화된 공급만을 금지할 수도 있다. 따라서, NCAA나 WADA가 금지한 모든 보충제가 모든 고객에게 해당하는 것은 아니다.

시도하기

식이 보충제에 대해서 무언가를 알고 싶다면, 구글 스콜라 또는 PubMed에서 알고 싶은 내용을 조사해보자. 익숙하지 않은 주제가 있다면 서술형 리뷰나 메타 분석에서 시작하자. 이들은 한 번에 많은 연구를 요약해주고 검토된 연구의 질을 알려주는 지표를 제공한다. 식이 보충제에 관한 양질의 연구는 위약 대조 그룹, 식단 및 운동 모니터링 또는 표준화, 사용자 그룹과 유사한 인적 샘플(보충제를 사용하려는 사람들), 연구에 사용된 보충제 용량이 나와 있으며, 여러 성분으로 혼란스럽게 하지도 않는다.

또한 오염 가능성도 있기 때문에 운동선수와 운동하는 사람들이 제3자 검증(정보에 기반한 선택, Informed Choice 또는 NSF)이 있는 식이 보충제만을 원할 수 있다. 식이 보충제의 25% 정도에 금지 약물이 섞였을 수 있다(Geyer et al., 2004). FDA는 금지 약물 및 처방 의약품같이 라벨에 기재되어 있지 않은 숨겨진 성분이 포함된 제품의 온라인 데이터베이스를 유지 관리한다.

금지 약물

일부 식이 보충제는 합법적으로 시장에 들어오지만, 결국에 재분류된다. 이러한 일은 최근 역사에서 일부 각성제에서 발생했고, 더 과거로 거슬러 올라가면 아나볼릭 스테로이드가 운동경기에서 사용이 금지되지 않았던 시절도 있었다. WADA 또는 NCAA가 금지한 약물이 항상 위험한 것은 아니지만, 대부분은 처방이 필요한 의약품에 국한되거나 일상적 사용이 불법인 약물이다.

카페인 외에도 많은 각성제가 여러 나라에서 금지 약물로 취급되고 있다. 미국은 각성제에 대해 상대적으로 자유로워, 호르데닌(hordenine, 보리에서 발견되는 화학물질) 및 요힘빈(yohimbine, 아프리카에서 발견되는 사철나무 껍질에서 추출) 같은 각성제도 허용된다. 반대로, 영국에서는 식이 보충제로만 카페인을 허용한다. 미국에서 금지된 가장 잘 알려진 각성제 두 가지는 DMAA(디메틸아밀라민, dimethyl-amylamine)와 마황[ephedra, 에페드린(ephedrine)과 기타 각성제가 포함된 약초]이다. DMAA와 마황은 심혈관 자극으로 인한 여러 사망 사례로 심각한 부작용이 보고되면서 금지되었다.

아나볼릭 스테로이드는 또 다른 종류의 에르고제닉 보충제이다. 이 스테로이드는 호르몬 전구체(hormone precursor), 보통 테스토스테론(testosterone)에서 나오며, 근육량과 근력을 늘리고 체지방을 감소시키는 데에 주로 사용된다. 스테로이드의 일부 부작용은 여성형 유방(gynecomastia), 탈모같이 영구적인 것도 있지만 대개 일시적이며, 공격성과 같은 부작용이 스테로이드를 사용하는 동안에만 발생한다 (Hoffman & Ratamess, 2006). 부작용 목록은 [표 10-7]에 나와 있다.

아드레날린 Adrenaline 에피네프린(epinephrine)이라고도 알려진 호르몬. 신체 과정을 자극하여 각성 및 세포 대사를 증가시킨다.

무수 카페인 Caffeine anhydrous 커피 나무의 씨앗과 잎으로 만든 고농축 카페인 파우더

DMAA 디메틸아밀라민. 흥분제와 암페타민은 한때 건강보조식품으로 합법화되었다.

마황 Ephedra 신진대사 강화 효과를 가지고 있는 식물성 알칼로이드. 미국과 EU에서는 불법 보충제이다.

심각한 부작용 Serious adverse effect 생명을 위협하는 상황, 입원, 정상적인 생활을 영위하기 위한 능력의 영구 상실, 선천적 기형, 생식 능력 장애 또는 사망의 원인이 되는 부작용

호르몬 전구체 Hormone precursor 다른 호르몬 또는 호르몬 유사 물질을 생성하는 데 사용되는 호르몬

테스토스테론 Testosterone 남성의 2차 성징을 일으키는 호르몬

여성형 유방 Gynecomastia 유방 조직 성장으로 특징되는 남성 질환

표 10–7 아나볼릭 스테로이드로 발생 가능한 부작용

남자	여자
여드름	남성적 골격의 발달
탈모	몸과 얼굴의 털
여성형 유방(가슴 조직의 발달)	저음의 목소리
과민성 및 공격성	과민성 및 공격성
성적 욕구의 변화(증가 또는 감소)	성적 욕구의 변화(증가 또는 감소)
불면증	체액 잔류
고환 위축	생리 불순
정자 수 감소	유방 위축
콜레스테롤 농도 악화	음핵 비대
전립선 비대	여드름

금지 물질을 포함하고 있는 식이 보충제는 제품의 라벨에 금지 물질이 보통 표기되지 않는다. 사용자에게 원하는 효과를 제공하기 위해 라벨에 나열되지 않은 금지 물질을 넣을 수 있으며, 고객은 근력과 같은 효과가 보충제 라벨에 표시된 성분 때문이라고 생각하게 된다. 보충제 제조 회사가 많아 FDA는 모든 식품 보충제를 조사할 수는 없다. 따라서 피트니스 전문가와 고객은 제3자 검증을 받고 효과에 대해 충분히 입증된 브랜드의 식이 보충제만 이용하는 것이 최선이다.

트레이닝 팁

고객이 스테로이드 또는 기타 유해한 물질을 이용하겠다고 고집을 부리면 어떻게 할 것인가? 고객은 자신이 하려는 것이 위험하다는 것을 이미 알고 있으며, 공인 퍼스널 트레이너, 부모, 의사, 코치, 친구, 기타 다른 사람들이 허락하지 않으리라 예상할 것이다. 그들에게 간단하게 "No"라고 말한다고 해서 생각이 바뀌지는 않을 것이다.

그렇지만 안 된다고 말해야 한다. 그래도 듣지 않는다면 부작용 가능성을 줄이고 증상을 관리하며 혈액 기능을 기록하여 물질이 일으키는 영향을 알 수 있도록 의사의 조언을 구해야 한다고 설명하라.

금지 물질을 가볍게 생각해서는 안 된다. 이러한 성분들은 위험하며 어떤 경우라도 고객에게 추천하는 것은 현명하지 못하다. 사실, 이러한 물질 섭취를 원하는 고객들은 최소한 피트니스 전문가에게 교육을 받아야 하며, 계속 사용하기를 원할 경우에는 적절한 조치를 취할 수 있는 의사에게 교육을 받아야 한다. 식이 보충제에 금지 물질이 들어 있어도 식품의 라벨에 표시되지 않는 경우가 자주 있다. 이런 이유 때문에 독립적으로 검사를 받지 않았거나 너무 좋은 효과를 홍보하는 보충제는 권장하지 않는 것이 좋다.

보충제와 공인 퍼스널 트레이너

공인 퍼스널 트레이너는 식이 보충제와 영양에 대해 많은 질문을 받을 수 있고, 일부 질문은 피트니스 전문가의 전문 영역 밖일 수도 있다. 이때에도 모든 공인 퍼스널 트레이너는 실무 범위를 이해하고 지켜야 한다. 그러나 피트니스 전문가의 영역은 거주하는 지역이나 지방에 따라 달라질 수 있다는 것도 알고 있어야 한다.

예를 들어, 일부 보충제가 체중 감소에 효과적이고 많은 나라에서 합법이라 해도, 기저 질환이 있는 특정 사람들에게는 위험할 수 있다. 식이 보충제와 처방 보충제를 비교하여 교육하는 것은 피트니스 전문가의 책임이다. 그렇게 하면 고객은 정보에 입각해 결정을 내리게 되어 관련 위험을 최소화할 수 있다.

식이 보충제는 다른 보충제 또는 약물과 부정적인 상호 작용을 할 수 있다. 고혈압이나 각성제를 사용하는 특정 질환의 사람은 사용해서는 안 된다. 고객을 맞이하기 전에 피트니스 전문가는 건강 설문지를 통해 고객의 배경 정보를 수집해야 한다. 이 정보는 고객의 보충제 질문에 대해 안전하게 교육하는 데 사용될 수 있지만, 모든 상황에서 피트니스 전문가를 보호해주지는 않는다. 그럼에도 불구하고, 일부 고용주는 공인 퍼스널 트레이너에게 트레이닝 시설과 패키지로 묶어서 고객에게 보충제를 권할 것을 요구할 수 있으므로, 피트니스 전문가는 취업 전에 이러한 요구 사항을 이해해야 한다.

공인 퍼스널 트레이너의 역할

영양 보충제나 식이 보충제를 처방하는 것은 공인 퍼스널 트레이너의 실무 범위를 벗어난다. 피트니스 전문가는 식품 또는 보충제 조언을 위해 의사나 식품 영양사에게 고객을 안내하는 것이 적절하다. 식이 보충제 추천을 의사나 식품 영양사의 승인으로 미뤄 놓는 것이 적절할 수도 있다. 예를 들어, 공인 퍼스널 트레이너는 고객이 필수 아미노산 보충제를 사용하기 전에 먼저 의사에게 문의해 보라고 제안할 수 있다. 각성제를 함유한 식이 보충제를 제안할 때 의사에게 의뢰하는 것이 특히 중요한다. 이 범주에서 부작용이 발생할 가능성이 더 많기 때문이다.

피트니스 전문가는 건강한 식습관과 관련된 일반적인 조언을 할 수 있지만, 식이 보충제를 포함한 건강 요법이나 특정 식단을 처방할 수는 없다. 일반적으로 조언할 수 있는 것은 다음과 같다. 영양소 및 보충제 신화 및 오류를 불식시키는 것, 건강한 사이즈에 대한 교육, 식품과 보충제 라벨을 읽는 법, 보충제의 효과에 대한 연구 결과, 다양한 식품군과 대량 영양소의 건강상 이점 등이다.

중요

고객이 약을 복용 중이거나 질병이나 건강 이상이 있을 때, 식이 보충제를 포함한 식이 제한에 대해 의료 전문가에게 승인이 아니더라도 의견을 묻도록 해야 한다.

요약

식이 보충제 산업은 경제적으로 성장하고 있고, 소비자의 관심이 지속되고 있는 분야이다. 피트니스 전문가는 식이 보충제에 대한 질문, 특히 목표 달성을 위해 식이 보충제를 사용해야 하는지, 또는 이미 복용 중인 보충제가 좋은지에 대한 고객의 질문을 예상할 수 있어야 한다. 이 때문에 공인 퍼스널 트레이너는 카페인, 크레아틴, 단백질 보충제의 적절한 사용법을 포함하여 식이 보충제에 대한 기본적인 지식을 갖고 있어야 한다. 고객들은 자신의 건강과 신체 구성을 향상시키고 기능을 개선하기 위해 이러한 보충재와 다른 보조제들을 이용하는 것에 관심이 있을 수 있다. 고객들은 자신들의 공인 퍼스널 트레이너에게 각각의 목표에 맞는 보충제 추천을 요구하거나, 또는 트레이너가 섭취하는 보충제가 무엇이며 같은 것을 섭취해도 되는지에 대해 질문할 수도 있다. 식이 보충제는 일일 요구량을 충족시키되 운동 루틴 및 원하는 결과를 얻기 위해 식단을 보충하는 목적으로 사용되는 것임을 설명해야 한다. 일부 고용주는 공인 퍼스널 트레이너 업무의 일환으로 보충제 판매를 요구하기도 한다. 피트니스 전문가는 고용 전에 이러한 요구 사항을 인지하는 것이 중요하다.

제10장 리뷰

피트니스 전문가는 식이 보충제 라벨을 해석하여 부적절한 라벨링, 오해의 소지가 있는 주장 및 독점 혼합물과 같은 잠재적 문제를 인식하는 방법을 알아야 한다. 식이 보충제를 선택하는 가장 안전하고 현명한 방법은 제3자 검증 및 안전성과 효과를 입증하는 과학적 증거가 있는 제품을 고르는 것이다. 적정 용량의 식이 보충제를 쉽게 식별하기 위해 단백질, 크레아틴, 카페인 같은 흔한 식이 보충제의 효과적인 용량을 파악해두는 것이 현명하다. 피트니스 전문가는 정확한 일일 섭취량 또는 최대 섭취량을 외울 필요는 없지만 100의 배수로 나열된 DV는 UL(상한선)을 초과할 수 있으므로 주의를 기울여야 한다. 특히 피트니스 전문가가 건강 상태 개선이나 질병 치료를 위해 보충제를 처방하는 것은 실무 범위를 벗어나지만, 보충제 사용에 대한 일반적인 신화와 오류를 없애기 위해서 고객을 교육할 수는 있다.

제10장 하이라이트

- 식이 보충제는 다음의 식품 성분 중 하나 이상을 함유하여 식이 섭취를 보조하기 위한 식품(담배 제외)이다. 비타민, 미네랄, 허브 또는 기타 식물, 아미노산, 총 섭취량을 늘림으로써 식이를 보충하기 위해 사람들이 사용하는 물질, 농축물, 대사 산물, 구성 성분, 추출물, 앞에서 언급한 성분들의 혼합물 등.
- 미국에서는 건강 및 교육법에 따라 FDA의 규제를 받는다. 하지만, 식이 보충제는 판매 전 검증이나 승인을 받지 않아도 된다.
- 피트니스 전문가는 활성 성분, 기타 성분, 경고 사항, 총 함량, 사용 용법, 일회 제공량 등 보충제 라벨의 필수 구성 요소를 이해해야 한다.
- 식이 보충제는 건강 및 기능 목표를 달성하기 위해 사용될 수 있다.
- 특정 기능을 위해 사용되는 식이 보충제는 에르고제닉 에이드(강장제)로 분류된다.
- 비타민과 미네랄 보충제는 DV(1일 영양성분 기준치)를 섭취하는 데 있어 식품 섭취를 교정하거나 불충분한 부분을 보충하려는 사람이 사용할 수 있다.
- 비타민과 미네랄은 식품영양사 또는 의사의 지시가 없는

한 UL(상한선)을 초과해서는 안 된다.

- 식이 보충제 및 기타 에르고제닉 에이드는 부작용 또는 심각한 역효과를 일으킬 수도 있다. 그러한 효과는 식이 보충제 자체, 혹은 식이 보충제의 변질, 오염으로 발생할 수 있다.
- 단백질 보충제는 단백질 섭취에 있어 가장 중요한 고려 사항인 일일 총 단백질 섭취량을 늘리는 편리한 방법이다. 단백질 필요량은 활동 수준, 신체의 크기, 신체 구성, 개인의 목표에 따라 달라진다.
- 효과적인 크레아틴 섭취량은 체중 1kg당 최소 0.03g이나, 보통 하루에 5g이면 근육 포화에 충분하다.
- 카페인의 효과적인 용량은 하루에 3~6mg/kg(1.4~2.7mg/lb)이다.
- 금지 물질이라고 해서 항상 불법 물질은 아니며, 운동선수는 식이 보충제를 섭취하기 전에 관할 기관(NCAA 또는 WADA)에 반드시 확인해야 한다. 또한 운동선수는 Informed Choice나 NSF에서 제3자 검증을 거친 식이 보충제를 선택하는 것이 현명하다.
- 고객의 건강 상태나 질병을 치료하기 위해 식이 보충제를 처방하는 것은 피트니스 전문가의 실무 범위를 벗어나는 일이다. 피트니스 전문가는 보충제에 대한 일반적인 교육을 제공하거나 고객을 식품영양사나 의사와 상담하게 해야 한다.

참고 문헌

Adcock, K. H., Nedelcu, J., Loenneker, T., Martin, E., Wallimann, T., & Wagner, B. P. (2002). Neuroprotection of creatine supplementation in neonatal rats with transient cerebral hypoxia-ischemia. *Developmental Neuroscience*, *24*(5), 382–388. https://doi .org/10.1159/000069043

Astrup, A., Breum, L., Toubro, S., Hein, P., & Quaade, F. (1992). The effect and safety of an ephedrine/caffeine compound compared to ephedrine, caffeine and placebo in obese subjects on an energy restricted diet. A double blind trial. *International Journal of Obesity and Related Metabolic Disorders*, *16*(4), 269–277.

Astrup, A., Toubro, S., Cannon, S., Hein, P., Breum, L., & Madsen, J. (1990). Caffeine: A double-blind, placebo-controlled study of its thermogenic, metabolic, and cardiovascular effects in healthy volunteers. *American Journal of Clinical Nutrition*, *51*(5), 759–767. https://doi.org/10.1093/ajcn/51.5.759

Ayoama, R., Hiruma, E., & Sasaki, H. (2003). Effects of creatine loading on muscular strength and endurance of female softball players. *Journal of Sports Medicine and Physical Fitness*, *43*(4), 481–487.

Bolton-Smith, C., McMurdo, M. E., Paterson, C. R., Mole, P. A., Harvey, J. M., Fenton, S. T., . . . Shearer, M. J. (2007). Two-year randomized controlled trial of vitamin K1 (phylloquinone) and vitamin D3 plus calcium on the bone health of older women. *Journal of Bone and Mineral Research*, *22*(4), 509–519. https://doi.org/10.1359 /jbmr.070116

Branch, J. D. (2003). Effect of creatine supplementation on body composition and performance: A meta-analysis. *International Journal of Sports Nutrition and Exercise Metabolism*, *13*(2), 198–226. https://doi.org/10.1123/ijsnem.13.2.198

Burnett, A. J., Livingstone, K. M., Woods, J. L., & McNaughton, S. A. (2017). Dietary supplement use among Australian adults: Findings from the 2011–2012 National Nutrition and Physical Activity Survey. *Nutrients*, *9*(11), 1248. https://doi.org/10.3390/nu9111248

Constantini, N. W., Dubnov-Raz, G., Eyal, B. B., Berry, E. M., Cohen, A. H., & Hemila, H. (2011). The effect of vitamin C on upper respiratory infections in adolescent swimmers: A randomized trial. *European Journal of Pediatric*, *170*(1), 59–63. https://doi .org/10.1007/s00431-010-1270-z

Council for Responsible Nutrition. (Oct. 18, 2018). *New data reaffirm trust and confidence in industry, reveal modern trends and habits of American consumers* [Press release]. https://www.crnusa.org / newsroom/new-data-reaffirm-trust-and-confidence-industry -reveal-modern-trends-and-habits-american

Czerwonka, M., & Tokarz, A. (2017). Iron in red meat-friend or foe. *Meat Science*, *123*, 157–165. https://doi.org/10.1016/j .meatsci.2016.09.012

Dangardt, F., Osika, W., Chen, Y., Nilsson, U., Gan, L. M., Gronowitz, E.,... Friberg, P. (2010). Omega-3 fatty acid supplementation improves vascular function and reduces inflammation in obese adolescents. *Atherosclerosis*, *212*(2), 580–585. https://doi .org/10.1016/j. atherosclerosis.2010.06.046

Dawson-Hughes, B., Harris, S. S., Lichtenstein, A. H., Dolnikowski, G., Palermo, N. J., & Rasmussen, H. (2015). Dietary fat increases vitamin D-3 absorption. *Journal of the Academy of Nutrition and Dietetics*, *115*(2), 225–230. https://doi.org/10.1016/j.jand .2014.09.014

de Lorgeril, M., Renaud, S., Mamelle, N., Salen, P., Martin, J. L., Monjaud, I.,... Delaye, J. (1994). Mediterranean alpha-linolenic acid-rich diet in secondary prevention of coronary heart disease. *Lancet*, *343*(8911), 1454–1459. https://doi.org/10.1016/s0140-6736(94)92580-1

DePhillipo, N. N., Aman, Z. S., Kennedy, M. I., Begley, J. P., Moatshe, G., & LaPrade, R. F. (2018). Efficacy of vitamin C supplementation on collagen synthesis and oxidative stress after musculoskeletal injuries: A systematic review. *Orthopedic Journal of Sports Medicine*, *6*(10). https://doi.org/10.1177/2325967118804544

Dietary Supplement Health and Education Act of 1994, 21 U.S.C. 301 (1994).

DiNicolantonio, J. J., O'Keefe, J. H., & Wilson, W. (2018). Subclinical magnesium deficiency: A principal driver of cardiovascular disease and a public health crisis. *Open Heart*, *5*(1), e000668. https://doi. org/10.1136/openhrt-2017-000668

Edwards, M. H., Cole, Z. A., Harvey, N. C., & Cooper, C. (2014). The global epidemiology of vitamin D status. *Journal of Aging Research and Clinical Practice*, *3*(3), 148–158.

Garlick, P. J. (2005). The role of leucine in the regulation of protein metabolism. *Journal of Nutrition*, *135*(6 Suppl), 1553S–1556S. https://doi.org/10.1093/jn/135.6.1553S

Garrison, S. R., Allan, G. M., Sekhon, R. K., Musini, V. M., & Khan, K. M. (2012). Magnesium for skeletal muscle cramps. *Cochrane Database of Systematic Reviews*, (9), Article CD009402. https:// doi. org/10.1002/14651858.CD009402.pub2

Gerster, H. (1998). Can adults adequately convert alpha-linolenic acid (18:3n-3) to eicosapentaenoic acid (20:5n-3) and docosahexaenoic acid (22:6n-3)? *International Journal for Vitamin and Nutrition Research*, *68*(3), 159–173.

Geyer, H., Parr, M. K., Mareck, U., Reinhart, U., Schrader, Y., & Schanzer, W. (2004). Analysis of non-hormonal nutritional supplements for anabolic-androgenic steroids—results of an international study. *International Journal of Sports Medicine*, *25*(2), 124–129. https://doi.

org/10.1055/s-2004-819955

Goldstein, E. R., Ziegenfuss, T., Kalman, D., Kreider, R., Campbell, B., Wilborn, C.,... Antonio, J. (2010). International society of sports nutrition position stand: Caffeine and performance. *Journal of the International Society of Sports Nutrition, 7*(1), 5. https://doi.org/10.1186/1550-2783-7-5

Golf, S. W., Bender, S., & Grüttner, J. (1998). On the significance of magnesium in extreme physical stress. *Cardiovascular Drugs and Therapy, 12*(2), 197–202. https://doi.org/10.1023/a:1007708918683

Graef, J. L., Smith, A. E., Kendall, K. L., Fukuda, D. H., Moon, J. R., Beck, T. W.,... Stout, J. R. (2009). The effects of four weeks of creatine supplementation and high-intensity interval training on cardiorespiratory fitness: A randomized controlled trial. *Journal of the International Society of Sports Nutrition, 6*, Article 18. https:// doi.org/10.1186/1550-2783-6-18

Grand View Research. (2019). *Dietary Supplements Market Size Analysis Report by Ingredient (Botanicals, Vitamins), by Form, by Application (Immunity, Cardiac Health), by End User, by Distribution Channel, and Segment Forecasts, 2019–2025* (Report ID 978-1-68038-919-7).

Greenwood, M., Kreider, R. B., Melton, C., Rasmussen, C., Lancaster, S., Cantler, E.,... Almada, A. (2003). Creatine supplementation during college football training does not increase the incidence of cramping or injury. *Molecular and Cellular Biochemistry, 244*(1–2), 83–88.

Harris, W. S. (1997). n-3 fatty acids and serum lipoproteins: Human studies. *American Journal of Clinical Nutrition, 65*(5 Suppl), 1645S–1654S. https://doi.org/10.1093/ajcn/65.5.1645S

Harvey, J. A., Kenny, P., Poindexter, J., & Pak, C. Y. (1990). Superior calcium absorption from calcium citrate than calcium carbonate using external forearm counting. *Journal of the American College of Nutrition, 9*(6), 583–587. https://doi.org/10.1080/07315724.1990.10720413

Hatzistavri, L. S., Sarafidis, P. A., Georgianos, P. I., Tziolas, I. M., Aroditis, C. P., Zebekakis, P. E.,... Lasaridis, A. N. (2009). Oral magnesium supplementation reduces ambulatory blood pressure in patients with mild hypertension. *American Journal of Hypertension, 22*(10), 1070–1075. https://doi.org/10.1038 /ajh.2009.126

Hoffman, J. R., & Ratamess, N. A. (2006). Medical issues associated with anabolic steroid use: Are they exaggerated? *Journal of Sports Science and Medicine, 5*(2), 182–193.

Infiniti Research Limited. (2018). *Global tea market 2019–2023* (Research Report).

Institute of Medicine. (1998). *Dietary reference intakes: Thiamin, riboflavin, niacin, vitamin B6, folate, vitamin B12, pantothenic acid, biotin, and choline*. Washington, DC: National Academy Press.

Institute of Medicine. (2000). *Dietary reference intakes: Vitamin C, vitamin E, selenium, and carotenoids*. Washington, DC: National Academy Press.

Institute of Medicine. (2001). *Dietary reference intakes for vitamin A, vitamin K, arsenic, boron, chromium, copper, iodine, iron, manganese, molybdenum, nickel, silicon, vanadium, and zinc*. Washington, DC: National Academy Press.

Institute of Medicine. (2005). *Dietary reference intakes for energy, carbohydrate, fiber, fat, fatty acids, cholesterol, protein, and amino acids (macronutrients)*. Washington, DC: National Academy Press.

Institute of Medicine. (2011). *Dietary reference intakes for calcium and vitamin D*. Washington, DC: National Academy Press.

Jager, R., Purpura, M., Shao, A., Inoue, T., & Kreider, R. B. (2011). Analysis of the efficacy, safety, and regulatory status of novel forms of creatine. *Amino Acids, 40*(5), 1369–1383. https://doi .org/10.1007/s00726-011-0874-6

Killip, S., Bennett, J. M., & Chambers, M. D. (2007). Iron deficiency anemia. *American Family Physician, 75*(5), 671–678.

Lanham-New, S. A. (2008). Importance of calcium, vitamin D and vitamin K for osteoporosis prevention and treatment: Symposium on "diet and bone health." *Proceedings of the Nutrition Society, 67*(2), 163–176. https://doi.org/10.1017/S0029665108007003

Law, Y. L., Ong, W. S., Gillian Yap, T. L., Lim, S. C., & Von Chia, E. (2009). Effects of two and five days of creatine loading on muscular strength and anaerobic power in trained athletes. *Journal of Strength and Conditioning Research, 23*(3), 906–914. https://doi.org/10.1519/JSC.0b013e3181a06c59

Liu, X., Baylin, A., & Levy, P. D. (2018). Vitamin D deficiency and insufficiency among U.S. adults: Prevalence, predictors and clinical implications. *British Journal of Nutrition, 119*(8), 928–936. https://doi.org/10.1017/S0007114518000491

Losch, S., Moghaddam, N., Grossschmidt, K., Risser, D. U., & Kanz, F. (2014). Stable isotope and trace element studies on gladiators and contemporary Romans from Ephesus (Turkey, 2nd and 3rd Ct. AD)—Implications for differences in diet. *PLOS ONE, 9*(10), e110489. https://doi.org/10.1371/journal.pone.0110489

Mackenzie, E. R., & Rakel, B. (2006). *Complementary and alternative medicine for older adults: A guide to holistic approaches to healthy aging*. New York, NY: Springer Publishing.

Mayurasakorn, K., Williams, J. J., Ten, V. S., & Deckelbaum, R. J. (2011). Docosahexaenoic acid: Brain accretion and roles in neuroprotection after brain hypoxia and ischemia. *Current Opinion in Clinical Nutrition and Metabolic Care, 14*(2), 158–167. https://doi.org/10.1097/MCO.0b013e328342cba5

Mitchell, D. C., Knight, C. A., Hockenberry, J., Teplansky, R., & Hartman, T. J. (2014). Beverage caffeine intakes in the U.S. *Food and Chemical Toxicology, 63*, 136–142. https://doi.org/10.1016 /j.fct.2013.10.042

Monsen, E. R. (1988). Iron nutrition and absorption: Dietary factors which impact iron bioavailability. *Journal of the American Dietetic Association, 88*(7), 786–790.

Mozaffarian, D. (2008). Fish and n-3 fatty acids for the prevention of fatal coronary heart disease and sudden cardiac death. *American Journal of Clinical Nutrition, 87*(6), 1991S–1996S. https://doi.org /10.1093/ajcn/87.6.1991S

Musso, C. G. (2009). Magnesium metabolism in health and disease. *International Urology and Nephrology, 41*(2), 357–362. https://doi.org/10.1007/s11255-009-9548-7

Norton, L. E., Layman, D. K., Wilson, G. J., Moulton, C. J., Rupassara, S. I., & Garlick, P. J. (2010). Leucine contents of isonitrogenous protein sources predict changes in body composition and muscle mass in rats. *FASEB Journal, 24*(1 Suppl), 97.5–97.5.

Norton, L. E., & Wilson, G. J. (2009). Optimal protein intake to maximize muscle protein synthesis. *Agro Food Industry Hi Tech, 20*(2), 54–57.

Oliver, J. M., Jones, M. T., Kirk, K. M., Gable, D. A., Repshas, J. T., Johnson, T. A., . . . Zetterberg, H. (2016). Effect of docosahexaenoic acid on a biomarker of head trauma in American football. *Medicine and Science in Sports Exercise, 48*(6), 974–982. https://doi.org/10.1249/MSS.0000000000000875

Padayatty, S. J., Sun, H., Wang, Y., Riordan, H. D., Hewitt, S. M., Katz, A., . . . Levine, M. (2004). Vitamin C pharmacokinetics: Implications for oral and intravenous use. *Annals of Internal Medicine, 140*(7), 533–537. https://doi.org/10.7326/0003-4819 -140-7-200404060-00010

Pasiakos, S. M., McClung, H. L., McClung, J. P., Margolis, L. M., Andersen, N. E., Cloutier, G. J.,... Young, A. J. (2011). Leucine-enriched essential amino acid supplementation during moderate steady state exercise enhances postexercise muscle protein synthesis. *American Journal of Clinical Nutrition, 94*(3), 809–818. https://doi.org/10.3945/ajcn.111.017061

Paton, C. D., Lowe, T., & Irvine, A. (2010). Caffeinated chewing gum increases repeated sprint performance and augments increases in testosterone in competitive cyclists. *European Journal of Applied Physiology, 110*(6), 1243–1250. https://doi.org/10.1007/s00421 -010-1620-6

Pawlak, R., Berger, J., & Hines, I. (2018). Iron status of vegetarian adults: A review of literature. *American Journal of Lifestyle Medicine, 12*(6), 486–498. https://doi.org/10.1177 /1559827616682933

Peters, E. M., Goetzsche, J. M., Grobbelaar, B., & Noakes, T. D. (1993). Vitamin C supplementation reduces the incidence of postrace symptoms of upper-respiratory-tract infection in ultramarathon runners. *American Journal of Clinical Nutrition, 57*(2), 170–174. https://doi.org/10.1093/ajcn/57.2.170

Peterson, S. (2000). *Controlling iodine deficiency disorders: Studies for program management in Sub-Saharan Africa* (Doctoral dissertation, Uppsala University). http://www.diva-portal.org /smash/get/diva2:165973/FULLTEXT01.pdf

Pickering, C., & Kiely, J. (2018). Are the current guidelines on caffeine use in sport optimal for everyone? Inter-individual variation in caffeine ergogenicity, and a move towards personalised sports nutrition. *Sports Medicine, 48*(1), 7–16. https://doi.org/10.1007 /s40279-017-0776-1

Rawson, E. S., Persky, A. M., Price, T. B., & Clarkson, P. M. (2004). Effects of repeated creatine supplementation on muscle, plasma, and urine creatine levels. *Journal of Strength and Conditioning Research, 18*(1), 162–167. https://doi.org/10.1519/1533 -4287(2004)0182.0.co;2

Rawson, E. S., & Volek, J. S. (2003). Effects of creatine supplementation and resistance training on muscle strength and weightlifting performance. *Journal of Strength and Conditioning Research, 17*(4), 822–831. https://doi.org/10.1519/1533-4287(2003)0172.0.co;2

Rawson, E. S., Stec, M. J., Frederickson, S. J., & Miles, M. P. (2011). Low-dose creatine supplementation enhances fatigue resistance in the absence of weight gain. *Nutrition, 27*(4), 451–455. https:// doi.org/10.1016/j.nut.2010.04.001

Sarris, J., Mischoulon, D., & Schweitzer, I. (2012). Omega-3 for bipolar disorder: Meta-analyses of use in mania and bipolar depression. *Journal of Clinical Psychiatry, 73*(1), 81–86. https://doi.org /10.4088/JCP.10r06710

Schneiker, K. T., Bishop, D., Dawson, B., & Hackett, L. P. (2006). Effects of caffeine on prolonged intermittent-sprint ability in team-sport athletes. *Medicine and Science in Sports and Exercise, 38*(3), 578–585. https://doi.org/10.1249/01.mss.0000188449.18968.62

Schoenfeld, B. J., Aragon, A. A., & Krieger, J. W. (2013). The effect of protein timing on muscle strength and hypertrophy: A metaanalysis. *Journal of the International Society of Sports Nutrition, 10*(1), 53. https://doi.org/10.1186/1550-2783-10-53

Shang, T., Liu, L., Zhou, J., Zhang, M., Hu, Q., Fang, M.,... Gong, Z. (2017). Protective effects of various ratios of DHA/EPA supplementation on high-fat diet-induced liver damage in mice. *Lipids in Health and Disease, 16*(1), 65. https://doi.org/10.1186 /s12944-017-0461-2

Shea, M. K., O'Donnell, C. J., Hoffmann, U., Dallal, G. E., Dawson-Hughes, B., Ordovas, J. M., . . . Booth, S. L. (2009). Vitamin K supplementation and progression of coronary artery calcium in older men and women. *American Journal of Clinical Nutrition, 89*(6), 1799–1807. https://doi.org/10.3945/ajcn.2008.27338

Shires, R., & Kessler, G. M. (1990). The absorption of tricalcium phosphate and its acute metabolic effects. *Calcified Tissue International, 47*(3), 142–144. https://doi.org/10.1007/bf02555978

Simopoulos, A. P. (2008). The importance of the omega-6/omega-3 fatty acid ratio in cardiovascular disease and other chronic diseases. *Experimental Biology in Medicine (Maywood), 233*(6), 674–688. https://doi.org/10.3181/0711-MR-311

Simpson, J. L., Bailey, L. B., Pietrzik, K., Shane, B., & Holzgreve, W. (2010). Micronutrients and women of reproductive potential: Required dietary intake and consequences of dietary deficiency or excess. Part I—folate, vitamin B12, vitamin B6. *Journal of Maternal-Fetal & Neonatal Medicine, 23*(12), 1323–1343.

Tabrizi, R., Saneei, P., Lankarani, K. B., Akbari, M., Kolahdooz, F., Esmaillzadeh, A., . . . Asemi, Z. (2019). The effects of caffeine intake on weight loss: A systematic review and dos-response meta-analysis of randomized controlled trials. *Critical Reviews in Food Science and Nutrition, 59*(16), 2688–2696. https://doi.org /10.1080/10408398.2018.1507996

Traber, M. G. (2008). Vitamin E and K interactions—a 50-year-old problem. *Nutrition Reviews, 66*(11), 624–629.

Tremblay, A., Masson, E., Leduc, S., Houde, A., & Després, J.-P. (1988). Caffeine reduces spontaneous energy intake in men but not in women. *Nutrition Research, 8*(5), 553–558. https://doi.org /10.1016/S0271-5317(88)80077-0

U.S. Code of Federal Regulations. (2019a). Title 21, Section 101.9, Nutritional labeling of food.

U.S. Code of Federal Regulations. (2019b). Title 21, Section 101.36, Nutrition labeling of dietary supplements.

U.S. Code of Federal Regulations. (2019c). Title 21, Section 101.93, Nutrition labeling of dietary supplements.

van Loon, L. J., Murphy, R., Oosterlaar, A. M., Cameron-Smith, D., Hargreaves, M., Wagenmakers, A. J., & Snow, R. (2004). Creatine supplementation increases glycogen storage but not GLUT-4 expression in human skeletal muscle. *Clinical Science, 106*(1), 99–106. https://doi.org/10.1042/CS20030116

Van Straten, M., & Josling, P. (2002). Preventing the common cold with a vitamin C supplement: A double-blind, placebo-controlled survey. *Advances in Therapy, 19*(3), 151–159. https://doi.org /10.1007/bf02850271

Wallace, T. C., & Fulgoni, V. L. (2016). Assessment of total choline intakes in the United States. *Journal of the American College of Nutrition, 35*(2), 108–112. https://doi.org/10.1080/07315724 .2015.1080127

Wallace, T. C., & Fulgoni, V. L. (2017). Usual choline intakes are associated with egg and protein food consumption in the United States. *Nutrients, 9*(8), 839. https://doi.org/10.3390/nu9080839

Wang, C., Harris, W. S., Chung, M., Lichtenstein, A. H., Balk, E. M., Kupelnick, B., . . . Lau, J. (2006). n-3 fatty acids from fish or fish-oil supplements, but not alpha-linolenic acid, benefit cardiovascular disease outcomes in primary- and secondary-prevention studies: A systematic review. *American Journal of Clinical Nutrition, 84*(1), 5–17. https://doi.org/10.1093 /ajcn/84.1.5

Wei, M. Y., & Jacobson, T. A. (2011). Effects of eicosapentaenoic acid versus docosahexaenoic acid on serum lipids: A systematic review and meta-analysis. *Current Atherosclerosis Reports, 13*(6), 474–483. https://doi.org/10.1007/s11883-011-0210-3

Westerterp-Plantenga, M. S., Lejeune, M. P., & Kovacs, E. M. (2005). Body weight loss and weight maintenance in relation to habitual caffeine intake and green tea supplementation. *Obesity Research, 13*(7), 1195–1204. https://doi.org/10.1038/oby.2005.142

Wiedeman, A. M., Barr, S. I., Green, T. J., Xu, Z., Innis, S. M., & Kitts, D. D. (2018). Dietary choline intake: Current state of knowledge across the life cycle. *Nutrients, 10*(10), 1513. https://doi.org /10.3390/nu10101513

Wilkinson, D. J., Bukhari, S. S. I., Phillips, B. E., Limb, M. C., Cegielski, J., Brook, M. S.,... Atherton, P. J. (2018). Effects of leucine-enriched essential amino acid and whey protein bolus dosing upon skeletal muscle protein synthesis at rest and after exercise in older women. *Clinical Nutrition, 37*(6, Pt A), 2011–2021. https:// doi.org/10.1016/j.clnu.2017.09.008

Wilson, G. J., Layman, D. K., Moulton, C. J., Norton, L. E., Anthony, T. G., Proud, C. G.,... Garlick, P. J. (2011). Leucine or carbohydrate supplementation reduces AMPK and eEF2 phosphorylation and extends postprandial muscle protein synthesis in rats. *American Journal of Physiology, Endocrinology, and Metabolism, 301*(6), E1236–1242. https://doi.org/10.1152/ajpendo.00242.2011

Wright, S. A., O'Prey, F. M., McHenry, M. T., Leahey, W. J., Devine, A. B., Duffy, E. M.,... McVeigh, G. E. (2008). A randomised interventional trial of omega-3-polyunsaturated fatty acids on endothelial function and disease activity in systemic lupus erythematosus. *Annals of the Rheumatic Diseases, 67*(6), 841–848. https://doi.org/10.1136/ard.2007.077156

Zulyniak, M. A., Perreault, M., Gerling, C., Spriet, L. L., & Mutch, D. M. (2013). Fish oil supplementation alters circulating eicosanoid concentrations in young healthy men. *Metabolism, 62*(8), 1107–1113. https://doi.org/10.1016/j.metabol.2013.02.004

SECTION 4

평가

CHAPTER 11

건강, 웰빙, 피트니스 평가 방법론

학습 목표

- 고객의 목표와 최적의 건강에 대한 피트니스 평가의 중요성을 설명할 수 있다.
- 건강 검진 평가로부터 고객의 주관적인 목표를 수집해 요약할 수 있다.
- 특정한 고객 유형과 목표에 적절한 생리학 및 체구성 성분 평가 수행을 위한 단계를 파악할 수 있다.
- 특정한 고객 유형과 목표에 적절한 심폐 평가 수행 단계를 알 수 있다.

개요

구조화된 운동 및 신체활동은 개인의 사망률(mortality) 및 질병률(morbidity)을 줄이는 동시에 많은 생리적, 정서적, 인지적 이점을 제공하는 것으로 알려져 있다(Department of Health and Human Services, 2018; Warburton & Bredin, 2017). 걷기나 조깅 같은 저강도 혹은 중강도의 운동은 대부분 사람에게 안전하지만, 특정 개인에게 실시하는 고강도 운동은 부작용을 초래할 수도 있다. 가령 고강도 인터벌 트레이닝(high-intensity interval training, HIIT)은 인기 있는 운동 방식이지만, 강도가 높기 때문에 컨디션 저하(deconditioned) 상태에 있거나 고혈압, 심혈관 질환 등을 가진 사람은 처음에는 적합하지 않을 수 있다. 따라서 모든 신규 트레이너들은 트레이닝 프로그램 시작 전에 특정 형태의 건강위험성평가(health risk assessment, HRA)를 활용해 프로그램의 이점과 위험도를 평가해야 한다. 여기서 HRA는 고객의 안전을 위해 필수이며, 유산소 능력이나 체성분과 같은 체력의 물리적 매개 변수를 측정하는 체력 평가와는 다르다. 또한 피트니스 적합성 평가에는 주관적 측정과 객관적 측정이 있다. 주관적 측정은 개인이 느끼는 감정, 경험 또는 보고 사항을 반영하며(예: 낮은 에너지, 허리 불편함, 두통) 객관적 측정은 데이터 수집(혈압, 심장 박동수, 체지방 비율 등)을 통해 정량화된 수치를 말한다. 둘 다 모두 중요하지만, 기준을 정량화하거나 트레이닝을 시작할 때 위험도를 결정하기 위해서는 객관적 데이터가 좀 더 필요하다.

평가의 목적

생리학적 평가 수행의 일반적 목적은 피트니스 전문가가 맞춤 운동 프로그램을 개발하기 위한 기초 데이터를 수집하는 것이지만, 다른 여러 중요한 목적도 가지고 있다.

- 심폐, 혈관, 대사 질환의 위험이 있는 개인, 또는 그러한 징후나 증상을 가진 사람을 파악하고, 먼저 철저한 의학적 검사를 거치도록 할 수 있다.

사망률 Mortality 사망 또는 사망의 위험이 있는 상태

질병률 Morbidity 질병이 있는 상태

고강도 인터벌 트레이닝 High-intensity interval training (HIIT) 상대적으로 짧은 휴식 시간으로 나누어 최대에 가까운 강도의 인터벌을 교대로 하는 트레이닝 방법

컨디션 저하 Deconditioned 근육의 불균형, 유연성 감소, 코어 및 관절의 불안정성이 수반될 수 있는 신체 불균형 상태

건강위험성평가 Health risk assessment (HRA) 격렬한 운동을 시작하는 것과 관련된 이점과 위험을 평가하는 선별 도구

- 상태가 호전되거나 통제가 가능해질 때까지 운동해서는 안 되는 의학적 금지 사유를 가진 개인을 구별할 수 있다.
- 의학적 관리 프로그램에 참여해야 하는 의학적 금기(contraindication) 사유를 가진 개인을 구별할 수 있다.
- 건강해 보이는 성인이 운동 프로그램에 참여하기 전에 받아야 하는 불필요한 의학적 평가를 줄일 수 있다.
- 운동 또는 신체활동의 시작 또는 지속에 관한 적절한 권장 사항을 제공할 수 있다.
- 개인의 현재 신체 상태에 대해 교육할 수 있다.
- 기초 및 후속 데이터를 이용해 효과적인 프로그램 평가(예: 추적 과정)를 가능하게 한다.
- 현실적인 목표 설정을 통해 개인의 동기 부여를 위한 정보로 활용할 수 있다.

참여 전 심사

앞서 지적한 바와 같이 운동 요법을 시작하기 전에 항상 HRA(건강위험성평가)를 했는지 확인해야 한다. 이 심사는 격렬한 피트니스 평가나 운동 전에 반드시 실행해야 하는 것이다.

건강위험성평가(HRA)

설문지는 사전에 의료 허가를 받아야 하는지를 결정하기 위해, 운동과 신체활동 참여에 대한 기존의 위험 요인에 관한 정보를 모으기 위해 사용된다. 설문지는 프로그램 참여 전 심사 과정에서 중요한 첫 번째 단계이다. 이 심사 절차는 항상 타당하고 간단하며, 시간/비용 면에서 효율적이어야 하고, 대상 개인에게도 적합해야 한다. 운동을 새롭게 시작하는 사람은 운동을 시작하는 것과 지나치게 길고 상세한 HRA에 대해 부담스러워 할 수 있으며, 이것은 앞으로의 진행에서 불안감을 증가시킬 수 있다.

신체활동 준비 설문지(PAR-Q+)

신체활동 준비 설문지(PAR-Q+)는 2011년에 개발되고 2019년에 업데이트되었다. 이것은 프로그램 참여 전에 실시하는 심사를 단순화하고, 과도하고 불필요한 의사 추천 등의 불필요한 과정을 없애기 위한 것이다(*Health and Fitness Journal of Canada*, 2014; Warburton et al., 2014). 이 설문지는 잠재 고객에게 현재 건강 상태와 웰빙에 관한 통찰력을 얻기 위해 제공하는 것이다. PAR-Q+ 및 사전 참여 프로세스는 다음과 같은 건강 지표를 반영한다.

- 개인의 현재 신체활동 수준
- 심혈관, 폐(호흡기), 신장(콩팥), 또는 대사 질환(예: 당뇨병)으로 알려진 징후 또는 증상의 존재
- 원하는 운동 강도(가벼움, 중간, 격렬함)

중요

피트니스 전문가는 고객의 PAR-Q+에서 발견된 질병 또는 징후와 증상에 대한 모든 질문에 대해 의료 전문가와 지속적으로 상담해야 한다.

이 설문지는 특정한 검진의 필요성보다는 건강 진단에 대한 일반적인 권장 사항을 알려준다. 또한 운동 프로그램을 시작하는 모든 사람에게 획일적으로 실시하는 것이 아니라 공인 퍼스널 트레이너의 재량에 따라 실시된다.

설문지의 파트1에는 7개의 질문이 있다. 고객이 7개의 질문에 모두 '아니오'라고 답하면 설문 조사는 완료된 것으로 간주한다(표 11-1). 그러나 7개의 질문 중 하나라도 '예'라고 답한 경우에는 파트2를 완성해야 한다(부록 A에서 이용 가능).

중요

PAR-Q+는 중강도의 격렬하지 않은 트레이닝을 할 때 최소한의 안전성을 확보하기 위한 선별 수단으로 사용되어 왔다(Bredin et al., 2013). 7개의 질문은 답하기 쉽지만, 질문에 대한 해석의 여지가 거의 없어 그 단순함이 또한 문제가 되었다. 그래서 많은 사람이 트레이닝 참여 허가를 받지 못하고, 불필요하게 의사에게 의뢰하는 결과를 낳았다. 예를 들어, 폐 질환(예: 천식)을 진단받은 사람은 운동 또는 신체활동 프로그램 시작 전에 자동적으로 의료인에게 의뢰하게 되어 있다. 그러나 현실에서 이러한 질환들은 운동 중이나 직후에 심혈관 문제를 증가시키지는 않는다(Bredin et al., 2013).

금기 Contraindication 특정 약물, 절차 또는 운동이 개인에게 해로울 수 있기 때문에 피해야 하는 특정 상황

위양성 검사 False-positive screenings 건강 위험성 평가 결과, 실제로는 불필요하지만, 별도의 의료 검진 절차(medical clearance)가 필요하다고 잘못 나타나는 검사

지식 확장하기

현재 PAR-Q+는 하나 이상의 질문에 '예'라고 답한 개인을 위해 기존의 PAR-Q에는 없었던 추가적 후속 질문을 추가했다. 이러한 질문은 **위양성 검사(false-positive screenings)**와 운동 시작에 대한 장애 요소를 줄이며, 관련 병력과 증상에 맞게 운동을 맞춤화할 수 있도록 한다. 이 후속 질문은 여러 개의 파트로 나눠진 10개의 질문으로 구성되어 있고, 심혈관, 폐, 또는 대사 질환의 징후와 증상을 확인하는 것에 집중한다. 징후와 증상은 그것이 나타나는 임상적 상황 안에서 자격을 갖춘 전문가에 의해 해석되어야 한다. 공인 퍼스널 트레이너는 그러한 진단을 내릴 자격이 없다. 예를 들어, 개인이 가슴 통증이나 조임을 호소하는 경우, 피트니스 전문가는 진단, 가정, 추론을 해서는 안 된다. 직무의 영역을 존중하기 위해 피트니스 전문가는 고객이 의료 제공자와 상의하도록 권유해야 한다.

PAR-Q+ 질문지

아래 7개의 문항을 잘 읽고 각 문항에 '예' 또는 '아니오'로 솔직하게 응답하시오.

	예	아니오
1. 의사가 심장 질환☐ 또는 고혈압☐이 있다고 말한 적이 있습니까?	☐	☐
2. 휴식 중 또는 일상생활을 할 때, 또는 신체활동 중에 가슴에 통증을 느낀 적이 있습니까?	☐	☐
3 어지러움 때문에 균형을 잃거나 지난 12개월 동안 의식을 잃은 적이 있습니까? 현기증이 과호흡(고강도 운동 중)과 관련이 있는 경우에는 '**아니오**'로 답하시오.	☐	☐
4. 다른 만성 질환(심장병이나 고혈압 제외)으로 진단받은 적이 있습니까? 있으면 상태를 적으시오. ____________	☐	☐
5. 현재 만성 질환으로 처방된 약을 복용하고 있습니까? 상태와 약물을 적으시오. ____________	☐	☐
6. 귀하는 현재(또는 지난 12개월 이내에) 신체활동을 더 많이 하면 악활될 수 있는 뼈, 관절, 연부조직(근육, 인대 또는 힘줄) 문제가 있습니까? 과거에 문제가 있었더라도 현재의 신체활동 능력을 제한하지 않는다면 '아니오'로 답하시오. 현재의 문제를 적으시오. ____________	☐	☐
7. 의사가 의학적 감독하에서만 신체활동을 해야 한다고 말한 적이 있습니까?	☐	☐

모든 질문에 '**아니오**'로 답한 경우 신체활동이 가능합니다. 참가 신청서에 사인하고, 더이상 답하지 않아도 됩니다. 그러나 다음과 같은 경우는 활동이 지연될 수 있습니다.

- 감기나 발열과 같은 일시적인 질병이 있다면 나아질 때까지 미룬다.
- 임신 중이면 먼저 담당 의사와 상의한다.
- 건강상의 변화가 있을 경우 설문지의 나머지 부분을 진행하고 의사 또는 의료 제공자와 상담한다.

하나 이상의 질문에 '**예**'라고 답한 경우 설문지의 나머지 부분을 작성하시오.

그림 11-1 PAR-Q+ 질문지

2020 PAR-Q+, PAR-Q+ Collaboration, Adapted from http://eparmedx.com/wp-content/uploads/2013/03/January2020PARQPlus_Image.pdf

건강기록설문지(HHQ)

운동 전 작성한 철저한 **건강기록설문지(health history questionnaire, HHQ)**는 PAR-Q+를 보완하는 데 도움이 된다(부록 A 참고). 이 설문지는 일반적으로 피트니스 산업에서 표준화되어 있지 않으며, 오히려 각 시설 또는 조직에 맞춰져 있는 실정이다. 건강 기록에는 말한 내용과 운동 기록, 섭식 및 일반적인 생활방식에 관한 추가 정보를 수집하기 위해 추가 설문을 할 수도 있다.

HHQ는 일반적으로 개인 정보 또는 기밀로 여겨지는 고객에 대한 다음과 같은 정보도 들어 있다.

- 나이
- 성별
- 신장
- 체중
- 의사의 이름과 연락 정보
- 긴급 연락처

중요

평가 과정에서 개인에게서 수집된 모든 정보는 해당 개인의 서면 동의 없이 공유될 수 없다. 아울러 이 정보는 다른 직원이나 사람들의 손이 닿지 않는 곳에 안전하게 보관되어야 한다.

HHQ 내의 질문은 매우 다양할 수 있지만, 일반적으로 운동, 식습관, 수면, 스트레스, 직업, 여가 활동 등 고객의 생활 습관에 관한 정보를 수집한다. 또한 과거 부상, 과거 수술, 만성 질환, 약물 치료 등 병력에 대한 질문도 들어 있다.

생활 습관

고객의 생활 방식(lifestyle)을 이해하는 것은 운동 프로그램 디자인 전의 중요한 단계이다. 이 정보는 고객의 식습관, 직업, 수면, 여가 활동에 대한 맥락을 제공하며, 피트니스 전문가는 이 정보를 바탕으로 개별화된 운동 프로그램을 설계할 수 있다.

운동 습관

운동과 신체활동 정보를 수집하면 고객의 체력 수준을 알 수 있다. 피트니스 전문가는 이 영역 내에서 고객이 현재 활동적인지, 규칙적인 운동 또는 신체활동에 참여하고 있는지에 대한 정보를 수집해야 한다. 만약 운동을 하고 있다면 그 활동에 관한 세부 사항, 즉 운동한 기간, 성격, 유형, 빈도, 기간 및 강도 등을 파악하는 것이 중요하다.

피트니스 전문가는 달리기, 웨이트 리프팅, 그룹 운동 등 고객이 선호하는 운동에 대해서도 질문해야 한다. 이러한 질문은 운동 프로그래밍과 관련된 개인의 선호도와 욕구를 더 많이 알 수 있는 기회가 된다. 또한 체력 테스트 및 평가에 관한 고객의 일반적인 생각과 인상을 묻는 것도 중요하다.

운동 프로그램 참여 의사에 관한 대화는 운동 요법을 수립할 때 유용하다. 예를 들어, 피트니스 전문가는 0에서 10까지의 척도를 사용하여 결과 목록의 중요성을 평가하도록 고객에게 요청할 수 있다(0은 중요하지 않음, 10은 매우 중요함). 결과 목록에는 체중 감량, 전반적 건강 향상, 근육량 증가, 또는 스포츠 수행능력 향상 같은 것들이 포함된다.

식습관

영양이라는 주제는 아무리 강조해도 지나치지 않다. 수집할 수 있는 영양 정보의 깊이와 폭을 고려하면 초기에 수집된 정보는 본질적으로 일반적이면서도 양질의 정보여야 한다. 예를 들어, 1회 섭취참고량이나 추적된 칼로리 계산보다 일반적인 섭식 행동을 수집해야 한다. 아래 질문에 대한 답변을 고려해야 한다.

- 귀하의 전반적인 식단은 0에서 10의 범위 중 어디에 해당하는가? (0은 건강하지 않음, 10은 매우 건강)
- 현재 어떤 유형의 식습관을 유지하고 있는가? 식단의 종류와 그렇게 유지하는 이유는 무엇인가?
- 귀하의 일일 염분 섭취도는 낮음, 중간, 높음 중 어디인가?
- 귀하의 일일 당 섭취량은 낮음, 중간, 높음 중 어디인가?
- 귀하의 일일 지방 섭취량은 낮음, 중간, 높음 중 어디인가?
- 정크푸드 유혹에 대한 귀하의 통제력을 0에서 10까지 평가하시오. (0은 쉬움, 10 아주 어려움)
- 일주일에 어느 정도 술을 마시는가?
- 커피, 차, 탄산음료, 에너지 드링크 같은 카페인이 든

음료를 섭취하는가? 섭취한다면 일주일에 얼마나 마시는가?

이런 정보를 수집하면 피트니스 전문가는 기존의 판단이나 추정 없이 고객의 식습관에 대한 추가 통찰력을 얻을 수 있다. 또한 시간이 지남에 따라 고객의 식습관을 재평가하여 개선이 있었는지 확인할 수 있으며, 고객에게 예상치 못한 문제가 생겨 영양사나 의료 전문가에게 의뢰할 때도 도움이 된다.

수면

수면의 질과 양은 또 다른 흥미로운 영역이다. 피트니스 전문가는 수면 시간, 수면의 질, 심지어 수면과 관련된 어려움 등 고객의 수면 습관에 대해서도 물어보아야 한다. 수면은 반드시 필요하며, 수면이 제대로 이루어졌을 때 운동과 신체활동으로 고갈된 에너지를 보충한다(Dolezal et al., 2017). 반대로, 만성 수면 부족은 만성 질환의 위험 증가, 인지 및 기분에 대한 부정적인 영향과 같은 많은 나쁜 결과를 불러온다(Alvarez & Ayas, 2004; Dashti et al., 2015). 그러나 피트니스 전문가가 상세한 수면 평가를 수행하거나 수면의 질 개선을 위해 임상 치료를 권하는 것은 실무 범위를 벗어난 것임을 알아야 한다. 하지만 고객의 수면 습관에 대한 기본적인 통찰력을 얻는 것은 좋은 수면의 중요성을 가르칠 수 있는 기회가 될 것이다.

스트레스

스트레스는 삶의 주요한 측면으로써 건강에 심각한 악영향을 미치는 요소이다(Yaribeygi et al., 2017). 피트니스 전문가는 고객의 평균 스트레스 수준을 평가하기 위해서 0에서 10의 척도로 고객의 스트레스 수준에 대해 질문할 수 있다. 스트레스에 대한 대화도 중요하다. 피트니스 전문가는 고객의 스트레스 원인, 특정 스트레스에 노출되는 빈도, 각 스트레스의 강도, 스트레스 요인을 관리하는 방법 등도 조사해야 한다.

수면과 마찬가지로 스트레스 관리를 위한 상담이나 정신건강 치료를 제공하는 것은 피트니스 실무 범위를 벗어난다. 그러나 고객의 스트레스 수준에 대한 기본적인 정보는 피트니스 전문가에게 코칭의 기회를 준다. 피트니스 전문가는 운동과 신체활동이 일상생활과 통합될 때 어떻게 기분과 성향을 개선하고 스트레스를 줄일 수 있는지 그 방법을 고객과 공유할 수 있다.

직업

직업에서 필요한 요구 사항과 직업에 관한 기록은 운동 조건이나 우려 사항이 발생했을 때 귀중한 참고 자료가 된다. 피트니스 전문가는 고객 직업의 다음과 같은 측면에 대해 질문해야 한다.

- 고객 직업의 성격
- 업무 시간 동안 오랜 시간 서 있거나 앉아 있거나 반복적인 움직임을 요구하는가?(설명과 함께)
- 근무지 환경(예: 사무실 배치)과 일반적 복장(예: 높은 굽의 신발)

고객이 종일 오랜 시간 앉아서 일한다면 엉덩관절도 오랜 시간 굽힘이 일어나 잠재적으로 과민성 엉덩관절 굽힘과 허리 통증이 유발될 수 있다(Gupta et al., 2015). 특히 컴퓨터 앞에 오래 앉아 있는 경우 지속적인 중력의 영향으로 어깨와 머리가 피로해지며 어깨가 둥그스름하고 머리가 앞으로 나가는 자세 불균형이 발생할 수 있다. 또한 장시간 앉아 있으면 종일 에너지 소비가 적고 심폐 조절이 잘 안 될 가능성이 있다.

하이힐을 신는 것은 발목 복합체가 장기간 발바닥 굽힘 위치에 있게 되어 장딴지 근육과 아킬레스건의 긴장을 유발한다. 또한, 발과 발목 복합체의 발등굽힘(배측굴곡) 감소 및 과도한 모음(내전)과 같은 자세 불균형을 유발하여 발의 아치를 평평하게 만든다(Barnish & Barnish, 2016). 이것은 발, 무릎, 엉덩이 또는 허리에 통증을 일으킬 수 있다.

여가 활동과 취미

적합성 평가의 맥락에서 여가 활동은 근무 환경 밖에서 하는 고객의 신체활동을 나타낸다. 퍼스널 트레이너는 고객이 수행하는 여가 활동을 파악함으로써 고객의 요구에 맞는 운동 프로그램을 더 잘 설계할 수 있다. 예를 들어, 많은

건강기록설문지 Health history questionnaire (HHQ) 운동력, 식습관 및 일반적인 생활방식 등의 건강 기록 및 습관과 관련된 질문이 포함된 설문지

고객은 여가 시간에 춤, 골프, 스키, 테니스, 기타 다양한 스포츠 활동을 한다. 적절한 운동 트레이닝은 고객이 부상 위험 없이 신체 능력을 최적화할 수 있도록 통합되어야 한다.

취미란 고객이 정기적으로 즐기지만 본질적으로 운동이 아닌 활동을 말한다. 정원 가꾸기, 자동차 수리, 낚시, 노래 부르기, 음악 연주 등이 있다. 많은 유형의 취미는 고강도 신체활동이 없으므로 적절하게 계획된 운동 트레이닝 프로그램을 만들기 위해서는 취미도 고려되어야 한다.

병력

고객의 병력(medical history)을 조사하는 것은 예를 들면 관상동맥심장질환, 고혈압 또는 당뇨병 같이 알려지거나 의심되는 만성 질환에 대한 정보를 얻는 것이기 때문에 매우 중요하다. 또한 흡연이나 담배 관련 제품을 사용하는지도 물어야 한다. 병력에는 고객의 과거 및 현재의 건강 상태, 과거 및 현재의 부상, 수술, 또는 만성 질환에 대한 정보도 포함된다. 이런 정보를 조사하는 이유는 고객이 새로운 운동을 할 준비가 되었는지, 또는 의료적인 의뢰가 필요한지를 판단하기 위해서이다.

과거 부상

과거나 현재에 입었던 모든 부상은 운동을 할 수 있는지, 전문 의료진에게 의뢰해야 하는지를 결정내리기 위해 충분히 검토되고 논의되어야 한다. 이전의 근골격계 부상은 신체 활동 중에 다시 부상을 일으킬 가능성이 크다(Fulton et al., 2014). 인체 기능에 관한 부상의 영향은 잘 기록해야 하고, 특히 아래의 부상에 관해서는 더 자세히 기록해야 한다.

- 발목 염좌: 중간볼기근과 큰볼기근의 근육 활성도를 감소시킨다. 결국, 이것은 기능적으로 활동하는 동안 다리를 잘 통제하지 못하도록 해 부상으로 이어질 수 있다(Bullock-Saxton, 1994; Friel et al., 2006).
- 인대와 관련된 무릎 손상: 무릎 손상은 무릎뼈(슬개골)를 안정화시키는 근육의 활성화를 감소시켜 추가 손상을 일으킬 수 있다. 접촉이 없는 무릎 손상은 발목과 엉덩관절의 기능 장애로 무릎이 발목과 엉덩관절 사이에 걸린다. 만약 발목과 엉덩관절이 부적절하게 기능하게 되면 무릎의 움직임과 힘의 분포가 변경되어 추가 손상으로 이어질 수 있다(Fong et al., 2011; Shultz et al., 2015).
- 허리 부상: 코어 안정화 근육에 대한 활성화를 감소시켜 척추의 안정성을 저하시킨다. 기능 장애와 통증을 더 유발할 수 있다(Hides et al., 2011; Stuber et al., 2014).
- 어깨 부상: 회전근개(돌림근띠) 근육의 변형된 근육 활성화를 유발하여 활동 중에 어깨관절의 불안정으로 이어질 수 있다(Gombera & Sekiya, 2014; Yanagawa et al., 2008).
- 기타 부상: 추가적 부상에는 반복적인 햄스트링 염좌, 사타구니(서혜부) 염좌, 슬개건염(무릎뼈힘줄염, 점퍼무릎), 족저근막염(발꿈치 및 발바닥 통증), 정강이덧대(Shin Sprints), 상완이두건염(어깨 통증), 두통 등이 있다.

과거 수술

수술 절차는 인체에 외상을 만든다. 수술은 인체 기능에 대한 부상과 같고, 운동의 안전성 및 효능에 대해 손상과 유사한 영향을 미친다. 피트니스 전문가는 다음과 같은 보다 일상적인 수술 절차를 경험한 고객과 자주 의사소통해야 한다.

- 발과 발목 수술
- 무릎 수술
- 허리 수술
- 어깨 수술
- 제왕 절개(출산을 위한 복벽 절개)
- 충수돌기 절제술[충수(맹장) 제거를 위한 복벽 절개]

만성 질환

만성 질환의 위험은 신체적으로 비활동적인 사람에게서 많이 증가한다(Booth et al., 2017). 만성 질환에는 다음과 같은 것들이 있다.

- 심혈관 질환, 관상동맥심장질환, 관상동맥질환, 울혈성 심부전
- 고혈압
- 고콜레스테롤 또는 기타 혈중 지질 장애
- 뇌졸중 또는 말초동맥 질환
- 폐 또는 호흡 문제
- 비만

- 당뇨병
- 암

약

피트니스 전문가로부터 피트니스와 운동 트레이닝 조언을 구하는 많은 고객은 현재 의사나 다른 의료 전문가의 관리 아래에서 하나 이상의 처방약을 복용하고 있을 가능성이 높다. 공인 퍼스널 트레이너의 역할은 의사 또는 기타 의료 제공자가 법적으로 처방한 모든 형태의 약물 사용이나 효과에 대해 고객을 관리하거나 처방 또는 교육하는 것이 아니다. 고객의 건강 정보와 현재 복용하고 있는 약에 관해서는 항상 고객의 주치의 또는 의료 전문가와 상의해야 한다.

건강 및 피트니스 평가 수행

일단 HRA가 완료되고, 운동 시작을 위해 의료 허가를 받지 않아도 되는 경우, 피트니스 전문가는 다양한 피트니스 평가를 수행해야 한다. 피트니스 평가는 공인 퍼스널 트레이너에게 많은 정보를 제공하지만, 고객이 특정한 평가 받기를 불편해할 수도 있고, 평가 결과에 대해 민망해할 수도 있다. 예를 들어, 고객이 컨디션 저하를 겪고 있다면, 2.4km (1.5마일) 달리기 테스트 완수를 두려워하거나 불편해할 수 있다. 무엇을 언제 평가할지를 결정하는 것은 결코 간단하지 않다. 여기서 피트니스 전문가는 신중해야 한다.

평가 고려 사항

피트니스 전문가는 고객에게 수행하기로 한 모든 피트니스 평가에 대해 항상 타당한 근거를 제시할 수 있어야 한다. 다음과 같은 경우에 근거가 필요하며, 항상 사례별로 고려해야 한다(그림 11–2).

1. **관련성(relevance):** HRA(건강위험성평가)는 항상 피트니스와 관련성이 있지만, 심혈관, 근력, 또는 체성분 검사와 같은 초기 피트니스 검사는 관련성이 없을 수 있다. 이것들은 고객의 구체적인 목표, 필요 및 능력에 맞춰 적용되어야 한다.
2. **적절성(appropriateness):** 모든 고객이 건강 평가를 필요로 하거나 원하는 것은 아니다. 이러한 평가 때문에 고객이 현재 신체 상태에 대해 불편함을 느끼거나 겁을 먹거나 심지어 창피함을 느껴 동기를 잃게 될 수도 있다. 또한 테스트를 수행하거나 완수할 수 없다는 무능감으로 자존감이 약화될 수 있다. 피트니스 전문가는 특정한 평가를 수행하기 전에 이러한 요소들을 고려해야 한다.
3. **타당성(validity):** 이것은 테스트가 무엇을 측정하기 위해 의도된 것인지를 나타낸다. 예를 들면, 단단한 햄스트링과 장딴지에 의해 제한되는 앉아서 뻗기 테스트는 전반적인 신체 유연성을 평가하는 유효한 테스트가 아닐 수 있다.
4. **신뢰성(reliability):** 이것은 일관되고 반복 가능한 결과를 만들어 내는 평가의 능력을 의미한다. 예를 들어, 이 장 후반에 나올 피하두께측정법은 검사 담당자가 피부두겹 두께 측정 위치를 올바르게 찾고 집는 방법을 제대로 배우지 못하면 신뢰성이 떨어진다.

그림 11–2 피트니스 평가에 대한 근거

평가 순서

신체활동이 평가에 미치는 영향 때문에 특정 운동을 수행하기 전에 일부 평가를 먼저 실시해야 한다. 예를 들어, 안정시 심박수(resting heart rate, RHR), 혈압, 피하두께측정법 체지방 검사(모두 이 장 후반부에서 논의됨)는 신체활동의 영향을 받아 결과가 왜곡될 수 있다. 반면에, 유연성은 가벼운 유산소 운동 후에 자주 평가하는데, 이때 인체가 더 큰 조직 신장성을 나타내기 때문이다.

RHR, 혈압, 또는 체성분 측정과 같이 신체활동이 필요하지 않은 피트니스 평가는 유산소성 피트니스, 근력 또는 전력 출력을 측정하는 고강도 피트니스 평가보다 항상 먼저 실시하도록 한다.

안정시 심박수 Resting heart rate (RHR) 완전한 휴식을 취하는 동안 1분당 심장 박동 수

전문적으로 알아보기

신체활동은 인간의 심박수와 혈압을 높인다. 따라서 RHR과 혈압은 고객이 안정을 취한 상태에서 측정해야 한다.

피하두께측정법의 체지방 검사도 안정 상태에서 수행해야 한다. 운동 중의 **체온 조절(thermoregulation)**은 피부 주변의 **말초 혈관 확장(peripheral vasodilation)**을 일으켜 열을 제거하는 데 도움이 되지만, 이는 피하지방 측정 수치를 높일 수 있기 때문이다.

평가: 안전 및 법적 영향

안전성을 최대로 확보하고 법적인 분쟁을 최소화시키기 위해 운동 검사 및 감독에 관련된 모든 직원은 심폐소생술(CPR)과 자동심장충격기(AED)에 대한 최신 자격을 갖추어야 한다. 피트니스 시설 내에서 응급 상황에 대처하는 공인 퍼스널 트레이너의 책임은 분명히 정의되고 명시되어야 한다.

중요

응급의료 서비스 번호를 포함한 서면 응급 대책이 분명하게 게재되어 있어야 한다. 정기적으로 응급 의료 대응 연습을 실시하여 대응률과 반응 속도를 개선하도록 한다.

평가 종료 기준

신체활동을 포함한 평가(예: 심폐 검사)를 시행하는 동안 피트니스 전문가는 항상 검사를 즉시 중단해야(그림 11-3) 하는 징후와 증상을 살펴서 그러한 징후가 나타났을 때 의료 전문가에게 의뢰해야 한다(Fletcher et al., 2013; Howard et al., 2012).

평가 전 지침

평가를 수행하기 전에 개인의 안전과 편안함을 위한 조치가 필요하다. 사전에 피트니스 전문가는 검사 준비 사항과 관련된 정확하고 명확하게 정의된 지침을 고객에게 주어야 한다. 고객은 충분한 수분 공급을 위해 검사 전 24시간 동안 편안한 운동복을 착용하고 충분한 양의 수분을 섭취해야 한다. 또한 검사하기 최소 3시간 전에는 과식, 담배, 술, 카페인 섭취를 피하고, 검사 전날이나 검사 당일에는 운동이나 격렬한 활동을 삼가야 한다. 검사 전날 밤에는 충분한 수면을 취해야 한다.

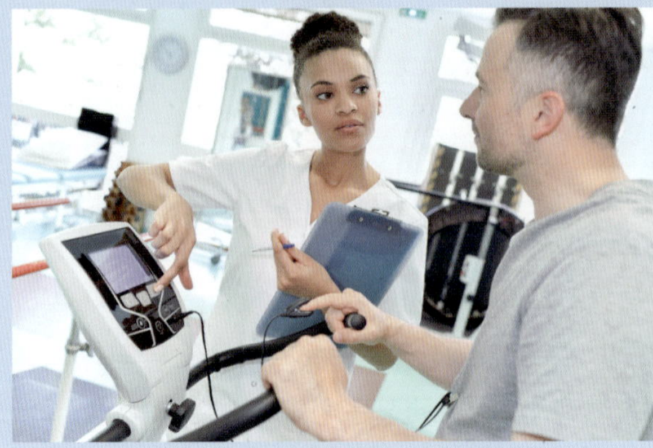

1. 가슴 통증 또는 협심증 같은 증상이 나타난다.
2. 운동 강도를 증가시켰을 때 수축기 혈압(SBP)이 운동 전 측정값보다 10mmHg 이상 떨어진다.
3. 검사 당사자의 수축기 혈압(SBP)이 250mmHg을 초과하거나 이완기 혈압(DBP)이 115mmHg를 초과하는 과도한 혈압 상승이 나타난다.
4. 격렬한 운동으로 나타나는 것이 아닌, 비정상적이거나 과도한 피로, 숨가쁨 또는 쌕쌕거리는 호흡 유형이 가시적으로 나타난다.
5. 머리와 얼굴에 혈액 공급이 원활하지 않아 어지러움이나 구역질이 나고, 피부가 창백하거나 입가가 푸르스름한 느낌, 피부가 차갑고 축축한 느낌이 자주 나타난다.
6. 통제되지 않는 동작, 즉 현기증, 혼란, 갑작스럽고 일시적인 의식의 상실 등이 나타난다. 이러한 증상은 일반적으로 뇌에 적절한 산소 공급이 부족하기 때문에 발생한다.
7. 운동을 멈추면 대개 사라지는 날카로운 다리 통증 또는 경련이 있다.
8. 검사 당사자가 검사를 중단하거나 중단을 요청한다.
9. 운동 또는 검사 장비가 오작동하거나 고장났다.

그림 11-3 운동 검사 종료 기준

트레이닝 팁

평가의 설명과 시범

검사의 목적, 프로토콜, 기대 사항에 대해 간단히 설명한다. 설명은 되도록 짧고 간결하게 하고, 적절하고 이해하기 쉬운 언어를 사용해야 한다. 시각적 학습이 효과적이기 때문에 가능한 한 시범을 보이는 것이 좋다(설명과 시범을 동시에 할 수 있다.). 필요하다면 물리적 동작의 학습 및 숙달을 위해 몇 가지 연습을 해보도록 한다.

피트니스 평가 프로토콜

피트니스 평가는 피트니스 전문가가 고객에게 제공하는 서비스의 필수적 부분이다. 기본적인 피트니스 준비도를 평가하는 능력은 운동 프로그램의 설계 및 개발을 용이하게 하고, 동시에 진행 상황을 평가하는 수단이 되기도 한다. 모든 피트니스 전문가는 고객의 건강 및 피트니스 목표와 일치하는 다양한 생리학적 매개 변수를 선택하고 관리·해석할 수 있는 지식과 기술, 능력을 보유해야 한다.

심박수(HR)

심박수(heart rate, HR)는 휴식 중일 때와 운동하는 동안에 운동 강도와 스트레스를 알아볼 수 있는 유효한 지표이다. 휴식 중인 HR의 변화를 모니터링하면 심혈관의 적응(보다 유산소적으로 적합해짐) 또는 퇴행(컨디션 저하)을 파악하는 데 도움이 된다. 체력 수준이 향상되면 심장과 폐의 상태가 더 좋아지기 때문에 안정시 심박수(RHR)는 낮아진다. 이렇게 되면 심장은 더 강해지고, 매 박동마다 더 많은 혈액을 펌프질해 더 많은 산소와 영양분을 몸 전체로 운반하게 한다. 반대로, 체력 수준이 떨어지거나 질병이 있으면 RHR은 상승할 수 있다. 이것들은 그 고객의 훈련 상태에 대한 가치 있는 생리학적 피드백이 되기 때문에 피트니스 전문가가 이해해야 할 중요한 징후이다. 하지만, 성별에 따라 RHR의 차이가 있다는 사실을 알아야 한다. 남성은 여성보다 분당 평균 약 5~10회 박동수가 더 적다(Porcari et al., 2015). 이것은 여성의 심실 크기가 더 작고 순환 혈액량도 더 적기 때문에 부분적으로 HR이 증가하기 때문이다. 그러므로 여성과 남성의 RHR 측정값을 피트니스 수준을 평가하기 위해 서로 비교해서는 안 된다. 오히려, 피트니스 전문가는 개인의 RHR이 트레이닝에 따라 어떻게 변하는지를 측정해야 한다.

수동으로 심박수 측정

심박수(HR)는 동맥의 맥동이 신체 표면에 전달되는 신체 주변의 여러 지점에서 측정할 수 있는데(그림 11-4), 대개 혈관이 뼈나 관절과 같은 기본 구조에 의해 압박될 때 발생한다. 안정시 심박수(RHR)는 아침에 침대에서 나오기 직전에 가장 정확하게 측정된다.

고객의 RHR을 측정하기 좋은 여러 해부학적 위치가 있다.

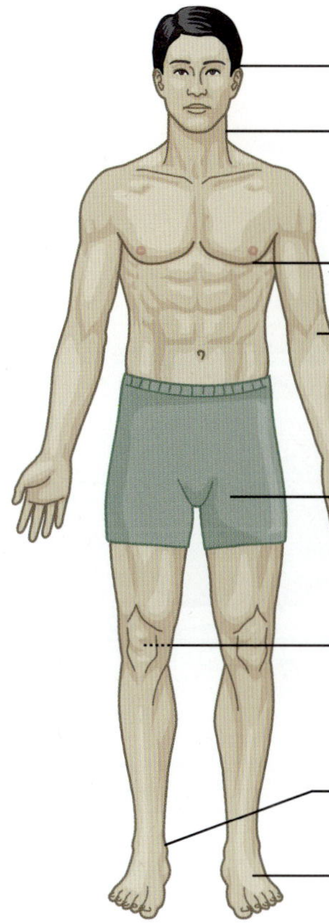

그림 11-4 심장 박동 위치

그러나 정확하고, 안전하고, 쉽게 측정 가능한 곳을 찾기 위해 NASM에서는 고객의 노동맥 맥박(radial pulse)을 권장한다(그림 11-5).

혈압(BP)

혈압(blood pressure, BP)은 혈액이 동맥벽에 가하는 외부 압력이다(Kenney et al., 2015)(그림 11-6). 그러나 혈압은 각 심장 박동 내에서 일정하지 않다. 각 심박 동안 혈류의 최고 압력과 최저 압력 사이에서 압력이 변동하기 때문이다. 최고 혈압과 최저 혈압을 측정해야 하는 이유가 여기에 있다. 둘 다 종합적으로 혈류 내의 평균 압력에 대한 통찰력을 제공하기 때문에 수치를 파악하는 것은 중요하다.

체온 조절 Thermoregulation 몸을 식히기 위해 땀을 흘리고 몸을 따뜻하게 하기 위해 몸을 떠는 것과 같은 현상을 포함하여 신체가 비교적 일정한 내부 체온을 유지하려는 생리학적 과정

말초혈관 확장 Peripheral vasodilation 체내에서 열을 제거하기 위해 피부 표면 근처의 혈관 지름이 확장되는 현상

심박수 Heart rate (HR) 지정된 시간(보통 1분) 동안 측정한 심장 박동 수

혈압 Blood pressure (BP) 혈관 벽에 혈액에 의해 가해지는 외부 압력. 수축기 혈압과 이완기 혈압으로 기록된다.

지식 확장하기

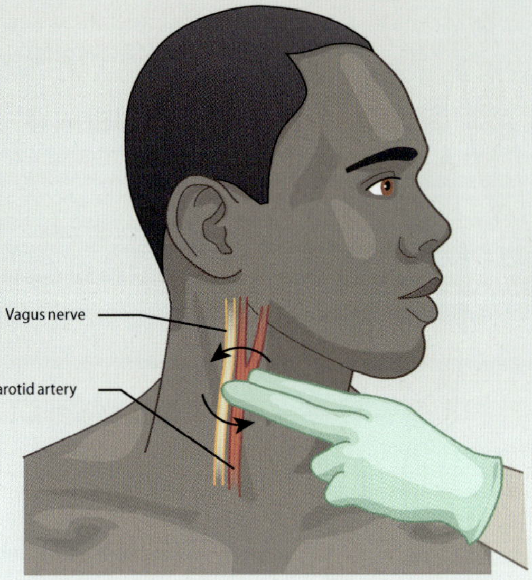

NASM에서는 미주신경이 목동맥 근처에 있기 때문에 노동맥 맥박과 목동맥(후두 바로 옆에 위치) 박동에서 RHR을 측정할 것을 권장한다. 미주신경에 너무 많은 압력을 가하면 의도치 않게 고객의 심박수 반응이 느려질 수 있다.

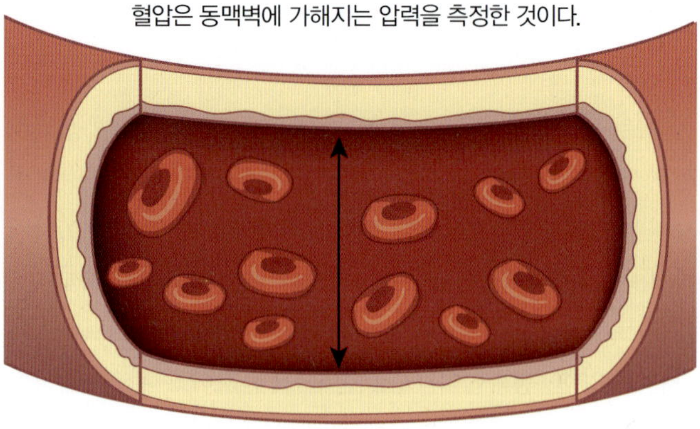

그림 11–6 혈압

수축기 혈압(systolic blood pressure, SBP)은 최고 수치를 나타내는 혈압으로 심장 주기 동안의 가장 큰 압력을 나타낸다. SBP는 심장이 수축될 때 동맥벽을 밀어내는 혈액의 힘과 같으며 수은주 밀리미터(mmHg)로 나타낸다.

최저 혈압이라고 하는 이완기 혈압(diastolic blood pressure, DBP)은 심장 주기 동안 가장 낮은 압력이다. DBP는 심장이 이완된 상태(수축하지 않음) 동안 동맥의 혈액에 의해 생성된 나머지 힘과 동일하며 수은주 밀리미터(mmHg)로 나타낸다.

위팔동맥(상완동맥, brachial artery)을 표준 측정 부위로 하여 동맥계(arterial system) 내의 혈압을 측정하는 것은 쉽고, 팔과 심장의 위치를 동일하게 유지할 수 있어 정확도가 높다(그림 11–7).

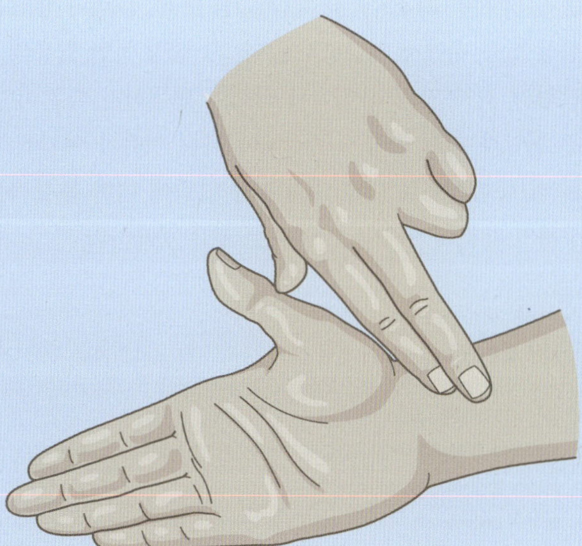

손으로 촉진해 RHR을 측정하려면 다음과 같이 한다.

- 검사 전 몇 분 동안 검사자를 편안하게 앉거나 눕도록 한다.
- RHR은 손가락 끝 촉진으로 측정한다. 자체 맥박이 있는 엄지 대신 검지와 중지를 사용한다.
- 손가락 끝은 동맥 바로 위에 놓고 가볍게 누른다.
- 맥박이 확인되면 60초 동안 맥박을 센다.
- 심박 주기가 기록되고 있기 때문에 첫 번째 측정된 박동이 숫자 1이 아닌 0으로 시작해야 하는가에 대한 보편적인 합의는 없다. 어느 것을 선택하든 지속적으로 하면 된다.
- 운동 심박수 측정 시 10초 간격으로 측정한 후 6을 곱한다.

그림 11–5 노동맥 맥박(Radial pulse)

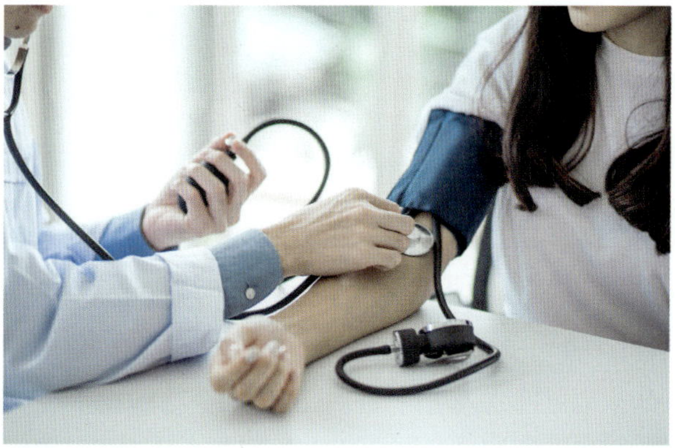

그림 11-7 혈압 측정

전문적으로 알아보기

2017년, 미국심장학회(American College of Cardiology)와 미국심장협회(American Heart Association)는 혈압과, 혈압이 전반적인 심혈관 건강에 미치는 위험에 대한 분류 수치를 수정했다(Whelton et al., 2018). 새로운 연구 결과를 보면, DBP 수치는 젊은 성인의 독립적인 사망 위험을 예측하는 데 유용하고, SBP 수치는 50세 이상 성인의 독립적인 사망 위험을 예측하는 데 더 중요한 것으로 나타났다.

혈압 수치가 높을수록 생명을 위협할 수 있는 심혈관 질환 발병 위험이 더 크다는 것을 뜻하므로 혈압은 매우 중요하다. SBP와 DBP는 둘 다 혈류 내 압력을 보여주기 때문에 이 위험도를 평가하는 지침이 만들어졌다(표 11-1).

혈압의 측정

혈압은 팽창식 커프, 압력 조절 다이얼, 밸브가 달린 전구, 그리고 청진기로 구성된 아네로이드 혈압계를 사용하여 측정한다. 그러나 지금은 디지털 혈압계가 점점 대중화되고 있다. 혈압을 측정하려면 적절한 지침과 연습이 필요하다. 피트니스 전문가를 포함해 모든 사람이 적절하게 BP를 측정하는 방법을 배우기 위해 현장 트레이닝 수업에 참가하는 것이 좋다. 다음은 아네로이드 혈압계를 사용하여 BP를 평가하기 위한 일반화된 혈압 측정 단계이다(참고용으로만 제공).

혈압을 측정하려면 고객을 편안한 위치에 앉히고 팔꿈치 바로 위 팔뚝에 적절한 크기의 커프를 채운다. 그다음 받침대가 있는 의자에 팔을 두거나 측정자의 팔로 고객의 팔을 받치고 최소한의 압력을 사용하여 위팔동맥 위에 청진기를 댄다. 손목에서 맥박이 더이상 느껴지지 않는 지점에서 커프를 20~30mmHg까지 빠르게 팽창시킨다. 다음으로 맥박을 들으면서 초당 2mmHg의 속도로 압력을 풀어준다. SBP를 결정하려면 맥박의 첫 번째 소리를 들어야 한다. 이완기 혈압은 맥박이 사라질 때 결정된다. 신뢰도를 높이려면 반대쪽 팔에서 같은 방법으로 측정해 본다.

중요

비정상적인 판독

혈압 측정 중에 비정상적인 수치가 나오면 반대쪽 팔에서 다시 측정해 본다. 양팔의 혈압 차이가 크면 순환기 문제가 있을 수 있으므로 전문적 진료를 받아야 한다.

수축기 혈압 Systolic blood pressure (SBP) 심장이 뛰거나 수축할 때 동맥과 다른 혈관의 압력으로, 기록된 첫 번째(상단) 수치

이완기 혈압 Diastolic blood pressure (DBP) 심장이 쉬거나 박동 사이에 있을 때 동맥과 다른 혈관의 압력으로, 기록된 두 번째(하단) 수치

위팔동맥(상완동맥) Brachial artery 혈압 측정 위치로 자주 사용되는 팔 위의 주요 동맥

동맥계 Arterial system 심장으로부터 혈액을 운반하는 동맥 체계

표 11-1 혈압 분류 범위

분류	수축기 혈압	이완기 혈압	권고
정상	< 120mmHg	< 80mmHg	유지
높음	120~129mmHg	< 80mmHg	생활 방식 변화
1기 고혈압	130~139mmHg	80~89mmHg	생활 방식 변화 + 의료 모니터링
2기 고혈압	≥ 140mmHg	≥ 90mmHg	생활 방식 변화 + 의료 모니터링 + 약물
고혈압 위기	> 180mmHg	> 120mmHg	즉각적인 진료 필요

인체계측법 및 체성분 측정

인체계측법(anthropometry)은 크기, 무게, 비율의 물리적 변화를 파악하기 위해 살아 있는 인간을 측정하는 연구 분야이다. 체지방 검사, **체질량 지수**(body mass index, BMI), **둘레 측정**(circumference measurement)을 포함한 많은 인체 측정 방법이 있다. 많은 고객이 체중 감량을 목표로 하고 있는데, 체중 감량의 진짜 의미는 근육량을 유지하거나 늘리면서 지방량을 줄이는 것이다. 체중계는 체중 감소를 측정하고 모니터링할 수는 있지만, 잠재적으로 손실되는 지방과 근육량의 상대적 비율은 알 수 없다.

체성분 측정의 목적은 건강하거나 건강하지 않은 것으로 분류될 수 있는 체성분 변화(예: 체지방 감소)를 정량화하는 것이다. 현재 전 연령대와 성별에 대해 보편적으로 인정되는 표준 체지방률은 없다. 일반적으로 남성의 체지방률은 여성의 체지방률보다 낮다. 여러 연구들에서 체지방률이 남성은 약 10~20%, 여성은 약 20~30%의 범위를 보여주지만, 이러한 범위는 개인의 연령, 성별, 인종에 따라 크게 다른 것으로 나타났다(Heo et al., 2012).

체질량 지수(BMI)

체질량 지수(BMI)는 개인의 체중이 신장에 비례해야 한다는 개념에 기초한 대략적인 평가이다. 높은 BMI가 특히 허리둘레가 늘어난 것과 상관이 있다면 질병 위험의 증가와 관련이 있다(Aune et al., 2016). BMI는 체지방을 측정하기 위해 고안된 것은 아니지만, 체중이 그 사람의 키에 적합한지 여부를 결정하는 빠르고 쉬운 방법이다.

BMI는 미터법 및 영국식 단위(야드, 파운드)를 이용하는 수학 공식과 온라인 계산기를 이용하는 방법 등 다양한 방법으로 계산할 수 있다. BMI를 계산하는 공식은 두 가지가 있다. 하나는 킬로그램 단위의 몸무게를 미터 단위 신장의 제곱으로 나누는 방법이고, 다른 하나는 파운드 단위 몸무게를 인치 단위 신장의 제곱으로 나눈 뒤 703을 곱하는 방법이다.

- 미터법 공식: BMI = 체중(kg) ÷ [신장(m)]^2
- 야드, 파운드 공식: BMI = 703 × 체중(lb) ÷ [신장(in.)]^2

질병에 걸릴 확률이 가장 낮은 BMI의 범위는 22~24.9 사이이다(표 11-2). 과학적 근거에 따르면 BMI가 25 이상이면 질병 위험이 증가한다. 또한 BMI 지수가 높을수록 조기 사망 및 질병의 위험이 증가하지만, 저체중인 사람도 위험한 것으로 나타났다(Flegal et al., 2013).

> **시도하기**
>
> 현재 체중이 72.57kg(160 lb)이고 키가 1.7m(67인치) 또는 5피트 7인치인 경우 두 공식을 사용해 BMI 지수를 계산해 보자.
> 정답: BMI = 25.1

간단함과 측정 결과의 일관성 때문에 BMI는 과체중 및 비만의 정도를 결정하는 데 가장 널리 사용되는 측정법이다. BMI는 일반 인구를 대상으로 검사하기 유용한 도구이지만, 한 가지 약점은 체지방량과 지방을 제외한 체중을 구별하지 못한다는 것이다. BMI를 사용하면 근육량이 많은 운동선수나 바디빌더들이 중증도에서 고위험군으로 잘못 분류될 수 있다.

표 11-2 BMI 분류

BMI	질병 위험	분류
<18.5	증가	저체중
18.5~24.9	낮음	정상 체중
25.0~29.9	증가	과체중
30.0~34.9	높음	비만
35.0~39.9	매우 높음	비만 II
≥40.0	극단적으로 높음	비만 III

둘레 측정

둘레 측정은 팔, 허벅지, 허리, 엉덩이 등의 신체 부위의 둘레를 측정하는 것으로, 체형이나 몸의 변화를 파악하게 해주고, 심장병, 당뇨병 등의 질병에 대한 건강 위험도의 중요한 지표 역할을 한다.

- 안드로이드 또는 사과 모양으로 묘사된 사람은 신체의 복부에 많은 지방(즉, 더 많은 내장 지방)이 있는 것이 특징이며, 이는 건강 위험성의 증가와 관련이 있다(Després, 2012)(그림 11-8).
- 가이노이드(gynoid) 또는 배 모양으로 묘사된 사람은 엉덩이와 허벅지에 더 많은 지방을 가지고 있으며,

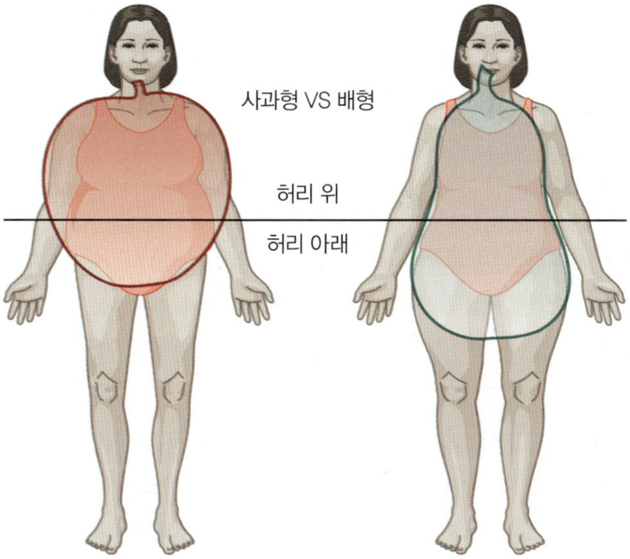

그림 11-8 안드로이드(사과) 체형 대 가이노이드(배) 체형

안드로이드 체형과 비교했을 때 건강 위험도는 낮을 수 있다(그림 11-8).

허리둘레

가장 일반적으로 측정하는 것이 바로 허리둘레(waist circumference)이며, 그 자체만으로 건강 위험을 평가하는 기준으로 사용될 수 있다(그림 11-9).

허리둘레가 100cm(~40인치) 이상인 남성은 심혈관 질환이나 당뇨병과 같은 건강 문제를 일으킬 위험이 높고, 허리둘레가 88cm(~35인치) 이상인 여성은 당뇨병 및 심혈관 질환 등의 질병 위험이 더 높다(Després, 2012; Howard, 2006; Kawada, 2015). [표 11-3]은 다양한 허리둘레 측정으로 나타나는 건강상 위험의 유형을 보여준다. 피트니스 전문가는 각 고객의 허리둘레를 모니터링하여 건강 위험을 파악하고 체중 감량 노력을 추적하는 것이 좋다. 그러나 일부 고객은 불편감을 느끼며 허리둘레를 측정하지 않으려고 할 수도 있다.

허리둘레는 다음과 같이 측정한다.

- 흉곽 아래와 엉덩이에서 엉덩뼈능선(엉덩이뼈의 상단 부분) 위 몸통의 가장 좁은 지점을 확인한다.
- 최대한 피부에 가깝게 측정한다.
- 반드시 줄자가 전체 몸을 수평으로 감도록 해야 한다.
- 줄자를 평평하게 하고 꼬이지 않도록 한다.
- 줄자를 꼭 맞게 당기되 피부에 자국이 생기지 않도록 한다.
- 정상 호흡 후 호기(날숨)가 끝나는 부분에서 허리둘레를 측정한다.
- 가장 근접한 밀리미터 또는 1/16인치 단위로 기록한다.

그림 11-9 허리둘레

이러한 경우 피트니스 전문가는 고객에게 스스로 허리둘레를 재어 결과를 전문가에게 보고하는 방법을 권장할 수 있다.

인체계측법 Anthropometry 인체의 크기, 체중, 비율 등의 신체적 변화를 이해할 목적으로 살아있는 인간을 측정하는 학문

체질량 지수 Body mass index (BMI) 비만의 위험을 측정하는 데 사용되며, 신장에 대한 체중을 측정함

둘레 측정 Circumference measurement 체성분 또는 비만을 추정하는 데 사용되는 전반적인 신체 둘레를 결정하는 측정

허리둘레 Waist circumference 대략 배꼽 높이에서 신체의 정중선을 중심으로 측정한 가장 얇은 둘레를 나타내는 값

표 11-3 허리둘레로 알아보는 건강 위험

위험 범주	여성	남성
매우 낮음	<70cm(<27.6인치)	<80cm(<31.5인치)
낮음	70~89cm(27.5~35.0인치)	80~99cm(31.5~38.9인치)
높음	90~109cm(35.4~42.9인치)	100~120cm(39.3~47.3인치)
매우 높음	≥110cm(≥43.3인치)	>120cm(>47.2인치)

Data from Bray (2004).

허리-엉덩이 비율(WHR)

허리-엉덩이 비율(waist-to-hip ratio, WHR)은 허리둘레와 엉덩이둘레의 상대적 비율로 신체의 모양(즉, 안드로이드, 가이노이드)을 정의하여 건강 위험을 평가하는 데 사용하는 또 다른 둘레 측정법이다.

엉덩이둘레는 엉덩이가 허벅지 뒤쪽과 연결되는 볼기 주름(gluteal fold) 위의 엉덩이 또는 엉덩이 주변의 가장 넓은 둘레이다. 두 측정 모두 제공된 공식을 사용하여 비율을 결정할 수 있다.

WHR = 허리둘레 ÷ 엉덩이둘레

WHR의 경우 [표 11-4]에서 보는 것과 같이 남녀의 표준 수치가 있다(Huxley et al., 2010). 높은 WHR은 더 사과 모양이고 복부에 더 많은 지방이 있어 당뇨병과 같은 심혈관 및 대사 질환에 걸릴 위험이 높기 때문에 건강에 중요한 의미를 갖는다.

추가적인 둘레 측정

둘레 측정은 거의 모든 신체 부위에서 측정할 수 있지만, [표 11-5]에 제시된 바와 같이 표준화된 부위가 있다. 이러한 측정 중 일부는 체성분(즉, 체지방 비율)을 정량화하는 데 사용할 수 있지만, 상당히 과체중인 고객이 있어도 실제 체성분과 상관 관계가 낮다는 것은 아쉬운 부분이다(Porcari et. al., 2015). 체지방률 대신 해당 수치들은 시간의 경과에 따른 몸의 둘레 변화를 평가하는 데 더 잘 사용되며, 저렴하고 관리하기 쉬운 편리함이 있다.

많은 고객이 체성분 측정을 원할 수 있지만, 체성분에 대한 정확한 평가를 얻기가 항상 쉬운 것은 아니다. 그렇다 하더라도 고객이 피트니스 목표를 달성하기 위해 노력하는 동안 다양한 위치에서 측정한 수치가 신체 변화에 대한 귀중한 피드백이 될 수 있기 때문에 좋은 대안이 될 수 있다.

허리-엉덩이 비율 Waist-to-hip ratio (WHR) 심혈관 질환과 연결될 수 있는 허리둘레와 엉덩이둘레의 비율을 표시하는 상대적 수치

볼기 주름 Gluteal fold 엉덩이의 접힌 부분과 허벅지 뒤쪽이 연결되는 부분

표 11-4 WHR 분류

건강 위험	남성	여성
낮음	0.95 이하	0.80 이하
중간	0.96~1.0	0.81~0.85
높음	1.0 이상	0.86 이상

표 11-5 둘레 측정 위치

위치	위치 설명	위치 이미지
목	후두(남자의 경우 아담스 애플) 바로 아래에서 측정함	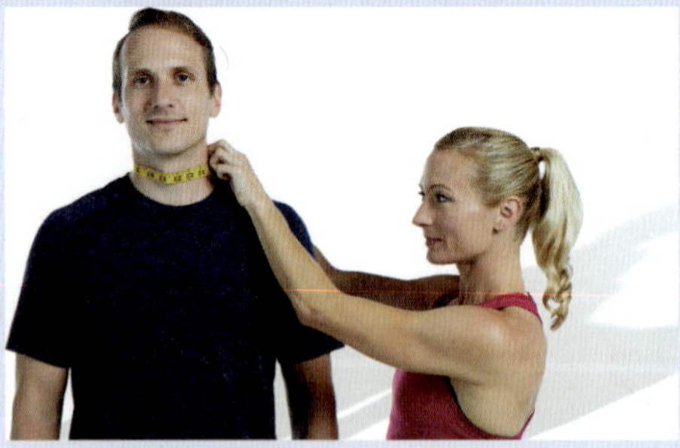
가슴	가슴의 가장 두꺼운 부분을 가로질러 측정함	

위치	위치 설명	위치 이미지
허리	허리의 가장 좁은 지점, 흉곽 아래에서 무명골(좌골, hipbones) 바로 위를 측정함. 허리가 가늘어지지 않으면 배꼽에서 측정함	
엉덩이	발을 모으고 엉덩이의 가장 넓은 부분의 둘레를 측정함	
넙다리	다리를 10cm(4인치) 간격으로 벌리고 선 자세에서 엉덩이 주름 바로 아랫부분에서 가장 큰 둘레를 측정함	
장딴지	발목과 무릎 사이에서 가장 굵은 부분의 종아리를 측정함	
팔	어깨와 팔꿈치 사이의 중간 지점에서 가장 두꺼운 부분의 위팔을 측정함	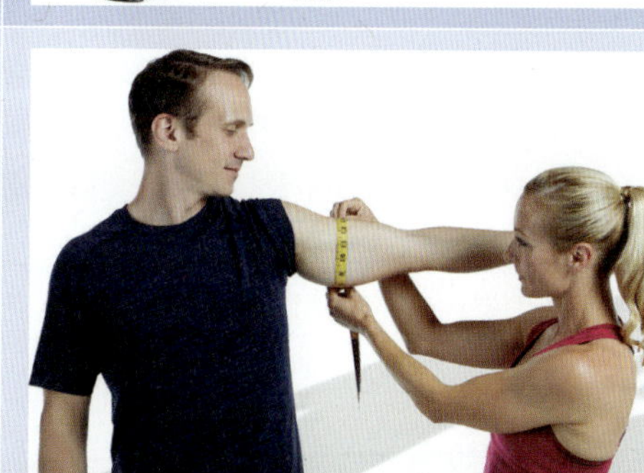

피하두께측정법

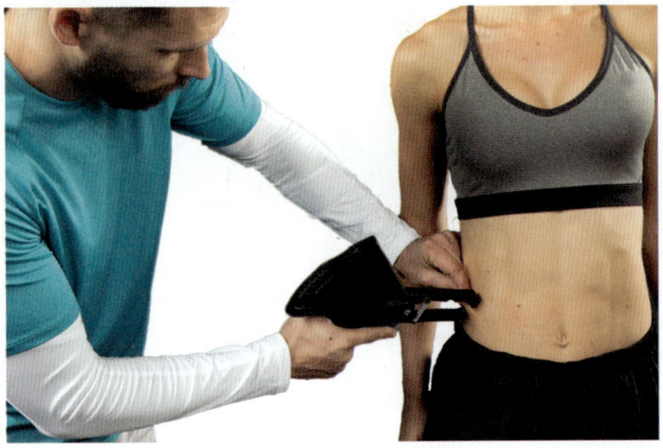

피하두께측정법(피부두겹법, skinfold measurements)은 캘리퍼스를 사용하여 피부두겹(스킨폴드) 두께 측정 위치를 올바르게 찾고 지방 두께를 정확하게 측정하는 것에 상당한 스킬이 필요하지만, 체성분 파악을 위한 인기 있는 방법으로 활용되고 있다. 이 방법을 제대로 쓰기 위해서는 연습이 필요하며, 피트니스 전문가는 이 기술을 사용하기 전에 숙련된 전문가들로부터 측정 기술을 배워야 한다. [표 11-6]은 다양한 신체 부위별 피부두겹 두께 측정을 위한 정확한 측정 위치를 나타내고 있다.

캘리퍼스 사용 능력과 기술

피하두께측정법(SKF)은 체내 피하 지방량이 전체 체지방에 비례한다는 전제하에, 피하 지방 조직의 두께를 간접적으로 측정하는 것을 말한다. 이 측정을 제대로 수행하기 위해서는 다음과 같은 권고 사항을 따라야 한다.

- 스킨폴드 측정 전문가와 함께 측정하고, 직접 측정한 결과를 그들의 결과와 자주 비교해 본다.
- 각 신체 부위별로 최소 2회 이상 반복 측정해 본다. 각 위치에서 평균값을 얻으려면 각 위치가 1~2mm 이내여야 한다.
- 캘리퍼스 턱 부분을 완전히 열어젖힌 후 측정 대상의 신체 부위에서 떼낸다.
- 해부학적 지표를 찾을 때에는 세심한 주의를 기울인다.
- 운동 직후에는 피하두께(스킨폴드) 측정을 하지 않는다.
- 테스트 프로토콜에 대해 고객에게 미리 알려준다.
- 비만인 고객에게는 수행하지 않는다.

표 11-6 표준 피하두께측정법(스킨폴드) 측정 위치

- 세갈래근(삼두근): 어깨와 팔꿈치 중간에 있는 팔 뒷면을 수직으로 집어 측정한다.
- 두갈래근(이두박근): 위팔두갈래근의 배 위 앞쪽을 수직으로 집어 측정한다. 세갈래근 측정 수준보다 1cm 위쪽
- 가슴: 남성은 앞 겨드랑이선(팔뚝)과 유두 사이 거리의 절반에 해당하는 지점을 대각선으로 집어 측정한다. 여성은 앞쪽 겨드랑이선과 유두 사이 거리의 1/3을 차지하는 지점을 대각선으로 집어 측정한다.
- 복부: 배꼽 옆 1인치(2.54cm) 지점을 수직으로 집어 측정한다.
- 중간 겨드랑이: 칼돌기 위치에서 중간 겨드랑이선(일반적으로 유두선 바로 아래)을 수직으로 집어 측정한다.
- 어깨밑: 어깨뼈의 아래각에서 1~2cm 아래 지점을 대각선으로 집어 측정한다.
- 엉덩뼈 위쪽: 엉덩뼈능선(엉덩이뼈의 상단 부분)의 자연스러운 각도와 일치하고 바로 위쪽에 있는 지점으로 대각선으로 집어 측정한다. 전방 겨드랑이선과 정렬됨
- 넙다리: 엉덩이와 무릎뼈의 중간에 있는 지점을 수직으로 집어 측정한다.

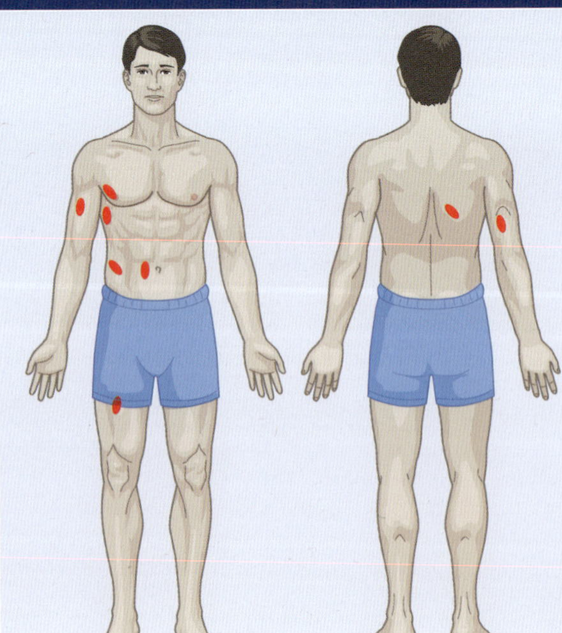

잭슨-폴록 7개 부위 프로토콜

모든 피하두께측정법(SKF)과 마찬가지로 잭슨-폴록 7개 부위 프로토콜(Jackson and Pollock 7-Site protocol) 역시 피트니스 전문가의 고도의 기술과 숙련도가 요구된다. 해당 평가를 수행하기 위해 각 부위의 허용 가능한 측정값의 평균 합계를 합산하여 신체 밀도를 계산하는 데 사용한다(Jackson & Pollock, 2004). 남성과 여성 모두에게 동일한 7개의 위치가 사용된다(표 11-7 참조). SKF 합계가 기록되면 다양한 온라인 자료(예: 표, 계산기)를 사용하여 체지방 비율을 추정할 수 있다.

표 11-7 잭슨-폴록 7개 부위 프로토콜

성별	부위
남성	가슴, 중간 겨드랑이, 어깨뼈, 세갈래근, 배, 엉덩뼈 위쪽, 넙다리
여성	가슴, 중간 겨드랑이, 어깨뼈, 세갈래근, 배, 엉덩뼈 위쪽, 넙다리

잭슨-폴록 3개 부위 프로토콜

잭슨-폴록 3개 부위 프로토콜(Jackson and Pollock 3-Site protocol)은 7개 부위 프로토콜 대안으로 사용되며, 체지방 비율 추정을 위해 체내 세 곳의 피부두겹 두께를 측정하는 방식이다. 남성은 가슴, 배, 넙다리 부위를, 여성은 세갈래근, 엉덩뼈 위쪽(suprailiac), 넙다리 부위를 사용한다(표 11-8). 이 프로토콜은 세 곳에서만 측정하면 되기 때문에 효율성이 높고 편리하다. 7개 부위 측정 방식과 마찬가지로 3개 부위 SKF가 계산되면 다양한 온라인 자료들을 사용하여 체지방률을 추정할 수 있다.

표 11-8 잭슨-폴록 3개 부위 측정

성별	부위
남성	가슴, 배, 넙다리
여성	세갈래근, 엉덩뼈 위쪽, 넙다리

4개 부위 더닌-워머슬리 프로토콜

4개 부위 더닌-워머슬리 프로토콜(Four-Site Durnin-Womersley protocol)은 앞에서 설명한 잭슨-폴록 공식의 대안이다. 이 공식은 체내 4개 부위, 즉 두갈래근, 세갈래근, 어깨밑근, 엉덩뼈 위쪽을 측정한다. 4개의 부위는 남성과 여성 모두 동일하다(표 11-9).

표 11-9 더닌-워머슬리 4개 부위 프로토콜

성별	부위
남성	두갈래근, 세갈래근, 어깨밑근, 엉덩뼈 위쪽
여성	두갈래근, 세갈래근, 어깨밑근, 엉덩뼈 위쪽

4개 부위를 측정한 후, 4개 부위의 합계를 더한 다음, 더닌-워머슬리(Durnin-Womersley) 체지방률 계산에서 신체 구성에 적합한 성별 및 연령 범주를 찾는다(표 11-10). 가령, SKF의 합이 40인 40세 여성 고객의 체지방 비율은 28.14%이며, 이는 반올림하면 28%이다.

피하두께측정법 평가 고려 사항과 우려 사항

설명한 대로 다양한 피하두께측정법 평가 프로토콜은 고객의 체지방 비율을 평가하는 많은 옵션이 있다. 여러 가지 옵션 때문에 피트니스 전문가가 혼란스러울 수도 있지만, 몇 가지 간단한 지침을 적용하면 의사 결정 과정을 단순화할 수 있다.

- 잭슨-폴록 7개 부위 프로토콜이 신체의 더 많은 부위에서 SKF를 수집하기 때문에 가장 정확하다고 여겨지지만, 이 프로토콜은 고객의 사적 영역을 많이 침범한다. 따라서 임상적 또는 운동적 모집단에 가장 적합할 수 있다.
- 잭슨-폴록의 3개 부위 프로토콜은 7개 부위 프로토콜만큼 정확하지는 않지만 여전히 유효하다. 3개 부위 프로토콜은 수행 시 고객의 사적 영역 침범이 적은 것이 장점이다.
- 더닌-워머슬리 공식은 17~49세 사이의 개인에게 가장 많이 사용되며, 노년층에게는 잘 적용하지 않는다. 장점은 상체에 대한 측정만 하면 되며, 허벅지 측정을 위해 반바지를 입을 필요가 없다.

피하두께측정법(피부두겹법) Skinfold measurements 캘리퍼스로 신체 특정 부위 피부를 집어 체지방을 측정하는 기술

잭슨-폴록 7개 부위 프로토콜 Jackson and Pollock 7-Site protocol 신체의 7개 부위에서 피부두겹 두께를 측정하여 체지방 비율을 추정한다.

잭슨-폴록 3개 부위 프로토콜 Jackson and Pollock 3-Site protocol 신체의 3개 부위에서 피부두겹 두께를 측정하여 체지방 비율을 추정한다.

4개 부위 더닌-워머슬리 프로토콜 Four-site Durnin-Womersley protocol 신체의 4개 부위(두갈래근, 세갈래근, 어깨밑근, 엉덩뼈 위쪽)에서 피부두겹 두께를 측정하여 체지방 비율을 추정한다.

표 11-10 더닌-워머슬리 체지방 퍼센트 계산

피부두겹 두께의 합	남성					여성				
	< 19	20~29	30~39	40~49	> 50	< 19	20~29	30~39	40~49	> 50
5	-7.23	-7.61	-1.70	-5.28	-6.87	-2.69	-3.97	0.77	3.91	4.84
10	0.41	0.04	5.05	3.30	2.63	5.72	4.88	8.72	11.71	13.10
15	5.00	4.64	9.09	8.47	8.38	10.78	10.22	13.50	16.40	18.07
20	8.32	7.96	12.00	12.22	12.55	14.44	14.08	16.95	19.78	21.67
25	10.92	10.57	14.29	15.16	15.84	17.33	17.13	19.66	22.44	24.49
30	13.07	12.73	16.17	17.60	18.56	19.71	19.64	21.90	24.64	26.83
35	14.91	14.56	17.77	19.68	20.88	21.74	21.79	23.81	26.51	28.82
40	16.51	16.17	19.17	21.49	22.92	23.51	23.67	25.48	28.14	30.56
45	17.93	17.59	20.41	23.11	24.72	25.09	25.34	26.96	29.59	32.10
50	19.21	18.87	21.53	24.56	26.35	26.51	26.84	28.30	30.90	33.49
55	20.37	20.04	22.54	25.88	27.83	27.80	28.21	29.51	32.09	34.75
60	21.44	21.11	23.47	27.09	29.20	28.98	29.46	30.62	33.17	35.91
65	22.42	22.09	24.33	28.22	30.45	30.08	30.62	31.65	34.18	36.99
70	23.34	23.01	25.13	29.26	31.63	31.10	31.70	32.60	35.11	37.98
75	24.20	23.87	25.87	30.23	32.72	32.05	32.71	33.49	35.99	38.91
80	25.00	24.67	26.57	31.15	33.75	32.94	33.66	34.33	36.81	39.79
85	25.76	25.43	27.23	32.01	34.72	33.78	34.55	35.12	37.58	40.61
90	26.47	26.15	27.85	32.83	35.64	34.58	35.40	35.87	38.31	41.39
95	27.15	26.83	28.44	33.61	36.52	35.34	36.20	36.58	39.00	42.13
100	27.80	27.48	29.00	34.34	37.35	36.06	36.97	37.25	39.66	42.84
105	28.42	28.09	29.54	35.05	38.14	36.74	37.69	37.90	40.29	43.51
110	29.00	28.68	30.05	35.72	38.90	37.40	38.39	38.51	40.89	44.15
115	29.57	29.25	30.54	36.37	39.63	38.03	39.06	39.10	41.47	44.76
125	30.63	30.31	31.46	37.58	41.00	39.21	40.32	40.21	42.55	45.92
130	31.13	30.82	31.89	38.15	41.65	39.77	40.91	40.73	43.06	46.47
135	31.62	31.30	32.31	38.71	42.27	40.31	41.48	41.24	43.56	47.00
140	32.08	31.77	32.71	39.24	42.87	40.83	42.04	41.72	44.03	47.51
145	32.53	32.22	33.11	39.76	43.46	41.34	42.57	42.19	44.49	48.00
150	32.97	32.66	33.48	40.26	44.02	41.82	43.09	42.65	44.94	48.47
155	33.39	33.08	33.85	40.74	44.57	42.29	43.59	43.09	45.37	48.93
160	33.80	33.49	34.20	41.21	45.10	42.75	44.08	43.52	45.79	49.38
165	34.20	33.89	34.55	41.67	45.62	43.20	44.55	43.94	46.20	49.82
170	34.59	34.28	34.88	42.11	46.12	43.63	45.01	44.34	46.59	50.24
175	34.97	34.66	35.21	42.54	46.61	44.05	45.46	44.73	46.97	50.65
180	35.33	35.02	35.53	42.96	47.08	44.46	45.89	45.12	47.35	51.05
185	35.69	35.38	35.83	43.37	47.54	44.86	46.32	45.49	47.71	51.44
190	36.04	35.73	36.13	43.77	48.00	45.25	46.73	45.85	48.07	51.82
195	36.38	36.07	36.43	44.16	48.44	45.63	47.14	46.21	48.41	52.19
200	36.71	36.40	36.71	44.54	48.87	46.00	47.53	46.55	48.75	52.55

트레이닝 팁

스킨폴드 캘리퍼스를 사용하여 체지방을 평가하는 것은 민감할 수 있다. 또한 비만인 사람에 대한 SKF의 정확도가 떨어지기 때문에 체지방 평가에 이 방법을 사용하지 않는 것이 더 낫다. 대신 생체전기저항, 둘레 측정, 체중계 또는 옷의 핏을 사용하여 체중 감소와 체지방 감소 진행 상황을 평가할 수 있다.

생체전기저항분석법(BIA)

피하두께측정법과 달리 **생체전기저항분석법**(bioelectrical impedance analysis, BIA)은 추가적인 실습 교육이나 참조할 표가 필요 없는 매우 쉬운 체지방 평가다. 이 기술은 센서를 피부에 부착하고 약한 전류를 흐르게 하여 체지방과 마른체중(지방을 뺀 체중)을 추정한다. 근육 세포는 약 10~15%의 수분만을 포함하는 지방 세포와 비교할 때 70~75%의 수분을 함유하기 때문에 마른 사람은 체지방이 많은 사람에 비해 전기 흐름에 대한 저항과 반응이 덜하다(Porcari et al., 2015). 다시 말해서, 지방은 마른 신체 조직보다 덜 효율적인 전도체이다. 전도 속도가 빠를수록 더 날씬하다는 뜻이다(그림 11-10). 센서가 있는 체중계와 휴대용 장치를 사용하여 이 방법을 수행할 수 있다.

BIA를 통한 체성분 평가 기술의 발전과 SKF 측정의 단점(예: 사적 영역 침범, 시간 투자, 피트니스 전문가의 신뢰성)을 감안할 때 BIA는 피트니스 환경에서 보다 일반적으로 사용된다. 그러나 BIA에는 측정의 정확성을 떨어뜨릴 수 있는 자체 한계가 있다. 신체가 수분을 얻거나 수분이 손실되는 모든 활동 시에는 정확도가 떨어진다. 예를 들면, 수화(水和) 수준, 탈수, 극한의 온도, 과도한 땀흘림, 이뇨제 사용, 심지어 방광에 든 소변에도 영향을 받는다. 그뿐만 아니라 BIA 장치의 품질도 중요하다. 저 품질의 장치는 양 말단(손과 발)을 측정하는 고품질의 다발성 장치에 비해 부정확한 결과가 나올 가능성이 높기 때문이다.

정수압 수중 체중

정수압 수중 체중(hydrostatic underwater weighing)이라고 하는 수중 계량(그림 11-11 참조)은 운동생리학 실험실에서 체성분을 결정하는 데 사용되는 가장 일반적인 기술이다. 이 방법은 뼈대, 근육, 결합 조직이 지방조직에 비해 밀도가 높고 무겁다는 원칙에 기초한다. 본질적으로 육지에서의 몸무게를 수중 체중과 비교하여 지방 비율을 결정한다.

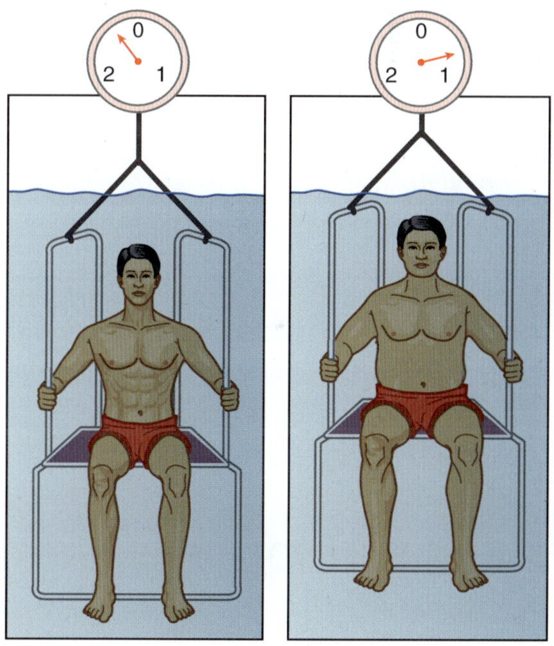

그림 11-11 수중 계량

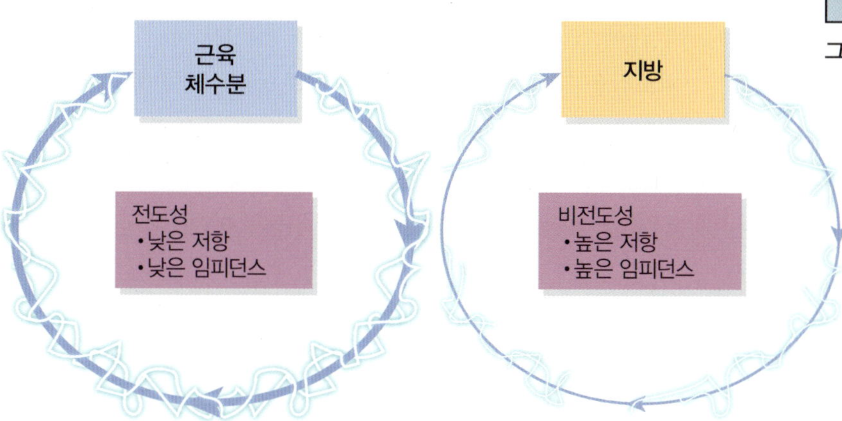

그림 11-10 생체전기저항 전도

생체전기저항분석법 Bioelectrical impedance analysis (BIA) 체내에 유입되는 전류의 흐름에 대한 저항을 측정하여 체지방 비율을 추정하는 체성분 평가 기법

수중 계량 원리는 아르키메데스의 원리(Archimedes' principle)를 따르는 것이다. 아르키메데스의 원리는 부력의 물리 법칙이다. 뼈와 근육은 물보다 밀도가 높기 때문에 마른 체중의 비율이 더 큰 사람은 물 속에서 더 많은 체중을 유지한다. 결과적으로 수중 체중이 많이 나가는 사람은 수중 체중이 적게 나가는 사람에 비해 체지방 비율이 더 낮다는 것을 의미한다. 이 기술은 매우 정확하지만, 실험실 환경 밖에서는 진행하기 어려워 실용적이지 않다.

심폐 평가

일반적으로 심장 강화 피트니스 또는 유산소 피트니스라고도 하는 심폐 체력(cardiorespiratory fitness)은 고객의 운동수행능력을 평가하기 위해 실시된다(Kenney et al., 2015; Porcari et al., 2015). 심폐 평가 결과는 전반적인 건강, 신체 운동수행능력, 심지어 수명에 대한 중요한 예측 지표 역할을 하기 때문에 중요하다.

심폐 평가(cardiorespiratory assessments)는 러닝머신, 스텝 머신 또는 자전거와 같은 여러 가지 기구를 사용할 수 있으며, 기구는 고객의 능력이나 달성하려는 피트니스 목표에 따라 단순한 것에서 매우 복잡한 것까지 다양하다. 피트니스 전문가는 심폐 평가에서 고객에게 맞는 안전하고 효과적인 시작 운동 강도와 적절한 심폐 운동 모드를 결정하는 데 도움을 주어야 한다.

최대산소소비량($\dot{V}O_{2max}$)

유산소 피트니스에서 가장 효과가 좋은 측정은 $\dot{V}O_{2max}$ 테스트이다. 산소소비량($\dot{V}O_2$)은 신체의 산소 사용 비율을 측정한 것으로 흡기(들숨) 산소와 호기(날숨) 산소의 차이를 반영한다. 이것은 운동하는 근육에 산소를 전달하고 미토콘드리아(mitochondria)에서 사용하여 유산소적으로 에너지를 생산하는 신체의 능력을 나타낸다. $\dot{V}O_{2max}$ 또는 최대산소섭취량은 신체의 산소 사용 상한을 측정하며, 이를 때때로 피크 $\dot{V}O_2$라고도 한다.

- $\dot{V}O_{2max}$ 점수가 높을수록 산소 활용도가 높고, 신체 활용 능력이 크다는 것을 의미한다.
- $\dot{V}O_{2max}$는 보통 25세부터 30대 초반에 최고조에 달하지만, 트레이닝으로 단련될 수 있기 때문에 40대의 활동적인 사람이 운동량이 적은 20대보다 $\dot{V}O_{2max}$가 더 높을 수 있다.
- $\dot{V}O_{2max}$는 건강한 사람은 10년마다 약 5%(연간 평균 0.5%), 건강하지 못한 사람은 10년마다 약 10%(연간 평균 1.0%) 감소한다(Kenney et al., 2015).

$\dot{V}O_{2max}$ 평가를 수행하면 피트니스 전문가는 고객의 전반적 유산소 피트니스 지표를 얻을 수 있다. 이것은 건강, 사망률, 질병률에 대한 좋은 지표가 된다. $\dot{V}O_{2max}$는 $\dot{V}O_2$ 점수가 전반적인 심장 건강을 반영하기 때문에 심장 기능을 가장 잘 나타내는 단일 예측 인자일 수 있다(Aspenes et al., 2011). $\dot{V}O_{2max}$가 높은 사람은 일반적으로 심장이 더 건강하고 운동을 수행할 수 있는 능력이 크며 심장 질환 발병 위험이 더 낮다. 그러나 필요 장비, 참여 시간, 최대치의 신체 능력에서 참여하려는 고객의 의지 때문에 항상 실용적이지는 않다. 그래서 최대하(submaximal) 검사가 심폐 기능 및 체력을 결정하는 데 자주 사용된다.

운동자각도(RPE)

주관적인 운동자각도(rating of perceived exertion, RPE)는 고객이 운동하는 동안 얼마나 열심히 하고 있는지를 나타내거나 검증하는 데 사용하는 기술이다. RPE 방법을 사용할 때 개인은 운동의 어려움을 주관적으로 평가한다. 이것은 심박수 증가, 호흡수 증가, 발한 증가 및 근육 피로 등 신체활동 중에 사람이 경험하는 전반적인 신체 감각을 기반으로 한다. 고객의 주관적인 평가는 신체의 고립된 부위(예: 러닝머신 테스트 중 다리의 피로)가 아닌 전체적인 피로감을 나타내며 얼마나 열심히 운동했는지에 대한 전반적인 느낌을 보고해야 한다. RPE 척도는 주관적인 측정이지만, 고객이 자신의 운동 등급을 정확하게 보고한다면 RPE는 신체활동 중 실제 심장 박동수에 대한 비교적 정확한 추정치를 제공한다. RPE에는 두 가지 버전이 있다. 원래 있던 6~20까지의 척도와 최신의 1~10까지의 척도(표 11-11, 표 11-12)이다. 간편성과 사용 편의성을 위해 NASM은 1~10까지의 척도를 권장한다.

표 11-11 RPE 척도, 6-20

오리지널 척도	
6	
7	매우 가볍다
8	
9	상당히 가볍다
10	
11	가볍다
12	
13	다소 힘들다
14	
15	힘들다
16	
17	상당히 힘들다
18	
19	매우 힘들다
20	

표 11-12 RPE 척도, 1-10

등급	운동 자각 수준
0	비운동, 휴식 상태
1	매우 가볍다
2-3	가볍다
4-5	중강도, 다소 힘들다
6-7	고강도, 힘들다
8-9	매우 힘들다
10	최대치에 달하는 강도

YMCA 3분 스텝 테스트

YMCA 3분 스텝 테스트(YMCA 3-minute step test)는 고객에게 3분 동안 30cm(12인치) 상자를 연속적으로 오르락내리락하여 컨디션이 좋지 않은 고객의 유산소 체력을 평가하는 심폐 평가이다. 이 평가를 통해 나타난 심폐 건강은 $\dot{V}O_{2max}$ 추정치가 아닌 회복 심박수(recovery heart rate, RHR)에서 평가된다. YMCA 3분 스텝 테스트는 위험도가 낮고 겉으로 보기에도 건강하며, 운동하지 않는 성인에게 적합한 방법이다.

YMCA 3분 스텝 테스트 지시 사항

- 테스트를 수행하기 전에 프로토콜을 간략히 설명하고, 모든 질문에 만족스럽게 답해 주며, 적절한 준비운동과 스트레칭 및 휴식을 허용한다.
- 테스트를 위해 적절한 운동화를 착용했는지 확인한다.
- 어지러움, 현기증, 가슴통증, 과도한 호흡곤란 등의 증상이 나타나면 테스트를 종료한다.
- 고객은 분당 96스텝을 수행한다. 피트니스 전문가는 메트로놈을 분당 96번으로 설정하고 적절한 스텝 리듬을 보여준 뒤 고객이 연습할 수 있도록 한다. 피트니스 전문가가 메트로놈을 사용할 수 없는 경우에는 정확한 케이던스(템포)을 유지하기 위해 "위, 위, 아래, 아래"라고 큰 소리로 말한다.
- 3분간의 테스트를 시작하고 테스트 내내 케이던스(템포)를 유지한다.
- 테스트를 완료한 후, 고객이 앉아 있는 동안 피트니스 전문가가 노동맥 맥박을 빠르게 촉진하고(5초 이내) 뒤이어 60초 동안 심장 박동수를 측정한다.
  - 카운트는 0부터 시작한다.
  - 발은 가볍게 패들링하여 혈액순환을 유지한다.
  - 데이터 수집 후 적절하게 진정(쿨다운)한다.

테스트 해석

60초 동안의 심박수가 수집되면 [표 11-13]을 사용하여 개인의 체력 수준을 분류할 수 있다.

아르키메데스의 원리 Archimedes' principle 변위된 유체의 부피가 해당 유체에 완전히 담근 물체의 부피 또는 표면 아래 부피의 특정 부분과 동일하다는 가정

심폐 체력 Cardiorespiratory fitness 활동 중에 신체에 산소를 공급하는 순환계 및 호흡계의 능력

심폐 평가 Cardiorespiratory assessments 개인의 유산소 체력을 측정하기 위한 프로토콜

미토콘드리아 Mitochondria 세포를 위한 에너지를 만들기 위해 영양소를 이용하는 세포의 부분. 보통 세포의 발전소라고 알려져 있다.

YMCA 3분 스텝 테스트 YMCA 3-minute step test 특정 케이던스(템포)로 3분간 계단을 오르내리며 개인의 심혈관 건강을 측정하는 유산소 검사

회복 심박수 Recovery heart rate (RHR) 운동을 멈춘 후 측정된 심장 박동수는 개인의 건강 수준을 어느 정도 나타낸다(즉, 컨디션이 좋은 사람들은 더 빨리 회복된다).

표 11-13 YMCA 3분 스텝 테스트

남성 등급(나이)	18~25	26~35	36~45	46~55	55~65	≥65
뛰어남	50-76	51-76	49-76	56-82	60-77	59-81
좋음	79-84	79-85	80-88	87-93	86-94	87-92
평균 이상	88-93	88-94	92-88	95-101	97-100	94-102
평균	95-100	96-102	100-105	103-111	103-109	104-110
평균 이하	102-107	104-110	108-113	113-119	111-117	114-118
나쁨	111-119	114-121	116-124	121-126	119-128	121-126
매우 나쁨	124-157	126-161	130-163	131-159	131-154	130-151
여성의 등급(나이)	**18~25**	**26~35**	**36~45**	**46~55**	**55~65**	**≥65**
뛰어남	52-81	58-80	51-84	63-91	60-92	70-92
좋음	85-93	85-92	89-96	95-101	97-103	96-101
평균 이상	96-102	95-101	100-104	104-110	106-111	104-111
평균	104-110	104-110	107-112	113-118	113-118	116-121
평균 이하	113-120	113-119	115-120	120-124	119-127	123-126
나쁨	122-131	122-129	124-132	126-132	129-135	128-133
매우 나쁨	135-169	134-171	137-169	137-171	141-174	135-155

YMCA 3분 스텝 테스트는 매우 기본적이며 유산소 운동이 가능한 성인에게 심혈관 문제의 부담을 거의 주지 않는다. 이것은 주로 운동 후 심장 박동수가 정상으로 돌아오는 속도를 측정하기 위한 방법으로, 균형 문제, 관절 문제, 스테핑과 관련한 문제가 없어 컨디션이 좋지 않은 사람이나 노인에게 실시하기 좋은 기법이다.

락포트 걷기 테스트

처음 운동을 시작하는 고객의 경우 몸이 좋지 않을 수도 있으므로 이런 고객에게 실시하는 걷기 테스트는 적절한 심폐 평가라고 할 수 있다. 테스트를 완료하는 데 특별한 기술이나 학습이 필요하지 않으면서 적절하게 도전해 볼 수 있는 방법이 있다. **락포트 걷기 테스트(Rockport walk test)**는 시간에 따른 운동 능력이나 심박수 측정에서 최대산소소비량($\dot{V}O_{2max}$)을 예측하는 1마일 걷기 테스트이다. 피트니스 전문가는 이 테스트가 건강한 사람을 위해 설계된 것이 아니기 때문에 건강한 성인의 경우 $\dot{V}O_{2max}$가 과소 예측될 가능성이 높다는 점을 명심해야 한다(Morrow et al., 2016). 이 테스트는 원래 트랙에서 실시하도록 실외용으로 개발되었지만, 러닝머신을 사용하여 실내에서도 사용할 수 있다.

락포트 걷기 테스트 지시 사항

- 테스트를 수행하기 전에 프로토콜을 간략히 설명하고, 모든 질문에 만족스럽게 답해 주며, 테스트를 수행하기 전 적절한 준비 운동, 스트레칭 및 휴식을 허용하도록 한다.
- 테스트를 위해 적절한 운동화를 착용했는지 확인한다.
- 어지러움, 현기증, 가슴 통증, 과도한 호흡 곤란 등의 증상이 나타나면 검사를 종료한다.
- 테스트의 목표는 1마일(1.6km)의 거리를 가능한 한 빨리 걷는 것이다. 속도 조절이 필요할 수 있지만 달리기나 조깅은 안 되며 가능한 한 빨리 걸어서 속도를 조절해야 한다.

테스트 해석

1. [표 11-14]를 이용해 테스트 결과를 결정한다.

1.5마일 달리기 테스트

좀 더 적합한 모집단 그룹의 경우, **1.5마일(2.4km) 달리기 테스트**는 고객의 유산소 지구력을 측정하는 데 사용할 수 있는 심폐 지구력 평가이다. 1.5마일 달리기 테스트는 $\dot{V}O_{2max}$

표 11-14 락포트 걷기 테스트의 기준 가치

평가	남성(30~69세)	여성(30~69세)
	시간(분:초)	시간(분:초)
뛰어남	< 10:12	< 11:40
좋음	10:13–11:42	11:41–13:08
평균 이상	11:43–13:13	13:09–14:36
평균	13:14–14:44	14:37–16:04
적정	14:45–16:23	16:05–17:31
나쁨	> 16:24	> 17:32
백분위		
90%	11:08	11:45
75%	11:42	12:49
50%	12:38	13:15
25%	13:38	14:12
10%	14:37	15:03

Data from Morrow et al. (2016).

를 추정하는 데 사용되는 개인의 시간별 능력이나 심장 박동 반응을 평가하여 유산소 체력 수준을 추정한다(Cooper Institute, 2007). 락포트 걷기 테스트와 마찬가지로 이 테스트는 원래 필드 테스트(즉, 트랙에서 수행)로 개발되었지만, 러닝머신을 이용해 실내에서도 실시할 수 있다.

1.5마일 달리기 테스트 지시 사항

- 테스트를 수행하기 전에 프로토콜에 대해 간략히 설명한 후 모든 질문에 만족스럽게 답해 주며, 테스트 수행 전 적절한 준비 운동, 스트레칭 및 휴식을 허용한다.
- 테스트를 위해 적절한 운동화를 착용했는지 확인한다.
- 어지러움, 현기증, 가슴 통증, 과도한 호흡 곤란 증상이 나타나면 테스트를 종료한다.
- 테스트의 목표는 1.5마일 거리를 가능한 한 빨리 완주하는 것이지만, 속도 조절이 필요할 수 있다.

테스트 해석

- [표 11-15] 와 [표 11-16]을 사용하여 테스트 결과를 결정한다.

전문적으로 알아보기

흔히 쓰이는 또 다른 심폐 평가는 1마일(1.6km) 달리기 테스트이다. 현실적으로 이 테스트 수행에는 아무런 문제가 없지만, 검증(즉, 연구)이 주로 청소년과 대학생에 초점이 맞춰져 있기 때문에 일반인을 대상으로 적용하기에는 제한적이다(Kayihan et al., 2014; Sharon & Liu, 1999). 1.5마일(2.4km) 달리기 테스트는 더 큰 모집단 그룹에 걸쳐 유산소 적합성에 대한 보다 효과적인 평가를 제공하므로 고객과 함께 사용하기에 더 적합하다. 그러나 이 평가 시간이 1마일 달리기 테스트보다 길기 때문에 이 평가 전반에 걸쳐 경험과 속도 조절 요구가 더 많다.

전문적으로 알아보기

논의된 평가들의 가장 큰 한계는 개인에게 맞추어진 점수보다는 유산소 체력에 대한 일반적인 추정치만을 제공한다는 것이다. 그 때문에 사람의 고유한 신진대사를 바탕으로 심폐 지구력의 적합성과 효율성을 평가하기 위한 연구가 진행되고 있으며, 새로운 아이디어가 개발되고 있다(Foster et al., 2008).

락포트 걷기 테스트 Rockport walk test 컨디션이 나쁜 사람이나 체력이 약한 사람들을 위한 유산소 검사로, 가능한 빨리 걸어 1마일을 완주한 후 즉시 맥박을 측정하는 테스트

1.5마일(2.4km) 달리기 테스트 1.5-mile (2.4-km) run test 참가자가 가능한 한 짧은 시간에 1.5마일의 거리를 이동하게 하여 심폐 지구력을 측정하는 유산소 테스트

표 11-15 1.5마일 달리기의 표준 값(남자)

평가	1.5마일 달리기 평가 완료 시간				
	20~29세	30~39세	40~49세	50~59세	60~69세
뛰어남	8:22-9:10	8:49-9:31	9:02-9:47	9:31-10:27	10:09-11:20
우수	9:34-10:08	9:52-10:38	10:09-11 :09	11:09-12:08	12:10-13:25
좋음	10:49-11:27	11:09-11:49	11:52-12:25	12:53-13:53	14:33-15:20
적정	11:58-12:29	12:25-12:53	13:05-13:50	14:33-15:14	16:19-17:19
나쁨	13:08-13:58	13:48-14:33	14:33-15:32	16:16-17:30	18:39-20:13
매우 나쁨	15:14-20:55	15:56-20:55	17:04-22:22	19:24-27:08	23:27-31 :59

Data from The Cooper Institute (2007). *Physical fitness assessments and norms for adults and law enforcement.* Dallas, TX.

표 11-16 1.5마일 달리기의 표준 값(여자)

평가	1.5마일 달리기 평가 완료 시간				
	20~29세	30~39세	40~49세	50~59세	60~69세
뛰어남	9:23-10:20	9:52-11 :08	10:09-11:35	11:34-13:16	12:25-14:28
우수	10:59-11:56	11:43-12:53	12:25-13:38	13:58-15:14	15:32-16:46
좋음	12:51-13:25	13:41-14:33	14:33-15:17	16:26-17:19	18:05-18:52
적정	14:15-15:05	15:14-15:56	16:13-17:11	18:05-19:10	20:08-20:55
나쁨	15:56-17:11	16:46-18:18	18:26-19:43	20:17-21:57	22:34-23:55
매우 나쁨	18:39-25:17	20:13-25:10	21:52-27:55	23:55-30:34	26:32-33:05

Data from The Cooper Institute (2007). *Physical fitness assessments and norms for adults and law enforcement.* Dallas, TX.

대화 테스트

대화 테스트(talk test)(또는 지속적인 대화 방식)는 고객의 고유한 대사 지표와 대화 능력을 기반으로 활동의 강도를 측정하는 데 사용되는 비공식적인 심폐 평가이다. 유산소 운동 중에 지속적으로 말하거나 말하지 못하는 능력을 측정하는 것은 수년 동안 운동 강도에 대한 비특정 지침으로 존재해 왔다. 그러나 지난 20년 동안, 연구원들은 이 개념을 더 자세히 조사해 말하기와 호흡을 방해하는 강도가 인체 에너지 시스템 내에서 일어나는 특정한 대사 사건과 관련이 있다는 것을 알아냈다(Dehart-Beverly et al., 2000; Foster et al., 2009; Jeans et al., 2011; Loose et al., 2012; Voelker et al., 2001; Zanettini et al., 2013).

환기 역치1(VT1) 테스트

환기 역치1(ventilatory threshold 1, VT1) 테스트는 강도를 점점 높일 수 있는 모든 장비(예: 러닝머신, 자전거)에 대해 수행되는 테스트이며, 신체의 신진대사에서 중요한 변화가 일어나는 시점을 말하게 하여 해석하는 방식이다.

이 프로토콜의 핵심은 연료의 균형(즉, 지방 50%, 탄수화물 50%)으로 신체 사용 강도를 평가하는 것을 목표로 하는 유산소 테스트라는 것이다. 유산소 검사이기 때문에 대화 테스트를 하기 전에 항정 상태(steady-state, SS) 심박수인지 확인해야 한다.

VT1 테스트 고려 사항

- 선호하는 운동 방식을 결정한다(예: 러닝머신, 자전거).
- 증가하는 운동량의 선호도를 결정한다(예: 속도, 등급, 전력량). 러닝머신의 경우 0.5~1mph 증가, 또는 1~2%의 경사가 사용되며, 사이클링에서는 15~25W 증가, 암 에르고미터에서는 10~15W 증가 범위가 사용된다.

- 각 단계의 시간을 결정한다. 단계는 일반적으로 항정 상태(SS) 심박수에 도달하기 위해 1~3분 동안 지속된다. 강도가 크게 증가하면 항정 상태(SS) 심장 박동수에 도달하는 데 더 긴 시간이 필요하므로 권장하지 않는다. SS 심박수는 계속 상승하는 것이 아니라 각 단계에서 고객의 심박수를 가시적으로 평준화하는 것을 의미한다.
- 항정 상태(SS) 심박수에 도달하면 연속 대화 테스트를 수행한다. 연속 대화 테스트는 약 20초 동안 연속적으로 말하는 것이지만, 말하기 도전은 보통 10초 이내에 관찰될 수 있다. 연속 대화 테스트는 연속해서 암기해야 한다. 예를 들어, "A는 애플, B는 보이, C는 캣"과 같은 음성 알파벳을 암송해야 한다. 또 다른 옵션은 고객이 직장이나 학교와 관련된 일반적인 아침 일과를 말하도록 하는 것이다. 앞에서 설명한 것처럼 대화는 막힘없이 이어져야 한다는 것을 유념해야 한다.

VT1 테스트 지시 사항

- 테스트를 시작하기 전에 프로토콜에 대해 간략히 설명하고, 모든 질문에 답해 주며, 적절한 준비, 스트레칭 및 휴식을 허용한다.
- 저강도로 검사를 시작하여 점진적으로 단계를 높여가며, SS 심박수에 도달하면 각 단계가 끝날 때까지 연속 대화 테스트를 실시한다.
- 대화 테스트가 어렵지만, 어렵지 않을 때까지 계속 대화 테스트를 반복한다. 이것은 고객이 VT1에 도달했다는 신호이다. 이 순간, 사용 중인 여러 장비로 심박수와 속도, 등급 또는 전력량을 기록한다.
- 지속적으로 대화하기 어려운지를 평가한다.
    - 대화 속도(예: 매끄러운가, 능률적인가, 연속적인가 아니면 뚝뚝 끊기는가, 중간중간 끊기는가 아니면 완전 끊기는가)로 대화 능력을 관찰한다.
    - 개인에게 대화 테스트를 평가하도록 요청한다(예: 쉽고 작은 도전, 불편하거나 도전적인 작업, 어렵고 거의 불가능한 작업). VT1은 불편하거나 도전적인 것으로 표시된다.
    - 고객의 호흡 소리를 듣는다. VT1은 흉곽 상승이 상당히 눈에 띄는 상태에서 호흡이 분명하게 들릴 때 발생한다.
- 평가를 검증하기 위해 의심되는 VT1 단계를 넘어 다음 단계를 계속한다. 이상적인 신뢰성을 유지하기 위해 건너 뛴 프로토콜은 2~3일 이내에 다시 해야 한다. 평균 생리학적 반응을 사용하여 고객의 VT1을 적어 둔다.

VT1 테스트 예시

[표 11-17]은 점진적으로 강도가 증가하는 러닝머신 달리기의 예시를 나타내는데, 여기서 VT1은 연속 대화 테스트를 통해 결정된다. 이 예시에서 1분 단계는 작은 작업 증분(즉 단계당 0.5 mph) 때문에 선택되었는데, 이는 보통 SS 심박수에 도달하기에 충분한 시간이다. 9분(6.5 mph)에서 연속 대화 테스트가 어려워지는데, 이는 분당 142회(bpm)의 심박수와 6.5의 RPE(10점 척도)에 해당한다. 시속 6마일에서는 호흡과 지속적인 대화가 다소 쉬운 반면 시속 7마일에서는 어려워진다. 앞서 프로토콜 지침에서 언급했듯이 연속 대화 테스트는 신뢰성을 위해 두 가지 개별적인 경우를 이상적으로 수행해야 하며, 평균 점수는 VT1로 기록한다.

표 11–17 1분 증분이 있는 VT1 테스트의 예

시간	속도	대화 테스트	HR	RPE 1–10
준비(1~4분)	4.0mph			
5분	4.5mph	쉬움	117	3.5
6분	5.0mph	쉬움	125	4
7분	5.5mph	다소 쉬움	133	5
8분	6.0mph	다소 쉬움	138	6
9분	**6.5mph**	**다소 어려움**	**142**	**6.5**
10분	7.0mph	어려움	147	7
진정(11~14분)	4.0mph			

대화 테스트 Talk test 운동하는 사람이 다양한 강도의 운동 수준에서 얼마나 대화를 유지해 나갈 수 있는지를 측정하는 유산소 테스트

환기 역치1 Ventilatory threshold 1 (VT1) 신체가 탄수화물과 지방을 같은 비율로 혼합하여 연료로 사용하는 지점

항정 상태 Steady-state (SS) heart rate 심혈관 시스템에서 발생하는 심박수의 생리적 반응이 수행 중인 작업의 양과 관련하여 상대적으로 일정해지는 모든 단계(즉, 심박수 반응이 수행 중인 작업 수준과 일치함)

VT1을 식별하는 능력은 지속적으로 대화하는 것이 어려워지는 시기를 정확하게 판단하는 피트니스 전문가의 능력에 크게 좌우된다. 이러한 능력을 기르기 위해서는 시간, 연습 및 반복이 필요하겠지만, 일단 숙련되면 이 기술을 통해 인체가 주요 연료인 지방에서, 지방과 탄수화물이 동등하게 혼합되어 연료 공급원으로 대사 작용하는 시점을 파악할 수 있게 된다. 이 강도는 심폐 운동 프로그램을 설계할 때 중요한 강도 표시자 역할을 한다.

VT2 대화 테스트

보다 성과 중심 목표를 가진 사람은 고강도 트레이닝을 지속할 수 있는 능력이 성공의 예측 지표로서 중요하다. 환기 역치2(ventilatory threshold 2, VT2) 테스트는 인체가 몇 분 이상 지속 가능한, 항정 상태의 가장 높은 강도에서 작동할 수 있는 수준을 측정한다. 이 수준에서 인체는 혈액의 젖산 완충 능력을 압도하기 시작하는 무산소 에너지 시스템(anaerobic energy systems)을 작동한다. 실제로 Recorde와 동료들(2002)은 VT2가 운동 중에 대화할 수 없는 지점과 일치한다는 것을 입증했다. 즉, 이 정도의 강도에서는 질문에 구두로 응답하거나 질문에 "아니오"라고 대답할 수 없다. 당신은 능숙하게 말할 수 있는가?

이 측정값(VT2)은 운동수행능력에서 중요하다. 왜냐하면 이 수준 바로 아래의 강도는 지구력 운동선수가 레이스나 트레이닝을 통해 최상의 역량을 달성하는 운동 속도를 나타내기 때문이다.

VT2 테스트 고려 사항

- VT2 테스트는 이 생리학적 표지자를 측정하는 데 필요한 목적, 특성, 강도를 감안할 때 수행 목표가 분명한 개인에게만 권장된다.
- 몇 가지 표준화된 현장 테스트(60분 간 자전거 라이딩, 30~60분 달리기)가 존재하지만, 많은 시간이 필요하며 관리하기가 지루하다.
- 20분 달리기 또는 라이딩 테스트 프로토콜 같은 수정된 테스트는 표준화된 30분 또는 60분 프로토콜보다 수행하기 쉬워 실행 가능한 대안이 될 수 있다.
- 이 테스트에서는 피험자가 20분 동안 지속 가능한 가장 높은 속도를 유지하고, 피트니스 전문가는 이후 5분 동안 고객의 심장 박동수와 수행능력 지표(예: RPE, 속도, 전력량)를 기록해야 한다.

VT2 테스트 지시 사항

- 테스트를 수행하기 전에 프로토콜에 대해 간략히 설명하고, 모든 질문에 답해 주며, 테스트 수행 전 적절한 준비 운동 및 스트레칭, 휴식을 허용한다.
- 시작하려면 미리 정해진 속도로 강도를 높인다. 이 속도를 결정하기 위해서는 몇 가지 신중한 프로그래밍이 필요하지만, 테스트 시작 몇 분 동안 필요에 따라 약간의 조정을 할 수 있다. 고객은 이 속도를 20분 동안 유지해야 하며, 이 속도는 고객이 안전하게 감당할 수 있는 가장 격렬한 속도여야 한다.
- 테스트 마지막 5분 동안 심박수와 성과 지표(예: 속도, 전력량, RPE)를 기록한다.
- 테스트가 끝나고 5분 동안 수집된 평균 심박수를 사용하고, 해당 수치를 95% 수정하여 고객의 VT2를 추정한다. 20분간의 속도는 일반적으로 고객이 30~60분 테스트를 수행할 때보다 더 강렬하기 때문에 이 5%의 수정이 필요하다.

VT2 테스트 예시

예를 들어, 시속 8.5마일로 테스트를 시작한 후 처음 3분 이내에 시속 8.8마일로 조정하고 계속 이 속도를 유지한다. 이때 심박수는 다음과 같다.

- 16분: HR = 176 bpm
- 17분: HR = 178 bpm
- 18분: HR = 177 bpm
- 19분: HR = 179 bpm
- 20분: HR = 179 bpm

평균 HR = 177.8 bpm × 0.95 = 168.9 bpm 또는 반올림하면 169이다.

환기 역치2 Ventilatory threshold 2 (VT2) 포도당이 활동에 필요한 거의 모든 에너지를 제공하는 지점

무산소 에너지 시스템 Anaerobic energy systems 글리코겐이 포도당으로 전환되고 산소가 피루브산을 분해하고 아데노신 삼인산(ATP)을 생성하기에 불충분한 작업을 수행하는 데 사용되는 에너지 시스템

요약

건강에 관한 위험 요인을 파악하기 위해 생리학적 평가를 수행하는 것은 퍼스널 트레이닝의 필수적인 부분이다. 생리학적 평가의 시기, 관련성, 적절성을 고려해야 하지만, 고객이 운동 프로그램을 시작하기 전에 건강위험성평가(HRA)를 항상 수행하도록 하는 것은 공인 퍼스널 트레이너의 법적, 윤리적 책임이다. 신체활동 준비 설문지(PAR-Q+) 형식의 업데이트된 HRA를 통해 피트니스 전문가는 참가자들을 선별하여 그들이 운동할 준비가 되었는지, 아니면 더 전문적인 의료 전문가에게 의뢰해야 하는지를 결정할 수 있다.

일단 고객의 프로그램 참여가 결정되면, 프로그램 수준을 결정하기 위해 효과적으로 사용할 수 있는 여러 가지 평가가 있다. 이 장에서는 인체측정학과 심폐 적합성을 평가하기 위한 프로토콜뿐만 아니라 심박수 및 혈압의 기본 평가를 위한 프로트콜을 소개했다. 또한 최근의 연구에서는 개인의 독특한 신진대사에 초점을 맞춘 평가 방법이 나오고 있다. VT1과 VT2를 통해 피트니스 전문가는 고객의 피트니스 수준에 따라 심폐 프로그램을 맞춤화할 수 있다.

제11장 리뷰

구조화된 운동과 신체활동은 많은 생리적, 정서적, 인지적 장점을 제공하면서 개인의 사망률과 질병률을 감소시킬 수 있다. 이러한 많은 장점은 운동의 다양한 강도(예: 저강도에서 중강도, 고강도)로 달성될 수 있지만, 어떤 운동의 강도는 해를 끼칠 위험이 있다. 그러므로 새롭게 운동을 시작하는 모든 사람들, 특히 중강도에서 고강도 운동에 참여할 계획이 있는 사람은 HRA 형식으로 적절하게 선별하여 운동 참여의 이점과 위험을 평가해야 한다. PAR-Q+는 적절한 최소한의 검사 도구로 사용할 수 있다. 건강기록설문지(HHQ)를 통해 수집된 추가적인 고객 정보는 피트니스 전문가에게 프로그램 디자인을 안내하고 지원하는 정보가 된다. HHQ에서 수집한 정보에는 고객의 생활 습관 및 병력에 대한 추가 데이터가 들어 있다.

고객의 참여가 승인되면 피트니스 전문가는 운동 프로그램을 모니터링할 수 있는 기준을 마련하기 위해 생리학적 평가를 수행한다. 선택한 평가는 항상 관련성, 적절성, 유효성, 신뢰성 및 순서를 고려하여 최상의 결과를 보장해야 한다. 또한 피트니스 전문가는 고객의 안전을 위해 모든 테스트 중에 발생할 수 있는 테스트 종료 기준을 알고 있어야 한다.

심박수는 휴식과 운동 중 강도 또는 스트레스를 알 수 있는 유효한 지표이다. 또한 시간이 지남에 따라 심혈관이 운동에 잘 적응하는지를 알려주는 귀중한 피드백을 제공한다. 혈압은 혈액이 혈관 벽에 가하는 외부 힘을 반영하는 또 다른 중요한 심혈관 측정값이다. 운동은 일반적으로 혈압 반응을 높이지만, 휴식 점수가 높을수록 생명을 위협하는 심혈관 질환 발병 위험이 높아진다.

인체측정학은 체지방 평가, 체질량 지수(BMI) 또는 둘레 측정과 같은 기술을 통해 신체 구성과 체형을 정량화할 수 있는 또 다른 유형의 정보를 나타낸다. 각 측정값을 통해 사망률과 질병률을 추정할 수 있는 귀중한 정보를 얻을 수 있다. BMI와 둘레 측정은 체형의 추정치를 제공하지만, 체지방률은 측정할 수 없다. 피하두께측정법(스킨폴드 측정)과 정수압(수중) 체중은 체성분을 측정하기에 유효하지만, 전문지식(기술)과 고가의 장비가 필요하다. 따라서 생체전기저항분석법(BIA)과 같은 기술들은 비용 효율적이고 실무적인 전문 지식이 덜 필요하기 때문에 오늘날 더 보편화되고 있다.

심폐 지구력 적합성(cardioremptory fitness)은 고객의 운동 능력을 평가하며, 여러 가지 형식을 사용하여 평가할 수 있다. $\dot{V}O_{2max}$ 테스트는 심폐 기능의 가장 유효한 지표이지만, 직접 측정하기에는 높은 강도로 인한 약간의 위험성이 있고, 가스 분석기와 관련된 많은 비용이 필요하며, 이러한 테스트를 관리하고 해석하기 위한 실무자의 전문성이 요구된다. 결과적으로, 최대하(submaximal) 검사는 더 실용적이고 관리하기 쉽기 때문에 더 자주 사용된다. 최대하 검사는 간단한 단기 스텝 검사부터 더 어려운 거리 달리기에 이르기까지 다양하지만, 전반적인 체력이나 고객의 고유한 신진대사 효율성에 대한 개별적인 추정치를 정확하게 나타내는 데는 한계가 있다. 그 후, 고유한 대사 지표를 측정하기 위한 심폐 검사가 개발되어 유산소 효율성과 운동수행능력에 대한 보다 개인화된 추정치를 제공하고 있다. 환기 테스트는 체내 대사의 좋은 지표를 제공하며 그중 VT1의 대화 테스트는 유산소 효율성의 좋은 추정치로 검증되었다. VT2

의 측정은 성과 중심 목표를 가진 사람에게 고강도 운동을 지속할 수 있는 능력치를 반영한다.

제11장 하이라이트

- 생리학적 평가를 수행하는 일반적인 목적은 피트니스 전문가가 개인 운동 프로그램을 개발하는 데 필요한 기준 데이터를 수집하는 것이다.
- PAR-Q+는 HRA를 수행하기 위한 적절한 최소 선별 도구이다.
- 피트니스 전문가는 또한 HHQ를 사용해 피트니스 평가 선택, 운동 프로그램 디자인 및 진행 상황 모니터링에 유용한 추가 정보를 수집해야 한다.
- HHQ에는 고객의 병력(예: 부상, 수술, 약물, 만성 질환) 및 생활 습관(예: 운동, 식사, 수면, 스트레스 및 직업)에 관한 정보가 들어 있다.
- 휴식 및 운동 심박수와 혈압 반응은 건강 위험과 훈련 적응에 관한 귀중한 정보를 제공한다.
- 고객의 RHR을 측정하는 데 사용할 수 있는 해부학적 위치는 많다. 그러나 정확성, 안전성 및 관리의 용이성을 위해 피트니스 전문가는 고객의 노동맥 맥박을 권장한다.
- 혈압(BP)은 혈액이 동맥벽에 가하는 외부 압력이다. BP 수치는 높을수록 생명을 위협할 수 있는 심혈관 질환 위험이 크다는 것을 나타내기 때문에 중요하다. 정상 BP 판독값은 120/80mmHg 미만이다.
- 인체측정학은 크기, 무게, 비율의 물리적 변화를 이해하기 위해 살아있는 인간을 측정하는 학문이다.
- 체지방 평가, BMI, 둘레 측정 등 다양한 인체 측정 방법이 있다. 인체 측정은 고객의 사망률 및 질병률 위험 예측과 관련된 유용한 정보를 제공한다.
- 고객의 체지방 비율을 측정하는 방법에는 수중 체중 측정, 피하두께측정법(스킨폴드), 생체전기저항분석법 등 여러 가지 방법이 있다. 모든 방법이 유효하지만 사용의 편의성 때문에 생체전기저항분석법이 피트니스 시설에서 가장 널리 사용된다.
- 심폐 지구력 평가는 안전하고 효과적인 고객의 시작 운동 강도를 결정하고, 고객을 위한 적절한 심폐 운동 모드를 설정하는 데 도움을 준다. 심폐 지구력 평가의 예로는 $\dot{V}O_{2max}$ 테스트, YMCA 3분 스텝 테스트, 락포트 걷기 검사, 1.5마일 달리기 테스트 등이 있다.
- $\dot{V}O_{2max}$ 테스트는 고객의 심장 호흡 적합성 수준을 식별하는 황금 표준으로 인식되지만, 테스트를 실시하기 위해서는 전문 장비와 교육이 필요하고, 고객도 최대한의 노력을 기울여야 하므로 이 테스트는 운동 실험실이나 의료 시설 밖에서는 사용되지 않는다.
- 대화 테스트는 고객의 대화 능력을 바탕으로 심폐 활동의 강도를 측정하는 데 사용되는 비공식적인 심폐 지구력 평가이다.
- VT1 테스트는 강도가 점점 높아지는 모든 장치(예: 러닝머신, 자전거)에서 수행되는 증분 테스트이다. 신체의 신진대사가 중요한 변화를 겪는 부분에서 말하도록 하여 해석하는 방법이다. 이 프로토콜의 핵심은 신체가 균형 연료(즉, 지방 50%, 탄수화물 50%)를 사용하는 강도를 추정하는 것을 목표로 하는 유산소 검사라는 점이다.
- VT2 대화 테스트는 신체가 몇 분 이상 가장 높은 항정 상태 강도로 운동을 지속할 수 있는지를 측정한다.

참고 문헌

Alvarez, G. G., & Ayas, N. T. (2004). The impact of daily sleep duration on health: A review of the literature. *Progress in Cardiovascular Nursing*, *19*(2), 56–59. https://doi.org/10.1111/j.0889-7204.2004.02422.x

Aspenes, S. T., Nilsen, T. I. L., Skaug, E.-A., Bertheussen, G. F., Ellingsen, Ø., Vatten, L., & Wisløff, U. (2011). Peak oxygen uptake and cardiovascular risk factors in 4631 healthy women and men. *Medicine & Science in Sports & Exercise*, *43*(8), 1465–1473.

Aune, D., Sen, A., Prasad, M., Norat, T., Janszky, I., Tonstand, S.,... Vatten, L. J. (2016). BMI and all-cause mortality: Systematic review and non-linear dose-response meta-analysis of 230 cohort studies with 3.74 million deaths among 30.3 million participants. *British Medical Journal*, 353, i2156. https://doi.org/10.1136/bmj.i2156

Barnish, M. S., & Barnish, J. (2016). High-heeled shoes and musculoskeletal injuries: A narrative systematic review. *British Medical Journal Open*, *6*(1), e010053. https://doi.org/10.1136 / bmjopen-2015-010053

Booth, F. W., Roberts, C. K., Thyfault, J. P., Ruegsegger, G. N., & Toedebusch, R. G. (2017). Role of inactivity in chronic diseases: Evolutionary insight and pathophysiological mechanisms. *Physiological Reviews*, *97*(4), 1351–1402. https://doi.org/10.1152 / physrev.00019.2016

Bray, G. A. (2004). Don't throw the baby out with the bath water. *American Journal of Clinical Nutrition*, *79*(3), 347–349. https:// doi.org/10.1093/ajcn/79.3.347

Bredin, S. S., Gledhill, N., Jamnik, V. K., & Warburton, D. E. (2013).

PAR-Q and ePARmed-X: New risk stratification and physical activity clearance strategy for physicians and patients alike. *Canadian Family Physician*, *59*(3), 273–277. Retrieved from https://www.ncbi.nlm.nih.gov/pmc/articles/PMC3596208/

Bullock-Saxton, J. E. (1994). Local sensation changes and altered hip muscle function following severe ankle sprain. *Physical Therapy*, *74*(1), 17–28. https://doi.org/10.1093/ptj/74.1.17

Cooper Institute. (2007). *Physical Fitness Assessments and Norms for Adults and Law Enforcement*. Dallas, TX: Cooper Institute.

Dashti, H. S., Scheer, F. A., Jacques, P. F., Lamon-Fava, S., & Ordovás, J. M. (2015). Short sleep duration and dietary intake: Epidemiologic evidence, mechanisms, and health implications. *Advances in Nutrition*, *6*(6), 648–659. https://doi.org/10.3945 /an.115.008623

Dehart-Beverly, M., Foster, C., Porcari, J. P., Fater, D., & Mikat, R. (2000). Relationship between the talk test and ventilatory threshold. *Clinical Exercise Physiology*, *2*(21), 34–38.

Department of Health and Human Services. (2018). *Physical activity guidelines for Americans* (2nd ed.). Retrieved from https://health.gov/paguidelines/second-edition/pdf/Physical _Activity_Guidelines_2nd_edition.pdf

Després, J.-P. (2012). Body fat distribution and risk of cardiovascular disease. *Circulation*, *126*(10), 1301–1313. https://doi.org/10.1161 / circulationaha.111.067264

Dolezal, B. A., Neufeld, E. V., Boland, D. M., Martin, J. L., & Cooper, C. B. (2017). Interrelationship between sleep and exercise: A systematic review. *Advances in Preventive Medicine*, *2017*, Article 1364387, 1–14. https://doi.org/10.1155/2017/1364387

Flegal, K. M., Kit, B. K., Orpana, H., & Graubard, B. I. (2013). Association of all-cause mortality with overweight and obesity using standard body mass index categories. *Journal of the American Medical Association*, *309*(1), 71–82. https://doi.org /10.1001/ jama.2012.113905

Fletcher, G., Ades, P., Kligfield, P., Arena, R., Balady, G., Bittner, V.,... Williams, M. (2013). Exercise standards for testing and training: A scientific statement from the American Heart Association. *Circulation*, *128*(8), 873–934. Retrieved from https://ahajournals.org/doi/10.1161/cir.0b013e31829b5b44

Fong, C. M., Blackburn, J. T., Norcross, M. F., Mcgrath, M., & Padua, D. A. (2011). Ankle-dorsiflexion range of motion and landing biomechanics. *Journal of Athletic Training*, *46*(1), 5–10. https:// doi.org/10.4085/1062-6050-46.1

Foster, C., Porcari, J. P., Anderson, J., Paulson, M., Smaczny, D., Webber, H.,... Udermann, B. (2008). The talk test as a marker of exercise training intensity. *Journal of Cardiopulmonary Rehabilitation and Prevention*, *28*(1), 24–30. https://doi.org/10.1097/01.HCR .0000311504.41775.78

Foster, C., Porcari, J. P., Gibson, M., Wright, G., Greany, J., Talati, N., & Recalde, P. (2009). Translation of submaximal exercise test responses to exercise prescription using the talk test. *Journal of Strength and Conditioning Research*, *23*(9), 2425–2429. https:// doi.org/10.1519/ jsc.0b013e3181c02bce

Friel, K., McLean, N., Myers, C., & Caceres, M. (2006). Ipsilateral hip abductor weakness after inversion ankle sprain. *Journal of Athletic Training*, *41*(1), 74–78. Retrieved from https://www.ncbi.nlm.nih .gov/pmc/articles/PMC1421486/

Fulton, J., Wright, K., Kelly, M., Zebrosky, B., Zanis, M., Drvol, C., & Butler, R. (2014). Injury risk is altered by previous injury: A systematic review of the literature and presentation of causative neuromuscular factors. *International Journal Sports Physical Therapy*, *9*(5), 583–595. Retrieved from https://www.ncbi.nlm.nih.gov/pmc/ articles/PMC4196323/

Gombera, M. M., & Sekiya, J. K. (2014). Erratum to: Rotator cuff tear and glenohumeral instability: A systematic review. *Clinical Orthopaedics and Related Research*, *473*(2), 751–751. https:// doi.org/10.1007/ s11999-014-4096-6

Gupta, N., Christiansen, C. S., Hallman, D. M., Korshøj, M., Carneiro, I. G., & Holtermann, A. (2015). Is objectively measured sitting time associated with low back pain? A cross-sectional investigation in the NOMAD study. *PLoS One*, *10*(3), e0121159. https://doi.org/10.1371/ journal.pone.0121159

Heo, M., Faith, M. S., Pietrobelli, A., & Heymsfield, S. B. (2012). Percentage of body fat cutoffs by sex, age, and race-ethnicity in the US adult population from NHANES 1999–2004. *American Journal of Clinical Nutrition*, *95*(3), 594–602. https://doi.org /10.3945/ ajcn.111.025171

Hides, J., Stanton, W., Mendis, M. D., & Sexton, M. (2011). The relationship of transversus abdominis and lumbar multifidus clinical muscle tests in patients with chronic low back pain. *Manual Therapy*, *16*(6), 573–577. https://doi.org/10.1016/j .math.2011.05.007

Howard, L., Grocott, M., Naeije, R., Oudiz, R., & Wensel, R. (2012). Cardiopulmonary exercise testing. *Pulmonary Medicine*, *2012*(564134), 1–3. https://doi.org/10.1155/2012/564134

Howard, W., (2006). Diagnosis and management of the metabolic syndrome: An American Heart Association/National Heart, Lung, and Blood Institute Scientific Statement. *Yearbook of Endocrinology*, *2006*, 113–114. https://doi.org/10.1016 /s0084-3741(08)70316-0

Huxley, R., Mendis, S., Zhelenznyakov, E., Reddy, S., & Chan, J. (2010). Body mass index, waist circumference and waist:hip ratio as predictors of cardiovascular risk—a review of the literature. *European Journal of Clinical Nutrition*, *64*(1), 16–22. https://doi .org/10.1038/ejcn.2009.68

Jackson, A., and Pollock, M. (2004). Generalized equations for predicting body density of men. 1978. *British Journal of Nutrition*, *91*(1), 161–168.

Jeans, E., Foster, C., Porcari, J. P., Gibson, M., & Doberstein, S. (2011). Translation of exercise testing to exercise prescription using the talk test. *Journal of Strength and Conditioning Research*, *25*(3), 590–596. https://doi.org/10.1519/JSC.0b013e318207ed53

Kawada, T. (2015). Body mass index, waist circumference, visceral adiposity, and cardiometabolic risk profile. *American Journal of Cardiology*, *116*(2), 336. https://doi.org/10.1016/j.amjcard.2015 .04.032

Kayihan, G., Özkan, A., Köklü, Y., Eyuboğlu, E., Akça, F., Koz, M., & Ersöz, G. (2014). Comparative analysis of the 1-mile run test evaluation formulae: Assessment of aerobic capacity in male law enforcement officers aged 20–23 years. *International Journal of Occupational Medicine and Environmental Health*, *27*(2), 165–174. https://doi.org/10.2478/s13382-014-0237-0

Kenney, W. L., Wilmore, J. H., & Costill, D. L. (2015). *Physiology of sport and exercise* (6th ed.). Champaign, IL: Human Kinetics.

Loose, B. D., Christiansen, A. M., Smodczyk, J. E., Roberts, K. L., Budziszewska, A., Hollatz, C. G., & Norman, J. F. (2012). Consistency of the counting talk test for exercise prescription. *Journal of Strength and Conditioning Research*, *26*(6), 1701–1707. https://doi.org/10.1519/JSC.0b013e318234e84c

Morrow, J. R., Mood, D. P., Disch, J. G., & Kang, M. (2016). *Measurement and evaluation in human performance* (5th ed.). Champaign, IL: Human Kinetics.

Porcari, J. P., Bryant, C. X., & Comana, F. (2015). *Exercise physiology.* Philadelphia, PA: F.A. Davis.

Recalde, P. T., Foster, C., Skemp-Arlt, K. M., Karen, M., Fater, D., Neese, C., & Dodge, C. (2002). The talk test as a simple marker of ventilatory threshold. *South African Journal of Sports Medicine*, *9*(2), 5–8.

Sharon, S. A., & Liu, N. Y. (1999). Norm-referenced and criterion-referenced validity of the one-mile run and PACER in college age individuals. *Measurement in Physical Education and Exercise Science*, *3*(2), 63–84. https://doi.org/10.1207 /s15327841mpee0302_1

Shultz, S. J., Schmitz, R. J., Benjaminse, A., Collins, M., Ford, K., & Kulas, A. S. (2015). ACL research retreat VII: An update on anterior cruciate ligament injury risk factor identification, screening, and prevention. *Journal of Athletic Training*, *50*(10), 1076–1093. https://doi.org/10.4085/1062-6050-50.10.06

Stuber, K. J., Bruno, P., Sajko, S., & Hayden, J. A. (2014). Core stability exercises for low back pain in athletes: A systematic review of the literature. *Clinical Journal of Sport Medicine: Official Journal of the Canadian Academy of Sport Medicine*, *24*(6), 448–456. https://doi.org/10.1097/JSM.0000000000000081

Voelker, S., Foster, C., Porcari, J. P., Skemp, K., Brice, G., & Backes, R. (2001). Relationship between the talk test and ventilatory threshold in cardiac patients. *Clinical Exercise Physiology*, *4*(2), 120–123.

Warburton, D., & Bredin, S. (2017). Health benefits of physical activity: A systematic review of current systematic reviews. *Current Opinion in Cardiology*, *32*(5), 541–556. https://doi.org/10.1097 / HCO.0000000000000437

Warburton, D. E. R., Jamnik, V. K., Bredin, S. S. D., & Gledhill, N. (2014). The 2014 physical activity readiness questionnaire for everyone (PAR-Q+) and electronic physical activity readiness medical examination (ePARmed-X+). *Health and Fitness Journal of Canada*, *7*(1), 80–83. https://doi.org/10.14288/hfjc.v7i1.171

Whelton, P. K., Carey, R. M., Aronow, W. S., Casey, D. E., Collins, K., Himmelfarb, C. D.,... Wright, J. T. (2018). 2017 ACC/AHA/AAPA/ABC/ACPM/AGS/APhA/ASH/ASPC/NMA/PCNA guideline for the prevention, detection, evaluation, and management of high blood pressure in adults: A report of the American College of Cardiology/American Heart Association Task Force on clinical practice guidelines. *Hypertension*, *71*(6), 1269–1324. https:// doi.org/10.1161/HYP.0000000000000065

Yanagawa, T., Goodwin, C. J., Shelburne, K. B., Giphart, J. E., Torry, M. R., & Pandy, M. G. (2008). Contributions of the individual muscles of the shoulder to glenohumeral joint stability during abduction. *Journal of Biomechanical Engineering*, *130*(2), 021024. https://doi.org/10.1115/1.2903422

Yaribeygi, H., Panahi, Y., Sahraei, H., Johnston, T., & Sahebkar, A. (2017). The impact of stress on body function: A review. *EXCLI Journal*, *16*, 1057–1072. https://doi.org/10.17179/excli2017-480

Zanettini, R., Centeleghe, P., Franzelli, C., Mori, I., Benna, S., Penati, C., & Sorlini, N. (2013). Validity of the talk test for exercise prescription after myocardial revascularization. *European Journal of Preventive Cardiology*, *20*(2), 376–382. https://doi.org/10.1177/2047487312438982

CHAPTER 12

자세, 움직임 및 수행 평가

학습 목표

- 자세, 움직임 및 수행 평가의 근거를 확인할 수 있다.
- 자세, 움직임 및 수행 평가를 하기 위한 단계를 파악할 수 있다.
- 자세, 움직임 및 수행 평가 결과를 해석할 수 있다.
- 고객과의 신뢰도 및 퍼스널 트레이닝의 신뢰도를 높이기 위한 도구로서 피트니스 평가를 사용하는 방법을 요약할 수 있다.

자세, 움직임 및 수행 평가 개요

자세, 움직임 및 수행능력에 대한 평가는 모든 고객에게 실시되는 트레이닝 도입 부분의 필수적인 과정이며, 고객의 웰빙을 향상시키기 위해 맞춤형 피트니스 프로그램을 개발하는 피트니스 전문가들에게 좋은 정보가 된다. 정적 자세(static posture)는 신체가 가만히 서 있는 동안의 근골격계 위치를 나타내는 반면 동적 자세(dynamic posture)는 신체가 움직일 때 그 정렬에 어떤 일이 일어나는지를 나타낸다. 기능적 움직임은 개인이 일상 활동에서부터 직업적 업무, 스포츠와 레크리에이션에 이르기까지 다양한 활동을 수행할 수 있는 수단이다. 피트니스 전문가는 해부학과 운동학의 기초를 바탕으로 최적의 움직임(optimal movement)을 인식하는 데 능숙해야 한다. 또한 최적의 자세 정렬 및 움직임 전략을 이해하면 피트니스 전문가는 근육의 불균형이나 이동성의 한계를 알 수 있는 움직임 평가를 실시하여 움직임 손상(movement impairments)을 식별할 수 있다. 또한 운동 능력 평가는 운동 활동에 필요한 고객의 파워, 근력, 근지구력을 평가하는 데 사용될 수 있다. 이 장에서는 자세, 움직임 및 수행 평가의 근거를 검토하고 수행하는 방법을 제시하며, 일반 대중을 대상으로 이러한 평가를 구현하는 방법에 대해 논의한다. 또한 여러 특수 그룹에 따라 평가 과정에서 수정되어야 하는 사항들도 알려준다.

자세의 중요성

최적의 자세는 앉거나 서거나 누워 있는 자세에서 신체 조직과 관절에 가해지는 스트레스를 줄이는 방식으로 개인의 몸을 정렬할 수 있게 한다. 다만 바른 자세에 대한 인식 부족과 앉아 있어야만 하는 과도한 근무 환경으로 인해 많은 사람이 잘못된 자세로 고통받고 있다(Gupta et al., 2015; Park et al., 2018). 이것은 근육의 길이-장력에 부정적인 영향을 미치고 하루 종일 몸에 스트레스를 증가시킬 수 있다. 따라서 피트니스 전문가는 정적 자세 평가에 자신감을 갖는 것이 중요하며, 이것은 움직임 평가의 기초가 된다(이 장의 뒷부분에서 설명).

공인 퍼스널 트레이너가 처음으로 고객과 함께 트레이닝

정적 자세 Static posture 신체가 움직이지 않는 동안의 근골격계 위치

동적 자세 Dynamic posture 움직이는 동안의 신체 정렬

최적의 움직임 Optimal movement 근육 동원을 최대화하고 부상 위험을 최소화하는 생체역학적으로 효율적인 방식의 움직임

움직임 손상 Movement impairments 근육의 불균형 또는 가동성 제한을 나타낼 수 있는 비정상적인 움직임 패턴

할 때는 먼저 고객의 정적 자세를 이해하는 것이 좋다. 정적 자세 평가에서 감지되는 자세 편차의 대부분은 다양한 움직임 평가 중에도 발생한다. 예를 들어, 고객이 정적 자세에서 평발(pes planus)이라고도 알려진 발의 납작한 아치가 있다면 그들은 다양한 움직임 평가 동안 변형된 발과 발목 메커니즘을 나타낼 것이다. 여러 가지 평가에서 손상이 확인되면 운동 프로그램이 이러한 문제를 해결해야 한다는 것을 의미한다.

근육 불균형

근육 불균형은 관절 주변의 근육 길이 변화(그림 12-1)로 나타나며, 일부는 과활성화(overactive)(보상이 발생하도록 하는 쪽) 상태이고, 다른 일부는 저활성화(underactive)(보상이 발생하도록 허용하는 쪽, Page et al., 2010; Sueki et al., 2013) 상태일 수 있다. 다시 말하면 근육 불균형은 관절을 둘러싼 근육 사이의 균형이 결여된 상태이다(Mersmann et al., 2017). 근육 불균형은 반복적인 움직임, 앉아 있는 생활 방식, 외상을 비롯한 다양한 기전에 의해 발생할 수 있다.

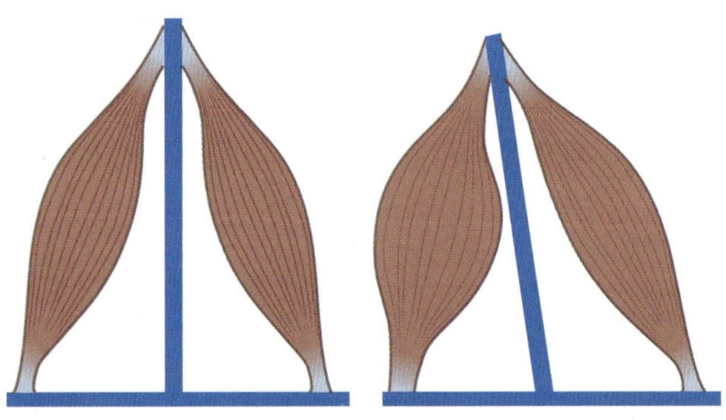

그림 12-1 근육 불균형

전문적으로 알아보기

본 교재에서 과활성화 및 저활성화라는 용어는 다른 근육 또는 근육 그룹에 대한 상대적인 근육의 활동 수준을 나타내기 위해 사용되었으며, 반드시 자체의 정상적인 기능적 능력이 필요한 것은 아니다. 근육이 과도하게 활성화되면(길항근에 비해) 신경 활동이 증가해 만성적인 근육 수축 상태로 유지된다. 근육이 저활성화(길항근에 비해)되면 억제된 신경 구동 상태에 있게 된다. 그렇게 되면 근육의 기능적 길항근이 근육을 만성적으로 길어진 상태로 끌어당길 수 있다.

정적 자세 평가

정적 자세 평가(static postural assessment)를 통해 피트니스 전문가는 선 자세에서 신체의 최적 정렬에서 벗어난 모든 편차를 찾아야 한다. 시간이 지남에 따라 이러한 편차는 근육의 불균형을 일으키거나 관절의 가동성을 손상시킬 수 있다. 정적 자세를 평가할 때는 시간과 연습에 따라 개발된 강력한 시각적 관찰 기술이 필요하며, 체계적인 접근이 필요하다. 일반적으로 정적 자세 평가는 발에서 시작하여 머리를 향해 위로 이동하며, 최적의 자세에서 모든 잠재적 편차를 관찰하기 위해 전면(anterior), 측면 및 후면(posterior)에서 관찰한다. 운동 사슬 체크포인트(kinetic chain checkpoints)를 활용하면 피트니스 전문가는 자세와 동작 중에 신체를 체계적으로 볼 수 있다. 신체 각 부위가 개별적으로 평가되지만, 피트니스 전문가는 한 관절이나 부위가 다른 부분에 영향을 미치는 상호 연결된 시스템으로 신체를 이해해야 한다. 예를 들어, 장시간 앉아 있어서 발생한 과활성화된 엉덩관절 굽힘근은 골반전방경사(anterior pelvic tilt)를 유발하여 허리 폄(신전)을 일으킬 수 있다.

피트니스 전문가가 관리하는 정적 자세 평가는 물리치료사나 의사와 같은 의료 전문가가 수행하는 철저한 평가의 단순화된 버전이다. 일반적으로 피트니스 전문가는 중립적인 정렬, 대칭, 균형 잡힌 근육 긴장 및 일반적인 자세 편차를 찾아야 한다.

운동 사슬 체크포인트는 다음을 포함하는 신체의 주요 관절 부위를 가리킨다.

1. 발과 발목
2. 무릎
3. 허리-골반-엉덩관절 복합체(LPHC)
4. 어깨
5. 머리와 목

정면도(그림 12-2)

1. 발/발목: 직선 및 평행, 평평하고 외부로 회전하지 않음
2. 무릎: 발가락과 일렬로 정렬, 외반슬(knee valgus) 또는 내반슬(knee varus)이 아님
3. LPHC: 골반 수평, 한쪽으로 회전하거나 상승하지 않음
4. 어깨: 수평, 높거나 둥글지 않음

5. 머리: 중립 위치. 앞으로 기울어지거나 회전하지 않음

참고: 가상의 선은 발 사이에서 시작하여 다리 사이를 지나, 위쪽으로 골반의 중앙선을 통과하여 몸통과 머리뼈(두개골)를 이등분해야 한다.

측면도(그림 12-3)

1. 발/발목: 발바닥에 직각으로 수직인 다리
2. 무릎: 중립 위치. 구부러지거나 과도하게 늘어나지 않음
3. LPHC: 골반과 허리뼈는 중립 위치에 있으며, 전방(허리뼈 폄) 또는 후방으로 기울어지지 않음(허리뼈 굽힘)
4. 어깨: 어깨는 귀와 정렬되어 있고, 지나치게 둥글지 않음
5. 머리: 중립 위치. 앞으로 내밀지 않음

참고: 가상의 선은 가쪽복사뼈(외측 발목뼈), 넙다리뼈 중앙(허벅지뼈), 어깨 중앙, 귀 중앙을 통과해야 한다.

후면도(그림 12-4)

1. 발/발목: 발뒤꿈치는 곧고 평행하고, 아킬레스건은 수직이며, 발꿈치뼈(종골)가 과도하게 외향되지 않음. 무게는 오른쪽과 왼쪽 사이에 균등하게 균형을 이룸
2. 무릎: 중립 위치. 가쪽으로 휘거나(외반) 안쪽으로 휘지 않음(내반)
3. LPHC: 골반이 수평이며, 한쪽으로 회전하거나 상승하지 않음
4. 어깨/어깨뼈(견갑골): 수평. 높거나 길지 않음
5. 머리: 중립 위치. 기울어지거나 회전하지 않음

참고: 가상의 선은 발 사이에서 시작하여 다리 사이에서 위쪽으로 골반 중앙선을 통과해 몸통과 머리뼈(두개골)를 이등분해야 한다. 발과 발목만을 검사할 때는 가상의 선이 발꿈치뼈(종골)의 정중선에서 시작하여 아킬레스건을 따라 위쪽으로 확장되어야 한다. 아킬레스건은 수직이어야 한다.

평발 Pes planus 무너진 아치를 가진 발바닥. 페스플라누스라고도 한다.

과활성화 Overactive 증가된 신경 작용으로 인해 근육이 만성적인 수축 상태로 유지된다.

저활성화 Underactive 근육이 신경 억제 및 제한된 신경근 동원을 경험할 때

정적 자세 평가 Static postural assessment 선 자세에서 신체의 최적 정렬에서 벗어나는 편차를 찾아내는 평가

전면 Anterior 몸의 앞쪽 면

후면 Posterior 몸의 뒷쪽 면

운동 사슬 체크포인트 Kinetic chain checkpoints 움직임 평가 및 운동 중에 모니터링되는 신체의 5개 영역. 발/발목, 무릎, 허리-골반-엉덩관절 복합체, 어깨, 머리

골반전방경사 Anterior pelvic tilt 골반의 과도한 전방 회전은 더 큰 요추전만증(허리척주앞굽음증)을 초래한다.

외반슬 Knee valgus 엉덩관절 모음과 내회전으로 인해 무릎이 안쪽으로 굽음(안짱다리). 안쪽 무릎 또는 가쪽휜무릎이라고도 함

내반슬 Knee varus 무릎이 바깥쪽으로 굽음(밭장다리). 안쪽휜무릎이라고도 함

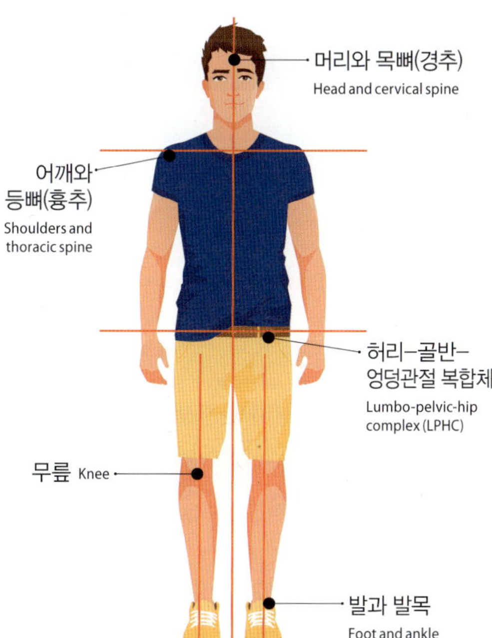

그림 12-2 운동 사슬 체크포인트 정면도

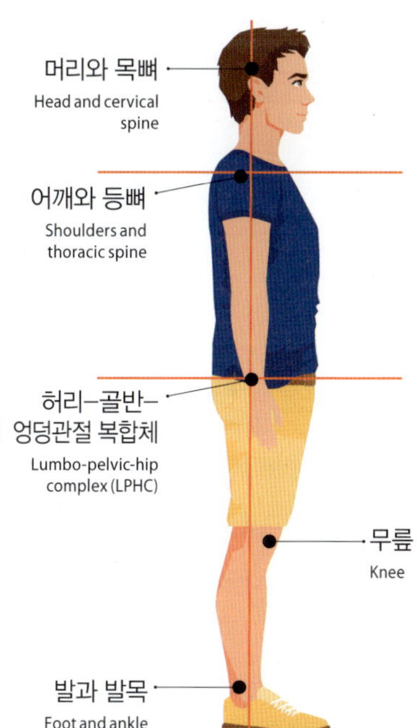

그림 12-3 운동 사슬 체크포인트 측면도

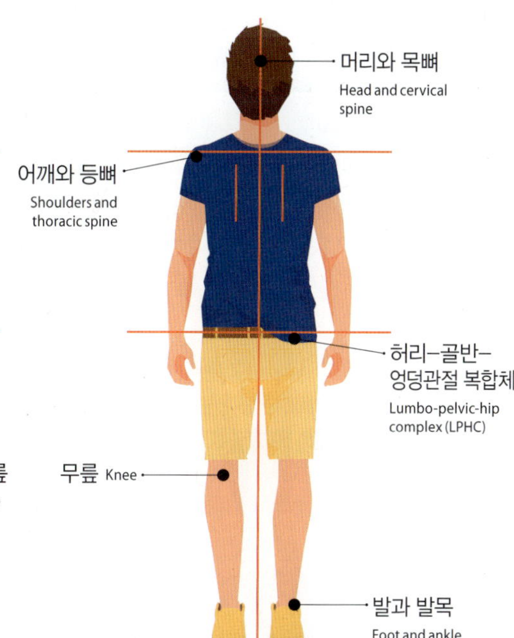

그림 12-4 운동 사슬 체크포인트 후면도

흔한 왜곡 패턴

정적인 자세에서 나타나는 모습은 어떤 의미에서 그동안 몸을 어떻게 사용했는지에 대한 로드맵이다. 흥미롭게도 신체는 관찰 가능한 패턴으로 보상하는 경향이 있어 근육 기능에 예측 가능한 변화를 일으킨다. 예를 들어, 정적인 자세에서 거북목(머리가 앞으로 튀어나옴)과 돌출된(둥근) 어깨는 일반적으로 어깨와 목 부위를 둘러싼 근육의 기능 장애 및 예측 가능한 근육 불균형 패턴과 관련이 있다.

세 가지 왜곡 패턴

기본적인 보상 패턴은 1970년대 초에 Janda(2002)에 의해 연구되고 기술되었다. 그는 다른 보상이 일어나지 않는다기보다 단지 특정 패턴으로 나타날 가능성이 더 많은 정적 자세에서 편차의 누적 효과가 있다고 주장했다. 정적 자세 평가 중 살펴보아야 할 세 가지 자세 왜곡 패턴에는 평발비틀림증후군(NASM에 의해 개발됨)과, Janda가 설명한 하부교차증후군(lower crossed syndromes), 상부교차증후군(upper crossed syndromes)이 있다.

1. 평발(페스플라누스)비틀림증후군(pes planus distortion syndrome): 평발, 외반슬, 엉덩관절의 모음 및 안쪽돌림(내회전)(표 12-1)
2. 하부교차증후군(lower crossed syndrome): 골반 전방경사 및 허리뼈의 과도한 전만(앞굽음, lordotic/lordosis)이 특징(표 12-2)
3. 상부교차증후군(upper crossed syndrome): 거북목과 연장된(둥근) 어깨가 특징(표 12-3)

동적 자세 관찰

자세는 대부분 고정된(움직이지 않음) 것으로 여기지만, 일상생활에서 신체에 가해지는 요구를 충족시키기 위해 끊임없이 변화한다. 따라서 정적 자세 평가를 완료한 후에는 동적 자세 평가(움직임 평가라고도 함)를 수행해야 한다. 동적 자세 평가의 결과는 정적 자세 평가 동안 이루어진 관찰을 더욱 강화해야 한다. 또한 정적 자세 평가에서 드러나지 않은 모든 문제는 동적 자세 평가 중에 관찰될 수 있으며, 이것은 움직임의 질에 대한 전반적인 정보를 얻는 가장 빠른 방법이다. 움직임 관찰은 스쿼트, 균형 잡기, 밀기 및 당기기 같은 기본 기능과 관련되어야 한다. 관찰 과정에서는 피트니스 환경 안팎에서 부상을 초래할 수 있는 근육의 불균형이나 움직임 손상 패턴을 찾아내야 한다. 대부분의 피트니스 전문가가 관찰할 수 있는 시간이 제한되어 있으므로 체계적인 평가 순서를 통합하는 것이 필수적이다.

표 12-1 평발비틀림증후군

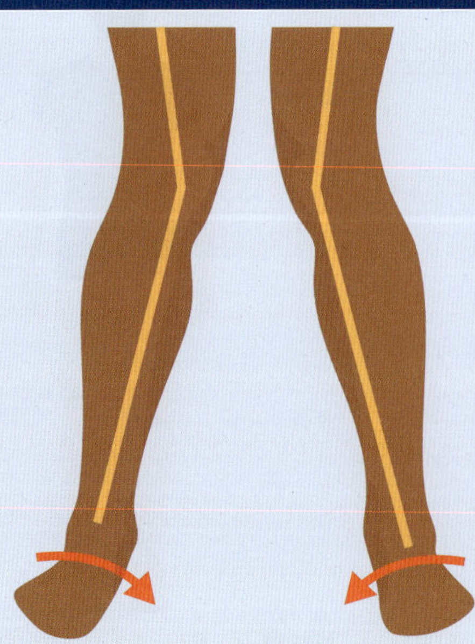

정적 위치

발목관절-평발(무너진 아치)
무릎관절-외반슬 및 안쪽돌림
엉덩관절-모음 및 안쪽돌림

잠재적 근육 불균형

잠재적 과활성 근육

- 장딴지근과 가자미근
- 모음근 복합체(허벅지 안쪽)
- 엉덩관절굽힘근(엉덩관절 앞 근육)

잠재적 저활성 근육

- 앞정강근과 뒤정강근(정강이 근육)
- 큰볼기근 및 중간볼기근(엉덩이 근육)

표 12-2 하부교차증후군

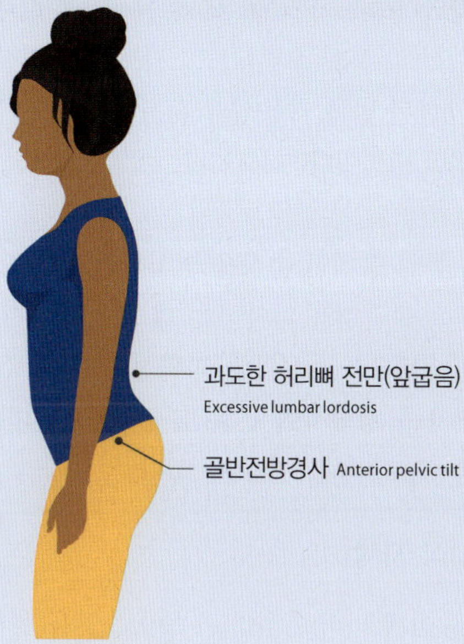

정적 위치

엉덩관절-굽힘
골반-전방 경사
허리뼈-과도한 전만증(앞굽음증)

잠재적 근육 불균형

잠재적 과활성 근육
- 엉덩관절 굽힘근
- 허리폄근(허리 근육)

잠재적 저활성 근육
- 큰볼기근과 중간볼기근(엉덩이 근육)
- 햄스트링 복합체
- 복부

표 12-3 상부교차증후군

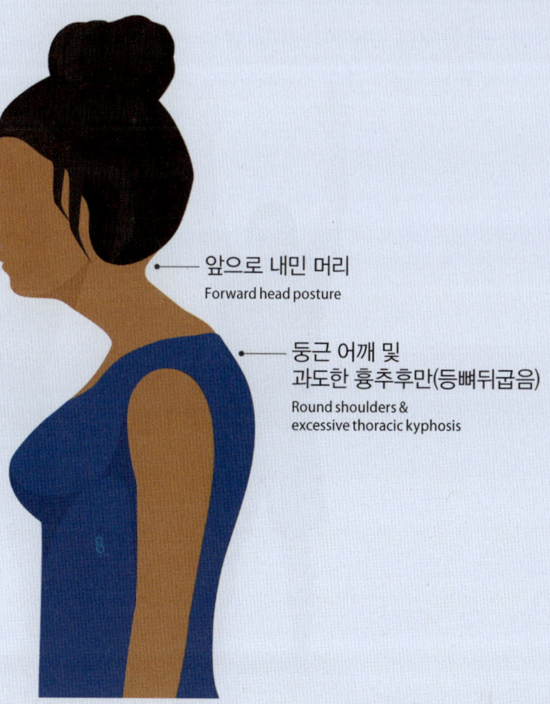

정적 위치

등뼈-심각한 척주후만증(곱추, 구부린 자세)
어깨-앞으로 구부러지고 안쪽으로 회전
머리와 목-앞쪽으로 돌출

잠재적 근육 불균형

잠재적 과활성 근육
- 큰가슴근과 작은가슴근(흉부 근육)
- 어깨올림근과 목빗근(목 근육)
- 위등세모근

잠재적 저활성 근육
- 중간 및 아래등세모근, 마름근(등 중앙부 근육)
- 깊은 목굽힘근(목 안쪽 깊은 곳에 있는 근육)

평발(페스플라누스)비틀림증후군 Pes planus distortion syndrome 평발, 외반슬, 모음(내전) 및 안쪽돌림된 엉덩관절을 특징으로 하는 자세 증후군

하부교차증후군 Lower crossed syndrome 골반전방경사와 허리뼈의 과도한 전만(앞굽음)을 특징으로 하는 자세 증후군

전만(앞굽음) Lordotic/Lordosis 목뼈와 허리뼈 부위의 정상적인 곡선으로 척추의 오목한 부분을 형성한다.

상부교차증후군 Upper crossed syndrome 머리가 앞으로 향하고 어깨가 굽은 (둥근) 자세 증후군

유용한 힌트

정적 자세 평가 중에 발견된 잘못된 자세는 움직임 평가 중에도 나타날 가능성이 높지만, 그 반대의 경우도 있다. 정지 상태로 서 있을 때는 완벽한 자세를 취했지만, 움직임 평가를 수행할 때 갑자기 움직임 손상을 드러낼 수 있다.

정적 자세 평가와 마찬가지로 움직임 평가도 고객의 다섯 가지 운동 사슬 체크포인트를 관찰해야 한다. 특정 관절에서 비정상적인 움직임이 관찰되면 그 장애의 원인이 인접 부위의 가동성 또는 안정성 부족 때문일 수 있다. 예를 들어, 고객은 스쿼트하는 동안 외반슬(가쪽휜무릎)을 보일 수 있지만, 움직임 손상의 원인은 엉덩이 또는 발목 기능 장애(또는 둘 다)로 인해 발생되었을 수 있다. 각 관절 부위에는 자체 구조와 기능이 있고, 그 위와 아래의 관절에 기초하여 생성하는 특정 생체역학적 움직임이 있다(Janda, 2002; Nakagawa, 2012a; Powers, 2010; Sueki et al., 2013). 특정 운동이 정상 경로에서 벗어나면 움직임 손상으로 간주되며, 근육 불균형 또는 관절 기능 장애를 생각해볼 수 있다(Barton et al., 2013; Bolgla et al., 2008; Cichanowski et al., 2007; Nakagawa, 2012a, 2012b; Powers, 2010; Souza & Powers, 2009).

움직임 손상이라는 용어는 단순히 움직임 중에 최적의 자세 정렬에서 벗어난 비정상적인 움직임을 설명하기 위해 사용한다는 점에 유의해야 한다. 피트니스 전문가는 고객이 움직임 손상이라는 말에 당황하거나 낙담하지 않도록 주의해서 설명해 주어야 한다. 대신, 고객이 보다 안전하고 효율적으로 움직일 수 있도록 돕는 데 초점을 맞춰야 한다.

오버헤드 스쿼트 평가

오버헤드 스쿼트 평가(overhead squat assessment, OHSA)는 일반적으로 대부분의 고객에게 사용되는 첫 번째 운동 평가이다. 이 평가에서 나타난 움직임의 질은 개인 맞춤 운동 프로그램에서 고객 신체의 어떤 부분을 다루어야 하는지에 대한 귀중한 정보를 제공한다. 이 평가에서 얻은 결과는 이후 추가적인 움직임 평가의 기초가 될 수도 있다.

오버헤드 스쿼트는 스쿼트 동작 중 전신의 동적 자세, 코어 안정성 및 근신경 조절 능력(즉, 협응)을 평가하도록 설계되었다. 연구에 따르면 스쿼트 동작 중 움직임 손상이 발생하면 운동을 하는 고객의 근골격 부상 위험이 높아지는 것으로 나타났다(Eckard et al., 2018; Padua et al., 2018; Santos Bunn et al., 2018). 또한 오버헤드 스쿼트 중의 관찰 검사는 외반슬 및 제한된 발목 가동성과 같은 움직임 손상을 파악하는 데 적절한 방법이다(Padua et al., 2012; Post et al., 2017; Rabin & Kozol, 2017).

OHSA 동안 움직임 손상을 인식하면 피트니스 전문가가 고객의 근육 불균형을 파악하는 데 도움이 된다. 이 정보를 사용하여 피트니스 전문가는 과활성 근육을 스트레칭하고 저활성 근육을 강화하여 근육 불균형을 교정하는 것을 목표로 운동 프로그램을 만들 수 있다.

OHSA 시작 자세(그림 12-5)

1. 발을 어깨 너비로 벌리고 똑바로 앞을 향하여 평평하고 안정된 표면에 선다.
2. 발과 발목 복합체는 중립적인 위치에 있어야 한다.
3. 발과 발목 복합체를 더 잘 볼 수 있도록 신발을 벗은 상태에서 평가를 수행하는 것이 이상적이다.
4. 팔꿈치를 완전히 펴고 팔을 머리 위로 완전히 들어 올린다.

그림 12-5 OHSA 시작 자세

OHSA 움직임 자세(그림 12-6)

1. 넙다리뼈가 지면과 평행을 이루는 깊이(대략 의자 높이)까지 쭈그리고 앉았다가 다시 시작 위치로 돌아와야

한다. 고객이 불편하거나 이 깊이까지 스쿼트를 수행할 수 없는 경우 스쿼트 깊이를 줄일 수 있다.

2. 동작은 약 5회 정도 반복하며, 이때 피트니스 전문가는 앞과 옆, 양쪽의 편한 위치에서 동작을 관찰한다.

그림 12-6 OHSA 움직임 자세

정면도

1. **발:** 발과 무릎을 정면에서 본다. 스노우 스키를 타는 것처럼 발은 똑바로 앞으로 향하도록 한다. 일반적인 움직임 손상은 발이 바깥쪽으로 회전하는 경우이다(그림 12-7).
2. **무릎:** 무릎은 앞으로 똑바로 움직여야 하며 두 번째와 세 번째 발가락 바로 위에 있어야 한다. 일반적인 움직임 손상은 외반슬(무릎이 안쪽으로 굽음)이다(그림 12-8).

측면도

3. 측면에서 LPHC와 어깨를 본다. 측면에서 관찰되는 세 가지 일반적인 움직임 손상은 몸통이 지나치게 앞으로 기울어지는 것(그림 12-9), 허리의 과도한 아치(그림 12-10), 팔이 앞으로 떨어지는 것이다(그림 12-11).

그림 12-7 발이 밖으로 돌아감

그림 12-8 무릎이 안쪽으로 굽음

그림 12-9 몸통의 과도한 전방 기울임

그림 12-10 허리의 과도한 아치(과신전)

그림 12-11 팔이 앞으로 떨어짐

오버헤드 스쿼트 평가 Overhead squat assessment (OHSA) 스쿼트 동작 중 전신의 동적 자세, 코어 안정성 및 전신의 근신경 조절 능력을 평가하기 위해 설계된 동작 평가

표 12-4 OHSA 관찰 결과

관찰면	운동 사슬 체크포인트	움직임 손상	결과
전면	발/발목	☐ 발이 밖으로 향함	☐ 예 ☐ 아니오
	무릎	☐ 외반슬(무릎이 안쪽으로 굽음)	☐ 예 ☐ 아니오
측면	LPHC	☐ 몸통이 전방으로 기울어짐	☐ 예 ☐ 아니오
	LPHC	☐ 허리의 과도한 아치(과도한 전방경사)	☐ 예 ☐ 아니오
	어깨	☐ 팔이 앞으로 떨어짐	☐ 예 ☐ 아니오

OHSA를 수행할 때 모든 결과를 기록(표 12-4)한 다음 [표 12-5]를 참조하여 유연성과 강화 기술을 통해 해결해야 할 잠재적 과활성 및 저활성 근육을 결정한다. 과활성 근육은 스트레칭을 필요로 하는 반면 저활성 근육은 근육 불균형을 바로잡는 데 도움이 되는 추가적인 강화가 필요하다.

오버헤드 스쿼트는 피트니스 전문가에게, 고객에게 적합한 가동성과 강화 운동을 프로그래밍할 수 있도록 귀중한 정보를 제공한다. 이것이 바로 OHSA로 첫 번째 세션에서 대부분의 고객에게 적용하고 주기적으로 진행 상황을 모니터링하는 주된 이유이다. 이 평가에서 낮은 평가를 받은 새로운 고객은 낙담할 수 있으므로 피트니스 전문가는 다양한 움직임 손상을 해결할 수 있는 훈련의 이점을 설명하며 긍정적인 접근 방식을 유지해야 한다. 이 평가는 또한 다른 평가의 기초를 제공한다. 다음 하체 평가는 균형 유지를 위한 싱글 레그 스쿼트 평가이다.

표 12-5 OHSA 솔루션 차트

접합부	관찰면	움직임 손상	잠재적 근육 불균형	예시
발과 발목	전면	발이 바깥으로 향함	**과활성화** ■ 장딴지근/가자미근(종아리) ■ 햄스트링 복합체 **저활성화** ■ 앞뒤 정강근(정강이 근육) ■ 큰볼기근, 중간볼기근	
무릎	전면	외반슬(Valgus, 무릎이 안쪽으로 굽음)	**과활성화** ■ 넙다리근막긴장근(TFL)(엉덩관절 앞 근육) ■ 모음근 복합체(허벅지 안쪽 근육) **저활성화** ■ 큰볼기근과 중간볼기근 ■ 앞뒤 정강근(정강이근육)	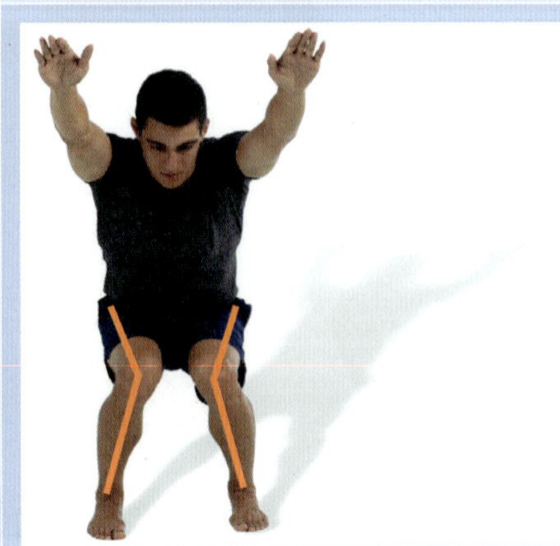

접합부	관찰면	움직임 손상	잠재적 근육 불균형	예시
LPHC	측면	허리의 과도한 아치(전방경사)	**과활성화** ▪ 엉덩관절굽힘근(넙다리곧은근, 허리근, 넙다리근막긴장근) ▪ 허리폄근(허리 근육) ▪ 넓은등근(등 근육) **저활성화** ▪ 큰볼기근 ▪ 햄스트링 복합체 ▪ 복근	
	측면	몸통의 과도한 전방 기울임	**과활성화** ▪ 엉덩관절굽힘근 ▪ 장딴지근/가자미근 ▪ 배곧은근 및 배바깥빗근(표피복근) **저활성화** ▪ 큰볼기근 ▪ 햄스트링 복합체 ▪ 허리폄근	
	측면	팔이 앞으로 떨어짐	**과활성화** ▪ 넓은등근 ▪ 큰가슴근과 작은가슴근(흉근) ▪ 큰원근 **저활성화** ▪ 중하부 등세모근(등 중앙 근육) ▪ 마름근(어깨뼈 사이 근육) ▪ 뒤어깨세모근(어깨 뒤 근육) ▪ 회전근개(어깨를 안정시키는 작은 근육)	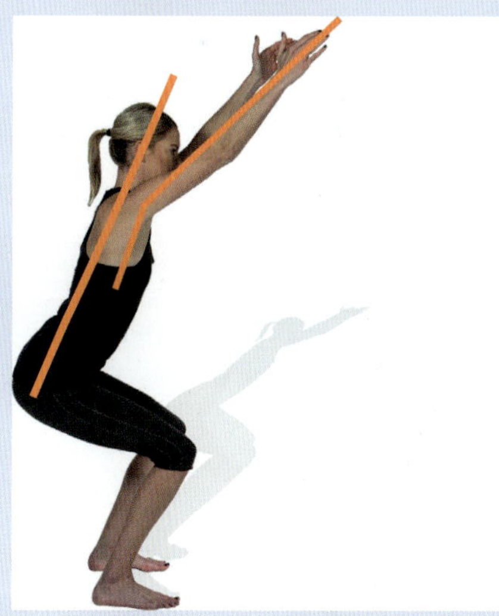

중요

OHSA의 목적은 고객의 움직임 패턴을 관찰하고 손상을 파악하는 것이다. 움직임 손상은 잠재적인 근육 불균형을 나타낸다. 각 근육의 불균형을 바로잡기 위해서는 확인된 과활성 근육을 스트레칭하고 저활성 근육을 강화하는 것이 중요하다.

싱글 레그 스쿼트 평가

싱글 레그 스쿼트 평가(single-leg squat assessment)는 한 다리 자세(single-limb stance)에서 동적 자세, 다리 근력, 균형 및 전반적인 조정 능력을 평가한다. 이 검사는 OHSA에서 우수한 성과를 거둔 고객이나 피트니스 전문가가 프로그램에서 싱글 레그 운동(싱글 레그 스쿼트, 피스톨 스쿼트, 스텝업 등)을 고려하는 경우에 사용해야 한다. 이 테스트는 개인의 밸런스 능력에 대한 효과적인 평가이며, 일상생활과 운동 프로그램 활동에서 중요한 기능적 고려 사항이다. 낙상 위험이 있거나 균형감이 부족한 경우, 하반신 부상에서 회복 중인 고객은 피해야 한다.

싱글 레그 스쿼트 평가는 많은 전문가 사이에서 신뢰성이 높은데, 이는 시간이 지남에 따라 여러 전문가들 사이에서 일관되게 평가되었음을 의미한다(Crossley et al., 2011; Garrick et al., 2018). 또한 OHSA와 마찬가지로 싱글 레그 스쿼트 중에 관찰된 결과는 무릎 외반슬과 같은 움직임 손상을 식별하는 정확한 방법이다(Harris-Hayes et al., 2014; Mauntel et al., 2013). 싱글 레그 스쿼트는 전면에서 관찰한다.

싱글 레그 스쿼트 평가 시작 자세(그림 12-12)

1. 평평하고 안정된 표면에 서고, 손은 엉덩이에 얹고, 눈은 정면을 주시한다.
2. 바닥에서 15~16cm(약 6인치) 정도 한 발을 들어올린다. 발, 발목, 무릎 자세와 LPHC는 중립 위치에 있어야 하며 정면을 향해야 한다.

싱글 레그 스쿼트 평가 움직임 자세(그림 12-13)

1. 균형을 유지하면서 최대한 깊이 스쿼트를 하고 시작 위치로 돌아간다. 싱글 레그 스쿼트의 깊이는 사람마다 다를 수 있다.
2. 다리를 바꾸기 전에 최대 5회까지 반복한다.

정면도

무릎은 똑바로 앞으로 향하고 두 번째와 세 번째 발가락 바로 위에 있어야 한다. 일반적인 움직임 손상은 무릎 외반슬이다(그림 12-14).

싱글 레그 스쿼트 평가를 수행할 때, 피트니스 전문가는 모든 결과를 기록(표 12-6)하고 [표 12-7]을 참조하여 유연성과 강화 기술을 통해 해결해야 할 잠재적 과활성화 및 저활성화 근육을 결정해야 한다. 과활성화 근육은 스트레칭을

표 12-6 싱글 레그 스쿼트 평가 관찰 결과

접합부	움직임 손상	오른쪽 또는 왼쪽
무릎	☐ 외반슬	☐ 오른쪽 ☐ 왼쪽 ☐ 양쪽

참고: 테스트한 다리 자세에 따라 오른쪽, 왼쪽 또는 양쪽을 표시한다.

그림 12-12 싱글 레그 스쿼트 평가 시작 자세

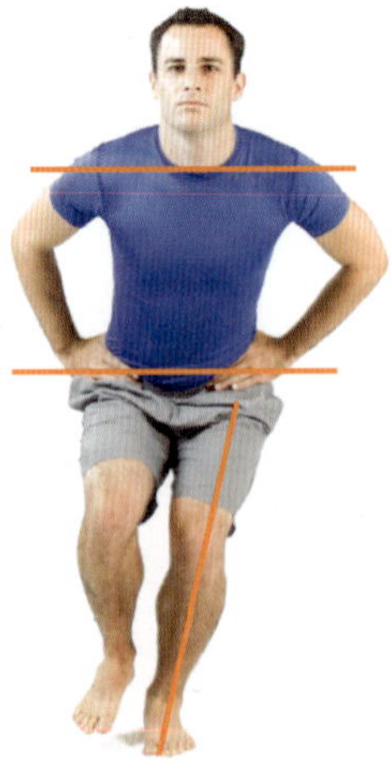

그림 12-13 싱글 레그 스쿼트 평가 움직임 자세

그림 12-14 싱글 레그 스쿼트 평가 무릎이 안쪽으로 굽음

표 12-7 싱글 레그 스쿼트 평가 솔루션 차트

접합부	관찰면	움직임 손상	잠재적 근육 불균형	예시
무릎	전면	외반슬(안쪽으로 굽음)	**과활성화** ■ 넙다리근막긴장근(TFL) ■ 모음근 복합체 **저활성화** ■ 큰볼기근과 중간볼기근 ■ 앞뒤 정강근	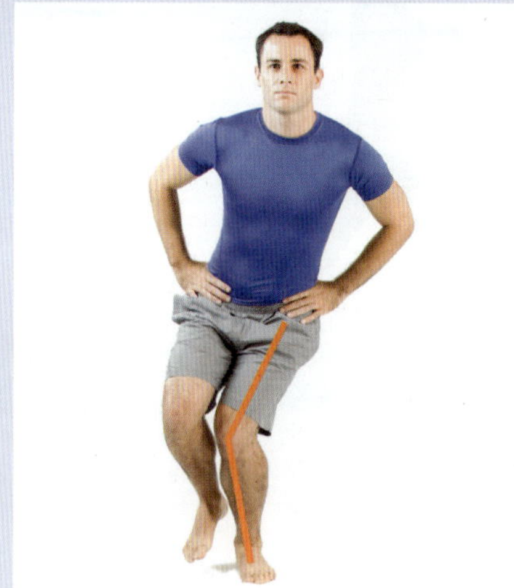

필요로 하는 반면 저활성화 근육은 근육의 불균형를 바로잡기 위해 추가적인 강화가 필요하다는 것을 기억하자. 싱글 레그 스쿼트 평가는 OHSA보다 훨씬 어렵지만, 피트니스 전문가에게 한 다리로 균형을 잡는 고객의 능력에 대한 귀중한 정보를 제공한다.

이 평가에서는 일반적으로 스쿼트 깊이와 안정성을 제한하는 오버헤드 스쿼트보다 훨씬 더 많은 근력이 필요하다. 그러나 피트니스 전문가가 싱글 레그 운동을 프로그램화할 계획이라면 이러한 운동 패턴을 먼저 평가하는 것이 좋다. 평소처럼 피트니스 전문가는 고객이 넘어지거나 다치지 않을 정도로 충분히 안정적인 경우에만 이 테스트를 사용해야 한다.

밀기 평가

밀기 평가(pushing assessment)는 밀기 동작 중 상지와 몸통에 도전을 주는 평가이다. 이러한 유형의 평가는 운동 세션 전에 또는 실제 프로그램 과정에서 진행할 수 있다. 밀기 평가는 어깨뼈 및 어깨관절 움직임 역학과 LPHC, 목뼈 및 머리의 안정성을 평가한다. 피트니스 전문가는 모든 반복을 주의 깊게 평가해야 한다. 평가 중에 피로를 느낄 때 고객의 움직임 손상이 나타날 수 있기 때문이다.

밀기 평가 시작 자세(그림 12-15)

1. 양손으로 손잡이를 잡고 발가락을 앞으로 향하게 하여 좁게 앞뒤로 벌린(스플릿 자세) 자세로 선다.
2. 피트니스 전문가는 10회 반복하는 동안 고객에게 도전적인(그러나 지치지 않는) 저항을 선택한다.

고객이 발 간격을 좁게 앞뒤로 벌린 상태에서 체스트 프레스를 수행할 수 없는 경우, 다음 수정 사항 중 하나를 사용한다.

- 옵션 1: 발 간격을 좀더 넓게 앞뒤로 벌려 선다. 이 테스트 위치는 여전히 팔과 목뼈, 머리를 평가하며, LPHC와 밸런스 평가는 보조적인 것으로 삼아 조절한다.
- 옵션 2: 운동 기구에 착석하여 밀기 동작을 수행한다.

밀기 평가 움직임 자세(그림 12-16)

1. 핸들을 몸에서 밀어내고 다시 시작 위치로 돌아오도록 한다.
2. 동작을 느리게 반복한다.
3. 스플릿(한발 앞, 한발 뒤) 자세로 5회 반복하고, 다리를 바꾼 후 추가로 5회 반복한다.

싱글 레그 스쿼트 평가 Single-leg squat assessment 싱글 레그 상태로 동적 자세, 하체 근력, 균형 및 전신적인 협응 능력을 파악하는 움직임 평가
밀기 평가 Pushing assessment 상지와 몸통의 움직임 손상 및 잠재적인 근육 불균형을 파악하기 위해 밀기 동작 중에 시행하는 평가

그림 12-15 밀기 평가 시작 자세

그림 12-16 밀기 평가 움직임 자세

그림 12-17 허리의 과도한 아치(과신전)

그림 12-18 어깨 올림

그림 12-19 앞으로 내민 머리

측면도

1. LPHC, 어깨, 목뼈 및 머리를 측면에서 본다. 어깨는 수평을 유지하면서 허리뼈와 목뼈는 중립을 유지한다. 나타날 수 있는 움직임 손상에는 허리의 과도한 아치(그림 12-17), 어깨 올림(그림 12-18) 및 앞으로 돌출된 머리(그림 12-19)가 있다.

평가를 수행할 때 모든 결과(표 12-8)를 기록하고 [표 12-9]를 참조하여 이러한 움직임 손상의 잠재적 원인을 파악한다.

밀기 평가를 통해 밀기 운동 중 고객의 어깨 역학 및 몸통의 안정성에 대한 유용한 정보를 얻을 수 있으며, 일반적인 운동 프로그램에 쉽게 통합될 수 있다. 피트니스 전문가가 밀기 운동을 프로그래밍할 계획이라면 이 운동 패턴을 먼저 평가하는 것이 좋다.

표 12-8 밀기 평가 관찰 결과

운동 사슬 체크포인트	움직임 손상	'예' 또는 '아니오'
LPHC	☐ 허리의 과도한 아치(과신전)	☐ 예 ☐ 아니오
어깨	☐ 어깨 올림	☐ 예 ☐ 아니오
머리/목	☐ 앞으로 내민 머리	☐ 예 ☐ 아니오

표 12-9 밀기 평가 솔루션 차트

접합부	관찰면	움직임 손상	잠재적 근육 불균형	예시
LPHC	측면	허리의 과도한 아치	**과활성화** ▪ 엉덩관절굽힘근[넙다리곧은근, 허리근, 넙다리근막긴장근(TFL)] ▪ 허리폄근 **저활성화** ▪ 큰볼기근 ▪ 햄스트링 복합체 ▪ 복근	
어깨	측면	어깨 올림(거상)	**과활성화** ▪ 어깨올림근(목뒤 근육) ▪ 위등세모근 **저활성화** ▪ 아래등세모근	
머리와 목	측면	앞으로 내민 머리	**과활성화** ▪ 어깨올림근 ▪ 목빗근(목앞 근육) **저활성화** ▪ 깊은 목굽힘근(깊은 목 안정근)	

당기기 평가

당기기 평가(pulling assessment)는 당김 동작 중에 상지와 몸통에 도전을 주는 평가이다. 이러한 유형의 평가는 운동 세션 전에 완료하거나 실제 프로그램 과정에서 진행할 수 있다. 당김 평가는 LPHC, 목뼈 및 머리의 안정성뿐만 아니라 상체의 기능을 평가한다(Fenwick et al., 2009). 다리가 좁게 열려 있는 상태에 있기 때문에 이러한 평가는 개인의 균형감각도 중요하게 작용한다. 평가 중에 피로해지면 고객의 움직임 손상이 나타날 수 있기 때문에 피트니스 전문가는 모든 반복을 주의 깊게 평가해야 한다.

당기기 평가 시작 자세(그림 12-20)

1. 발가락은 앞으로 향하게 하고, 양손은 손잡이를 잡고, 양발은 앞뒤로 교차된 자세로 좁게 벌려 선다.
2. 피트니스 전문가는 10회 반복을 수행하는 동안 도전적인 단계(그러나 지치지 않는)를 선택해야 한다.

당기기 평가 Pulling assessment 움직임 손상과 잠재적인 근육 불균형을 파악하기 위해 당기는 운동 중에 상지와 몸통에 도전을 주는 평가

다리를 앞뒤로 좁게 교차된(스프릿된) 상태에서 수행할 수 없는 경우 다음 수정 사항 중 하나를 사용한다.

- 옵션 1: 기저면을 늘리기 위해 다리를 더 넓게 벌려 선다. 이 테스트 위치는 여전히 상체 및 목뼈와 머리를 평가하지만, LPHC와 고객의 균형감에 덜 영향을 받는 자세이다.
- 옵션 2: 기구에 앉아 당기는 동작을 수행한다.

당기기 평가 움직임 자세(그림 12-21)

1. 손잡이를 몸쪽으로 당겨서 다시 시작 위치로 돌려야 한다.
2. 느린 템포로 반복한다.
3. 다리를 앞뒤로 벌린 자세로 5회 반복하고, 다리를 바꾼 후 추가로 5회 반복한다.

측면도

1. LPHC, 어깨, 목뼈, 머리를 측면에서 본다. 어깨는 수평을 유지하면서 허리뼈와 목뼈는 중립을 유지한다. 나타날 수 있는 움직임 손상에는 허리의 과도한 아치(그림 12-22), 어깨 올림(그림 12-23), 앞으로 돌출되는 머리(그림 12-24)가 있다.

평가를 수행할 때 피트니스 전문가는 모든 소견을 기록(표 12-10)한 다음 [표 12-11]을 참조하여 이러한 움직임 손상의 잠재적 원인을 파악해야 한다.

당기기 평가를 통해 당김 운동 중 고객의 어깨 역학 및 몸통 안정성에 대한 유용한 정보를 얻을 수 있으며, 이 운동은 일반적인 운동 프로그램에 쉽게 통합할 수 있다. 피트니스 전문가가 당기기 운동을 프로그램화할 계획이라면 이 운동 패턴을 먼저 평가하는 것이 좋다.

그림 12-20 당기기 평가 시작 자세

그림 12-21 당기기 평가 움직임 자세

그림 12-22 허리의 과도한 아치(과신전)

그림 12-23 어깨 올림

그림 12-24 앞으로 내민 머리

표 12-10 당기기 평가 관찰 결과

운동 사슬 체크포인트	움직임 손상	'예' 또는 '아니오'
LPHC	☐ 허리의 과도한 아치(과신전)	☐ 예 ☐ 아니오
어깨	☐ 어깨 올림	☐ 예 ☐ 아니오
머리/목	☐ 앞으로 내민 머리	☐ 예 ☐ 아니오

표 12-11 당기기 평가 솔루션 차트

접합부	관찰면	움직임 손상	잠재적 근육 불균형	예시
LPHC	측면	허리의 과도한 아치	**과활성화** ■ 엉덩관절굽힘근(넙다리곧은근, 허리근, 넙다리근막긴장근) ■ 허리폄근(허리 신전근) **저활성화** ■ 큰볼기근 ■ 햄스트링 복합체 ■ 복부 근육	
어깨	측면	어깨 올림	**과활성화** ■ 어깨올림근 ■ 위등세모근 **저활성화** ■ 아래등세모근	
머리와 목	측면	앞으로 내민 머리	**과활성화** ■ 어깨올림근 ■ 목빗근 **저활성화** ■ 깊은 목굽힘근	

운동수행능력 평가

운동수행능력 평가는 일반적으로 운동 경기력 또는 특정 체력 측정치를 평가하고 개선하고자 하는 고객에게 사용된다. 이 평가는 전반적인 근력, 근지구력, 파워와 민첩성을 측정하기 때문이다. 그러나 근력 기반의 수행 평가는 웨이트리프팅 운동을 경험하고 이러한 운동에서 근력을 향상시키려는 고객에게도 사용할 수 있다.

이 평가를 안전하게 실시하려면 철저한 정적 자세 및 움직임 평가가 완료된 후에만 수행해야 한다. 또한, 이러한 평가를 시작하기 전에 고객이 힘들고 역동적인 움직임을 할 준비가 되어 있는지 확인하는 것이 중요하다. 기본 수행 평가에는 다음과 같은 것들이 있다.

1. 푸시업 테스트
2. 벤치 프레스 근력 평가
3. 스쿼트 근력 평가
4. 수직 점프
5. 멀리뛰기
6. 하지 기능성 테스트(LEFT)
7. 40야드 대시 평가
8. 프로 셔틀

푸시업 테스트

푸시업 테스트(push-up test)는 푸시업 동작 중 팔의 근지구력을 측정한다. 목표는 보통 미리 정한 시간 동안 가능한 한 많은 반복을 완료하는 것이다(Fielitz et al., 2016). 테스트 대상 인구(예: 노인, 청소년, 군인)에 따라 평가 방법은 다양하다. 아래는 건강한 성인을 위한 표준 60초 푸시업 테스트에 대한 정보이다. 이 테스트는 운동 세션 전에 완료하거나 실제 프로그램의 일부로 진행할 수 있다.

푸시업 테스트 자세

1. 양손을 어깨너비보다 약간 더 벌리고, 팔꿈치와 무릎을 완전히 펴고 척추를 중립 위치에 둔 상태에서 팔굽혀펴기 자세를 취한다. 푸시업을 수행할 수 없는 경우, 무릎을 꿇은 자세에서 푸시업을 수행할 수 있다.

푸시업 테스트 동작

1. 시작 위치로 돌아가기 전에 팔꿈치 굴곡을 90도가 되도록 몸을 낮춘다. 이 패턴을 60초 동안, 또는 지칠 때까지 반복한다.
2. 60초의 테스트 시간 동안 적절한 깊이까지 완료한 모든 동작을 센다.
3. 진행 상황을 평가하기 위해 정기적으로(예: 4~6주) 재평가한다.

벤치 프레스 체력 평가

벤치 프레스 체력 평가(bench press strength assessment)는 최대 근력을 평가하고 벤치 프레스 운동의 1RM(단 1회의 동작에서 들 수 있는 최고 중량값)을 추정하도록 설계되었다. 이 테스트는 고급자를 위한 평가이므로 저항 트레이닝 경험이 없거나 적은 고객에게는 적합하지 않을 수 있다. 공인 퍼스널 트레이너는 일반적인 건강 또는 체중 감량 목표를 가진 고객에게 이 평가를 수행해서는 안 된다. 이 평가는 최대 근력을 평가하고자 하는 사람들에게 가장 적합하다. 최대 근력 테스트를 시작하기 전에 적절한 준비 운동을 하는 것이 좋다.

벤치 프레스 체력 평가 자세

1. 벤치에 등을 대고 눕는다.
2. 허리는 중립 위치에 둔다(과도한 아치를 피한다).
3. 두 발을 땅에 단단히 고정한다.
4. 준비 운동 및 테스트 초기 반복을 위해 편안한 무게를 사용한다.
5. 바벨을 어깨너비보다 약간 넓게 손으로 잡는다.
6. 테스트 중에는 트레이너가 적절한 위치를 잡아주는 것이 필요하다.

벤치 프레스 체력 평가 움직임 자세

1. 피트니스 전문가의 도움을 받아 중량 바벨의 랙을 풀고 가슴까지 내린 다음 팔꿈치가 완전히 펴지도록 다시 들어올린다. 3회 반복을 완료한 후 중량 바벨을 다시 랙에 고정한다.
2. 2분간 휴식을 취한다.
3. 10~20파운드(9~10kg)를 추가한다(또는 초기 하중의 5~10%).
4. 더 이상 무게를 더하는 것이 불편하거나 최소 3회 반복을 완료할 수 없을 때까지 1~3단계를 반복한다.

5. 부록 A의 1회 반복 최대 추정치를 사용하여 1회 반복 최대값을 계산한다.
6. 진행 상황을 측정하기 위해 예정된 간격으로 정기적으로 재평가한다.

스쿼트 체력 평가

스쿼트 체력 평가(squat strength assessment)는 스쿼트 운동의 최대 근력 및 1회 반복 최대 근력을 추정하기 위해 고안되었다. 이 테스트는 고급자를 위한 평가이므로 모든 고객에게 적합하지 않을 수 있다. 공인 퍼스널 트레이너는 일반적인 피트니스 또는 체중 감량 목표를 가진 고객이나 저항 운동을 수행한 경험이 없는 고객에게는 이 평가를 수행하지 말아야 한다. 이 평가는 최대 근력을 평가하고자 하는 사람들에게 가장 적합하다. 최대 강도 테스트를 시작하기 전에 적절한 준비 운동을 하는 것이 좋다.

스쿼트 체력 평가 자세

1. 발을 어깨너비 정도로 벌리고 선다. 무릎은 발가락과 일직선이 되어야 하며, 허리는 중립 위치에 있어야 한다(과도한 아치를 피한다). 안전을 위해 평가하는 동안 무릎 외반슬을 피하는 것이 중요하다.
2. 준비 운동 및 테스트 초기의 반복에는 편안한 무게를 사용해야 한다. 고객은 랙 바벨 아래로 몸을 낮추어 어깨에 올려 놓고 손으로 바벨을 잡는다. 테스트 중에는 트레이너가 적절한 위치를 잡아주는 것이 필요하다.

스쿼트 체력 평가 움직임 자세

1. 중량 바벨의 랙을 풀고 일어서며 스쿼트 랙에서 멀어지게 한다. 그런 다음 쪼그려 앉는 자세로 내려갔다가 다시 시작 위치로 돌아온다. 3회 반복을 완료한 후 중량 바벨을 다시 랙에 고정한다.
2. 2분간 휴식을 취한다.
3. 30~40파운드(약 13~18kg)를 추가한다(또는 초기 하중의 10~20%).
4. 더 이상 무게를 더하는 것이 불편하거나 최소 3회 반복을 완료할 수 없을 때까지 1~3단계를 반복한다.
5. 부록 A의 1회 반복 최대 추정 차트를 이용하여 고객의 1회 최대 반복 횟수를 계산한다.
6. 진행 상황을 측정하기 위해 정기적으로 재평가를 실시한다.

트레이닝 팁

스쿼트 및 벤치 프레스 근력 평가는 체중 감소 또는 전반적인 건강 개선을 원하는 대부분의 고객에게는 적당하지 않다. 이러한 평가는 일반적으로 근력과 파워 운동선수(예: 축구 라인맨, 역도 선수, 올림픽 역도 선수)와 같은 최대 강도의 근력 개선을 원하는 고객을 위해 진행한다.

또한 이러한 평가는 평균 체중 감량 고객을 위한 저항 트레이닝 중 적절한 트레이닝 하중(체중)을 결정하는 데에도 필요하지 않다. 고객이 저항 트레이닝 경험이 있는 경우, 피트니스 전문가는 일반적으로 사용하는 무게에 대해 물어보고 그에 따라 조정해야 한다. 고객이 저항 트레이닝 경험이 없는 경우, 피트니스 전문가는 주의를 기울여 고객이 동작 패턴을 학습하는 동안에는 안전하게 다룰 수 있는 비교적 가벼운 것을 선택해준다. 몇 번의 세션 후에 시행착오를 거치면 적절한 트레이닝 부하를 결정할 수 있다. 적절한 중량은 이상적인 자세로 원하는 횟수만큼 반복할 수 있고 마지막 몇 번의 반복은 간신히 완료할 수 있는 중량이다.

수직 점프 평가

수직 점프 평가(vertical jump assessment)는 최대 점프 높이와 하체의 힘을 테스트하기 위해 고안되었다. 테스트에는 몇 가지 종류가 있지만, 여기서 설명하는 버전은 일반적으로 버텍(Vertec) 수직 점프 테스터를 사용한다. 이 테스트는 힘과 특정 수행 목표에 대한 고급 평가이므로 모든 고객에게 적합하지는 않다. 공인 퍼스널 트레이너는 일반적인 피트니스 또는 체중 감량 목표를 가진 고객에 대해 이 평가를 수행해서는 안 된다. 이 테스트는 운동 목표를 가지고 하체의 파워를 평가하려는 고객에게 가장 적합하다. 최대 성능 테스트를 시작하기 전에 적절한 준비 운동을 하는 것이 좋다.

푸시업 테스트 Push-up test 푸시 동작 중 상체의 근지구력을 측정하는 수행 평가

벤치 프레스 체력 평가 Bench press strength assessment 벤치 프레스의 1회 최대 반복 횟수를 추정하기 위해 설계된 평가

스쿼트 체력 평가 Squat strength assessment 스쿼트 운동의 1회 최대 반복 횟수를 추정하기 위해 설계된 운동 수행 평가

수직 점프 평가 Vertical jump assessment 최대 점프 높이와 하체 근력을 테스트하기 위해 설계된 수행 평가

이 테스트는 특정 목표에 대한 힘과 수행능력을 측정하는 고급 평가이므로 모든 고객에게 적합하지 않을 수 있다. 공인 퍼스널 트레이너는 일반적인 피트니스 또는 체중 감량 목표를 가진 고객에 대해서는 이 평가를 수행해서는 안 된다. 이 테스트는 운동 목표가 있고, 하반신 근력을 평가하려는 고객에게 가장 적합하다. 최대 수행능력 테스트를 시작하기 전에 적절한 준비 운동을 하는 것이 좋다.

수직 점프 평가 자세

1. 피트니스 전문가는 테스트 장비(버텍) 옆에 한 팔로 고객의 서 있는 범위를 측정한다.
2. 그런 다음 고객은 테스트 장비 아래에 준비된 위치에 선다.

수직 점프 평가 움직임 자세

1. 점프하여 가능한 한 가장 높은 베인(테스트기의 날개)을 터치해야 한다. 점프하기 전에는 절대 발을 떼지 않는다.
2. 서 있는 지점과 점프 높이 사이의 차이를 계산한다. 빨간색 베인은 6인치 간격으로, 파란색 베인은 1인치 간격으로, 흰색 베인은 0.5인치 간격으로 배치되어 있다.
3. 2분간 휴식을 취한다.
4. 두 번째 시도를 한다. 두 번째 시도에서 점프 높이를 높이면 세 번째 시도를 할 수 있다.
5. 진행 상황을 측정하기 위해 정기적으로 재평가를 실시한다.

멀리뛰기 평가

멀리뛰기 평가(long jump assessment)는 최대 점프 거리와 하체의 수평 근력을 테스트하기 위해 고안되었다.

멀리뛰기 평가 자세

1. 운동용 테이프로 출발선을 표시하고 미끄럼 방지 표면을 따라 줄자를 설치한다.
2. 고객은 라인 뒤에서 준비된 위치에 선다.

멀리뛰기 평가 움직임 자세

1. 가능한 한 앞으로 점프해야 한다. 두 발로 점프하고 두 발로 착지한다. 점프 전후에는 움직이지 않는다.
2. 점프 거리는 출발선에서 착지 후 발 뒤꿈치까지를 측정한다.
3. 2분간 휴식을 취한다.
4. 두 번째 시도를 한다. 두 번째 시도에서 점프 거리를 늘리면 세 번째 시도를 한다.
5. 진행 상황을 측정하기 위해 정기적으로 재평가를 실시한다.

하지 기능성 테스트

하지 기능성 테스트(lower extremity functional test, LEFT)는 측면 이동 속도와 민첩성을 테스트하기 위해 설계되었다(그림 12-25). LEFT는 속도와 운동 능력별 특정 목표에 대한 고급 평가이므로 모든 고객에게 적합하지 않을 수 있다. 공인 퍼스널 트레이너는 일반적인 피트니스 또는 체중 감량 목표를 가진 고객에 대해 이 평가를 수행해서는 안 된다. 이 테스트는 운동 목표가 있고, 속도와 민첩성을 평가하려는 고객에게 가장 적합하다. 최대 부하의 수행능력 테스트를 시작하기 전에 적절한 준비 운동을 하는 것이 좋다.

LEFT 자세

1. 두 개의 원뿔을 미끄럼 방지 표면에 10야드(9.1m) 간격으로 배치한다.
2. 1번 콘 뒤에 준비된 자세로 선다.

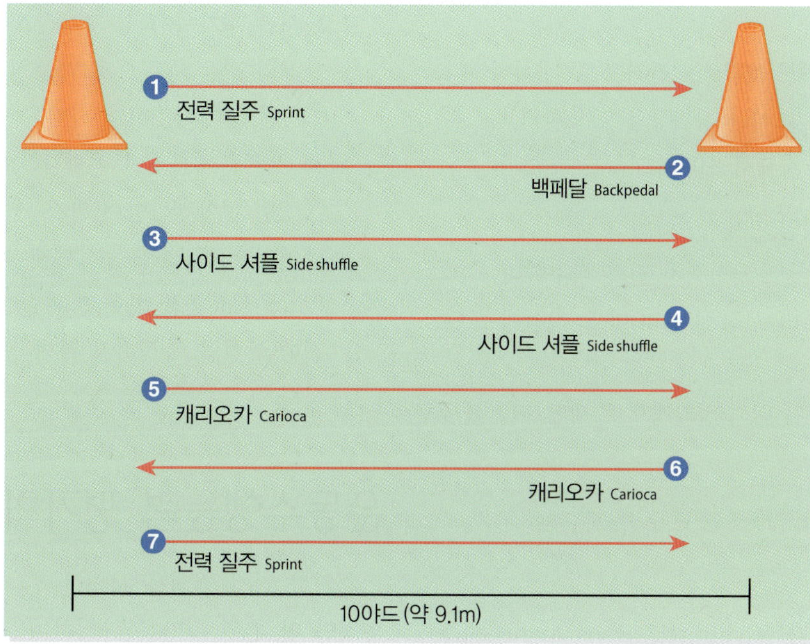

그림 12-25 하지 기능성 테스트

LEFT 움직임

1. 아래의 절차를 가능한 한 빨리 완료한다.
   ① 2번 콘으로 전력 질주
   ② 백 페달로 1번 콘까지
   ③ 사이드 셔플로 2번 콘까지
   ④ 사이드 셔플로 1번 콘까지
   ⑤ 캐리오카로 2번 콘까지
   ⑥ 캐리오카로 1번 콘까지
   ⑦ 2번 콘으로 전력 질주
2. 타이머는 첫 번째 동작에서 시작하여 마지막 콘을 지나갈 때 종료한다.
3. 진행 상황을 측정하기 위해 정기적으로 재평가를 실시한다.

40야드 대시 평가

40야드 대시 평가(40-yard dash assessment)는 반응 능력, 가속도 및 최대 속도를 테스트하기 위해 설계되었다(그림 12-26). 40야드 대시 평가는 속도 및 수행능력별 특정 목표에 대한 고급 평가이므로 모든 고객에게 적합하지 않을 수 있다. 공인 퍼스널 트레이너는 일반적인 피트니스 또는 체중 감량 목표를 가진 고객에 대해 이 평가를 수행해서는 안 된다. 이 테스트는 직선 전력 질주 속도를 평가하려는 운동 목표를 가진 고객에게 가장 적합하다. 최대 수행능력 테스트를 시작하기 전에 적절한 준비 운동을 하는 것이 좋다.

멀리뛰기 평가 Long jump assessment 최대 점프 거리 및 하지 파워를 테스트하기 위해 설계된 수행 평가

하체 기능성 테스트 Lower extremity functional test (LEFT) 측면 이동 속도와 민첩성을 테스트하기 위해 설계된 수행 평가

40야드 대시 평가 40-yard dash assessment 운동 반응 능력, 가속도 및 최대 속도를 테스트하기 위해 설계된 수행 평가

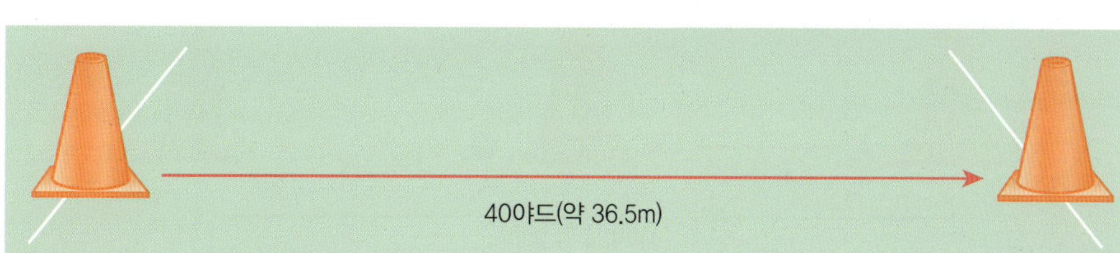

그림 12-26 40야드 대시 평가

40야드 대시 평가 자세

1. 두 개의 콘을 40야드(36.5m) 간격으로 배치하거나 야드 선이 명확하게 표시된 경기장을 이용한다.
2. 1번 콘 뒤에 준비된 자세로 선다.

40야드 대시 평가 움직임 자세

1. 가능한 한 빨리 40야드 지점까지 전력 질주한다.
2. 타이머는 첫 동작부터 시작해서 40야드 지점에 도달하면 종료한다.
3. 진행 상황을 측정하기 위해 정기적으로 재평가를 실시한다.

프로 셔틀 평가

프로 셔틀(5-10-5) 평가(pro shuttle assessment)는 측면에서의 가속, 감속, 민첩성 및 제어 능력을 평가하기 위해 설계되었다(그림 12-27). 이 테스트는 속도 및 수행능력별 목표에 대한 고급 평가이므로 모든 고객에게 적합하지 않을 수 있다. 공인 퍼스널 트레이너는 일반적인 피트니스 또는 체중 감량 목표를 가진 고객에 대해 이 평가를 수행해서는 안 된다. 이 테스트는 민첩성과 전력 질주 속도를 평가하고자 하는 운동 목표를 가진 고객에게 가장 적합하다. 최대 수행능력 테스트를 시작하기 전에 적절한 준비 운동을 하는 것이 좋다.

프로 셔틀 평가 자세

1. 두 개의 콘을 10야드(9.1m) 간격으로 배치하되, 세 번째 콘은 가운데에 다른 콘과 5야드 간격으로 떨어지게 배치한다.
2. 중간 콘을 바라보며 측면 자세로 선다.
3. 타이머는 가운데 콘을 통과할 때를 기록한다.

프로 셔틀 평가 움직임 자세

1. 아래와 같은 패턴으로 가능한 한 빨리 전력 질주한다.
   ① 1번 콘에서 2번 콘까지
   ② 2번 콘에서 3번 콘까지
   ③ 3번 콘에서 1번 콘까지
2. 타이머는 첫 번째 동작에서 시작하여 전력 질주 패턴의 끝에서 중간 콘을 통과할 때 종료한다.
3. 진행 상황을 측정하기 위해 정기적으로 재평가를 실시한다.

운동수행능력 평가의 시행

철저한 건강 검진을 시행한 후 피트니스 전문가는 자세, 움직임 및 수행 평가를 관리하며 고객의 기능적 상태에 대한 기준선을 설정할 수 있다. 공인 퍼스널 트레이너는 다양한 고객을 트레이닝하기 때문에 피트니스 프로그램을 설계하고 구현하기 전에 고객의 정적 및 동적 자세를 평가하여 그들의 신체적 능력과 한계에 대한 통찰력을 얻는 것이 좋다. 이러한 평가는 프로그래밍 전반에 걸쳐 교정해야 하는 자세 및 움직임 손상에 대한 정보뿐만 아니라 기능의 기준선을 제공하며, 개인이 수행할 수 있는 운동과 강도를 선택하는 데 도움이 된다. 마지막으로 트레이닝 프로그램을 시행하기 전에 이러한 평가를 수행하면 정적 자세, 움직임의 질(quality) 및 운동수행능력의 진행 상황을 평가하기 위한 기준을 얻을 수 있다. 다음 목록은 피트니스 적합성 평가를 수행하고 실행할 때의 이점을 설명한 것이다.

1. 정적 자세를 평가하면 고객이 신체를 어떻게 움직이는지 빠르게 이해할 수 있다.

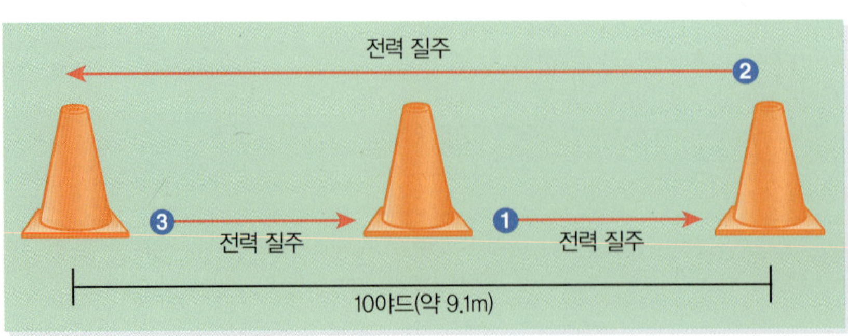

그림 12-27 프로 셔틀 (5-10-5) 평가

2. 움직임 및 수행 평가는 광범위한 트레이닝에서 고객의 운동 기능 상태에 대한 정확한 기준을 알려준다.
3. 운동 평가는 움직임 손상과 잠재적인 근육 불균형을 파악하고 교정하는 데 도움을 준다.
4. 근력 기반 평가를 통해 피트니스 전문가는 고객의 최대 근력 능력을 정확하게 평가할 수 있다.
5. 운동수행능력 평가를 통해 운동 경기력(예: 힘, 속도, 민첩성, 근지구력)을 좀 더 정확히 알 수 있다.

절차 평가

공인 퍼스널 트레이너는 잠재 고객을 유치하기 위한 방법으로 정적 자세 및 오버헤드 스쿼트 평가를 사용할 수 있다. 이러한 평가(대개 보완적 평가)를 무료로 해줌으로써 고객은 피트니스 전문가와 관계를 맺고 전문 지식에 대한 신뢰를 쌓기 시작할 가능성이 높다. 피트니스 전문가는 바른 자세와 운동에 대한 장점을 알려주면서 고객을 격려하는 동시에 집중적인 운동 프로그램으로 교정할 수 있는 장애를 알려줄 수도 있다.

예를 들어, 고객이 무료 OHSA에 참여하기로 동의했다면 피트니스 전문가는 스쿼트 도중에 나타나는 과도한 무릎 외반슬의 일반적인 패턴을 발견하고 스쿼트 깊이가 얼마나 깊은지 이야기해줄 수 있고, 장기적 무릎 건강을 위해 스쿼트 도중 갖추어야 할 올바른 정렬 유지 방법도 가르쳐 줄 수 있다. 또한 고객의 움직임에 대한 몇 가지 간단한 수정 사항에 대해 이야기하며 적절한 코칭과 정확한 운동이 더 안전하고 효과적인 운동을 가능하게 한다고 자연스럽게 설명할 수 있다.

운동 세션과 절차 평가

모든 움직임 평가는 정지 자세에 대한 평가부터 시작해야 한다. 모든 자세의 왜곡은 근육의 길이와 장력에 영향을 미치고 하루 종일 몸에 스트레스를 증가시킬 수 있다. 그러므로 피트니스 전문가는 서 있는 자세 평가에 자신감을 갖는 것이 중요하며, 이는 움직임과 수행 평가의 기초가 된다.

정적 자세를 평가한 후 피트니스 전문가는 OHSA를 실시하여 동적 자세, 코어 안정성 및 신경근 조절 능력을 평가해야 한다. 이 평가는 개별화된 피트니스 프로그램으로 해결할 수 있는 다양한 움직임 손상을 드러낼 것이다. 또한 보다 까다로운 동작인 싱글 레그 스쿼트 평가를 사용하여 싱글 레그 밸런스를 테스트함으로써 고객에게 도전 의식을 불어넣을 수 있다. 좀더 시간이 있다면 상체로 밀기 및 당기기 평가를 수행하여 고객이 몸통을 안정화하면서 상체를 사용하는 방법에 대한 자세한 정보를 얻을 수 있다. 이러한 테스트는 운동 세션 전에 또는 실제 프로그램에 포함시켜 관리할 수 있다.

이러한 평가들을 묶은 정적 자세 및 움직임 평가는 고객이 일상적인 작업 중에 자신의 몸을 어떻게 위치시키고 움직이는지를 잘 보여준다. 자세 변형이나 움직임 손상은 집중 운동 프로그램을 통해 확인된 과활성 근육을 스트레칭하고 저활성 근육을 강화함으로써 해결할 수 있다. 운동 평가 중에 고객이 통증을 호소한다면 의료 전문가의 추가적인 평가가 필요하다.

> **중요**
>
> 현재 통증이 있는 고객은 담당 의사의 적절한 허가나 지시 없이 트레이닝하지 않는다.

마지막으로 운동선수들과 함께 트레이닝할 때는 다양한 운동수행 평가를 시행하는 것이 좋다. 이러한 평가는 일반 대중을 트레이닝할 때는 잘 사용하지 않지만, 운동 목표를 가진 고객을 돕는 데는 필요하다. 이런 평가는 스포츠에 대한 고객의 요구에 따라 선택할 수 있다. 예를 들어, 수직 점프 테스트는 일반적으로 농구 선수에게 사용되는 반면 프로 셔틀은 축구 선수에게 사용한다. 이러한 평가는 운동 프로그램 디자인에 도움을 주며 시간의 경과에 따른 성과를 확인하는 데도 사용할 수 있다.

모든 평가의 순서

정확한 결과를 얻기 위해서는 모든 평가의 순서를 특정 순서로 지정하는 것이 중요하다(그림 12-28). 예를 들어, 피트니스 전문가는 항상 피트니스 참여 전에 건강 검진(PAR-Q+,

> **프로 셔틀 평가** Pro shuttle (5-10-5) assessment 측면 가속도, 감속도, 민첩성 및 제어 능력을 테스트하기 위해 설계된 수행 평가

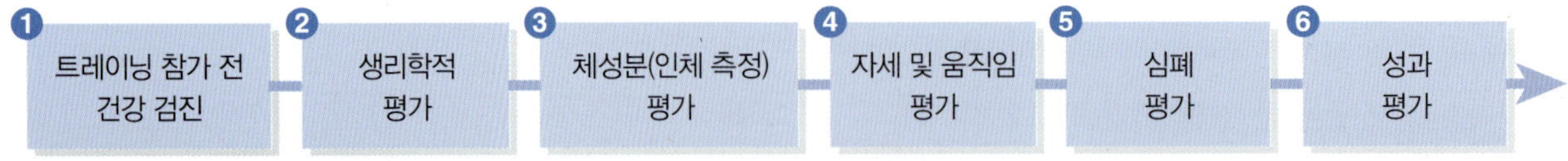

그림 12-28 평가 절차 평가

건강 기록 설문지)으로 평가 프로세스를 시작하고, 신체활동이 필요한 평가를 수행하기 전에는 생리학적(휴식 심박수와 혈압) 평가와 체성분(BMI, 둘레, 체지방 비율) 평가를 수행해야 한다(11장 참조). 자세, 움직임 및 수행 등의 평가는 이러한 사전 평가의 결과를 간과할 수도 있기 때문이다.

이러한 평가가 완료되면 다음 단계는 정적 자세 및 움직임 평가를 수행한다. 마지막으로, 유산소(유산소/VT1 및 무산소/VT2) 검사와 수행 평가를 실시할 수 있다. 피트니스 전문가는 이러한 평가의 정확성을 최대화하는 것이 무엇보다 중요하다. 고객의 에너지 수준을 확인하기 위해 별도의 날짜를 선택해 심장 박동 및 고난이도 수행 평가를 수행하는 것이 좋다. 그러나 충분한 휴식 시간이 제공되는 경우에는 심폐 기능 테스트 전에 피로를 거의 유발하지 않는 수행 평가(예: 수직 점프 테스트, 수평 점프 테스트)를 시행할 수 있다. 공인 퍼스널 트레이너가 운동 프로그램을 적절하게 설계했다면 고객은 시간이 지남에 따라 각 평가에서 결과가 개선될 것이다.

친밀감(라포) 형성의 기회

많은 고객이 체육관이나 피트니스 센터를 찾는 이유는 많은 운동 장비를 잘 사용할 줄 모르고, 올바른 운동 프로그램에 대한 지식이 부족하며, 운동 중에 부상을 당하거나 운동을 너무 과도하게 하지 않을까 하는 두려움이 있기 때문이다. 이런 경우 자세, 움직임 및 수행 평가를 수행하여 현재의 고객이나 잠재 고객과 좋은 신뢰 관계를 구축할 수 있다. 평가를 실시할 때는 자신감을 갖고 돕겠다는 마음가짐으로 시행할 때, 높은 수준의 전문 지식을 보여주며 경쟁력 있는 공인 퍼스널 트레이너로 자리잡을 수 있다. 또한 피트니스 전문가는 잠재적인 움직임 손상과 자세 및 운동 개선 기회에 대해 논의할 수도 있는데, 이러한 과정을 통해 고객에 맞는 개별화된 운동 프로그램을 신중하게 설계할 수 있게 된다. 정기적인 운동을 통해 이루어지는 이러한 평가는 양질의 피트니스 프로그램의 개발과 실행을 위한 로드맵을 제공할 것이다.

재평가

자세, 움직임 및 수행 평가는 진행 상황을 측정하는 중요한 기준이 된다. 피트니스 전문가는 이러한 평가에서 얻은 결과를 신중하게 문서화하여 나중에 참조해야 한다. 운동 환경과 고객의 교육 일정에 따라 매월 또는 분기별로 고객을 재평가하여 피트니스 계획을 일관되게 유지해 나가며, 이러한 진행 상황을 기록해 두는 것이 좋다. 고객을 정기적으로 재평가해야 하는 몇 가지 긍정적인 이유는 다음과 같다.

1. 고객에게 긍정적으로 격려하여 그들이 설정한 목표를 향해 계속해서 정진하도록 돕는다.
2. 공인 퍼스널 트레이너가 제공하는 운동 프로그램이 고객의 피트니스 수준을 어떻게 변화시키고 있는지 깨닫게 하여 운동 프로그램에 대한 지속성을 높이는 데 도움을 준다.
3. 고객의 능력이 향상되면 운동을 개선하거나 다음 단계로 나아갈 수 있도록 하는 기회를 제공한다.

고려 사항 및 수정 사항

피트니스 전문가는 고객의 범위가 넓기 때문에 움직임에 제약이 있거나 안전 문제가 있는 특정 집단에 대한 평가에서는 내용을 수정해서 적용하고 판단하는 것이 중요하다. 또한 움직임이나 수행능력을 평가할 때 신중해야 하며, 고급 동작을 할 때는 능력을 입증한 후에만 평가를 진행해야 한다.

예를 들어, OHSA 동안 고객이 매우 불안정하거나 스쿼트에서 부드럽게 내리고 올릴 수 있는 힘이 부족할 경우, 싱글 레그 스쿼트를 진행하는 것은 좋지 않다. 대신 당기기 및 밀기 평가를 시행하는 것이 좋다. 그리고 당기기와 밀기 평가 중에도 양발을 좁게 유지하라고 요구하기보다 균형감 있게 도전하기 위해 앉아서 하는 체스트프레스 또는 로잉 머신을 사용하는 것이 더 나을 수 있다. 핵심은 고객이 다양한 평가에서 기준에 맞게 완전하게 참여할 수 없는 경우에도 편안하고 안전한지 확인하는 것이다.

과체중 및 비만 고객

과체중 및 비만 고객을 대상으로 트레이닝하기 전에는 철저하게 사전 건강 검진을 완료해야 한다. 또한 과체중 및 비만 고객은 기능이 뛰어나고 강인한 사람부터 움직임의 질이 낮고 자신감이 상당히 결여된 사람까지 다양하다. 피트니스 전문가는 누군가의 능력을 미리 속단해서는 안 되며, 체계적인 자세와 움직임 평가의 결과를 바탕으로 접근해야 한다. 선 자세 평가는 골격을 덮는 체지방의 양으로 인해 더 어려울 수 있지만, 그래도 평가 과정의 첫 번째 단계로 실시해야 한다. 다음으로 OHSA를 사용하여 전신의 움직임과 안정성을 평가해야 한다. 과체중 또는 비만 고객이 불안정하거나 넘어질 위험이 있는 경우, 관절가동범위가 감소된 OHSA를 대신 사용할 수 있다. 고객이 OHSA에서 자신감 있고 안정적이라면 싱글 레그 스쿼트로 밸런스를 평가할 수 있지만, 필수는 아니다. 이것은 피트니스 전문가의 평가에 따라 달라진다.

많은 과체중 또는 비만 고객에게는 수행 평가가 필요하지 않다. 왜냐하면 이러한 고객은 대부분 운동 능력이 아니라 신체 구성 및 건강을 개선하려고 하기 때문이다. 과체중 및 비만 고객에 대한 평가 고려 사항은 다음과 같다.

1. 철저한 사전 건강 검진이 완료되었는지 확인한다.
2. 과체중 또는 비만 고객의 능력에 대한 속단을 피하고, 대신 기능적 상태를 결정하는 데 도움이 되는 자세 및 움직임 검사의 결과를 이용한다.
3. 과체중이거나 비만인 고객이 지면을 오르내릴 때 움직임의 적절한 범위를 지정해준다.

과체중 및 비만 고객을 위한 평가 수정 옵션은 다음과 같다.

1. OHSA의 스쿼트 깊이를 줄여준다.
2. OHSA 동안 적절한 힘과 안정성을 보이지 않으면 싱글 레그 스쿼트는 건너뛴다.
3. 안정성과 편안함을 위해 선 자세나 기구를 이용하여 밀기 및 당기기 평가를 수행한다.

청소년 고객

컴퓨터와 같은 여러 기기 사용이 증가하고 교실 환경에서도 장시간 앉아 있기 때문에 청소년 고객도 자세가 왜곡된다. 따라서 움직임 평가 전에 정적 자세 평가를 하는 것이 좋다. OHSA, 싱글 레그 스쿼트, 밀기 및 당기기 평가도 고객의 기능 상태와 움직임의 질을 결정하는 데 사용해야 한다. 많은 경우, 청소년들의 움직임 손상은 제한된 힘과 운동 조절 능력 부족에서 온다.

청소년 고객, 특히 어린이는 스포츠를 할 경우 평가의 이점을 얻을 수 있다. 그러나 가장 중요하게 고려해야 할 것은 청소년들의 성숙도와 목표이다. 청소년들은 체중 감량을 원하는지, 아니면 운동 능력 향상을 원하는지에 따라 가장 적절한 평가를 결정해야 한다. 1회 반복 최대 근력 테스트(벤치 프레스 및 스쿼트)는 대부분의 청소년 고객에게 적합하지 않다. 대신 그 외의 운동 능력을 측정하는 것이 아이의 목표에 더 중요하다. 청소년이 이러한 평가를 수행할 수 있는 성숙도와 운동 경험이 없다면 근지구력 및 심혈관 평가를 선택해야 한다. 청소년 평가 고려 사항은 다음과 같다.

1. OHSA는 청소년 고객의 기능적 능력에 대한 학습과 싱글 레그 스쿼트 평가에 대한 준비도를 판단하는 데 사용해야 한다.
2. 청소년 고객의 능력에 대한 속단은 피해야 하며, 대신 자세 및 움직임 검사의 결과를 사용하여 기능적 상태를 결정해야 한다.
3. 청소년 고객은 일반적으로 생애 발달 단계와 그러한 평가에 필요한 성숙도의 부족으로 인해 최대 근력 테스트에 도전해서는 안 된다.
4. 청소년들에게 많은 움직임 손상은 힘과 운동 조절 부족의 결과이다.

청소년 평가 수정 옵션은 다음과 같다.

1. 최대 근력 테스트 대신에 근지구력 평가의 시행을 고려해야 한다.
2. 푸시업 테스트, LEFT, 프로 셔틀 평가와 같은 수행 평가는 근육의 지구력, 파워, 민첩성을 테스트하는 동시에 청소년 고객을 참여시키는 재미있는 방법이 될 수 있다.

노인 고객

다른 평가에 앞서 고령의 고객은 사전 참여 건강 검진을 실시해야 한다. 일단 개인이 안전하게 트레이닝을 진행할 수 있다고 판단되면 평가 과정의 목표는 노인의 기능 상태를 결정하는 것이다. 이 그룹에 대해서는 일반적인 움직임 평가 중 일부를 수정할 수도 있어야 한다. 정적 자세 평가 후 수정된 OHSA(관절가동범위 제한)를 실시해야 할 수 있다. 고객이 OHSA 동안 현저하게 좋은 근력과 안정성을 보여주지 않는 한, 싱글 레그 스쿼트 테스트는 이 그룹에 적용하기에는 안전하지 않다. 상체 밀기 및 당기기 평가는 일반적으로 케이블 풀리에 서 있는 위치에서 약하게 수행하거나, 기구에 착석해서 해야 한다. 수행 평가는 일반적으로 운동선수가 아니거나 특정한 운동 목표를 가지고 있지 않는 한 노인 고객에게는 적절하지 않다. 고령자를 위한 평가 고려 사항은 다음과 같다.

1. 추가 테스트에 앞서 철저한 사전 참여 건강 검진을 완료해야 한다.
2. 노인의 능력에 대한 속단은 피해야 하며, 대신 자세 및 움직임 검사의 결과를 사용하여 기능 상태를 결정해야 한다.
3. 노인 고객이 지면에 오르내리는 동작은 고객의 기능적 상태에 따라 제한될 수 있다.
4. 평가 프로세스는 보수적으로 시작한 다음 고객의 목표와 능력에 따라 더욱 도전적인 동작으로 진행해야 한다.

노인을 위한 평가 수정 옵션은 다음과 같다.

1. OHSA는 스쿼트 깊이를 줄인다.
2. OHSA 동안 특별한 힘과 안정성을 보여주지 않는 한 싱글 레그 스쿼트는 건너뛰어야 한다.
3. 밀기 및 당기기 평가는 안정성과 편안함을 향상시키기 위해 선 자세 또는 기구를 사용하여 수행해야 한다.

임신부 고객

임신부 고객을 위한 평가 유형은 목표와 임신 단계에 따라 달라진다. 임신부 고객에게 가장 중요한 평가는 참여 전 건강 검진이다. 또한 운동 전에 고객의 주치의로부터 의료 허가를 받을 것을 권장한다. 임신 3분기 중 1분기에 대부분의 평가를 수행하는 것이 아마도 안전할 것이다. 그러나 임신 2분기와 3분기의 고객은 예방 조치를 취해야 한다. 수행 평가는 격렬한 운동을 계속할 수 있는 의학적 허가를 받은 운동선수가 아니라면 필요하지 않다. 모든 경우에 임신 2분기와 3분기의 임신부에게는 배를 대고 **엎드린 자세(복와위, prone)**와 **바로 누운 자세(앙와위, supine)**는 피해야 한다. 대신 앉거나 서서 하는 평가를 선택한다. 임신부 고객을 위한 평가 고려 사항은 다음과 같다.

1. 추가 테스트에 앞서 철저한 사전 참여 건강 검진 및 의료 허가를 받아야 한다.
2. 임신부의 능력에 대한 속단은 피해야 하며, 대신 자세와 움직임 검사의 결과를 이용하여 기능적 상태를 결정해야 한다.
3. 임신부의 움직임이나 활동에 대한 우려 사항을 기록해야 하며, 편안하지 않은 평가를 강요해서는 안 된다.
4. 임신부가 지면을 오르내리는 동작은 제한해야 한다.
5. 평가 과정은 보수적으로 시작하여 임신부 고객의 목표와 능력에 따라 점차 도전적인 움직임으로 진행해야 한다.
6. 임신 2분기와 3분기의 고객은 엎드린 자세와 반듯이 누운 자세를 피해야 한다.

임신부 고객을 위한 평가 수정 옵션은 다음과 같다.

1. OHSA는 특히 임신 2분기 또는 3분기 고객의 경우 스쿼트 깊이를 줄여 수정한다.
2. 싱글 레그 스쿼트 평가는 건너뛰는 것이 좋다.
3. 밀기 및 당기기 평가는 안정성과 편안함을 향상시키기 위해 선 자세에서 하거나 기구를 사용하여 수행해야 한다.

엎드린 자세(복와위) Prone 얼굴이 바닥을 보도록 엎드린 자세
바로 누운 자세(앙와위) Supine 하늘을 보고 누운 자세

요약

자세, 움직임 및 수행 평가는 모든 고객의 퍼스널 트레이닝 과정의 핵심 구성 요소이다. 이러한 평가 결과를 가지고 피트니스 전문가는 고객의 건강을 증진시키는 맞춤형 피트니스 프로그램을 개발하는 능력을 향상시켜 나간다. 피트니스 전문가는 정적 자세 평가의 세 가지 자세 왜곡(평발비틀림

증후근 및 상/하부교차증후군)을 쉽게 구별할 수 있어야 한다. 고객을 위해 사용되는 오버헤드 스쿼트(또는 경우에 따라서는 수정된 오버헤드 스쿼트)의 결과는 피트니스 전문가에게 어떤 추가적인 움직임 평가를 시행해야 하는지를 알려준다. 이러한 평가 중에 파악된 움직임 손상은 손상을 일으킨 원인에 맞게 움직임의 질을 높이고 효율성을 향상시킬 수 있도록 개별화된 피트니스 프로그램을 개발하도록 돕는다. 또한, 운동선수로서의 목표를 가진 고객과 함께 트레이닝할 때는 운동수행능력 평가를 기준 검사로 사용하고 진행 상황을 추적할 수 있다.

제12장 리뷰

자세, 움직임 및 수행 평가는 모든 고객을 위한 접수 과정의 필수적인 부분이며, 이들의 평가 결과는 피트니스 전문가가 고객의 웰빙을 향상시키기 위해 맞춤형 피트니스 프로그램을 개발하는 데 도움을 준다.

정적 자세 평가를 통해 피트니스 전문가는 신체의 최적 정렬에서 벗어난 부분을 찾을 수 있다. 정적 자세 평가는 발에서부터 머리를 향해 위쪽으로 이동하며 관찰한다. 피트니스 전문가는 전방, 측면 및 후방 시야에서 고객의 자세를 관찰하여 운동 사슬 내에서 중립 정렬, 좌우 대칭, 균형 잡힌 근긴장도를 확인하고, 일반적인 자세와의 편차를 찾는다. 정적 자세 평가 시 찾아야 할 세 가지 일반적인 자세 왜곡 패턴에는 평발(페스 플라누스)비틀림증후군, 하부교차증후군, 상부교차증후군이 있다.

오버헤드 스쿼트는 스쿼트 동작 중 동적 자세, 코어 안정성, 전신의 근신경 조절 능력을 평가하는 데 사용된다. 오버헤드 스쿼트 평가 중 움직임 손상을 인식하면 고객 중심 프로그램 디자인에 필수적인 근육 불균형을 파악하는 데 도움이 된다. 오버헤드 스쿼트 평가는 전면 및 측면에서 관찰한다. 전방에서 관찰할 수 있는 두 가지 일반적인 움직임 손상으로는 발이 바깥쪽으로 돌아가는 것과 무릎 외반슬(무릎이 안쪽으로 굽음)이 있다. 측면에서 볼 때 일반적인 움직임 손상은 허리의 과도한 아치, 몸통의 과도한 전방 기울기, 그리고 팔이 앞으로 떨어지는 것이 있다. 피트니스 전문가는 이 정보를 사용하여 추가 스트레칭이 필요한 근육과 움직임 손상 및 근육 불균형을 교정하기 위해 추가 강화가 필요한 근육을 결정해야 한다.

싱글 레그 스쿼트는 OHSA에서 발전된 형태의 운동 평가이다. 싱글 레그 스쿼트 평가는 좀더 상세한 정보를 제공해 신뢰도가 높다. 이 평가는 심각한 낙상 위험이 없는 건강한 고객에게만 수행해야 한다. 피트니스 전문가는 무릎 외반슬을 찾기 위해 정면에서 고객을 관찰한다.

밀기 및 당기기 평가는 어깨뼈 및 어깨 역학과 LPHC, 목뼈 및 머리의 안정성을 평가한다. 피트니스 전문가는 허리의 과도한 아치, 어깨 올림, 또는 머리를 앞으로 내미는 움직임 손상을 찾아야 한다. 이러한 각각의 움직임 손상은 스트레칭과 강화 기술을 사용하여 교정할 수 있다.

운동수행능력 평가는 최대 근력, 파워, 근지구력, 민첩성을 포함한 운동 경기력이나 특정 체력 측정을 위해 사용된다. 운동수행능력 평가에는 푸시업 테스트, 벤치 프레스 근력 평가, 스쿼트 근력 평가, 수직 점프, 멀리뛰기, 40야드 대시 및 프로 셔틀(5-10-5)이 있다. 이 중 일부는 어떤 고객에게는 적합하지 않을 수 있다. 공인 퍼스널 트레이너는 고객의 특정 피트니스 목표, 필요 및 능력과 관련된 평가만 수행해야 한다.

왜곡된 결과를 최소화하기 위해서는 피트니스 평가의 적절한 순서가 중요하다. 피로하지 않고 체력 소모가 낮은 종류의 평가는 체력 소모가 필요한 평가 전에 실시한다. 피트니스 전문가는 사전 참여 전 건강 검진, 생리학적 평가, 체성분 평가, 자세 및 움직임 평가, 심폐 지구력 평가 및 최종 운동수행능력 평가를 순서대로 사용해야 한다. 그러나 피로가 거의 발생하지 않는 운동수행능력 평가는 충분한 휴식 기간이 제공되면 심폐 지구력 검사 전에 시행할 수 있다.

운동수행능력 평가를 수행할 때 추가적인 고려 사항이나 수정이 필요할 수 있는 그룹에는 과체중 및 비만, 청소년, 임신부 및 고령 고객이 있다.

제12장 하이라이트

- 정적 자세는 일반적으로 선 자세에서 평가되며, 세 가지 자세, 즉 평발비틀림증후군, 상부교차증후군, 하부교차증후군을 파악하는 데 사용된다.
- 평발(페스플라누스)비틀림증후군은 평발, 외반슬, 엉덩관절의 모음과 안쪽돌림(내회전)이 특징이다.

- 하부교차증후군은 골반전방경사 및 허리뼈의 과도한 전만(앞굽음)이 특징이다.
- 상부교차증후군은 머리를 앞으로 내미는 것과 어깨가 돌출(둥근 어깨)되는 것이 특징이다.
- OHSA는 고객을 위해 수행되는 첫 번째 움직임 평가이며 다른 모든 움직임 평가의 기초가 된다. 스쿼트 동작 중 동적인 자세, 코어 안정성, 전신의 근신경 조절 능력을 평가한다.
- OHSA 동안 잠재적인 근육 불균형을 파악하기 위해 모든 움직임 손상을 기록한다. 정면에서 볼 때, 발이 바깥쪽으로 돌아가거나 무릎이 안으로 들어가는지 살펴본다. 측면에서 볼 때, 허리의 과도한 아치, 과도한 몸통의 전방 기울기, 앞으로 떨어지는 팔을 살펴본다.
- 싱글 레그 스쿼트 평가는 OHSA에서 우수한 성과를 거둔 고객이나 피트니스 전문가가 프로그램에서 싱글 레그 운동을 고려하고 있는 경우에 사용한다. 이 테스트는 개인의 균형감을 평가하기 좋은 테스트이며, 이는 일상생활과 운동 프로그램에 대한 중요한 기능적 고려 사항이다.
- 밀기 및 당기기 평가는 상체의 기능과 동시에 코어의 안정성을 평가한다. 그것들은 고객의 운동 기능 평가 또는 실제 프로그래밍에서 통합해 사용할 수 있다.
- 밀기 및 당기기 평가를 수행할 때 나타나는 움직임 손상은 허리의 과도한 아치, 어깨 올림 또는 앞으로 돌출된 머리이다.
- 운동수행능력 평가는 운동 능력을 향상시키고 최대 근력, 파워, 근지구력, 속도 및 민첩성을 측정하고자 하는 고객에게 사용할 수 있다.
- 푸시업 테스트는 팔굽혀펴기를 통해 상체의 근지구력을 측정한다.
- 벤치 프레스 및 스쿼트 근력 평가는 최대 근력을 측정한다. 이러한 테스트는 고급자를 대상으로 하는 평가이며, 저항 트레이닝 경험이 없는 고객에게는 적합하지 않을 수 있다.
- 수직 점프 및 멀리뛰기 평가는 하체의 운동 기능을 측정한다.
- LEFT는 측면에서의 속도와 민첩성을 테스트하도록 설계되었다. 속도 및 운동 기능 증대 목표에 대한 고급 평가이다.
- 40야드 대시 평가는 반응 능력, 가속 능력, 전력 질주 속도를 평가한다.
- 프로셔틀(5-10-5) 테스트는 가속, 감속, 민첩성 및 제어력을 평가한다. 이 테스트는 민첩성과 전력 질주 속도를 평가하고자 하는 운동 목표를 가진 고객에게 가장 적합하다.
- 모든 평가는 정확한 결과를 보장하기 위해 특정 순서에 따라 시행되어야 한다. 건강 사전 설문지, 생리적 및 체성분 평가와 같이 피로하지 않은 평가는 자세, 움직임, 심폐 기능 및 수행 평가 전에 수행해야 한다.
- 피트니스 전문가는 고객과 함께 움직임 및 수행 평가를 실시할 때 항상 주의해야 한다. 과체중 또는 비만, 청소년, 노인, 임신부와 같은 특정 그룹은 특정 움직임과 수행 평가를 수정하거나 피해야 한다. 일부 평가는 고객의 목표와 관련이 없기 때문에 적용할 수 없고, 일부 평가들은 안전 문제가 발생할 수 있다.

참고 문헌

Barton, C. J., Lack, S., Malliaras, P., & Morrissey, D. (2013). Gluteal muscle activity and patellofemoral pain syndrome: A systematic review. *British Journal of Sports Medicine, 47*(4), 207–214. https:// doi.org/1136/bjsports-2012-090953

Bolgla, L. A., Malone, T. R., Umberger, B. R., & Uhl, T. L. (2008). Hip strength and hip and knee kinematics during stair descent in females with and without patellofemoral pain syndrome. *Journal of Orthopedic and Sports Physical Therapy, 38*(1), 12–18. https:// doi.org/10.2519/jospt.2008.2462

Cichanowski, H. R., Schmitt, J. S., Johnson, R. J., & Niemuth, P. E. (2007). Hip strength in collegiate female athletes with patellofemoral pain. *Medicine and Science in Sports and Exercise, 39*(8), 1127–1132. https://doi.org/10.1249/mss.0b013e3180601109

Crossley, K. M., Zhang, W. J., Schache, A. G., Bryant, A., & Cowan, S. M. (2011). Performance on the single-leg squat task indicates hip abductor muscle function. *American Journal of Sports Medicine, 39*(4), 866–873. https://doi.org/10.1177/0363546510395456

Eckard, T., Padua, D., Mauntel, T., Frank, B., Pietrosimone, L., Begalle, R.,... Kucera, K. (2018). Association between double-leg squat and single-leg squat performance and injury incidence among incoming NCAA Division I athletes: A prospective cohort study. *Physical Therapy in Sport, 34*, 192–200. https://doi.org /10.1016/j.ptsp.2018.10.009

Fenwick, C. M., Brown, S. H., & McGill, S. M. (2009). Comparison of different rowing exercises: Trunk muscle activation and lumbar spine motion, load, and stiffness. *Journal of Strength and Conditioning Research, 23*(5), 1408–1417. https://doi.org/10.1519 / JSC.0b013e3181942019

Fielitz, L. R., Coelho, J., Horne, T., & Brechue, W. (2016). Inter-rater reliability and intra-rater reliability of assessing the 2-minute push-up test. *Military Medicine*, *181*(2), 167–172. https://doi.org /10.7205/milmed-d-14-00533

Garrick, L. E., Alexander, B. C., Schache, A. G., Pandy, M. G., Crossley, K. M., & Collins, N. J. (2018). Athletes rated as poor single-leg squat performers display measurable differences in single-leg squat biomechanics compared with good performers. *Journal of Sport Rehabilitation*, *27*(6), 546–553. https://doi.org/10.1123 /jsr.2016-0208

Gupta, N., Christiansen, C. S., Hallman, D. M., Korshøj, M., Carneiro, I. G., & Holtermann, A. (2015). Is objectively measured sitting time associated with low back pain? A cross-sectional investigation in the NOMAD study. *PLoS One*, *10*(3), e0121159. https://doi.org /10.1371/journal.pone.0121159

Harris-Hayes, M., Steger-May, K., Koh, C., Royer, N. K., Graci, V., & Salsich, G. B. (2014). Classification of lower extremity movement patterns based on visual assessment: Reliability and correlation with 2-dimensional video analysis. *Journal of Athletic Training*, *49*(3), 304–310. https://doi.org/10.4085/1062-6050-49.2.21

Janda, V. (2002). Muscles and motor control in cervicogenic disorders. In: Grant, R. (Ed.), *Physical therapy of the cervical and thoracic spine* (3rd ed., pp. 182–199). St. Louis, MO: Churchill Livingstone.

Mauntel, T. C., Begalle, R. L., Cram, T. R., Frank, B. S., Hirth, C. J., Blackburn, T., & Padua, D. A. (2013). The effects of lower extremity muscle activation and passive range of motion on single leg squat performance. *Journal of Strength and Conditioning Research*, *27*(7), 1813–1823. https://doi.org/10.1519 /jsc.0b013e318276b886

Mersmann, F., Bohm, S., & Arampatzis, A. (2017). Imbalances in the development of muscle and tendon as risk factor for tendinopathies in youth athletes: A review of current evidence and concepts of prevention. *Frontiers in Physiology*, *8*, 987. https:// doi.org/10.3389/fphys.2017.00987

Nakagawa, T. H., Moriya, É. T., Maciel, C. D., & Serrão, A. F. (2012a). Frontal plane biomechanics in males and females with and without patellofemoral pain. *Medicine and Science in Sports and Exercise*, *44*(9), 1747–1755. https://doi.org/10.1249/MSS .0b013e318256903a

Nakagawa, T. H., Moriya, É. T., Maciel, C. D., & Serrao, F. V. (2012b). Trunk, pelvis, hip, and knee kinematics, hip strength, and gluteal muscle activation during a single-leg squat in males and females with and without patellofemoral pain syndrome. *Journal of Orthopaedic & Sports Physical Therapy*, *46*(2), 491–501. https:// doi.org/10.2519/jospt.2012.3987

Padua, D. A., Bell, D. R., & Clark, M. A. (2012). Neuromuscular characteristics of individuals displaying excessive medial knee displacement. *Journal of Athletic Training*, *47*(5), 525–536. https://doi.org/10.4085/1062-6050-47.5.10

Padua, D. A., Distefano, L. J., Hewett, T. E., Garrett, W. E., Marshall, S. W., Golden, G. M.,... Sigward, S. M. (2018). National Athletic Trainers Association position statement: Prevention of anterior cruciate ligament injury. *Journal of Athletic Training*, *53*(1), 5–19. https://doi.org/10.4085/1062-6050-99-16

Page, P., Frank, C. C., & Lardner, R. (2010). *Assessment and treatment of muscle imbalance: The Janda approach*. Champaign, IL: Human Kinetics.

Park, S.-M., Kim, H.-J., Jeong, H., Kim, H., Chang, B.-S., Lee, C.-K., & Yeom, J. S. (2018). Longer sitting time and low physical activity are closely associated with chronic low back pain in population over 50 years of age: A cross-sectional study using the sixth Korea National Health and Nutrition Examination Survey. *Spine Journal*, *18*(11), 2051–2058. https://doi.org/10.1016/j.spinee .2018.04.003

Post, E. G., Olson, M., Trigsted, S., Hetzel, S., & Bell, D. R. (2017). The reliability and discriminative ability of the overhead squat test for observational screening of medial knee displacement. *Journal of Sport Rehabilitation*, *26*(1), 1–4. https://doi.org/10.1123 /jsr.2015-0178

Powers, C. M. (2010). The influence of abnormal hip mechanics on knee injury: A biomechanical perspective. *Journal of Orthopaedic and Sports Physical Therapy*, *40*(2), 42–51. https://doi.org/10.2519 /jospt.2010.3337

Rabin, A., & Kozol, Z. (2017). Utility of the overhead squat and forward arm squat in screening for limited ankle dorsiflexion. *Journal of Strength and Conditioning Research*, *31*(5), 1251–1258. https://doi.org/10.1519/jsc.0000000000001580

Santos Bunn, P., de Paula Silva, G., & de Silva, E. B. (2018). Performance in the deep squat test and musculoskeletal injuries: A systematic review. *Fisioterapia em Movimento*, *31*, 1–7. https:// doi.org/10.1590/1980-5918.031.ao26

Souza, R. B., & Powers, C. M. (2009). Differences in hip kinematics, muscle strength, and muscle activation between subjects with and without patellofemoral pain. *Journal of Orthopedic and Sports Physical Therapy*, *39*(1), 12–19. https://doi.org/10.2519 /jospt.2009.2885

Sueki, D. G., Cleland, J. A., & Wainner, R. S. (2013). A regional interdependence model of musculoskeletal dysfunction: Research, mechanisms, and clinical implications. *Journal of Manual and Manipulative Therapy*, *21*(2), 90–102. https://doi.org/10.1179 /2042618612Y.0000000027

SECTION 5

운동 기법과 트레이닝 지도

CHAPTER 13

통합 트레이닝과 OPT 모델

학습 목표

- 통합 트레이닝 원리 및 기능을 최대화하는 통합 트레이닝의 중요성을 요약할 수 있다.
- 통합 트레이닝 모델 내에서 운동 유형을 확인할 수 있다.
- NASM의 OPT 모델의 5단계를 나열할 수 있다.
- NASM의 OPT 모델을 사용하여 고객을 교육할 때의 장점을 설명할 수 있다.

통합 트레이닝 원리

© AndreySoyka/Shutterstock.

그림 13-1 쉐프 샐러드

© JJava Designs/Shutterstock.

Merriam-Webster 사전(2019)에 의하면, 통합의 의미는 '기능하는 전체 또는 통일된 전체를 형성해 조정 또는 혼합하는 것'이라고 한다. 음식으로 치자면 흔히 점심 메뉴로 나오는 샐러드(그림 13-1)에 비유할 수 있다. 샐러드는 기초가 되는 상추, 삶은 달걀, 델리 햄, 델리 칠면조 고기, 토마토, 오이, 치즈 등을 섞어서 만든다. 샐러드에 다양한 재료를 통합하는 방식은 많은 재료가 섞여 풍미 있고 즐거운 경험을 제공할 수 있도록 하는 것이다. 이 샐러드는 먹는 사람의 취향에 맞춰 어떤 식으로든 만들 수 있다. 예를 들어, 유당불내증인 사람은 치즈 대신 달걀이나 크루통을 넣을 수 있고, 채식주의자는 달걀과 델리 고기 대신 더 많은 채소를 넣을 수 있다.

운동 프로그램도 비슷한 전략을 따른다. 예를 들어, 샐러드에서 치즈를 빼는 것처럼 피트니스 전문가는 무릎 부상으로 물리치료를 받았던 고객의 운동 프로그램에서 무거운 스쿼트 운동을 뺄 수 있다. 대신 코어 및 밸런스 트레이닝으로 대체하여 고객의 요구와 능력에 맞게 더욱 맞춤화할 수 있다. 이렇듯 피트니스 전문가가 운동에 대한 통합적인 접근법을 취할 때 프로그램은 균형을 이루어 지루함을 줄이고 결과를 극대화할 수 있다.

통합 트레이닝(integrated training)이란 유연성, 심폐, 코어, 밸런스(균형), 플라이오메트릭, 스피드, 순발력, 민첩성, 저항 트레이닝 같은 모든 형태의 운동을 한 가지 시스템으로 결합한 개념이다. 이것은 전체적인 건강과 운동 능력의 향상으로 이어질 수 있는 운동에 대한 포괄적인 접근 방식이다.

통합 트레이닝의 원리를 이용하여 공인 퍼스널 트레이너는 새롭고 흥미로운 운동, 움직임, 기타 변수를 찾아 자신의 교육 프로그램에 추가함으로써 전문성을 높일 수 있다. 결과적으로 피트니스 전문가는 다음과 같은 이점이 있는 고객 맞춤형 운동 프로그램을 개발할 수 있다.

- 스트레스 감소, 기분 개선, 수면 개선과 같은 심리적 이점
- 심혈관, 호흡기, 내분비(호르몬) 기능 향상 등의 생리학적 이점
- 체지방 감소, 순수 근육량 증가와 같은 체성분 이점
- 유연성, 지구력, 근력 증가 등의 기능상 이점

피트니스 전문가는 다양한 방법으로 고객과 함께 통합 트레이닝을 수행하면서 많은 이점을 얻을 수 있다. DiStefano 등(2013)에 따르면 다중 평면 방식으로 여러 유형의 운동이 포함되어 있는 통합 트레이닝 프로그램은 단독으로 하는 저항 트레이닝 프로그램에 비해 더 효과가 좋은 것으로 나타났다. 움직임의 질, 속도와 민첩성, 근력, 지구력, 유연성, 힘과 같은 영역에서 많은 개선이 있었다. 개별 트레이닝이 효과가 없다는 뜻은 아니다. 고객에게 더 많은 변화가 있기를 원한다면 통합 트레이닝이 개별 트레이닝보다는 낫다는 것이다. 연구에 따르면 다차원적 또는 통합적 훈련 접근법이 개별 저항 트레이닝보다 운동 프로그램에 더 큰 효과를 가져다주는 것으로 나타났다(Reilly et al., 2009). 이 연구에서는 통합 접근법을 취하면 고객은 자신의 목표, 필요, 능력에 따라 결과를 만들어내기 위한 더 많은 변수를 통합함으로써 보다 많은 이점을 얻을 수 있다고 한다.

그러나 통합 트레이닝에는 다양한 운동 그 이상의 것이 포함되어 있다는 것에 유의해야 한다. 여기에는 준수해야 하는 추가 원칙들이 있다. 체계적이고 점진적인 방식으로 할 것, 핵심 움직임 패턴을 트레이닝할 것, 최적의 자세로 할 것, 최적 운동 범위에서 할 것, 모든 운동면과 동작에 대해 트레이닝할 것, 핵심 변수(세트, 반복, 휴식 시간)를 조절할 것, 평가 결과에 따라 운동 프로그램을 설계할 것 등이 적용된다.

체계적이고 점진적인 트레이닝

집을 지을 때 건설사는 기초부터 견고함과 안정성을 갖추기 위해 체계적이고 점진적인 접근을 취한다. 집을 콘크리트 슬래브 기초가 아닌 땅 위에 바로 짓는다면 결과가 크게 달라진다. 벽과 지붕은 고르지 않거나 불안정해 집의 전체적인 완성도가 떨어질 것이다.

운동도 마찬가지다. 집처럼 신체도 집중적인 훈련 요법을 시작하기 전에 탄탄한 기초 체력을 갖추어야 한다. 고객에게 처음부터 너무 고난이도의 운동이나 육체적으로 힘든 운동을 권하는 것은 비논리적이고 위험하다. 이는 고객을 좌절하게 하고 고객의 **자기 효능감**(self-efficacy)을 떨어뜨린다. 피트니스 전문가는 우선 유산소와 근지구력, 관절 가동성과 안정성, 코어 근력 운동으로 고객이 기초 체력을 단련하도록 안내해야 한다. 그러기 위해서는 프로그램 디자인에서부터 체계적이고 점진적인 접근법을 사용해야 한다. **점진적 과부하**(progressive overload) 접근법을 이용하여 운동 프로그램이 점진적이고 체계적으로 이루어진다면, 신체는 새로운 운동에 충분히 적응하며 결국 더 강하고 탄력적으로 변화된다. 그러나 단계를 건너뛰면 득보다는 실이 더 많다(표 13-1).

트레이닝 팁

목표를 설정하고 꾸준하게 관찰하며 적절한 시점에 평가를 실시하면 피트니스 전문가는 피드백을 얻어 모든 운동 세션에서 체계적인 운동법을 조정하고 전달할 수 있다. 이러한 과업을 수행하지 않으면 피트니스 전문가는 적절한 피드백을 얻지 못해 고객을 지속적으로 개선하는 데 필요한 변화를 주지 못한다.

핵심 움직임 패턴 트레이닝

핵심 움직임 패턴(fundamental movement patterns)은 모든 피트니스 전문가가 고객에게 시연하고 가르쳐야 한다.

표 13-1 단계 건너뛰기 vs 점진적이고 체계적인 계획

단계 건너뛰기	점진적이고 체계적인 계획
1. 부상 위험 증가	1. 부상이 줄고 오버트레이닝으로 인한 위험 감소
2. 운동을 올바로 수행할 능력이 없어 고객이 좌절을 겪음	2. 고객이 운동 프로그램을 오래 지속할 수 있음
3. 고객들의 목표 달성이 예상보다 늦춰지거나 달성이 어려움	3. 고객의 목표 달성 가능성이 높아짐
4. 측정과 추적 조사의 부족. 고객의 성공을 추적 조사할 수 없음	4. 고객의 성공 및 실패를 추적할 수 있음
5. 일관성 없는 운동 프로그램	5. 점진적 과부하를 통한 일관된 운동 프로그램

피트니스 전문가는 부상 위험을 최소화하고 운동의 효율을 높이기 위해 고객이 핵심 움직임 패턴에 숙달하도록 해야 한다. 대부분의 운동은 아래의 움직임 패턴이 최소 하나 이상 포함되어 있다. 더 많은 움직임 패턴이 있지만, 이러한 패턴 중 다수는 단일 운동으로 결합될 수 있다.

1. 스쿼트(squatting)
2. 힙 힌지(hip hinge)
3. 당기기(pulling motions)
4. 밀기(pushing motions)
5. 수직 프레싱(vertical pressing)

움직임 패턴에 따라 운동을 분류하면 운동 프로그램을 설계할 때 효과적이다. 과거 저항 운동 프로그램은 신체 부분을 따로 트레이닝하는 방법으로 개발되고 수행되었다. 특히 바디빌딩이나 신체 구성을 바꾸려는 사람에게 더 그랬다. 예를 들면, 월요일에 가슴과 세갈래근, 화요일에는 등과 두갈래근, 수요일에는 다리, 목요일에는 어깨와 팔을 운동하도록 선택할 수 있었다.

신체 부분을 따로 운동하는 것은 여전히 **근비대(hypertrophy)**에 효과적인 방법이지만(Gomes et al., 2019), 움직임 패턴에 기초한 운동 프로그램을 설계하면 신경근 협응 및 운동 능력 향상 등 부위별로 트레이닝했을 때보다 향상된 적응력을 얻을 수 있다. 움직임 패턴에 기초해 운동 프로그램을 디자인할 때는 많은 변화를 줄 수 있다. 예를 들면, 월요일에는 밀기 패턴, 화요일에는 당기기 패턴, 수요일에는 스쿼트와 힙 힌지, 목요일에는 수직 프레싱을 선택할 수 있다. 거의 무한한 조합이 가능하다.

시도하기

피트니스 전문가는 고객의 트레이닝 프로그램에 다양한 움직임 패턴을 통합해야 할 뿐만 아니라 자신들의 이익을 위해서라도 이러한 움직임을 숙달하고 있어야 한다. 고객을 가르칠 때 피트니스 전문가는 설명하고, 시범을 보여주며, 교정해 주는 등 피드백을 줄 수 있어야 한다. 이것은 고객의 우려와 혼란을 줄이며, 결과적으로 개인 트레이닝 분야에서 진정한 전문가로서 입지를 굳히는 방법이다.

최적의 자세로 트레이닝하기

자세(posture)는 서기, 눕기, 앉기와 같은 물리적 위치와 관련된 신체 부분의 상대적 배치이다(Kim et al., 2015). 일반적으로 자세는 신체의 다른 부분과 관련해서 척추의 위치를 유지하는 방법이다. 이상적인 자세를 유지하면 고객의 몸을 가장 최적의 상태로 만들어 움직임 패턴을 안전하고 효과적으로 수행할 수 있다. 그러나 이상적인 자세를 유지하는 것은 어려운 도전이다. 나이가 들면서 보상적 움직임 패턴과 잘못된 정적 자세가 발달하기 때문이다(Sobiech et al., 2019).

통합 트레이닝 Integrated training 유연성, 심폐, 코어, 밸런스(균형), 플라이오메트릭, 스피드, 순발력, 민첩성, 저항 훈련 같은 모든 형태의 운동을 한 가지 시스템으로 통합시킨 개념

자기 효능감 Self-efficacy 과업, 목표를 달성하거나 성과를 완수할 수 있다는 믿음. 자신감이라고도 한다.

점진적 과부하 Progressive overload 체계적이고 점진적인 접근법을 이용해서 운동 프로그램의 강도나 양을 늘리는 것

핵심 움직임 패턴 Fundamental movement patterns 일상생활 중 수행하는 평범하고 필수적인 행동이자 트레이닝 세션 중 운동의 움직임과 관련된 행동

근비대 Hypertrophy 기관이나 조직의 비대화. 피트니스 맥락에서는 골격근을 크게 하는 것을 설명하는 데 주로 사용된다.

자세 Posture 서기, 눕기, 앉기 같은 신체적 자세와 관련된 신체 조직의 상대적인 배치

피트니스 전문가의 목표는 본질적으로 자세를 유지하게 하거나 교정하여 부상의 위험을 줄이고, 고객의 신체 건강을 증진시키며, 보다 재미있게 운동할 수 있는 점진적이고 체계적인 운동 프로그램을 만드는 것이다. 체계적이고 점진적인 접근법을 적용하면 유연성, 지구력, 순발력, 근력 증가 등의 많은 신체적 변화가 발생한다. 자세 교정은 체계적인 접근법을 사용할 때 얻을 수 있는 또다른 장점이다.

최적의 자세를 프로그래밍할 때 피트니스 전문가는 **근육 불균형(muscle imbalances)**을 교정하는 데 도움이 되는 적합한 유연성과 근육 근력 강화 기술을 사용하고, 몸의 좌우, 앞뒤 간 대칭을 이루도록 **한쪽(unilateral)/양쪽(bilateral)** 운동과 전방/후방 운동을 포함시켜야 한다(Speirs et al., 2016). 체계적인 프로그램 내에서 균형 잡힌 자극이 발생하지 않으면 자세 유지와 개선에 한계가 생긴다. 성공을 위해서는 프로그램 디자인에 통합된 접근법을 써야 한다. 유연성, 코어, 밸런스, 플라이오메트릭, 저항 운동은 모두 자세를 개선하는 데 유용한 운동 형태이다. 심폐 운동도 체성분을 변화시키고(예: 체지방 감소) 근지구력을 향상하기 때문에 유익하다는 것이 입증되었다.

최적의 관절가동범위를 위한 트레이닝

자세와 마찬가지로 최적의 **관절가동범위(range of motion, ROM)** 내에서 운동하면 관절을 자유롭게 움직일 수 있다. 고객은 주로 근육 불균형, 잘못된 자세 또는 관절 제약에 의해 어려움을 겪는다. 결과적으로 특정 관절의 ROM이 제한되어 움직임에 제약이 생기고 부상을 입을 수 있다. 예를 들어, 엉덩관절 가동성의 제한은 엉덩관절, 척추, 하체 기능 장애와 연관된다(Reiman & Matheson, 2013).

반대로, 완전한 관절가동범위(ROM)는 신체가 제한이나 제약을 받지 않는다는 것을 의미한다. 완전한 ROM은 관절 움직임에서 열린 부분 또는 닫힌 부분 사이에서 관절이 자유롭게 움직일 수 있는 능력이다(Keogh et al., 2019). 이는 또한 관절이 열리고 닫히게 하는 근육의 단축(concentric) 및 신장(eccentric) 작용과 관련이 있다.

피트니스 전문가는 고객이 이전의 부상으로 상처 조직이 형성되고 관절 메커니즘이 변경되어서 특정 ROM에 제한이 일어날 수 있다는 것을 이해해야 한다. 그럴 때 고객은 특정한 조건 내에서 운동해야 하며 다쳤던 부위에 추가적으로 부상이 발생하지 않도록 주의해야 한다. 이와 달리 ROM에 제한이 없는 사람은 운동 적응력을 최대화하기 위해 모든 ROM을 사용해야 한다. 각각의 사람들에게 맞는 최적화된 ROM을 찾는 데는 많은 요인이 작용하기 때문에 고객과 피트니스 전문가는 모두 인내가 필요하다.

모든 운동면에서의 트레이닝

피트니스 전문가는 시상면(sagittal), 이마면(frontal), 수평면(transverse), 이 세 가지 모든 운동면에서 움직임이 일어나는 프로그램을 개발해야 한다. 피트니스 업계에서 흔히 저지르는 실수는 시상면 운동(앞에서 뒤로 운동)을 지나치게 강조하고 이마면 운동(옆에서 옆으로 운동)과 수평면 운동(회전 운동)을 경시한다는 것이다. 세 가지 운동면에서 모두 운동할 때 신체는 근육 동원이 강화되는 이점을 얻는다. 예를 들어, 중간볼기근의 뒤쪽 섬유는 엉덩관절 벌림(외전) 및 엉덩관절 바깥돌림(외회전)을 단축성 방향으로 움직이게 한다(그림 13-2). 중간볼기근의 모든 근육 섬유를 효과적으로 운동시키려면 고객은 엉덩관절에서 다양한 운동(벌림, 바깥돌림)이 일어나도록 해야 한다. 단순히 일반적인 엉덩관절 폄 운동(예: 스쿼트, 런지)을 하는 것은 중간볼기근을 효과적으로 운동시키지 못한다.

게다가, 이마면과 수평면에서는 부상이 많이 발생한다(Barwick et al., 2012; Padua et al., 2018; Williams et al., 2008). 유감스럽게도 세 가지 운동면 모두에서 운동하지 않으면 피트니스 전문가는 고객의 신체를 효율적으로 움직이는 것을 제한함으로써 이상적인 움직임과 운동 능력을 감소시키게 된다. 따라서 모든 운동면에서 다양한 운동이 일어나도록 하는 것이 트레이닝 프로그램에서 중요한 요소이다.

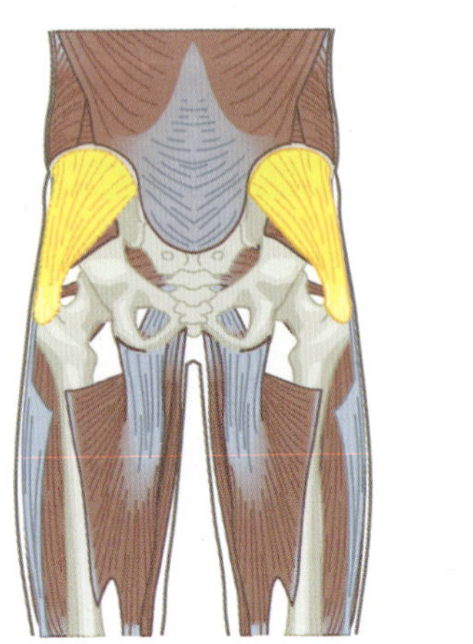

그림 13-2 중간볼기근

트레이닝의 핵심 변수

운동 훈련 변수라고 하는 **핵심 변수**(acute variables)는 신체에 가해지는 스트레스의 양과, 궁극적으로 발생하는 근지구력 향상, 체중 감소, 근육 증가와 같은 신체적 적응을 결정짓는다. 핵심 변수는 운동 프로그램을 설계할 때 사용되는 모든 기본 요소로 볼 수 있는데, 여기에는 반복, 세트, 트레이닝 강도, 반복 속도, 휴식 간격, 운동량(트레이닝 볼륨)·빈도·기간, 운동의 선택 및 순서가 있다.

> **지식 확장하기**
>
> **반복(repetition)**은 하나의 완전한 운동 동작이다. **세트(set)**는 연속되는 반복의 그룹이다. **트레이닝 강도(training intensity)**는 최대 노력과 비교한 개인의 노력 수준이며 보통 퍼센트로 표시된다. **휴식 간격(rest interval)**은 각 세트 사이에 주어지는 시간 간격이다(Miranda et al., 2007). **운동량(training volume)**은 각 트레이닝 세션 동안 주어진 세트에서 수행된 반복의 합에, 사용된 저항을 곱한 것이다. 핵심 변수에 대한 자세한 내용은 20장을 참고하라.

핵심 변수는 운동 세션 동안 신체에 가해지는 스트레스의 양을 결정하기 때문에 통합 트레이닝 프로그램에서 가장 기본적인 구성 요소이다. 핵심 변수를 적절하게 조작하면 부상 위험을 줄이면서 고객들로부터 최적의 운동 수행력을 이끌어낼 수 있다(Arazi et al., 2015; Brigatto et al., 2019; Kraemer & Ratamess, 2004; Schoenfeld et al., 2016a).

평가 결과에 따른 트레이닝

프로그래밍 노력은 고객이 초기 운동을 하기 전에 실시했던 평가에 중점을 두고 해야 한다. 운동 프로그램에서 성취할 다양한 운동에 대한 기준 값을 개발하려면 적절한 평가가 이루어져야 한다. 또한, 근육 불균형, 자세 이상, 기타 건강 문제를 파악하면 잠재 고객에 대한 필요한 정보를 얻을 수 있다. 그러면 피트니스 전문가는 고객에게 꼭 맞는 적절한 움직임 패턴이 떠오를 것이다. 피트니스 평가를 통해 수집한 정보를 운동 프로그램을 설계하는 데 정확하게 사용하는 것은 쉬워 보이지만, 어려운 작업이다. 이 과정은 일반적인 신체활동을 체계적이고 점진적인 운동 프로그램으로부터 분리시키는데, 평가가 부족하면 퍼스널 트레이너의 운동 선택이나 프로그래밍 전략이 비효율적일 수 있기 때문에 평가는 중요하다. 이렇게 기준이 되는 시작점을 잘 준비하고, 점진적이고 체계적인 프로그램을 지속적으로 개선해 나가면서 피트니스 전문가는 재평가 일정을 잡고, 고객이 나아가고 있는 방향에 대한 이해를 높일 수 있다. 건강과 피트니스 평가에 대한 더 많은 정보는 11장과 12장을 참고하라.

통합 트레이닝의 개요

통합 트레이닝은 여러 형태의 운동을 하나의 프로그램으로 결합한 것이다. 고객은 통합 형태의 운동에는 익숙할 수 있겠지만, 체계적인 방식으로 진행하는 것은 익숙하지 않을 것이다. 통합 트레이닝은 고객의 건강, 체력, 운동 능력에 엄청난 영향을 미친다. 이 때문에 이러한 접근법은 계속 변화 중이며 체계적이고 점진적인 체제를 구축하고 있지만, 교육이 올바로 행해질 때에만 그러하다. 다음 몇몇 장에서는 통합 교육의 특정 요소에 대한 간략한 개요를 살펴볼 것이다.

유연성 트레이닝

유연성 트레이닝(flexibility training)은 관절 ROM을 향상시킨다(Junior et al., 2017). 즉 유연성 트레이닝에는 신체가 방해받지 않고 자유롭게 움직일 수 있도록 조직 신장성을 향상시키는 다양한 유형의 스트레칭 기술이 들어 있다.

근육 불균형 Muscle imbalance 관절의 양쪽에 있는 근육이 변형된 길이-장력 관계를 가질 때 발생한다.

한쪽 Unilateral 신체의 한 측면과 관련되어 있는 것

양쪽 Bilateral 신체의 양 측면과 관련되어 있는 것

관절가동범위 Range of motion (ROM) 특정 관절 또는 신체의 부분이 움직일 수 있는 정도. 대개 각도 단위로 측정된다.

핵심 변수 Acute variables 각 운동의 수행 방법을 지정하는 중요한 구성 요소. 운동 훈련 변수라고도 한다.

반복 Repetition 운동에서 하나의 완료된 움직임

세트 Set 연속되는 반복으로 이루어진 그룹

트레이닝 강도 Training intensity 최대 노력과 비교한 개인의 노력 수준으로, 일반적으로 백분율로 표시한다.

휴식 간격 Rest interval 세트 사이에 회복을 위해 사용되는 시간

운동량 Training volume 각 트레이닝 세션 중, 주어진 세트에서 수행된 반복 합계에, 사용된 저항을 곱한 값

미국스포츠의학회(NASM)는 최적의 결과를 이끌어내기 위해 체계적인 방식으로 다양한 스트레칭 옵션을 이용하도록 권장하고 있다. 이러한 스트레칭 기법에는 폼 롤링과 같은 자가근막기법, 정적 스트레칭, 능동적 스트레칭, 동적 스트레칭이 있다. 유연성 훈련의 이점에 대한 자세한 내용은 [표 13-2]를 참조하라.

표 13-2 유연성 트레이닝의 이점
■ 관절 ROM 향상
■ 근육통이 감소할 수 있음
■ 잠재적인 부상 위험 감소

Data from Behm et al., 2016.

심폐 트레이닝

전 세계 사망 원인 중 1위는 심장 마비이다(WHO, 2018). 심폐 트레이닝은 이 문제를 해결하기 위한 심장 및 폐 기능을 개선하는 초석이다(Conraads et al., 2015). 심폐 트레이닝(cardiorespiratory training)은 지속적이거나 강렬한 운동 중에 근육에 산소를 공급하는 호흡계 및 심혈관계의 능력을 개선한다(Lin et al., 2015). 심폐 운동의 전형적인 형태는 걷기, 조깅, 달리기, 사이클, 자전거 타기, 수영, 조정(노젓기), 스포츠 경기 등이 있다. 대부분의 경우, 심폐 트레이닝은 통합 트레이닝 프로그램의 중요한 구성 요소이다. 그러나 심폐 운동의 형태, 지속 시간, 강도는 고객의 체력, 건강, 수행 목표에 따라 달라진다. 심폐 트레이닝에 대한 이점은 [표 13-3]을 참조하라.

표 13-3 심폐 트레이닝의 이점
■ 안정시의 심박수와 혈압을 낮춘다.
■ 일회박출량과 심박출량을 증가시킨다.
■ 가스 교환을 향상시키고 기도 저항을 줄여주며, 산소 섭취를 향상시킨다.
■ 혈류 저항을 감소시키며 혈액의 양을 증가시킨다.
■ 혈중 지질 성분 및 혈액 화학 성분을 개선시킨다.
■ 정맥을 통해 심장으로 되돌아가는 혈류를 개선한다.

Modified from Anderson, et al., 2016; Garber et al., 2011.

코어 트레이닝

코어 근육은 척추와 골반의 안정성을 담당하는 몸통과 골반을 포함한다. 이 근육들은 코어에서 말단으로 에너지를 생성하거나 전달한다. 코어 안정성은 최적의 힘과 움직임 제어를 위해 골반과 다리 위에서 몸통의 위치와 움직임을 제어하는 능력으로 에너지 생산 및 전달에 기여한다(Manchado et al., 2017). 코어 트레이닝(core training)은 코어 근육의 기능과 코어 안정성을 향상시키는 것을 목표로 한다.

코어 트레이닝은 때때로 잘못 해석되어, 배곧은근(예: 식스팩 근육)과 같은 신체 전복부 영역만 다루었다. 그렇게 하면 사람들은 크런치와 윗몸 일으키기가 유일한 코어 운동이라고 생각할 수 있다. 다행스럽게도 배빗근(obliques), 허리(low-back), 볼기근 복합체(gluteal complex) 같은 여러 근육 그룹뿐만 아니라 세 가지 운동면을 전부 사용하는 다양한 운동을 활용하여 코어 운동은 완성할 수 있었다. 코어 훈련과 관련된 이점에 대해서는 [표 13-4]를 참조하라.

표 13-4 코어 트레이닝의 이점
■ 자세 개선과 척추 건강 증진
■ 일상 활동과 직장 내 활동을 위한 신체 기능 향상
■ 운동 사슬의 균형, 안정성, 협응력 증가
■ 허리 통증 또는 증상 최소화 또는 해소
■ 기술과 관련된 움직임과 힘 증진(즉, 라켓이나 골프채 휘두르기)

Modified from Granacher et al., 2013; Huxel Bliven & Anderson, 2013; Wang & Chen, 2014.

밸런스 트레이닝

밸런스는 넘어지지 않고 특정 균형 상태를 유지·달성하고 다시 복원하는 능력이다(Callesen et al., 2018). 밸런스 트레이닝은 고객이 더 나은 움직임 패턴을 만들 수 있게 하고(Gschwind et al., 2013), 고령자의 낙상과 운동선수의 발목염좌 발생을 줄인다(Bellows & Wong, 2018; McGuine & Keene, 2006). 밸런스 트레이닝(balance training)은 기저면에서 신체의 무게 중심 정렬에 도전해 자세 제어를 개선하는 훈련이다(Lesinski et al., 2015).

신체가 균형을 더 잘 조절할 수 있도록 많은 운동 세션에 도전적인 동작을 통합시킬 수 있다. 이 트레이닝은 모든 연령대에 유용하며, 특히 노인에게 엄청난 이점이 있는데, 그렇다고 젊은 고객의 밸런스 트레이닝을 줄여서는 안 된다(Okubo et al., 2017). 밸런스 트레이닝은 일반 대중, 운동 경험이 많은 사람, 심지어 고급 기술을 가진 선수들에게도 매우 유익하다. 밸런스 트레이닝의 이점에 대해서는 [표 13-5]를 참조하라.

표 13-5 밸런스 트레이닝의 이점
▪ 낙상 위험 감소
▪ 발목염좌 위험 감소
▪ 착지 역학의 개선(전방십자인대 부상 위험 감소)
▪ 하지 근력 증진
▪ **고유수용감각(proprioception)** 및 신체 자각 개선
▪ 운동선수의 민첩성 개선
▪ 엉덩관절 근육계(예: 볼기근 복합체)와 하지 강화

Modified from Distefano et al., 2009; Lesinski et al., 2015.

플라이오메트릭(반작용) 트레이닝

플라이오메트릭 트레이닝(plyometric training)은 반응 훈련, 또는 점프 훈련으로도 알려져 있다. 플라이오메트릭 트레이닝은 운동선수에게만 적합하다는 잘못된 인식이 있는데, 근력의 단련을 특징으로 하는 운동의 형태이기 때문에 많은 사람에게 효과적이며 안전한 운동이다(Mansur et al., 2018). 그러므로 다양한 기술과 체력 수준에 맞는 플라이오메트릭 트레이닝이 있다.

플라이오메트릭 트레이닝은 특히 저항 운동 세션 전에 할 경우 많은 운동량이 필요하지 않다. 또한 더 많은 자극을 위해 운동량을 늘릴 수 있는 다른 날에 할 수도 있다. 플라이오메트릭 운동은 **신장-단축 주기(stretch-shortening cycle)**를 개선하여 폭발적인 움직임 능력을 증진시킨다(Ramirez-Campillo, 2015). 플라이오메트릭 트레이닝과 관련된 이점은 [표 13-6]을 참조하라.

표 13-6 플라이오메트릭 트레이닝의 이점
▪ 골밀도 증가, 골절 및 관절 부상 위험 감소
▪ 연부조직(인대, 힘줄, 연골)의 강도 향상 및 부상 위험 감소
▪ 체중 관리 또는 체중 감소를 개선시키기 위한 대사 소비량 증가
▪ 운동선수 및 일반인의 근력과 체력 향상
▪ 근육 수축과 신경계 동기화 증진
▪ 모든 수준에서 운동선수의 경기 진행 능력 향상

Modified from Oxfeldt et al., 2019; Slimani et al., 2016.

속도, 민첩성, 순발력 트레이닝

속도, 민첩성, 순발력(speed, agility, quickness, SAQ) 트레이닝은 운동 목적에 적합한 것으로 잘못 해석될 수 있는 또다른 형태의 운동이다. 플라이오메트릭처럼 반복 연습을 하는 운동으로, 모든 유형의 고객에게 도움이 되도록 수정할 수 있다. SAQ 트레이닝은 점진적 운동 시스템으로써 개인의 능력을 향상시켜 더 빠른 속도와 정확도를 기르기 위한, 기본적인 운동 능력 개발을 목표로 하는 교육이다(Chandrakumar & Ramesh, 2015). 여기에 사용되는 움직임 패턴은 낙상을 방지하고, 민첩성, 반응 시간, 전력 질주 속도, 하체 파워를 강화시키는 데 큰 도움이 된다.

SAQ 트레이닝은 폭발적인 점프, 또는 플라이오메트릭 트레이닝과 유사하지만, 가능한 한 빨리 몸을 나가게 하고, 가능한 한 신속하게 가속 또는 감속하며, 쉽게 방향을 바꾸고 속도를 변경한다. 플라이오메트릭과 마찬가지로 SAQ 운동은 자체 운동으로 완수하거나 통합 훈련 세션으로 합칠 수 있다. SAQ 트레이닝의 이점은 [표 13-7]을 참조하라.

표 13-7 SAQ 트레이닝의 이점
▪ 최고 속도에서의 수행력, 방향 전환, 가속 또는 감속, 속도 증진
▪ 건강 관련 신체적 체력 증진
▪ 자극에 대한 반응 시간을 향상시키거나 더 나은 반응 시간
▪ 전력 질주 및 방향 전환 역학의 테크닉 향상

Modified from Jovanovic et al., 2011; Milanovic et al., 2013.

저항 트레이닝

저항 트레이닝(resistance training)은 근력과 근비대의 현저한 증가를 촉진하는데, 이러한 효과는 연령이나 성별과 관계없이 나타난다(Schoenfeld et al., 2016b). 또한 골밀도와 근력을 증진시키고 심혈관 건강을 강화하는 효과적인 형태의 운동이다. 저항 트레이닝은 근골격계 부상 후의 운동 능력과 재활을 돕는 데도 근본적인 역할을 한다. 특히 이 트레이닝은 적절한 식이요법과 병행할 때 순수 근육량을 늘리고 체지방을 줄이는 좋은 운동 방법이다.

고유수용감각 Proprioception 신체의 일반적인 방향과 부분의 상대적 위치를 자연스럽게 감지하는 신체의 능력

신장-단축 주기 Stretch-shortening cycle 빠른 단축성 수축을 위해 근육에 신장성 부하를 가한다.

통합 트레이닝 프로그램에서 저항 트레이닝의 역할은 아무리 강조해도 지나치지 않으므로 피트니스 전문가는 이 트레이닝의 이점을 잘 알고 있어야 한다. 또한 젊은층, 운동선수, 노년층, 임산부, 다이어트 중인 고객을 포함한 다양한 고객을 위해 저항 운동 프로토콜을 설계하고 수행하는 데 노력해야 한다. 저항 트레이닝의 이점에 대해서는 [표 13-8]을 참조하라.

표 13-8 저항 트레이닝의 이점

- 지구력, 근력, 파워 증가
- 근비대 증가
- 체중 관리 개선 및 체중 감량 촉진
- 안정시 대사율, 안정시 심박수, 혈압 개선
- 협응력과 운동성 개선
- 모든 연부조직(인대, 힘줄, 연골, 근섬유) 강화로 부상 위험 감소

Modified from Garber et al., 2011; Hart & Buck, 2019; Westcott, 2012.

OPT (최적의 운동수행능력 트레이닝) 모델

트레이닝 프로그램은 대체로 설계하는 사람의 과거 경험을 기반으로 한다. 예를 들어, 바디빌딩, 파워리프팅, 또는 올림픽 역도에 대한 배경지식이 있는 트레이너가 설계한 프로그램은, 에어로빅이나 댄스, 필라테스와 같은 지구력 훈련이나 그룹 운동을 했던 트레이너가 설계한 프로그램과는 상당히 다른 경향이 있다. 경험은 개인 피트니스뿐만 아니라 모든 분야에서 항상 갖추어야 할 중요한 자질이지만 유일한 자격 요건은 아니다. 어떤 경우에는 공인 퍼스널 트레이너가 가지고 있는 자격이 가장 중요한 자격이 아닐 수도 있다. 안전하고 효과적인 트레이닝 프로그램을 설계하려면 해부학, 생리학, 인체의 움직임에 대한 지식을 포함해 고객과 효과적으로 의사소통하는 능력, 다양한 사람과 일한 경험 등 여러 가지 기술이 필요하다.

공인 퍼스널 트레이너가 고객의 개별 요구에 따라 안전하고 효과적인 프로그램을 설계할 수 있도록 NASM은 체계적이면서 과학에 기반을 둔 프로그램 디자인 모델을 사용할 것을 권장한다. 트레이닝 프로그램은 신체 능력과 수행능력을 높이기 위한 체계적인 접근 방식이어야 한다. 일관성 있고 우수한 결과를 얻기 위한 최고의 방법은 체계적이고 정기적인 트레이닝 프로그램을 따르는 것이다(Rhea et al., 2003; Williams et al., 2017). 유연성을 포함해 코어, 밸런스, 플라이오메트릭, SAQ(속도, 민첩성, 순발력), 저항, 심폐 운동을 통합한 프로그램이 부상을 줄이고 기량을 향상시킨다는 근거들도 나오고 있다(Distefano et al., 2013).

이와 같이 NASM은 OPT(optimum performance training) 모델로 알려진 근거기반 교육 시스템을 만들었다. OPT 모델은 그 어느 때보다 구조적 불균형과 부상에 취약한 사회를 위해 트레이닝 프로그램을 개념화했다. 또한 피트니스 또는 스포츠 수행 목표 아래에서 모든 고객을 체계적으로 교육시키는 프로그래밍 프로세스를 따르고 있다. OPT 모델은 인간 운동 과학의 과학적 근거를 기반으로 하며, 이 장에서 논의된 통합 트레이닝 원칙을 사용하고 있다.

OPT 모델은 안정화, 근력, 파워라는 3개의 트레이닝 파트로 크게 나누어지며(그림 13-3), 이는 다시 5단계로 세분화된다. 피트니스 전문가는 OPT 모델을 적절하게 사용하기 위해 각 수준 및 개별 단계에 대한 과학적 근거를 반드시 이해하고 있어야 한다.

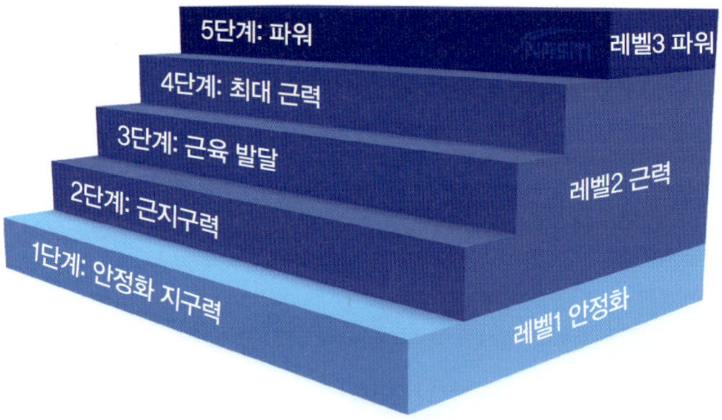

그림 13-3 OPT 모델

안정화

OPT 모델의 첫 단계에서는 두 가지 주요 적응력에 초점을 두고 있다. 바로 움직임 패턴 개선과 안정성 강화이다. 이 트레이닝을 통해 뒤따라 이어질 더 높은 수준의 트레이닝 요구를 준비할 수 있다. 이 단계는 모든 초보자에게 중요하다(Saeterbakken et al., 2016). 높은 수준의 코어 및 관절 안정성을 유지하려면 근력과 파워 트레이닝 이후 이 레벨을 반복

해야 한다. 또한 이 단계는 신체가 더 격렬한 트레이닝에서 적극적으로 휴식을 취할 수 있도록 해준다. 안정화 트레이닝(stabilization training)은 아래의 목표에 초점을 맞춘다.

- 운동 패턴과 운동 기술 향상
- 근육 불균형 개선
- ROM(관절가동범위)과 유연성 향상
- 코어 근육과 말초 관절의 안정화 개선
- 근육, 힘줄, 인대, 관절을 앞으로의 트레이닝에 대비해 준비시킴, 조직 과부하 방지
- 전반적인 심폐 기능 향상

OPT 모델에서 안정화 레벨은 '1단계, 안정화 지구력 트레이닝' 하나로 구성된다.

1단계 안정화 지구력 트레이닝

1단계 안정화 지구력 트레이닝(stabilization endurance training)은 최적의 움직임 패턴[예: 밀기, 당기기, 수직 프레싱(누르기), 스쿼트, 힙 힌지]을 가르치고 다양한 운동 형태에 익숙해지도록 설계되었다. 또한 이 단계에서는 관절 및 코어 안정화 수준을 최적으로 해주고 자세를 제어하게 해준다. 이 단계는 OPT 모델의 첫 번째 단계지만, 2~5단계에서 볼 수 있는 고강도 트레이닝 사이사이에 이 트레이닝을 반복하는 것도 중요하다. 이렇게 하면 높은 수준의 안정화를 유지하면서 적절한 회복을 보장할 수 있다.

1단계 안정화 지구력 트레이닝은 근지구력, 관절 ROM, 관절 및 코어 안정성, 근육 협응력을 강화하는 운동과 움직임에 중점을 둔다. 그러기 위해서는 느리고 조절된 움직임, 비교적 가벼운 부하, 적절한 자세와 운동 기술에 대한 세심한 주의가 필요하다.

이 단계 초기에 피트니스 전문가는 적절한 움직임 패턴을 연마하고 완성해 고객에게 다양한 운동 방식을 소개하는 데 많은 에너지를 쏟아야 한다. 그렇게 하는 이유는 생체역학적으로 올바른 방식으로 고객의 움직임 능력을 향상시키면 부상의 위험을 줄이며, 이것은 또한 운동 프로그램에 대한 고객의 적응도를 높이는 추가적인 이점을 안겨준다. 고객이 자신의 능력에 확신이 생기면 운동 프로그램을 계속할 가능성이 더 커진다.

움직임 패턴이 완성되면 단순히 부하를 늘리는 것보다 신체 균형과 안정화 시스템에 더 큰 도전을 제시함으로써 운동이 점진적으로 나아가게 한다. 예를 들어, 고객이 푸시업을 했으면 짐볼을 사용하여 같은 운동을 하면서 점차적으로 발전시킬 수 있는 것이다. 이러한 진행은 운동을 수행하는 동안 최적의 자세를 유지하기 위해 신경계와 어깨, 몸통의 안정화 근육을 추가적으로 활성화시켜 준다(그림 13-4).

1단계 안정화 지구력 트레이닝은 기존의 구조적 결함을 해결할 뿐만 아니라 짧은 휴식 시간과 많은 반복 횟수로 모든 운동을 순환 방식으로 수행할 수 있어서 체성분을 변화시키는(체지방 감소) 우수한 방법이 될 수 있다. 통제되었으나 불안정한 환경에서 운동함으로써, 신체는 스스로를 안정화시키기 위해 더 많은 근육을 동원해야 한다. 특히, 최소한의 휴식과 함께 연속적으로 이 과정을 수행하면 더 많은 칼로리가 소비된다(Lagally et al., 2009; Ogita et al., 2000).

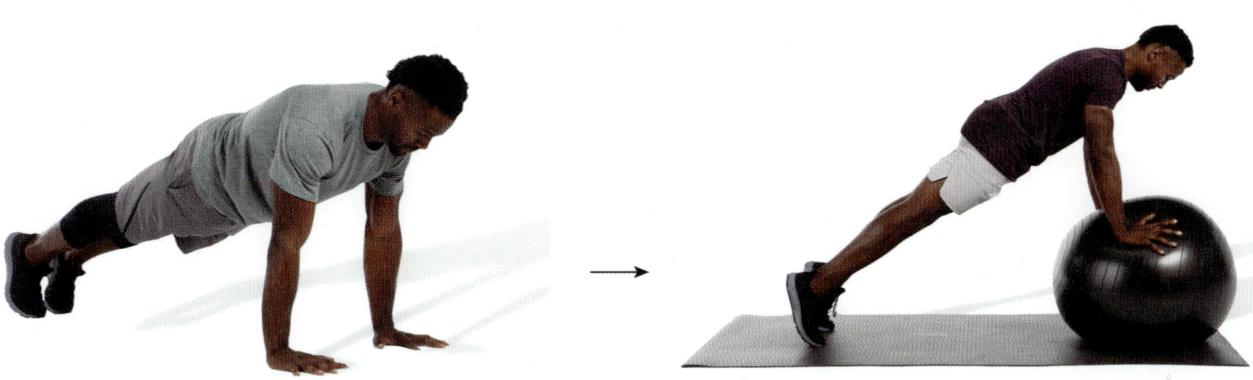

그림 13-4 푸시업의 점진적 발전

근력

OPT 모델에서 트레이닝 강도 수준을 강조하는 이유는 전체 근력을 향상시키면서 안정화 지구력을 유지하기 위함이다. 이 단계는 트레이닝의 목표가 근비대(근육 사이즈 증대)나 최대 근력(무거운 역기 들기)인 고객이 진행하게 될 트레이닝 수준이다. OPT 모델의 근력 레벨(strength level)은 3단계로 구성된다. 2단계 근지구력 트레이닝, 3단계 근육 발달 트레이닝, 4단계 최대 근력 트레이닝이 그것이다.

2단계 근지구력 트레이닝

2단계 근지구력 트레이닝(strength endurance training)의 목표는 안정화 지구력을 향상시키면서 주동근 근력을 높이는 것이다. 이 두 가지는 유사한 관절 역학으로, 쉬지 않고 연속해서 **슈퍼세트(superset)**로 두 가지 운동을 수행함으로써 달성된다(표 13-9).

첫 번째 운동은 안정적인 환경에서 이루어지는 일반적인 근력 운동이다(예: 벤치 프레스). 반면, 두 번째 운동은 덜 안정적인(그러나 제어 가능한) 환경에서 이루어지는 안정화에 집중된 운동이다(예: 짐볼 푸시업). 이 방법 이면에 있는 원리는, 첫 번째 운동에서 주로 주동근을 사용하여 강도를 이끌어 내면 이어서 안정성과 자세 제어에 도전하는 운동으로 즉시 연결되게 하는 것이다. 이는 근지구력, 관절 안정성, 이상적 자세를 향상시키는 결과를 가져온다.

표 13-9 2단계 슈퍼세트 예시

몸의 부분	근력 집중 운동	안정화 집중 운동
가슴	벤치 프레스	푸시업
등	시티드 케이블 로우	스탠딩 케이블 로우
어깨	숄더 프레스 머신	싱글레그 덤벨 오버헤드 프레스
다리	바벨 스쿼트	싱글레그 스쿼트

3단계 근육 발달 트레이닝

3단계 근육 발달 트레이닝(muscular development training)은 근육 성장을 최대화하려는 사람들(예: 바디빌더)을 위해 고안되었다. 이 단계의 트레이닝에서는 다양한 저항 운동과 방법을 사용하여 근육 성장 반응을 최대로 이끌어 낸다. 이러한 형태의 훈련은 또한 근육량을 늘리면서 체지방을 감량하려는 사람에게 도움이 된다(Cava et al., 2017). 이 단계의 트레이닝 목표가 주로 근비대이기 때문에 피트니스 전문가는 프로그램의 운동량(많은 세트)과 강도(보통에서 무거운 중량 사용)를 높이고 싶어 한다. 일부 고객은 지구력 운동선수와 같이 높은 수준의 근육 발달을 원하지 않기 때문에 이 단계는 고객의 선택 사항이다. 그러나 체지방을 줄이고 근육량을 개선하려는 피트니스 애호가들 사이에서는 매우 인기 있는 과정이다.

4단계 최대 근력 트레이닝

4단계 최대 근력 트레이닝(maximal strength training)은 무거운 하중을 들어올림으로서 최대 주동근의 근력을 목표로 진행된다. 즉 이 단계에서 고객은 저항 운동을 수행할 때 전적으로 무거운 중량을 선택한다. 이 단계는 파워리프팅이나 스트롱맨 경기에 참가하는 선수들, 최대 근력이 필요한 다른 선수들(예: 투포환 선수, 럭비 선수, 미식 축구 라인맨)이 주로 많이 한다. 최대 근력의 능력을 키우는 것이 목표이기 때문에 고객은 저항 트레이닝에 익숙해져야 한다. 이것은 고객의 목표에 따라 선택이 가능한 고난이도 형태의 운동이다.

파워

트레이닝의 파워 레벨은 안정화 및 근력 레벨을 성공적으로 마친 이후에만 시작해야 한다. 만약 고객이 컨디션이 좋지 않거나 적당한 관절 안정성 및 코어 안정성이 부족하면 파워 형태의 운동 형태에는 적합하지 않다. 이 수준의 단계에서는 속도와 파워의 발달을 강조한다. 이것은 5단계 파워 트레이닝이라는 단순한 이름의 훈련 단계를 통해 성취된다.

5단계 파워 트레이닝

5단계 파워 트레이닝(power training)의 목표는 최대 근력과 **힘 생성률(rate of force production)**을 높이는 것이다. 이 단계는 운동 속도와 운동 능력을 향상시키는 데 있어서

슈퍼세트 Superset 최소의 휴식이나 또는 휴식 없이 두 개의 운동을 빠르게 이어서 수행함

힘 생성률 Rate of force production 근육이 최소한의 시간에 최대의 힘을 낼 수 있는 능력

중요하다. 이 단계의 전제는 파워에 집중하는(높은 속도) 유사 관절 역학 운동(표 13-10)과 함께 일반적인 근력 운동(무거운 부하로)의 슈퍼세트를 시행하는 것이다. 복합 트레이닝으로도 알려진 이러한 형태의 트레이닝은 전력 질주와 수직 점프 능력을 향상시키는 것으로 나타났다(Freitas et al., 2017; Li et al., 2019).

표 13-10 5단계 슈퍼세트 예시

몸의 부분	근력 집중 운동	파워 집중 운동
가슴	벤치 프레스	메디신 볼 체스트 패스
등	랫 풀다운	메디신 볼 사커 스로우
어깨	덤벨 숄더 프레스	프론트 메디신 볼 사선 스로우
다리	바벨 스쿼트	스쿼트 점프

OPT 모델 활용 방법

본 교재의 이후 장에서는 다음을 포함하는 통합 교육 프로그램의 구성 요소를 설명하는 데 전념한다.

- 유연성 트레이닝
- 심폐 트레이닝
- 코어 트레이닝
- 밸런스 트레이닝
- 플라이오메트릭(반작용) 트레이닝
- 속도, 민첩성, 순발력(SAQ) 트레이닝
- 저항 트레이닝

각 장에서는 주어진 정보를 현실적으로 적용하는 방법에 대해 자세히 설명한다. OPT 모델은 통합 트레이닝의 과학에 기반을 두고 있기 때문에 OPT 모델의 5단계 모두에서 이전에 진행했던 모든 형태의 운동을 사용한다. 이것은 일반화된 스트레칭, 심혈관 운동, 저항 운동만을 통합하는 기존의 운동과는 차이가 있다.

덧붙여 21~23장은 프로그램 디자인 전략에 대해 설명한다. 이 장에서 피트니스 전문가는 OPT 모델의 세부적 사항들, 다양한 형태의 운동 기구를 통합하는 방법, 특수 집단(젊은층, 노년층, 임산부) 또는 만성 질환자(예: 당뇨, 골다공증, 심장 질환)를 위한 운동 프로그램 디자인법을 배운다. 피트니스 전문가는 이러한 정보와, 숙련되고 균형 잡힌 피트니스 전문가가 되는 데 필요한 모든 도구를 결합하여 모든 고객에게 제공해야 한다.

요약

통합 트레이닝 원리를 이용하여 피트니스 전문가는 퍼스널 트레이닝에 대한 더 나은 접근법을 갖게 되며, 고객의 건강 상태와 피트니스 목표를 통합한 맞춤형 트레이닝 전략을 고객에게 제공할 수 있다. 통합 트레이닝은 여러 가지 운동을 하나의 점진적 시스템으로 결합한 것으로 다음을 포함한다.

- 유연성 트레이닝
- 심폐 트레이닝
- 코어 트레이닝
- 밸런스 트레이닝
- 플라이오메트릭 트레이닝
- 속도, 민첩성, 순발력(SAQ) 트레이닝
- 저항 트레이닝

운동을 선택하고 프로그램을 설계할 때, 이러한 통합된 트레이닝 개념을 이용하면 고객 중심적인 접근으로 계획을 수립하고 이행하는 데 도움이 된다.

NASM OPT 모델은 안정화, 근력, 파워, 세 가지 레벨로 이루어진 통합 교육 방법을 사용하여 모든 고객이 목표를 향해 적절하고 안전하게 운동을 진행할 수 있는 시스템을 제공한다.

안정화 단계에는 한 가지 훈련 단계가 있다.

- 1단계 안정화 지구력 트레이닝

근력 단계에는 세 가지 훈련 단계가 있다.

- 2단계 근지구력 트레이닝
- 3단계 근육 발달 트레이닝
- 4단계 최대 근력 트레이닝

파워 단계에는 한 가지 훈련 단계가 있다.

- 5단계 파워 트레이닝

OPT 모델 내 모든 교육 단계는 인간의 능력과 가능성을 최대화하도록 특별히 설계되었다. 그러므로 이 모델은 결과를 극대화하면서 부상 위험은 최소화하고, 따라하기에도 쉬운 체계적인 단계를 제공한다.

제13장 리뷰

통합 트레이닝 원칙을 이용하면 공인 퍼스널 트레이너는 새롭고 흥미로운 운동, 움직임, 기타 변수를 발견해 자신의 전문성을 높여 나가게 되며, 결과적으로 고객에게 심리적, 생리적, 신체 구성 및 수행상의 이점을 주는 고객 맞춤형 운동 프로그램을 개발할 수 있게 된다. 대부분의 통합 트레이닝은 다음의 운동 패턴 중 최소한 한 가지를 포함하지만, 단일 운동에 복수의 운동 패턴이 결합되어 있는 것도 있다.

- 스쿼트
- 힙 힌지
- 당기기
- 밀기
- 수직 프레싱

피트니스 전문가의 주요 목표 중 하나는 본질적으로 자세와 ROM을 유지하거나 교정하는 점진적이고 체계적인 운동 프로그램을 만드는 것이다. 또한 프로그램에는 모든 운동면에서 트레이닝이 이루어지고 핵심 변수(예: 세트, 반복, 휴식 기간)를 조정할 수 있으며, 평가 결과를 반영해 통합 교육의 구성 요소인 유연성, 심폐, 코어, 밸런스, 플라이오메트릭, SAQ, 저항 운동 등을 사용한다.

유연성 트레이닝은 관절 ROM을 향상시키고 조직 신장성을 증가시키는 여러 가지 유형의 스트레칭 기술이 들어 있다. NASM은 자가근막기법(예: 폼 롤링), 정적 스트레칭, 능동적 스트레칭, 동적 스트레칭 등 다양한 스트레칭 기술을 이용하도록 권장하고 있다.

심폐 트레이닝은 지속적이거나 격렬한 운동 중 근육에 산소를 공급하는 호흡 및 심혈관 시스템의 능력을 향상시킨다. 전형적인 심폐 운동의 형태에는 걷기, 조깅, 달리기, 사이클, 자전거 타기, 수영, 노젓기, 운동 경기가 포함된다.

코어 트레이닝은 자세를 향상시키고 복부, 허리, 골반의 근육을 강화시켜며 허리 통증을 최소화시킨다. 또한 코어 트레이닝은 운동 능력과 몸통의 회전력을 향상시킨다.

밸런스 트레이닝은 더 나은 움직임 패턴을 만들어 내고, 노령층의 낙상 및 운동선수의 발목염좌를 줄여준다.

플라이오메트릭 트레이닝은 반작용 훈련, 또는 점프 훈련이라고도 하며 신장-단축 주기를 향상시키고, 폭발적으로 움직이는 능력을 키워준다.

SAQ 트레이닝은 운동 능력을 향상시켜 더 빠르고 정확하고 능숙하게 운동할 수 있게 한다. 이 트레이닝은 가속, 감속, 방향 전환 능력을 개선하는 것을 목표로 한다.

저항 트레이닝은 연령과 성별에 관계없이 근력과 근비대를 현저하게 촉진한다. 이 트레이닝은 근골격계 부상으로부터 운동 능력을 향상시키고 재활에 도움이 되는 근본적인 역할을 하며, 순수 근육량을 늘리고 체지방을 줄이는 데도 효과적이다.

OPT 모델은 인간 운동 과학의 과학적 근거를 기반으로 통합 트레이닝 원리를 사용하며, 안정화, 근력, 파워라는 세 가지 훈련 단계로 나뉘고, 이것은 다시 5단계로 세분화된다.

1레벨 안정화 지구력 트레이닝 단계에서는 운동 패턴 기술, 근육 불균형, ROM, 코어 및 관절 안정화, 심폐 기능의 개선에 초점을 맞춘다.

2레벨 근력 단계 내에는 세 가지 단계가 있는데, 2단계 근지구력 트레이닝, 3단계 근육 발달 트레이닝, 4단계 최대 근력 트레이닝이다. 2단계 근지구력 훈련의 목표는 주동근을 향상시키면서 안정화 지구력을 강화하는 것이다. 이 두 가지는 유사한 관절 역학으로 슈퍼세트(휴식 없이 연속적으로)로 두 가지 운동을 수행함으로써 달성된다. 3단계 근육 발달 트레이닝은 근육 발달을 최대화하려는 사람들(바디빌더)을 위해 고안되었다. 이 단계에서는 다양한 저항 운동과 방법을 사용해 근육 성장에 대한 최대 반응을 이끌어 낸다. 이 트레이닝은 근육량을 유지하면서 체지방을 제거하려는 사람들에게 유용하다. 4단계 최대 근력 트레이닝은 무거운 하중을 들어 올려 최대 근력을 기르는 것이 목표이다. 근력 운동선수와 최대 근력이 필요한 사람을 위한 일반적인 트레이닝 형태이다.

OPT 모델의 5단계는 파워 트레이닝 단계로서 한 가지로 구성되어 있다. 이 단계는 안정화 및 근력 단계를 성공적으로 마친 이후에 수행하거나, 고객의 컨디션이 좋거나 적당한 관절 안정성 및 코어 안정성을 보일 때, 파워 운동 형태에 익숙한 경우에만 시작해야 한다. 이 단계의 목표는 최대 근력과 힘 생성률을 높이는 것이다.

제13장 하이라이트

- 통합 트레이닝은 유연성, 심폐, 코어, 밸런스, 플라이오메트릭, SAQ, 저항 트레이닝을 하나의 시스템 안에 결합한 것이다.
- 점진적 과부하 접근법으로 운동 프로그램을 점진적이고 체계적으로 설계할 때, 신체는 새로운 요구에 적응하며 더욱 강해진다.
- 핵심 움직임 패턴에는 스쿼트, 힙 힌지, 당기기, 밀기, 수직 프레싱이 있다.
- 이상적인 자세를 유지하면 신체를 최적의 상태로 만들어 움직임 패턴을 안전하고 효과적으로 수행할 수 있다.
- 최적의 ROM은 관절을 자유롭게 움직일 수 있게 한다.
- 피트니스 전문가는 시상면, 이마면, 수평면, 이 세 가지 운동면 모두에서 움직임이 일어나는 프로그램을 제공해야 한다.
- 핵심 변수는 반복, 세트, 강도, 반복 속도, 휴식 간격, 운동량(트레이닝 볼륨), 트레이닝 빈도, 트레이닝 지속시간, 운동 선택, 운동 순서가 있다.
- 끊임없이 변화하는 통합 교육 접근법은 피트니스 훈련에 체계적이고 점진적인 접근법을 제공한다. 이 접근법의 구성 요소에는 유연성, 심폐, 코어, 밸런스, 플라이오메트릭(반작용), SAQ, 저항 트레이닝이 있다.
- 유연성 트레이닝은 관절 ROM을 향상하고 근육 통증을 감소시키며, 부상 위험을 줄인다.
- 심폐 트레이닝은 일회박출량과 심박출량을 증가시키고 심박수 및 혈압을 감소시킨다.
- 코어 트레이닝은 자세를 강화해 일상생활에서 더 나은 신체 기능을 발휘하게 하며, 밸런스와 안정성을 높이고, 운동 역학 사슬의 조화를 향상시킨다. 또한 허리 통증을 감소시키고 움직임 기술을 향상시킨다.
- 밸런스 트레이닝은 낙상 및 발목염좌의 위험을 줄이면서 고유수용감각 및 민첩성을 개선한다.
- 플라이오메트릭(반작용) 트레이닝은 체중 관리에 필요한 대사 소비량을 늘리고 골밀도를 증가시키며, 연부조직 근력을 강화하고 파워의 표출과 폭발성을 좋게 한다.
- SAQ 트레이닝은 최고 스피드, 방향 전환, 가속 및 감속률을 향상시킨다.
- 저항 트레이닝은 지구력, 근력, 파워를 향상시키고, 근비대, 체중 관리에 도움이 된다.
- OPT 모델은 인간 운동 과학의 과학적 근거에 기반해 통합 교육의 원리를 따른다.
- OPT 모델은 세 가지, 즉 안정성, 근력, 파워로 나뉘며, 이는 다시 5단계로 구분된다.
- 1단계 안정화 지구력 트레이닝은 최적의 움직임 패턴(예: 밀기, 당기기, 수직 프레싱, 스쿼트, 힙 힌지)과 코어 안정성 및 관절 안정성을 가르치고, 고객이 다양한 운동 형태에 익숙해지도록 한다.
- 2단계 근지구력 트레이닝은 주동근을 향상시키면서 안정화 지구력을 강화하는 것을 목표로 한다.
- 3단계 근육 발달 트레이닝은 근육 성장을 최대화하려는 사람, 또는 신체 구성을 바꾸려는(즉, 지방 감소) 사람을 위해 고안되었다.
- 4단계 최대 근력 트레이닝은 무거운 하중을 들어 올려 주동근의 최대 근력을 목표로 한다.
- 5단계 파워 트레이닝은 근력과 힘 생성률을 최대화하는 것을 목표로 한다.

참고 문헌

Anderson, L., Thompson, D. R., Oldridge, N., Zwisler, A.-D., Rees, K., Martin, N., & Taylor, R. S. (2016). Exercise-based cardiac rehabilitation for coronary heart disease. *Cochrane Database of Systematic Reviews. 1*, Article CD001800. https://doi.org/10.1002/14651858.cd001800.pub3

Arazi, H., Rahmati, S., Pashazadeh, F., & Rezaei, H. R. (2015). Comparative effect of order based resistance exercises on number of repetitions, rating of perceived exertion and muscle damage biomarkers in men. *Revista Andaluza de Medicina del Deporte, 8*(4), 139–144. https://doi.org/10.1016/j.ramd.2015.02.002

Barwick, A., Smith, J., & Chuter, V. (2012). The relationship between foot motion and lumbopelvic–hip function: A review of the literature. *The Foot, 22*(3), 224–231. https://doi.org/10.1016/j.foot.2012.03.006

Behm, D. G., Blazevich, A. J., Kay, A. D., & Mchugh, M. (2016). Acute effects of muscle stretching on physical performance, range of motion, and injury incidence in healthy active individuals: A systematic review. *Applied Physiology, Nutrition, and Metabolism, 41*(1), 1–11. https://doi.org/10.1139/apnm-2015-0235

Bellows, R., & Wong, C. K. (2018). The effect of bracing and balance training on ankle sprain incidence among athletes: A systematic review with meta-analysis. *International Journal of Sports Physical Therapy, 13*(3), 379–388. https://doi.org/10.26603/ijspt20180379

Brigatto, F. A., Braz, T. V., da Costa Zanini, T. C., Germano, M. D., Aoki, M. S., Schoenfeld, B. J., . . . Lopes, C. R. (2019). Effect of resistance training frequency on neuromuscular performance and muscle morphology after 8 weeks in trained men. *Journal of Strength and Conditioning Research*, *33*(8), 2104–2116. https://doi.org/10.1519/JSC.0000000000002563

Callesen, J. L., Brincks, J., Cattaneo, D., & Dalgas, U. (2018). How does strength training and balance training affect gait and fatigue in patients with multiple sclerosis? A study protocol of a randomized controlled trial. *NeuroRehabilitation*, *42*(2), 131–142. https:// doi.org/10.3233/NRE-172238

Cava, E., Yeat, N. C., & Mittendorfer, B. (2017). Preserving healthy muscle during weight loss. *Advances in Nutrition: An International Review Journal*, *8*(3), 511–519. https://doi.org /10.3945/an.116.014506

Chandrakumar, N., & Ramesh, C. (2015). Effect of ladder drill and SAQ training on speed and agility among sports club badminton players. *International Journal of Applied Research*, *1*(12), 527–529. https://doi.org/10.15294/active.v6i3.17721

Conraads, V. M., Pattyn, N., De Maeyer, C., Beckers, P. J., Coeckelberghs, E., Cornelissen, V. A., . . . Vanhees, L. (2015). Aerobic interval training and continuous training equally improve aerobic capacity in patients with coronary artery disease: The SAINTEX-CAD study. *International Journal of Cardiology*, *179*, 203–210. https://doi.org/10.1016/j.ijcard.2014.10.155

Distefano, L. J., Clark, M. A., & Padua, D. A. (2009). Evidence supporting balance training in healthy individuals: A systemic review. *Journal of Strength and Conditioning Research*, *23*(9), 2718–2731. https://doi.org/10.1519/jsc.0b013e3181c1f7c5

DiStefano, L. J., DiStefano, M. J., Frank, B. S., Clark, M. A., & Padua, D. A. (2013). Comparison of integrated and isolated training on performance measures and neuromuscular control. *Journal of Strength and Conditioning Research*, *27*(4), 1083–1090. https:// doi.org/10.1519/JSC.0b013e318280d40b

Freitas, T. T., Martinez-Rodriguez, A., Calleja-González, J., & Alcaraz, P. E. (2017). Short-term adaptations following complex training in team-sports: A meta-analysis. *PLoS One*, *12*(6), e0180223. https:// doi.org/10.1371/journal.pone.0180223

Garber, C. E., Blissmer, B., Deschenes, M. R., Franklin, B. A., Lamonte, M. J., Lee, I.-M., . . . Swain, D. P. (2011). Quantity and quality of exercise for developing and maintaining cardiorespiratory, musculoskeletal, and neuromotor fitness in apparently healthy adults: Guidance for prescribing exercise. *Medicine & Science in Sports & Exercise*, *43*(7), 1334–1359. https://doi.org/10.1249 /mss.0b013e318213fefb

Gomes, G. K., Franco, C. M., Nunes, P. R. P., & Orsatti, F. L. (2019). High-frequency resistance training is not more effective than low-frequency resistance training in increasing muscle mass and strength in well-trained men. *Journal of Strength and Conditioning Research*, *33*(Suppl 1), S130–S139. https://doi.org/10.1519 / jsc.0000000000002559

Granacher, U., Gollhofer, A., Hortobágyi, T., Kressig, R. W., & Muehlbauer, T. (2013). The importance of trunk muscle strength for balance, functional performance, and fall prevention in seniors: A systematic review. *Sports Medicine*, *43*(7), 627–641. https://doi.org/10.1007/ s40279-013-0041-1

Gschwind, Y. J., Kressig, R. W., Lacroix, A., Muehlbauer, T., Pfenninger, B., & Granacher, U. (2013). A best practice fall prevention exercise program to improve balance, strength/power, and psychosocial health in older adults: Study protocol for a randomized controlled trial. *BMC Geriatrics*, *13*(1), 105. https:// doi.org/10.1186/1471-2318-13-105

Hart, P. D., & Buck, D. J. (2019). The effect of resistance training on health-related quality of life in older adults: Systematic review and meta-analysis. *Health Promotion Perspectives*, *9*(1), 1–12. https:// doi.org/10.15171/hpp.2019.01

Huxel Bliven, K. C., & Anderson, B. E. (2013). Core stability training for injury prevention. *Sports Health*, *5*(6), 514–522. https:// doi.org/10.1177/1941738113481200

Integrate. (2019). *Merriam-Webster.com dictionary*. Retrieved from https:// www.merriam-webster.com/dictionary/integrate.

Jovanovic, M., Sporis, G., Omrcen, D., & Fiorentini, F. (2011). Effects of speed, agility, quickness training method on power performance in elite soccer players. *Journal of Strength and Conditioning Research*, *25*(5), 1285–1292. https://doi.org/10.1519/jsc .0b013e3181d67c65

Junior, R. M., Berton, R., de Souza, T. M. F., Chacon-Mikahil, M. P. T., & Cavaglieri, C. R. (2017). Effect of the flexibility training performed immediately before resistance training on muscle hypertrophy, maximum strength and flexibility. *European Journal of Applied Physiology*, *117*(4), 767–774. https://doi.org/10.1007 /s00421-016-3527-3

Keogh, J. W. L., Cox, A., Anderson, S., Liew, B., Olsen, A., Schram, B., & Furness, J. (2019). Reliability and validity of clinically accessible smartphone applications to measure joint range of motion: A systematic review. *PLoS One*, *14*(5), e0215806. https://doi.org /10.1371/journal.pone.0215806

Kim, D., Cho, M., Park, Y., & Yang, Y. (2015). Effect of an exercise program for posture correction on musculoskeletal pain. *Journal of Physical Therapy Science*, *27*(6), 1791–1794. https://doi.org /10.1589/ jpts.27.1791

Kraemer, W. J., & Ratamess, N. A. (2004). Fundamental of resistance training: Progression and exercise prescription. *Medicine & Science in Sports & Exercise*, *36*(4), 674–688. https://doi.org /10.1249/01. mss.0000121945.36635.61

Kristensen, J., & Franklyn-Miller, A. (2011). Resistance training in musculoskeletal rehabilitation: A systematic review. *British Journal of Sports Medicine*, *46*(10), 719–726. https://doi.org/10.1136 / bjsm.2010.079376

Lagally, K. M., Cordero, J., Good, J., Brown, D. D., & McCaw, S. T. (2009). Physiologic and metabolic responses to a continuous functional resistance exercise workout. *Journal of Strength and Conditioning Research*, *23*(2), 373–379. https://doi.org/10.1519 / jsc.0b013e31818eb1c9

Lesinski, M., Hortobagyi, T., Muehlbauer, T., Gollhofer, A., & Granacher, U. (2015). Effects of balance training on balance performance in healthy older adults: A systematic review and meta-analysis. *Sports Medicine*, *45*(12), 1721–1738. https:// doi.org/10.1007/s40279-015-0375-y

Li, F., Wang, R., Newton, R. U., Sutton, D., Shi, Y., & Ding, H. (2019). Effects of complex training versus heavy resistance training on neuromuscular adaptation, running economy and 5-km performance in well-trained distance runners. *PeerJ*, *7*, e6787. https://doi.org/10.7717/peerj.6787

Lin, X., Zhang, X., Guo, J., Roberts, C. K., McKenzie, S., Wu, W. C., . . . Song, Y. (2015). Effects of exercise training on cardiorespiratory fitness and biomarkers of cardiometabolic health: A systematic review and meta-analysis of randomized controlled trials. *Journal of the American Heart Association*, *4*(7), 1–28. https://doi.org /10.1161/ JAHA.115.002014

Manchado, C., Garcia-Ruiz, J., Cortell-Tormo, J. M., & Tortosa-Martinez, J. (2017). Effect of core training on male handball players' throwing velocity. *Journal of Human Kinetics*, *56*(1), 177–185. https://doi.org/10.1515/hukin-2017-0035

Mansur, M., Irianto, S., & Kurniawan, F. (2018). The effect of plyometric training to speed of volleyball athletes. *Advances in Social Science, Education, and Humanities Research*, *278*, 357–358. https:// doi.org/10.2991/yishpess-cois-18.2018.88

McGuine, T. A., & Keene, J. S. (2006). The effect of a balance training program on the risk of ankle sprains in high school athletes. *American Journal of Sports Medicine*, *34*(7), 1103–1111. https:// doi.org/10.1177/0363546505284191

Milanovic, Z., Sporis, G., Trajkovic, N., James, N., & Samija, K. (2013). Effects of a 12 week SAQ training programme on agility with and without the ball among young soccer players. *Journal of Sports Science and Medicine*, *12*(1), 97–103.

Miranda, H., Fleck, S. J., Simao, R., Barreto, A. C., Dantas, E. H. M., & Novaes, J. (2007). Effect of two different rest period lengths on the number of repetitions performed during resistance training. *Journal of Strength and Conditioning Research*, *21*(4), 1032–1036. https://doi.org/10.1519/R-21026.1

Ogita, F., Stam, R. P., Tazawa, H. O., Toussaint, H. M., & Hollander, A. P. (2000). Oxygen uptake in one-legged and two-legged exercise. *Medicine & Science in Sports & Exercise*, *32*(10), 1737–1742. https://doi.org/10.1097/00005768-200010000-00012

Okubo, Y., Schoene, D., & Lord, S. R. (2017). Step training improves reaction time, gait and balance and reduces falls in older people: A systematic review and meta-analysis. *British Journal of Sports Medicine*, *51*(7), 586–593. https://doi.org/10.1136/bjsports -2015-095452

Padua, D. A., Distefano, L. J., Hewett, T. E., Garrett, W. E., Marshall, S. W., Golden, G. M., . . . Sigward, S. M. (2018). National Athletic Trainers Association position statement: Prevention of anterior cruciate ligament injury. *Journal of Athletic Training*, *53*(1), 5–19. https://doi.org/10.4085/1062-6050-99-16

Ramirez-Campillo, R., Henriquez-Olguin, C., Burgos, C., Andrade, D. C., Martinez, C., Alvarez, C., . . . Izquierdo, M. (2015). Effect of progressive volume-based overload during plyometric training on explosive and endurance performance in young soccer players. *Journal of Strength and Conditioning Research*, *29*(7), 1884–1893. https://doi.org/10.1519/JSC.0000000000000836

Reilly, T., Morris, T., & Whyte, G. (2009). The specificity of training prescription and physiological assessment: A review. *Journal of Sports Sciences*, *27*(6), 575–589. https://doi.org/10.1080/02640410902729741

Reiman, M. P., & Matheson, J. W. (2013). Restricted hip mobility: Clinical suggestions for self-mobilization and muscle reeducation. *International Journal of Sports Physical Therapy*, *8*(5), 729–740.

Rhea, M. R., Phillips, W. T., Burkett, L. N., Stone, W. J., Ball, S. D., Alvar, B. A., & Thomas, A. B. (2003). A comparison of linear and daily undulating periodized programs with equated volume and intensity for local muscular endurance. *Journal of Strength and Conditioning Research*, *17*(1), 82–87. https://doi.org/10.1519 /1533-4287(2003)0172.0.co;2

Saeterbakken, A. H., Andersen, V., Behm, D. G., Krohn-Hansen, E. K., Smaamo, M., & Fimland, M. S. (2016). Resistance-training exercises with different stability requirements: Time course of task specificity. *European Journal of Applied Physiology*, *116*(11–12), 2247–2256. https://doi.org/10.1007/s00421-016-3470-3

Schoenfeld, B. J., Pope, Z. K., Benik, F. M., Hester, G. M., Sellers, J., Nooner, J. L., . . . Krieger, J. W. (2016a). Longer interset rest periods enhance muscle strength and hypertrophy in resistance-trained men. *Journal of Strength and Conditioning Research*, *30*(7), 1805–1812. https://doi.org/10.1519/jsc.0000000000001272

Schoenfeld, B. J., Wilson, J. M., Lowery, R. P., & Krieger, J. W. (2016b). Muscular adaptations in low- versus high-load resistance training: A meta-analysis. *European Journal of Sport Science*, *16*(1), 1–10. https://doi.org/10.1080/17461391.2014.989922

Slimani, M., Chamari, K., Miarka, B., Vecchio, F. B. D., & Chéour, F. (2016). Effects of plyometric training on physical fitness in team sport athletes: A systematic review. *Journal of Human Kinetics*, *53*(1), 231–247. https://doi.org/10.1515/hukin-2016-0026

Sobiech, M., Zawadka, M., Kochman, M., Jarecki, J., Blicharski, T., & Jablonski, M. (2019). Postural disorders in the elderly in static assessment. *Wiadomosci Lekarskie*, *72*(9), 1703–1707.

Speirs, D. E., Bennett, M. A., Finn, C. V., & Turner, A. P. (2016). Unilateral vs. bilateral squat training for strength, sprints, and agility in academy rugby players. *Journal of Strength and Conditioning Research*, *30*(2), 386–392. https://doi.org/10.1519 / JSC.0000000000001096

Vesci, A. S., Webster, K. A., Sich, M., & Marinko, L. N. (2017). Resistance training in youth improves athletic performance: A systematic review. *Athletic Training & Sports Health Care*, *9*(4), 184–192. https://doi.org/10.3928/19425864-20170504-01

Wang, X., & Chen, P. (2014). Core stability exercise versus general exercise for chronic low back pain meta-analysis. *Medicine & Science in Sports & Exercise*, *46*, 505. https://doi.org/10.1249/01.mss.0000494982.79731.79

Westcott, W. L. (2012). Resistance training is medicine. *Current Sports Medicine Reports*, *11*(4), 209–216. https://doi.org/10.1249/jsr.0b013e31825dabb8

Williams, D. S. B., Zambardino, J. A., & Banning, V. A. (2008). Transverse-plane mechanics at the knee and tibia in runners with and without a history of Achilles tendonopathy. *Journal of Orthopaedic & Sports Physical Therapy*, *38*(12), 761–767. https:// doi.org/10.2519/jospt.2008.2911

Williams, T. D., Tolusso, D. V., Fedewa, M. V., & Esco, M. R. (2017). Comparison of periodized and non-periodized resistance training on maximal strength: A meta-analysis. *Sports Medicine*, *47*(10), 2083–2100. https://doi.org/10.1007/s40279-017-0734-y

World Health Organization. (2018, May). The top 10 causes of death. Retrieved from https://www.who.int/news-room/fact-sheets /detail/the-top-10-causes-of-death

CHAPTER 14

유연성 트레이닝

학습 목표

- 다양한 건강 및 피트니스 목표를 가진 고객을 위해 유연성 운동의 중요성을 요약할 수 있다.
- 유연성 트레이닝에 대한 과학적 근거를 설명할 수 있다.
- 운동 프로그램에서 효과적인 스트레칭 운동을 위한 적절한 방법을 적용할 수 있다.
- 적절하고 효과적인 방법을 사용하여 자가근막기법, 능동적 스트레칭, 동적 스트레칭 운동을 실행, 지도 및 지시할 수 있다.

유연성 트레이닝 개요

피트니스 평가가 완료되고 모든 정보가 처리되면 피트니스 전문가는 이제 고객의 운동 프로그램을 설계해야 한다. 운동 프로그램 디자인의 첫 번째 단계는 고객의 유연성을 향상시켜줄 부분을 설계하는 것이다. 프로그램의 준비 운동과 정리 운동에 적용할 수 있는 다양한 유형의 유연성 트레이닝이 많다. 이 장에서는 유연성의 기본 개념과 다양한 유연성 기술을 적용하는 방법에 중점을 두고 기술했다.

유연성이란 무엇인가?

유연성(flexibility)은 전체 관절가동범위(range of motion, ROM)를 허용하는 모든 연부조직(예: 수축성 및 비수축성)의 정상적인 신장성(extensibility, 스트레칭 능력)으로 정의된다. 관절 ROM은 관절 유형(예: 볼-소켓 관절이나 경첩관절)과 근육 및 주변 연부조직의 신장성에 따라 결정된다(Floyd, 2018). 연부조직의 중요한 특징은 최적의 신체 조절 능력이 전체 ROM에 걸쳐 유지되는 경우에만 효율적인 신장성을 가지는데, 이는 종종 가동성(mobility, 유연성+관절 ROM)이라 불린다(Neumann, 2017). 유연성은 활동적인 움직임에서 가동성에 큰 영향을 미친다.

유연성에 영향을 미칠 수 있는 요인은 아래와 같이 다양하지만, 이에 국한되지는 않는다.

- 유전학
- 근막(myofascial), 결합조직 탄력성
- 관절을 둘러싼 힘줄이나 피부의 구성
- 관절 구조
- 반대 근육군의 힘
- 체성분
- 성별
- 연령
- 활동 수준
- 이전의 부상 또는 기존의 의학적 문제
- 반복적 움직임(Blazevich et al., 2012; Opar et al., 2012)

유연성 Flexibility 전체 관절가동범위(ROM)를 허용하는 연부조직의 정상적인 신장성

관절가동범위 Range of motion (ROM) 특정 관절 또는 신체의 부분이 움직일 수 있는 정도. 대개 각도 단위로 측정된다.

신장성 Extensibility 길어지거나 늘어나는 기능

가동성 Mobility 최적의 유연성과 관절가동범위. 자유롭게 움직일 수 있는 능력

근막 Myofascial 근육과 근막(fascia)을 포함하는 신체의 결합 조직

그림 14-1 발이 바깥쪽으로 회전된 스쿼트

그림 14-2 허리 폄이 있는 오버헤드 숄더 프레스

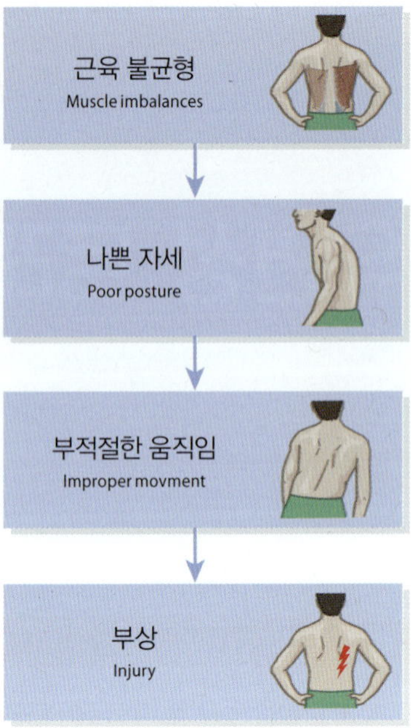

그림 14-3 자세 왜곡 패턴

유연성이 부족하면 상대적 유연성(relative flexibility)(움직임 패턴의 변형)이 발달할 수 있는데, 이는 인체 움직임 시스템(human movement system, HMS)이 기능적으로 움직이는 동안 저항이 가장 적은 경로를 찾는 과정 때문에 일어나는 현상이다(Mills et al., 2015; Morais & Cruz, 2016). 상대적 유연성의 대표적인 예는 발을 바깥쪽으로 심하게 회전시킨 채 스쿼트를 하는 사람들에게서 볼 수 있다(그림 14-1). 적절한 역학으로 스쿼트를 하기 위해서는 적절한 발목의 발등굽힘을 수행할 수 있는 발목 ROM을 가져야 한다(Rabin & Kozol, 2017). 발 간격을 넓히고 발을 바깥쪽으로 돌리면 스쿼트 패턴을 수행하기 위해 발목에 필요한 발등굽힘의 양이 줄어든다.

두 번째 예는 과도한 허리 폄(아치형 허리)으로 오버헤드 숄더 프레스를 수행할 때 볼 수 있다(그림 14-2). 넓은등근(광배근, latissimus dorsi)의 신장성이 제한된 사람은 시상면 어깨 굽힘(팔을 머리 위로 직접 들어 올리는 능력이 제한됨)이 감소한다. 그 결과 허리뼈를 확장하여 머리 위로 완전히 하중을 가할 수 있도록 하여 어깨 ROM의 부족을 보상한다(Monteiro et al., 2017). 또한 상대적 유연성은 신경계가 운동 중에 올바른 근육 패턴과 수축을 효율적으로 수행하는 것을 방해한다(Floyd, 2018).

유연성은 신체가 제어할 수 있는 연결된 모든 연부조직(soft tissue)에 적용된다. ROM과 결합된 적절한 유연성은 주요 신체 부위(예: 팔과 다리)의 적절한 가동성을 생성한다. 유연성 운동은 모든 운동면에서 최적으로 연부조직이 신장될 수 있도록 다양한 기술을 통합하는 포괄적인 접근 방식이 필요하다(표 14-1). 유연성 트레이닝을 더 잘 이해하기 위해서는 먼저 HMS, 근육 불균형, 신경근 효율성 등 몇 가지 중요한 개념을 검토해야 한다.

인체 움직임 시스템 검토

운동 사슬로도 알려진 HMS는 근육계, 뼈대계, 신경계로 구성되어 있다. 신체의 운동 사슬은 상부 운동 사슬(예: 어깨, 팔꿈치, 손목과 손)과 하부 운동 사슬(예: 엉덩이, 무릎 및 발목과 발)의 두 가지 영역으로 더 분류될 수 있다(Chu et al., 2016). 움직임을 언급할 때, 피트니스 전문가는 신체를 완전한 운동 사슬, 또는 상부 및 하부 운동 사슬로 분류할 수 있다. HMS의 각 구성 요소의 최적 정렬과 기능은 건전한 트레이닝 프로그램의 초석이다. HMS에서 하나 이상의 부분이 잘못 정렬되어 제대로 작동하지 않으면 예측 가능한 기능 장애 패턴이 발생한다(Cheatham & Kreiswirth, 2014; Sueki et al., 2013). 이러한 기능 장애 패턴을 자세 왜곡 패턴(postural distortion patterns)이라고 하며, 이는 자세 불량, 부적절한 움직임 및 부상으로 이어질 수 있다(그림 14-3)(Page et al., 2010).

표 14-1 다중 평면상 유연성

근육	이미지	운동면	움직임
넓은등근 (광배근)	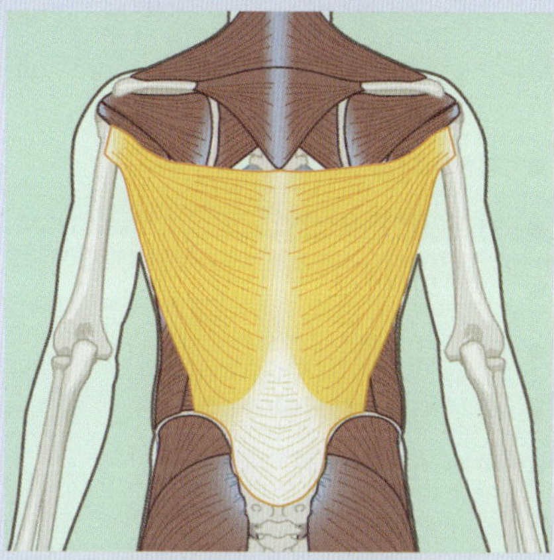	시상면	적절한 어깨 굽힘을 허용하기 위해 적절한 신장성이 있어야 한다.
		이마면	적절한 어깨 벌림을 위해 적절한 신장성이 있어야 한다.
		수평면	적절한 외부 어깨 회전을 위해 적절한 신장성이 있어야 한다.
넙다리두갈래근	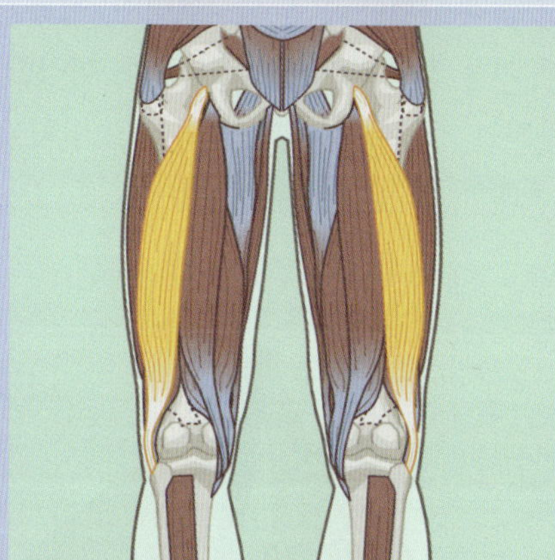	시상면	적절한 엉덩관절 굽힘, 무릎 폄이 가능하도록 적절한 신장성이 있어야 한다.
		이마면	적절한 엉덩관절 모음을 위해 적절한 신장성이 있어야 한다.
		수평면	적절한 엉덩관절과 무릎 안쪽돌림(내회전)을 위해 적절한 신장성을 가져야 한다.
장딴지근	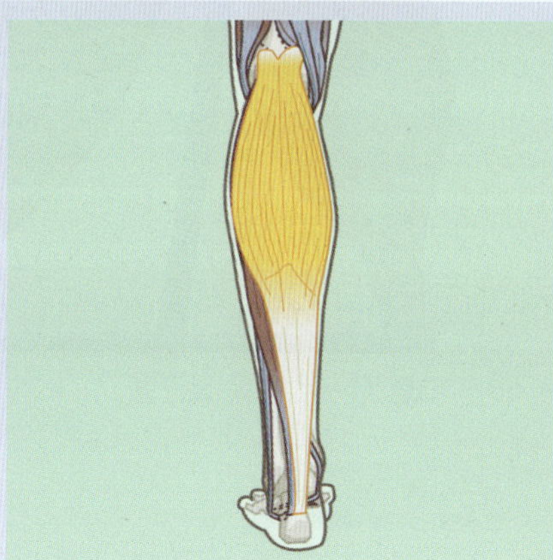	시상면	발목의 적절한 발등굽힘을 허용하기 위해 적절한 신장성이 있어야 한다.
		이마면	발꿈치뼈(종골)의 적절한 안쪽번짐을 위해 적절한 신장성이 있어야 한다.
		수평면	넙다리뼈(대퇴골)의 적절한 안쪽돌림(내회전)을 위해 적절한 신장성이 있어야 한다.

상대적 유연성 Relative flexibility 기능적으로 움직이는 동안 신체가, 저항이 가장 적은 경로를 찾는 과정

인체 움직임 시스템 Human movement system (HMS) 인체를 움직이기 위해 함께 작용하는 집합적 구성 요소 및 구조. 근육계, 뼈대계 및 신경계

연부조직 Soft tissue 신체 구조와 기관을 연결하고 지지하며 둘러싸고 있는 조직

자세 왜곡 패턴 Postural distortion patterns 근육 불균형의 예측 가능한 패턴

자세 왜곡 패턴(정적 또는 동적 자세 불량)은 HMS의 구성 요소 중 하나 또는 그 이상의 기능 저하로 구조적으로 완전성이 부족하여 나타난다(Page et al., 2010; Sueki et al., 2013). 구조적 완전성의 부족은 **근육 불균형**(muscle imbalance), **짝힘 관계**(force-couple relationships)의 변화, **골운동학**(osteokinematics) 및 **관절운동학**(arthrokinematics)의 변화를 초래할 수 있다(다음 섹션에서 모두 논의됨)(Neumann, 2017; Sueki et al., 2013). 피트니스 전문가가 고객 평가를 실시할 때 인지하고 파악해야 할 몇 가지 정적 자세 왜곡과 잘못된 움직임 패턴이 있다(Page et al., 2010). 정적 자세 왜곡과 변형된 움직임 패턴에 대한 자세한 내용은 12장을 참조한다.

근육 불균형

근육 불균형은 관절을 둘러싸고 있는 근육 길이의 변화(그림 14-4 및 14-5)로 일부는 과활성화(보상이 발생하도록 강요한 쪽 근육)되고, 다른 일부는 저활성화(보상이 발생하도록 허용한 쪽 근육)되는 경우이다(Kendall et al., 2005; Page et al., 2010). 근육 불균형은 다음을 포함하지만 이에 국한되지 않는 다양한 메커니즘으로 인해 발생할 수 있다.

- 자세 왜곡
- 반복적인 움직임
- 누적된 외상
- 정서적 압박
- 잘못된 트레이닝 기술
- 편향된 트레이닝 패턴(Page et al., 2010; Sueki et al., 2013)

근육 불균형은 변형된 상호억제, 협력근 우세, 골 및 관절 운동 기능 장애를 초래할 수 있다. 이러한 불균형은 HMS의 전반적인 기능에 부정적인 영향을 미치고 잠재적으로 손상을 초래할 수 있다(그림 14-6).

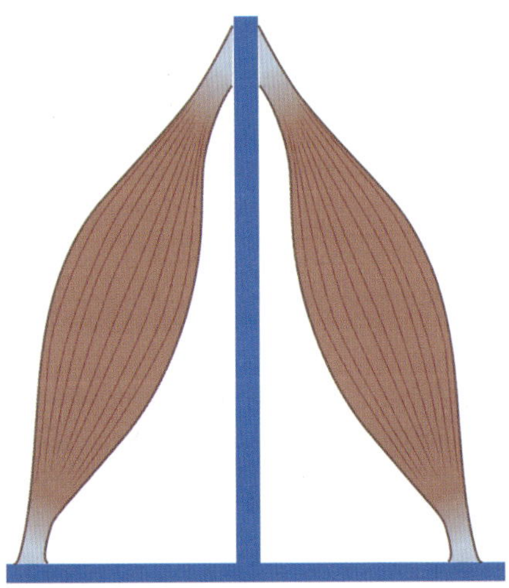

그림 14-4 근육 균형

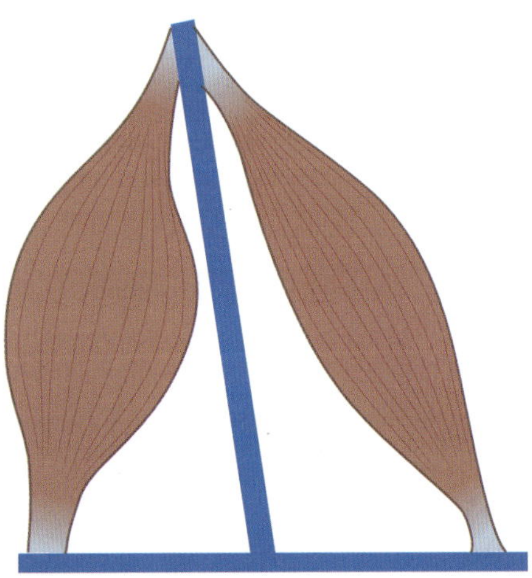

그림 14-5 근육 불균형

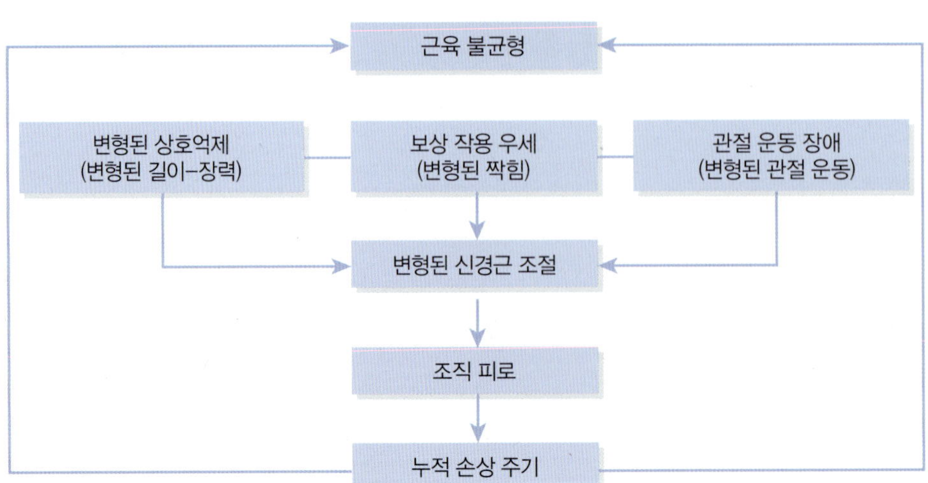

그림 14-6 근육 불균형의 영향

변형된 상호억제

상호억제(reciprocal inhibition)는 움직임이 일어나도록 자연적으로 발생하는 현상이다. 상호억제는 주동근(작용근, agonist muscle)의 동시 수축과 길항근의 이완으로 정의된다(Floeter et al., 2013). 예를 들어, 바이셉컬(biceps curl)을 하는 동안 팔꿈치를 구부리기 위해 주동근인 위팔두갈래근은 활발하게 수축하는 반면 길항근인 위팔세갈래근은 이완되어 움직임이 일어나도록 한다.

그러나 변형된 상호억제(altered reciprocal inhibition)는 HMS의 손상이며, 피트니스 전문가는 이러한 현상을 교정하는 것을 목표로 해야 한다. 상호억제의 변형은 과활성화(overactive)된 주동근이 기능적 길항근의 신경 구동을 감소시킴으로써 발생한다(Page et al., 2010). 예를 들어, 과활성된 엉덩관절 굽힘근 복합체(예: 엉덩허리근, 넙다리곧은근, 넙다리근막)는 엉덩관절 확장 복합체(예: 큰볼기근 및 중간볼기근)에 대한 신경 구동을 감소시킨다(Mills et al., 2015). 즉, 엉덩관절 앞쪽의 과활성화 근육이 볼기근(둔근)을 저활성화(underactive)시킨다. 또 다른 예로는 과활성화 가슴 근육(큰가슴근 및 작은가슴근)이 등 중간 근육(예: 마름근, 중간 및 하부 등세모근)에 대한 신경 구동을 감소시키는 경우이다. 이 시나리오에서 과활성화된 가슴 근육(어깨 각도기)은 등 중간 근육(어깨 뒤당김)을 저활성화시킨다. 변형된 상호억제는 짝힘 관계를 변화시키고, 협력근 우세(synergistic dominance)를 일으키며, 잘못된 움직임 패턴, 불량한 신체 조절 및 관절 기능 장애를 가져온다.

협력근 우세 현상

협력근 우세(synergistic dominance) 현상은 약화되거나 억제된 주동근의 기능을 협력근이 맡게 될 때 발생하는 신경근 현상이다(Camargo & Neumann, 2019; Mills et al., 2015). 예를 들어, 엉덩관절 굽힘근 복합체가 과잉 활성화되면 엉덩관절 확장 복합체의 상호억제가 변형되고, 이는 다시 약화된 엉덩관절 폄(확장)을 보상하기 위해 엉덩관절 폄을 위한 협력근(햄스트링 복합체)의 출력을 증가시킨다(Mills et al., 2015). 즉 볼기근의 활동성이 떨어져 힘을 효과적으로 낼 수 없는 경우, 햄스트링과 같은 다른 근육이 평소보다 더 많이 동원되어 엉덩관절 폄을 돕게 된다. 협력근 우세 현상의 결과는 연부조직 및 관절 기능 장애로 이어지고 결국 부상을 가져오는 잘못된 운동 패턴이 된다.

유용한 힌트

협력근 우세는 이해하기 어려운 개념일 수 있다. 좀 더 쉽게 이해하기 위해 마이클이라는 스타 선수가 있는 프로 농구팀을 상상해 보자. 마이클은 팀의 최고 득점자이자 팀 최고의 수비수이다. 그의 기량은 의심의 여지 없이 동료들보다 뛰어나다. 그런데 마이클이 발목을 다쳐서 후보 선수가 선발 라인업에 들어간다고 상상해 보자. 후보 선수는 마이클이 하는 모든 것(드리블, 슛, 수비 등)을 할 수는 있지만, 그만큼은 못한다. 결과적으로 그 팀의 경기력이 떨어져 최고의 농구 경기를 하지 못하게 된다.

인체도 비슷한 방식으로 작동한다. 예를 들어, 과활성화된 엉덩관절 굽힘근이 엉덩관절 확장(볼기근 복합체)에 대한 신경 구동을 감소시킨다면, 협력근(햄스트링)이 억제된 볼기근을 '느슨하게' 잡아야 한다. 즉, 햄스트링을 선발 라인업에 투입하여 볼기근 복합체를 대신해 엉덩관절 확장 동작을 수행하는 것이다. 그러나 햄스트링은 기능적 작업 중에 엉덩관절 확장을 수행할 수 있는 볼기근 복합체만큼 잘 발달되어 있지 않다.

골운동학 및 관절 운동 장애

골운동학(Osteokinematics)은 뼈와 관절이 어떻게 ROM을 통해 움직이는지를 설명한다. 다시 말해, 골운동학은 신체 분절의 굽힘, 폄, 벌림, 모음 또는 회전과 같이 우리가 볼 수 있는 관절 운동을 말한다(Neumann, 2017)(그림 14-7).

근육 불균형 Muscle imbalance 관절의 양쪽에 있는 근육이 변형된 길이-장력 관계를 가질 때 발생한다.

짝힘 관계 Force-couple relationships 관절 주위에서 움직임을 만들어내기 위해 함께 작용하는 여러 근육의 협력적 작용

골운동학(뼈운동형상학) Osteokinematics 눈에 보이는 사지의 움직임을 설명하는 생체역학의 한 분야

관절운동학 Arthrokinematics 관절면 움직임에 대한 설명으로 굴림(roll), 미끄러짐(slide), 회전(spin)의 세 가지 유형으로 구성된다.

상호억제 Reciprocal inhibition 주동근이 수축 신호를 받으면 기능적 길항근도 억제 신호를 받아 늘어남

변형된 상호억제 Altered reciprocal inhibition 과활성화된 주동근이 기능적 길항근에 대한 신경 자극을 감소시킬 때 발생한다.

과활성화 Overactive 증가된 신경 작용으로 인해 근육이 만성적인 수축 상태로 유지된다.

저활성화 Underactive 근육이 신경 억제 및 제한된 신경근 동원을 경험할 때

협력근 우세 Synergistic dominance 약하거나 억제된 주동근의 기능을 협력근이 대신할 때 발생하는 신경근 현상

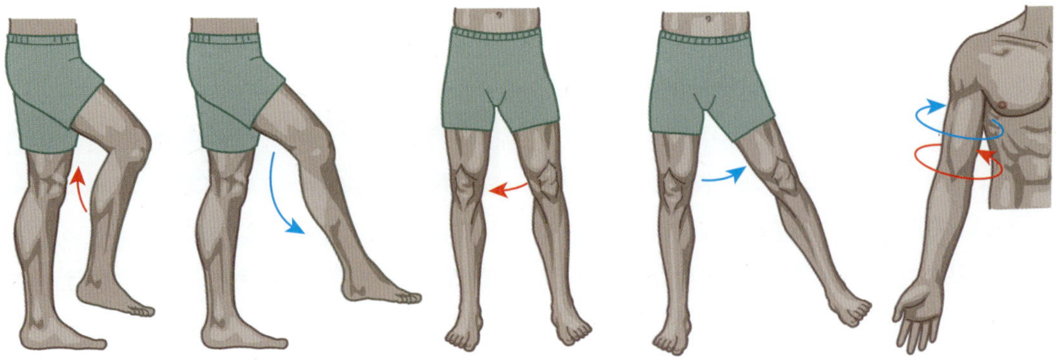

그림 14-7 골운동학 움직임의 예

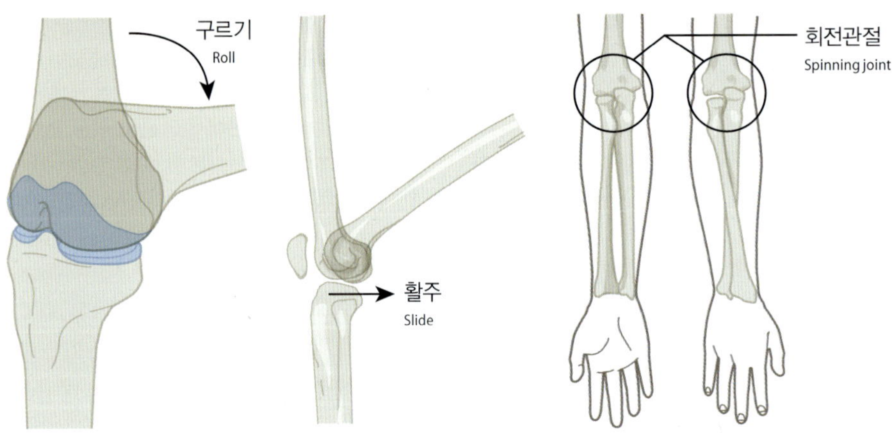

그림 14-8 관절운동학적 움직임의 예

관절운동학(Arthrokinematics)은 관절 표면에서의 움직임을 설명한다. 여기에는 세 가지 주요 관절운동학적 관절 운동, 즉 구르기, 활주 및 회전관절이 있다(Neumann, 2017)(그림 14-8). 이러한 관절 운동에 대한 검토는 5장을 참고한다.

변형된 관절 운동은 **변형된 길이-장력 관계**(altered length-tension relationship), 짝힘 관계 및 관절 표면 움직임의 불량으로 인해 발생할 수 있으며, 이는 운동 효율을 떨어뜨린다. 관절 ROM(골운동학)을 통해 효율적인 움직임을 달성하려면 관절 표면의 좋은 움직임(관절운동학)과 연부조직의 유연성이 있어야 한다. 예를 들어, 싱글 레그 스쿼트 운동을 수행하고 운동의 신장 단계에서 과도한 무릎 외반(무릎이 안쪽으로 이동) 위치를 보이면, 무릎관절이 잘못 배치되어 관절 표면이 효율적으로 움직이지 않는다. 이는 무릎관절의 ROM 감소, 과도한 생체역학적 스트레스, 잠재적인 근육 불균형을 일으키고, 움직임을 성공적으로 수행하려고 시도할 때 엉덩이나 발목에 가능한 보상이 일어나게 만든다. 그리고 운동 시 잘못된 자세는 부상의 위험 요인이 될 수 있다(Dill et al., 2014; Slater & Hart, 2016).

신경근 효율성

신경근 효율성(neuromuscular efficiency)은 신경계가 올바른 근육을 동원하여 힘을 생성하고 힘을 줄이며, 세 가지 운동면 모두에서 신체 구조를 동적으로 안정화시키는 능력이다(Arãgao et al., 2015; David et al., 2008). 예를 들어, 랫풀다운 운동을 할 때, 넓은등근(주동근)은 어깨의 폄, 모음, 안쪽돌림(내회전)을 단축적으로 가속할 수 있어야 하는 반면, 마름근(협력근)은 어깨뼈(어깨날)의 하향 회전을 수행할 수 있어야 한다. 동시에 회전근개(돌림근띠) 근육(안정근) 구조는 움직임 전체에 걸쳐 어깨위팔관절(어깨)을 동적으로 안정시켜야 한다. 이러한 근육들이 통합적으로 함께 효율적으로 작동하지 않을 경우(짝힘) 보상이 뒤따를 수 있으며, 이는 근육 불균형, 관절 운동 변형 및 부상을 초래할 수 있다.

최적의 신경근 효율이 일어나려면 세 가지 운동면 모두에서 적절한 유연성을 가져야 한다. 이를 통해 몸을 구부려 신발끈을 묶거나 식기를 담기 위해 찬장 상단에 손을 뻗는 등의 일상 활동에서 자유로운 움직임이 가능해진다.

신경계가 이 모든 움직임 원리를 제어하며, 근육과 힘줄(특히 근방추와 골지힘줄기관)에 있는 특정 기계수용기(또는 감각수용체)가 근육의 균형 또는 불균형을 결정하는 데 도움이 된다는 점에 주목하는 것이 중요하다.

근방추

근방추(muscle spindle)는 근육의 주요 감각 기관으로 근육 섬유와 평행하게 놓여 있는 미세한 섬유로 구성되어 있다. 근육이 늘어날 때, 근방추는 근육의 길이 변화와 길이 변화의 속도를 감지하고 이 정보를 중추신경계(central nervous system, CNS)로 보낸다(Floyd, 2018). 근방추의 기능은 근육이 너무 멀리, 또는 너무 빨리 늘어나지 않도록 돕는 것이다. 이러한 반응을 신전반사(stretch reflex)라고 한다(그림 14-9). 따라서 근육 길이의 변화가 더 급격할수록 신전반사나 근육 수축이 더 강해진다. 근방추는 근육 긴장도를 유지하고 신체를 부상으로부터 보호한다(Kenney et al., 2019).

변형된 길이-장력 관계 Altered length-tension relationship 근육의 휴식 길이가 너무 짧거나 길면 근육이 생성할 수 있는 힘의 양은 줄어든다.

신경근 효율성 Neuromuscular efficiency 신경계가 정확한 근육을 동원하여 힘을 생성하고, 힘을 줄이며, 세 가지 운동면 모두에서 신체 구조를 동적으로 안정화시키는 능력

근방추 Muscle spindle 근육의 길이와 그 변화 속도에 민감한 감각수용기

중추신경계 Central nervous system (CNS) 뇌와 척수를 포함하는 신경계의 한 부분

신전반사 Stretch reflex 근육이 과도하게 늘어나는 것을 방지하기 위해 근육을 수축시키는 근방추의 신경학적 신호

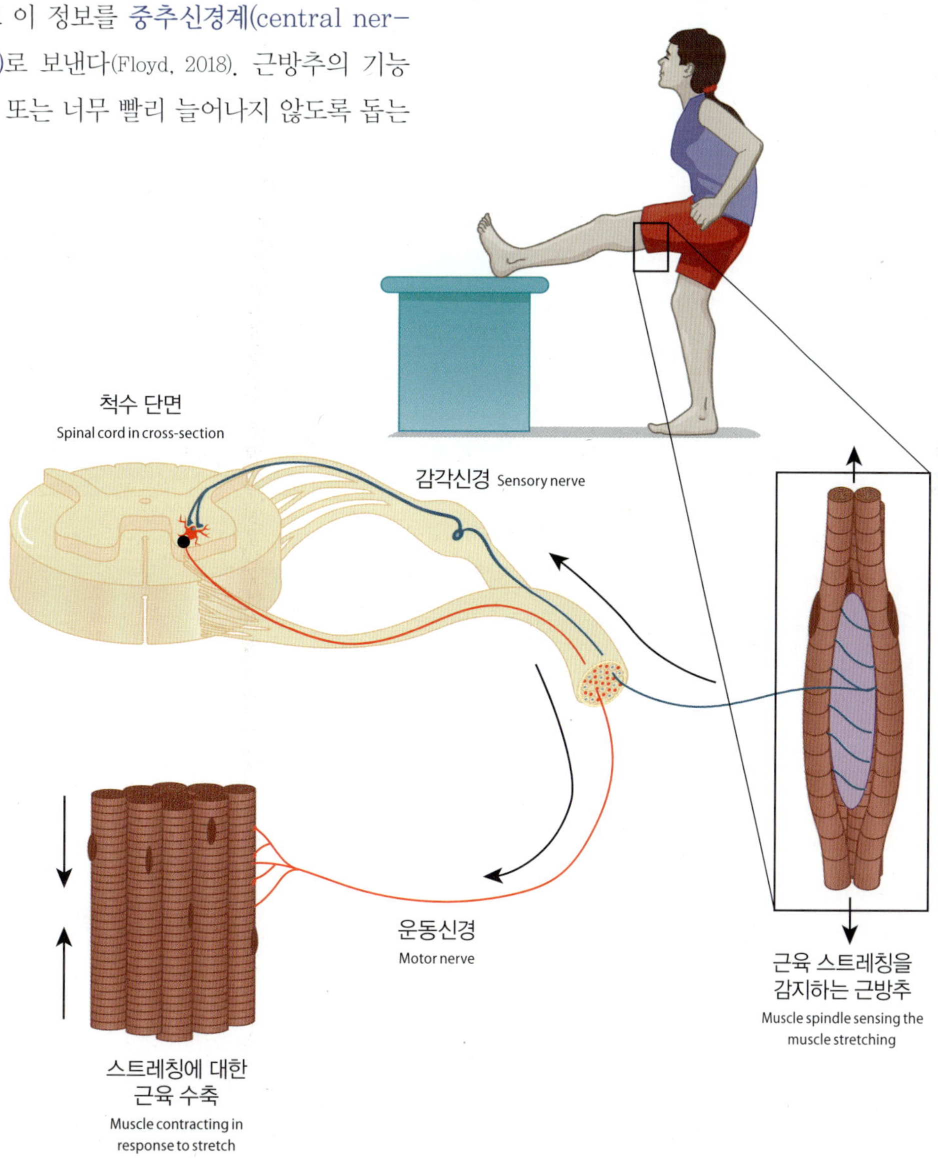

그림 14-9 신전반사

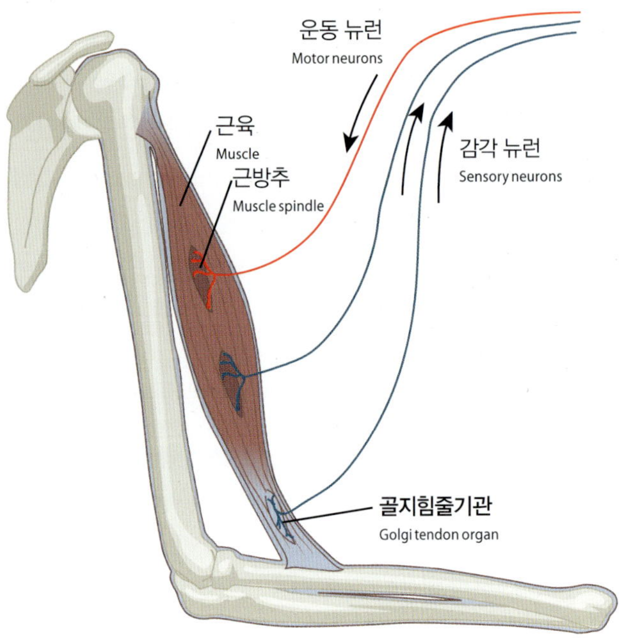

그림 14-10 골지힘줄기관

골지힘줄기관

골지힘줄기관(golgi tendon organ, GTO)은 근육과 힘줄이 만나는 지점(근힘줄 접합부) 내에 있다. GTO는 근육 긴장의 변화와 긴장 변화의 속도에 민감하다(Kenney et al., 2019; Neumann, 2017)(그림 14-10). GTO가 활성화되면 CNS로 정보를 보내 근육을 이완시킨다. GTO 자극이 지속되면 근방추 근육(동일한 근육 내에 위치한)에 억제 작용을 한다. 이러한 신경근 반응을 자가 억제(autogenic inhibition)라고 하며, 긴장을 감지하는 신경 자극이 근육 수축을 유발하는 자극보다 클 때 발생한다(Kenney et al., 2019). GTO는 근육이 부상을 당할 수 있는 과도한 스트레스를 받는 것을 방지한다.

지식 확장하기

자가 억제는 유연성 트레이닝, 특히 장기간 스트레칭을 유지하는 정적 스트레칭에서 사용되는 주요 원리 중 하나이다. 스트레칭을 유지하면 근육에 장력이 발생한다. 이 장력은 스트레칭되는 근육의 근방추 활동을 억제시키는 GTO를 자극하여 근육을 이완시키고 조직을 최적으로 늘일 수 있게 한다. 일반적으로 스트레칭은 GTO가 근방추의 신호를 억제할 수 있을 만큼 충분히 오래 유지해야 한다.

유연성의 과학적 원리

근육이 늘어날 때, 근육이 늘어나게 하는 일련의 신경학적 반응이 일어난다. 이를 신장 반응(lengthening reaction)이라고 한다(Kenney et al., 2019). 또한 신체가 역동적으로 움직일 때, 활성되거나 억제되는 근육의 순서가 있다(즉, 하나의 근육이 수축하면 길항근이 이완된다). 이러한 순서를 앞에서 논의한 바와 같이 상호억제라고 한다(Floyd, 2018; Kenney et al., 2019). 이러한 생리적 반응은 일반적으로 수행하는 다양한 유연성 운동과 관련 있기 때문에 이해하는 것이 중요하다.

신장 반응

신장 반응은 근육이 늘어날 때 겪는 일련의 반응이다. 대개 이 반응은 근육이 늘어나서 일정 시간 동안 유지될 때 나타난다. 신장 반응의 단계는 다음과 같다.

(1) 근육이 늘어나고, 근방추가 근육의 길이 변화를 감지한다.
(2) 신전반사가 활성화되어 근육이 수축한다.
(3) 근육이 약 6~10초 동안 그 위치에 유지되면, GTO가 긴장을 감지하고 근방추 활동을 억제하여 신장 반응을 유발한다(그림 14-11)(Floyd, 2018; Kenney et al., 2019).

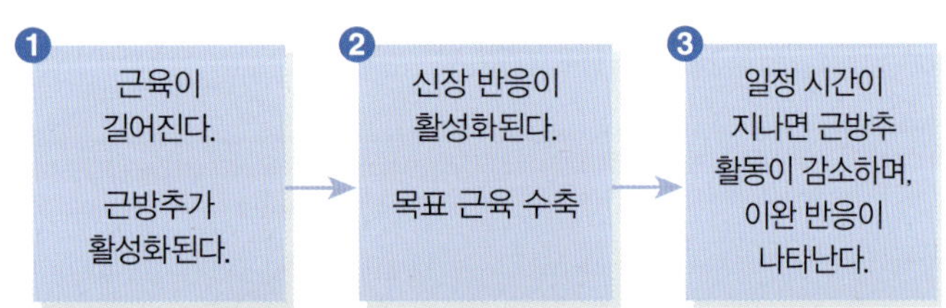

그림 14-11 신장 반응

정적 스트레칭(static stretching)은 일반적으로 근방추를 압도할 수 있을 만큼 충분히 오래 유지되기 때문에 신장 반응은 정적 스트레칭에서 자주 나타난다.

상호억제 및 스트레칭

상호억제는 인체의 움직임과 함께 발생하는 정상적인 신경학적 반응인 반면, 상호억제의 변형은 과활성화된 주동근이 길항근을 억제할 때 발생한다(Kenney et al., 2019). 스트레칭의 경우, 상호억제는 대부분 능동적(active), 동적

(dynamic) 스트레칭과 같이 움직임을 수반하는 다양한 스트레칭에 관여한다. 스트레칭은 유연성을 높이기 위해 주동근 활성화와 길항근 억제를 활용하는데, 이는 이 장의 뒷부분에 나오는 능동적 스트레칭 및 동적 스트레칭 섹션에서 더 자세히 설명한다.

유용한 힌트

피트니스 전문가는 신경근육계가 근육이 과도하게 늘어나지 않도록 보호하고 다른 근육 그룹 간에 동기화된 근육 수축을 허용하는 몇 가지 메커니즘이 있다는 것을 알아야 한다. 신전반사는 근육이 과도하게 늘어나지 않도록 보호한다. 신장 반응은 우리의 근육이 길어지거나 늘어나도록 한다. 상호억제는 근육이 원하는 동작을 수행하기 위해 동기적 패턴으로 작동하도록 한다. 정적 스트레칭, 능동적 스트레칭, 동적 스트레칭과 같은 다양한 유형의 스트레칭은 이러한 반응을 통합한다.

유연성 트레이닝에 대한 과학적 근거

유연성 트레이닝을 시행해야 할 두 가지 잠재적인 요인에는 패턴 과부하(pattern overload)와 누적 손상 주기(cumulative injury cycle)가 있다. 직장이나 가정에서 반복적인 작업을 하는 사람이 유연성이 떨어지고 잠재적인 부상을 입을 수 있는 일은 드문 일이 아니다. 피트니스 전문가는 유연성 부족을 교정하고, 패턴 과부하의 위험과 누적 부상의 위험에 대해 고객을 교육하는 데 핵심적인 역할을 한다.

패턴 과부하

근육의 불균형은 우리 사회에서 매우 흔하며 대부분 패턴 과부하로 인해 발생한다. 패턴 과부하는 야구 투구, 장거리 달리기, 특정 직업과 같이 오랫동안 신체에 비정상적으로 스트레스를 가하는 동일한 동작 패턴을 지속적으로 반복하여 일어난다(Lamprecht & Padayachy, 2019; McDonald et al., 2019; Sugimoto et al., 2019). 동일한 루틴으로 반복적으로 트레이닝하는 체육관 회원도 있는데, 이런 운동은 패턴 과부하를 유발하여 신체에 비정상적인 스트레스를 줄 수 있다. 그러나 패턴 과부하가 반드시 운동과 직접 관련이 있는 것은 아니다. 예를 들어, 하루 종일 짐을 올리고 내리는 하역장 직원은 특히 패턴 과부하에 걸리기 쉽다. 같은 동작을 반복하는 공장의 조립 라인, 건설 노동자들도 패턴 과부하에 취약하다. 컴퓨터 작업을 하면서 장시간 앉아 있는 것도 반복적인 스트레스이다(Verhagen et al., 2013).

누적 손상 주기

피트니스 전문가는 잘못된 자세와 반복적인 과도한 움직임이 인체 내에서 기능 장애를 일으킬 수 있음을 알아야 한다(Iqbal & Alghadir, 2017). 이러한 기능 장애는 결국 누적 손상 주기라고 불리는 신체의 손상과 복구 반응으로 이어질 수 있다(그림 14-12)(Iqbal & Alghadir, 2017).

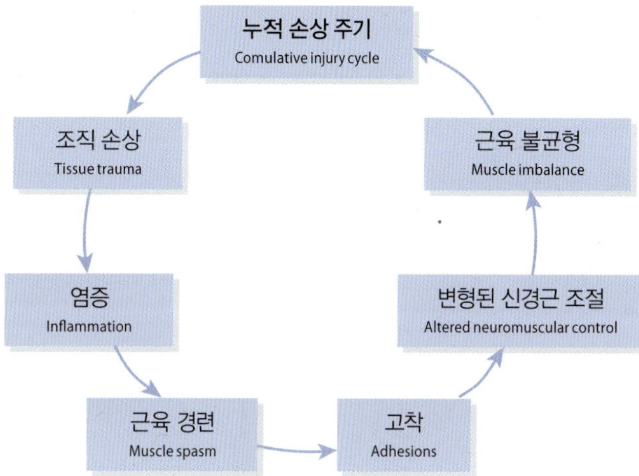

그림 14-12 누적 손상 주기

골지힘줄기관(골지건기관) Golgi tendon organ (GTO) 뼈대근섬유가 뼈대근의 힘줄에 삽입되는 지점에 위치한 특수 감각수용기로, 근육 내부의 긴장과 긴장 변화 속도의 변화에 민감하다.

자가 억제 Autogenic inhibition 긴장을 감지하는 신경 자극이 근육 수축을 유발하는 자극보다 커서 근방추들에 억제 효과를 제공하는 과정

신장 반응 Lengthening reaction 근육이 늘어나면 근육이 늘어나도록 하는 일련의 신경학적 반응이 발생한다.

정적 스트레칭 Static stretching 근육이 수동적으로 긴장의 지점까지 늘어나고 지속적인 시간 동안 유지되는 일종의 스트레칭

패턴 과부하 Pattern overload 장기간에 걸쳐 동일한 동작 패턴을 지속적으로 반복함으로써 기능 장애 또는 부상으로 이어질 수 있는 상태

누적 손상 주기 Cumulative injury cycle 조직 손상이 염증, 근육 경련, 고착, 신경근 조절 변화, 근육 불균형을 유발하는 주기

현재의 이론은 장시간의 잘못된 자세와 반복적인 움직임이 조직 손상과 염증을 유발한다는 사실을 뒷받침하고 있다. 염증은 차례로 신체의 통증 반응을 활성화시켜 보호 메커니즘을 시작하게 하고, 이것은 근육의 긴장을 증가시키고 근육 경련을 유발한다. 이 근육 경련은 종아리 경련과는 다르다. 손상된 부위에서 CNS와 조직기계수용기 및 통각수용기(nociceptors)(예: 통증 수용체)의 활성이 증가하면, 본질적으로 미세 경련 또는 긴장이 생긴다(Jafri, 2014). 미세 경련의 결과로 근막 조직 내에 고착이 형성될 수 있다(그림 14-13). 이러한 고착은 연부조직의 정상적인 가동성을 감소시키는 약하고 비탄력적인 바탕질(matrix)로부터 형성된다(Money, 2017). 그 결과 길이-장력 관계와 짝힘 관계가 변경되어 관절 기능 장애가 발생한다(Jafri, 2014; Zhuang et al., 2014). 이를 방치하면 이러한 고착은 데이비스의 법칙(Davis's law)으로 입증된 연부조직의 구조적 변화를 유발할 수 있다.

데이비스의 법칙에 따르면 연부조직은 스트레스 라인을 따라 형성된다(Cyron & Humphrey, 2017; Mueller & Maluf, 2002). 연부조직은 근육 섬유와 같은 방향이 아니라 무작위 방식으로 형성되는 콜라겐 바탕질(collagen matrix)로 스스로를 리모델링하거나 재건한다. 근막이 운동, 신장 및 확장에 의해 자극되지 않으면, 이러한 결합 조직 섬유가 연부조직의 운동을 방해하는 장애물로 작용할 수 있다. 이것은 정상적인 조직의 가동성을 변화시키고 상대적 유연성을 유발한다(Iqbal & Alghadir, 2017).

유연성 기법

유연성 트레이닝은 모든 교육 프로그램의 핵심 구성 요소이다. 근육 불균형 교정, 관절 ROM 증가, 근육 신장성 개선, 신경근 효율성 개선 등 다양한 이유로 사용된다. 유연성 트레이닝에는 자가근막기법, 정적 스트레칭, 능동적 스트레칭, 동적 스트레칭 등 여러 종류가 있으며, 이 모두를 운동 프로그램에서 통합할 수 있다. 유연성 트레이닝의 초점은 평가 과정에서 과활성화로 밝혀진 조직에서 조직 신장성과 관절 ROM을 향상시키는 것이다(Floyd, 2018; Kenney et al., 2019).

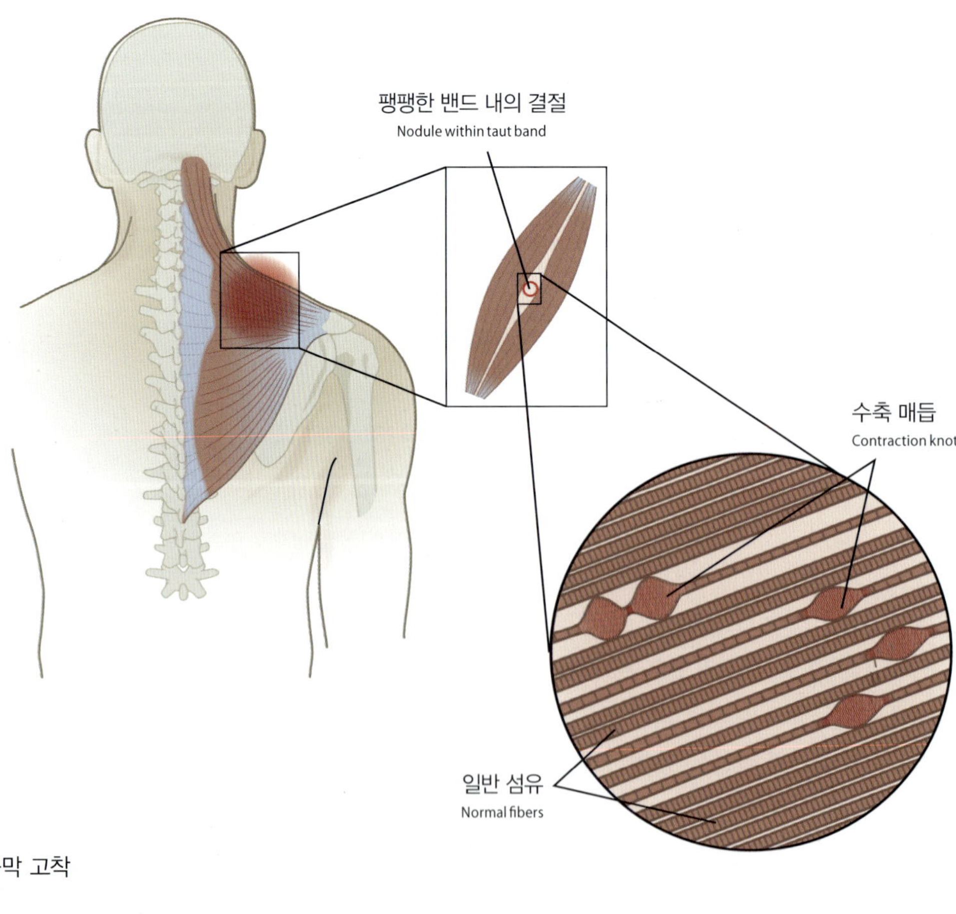

그림 14-13 근막 고착

지식 확장하기

잘못된 자세, 패턴 과부하, 외상은 특정 근육이 과활성화 또는 저활성화되도록 하여 특정 근육 그룹 내에서 근육 불균형을 유발한다. 과활성화 근육은 일종의 유연성 운동을 해야 하는 반면, 저활성화 근육은 강화가 필요하다. 예를 들어, 하부교차증후군에서 흔히 관찰되는 전방 회전 골반의 경우, 과활성화된 엉덩관절 굽힘근이 전방 골반 회전을 만들며, 이는 결과적으로 햄스트링 복합체의 신장을 유발한다. 이 경우 햄스트링은 이미 늘어난 위치에 있기 때문에 스트레칭할 필요가 없다. 대신, 엉덩관절 굽힘근은 과활성화 상태에 있기 때문에 스트레칭이 필요하다(Page et al., 2010).

자가근막기법

피트니스 전문가와 고객이 이용할 수 있는 자가근막기법(self-myofascial techniques)이 많다. 아마도 가장 인기 있는 것은 폼 롤러(그림 14-14), 휴대용 롤러(그림 14-15) 또는 마사지 볼(그림 14-16)을 이용하는 자가근막롤링(SMR)일 것이다(Cheatham et al., 2018).

폼 롤러는 피트니스와 의료 전문가 사이에서 가장 인기 있으며(Cheatham, 2019; Cheatham et al., 2018), 다양한 모양, 크기 및 밀도로 제공된다(Grabow et al., 2018; Young et al., 2018).

통각수용기 Nociceptors 피부와 근막 결합 조직에 위치한 통증 수용체

데이비스 법칙 Davis's law 연부조직이 스트레스(응력)의 선을 따라 모델링된다는 법칙

콜라겐 바탕질 Collagen matrix 콜라겐 단백질을 포함하는 결합 조직의 복잡한 그물망

자가근막기법 Self-myofascial techniques 근막과 주변 근육 조직의 고착을 치료하고 파괴하는 데 사용되는 기술. 폼 롤링, 자가 마사지가 있다.

그림 14-15 더 스틱 휴대용 롤러

그림 14-14 럼블롤러(RumbleRoller®) 폼롤러

그림 14-16 럼블롤러® 마사지볼

근막 롤링은 신경계와 근막 시스템(fascial system)에 초점을 맞추며, 이는 CNS의 감각 경로를 활성화함으로써 국소 및 주변 조직의 이완과 통증에 영향을 미치는 기계적 반응과 신경생리학적인 반응을 일으킨다.

기계적 효과(mechanical effect)를 위해 롤러로 직접 압박하는 것은 국소 혈류를 증가시키고 근막 제한 및 고착을 감소시킴으로써 국소 근막의 긴장을 완화시킬 수 있다(Jay et al., 2014; Kelly & Beardsley, 2016). 신경생리학적 효과(neurophysiological effect)를 위해 실시하는 직접적인 롤러 압박은 국소 기계 수용체와 통증 수용체를 자극하여 국소 및 주변 조직의 이완과 통증에 영향을 미친다. 이러한 수용체는 CNS에 억제 신호를 보내 롤러에 의해 압박되는 조직에 영향을 미치는 일련의 조직 이완 및 통증 차단 반응을 촉발한다(Aboodarda et al., 2015; Young et al., 2018)(그림 14-17).

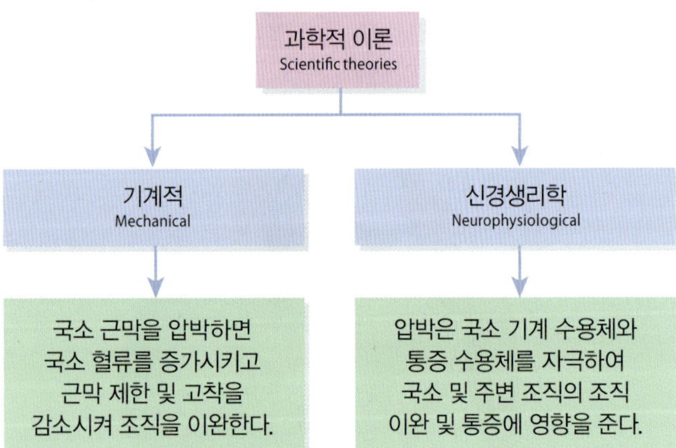

그림 14-17 자가근막기법 제안 메커니즘

지식 확장하기

지연성 근육통(delayed-onset muscle soreness, DOMS)은 격렬한 운동, 특히 신장 감속을 많이 수반하는 움직임 후 24~72시간 사이에 자주 발생한다. DOMS는 1급 근육 긴장과 유사한 근육 세포의 가벼운 손상으로 인해 발생한다. DOMS의 징후에는 통증, 움직임 제한, 경직, 근육의 힘 감소 및 다른 관절에서의 보상 등이 있다(Hotfiel et al., 2018). 대개 아픈 근육 그룹은 통증 신호를 뇌로 보내고, 뇌는 특정 수준의 통증이나 불편함으로 처리하고 해석한다. 연구자들은 근막 롤링이 뇌에 자체 신호를 보내는 다른 감각 수용기(예: 기계수용체)를 자극하여 통증 차단 효과를 준다고 가정한다. 이러한 새로운 신호는 통증 수용체로부터 보내오는 통증 신호를 무시함으로써 DOMS의 감각을 감소시킬 수 있다(Cheatham et al., 2015; Laffaye et al., 2019).

자가 근막 롤링은 신체의 신경계와 근막계(또는 근육 조직을 둘러싸고 분리하는 섬유 조직)에 초점을 맞추는 유연성 기술이다. 일반적으로 매듭(결절, knot)이라고 하는 고착에 부드러운 힘을 가하면 탄력 있는 근육 섬유가 묶인 위치(고착의 원인이 됨)에서 근육 또는 근막의 방향으로 더 직선 정렬로 변화한다. 폼 롤러 같은 기구의 부드러운 압력은 GTO를 자극하고 자가 억제를 생성하여 근방추의 흥분을 줄이고, 기본 근육 구조의 긴장을 풀어준다. 즉, 마사지와 비슷한 부드러운 압력이 불필요한 근육 긴장을 풀어주는 데 도움을 준다.

사람이 폼 롤러를 사용할 때 압통점을 찾아 최소 30초 동안 압력을 지속해야 이완 반응이 증가한다는 점에 유의해야 한다(표 14-2). 고객이 의식적으로 긴장을 푸는 능력에 따라 시간이 더 걸릴 수도 있다. 자가 근막 롤링은 정적 스트레칭 기술의 효과를 잠재적으로 향상시키기 때문에 스트레칭 전에 권장된다(Škarabot et al., 2015). 또한 정리 운동 단계에서 자가 근막 롤링을 사용할 수 있다.

표 14-2 자가 근막 롤링 요약

스트레칭 유형	행동의 메커니즘	훈련 변수
자가 근막 롤링	자가 억제	1~3세트 각 압통 부위를 30초 동안 유지

근막 시스템 Fascial system 피부 바로 아래에서 발견되는 결합 조직으로 이루어진 연결 섬유의 그물망

기계적 효과 Mechanical effect 물리적 효과가 있다.

신경생리학적 효과 Neurophysiological effect 신경계에 영향을 미침

지연성 근육통 Delayed-onset muscle soreness (DOMS) 격렬한 운동이나 익숙하지 않은 신체활동 후 24~72시간 사이에 자주 느끼는 통증이나 불편함

폼 롤링 운동

SMR: 종아리(장딴지근/가자미근)

SMR: Calves

기술

한쪽 다리를 다른 쪽 다리 위로 교차시키는 것은 선택 사항이며, 종아리에 가해지는 압력을 높이는 데 사용된다. 종아리 근육의 길이를 따라 굴린다.

SMR: 긴종아리근

SMR: Peroneals

기술

다리를 쌓는 것은 선택 사항이며, 종아리에 대한 압력을 높이는 데 사용된다. 근육의 길이를 따라 굴린다. 무릎관절 위로는 굴리지 않는다.

SMR: 햄스트링 복합체

SMR: Hamstrings

기술

앉아있는 동안 한쪽 다리는 허벅지 뒤쪽 아래에 롤러를 둔 채 똑바로 펴고, 반대쪽 무릎은 구부린다. 근육의 길이를 따라 굴린다. 무릎관절 위로는 굴리지 않는다. 폼 롤러에서 더 발전된 형태로 마사지 볼을 대신 사용할 수 있는데, 부드러운 부위를 정확히 찾아내는 데 도움이 된다.

SMR: 넙다리네갈래근

SMR: Quadriceps

기술

무릎을 곧게 펴고 넙다리네갈래근 아래에 롤러를 둔 채 플랭크 자세를 취한다. 근육의 길이를 따라 굴린다. 이 운동은 양쪽으로(양쪽 다리) 또는 한쪽으로(한 번에 한 다리씩) 할 수 있다. 무릎관절 위로는 굴리지 않는다.

SMR: 모음근

SMR: Adductors

기술

이 테크닉을 올바르게 수행하려면 폼 롤러를 허벅지 안쪽과 수직으로 위치시켜야 한다. 근육의 길이를 따라 굴린다. 무릎관절 위로는 굴리지 않는다.

SMR: 가쪽 넓적다리

SMR: Lateral Thigh

기술

측면 허벅지 아래에 롤러를 둔 채 옆으로 눕는다. 반대쪽 엉덩이와 무릎은 굽히고 발은 바닥에 평평하게 한다. 측면 허벅지 길이를 따라 굴린다. 엉덩관절이나 무릎관절 위로는 굴리지 않는다. 이 운동은 어떤 사람에게는 매우 고통스러울 수 있다. 그럴 때는 휴대용 롤러를 대신 사용한다.

SMR: 넙다리근막긴장근

SMR: Tensor Fascia Latae

기술

넙다리근막긴장근(TFL)은 작은 근육이기 때문에 이 기술은 많은 움직임이 필요하지 않다. TFL을 대상으로 하려면 허벅지(골반 바로 아래) 앞쪽과 약간 측면(외측) 부분을 따라 굴린다. 엉덩이뼈 위로는 굴리지 않는다.

SMR: 궁둥구멍근

SMR: Piriformis

기술

궁둥구멍근(이상근)은 골반을 가로질러 수평으로 뻗어있는 엉덩이 뒤쪽의 작은 근육이다. 궁둥구멍근을 대상으로 하려면 엉덩이 뒤쪽에 폼 롤러를 놓고 위에 앉는다. 한쪽 발을 반대쪽 무릎에 교차시키고 교차된 다리의 엉덩이에 기댄다. 근육을 앞뒤로 굴린다. 엉덩이뼈 위로는 굴리지 않는다.

SMR: 등뼈(흉추)

SMR: Thoracic Spine

기술

다리 위치를 유지하고 등뼈를 따라 굴린다. 두 손으로 머리를 받치거나(그림 참조) 가슴 앞에서 팔짱을 낄 수 있다. 이것은 척추의 가슴 확장을 위한 좋은 기술이다. 허리와 목 위로는 굴리지 않는다.

SMR: 넓은등근

SMR: Latissimus Dorsi

기술

넓은등근(광배근)을 대상으로 할 때는 한쪽 옆구리로 바닥에 누워 바닥에 가장 가까운 팔을 뻗고 엄지손가락을 위로 향하게 한다. 겨드랑이 부위 아래에 폼 롤러를 놓고 아픈 곳이 확인될 때까지 천천히 굴린다.

주의 사항 및 금기 사항

자가근막기법을 프로그래밍하기 전에 피트니스 전문가는 의학적 주의 사항이나 금기 사항을 고려해야 한다. 유연성 운동을 하기에 안전하지 않은 모든 상태는 의학적 예방 조치(medical precautions)를 취해야 한다. 의학적 예방 조치를 위해 피트니스 전문가는 고객이 안전하도록 운동을 수정할 수 있다. 예를 들어 골감소증(골다공증의 전조)이 있는 고객의 경우 폼 롤링은 뼈의 손상을 유발할 위험이 있으므로 주의 대상으로 간주한다. 피트니스 전문가는 테크닉을 수정해서 고객에게 낮은 강도의 정적인 팔다리 스트레칭을 가르칠 수 있다. [표 14-3]에 나열된 주의 대상은 모든 상황을 포괄하는 것이 아니며, 특정 고객에게는 다른 예방 조치가 필요할 수 있다. 유연성 운동을 추천하기 전에 피트니스 전문가는 올바른 판단을 내리고, 고객 및 의료 전문가와 소통하여 적절한 승인을 받아야 한다.

유연성 트레이닝에 참여하기에 안전하지 않은 모든 의학적 상태는 금기(contraindication) 사항이다. 자가근막기법은 고객의 안전을 보장하기 위해 금기 사항이 있는 상태에서 시행해서는 안 된다. 임신, 당뇨병, 하지정맥류, 최근의 부상 또는 수술, 고혈압 등과 같은 일부 상태는 고객의 상태에 따라 예방 조치가 필요하거나 금기 사항이 될 수 있음에 유의해야 한다(Cheatham et al., 2018). 이 장에 열거된 금기 사항이 모든 것을 포괄하는 것은 아니다(Cheatham et al., 2018). 따라서 의학적 금기 사항이 있는 상태에서는 자가근막기법을 진행하기 전에 의료 전문가와 상의해야 한다(표 14-4).

표 14-3 자가근막기법의 주의 사항

의학적 예방 조치		
고혈압(조절)	골감소증	임신
당뇨병	정맥류	뼈 돌출부 또는 그 영역의 롤오버
비정상적인 감각(예: 무감각)	압력에 대한 민감도	최근 부상 또는 수술
몸의 위치를 정하지 못하거나 운동을 올바르게 수행할 수 없음	어린아이들	노인들
척추측만증 또는 척추 기형	감각을 변화시킬 수 있는 약물	섬유근육통

노트: 이 목록은 예시일 뿐 완전한 목록은 아니다. 고객이 목록에 없는 상태를 언급할 때는 자가근막기법에 참여하기 전 의사와 상담하도록 해야 한다.

표 14-4 자가근막기법의 금기 사항

의학적 금기 사항		
피부 발진, 열린 상처, 수포, 국소 조직 염증, 타박상 또는 종양	심부정맥 혈전증, 골수염(뼈 조직 감염)	골다공증
화골성 근염의 골절(근육 조직 내에서 뼈 형성)	암 또는 악성 종양	고혈압(조절되지 않음)
급성 또는 중증 심장, 간 또는 신장 질환	급성 감염(바이러스 또는 박테리아), 발열 또는 전염성 상태	감각 상실 또는 변화를 초래하는 신경학적 상태
출혈 장애	전신 상태(예: 당뇨병)	최근 수술 또는 부상
결합 조직 장애	말초 혈관 기능 부전 또는 질병(즉, 혈액 순환 장애)	혈액을 묽게 하거나 감각을 바꾸는 약물
수술 부위 또는 하드웨어에 대한 직접적인 압력	만성 질환(예: 류마티스 관절염)	얼굴, 눈, 동맥, 정맥(정맥류) 또는 신경에 대한 직접적인 압력
임신(의사와 상의)	심한 척추측만증 또는 척추 기형	고객이 느끼는 극심한 불편함이나 고통

노트: 이 목록은 예시일 뿐 완전한 목록은 아니다. 고객이 목록에 없는 상태를 언급할 때는 자가근막기법에 참여하기 전 의사와 상담하도록 해야 한다.

정적 스트레칭

정적 스트레칭(static stretching)은 수동적으로 근육을 긴장 지점으로 가져가 최소 30초 동안 스트레칭을 유지하는 과정이다(Behm & Chaouachi, 2011). 이것은 현재 피트니스에서 가장 많이 사용되는 전통적인 형태의 스트레칭으로서 적은 힘과 긴 지속 시간을 결합한 방법이다(Thomas et al., 2018). 근육을 늘린 자세로 오래 유지하면 근방추가 억제되어 이완 반응을 일으킨다. 이것은 근육을 이완시키고 더 나은 신장 반응을 얻을 수 있도록 한다(Thomas et al., 2018)(표 14-5). 실제로 정적 스트레칭은 신경계 내의 많은 감각 메커니즘에 영향을 주어 더 큰 스트레칭 내성(stretch tolerance)을 촉진할 수 있다. 또한 스트레칭을 유지하면서 길항근을 수축시키면 늘어나는 근육을 상호억제하여 이완시키고 스트레칭의 효과를 높일 수 있다. 예를 들어, 무릎을 대고 엉덩관절 굽힘근을 스트레칭할 때, 엉덩관절 굽힘근(요근, 대퇴직근)을 상호억제하기 위해 엉덩관절 폄근(대둔근)을 수축할 수 있는

의학적 예방 조치 Medical precautions 잠재적으로 안전하지 않을 수 있는 모든 의학적 상태

금기 Contraindication 특정 약물, 절차 또는 운동이 개인에게 해로울 수 있기 때문에 피해야 하는 특정 상황

스트레칭 내성 Stretch tolerance 스트레칭 시 관절가동범위의 끝부분에서 느꼈던 불편한 신체적 감각이 줄어드는 경험을 하게 되는 능력

데, 이렇게 함으로써 이 근육들을 더 길게 스트레칭할 수 있다(Lempke et al., 2018). 또 다른 예는 햄스트링을 스트레칭할 때 넙다리네갈래근을 수축시키는 것이다. 정적 스트레칭은 활동 전후에 과활성 근육의 근방추 활동을 감소시키는 데 사용해야 한다. 다양한 정적 스트레칭 테크닉은 다음 섹션에 설명되어 있다.

표 14-5 정적 스트레칭 요약

스트레칭 유형	행동의 메커니즘	훈련 변수
정적 스트레칭	스트레칭 내성 또는 상호억제 (스트레칭 수행 방법에 따라 다름)	1~3세트 각 스트레칭을 30초 동안 유지

지식 확장하기

정적 스트레칭이 근력과 힘을 손상시키는가?

정적 스트레칭이 근력과 운동 능력에 미치는 영향에 대해 많은 연구 및 스포츠 과학 커뮤니티에서 논쟁이 있어 왔다. 여러 연구에서는 정적 스트레칭이 근력과 힘을 손상시키기 때문에 운동이나 스포츠 경기 전에 이 기술을 피하는 것이 좋다고 언급했다(Haddad et al., 2014).

연구를 좀 더 자세히 살펴보면, 정적 스트레칭을 단독으로 수행할 때 이완 반응으로 인해 일시적으로 근력이 손실될 수 있다. 이것은 스트레칭을 장시간(2분 이상) 유지하거나, 급격하게 수행하고, 최대 노력(스프린트 또는 점프) 전에 수행하는 유일한 형태의 운동일 때 특히 그러하다.

그러나 정적 스트레칭을 30초 이하로 하면서 꾸준히 수행한다면(모든 운동 전에 포함됨) 역동적인 활동으로 이어질 때 운동 능력이 손상되지 않는다(Behm et al., 2016; Kay & Blazevich, 2012; Reid et al., 2018).

따라서 NASM은 특히 제한된 관절 ROM 또는 근육 불균형을 보일 때 정적 스트레칭을 수행할 것을 권장한다.

다음은 정적 스트레칭에 대한 몇 가지 권고 사항이다.

- 30초 동안 유지한다.
- 평가 과정에서 과활성으로 확인된 근육에만 사용한다.
- 운동 뉴런의 흥분성을 회복하기 위해 저강도 코어 및 밸런스 운동 또는 동적 스트레칭과 같은 추가 워밍업 프로토콜이 뒤따라야 한다.

정적 스트레칭 운동

정적 장딴지근 스트레칭

Static Gastrocnemius Stretch

기술

두 발이 앞으로 향하도록 하고 런지 자세로 선다. 뒷발이 바닥에 평평하게 유지되었는지 확인한다. 발뒤꿈치가 올라가지 않도록 하고, 뒤쪽 종아리 근육이 늘어나는 느낌이 들 때까지 체중을 앞으로 이동한다.

정적 가자미근 스트레칭

Static Soleus Stretch

기술

두 발이 앞으로 향하도록 서고 뒤쪽 무릎이 약간 구부러진 상태로 런지 자세로 선다. 뒷발이 바닥에 평평하게 유지되었는지 확인한다. 발뒤꿈치가 올라가지 않도록 하고, 뒤쪽 종아리 근육이 늘어나는 느낌이 들 때까지 체중을 앞으로 이동한다.

정적 90/90 햄스트링(넓적다리뒤인대) 스트레칭

Static 90/90 Hamstring Stretch

기술

반듯하게 누워 한쪽 다리를 90도로 들어올리고 반대쪽 다리는 바닥에 곧게 편다. 햄스트링이 약간 늘어나는 느낌이 들 때까지 대상 다리를 곧게 편다. 이때 로프나 밴드를 사용하는 것이 좋다. 스트레칭할 때 통증이나 극심한 불편함이 유발되어서는 안 된다.

누워서 하는 정적 넙다리두갈래근 스트레칭

Static Supine Biceps Femoris Stretch

기술

반듯하게 누워 한쪽 다리를 90도로 들어올리고(목표 다리) 반대쪽 다리를 바닥에 곧게 편다. 다음으로 목표 다리를 반대편으로 모으고 측면 햄스트링이 약간 늘어나는 느낌이 들 때까지 무릎을 뻗는다. 스트레칭으로 통증이나 극심한 불편함이 유발되지 않게 한다. 스트레칭 하는 동안 양쪽 어깨는 바닥에 평평하게 유지한다. 뻗은 다리 쪽으로 상체를 돌리지 않는다.

서서 하는 정적 넙다리두갈래근 스트레칭

Static Standing Biceps Femoris Stretch

기술

낮은 상자나 계단을 이용하여 스트레칭을 수행한다. 상자 위에 한쪽 다리를 모음 및 내회전 자세로 올려놓는다. 그런 다음, 두 손을 모은 상태에서 상체를 다리의 반대 방향으로 천천히 돌린다. 뻗은 다리는 엉덩이 높이 이상으로 올릴 필요가 없다. 이 스트레칭은 측면 햄스트링을 강화한다.

앉아서 하는 정적 볼 모음근 스트레칭

Static Seated Ball Adductor Stretch

기술

허벅지 안쪽 부분이 늘어나는 느낌이 들 때까지 측면 런지 자세로 안정된 볼 위에 앉는다. 이 스트레칭을 할 때는 골반을 후방경사로 만들고, 복부는 당긴다.

서서 하는 정적 모음근 스트레칭

Static Standing Adductor Stretch

기술

다리를 벌리고 서서 목표 다리의 안쪽 허벅지가 늘어나는 느낌이 들 때까지 한쪽으로 체중을 옮긴다(측면 런지 자세). 이 스트레칭을 할 때는 골반을 후방경사로 만들고, 복부를 당긴다.

정적 큰모음근 스트레칭

Static Adductor Magnus Stretch

기술

벤치나 플라이오 박스에 한 발을 올려놓고 서 있는 상태에서 스트레칭이 느껴질 때까지 척추를 구부리되, 등이 과도하게 둥글게 되지 않도록 편안한 자세로 손을 내린다.

서서 하는 정적 넙다리근막긴장근 스트레칭

Static Standing TFL Stretch

기술

다리를 앞뒤로 벌리고 선 자세에서 앞쪽 다리를 약간 구부리고 뒤쪽 다리를 곧게 편다. 뒤쪽 발을 바깥쪽으로 돌리고 배꼽을 당겨 골반을 후방 경사로 만든다 스트레칭되는 쪽의 볼기근을 쥐어짜듯 수축시킨다. 이 상태에서 골반 자세를 유지하면서 뒷다리와 같은 쪽 팔을 위로 올리고 반대쪽으로 넘긴다. 그림과 같이 옆구리 굽힘 자세를 유지한다.

무릎을 꿇고 하는 정적 엉덩관절 굽힘근 스트레칭

Static Kneeling Hip Flexor Stretch

기술

무릎을 꿇고 선 자세에서 앞다리를 90도 각도로 구부려 앞쪽으로 놓는다. 배꼽을 당기고 골반을 후방 경사로 만든다 스트레칭되는 쪽의 볼기근을 쥐어짜듯 수축시킨다. 이때 골반 자세를 유지하면서 뒤쪽 다리와 같은 쪽 팔을 위로 올리고 반대쪽으로 넘긴다. 그림과 같이 옆구리 굽힘 자세를 유지하고 뒤로 천천히 굽힌다. TFL을 강화하려면 뒤쪽 다리를 바깥쪽으로 돌리고, 허리근을 강조하려면 뒤쪽 다리를 안쪽으로 돌린다.

1

2

3

4

누워서 하는 정적 구둥구멍근 스트레칭

Static Supine Piriformis Stretch

기술

다리를 펴고 반듯이 누운 상태에서 한쪽 다리를 반대편 다리 위로 교차시킨다. 무릎을 반대쪽 어깨를 향해 가져오면서 허리를 중립 자세로 유지한다.

정적 척주세움근 스트레칭

Static Erector Spinae Stretch

기술

한쪽 다리를 다른 쪽 다리 위에 교차시키고 반대쪽 무릎을 곧게 펴고 앉는다. 오른쪽 다리를 왼쪽 다리 위로 교차시키면서 상체를 오른쪽으로 회전시킨다. 왼쪽 다리를 오른쪽 다리 위로 교차시키면서 상체를 왼쪽으로 회전시킨다.

정적 넓은등근 볼 스트레칭

Static Ball Latissimus Dorsi Stretch

기술

네발 자세로 한 팔을 안정된 볼 위에 올리고 스트레칭이 느껴질 때까지 앞으로 굴린다. 이 스트레칭을 할 때 골반을 뒤쪽으로 들어올리고 엄지는 하늘로 향하게 하고 복부를 당긴다.

정적 가슴근 스트레칭

Static Pectoral Stretch

기술

한쪽 팔을 90/90 팔 자세로 서서 앞쪽 어깨와 가슴 부위에 스트레칭이 느껴질 때까지 앞으로 숙인다. 이 스트레칭 동안 어깨가 위로 올라가지(으쓱해지지) 않도록 한다.

정적 상부 등세모근/목갈비근 스트레칭

Static Upper Trapezius/Scalene Stretch

기술

한 손으로 머리 윗부분을 잡고 들어올린 팔과 같은 쪽 어깨를 향해 옆으로 굽힌다. 이 스트레칭을 하는 동안 턱이 앞으로 나오거나 어깨가 으쓱해지지 않도록 한다.

정적 어깨올림근 스트레칭

Static Levator Scapulae Stretch

기술

한 손으로 머리 윗부분을 잡고 들어올린 팔과 같은 쪽 어깨를 향해 수평으로 구부린다. 이때 그림과 같이 머리를 약간 돌려 겨드랑이 부위를 바라본다. 이 스트레칭을 하는 동안 턱이 앞으로 나오거나 어깨가 으쓱해지지 않도록 한다.

정적 목빗근 스트레칭

Static Sternocleidomastoid Stretch

기술

한 손으로 머리 윗부분을 잡고 들어올린 팔과 같은 쪽 어깨를 향해 수평으로 구부리되, 그림과 같이 머리를 위로 돌린다. 이 스트레칭은 약간의 긴장이 느껴질 때까지만 수행한다. 턱이 앞으로 나오거나 어깨가 으쓱해지지 않도록 한다.

중요

스트레칭을 하는 동안 고객을 도울 때, 피트니스 전문가는 근육을 과도하게 스트레칭하지 않도록 주의해야 한다. 근육과 관절이 생리학적 한계를 넘어서는 경우 과도한 스트레칭이 발생할 수 있다. 공격적인 스트레칭은 조직과 관절 외상을 초래할 수 있다. 과도한 스트레칭의 일반적인 징후에는 (1) 스트레칭 후 24시간 이상 지속되는 관절통이나 근육통 (2) 관련 부위의 부종 또는 염증 (3) 스트레칭 중 과도한 근육통 또는 관절통이 있지만, 이에 국한되지 않는다. 현재나 이전에 관절 또는 근육 손상이 있었던 고객과 유연성 운동을 할 때는 주의가 필요하다.

능동적 스트레칭

능동적 스트레칭(active stretching)은 주동근과 협력근을 사용하여 관절을 능동적으로 ROM에서 움직이는 과정이다(Vernetta-Santana et al., 2015). 이러한 형태의 스트레칭은 운동 뉴런의 흥분성을 증가시켜 스트레칭되는 근육의 상호억제를 만들어낸다(Kenney et al., 2019). 바로 누워서 하는 능동적인 햄스트링 스트레칭은 능동적인 스트레칭의 좋은 예이다. 넙다리네갈래근은 무릎을 펴준다. 이것은 두 가지 방법으로 햄스트링의 스트레칭을 향상시킨다. 첫째, 햄스트링의 길이를 증가시킨다. 둘째, 넙다리네갈래근의 수축은 햄스트링 복합체의 상호억제(신경 구동 및 근방추 흥분 감소)를 유발하여 햄스트링 복합체를 늘어나게 한다(Vernetta-Santana et al., 2015). 능동적 스트레칭은 운동 경기나 고강도 운동 전과 같이 사전 활동 준비 운동을 위해 추천된다. 근육 불균형을 가지고 있다면, 자가근막기법을 시행한 후 능동적 스트레칭을 수행하고, 평가 과정에서 과활성화로 판정된 근육에 대해서는 정적 스트레칭을 시행해야 한다. 일반적으로 각 스트레칭을 5~10회 반복하고 각각 1~2초 동안 유지한다(표 14-6). 다양한 능동적 고립 스트레칭에 대한 자세한 설명은 다음 섹션에 설명되어 있다.

표 14-6 능동적 스트레칭 요약

스트레칭 유형	행동의 메커니즘	훈련 변수
능동적 스트레칭	상호억제	1~3세트 각 스트레칭을 1~2초 동안 유지하고 5~10회 반복한다.

유용한 힌트

정적 스트레칭과 능동적 스트레칭은 일반적으로 동일한 신체 자세와 움직임 패턴을 필요로 한다. 그러나 정적 스트레칭은 각 스트레칭을 30초 동안 유지하는 반면, 능동적 스트레칭은 동작을 1~2초 동안만 유지하고 5~10회 동안 반복해야 한다. 능동적 스트레칭은 정적 스트레칭이 진전된 것으로 볼 수 있다.

능동적 스트레칭 운동

능동적 장딴지근 스트레칭

Active Gastrocnemius Stretch

기술

스트레칭하려는 쪽의 뒤쪽 엉덩이와 무릎을 곧게 펴고 선다. 반대편 엉덩이와 무릎은 구부리고 몸을 가로질러 앞뒤로 흔든다. 이 동작은 뒤쪽 무릎의 회전과, 발과 발목의 가쪽번짐(eversion)과 안쪽번짐(inversion)을 일으킨다. 원하는 횟수만큼 반복한다.

능동적 가자미근 스트레칭

Active Soleus Stretch

1

2

3

기술

스트레칭 하려는 쪽의 뒤쪽 엉덩이와 무릎이 약간 구부러진 상태로 선다. 반대편 엉덩이와 무릎은 구부리고 몸을 가로질러 앞뒤로 흔든다. 이 동작은 뒤쪽 무릎의 회전과 발과 발목의 가쪽번짐(eversion)과 안쪽번짐(inversion)을 일으킨다. 원하는 횟수만큼 반복한다.

능동적 90/90 햄스트링(넙다리뒤인대) 스트레칭

Active 90/90 Hamstring Stretch

1

2

3

기술

똑바로 누운 자세에서 한쪽 다리를 90도로 들어올려 무릎을 90도로 구부렸다가 햄스트링에 가벼운 스트레칭이 느껴질 때까지 목표 다리를 곧게 편다. 이때 통증이나 극심한 불편함이 유발되어서는 안 된다. 원하는 횟수만큼 반복한다.

누워서 하는 능동적 넙다리두갈래근 스트레칭

Active Supine Biceps Femoris Stretch

기술

바닥에 누워 한쪽 다리(목표 다리)를 90도로 들어올리고 반대쪽 다리는 길게 뻗어 바닥에 놓는다. 다음으로 목표 다리를 몸을 가로질러 반대쪽으로 모음하고 바깥쪽 햄스트링에 가벼운 스트레칭이 느껴질 때까지 무릎을 뻗는다. 이때 통증이나 극심한 불편감이 일어나서는 안 된다. 이 스트레칭 동안 양쪽 어깨를 바닥에 평평하게 유지한다. 뻗은 다리 쪽으로 상체를 돌리지 않는다. 원하는 횟수만큼 반복한다.

1

2

3

서서 하는 능동적 모음근 스트레칭

Active Standing Adductor Stretch

기술

다리를 벌리고 서서 허벅지 안쪽 부위에서 스트레칭이 느껴질 때까지 체중을 한쪽으로 이동시킨다(측면 런지 자세). 이때 골반을 후만이 되게 회전시키고, 복부를 끌어당긴다. 원하는 횟수만큼 반복한다.

능동적 볼 모음근 스트레칭

Active Ball Adductor Stretch

1

2

3

기술

허벅지 안쪽 부위에서 스트레칭이 느껴질 때까지 측면 런지 자세로 안정된 볼 위에 앉는다. 이때 골반을 후만이 되게 회전시키고 복부를 당긴다. 원하는 횟수만큼 반복한다.

능동적 큰모음근 스트레칭

Active Adductor Magnus Stretch

1

2

3

기술

벤치나 플라이오 박스에 한 발을 올려놓고 서서 스트레칭이 느껴질 때까지 척추를 구부리되 과도하게 둥글게 하지 않도록 하고, 편안한 자세로 허리를 굽혀 손을 내린다. 원하는 횟수만큼 반복한다.

서서 하는 능동적 대퇴근막긴장근 스트레칭

Active Standing TFL Stretch

기술

다리를 앞뒤로 벌리고, 앞쪽 다리를 약간 구부리고 뒤쪽 다리는 곧게 편 자세로 선다. 뒤쪽 발을 바깥쪽으로 돌리고 배꼽을 당겨 골반을 후만이 되게 회전시킨다. 스트레칭되는 쪽의 볼기근을 쥐어짜듯 수축시킨다. 이때 골반 위치를 유지하면서 팔(뒤쪽 다리와 같은 쪽)을 위로 올리고 반대쪽으로 넘긴다. 옆구리 굽힘 자세를 유지하고 원하는 횟수만큼 반복한다.

무릎을 꿇고 하는 능동적 엉덩이굽힘근 스트레칭

Active Kneeling Hip Flexor Stretch

기술

무릎을 꿇고 선 상태에서 앞쪽 다리를 90도 각도로 구부린 채 앞으로 놓는다. 배꼽을 당기고 골반을 후방 경사로 만든다. 스트레칭되는 쪽의 볼기근을 쥐어짜듯 수축시킨다. 이때 골반 자세를 유지하면서 팔(뒤쪽 다리와 같은 쪽)을 위로 올리고 반대쪽으로 넘긴다. 그림과 같이 옆구리 굽힘 자세를 유지하면서 뒤로 천천히 굽힌다. TFL을 강화하려면 뒤쪽 다리를 바깥쪽으로 회전시키고, 허리근(요근)을 강화하려면 뒤쪽 다리를 안쪽으로 회전시킨다. 원하는 횟수만큼 반복한다.

능동적 넓은등근 볼 스트레칭

Active Latissimus Dorsi Ball Stretch

1

2

3

기술

네발 자세로 한 팔을 안정된 볼 위에 올리고 스트레칭이 느껴질 때까지 볼을 앞으로 굴린다. 이때 골반을 뒤쪽으로 들어올리고 엄지를 하늘로 향하게 하며 복부를 당긴다. 원하는 횟수만큼 반복한다.

능동적 가슴근 스트레칭

Active Pectoral Stretch

1

2

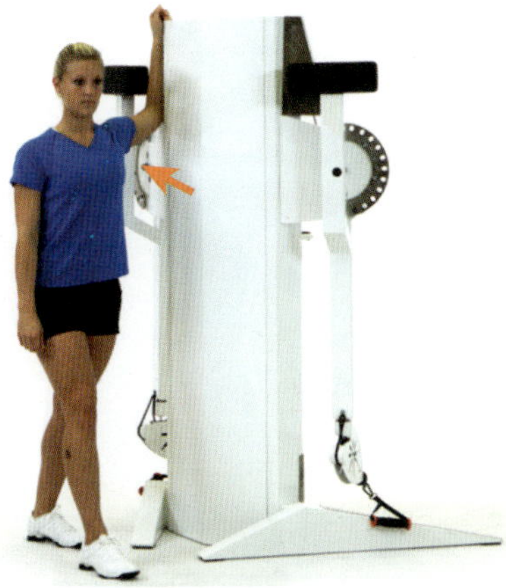
3

기술

한쪽 팔을 90/90 팔 자세로 서서 앞쪽 어깨와 가슴 부위에 스트레칭이 느껴질 때까지 앞으로 숙인다. 이때 어깨가 위로 올라가지(으쓱해지지) 않도록 한다. 원하는 횟수만큼 반복한다.

능동적 위등세모근/목갈비근 스트레칭

Active Upper Trapezius/Scalene Stretch

기술

한 손으로 머리 윗부분을 잡고 들어올린 팔 쪽의 어깨를 향해 가쪽으로 굽힌다. 이때 턱이 앞으로 나오거나 어깨가 올라가지 않도록 한다. 원하는 횟수만큼 반복한다.

능동적 어깨올림근 스트레칭

Active Levator Scapulae Stretch

기술

한 손으로 머리 윗부분을 잡고 들어올린 팔 쪽의 어깨를 향해 가쪽으로 굽힌다. 그런 다음 그림과 같이 머리를 약간 돌려 겨드랑이 부위를 바라본다. 이때 턱이 앞으로 나오거나 어깨가 올라가지 않도록 한다. 원하는 횟수만큼 반복한다.

능동적 목빗근 스트레칭

Active Sternocleidomastoid Stretch

기술

한 손으로 머리 윗부분을 잡고 들어올린 팔과 같은 쪽 어깨를 향해 가쪽으로 굽힌다. 그림과 같이 머리를 위로 돌린다. 이 스트레칭은 약간의 긴장이 느껴질 정도까지만 수행한다. 이때 턱이 앞으로 나오거나 어깨가 올라가지 않도록 한다. 원하는 횟수만큼 반복한다.

트레이닝 팁

정적 및 능동적 스트레칭을 할 때 이상적인 자세를 유지하는 것이 중요하다. 이를 위해서는 턱을 붙이고 머리를 어깨 바로 위에 두어 머리가 앞으로 나오지 않도록 한다. 이 자세는 목뼈를 중립 위치로 유지하도록 해준다. 또한 척추를 이상적으로 안정시키는 데 도움이 되도록 드로우-인(배꼽을 안쪽으로 살짝 당김)을 수행한다. 드로우-인은 16장에서 더 자세히 논의된다.

동적 스트레칭과 논란의 여지가 있는 스트레칭

동적 스트레칭(dynamic stretching)은 근육의 힘 생성과 신체의 운동량을 이용하여 사용 가능한 전체 ROM을 통해 신체가 협동하여 동작을 수행하는 것이다(Behm & Chaouachi, 2011). 동적 스트레칭은 상호억제 개념을 사용하여 연부조직 신장성을 향상시킨다(Kenney et al., 2019). 3~10개의 동적 스트레칭을 사용하여 10회씩 한 세트를 수행할 수 있다(표 14-7). 동적 스트레칭은 운동 전 워밍업으로도 추천된다(Opplert & Babault, 2018). 고객이 근육 불균형을 가지고 있는 경우, 평가 과정 중에 확인된 과활성화 근육에 대한 동적 스트레칭보다 자가근막기법과 정적 스트레칭이 선행되어야 한다. 동적 스트레칭 프로그램을 수행하기 전에는 고객이 적절한 수준의 조직 신장성, 코어 안정성 및 균형 능력을 우수한 수준으로 갖추는 것이 좋다. 다양한 동적 스트레칭의 자세한 설명은 다음 섹션에 나와 있다.

표 14-7 동적 스트레칭 요약

스트레칭 유형	행동의 메커니즘	훈련 변수
동적 스트레칭	상호억제	1세트 10~15회 반복 3~10회 운동

동적 스트레칭 Dynamic stretching 근육의 힘 생성과 신체의 운동량을 사용하여 사용 가능한 전체 관절가동범위를 통해 협동하여 운동을 수행하는 스트레칭 유형

유용한 힌트

동적 스트레칭은 종종 특정 워밍업에서 사용된다. 이러한 스트레칭은 운동 시간이나 스포츠 경기 중에 사용되는 동작을 모방하는 경향이 있다. 예를 들어, 피트니스 전문가는 고객이 벤치 프레스 운동을 하기 전에 푸시업을 연달아 시키거나 스쿼트를 수행하기 전에 힙 스윙을 하도록 할 수 있다.

동적 스트레칭을 시행할 때는 과도하게 수행하지 말고 다음 활동을 적절히 준비하는 수준으로 하는 것이 중요하다. 스트레칭을 하는 목적는 호흡 곤란과 피로를 유발하기보다 더 격렬한 활동을 할 수 있도록 신체를 준비시키는 것이기 때문이다.

동적 스트레칭 운동

프리즈너 스쿼트

Prisoner Squat

기술

팔을 머리 뒤로 하고 발을 대략 어깨너비로 벌린 상태에서 바디웨이트 스쿼트를 한다. 스쿼트를 한 후에 카프레이즈(calf raise)를 추가한다.

다중 평면 런지에서 팔 뻗기

Multiplanar Lunge with Reach

기술

시상, 이마, 수평면의 세 가지 운동면에서 런지를 수행한다. 즉, 포워드 런지, 레터럴 런지, 터닝 런지를 수행한다.

회전 런지

Lunge with Rotation

기술

앞쪽 다리의 바깥쪽 부분을 향해 몸통이 회전하는 전면 런지를 수행한다. 이 운동은 메디신 볼과 같은 외부 부하가 있거나 없는 상태에서 수행할 수 있다.

튜브 워킹: 좌우로

Tube Walking: Side to Side

기술

무릎 주위에 탄성 튜브를 끼고 쿼터 스쿼트 자세를 유지하며 각 방향으로 원하는 횟수만큼 사이드 스텝을 한다. 무릎이 두 번째와 세 번째 발가락과 일직선으로 오도록 하고 무릎이 안쪽으로 들어가지 않도록 한다. 이 운동은 주로 중간볼기근(중둔근)과 같은 엉덩관절 벌림근을 대상으로 한다. 밴드는 이 운동을 진행하면서 발목 주위에 끼울 수도 있다.

레그 스윙: 앞뒤로

Leg Swings: Front to Back

기술

선 자세에서 한쪽 다리를 제어된 진자 모양으로 앞뒤로 흔드는데, 안전하게 제어할 수 있는 높이까지만 들어올린다. 운동하는 동안 복부를 당기고, 키가 커진 느낌으로 직립 자세를 유지한다.

레그 스윙: 좌우로

Leg Swings: Side to Side

기술

선 자세에서 한쪽 다리를 제어된 진자 모양으로 좌우로 흔든다. 앞뒤 힙 스윙과 마찬가지로 운동하는 동안 복부를 당긴 채 키가 커진다는 느낌으로 직립 자세를 유지한다.

프랑켄슈타인

Frankenstein

기술

이 운동은 팔을 몸에서 멀리 쭉 뻗고 앞으로 걸어가면서 수행한다. 이상적인 자세를 유지하면서 각 다리를 안전하게 제어할 수 있는 높이까지만 들어올린다. 등은 좌우로 기울어지지 않도록 중립적인 자세를 유지한다. 이 운동은 햄스트링 스트레칭에 도움이 된다.

하이 니

High Knee

기술

이 기술은 앞으로 걸어가면서 수행한다. 각 단계마다 엉덩이를 제어할 수 있는 높이까지 다리를 구부리고 양손으로 상단 무릎을 잡는다. 상단 위치에서 멈추고 각 단계마다 다리를 바꾸도록 한다.

푸시업 로테이션

Push-Up with Rotation

기술

상체에서 몸통을 회전시키며 바디웨이트 푸시업을 수행한다. 운동하는 동안 복부는 당기고 턱을 끌어당기며 척추는 중립 자세로 유지한다.

볼 러시안 트위스트

Ball Russian Twist

기술

안정된 볼에 등을 대고 브릿징을 하면서 몸통 회전을 한다. 이 운동은 참가자가 브릿지 자세를 유지하도록 하기 때문에 큰볼기근과 함께 배속빗근(내복사근)과 배바깥빗근(외복사근)을 대상으로 한다. 운동은 메디신 볼을 사용하는 것과 같이 외부의 부하가 있거나 없는 상태에서 수행할 수 있다.

암 서클

Arm Circles

기술

느리거나 중간 속도에서 암 서클을 양방향으로 수행한다.

점핑 잭

Jumping Jacks

기술

동적 워밍업으로 점핑 잭을 수행할 때의 목표는 과도한 피로를 유발하지 않고 심박수와 호흡수를 약간 높이는 것이다.

줄넘기

Jump Rope

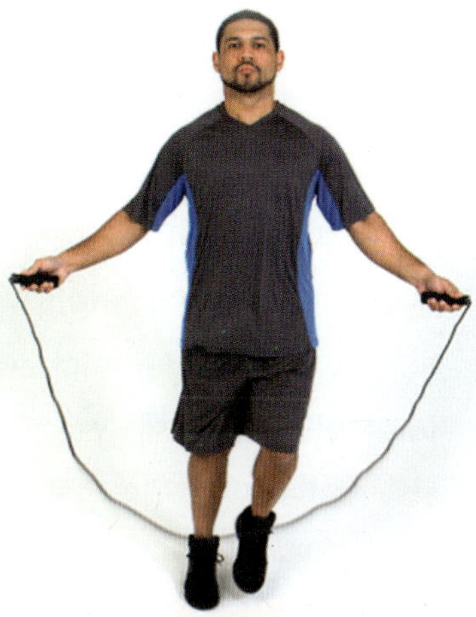

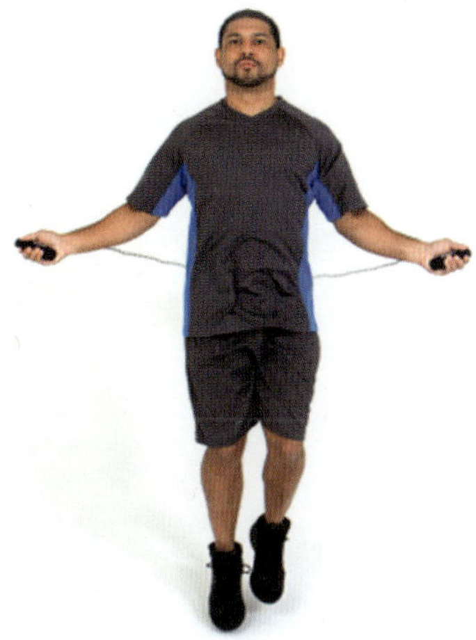

기술

줄넘기를 하면서 많은 동작을 수행할 수 있다. 동작은 안전하게 수행할 수 있는 것을 선택한다. 이 운동을 워밍업 루틴에 통합할 때 강도를 상대적으로 낮게 하거나 중간 정도로 유지하는 것이 중요하다.

지식 확장하기

유연성 트레이닝은 모든 수준의 고객을 위한 종합적인 피트니스 프로그램의 핵심 구성 요소이다. 유연성 운동은 대개 준비 운동 또는 정리 운동 단계에서 실행된다. 개인의 필요에 따라 통합된 유연성 운동이 최상의 결과를 제공할 수 있다. 연구자들은 정적 스트레칭과 동적 스트레칭을 병행하면 근육 손상 위험이 감소하고 유연성이 높아진다는 사실을 발견했다. 이러한 조합은 운동수행능력에 해로운 영향을 미치지 않으므로 이는 준비 운동 또는 정리 운동에 이상적이다(Behm et al., 2016). 또한 짧게 자가 근막 롤링을 하면 유연성이 증가되고, 운동 전 근육의 수행능력이 향상되며, 운동 후 통증과 피로가 감소된다는 것도 알아냈다(Cheatham et al., 2015). 피트니스 전문가는 개별 고객의 욕구를 충족시키기 위해 개입의 조합을 고려해야 한다. 이상적으로는 자가 근막 롤링 및 정적 스트레칭은 제한된 ROM을 해결하기 위한 능동적 스트레칭 또는 동적 스트레칭 전에 수행되어야 한다(Fairall et al., 2017; Mohr et al., 2014; Škarabot et al., 2015).

논란의 여지가 있는 스트레칭 동작

유연성 트레이닝은 많은 이점이 있지만, 특정 유형의 스트레칭을 하면 부상의 위험이 있을 수 있다. 대부분의 스트레칭은 올바른 자세와 기술로 수행한다면 매우 안전하지만, 잠재적으로 위험할 수 있는 몇 가지 **논란의 여지가 있는 스트레칭(controversial stretches)**이 있다.

인버티드 허들러 스트레칭

인버티드 허들러(inverted hurdler's) 스트레칭은 무릎 안쪽(내측측부인대)에 높은 스트레스를 가하고 무릎뼈(슬개골)에 통증과 스트레스를 유발할 수 있다(그림 14-18의 오른쪽 무릎). 이 스트레칭은 무릎이나 허리 통증이 있거나 부상의 병력이 있는 사람이 하면 안 된다. 의료 전문가는 이 스트레칭을 대부분의 환자나 건강한 일반인이 수행해서는 안 된다고 생각한다.

그림 14-18 인버티드 허들러 스트레칭

논란의 여지가 있는 스트레칭 Controversial stretches 부상 위험이 있는 스트레칭

쟁기 자세

쟁기(plow) 자세는 요가에서 흔히 볼 수 있는 자세이다(그림 14-19). 이 스트레칭의 뒤집힌 자세 특성(머리가 엉덩이보다 낮음) 때문에 이 스트레칭은 목과 척추에 높은 스트레스를 준다. 이것은 정확한 테크닉으로 수행하지 않으면 척추에 부상을 입힐 위험이 있다. 목 또는 허리 부상 병력이 있는 사람은 이러한 구조에 가해지는 높은 스트레스 때문에 이 스트레칭을 수행해서는 안 된다. 고혈압이 있는 사람들도 이 자세를 피해야 한다.

그림 14-19 쟁기 자세

숄더 스탠드

숄더 스탠드(shoulder stand)는 요가의 또 다른 일반적인 자세이며 역방향 스트레칭이다(그림 14-20). 쟁기 자세와 마찬가지로 이 자세는 목, 어깨, 척추에 높은 스트레스를 준다. 고혈압 환자 또는 목이나 척추 부상의 병력이 있는 사람, 또는 정확한 테크닉을 사용하지 못하는 경우는 피해야 한다.

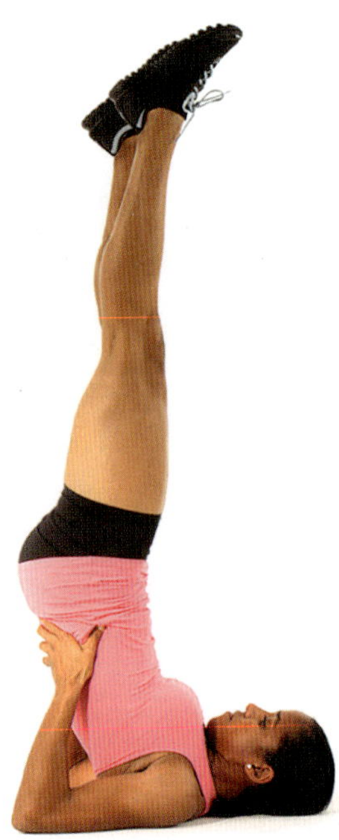

그림 14-20 숄더 스탠드

앞으로 구부려 발가락 터치

다리를 펴고 앞으로 구부려 손이 발가락에 닿도록 하는(straight-leg toe touch) 스트레칭은 햄스트링 복합체를 자극하는 가장 흔한 스트레칭 중 하나이다(그림 14-21). 이 자세는 허리의 척추와 연골 디스크에 높은 스트레스를 줄 수 있다. 추간판 탈출증이나, 다리 뒤쪽으로 이어지는 신경통 병력이 있는 사람이나 환자는 이 스트레칭을 피해야 한다. 또한 유연성이 떨어지는 사람은 이 스트레칭 중에 무릎을 과도하게 펴려고 할 수 있는데, 이는 무릎 인대에 높은 스트레스를 줄 수 있다.

그림 14-21 앞으로 구부려 발가락 터치

아치형 넙다리네갈래근

아치형 넙다리네갈래근 스트레칭은 넙다리네갈래근과 엉덩관절 굽힘근를 스트레칭하도록 고안되었다(그림 14-22). 이 자세는 무릎뼈와 무릎관절 앞쪽에 있는 다른 조직에 매우 높은 스트레스를 준다. 무릎 부상의 병력이 있는 사람은 이 스트레칭을 피해야 한다. 이 스트레칭 동안 무릎에 가해지는 무릎뼈의 높은 압력으로 연골 손상을 일으킬 수 있기 때문에 대부분의 의료 전문가는 이 운동을 권장하지 않는다.

그림 14-22 아치형 넙다리네갈래근

피트니스 전문가는 운동선수와 같은 일부 고객에게는 그 자세가 스포츠나 활동에 필요하기 때문에 수행할 수도 있다. 예를 들어, 인버티드 허들러 스트레칭은 허들을 넘는 허들 선수의 자세를 모방한 것이다. 다른 것들은 무술, 체조 또는 요가에서 사용되는 전통적인 자세들이다. 그러나 대부분의 고객에게는 대상 근육을 스트레칭하는 데 사용할 수 있는 더 안전한 자세가 있다. 따라서 모든 고객은 스트레칭 테크닉과 자세에 대해 제대로 교육을 받아야 하며, 운동 프로그램의 목표를 달성하기 위해서는 가장 안전한 운동을 사용해야 한다.

요약

유연성 트레이닝은 근육 불균형, 관절 기능 장애 및 과도한 부상의 위험을 줄이는 데 도움이 되는 중요한 운동 형태이다. 유연성 트레이닝에 대한 통합적 접근법을 구현하여 세 가지 운동면(시상면, 이마면, 수평면) 모두에서 적절한 유연성, 관절 ROM, 신경근 효율을 갖는 것이 중요하다. 운동 사슬의 모든 부분은 자세 왜곡 패턴과 조직 과부하를 방지하기 위해 올바르게 정렬되어야 한다. 인체의 적응 잠재력은 제한된 유연성에 의해 감소하며, 이는 인체가 상대적 유연성으로 알려진 변형된 방식으로 움직이도록 한다. 근육 불균형은 변형된 상호억제, 협력근 우세, 골 및 관절 운동 기능 장애로 인해 발생한다. 이러한 불균형은 잘못된 자세, 잘못된 트레이닝 기술 또는 이전의 부상에 의해 야기될 수 있다. 이 근육 불균형은 신체 제어 능력 감소와 부상을 초래할 수 있다.

제14장 리뷰

유연성 트레이닝은 고객을 위한 포괄적인 피트니스 프로그램의 중요한 부분이다. 패턴 과부하를 초래하는 운동에 참여하는 고객은 누적 부상의 위험이 있다. 그러므로 이들 고객은 근육 불균형 교정, 관절 ROM 증가, 근육의 신장성 향상, 신경근 효율 개선을 위해 유연성 트레이닝이 필요하다. 유연성 트레이닝에는 자가근막기법, 정적 스트레칭, 능동적 스트레칭, 동적 스트레칭 등 다양한 형태가 있다.

자가 근막 롤링은 폼 롤러를 사용하여 조직을 이완시키는 데 도움을 주는 기법이다. 다른 자가근막기법은 마사지 볼이나 기타 기구를 사용하여 조직을 마사지할 수 있다. 이러한 기술은 통증을 줄이고 관절 ROM을 개선하는 데 도움을 준다. 다른 형태의 스트레칭을 하기 전에 자가근막기법을 수행하는 것이 좋다. 피트니스 전문가는 모든 수준의 고객에게 안전한 자가근막기법을 처방하기 위해서는 일반적인 의학적 주의 대상과 금기 사항을 알고 있어야 한다.

정적 스트레칭은 근육을 첫 번째 긴장 지점까지 스트레칭하고, 그 자세를 최소한 30초 동안 유지하는 것이다. 이러한 형태의 스트레칭은 관절 ROM을 증가시킨다. 평가 과정에서 과활성화로 확인된 근육만 정적 스트레칭을 해주는 것이 중요하다.

능동적 스트레칭은 상호억제를 사용하여 관절 ROM과 조직 신장성을 증가시킨다. 능동적 스트레칭은 1~2초간 유지하며 5~10회 반복한다.

마지막으로 동적 스트레칭은 근육의 힘 생성과 신체의 운동량을 이용하여 사용 가능한 전체 ROM을 통해 운동을 수행한다. 고객은 3~10개의 동적 스트레칭을 사용하여 10회 반복의 한 세트를 수행할 수 있다.

제14장 하이라이트

- 유연성은 관절의 완전한 ROM을 허용하는 모든 연부조직의 정상적인 신장성으로 정의된다.
- 유연성은 동적 동작 시 가동성에 큰 영향을 미친다.
- 유연성이 떨어지면 상대적 유연성이 발달할 수 있는데, 이는 HMS가 기능적 운동 중 최소 저항의 경로를 찾는 과정이다.

- 운동 사슬로도 알려진 HMS는 근육계, 뼈대계, 신경계로 구성된다. 신체의 운동 사슬은 상부 운동 사슬과 하부 운동 사슬의 두 가지 영역 사슬로 더 분류될 수 있다.
- 근육 불균형은 자세 왜곡, 반복적인 움직임, 누적된 외상, 정서적 강박, 잘못된 트레이닝 기술, 잘못된 신체 조절, 편향된 트레이닝 패턴으로 인해 발생할 수 있다.
- 근육 불균형은 변형된 상호억제, 협력근 우세, 골운동학 및 관절운동학적 기능 장애를 초래할 수 있다.
- 협력근 우세는 약하거나 억제된 주동근의 기능을 협력근이 대신 맡게 될 때 발생하는 신경근육 현상이다. 이것은 길항근의 상호억제 변형을 초래한다.
- 골운동학은 뼈와 관절이 ROM을 통해 어떻게 움직이는지를 설명하고, 관절운동학은 관절 표면에서의 움직임을 설명한다. 관절 운동의 변형은 근육 길이-장력 관계 변형, 짝힘 관계 변형, 관절 표면 운동 불량으로 인해 발생할 수 있으며, 이는 운동 효율을 저하시킨다.
- 신경 근육 효율성은 신경계가 올바른 근육을 동원하여 힘을 생성하고 힘을 감소시키며 세 가지 운동면에서 모두 신체 구조를 동적으로 안정시키는 능력이다. 최적의 신경 근육 효율을 가지려면 세 가지 운동면에서 모두 적절한 유연성을 가져야 한다.
- 유연성 트레이닝에 대한 과학적 근거는 패턴 과부하와 누적 손상 주기 개념을 통해 설명된다.
- 유연성 운동의 일반적 유형에는 자가근막기법과 정적·능동적·동적 스트레칭이 있다.
- 자가 근막 롤링은 근막 조직의 부분적, 신경생리학적 효과를 모두 일으키는 것으로 생각된다.
- 정적 스트레칭은 수동적으로 근육을 긴장 지점까지 끌어올려 최소 30초 동안 스트레칭을 유지하는 과정이다.
- 능동적 스트레칭은 주동근과 협력근을 사용하여 관절을 능동적으로 ROM에서 움직이는 과정으로 1~2초간 유지하고 5~10회 반복한다.
- 동적 스트레칭은 근육의 힘 생성과 신체의 운동량을 이용해 사용 가능한 전체 ROM을 통해 협동하여 운동을 수행한다.
- 피트니스 전문가는 모든 고객을 위한 안전한 유연성 프로그램을 만들기 위해 논란의 여지가 있는 스트레칭 기법과 의학적 주의 대상 및 금기 사항에 대해 포괄적으로 알고 있어야 한다.

참고 문헌

Aboodarda, S. J., Spence, A. J., & Button, D. C. (2015). Pain pressure threshold of a muscle tender spot increases following local and non-local rolling massage. *BMC Musculoskeletal Disorders*, *16*, Article 265. https://doi.org/10.1186/s12891-015-0729-5

Arăgao, F. A., Schäfer, G. S., de Albuquerque, C. E., Vituri, R. F., de Azevedo, F. M., & Bertolini, G. R. (2015). Neuromuscular efficiency of the vastus lateralis and biceps femoris muscles in individuals with anterior cruciate ligament injuries. *Revista Brasileria de Ortopedia*, *50*(2), 180–185. https://doi.org/10.1016 /j.rboe.2015.03.010

Behm, D. G., Blazevich, A. J., Kay, A. D., & McHugh, M. (2016). Acute effects of muscle stretching on physical performance, range of motion, and injury incidence in healthy active individuals: A systematic review. *Applied Physiology, Nutrition, and Metabolism*, *41*(1), 1–11. https://doi.org/10.1139/apnm-2015-0235

Behm, D. G., & Chaouachi, A. (2011). A review of the acute effects of static and dynamic stretching on performance. *European Journal of Applied Physiology*, *111*(11), 2633–2651. https://doi.org/10.1007 / s00421-011-1879-2

Blazevich, A. J., Cannavan, D., Waugh, C. M., Fath, F., Miller, S. C., & Kay, A. D. (2012). Neuromuscular factors influencing the maximum stretch limit of the human plantar flexors. *Journal of Applied Physiology*, *113*(9), 1446–1455. https://doi.org/10.1152 / japplphysiol.00882.2012

Camargo, P. R., & Neumann, D. A. (2019). Kinesiologic considerations for targeting activation of scapulothoracic muscles - Part 2: Trapezius. *Brazilian Journal of Physical Therapy*, *23*(6), 467–475. https://doi.org/10.1016/j.bjpt.2019.01.011

Cheatham, S. W. (2019). Roller massage: A descriptive survey of allied health professionals. *Journal of Sports Rehabilitation*, *28*(6), 640–649. https://doi.org/10.1123/jsr.2017-0366

Cheatham, S. W., Kolber, M. J., Cain, M., & Lee, M. (2015). The effects of self-myofascial release using a foam roll or roller massager on joint range of motion, muscle recovery, and performance: A systematic review. *International Journal of Sports Physical Therapy*, *10*(6), 827–838.

Cheatham, S. W., & Kreiswirth, E. M. (2014). The regional interdependence model: A clinical examination concept. *International Journal of Athletic Training and Therapy*, *19*(3), 8. https://doi.org/10.1123/ijatt.2013-0113

Cheatham, S. W., Stull, K. R., & Ambler-Wright, T. (2018). Roller massage: Survey of physical therapy professionals and a commentary on clinical standards—part II. *International Journal of Sports Physical Therapy*, *13*(5), 920–930. https://doi.org /10.26603/ijspt20180920

Chu, S. K., Jayabalan, P., Kibler, W. B., & Press, J. (2016). The kinetic chain revisited: New concepts on throwing mechanics and injury. *PM&R*, *8*(35 Suppl), S69–77. https://doi.org/10.1016/j.pmrj .2015.11.015

Cyron, C. J., & Humphrey, J. D. (2017). Growth and remodeling of load-bearing biological soft tissues. *Meccanica*, *52*(3), 645–664. https:// doi.org/10.1007/s11012-016-0472-5

David, P., Mora, I., & Pérot, C. (2008). Neuromuscular efficiency of the rectus abdominis differs with gender and sport practice. *Journal of Strength & Conditioning Research*, *22*(6), 1855–1861. https:// doi.org/10.1519/JSC.0b013e31817bd529

Dill, K. E., Begalle, R. L., Frank, B. S., Zinder, S. M., & Padua, D. A.

(2014). Altered knee and ankle kinematics during squatting in those with limited weight-bearing-lunge ankle-dorsiflexion range of motion. *Journal of Athletic Training*, *49*(6), 723–732. https:// doi.org/10.4085/1062-6050-49.3.29

Fairall, R. R., Cabell, L., Boergers, R. J., & Battaglia, F. (2017). Acute effects of self-myofascial release and stretching in overhead athletes with GIRD. *Journal of Bodywork and Movement Therapies*, *21*(3), 648–652. https://doi.org/10.1016/j.jbmt.2017 .04.001

Floeter, M. K., Danielian, L. E., & Kim, Y. K. (2013). Effects of motor skill learning on reciprocal inhibition. *Restorative Neurology and Neuroscience*, *31*(1), 53–62. https://doi.org/10.3233/rnn-120247

Floyd, R. T. (2018). *Manual of structural kinesiology* (20th ed.). New York, NY: McGraw-Hill.

Grabow, L., Young, J. D., Alcock, L. R., Quigley, P. J., Byrne, J. M., Granacher, U., . . . Behm, D. G. (2018). Higher quadriceps roller massage forces do not amplify range-of-motion increases nor impair strength and jump performance. *Journal of Strength Conditioning Research*, *32*(11), 3059–3069. https://doi.org /10.1519/jsc.0000000000001906

Haddad, M., Dridi, A., Chtara, M., Chaouachi, A., Wong, D. P., Behm, D., & Chamari, K. (2014). Static stretching can impair explosive performance for at least 24 hours. *Journal of Strength and Conditioning Research*, *28*(1), 140–146. https://doi.org/10.1519 / JSC.0b013e3182964836

Hotfiel, T., Freiwald, J., Hoppe, M. W., Lutter, C., Forst, R., Grim, C., . . . Heiss, R. (2018). Advances in delayed-onset muscle soreness (DOMS): Part I: Pathogenesis and diagnostics. *Sportverletzung Sportschaden*, *32*(4), 243–250. https://doi.org/10.1055 /a-0753-1884

Iqbal, Z. A., & Alghadir, A. H. (2017). Cumulative trauma disorders: A review. *Journal of Back and Musculoskeletal Rehabilitation*, *30*(4), 663–666. https://doi.org/10.3233/bmr-150266

Jafri, M. S. (2014). Mechanisms of myofascial pain. *International Scholarly Research Notices*, *2014*, Article 523924. https://doi.org /10.1155/2014/523924

Jay, K., Sundstrup, E., Søndergaard, S. D., Behm, D., Brandt, M., Sµrvoll, C. A., . . . Andersen, L. L. (2014). Specific and cross over effects of massage for muscle soreness: Randomized controlled trial. *International Journal of Sports Physical Therapy*, *9*(1), 82–91.

Kay, A. D., & Blazevich, A. J. (2012). Effect of acute static stretch on maximal muscle performance: A systematic review. *Medicine and Science in Sports and Exercise*, *44*(1), 154–164. https://doi.org /10.1249/MSS.0b013e318225cb27

Kelly, S., & Beardsley, C. (2016). Specific and cross-over effects of foam rolling on ankle dorsiflexion range of motion. *International Journal of Sports Physical Therapy*, *11*(4), 544–551.

Kendall, F. P., McCreary, E. K., Provance, P. G., Rodgers, M. M., & Romani, A. W. (2005). *Muscles: Testing and function with posture and pain* (5th ed.). Baltimore, MD: Lippincott Williams and Wilkins.

Kenney, W. L., Wilmore, J. H., & Costill, D. L. (2019). *Physiology of sport and exercise* (7th ed.). Champaign, IL: Human Kinetics.

Laffaye, G., Da Silva, D. T., & Delafontaine, A. (2019). Self-myofascial release effect with foam rolling on recovery after high-intensity interval training. *Frontiers in Physiology*, *10*, 1287. https://doi.org /10.3389/fphys.2019.01287

Lamprecht, A., & Padayachy, K. (2019). The epidemiology of work-related musculoskeletal injuries among chiropractors in the eThekwini municipality. *Chiropractic & Manual Therapies*, *27*(1), 18. https://doi.org/10.1186/s12998-019-0238-y

Lempke, L., Wilkinson, R., Murray, C., & Stanek, J. (2018). The effectiveness of PNF versus static stretching on increasing hip-flexion range of motion. *Journal of Sport Rehabilitation*, *27*(3), 289–294. https://doi.org/10.1123/jsr.2016-0098

McDonald, A. C., Mulla, D. M., & Keir, P. J. (2019). Muscular and kinematic adaptations to fatiguing repetitive upper extremity work. *Applied Ergonomics*, *75*, 250–256. https://doi.org/10.1016 /j.apergo.2018.11.001

Mills, M., Frank, B., Goto, S., Blackburn, T., Cates, S., Clark, M., . . . Padua, D. (2015). Effect of restricted hip flexor muscle length on hip extensor muscle activity and lower extremity biomechanics in college-aged female soccer players. *International Journal of Sports Physical Therapy*, *10*(7), 946–954.

Mohr, A. R., Long, B. C., & Goad, C. L. (2014). Effect of foam rolling and static stretching on passive hip-flexion range of motion. *Journal of Sport Rehabilitation*, *23*(4), 296–299. https:// doi.org/10.1123/ jsr.2013-0025

Money, S. (2017). Pathophysiology of trigger points in myofascial pain syndrome. *Journal of Pain & Palliative Care Pharmacotherapy*, *31*(2), 158–159. https://doi.org/10.1080/15360288.2017 .1298688

Monteiro, E. R., Skarabot, J., Vigotsky, A. D., Brown, A. F., Gomes, T. M., & Novaes, J. D. (2017). Acute effects of different self-massage volumes on the FMS overhead deep squat performance. *International Journal of Sports Physical Therapy*, *12*(1), 94–104.

Morais, N., & Cruz, J. (2016). The pectoralis minor muscle and shoulder movement-related impairments and pain: Rationale, assessment and management. *Physical Therapy in Sport*, *17*, 1–13. https://doi.org/10.1016/j.ptsp.2015.10.003

Mueller, M. J., & Maluf, K. S. (2002). Tissue adaptation to physical stress: A proposed "physical stress theory" to guide physical therapist practice, education, and research. *Physical Therapy*, *82*(4), 383–403. https://doi.org/10.1093/ptj/82.4.383

Neumann, D. A. (2017). *Kinesiology of the musculoskeletal system: Foundations for rehabilitation* (3rd ed.). St. Louis, MO: Elsevier.

Opar, D. A., Williams, M. D., & Shield, A. J. (2012). Hamstring strain injuries: Factors that lead to injury and re-injury. *Sports Medicine*, *42*(3), 209–226. https://doi.org/10.2165/11594800 -000000000-00000

Opplert, J., & Babault, N. (2018). Acute effects of dynamic stretching on muscle flexibility and performance: An analysis of the current literature. *Sports Medicine*, *48*(2), 299–325. https://doi.org /10.1007/ s40279-017-0797-9

Page, P., Frank, C. C., & Lardner, R. (2010). *Assessment and treatment of muscle imbalance: The Janda approach*. Champaign, IL: Human Kinetics.

Rabin, A., & Kozol, Z. (2017). Utility of the overhead squat and forward arm squat in screening for limited ankle dorsiflexion. *Journal of Strength and Conditioning Research*, *31*(5), 1251–1258. https:// doi.org/10.1519/jsc.0000000000001580

Reid, J. C., Greene, R., Young, J. D., Hodgson, D. D., Blazevich, A. J., & Behm, D. G. (2018). The effects of different durations of static stretching within a comprehensive warm-up on voluntary and evoked contractile properties. *European Journal of Applied Physiology*, *118*(7), 1427–1445. https://doi.org/10.1007/s00421 -018-3874-3

Škarabot, J., Beardsley, C., & Štirn, I. (2015). Comparing the effects of self-myofascial release with static stretching on ankle range-of-motion in adolescent athletes. *International Journal of Sports Physical Therapy*, *10*(2), 203–212.

Slater, L. V., & Hart, J. M. (2016). The influence of knee alignment on lower extremity kinetics during squats. *Journal of Electromyography and Kinesiology*, *31*, 96–103. https://doi.org /10.1016/j. jelekin.2016.10.004

Sueki, D. G., Cleland, J. A., & Wainner, R. S. (2013). A regional interdependence model of musculoskeletal dysfunction: Research, mechanisms, and clinical implications. *Journal of Manual and Manipulative Therapy*, *21*(2), 90–102. https://doi.org/10.1179 /2042618612y.0000000027

Sugimoto, D., Jackson, S. S., Howell, D. R., Meehan, W. P., 3rd, & Stracciolini, A. (2019). Association between training volume and lower extremity overuse injuries in young female athletes: Implications for early sports specialization. *Physician and Sportsmedicine*, *47*(2), 199–204. https://doi.org/10.1080

/00913847.2018.1546107

Thomas, E., Bianco, A., Paoli, A., & Palma, A. (2018). The relation between stretching typology and stretching duration: The effects on range of motion. *International Journal of Sports Medicine*, *39*(4), 243–254. https://doi.org/10.1055/s-0044-101146

Verhagen, A. P., Bierma-Zeinstra, S. M., Burdorf, A., Stynes, S. M., de Vet, H. C., & Koes, B. W. (2013). Conservative interventions for treating work-related complaints of the arm, neck or shoulder in adults. *Cochrane Database of Systematic Reviews*, *12*, CD008742. https://doi.org/10.1002/14651858.CD008742.pub2

Vernetta-Santana, M., Ariza-Vargas, L., Robles-Fuentes, A., & López-Bedoya, J. (2015). Acute effect of active isolated stretching technique on range of motion and peak isometric force. *Journal of Sports Medicine and Physical Fitness*, *55*(11), 1299–1309.

Young, J. D., Spence, A. J., & Behm, D. G. (2018). Roller massage decreases spinal excitability to the soleus. *Journal of Applied Physiology*, *124*(4), 950–959. https://doi.org/10.1152/japplphysiol .00732.2017

Zhuang, X., Tan, S., & Huang, Q. (2014). Understanding of myofascial trigger points. *Chinese Medical Journal*, *127*(24), 4271–4277. https://doi.org/10.3760/cma.j.issn.0366-6999.20141999

CHAPTER 15

심폐 체력 트레이닝

학습 목표

- 각기 다른 건강 및 피트니스 목표를 가진 다양한 고객을 위한 심폐 능력 트레이닝의 중요성을 요약할 수 있다.
- 심폐 체력 트레이닝에 대한 일반 지침을 정리할 수 있다.
- 심폐 지구력 향상을 위한 단계적 트레이닝과 그 사용법을 설명할 수 있다.
- 자세 이상이 있는 고객을 위한 심폐 트레이닝 고려 사항 및 수정 사항을 확인할 수 있다.

심폐 체력 트레이닝 개요

심폐 체력(cardiorespiratory fitness)은 지속적인 신체활동 중에 뼈대근에 산소가 풍부한 혈액을 공급하는 심혈관 및 호흡기계의 능력을 나타낸다. 심폐 체력은 건강 관련 피트니스의 다섯 가지 구성 요소 중 하나이다. 다른 네 가지는 근력, 근지구력, 유연성, 체성분이다. 심폐 체력은 건강과 웰빙뿐만 아니라 과도한 피로 없이 일상생활활동(activities of daily living, ADL)을 정상적으로 하는 능력과 직결된다. 신체활동 및 운동 트레이닝 프로그램은 체력의 각 주요 구성 요소를 개선할 목적으로 설계되어야 한다. 그중에서 특히 심폐 건강 운동은 만성 질환을 예방하고 삶의 질을 향상시킨다는 관점에서 혜택이 많기 때문에 운동 프로그램 디자인 및 시행 시 시간과 자원을 할당할 때 항상 최우선 순위에 두어야 한다(Anderson et al., 2016; Thorogood et al., 2011).

유용한 힌트

피트니스를 구성하는 다섯 가지 요소는 다음과 같다.

- 심폐(유산소) 체력
- 근력
- 근지구력
- 유연성
- 신체 구성

심폐 트레이닝(cardiorespiratory training)은 심폐계에 스트레스를 가하여 신체가 최적의 상태 및 적응 수준을 달성하도록 단계별로 훈련시키는 프로그램을 계획하는 방법이다. 심폐 운동 프로그램을 계획하고 시행하는 동안 피트니스 전문가가 범하는 가장 흔한 오류 중 하나는 진전율(rate of progression)을 고려하지 않는 일이다. 진전율은 고객이 시간과 에너지를 가장 효율적으로 활용하여 건강 및 피트니스 목표를 달성하도록 돕는 데에 중요하다. 또한, 각 고객의 진전율을 신중하게 고려하고 개별적으로 모니터링하지 않을 경우, 진전도가 너무 빠를 때는 부상을 입을 수 있고, 진전도가 너무 느릴 때는 운동 지속성(adherence)이 떨어

심폐 체력 Cardiorespiratory fitness 활동 중 신체에 산소를 공급하는 순환계 및 호흡계의 능력

일상생활활동 Activities of daily living (ADL) 기본적인 생활을 관리하기 위해 필요한 기본 활동, 즉 목욕, 옷 입기, 몸단장, 식사 준비, 가사 등

진전율 Rate of progression 빈도, 강도, 시간 및 유형이 증가하는 과정 및 속도

지속성 Adherence 주어진 행동이나 행동 계획에 지속해서 따르는 정도

질 수 있다. 그러므로 심폐 체력 트레이닝 프로그램 디자인 시 입증된 과학적 원리를 적용하면 고객이 최적의 신체 및 수행 적응 수준을 달성하는 데 도움이 된다.

심폐 체력의 이점

규칙적인 신체활동과 구조화된 운동의 이점은 많다. 중강도의 적절한 양의 운동으로 수많은 건강 관련 이점을 얻을 수 있으며, 고강도의 운동, 또는 중강도와 고강도가 조합된 운동으로 훨씬 더 큰 이점을 얻을 수 있다. 평생에 걸친 규칙적이고 지속적인 신체활동은 사망 및 후천적 장애 관련 예측에 있어 가장 정확한 기준 중 하나이다. 연구에 따르면 개인의 심폐 체력 수준은 질병률(morbidity)과 사망률(mortality)의 강력한 예측 인자이다(Kim et al., 2018; Lee et al., 2010). 다시 말하면 심폐 체력이 좋지 않은 경우 모든 사인, 특히 심혈관 질환으로 인한 조기 사망 위험이 현저하게 증가한다. 물론 심폐 체력의 개선은 모든 원인으로 인한 조기 사망 위험을 감소시킨다(Kim et al., 2018; Lee et al., 2010).

연구에 따르면 심폐 운동과 신체활동은 건강, 수명 및 체중 감소를 향상시키는 등 많은 이점이 있었다(Wasfy & Baggish, 2016). 정기적으로 활동하는 사람은 이러한 혜택을 얻을 가능성이 높지만, 앉아서 일하는 사람은 전반적인 건강과 웰빙이 급격히 악화될 수 있다.

심폐 트레이닝에 대한 일반 지침

피트니스 전문가는 사람마다 똑같은 방식으로 심폐 운동에 반응하고 적응하지 않는다는 것을 알아야 한다. 즉, 운동에 대한 신체적, 지각적 반응은 비슷한 나이, 체력, 건강을 가진 사람들 사이에서도 매우 다양하다. 그렇기 때문에 심폐 운동을 포함한 모든 운동은 FITTE-VP 원리에 따라 개인마다 다르게 적용해야 한다(Garber et al., 2011). FITTE-VP는 '빈도, 강도, 시간, 유형, 흥미, 운동량, 진전도'를 의미한다. 이 장에서는 이들 각각의 개념에 대해 알아본다.

빈도

빈도(frequency)는 단위 기간(주로 일주일) 동안 시행한 운동 세션의 횟수를 뜻한다. 중강도의 운동(예: 빠른 걷기)은 최소한 주 5회는 실시해야 하며, 고강도 운동(예: 조깅, 혹은 달리기)은 주 3회 정도 실시해야 한다. 중강도와 고강도를 혼합한 세션도 바람직하다(표 15-1)(Piercy et al., 2018; WHO, 2015).

표 15-1 권장 유산소 활동

빈도	시간	유형
주당 최소 5일	주당 150분	중강도의 유산소 활동 (예: 빠르게 걷기)
주당 최소 3일	주당 75분	고강도의 유산소 활동 (예: 조깅 또는 달리기)
주당 3~5일	중강도 및 고강도의 조합: 중강도 및 고강도 유산소 활동의 모든 조합	

강도

강도(intensity)는 특정 활동이 신체에 가하는 부담 수준을 나타낸다. 만성 질환의 위험을 감소시키는 것과 같은 일반적인 목표를 위해서는 중강도가 권장된다(Piercy et al., 2018; WHO, 2015). 중강도 운동은 일반적으로 심박수와 호흡수를 증가시키기에 충분한데, 트레이닝을 받지 않은 건강한 평균 성인에게 피로나 호흡 곤란을 일으키지 않을 정도의 강도를 뜻한다(Piercy et al., 2018; WHO, 2015). 즉, 운동이나 신체활동 중에 편안하게 말할 수 있는 정도여야 한다. 전반적인 체력과 컨디셔닝 향상을 위해서는 일반적으로 더 높은 강도가 필요하다. 그러나 이 둘을 조합하면 건강이 개선된다.

운동 강도 결정 방법

심폐 운동 강도는 다양한 방법으로 모니터링할 수 있다. 심폐 운동 강도를 모니터링하는 방법에는 최대산소소비량($\dot{V}O_{2max}$) 측정, 최대 심박수의 백분율(HR_{max}), 예비 심박수의 백분율(HRR), 대사당량(MET), 운동자각도(RPE) 및 대화 테스트 등이 있다. 이러한 방법 중 몇 가지는 다른 방법보다 현실적으로 시행하기에 쉽다.

최대산소소비량($\dot{V}O_{2max}$)

심폐 건강을 측정하는 표준 측정법은 전통적으로 최대산소소비량이며, 분당 체중 1kg당 소비되는 최대산소량(mL/kg/min)으로 표시된다. 즉, $\dot{V}O_{2max}$는 개인이 격렬한 운동 중에 사용할 수 있는 최대산소량이다. $\dot{V}O_{2max}$가 결정되면 운동 훈련 강도를 정하는 일반적인 방법은 고객이 $\dot{V}O_{2max}$의 일정 비율로 운동하도록 하는 것이다. 그러나 $\dot{V}O_{2max}$를 정확하게 측정하는 일은 고객이 최대한으로 심폐 운동을 수행하고 고객의 환기 반응(소비된 산소 및 만료된 이산화탄소)을 측정하는 정교한 장비가 필요하기 때문에 피트니스 전문가가 현실적으로 적용하기에는 어렵다. 따라서 다음에 소개되는 대체된 최대 유산소 능력 테스트가 피트니스 전문가가 $\dot{V}O_{2max}$를 추정하는 데 널리 쓰인다.

최대 심박수

심폐 운동 중 훈련 강도를 설정하기 위한 또 다른 방법으로 HR_{max} 계산이 있다. 고객의 실제 최대 심박수를 측정하는 것이 효과적이기는 하지만 최대 용량으로 고객을 테스트해야 하기 때문에 피트니스 전문가에게도 비실용적이다. 하지만 최근 HR_{max}를 추정하는 많은 수학 공식이 개발되었다. HR_{max}가 계산되면 피트니스 전문가는 고객이 HR_{max}에 대한 비율로 운동하도록 정할 수 있다.

'220 − 연령'은 HR_{max}를 추정하는 데 가장 일반적으로 사용되는 공식이다. 그러나 이 공식은 최대 심박수가 같은 연령대에서 개인마다 크게 다르기 때문에 심폐 체력 프로그램을 설계하기 위한 도구로 사용되지 않았다. William Haskell 박사(앞서 언급한 공식의 개발자 중 한 명)가 "이 공식은 사람들의 훈련을 지배하는 절대적인 지침이 될 수 없다"라고 한 말이 자주 인용되고 있다(Kolata, 2001).

이러한 이유로 HR_{max}를 208 − (0.7 × 연령)으로 계산하는 **타나카 공식(Tanaka formula)**과 같은 보다 적절한 회귀 공식이 개발되었다(Tanaka et al., 2001). 이 공식은 개인의 HR_{max}를 추정하는 Haskell의 '220 − 연령' 공식보다 더 정확한 것으로 나타났다(Roy & McCrory, 2015).

피트니스 전문가는 이러한 공식들을 절대적인 척도로 사용해서는 안 된다는 점을 명심해야 한다. 운동에 대한 심박수 반응은 유전, 약물, 카페인과 같은 각성제 사용 등을 포함한 많은 요인에 따라 달라진다. 타나카 공식은 사용이 매우 간단하고 심폐 트레이닝 강도를 가늠하기 위한 대략적인 시작점으로 손쉽게 이용할 수 있다.

HR_{max}의 65%로 운동해야 하는 40세 고객의 예를 살펴보자. 공식은 다음과 같이 계산된다.

Tanaka 공식: $208 - (0.7 \times \text{나이}) = HR_{max}$

$$208 - (0.7 \times 40) = HR_{max}$$
$$208 - (28) = HR_{max}$$
$$180 = HR_{max}$$

고객의 예상 분당 최대 심박수(bpm)는 180회다.

$$180 \times 65\% = 117$$

그러므로 117bpm은 고객의 **목표심박수(target heart rate)**가 된다.

여유 심박수

카보넨(Karvonen) 방법이라고도 불리는 여유 심박수(HRR)는 고객의 추정 HR_{max}와 안정시 심박수의 차이를 기반으로 고객의 목표심박수를 계산하는 방법이다. 이 공식은 개인의 안정시 심박수를 고려하기 때문에 HR_{max}의 백분율만 계산하는 것보다 더 적절할 수 있다.

여유 심박수 공식은 다음과 같다.

$$[(HR_{max} - HR_{rest}) \times \text{목표운동강도}] + HR_{rest} = \text{목표심박수}$$

원하는 훈련 강도가 HR_{max}의 85%인 25세 고객의 예를 생각해 보자. 이 25세 고객의 안정시 심박수가 50bpm(이는 매우 건강한 상태)이라고 하면 타나카 공식을 통해 HR_{max}를 계산한 후에 다음 계산을 따르면 된다.

$$[(HR_{max} - HR_{rest}) \times \text{목표운동강도}] + HR_{rest} = \text{목표심박수}$$
$$208 - (0.7 \times 25) = 191\,HR_{max}$$
$$191(HR_{max}) - 50(HR_{rest}) = 141$$
$$141 \times 85\%\,(\text{목표운동강도}) = 120$$
$$120 + 50(HR_{rest}) = 170\text{ bpm}$$

그러므로 분당 170회가 이 고객의 목표심박수(target heart rate)가 된다.

질병률 Morbidity 질병이 있는 상태
사망률 Mortality 사망 또는 사망의 위험이 있는 상태
빈도 Frequency 지정된 기간의 트레이닝 세션 수
강도 Intensity 주어진 활동에 의해 신체에 가해지는 요구 수준
타나카 공식 Tanaka formula 개인의 최대 심박수를 연령으로부터 추정하는 공식: 208 − (0.7 × 연령).
목표심박수 Target heart rate 목표로 하는 심박수(최대 심박수 대비)

대사당량(MET)

1MET는 1분당 체중 1kg당 소비되는 산소 3.5mL(3.5mL $O_2 \cdot kg^{-1} \cdot min^{-1}$) 또는 성인의 평균 안정시 대사율을 나타낸다. 즉, 완전한 휴식 상태인 사람이 사용하는 산소의 양을 나타낸다. MET는 신체활동의 에너지 비용을 안정시 대사율의 배수로 설명하는 데 사용되며, MET 값은 운동 강도와 에너지 소비를 연결하는 데 이용된다. 예를 들어, 느린 속도로 조깅하는 것과 같이 MET 값이 4인 신체활동은 사람이 휴식(예: 조용히 앉아 있음)에서 사용하는 것보다 4배의 에너지가 필요함을 뜻한다. 흔히 하는 활동들과 이런 활동의 평균 MET 값을 설명하는 정보가 많이 있지만, 이 방법은 피트니스 시설 내에서는 자주 사용되지 않는다.

운동자각도 추정 방법

운동자각도(RPE)는 운동 강도를 추정하는 데 널리 사용되는 방법이다. RPE는 고객이 운동 중에 얼마나 열심히 하고 있는지 확인하는 데 사용되는 기술이다. RPE를 사용할 때는 주관적으로 느끼는 운동의 어려움을 평가하며, 심박수 증가, 호흡 수 증가, 발한 증가 및 피로감 증가와 같은 신체적 감각을 바탕으로 판단한다. 고객이 스스로 평가할 때는 신체의 고립된 부분(즉, 자전거를 타는 동안 피곤한 다리)뿐만 아니라 전반적인 피로감을 포함하여 얼마나 힘든지에 대한 총체적인 느낌을 이야기해야 한다. RPE 척도는 주관적인 기준이지만 고객이 운동 등급을 정확하게 보고한다면 운동 훈련 강도에 대한 좋은 추정치가 된다.

RPE에는 두 가지 버전이 있다. 원래의 6–20 척도와 최신의 1–10 척도(표 15–2 및 15–3)이다. Borg 6–20이 표준이지만 6점(0이 아닌)에서 시작하고 15가지 선택 항목이 있기 때문에 다소 혼란스러울 수 있다. 6–20 척도를 사용하는 이유는 각 값이 심박수에 해당하고, 대부분의 성인 심박수 범위는 60~200bpm 사이이기 때문이다. 결과적으로 Borg 점수 6은 심박수 60bpm에 해당하고 Borg 점수 12는 심박수 120bpm에 해당한다. 그러나 간편성과 사용 편의성을 위해 NASM(National Academy of Sports Medicine)은 6–20 Borg 척도에 이미 익숙한 고객이 아니라면 1–10 척도를 사용할 것을 권장한다.

대화 테스트

대화 테스트(talk test)는 오랜 시간 운동하는 중에 훈련 강도를 비공식적으로 측정하는 데 사용된 방법이었다. 고객의 호흡이 너무 거칠어 운동 중에 간단한 대화를 할 수 없는 지점에 도달하면 고강도 수준에서 운동하고 있는 것으로 믿어왔다. 여러 연구에서 사이클 에르고미터와 러닝머신 운동 모두에서 대화 테스트, $\dot{V}O_2$, **환기 역치(ventilatory threshold, T_{vent})** 및 심박수 사이에 상관 관계가 있음을 확인했다(Foster et al., 2008; Jeans et al., 2011; Persinger et al., 2004; Reed & Pipe, 2016). 따라서 대화 테스트는 피트니스 전문가와

표 15–2 RPE 척도 6–20

오리지널 척도	
6	
7	매우 가볍다
8	
9	상당히 가볍다
10	
11	가볍다
12	
13	다소 힘들다
14	
15	힘들다
16	
17	상당히 힘들다
18	
19	매우 힘들다
20	

표 15–3 RPE 척도 1–10

등급	운동 자각 수준
0	비운동, 휴식 상태
1	매우 가볍다
2–3	가볍다
4–5	중강도, 다소 힘들다
6–7	고강도, 힘들다
8–9	매우 힘들다
10	최대치에 달하는 강도

표 15-4 운동 강도 프로그래밍 방법

방법	설명
최대산소소비량($\dot{V}O_{2max}$)	목표 $\dot{V}O_{2max}$ = $\dot{V}O_{2max}$ × 목표운동강도(%)
최대 심박수(HR_{max})	Tanaka HR_{max} 공식: 208 − (0.7 × 연령) 목표심박수 = HR_{max} × 목표운동강도(%)
심박수 예비율(HRR)	목표심박수 = [(HR_{max} − HR_{rest}) × 목표운동강도(%)] + HR_{rest}
대사당량(MET)	1MET는 1분당 체중 1kg당 소비되는 산소 3.5mL(3.5mL $O_2 \cdot kg^{-1} \cdot min^{-1}$)이며, 이는 성인의 평균 안정시 대사율과 같다.
운동자각도(RPE)	1–10 척도 또는 6–20 척도
대화 테스트	운동 중 얼마나 대화가 가능한지에 따라 운동 강도와 환기 역치 확인 가능

고객이 심박수 또는 $\dot{V}O_{2max}$ 측정에 의존하지 않고도 적절한 운동 강도를 모니터링하는 데 도움이 된다.

고객이 편안하게 말할 수 있다면 일반적으로 환기 역치1(VT1)의 강도 아래에서 운동하고 있는 것이다. 고객이 계속 말하다가 더 이상 편안하게 말할 수 없는 첫 번째 지점(즉, 호흡이 가빠져서 말하기가 어려워짐)은 VT1에 가깝다. 대화 테스트와 VT1 사이의 이러한 관계는 잘 훈련된 운동선수부터 운동량이 부족한 사람 및 심혈관 질환 환자에 이르기까지 여러 집단에서 유효한 것으로 입증되었다(Voelker et al., 2001; Zanettini et al., 2013). VT1 측정을 위한 프로토콜은 11장에 설명되어 있다.

심폐 운동 강도를 프로그래밍하는 방법은 [표 15-4]에 요약되어 있다.

시간

시간(time)은 활동 또는 운동 트레이닝 세션에 참여한 시간을 말하며 일반적으로 분 단위로 표시된다. 가장 최근의 신체활동에 대한 공중보건지침(WHO, 2015)에 따르면 성인은 매주 2시간 30분(150분)의 중강도 유산소 활동(즉, 빠르게 걷기) 또는 1시간 15분(75분)의 격렬한 유산소 운동(조깅 또는 달리기와 같은 강도 높은 유산소 운동)을 누적하거나 이에 상응하는 중강도 및 고강도 유산소 활동을 혼합하는 것이 좋다고 했다(Piercy et al., 2018; World Health Organization, 2015). 더 많은 건강 및 피트니스 이점을 얻기 위해서는 성인은 주당 중강도 활동을 300분, 또는 고강도 활동을 주당 150분을 초과할 것을 여러 지침에서 권장하고 있다. 피트니스 전문가는 사람이나 운동 누적 시간에 관계 없이 신체 활동이나 운동의 모든 과정이 건강상 긍정적인 이점을 가져다준다는 것을 인식하고 있어야 한다.

유형

유형(type)은 선택한 활동의 종류를 나타낸다. 활동이나 운동이 '유산소' 운동으로 간주되려면 세 가지 기준이 충족되어야 한다. 유산소 운동 방식은 (a) 리듬이 있어야 하고 (b) 큰 근육 그룹을 사용해야 하며 (c) 본질적으로 연속적이어야 한다. 유산소 운동 방식의 몇 가지 예는 다음과 같다.

- 조깅
- 걷기
- 유산소 운동 기구를 이용한 운동
- 수영
- 자전거 타기(실내 또는 실외)

피트니스 전문가는 수영이나 사이클링과 같은 심폐 운동 종류 외에도 다양한 유산소 운동 형식에 익숙해지는 것도 중요하다. 이러한 형식 중 다수는 유산소 및 무산소 에너지

대화 테스트 Talk test 운동하는 사람이 다양한 강도의 운동 수준에서 얼마나 대화를 유지해 나갈 수 있는지를 측정하는 유산소 테스트

환기 역치 Ventilatory threshold (T_{vent}) 단계가 있는 운동 중에 환기가 산소 섭취량에 비례하지 않고 급격히 올라가는 시점. 이는 유산소 에너지 생산에서 무산소 에너지 생산으로의 전환을 나타낸다.

환기 역치1 Ventilatory threshold 1 (VT1) 신체가 탄수화물과 지방을 같은 비율로 혼합하여 연료로 사용하는 지점

시간 Time 개인이 주어진 활동에 참여한 시간

유형 Type 개인이 수행하고 있는 활동의 종류

경로를 모두 활용하는 형태들이며, 인터벌 트레이닝, 고강도 인터벌 트레이닝, 타바타 및 파틀렉(Fartlek) 트레이닝 등이 여기에 포함된다.

인터벌 트레이닝

인터벌 트레이닝은 수년 동안 많은 연구에서 관심을 받아왔다(Batacan et al., 2016; Milanović et al., 2015). 이 트레이닝 형식은 낮은 강도와 높은 강도의 짧은 운동을 번갈아 가면서 하는 형태를 띤다. 고객의 목표, 필요 및 능력에 따라 운동의 강도(즉, 간격)는 중강도에서 매우 높은 강도까지 활용할 수 있다.

운동과 휴식의 비율을 계산하고 변경할 수 있어 운동 중에 받는 부하를 조절할 수 있다. 일반적으로 각 인터벌에서 적절한 회복을 위해 1:1에서 1:5 사이의 비율로 운동과 휴식을 취하지만, 이 비율은 고객의 체력 수준과 수행하는 운동 종류에 따라 크게 달라질 수 있다. 피트니스 전문가는 프로그램 전반에 걸쳐 훈련 부하를 다양화하기 위해 강도와 휴식 시간 비율을 조절할 수 있다.

중강도의 인터벌 트레이닝은 운동을 반복하는 동안 최대 또는 한계에 가까운 노력에 도달하기보다 정해진 수만큼 프로그래밍된 인터벌을 완료하는 것을 목표로 중강도의 운동을 한다. 중강도는 운동을 처음 시작하는 고객에게도 적합하고, 오버트레이닝(overtraining)을 하지 않도록 전반적인 훈련 스트레스를 가끔씩 줄일 때도 사용하기 좋은 강도이다.

고강도 인터벌은 각 운동을 반복하는 동안 거의 한계에 가까운 노력을 하도록 밀어붙임으로써 대사 에너지 시스템에 상당한 자극을 준다. 이러한 유형의 인터벌 트레이닝은 일반적으로 고강도 인터벌 트레이닝(high-intensity interval training, HIIT)으로 알려져 있다.

고강도 인터벌 트레이닝

HIIT는 일반적으로 최대 또는 한계에 가까운 수행능력(예: 전력 질주)으로 고강도로 짧게 운동하다가 회복 시간(예: 느린 조깅 또는 걷기)을 가지는 운동을 설명하기 위해 일반적으로 사용되는 용어이다. 인터벌 트레이닝은 많은 스포츠의 스톱-스타트 특성을 감안할 때 스포츠 컨디셔닝 분야에서 오랜 명성을 얻어왔지만, 근래에는 비슷한 강도로 지속하는 운동에 비해 압축된 시간 프레임에서 체력과 건강 개선을 달성함으로써 레크리에이션 피트니스 분야에서 인기가 높아졌다(Gaesser & Angadi, 2011).

HIIT는 제한된 시간과 적은 양의 운동으로 비슷한 결과를 얻을 수 있기 때문에 심폐 건강을 개선하는 효과적인 운동 방식인 것으로 나타났다. 또한 항정 상태(steady-state, SS) 유산소 운동과 유사한 수준으로 체중 감소와 콜레스테롤 수치 개선 및 혈압 감소에도 도움이 된다(Costa et al., 2018; Viana et al., 2019; Wewege et al., 2017; Wood et al., 2019). 그러나 HIIT 프로그램이 시간적 효율성(즉, 운동 시간 감소)이 높더라도 모든 고객이 그렇게 격렬한 운동을 할 필요는 없으며, 대부분 고객의 건강 또는 웰빙 목표를 달성하는 데 반드시 필요한 것도 아니다.

> **트레이닝 팁**
>
> HIIT 프로그램을 설계할 때 '노력'은 주관적(예: 내가 나 자신을 밀어붙이고 있는 정도)이고 '강도'는 객관적인 측정값(예: 전력 질주 시간, 들어올린 부하)으로, 둘은 동일하지 않음을 명심해야 한다. 운동 시 인터벌 사이에 적절한 회복을 제공하지 않으면 개인의 노력이 최대가 아닐지라도 운동의 강도를 줄여야 한다.

타바타 트레이닝

타바타(Tabata)는 HIIT의 한 유형이며 이즈미 타바타라는 일본 과학자가 만들었다(Tabata et al., 1996). 타바타 형식은 20초 동안 최대 노력으로 운동한 후 10초만 휴식하는 형식이다. 고객은 4분 동안 총 8개의 인터벌을 수행한다. 이 형식은 유산소 능력을 향상시키고 $\dot{V}O_{2max}$가 향상되는 것으로 나타났다(Viana et al., 2018).

그러나 진정한 의미의 타바타 트레이닝은 피트니스 시설에서 거의 가르치지 않는다. 타바타 박사와 그의 연구팀은 각 인터벌을 $\dot{V}O_{2max}$의 약 170%로 구성해서 엘리트 사이클리스트를 대상으로 연구를 수행했다. 대부분의 피트니스인들은 이 강도에서 운동을 수행하거나 유지할 수 없다. 또한 진정한 타바타 운동 세션은 4분간만 지속한다.

그래서 참가자가 프로그램을 성공적으로 수행할 수 있는 다양한 타바타 변형 트레이닝들이 인기를 얻고 있다. 피트니스 전문가는 고객에게 적절한 인터벌 강도를 선택해주고, 고객의 피트니스 수준과 격렬한 운동을 얼마나 잘 견딜 수 있는지를 고려해야 한다.

파틀렉 트레이닝

파틀렉(fartlek)은 '스피드 플레이'로 번역되는 스웨덴 용어이다. 파틀렉 훈련의 목표는 매우 가변적이며, 다양한 형식을 하나의 운동으로 결합하여 여러 생리학적 시스템(예: 유산소 및 무산소)에 자극을 주는 것을 목표로 한다. 주로 달리기 중에 수행되지만, 사이클링이나 수영 중에도 완료할 수 있다. 항정 상태 유산소 운동 또는 HIIT 형식과 달리 파틀렉 트레이닝은 구조가 정해져 있지 않고 저강도, 중강도 및 고강도 운동을 하나의 운동으로 결합한다. 파틀렉 트레이닝은 하나의 반복된 운동에서 오는 지루함을 없애는 데 도움을 준다.

흥미

흥미(enjoyment)는 특정 운동이나 활동에 참여하여 얻는 기쁨의 양을 나타낸다. 불행히도 운동 프로그램에서는 이 요소는 간과되기 십상이다. 고객의 성격 유형, 이전 운동 경험 및 기타 관심사를 고려하기 전에 특정 운동 형태를 선택하면 운동을 지속하지 않을 가능성이 많다. 활동 방식이나 운동 트레이닝 프로그램이 고객에게 즐겁지 않다면 운동 프로그램을 준수하지 않아 개인의 건강 및 피트니스 목표를 달성하지 못할 가능성이 높아진다. 고객은 지루하고 재미없는 프로그램보다 재미있고 도전적이며 격려 받는 환경을 제공하는 프로그램을 지속하는 경향이 있다(Heisz et al., 2016; Rodrigues et al., 2019; Wininger & Pargman, 2003).

운동량

운동량(volume)은 단위 기간(일반적으로 일주일)에 수행된 운동의 총량을 나타낸다. 앞서 언급한 바와 같이, 공중보건 지침은 성인의 경우 매주 150분의 중강도 유산소 활동, 또는 매주 75분의 고강도 유산소 활동, 또는 이 둘을 동등하게 혼합할 것을 권장한다(Piercy et al., 2018; World Health Organization, 2015). 그러나 중강도의 유산소 활동을 150분 동안 하면 큰 폭의 체중 감량은 기대하기 힘들다. 체중 감량을 원하는 사람은 주 250분 이상의 유산소 운동을 하는 것이 좋다(Donnelly et al., 2009). 연구에 따르면 일반적인 건강 개선과 체중 증가 예방을 위해서는 일주일에 1,200~2,000kcal를 신체활동을 통해 소비해야 한다고 말한다(Donnelly et al., 2009).

지식 확장하기

구조화된 운동을 통해 주당 1,200kcal 이상을 소비하는 것은 매우 어렵기 때문에 전문가들은 구조화되지 않은 신체활동을 일상생활에서 늘려야 한다고 제안한다. 최근 연구에 따르면 구조화되지 않은 신체활동을 통해 하루 종일 칼로리를 소비하는 것이 건강과 체중 감량 노력에서 중요하다는 것을 입증했다(Levine, 2007; Villablanca et al., 2015). 그래서 구조적이고 계획된 운동에서 **비운동 활동 열생성(nonexercise activity thermogenesis, NEAT)** 방향으로 일부 관심이 옮겨졌다. NEAT는 식사, 수면 또는 구조화된 운동을 포함하지 않고 하루 동안 소비되는 모든 에너지를 나타낸다(Levine, 2007; Villablanca et al., 2015). 이 에너지에는 다리 떨기, 서 있기, 움직이기, 일상생활의 기본 작업 수행(예: 집안일, 몸단장)을 통해 소비되는 칼로리가 포함되며, 이런 활동으로 어지간한 단일 운동 세션보다 더 많은 양의 칼로리를 소비할 수 있다.

진전도

진전도(progression)는 운동 프로그램이 어떻게 진행되는지를 나타낸다. 운동 프로토콜은 개인에게 지속적으로 도전할 수 있도록 강도 및 양을 점진적으로 진행해야 한다. 그러나 진전 속도는 개인과 개인의 필요성, 목표 및 능력에 따라 달라야 한다. 고객의 건강 상태, 신체 능력 및 운동에 대한 신체 반응을 고려해야 한다. 가령, 21세 엘리트 운동선수의 진전 상황은 앉아서 생활하는 직업을 가진 65세 성인과는 다르다.

운동량의 점진적인 증가(주당 < 10%)는 대부분의 건강한 성인에게 안전한 프로토콜인 것으로 본다. 이 접근 방식은

오버트레이닝 Overtraining 트레이닝의 과도한 빈도, 양, 강도로 인해 수행능력이 저하된 상태이며, 적절한 휴식과 회복 부족으로 발생한다.

고강도 인터벌 트레이닝 High-intensity interval training (HIIT) 상대적으로 짧은 휴식 시간으로 나누어 최대에 가까운 강도의 인터벌을 교대로 하는 트레이닝 방법

항정 상태 유산소 운동 Steady-state (SS) aerobic exercise 심박수, 산소 소비, 강도를 일정하게 유지한 상태로 진행하는 유산소 운동

흥미 Enjoyment 특정 운동이나 활동에 참여하여 얻는 기쁨의 양

운동량 Volume 정해진 시간 단위(일반적으로 1주일) 동안 수행한 운동의 양

비운동 활동 열생성 Nonexercise activity thermogenesis (NEAT) 걷기, 가사일, 계단 오르기 등 체계적 운동 이외의 일상 활동을 통한 에너지 소비

진전도 Progression 개인에게 지속적으로 부하를 주기 위해 운동 프로그램에서 강도 및 양을 진행하는 정도

또한 고객이 운동을 수행하고 프로그램을 완료할 능력이 있다고 느끼기 때문에 운동 프로그램을 계속 이어갈 가능성을 높인다. 피트니스 전문가는 주의 깊게 고객의 능력 수준에 따라 심폐 트레이닝 프로그램을 계획해야 한다. 운동 강도가 너무 빨리 진행되면 근골격계 손상(예: 염좌, 좌상) 위험이 발생할 수 있다(Garber et al., 2011).

지식 확장하기

만약 고객이 주당 150분씩(30분씩 주 5회) 운동하고 있다고 가정한다면, 운동량 10% 증가는 다음과 같다.

150 × 10% = 15

150 + 15 = 165분/주

권장 사항

과학적 근거를 기반으로 하는 최신 공중 보건 지침은 전반적인 건강과 체력을 향상시키고 수많은 만성 질환 발병 위험을 줄이기 위해 성인에게 주당 150분의 중강도 활동(즉, 빠른 걷기)에 참여할 것을 권장한다. 또한 성인이 주당 중강도 활동을 300분, 또는 고강도 활동을 주당 150분을 초과하면 더 많은 건강상의 이점을 얻을 수 있다고 말한다.

제시된 지침은 모든 성인, 특히 주로 앉은 상태로 하루의 대부분을 보내는 사람이나 운동 경험이 거의 없는 사람을 위한 신체활동 지침을 나타낸다. 고객이 주당 최소 5일 동안 중강도 유산소 활동, 곧 주당 150분(또는 30분, 주당 5회)의 심폐 트레이닝의 최소 지침을 따를 수 없다면, 주당 150분이 충족될 때까지 한 번에 10분씩 더 짧은 증분으로 나누어서 실시할 수 있다.

심폐 체력 트레이닝의 구성 요소

운동 트레이닝 프로그램은 개별 고객의 요구와 목표를 충족하도록 설계되어야 한다. 또한, 초기 운동 프로그램은 (a) 고객의 초기 체력 수준 (b) 체력 평가 결과 (c) 운동하는 데 있어서 중요한 위험 요소나 건강 문제가 있는지 여부를 반영해야 한다. 각 운동 트레이닝 세션에는 다음 단계들이 포함되어야 한다.

- 준비 운동 단계
- 컨디셔닝 단계
- 정리 운동 단계

심폐 준비 운동 단계

준비 운동은 일반적으로 신체활동을 위해 몸을 준비하는 과정이다. 준비 운동은 일반적인 준비 운동이 될 수도 있고 특정 활동에 맞춰져 있을 수도 있다. 일반 준비 운동(general warm-up)은 수행할 활동에 반드시 필요하지는 않은 움직임으로 구성된다. 일반적인 준비 운동의 예로는 웨이트 트레이닝 전에 러닝머신 위를 걷거나 사이클 머신을 타는 것 등이다. 특정적 준비 운동(specific warm-up)은 보통 실제 활동을 보다 가깝게 모방하는 동적 스트레칭 동작으로 구성된다. 특정적 준비 운동의 예로는 웨이트 트레이닝 전에 하는 바디웨이트 스쿼트, 런지 및 푸시업 등이 있다. 준비 운동에서 기대할 수 있는 이점은 [표 15-5]를 참조하도록 하자(Mcgowan et al., 2015; Silva et al., 2018).

표 15-5 준비 운동의 이점과 효과

이점	효과
심박수와 호흡수 증가	심폐계의 능력 증가 근육으로 가는 혈류량 증가 산소 교환 능력 증가
체조직 온도 상승	근육 수축 속도 증가 신진대사 속도 증가 연부조직 신장성 증가
운동 시합을 위한 심리적인 준비	개인의 정신적 준비 향상

준비 운동 시간의 심폐 부분은 전신, 동적 심폐 운동 또는 근육 운동으로 구성된다(컨디셔닝의 예상 훈련 강도 임계값보다 훨씬 낮은 강도). 준비 운동 기간의 목적은 심박수와 호흡수를 증가시키고 조직 온도를 높이며 강도 높은 트레이닝을 위해 심리적인 준비를 시키는 것이다(Mcgowan et al., 2015; Silva et al., 2018).

일반 준비 운동 General warm-up 바로 이어서 할 격렬한 운동과는 직결되지 않은 동작들로 수행하는 저강도의 운동

특정적 준비 운동 Specific warm-up 곧이어 수행할 격렬한 운동의 동작들과 유사한 동작으로 수행하는 저강도 운동

추천하는 준비 운동 활동들

NASM은 준비 운동의 심폐 부분을 5~10분 동안 저강도에서 중강도 수준으로 수행할 것을 권장한다. 그러나 고객의 목표와 목적에 따라 준비 운동 시간을 늘리거나 줄일 수 있고, 고객이 가진 의학적 또는 신체적 제한을 고려하여 활동을 수정할 수 있다.

주로 앉아서 생활하거나 의학적인 사유로 인해 제한이 있는 신규 고객, 운동 경험이 없는 고객은 최소한 운동 초기에는 준비 운동 활동에 더 많은 시간을 투자할 필요가 있다.

더욱이, 종합적인 준비 운동에는 심폐 운동 외에 유연성 기술과의 조합도 포함되어야 한다. 유연성 운동에는 자가근막기법(즉, 폼 롤링), 정적 스트레칭, 능동적 스트레칭 및 동적 스트레칭이 있다.

피트니스 전문가는 안전하고 효과적인 유연성 운동에 대해 포괄적으로 이해하는 것이 매우 중요하다. 또한 각각의 새로운 유연성 동작에서 얻을 수 있는 이점을 설명하고 안전하고 적절한 기술을 강조하여 시연하면서 새로운 고객과의 교육 세션을 시작해야 한다. 고객이 유연성 운동과 심폐 운동 기구의 작동을 완전히 익히고 나면 세션을 시작하기 전에 피트니스 전문가와 준비 운동을 시작할 수 있다. 그러면 트레이닝 프로그램의 다른 측면에 집중할 수 있는 시간이 늘어난다.

준비 운동은 신체활동을 준비하는 과정임을 강조해야 한다. 따라서 고객이 프로그램의 본격적인 운동을 시작하기 전에 과도하게 피로하지 않도록 준비 운동 강도를 모니터링하는 것이 중요하다. 적당한 지속 시간과 강도로 활동을 유지하면 알맞은 준비 운동을 보장하는 데 도움이 된다. [표 15-6]은 새 고객을 위한 준비 운동의 예를 보여준다.

> **트레이닝 팁**
>
> 고객의 준비 운동 동안 사용되는 유연성 기술은 평가 과정에서 과활성으로 확인된 근육을 대상으로 해야 한다. 따라서 피트니스 전문가는 고객의 운동 프로그램을 설계하기 전에 자세 및 움직임을 포함한 종합적인 피트니스 평가를 수행해야 한다. 자세 및 움직임 평가는 12장에서 논의되었다.

표 15-6 준비 운동 활동 예시

운동	예시	시간
자가근막기법	장딴지근 엉덩관절 굽힘근 넓은등근	근육당 30초
정적 스트레칭	장딴지근 엉덩관절 굽힘근 넓은등근	근육당 30초
심폐 운동	러닝머신	5~10분

컨디셔닝 단계

개인이 심폐 운동을 하는 이유는 체중 감량, 스트레스 감소, 건강 개선을 위한 칼로리 소비 등 여러 가지 이유가 있다. 피트니스 전문가가 고객에게 인지시켜야 할 점은 저강도 심폐 운동이 건강과 웰빙을 일부 개선하지만, 더 강도 높은 트레이닝과 비교했을 때 컨디셔닝의 유의미한 개선을 반드시 가져오는 것은 아니라는 점이다(Smolander et al., 2000). 그러나 어떠한 강도로 하든 [표 15-7]에 나온 것처럼 심폐 운동은

표 15-7 심폐 운동의 효과

▪ 더 강하고 효율적인 심장	▪ 콜레스테롤 수치 감소
▪ 혈액 순환 능력 향상(심박출량 증가)	▪ 혈압 감소
▪ 심장병 위험 감소	▪ 혈액 희석 개선, 혈전 위험 감소
▪ 안정시 심박수 감소	▪ 에너지 공급 능력 개선(지방산 사용 능력 향상, 근육 글리코겐 저장량 절약)
▪ 주어진 운동 수준에서 낮은 심박수	▪ 근육의 산소 사용 효율 증가
▪ 폐 환기 개선(호흡의 효율성 증대)	▪ 정신적 기민함 향상
▪ 호흡 관련 근육 강화	▪ 우울감 및 불안감 감소
▪ 중량 유산소 운동으로 인한 연골 및 뼈 강화	▪ 숙면 및 이완 능력 향상
▪ 산소 운반 능력 증가	▪ 스트레스 내성 향상
▪ 제지방량 증가	▪ 비만 및 당뇨 위험 감소
▪ 대사율 증가	

신체적, 정신적으로 막대한 효과가 있다(Agarwal, 2012; Garber et al., 2011; Nystoriak & Bhatnagar, 2018; Warburton et al., 2006).

정리 운동(쿨다운) 단계

정리 운동은 신체가 운동에서 안정된 휴식 상태로 원활하게 전환되도록 한다. 본질적으로 정리 운동은 준비 운동의 반대이다. 정리 운동은 종종 간과되고 다른 구성 요소보다 덜 중요한 것으로 생각한다. 그러나 정리 운동을 적절히 사용하면 운동에 대한 고객의 전반적인 반응에 상당한 영향을 미칠 수 있다. 정리 운동의 가장 중요한 목표는 심박수와 호흡수를 줄이고, 체온을 점차적으로 낮추고, 근육을 최적의 휴식 길이로 되돌리고, 하지에 혈액이 고이는 것을 방지하고 (어지러움이나 실신을 유발할 수 있음), 생리학적 시스템들을 평상 상태로 회복하는 것이다. 심폐 정리 운동은 약 5~10분 정도면 충분하다. 정리 운동의 이점은 [표 15-8]에 나와 있다 (Hooren & Peake, 2018; Koyama et al., 2000).

표 15-8 정리 운동의 효과

- 심박수와 호흡수 감소
- 서서히 체온을 식힘
- 근육을 최적의 휴식 길이로 복구
- 하지에 혈액이 고이는 것 방지
- 생리학적 시스템들을 평상 상태로 회복

정리 운동 중의 유연성 트레이닝

정리 운동에는 유연성 트레이닝도 포함되어야 한다. 자가근막기법과 정적 스트레칭을 포함한 유연성 트레이닝은 근육통을 관리하고 관절가동범위를 이상적인 수준으로 만드는 데 효과적인 것으로 나타났다(Hooren & Peake, 2018).

표 15-9 정리 운동의 예시

운동	예시	시간
심폐 운동	러닝머신	5~10분(점진적으로 감속)
자가근막기법	장딴지근 엉덩관절 굽힘근 넓은등근	근육당 30초
정적 스트레칭	장딴지근 엉덩관절 굽힘근 넓은등근	근육당 30초

처음에 피트니스 전문가는 준비 운동과 정리 운동 동안 새로운 고객을 면밀히 모니터링하여 수행 중인 활동이 적절하고 안전하며 효과적인지 확인해야 한다. 고객이 준비 운동과 정리 운동의 중요성을 이해하는 것도 중요하다. [표 15-9]는 정리 운동의 예시이다.

트레이닝 팁

목표에 관계없이 항상 오버헤드 스쿼트, 밀기, 당기기 및 싱글레그 스쿼트 테스트(12장에서 설명)와 같은 자세 및 움직임 평가와 함께 운동 프로그램을 시작하라. 이러한 평가는 준비 운동 동안 스트레칭이 필요한 근육을 파악하는 데 도움이 된다. 근육이 과도하게 활동하면 적절한 움직임을 방해하거나 자세를 틀어지게 할 수 있으므로 움직임을 향상시키기 위해 교정해야 한다.

1. 준비 운동에서 스트레칭 기법은 과활성으로 판단한 부위에만 사용해야 한다.
2. 정리 운동 동안 자가근막기법과 정적 스트레칭을 사용하여 근육을 정상 휴식 길이로 되돌려야 한다. 고객은 확인된 과민성 근육 및 운동 중에 사용되는 주요 근육에 집중해야 한다.

트레이닝 단계 개요

다른 형태의 트레이닝과 마찬가지로 심폐 트레이닝도 특이성의 원리가 적용된다. 특이성의 원리(principle of specificity)에 따르면 신체는 가해지는 스트레스 수준에 적응하고 향후 더 높은 수준의 스트레스에 적응하기 위해 더 많거나 다양한 스트레스를 필요로 한다. 예를 들어, 일주일에 5일, 30분씩 조깅을 시작한 사람은 시간이 지남에 따라 유산소 운동에 익숙해질 것이다. 그래서 이 사람은 지속적인 체력 향상을 위해 각 조깅 세션의 지속 시간 또는 강도를 증가시켜야 한다. 이러한 목표를 달성하기 위해 심폐 운동 프로그램은 운동 강도를 제안하기 위한 지침으로 고유한 대사 지표(예: 환기 역치)를 사용하여 개인에게 맞게 조정한다.

특이성의 원리 Principle of specificity 신체가 주어진 특정 요구 사항에 적응할 것이라는 원칙. 부과된 요구에 대한 특정 적응(SAID) 원칙이라고도 함

표 15-10 트레이닝 영역

트레이닝 영역	기준 지표	RPE(1–10척도)	RPE(6–20척도)	상세 설명
영역1	VT1 이하	3–4	12–13	■ 가벼운 강도에서 중강도 ■ 땀이 나기 시작하지만 여전히 쉽게 대화가 가능함
영역2	VT1에서 중간 지점*	5–6	14–15	■ 도전적 강도에서 힘든 강도 ■ 눈에 띄는 발한, 더 많은 양의 호흡 사용 ■ 대화를 지속하기가 어려워짐
영역3	중간 지점에서 VT2	7–8	16–17	■ 격렬한 강도에서 매우 힘든 강도 ■ 땀이 많이 남 ■ 격렬한 호흡, 말하는 능력이 짧은 문장으로 제한됨
영역4	VT2 이상	9–10	18–20	■ 매우 힘든 강도 이상에서 한계치에 가까운 강도 ■ 숨을 최대한 가쁘게 쉼 ■ 대화가 불가능하거나 한 단어로 끙끙 앓는 소리를 냄

*중간 지점: VT1과 VT2 사이의 강도

트레이닝 단계

단계적 트레이닝의 목적은 지속적으로 운동에 잘 적응하게 하고 과도한 훈련을 막으며 부상의 위험을 최소화하기 위해 심폐 트레이닝 프로그램이 조직적인 방식으로 진행되도록 하는 것이다. 이 장에서 논의된 심폐 트레이닝의 5단계에서는 서로 다른 강도(트레이닝 영역)를 사용한다. 4개의 영역은 각각 특정 목표를 가진 동시에, 고객 개개인을 위해 맞춤형 프로그램으로 진행할 수 있다(표 15-10). 결과적으로 단계적 트레이닝은 처음 운동하는 사람, 피트니스 애호가 및 엘리트 운동선수 모두에게 적합하다.

1단계

1단계의 심폐 운동은 운동을 처음 접하거나 심혈관 질환 및 당뇨병의 위험 감소와 같은 건강 지표를 개선하려는 사람에게 유익하다(Nystoriak & Bhatnagar, 2018). 1단계는 가장 낮은 운동 강도로써 고객에게 운동을 소개하거나 전반적인 건강 및 체력을 향상시키는 데 사용되며, 고강도 운동 세션 후에 회복 형식으로도 이용된다. 1단계는 VT1(환기 역치1) 미만의 목표운동강도를 사용하여 건강해 보이지만 일상에서 주로 좌식 생활을 많이 하는 고객의 심폐 건강 수준을 개선하는 데 도움이 되도록 설계되었다. 여기에는 항정 상태(steady-state)의 유산소 운동이 있다. 즉, 훈련 강도를 모니터링하기 위해 대화 테스트를 사용할 때 고객은 활동하는 동안 쉽게 대화를 나눌 수 있어야 한다. 운동자각도(RPE)를 사용하여 강도를 측정하는 경우 고객은 운동 강도를 저강도에서 중강도로 느껴야 한다. 운동하는 사람은 땀을 흘리기 시작하지만 여전히 쉽게 대화를 이어갈 수 있다.

1단계에서 고객은 천천히 시작하여 최대 30분까지 지속적으로 활동해야 한다(그림 15-1). 일주일에 세 번, 최소 30분 동안 영역1 강도를 유지할 수 있는 고객은 2단계에 대한 준비가 된 것이다. 그러나 컨디션이 좋지 않은 고객은 현재 체력 수준과 운동 빈도에 따라 이 요구를 충족하는 데 2~3개월

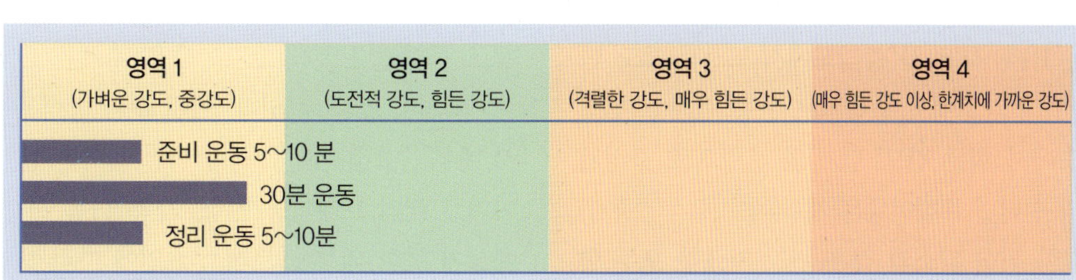

그림 15-1 1단계 운동 예시

이 걸릴 수 있다. 1단계 훈련의 목표는 고객이 적절한 유산소 운동 기반을 갖추고 기초적인 수준의 체력을 구축하도록 돕는 것이다. 더욱이 이 단계는 고객이 육체적으로 활동적인 라이프스타일을 유지하도록 돕고, 운동 프로그램에 대한 동기 부여를 할 수 있는 도구로서의 역할을 담당할 수 있다. 왜냐하면 적당히 어렵지만 달성할 수 있는 운동 프로그램일 때 고객이 계속할 가능성이 더 높기 때문이다.

모든 운동 프로그램과 마찬가지로 심폐 트레이닝도 진행 속도를 고려해야 한다. 1단계 운동은 각 운동 세션에 시간을 점진적으로 추가하여 진행할 수 있다. 예를 들어, 1주차 프로그램은 주당 3일, 15분의 지속적인 유산소 운동을 한다. 고객이 일주일에 세 번, 연속 운동 30분을 성공적으로 수행할 때까지 한 주마다 운동 세션을 몇 분씩 늘릴 수 있다. 이때 오버트레이닝이나 번아웃을 피하기 위해 주당 운동량의 10%를 초과하지 않는 것이 중요하다.

2단계

2단계는 약간 더 높은 강도로 훈련을 시작하고자 하는 심폐 건강 수준이 중간 정도 되는 고객과 강도를 높일 준비가 되어 있는 고객을 위해 설계되었다. 2단계 훈련의 초점은 고객이 더 높은 강도로 운동하고, 더 높은 수준의 유산소 운동을 달성하는 데 도움이 되는 방식으로 운동량(예: 속도, 경사)을 높이는 것이다. 2단계는 정기적으로 신체활동이나 레크리에이션 스포츠에 참여하는 피트니스 애호가나 심혈관 지구력을 늘리고 추가적으로 체중 감소를 원하는 사람들에게 이상적이다.

2단계 운동을 시작하기 전에 피트니스 전문가는 고객과 대화 테스트를 수행하여 VT1에서 고객의 심박수를 확인해야 한다. 일단 심박수가 확인되면 이 측정값은 2단계 운동 기간 동안 운동 강도를 모니터링하는 데 사용된다. 2단계는 운동 전반에 걸쳐 강도를 다양하게 하는 유산소 인터벌 트레이닝을 시작하는 단계이다. 2단계 운동은 VT1 바로 아래의 회복 단계(또는 RPE 사용 시 '중강도에서 도전적 강도' 단계)와 VT1 바로 위의 강도에서 수행되는 운동 단계(RPE상으로 '도전적 강도에서 힘든 강도' 단계)의 혼합으로 구성된다. 이러한 방식의 인터벌 트레이닝은 체력(예: $\dot{V}O_{2max}$ 증가) 증진과 심혈관 질환 위험 감소와 같은 건강 지표를 모두 향상시킬 수 있다(Ito, 2019).

예를 들어, VT1에서 고객의 심박수가 145bpm이면 145bpm보다 약간 높은 운동 단계와 145bpm 바로 아래 강도의 회복 단계를 수행해야 한다. 그러나 심박수 모니터를 사용할 수 없는 경우 RPE를 사용하여 운동 강도를 측정하는 것이 효과적이다.

2단계 인터벌 운동은 비교적 짧은 시간(예: 30~60초)으로 시작하여 시간이 지남에 따라 지속 시간과 강도를 증가시켜야 한다. 운동 대 휴식 비율은 1:3에서 1:1까지 늘려주는 것이 2단계 트레이닝에 적합하다. 예를 들어, VT1 바로 위 강도로 1분 운동을 수행하고 나서 운동 대 휴식 비율 1:3에 따라 VT1 미만 강도로 3분 휴식을 취하면 된다. 고객의 체력 수준이 향상되면 그에 따라 인터벌의 지속 시간과 강도를 점진적으로 늘려야 한다. 예를 들어 1분의 운동 지속 시간을 2분 또는 3분으로 늘릴 수 있다. 그렇게 진행함으로써 운동과 휴식의 비율을 1:3에서 1:2, 결국에는 1:1로 올리면서 난이도를 높일 수 있다. 이러한 진행은 더 강도 높은 운동을 수행하고자 하는 고객의 능력과 의지에 따라 실시해야 한다.

2단계 유산소 인터벌 프로그램 예시

2단계 운동 프로그램은 고객의 요구와 목표에 맞게 개별화되고 조정되어야 한다. 다음은 2단계 심폐 프로그램의 한 예이다(그림 15-2).

1. 5~10분 준비 운동으로 시작한다.
2. VT1 바로 위 강도인 영역 2에서 1분간 강도를 높인다.
3. 1분 운동 종료 후 3분 동안 영역1로 돌아간다.
4. 운동 세션이 종료될 때까지 위 단계를 반복한다.
5. 5~10분간 정리 운동으로 마무리한다.

인터벌 트레이닝을 처음 접하는 고객의 경우 1단계와 2단계 운동을 번갈아 하는 것이 좋다. 예를 들어 월요일에 1단계로 시작한 다음 수요일에 2단계로 이동하고 금요일에 1단계로 돌아간다. 그리고 그 다음 주에는 2단계로 시작하는 로테이션이 있을 수 있다. 이런 순환 방식은 특히나 3단계에서 매우 중요해진다. 그러나 이런 예시는 일반적인 지침일 뿐이며 고객의 트레이닝 일정, 가용 회복 시간, 수면 부족 등 예상치 못한 외부 스트레스 요인에 따라 변경될 수 있다.

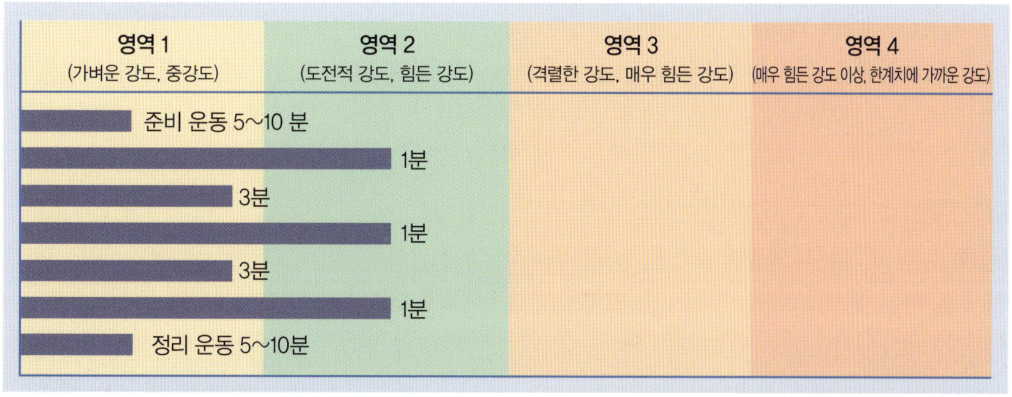

그림 15-2 2단계 유산소 인터벌 운동 예시

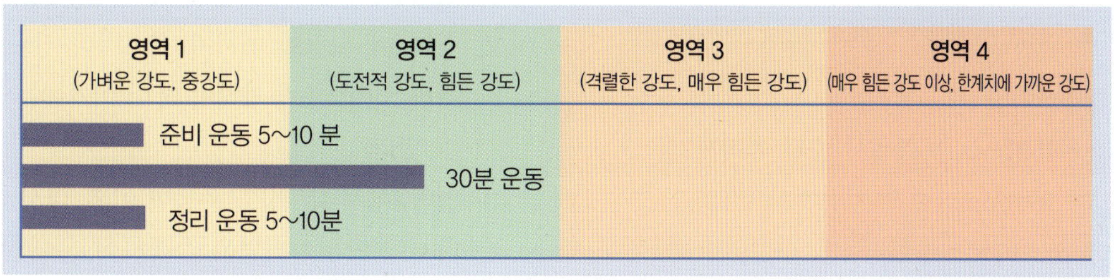

그림 15-3 2단계 항정 상태 운동 예시

2단계 항정 상태 유산소 운동

고객이 2단계 인터벌에 익숙해지고 신체적으로 적응하고 나면, 원하는 경우 VT1 이상 중강도의 항정 상태(steady-state) 심폐 강화 운동을 시작할 수 있다. 다시 말해, 고객은 인터벌을 사용하지 않고 운동 세션 동안 VT1 바로 위의 영역2에서 유산소 운동을 유지할 수 있다. 2단계 항정 상태 유산소 운동은 필수 사항이 아니라 오히려 인터벌 대신 항정 상태 유산소 운동을 선호하는 고객을 위한 선택 사항이라는 점에 유의해야 한다. 적당히 강렬한 유산소 활동은 체력과 심혈관 건강의 개선을 원하는 개인에게 효과적인 것으로 입증되었다(Haskell et al., 2007).

2단계 항정 상태 운동은 다음 예시처럼 진행할 수 있다(그림 15-3).

1. 영역1에서 5~10분 준비 운동을 시작한다.
2. VT1 바로 위 강도의 영역2에 도달할 때까지 강도(예: 속도, 경사)를 높인다.
3. 이 강도로 운동을 지속한다.
4. 영역1에서 5~10분 동안 정리 운동한다.

> **중요**
>
> 체중 감량이 목적이거나 운동을 처음 접하는 대부분의 고객에게 1단계와 2단계는 건강과 웰빙을 개선하고 건강한 체중을 유지하는 데 가장 적절하고 효과적인 단계이다. 이 두 단계는 평균적으로 운동하는 사람과 체육관을 찾은 사람에게 최우선 순위가 되어야 한다.
>
> 3단계에서 5단계는 심폐 컨디셔닝에서 더 큰 개선을 원하고 고강도 운동에 기꺼이 참여하려는 운동선수 및 숙련된 피트니스 애호가에게 더 적합하다. 피트니스 전문가는 고객에게 5단계를 모두 실행할 필요는 없다. 심폐 운동은 고객의 요구, 목표, 능력 및 운동 선호도에 따라 개별화되어야 한다.

3단계

3단계는 충분한 심폐 체력 기반을 다진, 중강도에서도 상위 고객을 위한 단계다. 3단계 훈련은 유산소 및 무산소 에너지 시스템의 효율을 증가시키며 추가적인 운동 능력 향상을 원하는 고객에게 적용된다. 최근 연구에 따르면 고강도 인터벌 트레이닝은 체력을 증가시키는 데 있어서 시간 대비 효율이 높은 전략으로 나타났다(Sultana et al., 2019).

그러나 3단계가 모든 고객에게 적합한 것은 아니다. 심폐 건강 측면에서 약간의 개선만을 원하는 고객, 운동을 처음 접하는 고객, 고강도 훈련을 거부하는 고객은 3단계 훈련을 건너뛸 수 있다.

3단계 인터벌을 정확하게 프로그래밍하려면 VT1 및 VT2의 측정값을 기록해야 한다. 다시 되짚어보자면, VT1에서 고객은 유산소 활동을 하는 동안 말하는 것이 어려워지지만 힘들지는 않은 반면, VT2에서는 한두 단어 이상을 말하지 못한다(11장에서 VT1 및 VT2 평가 설명).

예를 들어, VT1에서 고객의 심박수가 145bpm이고 VT2에서 심박수가 165bpm인 경우 4개의 트레이닝 영역은 다음과 같이 계산된다.

- 영역 1: 145bpm미만
- 영역 2: 145 ~ 154bpm (VT1에서 중간 지점까지)
- 영역 3: 155 ~ 164bpmv(중간 지점에서 VT2)
- 영역 4: 165bpm 이상

중간 지점(midpoint)은 VT1과 VT2 사이의 중강도 레벨을 지칭하는 용어다. 3단계 프로그램에서는 고객이 트레이닝 영역1, 2, 3을 드나들면서도 영역4 아래에 머물러야 한다. 일반적인 경험 법칙에 따르면 오버트레이닝을 최소화하고 동시에 수행능력 적응에 필요한 에너지 시스템에 도전하기에 충분한 과부하를 제공하기 위해서는 영역2(힘든 강도)와 영역3(격렬한 강도, 매우 힘든 강도)에서 실시하는 짧은 운동과 영역1(중강도)에서 보내는 시간을 적당해 혼합해야 한다.

영역2와 3의 인터벌은 고객의 목표, 요구 및 능력에 따라 개인별로 맞춰져야 하며, 영역3 인터벌은 더 강렬하고 육체적으로 힘들기 때문에 일반적으로 영역2 인터벌을 더 길게 가져간다. 3단계의 훈련량은 점진적이지만, 느리게 늘려야 한다.

3단계 심폐 트레이닝 프로그램 예시

3단계 운동 프로그램은 2단계와 마찬가지로 고객의 고유한 목표, 요구 및 능력에 따라 개별화되어야 한다. 다음은 3단계 프로그램의 한 예시다(그림 15-4).

1. 영역1에서 5~10분간 준비 운동한다.
2. 영역3에 도달할 때까지 60초마다 강도를 늘린다. 이를 위해 영역2를 통과해야 하며 여기에는 몇 분 정도 걸릴 수 있다.
3. 영역3에서 1분 정도 운동한 이후, 다시 영역2로 낮춘다.
4. 다시 영역3 인터벌을 수행하여 몸에 과부하를 준다.
5. 원하는 인터벌의 수만큼 반복한다.
6. 5~10분간 정리 운동한다.

이 수준에서 트레이닝할 때는 세 단계를 모두 돌리는 것이 필수다. 오버트레이닝의 위험을 최소화하기 위해 저강도(1단계), 중강도(2단계) 및 고강도(3단계)를 하는 날을 정해야 한다. 힘든 3단계를 한 다음 날에는 1단계를 실시해 회복일로 두는 것도 좋다.

3단계 내에서의 운동 간격은 비교적 짧게 시작하여 30~60초 정도 지속되어야 한다. 일단 체력과 전반적인 컨디셔닝

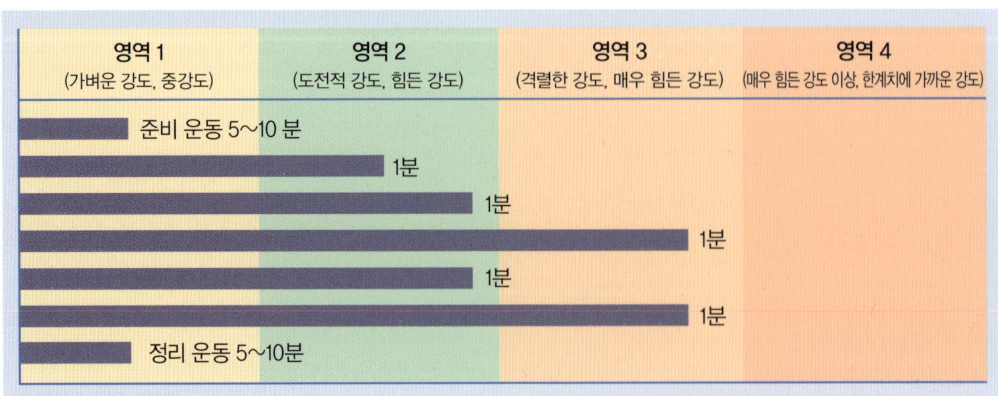

그림 15-4 3단계 운동 예시

이 개선되면, 3단계 프로그램도 2단계 운동과 유사하게 진행해서 휴식 시간 비율을 줄이고 고강도 인터벌의 지속 시간을 늘릴 수 있다. 그러나 영역2와 영역3에서 간격의 빈도와 기간은 고객의 목표, 필요, 능력 및 격렬한 활동에 대한 적응 정도에 따라 개인별로 달라져야 한다.

4단계

4단계는 높은 수준의 심폐 건강을 달성한 고급자를 위한 것이다. 4단계 훈련은 무산소 에너지 시스템의 능력을 향상시키며 무산소 능력과 파워의 증대를 원하는 수준 높은 운동선수와 피트니스 애호가에게 적용된다.

4단계는 모든 고객, 특히 체력이 평균 수준이거나 고강도 컨디셔닝을 싫어하는 고객에게는 적합하지 않다. 결과적으로 4단계는 운동선수 및 최고 수준의 경쟁적인 피트니스 업계 종사자와 같이 최대로 무산소 수행능력의 개선을 원하는 사람들을 위해 남겨두어야 한다. 3단계와 마찬가지로 4단계 인터벌을 정확하게 프로그래밍하려면 VT1 및 VT2의 측정값을 기록해야 한다.

4단계 운동에는 고객이 4개의 트레이닝 영역 모두를 활용하게 된다. 일반적으로 무산소 에너지 시스템에 충분한 과부하를 제공하면서 오버트레이닝을 최소화하기 위해서는 영역 2, 3, 4는 짧은 인터벌만 두고 영역1에서 대부분의 시간을 보내는 것이 일반적이다. 또한 영역 2, 3, 4의 짧은 인터벌에서는 고객의 최대 노력이 아닌 최대 수행능력으로 운동해야 한다.

인터벌은 고객의 목표, 필요 및 능력에 따라 달라야 한다. 4단계의 훈련량은 느리고 점진적으로 증가해야 한다. 고객이 수면 장애, 과도한 피로, 수행 장애, 식욕 부진 또는 기분 변화와 같은 오버트레이닝 징후를 보이는 경우 4단계 운동의 양과 강도를 줄이고 운동 세션 사이에 더 많은 회복 시간을 두어야 한다.

유용한 힌트

최대 수행능력은 고객이나 운동선수가 절대적인 최고 능력으로 모든 인터벌에 걸쳐 일관된 강도로 운동을 수행하는 것을 말한다. 예를 들어, 한 선수가 최고의 기록을 위해 100미터를 달리고 있다고 가정하자. 이 선수는 한 번 달린 후에 다시 100미터 달리기를 시도하기 전, ATP를 회복할 수 있을 만큼 충분히 휴식을 취해야 한다. 선수의 궁극적인 목표는 100미터 달리기에서 시간을 줄이는 것인데, 이를 '성과 이니셔티브'라고 한다.

최대 노력은 노력이 100%이지만 피로로 인해 수행능력이 떨어질 수 있는 운동 수행을 말한다. 예를 들어, 한 선수가 100미터 달리기를 시도할 때마다 단 30초의 휴식 시간을 갖고 달리기를 반복한다고 하자. 결과적으로, 선수가 100% 노력을 기울이고 있음에도 불구하고 선수의 100미터 기록은 시도할 때마다 느려진다. 이 형식은 컨디셔닝을 향상시키지만 전력 질주 능력을 향상시키는 데 이상적이지 않을 수 있다.

4단계 심폐 트레이닝 프로그램 예시

4단계 운동 프로그램은 고강도 운동을 포함하며 고객 맞춤형이어야 한다. 다음은 4단계 트레이닝의 한 가지 예시이다(그림 15-5).

중간 지점 Midpoint VT1과 VT2 사이의 강도를 지칭하는 용어

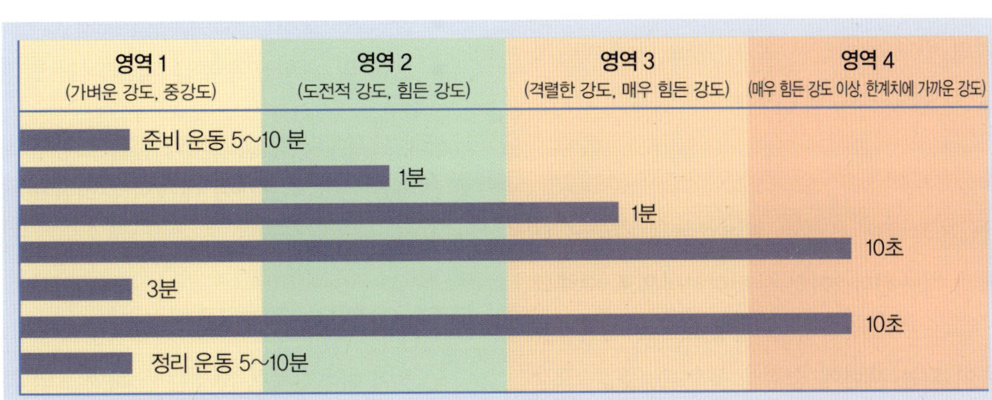

그림 15-5 4단계 운동 예시

1. 영역1에서 5~10분 준비 운동한다.
2. 60초마다 강도를 높여 영역2, 3을 거쳐 영역4에 도달한다. 여기에는 몇 분이 걸릴 수 있다.
3. 영역4에서 10초 동안 유지하고 다시 영역1로 강도를 낮춘다. 영역1에서의 1분의 휴식은 훈련 상태와 향상을 측정하는 데 도움이 되는 중요한 시간이다.
4. 몇 주간의 트레이닝을 통해 발전하면 고객의 심박수가 더 빨리 떨어진다. 심장 박동수가 더 빨리 떨어질수록 4단계에 더 적합해진다는 뜻이다.
5. 1분간의 휴식 시간 동안 고객의 심박수가 적정 수준까지 내려가지 않는다면, 고객이 피곤하여 오버트레이닝하고 있다고 가정한다. 이때는 나머지 운동 동안 영역1에 머무르게 해서 해결한다. 이런 현상은 고객이 당일 그런 강도의 운동을 소화할 만큼 충분히 휴식을 취하지 않았다는 뜻이다(전날 운동 피로, 수면 부족 또는 영양 부족 등으로 인한 현상일 수 있음).
6. 고객의 심박수가 정상 수준으로 떨어지면, 다시 영역4 인터벌을 수행하여 신체에 과부하를 준다.
7. 1분을 시행한 후 5~10분 동안 영역1로 돌아가고, 원하는 경우 영역을 반복한다.

이 수준에서 트레이닝할 때는 4개의 단계를 모두 돌아가면서 수행해야 한다. 오버트레이닝의 위험을 최소화하도록 저강도(1단계), 중강도(2단계), 고강도(3단계) 및 최대 강도(4단계)의 트레이닝 날짜를 구분해 놓는다.

4단계 운동 내에서의 영역4 인터벌은 5~10초 정도로 짧아야 한다. 일단 체력과 전반적인 컨디셔닝이 개선되면 4단계 프로그램은 2단계 및 3단계 운동과 유사하게 진행되어 휴식 시간 비율을 줄이고 고강도 인터벌의 빈도를 높일 수 있다. 그러나 간격의 빈도와 기간은 목표, 필요, 능력 및 격렬한 활동에 대한 적응에 따라 개인에게 맞추어져야 한다.

5단계

5단계는 스포츠 종목별로 특화된 훈련으로 구성되며 모든 유형의 선수에게 적용된다. 이것은 컨디셔닝으로 수행되는 선형, 다방향 및 스포츠별 활동을 사용하여 컨디셔닝을 개선하는 데 도움이 되는 훈련에 중점을 두는데, 종종 고강도 인터벌 트레이닝과 소규모 경기나 민첩성 훈련을 결합한다. 이 단계는 코치가 신진대사에 도움이 되도록 스포츠 관련 자극을 적용하기 위해 실전에서 자주 사용하는 동작이나 기술 및 훈련을 통합한다(Harrison et al., 2015; Stone & Kilding, 2009). 체력이 향상되고 대회나 시합이 가까워짐에 따라 훈련 시점, 휴식 시간, 세션 길이를 점점 더 신체적 부하가 크고 실전과 같은 구성으로 바꿔 나갈 수 있다.

5단계에서는 환기 테스트와 심박수 모니터링이 필요하지 않지만, 피트니스 전문가는 세션의 상대적 강도를 파악하기 위해 특정 트레이닝 중에 심박수 또는 RPE를 모니터링하는 것이 좋다. 최적의 스포츠 준비를 위해서는 일관된 유산소 운동이 중요하지만, 최고 강도에서 과도한 훈련량을 피하려면 주의가 필요하다. 특히 운동 세션에 최대한의 노력이 필요한 경우에는 4단계 훈련과 유사한 방식으로 오버트레이닝을 피하기 위해 운동량을 최소한으로 유지해야 한다. 최적의 훈련 반응을 보장하기 위해 정기적인 회복 및 수분 공급 시간을 확보해야 한다.

심폐 트레이닝에 대한 상세한 고려 사항

심폐 트레이닝을 처방할 때 운동 중 고객의 자세를 지속적으로 확인하는 것이 중요하다. 고객이 서 있거나 움직일 때 잘못된 자세를 보이는 경우, 자세를 교정하는 것은 부상 위험을 최소화하고 수행능력을 최대화하기 위한 피트니스 전문가의 의무이다. 고객이 심폐 트레이닝에 참여하는 동안 나타낼 수 있는 일반적인 자세 문제는 다음과 같다.

- 거북목과 둥근 어깨
- 골반전방경사
- 모음 및 내회전된 무릎 및 모아진 발(X자 다리)

심폐 트레이닝 중 움직임의 질을 보장하기 위해 이러한 자세 문제를 보이는 고객에 대해서는 다음의 방식으로 관찰해야 한다.

둥근 어깨와 거북목

둥근 어깨와 거북목 자세는 근육 세포의 환기(ventilation) 및 산소 공급에 부정적인 영향을 미쳐서 결과적으로 수행능력에 영향을 줄 수 있다. 이론적으로 어깨를 앞으로 구부리면 환기 중에 흉곽을 들어올리는 능력을 제한시켜서 흡기(inspiration) 중에 가로막을 강제로 수축시킨다. 심폐 운동 중 이 자세로 인해 부정적 증상이 나타나는 고객의 경우 피트니스 전문가는 다음과 같은 자세 문제를 주의 깊게 관찰해야 한다.

- 고정식 자전거 머신, 러닝머신, 일립티컬 머신을 사용하는 동안 어깨가 앞으로 구부러지고 고개가 앞으로 튀어나오는지 주의 깊게 관찰하고, 고객에게 어깨와 머리를 뒤로 젖히도록 지시한다.
- 스테퍼와 러닝머신에서 핸들을 잡을 때 과도하게 손을 벌리거나 모으는지 관찰한다. 이것은 머리와 어깨가 앞으로 쏠리는 원인이 될 수 있다. 가능하면 이 장비를 손의 도움 없이 사용하게 하여 코어 근육 개입을 증가시킴으로써 칼로리 소모를 높이고 균형감을 높인다.
- 텔레비전이 있는 환경에서는 목이 과도하게 펴져 있거나(위를 향함) 머리를 돌려 텔레비전을 시청하는지 확인한다.

골반전방경사

골반전방경사(허리 아치형)는 상부교차증후군(upper crossed syndrome)을 보이는 고객과 유사하게 환기 능력이나 근육 세포로 산소를 공급하는 능력에 부정적인 영향을 미칠 수 있다. 게다가 앞쪽으로 회전된 골반과 아치형 허리는 요통을 유발할 수 있으며, 이는 운동 수행에 부정적인 영향을 준다(Key, 2010). 피트니스 전문가는 다음과 같은 자세 문제에 대해 면밀히 관찰해야 한다.

- 처음부터 사이클 머신이나 스테퍼 사용을 허용하지 않거나 최소화해야 한다. 이런 기구들은 엉덩관절을 일정한 굽힘 상태에 놓이도록 하기 때문에 많은 고객에게 엉덩관절 굽힘근 복합체를 과사용하게 할 수 있다. 만약 사용한다면 사용 전후에 엉덩관절 굽힘근의 유연성을 높이는 운동이나 코어 및 볼기근 복합체를 위한 추가 강화 운동을 권장한다.

환기 Ventilation 폐에서 근육으로 산소가 전달되는 과정
흡기 Inspiration 흡기 근육을 수축시켜 공기를 체내로 이동시키는 과정

- 러닝머신의 속도는 과도하게 빠르지 않도록 하고, 제어 가능한 속도로 사용해야 한다. 지나치게 빠를 경우 보폭을 늘리기 위해 엉덩관절이 제대로 펴지지 않은 상태로 허리가 과도하게 꺾여(아치) 허리에 스트레스가 증가할 수 있다. 운동 전후에 엉덩관절 굽힘근의 유연성을 돕는 운동, 코어 및 볼기근 복합체 강화 운동을 해주는 것이 좋다.

모음 및 내회전된 무릎과 엎침된 발(X자 다리)

이 자세를 가진 사람은 무릎 외반(충돌무릎)과 같은 잘못된 다리 운동을 악화시키지 않도록 주의해야 한다. 무릎 외반은 무릎 부상의 예측 인자이다(Numata et al., 2017; Padua et al., 2012). 피트니스 전문가는 다음 요소를 염두에 두어야 한다.

- 다리와 관련된 심폐 운동은 발목관절에 적절한 가동성이 있어야 한다. 그래서 자가근막기법과 장딴지, 모음근 및 엉덩관절 굽힘근 스트레칭을 강조한다. 중간볼기근과 큰볼기근을 위한 추가 강화 운동도 권장한다(Powers, 2010).
- 경사가 있는 러닝머신과 스테퍼는 고객이 손잡이를 잡아야만 속도를 높일 수 있는 경우 처음에는 지속적으로 반복하기에 너무 힘들 수 있다. 이러한 방식을 사용한다면 앞서 언급한 유연성 운동을 강조하고, 이러한 자세가 교정될 때까지 페이스를 조절 가능한 속도로 유지해야 한다.

요약

심폐 건강은 건강과 웰빙에 매우 중요하며, 심혈관 질환의 위험을 줄이고 체중 관리를 돕는 입증된 전략이다. 심폐 운동 트레이닝 프로그램은 건강 관련 체력의 각 주요 구성 요소(예: 심폐 지구력, 근지구력, 유연성, 근력 및 신체 구성)를 개선할 목적으로 설계되어야 한다. 심폐 운동 프로토콜은 개인에게 맞게 개별적으로 결정되어야 하며 FITTE-VP 원칙을 따라야 한다.

성인은 매주 150분의 중강도 유산소 활동(즉, 빠르게 걷기)이나 75분의 고강도 유산소 활동(즉, 조깅 또는 달리기), 또는 중강도 및 고강도 유산소 운동을 혼합하는 것이 좋다.

단계적 트레이닝은 지속적인 적응을 보장하고 과도한 훈련

이나 부상의 위험을 최소화하기 위한 심폐 트레이닝 프로그램을 조직하는 방식이다. 이 장에서 논의된 심폐 트레이닝의 5단계는 단계마다 서로 다른 강도(트레이닝 영역)를 사용한다. 각 트레이닝 영역에는 정해진 목표가 있으며, 고객에게 맞춤화할 수 있다. 심폐 활동을 수행하는 고객과 함께 자세를 모니터링하고 자세 문제를 교정하는 것이 중요하다.

제15장 리뷰

규칙적인 신체활동의 효과로는 장수 및 체중 감소 등 다양하다. 개인은 적당한 양과 강도의 운동을 통해 건강상 수많은 이점을 얻을 수 있고, 고강도의 운동이나 두 가지 강도의 조합을 통해 더 큰 이점을 얻을 수 있다. 가장 최근의 공중 보건 지침에 따르면 중강도 운동(즉, 빠르게 걷기)은 주 150분, 고강도 운동(예: 조깅 또는 달리기)은 주당 75분 수행하는 것이 좋고, 두 가지 강도를 조합해도 좋다고 했다.

심폐 운동을 포함한 모든 피트니스 권장 사항은 각 고객에 맞춰서 결정해야 하며 FITTE-VP 원칙을 따라야 한다. FITTE-VP는 빈도, 강도, 시간, 유형, 흥미, 운동량, 진전도를 나타낸다.

다양한 심폐 트레이닝 프로그램은 심폐계 및 근육계에 다른 부하를 가하고 궁극적으로 고객의 신체적 적응과 향후 운동 목표에 영향을 미친다. 단계적 트레이닝은 특정 생리학적 적응을 이끌어내기 위해 다양한 트레이닝 영역을 사용하는 5단계 프로그래밍 시스템이다. 1단계는 VT1 이하의 강도로 구성되며 주로 초보자를 대상으로 하지만, 고급자들의 회복 영역으로도 사용된다. 2단계는 더 높은 강도로 훈련을 시작할 준비가 되어 있고 심폐 체력 피트니스 수준이 중간 정도 되는 고객을 위해 설계되었다. 2단계 인터벌 트레이닝 운동은 VT1 바로 아래의 회복 인터벌과 VT1 바로 위의 강도에서 수행되는 운동의 조합으로 구성된다. 2단계 운동은 VT1 바로 위의 항정 상태 운동을 사용하여 수행할 수도 있다. 3단계 운동에서는 영역 1, 2, 3 모두를 오간다. 4단계에는 4개의 트레이닝 영역을 모두 포함하여 구성된다. 5단계는 스포츠별 훈련으로 구성되며 모든 유형의 선수가 활용할 수 있다.

운동은 신체의 움직임을 다루기 때문에 심폐 활동을 수행하는 고객의 자세를 모니터링하는 것이 중요하다. 흔히 보이는 자세 문제는 둥근 어깨와 거북목, 골반전방경사, 모음 및 내회전된 무릎과 엎침된 발(X자 다리) 등이 있다.

제15장 하이라이트

- 심폐 건강은 지속적인 신체활동 중에 뼈대근으로 산소가 풍부한 혈액을 공급하는 심혈관 및 호흡기계의 능력을 말한다.
- 심폐 건강은 건강 관련 체력의 5가지 구성 요소 중 하나이다. 다른 네 가지는 근력, 근지구력, 유연성 및 체성분이다.
- 연구에 따르면 개인의 심폐 건강은 질병률과 사망률에 대한 강력한 예측 인자다.
- 연구에 따르면 심폐 운동과 신체활동은 건강, 수명 및 체중 감소에 많은 이점을 제공한다.
- 심폐 운동은 개별적으로 결정해야 하며 FITTE-VP 원칙을 적용해야 한다. FITTE-VP는 빈도, 강도, 유형, 시간, 흥미, 운동량, 진전도를 나타낸다.
- 빈도는 주어진 기간 동안의 트레이닝 세션 수를 나타내며 일반적으로 일주일 단위로 표시한다
- 중강도 운동(예: 빠르게 걷기)을 주 5회 이상 수행하거나, 고강도 운동(예: 조깅 또는 달리기)을 주 3회 이상 수행하는 것이 좋다. 중강도와 고강도 운동의 조합도 효과가 있다.
- 강도는 특정 활동이 신체에 가하는 부담 수준을 나타낸다.
- 심폐 운동의 강도를 모니터링하는 방법으로는 $\dot{V}O_{2max}$(최대산소소비량) 측정, 최대 심박수 비율(HR_{max}) 사용, 심박수 예비율(HRR), 대사당량(MET), 운동자각도(RPE), 그리고 대화 테스트 등이 있다.
- 시간은 활동 또는 운동 세션에 참여하는 시간을 말하며 일반적으로 분 단위로 표시된다.
- 성인은 매주 중강도로 2시간 30분(150분) 유산소 활동(즉, 빠르게 걷기)을 하거나 고강도 유산소 운동(예: 조깅 또는 달리기)으로 1시간 15분(75분)을 수행해야 한다. 중강도와 고강도 유산소 활동의 조합도 같은 효과를 준다.
- 유형은 달리기, 사이클링, 수영 등과 같이 선택한 활동의 종류를 나타낸다.

- 흥미는 특정 운동이나 활동에 참여하여 얻는 기쁨의 양을 나타낸다.
- 운동량은 주어진 기간(주로 일주일) 동안 수행한 운동의 총량을 나타내며 일반적으로 1주일을 단위로 한다.
- 진전도는 운동 프로그램의 진행 정도를 뜻한다.
- 각 운동 트레이닝 세션에는 준비 운동 단계, 컨디셔닝 단계 및 정리 운동 단계가 있어야 한다.
- 1단계 운동은 주로 앉아서만 생활하는 고객 중 일반적으로 건강해 보이는 사람을 대상으로 VT1(환기 역치 1) 미만의 강도로 항정 상태 유산소 운동을 통해 심폐 건강 수준을 개선하도록 설계되었다.
- 2단계 심폐 운동은 VT1 바로 아래의 회복 인터벌과 VT1 바로 위의 강도로 수행되는 운동 인터벌의 조합으로 구성된다.
- 고객이 2단계 인터벌에 익숙해지고 신체적으로 적응하면 고객의 희망에 따라 VT1 바로 위의 중강도의 항정 상태 심장 강화 운동을 시작할 수 있다.
- 3단계 심폐 운동은 고객이 영역 1, 2, 3을 넘나드는 방식으로 진행된다.
- 4단계 심폐 운동은 네 가지 트레이닝 영역 모두를 통합한 인터벌 트레이닝으로 활용한다.
- 5단계는 컨디셔닝으로 수행되는 선형, 다방향 및 스포츠별 활동을 적용하여 컨디셔닝을 개선하는 데 도움이 되는 훈련에 중점을 두고 있으며, 종종 고강도 인터벌 트레이닝과 소규모 경기 및 민첩성 훈련을 결합한다.
- 심폐 트레이닝을 하는 고객에게서 흔히 관찰되는 자세 문제로는 거북목과 둥근 어깨, 골반전방경사, 모음 및 내회전된 무릎과 엎침된 발(X자 다리) 등이 있다.
- 고객이 심폐 운동을 할 때 자세를 유의해서 모니터링해야 한다.

참고 문헌

Anderson, L., Thompson, D. R., Oldridge, N., Zwisler, A.-D., Rees, K., Martin, N., & Taylor, R. S. (2016). Exercise-based cardiac rehabilitation for coronary heart disease. *Cochrane Database of Systematic Reviews*, CD001800. https://doi.org/10.1002/14651858.cd001800.pub3

Batacan, R. B., Duncan, M. J., Dalbo, V. J., Tucker, P. S., & Fenning, A. S. (2016). Effects of high-intensity interval training on cardiometabolic health: A systematic review and metaanalysis of intervention studies. *British Journal of Sports Medicine*, *51*(6), 494–503. https://doi.org/10.1136 /bjsports-2015-095841

Costa, E. C., Hay, J. L., Kehler, D. S., Boreskie, K. F., Arora, R. C., Umpierre, D., . . . Duhamel, T. A. (2018). Effects of high-intensity interval training versus moderate-intensity continuous training on blood pressure in adults with pre- to established hypertension: A systematic review and meta-analysis of randomized trials. *Sports Medicine*, *48*(9), 2127–2142. https://doi.org/10.1007/s40279-018-0944-y

Donnelly, J. E., Blair, S. N., Jakicic, J. M., Manore, M. M., Rankin, J. W., & Smith, B. K. (2009). Appropriate physical activity intervention strategies for weight loss and prevention of weight regain for adults. *Medicine & Science in Sports & Exercise*, *41*(2), 459–471. https://doi.org/10.1249/mss.0b013e3181949333

Foster, C., Porcari, J. P., Anderson, J., Paulson, M., Smaczny, D., Webber, H., Doberstein S. T., & Udermann, B. (2008). The talk test as a marker of exercise training intensity. *Journal of Cardiopulmonary Rehabilitation and Prevention*, *28*(1), 24–30. https://doi.org /10.1097/01.HCR.0000311504.41775.78

Gaesser, G. A., & Angadi, S. S. (2011). High-intensity interval training for health and fitness: Can less be more? *Journal of Applied Physiology*, *111*(6), 1540–1541. https://doi.org/10.1152 /japplphysiol.01237.2011

Garber, C. E., Blissmer, B., Deschenes, M. R., Franklin, B. A., Lamonte, M. J., Lee, I.-M., . . . American College of Sports Medicine. (2011). Quantity and quality of exercise for developing and maintaining cardiorespiratory, musculoskeletal, and neuromotor fitness in apparently healthy adults. *Medicine & Science in Sports & Exercise*, *43*(7), 1334–1359. https://doi.org/10.1249/mss .0b013e318213fefb

Harrison, C. B., Gill, N. D., Kinugasa, T., & Kilding, A. E. (2015). Development of aerobic fitness in young team sport athletes. *Sports Medicine*, *45*(7), 969–983. https://doi.org/10.1007 /s40279-015-0330-y

Haskell, W. L., Lee, I.-M., Pate, R. R., Powell, K. E., Blair, S. N., Franklin, B. A., . . . Bauman, A. (2007). Physical activity and public health. *Medicine & Science in Sports & Exercise*, *39*(8), 1423–1434. https://doi.org/10.1249/mss.0b013e3180616b27

Heisz, J. J., Tejada, M. G., Paolucci, E. M., & Muir, C. (2016). Enjoyment for high-intensity interval exercise increases during the first six weeks of training: Implications for promoting exercise adherence in sedentary adults. *PLoS One*, *11*(12), e0168534. doi:10.1371 /journal.pone.0168534

Hooren, B. V., & Peake, J. M. (2018). Do we need a cool-down after exercise? A narrative review of the psychophysiological effects and the effects on performance, injuries and the long-term adaptive response. *Sports Medicine*, *48*(7), 1575–1595. https:// doi.org/10.1007/s40279-018-0916-2

Ito, S. (2019). High-intensity interval training for health benefits and care of cardiac diseases - The key to an efficient exercise protocol. *World Journal of Cardiology*, *11*(7), 171–188. https:// doi.org/10.4330/wjc.v11.i7.171

Jeans, E., Foster, C., Porcari, J. P., Gibson, M., & Doberstein, S. (2011). Translation of exercise testing to exercise prescription using the talk test. *Journal of Strength and Conditioning Research*, *25*(3), 590–596. https://doi.org/10.1519/JSC.0b013e318207ed53

Key, J. (2010). The pelvic crossed syndromes: A reflection of imbalanced function in the myofascial envelope; a further exploration of Janda's work. *Journal of Bodywork and Movement Therapies*, *14*(3), 299–301. https://doi.org/10.1016 /j.jbmt.2010.01.008

Kim, Y., White, T., Wijndaele, K., Westgate, K., Sharp, S. J., Helge, J. W., . . . Brage, S. (2018). The combination of cardiorespiratory fitness and muscle strength, and mortality risk. *European Journal of Epidemiology*, *33*(10), 953–964. https://doi.org/10.1007/s10654 -018-0384-x

Kolata, G. (2001, April 24). 'Maximum' heart rate theory challenged. *New York Times*, F1. https://www.nytimes.com/2001/04/24/health / maximum-heart-rate-theory-is-challenged.html

Koyama, Y., Koike, A., Yajima, T., Kano, H., Marumo, F., & Hiroe, M. (2000).

Effects of "cool-down" during exercise recovery on cardiopulmonary systems in patients with coronary artery disease. *Japanese Circulation Journal, 64*(3), 191–196. https:// doi.org/10.1253/jcj.64.191

Lee, D.-C., Sui, X., Ortega, F. B., Kim, Y.-S., Church, T. S., Winett, R. A., . . . Blair, S. N. (2010). Comparisons of leisure-time physical activity and cardiorespiratory fitness as predictors of all-cause mortality in men and women. *British Journal of Sports Medicine, 45*(6), 504–510. https://doi.org/10.1136/bjsm.2009 .066209

Levine, J. A. (2007). Nonexercise activity thermogenesis—Liberating the life-force. *Journal of Internal Medicine, 262*(3), 273–287. https://doi.org/10.1111/j.1365-2796.2007.01842.x

Mcgowan, C. J., Pyne, D. B., Thompson, K. G., & Rattray, B. (2015). Warm-up strategies for sport and exercise: Mechanisms and applications. *Sports Medicine, 45*(11), 1523–1546. https://doi.org /10.1007/s40279-015-0376-x

Milanović, Z., Sporiš, G., & Weston, M. (2015). Effectiveness of high-intensity interval training (HIT) and continuous endurance training for VO2 max improvements: A systematic review and meta-analysis of controlled trials. *Sports Medicine, 45*(10), 1469–1481. https://doi.org/10.1007/s40279-015-0365-0

Numata, H., Nakase, J., Kitaoka, K., Shima, Y., Oshima, T., Takata, Y., . . . Tsuchiya, H. (2017). Two-dimensional motion analysis of dynamic knee valgus identifies female high school athletes at risk of non-contact anterior cruciate ligament injury. *Knee Surgery, Sports Traumatology, Arthroscopy, 26*(2), 442–447. https:// doi.org/10.1007/s00167-017-4681-9

Nystoriak, M. A., & Bhatnagar, A. (2018). Cardiovascular effects and benefits of exercise. *Frontiers in Cardiovascular Medicine, 5*(1), 135. https://doi.org/10.3389/fcvm.2018.00135

Padua, D. A., Bell, D. R., & Clark, M. A. (2012). Neuromuscular characteristics of individuals displaying excessive medial knee displacement. *Journal of Athletic Training, 47*(5), 525–536. https://doi.org/10.4085/1062-6050-47.5.10

Persinger, R., Foster, C., Gibson, M., Fater, D. C., & Porcari, J. P. (2004). Consistency of the talk test for exercise prescription. *Medicine & Science in Sports & Exercise, 36*(9), 1632–1636.

Piercy, K. L., Troiano, R. P., Ballard, R. M., Carlson, S. A., Fulton, J. E., Galuska, D. A., . . . Olson, R. D. (2018). The physical activity guidelines for Americans. *JAMA, 320*(19), 2020–2028. https:// doi.org/10.1001/jama.2018.14854

Powers, C. M. (2010). The influence of abnormal hip mechanics on knee injury: A biomechanical perspective. *Journal of Orthopaedic & Sports Physical Therapy, 40*(2), 42–51. https://doi.org/10.2519 / jospt.2010.3337

Reed, J. L., & Pipe, A. L. (2016). Practical approaches to prescribing physical activity and monitoring exercise intensity. *Canadian Journal of Cardiology, 32*(4), 514–522. https://doi.org/10.1016 /j.cjca.2015.12.024

Rodrigues, F., Teixeira, D., Cid, L., & Monteiro, D. (2019) Promoting physical exercise participation: The role of interpersonal behaviors for practical implications. *Journal of Functional Morphology and Kinesiology, 4*(2), 40. https://doi.org/10.3390/jfmk4020040

Roy, S., & McCrory, J. (2015). Validation of maximal heart rate prediction equations based on sex and physical activity status. *International Journal of Exercise Science, 8*(4), 318–330. Retrieved from https://www.ncbi.nlm.nih.gov/pmc/articles /PMC4831892/

Silva, L. M., Neiva, H. P., Marques, M. C., Izquierdo, M., & Marinho, D. A. (2018). Effects of warm-up, post-warm-up, and re-warm-up strategies on explosive efforts in team sports: A systematic review. *Sports Medicine, 48*(10), 2285–2299. https://doi.org/10.1007 /s40279-018-0958-5

Smolander, J., Blair, S. N., & Kohl, H. W. (2000). Work ability, physical activity, and cardiorespiratory fitness: 2-year results from Project Active. *Journal of Occupational and Environmental Medicine, 42*(9), 906–910. https://doi.org/10.1097/00043764 -200009000-00012

Stone, N. M., & Kilding, A. E. (2009). Aerobic conditioning for team sport athletes. *Sports Medicine, 39*(8), 615–642. https://doi.org /10.2165/00007256-200939080-00002

Sultana, R. N., Sabag, A., Keating, S. E., & Johnson, N. A. (2019). The effect of low-volume high-intensity interval training on body composition and cardiorespiratory fitness: A systematic review and meta-analysis. *Sports Medicine, 49*(11), 1687–1721. https:// doi.org/10.1007/s40279-019-01167-w

Tabata, I., Nishimura, K., Kouzaki, M., Hirai, Y., Ogita, F., Miyachi, M., & Yamamoto, K. (1996). Effects of moderate-intensity endurance and high-intensity intermittent training on anaerobic capacity and VO2 max. *Medicine & Science in Sports & Exercise, 28*(10), 1327–1330. https://doi.org/10.1097/00005768-199610000-00018

Tanaka, H., Monahan, K. D., & Seals, D. R. (2001). Age-predicted maximal heart rate revisited. *Journal of the American College of Cardiology, 37*(1), 153–156. https://doi.org/10.1016/S0735 -1097(00)01054-8

Thorogood, A., Mottillo, S., Shimony, A., Filion, K. B., Joseph, L., Genest, J., . . . Eisenberg, M. J. (2011). Isolated aerobic exercise and weight loss: A systematic review and meta-analysis of randomized controlled trials. *American Journal of Medicine, 124*(8), 747–755. https://doi.org/10.1016/j.amjmed.2011.02.037

Viana, R. B., Lira, C. A. B. D., Naves, J. P. A., Coswig, V. S., Vecchio, F. B. D., & Gentil, P. (2018). Tabata protocol: A review of its application, variations and outcomes. *Clinical Physiology and Functional Imaging, 39*(1), 1–8. https://doi.org/10.1111/cpf.12513

Viana, R. B., Naves, J. P. A., Coswig, V. S., Lira, C. A. B. D., Steele, J., Fisher, J. P., & Gentil, P. (2019). Is interval training the magic bullet for fat loss? A systematic review and meta-analysis comparing moderate-intensity continuous training with high-intensity interval training (HIIT). *British Journal of Sports Medicine, 53*(10), 655–664. https://doi.org/10.1136/bjsports -2018-099928

Villablanca, P., Alegria J. R., Mookadam, F., Holmes, D. R. Jr., Wright, R. S., & Levine, J. A. (2015) Nonexercise activity thermogenesis in obesity management. *Mayo Clinic Proceedings, 90*(4), 509–519. https://doi.org/10.1016/j.mayocp.2015.02.001

Voelker, S., Foster, C., Porcari, J. P., & Skemp, K. M. (2001). Relationship between the talk test and ventilatory threshold in cardiac patients. *Clinical Exercise Physiology, 4*(2), 120–123.

Warburton, D. E., Nicol, C. W., & Bredin, S. S. (2006). Health benefits of physical activity: The evidence. *Canadian Medical Association Journal, 174*(6), 801–809. https://doi.org/10.1503/cmaj.051351

Wasfy, M., & Baggish, A. L. (2016). Exercise dose in clinical practice. *Circulation, 133*(23), 2297–2313. https://doi.org/10.1161 / CIRCULATIONAHA.116.018093

Wewege, M., Berg, R. V. D., Ward, R. E., & Keech, A. (2017). The effects of high-intensity interval training vs. moderate-intensity continuous training on body composition in overweight and obese adults: A systematic review and meta-analysis. *Obesity Reviews, 18*(6), 635–646. https://doi.org/10.1111/obr.12532

Wininger, S. R., & Pargman, D. (2003). Assessment of factors associated with exercise enjoyment. *Journal of Music Therapy, 40*(1), 57–73. https://doi.org/10.1093/jmt/40.1.57

Wood, G., Murrell, A., Touw, T. V. D., & Smart, N. (2019). HIIT is not superior to MICT in altering blood lipids: A systematic review and meta-analysis. *BMJ Open Sport & Exercise Medicine, 5*(1), e000647. https://doi.org/10.1136/bmjsem-2019-000647

World Health Organization. (2015). Physical activity and adults. Retrieved from https://www.who.int/dietphysicalactivity /factsheet_adults/en/

Zanettini, R., Centeleghe, P., Franzelli, C., Mori, I., Benna, S., Penati, C., & Sorlini, N. (2013). Validity of the talk test for exercise prescription after myocardial revascularization. *European Journal of Preventive Cardiology, 20*(2), 376–382. https://doi.org /10.1177/2047487312438982

CHAPTER 16

코어 트레이닝

학습 목표

- 코어 트레이닝의 신체적 이점을 확인할 수 있다.
- 코어 안정화 시스템과 움직임 시스템을 구분할 수 있다.
- 드로우 인(draw-in maneuver)과 복부 브레이싱 메커니즘을 설명할 수 있다.
- 코어 트레이닝 운동의 적절한 진행을 확인할 수 있다.
- 코어 트레이닝에서 효과적으로 실행, 교육, 지시할 수 있다.

코어 트레이닝의 개요

코어 트레이닝은 자세 개선(Ko & Kang, 2017; Park et al., 2016), 성과 향상(Butcher et al., 2007; Dello Iacono et al., 2016; Shinkle et al., 2012), 부상에 대한 저항력 향상(Huxel Bliven & Anderson, 2013), 부상에 대한 재활 가속화에 매우 중요하다(Coulombe et al., 2017). 적절하게 구성된 코어 트레이닝 프로그램은 광범위한 목표 성취에 있어서 필수적인 트레이닝 프로그램의 핵심 요소이다. 코어 트레이닝의 목표는 **코어 안정성(core stability)**, 지구력, 근력, 파워의 발전이다. 코어 안정성과 **코어 지구력(core endurance)**은 사지(예: 팔다리)가 움직이는 동안 척추와 골반의 자세를 적절하게 유지하는 능력을 말한다. **코어 근력(core strength)**은 전 방향(예: 굽힘, 폄, 회전)으로 몸통을 수축시키는 능력을 말하고, 코어 파워는 코어 근육의 폭발적인 움직임을 말한다. 코어 영역을 구성하는 여러 근육 그룹이 있으며, 그것은 일반적으로 국소 코어 근육 그룹과 전신 코어 근육 그룹으로 나누어진다. 코어를 적절하게 안정시키고 강화시키려면 국소(local) 코어 근육과 전신(global) 코어 근육을 함께 작동해야 한다. 이 장에서는 코어 트레이닝의 중요성과 코어 트레이닝을 고객의 전체 트레이닝 프로그램에 통합시키는 방법을 설명한다. 그 다음 장에서는 밸런스와 플라이오메트릭 트레이닝에 대해 논의하면서 전반적인 효율성을 향상시키기 위해 이것들을 교육 프로그램에 통합시키는 방법을 소개할 것이다.

코어 근육 조직

공인 퍼스널 트레이너는 코어 트레이닝의 원리를 이해하기 위해 기능해부학에 대해 기본적으로 알고 있어야 한다. 허리-골반-엉덩관절 복합체(lumbo-pelvic-hip complex, LPHC)로 알려진 **코어(core)**는 신체 내부에 다음과 같은 경계가 있는 공간을 일컫는다. 위쪽으로는 가로막, 앞쪽으로는 복부 근육, 뒤쪽으로는 허리뼈 및 볼기근, 아래쪽으로는

코어 안정성 Core stability 사지가 움직이는 동안 적절하게 척추를 안정시키면서 자세를 유지하는 능력

코어 지구력 Core endurance 오랜 지속 시간 동안 척추의 움직임을 통제하는 능력

코어 근력 Core strength 척추의 움직임을 통제하는 능력

코어 Core 허리뼈, 다리이음뼈, 복부를 포함하여 허리-골반-엉덩관절 복합체(LPHC)를 구성하는 구조

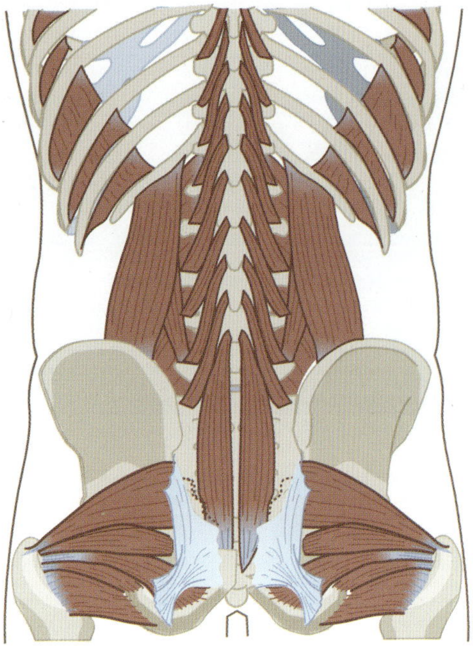

그림 16-1 국소 코어 근육

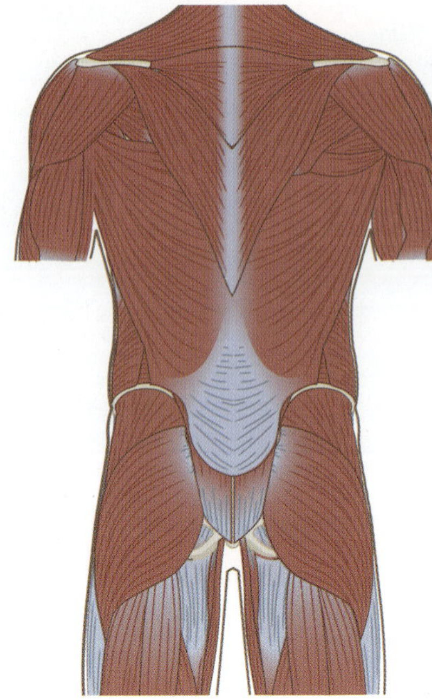

그림 16-2 전신 코어 근육

골반기저근(pelvic floor) 및 엉덩관절 근육이 있다(Huxel Bliven & Anderson, 2013). 간단히 말해서 코어 영역은 신체의 무게중심에 있고, 복부, 엉덩이, 볼기근 복합체와 허리 영역을 포함하지만, 이에 국한되지는 않는다. 코어 근육 조직은 국소 근육(local muscles)과 전신 근육(global muscles)(그림 16-1과 16-2)의 두 분류로 나뉜다. 코어 근육의 최적의 안정성과 기능을 유지하기 위해서는 체계적으로 모든 코어 근육을 조절하는 것이 중요하다. 국소 근육과 전신 근육이 함께 작동하여 효율적인 팔다리의 움직임을 생성하면서 척추를 안정시키기 때문이다. 또한 이 근육들은 척추를 계속 안정화시키면서 강하고 효과적인 몸통 움직임을 만들기 위해 함께 일한다. 협응하는 관절 운동과 함께 LPHC의 최적의 근육 길이(또는 길이-장력 관계) 및 근육 동원(짝힘 관계)은 효과적이고 효율적인 움직임을 위해 중요하다. [표 16-1]은 코어의 국소 근육 및 전신 근육의 예시이다(이 예시는 완전한 목록은 아니다).

국소 코어 근육

국소 근육은 일반적으로 척추뼈나 척추뼈 근처에 부착되어 있고, 대개 하나에서 두 개의 척추 분절 사이에 짧은 부착물을 가지고 있다. 국소 근육은 척추 분절 사이의 과도한 압축, 전단(剪斷), 회전력을 제한하는 척추 분절의 동적 제어를 담당한다. 이것은 척추를 안정화시키고, 척추원반(추간판, intervertebral discs)과 인대를 포함한 수동 안정화 구조의 변형을 통제하는 데 중요한 역할을 한다. 국소 근육은 주로 **타입 I (느린 근수축) 근육섬유**로 구성되는데(Dickx et al., 2010), 이것은 근방추 밀도가 높고 척추의 고유수용감각을 돕는다(Boyd-Clark et al., 2002). 그러므로 근력 강화 운동과 기타 동적인 움직임을 할 때 척추의 올바른 자세를 유지하기 위해서는 국소 코어 근육의 적절한 기능이 중요하다.

덧붙여 척추를 통한 적절한 자세는 사지 움직임을 보장하여 전체 신경근계의 수행능력을 향상시키는 데 있어서 중요하다. 국소 코어 근육의 기능 장애는 강한 전신 코어 근육을 가진 사람에게 나타날 수 있다는 것을 기억해야 한다. 그러므로 국소 근육을 활성화하고 강화하는 운동과 국소 근육의 지구력을 기르는 운동은 반드시 모든 코어 트레이닝에 통합되어야 한다.

> **타입 I (느린 근수축) 근육섬유** Type I (slow twitch) muscle fibers 크기가 작은 근육섬유는 더 적은 양의 힘을 생성하며 피로에 잘 견딘다.

표 16-1 국소 코어 근육과 전신 코어 근육의 예시

국소 코어 근육의 예	주요 활동	이미지
돌림근 (회전근, Rotatores)	척추 분절 안정화 및 회전	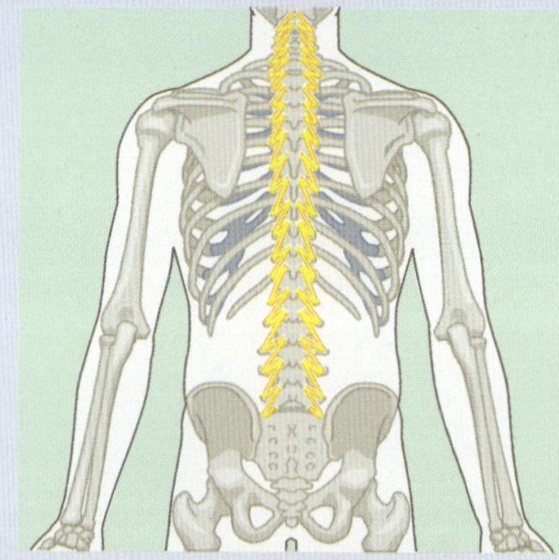
뭇갈래근 (다열근, Multifidus)	척추의 안정화, 폄, 회전	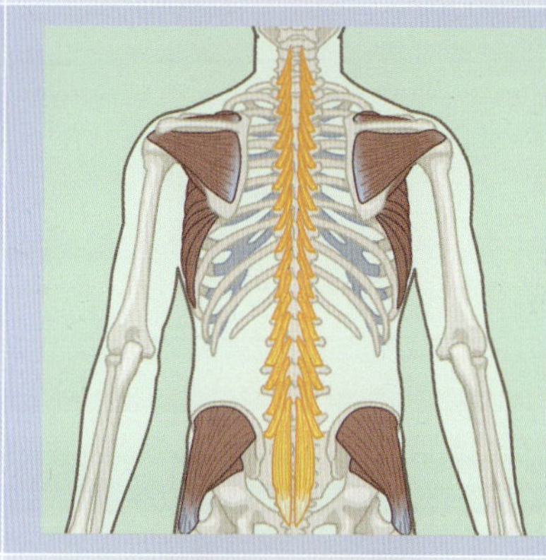
배가로근 (복횡근, Transverse abdominis)	복강 내 압력 증가	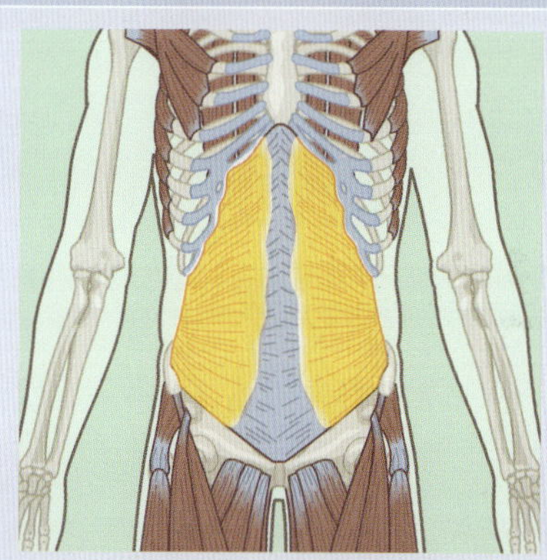
가로막 (횡격막, Diaphragm)	들숨 조절	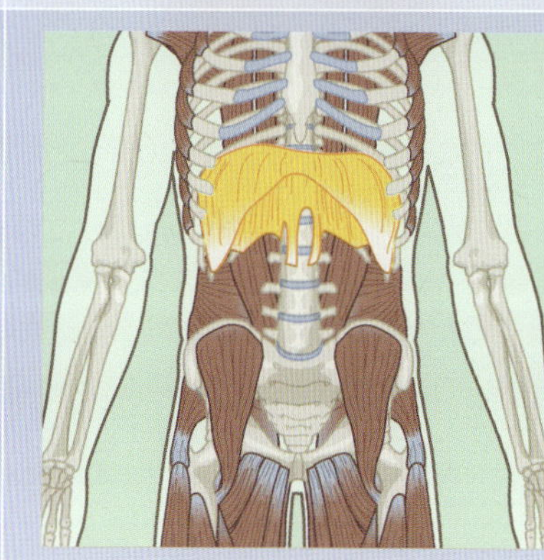

국소 코어 근육의 예	주요 활동	이미지
골반기저근 (Pelvic floor musculature)	골반의 내부 지지	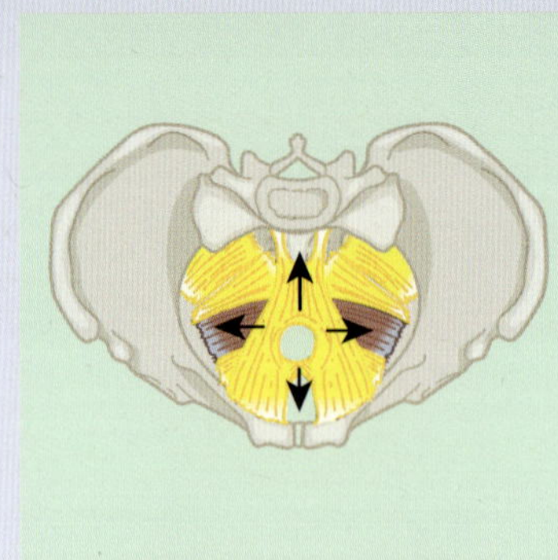
허리네모근 (요방형근, Quadratus lumborum)	척추 가쪽 굽힘, 골반 들어올림	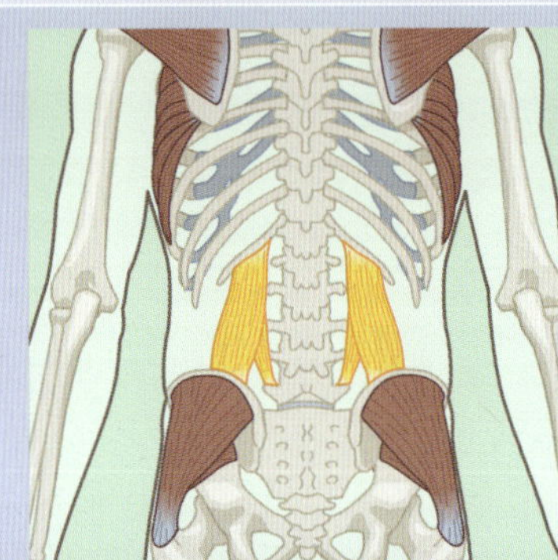

전신 코어 근육의 예	주요 활동	이미지
배곧은근 (복직근, Rectus abdominis)	몸통과 척추 굽힘, 회전, 그리고 가쪽 굽힘	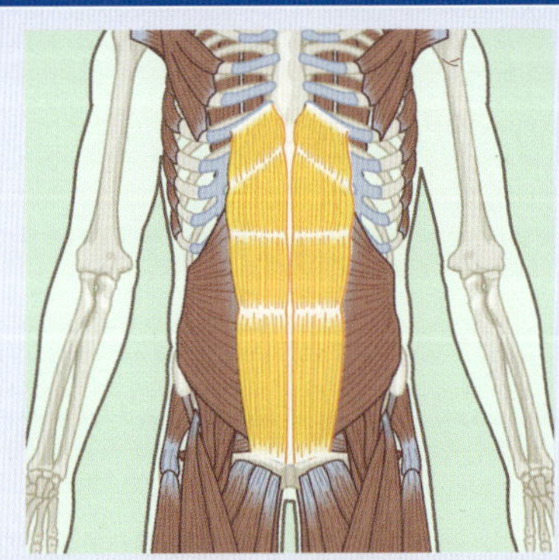
배바깥빗근 (외복사근, External abdominal obliques)	척추 굽힘, 가쪽 굽힘, 반대쪽으로 회전	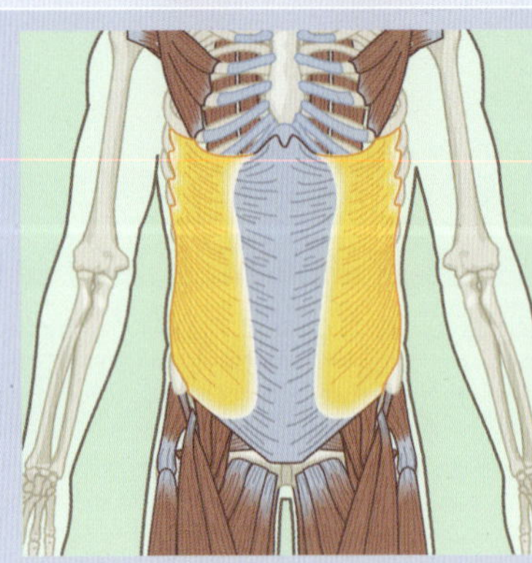

전신 코어 근육의 예	주요 활동	이미지
배속빗근 (내복사근, Internal abdominal obliques)	척추 굽힘, 가쪽 굽힘, 같은 쪽 회전	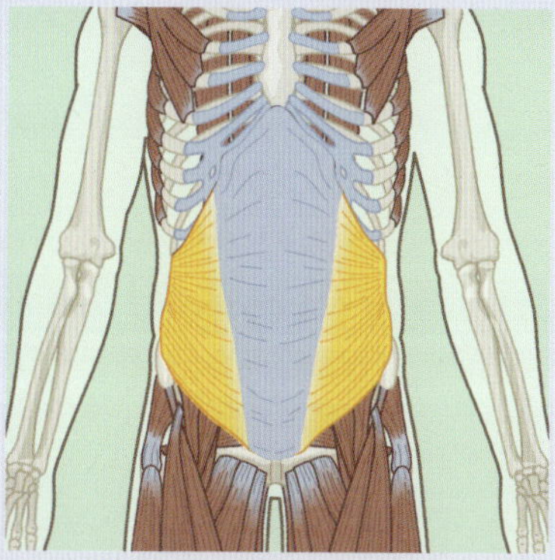
척주세움근 (척주기립근, Erector spinae)	몸통과 척추 굽힘, 회전, 그리고 가쪽 굽힘	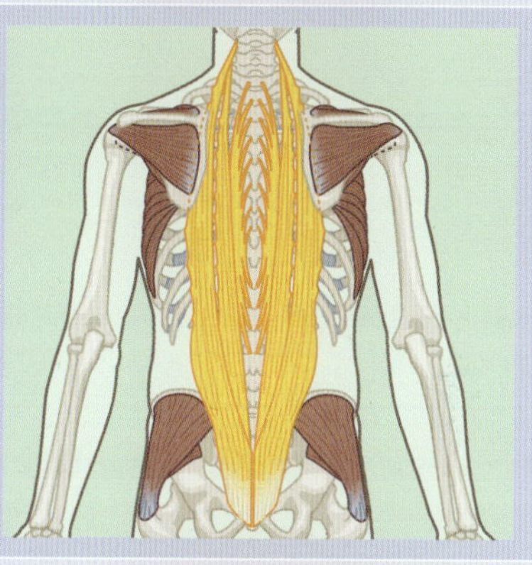
넓은등근 (광배근, Latissimus dorsi)	몸통과 척추 회전(그밖에 어깨 폄, 모음, 안쪽돌림)	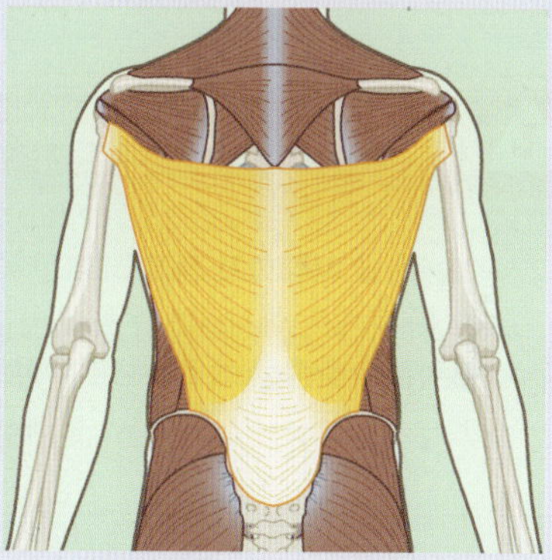

전신 코어 근육의 예	주요 활동	이미지
엉덩허리근 (장요근, Iliopsoas; 엉덩근+허리근)	엉덩관절 굽힘(그밖에 엉덩관절 모음과 바깥돌림)	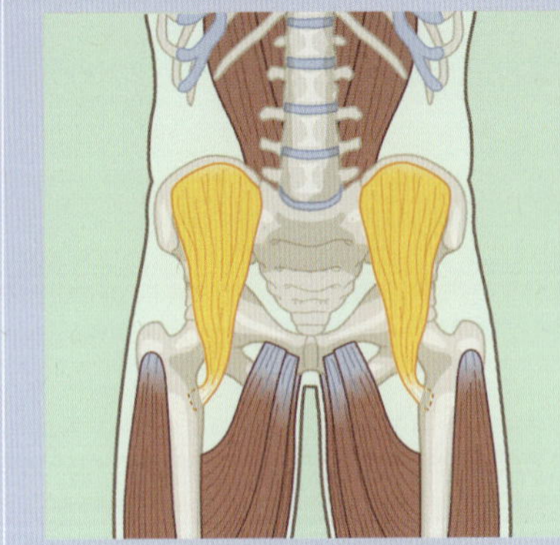 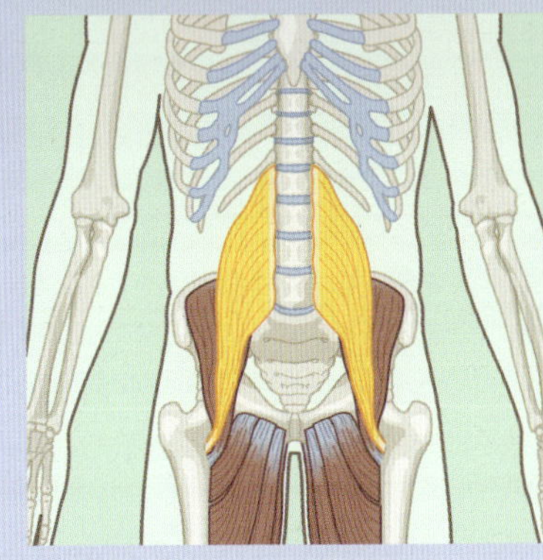

> **중요**
>
> 사지 운동을 시작하기 전에 국소 근육을 활성화하여 척추를 효과적으로 안정화시키는 운동 전략을 개발하는 것은 척추의 부적절한 하중을 최소화하고 부상의 위험을 줄이는 데 중요하다. 그 전략은 이 장의 후반부에서 설명한다.

전신 코어 근육

전신 코어 근육은 국소 코어 근육과 비교했을 때 더 몸통 표면 쪽에 있다. 전신 코어 근육은 몸통을 움직이고, 팔과 다리 사이에 하중을 전달하며, 여러 분절을 기능 단위로 함께 안정화하여 척추의 안정성을 제공하는 역할을 한다. 이 근육들은 주로 동적인 활동 중에 단축성 힘 생성과 신장성 힘 감속을 담당한다. 코어 근육의 주요 전신 근육에는 배곧은근, 배바깥빗근, 넓은등근, 큰볼기근, 엉덩관절굽힘근, 외인성(표면적) 척주세움근이 있다(이에 국한되지는 않음).

총체적으로, 각 시스템 내의 모든 근육은 전신 코어를 동적으로 안정화시키고 신경근을 제어한다(Xie & Wang, 2019). 전신 근육은 동적 활동 동안에 힘을 생산하거나(단축성 작용) 힘을 감쇄시키고(신장성 작용), 모든 운동면에서 안정성을 제공한다. 전신 근육은 개별적으로는 LPHC의 안정화를 효율적으로 달성하지 못한다. 국소 근육과 협력하여 기능할 때 안정성과 신경근 조절을 향상시킨다(Weber et al., 2018). LPHC를 안정화시키기 위해 이 근육들이 어떻게 작동하는지를 더 잘 이해하면 시스템을 내부에서 외부로 보는 데 도움이 된다(국소 근육에서 전신 근육). 다시 말해서, 국소 근육을 트레이닝하기 전에 전신 근육을 트레이닝하는 것은 구조적, 생체역학적 관점에서 모두 바람직하지 않다. 그렇게 하는 것은 기초 없이 집을 짓는 것에 비유할 수 있다. 집의 나머지 구성 요소를 기반으로 안정적인 플랫폼을 제공하려면 기초를 먼저 개발해야 한다. 효과적으로 움직이기 위해서는 우선적으로 안정적이어야 한다.

적절한 코어 근육 트레이닝의 중요성

일부 활동적인 사람은 전신 코어 근육의 근력, 힘, 근지구력을 발달시켜 역동적인 활동을 할 수 있다. 그러나 척추 안정화

© Goami/Shutterstock

에 필요한 국소 근육을 적절히 트레이닝하는 사람은 거의 없다(Hodges & Richardson, 1996). 국소 근육은 주동근(예: 팔, 다리)에서 만들어지는 근력, 힘, 지구력을 효과적으로 사용하기 위해서 효율적으로 기능해야만 한다. 만약 전신 근육은 강한데 국소 근육이 약하다면 운동 에너지 사슬을 따라 힘이 제대로 전달되거나 사용되지 못한다. 이것은 보상, 비효율적 움직임, 부상 가능성으로 이어진다. 국소 및 전신 코어 근육 조직의 약화는 비효율적인 움직임을 일으키고, 잘못된 자세, 운동 능력 감소, 부상 위험 증가로 이어지며, 이전 부상에서 적절하게 회복할 수 없는 상태로 만드는 근본적인 문제가 된다. 이러한 이유로 적절한 자세를 유지하고, 수행능력을 향상시키며 부상 회복력을 높일 뿐만 아니라 부상 재활을 강화하기 위해서는 국소 및 전신 코어 근육의 적절한 트레이닝이 필수적이다.

코어 트레이닝에 대한 과학적 근거

코어 트레이닝 프로그램을 구성할 때는 각 고객의 필요에 맞는 운동을 통합하는 것이 중요하다. 코어 트레이닝은 다양한 이점이 있으므로 전체 교육 프로그램에서 기본이라고 할 수 있다. 자세, 성과, 부상 저항력, 재활의 최적화와 같은 핵심 영역에서 코어 트레이닝의 중요성을 뒷받침하는 과학적 근거가 많다.

자세 최적화

인간의 척추는 목뼈와 허리뼈의 **척주전만(앞굽음, lordotic/lordosis)**(오목) 곡선과, 등뼈와 엉치뼈의 **척주후만(뒤굽음, kyphotic/kyphosis)**(볼록) 곡선 사이를 번갈아 가며 자연적으로 발생하는 굽이(만곡)를 보여준다(그림 16-3). 이러한

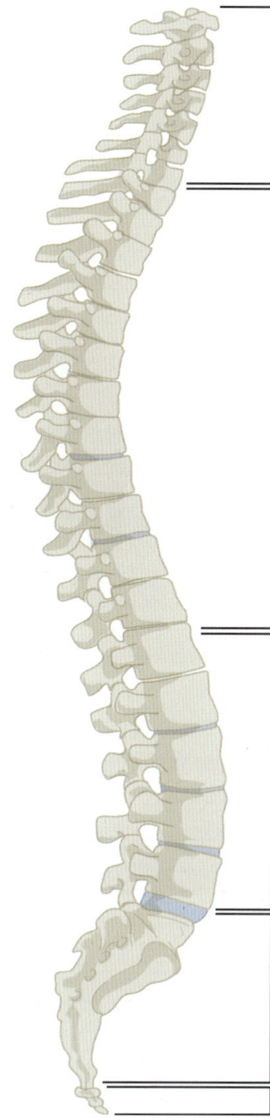

그림 16-3 자연스러운 척추 굽이

척추 굽이는 사람이 네발 기기에서 두 발 걷기로 성장함에 따라 자연스럽게 발달했다. 평생 이러한 척추 굴곡을 유지하는 것은 척추 전체에 적절한 에너지 분배를 위해 중요하다. 적절한 코어 근육 기능은 자연스러운 척추 곡선을 유지하는 데 매우 중요하지만, 부적절한 코어 근육 균형으로 인해 곡률이 증가하거나 감소할 수 있다(Hongo et al., 2012). 엉덩관절굽힘근 및 표면 척주세움근의 과활성과 복부의 저활성은

척주전만(앞굽음) Lordotic/Lordosis 목뼈와 허리뼈 부위의 정상적인 굽힘으로 척추의 오목한 부분을 형성한다.

척주후만(뒤굽음) Kyphotic/Kyphosis 등뼈 부위의 정상적인 굽힘으로 척추의 볼록한 부분을 만든다.

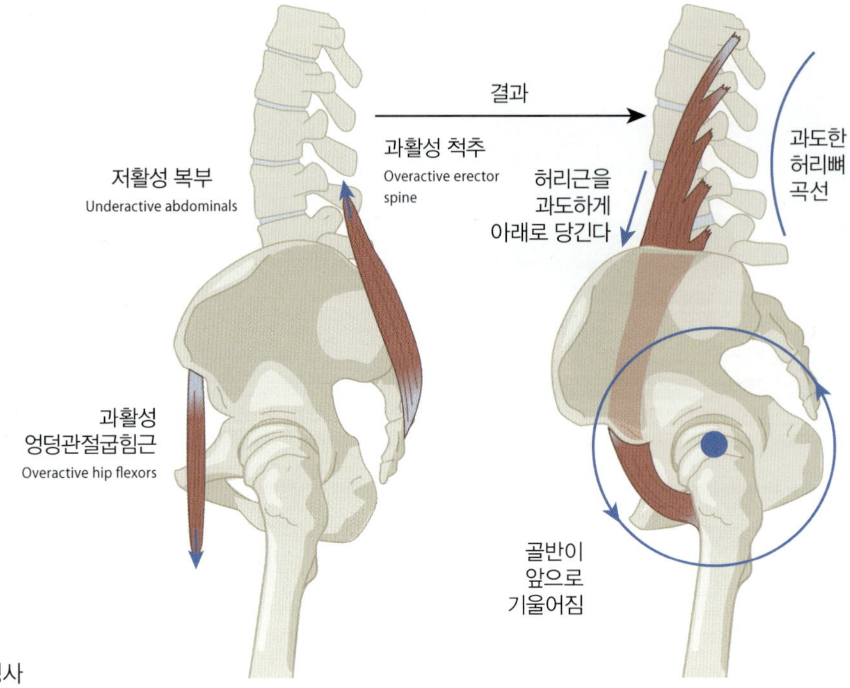

그림 16-4 골반전방경사

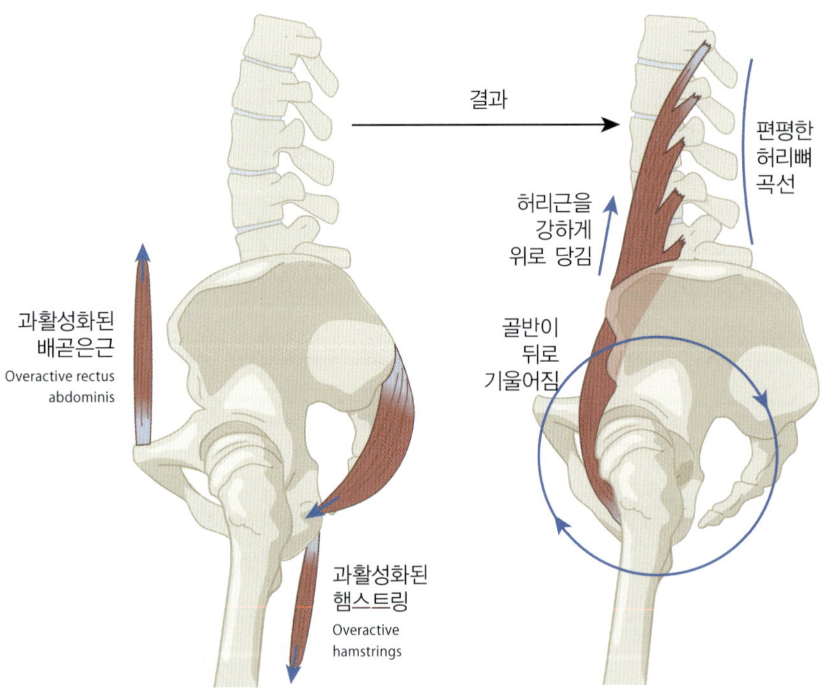

그림 16-5 골반후방경사

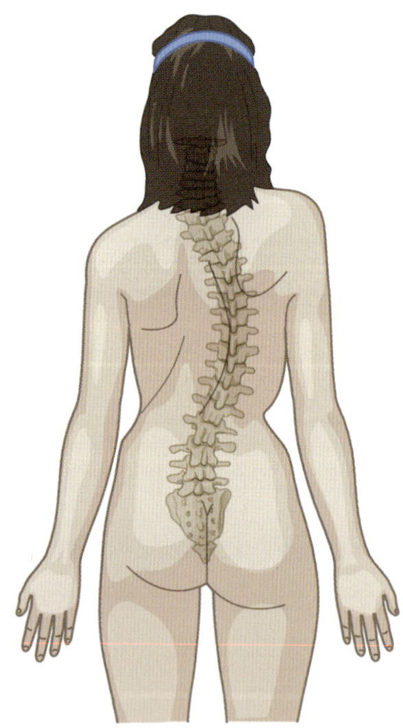

그림 16-6 척주측만증

골반전방경사(anterior pelvic tilt)의 증가와 상관관계가 있으며(그림 16-4), 이것은 증가된 허리뼈(요추) 앞굽음증과 관련이 있다(Król et al., 2017). 반대로 햄스트링과 배곧은근의 과활성과 척주세움근의 저활성은 골반을 후방으로 회전시킬 수 있는데, 이를 골반후방경사(posterior pelvic tilt)라고 한다(그림 16-5).

척추는 이마면(frontal plane)의 중심선에서 작은 편차를 보일 수 있지만, 중심선에서 멀어지는 척추의 큰 굽이는 비정상적인 것이며, 척주측만증(척주옆굽음증, scoliosis)으로 분류한다(그림 16-6).

척주측만증(척주옆굽음증, scoliosis)은 종종 척추를 통한 뼈의 변형으로 발생하지만(구조적 척주측만증), 기능적 척주측만증(비구조적 축주측만증)은 근육 불균형, 특히 신체의 오른쪽과 왼쪽 사이의 근육 불균형의 영향을 받아 이마면에서 척추의 변형된 정렬을 만든다(Hawes, 2003; Zapata et al., 2015). 코어 근육 강화는 기능적 척주측만증을 가진 사람의 척추 정렬을 개선하는 것으로 밝혀졌다(Ko & Kang, 2017; Park et al., 2016).

게다가, 엉덩관절근육(예: 중간볼기근)은 골반의 수평을 유지하는 기능을 한다. 잘못된 골반의 위치는 잘못된 자세를 만든다. 변형된 자세가 허리 통증(low-back-pain, LBP)을 일으키는지 또는 LBP가 자세 변형을 일으키는지는 명확하지 않지만(Roffey et al., 2010), 중간볼기근 약화는 LBP를 가진 사람에게 흔하므로 비정상적인 자세와 LBP 사이의 연관성을 관리하는 방식으로 다루어야 한다(Cooper et al., 2016). 따라서 적절한 코어 근력과 안정성은 올바른 자세와 연결되어 있기 때문에 일상생활의 활동은 물론 운동하는 동안에도 바른 자세를 유지하도록 강조해야 한다.

운동수행능력 향상

강하고 안정적인 코어는 최적의 운동수행능력에 필요한 강하고 폭발적인 움직임을 만들어내는 데 중요하다.

코어는 강하고 통제된 움직임을 생성해 다리로 전달하고 팔에 힘을 만들어내는 기반이라고 할 수 있다(De Blaiser et al., 2018; Rivera, 2016; Willardson, 2007). 따라서 근력, 지구력 및 협응된 근육 활성화를 포함한 코어의 수행능력 향상은 팔과 다리의 속도, 근력, 지구력을 요구하는 운동 개선의 중요한 구성 요소이다. 코어 근육이 다리의 움직임보다 먼저 활성화된다는 근거가 있으며, 이는 힘을 만들어내기 위해 1차 다리 운동을 준비하는 데 있어 적절한 코어 근육의 기능이 필수적임을 시사한다(Hodges & Richardson, 1997a). 코어 안정성과 코어 근력은 다리 근육 근력 증가(Dello Iacono et al., 2016)와 수직 점프의 도약 속도 증가(Butcher et al., 2007) 및 최대 스쿼트 수행능력과 관련이 있다.

코어 근육 강화 프로그램은 향상된 속도와 발차기 수행능력(Lago-Fuentes et al., 2018; Prieske et al., 2016), 동적 밸런스와 점프 거리 향상과도 연관이 있다(Granacher et al., 2014; Shinkle et al., 2012). 코어 근육 지구력은 또한 다리 근육 수행능력에도 중요하다(Kocahan & Akınoğlu, 2018). 이전 연구는 코어 근육 피로도가 생체역학의 사이클링을 변경할 수 있음을 보여

지식 확장하기

자세, 부상 예방, 그리고 코어

- Ahearn 등(2018)은 일반적인 댄스 수업에서 필라테스 기반 코어 트레이닝을 추가한 젊은 여성 댄서들이, 댄스 수업에만 참여한 댄서들에 비해 신체 인지 능력은 물론 몸통과 허리 자세까지 모두 향상된 것을 알아냈다.
- Buyukturan 등(2017)은 목 통증 및 목디스크 탈출증 환자에게 목뼈 안정 훈련과 함께 8주간의 코어 트레이닝을 시켰더니 통증 완화, 근력 및 근지구력 향상, 운동 공포증(키니소포비아) 감소와 같은 효과가 나타난 것을 발견했다.
- Mesquita Montes 등(2017)은 건강한 성인은 호흡 활동 중 배바깥빗근, 배속빗근, 배가로근이 가장 활발한 활동성을 보인 때가 앉거나 무릎을 꿇었을 때보다 선 자세에서 높다는 것을 발견했는데, 이것은 코어 트레이닝 시 고객의 자세가 적절한 근육 활동을 촉진하는 데 중요하다는 것을 시사한다.
- Calatayud 등(2015)은 코어 근육의 근전도(EMG)를 이용해 근육 활동을 조사한 연구에서, 탄성 저항을 추가한 싱글 레그(한 다리 서기) 자세 운동이 가장 큰 EMG 값을 생성한다는 것을 발견했다.
- Kiss 등(2019)은 허리 통증 발병 위험이 높은 젊은 카약/카누 선수 103명을 대상으로 무작위 대조 실험을 실시했다. 6개월간 예방적 코어 근육 트레이닝을 받은 50명의 선수는 코어 근육 훈련을 마치지 않은 선수에 비해 복근과 등 근육의 강도, 허리 운동 조절력, 휴식 자세 등이 개선된 것으로 나타났다.

주요 내용

- 코어 트레이닝은 몸통과 허리 자세, 신체 인식을 향상시킬 수 있다.
- 목뼈 안정성을 위한 코어 트레이닝은 통증의 완화와 근육 근력 및 지구력 향상에 효과적이다.
- 코어 트레이닝 동안에 고객의 자세는 적절한 근육 활동을 촉진하기 위해 중요하다.
- 외부 저항이 있는 불안정한 자세(한 다리 서기 자세)로 운동하면 더 큰 근육 활성화를 생성한다.
- 코어 트레이닝은 복부/허리 근력과 운동 조절 능력을 향상시킨다.

골반전방경사 Anterior pelvic tilt 골반의 과도한 전방 회전은 더 큰 요추전만증(허리척주앞굽음증)을 초래한다.

골반후방경사 Posterior pelvic tilt 골반의 과도한 후방 회전으로 요추전만증(허리척주앞굽음증)이 감소한다.

척주측만증(척주옆굽음증) Scoliosis 척추가 좌우로 비정상적으로 휘어진 상태

주었다(Abt et al., 2007). 비슷하게, 코어 근육을 피로하게 하면 어깨 근력이 감소하는데(Rosemeyer et al., 2015), 이로써 코어 지구력이 팔 근육 수행능력에도 중요함을 나타낸다. 준비를 위한 몸통의 움직임은 상지를 움직이기 전에 일어나며, 이는 상지의 수행능력을 최대화하기 위해 적절한 몸통의 안정성이 필요함을 시사한다(Hodges et al., 2000; Morris et al., 2013). 또한 코어 근력을 향상시키면 어깨 근력이 증가한다(Kuhn et al., 2018). 던지기 활동에 참여하는 운동선수는 골반과 몸통 생체역학과 관련된 볼기(둔부) 기능을 강화하고(Oliver & Keeley, 2010; Plummer & Oliver, 2014), 불안정한 슬링 또는 코드 시스템을 사용하여 팔다리를 매달아 놓는 슬링 기반 코어 트레이닝을 실시하면 던지는 속도를 향상시킬 수 있다(Saeterbakken et al., 2011). 코어 트레이닝은 또한 50m 수영의 전력 질주 시간을 개선했는데(Weston et al., 2015), 이는 코어 트레이닝이 팔다리의 기능을 포함하는 비체중 부하 활동의 수행능력 향상에도 기여하는 것으로 해석할 수 있다.

부상 저항력

코어 근육 기능은 적절한 팔다리 움직임에서 중요하다. 그러므로 최적의 코어 근육 기능은 부상 위험을 줄이는 요소가 되고 있다. 전향적 공동 연구에서는 1.5년간 과사용으로 근골격 부상을 입은 사람을 낮은 자세 제어, 엉덩관절 근력 및 코어 근지구력으로 구별해 냈다(De Blaiser et al., 2019). 코어 근육 트레이닝은 밸런스를 향상시키는 것으로 밝혀졌고(Aggarwal et al., 2010), 메타 분석에서는 코어 근력 트레이닝이 낙하 예방에 중요한 요소라고 결론내렸다(Granacher et al., 2013). 코어 안정성은 전방십자인대 파열 같은 극심한 다리 부상을 줄이기 위한 예방 프로그램의 핵심 구성 요소이다(Hewett et al., 2005). 점프해서 착지할 때 몸통을 적절하게 안정화시키는 능력은 무릎 손상의 위험을 감소시키는 최적의 착지 역학으로서 중요하다(Foss et al., 2018; Hewett et al., 2017). 무작위 대조 실험에서, 4주간의 코어 안정성 트레이닝을 받은 여고생 운동선수들은 4주간의 플라이오메트릭 트레이닝에 참여한 선수와 유사하게 점프 후 착지 시 무릎에 가해지는 힘의 감소가 있었다(Pfile et al., 2013).

재활

LBP(허리통증, low back pain)는 모든 장애의 주요 원인 중 하나이며, 코어 근육 트레이닝은 LBP를 가진 환자의 회복에 흔히 사용된다(Vos et al., 2012). 연구자들은 만성 LBP를 가진 사람은 배가로근, 배속빗근, 골반기저근, 뭇갈래근, 가로막, 볼기근 복합체, 그리고 깊은 척주세움근을 포함한 특정 근육 또는 근육근의 활성화가 감소된다는 것을 알아냈다(Arab et al., 2010; Calvo-Lobo et al., 2019; Hodges & Danneels, 2019; Rose-Dulcina et al., 2019; Santos et al., 2013; Sjödahl et al., 2009). 2,400명 이상을 평가하는 메타 분석에서는 코어 운동이 LBP 환자의 증상을 향상시키는 데 효과적이라는 것을 증명했다(Saragiotto et al., 2016). 코어 안정화 운동은 LBP를 가진 사람의 뭇갈래근(심부 척추 근육)의 크기, 활성화 및 지구력을 회복시킨다(Hides et al., 2001). 따라서 LBP 환자를 위한 전통적 재활 운동에 코어 안정 운동을 추가하면 전통적인 재활에 비해 통증이 개선된다(Akhtar et al., 2017).

중요

피트니스 전문가는 부상자를 진단하고 치료하는 의료 서비스 제공자들과 긴밀히 협력하는 것이 중요하다. 공인 퍼스널 트레이너가 부상을 진단하거나 면허가 있는 재활 전문가(물리치료사, 척추지압사, 정형외과 의사)의 기능을 수행하는 것은 실무 범위를 벗어난다.

LBP를 가진 고객은 코어 안정성을 강화하고 코어 근육의 기능을 개선하여 LBP를 줄이는 방법을 배울 수 있다. 예를 들어, 복부 드로우-인(끌어들이기, draw-in maneuver)을 하면 배가로근의 근육 활성화를 증가시킨다. 가로배근은 LBP을 가지고 있는 사람이든 없는 사람이든 4주간의 트레이닝으로 향상된다(Selkow et al., 2017). 적절한 운동 기술을 사용하면 LBP를 가진 사람들의 통증을 감소시킬 수 있지만, LBP 안정 없이 과다폄 운동을 하면 디스크에 가해지는 압력이 위험한 수준으로 증가하는 것으로 나타났다. 이런 지지되지 않은 운동은 척추를 지지하는 인대에 손상을 주고, 척추신경이 통과하는 척추신경 통로를 좁아지게 한다(Ashmen et al., 1996; Beim et al., 1997). 따라서 코어를 트레이닝할 때, 피트니스 전문가는 체계적이고 점진적인 접근 방식으로 척추를 안정화시키는 국소 코어 근육을 먼저 강화시키거나 전신 근육과 함께 강화하도록 해야 한다.

유용한 힌트

근전도 검사는 근육에 있는 신경의 전기 전도 기능을 측정하는 절차이다. 근전도 검사를 통해 다른 움직임이나 운동을 수행할 때 근육과 근육 그룹 활성화의 차이를 구별할 수 있다.

드로우-인(끌어들이기)

연구에 따르면, 활동 전에 복부 끌어들임 동작을 했을 때 골반 안정화 및 배가로근 활성화 동안 근전도 활동이 증가하는 것으로 나타났다(Cresswell et al., 1992; Hides et al., 2006; Richardson et al., 2002). 또한 배가로근이 적절하게 활성화되면 등허리근막(흉요추근막, thoracolumbar fascia)에 장력이 생성되고(**그림 16-7**), 척추 경직에 기여하며 엉치엉덩관절을 압박하여(**그림 16-8**) 안정성을 증가시킨다는 것을 알아냈다(Hodges & Richardson, 1997b, 1997c). 이러한 발견은 척추 안정성과 LBP에서 배가로근의 중요성을 증명하며 더욱 그 역할에 주목하도록 만들었다. 드로우-인(draw-in maneuver)을 수행하기 위해서는 배꼽 바로 아래 영역을 척추 쪽으로 당기고 목뼈를 중립 위치에 두어야 한다. 코어 트레이닝을 하는 동안 척추 중립 또는 정상적인 척추 곡률을 유지하면 근육의 균형 및 안정화를 개선하는 데 도움이 된다. 만약 드로우-인 중에 머리가 앞쪽으로 돌출되면 목빗근(**그림 16-9**)이 우선적으로 동원된다. 목빗근이 과활성화되어 상부 목뼈를 신전시키면 눈을 다시 맞추기 위해 골반이 앞쪽으로 회전한다. 이것은 근육 불균형과 골반 안정화의 감소로 이어질 수 있다(McGill, 2001).

복부 브레이싱

브레이싱(bracing)은 배곧은근과 배바깥빗근 같은 전신 근육의 동시 수축을 말한다. 브레이싱은 보통 의식적으로 수축하여 전신 근육을 조이는 것을 말하는데, '베어링 다운(bearing down)'이라고도 한다. 연구에 따르면 전신 및 국소 근육이 함께 수축될 때 척추의 가동범위만 강조하는 전통적 LBP 트레이닝 방식에 비해 허리 통증 환자에게 더 큰 이점을 주는 것으로 나타났다(McGill, 2001). 브레이싱은 단순히 분절된 척추 안정성이 아니라 전체적인 몸통의 안정성에 중점을 둔다. 즉 적절한 지구력 트레이닝을 해주면 전신 근육이 척추를 안정화시키는 데에도 작용한다.

그러나 드로우-인과 브레이싱은 둘 다 코어 트레이닝 프로그램으로 통합하여 국소 및 전신 근육 시스템과, 운동 근육의 근력, 지구력, 운동 제어를 트레이닝할 수 있다(Larivière et al., 2019; McGill, 2001). 국소 안정화 시스템과 전신 안정화 시스템의 활성화는 코어 트레이닝을 하는 동안에 이러한 특정 근육을 활성화하는 것으로 입증되었다(Arokoski et al., 2001; Kibler et al., 1996; Larivière et al., 2019; McGill, 2001).

드로우-인(끌어들이기) Drawing-in maneuver 척추 방향으로 배꼽을 끌어들임으로써 국소 코어 안정을 도모하기 위해 사용되는 동작
브레이싱 Bracing 배곧은근과 빗근(obliques)과 같은 전체 복부를 동시에 수축시키는 것

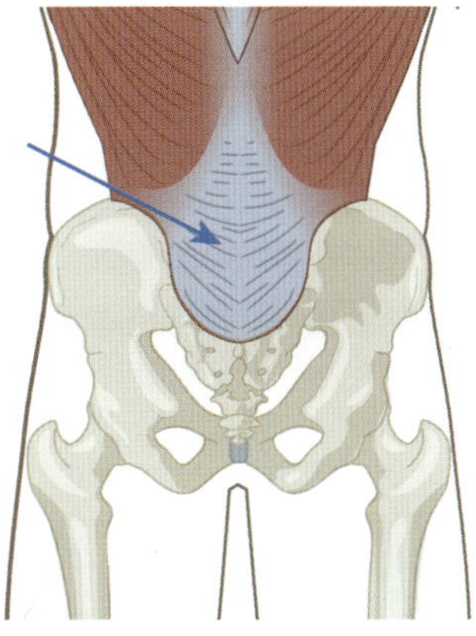

그림 16-7 등허리근막

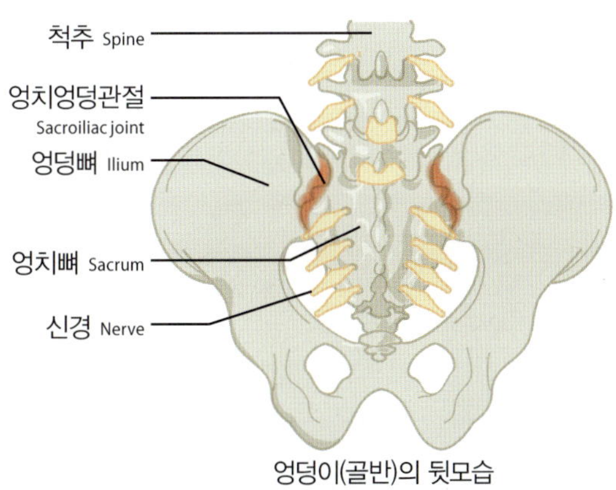

그림 16-8 엉치엉덩관절

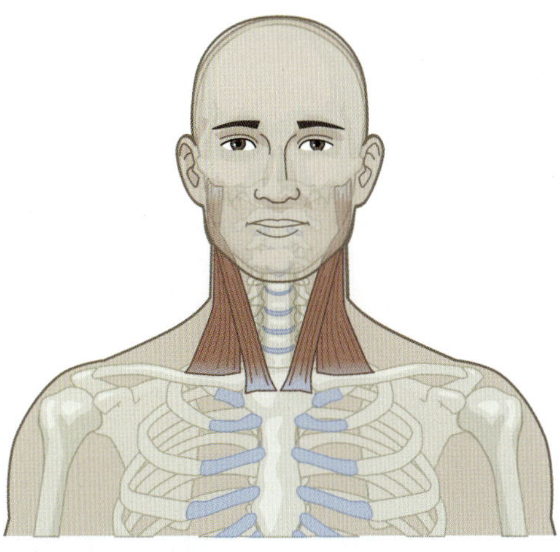

그림 16-9 목빗근

코어 트레이닝을 위한 지침

종합적인 코어 트레이닝 프로그램은 체계적, 점진적, 기능적이어야 하고, 힘의 생성(단축성)과 감소(신장성) 및 동적 안정화(등척성)에 초점을 맞춘 전신 근육 활동 스펙트럼을 강조해야 한다. 코어 트레이닝 프로그램은 운동면, 관절가동범위, 실행의 속도, 특정 핵심 훈련 변수(세트, 반복수, 강도, 템포, 빈도)를 정기적으로 조정해야 한다(표 16-2).

코어 트레이닝 프로그램을 설계할 때, 피트니스 전문가는 처음에는 고유수용감각이 풍부한 트레이닝 환경을 조성해야 한다. 고유수용감각 트레이닝이란 최대 훈련 반응을 이끌어내기 위한 적절한 운동을 선택하여 통제되고 불안정한 환경에서 신체 위치에 대한 인식을 강조하는 활동이다. 불안정한 환경에서 수행되는 코어 운동은(예: 균형 볼) 국소 및 전신 안정화 시스템의 활성화를 증가시키는 것으로 밝혀졌다(Behm et al., 2005; Carter et al., 2006; Escamilla et al., 2016). 코어 운동은 [표 16-2]에 요약되어 있는 것처럼 안전하고 도전적이어야 하며, 기본적인 움직임 기술에서 파생된 다감각 환경에서 여러 운동면에 스트레스를 가해야 한다.

표 16-2 코어 훈련 변수

운동면	운동량
▪ 시상면 ▪ 이마면 ▪ 수평면	▪ 세트 • 낮음 • 중간 • 높음 ▪ 반복 • 낮음 • 중간 • 높음
관절가동범위	**진행**
▪ 전체 ▪ 부분 ▪ 끝 범위	▪ 척추의 움직임이 거의 없거나 전혀 없음 ▪ 통제된 척추 굽힘, 폄, 회전 ▪ 폭발적인 몸통 움직임
운동 속도	**저항**
▪ 낮음 ▪ 중간 ▪ 빠름 ▪ 폭발적	▪ 체중 ▪ 가벼움 ▪ 중간 ▪ 무거움
	운동 기구
	▪ 튜빙 ▪ 케이블 ▪ 메디신 볼 ▪ 프리 웨이트(바벨, 덤벨) ▪ 밸런스 기구(예: 폼 패드, 와블 보드, 밸런스 디스크)

트레이닝 팁

겉으로 보기에 건강한 성인, 즉 적당히 강도가 높은 프로그램에 참여하는 성인에게 웨이트 벨트 사용은 권장되지 않는다. 웨이트 벨트는 개인의 심장 박동수와 수축기 혈압을 높일 수 있고, 잘못된 안정감이나 더 무거운 무게를 들 수 있다는 오해를 줄 수 있다. 대신, 피트니스 전문가는 고객에게 적절한 운동 기술과 신체의 자연스러운 벨트인 코어 근육의 적절한 활성화에 대해 교육해야 한다.

지식 확장하기

재활과 스포츠 성과를 위한 코어 트레이닝

- Linde 등(2018)은 싱글 레그 스쿼트를 하는 동안 복부 브레이싱이 복부 공동 및 통제 조건과 비교할 때 건강한 여성에서 전체 복부 근육의 더 큰 활동을 유도한다는 것을 발견했다.
- Motealleh 등(2019)은 슬개대퇴통증증후군(patellofemoral pain syndrome, PFPS)이 있거나 없는 젊은 여성의 불안정한 착석 자세에서 몸통 자세의 균형을 평가했다. 그들은 PFPS를 가진 여성에게서 몸통 자세 제어가 손상된 것을 발견했고, 이러한 환자의 재활에서는 회복과 기능을 개선하기 위해서 분리되어 있는 코어 트레이닝을 통합해야 한다고 주장했다.
- Tsai 등(2019)은 몸통과 엉덩이의 근력과 통제를 위한 코어 훈련이 청소년 남자 배구 선수들의 착지 생체역학과 근력을 향상시키는지를 조사했다. 6주간의 코어 트레이닝 프로그램 후 선수들은 착지 시 보다 통제된(직립) 몸통 자세와, 엉덩이와 무릎 근육 조직의 강도 향상을 보여주었다. 이는 점프 선수를 위한 훈련 프로그램에 코어 트레이닝 프로그램을 통합하는 것이 중요하다는 것을 보여준다.
- Lima 등(2018)은 다음을 발견했다. 즉 직장 및 일상활동 중 가장 적절한 코어 자세에 대한 지침을 포함하여 10주 코어 트레이닝 및 움직임 트레이닝 프로그램을 받은 LBP 환자 및 장애 병력이 있는 성인은 이 프로그램을 따르지 않는 개인에 비해 LBP 인식과 허리 기능 장애가 감소했다.

- Sung 등(2016)은 8주간의 전문화된 코어 트레이닝과 비우세측(nondominant) 팔 근력 트레이닝 프로그램을 받은 골퍼가, 8주 동안 운동하지 않거나 코어 운동만 한 골퍼에 비해 비거리가 더 크게 향상되는 결과를 증명했다.

주요 내용

- 싱글 레그 스쿼트를 하는 동안 복부 브레이싱을 하면 전체 복부 근육이 더 큰 활동성을 보인다.
- PFPS 환자를 위한 재활에는 코어 트레이닝을 포함해야 한다.
- 코어 트레이닝은 점프 후의 착지 기술을 향상시킨다.
- 코어 운동은 LBP를 감소시키는 데 도움이 된다.
- 코어 트레이닝은 골프 실력을 향상시킨다.

코어 트레이닝 프로그램의 구성

코어 트레이닝의 목표는 최적의 안정성, 근지구력, 근력, 파워를 개발하는 것이다. 다중 감각 환경과 다중 운동 방식(볼, 밴드, 밸런스 장비)을 사용하여 고유수용감각 요구를 증가시키는 것이 외부 저항을 증가시키는 것보다 더 중요하다. 움직임의 질은 양보다 더 강조되어야 하며, 프로그램의 초점은 운동 사슬을 거치는 조절된 동작에 맞춰져야 한다.

중요

절대적인 근력 향상을 위해 노력하는 대신 신경 적응이 프로그램의 초점이 되도록 한다.

아래는 통합된 코어 트레이닝 프로그램의 예시이다. 고객은 안정성과 최적의 협응된 움직임을 가장 잘 유지할 수 있는 수준에서 시작한다. 또한 이전 단계의 운동을 숙달하고, 동시에 척추사이(추간, intervertebral)와 허리골반(lumbopelvic)의 안정성을 보여주어야 한다. 적절한 척추사이 안정성을 평가하기 위해 고객은 다양한 운동을 수행하는 동안 드로우-인을 유지한다. 과도한 척추 움직임 없이 스쿼트, 런지, 스텝업과 같은 기능적 움직임 패턴을 수행할 수 있을 때 적절한 허리골반의 안정성이 있다고 할 수 있다.

코어 트레이닝 프로그램은 아래의 기능적 결과를 얻도록 설계되어야 한다. 기능을 최적화하기 위해서는 순서가 중요하다.

1. 척추사이 안정성(개별적 척추 분절의 안정성)
2. 허리골반 안정성(허리-골반-엉덩관절 복합체의 안정성)
3. 움직임의 효율성(움직임의 질과 힘의 출력 향상)

코어 트레이닝 진행

코어 트레이닝 프로그램을 시작할 때의 운동은 처음에 몸통의 큰 움직임 없이 척추와 골반을 통한 안정성에 집중해야 한다. 이 운동은 신경근 효율성과 척추사이 안정성을 향상하기 위해 설계되었으며, 운동 중 드로우-인과 브레이싱에 중점을 둔다(Selkow et al., 2017). 이것은 주로 앞에서 논의한 국소 코어 근육을 대상으로 한다. 이 프로토콜을 따르는 표본 운동에는 아래의 것들이 있지만, 이에 국한하지는 않는다.

- 행진(marching)
- 플로어 브릿지(floor bridge)
- 볼 브릿지(ball bridge)
- 플로어 코브라(floor cobra)
- 볼 코브라(ball cobra)
- 파이어 하이드런트(fire hydrant, 엎드려 다리 옆으로 들기. '피잉 독'이라고도 함)
- 플랭크(plank)
- 사이드 플랭크(side plank)
- 데드 버그(dead bug)
- 버드 독(bird dog)
- 팔로프 프레스(pallof press)
- 파머스 캐리(farmer's carry)

다음 단계는 전체 관절가동범위에 걸쳐 보다 역동적인 척추의 신장성 및 단축성 운동을 한다. 다시 말해서, 이들 운동은 몸통의 굽힘, 폄, 회전을 포함한다. 이때 피트니스 전문가는 고객에게 특정한 운동을 피해야만 하는 의학적 상황이 있는지를 파악하기 위해 고객의 의료 제공자와 소통하는 것이 매우 중요하다. 여기서는 중간에 빠른 반복 템포를 사용하기 때문에 특이성, 속도 그리고 신경적 요구 사항이 증가한다. 이 운동들은 코어의 허리골반 안정성, 단축성 근력(힘 생산), 신장성 근력(힘 감소), 신경근 효율성(조정)을 향상시키기 위해 고안되었다. 이 프로토콜을 따르는 표본 운동에는 아래의 것들이 있지만, 이에 국한되지는 않는다.

- 플로어 크런치(floor crunch)
- 볼 크런치(ball crunch)
- 백 익스텐션(back extension)
- 리버스 크런치(reverse crunch)
- 니 업(knee-up)
- 케이블 로테이션(cable rotation)
- 케이블 리프트(cable lift)
- 케이블 촙(cable chop)

마지막 진행 단계에서는 코어 근육 및 팔다리의 운동 효율과 힘 생성률(파워)을 향상시키도록 설계된 운동을 한다. 여기서의 운동 형태는 보다 더 기능적으로 적용 가능한(폭발적인) 속도에서 동적으로 안정화되도록 하고, 힘을 생성하도록 준비시킨다(Butcher et al., 2007). 여기에는 아래의 운동들이 포함되지만, 이에 국한되지는 않는다.

- 메디신 볼 로테이션 체스트 패스 (medicine ball rotation chest pass)
- 볼 메디신 볼 풀오버 스로우 (ball medicine ball pullover throw)
- 프론트 메디신 볼 오블리크 스로우 (front medicine ball oblique throw)
- 사이드 메디신 볼 오블리크 스로우 (side medicine ball oblique throw)
- 메디신 볼 사커 스로우 (medicine ball soccer throw)
- 메디신 볼 우드촙 스로우 (medicine ball woodchop throw)
- 메디신 볼 오버헤드 스로우 (medicine ball overhead throw)

5가지 운동 사슬 체크포인트

모든 트레이닝에서와 마찬가지로 적절한 근육 활성화를 보장하고 부상을 피하기 위해서는 알맞은 형태와 기술을 반드시 숙달해야 한다. 코어 트레이닝 기술을 위해서는 적합한 집중과 연습이 필요하다. 내적인 집중과, 기술에 대한 의식적인 주의가 없다면, 특히 운동이 더 폭발적으로 진행될 때 부상을 입을 수 있다. 피트니스 전문가는 운동마다 모든 기술을 연마하여 정교함을 갖추는 것이 필수적이다. 또한 모든 운동과 마찬가지로 양이나 무게를 증가시키기 전에 항상 질을 개선해야 하며, 5가지 운동 사슬 체크포인트를 모니터링해야 한다(그림 16-10).

그림 16-10 5개의 운동 사슬 체크포인트

1. 발: 대략 어깨너비로 벌리고 똑바로 앞을 향하게 한다.
2. 무릎: 두 번째, 세 번째 발가락과 일직선이 되도록 한다(무릎이 안쪽으로 들어가지 않게 한다).
3. 엉덩이: 수평 또는 중립 자세를 유지한다.
4. 어깨: 중립 자세(아래로 늘어지거나 올라가지 않음)를 취한다.
5. 머리: 목뼈가 중립 자세(턱은 넣는다)가 되도록 한다.

코어 운동

마칭

Marching

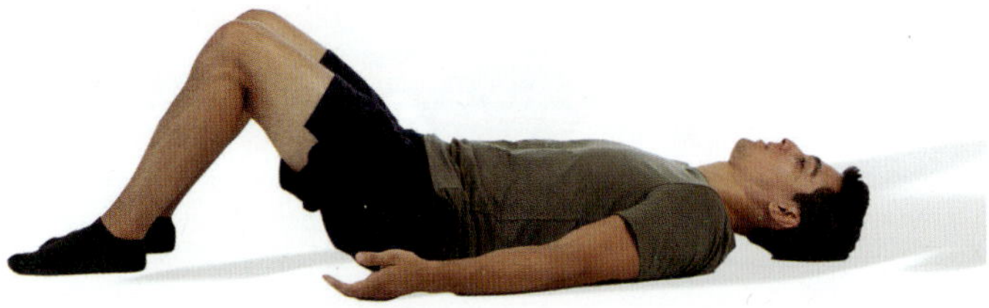

기술

전체 운동을 하는 동안 복부를 끌어당긴 상태를 유지하여 국소 코어 근육을 목표로 삼아야 한다. 배가 나오는 것은 국소 코어의 활성화가 좋지 않음을 나타낸다.

플로어 브릿지

Floor Bridge

안전 수칙

브릿지를 수행할 때 엉덩이를 바닥에서 너무 높이 올리지 않도록 한다(허리의 과잉 폄). 허리를 지나치게 펴면 허리뼈에 과도한 스트레스를 준다. 마지막 위치에서 무릎, 엉덩이, 어깨가 일직선이 되고 볼기근이 완전히 수축되었는지 확인한다.

볼 브릿지

Ball Bridge

기술

머리와 목에 가해지는 스트레스를 줄이기 위해 최대한 편안한 자세로 고정된 볼 위에 머리와 어깨를 놓는다. 플로어 브릿지와 마찬가지로 허리가 과도하게 펴지지 않도록 한다.

플로어 코브라

Floor Cobra

안전 수칙

볼 브릿지에서처럼 허리가 과도하게 펴지지 않도록 하고 어깨와 가슴을 들어올린다. 운동의 초점은 어깨뼈를 서로 모으고 누르는 것이다. 따라서 양팔을 바깥쪽으로 회전시키고 엄지손가락을 위로 향하도록 한다.

볼 코브라

Ball Cobra

안전 수칙

볼에 기대어 플로어 코브라와 같은 자세를 취하되 추가적인 지지를 위해 발을 튼튼한 물체에 대는 것이 가장 좋다(그림에는 나타나지 않음).

소화전

Fire Hydrant

기술

복부를 안으로 끌어당기고 머리를 중립 자세로 취한다. 이 운동은 엉덩관절 바깥돌림근을 강화하는 데 도움이 된다.

플랭크

Plank

기술

이 버전이 수행하기에 너무 어렵다면 아래와 같이 강도를 조절할 수 있다.

- 기본 푸시업 자세로 한다.
- 바닥에 무릎을 대고 푸시업 자세로 한다.
- 손은 의자에, 발은 바닥에 둔 상태로 한다.

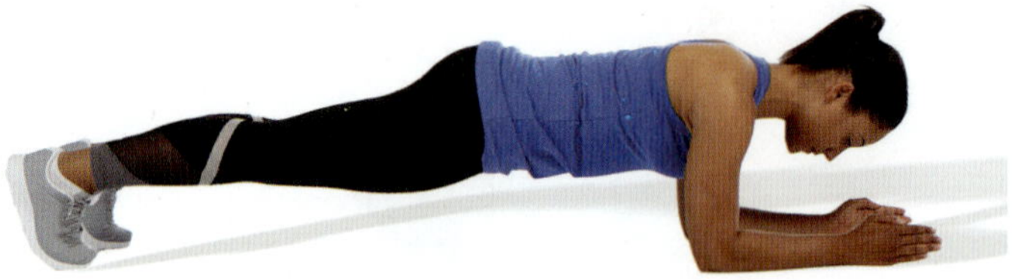

사이드 플랭크

Side Plank

기술

모든 운동 사슬 체크포인트를 정렬 상태로 유지한다. 골반이 바닥으로 떨어지도록 한다. 이 운동은 배가로근을 공략하기 위한 훌륭한 운동이다.

데드 버그

Dead Bug

기술

이 운동은 국소 코어 근육을 강화하는 또 다른 훌륭한 운동이지만, 모든 움직임을 조정하는 데는 약간의 연습이 필요할 수 있다. 다른 코어 운동과 마찬가지로, 움직임 중에는 척추 중립과 코어 활성화를 유지해야 한다.

버드 독

Bird Dog

기술

운동하는 동안 척추를 중립 위치로 유지하고 엄지손가락은 하늘로 향하도록 한다. 허리를 지나치게 아치로 만들지 않도록 한다.

닐링 팔로프 프레스

Kneeling Pallof Press

기술

팔로프 프레스(Pallof press)는 국소 코어 근육을 강화하기 위해 설계된 회전 방지 운동이다. 운동하는 동안 엉덩이와 어깨를 직각으로 유지하고 5개의 운동 사슬 체크포인트를 모두 유지해야 한다.

파머스 캐리

Farmer's Carry

기술

이것은 사용하는 하중(중량물: 덤벨, 케틀벨 등)에 의존해서 진행되는 운동으로, 이 운동을 하는 동안에는 복부에 단단히 힘을 주고 척추의 과도한 회전이나 측면 굽힘을 피해야 한다. 대신 똑바로 선 자세를 유지한다.

플로어 크런치

Floor Crunch

기술

윗몸 전체를 일으키지 말고 어깨뼈를 바닥에서 들어올리는 동작만 진행한다. 이것은 엉덩관절굽힘근의 수축을 제한하여 허리에 더 안전하다.

볼 크런치

Ball Crunch

안전 수칙

운동하는 동안 턱을 당긴 상태를 유지한다. 이렇게 하면 목뼈 근육에 스트레스를 덜어준다.

백 익스텐션

Back Extension

안전 수칙

운동의 마지막 자세에서 발목, 무릎, 엉덩이, 어깨, 귀가 모두 일직선이 되도록 정렬한다. 허리를 너무 과하게 뒤로 젖히지 않는다.

리버스 크런치

Reverse Crunch

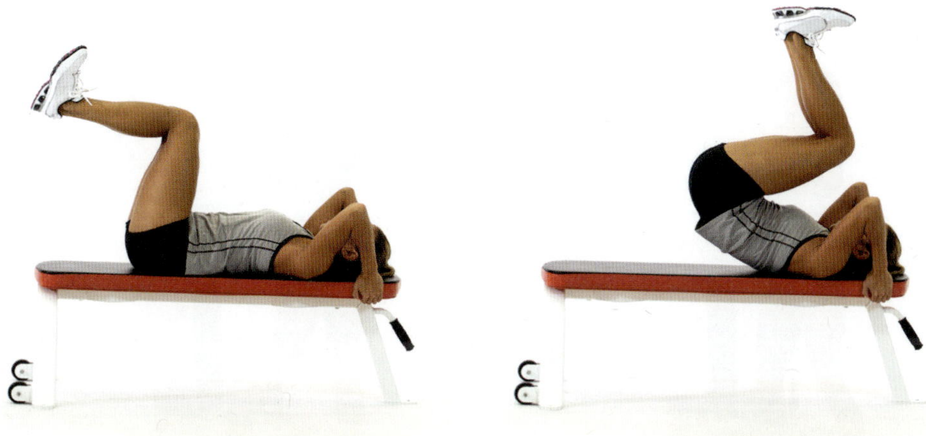

기술

이 운동을 할 때는 다리를 흔들지 않도록 한다. 다리 자세를 취한 후에는 운동 중 움직이지 않도록 한다. 다리를 흔들면 탄력이 높아져 부상 위험이 높아지고 운동 효과도 떨어진다.

니 업

Knee-Up

기술

니 업은 무릎을 완전히 펴는 것을 제외하면 리버스 크런치와 유사하다. 단축성 수축 단계에서 엉덩이를 벤치에서 들어올려 천장을 향해 발을 뻗은 다음 천천히 엉덩이를 다시 시작 위치로 내린다.

케이블 로테이션

Cable Rotation

기술

허리에 가해지는 스트레스를 줄이려면 뒷다리로 바닥을 지지해 회전하며 세 가지 폄(발바닥쪽 굽힘, 무릎 폄, 엉덩이 폄)이 일어나도록 한다.

- 엉덩이 폄
- 무릎 폄
- 발목 발바닥쪽 굽힘(폄)

이것은 또한 다리를 신전하는 근육(큰볼기근, 넙다리네갈래근, 장딴지근)이 적절히 조절되도록 돕는다.

케이블 리프트

Cable Lift

기술

선 자세에서 허리를 과하게 펴지 않으며, 척추는 중립 상태로 유지한다. 케이블 로테이션과 마찬가지로 뒷다리는 움직임이 끝날 때 세 가지 폄(발바닥쪽 굽힘, 무릎 폄, 엉덩이 폄)이 중점적으로 이뤄지도록 회전한다.

케이블 촙

Cable Chop

기술

케이블 촙은 케이블 리프트 운동의 반대 동작이다. 뒷다리의 폄보다는 굽힘에 중점을 둔다.

메디신 볼 로테이션 체스트 패스

Medicine Ball Rotation Chest Pass

안전 수칙

폭발적인 코어 운동을 수행하기 전에 적절한 안정성과 근력을 가지고 있어야 한다. 적절하게 안정화되어 있지 않고 근력이 없이 이 운동을 수행하면 보상 패턴, 근육 불균형 및 부상을 초래할 수 있다.

볼 메디신 볼 풀오버 스로우

Ball Medicine Ball Pullover Throw

안전 수칙

이 운동을 하기 전에 넓은등근을 적절히 신장하여 허리 및 어깨의 스트레스를 줄이도록 한다.

프론트 메디신 볼 오블리크 스로우

Front Medicine Ball Oblique Throw

기술

엉덩이와 발이 정면을 향하도록 유지하면서 날아오는 메디신 볼을 한쪽 엉덩이 쪽으로 받는다. 그런 다음 앞쪽의 벽이나 파트너에게 폭발적인 힘으로 공을 던진다. 반대쪽에서도 반복한다.

사이드 메디신 볼 오블리크 스로우

Side Medicine Ball Oblique Throw

기술

메디신 볼을 던질 때 뒷다리는 세 가지 폄(발바닥쪽 굽힘, 무릎 폄, 엉덩이 폄)이 일어나도록 회전한다.

메디신 볼 사커 스로우

Medicine Ball Soccer Throw

안전 수칙

이 운동은 D-볼(튀지 않는 메디신 볼)을 사용하거나 벽에 가깝게 서서 메디신 볼을 튕겨내는 것이 더 쉽다.

메디신 볼 우드촙 스로우

Medicine Ball Woodchop Throw

안전 수칙

지나치게 무거운 메디신 볼을 사용하지 않도록 한다. 이 운동의 목표는 코어의 힘 생산율을 높이는 것이다.

메디신 볼 백 익스텐션 스로우

Medicine Ball Back Extension Throw

안전 수칙

대부분의 회전 운동은 허리뼈 대신 등뼈에서 이루어져야 한다.

요약

코어 근육은 기능적 활동 중에 발생하는 유해한 힘으로부터 척추를 보호한다. 효과적인 코어 트레이닝은 코어 안정성, 지구력, 근력, 파워를 최적화하는 데 집중한다. 이러한 각 구성 요소에 집중하는 것은 효과적으로 자신의 코어를 안정시키고 몸통을 강하게 움직일 수 있도록 하는 중요한 부분이다. 코어 안정성, 지구력, 근력, 파워 적응을 효과적으로 얻으려면 국소와 전신 코어 근육을 모두 트레이닝해야 한다. 돌림근(rotatores), 뭇갈래근(multifidus), 배가로근(transvers abdominis)과 같은 국소 코어 근육은 일반적으로 코어 안정성에 중요한 척추 분절의 동적 제어를 담당한다. 코어 강화 운동 동안 배곧은근(rectus abdominis), 배바깥빗근(external abdominal obliques), 배속빗근(internal abdominal obliques), 척주세움근(erector spinae)과 같은 전신 코어 근육은 몸통을 움직이는 역할을 한다. 전신 코어 근육을 사용하여 몸통을 움직이는 상위 코어 운동을 도입할 때, 피트니스 전문가는 국소 근육이 척추 안정화에 효과적으로 적용되는지 확인해야 한다. 또한, 많은 움직임 중에도 최적의 척추 안정성과 정확한 몸통 움직임이 지속적으로 필요하기 때문에 국소 및 전신 코어 근육이 적절한 지구력을 발휘하도록 하는 것이 중요하다.

제16장 리뷰

코어 트레이닝 프로그램은 LPHC의 안정성, 근력, 지구력, 파워를 증가시키도록 설계되었다. 코어 트레이닝은 자세 개선, 운동수행능력 향상, 부상 예방, 재활 효과 향상 등 광범위한 건강 및 피트니스 목표를 성취하는 데 중요한 트레이닝의 기본적인 부분이다. 코어 근육 강화는 척추 정렬을 개선하여 동적인 운동만이 아니라 일상생활에서도 움직임을 개선하는 것으로 밝혀졌다. 강하고 안정적인 코어는 최적의 신체활동을 위해 필요하며, 강하고 폭발적인 움직임을 만들어내는 데에도 중요하다. 코어 근육 트레이닝은 밸런스를 개선하고 무릎 부상 위험을 감소시킬 수 있는 하지 생체역학을 최적화하는 데에 중요하기 때문에 부상 저항력을 향상시킨다. LBP는 다양한 장애의 흔한 원인이며, 코어 운동은 LBP 환자의 통증과 기능 개선에도 효과적이다.

드로우-인은 골반 안정화와 배가로근의 활성화를 증가시키는 효과적인 운동으로 사용되어 왔으며, 이는 드로우-인이 국소 코어 근육을 활성화하는 데 중요한 역할을 한다는 것을 의미한다. 브레이싱 기술을 사용하여 전신 코어 근육을 활성화하는 것은 LBP를 가진 사람에게 유익하다. 드로우-인과 브레이싱 기술은 고객에게 코어 근육 조직을 활성화하도록 하는 데 중요하다. 이 장에 설명된 다양한 운동은 코어 안정성, 지구력, 근력, 파워를 향상시키는 데도 효과적이다. 통합적인 코어 저항 증가 트레이닝 프로그램은 체계적, 진보적, 기능적이어야 하며, 다양한 등척성, 단축성, 신장성 근육 작용을 강조하는 것이 중요하다.

제16장 하이라이트

- 코어 트레이닝은 자세 개선, 운동수행능력 향상, 부상 저항력 증가, 부상 재활 향상에 있어서 중요하다.
- 코어는 허리-골반-엉덩관절 복합체(LPHC)를 구성하는 구조로 정의되며, 여기에는 전신 및 국소 코어 근육 조직이 있다.
- 국소 코어 근육은 일반적으로 척추뼈나 척추뼈 근처에 부착된다. 국소 근육은 척추 분절의 동적 제어를 제공하여 척추 분절 사이의 과도한 압박, 전단력(剪斷力) 및 회전력을 제한한다.
- 전신 코어 근육은 몸통에서 표면 쪽에 있다. 전신 코어 근육은 몸통을 움직이고, 팔과 다리 사이에 하중을 전달하며, 여러 분절을 기능 단위로 함께 안정화하여 척추의 안정성을 제공한다.
- 코어 트레이닝 프로그램을 설계할 때 적절한 코어 안정성과 전반적인 움직임 효율성을 개발하기 위해 국소 근육과 전신 근육을 모두 트레이닝해야 한다.
- 코어 근력은 정지 시와 이동 시 척추의 자연스러운 굽이를 유지하기 위해 필수적이다.
- 몸의 중심선에서 좌우로 멀리 떨어진 척추의 큰 굽이는 비정상적인 것이며, 구조적 또는 기능적 척추측만증(척주옆굽음증)으로 간주될 수 있다.
- 코어 트레이닝은 고강도 스포츠 활동 중에 몸통과 다리 사이의 보다 협응된 움직임에 기여함으로써 부상 저항력을 향상시키는 것으로 입증되었다.

- 코어 교육 프로그램을 개발할 때, 외부 저항을 증가시키는 대신 처음에는 고유수용감각을 증가시킬 수 있도록 해야 한다. 또한 LPHC 전반의 움직임 질을 강조한다.
- 코어 트레이닝 프로그램을 설계할 때에는 운동면, 관절가동범위, 운동 속도, 운동량 및 운동 양식 등 조작할 수 있는 많은 변수가 있다. 고객이 각 단계에서 적절한 숙련도를 보여줄 수 있도록 프로그램 진행 시 한 번에 너무 많은 요소를 변경하지 않도록 주의해야 한다.
- 처음에는 척추의 움직임이 거의 없는 코어 운동부터 시작하여 국소 코어 근육을 목표로 한다. 여기에는 마칭, 플로어/볼 브릿지, 플로어/볼 코브라, 플랭크, 사이드 플랭크, 데드 버그 및 팔로프 프레스가 있다.
- 다음 단계의 코어 운동 진행은 전신 코어 근육을 목표로 하며, 척추의 더 많은 움직임을 통합한다. 여기에는 플로어/볼 크런치, 백 익스텐션, 리버스 크런치, 니 업, 케이블 로테이션, 리프트 및 촙이 있지만, 이것이 전부는 아니다.
- 마지막 코어 운동은 몸통과 팔다리를 통한 폭발적인 움직임으로 진행한다. 운동에는 메디신 볼 체스트 패스, 볼 메디신 볼 풀오버 스로우, 메디신 볼 오블리크 스로우, 사이드 메디신 볼 오블리크 스로우, 메디신 볼 사커 스로우, 메디슨볼 우드촙 스로우, 메디신 볼 오버헤드 스로우 등이 있지만, 이것이 전부는 아니다.

참고 문헌

Abt, J. P., Smoliga, J. M., Brick, M. J., Jolly, J. T., Lephart, S. M., & Fu, F. H. (2007). Relationship between cycling mechanics and core stability. *Journal of Strength and Conditioning Research*, *21*(4), 1300–1304. https://doi.org/10.1519/R-21846.1

Aggarwal, A., Zutshi, K., Munjal, J., Kumar, S., & Sharma, V. (2010). Comparing stabilization training with balance training in recreationally active individuals. *International Journal of Therapy and Rehabilitation*, *17*(5), 244–253. https://doi.org/10.12968 / ijtr.2010.17.5.47843

Ahearn, E. L., Greene, A., & Lasner, A. (2018). Some effects of supplemental Pilates training on the posture, strength, and flexibility of dancers 17 to 22 years of age. *Journal of Dance Medicine & Science*, *22*(4), 192–202. https://doi.org/10.12678 /1089-313X.22.4.192

Akhtar, M. W., Karimi, H., & Gilani, S. A. (2017). Effectiveness of core stabilization exercises and routine exercise therapy in management of pain in chronic nonspecific low back pain: A randomized controlled clinical trial. *Pakistan Journal of Medical Sciences*, *33*(4), 1002–1006. https://doi.org/10.12669/pjms.334 .12664

Arab, A. M., Behbahani, R. B., Lorestani, L., & Azari, A. (2010). Assessment of pelvic floor muscle function in women with and without low back pain using transabdominal ultrasound. *Manual Therapy*, *15*(3), 235–239. https://doi.org/10.1016/j.math.2009.12.005

Arokoski, J. P., Valta, T., Airaksinen, O., & Kankaanpää, M. (2001). Back and abdominal muscle function during stabilization exercises. *Archives of Physical Medicine and Rehabilitation*, *82*(8), 1089–1098. https://doi.org/10.1053/apmr.2001.23819

Ashmen, K. J., Swanik, C. B., & Lephart, S. M. (1996). Strength and flexibility characteristics of athletes with chronic low-back pain. *Journal of Sport Rehabilitation*, *5*(4), 275–286. https://doi.org /10.1123/jsr.5.4.275

Behm, D. G., Leonard, A. M., Young, W. B., Bonsey, W. A., & MacKinnon, S. N. (2005). Trunk muscle electromyographic activity with unstable and unilateral exercises. *Journal of Strength Conditioning Research*, *19*(1), 193–201. https://doi.org/10.1519 /1533-4287(2005)192.0.CO;2

Beim, G. M., Giraldo, J. L., Pincivero, D. M., Borror, M. J., & Fu, F. H. (1997). Abdominal strengthening exercises: A comparative EMG study. *Journal of Sport Rehabilitation*, *6*(1), 11–20. https://doi.org /10.1123/jsr.6.1.11

Boyd-Clark, L. C., Briggs, C. A., & Galea, M. P. (2002). Muscle spindle distribution, morphology, and density in longus colli and multifidus muscles of the cervical spine. *Spine*, *27*(7), 694–701. https://doi. org/10.1097/00007632-200204010 -00005

Butcher, S. J., Craven, B. R., Chilibeck, P. D., Spink, K. S., Grona, S. L., & Sprigings, E. J. (2007). The effect of trunk stability training on vertical takeoff velocity. *Journal of Orthopaedic and Sports Physical Therapy*, *37*(5), 223–231. https://doi.org/10.2519/jospt .2007.2331

Buyukturan, B., Guclu-Gunduz, A., Buyukturan, O., Dadali, Y., Bilgin, S., & Kurt, E. E. (2017). Cervical stability training with and without core stability training for patients with cervical disc herniation: A randomized, single-blind study. *European Journal of Pain*, *21*(10), 1678–1687. https://doi.org/10.1002/ejp.1073

Calatayud, J., Borreani, S., Martin, J., Martin, F., Flandez, J., & Colado, J. C. (2015). Core muscle activity in a series of balance exercises with different stability conditions. *Gait & Posture*, *42*(2), 186–192. https:// doi.org/10.1016/j.gaitpost.2015.05.008

Calvo-Lobo, C., Almazán-Polo, J., Becerro-de-Bengoa-Vallejo, R., Losa-Iglesias, M. E., Palomo-López, P., Rodríguez-Sanz, D., & López-López, D. (2019). Ultrasonography comparison of diaphragm thickness and excursion between athletes with and without lumbopelvic pain. *Physical Therapy in Sport*, *37*, 128–137. https:// doi.org/10.1016/j.ptsp.2019.03.015

Carter, J. M., Beam, W. C., McMahan, S. G., Barr, M. L., & Brown, L. E. (2006). The effects of stability ball training on spinal stability in sedentary individuals. *Journal of Strength and Conditioning Research*, *20*(2), 429–435. https://doi.org/10.1519/R-18125.1

Cooper, N. A., Scavo, K. M., Strickland, K. J., Tipayamongkol, N., Nicholson, J. D., Bewyer, D. C., & Sluka, K. A. (2016). Prevalence of gluteus medius weakness in people with chronic low back pain compared to healthy controls. *European Spine Journal*, *25*(4), 1258–1265. https://doi.org/10.1007/s00586-015-4027-6

Coulombe, B. J., Games, K. E., Neil, E. R., & Eberman, L. E. (2017). Core stability exercise versus general exercise for chronic low back pain. *Journal of Athletic Training*, *52*(1), 71–72. https://doi.org /10.4085/1062-6050-51.11.16

Cresswell, A. G., Grundstrom, H., & Thorstensson, A. (1992). Observations on intra-abdominal pressure and patterns of abdominal intra-muscular activity in man. *Acta Physiologica Scandinavica*, *144*(4), 409–418. https://doi.org/10.1111/j.1748 -1716.1992.tb09314.x

De Blaiser, C., De Ridder, R., Willems, T., Vanden Bossche, L., Danneels, L., & Roosen, P. (2019). Impaired core stability as a risk factor for the development of lower extremity overuse injuries: A prospective cohort study. *American Journal of Sports Medicine*, *47*(7), 1713–1721.

https://doi.org/10.1177/0363546519837724

De Blaiser, C., Roosen, P., Willems, T., Danneels, L., Bossche, L. V., & De Ridder, R. (2018). Is core stability a risk factor for lower extremity injuries in an athletic population? A systematic review. *Physical Therapy in Sport*, *30*, 48–56. https://doi.org/10.1016/j.ptsp.2017.08.076

Dello Iacono, A., Padulo, J., & Ayalon, M. (2016). Core stability training on lower limb balance strength. *Journal of Sports Sciences*, *34*(7), 671–678. https://doi.org/10.1080/02640414.2015.1068437

Dickx, N., Cagnie, B., Achten, E., Vandemaele, P., Parlevliet, T., & Danneels, L. (2010). Differentiation between deep and superficial fibers of the lumbar multifidus by magnetic resonance imaging. *European Spine Journal*, *19*(1), 122–128. https://doi.org/10.1007/s00586-009-1171-x

Escamilla, R. F., Lewis, C., Pecson, A., Imamura, R., & Andrews, J. R. (2016). Muscle activation among supine, prone, and side position exercises with and without a Swiss ball. *Sports Health*, *8*(4), 372–379. https://doi.org/10.1177/1941738116653931

Foss, K. D. B., Thomas, S., Khoury, J. C., Myer, G. D., & Hewett, T. E. (2018). A school-based neuromuscular training program and sport-related injury incidence: A prospective randomized controlled clinical trial. *Journal of Athletic Training*, *53*(1), 20–28. https://doi.org/10.4085/1062-6050-173-16

Granacher, U., Gollhofer, A., Hortobágyi, T., Kressig, R. W., & Muehlbauer, T. (2013). The importance of trunk muscle strength for balance, functional performance, and fall prevention in seniors: A systematic review. *Sports Medicine, 43*(7), 627–641. https://doi.org/10.1007/s40279-013-0041-1

Granacher, U., Schellbach, J., Klein, K., Prieske, O., Baeyens, J. P., & Muehlbauer, T. (2014). Effects of core strength training using stable versus unstable surfaces on physical fitness in adolescents: A randomized controlled trial. *BMC Sports Science, Medicine & Rehabilitation*, *6*(1), 40. https://doi.org/10.1186/2052-1847-6-40

Hawes, M. C. (2003). The use of exercises in the treatment of scoliosis: An evidence-based critical review of the literature. *Pediatric Rehabilitation*, *6*(3–4), 171–182. https://doi.org/10.1080/0963828032000159202

Hewett, T. E., Ford, K. R., Xu, Y. Y., Khoury, J., & Myer, G. D. (2017). Effectiveness of neuromuscular training based on the neuromuscular risk profile. *American Journal of Sports Medicine*, *45*(9), 2142–2147. https://doi.org/10.1177/0363546517700128

Hewett, T. E., Myer, G. D., & Ford, K. R. (2005). Reducing knee and anterior cruciate ligament injuries among female athletes: A systematic review of neuromuscular training interventions. *Journal of Knee Surgery*, *18*(1), 82–88. https://doi.org/10.1055/s-0030-1248163

Hides, J., Wilson, S., Stanton, W., McMahon, S., Keto, H., McMahon, K., . . . Richardson, C. (2006). An MRI investigation into the function of the transversus abdominis muscle during "drawing-in" of the abdominal wall. *Spine*, *31*(6), 175–178. https://doi.org/10.1097/01.brs.0000202740.86338.df

Hides, J. A., Jull, G. A., & Richardson, C. A. (2001). Long-term effects of specific stabilizing exercises for first-episode low back pain. *Spine*, *26*(1), 243–248. https://doi.org/10.1097/00007632-200106010-00004

Hodges, P. W., Cresswell, A. G., Daggfeldt, K., & Thorstensson, A. (2000). Three-dimensional preparatory trunk motion precedes asymmetrical upper limb movement. *Gait & Posture*, *11*(2), 92–101. https://doi.org/10.1016/S0966-6362(99)00055-7

Hodges, P. W., & Danneels, L. (2019). Changes in structure and function of the back muscles in low back pain: Different time points, observations, and mechanisms. *Journal of Orthopaedic and Sports Physical Therapy*, *49*(6), 464–476. https://doi.org/10.2519/jospt.2019.8827

Hodges, P. W., & Richardson, C. A. (1996). Inefficient muscular stabilization of the lumbar spine associated with low back pain: A motor control evaluation of transversus abdominis. *Spine*, *21*(22), 2640–2650. https://doi.org/10.1097/00007632-199611150-00014

Hodges, P. W., & Richardson, C. A. (1997a). Contraction of the abdominal muscles associated with movement of the lower limb. *Physical Therapy*, *77*(2), 132–142. https://doi.org/10.1093/ptj/77.2.132

Hodges, P. W., & Richardson, C. A. (1997b). Feedforward contraction of transversus abdominis is not influenced by the direction of arm movement. *Experimental Brain Research, 114(2)*, 362–370.

Hodges, P. W., & Richardson, C. A. (1997c). Relationship between limb movement speed and associated contraction of the trunk muscles. *Ergonomics*, *40*(1), 1220–1230. https://doi.org/10.1080/001401397187469

Hongo, M., Miyakoshi, N., Shimada, Y., & Sinaki, M. (2012). Association of spinal curve deformity and back extensor strength in elderly women with osteoporosis in Japan and the United States. *Osteoporosis International*, *23*(3), 1029–1034. https:// doi.org/10.1007/s00198-011-1624-z

Huxel Bliven, K. C., & Anderson, B. E. (2013). Core stability training for injury prevention. *Sports Health*, *5*(6), 514–522. https:// doi.org/10.1177/1941738113481200

Kibler, W. B., Chandler, T. J., Livingston, B. P., & Roetert, E. P. (1996). Shoulder range of motion in elite tennis players. Effect of age and years of tournament play. *American Journal of Sports Medicine*, *24*(3), 279–285. https://doi.org/10.1177/036354659602400306

Kiss, G., Kovácsné, V. B., Tóth, Á. L., Jeges, S., Makai, A., Szilagyi, B., . . . Járomi, M. (2019). Efficiency examination of a 6-month trunk prevention program among recruitment kayak-canoe athletes: A randomized control trial. *Journal of Back and Musculoskeletal Rehabilitation*, *32*(3), 367–378. https://doi.org/10.3233/BMR-181297

Ko, K., & Kang, S. (2017). Effects of 12-week core stabilization exercise on the Cobb angle and lumbar muscle strength of adolescents with idiopathic scoliosis. *Journal of Exercise Rehabilitation*, *13*(2), 244–249. https://doi.org/10.12965/jer.1734952.476

Kocahan, T., & Akınoğlu, B. (2018). Determination of the relationship between core endurance and isokinetic muscle strength of elite athletes. *Journal of Exercise Rehabilitation*, *14*(3), 413–418. https://doi.org/10.12965/jer.1836148.074

Król, A., Polak, M., Szczygieł, E., Wójcik, P., & Gleb, K. (2017). Relationship between mechanical factors and pelvic tilt in adults with and without low back pain. *Journal of Back and Musculoskeletal Rehabilitation*, *30*(4), 699–705. https://doi.org/10.3233/BMR-140177.

Kuhn, L., Weberruß, H., & Horstmann, T. (2018). Effects of core stability training on throwing velocity and core strength in female handball players. *Journal of Sports Medicine and Physical Fitness*, *59*(9), 1479–1486. https://doi.org/10.23736/S0022-4707.18.09295-2

Lago-Fuentes, C., Rey, E., Padrón-Cabo, A., Sal de Rellán-Guerra, A., Fragueiro-Rodríguez, A., & García-Núñez, J. (2018). Effects of core strength training using stable and unstable surfaces on physical fitness and functional performance in professional female futsal players. *Journal of Human Kinetics*, *65*(1), 213–224. https:// doi.org/10.2478/hukin-2018-0029

Larivière, C., Boucher, J.-A., Mecheri, H., & Ludvig, D. (2019). Maintaining lumbar spine stability: A study of the specific and combined effects of abdominal activation and lumbosacral orthosis on lumbar intrinsic stiffness. *Journal of Orthopaedic & Sports Physical Therapy*, *49*(4), 262–271. https://doi.org/10.2519/jospt.2019.8565

Lima, V. P., de Alkmim Moreira Nunes, R., da Silva, J. B., Paz, G. A., Jesus, M., de Castro, J. B. P., . . . de Souza Vale, R. G. (2018). Pain perception and low back pain functional disability after a 10-week core and mobility training program: A pilot study. *Journal of Back and Musculoskeletal Rehabilitation*, *31*(4), 637–643. https://doi.org/10.3233/BMR-169739

Linde, L. D., Archibald, J., Lampert, E. C., & Srbely, J. Z. (2018). The effect of abdominal muscle activation techniques on trunk and lower limb mechanics during the single-leg squat task in females. *Journal of Sport Rehabilitation, 27*(5), 438–444. https://doi.org /10.1123/jsr.2016-0038

McGill, S. M. (2001). Low back stability: From formal description to issues for performance and rehabilitation. *Exercise and Sport Sciences Reviews, 29*(1), 26–31. https://doi.org/10.1097/00003677 -200101000-00006

Mesquita Montes, A., Gouveia, S., Crasto, C., de Melo, C. A., Carvalho, P., Santos, R., & Vilas-Boas, J. P. (2017). Abdominal muscle activity during breathing in different postural sets in healthy subjects. *Journal of Bodywork and Movement Therapies, 21*(2), 354–361. https://doi.org/10.1016/j.jbmt.2016.09.004

Morris, S. L., Lay, B., & Allison, G. T. (2013). Transversus abdominis is part of a global not local muscle synergy during arm movement. *Human Movement Science, 32*(5), 1176–1185. https://doi.org /10.1016/j.humov.2012.12.011

Motealleh, A., Kordi Yoosefinejad, A., Ghoddosi, M., Azhdari, N., & Pirouzi, S. (2019). Trunk postural control during unstable sitting differs between patients with patellofemoral pain syndrome and healthy people: A cross-sectional study. *The Knee, 26*(1), 26–32. https://doi.org/10.1016/j.knee.2018.10.002

Oliver, G. D., & Keeley, D. W. (2010). Gluteal muscle group activation and its relationship with pelvis and torso kinematics in high-school baseball pitchers. *Journal of Strength and Conditioning Research, 24*(11), 3015–3022. https://doi.org/10.1519/JSC .0b013e3181c865ce

Park, Y. H., Park, Y. S., Lee, Y. T., Shin, H. S., Oh, M.-K., Hong, J., & Lee, K. Y. (2016). The effect of a core exercise program on Cobb angle and back muscle activity in male students with functional scoliosis: A prospective, randomized, parallel-group, comparative study. *Journal of International Medical Research, 44*(3), 728–734. https://doi.org/10.1177/0300060516639750

Pfile, K. R., Hart, J. M., Herman, D. C., Hertel, J., Kerrigan, D. C., & Ingersoll, C. D. (2013). Different exercise training interventions and drop-landing biomechanics in high school female athletes. *Journal of Athletic Training, 48*(4), 450–462. https://doi.org /10.4085/1062-6050-48.4.06

Plummer, H. A., & Oliver, G. D. (2014). The relationship between gluteal muscle activation and throwing kinematics in baseball and softball catchers. *Journal of Strength and Conditioning Research, 28*(1), 87–96. https://doi.org/10.1519/JSC.0b013e318295d80f

Prieske, O., Muehlbauer, T., Borde, R., Gube, M., Bruhn, S., Behm, D. G., & Granacher, U. (2016). Neuromuscular and athletic performance following core strength training in elite youth soccer: Role of instability. *Scandinavian Journal of Medicine & Science in Sports, 26*(1), 48–56. https://doi.org/10.1111/sms.12403

Richardson, C. A., Snijders, C. J., Hides, J. A., Damen, L., Pas, M. S., & Storm, J. (2002). The relation between the transverse abdominis muscles, sacroiliac joint mechanics, and low back pain. *Spine, 27*(4), 399–405. https://doi.org/10.1097/00007632-200202150 -00015

Rivera, C. E. (2016). Core and lumbopelvic stabilization in runners. *Physical Medicine and Rehabilitation Clinics of North America, 27*(1), 319–337. https://doi.org/10.1016/j.pmr.2015.09.003

Roffey, D. M., Wai, E. K., Bishop, P., Kwon, B. K., & Dagenais, S. (2010). Causal assessment of occupational standing or walking and low back pain: Results of a systematic review. *Spine Journal, 10*(3), 262–272. https://doi.org/10.1016/j.spinee.2009.12.023

Rose-Dulcina, K., Genevay, S., Dominguez, D., Armand, S., & Vuillerme, N. (2019). Flexion-relaxation ratio asymmetry and its relation with trunk lateral ROM in individuals with and without chronic non-specific low back pain. *Spine, 45*(1), E1–E9. https:// doi.org/10.1097/BRS.0000000000003196

Rosemeyer, J. R., Hayes, B. T., Switzler, C. L., & Hicks-Little, C. A. (2015). Effects of core-musculature fatigue on maximal shoulder strength. *Journal of Sport Rehabilitation, 24*(4), 384–390. https:// doi.org/10-1123/jsr.2014-0216

Saeterbakken, A. H., van den Tillaar, R., & Seiler, S. (2011). Effect of core stability training on throwing velocity in female handball players. *Journal of Strength and Conditioning Research, 25*(3), 712–718. https://doi.org/10.1519/JSC.0b013e3181cc227e

Santos, F. G., Carmo, C. M., Fracini, A. C., Pereira, R. R. P., Takara, K. S., & Tanaka, C. (2013). Chronic low back pain in women: Muscle activation during task performance. *Journal of Physical Therapy Science, 25*(12), 1569–1573. https://doi.org/10.1589 /jpts.25.1569

Saragiotto, B. T., Maher, C. G., Yamato, T. P., Costa, L. O. P., Menezes Costa, L. C., Ostelo, R. W. J. G., & Macedo, L. G. (2016). Motor control exercise for chronic non-specific low-back pain. *Cochrane Database of Systematic Reviews*, CD012004. https://doi.org /10.1002/14651858.CD012004

Selkow, N. M., Eck, M. R., & Rivas, S. (2017). Transversus abdominis activation and timing improves following core stability training: A randomized trial. *International Journal of Sports Physical Therapy, 12*(7), 1048–1056. https://doi.org/10.26603/ijspt20171048

Shinkle, J., Nesser, T. W., Demchak, T. J., & McMannus, D. M. (2012). Effect of core strength on the measure of power in the extremities. *Journal of Strength and Conditioning Research, 26*(2), 373–380. https://doi.org/10.1519/JSC.0b013e31822600e5

Sjödahl, J., Kvist, J., Gutke, A., & Oberg, B. (2009). The postural response of the pelvic floor muscles during limb movements: A methodological electromyography study in parous women without lumbopelvic pain. *Clinical Biomechanics, 24*(2), 183–189. https://doi.org/10.1016/j.clinbiomech.2008.11.004

Sung, D. J., Park, S. J., Kim, S., Kwon, M. S., & Lim, Y. T. (2016). Effects of core and non-dominant arm strength training on drive distance in elite golfers. *Journal of Sport and Health Science, 5*(2), 219–225. https://doi.org/10.1016/j.jshs.2014.12.006

Tsai, Y. J., Chia, C. C., Lee, P. Y., Lin, L. C., & Kuo, Y. L. (2019). Landing kinematics, sports performance, and isokinetic strength in adolescent male volleyball athletes: Influence of core training. *Journal of Sport Rehabilitation, 29*(1), 65–72. https://doi.org /10.1123/jsr.2018-0015

Vos, T., Flaxman, A. D., Naghavi, M., Lozano, R., Michaud, C., Ezzati, M., . . . Memish, Z. A. (2012). Years lived with disability (YLDs) for 1160 sequelae of 289 diseases and injuries 1990–2010: A systematic analysis for the Global Burden of Disease Study 2010. *Lancet, 380*(9859), 2163–2196. https://doi.org/10.1016/S0140 -6736(12)61729-2

Weber, T., Salomoni, S. E., Debuse, D., Hug, F., Caplan, N., De Martino, E., . . . Hodges, P. (2018). Functional behaviour of spinal muscles after training with an exercise device developed to recruit and train postural muscles. *Gait & Posture, 66*, 189–193. https:// doi.org/10.1016/j.gaitpost.2018.08.033

Weston, M., Hibbs, A. E., Thompson, K. G., & Spears, I. R. (2015). Isolated core training improves sprint performance in national-level junior swimmers. *International Journal of Sports Physiology and Performance, 10*(2), 204–210. https://doi.org/10.1123/ijspp .2013-0488

Willardson, J. M. (2007). Core stability training: Applications to sports conditioning programs. *Journal of Strength and Conditioning Research, 21*(3), 979–985. https://doi.org/10.1519/R-20255.1

Xie, L., & Wang, J. (2019). Anticipatory and compensatory postural adjustments in response to loading perturbation of unknown magnitude. *Experimental Brain Research, 237*(1), 173–180. https:// doi.org/10.1007/s00221-018-5397-x

Zapata, K. A., Wang-Price, S. S., Sucato, D. J., & Dempsey-Robertson, M. (2015). Ultrasonographic measurements of paraspinal muscle thickness in adolescent idiopathic scoliosis: A comparison and reliability study. *Pediatric Physical Therapy, 27*(2), 119–125. https:// doi.org/10.1097/PEP.0000000000000131

CHAPTER 17

밸런스 트레이닝

학습 목표

- 밸런스 트레이닝에 대한 과학적 근거를 설명할 수 있다.
- 피트니스 고객에게 밸런스 트레이닝을 설명할 수 있다.
- 다양한 고객 유형에 적합한 밸런스 트레이닝을 배우고, 그 이점을 요약할 수 있다.
- 밸런스 트레이닝의 적절한 진행 순서를 파악할 수 있다.
- 밸런스 트레이닝을 효과적으로 실행, 지시, 트레이닝할 수 있다.

밸런스(균형)에 대한 본질적 개념

자세 제어 또는 밸런스(균형)를 유지하는 능력은 부상 후의 운동 수행이나 부상 저항 및 재활의 기본 구성 요소이다. 기술적으로 균형은 그 사람의 기저면(base of support) 내에서 무게중심(center of gravity)을 유지하는 능력으로 정의한다(Pollock et al., 2000). 무게중심은 대략적으로 신체의 중간 지점이다. 위치는 개인마다 다를 수 있지만, 일반적으로 몸통의 중간 부분에 있다. 기저면은 신체와 지지 표면(바닥) 사이의 모든 접점으로 구성된, 사람의 아래 영역을 나타낸다. 예를 들어, 서 있는 사람의 발 사이 폭은 기저면이라고 할 수 있다. 가만히 서 있으면 무게중심은 기저면 내에서 볼 수 있는 것처럼 안정성의 한계(limits of stability) 내에서 움직인다(그림 17-1). 안정성의 한계는 사람이 넘어지지 않고 지지대의 변경(즉, 발의 움직임) 없이 무게중심을 움직일 수 있는 영역을 의미한다(Pollock et al., 2000).

밸런스는 정적(static balance), 준-동적(semi-dynamic balance), 동적(dynamic balance)으로 분류할 수 있다. 정적 밸런스(static balance)는 개인이 고정된 위치 내에서 자세 제어를 하는 상황에서 적용된다. 예를 들어, 사람이 한 발로 가만히 서 있는 경우이다. 준-동적 밸런스(semi-dynamic balance)는 고정되어 안정된 상태에서 균형을 유지하려고 하지만, 기저면이 움직이는 경우를 나타낸다(예: 스케이트보드를 타는 사람).

동적 밸런스(dynamic balance)는 끊임없이 변하는 불안정한 상태의 한계를 넘어 자신의 무게중심을 유지하려고 할 때 발생한다. 예를 들면, 개인이 울퉁불퉁한 표면을 달리고 있는 경우이다.

기저면 Base of support 신체와 지지 표면 사이에서 만들어지는 모든 접점으로 구성된 사람의 아래 영역

무게중심 Center of gravity 대략적으로 신체의 중간점. 사람마다 위치가 다르지만, 일반적으로 몸의 중간 부분에 있다.

안정성의 한계 Limits of stability 사람이 넘어짐 없이 기저면을 바꾸지 않고(발을 움직이지 않고), 무게중심을 움직일 수 있는 영역

정적 밸런스 Static balance 정지 위치에서 기저면 내의 중심을 유지하는 능력. 선형 또는 각도의 움직임이 없음을 의미한다.

준-동적 밸런스 Semi-dynamic balance 고정된 기저면 중심은 유지되지만, 신체를 지지하는 기반의 움직임은 허용하는 능력

동적 밸런스 Dynamic balance 끊임없이 변화하는 기저면 위에서 중심을 유지하는 능력

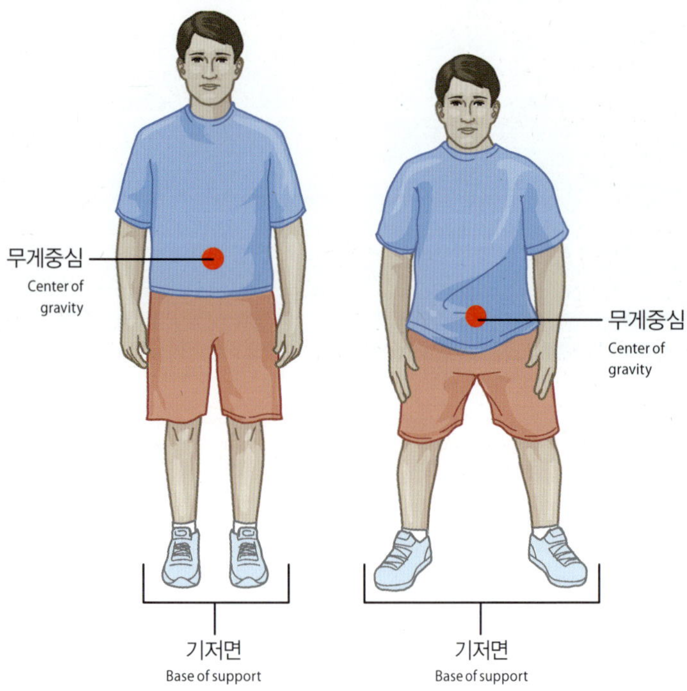

그림 17-1 무게중심과 기저면

이러한 다양한 조건에서 균형을 유지하려면, 안정성의 한계 내에서 질량의 중심을 유지하기 위해 시각, 안뜰계(전정계, vestibular system) 및 몸감각계(체성감각계, somatosensory system)뿐만 아니라 적절한 타이밍의 근육 수축 등 다양한 시스템의 통합이 필요하다. 다양한 조건에서 밸런스를 유지하는 능력을 최적화하고 부상 위험을 줄이며 재활 효과를 향상시키는 것은 중요하다. 따라서 피트니스 전문가는 밸런스 트레이닝의 메커니즘과 이점을 모든 고객에 대한 중요 관리 요소로서 이해하는 것이 중요하다.

개인이 균형을 잃는 이유는 여러 가지이다. 일반적으로 근골격계 손상(예: 인대 염좌 또는 근육 당김)이나 감각 운동 기능(sensorimotor function)의 변화(예: 뇌진탕 또는 정상적인 노화 과정)가 있는 사람은 균형에 결함이 있을 수 있으며, 밸런스 트레이닝 프로그램의 혜택을 받을 수 있다(Frankel et al., 2006; Lecci et al., 2019; Park et al., 2019; Terada et al., 2019). 피트니스 전문가는 개별화되고 종합적이며 체계적인 밸런스 트레이닝 프로그램을 사용하여 건강과 웰빙 전반에 걸쳐 고객의 기능을 개선할 수 있다.

밸런스의 메커니즘

질량중심(COM)이 사람의 안정성의 한계를 향해 이동하고 있다고 느끼는 것은 시각, 안뜰(전정) 및 몸감각(체성감각) 세 가지 감각 기반 시스템의 산물이다(Michael Selzer et al., 2006; Shumway-Cook & Woollacott, 2016)(그림 17-2). 시각은 일반적으로 공간에서 신체의 위치에 대한 정보를 중추신경계에 제공하는 데 사용된다(Kwon, 2018). 눈을 감으면 균형을 잡는 것은 더 어려울 수 있는데, 이는 공간에서 신체 위치를 결정하는 데 시력을 더 이상 사용할 수 없기 때문이다. 사람은 불안정한 표면 위로 이동할 때 균형을 유지하고 최적의 발 위치를 결정하기 위해 시력을 사용한다(Logan et al., 2010). 안뜰계는 속귀(내이, inner ear)에 있는 감각 수용체에 의해 통제되며, 공간적 방향 및 공간에서 머리 움직임에 대한 정보를 뇌에 제공한다(Valovich McLeod & Hale, 2015).

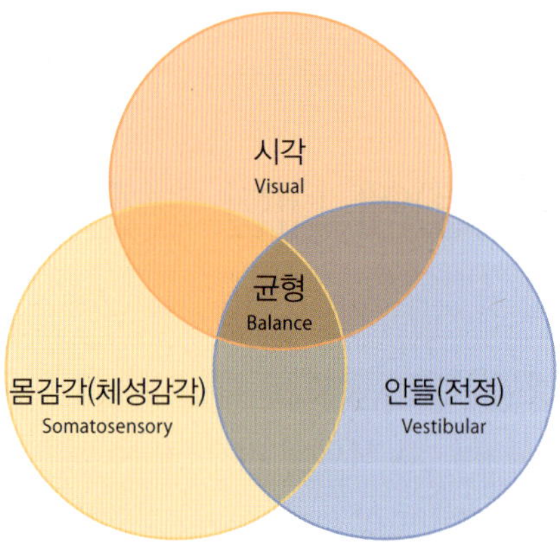

그림 17-2 균형 시스템의 구성 요소

안뜰 수용체는 몸을 구부리는 동안 균형을 유지하거나 뛰거나 쪼그리고 앉는 것과 같은 역동적인 움직임에서 중요하다. 몸감각은 피부에 가해지는 압력, 근육 길이 및 관절 각도의 변화를 느끼는 능력을 말한다. 몸감각은 불안정한 표면과 동적 밸런스를 수반하는 작업에서 균형을 잡는 데 매우 중요하다. 사람은 한 감각에서 얻은 정보를 다른 두 감각에서 얻은 정보보다 우선시 할 수 있다(Wikstrom et al., 2017). 따라서 피트니스 전문가는 고객이 이 중요한 세 가지 감각에서 발생하는 감각 정보에 주의를 기울이도록 각각의 감각을 강조하는 밸런스 트레이닝 기술을 통합해야 한다(그림 17-3).

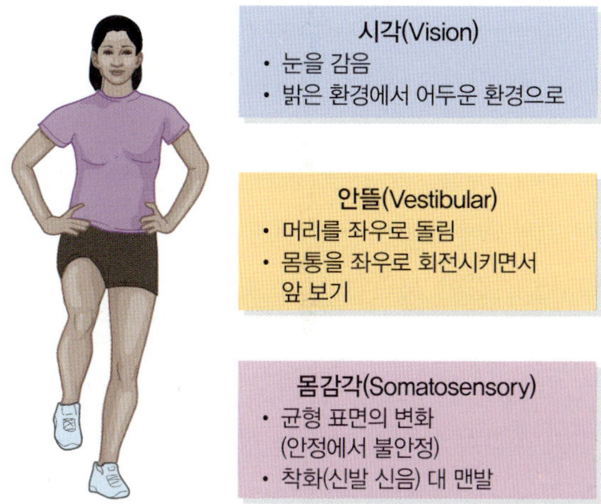

그림 17-3 시각, 안뜰 및 몸감각 시스템의 통합

밸런스 트레이닝의 과학적 근거

밸런스 트레이닝이 수행능력을 최적화하고, 부상에 대한 저항력을 향상시키며, 재활을 강화하는 데 효과적이라는 것이 연구를 통해 드러났다. 피트니스 전문가는 균형에 대한 과학적 근거, 고객의 요구에 맞는 균형 루틴의 설계법, 밸런스 트레이닝 프로그램을 효과적으로 전달하고 효율적으로 실시하는 방식 등을 이해하는 것이 중요하다.

수행능력

여러 연구에서 건강하고 신체적으로 활동적인 사람이 밸런스 트레이닝 프로그램을 마친 후 밸런스 능력이 성공적으로 향상된 것이 입증되었다. 체계적으로 재검토한 결과, 어린이가 4주 동안 주 3회씩 수행하는 10분짜리 밸런스 트레이닝은 정적·동적 밸런스 능력 모두를 향상시키는 것으로 나타났다(DiStefano et al., 2009). 밸런스 트레이닝은 특히 만성 발목염좌(삠)로 고통받는 사람을 위한 다리 근육의 운동 기능(Sefton et al., 2011)과 **신경근 제어(neuromuscular control)**를 개선하는 데 성공적이었다(Zech et al., 2010). 근골격계 손상이 있는 사람은 특별히 밸런스 트레이닝에 참여하여 안정성의 한계 내에서 질량 중심을 유지하는 능력을 향상시킬 수 있다(Wortmann & Docherty, 2013).

밸런스 트레이닝은 고객에게 중요한 추가적 성과 지표를 향상시킬 수 있기 때문에 전체 트레이닝 프로그램에 통합되어야 한다. 예를 들면, 저항 트레이닝 프로그램에 밸런스 트레이닝을 추가함으로써 다리 근력을 강화할 수 있는데, 이 때문에 저항 트레이닝 요법에서 근력 증가를 최적화하기 위해서는 밸런스 트레이닝을 통합하는 것이 좋다(Heitkamp et al., 2001). 노인에게 있어 밸런스 트레이닝은 일상생활의 활동(집안일, 쇼핑, 몸단장, 목욕 등) 기능을 향상시켜 전반적인 장애를 줄일 수 있다(Roaldsen et al., 2014).

또한 밸런스 트레이닝은 등척성 근력 트레이닝과 비교할 때, 청소년 농구 선수의 수직 점프 수행능력을 더욱 향상시킬 수 있었다(Boccolini et al., 2013). 이와 유사하게, 민첩성 운동과 병행한 밸런스 트레이닝은 민첩성 기반의 결과와 반응 시간을 개선할 뿐만 아니라 눈을 뜨고 감은 상태에서 동적 밸런스를 향상시킬 수 있었다(Zemková & Hamar, 2010). 따라서 밸런스 트레이닝은 수행능력 향상의 중요한 구성 요소로서 인식해야 한다(표 17-1).

표 17-1 수행능력을 위한 밸런스 트레이닝

- 정적 및 동적 밸런스를 향상함
- 다리 신경근 조절력 향상
- 부상 후 균형 향상
- 다리 근력 향상(특히, 저항 트레이닝과 결합 시)
- 노인의 일상생활 참여 능력 향상 및 전반적인 장애 감소
- 운동선수의 민첩성 기반 결과 향상

트레이닝 팁

밸런스 트레이닝은 기능이 뛰어난 선수가 되기 위한 필요 요소인 균형 및 협응력을 향상시키는 것으로 나타났다. 그러나 안전을 위해서, 밸런스 운동 및 장비(폼 패드, 밸런스 디스크, 워블 보드 등)와 조합하여 최대, 또는 최대에 가까운 무게로 트레이닝해서는 안 된다(Brachman et al., 2017).

안뜰계(전정계) Vestibular system 신체와 머리의 위치, 주변 환경에 대한 상대적인 공간 방향에 대한 정보를 제공한다. 이 균형 유지 기능은 귀 내이(inner ears)에 위치해 있다.

몸감각계(체성감각계) Somatosensory system 신체 내 수용체(피부, 근육, 관절, 힘줄)로부터 다른 신체 부위 및 지지 표면과 관련된 신체 부위의 위치와 움직임에 대한 정보를 제공함

감각 운동 기능 Sensorimotor function 신체가 시각, 안뜰 및 몸감각 정보를 처리하는 방식과 그 정보에 응답하는 신체 운동 반응 간의 상호 작용

신경근 제어 Neuromuscular control 의도적인 움직임 통제를 위한 신체 내 근육의 반응(의식 또는 무의식적)

부상 저항력

밸런스 트레이닝은 스포츠에 참여하는 운동선수든 넘어지지 않고 일상생활을 하는 것이 목표인 고객이든 상관없이 부상 저항력 향상 프로그램을 개발할 때 강조해야 하는 중요한 요소이다.

밸런스 트레이닝은 일반적으로 운동선수의 부상 저항력을 강화하기 위해 실시하는 부상 예방 프로그램인 하지 프로그램을 포함한다. 부상 예방 프로그램을 설계할 때, 스트레칭, 근력, 플라이오메트릭 및 밸런스 활동과 같은 구성 요소가 결합된다. 밸런스 트레이닝을 포함하는 포괄적 부상 예방 프로그램은 착지 역학을 개선하여 다리 부상 위험을 줄이는 것으로 나타났다(Padua et al., 2012). 9주간의 부상 예방 프로그램에 참여한 청소년 축구 선수는 수직 점프 높이뿐만 아니라 안정화 시간(균형 능력의 척도)의 향상도 보여주었다(DiStefano et al., 2010). 5주간의 밸런스 트레이닝 프로그램에 참여한 여성 농구 선수는 한 발 착지를 하는 동안 착지 운동 역학 및 근육 활성화를 개선하여 전방십자인대(anterior cruciate ligament, ACL) 부상과 같은 특정 다리 부상의 위험을 줄일 수 있었다(Nagano et al., 2011). 실제로 Duprey 등(2016)의 연구에 따르면, 착지 과제 중 밸런스가 나쁜 대학 운동선수들이 ACL 파열 위험이 높은 것으로 나타났다. 체계적 문헌 연구(systematic review)에서도 밸런스 트레이닝을 받은 운동선수는 그렇지 않은 선수에 비해 발목염좌 위험이 46%로 줄었다(Bellows & Wong, 2018). 피트니스 전문가는 또한 스포츠에 맞게 밸런스 활동을 조정할 수 있다. 예를 들면, 농구 선수는 농구공을 앞뒤로 패스하면서 한쪽 다리로 균형을 잡을 수 있다. 운동선수들의 부상 예방 프로그램에 밸런스 트레이닝을 통합할 때, 최소한의 장비로 스포츠 환경에서 활동 수행능력을 보장하며, 시즌 전반에 걸친 집중도를 높이고, 전반적으로 시즌 내 프로그램을 잘 소화할 수 있게 한다.

밸런스 트레이닝은 노인에게도 유익하다. 낙상(넘어지는 것)은 노인의 부상과 건강 관련 합병증의 주요 원인 중 하나이다. 외부(환경) 및 내부(근력) 요인들이 모두 낙상에 영향을 미칠 수 있지만, 신체 균형 시스템은 신체 위치에 대한 통제를 유지하고, 낙상을 방지하는 데 중요한 역할을 한다. 연구에서는 밸런스 트레이닝을 포함하는 운동 프로그램에서, 건강한 노인의 낙상 위험이 최대 20% 감소하는 것을 보여주었다(Gillespie et al., 2012; Sherrington et al., 2008).

넘어진 이력이 있는 65세 이상의 노인은 스트레칭과 근력 강화를 포함하는 다중 훈련에 밸런스 트레이닝을 포함시키는 것이 좋다(Frankel et al., 2006; Moncada, 2011). 다양한 위치에서 여러 자세에 도전하는 밸런스 트레이닝을 신체 운동에 포함시키면 건강한 노인의 낙상 횟수를 줄이는 것으로 나타났다(Hamed et al., 2018). 점진적, 도전적으로 진행되는 밸런스 트레이닝 8주 종합 운동 프로그램은 노인의 신체적 건강 증진과 심리적 자신감 모두를 향상시키는 것으로 확인되었다(Rimland et al., 2016; Shubert et al., 2018). 노인을 트레이닝할 때는 불안정감이나 낙상의 두려움이 있는지 물어보는 것도 중요하다. 왜냐하면 이러한 생각을 가진 사람은 낙상 비율이 더 높기 때문이다(Criter & Honaker, 2016). 이런 정보는 피트니스 전문가가 밸런스 트레이닝 활동을 훈련 계획에 적절히 통합하는 데 도움이 된다(표 17-2).

표 17-2 부상에 대한 저항력을 강화하는 밸런스 트레이닝
■ 착지 메커니즘을 개선하여 ACL 부상 및 발목염좌와 같은 다리 부상을 감소시킬 수 있다.
■ 수직 점프 높이와 같은 운동선수의 기능을 향상시킨다.
■ 노인의 낙상 위험을 감소시킨다.
■ 노인의 일상생활 중 신체 능력 및 전반적 자신감을 향상시킨다.

재활

밸런스 트레이닝은 발목염좌 및 ACL 부상과 같은 다리 부상 이후에 다양한 사람의 재활 능력을 향상시키는 것으로 나타났다. 일부 고객은 밸런스 감각이 저하될 수 있기 때문에 전문 트레이너는 밸런스를 이해하고 고객의 요구에 맞는 루틴을 설계하는 방법을 반드시 이해해야 한다.

중요

노인을 트레이닝할 때, 트레이닝 참여 전 반드시 철저한 건강 검진을 실시하여 고객이 밸런스 트레이닝을 할 수 있는지를 확인해야 한다. 일부 고객들은 밸런스 트레이닝 프로그램에 참여하기 위해 의료 서비스 제공자의 허가를 받아야 할 수도 있다. 피트니스 전문가는 안전의 관점에서 밸런스 능력에 영향을 줄 수 있는 고객의 모든 의료적 상태를 반드시 알고 있어야 한다.

생체역학적 발목 강화를 위해 보드를 이용한 재활 프로그램에서, 4주간의 밸런스 트레이닝 프로그램을 완료한 만성 발목 불안정을 가진 고등학교 운동선수들은 밸런스 트레이닝을 하지 않은 선수에 비해 정적 및 동적인 한 발 균형이 크게 개선되었다(Cain et al., 2017). 기존의 한 발 밸런스 프로그램(한 발 스탠스, 볼 토스와 킥이 포함된 한 발 스탠스, 한 발 스탠스를 이용한 스텝-다운) 또는 점진적인 도약-안정 밸런스 프로그램(다양한 한 발 도약-안정화 운동)을 사용하여 만성 발목 불안정성을 가진 운동선수의 개선된 자가 보고 기능, 준-동적(semi-dynamic) 균형 및 관절 위치 감각을 향상시켰다(Anguish & Sandrey, 2018).

밸런스 능력의 부족은 부상 후 장기간 지속될 수 있다. 최근 연구에 따르면, ACL 재건 후 건강한 대조군에 비해 수술 후 1년까지 부상당한 팔다리와 손상되지 않은 팔다리 모두에서 준-동적(semi-dynamic) 밸런스가 더 나빠진다는 것을 알아냈다(Hatton et al., 2017). 따라서 이전에 무릎 손상 이력이 있는 운동선수는 공인 퍼스널 트레이너와 함께 훈련할 때 양쪽 팔다리에 대한 밸런스 트레이닝 프로그램의 이점을 얻을 수 있다.

또한 밸런스 트레이닝은 낙상 위험이 있거나 낙상 이후의 재활을 강화하는 데 중요하다. Gerards 등의 최근 연구(2017)에서 안전하고 통제된 환경에서 방해(perturbation) 기반 밸런스 트레이닝이 노인들의 낙상 발생률을 크게 감소시킨다는 결과를 얻었다. **방해(perturbation)**는 운동을 방해하도록 교란시켜(예: 균형을 잡을 때 어깨를 가볍게 누르는 것) 고객이 균형을 유지하거나 회복하는 방법을 배우게 하는 훈련법이다. [표 17-3]은 밸런스 트레이닝이 재활 노력에 어떤 영향을 미치는지를 요약한 것이다.

중요

공인 퍼스널 트레이너는 부상을 진단하거나 의료 재활을 수행할 자격이 없다. 그러나 일단 고객이 의료 전문가(의사, 물리치료사 등)로부터 허가를 받으면 피트니스 전문가는 일생생활의 단순한 활동이든 높은 수준의 스포츠이든 균형 장애를 가진 사람이 기능을 회복하고 지속적으로 개선할 수 있도록 돕는 중요한 역할을 한다. 의료 전문가와 피트니스 전문가 사이의 일관되고 명확한 의사소통은, 고객들의 안전을 보장하고 고객의 목표를 달성할 수 있도록 운동 프로그램을 최적화하는 데 매우 중요하다.

표 17-3 재활을 위한 밸런스 트레이닝

- 한 발 활동 중 수행능력을 향상함.
- 발목이 불안정한 운동선수의 고유수용감각 및 기능을 향상함.
- ACL 부상 및 한쪽 팔다리 수술을 받은 운동선수의 양 팔다리의 재활 결과를 향상시킴.
- 노인의 낙상 위험 감소에 초점을 맞춘 재활 결과 향상

적절한 밸런스 시스템 트레이닝의 중요성

효과적인 밸런스 트레이닝 프로그램은 개인 안정성의 한계점에 도전해야 한다. 이 한계점은 정적, 준-동적 및 동적 밸런스를 개선하기 위한 기능적 움직임 패턴을 사용하여, 다중 평면의 **고유수용감각이 풍부한 환경(proprioceptively enriched environment)**에서 강조되어야 한다.

적절한 균형 장비들(예: 플로어, 밸런스 빔, 하프-폼 롤, 폼 패드, 밸런스 디스크, 워블 보드 등)과 올바른 기술 및 다양한 속도로 고유수용감각이 풍부한 환경에서 트레이닝하는 것은 중추신경계에 최대 감각을 입력하는 것이다. 또한 점프하고 착지하는 운동선수나 연석에서 내려오는 노인의 경우와 같이 실생활에서 발생할 수 있는 다양한 시나리오에 대해서도 신체를 준비시키는 것이다.

피트니스 전문가는 고객의 지속적이고 장기적인 변화를 위해 점진적이고 체계적인 트레이닝 프로그램을 구현해 나가야 한다. 근력 트레이닝 프로토콜에만 집중하는 프로그램은 인체의 균형 메커니즘을 추구하지 않기 때문에 종종 불완전한 결과를 가져온다. 밸런스 트레이닝은 다감각적이고 불안정한 환경에서 기능적 운동 패턴에 초점을 맞춤으로써

전방십자인대 Anterior cruciate ligament (ACL) 넙다리뼈에 대한 정강뼈의 과도한 움직임을 제한하기 위해 안정성을 제공하는 무릎관절 내의 핵심 인대

체계적 문헌 연구 Systematic review 특정 주제에 대한 다양한 기존 연구 논문의 결과를 통합하고 요약하는 연구 논문의 한 유형

방해 Perturbation 외부 힘의 적용으로 발생하는 신체의 현재 상태 변화

고유수용감각이 풍부한 환경 Proprioceptively enriched environment 신체가 내부 균형 및 안정화 메커니즘을 이용하도록 하는 불안정한(하지만 통제가 가능한) 운동 환경

이러한 문제를 극복할 수 있게 한다(DiStefano et al., 2009; Zech et al., 2010). 밸런스 트레이닝을 프로그램으로 설계하고 실행하는 것은 동적 밸런스와 향상된 움직임에 필요한 근육 활성화 패턴(muscle firing pattern)을 개발, 개선, 복원하는 데 중요하다(Guskiewicz & Perrin, 1996; Tippet & Voight, 1995; Voight, 1996).

지식 확장하기

부상 저항력 향상

- Bellows and Wong(2018)은 밸런스 트레이닝을 수행한 운동선수가 그렇지 않은 선수들에 비해 발목염좌의 위험이 46% 감소했다는 것을 발견했다.
- Nagano 등(2011)은 5주간의 점프 및 균형 프로그램이 여자 농구 선수의 다리 생체역학 및 근육 활성화에 미치는 영향을 평가했다. 그들은 선수들이 착지 시 더 큰 무릎 굽힘에서도 햄스트링 활성화를 보여 ACL 부상의 위험을 줄인다는 사실을 알아냈다.
- Hamed 등(2018)은 특히 밸런스와 바른 자세를 강조하는 트레이닝이 건강한 노인의 낙상 위험을 크게 줄일 수 있는 잠재력이 있다는 것을 입증했다.
- Sakata 등(2019)은 부상 예방 프로그램(스트레칭 및 밸런스 운동 포함)에 참여한 청소년 야구 선수들이 대조군 선수들에 비해 어깨와 팔꿈치 부상이 현저히 적고, 투구 성과가 향상되는 것을 입증했다.
- DiStefano 등(2010)은 10세 축구 선수들을 위한 정적/동적 밸런스 운동을 통합한 부상 예방 프로그램을 시행하고, 이 선수들이 동적 밸런스 능력을 향상시킬 수 있음을 발견했다.
- Soligard 등(2009)은 밸런스 운동이 통합된 부상 예방 프로그램을 통해 청소년 여자 축구 선수들의 심각한 부상의 위험을 감소시킬 수 있다는 것을 입증했다.

주요 내용

- 밸런스 트레이닝은 경쟁적인 스포츠에서 선수의 부상 위험을 줄일 수 있다.
- 시즌 전과 시즌 중에 부상 방지 프로그램을 설계할 때, 경기력과 부상 저항력을 향상시키기 위해 밸런스 트레이닝을 통합해야 한다.
- 밸런스 트레이닝은 건강한 노인의 낙상 위험을 줄이는 데 효과적이다.

밸런스 트레이닝 지침

밸런스 운동은 최적의 근육 동원과 향상된 움직임을 보장하기 때문에 통합 트레이닝 프로그램의 필수 구성 요소이다. 밸런스 트레이닝은 체계적이고 점진적으로 진행해야 하며, 피트니스 전문가는 적절한 운동 선택 기준과 진행 단계를 포함한 특정한 프로그램 지침을 따라야 한다(표 17-4). 다양한 고유수용감각이 풍부한 환경에 반복적으로 노출되면 밸런스는 개선된다(Conradsson & Halvarsson, 2019; Thomas et al., 2019; Zhang et al., 2019).

밸런스 트레이닝의 주 목표는 운동의 고유수용감각 요구를 증가시켜 안정성의 한계에 대한 고객의 인식을 지속적으로 높이는 것이다. 고유수용감각 요구에 도전하는 예로, 65세 고객이 바닥에서 일자 자세(발꿈치에서 발 끝까지 일렬 자세)로 균형을 잡는 것에서부터, 25세 운동선수가 밸런스 디스크에 서 있는 동안 한 발로 균형을 잡는 것까지 다양하다.

밸런스 트레이닝 프로그램의 설계

적절한 밸런스 트레이닝 프로그램은 체계적이고 점진적이어야만 한다. 운동은 표면, 시각적 조건 및 신체 위치 또는 움직임에 대한 요구 사항을 변경하여 진행하거나 되돌아갈 수 있다. 표면은 안정된 표면(바닥)에서 불안정한 표면(하드-폼 롤, 폼 패드, 또는 밸런스 디스크)으로 이동함에 따라 난이도가 변한다. 운동 중 눈을 뜨고 있는 것이 눈을 감는 것(시각적 입력)이나, 머리를 움직여 다양한 물체를 보거나 또는 인지 작업을 동시에 수행하는 것(이중 작업 조건)보다 쉽다. 반대쪽 다리, 몸통, 또는 팔을 움직이는 것도 밸런스 운동을 더욱 어렵게 한다. 반면 두 다리로 서 있는 것(한 발로 서 있는 것과 비교하여)은 운동을 단순화시킨다. 한 번에 하나의 변수를 변화시킬 때 주의가 필요하다. 점진적 진행 전략을 따르면 피트니스 전문가는 연령이나 피트니스 수준에 관계없이 각 고객을 위한 운동을 쉽게 적용할 수 있다.

밸런스 트레이닝의 진행

밸런스 운동을 프로그램에 도입할 때, 처음에는 균형을 잡는 다리의 관절 운동은 거의 포함시키지 않도록 한다. 이러한 초급 수준의 밸런스 운동은 관절의 안정성을 증가시키기 위해 반사성(자동) 근육 수축을 개선하도록 설계되었다.

표 17-4 밸런스 트레이닝 핵심 변수

운동 선택	변수
■ 안전 ■ 점진적 • 쉬움에서 어려움으로 • 단순함에서 복잡함으로 • 안정에서 불안정으로 • 정적에서 동적으로 • 느림에서 빠름으로 • 눈을 뜸에서 감음으로 • 알고 있음에서 모름으로(인지 과제) • 단일 과제에서 이중 과제로 ■ 밸런스 장비 예시 • 플로어 • 밸런스 빔 • 하프-폼 롤 • 폼 패드* • 밸런스 디스크* • 워블보드*	■ 운동면 • 시상면 • 이마면 • 수평면 ■ 하체 진행 • 두 발/안정적(바닥에 서 있기) • 넓게 서기 → 좁게 서기 → 일자로 서기(발꿈치부터 발끝까지) • 한 발/안정적(바닥에 한 발로 서 있기) • 두 발/불안정적(밸런스 장비 위에서 두 발로 서 있기) • 한 발/불안정적(밸런스 장비 위에서 한 발로 서 있기) ■ 방해하기 • 가벼움에서 보통으로(한 방향으로 부드럽게 밀기 → 다양한 방향으로 부드럽게 밀기)

*이러한 장비들은 진행 상황에 맞게 다양한 모양과 크기로 제공된다.

트레이닝 팁

현재 시장에서는 밸런스 운동을 위한 여러 가지 훈련 기구를 구매할 수 있고(즉, 장비의 종류), 이것들은 매우 유용한 도구가 될 수 있다. 하지만, 밸런스 트레이닝의 안전과 효과를 보장하기 위해서는 안전하게 통제할 수 있는 환경에서 시작하고 체계적인 진행(즉, 바닥, 밸런스 빔, 하프-폼 롤, 폼 패드 및 밸런스 디스크)에 따라야 한다. 워블 보드도 진행에 포함시킬 수 있지만, 워블 보드의 구조 유형에 따라 포함 여부를 결정해야 한다. 적절한 진행을 따르지 않으면 보상 패턴이 생기거나 부적절한 운동으로 발전하여 운동 효과를 감소시키고 부상 위험을 증가시킬 수 있다.

이 프로토콜을 사용하면 신체가 불안정한 환경에 놓이게 되어 균형을 유지하기 위해 적절한 시간에 적절한 근육을 수축시킴으로써 반응하는 방법을 배운다. 이러한 유형의 운동은 더 어려운 밸런스 트레이닝을 하기 전에 숙련되어야 한다. 이 프로토콜을 따르는 트레이닝의 예시는 다음과 같다(단, 설명된 운동에만 국한되지는 않음).

- 일자로 서기(tandem stance)
- 싱글 레그 밸런스(single–leg balance)
- 싱글 레그 밸런스 리치(single–leg balance reach)
- 싱글 레그 힙 로테이션 (single–leg hip internal and external rotation)
- 싱글 레그 리프트 앤 촙(single–leg lift and chop)
- 싱글 레그 암 앤 레그 모션 (single–leg arm and leg motion)
- 싱글 레그 윈드밀(single–leg windmill)
- 싱글 레그 스로우 앤 캐치 (single–leg throw and catch)

다음 진행 과정에서는 전체 관절가동범위의 운동을 통해 균형을 잡는 다리의 동적 신장성 및 단축성 운동을 포함시킨다. 운동을 위해서는 움직임의 중간 범위에서 동적 통제가 필요하며, 움직임의 마지막 범위에서는 등척적 안정화가 필요하다. 각 운동의 속도와 신경 요구 사항이 점진적으로 진행된다. 이 프로토콜을 따르는 트레이닝의 예시는 다음과 같다(단, 설명된 운동에만 국한되지는 않음).

- 싱글 레그 스쿼트(single–leg squat)
- 싱글 레그 스쿼트 터치다운 (single–leg squat touchdown)
- 싱글 레그 루마니안 데드리프트 (single–leg Romanian deadlift)
- 밸런스 다중 평면 스텝업 (multiplanar step–up to balance)
- 밸런스 다중 평면 런지 (multiplanar lunge to balance)

트레이닝 팁

앞 단락에서는 신체 위치와 팔다리 움직임에 대한 요구를 증가시켜 밸런스 운동을 진행하는 방식을 설명했다. 다시 한 번 정리하면 아래와 같다.

진행 1. 처음에 균형을 잡는 다리의 관절 운동을 거의 포함시키지 말아야 한다.

- 이 유형의 운동들이 일단 숙련되면, 피트니스 전문가는 아래 사항을 통합함으로써 운동을 더욱 도전적으로(적절하다고 판단되는 경우) 만들 수 있다.
  - 균형 기구(예: 밸런스 빔, 하프–폼 롤, 폼 패드, 밸런스 디스크, 워블 보드)
  - 인지적 이중 작업 시나리오(예: 한 발로 균형을 잡으면서 열두 달을 영어로 말하기)
  - 눈을 감는 작업
  - 머리 또는 눈의 움직임

진행 2. 전체 관절가동범위의 움직임을 통해 균형을 잡는 다리의 운동을 포함해야 한다.

- 이 유형의 운동이 일단 숙련되면, 피트니스 전문가는 아래 사항을 통합함으로써 이것들을 더욱 도전적으로(적절하다고 판단되는 경우) 만들 수 있다.
  - 균형 훈련 도구
  - 인지적, 이중 작업 시나리오
  - 눈을 감는 작업
  - 머리 또는 눈의 움직임

진행 3. 깡충깡충 뛰는 동작과 한 발 착지, 3~5초 동안 밸런스를 유지하는 자세를 결합해야 한다.

- 이 유형의 운동들이 일단 숙련되면, 피트니스 전문가는 아래 사항을 통합함으로써 이것들을 더욱 도전적으로(적절하다고 판단되는 경우) 만들 수 있다.
  - 균형 훈련 도구
  - 인지적, 이중 작업 시나리오
  - 눈을 감는 작업
  - 머리 또는 눈의 움직임

한 번에 하나의 변수를 조작하여 밸런스 시스템에 도전하는 운동 진행을 계획하는 것이 중요하다. 실행은 고유한 육체 능력을 기반으로 고객별로 달라야 한다.

마지막 진행 과정에서는 신체를 동적 상태에서 통제된 정지 위치로 이동시켜 적절한 감속 능력을 개발하기 위해 설계된 운동을 한다. 다시 말하면, 깡충깡충 뛰는 동작과 한 발 착지(3~5초 동안 착지 위치 유지)를 결합한다. 이 수준의 운동에는 아래와 같은 것들이 있다(단, 이에 한정되지는 않음).

- 안정화 다중 평면 홉 (multiplanar hop with stabilization)
- 안정화 다중 평면 싱글 레그 박스 홉-업(multiplanar single-leg box hop-up with stabilization)
- 안정화 다중 평면 싱글 레그 박스 홉-다운(multiplanar single-leg box hop-down with stabilization)

5개의 운동 사슬 체크포인트

모든 트레이닝 방법과 마찬가지로 근육의 활성화를 보장하고 부상을 방지하기 위해 적절한 형태와 기술을 숙련해야 한다. 밸런스 트레이닝에 필요한 기술은 특히 다리와 몸통이 이상적인 자세를 유지하면서 낙상의 위험을 최소화하기 위해, 정기적인 연습 중에 적절한 집중과 의식적 주의를 기울이는 것이다. 모든 운동에서 질은 양이나 무게 증가보다 우선해야 하며, 5개의 운동 사슬 체크포인트를 모티터링해야 한다(그림 17-4 참조).

그림 17-4 5개의 운동 사슬 체크포인트

1. 똑바로 앞을 향하는 발
2. 두 번째 및 세 번째 발가락과 일렬이 된 무릎(무릎이 안쪽으로 굽혀지지 않도록 한다.)
3. 수평이며 중립적인 위치에 있는 엉덩이
4. 중립적인 위치의 어깨(앞으로 내밀거나 처지거나 올라가지 않음)
5. 중립적인 위치의 목뼈와 머리(턱을 당김)

밸런스 운동

일자로 서기

Tandem Stance

안전 수칙

필요하다면 균형을 잃을 때 붙잡을 수 있도록 튼튼한 물체 옆에서 하도록 한다.

싱글 레그 밸런스

Single-Leg Balance

기술

다리의 안정화를 돕기 위해, 이 운동과 모든 밸런스 운동을 수행하는 동안 균형을 잡는 다리의 볼기근의 구조가 수축된 상태를 유지하게 한다.

싱글 레그 밸런스 리치

Single-Leg Balance Reach

기술

밸런스 운동 시 엉덩이의 높이를 유지한다. 이렇게 하면 밸런스가 향상되고 허리에 가해지는 스트레스가 줄어든다.

싱글 레그 힙 로테이션

Single-Leg Hip Rotation

기술

균형을 잡는 다리의 엉덩이 관절을 통해 척추가 회전하는지를 확인한다. 이는 척추에 가해지는 스트레스를 줄이고 코어에 대한 통제를 강화시킨다.

싱글 레그 리프트 앤 촙

Single-Leg Lift and Chop

기술

균형 운동을 할 때, 균형을 잡는 다리의 무릎이 언제나 발가락과 일직선을 유지하도록 한다.

싱글 레그 암 앤 레그 모션

Single-Leg Arm and Leg Motion

기술

이상적인 자세를 유지하면서 안전하게 실행할 수 있는 관절 가동범위 내에서 반대쪽 다리를 움직인다.

싱글 레그 윈드밀

Single-Leg Windmill

기술

이상적인 자세를 유지하면서 안전하게 실행할 수 있는 관절 가동범위를 통해 몸통을 움직인다. 균형 유지 외에도 적절한 코어 안정화가 필요하다.

싱글 레그 스로우 앤 캐치

Single-Leg Throw and Catch

기술

피트니스 전문가는 이 운동의 난이도를 위해 몇 가지 방법을 사용할 수 있다.

- 메디신 볼을 다양한 높이로 몸의 다양한 위치에 던진다.
- 두 사람 사이의 거리를 늘린다.
- 던질 때마다 속도를 증가시킨다.

싱글 레그 스쿼트

Single-Leg Squat

기술

무릎은 두 번째와 세 번째 발가락과 일직선을 유지한다. 이것은 무릎에 대한 스트레스를 줄여준다.

싱글 레그 스쿼트 터치다운

Single-Leg Squat Touchdown

기술

발을 만질 수 없으면 먼저 무릎부터 닿도록 하고, 다음으로 정강이, 마지막으로 발에 닿게 한다.

싱글 레그 루마니안 데드리프트

Single-Leg Romanian Deadlift

기술

한 발 스쿼트 터치다운에서 수행한 것과 같은 진행 방식을 사용한다.

1. 무릎에 닿기
2. 정강이에 닿기
3. 발에 닿기

밸런스 다중 평면 스텝-업

Multiplanar Step-Up to Balance

기술

마지막 위치에서, 균형을 잡는 다리의 엉덩이가 볼기근 조직을 최대로 동원하며 완전히 신장되었는지 확인한다.

밸런스 다중 평면 런지

Multiplanar Lunge to Balance

기술

런지를 수행할 때, 특히 엉덩관절굽힘근이 경직된 경우에는 보폭 길이가 너무 크지 않은지 확인한다. 이것은 허리뼈를 과도하게 펴지게 하여 허리에 가해지는 스트레스를 증가시킬 수 있다.

안정화 다중 평면 홉

Multiplanar Hop with Stabilization

기술

힘을 효율적으로 흡수할 수 있도록 착지가 부드럽고 조용해야 한다. 무릎을 두 번째와 세 번째 발가락과 일직선이 되도록 유지한다.

안정화 다중 평면 한 발 박스 홉–업

Multiplanar Single-Leg Box Hop-Up with Stabilization

안전 수칙

능력 수준에 맞는 높이의 박스 또는 도구를 선택한다.

안정화 다중 평면 한 발 박스 홉-다운

Multiplanar Single-Leg Box Hop-Down with Stabilization

기술

착지 시 무릎을 발가락과 일직선이 되도록 유지하고 착지는 최대한 부드럽게 한다.

요약

넘어지지 않고 지지대 위에서 신체의 중심을 유지하는 능력은 밸런스 시스템의 기본 원리이다. 종합적인 밸런스 트레이닝 프로그램은 피트니스 전문가가 성과를 최적화하고, 부상 저항력을 높이고, 재활을 강화하기 위해 설계할 수 있다. 밸런스 운동을 하는 동안, 피트니스 전문가는 시각, 안뜰 및 몸감각 조건을 조절하여 고객에게 좀 더 도전적인 과제를 부여할 수 있다. 밸런스 트레이닝 프로그램은 특정 프로그램 지침, 적절한 운동 선택 기준 및 세부 프로그램 변수에 따라 체계적이고 점진적이어야 한다. 특히, 정적에서 준-동적(semi-dynamic), 동적 밸런스 조건으로 진행하면 밸런스 운동의 난이도가 높아진다. 피트니스 전문가는 모든 연령대와 모든 수준의 고객을 위한 프로그램에 밸런스 트레이닝을 통합해야 한다.

제17장 리뷰

개인의 밸런스 능력은 운동수행능력 향상, 부상 저항력 강화 및 부상 후 재활 최적화에 있어 매우 중요한 구성 요소이다. 밸런스는 지지대 안에서 무게중심을 유지하는 능력으로 정의된다. 밸런스는 정적(static), 준-동적(semi-dynamic), 동적(dynamic) 밸런스로 분류될 수 있는데, 이는 신체가 움직이는 위치가 고정되었는지에 따라 밸런스를 유지하는 상황을 설명한다. 정적 및 동적 조건에서 밸런스를 유지 또는 교정하기 위해, 신체는 시각, 안뜰 및 몸감각 시스템으로부터의 입력에 의존한다. 이러한 시스템은 적절한 균형을 달성하기 위해 필요한 신경 근육 프로그램을 적절히 실행하기 위해 함께 작동한다.

여러 연구는 밸런스 트레이닝에 참여하는 사람들이 다수의 긍정적 결과를 얻을 수 있다고 강조한다. 부상 예방 프로그램 내에서 밸런스 트레이닝을 받은 운동선수는 착지 능력, 근육 활동 및 고유수용감각이 개선된 향상된 운동의 질을 보여주었는데, 이 모든 것들이 ACL 파열 또는 발목염좌와 같은 일반적인 하지 부상의 위험을 줄일 수 있다. 또한 규칙적으로 밸런스 운동을 하는 노인은 자신감이 늘고 낙상 위험을 줄일 수 있다.

피트니스 전문가는 고객의 지속적이고 장기적인 변화를 위해 점진적이고 체계적인 밸런스 트레이닝 프로그램을 시행해야 한다. 밸런스 운동과 함께하는 전통적인 스트레칭 및 체력 강화를 통해 고객을 더욱 종합적으로 트레이닝할 수 있다. 밸런스 프로그램을 설계할 때 공인 퍼스널 트레이너는 적절한 운동 선택 기준 및 점진적인 단계를 포함한 특정 프로그램 지침을 따라야만 한다. 예를 들면, 한 발 균형 운동은 눈을 감거나 공을 앞뒤로 패스하거나 불안정한 표면 위에 서서 진행할 수 있다.

한 번에 하나의 변수를 조작하면 운동이 올바른 속도로 진행되는 데 도움이 되며, 피트니스 전문가는 고객에게 특별한 주의와 트레이닝이 필요한 부분을 구분할 수 있다. 일반적인 밸런스 운동에는 안정적 표면과 불안정한 표면에 서서 한 다리의 균형을 유지하면서 신체의 다른 부분을 움직이는 것과, 잠시 멈추고 신경근을 잘 조절하면서 여러 방향으로 움직이는 것(즉, 도약)이 있다.

공인 퍼스널 트레이너는 밸런스 시스템에 도전하기 위해 고객과 함께 다양하고 창의적인 운동 옵션 및 운동 조건을 시도할 수 있다. 그렇게 할 때 고객은 근력, 유연성 및 신경근육 조절을, 신체를 제어하는 정적 및 동적 밸런스와 통합하는 것을 배우기 때문에 균형 시스템 훈련은 흥미로울 수 있다.

제17장 하이라이트

- 밸런스 트레이닝은 수행능력을 최적화하고 부상 저항력을 개선하며 부상 재활을 강화하는 데 있어 매우 중요한 구성 요소이다.
- 밸런스를 유지하는 것은 지지대 위에서 무게중심의 위치를 제어하는 능력이다.
- 밸런스의 유형에는 정적(정적 신체 위치), 준-동적(신체를 지지하는 기반이 움직임), 동적(기저면이 끊임없이 움직임) 운동이 있고, 밸런스 트레이닝 프로그램을 진행하는 동안 난이도는 조정될 수 있다.
- 밸런스 메커니즘에는 3개의 핵심 감각이 있다.
  - 시각은 일반적으로 공간에서 신체의 위치에 대한 정보를 중추신경계에 제공한다.
  - 안뜰은 속귀의 감각수용체에 의해 제어되고, 공간적 방향과 공간에서의 머리 움직임에 대한 정보

를 뇌에 제공한다.

- 몸감각은 피부에 가해지는 압력, 근육 길이 및 관절 각도의 변화를 느낄 수 있도록 한다.

- 밸런스 트레이닝은 경기 시즌 내내 수행되는 종합 부상 예방 프로그램에 통합될 때 성과를 향상시키고 부상률을 감소시키는 것으로 나타났다.
- 밸런스 트레이닝 프로그램이 건강한 노인의 낙상 위험을 줄인다는 강력한 근거가 있다.
- 피트니스 전문가는 특히 부상 병력이 있거나 현재 부상을 입은 고객을 위해 점진적인 밸런스 트레이닝 프로그램을 설계할 때 항상 안전을 강조해야 한다.
- 밸런스 트레이닝 프로그램을 개발할 때는 고객의 수행 능력에 따라 고유수용감각의 안전하고 점진적인 증가를 강조한다.
- 밸런스 트레이닝 프로그램을 설계할 때 평면, 범위, 운동 속도, 고유수용감각 환경 등 많은 변수를 조작할 수 있다. 고객이 각 단계에서 적절하게 숙달할 수 있도록 운동 프로그램을 진행할 때 한 번에 너무 많은 변수를 두지 않도록 주의한다.

참고 문헌

Anguish, B., & Sandrey, M. A. (2018). Two 4-week balance-training programs for chronic ankle instability. *Journal of Athletic Training, 53*(7), 662–671. https://doi.org/10.4085/1062-6050-555-16

Bellows, R., & Wong, C. K. (2018). The effect of bracing and balance training on ankle sprain incidence among athletes: A systematic review with meta-analysis. *International Journal of Sports Physical Therapy, 13*(3), 379–388. Retrieved from http://www.ncbi.nlm.nih .gov/pubmed/30038824

Boccolini, G., Brazzit, A., Bonfanti, L., & Alberti, G. (2013). Using balance training to improve the performance of youth basketball players. *Sport Sciences for Health, 9*(2), 37–42. https://doi.org /10.1007/ s11332-013-0143-z

Brachman, A., Kamieniarz, A., Michalska, J., Pawłowski, M., Słomka, K. J., & Juras, G. (2017). Balance training programs in athletes—A systematic review. *Journal of Human Kinetics, 1*(58), 45–64. https:// doi.org/10.1515/hukin-2017-0088

Cain, M. S., Garceau, S. W., & Linens, S. W. (2017). Effects of a 4-week biomechanical ankle platform system protocol on balance in high school athletes with chronic ankle instability. *Journal of Sport Rehabilitation, 26*(1), 1–7. https://doi.org/10.1123/jsr.2015-0045

Conradsson, D., & Halvarsson, A. (2019). The effects of dual-task balance training on gait in older women with osteoporosis: A randomized controlled trial. *Gait and Posture, 68*, 562–568. https://doi. org/10.1016/j.gaitpost.2019.01.005

Criter, R. E., & Honaker, J. A. (2016). Identifying balance measures most likely to identify recent falls. *Journal of Geriatric Physical Therapy, 39*(1), 30–37. https://doi.org/10.1519 /JPT.0000000000000039

DiStefano, L. J., Clark, M. A., & Padua, D. A. (2009). Evidence supporting balance training in healthy individuals: A systemic review. *Journal of Strength and Conditioning Research, 23*(9), 2718–2731. https://doi. org/10.1519/JSC.0b013e3181c1f7c5

DiStefano, L. J., Padua, D. A., Blackburn, J. T., Garrett, W. E., Guskiewicz, K. M., & Marshall, S. W. (2010). Integrated injury prevention program improves balance and vertical jump height in children. *Journal of Strength and Conditioning Research, 24*(2), 332–342. https://doi.org/10.1519/JSC.0b013e3181cc2225

DuPrey, K. M., Liu, K., Cronholm, P. F., Reisman, A. S., Collina, S. J., Webner, D., . . . Kaminski, T. W. (2016). Baseline time to stabilization identifies anterior cruciate ligament rupture risk in collegiate athletes. *American Journal of Sports Medicine, 44*(6), 1487–1491. https://doi.org/10.1177/0363546516629635

Frankel, J. E., Bean, J. F., & Frontera, W. R. (2006). Exercise in the elderly: Research and clinical practice. *Clinics in Geriatric Medicine, 22*(2), 239–256. https://doi.org/10.1016/j.cger .2005.12.002

Gerards, M. H. G., McCrum, C., Mansfield, A., & Meijer, K. (2017). Perturbation-based balance training for falls reduction among older adults: Current evidence and implications for clinical practice. *Geriatrics & Gerontology International, 17*(12), 2294–2303. https:// doi.org/10.1111/ggi.13082

Gillespie, L. D., Robertson, M. C., Gillespie, W. J., Sherrington, C., Gates, S., Clemson, L. M., & Lamb, S. E. (2012). Interventions for preventing falls in older people living in the community. *Cochrane Database of Systematic Reviews*, (9), CD007146. https://doi.org /10.1002/14651858.CD007146.pub3

Guskiewicz, K. M., & Perrin, D. H. (1996). Research and clinical applications of assessing balance. *Journal of Sport Rehabilitation, 5*(1), 45–63.

Hamed, A., Bohm, S., Mersmann, F., & Arampatzis, A. (2018). Follow-up efficacy of physical exercise interventions on fall incidence and fall risk in healthy older adults: A systematic review and meta-analysis. *Sports Medicine-Open, 4*(1), 56. https://doi.org /10.1186/s40798-018-0170-z

Hatton, A. L., Crossley, K. M., Clark, R. A., Whitehead, T. S., Morris, H. G., & Culvenor, A. G. (2017). Between-leg differences in challenging single-limb balance performance one year following anterior cruciate ligament reconstruction. *Gait and Posture, 52*, 22–25. https://doi. org/10.1016/j.gaitpost.2016.11.013

Heitkamp, H. C., Horstmann, T., Mayer, F., Weller, J., & Dickhuth, H. H. (2001). Gain in strength and muscular balance after balance training. *International Journal of Sports Medicine, 22*(4), 285–290. https://doi. org/10.1055/s-2001-13819

Kwon, Y. U. (2018). Static postural stability in chronic ankle instability, an ankle sprain and healthy ankles. *International Journal of Sports Medicine, 39*(08), 625–629. https://doi.org/10.1055/a-0608-4552

Lecci, L., Williams, M., Taravath, S., Frank, H. G., Dugan, K., Page, R., & Keith, J. (2020). Validation of a concussion screening battery for use in medical settings: Predicting centers for disease control concussion symptoms in children and adolescents. *Archives of Clinical Neuropsychology, 35*(3), 265–274. https://doi.org/10.1093 / arclin/acz041

Logan, D., Kiemel, T., Dominici, N., Cappellini, G., Ivanenko, Y., Lacquaniti, F., . . . Jeka, J. J. (2010). The many roles of vision during walking. *Experimental Brain Research, 206*(3), 337–350. https://doi. org/10.1007/s00221-010-2414-0

Moncada, L. V. V. (2011). Management of falls in older persons: A prescription for prevention. *American Family Physician, 84*(11), 1267–1276. Retrieved from http://www.ncbi.nlm.nih.gov/pubmed /22150660

Nagano, Y., Ida, H., Akai, M., & Fukubayashi, T. (2011). Effects of jump and balance training on knee kinematics and electromyography of female basketball athletes during a single limb drop landing: Pre-post intervention study. *Sports Medicine, Arthroscopy, Rehabilitation, Therapy & Technology, 3*(1), 14. https://doi.org/10.1186/1758-2555-3-14

Padua, D. A., DiStefano, L. J., Marshall, S. W., Beutler, A. I., de la Motte, S. J., & DiStefano, M. J. (2012). Retention of movement pattern changes after a lower extremity injury prevention program is affected by program duration. *American Journal of Sports Medicine, 40*(2), 300–306. https://doi.org/10.1177 /0363546511425474

Park, Y. H., Park, S. H., Kim, S. H., Choi, G. W., & Kim, H. J. (2019). Relationship between isokinetic muscle strength and functional tests in chronic ankle instability. *Journal of Foot and Ankle Surgery, 58*(6), 1187–1191. https://doi.org/10.1053/j.jfas.2019.04.005

Pollock, A. S., Durward, B. R., Rowe, P. J., & Paul, J. P. (2000). What is balance? *Clinical Rehabilitation, 14*(4), 402–406. https://doi.org /10.1191/0269215500cr342oa

Rimland, J. M., Abraha, I., Dell'Aquila, G., Cruz-Jentoft, A., Soiza, R., Gudmusson, A., . . . Cherubini, A. (2016). Effectiveness of non-pharmacological interventions to prevent falls in older people: A systematic overview. The SENATOR Project ONTOP Series. *PLoS One, 11*(8), e0161579. https://doi.org/10.1371/journal.pone .0161579

Roaldsen, K. S., Halvarsson, A., Sahlström, T., & Ståhle, A. (2014). Task-specific balance training improves self-assessed function in community-dwelling older adults with balance deficits and fear of falling: A randomized controlled trial. *Clinical Rehabilitation, 28*(12), 1189–1197. https://doi.org/10.1177/0269215514534087

Sakata, J., Nakamura, E., Suzuki, T., Suzukawa, M., Akeda, M., Yamazaki, T., . . . Hirose, N. (2019). Throwing injuries in youth baseball players: Can a prevention program help? A randomized controlled trial. *American Journal of Sports Medicine, 47*(11), 2709–2716. https://doi. org/10.1177/0363546519861378

Sefton, J. M., Yarar, C., Hicks-Little, C. A., Berry, J. W., & Cordova, M. L. (2011). Six weeks of balance training improves sensorimotor function in individuals with chronic ankle instability. *Journal of Orthopaedic and Sports Physical Therapy, 41*(2), 81–89. https://doi .org/10.2519/jospt.2011.3365

Selzer, M. E., Clarke, S., Cohen, L., Duncan, P., & Gage, F. (2006). *Textbook of neural repair and rehabilitation: Volume 2*. Cambridge, England: Cambridge University Press.

Sherrington, C., Whitney, J. C., Lord, S. R., Herbert, R. D., Cumming, R. G., & Close, J. C. T. (2008). Effective exercise for the prevention of falls: A systematic review and meta-analysis. *Journal of the American Geriatrics Society, 56*(12), 2234–2243. https://doi.org /10.1111/j.1532-5415.2008.02014.x

Shubert, T. E., Smith, M. L., Jiang, L., & Ory, M. G. (2018). Disseminating the Otago exercise program in the United States: Perceived and actual physical performance improvements from participants. *Journal of Applied Gerontology, 37*(1), 79–98. https:// doi. org/10.1177/0733464816675422

Shumway-Cook, A., & Woollacott, M. H. (2016). *Motor control: Translating research into clinical practice* (5th ed.). Philadelphia, PA: Lippincott Williams & Wilkins.

Soligard, T., Myklebust, G., Steffen, K., Holme, I., Silvers, H., Bizzini, M., . . . Andersen, T. E. (2009). Comprehensive warm-up programme to prevent injuries in young female footballers: Cluster randomised controlled trial. *BMJ, 338*(7686), 95–99. https://doi.org/10.1136/bmj. a2469

Terada, M., Morgan, K. D., & Gribble, P. A. (2019). Altered movement strategy of chronic ankle instability individuals with postural instability classified based on Nyquist and Bode analyses. *Clinical Biomechanics, 69*, 39–43. https://doi.org/10.1016/j.clinbiomech .2019.06.020

Thomas, E., Battaglia, G., Patti, A., Brusa, J., Leonardi, V., Palma, A., . . . Bellafiore, M. (2019). Physical activity programs for balance and fall prevention in elderly: A systematic review. *Medicine, 98*(27), e16218. https://doi.org/10.1097/MD.0000000000016218

Tippet, S., & Voight, M. (1995). *Functional progressions for sports rehabilitation*. Human Kinetics.

Valovich McLeod, T. C., & Hale, T. D. (2015). Vestibular and balance issues following sport-related concussion. *Brain Injury, 29*(2), 175–184. https://doi.org/10.3109/02699052.2014.965206

Voight, M. L., & Cook, G. (1996). Clinical application of closed kinetic chain exercise. *Journal of Sport Rehabilitation, 5*(1), 25–44. https:// doi.org/10.3109/02699052.2014.965206

Wikstrom, E. A., Song, K., Pietrosimone, B. G., Blackburn, J. T., & Padua, D. A. (2017). Visual utilization during postural control in anterior cruciate ligament-deficient and -reconstructed patients: Systematic reviews and meta-analyses. *Archives of Physical Medicine and Rehabilitation, 98*(10), 2052–2065. https://doi.org /10.1016/j. apmr.2017.04.010

Wortmann, M. A., & Docherty, C. L. (2013). Effect of balance training on postural stability in subjects with chronic ankle instability. *Journal of Sport Rehabilitation, 22*(2), 143–149.

Zech, A., Hübscher, M., Vogt, L., Banzer, W., Hänsel, F., & Pfeifer, K. (2010). Balance training for neuromuscular control and performance enhancement: A systematic review. *Journal of Athletic Training, 45*(4), 392–403. https://doi.org/10.4085/1062 -6050-45.4.392

Zemková, E., & Hamar, D. (2010). The effect of 6-week combined agility-balance training on neuromuscular performance in basketball players. *Journal of Sports Medicine and Physical Fitness, 50*(3), 262–267. Retrieved from http://www.ncbi.nlm.nih.gov / pubmed/20842085

Zhang, Z., Gao, Y., & Wang, J. (2019). Effects of vision and cognitive load on anticipatory and compensatory postural control. *Human Movement Science, 64*, 398–408. https://doi.org/10.1016/j.humov .2019.02.011

CHAPTER 18

플라이오메트릭(반작용) 트레이닝

학습 목표

- 플라이오메트릭 트레이닝 및 그 세 단계에 대해 설명할 수 있다.
- 건강 목표가 다양한 여러 유형의 고객에게 플라이오메트릭 트레이닝의 이점을 요약할 수 있다.
- 플라이오메트릭 트레이닝 운동의 적절한 진행 상황을 확인할 수 있다.
- 플라이오메트릭 트레이닝 운동을 효과적으로 실행, 지도 및 지시할 수 있다.

플라이오메트릭 트레이닝의 원칙

점프 또는 반작용(reactive) 트레이닝으로 알려진 **플라이오메트릭 트레이닝(plyometric training)**은 근력을 발달시키기 위해 바운딩(bounding), 점프 또는 강력한 상체 움직임과 같은 폭발적인 동작을 사용하는 운동의 한 형태이다. 플라이오메트릭 트레이닝을 사용하면 **지면 반발력(ground reaction force)**을 효율적으로 제어하고 생성할 수 있으며, 이는 신체를 더 빠른 속도, 또는 운동 속도로 밀어내게 할 수 있다. 반작용 트레이닝이라는 용어는 플라이오메트릭 트레이닝 중에 고객이 접하는 반작용 자극을 가리키는데, 이 경우 반작용의 대상은 지상 표면이 된다. 따라서 반작용 트레이닝과 플라이오메트릭 트레이닝은 이 장 전체에서 같은 의미로 사용된다.

피트니스 전문가는 적절한 코어 강도, 관절 안정성 및 관절가동범위를 가지고 폭발적인 플라이오메트릭 운동을 수행하기 전에 고객에게 효율적으로 균형을 잡을 수 있는 능력이 있어야 한다는 것을 이해시켜야 한다. 플라이오메트릭 트레이닝은 특정 만성 질환이나 기타 기능적 제한이 있는 사람에게는 적합한 트레이닝 형태가 아니다. 그러나 감속을 제어하지 못하여 발생하는 여러 부상이 있고, 신체 재활의 후기 단계에서 이 운동이 자주 사용된다는 점을 고려할 때 플라이오메트릭 트레이닝의 실행은 매우 중요하다(Hill & Leiszler, 2011). 이 장의 목적은 플라이오메트릭 트레이닝의 중요성과, 플라이오메트릭을 설계하고 고객의 기존 운동 프로그램에 통합하는 것과 관련한 생리학 및 방법론에 대해 논의한다.

플라이오메트릭 트레이닝이란?

가능한 한 빨리 힘을 생성해내는 능력을 **힘 생성률(rate of force production)**라고 한다(Maffiuletti et al., 2016). 일상 활동과 스포츠에서의 성공 여부는 근력의 생성 속도에 달려 있다. 연구에 따르면 플라이오메트릭 운동과 결합된 저항 트레이닝은 근력 생성을 크게 증가시켜 근력과 파워의 증가를 촉진한다(Mckinlay et al., 2018; Oxfeldt et al., 2019; Peitz et al., 2018).

플라이오메트릭 트레이닝 Plyometric training 신장성 근육 작용이 선행된 폭발적인 단축성 근육 수축이 있으며 빠르고 강력한 움직임을 생성하는 운동

지면 반발력 Ground reaction force 신체 부분이 지면과 접촉할 때 지면이 신체에 전달하는 반작용력

힘 생성률 Rate of force production 근육이 최소한의 시간에 최대의 힘을 낼 수 있는 능력

플라이오메트릭 트레이닝은 신장성 근육 작용에 이어 폭발적인 단축성 근육 수축이 일어나는 빠르고 강력한 움직임을 생성해내는 운동이다. 다시 말해, 신체의 하향 움직임(감속)을 약화시키거나 느리게 하는 신장성 근육 작용, 즉 '장전(cocking)' 또는 저장 단계가 있고, 바로 폭발적인 단축성 근육 수축이 뒤따른다(Slimani et al., 2016).

이러한 유형의 폭발적인 근육 수축은 농구공을 튕기는 것과 같은 실제 사례에서 볼 수 있다. 훈련된 농구 선수는 발목, 무릎, 엉덩이를 구부려 몸을 살짝 낮추면서 루스 볼을 위해 점프할 준비를 하는데, 이것이 바로 신장성 장전(편심하중, eccentric load)이다. 선수들은 도약하기 위해 팔을 떨어뜨리고 상당히 낮은 지점에서 이 하향 동작을 반대로 하는데, 발목, 무릎, 엉덩이, 팔을 위로 뻗어 빠르게 몸을 밀어낸다. 이것이 단축성 수축이다. 점프의 전체 높이는 수직 속도, 또는 지면을 떠나는 속도에 따라 결정된다. 이것이 플라이오메트릭 운동의 본질이며, 이것은 **신장-단축 주기(stretch-shortening cycle)**로 알려진 근육의 특성을 이용한 것이다. 신장-단축 주기는 신장 단계를 통해 저장된 탄성 에너지를 강화했다가 단축 단계에 방출하여 힘 생성을 증가시킴으로써 결합 조직과 근육섬유의 탄성을 향상시킨다. 사실상, **통합 수행 패러다임(integrated performance paradigm)**은 정밀하게 움직이기 위해 힘이 신장성 장전을 하고 등척성으로 안정화된 다음, 저장된 힘을 방출하거나 단축성으로 가속되는 것이다(그림 18-1).

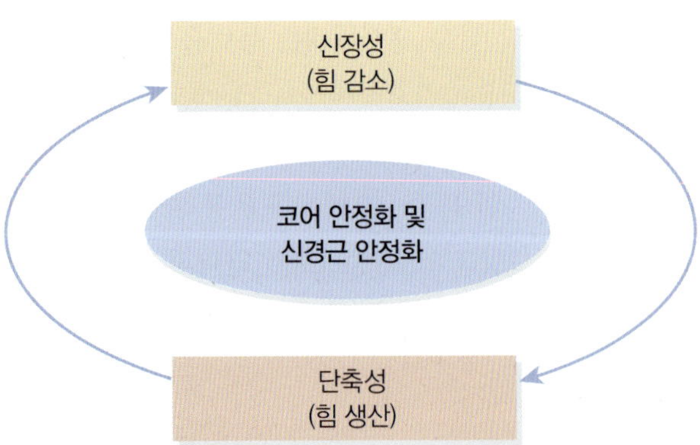

그림 18-1 통합 수행 패러다임

플라이오메트릭 운동의 3단계

플라이오메트릭 운동과 관련된 신장-단축 주기에는 세 가지 뚜렷한 단계가 있다. 즉, 신장 또는 장전(저장) 단계, 아모티제이션 또는 전환 단계, 단축 또는 방출 단계이다(Chmielewski et al., 2006).

신장 단계

플라이오메트릭 운동의 첫 번째 단계는 신장 단계(편심단계, 감속)이며, 주동근이 하중을 받아 늘어나는 것을 말한다. 신장 단계에서는 탄성 에너지가 저장되고 근방추들이 자극을 받아 중추신경계에 신호를 보낸다(Davies et al., 2015; Slimani et al., 2016). 고무밴드를 늘이는 것처럼 잠재적 에너지가 이 부하 단계 동안 근육의 탄성 구성 요소에 저장된다. 이 신장 단계는 신장(伸長)의 크기, 신장 속도, 신장 지속 시간이라는 세 가지 변수를 가지고 있다(Davies et al., 2015). 이러한 주요 변수들을 조작하면 신장 단계의 사전 스트레칭 동작 동안 저장되는 에너지의 양을 증가시킬 수 있다.

아모티제이션 단계

아모티제이션 단계(amortization phase)로 알려진 다음 단계는 전환기 또는 전환 단계라고도 하며, 신장 단계와 단축성 수축 사이의 시간을 나타낸다(다음에 설명). 즉, 아모티제이션 단계는 신장 단계가 끝나는 시점부터 단축성 근육 수축이 시작되는 시점까지의 기간이다(Slimani et al., 2016). 아모티제이션 단계는 전기 기계적 지연이라고도 하며, 근육이 힘을 극복하고 의도한 방향으로 힘을 전달하는 시간상의 공간을 설명한다(Davies et al., 2015).

이 단계는 플라이오메트릭 성능에서 매우 중요한데, 아모티제이션 단계가 짧을수록 저장된 탄성 에너지가 효율적으로 전환되어 사용되므로 후속 플라이오메트릭 운동이 더 효과적이고 강력해지기 때문이다. 아모티제이션 단계가 길어지면 저장된 탄성 에너지가 열로 소멸되고 신장반사가 완전히 사용되지 않으므로 단축성 근력의 출력이 현저히 감소한다(Davies et al., 2015). 플라이오메트릭 훈련의 주요 목표 중 하나는 아모티제이션 단계에서 시간을 줄이는 것이다. 따라서 신장성 장전(loading) 단계에서 단축성 수축 단계로 빠르게 전환하면 보다 강력한 반응으로 이어지게 할 수 있다(Davies et al., 2015; Slimani et al., 2016).

단축 단계

마지막 단계는 단축 단계(동심 단계)로, 신장 및 아모티제

표 18-1 신장-단축 주기의 구성 요소

단계	생리적 현상	동작
신장 단계	저장된 탄성 에너지: 근방추의 자극, 척수로 신호를 보냄	주동근의 신장
아모티제이션 단계	신경은 척수에서 시냅스를 만나 확장된 근육으로 신호를 보냄	신장 단계와 단축 단계 사이의 시간
단축 단계	탄력 있는 에너지 방출, 강화된 근력 생성	주동근의 단축

유용한 힌트

신장-단축 주기를 더 잘 이해하려면 고무줄을 잡고 있다고 상상해 보자. 그 고무줄을 쏘기 위한 첫 번째 단계는 그것을 늘이는 것이다. 고무줄을 늘이면 방출을 기다리는 저장된 탄성 에너지가 생성된다. 다음 단계에서 고무줄에 가해진 힘을 풀면 저장된 탄성 에너지를 사용하여 공기 속으로 고무줄이 튕겨나간다.

인체의 근육도 비슷한 방식으로 작동한다. 최대 속도로 위로 점프하려면 첫 번째 동작은 얕게 쪼그려 앉기, 즉 신장성 동작을 빠르게 수행해야 한다. 얕게 쪼그려 앉으면 볼기근(둔근) 복합체, 넙다리네갈래근(대퇴사두근), 장딴지가 늘어난다. 결과적으로 이 근육들은 방출되기를 기다리는 탄성 에너지를 저장하고 있다. 이제 저장된 탄성 에너지로 점프는 더 강력해진다. 이것이 단축성 수축이다.

이션 단계에 대한 신체의 반응을 나타낸다. 단축 단계는 신장 단계에서 저장된 탄성 에너지를 사용하여 근력 생성을 강화하거나 에너지를 열로 방출한다. 예를 들어, 농구 점프 슛에서 하프 무브먼트(half movement) 동안 상향 운동이 시작되자마자 단축 단계가 시작되고 아모티제이션 단계가 종료된다. 신장-단축 주기에 따르면 근육이 늘어나는 신장 단계 뒤에 근육이 안정화되는 등척성 전환기인 아모티제이션 단계가 뒤따르고, 이는 근육에 저장된 에너지를 사용하여 폭발적 행동을 하는 단축 단계로 이어진다(표 18-1)(Oxfeldt et al., 2019; Slimani et al., 2016).

플라이오메트릭 트레이닝의 중요성

플라이오메트릭 운동은 힘 생성(파워)과 운동 단위 동원의 비율을 증가시킨다(Ebben et al., 2008, 2011). 이러한 트레이닝 운동은 고객이 전반적인 근력 기반, 적절한 코어 안정성 및 균형 능력을 달성하면 통합될 수 있는 진행 과정이다. 코어, 밸런스 및 저항 운동을 통해 개발된 적절한 등척성 안정화 강도는 신장성 근육 작용과 단축성 수축 사이의 시간을 줄여 지면 접촉 시간을 단축한다. 이로 인해 플라이오메트릭 트레이닝을 수행할 때 조직 과부하와 잠재적 부상이 모두 감소할 수 있다(DiStefano et al., 2010, 2016).

기능적 활동 중에 발생하는 많은 움직임 패턴에는 연속적으로 반복되는 신장-단축 주기가 있다. 신장-단축 주기는 신장성 근육 작용 후 신경근계가 빠르고 효율적으로 반응하게 하여 단축성 근육 수축을 생성하고 적절한 방향으로

신장-단축 주기 Stretch-shortening cycle 빠른 단축성 수축을 위해 근육에 신장성 부하를 가한다.

통합 수행 패러다임 Integrated performance paradigm 효율적으로 움직이기 위해서는 힘을 감속(신장성)하고 안정화(등척성)한 다음, 가속(단축성)해야 한다.

아모티제이션 단계(전환 단계) Amortization phase 신장-단축 주기 동안 신장성 저장 단계에서 단축성 방출 단계로 전환되는 단계

필요한 힘(또는 가속도)을 전달한다. 따라서 급격한 가·감속 또는 전환 변경과 같은 기능적 움직임을 개선하려면 플라이오메트릭 트레이닝을 강조하는 운동 루틴이 필요하다(Asadi et al., 2016).

플라이오메트릭 트레이닝은 기능적으로 보다 적절한 속도로 생체역학적으로 정확하게 특정 움직임 패턴을 트레이닝할 수 있는 능력을 제공한다. 이 때문에 근육과 결합 조직이 강화되어 일상적인 활동과 스포츠에서의 요구를 충족시켜준다(Cherni et al., 2019; Hirayama et al., 2017). 플라이오메트릭 트레이닝의 궁극적인 목표는 통합 성능 패러다임에 설명된 대로 기능을 극대화하는 것이다(Davies et al., 2015). 이것은 또한 개인의 움직임 속도를 증가시킨다.

근육 운동 속도는 신경 근육의 협응에 의해 제한된다. 플라이오메트릭 트레이닝은 신경근 효율성(neuromuscular efficiency)을 개선하고 중추신경계가 설정한 속도 범위를 개선한다(Davies et al., 2015; Silva et al., 2019). 모든 활동의 최적 반응 수행력은 근육의 힘이 생성되는 속도에 달려 있다.

플라이오메트릭 트레이닝은 종종 많은 사람에게 너무 위험하여 잠재적으로 부상의 위험을 증가시키는 것으로 인식되고 있다. 그러나 이 트레이닝은 덜 힘든 운동으로 시작하여 점차 적응하면서 더 힘든 운동으로 진행하는 체계적인 진행 순서를 가지고 있다. 이것은 다른 형태의 훈련과 다를 바 없다. 만약 고객에게 너무 높은 수준의 운동을 운동 계획에서 할당한다면 고객이 이를 올바르게 수행할 수 없으므로 부작용이 발생한다. 이는 잘못된 운동 패턴과 부상 위험을 증가시킨다. 적절한 진행과 함께 잘 설계된 프로그래밍 체계 속에서 시행될 때 플라이오메트릭 트레이닝은 능력 수준에 관계없이 모든 활동에서 최적의 성과를 달성하는 중요한 구성 요소가 된다.

예를 들어, 65세 여성과 25세 남성 프로 운동선수 모두 최대 근력을 위해 훈련할 필요는 없다. 그러나 일상 활동을 효율적으로 수행하려면 안정화, 근력, 지구력뿐만 아니라 빠르게 힘을 생성하는 능력이 필요하다. 따라서 65세 여성은 낙상을 피하기 위해, 25세 선수는 상대 선수와 맞서기 위해 충분한 힘을 생성할 수 있어야 한다. 플라이오메트릭 운동은 일상생활이나 스포츠 관련 활동에서 볼 수 있는 움직임과 비슷하게 더 빠른 템포로 수행된다.

지식 확장하기

부상 예방 및 성과 향상을 위한 플라이오메트릭 트레이닝을 뒷받침하는 근거

- Enginsu 등(2014)은 12주 동안 플라이오메트릭 트레이닝을 수행한 36명의 여자 배구 선수와 신체 훈련을 수행하지 않은 대조군을 조사했다. 12주 후, 플라이오메트릭 트레이닝 그룹만이 다리 운동 패턴을 유의미하게 개선했다. 플라이오메트릭 트레이닝은 하지 운동학 및 기능적 성과를 향상시키므로 전방십자인대 부상 예방 프로그램에 이러한 운동을 통합하기로 결론 내렸다.
- Franchi 등(2019)은 플라이오메트릭 운동이 근감소증(근육 조직 손실)의 기능적 효과를 상쇄하는 데 효과적인 운동 방법이라고 결론을 내렸다. 젊은이와 노인에게 모두 6주간의 훈련을 시행한 결과 플라이오메트릭 운동을 통해 근육 크기와 힘에서 비슷한 증가를 달성했다.
- Ozbar(2015)는 엘리트 여자 축구 선수들을 대상으로 10주간의 플라이오메트릭 트레이닝을 실시하고 조사했다. 20명의 성인 선수들을 플라이오메트릭 그룹과 대조군으로 나누었다. 두 그룹은 기술 및 전술 훈련과 경기를 함께 수행했다. 전력 질주, 역동작 점프, 제자리 멀리뛰기, 최대 파워, 발차기 속도 테스트 값은 대조군에 비해 플라이오메트릭 그룹에서 모두 유의미하게 향상된 것으로 나타났다. 이러한 결과는 플라이오메트릭이 선수들의 파워를 향상시키기 원하는 근력과 컨디셔닝 코치에게 유용할 수 있음을 보여준다.
- Vetrovsky 등(2019)은 플라이오메트릭 트레이닝과 그것이 노인의 신체 기능에 미치는 영향을 체계적으로 검토했다. 18편의 논문이 검토되었고, 저자들은 플라이오메트릭 트레이닝이 노인의 수행능력 기능 및 건강 관련 결과를 개선할 수 있는 실현 가능하고 안전한 훈련 옵션이라고 결론지었다.

중요 사항

- 플라이오메트릭 트레이닝은 경쟁하는 운동선수의 부상 위험을 줄일 수 있다.
- 플라이오메트릭 트레이닝은 근육 크기를 증가시키고 근감소증의 영향을 제한한다.
- 플라이오메트릭 트레이닝은 근력과 운동성을 향상시킨다.
- 플라이오메트릭 트레이닝은 노인이 안전하게 기능을 향상시킬 수 있는 선택이다.

플라이오메트릭 트레이닝 지침

플라이오메트릭 운동은 개인의 움직임 품질, 착지 역학 및 파워 개발을 향상시키기 위한 운동 또는 스포츠 성과 훈련 프로그램의 중요한 구성 요소이다. 그러나 플라이오메트릭 트레이닝은 안전을 보장하고 부상 가능성을 최소화하기 위해 체계적이고 점진적인 방식으로 시행되어야 한다. 고객의 훈련 이력, 연령 및 부상 이력에 대한 철저한 분석은 플라이오메트릭 트레이닝이 필요하거나 필요하지 않은 고객을 구별하는 데 도움이 된다. 12장에서 논의된 바와 같이 움직임 평가를 사용하여 움직임 품질을 평가하는 것도 유용한 선별 도구이다. 부상 가능성을 줄이면서 성과를 향상시키려면 고객은 기본적인 수준의 근력과 운동 제어 능력을 습득하면서 적절한 움직임 품질과 플라이오메트릭 테크닉의 중요성을 인식해야 한다. 모든 운동에는 약간의 위험이 수반되지만, 플라이오메트릭의 폭발적인 동작 때문에 공인 퍼스널 트레이너는 특히 운동선수 및 고객과 함께 운동할 때 기록을 측정해 가면서 점진적인 방식으로 접근해야 한다(Davies et al., 2015)..

플라이오메트릭 트레이닝 프로그램 디자인

고객은 플라이오메트릭 트레이닝에 들어가기 전에 기초적인 수준의 전신 근력, 코어 근력 및 밸런스를 갖추어야 한다. 피트니스 전문가는 특정 프로그램 지침, 적절한 운동 선택 기준 및 강도, 운동량, 빈도 및 진전도와 같은 세부 프로그램 변수를 따라야 한다. 또한 플라이오메트릭 트레이닝은 지지용 신발을 착용하고 잔디 운동장, 농구 코트 또는 우레탄 트랙과 같은 트레이닝하기 좋은 적절한 바닥에서 수행해야 한다. 트레이닝하기 좋은 바닥은 플라이오메트릭 트레이닝을 수행할 때 운동 성과에 중대한 영향을 미친다(Ramirez-Campillo et al., 2013).

효과적인 플라이오메트릭 프로그램을 설계할 때, 많은 핵심 개념을 기억하는 것도 도움이 된다. 첫째, 플라이오메트릭 운동은 단순 운동에서 중급 및 고급 운동으로, 저강도에서 중강도, 고강도로 진행해야 한다. 일반적으로 고객은 외발 트레이닝으로 진행하기 전에 양발 트레이닝으로 구성된 플라이오메트릭 기술을 연습해야 한다.

강도

플라이오메트릭 강도는 트레이닝 중에 적용되는 점프의 높이와, 근육, 결합 조직 및 관절에 가해지는 노력이나 스트레스의 양으로 설명한다(Davies et al., 2015; Oxfeldt et al., 2019). 강도는 적절한 트레이닝 기술을 유지하면서 운동을 실행할 수 있는 고객의 능력에 따라 프로그래밍되어야 한다. 기술이 없다면 적절한 기술을 얻을 때까지 강도를 낮춰야 한다. 일단 고객이 운동 패턴을 익히면 피트니스 전문가는 운동 강도를 높일 수 있기 때문에 항상 보수적으로 시작하는 것이 좋다. 또한 고객은 운동 루틴 동안 자신감을 가지고 운동 능력을 발휘하는 것이 중요하다. 운동이 너무 어려우면 자신감이 낮아질 수 있고 결과적으로 운동 프로그램에 대한 적응도가 떨어질 수 있다.

운동량(볼륨)

플라이오메트릭의 운동량은 발 접촉, 던지기 또는 받기의 횟수로 표시된다. 예를 들어, 5회의 스쿼트 점프 3세트를 완료하면 총 스쿼트 점프 15회(3×5)가 된다. 플라이오메트릭 트레이닝의 운동량은 운동 선택과 운동 강도에 의해 결정된다. 다른 형태의 트레이닝과 마찬가지로 강도를 높이면 대개 트레이닝 양은 줄어든다.

트레이닝 빈도 및 회복

트레이닝 빈도는 고객의 체력 수준, 현재의 트레이닝 프로그램, 트레이닝 및 부상 이력, 트레이닝 목표에 따라 결정된다. 일반적인 권장 사항은 강도 높은 플라이오메트릭 트레이닝 세션 사이에 적어도 하루의 간격을 두는 것이다. 초보자를 위한 플라이오메트릭을 실행할 때는 세션 간 최소 48~72시간이 권장되는 지침이다. 연구에 따르면 운동 사이의 회복 시간은 과도한 훈련과 부상을 예방하기 위해 충분해야 한다(Davies et al., 2015). 건강해 보이는 고객 대부분은 일주일에 1~3회 정도 플라이오메트릭 트레이닝을 할 수 있다.

기본적으로 트레이닝 강도가 높을수록 세트 사이에 휴식이 더 많이 필요하다. 세트 사이에 충분한 회복 기간을 확보

신경근 효율성 Neuromuscular efficiency 신경계가 정확한 근육을 동원하여 힘을 생성하고, 힘을 줄이며, 세 가지 운동면 모두에서 신체 구조를 동적으로 안정화시키는 능력

표 18-2 플라이오메트릭 트레이닝 지침

플라이오메트릭 훈련 변수	
운동면 1. 시상면 2. 이마면 3. 수평면	**운동량** ■ 세트 • 낮음 • 보통 • 높음 ■ 반복 • 낮음 • 보통 • 높음
움직임의 속도 1. 천천히 2. 중간 정도 3. 빠름 4. 폭발적으로 빠름	**안전성** ■ 지지해주는 신발을 착용하고 수행 ■ 트레이닝하기 좋은 바닥에서 수행 • 잔디밭 • 농구장 • 우레탄 트랙 표면 • 고무 트랙 표면 ■ 적절한 감독하에서 수행
진행 1. 쉬운 것에서 어려운 것으로 2. 낮은 진폭에서 높은 진폭으로 3. 단순한 것에서 복잡한 것으로 4. 아는 것에서 모르는 것으로 5. 체중 부하에서 중량을 가지고 하는 것으로 6. 특정 활동	**회복** ■ 플라이오메트릭 교육 세션 사이에는 최소 24시간의 간격을 둔다. • 신규 또는 건강 상태가 좋지 않은 고객은 48~72시간

하지 못하면 적절한 회복이 일어나지 않아 잠재적 효과가 사라질 수 있다. 일반적으로 훈련 사이 완전한 회복 시간은 60~120초면 충분하지만, 이는 엄격하게 고객의 체력 수준에 따라 결정된다. 플라이오메트릭 트레이닝 지침 목록은 [표 18-2]를 참조한다.

플라이오메트릭 트레이닝 진행

특히 신규 또는 초보 고객에게 플라이오메트릭 운동을 도입할 때는 움직임 패턴을 잘 익히게 하기 위해 작은 점프(낮은 진폭)부터 시작한다. 이 단계는 최적의 착지 역학, 자세 정렬 및 신장성 근력(감속 능력)을 설정하도록 설계되었다. 운동 중에 착지하고 3~5초 동안 착지 자세를 유지(또는 안정화)해야 하는데, 유지 시간 동안에는 다음 점프를 수행하기 전에 잘못된 자세를 교정한다. 이 프로토콜을 사용한 운동의 예는 아래와 같지만, 이에 국한되지 않는다.

- 안정화 스쿼트 점프
- 안정화 박스 점프업
- 안정화 박스 점프다운
- 안정화 다중 평면 점프

다음 단계에서는 더 많은 진폭과 역동적인 움직임으로 점프한다. 점프의 속도도 점차 빨라진다. 이러한 운동은 동적 관절 안정화, 신장성 근력, 힘의 생성 속도 및 전신의 협응을 개선하기 위한 것이다. 반복적으로 수행되며, 트레이닝을 반복하기 전에 지면에 닿는 시간이 비교적 짧다. 다시 말해, 고객은 착지 자세를 3~5초 동안 유지하지 않고, 적당한(반복) 템포로 착지 시 다른 점프를 시작한다. 이 프로토콜을 사용하는 몇 가지 운동의 예는 아래와 같지만, 이에 국한되지 않는다.

- 스쿼트 점프(squat jump)
- 턱 점프(tuck jump)
- 버트킥(butt kick)
- 파워 스텝업(power step-up)

마지막 단계에서는 폭발적이고 강력한 움직임을 동반한 운동을 한다. 이러한 운동은 힘의 생성 속도, 신장성 근력 및 반사적 관절 안정화를 더욱 개선하도록 설계되었다. 운동은 가능한 빠르고 폭발적으로 수행된다. 이 프로토콜을 사용하는 몇 가지 운동의 예는 아래와 같지만, 이에 국한되지 않는다.

- 아이스 스케이터(ice skaters, 일명 스케이터 점프)
- 싱글 레그 파워 스텝업(single-leg power step-up)
- 고유수용감각성 플라이오메트릭(proprioceptive plyometrics)
- 뎁스 점프(depth Jump)

플라이오메트릭 운동

안정화 스쿼트 점프

Squat Jump with Stabilization

기술

점프하기 전과 착지할 때 무릎이 항상 발가락과 일직선이 되도록 한다. 발이 과도하게 바깥쪽으로 돌아가거나 무릎이 안쪽으로 돌지 않도록 한다.

안정화 다중 평면 박스 점프업

Multiplanar Box Jump-Up with Stabilization

안전 수칙

운동하는 고객의 신체적 능력과 일치하는 박스 높이를 선택한다.

안정화 다중 평면 박스 점프다운

Multiplanar Box Jump-Down with Stabilization

기술

처음 시도할 때는 지정된 높이에서 거리를 두고 뛰어내린다. 박스에서 뛰어내리는 동작에서 운동의 부하 또는 강도를 다양화하여 연속으로 할 수 있다. 신체 조직을 통해 적절한 힘이 전달될 수 있도록 부드럽고 조용하게 바닥에 착지하도록 한다. 다리를 곧게 펴고 착지하지 않도록 한다.

안정화 다중 평면 점프

Multiplanar Jump with Stabilization

안전 수칙

회전하거나 옆으로 움직일 때 부상이 종종 발생하므로, 모든 동작 평면에서 가속, 감속, 안정화 방법을 배우는 것이 중요하다.

스쿼트 점프

Squat Jump

기술

발목, 무릎, 엉덩이를 구부리고 앞으로 향하게 하여 착지하도록 한다. 이것은 도약 자세도 된다. 이 자세는 최적의 관절 역학과 근육 동원을 보장한다. 운동은 반복적인(중간) 템포로 한다.

런지 점프

Lunge Jump

기술

도약 및 착지 시 앞발이 정면을 향하도록 한다. 앞발이 외부 또는 내부로 회전하지 않도록 한다. 또한, 앞 무릎을 똑바로 향하게 유지한다. 착지하는 동안 앞쪽 무릎이 안쪽으로 구부러지지 않게 한다. 이것은 무릎 내의 연결 조직에 스트레스를 줄 수 있다.

턱 점프

Tuck Jump

안전 수칙

운동이 더욱 역동적이므로 힘의 생성을 극대화하고 부상을 예방하기 위해 적절한 정렬과 착지 기술이 더 중요해진다.

버트 킥

Butt Kick

안전 수칙

적절한 수행을 위해서는 넙다리네갈래근에 충분한 유연성이 있어야 한다. 넙다리네갈래근이 뻣뻣하면 발뒤꿈치를 볼기 근육 쪽으로 가져올 때 허리를 아치형(전방경사)으로 만든다.

반복 박스 점프

Repeat Box Jumps

안전 수칙

적합한 박스 높이를 선택한다. 박스에 걸려 넘어지면 위험하다.

파워 스텝업

Power Step-Up

기술

도약과 착지를 위해 점프할 때 무릎이 항상 발가락과 일직선을 유지하도록 한다.

아이스 스케이터

Ice Skaters, 일명 Skater Jumps

기술

한쪽 발에서 다른 쪽 발로 가능한 한 빠르게 좌우로 뛰면서 시작한 다음, 반대쪽 손을 도달 범위까지 뻗는 동작을 통합(스케이팅 동작)하여 진행할 수 있다.

싱글 레그 파워 스텝업

Single-Leg Power Step-Up

안전 수칙

착지 단계에서 한쪽 발은 계속 박스 위에 착지하고 다른 쪽 발은 계속 지면에 닿는다는 점을 인지해야 한다. 이 독특한 자세를 염두에 두어야 착지 시 충격을 흡수할 수 있다.

고유수용감각성 플라이오메트릭

Proprioceptive Plyometrics

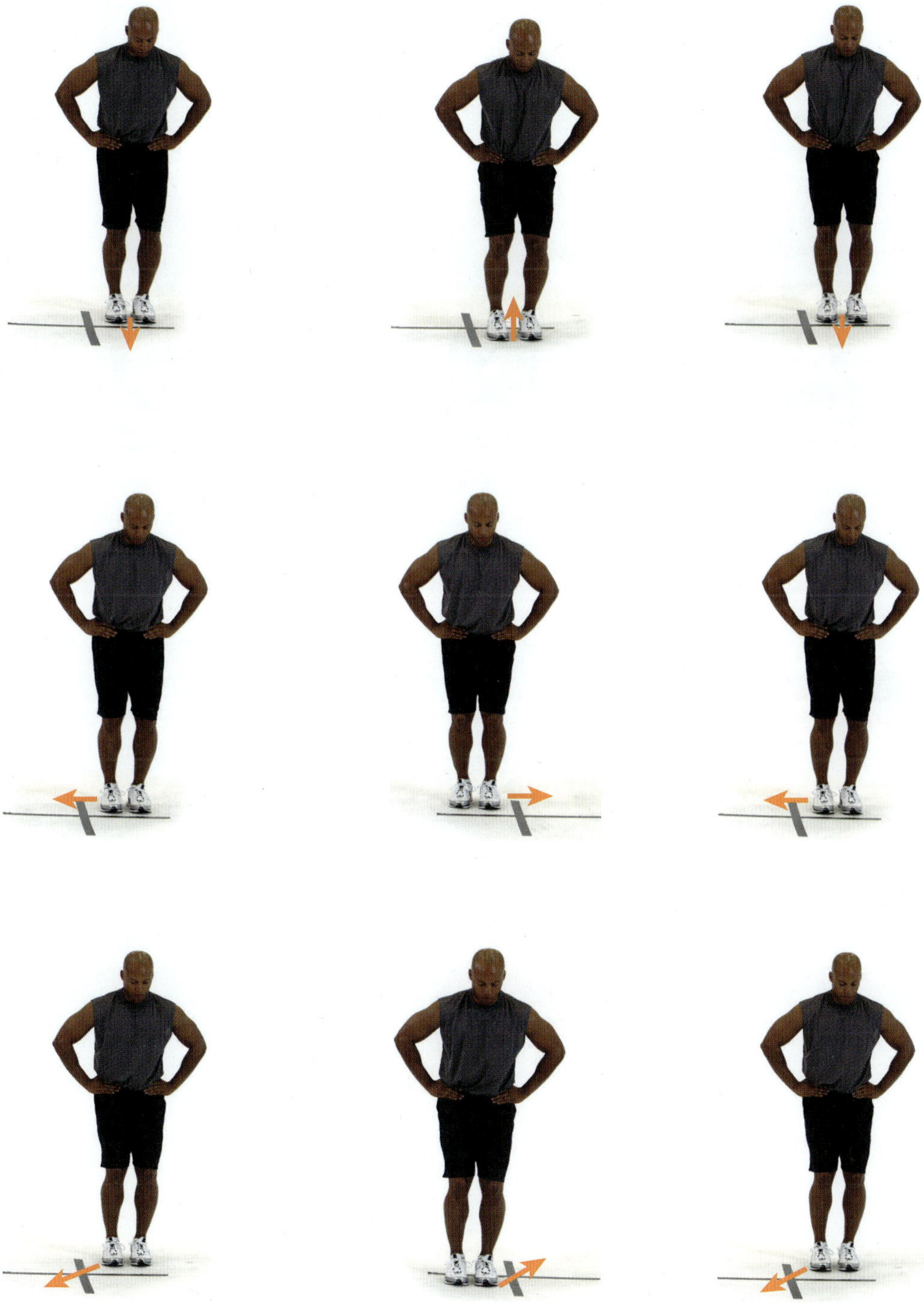

기술

운동 강도를 높이기 위해 콘 또는 허들과 함께 수행할 수 있다. 콘이나 허들을 사용할 수 없는 경우, 테이프를 X 자 형태로 바닥에 붙이고 한 사분면에서 다른 사분면으로 점프하여 운동을 수행할 수 있다.

뎁스 점프

Depth Jump

기술

지면에서 점프를 시작하기 전에 양 무릎이 똑바로 정면을 향하게 하고 다시 박스에 부드럽게 착지한다. 뎁스 점프는 정교한 테크닉이 필요한 고급 플라이오메트릭 운동이다.

플라이오메트릭 푸시업

Plyometric Push-Up

안전 수칙

손이나 손목 통증이 있다면 이 운동은 피한다.

요약

운동선수들은 더욱 폭발적이고 운동을 잘하는 트레이닝법을 끊임없이 찾고 있다. 플라이오메트릭은 일반적으로 개인 트레이닝 고객을 위한 프로그램에서는 강조되지 않지만, 그럼에도 불구하고 전체 트레이닝 계획에 포함할 수 있는 귀중한 구성 요소이다. 감속력이 부족해 생기는 수많은 부상을 고려할 때 플라이오메트릭 트레이닝은 매우 중요하다. 플라이오메트릭 트레이닝은 감속에 필요한 근력과 신장성 근력을 모두 발달시키는 데 도움을 주기 때문이다. 플라이오메트릭 운동의 고유한 특성은 신장성 수축 작용을 수반하는 빠르고 강력한 노력 뒤에 곧바로 강력한 단축성 근육의 수축이 이어진다는 점이다. 이러한 결과 뒤에는 신장–단축 주기가 있다. 플라이오메트릭 운동은 개인 트레이닝 고객의 효율성과 안전성을 극대화하기 위해 안전하고 체계적이며 점진적인 방식으로 수행해야 한다.

제18장 리뷰

플라이오메트릭 트레이닝을 통합함으로써 고객은 더 빠른 속도로 더 큰 출력 반응을 생성할 수 있다. 과학 문헌에 따르면 강화된 근력은 점프 능력 향상, 전력 질주 시간 단축, 근력 증가를 통한 스포츠 경기력 향상과 관련이 있다. 또한 플라이오메트릭 트레이닝을 사용하면 운동선수와 고객이 특정 스포츠와 일상생활 활동에서 가속-감속 및 방향 전환 요구에 대비할 수 있다.

플라이오메트릭 트레이닝은 종종 높은 신장성 근력의 생성을 수반하는 근육-힘줄 복합체의 강력한 신장-단축 주기를 포함한다. 신장-단축 주기는 (1) 신장 단계 (2) 아모티제이션 단계 (3) 단축 단계의 세 단계로 구성된다.

플라이오메트릭 트레이닝은 근력 생성을 크게 증가시키고 근력과 힘의 증가를 촉진한다. 일상생활의 많은 활동에서도 근육의 힘이 필요하고, 이것은 운동선수와 비운동선수 모두에게 중요하다. 그러나 플라이오메트릭 트레이닝을 시행하기 위해 고객의 운동 프로그램을 설계할 때는 강도, 운동량, 트레이닝 빈도 및 회복을 신중히 고려해야 한다.

특히 착지와 점프 중에 적절한 기술을 시연하고 가르치는 것이 중요하다. 여기서 자기 수행능력과 기술 향상에 중점을 두어야 한다. 보다 높은 강도의 플라이오메트릭 운동을 시도하기 전에 낮은 강도의 플라이오메트릭을 숙달해야 한다. 이렇게 할 때 부상 가능성을 최소화하면서 동작을 쉽게 익힐 수 있다. 중강도 또는 고강도 운동으로 진행하기 전에 낮은 운동량으로 저강도 플라이오메트릭을 수행해야 한다.

플라이오메트릭 운동을 도입할 때, 특히 신규 또는 초보 고객에게는 움직임 패턴을 잘 학습시키기 위해 작은 점프부터 시작한다. 또한, 운동 중 착지할 때는 착지 자세에서 3~5초간 유지하고 잘못된 자세를 교정한 다음, 나음 점프를 수행한다.

그다음에는 더 큰 진폭과 역동적인 동작을 가진 점프를 실시한다. 운동은 반복적으로 수행되며, 트레이닝을 반복하기 전에 지면에 착지하는 시간이 비교적 짧다.

마지막 진행에서는 가능한 한 빠르고 폭발적인 동작을 수행한다. 여기서는 힘의 생성 속도, 신장성 및 반사적 관절 안정화를 더욱 향상시킨다.

제18장 하이라이트

- 점프 또는 반작용 훈련이라고도 알려진 플라이오메트릭 트레이닝은 바운딩, 점프 또는 강력한 상체 움직임과 같은 폭발적인 움직임을 사용하여 근력을 키우는 운동의 한 형태이다.
- 플라이오메트릭 트레이닝을 통해 지면 반발력을 효율적으로 제어하고 생성할 수 있으며, 이는 신체를 더 빠른 이동 속도로 밀어내게 할 수 있다.
- 고객은 폭발적인 플라이오메트릭 운동을 하기 전에 적절한 코어 강도, 관절 안정성 및 관절가동범위를 갖추고 있어야 하며, 효율적으로 균형을 잡을 수 있어야 한다.
- 통합 성능 패러다임에 따르면 정밀하게 움직이기 위해서는 효과적으로 힘을 장전하고(신장 단계), 안정화한 후(정적 수축), 장전된 힘을 방출하며(unload), 가속(단축ㅋ)하여야 한다.
- 플라이오메트릭 운동과 관련된 신장-단축 주기의 세 가지 뚜렷한 단계는 신장 또는 장전 단계, 아모티제이션 또는 전환 단계, 단축 또는 방출 단계이다.
- 플라이오메트릭 운동은 힘 생성(파워) 및 운동 단위 동원 속도를 증가시킨다.
- 플라이오메트릭 운동은 단순 동작에서 중급 및 고급 동작으로, 저강도에서 중강도, 고강도로 진행해야 한다.
- 강도는 운동을 수행하고 적절한 트레이닝 기술을 유지하는 고객의 능력에 따라 프로그래밍되어야 하고, 기술이 없다면 적절한 기술이 달성될 때까지 강도를 줄여야 한다.
- 플라이오메트릭 강도는 트레이닝 중에 근육, 결합 조직, 관절에 가해지는 노력 또는 스트레스의 양과 점프 높이를 나타낸다.
- 플라이오메트릭의 운동량(볼륨)은 발 접촉, 던지기 또는 받기의 횟수로 측정한다. 예를 들어, 5회 스쿼트 점프 3세트를 완료하면 15회가 된다.

- 일반적인 권장 사항은 강도 높은 플라이오메트릭 트레이닝 세션 사이에 최소 하루의 간격을 두는 것이다. 초보자를 위해 플라이오메트릭을 실행할 때는 세션 사이에 최소 48~72시간을 두는 것이 권장되는 지침이다.
- 플라이오메트릭 트레이닝은 점프, 바운딩 및 기타 폭발적인 움직임을 수반하므로 적절한 착지 및 리바운드 역학을 잘 가르치는 것이 중요하다.
- 일반적으로 완전한 회복을 위해서는 훈련 사이의 회복 시간은 60~120초로도 충분하지만, 이는 고객의 체력 수준에 따라 결정되어야 한다.
- 신규 또는 초보 고객에게 플라이오메트릭 운동을 도입할 때는 처음에 작은 점프로 시작해 착지 자세를 3~5초간 유지하고 잘못된 자세를 교정한 다음, 다음 점프를 수행하도록 한다.
- 다음에는 더 큰 진폭과 역동적이고 반복적인 템포로 점프한다.
- 마지막에는 가능한 한 빠르고 폭발적으로 수행한다.

참고 문헌

Asadi, A., Abbas, H., Young, W. B., & Sáez de Villarreal, E. (2016). The effects of plyometric training on change-of-direction ability: A meta-analysis. *International Journal of Sports Physiology and Performance*, *11*(5), 563–575. https://doi.org/10.1123 /ijspp.2015-0694

Cherni, Y., Jlid, M. C., Mehrez, H., Shephard, R. J., Paillard, T., Chelly, M. S., & Hermassi, S. (2019). Eight weeks of plyometric training improves ability to change direction and dynamic postural control in female basketball players. *Frontiers in Physiology*, 10, 726. https://doi.org/10.3389/fphys.2019.00726

Chmielewski, T. L., Myer, G. D., Kauffman, D., & Tillman, S. M. (2006). Plyometric exercise in the rehabilitation of athletes: Physiological responses and clinical application. *Journal of Orthopedic and Sports Physical Therapy*, *36*(5), 308–319. https://doi.org/10.2519 / jospt.2006.2013

Davies, G., Riemann, B. L., & Manske, R. (2015). Current concepts of plyometric exercise. *International Journal of Sports Physical Therapy*, *10*(6), 760–786.

Distefano, L. J., Marshall, S. W., Padua, D. A., Peck, K. Y., Beutler, A., de la Motte, S. J., . . . Cameron, K. L. (2016). The effects of an injury prevention program on landing biomechanics over time. *American Journal of Sports Medicine*, *44*(3), 767–776. https:// doi.org/10.1177/0363546515621270

Distefano, L. J., Padua, D. A., Blackburn, J. T., Garrett, W. E., Guskiewicz, K. M., & Marshall, S. W. (2010). Integrated injury prevention program improves balance and vertical jump height in children. *Journal of Strength and Conditioning Research*, *24*(2), 332–342. https://doi.org/10.1519/jsc.0b013e3181cc2225

Ebben, W. P., Fauth, M. L., Garceau, L. R., & Petushek, E. J. (2011). Kinetic quantification of plyometric exercise intensity. *Journal of Strength and Conditioning Research*, *25*(12), 3288–3298. https:// doi.org/10.1519/jsc.0b013e31821656a3

Ebben, W. P., Simenz, C., & Jensen, R. L. (2008). Evaluation of plyometric intensity using electromyography. *Journal of Strength and Conditioning Research*, *22*(3), 861–868. https://doi.org /10.1519/ jsc.0b013e31816a834b

Enginsu, M., Lokmaoğlu, R., Korkmaz, E., Arıbaş, İ., & Selimoğlu, Ş. (2014). Effect of plyometric training on prevention of ACL injuries in female volleyball players. *Orthopaedic Journal of Sports Medicine*, *2*(3 Suppl). https://doi.org/10.1177/2325967114S00220

Franchi, M. V., Monti, E., Carter, A., Quinlan, J. I., Herrod, P. J. J., Reeves, N. D., & Narici, M. V. (2019). Bouncing back! Counteracting muscle aging with plyometric muscle loading. *Frontiers in Physiology*, *10*, 178. https://doi.org/10.3389/fphys.2019.00178

Hill, J., & Leiszler, M. (2011). Review and role of plyometrics and core rehabilitation in competitive sport. *Current Sports Medicine Reports*, *10*(6), 345–351. https://doi.org/10.1249/jsr.0b013e31823b3b94

Hirayama, K., Iwanuma, S., Ikeda, N., Yoshikawa, A., Ema, R., & Kawakami, Y. (2017). Plyometric training favors optimizing muscle–tendon behavior during depth jumping. *Frontiers in Physiology*, *8*, 16. https://doi.org/10.3389/fphys.2017.00016.

Maffiuletti, N. A., Aagaard, P., Blazevich, A. J., Folland, J., Tillin, N., & Duchateau, J. (2016). Rate of force development: Physiological and methodological considerations. *European Journal of Applied Physiology*, *116*(6), 1091–1116. https://doi.org/10.1007 /s00421-016-3346-6

Mckinlay, B. J., Wallace, P., Dotan, R., Long, D., Tokuno, C., Gabriel, D. A., & Falk, B. (2018). Effects of plyometric and resistance training on muscle strength, explosiveness, and neuromuscular function in young adolescent soccer players. *Journal of Strength and Conditioning Research*, *32*(11), 3039–3050. https://doi.org/10.1519/ jsc.0000000000002428

Oxfeldt, M., Overgaard, K., Hvid, L. G., & Dalgas, U. (2019). Effects of plyometric training on jumping, sprint performance, and lower body muscle strength in healthy adults: A systematic review and meta-analyses. *Scandinavian Journal of Medicine and Science in Sports*, *29*(10), 1453–1465. https://doi.org/10.1111/sms.13487

Ozbar, N. (2015). Effects of plyometric training on explosive strength, speed and kicking speed in female soccer players. *Anthropologist*, *19*(2), 333–339. https://doi.org/10.1080/09720073.2015 .11891666

Peitz, M., Behringer, M., & Granacher, U. (2018). Correction: A systematic review on the effects of resistance and plyometric training on physical fitness in youth: What do comparative studies tell us? *PLoS One*, 13(11), e0207641. https://doi.org/10.1371 /journal.pone.0207641

Ramírez Villada, J. F., León Ariza, H. H., Jiménez, A. S., & Sepúlveda, C. M. (2016). Alterations in body composition, capillary glucose and functionality during explosive strength training in older women. *International Journal on Disability and Human Development*, *15*(3), 157.

Ramírez-Campillo, R., Andrade, D. C., & Izquierdo, M. (2013). Effects of plyometric training volume and training surface on explosive strength. *Journal of Strength and Conditioning Research*, *27*(10), 2714–2722.

Silva, A. F., Clemente, F. M., Lima, R., Nikolaidis, P. T., Rosemann, T., & Knechtle, B. (2019). The effect of plyometric training in volleyball players: A systematic review. *International Journal of Environmental Research and Public Health*, *16*(16), 2960. https://doi.org/10.3390/ ijerph16162960

Slimani, M., Chamari, K., Miarka, B., Del Vecchio, F. B., & Chéour, F. (2016). Effects of plyometric training on physical fitness in team sport athletes: A systematic review. *Journal of Human Kinetics*, *53*, 231–247. https://doi.org/10.1515/hukin-2016-0026

Vetrovsky, T., Steffl, M., Stastny, P., & Tufano, J. J. (2019). The efficacy and safety of lower-limb plyometric training in older adults: A systematic review. *Sports Medicine*, *49*(1), 113–131. https:// doi.org/10.1007/ s40279-018-1018-x

CHAPTER 19

속도, 민첩성, 순발력 트레이닝

학습 목표

- 속도, 민첩성, 순발력 트레이닝과 그 목적을 설명할 수 있다.
- 다양한 집단을 대상으로 속도, 민첩성, 순발력 트레이닝의 중요성에 대해 논의할 수 있다.
- 모든 수준의 트레이닝에서 고객을 위한 속도, 민첩성, 순발력 트레이닝 프로그램을 설계할 수 있다.
- 다양한 속도, 민첩성, 순발력 트레이닝을 효과적으로 실행, 지도 및 지시하는 방법을 사용할 수 있다.

속도, 민첩성, 순발력 트레이닝의 개념

속도, 민첩성, 순발력(SAQ) 트레이닝은 근육, 신경, 결합 조직 및 심지어 심혈관 건강 적응을 자극하는 유용하고 효과적인 피트니스 훈련 방법이다(Simonek et al., 2016; Young et al., 2015). SAQ 운동은 협응된 움직임, 다양한 자극에 대한 반응, 그리고 폭발적인 속도를 필요로 하는 다양한 운동으로 신체를 자극한다. 이러한 도전은 신체의 능력을 향상시키고 일생 동안 활력 있는 움직임을 유지하게 한다. 고객이 적절한 준비를 한 상태에서 SAQ 트레이닝이 이루어진다면, 모든 피트니스 트레이닝 요법을 돕는 귀중한 구성 요소가 될 것이다.

본문 전체에 걸쳐 사용되는 속도(speed)라는 용어는 전방 직선 속도를 의미하며, 이동한 거리를 측정하여 시간으로 나눈 것을 말한다(거리 ÷ 시간). 민첩성(agility)을 위해서는 자세를 제어하면서 여러 방향(달리기 및 가로지르기)으로 선력 질주할 수 있는 능력이 필요하며, 종종 자극에도 반응해야 한다. 순발력(quickness)은 자극에 반응하고(즉, 반응 시간) 그 자극(예: 야구공 치기)에 맞게 신체의 움직임을 적절하게 변화시키는 능력을 말한다.

SAQ 트레이닝은 모든 운동면(예: 달리기 및 가로지르기)에서 빠른 속도로 움직이는 동안 몸 전체를 가속, 감속 및 동적으로 안정시키는 능력을 향상시킨다. 또한 신경계를 자극하여 신경계의 요구에 보다 효율적으로 반응하고 올바른 역학으로 수행할 때 근육의 동원과 협응을 강화한다(Simonek et al., 2016; Young, et al., 2015).

민첩성과 방향 전환(change of direction, COD)이라는 개념은 민첩성 트레이닝 범위 아래에 있지만, 이 둘은 별개라는 점에 유념하는 것이 중요하다. 민첩성은 신호나 자극에 반응한 다음 그 자극에 반응하여 신체의 질주 방향을 바꾸는 것을 말한다. 이 개념의 좋은 예는 코치가 운동선수에게 다양한 방향을 가리키며 알 수 없는 순서로(예: 왼쪽 셔플, 오른쪽 셔플, 앞으로, 뒤로) 달리도록 지시하는 것이다. 이를 위해서는 운동선수가 코치의 신호에 반응하고 그에 따라 움직

속도 Speed 가능한 한 빨리 의도한 방향으로 몸을 움직이는 능력

민첩성 Agility 자세를 제어하면서 신호나 자극에 빠르게 반응하여 시작(또는 가속), 중지(또는 감속 및 안정화)하고 방향을 변경하는 능력

순발력 Quickness 동적 활동 중에 모든 운동면과 신체 위치에서 최대의 힘 생성률에 맞게 반응하고 신체 위치를 변경하는 능력

> **유용한 힌트**
>
> 방향 전환(change of direction, COD)을 할 때는 고객이나 운동선수가 모든 방향으로 최대 속도로 달려야 한다. 그만큼 최적의 신체 조절 능력과 협응이 필요하다. COD의 예로는 장애물 코스를 달리거나 미리 정해진 콘 훈련을 수행하는 것이 있다.
>
> 민첩성은 COD와 예측 불가능성을 결합한다. 즉, 민첩성은 고객이나 운동선수가 자극에 반응하고 그에 따라 적절한 방향으로 질주해야 하는 것이다. 예를 들면 학교에서 아이들이 하는 잡기 놀이를 들 수 있다.

여야 한다. 반대로, COD는 신호에 대한 반응은 필요 없으며 미리 결정된 장애물 코스를 달리는 선수와 같이 개인이 가속, 감속 및 방향 변경을 해야 한다(Young et al., 2015). 이러한 구별은 피트니스 전문가가 COD로만 트레이닝하는 것뿐만 아니라 신호에 대한 응답이 필요한 민첩성 트레이닝을 설계할 때 중요하다.

속도

속도(speed)는 가능한 한 몸을 한 방향으로 최대한 빠르게 움직이는 능력이다(Bailey et al., 2017; Barnes & Kilding, 2015; Moore, 2016; Van Oeveren et al., 2017). 걸음 횟수(stride rate)와 보폭의 곱으로 나타낼 수 있다. 걸음 횟수는 주어진 시간(또는 거리) 동안의 걸음 수이다. 보폭(stride length)은 달리는 동안 한 걸음에 해당하는 거리이다. 속도의 특정 측면은 유전적 요인에 따라 다르지만, 통합 트레이닝 프로그램을 통해 익힐 수 있는 기술이다(Salonikidis & Zafeiridis, 2008). 모든 고객이 엘리트 운동선수만큼 빨리 달릴 필요는 없지만, 운동선수와 비운동선수군에서 속도 향상은 경기력과 건강 모두를 개선시킨다. 속도 특화 운동(즉, 전력 질주 트레이닝)은 다른 트레이닝에서 하지 않는 방식으로 근육 조직과 신경을 자극하기 때문에, 피트니스 트레이닝 프로그램에 포함되지 않을 경우 놓칠 수 있는 건강 및 수행력 적응을 자극할 수 있다.

적절한 전력 질주 역학

적절한 달리기 역학은 고객이 생체역학 효율성을 통해 힘 생성을 최대화할 수 있게 하여 가능한 한 최단 시간 내에 최대 이동 속도를 달성할 수 있도록 한다. 전력 질주 기술의 두 가지 중요한 측면은 전면부 역학과 후면부 역학이다. 전면부 역학(frontside mechanics)은 발목 발등굽힘, 무릎 굽힘, 엉덩관절 굽힘의 동기화된 움직임을 포함하는 3중 굽힘을 말한다. 전면부 역학이 개선되면 안정성이 향상되고 제동력이 더 적어지며 전방 추진력이 향상된다. 적절한 전면부 역학은 앞쪽 다리를 정렬하여 지면에 힘을 최적으로 가함으로써 몸을 앞으로 나아가도록 한다.

후면부 역학(backside mechanics)은 발목 발바닥쪽 굽힘, 무릎 폄, 엉덩관절 폄의 동기화된 움직임을 포함하는 3중 폄과 관계가 있다. 후면부 역학 개선은 엉덩이-무릎 폄,

표 19-1 달리기 운동 중 운동 사슬 체크포인트

신체 위치	설명
발-발목 복합체	앞으로 질주하는 동안 발과 발목은 땅에 닿을 때 발등굽힘된 자세에서 똑바로 앞을 향해야 한다. 다방향 달리기나 측면 셔플 중에는 약간의 편차(예: 바깥돌림)가 예상된다.
	발과 발목을 과도하게 펴거나 바깥돌림하면 신체의 나머지 부분에 비정상적인 스트레스가 발생하여 전반적인 수행 능력이 저하된다.
무릎 복합체	무릎은 곧게 펴야 한다. 과도하게 무릎이 모이지 않도록 한다(즉, 무릎 안쪽 꺾임).
	선수가 선 자세 동안 넙다리뼈의 과도한 모음과 안쪽돌림을 보인다면 그것은 힘 생성을 감소시키고 부상으로 이어질 수 있다.
허리-골반-엉덩관절 복합체(LPHC)	가속하는 동안에는 몸통이 약간 앞으로 기울어져 있어야 한다.
	최대 속도로 달릴 때 LPHC는 어떤 물체에 도달하지 않는 한 과도한 폄이나 굽힘이 없이 매우 중립적이어야 한다.
머리	머리는 LPHC와 일직선상에 있어야 하고, LPHC는 다리와 일직선상에 있어야 한다.
	머리는 물체(예: 공)를 추적하는 데 필요한 경우가 아니라면 LPHC(골반-안구 반사로 알려짐)의 위치에 영향을 미칠 수 있기 때문에 보상이 일어나지 않도록 하고 지나치게 앞으로 돌출되지 않도록 한다.

볼기(둔부) 수축 및 후방 팔 움직임과 같은 강력한 추진 단계와 관련이 있다. 전면부와 후면부 역학이 동시에 작동하여 지면에 힘을 가하고 보폭 사이클을 되찾아 몸을 효과적으로 앞으로 나아가게 한다. 전면부 또는 후면부 역학 트레이닝 중 하나를 수행할 때 적절한 움직임의 범위와 힘 생성을 용이하게 하기 위해 골반을 중립 위치에 유지하는 것이 필수적이다(표 19-1).

유용한 힌트

3중 굽힘은 전력 질주하는 동안 앞쪽 다리의 발목 발등굽힘, 무릎 굽힘, 엉덩관절 굽힘을 말한다. **3중 폄**은 전력 질주하는 동안 뒤쪽 다리의 발목 발바닥쪽 굽힘, 무릎 폄, 엉덩관절 폄을 말한다.

민첩성

민첩성(agility)은 자세를 제어하면서 시작(또는 가속), 정지(또는 감속 및 안정화) 및 방향 전환 능력까지 갖추어야 한다(Hojka et al., 2016; Lockie et al., 2019). 민첩성은 다양한 속도로 방향을 바꾸면서 기저면 위에서 무게 중심을 유지할 수 있는 높은 수준의 협응 능력이 필요하다. 민첩성 트레이닝은 감속 능력, 동적 유연성, 자세 제어, 코어 강도 및 고유수용감각(proprioception)을 향상시킬 수 있다(Trecroci et al., 2016). 적절한 민첩성 트레이닝은 또한 통제되지 않고 반응하는 상황에서 결합 조직(예: 힘줄과 인대)의 구소석 완전성을 개선할 뿐만 아니라 모든 운동면에서 신장성(감속) 힘을 효과적으로 제어하는 신체의 능력을 향상시켜 부상 위험을 줄여준다. 민첩성 훈련을 위한 적절한 기술은 [표 19-1]의 지침을 따라야 한다.

순발력

순발력(quickness)은 동적인 활동 중에 모든 운동면과 모든 신체 자세에서 최대의 힘 생성률로 반응하고 자세를 변경하는 능력이다. 순발력은 시각, 청각 또는 운동감각적 자극을 평가하고, 가능한 한 빨리 적절하게 신체 반응을 보이는 능력을 말한다(예: 야구공 치기, 테니스 서브 리턴, 교통사고를 피하기 위한 방향 틀기).

유용한 힌트

민첩성은 수비수를 피하기 위해 여러 방향으로 달리는 농구 선수처럼 자극에 반응하고 그에 따라 대응해야 한다.

순발력도 자극에 반응해야 하지만, 이동(예: 달리기 또는 전력 질주)할 필요가 없다. 페널티킥을 막아내는 하키 골키퍼가 그 예다.

비운동군을 위한 속도, 민첩성, 순발력

속도, 민첩성, 순발력 트레이닝이 운동선수의 스포츠 경기력 향상을 위해 널리 사용되고 인정되는 방법이기는 하지만, SAQ 프로그램의 구성 요소는 겉보기에 건강하지만 운동량이 부족한 성인이나 건강상의 제약이 있는 사람의 신체 건강도 현저하게 개선할 수 있다(Bohrer et al., 2019; Galpin et al., 2008; Zhao et al., 2017). 소프트볼, 골프, 테니스, 하이킹,

걸음 횟수 Stride rate 주어진 시간(또는 거리) 동안 걸은 걸음의 수
보폭 Stride length 보행 주기 동안 각 보폭의 거리
전면부 역학 Frontside mechanics 발목 발등굽힘, 무릎 굽힘, 엉덩관절 굽힘 및 중립 골반을 포함하는 전력 질주 중 앞다리와 골반의 적절한 정렬
후면부 역학 Backside mechanics 발목 발바닥쪽 굽힘, 무릎 폄, 엉덩관절 폄 및 중립 골반을 포함하는 전력 질주 중 뒷다리와 골반의 적절한 정렬
고유수용감각 Proprioception 신체의 일반적인 방향과 부분의 상대적 위치를 자연스럽게 감지하는 신체의 능력

© WeAre/Shutterstock.

달리기, 스키, 수상 스포츠와 같은 많은 레크리에이션 활동은 협응력, 파워, 반응 시간 및 민첩성을 두루 갖추고 있어야 한다(Ceylan & Saygin, 2015; Cherappurath & Elayaraja, 2017). 이러한 활동은 나이가 들거나 활동량이 줄어들면 더 힘들어질 수 있으며, 어떤 사람은 평생 이러한 활동을 즐기지 못하기도 한다. 반면 SAQ 트레이닝에서 실시하는 신체적 운동은 안전하고 효과적으로 적용할 경우, 운동성 및 운동 능력을 향상시키고 부상 예방에 도움을 줄 수 있다(Polman et al., 2009; Simonek et al., 2016; Young et al., 2015). 또한, 다양한 사람에게 SAQ 훈련이 재미와 활력을 주면서 운동의 지속성과 효율성을 높일 수 있다.

비운동군을 위해 흔히 처방되는 항정 상태의 중강도 심혈관 운동(예: 런닝머신 걷기)과는 달리 SAQ 트레이닝은 신체의 다양한 생물학적 시스템과의 통합이 더 필요하다. 사람은 예측할 수 있거나 예측할 수 없는 다양한 자극에 비교적 빠른 속도로 반응하여 가속, 감속 및 방향 전환을 할 수 있어야 한다. 따라서 SAQ 트레이닝은 운동선수가 아닌 개인의 생물학적 시스템에 독특한 도전을 제공하여 지속적인 반응과 적응을 촉진한다. SAQ 트레이닝에 대한 이러한 빠른 적응은 유년기부터 노년기에 이르기까지 신체 기능의 발달, 유지 및 개선에 매우 중요하다.

SAQ 프로토콜의 강도가 높기 때문에 피트니스 전문가는 SAQ 트레이닝 프로그램을 시작하기 전에 운동 경험, 움직임의 질, 건강 이력 및 부상 프로파일을 조사하는 광범위한 고객 평가를 수행하는 것이 필수적이다. 또한 SAQ 트레이닝은 항상 종합적인 워밍업 프로토콜을 따라야 한다. SAQ 트레이닝을 시작하기 전에 고객은 유연성(발목, 엉덩이, 흉부 척추의 운동성 포함), 근육 지구력, 심혈관 지구력 및 근력을 통합하는 우수한 기초 체력을 갖추어야 한다. 이러한 구성 요소에 탄탄한 피트니스 기반을 구축하면 SAQ 트레이닝을 시작할 때 비운동군의 부상을 피할 수 있다. SAQ 트레이닝은 일단 시작하면 장기간에 걸쳐 느리고 단순한 것에서 빠르고 복잡한 것으로 진행해야 한다. 이 운동의 초기에는 속도보다 기술에 초점을 두어야 하는데, 운동이 적절하게 수행되고 고객이 속도 중심 수행으로 진행하기 전, 그러한 요구에 적절하게 준비되었는지 확인해야 한다.

청소년을 위한 SAQ 트레이닝 프로그램

© Matimix/Shutterstock

아동은 출생 이후부터 신체적, 정신적 성숙에 따라 점진적으로 더 높은 신경근 능력을 발달시키도록 프로그램되어 있다. 이러한 발달의 대부분은 매우 초기 단계에서 타고난 것이다. 예를 들어, 기어가기에서 일어서기로, 일어서기에서 걷기로, 걷기에서 달리기로 진행되는 것과 같다. 일단 아이가 기본적인 보행을 시작하면 그 이상으로 발달하는 속도와 정도는 대부분 환경과의 상호 작용에 달려 있다(Drabik, 1996). 효과적인 발달을 지속하려면 아동의 생물학적 시스템에 도전하는 환경을 만들어 주어야 한다. 즉, 외부 조치를 통해 적절한 움직임 패턴에 적응하고 적용하는 방법을 배우도록 해야 한다.

청소년을 위한 SAQ 트레이닝은 다양한 생리적, 신경근육적, 생체역학적 요구에 다양하게 노출시켜 효과적인 방법으로 추가적 신체 능력을 발달시킨다(Hammami et al., 2017). 오늘날 대다수의 청소년은 SAQ 기술 개발을 촉진하는 일반화되고 구조화되지 않은 신체활동(놀이 시간)에 거의 시간을 할애하지 않는다(Belton et al., 2014; Sokolove, 2008). 따라서 피트니스 전문가는 SAQ 트레이닝의 한 형태로 놀이 방식의(play style) 활동을 사용할 수 있다. 청소년을 위한 SAQ

프로그램은 부상 가능성을 낮추고(Drabik, 1996; Etty Griffin, 2003; Olsen et al., 2005; Ortega et al., 2008; Sokolove, 2008), 나중에 운동 참여 가능성을 높이며(Janz et al., 2002; Wrotniak et al., 2006), 체력을 향상시키는 것으로 밝혀졌다(Balciunas et al., 2006; Ruiz et al., 2006).

여러 연구에 따르면(Alp & Baydemir, 2019; Hammami et al., 2017; Ochi & Kovacs, 2016; Trecroci et al., 2016; Yankov, 2016), 어린 운동선수는 운동당 4~8가지의 트레이닝으로 일주일에 1~3회 SAQ 트레이닝을 수행할 수 있다. 대부분의 어린 선수들에게는 3~5회 반복하고 15~60초의 휴식을 포함하는 각 훈련을 1~4세트로 실시하는 것이 적당하다(표 19-2). 트레이닝은 운동 기술에 초점을 두고 쉽고 단순한 운동부터 시작하되, 수개월에 걸쳐 속도와 기술에 초점을 맞추어 더 많은 양의 운동을 점진적으로 진행해야 한다. 모든 피트니스 프로그램과 마찬가지로 SAQ 운동의 양, 빈도 및 강도는 아동의 체력과 성숙 정도에 따라 적절히 조정되어야 한다.

표 19-2 청소년을 위한 SAQ 훈련

빈도/주	훈련의 종류	세트	반복	휴식 시간
1~3	4~8	1~4	3~5	15~60초

트레이닝 팁

트레이닝 시작 단계에서 아동은 적절한 운동 기술을 배우고 SAQ 트레이닝을 연습할 수 있도록 해야 한다. 4~5개의 간단한 운동을 일주일에 1~2회 완료하는 데 익숙해지면, 일주일에 2~3회 수행하는 더 많은 진전된 운동을 수개월 동안 통합시킬 수 있다. 속도와 기술이 유지된다면 아동의 체력이 향상됨에 따라 휴식 시간을 더 짧게 가질 수 있다.

청소년을 위한 SAQ 트레이닝의 예

빨간불 초록불(red light, green light, 일명 '무궁화 꽃이 피었습니다')

1. 참가자들은 길이가 18m(20야드) 이상인 지정된 운동장의 기준선에 어깨를 나란히 하고 줄을 선다.
2. 한 참가자가 'stop light(정지등)'를 맡아 운동장의 반대쪽 끝에서 시작한다.
3. 정지등은 다른 참가자에게 등을 돌리고 "초록불(green light)!"이라고 외친다.
4. '초록불'이라고 외치면 참가자들은 모두 정지등 쪽으로 최대한 빠르게 이동한다.
5. 정지등은 여전히 참가자들을 등진 채 "빨간불(red light)!"라고 외치고는 즉시 돌아본다.
6. '빨간불'이라고 외치면 참가자들이 움직임을 멈추고, 얼음처럼 꼼짝하지 않는다.
7. 이때 움직이는 사람을 발견하면 정지등은 그 사람을 운동장 출발선으로 돌려 보낸다.
8. 참가자가 정지등에 도달하여 손을 댈 때까지 이 과정을 반복한다.
9. 그러면 이 참가자가 새로운 정지등이 된다.

뱀 따라가기(follow the snake)

1. 강사가 5~10개의 줄넘기(혹은 긴 줄 1개)를 무작위로 S자 형으로 지면에 놓는다.
2. 참가자들은 줄의 한쪽에 줄을 서고, 줄의 양쪽에 발을 딛고 줄의 패턴을 따라 앞으로 끝까지 갔다가 뒤쪽 방향으로 이동하여 출발점까지 돌아온다.
3. 참가자의 경쟁을 유도하기 위해 시간을 제한할 수 있다.

체중 감량을 위한 SAQ 트레이닝

© Forestpath/Shutterstock

짧고 반복적인 고강도 활동을 하는 인터벌 트레이닝은 다양한 건강 관련 요인을 개선하는 데 매우 효과적인 것으로 밝혀졌다. 짧은 기간의 고강도 프로그램은 조깅과 같은 중강도의 장기 운동 프로토콜과 비교할 때 기능적 능력, 근력,

지방 및 체중 감소, 기타 대사 적응에 대한 결과가 더 좋거나 일치하는 것으로 나타났다(Gibala et al., 2006; Iaia et al., 2009; Schmidt et al., 2001; Talanian et al., 2007; Tjønna et al., 2008; Trembley et al., 1994; Wewege et al., 2017). 고강도의 짧은 SAQ 트레이닝은 비운동군을 대상으로 하는 유효한 인터벌 트레이닝 방식이다. SAQ 트레이닝의 통합을 통해 제공되는 다양한 운동은 프로그램을 재미있고 흥미롭게 만들어 참가자의 참여도를 높일 수 있다(Jakicic et al., 1995). 운동선수가 스포츠별 특화된 능력을 향상시키기 위해 이러한 트레이닝을 사용하기도 하지만(Cherappurath & Elayaraja, 2017), 체중 감량 고객도 장기간에 걸쳐 안전하면서도 충분히 높은 강도로 운동을 수행한다면 운동 강도의 증가와 다양한 움직임으로부터 이점을 얻을 수 있다. 적절히 도전적인 SAQ 운동을 모아 소규모로 수행할 수도 있다.

지식 확장하기

고강도 인터벌 트레이닝은 장기간의 저강도 또는 중강도 지구력 트레이닝보다 피하지방을 더 많이 태울 수 있다(Trembley et al., 1994; Viana et al., 2019).

체중 감량을 위한 SAQ 프로그램을 설계할 때, 프로그램의 주요 초점은 칼로리 소비를 증가시키기 위해 심박수와 호흡수를 적절하게 높이는 것이다. 체중 감량 고객과 SAQ 프로토콜을 시작하기 전에 철저한 체력 평가를 실시하고, 고객의 능력과 체력 수준에 따라 적절한 수준의 운동 강도를 유지하는 것이 매우 중요하다. 피트니스 전문가는 과도한 충격, 근육통, 관절 스트레스를 피하기 위해 SAQ 운동을 점진적으로 적용해야 한다. 일주일에 1~2회 포함시켜야 하며, 각 운동의 기술을 숙달해 고객이 편안한 속도로 수행할 수 있도록 해야 한다. 점차적으로 고객의 체력이 향상되면 운동량도 늘릴 수 있다.

트레이닝 팁

체중 감량 고객의 체력이 향상되면 SAQ 운동의 운동량도 증가시킨다. 한 가지 전략은 SAQ 운동을 일주일에 2~3회씩, 3~5가지 운동을 3~4세트를 수행하고, 반복 사이에 15~60초간 휴식을 취하도록 하는 것이다. 높은 대사 요구량을 유지하거나 증가시키기 위해서는 반복 사이에 더 적은 휴식 시간을 두어야 하지만, 운동의 부적절한 실행을 피하기 위해 주의해야 한다.

체중 감량을 위한 SAQ 서킷

서킷 1

1. 줄넘기: 30초(다양한 발 패턴 사용)
2. 강도 유지 능력에 따라 20~60초간 휴식을 취한다.
3. 콘 셔플(cone Shuffles): 30초
   a. 약 76cm(약 30인치) 간격으로 8개의 콘을 일렬로 놓는다.
   b. 콘의 선을 마주보고 선다.
   c. 무게 중심을 낮추고 콘을 건드리지 않고 지그재그로 통과한다.
   d. 먼저 앞을 향하여 수행한 다음 뒤쪽으로도 한다.
   e. 이 과정을 주어진 시간 동안 반복한다.
   f. 전진, 후진, 콘 넘기와 같은 기타 발 패턴도 사용할 수 있다.
4. 20초 휴식
5. 3개의 사다리 훈련: 30초[민첩성 사다리 훈련(agility ladder drills) 참조]

서킷 2

1. 5-10-5 훈련(5-10-5 Drill): 30초(5-10-5 훈련 참조)
2. 20초 휴식
3. 수정된 박스 훈련(modified box drill): 30초(수정된 박스 훈련 참조)
4. 20초 휴식
5. 파트너 미러 훈련(partner mirror drill): 30초
   a. 두 개의 콘을 9m(약 10야드) 간격으로 놓는다.
   b. 두 사람이 콘 사이에 서로 마주 보고 선다.
   c. 한 파트너는 리더로, 다른 파트너는 미러(거울)로 지정된다.
   d. 콘 사이에 머물면서 리더는 셔플, 점프, 지면으로 뛰기, 돌아서기 등 다양한 패턴으로 움직인다.
   e. 미러는 뒤처지지 않고 리더의 동작을 따라 한다.
   f. 훈련이 끝날 때마다 리더와 미러가 바뀐다.

노인을 위한 SAQ 트레이닝

노인을 위한 SAQ 트레이닝은 골밀도(bone density), 협응 능력 및 근력 저하를 예방하고, 부상 예방과 삶의 질 향상에도 도움을 준다(Bean et al., 2002; Liu-Ambrose et al., 2005). 신체 기능의 일부 손실은 노화 과정에서 필연적이지만, 최근의 연구에서는 이러한 손실은 적절한 운동 개입으로 최소화될 수 있는 것으로 밝혀졌다(Bean et al., 2002; Galpin et al., 2008; Liu-Ambrose et al., 2005; Sobolewski et al., 2018). 골감소증(osteopenia), 즉 골밀도의 감소와 골다공증의 전조는 노화 과정과 관련이 있으며, 이런 증상은 특히 여성의 경우 더욱 더 많이 나타난다. 이것은 골절 및 골다공증(osteoporosis)과 같은 기타 급성 및 만성 골격 장애의 가능성을 증가시킨다. 연구에 따르면 SAQ 프로토콜에서 볼 수 있는 것과 같이 골격계에 높은 수준의 하중을 주는 적절하게 관리된 프로그램(체중 부하 운동)은 노인의 골감소증을 늦추고 잠재적으로 회복시키는 데 안전하고 효과적이라고 한다(Heinonen et al., 1996; Iwamoto et al., 2001).

지식 확장하기

엉덩관절에서 골밀도가 10% 감소하면 엉덩관절 골절 위험이 2.5배 더 높아진다(West et al., 2015).

앉고 서고 구부리고 비틀고 걸을 수 있는 자신감과 능력은 노인들의 낙상을 예방하고 일상생활을 유지하는 데 필수적이다. 안전하고 효과적인 움직임에 필요한 능력은 나이가 들면서 덜 사용하기 때문에 감소하는 경우가 많다(Laroche et al., 2007). 이러한 능력을 유지하고 향상시키려면 정기적으로 협응 기술을 연습하는 것이 필수적이다. SAQ 기반 프로그램은 협응 및 움직임에 대한 자신감을 향상시켜 낙상 또는 기타 이동 관련 부상의 가능성을 낮추는 것으로 밝혀졌다(Bohrer et al., 2019; Jessen & Lund, 2017; Liu-Ambrose et al., 2004; Sundstrup et al., 2010; Zhao et al., 2017).

근감소증(sarcopenia), 즉 노화와 관련된 골격근량의 손실은 노인의 기능적 능력을 유지하는 데 해가 된다. SAQ 기반 개입뿐만 아니라 저항 트레이닝도 이 과정을 늦추고 예방하는 데 도움이 되는 것으로 밝혀졌다. 근감소증을 늦추고 예방하는 것은 SAQ 프로토콜에서 볼 수 있는 것과 같이 움직임의 속도를 높이고 힘 생성률(rate of forceproduction)을 증가시키는 운동과 특히 관련이 깊다(Bean et al., 2004; Bibiloni et al., 2018; Newton et al., 2002; Porter, 2006).

노인을 위한 SAQ 프로그램을 설계할 때, 피트니스 전문가는 참가자의 안전을 위해 특별한 주의를 기울여야 한다. 트레이닝은 의자에서 일어서고 지상 장애물을 탐색하는 등 개인이 일상생활에 필요한 활동에 초점을 맞춰야 한다. 피트니스 전문가는 이러한 트레이닝을 시작하기 전에 SAQ 운동에 대한 고객의 준비 상태를 점검해야 하며, 의자에서 일어나기, 걷고 움직이는 동안 균형 유지하기, 편안하게 계단 오르내리기, 쪼그리고 앉기, 런지, 구부리기 같은 일상생활의 일반적인 활동을 수행할 수 있는지 확인해야 한다. 성인은 나이가 들수록 시각적 추적과 전정(균형) 수행능력도 떨어져 실족과 낙상 위험이 커지기 때문이다.

SAQ 트레이닝은 긍정적인 영향을 미칠 수 있지만, 트레이닝을 도입하기 전에 낙상 위험을 고려해야 한다. 노인 고객이 SAQ 운동을 안전하게 수행하고 운동이 제공하는 가치를 얻을 수 있게 하려면 근력과 유연성을 갖추는 것이 매우 중요하다. 고객이 적당히 어려운 수준에서 다양한 운동을 충분히 배우도록 하기 위해서는 간단한 운동에서 더 복잡한 운동으로 수개월에 걸쳐 점진적으로 진행해야 한다.

트레이닝 팁

처음에는 낮은 운동량(즉, 1~2회, 1~2세트)이 노인의 체력을 향상시키기에 충분하며, 천천히 운동량은 늘려 나가야 한다. 한 주 사이에 운동량(볼륨)이 크게 증가하지 않도록 해야 한다.

노인을 위한 SAQ 트레이닝

다양한 크기의 콘/허들 넘어가기

1. 9~14m(10~15야드)의 선상에 다양한 크기의 콘, 허들 및 기타 물체를 약 60cm(24인치) 간격으로 배치한다.
2. 출발선 위에 옆으로 늘어서서 각 단계의 기구를 뛰어넘고 돌아와 출발선에서 다시 시작한다.
3. 수행 시간을 측정한다.

8자 모양 걷기

1. 의자에 앉은 자세에서 시작한다.
2. 두 개의 콘을 의자 바로 앞에 배치하되, 첫 번째 콘은 3~4.5m(10~15피트) 떨어진 곳에, 두 번째 콘은 바로 뒤에 6~7.6m(20~25피트) 떨어진 곳에 둔다.
3. 트레이너의 지시에 따라 가능한 한 빨리 의자에서 일어선다.
4. 최대한 빨리 첫 번째 콘의 왼쪽으로 이동한 다음, 두 번째 콘의 오른쪽으로 이동한 후 8자를 완성하고 의자로 돌아온다.
5. 다음은 반대 방향으로 8자를 만들고 의자로 돌아와 앉아서 마무리한다.
6. 수행 시간을 측정한다.

SAQ 훈련과 프로그래밍 전략

SAQ 운동은 고객의 전체 트레이닝 프로그램에 신중하게 통합되어야 한다. [표 19-3]에 제시된 프로그래밍 지침은 제안 사항일 뿐이며, 운동의 모든 구성 요소(심장, 코어, 균형, 플라이오메트릭 및 저항)에 대한 총 트레이닝 볼륨을 측정하는 것이 반드시 필요하다. 움직임 속도와 반응성에 대한 요구가 높아지면 부상 위험도 커지기 때문이다. SAQ 프로그램의 안전과 성공은 고객의 신체 능력과 체력 수준에 달려 있다. 고객의 역량에 맞는 프로그램일수록 더 안전하고 효과적이다. 모든 운동은 부상 위험을 최소화하기 위해 정확한 기술로 수행되어야 한다.

표 19-3 건강한 성인을 위한 SAQ 프로그램 디자인

고객의 운동 수준	SAQ 운동	세트	반복 횟수	휴식
초급	콘 셔플 및 민첩성 사다리 운동과 같이 제한된 관성과 예측할 수 없는 4~6개의 훈련	1~2	2~3	15~60초
중급	5-10-5 훈련, T-훈련, 박스 훈련 및 8자 모양 걷기와 같이 더 큰 수평 관성을 허용하지만, 제한된 예측 불가능성을 허용하는 6~8개의 훈련	3~4	3~5	0~60초
고급	수정된 박스 훈련, 파트너 미러 훈련, 시간 제한 훈련과 같이 관성과 예측 불가능성을 극대화할 수 있는 6~10개의 훈련	3~5	3~5	0~90초

SAQ 속도 사다리 훈련

원-인 앤 투-인

One-Ins and Two-Ins

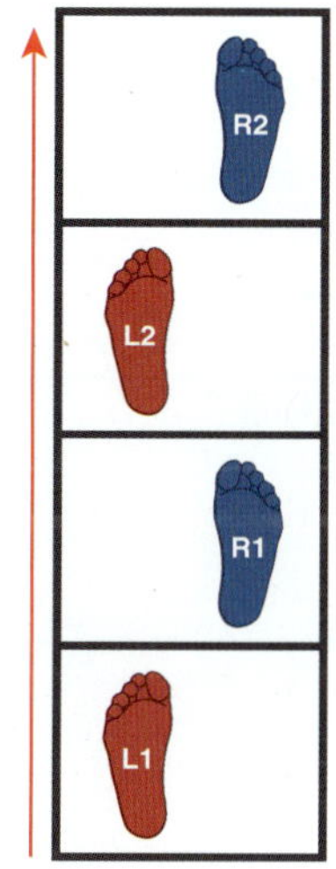

원-인

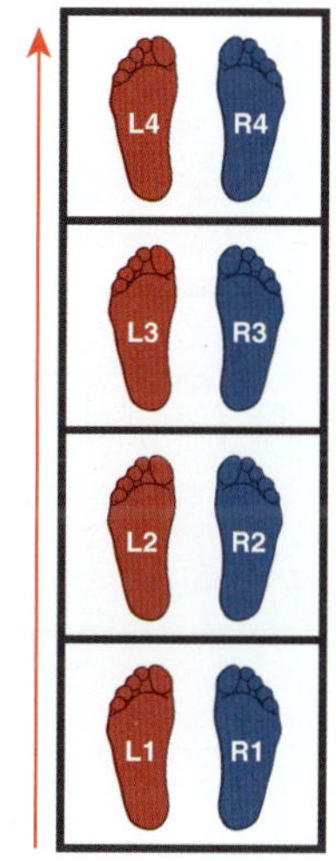

투-인

인-인-아웃-아웃 앤 인-인-아웃(지그재그)

In-In-Out-Out and In-In-Out (Zig Zag)

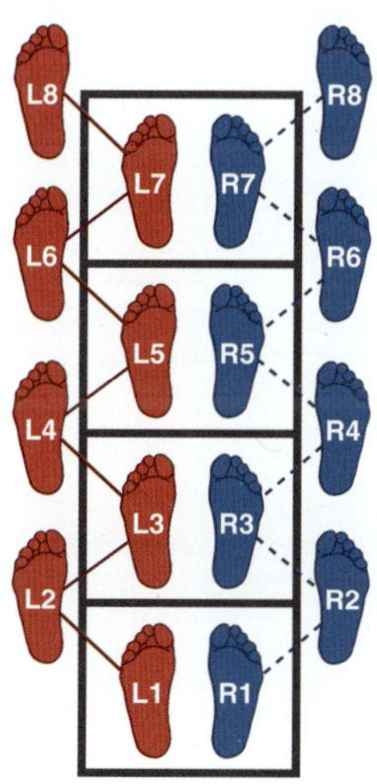

인-인-아웃-아웃

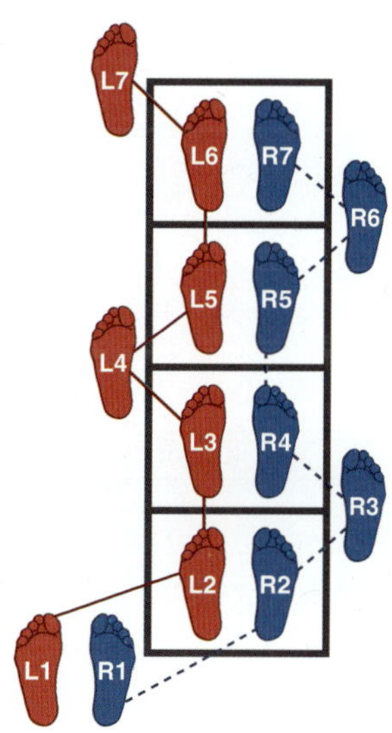

인-인-아웃(지그재그)

사이드 셔플 및 알리 셔플

Side Shuffle and Ali Shuffle

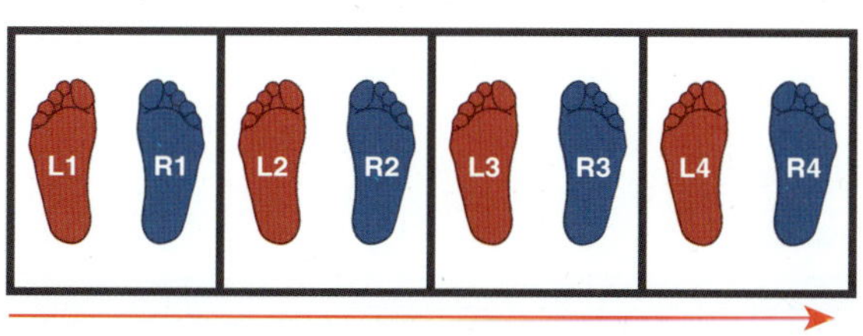

사이드 셔플

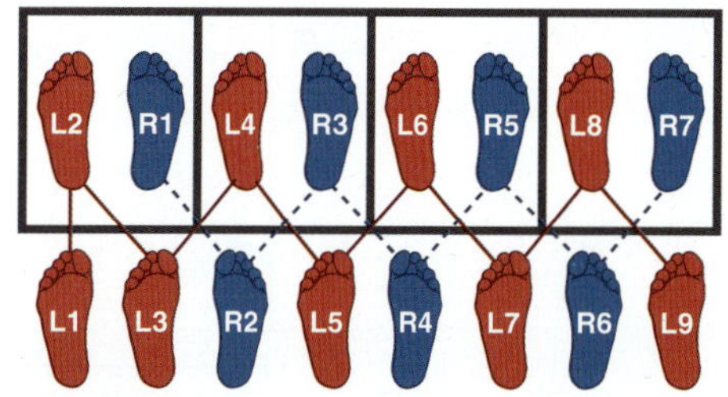

알리 셔플

SAQ 콘 훈련

5-10-5 훈련

5-10-5 Drill

수정된 박스 훈련

Modified Box Drill

기술

고객은 중앙 콘에서 시작한다. 트레이너가 콘 번호를 부른다. 고객은 해당 콘으로 이동하고 중앙으로 돌아와 트레이너가 다른 번호를 부를 때까지 기다린다.

T 훈련

T-Drill

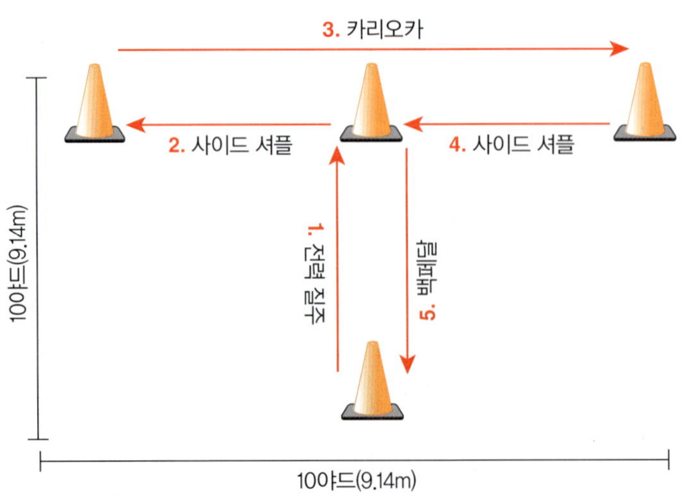

박스 훈련

Box Drill

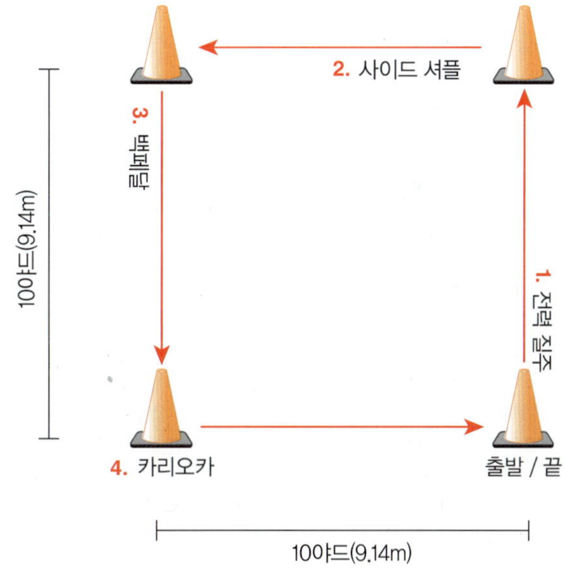

레프트 훈련

LEFT Drill

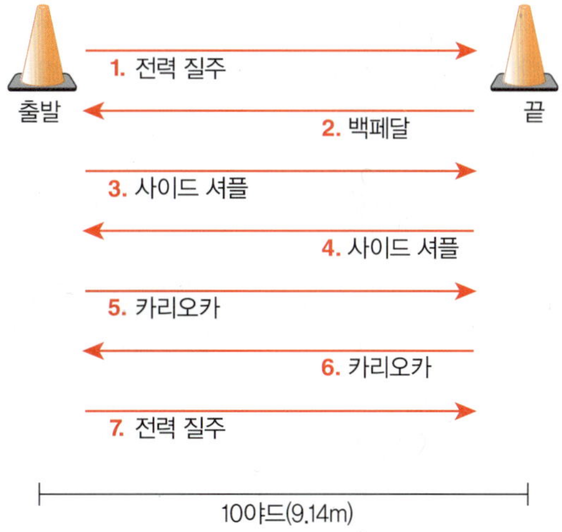

요약

SAQ 트레이닝은 속도, 민첩성, 순발력의 세 가지 요소로 구분된다. 속도는 주어진 방향으로 움직이는 빠르기이다. 민첩성은 자세를 제어하면서 여러 방향(달리고 가로지르기)으로 질주하는 능력이며 자극에 반응해야 하는 경우가 많다. 순발력은 자극에 반응하고(즉, 반응 시간) 그 자극에 대응하여 신체의 움직임을 적절히 변경하는 능력을 말한다. SAQ 운동은 체력을 향상시키고 훈련 계획에 다양성을 통합함으로써 비운동군에 속하는 사람에게도 유익하다. 이러한 운동은 기능적 움직임, 유연성, 반응 시간 및 심혈관 건강 개선을 촉진하는 다양한 도전 과제를 몸과 마음에 제시한다. 이러한 도전은 신체 능력을 향상시키고 일생 동안 활동적인 움직임을 유지하게 한다. 빠르게 반응하고, 조율된 움직임 패턴을 통해 신체를 제어하며, 그 속에서 신속하게 방향을 바꾸는 능력은 고객이 즐겁고 안전한 방식으로 일생 동안 레크리에이션 활동에 참여할 수 있게 한다.

제19장 리뷰

고객이 SAQ 트레이닝을 받을 준비가 되었는지 확인한 후, 피트니스 전문가는 낮은 운동량의 간단한 동작으로 시작하여 수개월에 걸쳐 더 빠르고 복잡한 동작으로, 점진적인 방식으로 SAQ 트레이닝을 시행할 수 있다. 신호나 자극에 빠르게 반응하고 일련의 역동적인 패턴을 통해 부드럽게 움직여야 하는 운동은 비운동군의 전반적인 체력을 증진하는 데도 유용하다. 이러한 트레이닝을 하기에 앞서, 우선 움직임의 품질에 초점을 맞춰 고객이 익숙하지 않은 움직임과 기술을 익히고 연습할 수 있도록 해야 한다. 기술이 숙달되면 운동 속도가 증가하여 신경근 시스템이 더 빠르게 반응하고 기능하도록 유도할 수 있다.

SAQ 운동을 올바르게 시행하면 건강한 성인뿐만 아니라 청소년, 노인, 또는 체중 감량 고객도 운동을 즐기며 중요한 체력 향상을 이룰 수 있다. SAQ 운동은 특히 인터벌 방식으로 수행될 때 칼로리 소모와 체중 감량에 효과적이다. 젊은 고객층은 SAQ 운동을 통합하여 협응력과 운동 능력을 얻을 수 있다. 노인층은 체중 감량 고객과 동일한 이점을 많이 얻으면서, 골밀도, 파워, 반응 시간 및 협응에 긍정적인 영향을 경험할 수 있다. 이러한 적응은 낙상 예방과 인생 후반기의 독립성 유지에도 중요하다. 대체로 다양한 인구 집단에서 SAQ 운동의 이점은 상당하며, 피트니스 전문가는 이러한 훈련 방법을 능숙하게 구현하여 고객의 삶에 중요한 영향을 미칠 수 있다.

제19장 하이라이트

- SAQ 트레이닝은 근육, 신경, 결합 조직 및 심혈관 건강 적응을 자극하는 유용하고 효과적인 피트니스 훈련 방법이다.
- SAQ 운동은 신체 능력의 향상을 촉진하고 일생 동안 활동적인 움직임을 유지하게 한다.
- SAQ 트레이닝을 통해 고객은 모든 운동면에서 빠른 속도로 움직이는 동안 전신을 가속, 감속 및 동적으로 안정화하는 능력을 향상시킬 수 있다.
- 속도는 걸음 수와 보폭의 곱으로, 또는 이동한 거리를 시간으로 나눈 값을 말한다.
- 민첩성을 위해서는 자세를 제어하면서 시작(또는 가속), 정지(또는 감속 및 안정화), 방향을 전환하는 능력이 필요로 한다.
- 순발력은 자극에 반응하고 그 자극에 대응하는 신체의 움직임을 적절하게 변경하는 능력을 말한다.
- 보행 속도는 주어진 시간(또는 거리) 동안의 걸음 수이다.
- 보폭은 한 걸음으로 이동한 거리이다.
- 적절한 달리기 역학으로 고객은 생체역학 효율성을 통해 힘 생성을 극대화할 수 있다.
- SAQ 프로그램의 구성 요소는 건강해 보이지만, 앉아서 생활하는 비운동군의 성인과 의학적 또는 건강상의 제약이 있는 사람들의 신체 건강을 크게 향상시킬 수 있다.
- 청소년을 위한 SAQ 프로그램은 운동의 부상 가능성을 줄이고 나중에 운동 참여 가능성을 높이며, 체력을 향상시키는 것으로 밝혀졌다.
- 노인을 위한 SAQ 트레이닝은 노화와 관련된 골밀도, 협응 능력 및 근력의 감소를 예방하는 데 도움이 된다.
- 고강도의 짧은 SAQ 트레이닝은 체중 감량 고객을 포함하여 비운동군 인구를 대상으로 하는 효율적인 인터벌 트레이닝을 위한 좋은 선택이다.

참고 문헌

Alp, M., & Baydemir, B. (2019). The effects of quick strength training on agility performance in soccer. *Universal Journal of Educational Research, 7*(4), 1001–1006. https://doi.org/10.13189/ujer.2019.070411

Bailey, J., Mata, T., & Mercer, J. (2017). Is the relationship between stride length, frequency, and velocity influenced by running on a treadmill or overground? *International Journal of Exercise Science, 10*(7), 1067. https://www.ncbi.nlm.nih.gov/pubmed/29170707

Balciunas, M., Stonkus, S., Abrantes, C., & Sampaio, J. (2006). Long term effects of different training modalities on power, speed, skill, and anaerobic capacity in young male basketball players. *Journal of Sports Science and Medicine, 5*(1), 163–170. https://www.ncbi .nlm.nih.gov/pubmed/24198694

Barnes, K., & Kilding, A. (2015). Running economy: Measurement, norms, and determining factors. *Sports Medicine-Open, 1*(1), 1–15. https://doi.org/10.1186/s40798-015-0007-y

Bean, J., Kiely, D., Herman, S., Leveille, S. G., Mizer, K., Frontera, W. R., & Fielding, R. A. (2002). The relationship between leg power and physiological performance in mobility-limited people. *Journal of American Geriatrics Society, 50*(3), 461–467. https://doi .org/10.1046/j.1532-5415.2002.50111.x

Bean, J. F., Herman, S., Kiely, D. K., Frey, I. C., Leveille, S. G., Frontera, W. R., & Fielding, R. A. (2004). Increased velocity exercise specific to task (InVEST) training: A pilot study exploring effects on leg power, balance, and mobility in community-dwelling older women. *Journal of the American Geriatrics Society*, *52*(2), 799–804. https://doi.org/10.1111/j.1532-5415 .2004.52222.x

Belton, S., Brien, W. O., Meegan, S., Woods, C., & Issartel, J. (2014). Youth-Physical Activity Towards Health: evidence and background to the development of the Y-PATH physical activity intervention for adolescents. *BMC Public Health*, *14*, 122. https:// doi.org/10.1186/1471-2458-14-122

Bibiloni, M. D. M., Karam, J., Bouzas, C., Aparicio-Ugarriza, R., Pedrero-Chamizo, R., Sureda, A., . . . Tur, J. A. (2018). Association between physical condition and body composition, nutrient intake, sociodemographic characteristics and lifestyle habits in older Spanish adults. *Nutrients*, *10*(11), 1608. https://doi .org/10.3390/nu10111608

Ceylan, H. I., & Saygin, O. (2015). Examining the effects of proprioceptive training on coincidence anticipation timing, reaction time and hand-eye coordination. *Anthropologist*, *20*(3), 437–445. https://doi.org/10.1080/09720073.2015.11891747

Cherappurath, N., & Elayaraja, M. (2017). Effects of speed, agility and quickness (SAQ) training on anaerobic endurance and flexibility of novice tennis players. *European Journal of Physical Education and Sport Science*, *3*(12), 386–391. https://oapub.org/edu/index .php/ejep/article/view/1297/3775

Drabik, J. (1996). *Children and sports training: How your future champions should exercise to be healthy, fit, and happy*. Island Pond, VT: Stadion Publishing.

Etty Griffin, L. Y. (2003). Neuromuscular training and injury prevention in sports. *Clinical Orthopedics and Related Research, 409*, 53–60. https://doi.org/10.1097/01.blo.0000057788.10364.aa

Galpin, A. J., Li, Y., Lohnes, C. A., & Schilling, B. K. (2008). A 4-week choice foot speed and choice reaction training program improves agility in previously non-agility trained, but active men and women. *Journal of Strength and Conditioning Research*, *22*(6), 1901–1907. https://doi.org/10.1519/JSC.0b013e3181887e3f

Gibala, M. J., Little, J. P., van Essen, M., Wilkin, G. P., Burgomaster, K. A., Safdar, A., . . . Tarnopolsky, M. A. (2006). Short-term sprint interval versus traditional endurance training: Similar initial adaptations in human skeletal muscle and exercise performance. *Journal of Physiology*, *575*, 901–911. https://doi.org/10.1113/jphysiol.2006.112094

Hammami, R., Granacher, U., Pizzolato, F., Chaouchi, M., Chtara, M., Behm, D. G., & Chaouchi, A. (2017). Associations between change of direction, balance, speed and muscle power in prepubescent soccer players. *Journal of Athletic Enhancement*, *6*(6), 1–6. https:// doi.org/10.4172/2324-9080.1000279

Heinonen, A., Kannus, P., Sievänen, H., Oja, P., Pasanen, M., Rinne, M., . . . Vuori, I. (1996). Randomised controlled trial of effect of high-impact exercise on select risk factors for osteoporotic fractures. *Lancet*, *348*(9038), 1343–1347. https://doi.org/10.1016/S0140 -6736(96)04214-6

Hojka, V., Stastny, P., Rehak, T., Gołas, A., Mostowik, A., Zawart, M., & Musálek, M. (2016). A systematic review of the main factors that determine agility in sport using structural equation modeling. *Journal of Human Kinetics*, *52*(1), 115–123. https:// doi.org/10.1515/hukin-2015-0199

Iaia, F. M., Hellsten, Y., Nielsen, J. J., Fernström, M., Sahlin, K., & Bangsbo, J. (2009). Four weeks of speed endurance training reduces energy expenditure during exercise and maintains muscle oxidative capacity despite a reduction in training volume. *Journal of Applied Physiology*, *106*(1), 73–80. https://doi.org/10.1152 /japplphysiol.90676.2008

Iwamoto, J., Takeda, T., & Ichimura S. (2001). Effect of exercise training and detraining on bone mineral density in postmenopausal women with osteoporosis. *Journal of Orthopedic Science*, *6*(2), 128–132. https://doi.org/10.1007/s007760100059

Jakicic, J. M., Wing, R. R., Butler, B. A., & Robertson, R. J. (1995). Prescribing exercise in multiple short bouts versus one continuous bout: Effects on adherence, cardiorespiratory fitness, and weight loss in overweight women. *International Journal of Obesity and Related Metabolic Disorders*, *19*(12), 893–901. https://www.ncbi .nlm.nih.gov/pubmed/8963358

Janz, K., Dawson, J., & Mahoney, L. (2002). Increases in physical fitness during childhood improve cardiovascular health during adolescence: The Muscatine study. *International Journal of Sports Medicine*, *23*(Suppl 1), 15–21. https://doi.org/10.1055/s-2002-28456

Jessen, J. D., & Lund, H. H. (2017). Study protocol: Effect of playful training on functional abilities of older adults—a randomized controlled trial. *BMC Geriatrics*, *17*(1), 27. https://doi.org /10.1186/s12877-017-0416-5

Laroche, D. P., Knight, C. A., Dickie, J. L., Lussier, M., & Roy, S. J. (2007). Explosive force and fractionated reaction time in elderly low- and high-active women. *Medicine and Science in Sports and Exercise*, *39*(9), 1659–1665. https://doi.org/10.1249/mss .0b013e318074ccd9

Liu-Ambrose, T., Khan, K. M., Eng, J. J., Janssen, P. A., Lord, S. R., & McKay, H. A. (2004). Resistance and agility training reduce fall risk in women aged 75 to 85 with low bone mass: A 6-month randomized, controlled trial. *Journal of American Geriatrics Society*, *52*(5), 657–665. https://doi.org/10.1111/j.1532-5415 .2004.52200.x

Liu-Ambrose, T. Y., Khan, K. M., Eng, J. J., Lord, S. R., Lentle, B., & McKay, H. A. (2005). Both resistance and agility training reduce back pain and improve health-related quality of life in older women with low bone mass. *Osteoporosis International*, *16*(11), 1321–1329. https://doi.org/10.1007/s00198-005-1842-3

Lockie, R. G., Post, B. K., & Dawes, J. J. (2019). Physical qualities pertaining to shorter and longer change-of-direction speed test performance in men and women. *Sports*, *7*(2), 45. https://doi .org/10.3390/sports7020045

Moore, I. (2016). Is there an economical running technique? A review of modifiable biomechanical factors affecting running economy. *Sports Medicine*, *46*(6), 793–807. https://doi.org/10.1007/s40279 -016-0474-4

Newton, R. U., Hakkinen, K., Hakkinen, A., McCormick, M., Volek, J., & Kraemer, W. J. (2002). Mixed-methods resistance training increases power and strength of young and older men. *Medicine and Science in Sports and Exercise*, *34*(8), 136–1375. https://doi.org/10.1097/00005768-200208000-00020

Ochi, S., & Kovacs, M. S. (2016). Periodization and recovery in the young tennis athlete. In A. Colvin & J. Gladstone (Eds.), *The young tennis player* (pp. 87–105). Switzerland: Springer International Publishing AG.

Olsen, O. E., Myklebust, G., Engebretsen, L., Holme, I., & Bahr, R. (2005). Exercises to prevent lower limb injuries in youth sports: Cluster randomised control group. *BMJ*, *330*(7489), 449. https:// doi.org/10.1136/bmj.38330.632801.8F

Ortega, F. B., Ruiz, J. R., Castillo, M. J., & Sjöstrom, M. (2008). Physical fitness in childhood and adolescence: A powerful marker of health. *International Journal of Obesity*, *32*(1), 1–11. https://doi .org/10.1038/sj.ijo.0803774

Polman, R., Bloomfield, J., & Edwards, A. (2009). Effects of SAQ training and small-sided games on neuromuscular functioning in untrained subjects. *International Journal of Sports Physiology and Performance*, *4*(4), 494–505. https://doi.org/10.1123/ijspp.4.4.494

Porter, M. M. (2006). Power training for older adults. *Applied Physiology, Nutrition, and Metabolism*, *31*(2), 87–94. https:// doi.org/10.1139/h05-034

Ruiz, J. R., Rizzo, N. S., Hurtig-Wennlöf, A., Ortega, F. B., Wärnberg, J., & Sjöstrom, M. (2006). Relations of total physical activity and intensity to fitness and fatness in children: The European Youth Heart Study. *American Journal of Clinical Nutrition*, *84*(2), 299–303. https://doi.org/10.1093/ajcn/84.1.299

Salonikidis, K., & Zafeiridis, A. (2008). The effects of plyometric, tennisdrills, and combined training on reaction, lateral and linear speed, power, and strength in novice tennis players. *Journal of Strength and Conditioning Research*, *22*(1), 182–191. https://doi .org/10.1519/ JSC.0b013e31815f57ad

Schmidt, D., Biwer, C., & Kalscheuer, L. (2001). Effects of long versus short bout exercise on fitness and weight loss in overweight females. *Journal of the American College of Nutrition*, *20*(5), 494–501. https:// doi.org/10.1080/07315724.2001.10719058

Simonek, J., Horicka, P., & Hianik, J. (2016). Differences in pre-planned agility and reactive agility performance in sport games. *Acta Gymnica*, *46*(2), 68–73. https://doi.org/10.5507/ag.2016.006

Sobolewski, E. J., Thompson, B. J., Conchola, E. C., & Ryan, E. D. (2018). Development and examination of a functional reactive agility test for older adults. *Aging Clinical and Experimental Research*, *30*(4), 293–298. https://doi.org/10.1007/s40520 -017-0785-9

Sokolove, M. (2008). *Warrior girls: Protecting our daughters against the injury epidemic in women's sports*. New York, NY: Simon & Schuster.

Sundstrup, E., Jakobsen, M. D., Andersen, J. L., Randers, M. B., Petersen, J., Suetta, C., . . . Krustrup, P. (2010). Muscle function and postural balance in lifelong trained male footballers compared with sedentary men and youngsters. *Scandinavian Journal of Medicine and Science in Sports*, *20*(Suppl 1), 90–97. https://doi .org/10.1111/j.1600- 0838.2010.01092.x

Talanian, J. L., Galloway, S. D., Heigenhauser, G. J., Bonen, A., & Spriet, L. L. (2007). Two weeks of high-intensity aerobic interval training increases the capacity for fat oxidation during exercise in women. *Journal of Applied Physiology*, *102*(4), 1439–1447. https:// doi. org/10.1152/japplphysiol.01098.2006

TjØnna, A. E., Lee, S. J., Rognmo, Ø, Stolen, T. O., Bye, A., Haram, P. M., . . . Wisloff, U. (2008). Aerobic interval training versus continuous moderate exercise as a treatment for the metabolic syndrome: A pilot study. *Circulation*, *118*(4), 346–354. https://doi.org/10.1161 / CIRCULATIONAHA.108.772822

Trecroci, A., Milanovic, Z., Rossi, A., Broggi, M., Formenti, D., & Alberti, G. (2016). Agility profile in sub-elite under-11 soccer player: Is SAQ training adequate to improve sprint, change of direction speed and reactive agility performance? *Research in Sports Medicine*, *24*(4), 331–340. https://doi.org/10.1080 /15438627.2016.1228063

Trembley, A., Simaneau, J., & Bouchard, C. (1994). Impact of exercise intensity on body fatness and skeletal muscle metabolism. *Metabolism*, *43*(7), 814–818. https://doi.org/10.1016/0026 -0495(94)90259-3

Van Oeveren, B., De Ruiter, C., Beek, P., & Van Dieen, J. (2017). Optimal stride frequencies in running at different speeds. *PLoS One*, *12*(10), e0184273. https://doi.org/10.1371/journal.pone.0184273

Viana, R., Naves, J., Coswig, V., Barbosa de Lira, C., Steele, J., Fisher, J., & Gentil, P. (2019). Is interval training the magic bullet for fat loss? A systematic review and meta-analysis comparing moderate-intensity continuous training with high-intensity interval training. *British Journal of Sports Medicine*, *53*(10), 655–664. https://doi.org/10.1136/ bjsports-2018-099928

West, S., Lok, C., Langsetmo, L., Cheung, A., Szabo, E., Pearce, D., . . . Jamal, S. (2015). Bone mineral density predicts fractures in chronic kidney disease. *Journal of Bone and Mineral Research*, *30*(5), 913– 919. https://doi.org/10.1002/jbmr.2406

Wewege, M., Berg, R. V. D., Ward, R. E., & Keech, A. (2017). The effects of high-intensity interval training vs. moderate-intensity continuous training on body composition in overweight and obese adults: A systematic review and meta-analysis. *Obesity Reviews*, *18*(6), 635– 646. https://doi.org/10.1111/obr.12532

Wrotniak, B. H., Epstein, L. H., Dorn, J. M., Jones, K. E., & Kondilis, V. A. (2006). The relationship between motor proficiency and physical activity in children. *Pediatrics*, *118*(6), 1758–1765. https://doi. org/10.1542/peds.2006-0742

Yankov, Y. (2016). Dynamics of physical preparedness of students 5-8 grade practicing basketball. *Research in Kinesiology*, *44*(1), 14–18. http://fsprm.mk/wp-content/uploads/2016/06/Pages-from -RIK_1_2016_za_mail-4.pdf

Young, W., Dawson, B., & Henry, G. (2015). Agility and change-of-direction speed are independent skills: Implications for agility in invasion sports. *International Journal of Sports Science and Coaching*, *10*(1), 159–169. https://doi.org/10.1260/1747 -9541.10.1.159

Zhao, Y., Chung, P. K., & Tong, T. K. (2017). Effectiveness of a balance-focused exercise program for enhancing functional fitness of older adults at risk for falling: A randomised controlled trial. *Geriatric Nursing*, *38*(6), 491–497. https://doi.org/10.1016/j.gerinurse .2017.02.011

CHAPTER 20

저항 트레이닝

학습 목표

- 저항 트레이닝이 신체에 미치는 영향을 요약할 수 있다.
- 저항 트레이닝 시스템을 정의할 수 있다.
- 트레이닝의 핵심 변수를 식별할 수 있다.
- 다양한 고객의 유형, 목표, 적응에 맞는 저항 운동을 분류할 수 있다.
- 안전한 저항 운동의 실행, 지시 및 신호 방법을 사용할 수 있다.

저항 트레이닝 개요

© Tsyhun/Shutterstock

고객의 요구와 목표를 충족하도록 지원하기 전에, 공인 퍼스널 트레이너는 우선적으로 고객에게 잘 설계되고 전략적이며 안전하고 효과적인 트레이닝 프로그램을 제공할 수 있어야 한다. 하지만 이것은 복잡한 프로세스이다. 계획된 프로그램 전반에 걸쳐 훈련 변수를 조작해야 하는 등 트레이닝 원리의 여러 측면을 적절하게 충족시켜 주기 위해서는 주의 깊은 고려가 필요하기 때문이다. 피트니스 전문가는 특정 기본 원리를 준수하여 운동 프로그램이 원하는 결과를 얻을 수 있도록 해야 한다. 다양한 필수 트레이닝 원리가 효과적인 트레이닝 프로그램, 특히 저항 트레이닝 프로그램 개발에 지침이 되어야 한다. 이러한 트레이닝의 기본 원리를 다루지 않는 프로그램은 일관성과 정확성을 떨어뜨리고 부상의 위험을 높일 수 있다.

피트니스 전문가는 고객이 효과적으로 목표를 달성하도록 하기 위해 저항 트레이닝의 기본 원리, 과학적 특성 및 적용 지침을 이해해야만 한다. 이러한 원리와 적응을 바탕으로 안전하고 개별화된 트레이닝 프로그램을 설계한다면, 적절하고 성취 가능한 운동 결과를 얻을 수 있다. 이 장에서는 고객을 위한 근력 트레이닝 프로그램을 설계하고 실행하는 것과 관련된 많은 중요한 저항 트레이닝 개념을 탐구한다. 아울러 적응의 원리, 점진적 과부하, 특이성 원리, 근력 발달의 특성 및 다양한 유형의 트레이닝 시스템, 실행 및 운동 진행 과정에 대해서도 알아본다.

적응의 원리

인체의 가장 독특한 특징 중 하나는 스트레스와 환경 변화, 기능적 능력을 포함한 다양한 조건에 적응하는 능력이다.

표 20-1 저항 트레이닝의 적응적 혜택

물리적 및 수행능력상의 이점	
■ 심혈관 효율 향상	■ 신경근 통제(조정력) 증가
■ 내분비(호르몬) 및 콜레스테롤 적응 향상	■ 결합 조직(힘줄, 인대)의 강도 증가
■ 근비대(근육 확장) 증가	■ 근지구력 향상
■ 골밀도 증가	■ 근력 증가
■ 대사 작용 증가	■ 파워 증가
■ 체지방 감소	

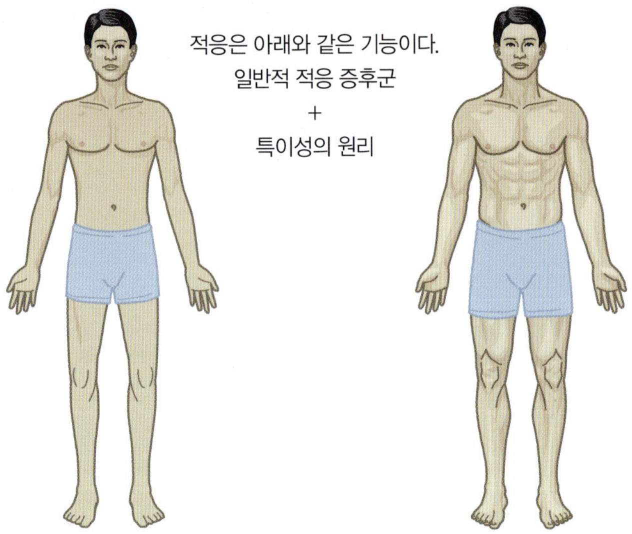

그림 20-1 적응에 대한 저항 트레이닝 원리

저항 트레이닝 또한 신체적 적응을 이끌어낸다(그림 20-1). 고객의 운동 목표가 체형의 변화에 있든 건강 및 운동수행능력에 있든 상관없이 저항 트레이닝은 매우 바람직하고 유의미한 결과를 보이는 것으로 나타났다(Duchateau et al., 2006; Gabriel et al., 2006)(표 20-1).

일반적 적응 증후군

일반적 적응 증후군(general adaptation syndrome, GAS)은 트레이닝 반응에 대한 전반적 적응을 지배하는 중심 이론이다. GAS는 1936년, 캐나다 의사인 Hans Selye에 의해 최초로 제안되었다. 그것은 생명체가 급성 자극, 또는 해로운 자극에 노출되었을 때 어떻게 적응하는지에 대한 과정을 설명하는 데 사용되었다(Selye, 1936).

초기 모델에서 손상 인자는 과도한 근육 운동, 냉기 쇼크, 또는 치사량에 가까운 약물 복용 등이었다. 저항 운동의 맥락에서 신체에 부과되는 스트레스는 저항 트레이닝을 하는 동안에 사용되는 무게이다. 이것은 시간이 지남에 따라 신체가 적응하고 저항 운동에 더 익숙해지도록 도와주는 '유스트레스(eustress)'라고 불리는 좋은 형태의 스트레스이다. 적응이 일어나려면 시간이 지남에 따라 신체는 스트레스 요인 또는 자극에 반복적으로 직면하여 원하는 반응의 결과를 만들어 내야 한다. GAS 모델은 스트레스에 대한 세 가지 반응 단계를 설명한다(Cunanan et al., 2018).

- 경고 반응
- 저항 증가
- 탈진

경고 반응 단계

첫 번째 단계는 스트레스 요인에 대한 초기 반응인 경고 반응 단계(alarm reaction stage)이다. 이 반응에는 피로, 관절 경직, 또는 지연성 근육통(delayed-onset muscle soreness, DOMS)이 있다. 경고 반응 단계는 일반적으로 신경근 시스템의 초기 손상 후 6~48시간에 발생한다(Cunanan et al., 2018). 사람이 새로운 트레이닝 루틴이나 익숙하지 않은 운동을 시작하면, 24~48시간 동안 근육에 전형적인 DOMS가 나타날 수 있다(Franchi et al., 2017). 이 DOMS 기간 동안 통증을 유발하는 운동을 반복하거나 진행하려는 시도를 하면 통증에 기여하는 요인 때문에 운동을 수행하기 어렵게 된다. 연구에 따르면 통증은 근육 손상의 규모와는 관련성이 낮은 것으로 나타났다(Mike et al., 2017). 구체적으로 통증은 근육 손상이 일어났다는 일반적 징후로 볼 수는 있지만, 근육 손상의 정도를 결정하는 단독 요인으로 사용할 수는 없다. 피트니스 전문가는 모든 유형의 근육 수축과 다양한 운동 프로그램이 근육 손상을 일으킬 수 있다는 점에 유의해야 하는데, 특히 트레이닝을 받지 않았던 사람, 신규 또는 초보 고객을 위한 저항 트레이닝 프로그램을 개발할 때 더욱 주의해야 한다. 따라서 점진적이고 체계적인 방법으로 저항 운동을 도입하여 DOMS를 최소화하는 것이 중요하다.

경고 반응 단계는 산소 및 혈액 공급 증가, 작동하는 근육에 대한 신경 동원, 뼈 형성, 관절 부하 및 내성 증가, 결합조직 강화 등 신체 내 여러 생리학적 과정을 자극한다. 소량의 손상 자극이 지속되면 손상된 유기체는 자극에 대한 큰 저항력을 갖게 되고, 신체의 모양과 기능은 항상성(homeostasis)으로 인해 복구된다. 따라서 피트니스 전문가는 신체가 익숙하지 않은 스트레스 요인을 극복할 수 있도록 점진적 과부하(progressive overload)의 원리를 적용해야 한다(Cunanan et al., 2018).

저항 증가 단계

저항 증가(resistance development) 단계에서는 수많은 생리적 변화가 일어나 궁극적으로 수행력 향상을 촉진하는 훈련 적응을 이끌어 낸다(Cunanan et al., 2018). 반복 훈련 후에 인체는 근육 섬유를 효율적으로 동원하고 산소와 혈액을 체내 적절한 부위에 분배하는 능력을 높인다. 앞서 언급했듯이, 점진적 과부하의 원리를 적용하면 신체는 추가 자극에 대한 반응으로 신체에 가해지는 요구를 충족시키는 능력을 증가시킨다(Cunanan et al., 2018).

피트니스 전문가는 이러한 적응 반응을 필수적으로 이해하고 있어야 한다. 하지만, 부하를 증가시키는 것(즉, 들어올리는 무게의 양)은 운동 프로그램의 강도를 증가시키기 위한 하나의 예에 불과하다. 이 장의 뒷부분에서 설명하는 것처럼 강도를 증가시키기 위한 추가적인 방법은 많다. 초기 트레이닝 세션에서 익숙하지 않은 운동으로 발생하는 DOMS가 감소하면 후속 통증이 감소하여 근육 조직의 복구 및 재생이 향상되고 수행능력도 향상된다. 수행능력은 새로운 능력이 안정기에 도달할 때까지 계속 개선되며, 운동이 유지된다면 그 능력도 유지된다.

탈진 단계

장기간에 걸친 스트레스, 또는 참을 수 없는 양의 스트레스는 탈진(exhaustion)이나 고통으로 이어질 수 있다. 이로 인해 다음과 같은 몇 가지 부정적인 결과가 발생할 수 있다.

- 스트레스 골절(stress fractures)
- 근육의 긴장 및 인대 염좌
- 관절통
- 정서적 피로(Cunanan et al., 2018)

이러한 유형의 많은 부상이 독립적으로 발생할 수 있지만, 누적된 부상의 조합으로 이어질 수도 있다. [표 20-2]는 GAS의 내용이다.

표 20-2 일반적 적응 증후군

단계	반응
경고 반응	피로, 관절 강직, 또는 DOMS와 같은 스트레스 요인에 대한 초기 반응
저항 증가	근육 섬유의 동원을 증가시키는 것과 같이 스트레스 요인에 적응하는 기능적 능력 증가
탈진	장기간의 견딜 수 없는 스트레스 요인으로 피로가 유발되고 부상이나 시스템 고장으로 이어짐

저항 트레이닝은 다른 형태의 운동과 함께 신체에 가해지는 스트레스를 증가시키는데, 탈진을 피하기 위해 충분한 회복과 재생을 위한 여러 단계를 거쳐야 한다. 주기화(periodization)는 시간 경과에 따라 수행능력을 향상시키기 위해 조직화된 방식으로 훈련 변수를 계획적으로 조작하거나 거시적으로 관리하는 것을 말한다(Evans, 2019). 즉, 주기화는 더 작고 점진적인 단계(즉, 훈련 주기)로 나누어지는 훈련 프로그램이다. 고객은 고유한 신체적 능력, 목표 및 트레이닝 일정을 가지고 있기 때문에 각 트레이닝 주기의 길이는 고객마다 달라야 한다.

일반적 적응 증후군 General adaptation syndrome (GAS) 신체가 스트레스에 반응하고 적응하는 방법을 설명함

경고 반응 단계 Alarm reaction stage 스트레스 요인에 대한 초기 반응

지연성 근육통 Delayed-onset muscle soreness (DOMS) 격렬한 운동이나 익숙하지 않은 신체활동 후 24~72시간 사이에 자주 느끼는 통증이나 불편함

항상성 Homeostasis 인체가 상대적으로 안정된 평형 상태를 유지하기 위해 노력하는 과정

점진적 과부하 Progressive overload 체계적이고 점진적인 접근법을 이용해서 운동 프로그램의 강도나 양을 늘리는 것

저항 증가 Resistance development 신체가 스트레스 요인에 적응하는 기능적 능력을 증가시킨다.

탈진 Exhaustion 장기간에 걸친 스트레스 또는 참을 수 없는 양의 스트레스는 시스템에 피로나 고통을 준다.

지식 확장하기

오버트레이닝(overtraining) 증후군은 운동선수나 피트니스 고객이 피로, 수행능력 저하 및 소진을 경험하는 상태이다. 이는 만성 질환이며, 주로 지나치게 공격적인 트레이닝 일정 때문에 발생한다. 좀더 구체적으로 말하면, 이것은 갑자기 증가하거나, 장기간에 걸쳐 존재하거나, 또는 회복과 재생이 불충분한 상태에서 높은 운동량(볼륨) 혹은 고강도 운동을 할 때 발생한다(Meeusen et al., 2006, 2013).

오버리칭(overreaching)은 오버트레이닝 증후군과 비교할 때 일시적인 상태에 가깝다. 오버트레이닝 증후군과 마찬가지로 오버리칭도 피로의 결과로써 수행능력 저하를 가져온다. 오버리칭을 주의하지 않으면 오버트레이닝 증후군으로 이어질 수 있다(Meeusen et al., 2006, 2013). 이 두 용어가 동일하게 들릴 수 있는데, 미묘한 차이가 있다면 스트레스 형태가 아니라 회복을 위한 시간과 관련이 있다.

특이성의 원리: SAID 원칙

SAID(강요된 요구에 대한 특정 적응) 원리라고도 하는 특이성의 원리(principle of specificity)는 운동과 훈련에 대한 신체의 반응과 적응을 설명한다. 신체의 적응은 관련된 운동 유형과 근육 그룹에 따라 다르다. 예를 들어 누군가가 반복적으로 무거운 중량을 든다면 그 사람은 더 높은 수준의 최대 근력을 생산할 것이다. 반대로 한 사람이 여러 번 반복하기 위해 더 가벼운 무게를 든다면 그 사람은 더 높은 수준의 근지구력을 발달시킬 것이다.

특이성의 일부 유형은 다음과 같다.

- 에너지 시스템의 특이성(유산소 및 무산소)
- 트레이닝 방법의 특이성
- 근육 그룹 및 운동 패턴의 특이성
- 자세의 특이성

이 원칙을 통해 추론할 수 있는 것은 모든 트레이닝을 가능한 한 구체적으로 유지하는 것을 목표로 해야 한다는 것이다. 피트니스 전문가는 이 원칙을 사용하여 특정 근육 그룹, 특정 에너지 시스템, 기능적 움직임 패턴, 운동 속도 또는 특정 근육 활동(예: 신장성, 단축성, 등척성)을 트레이닝하는 데 적용할 수 있다. 트레이닝의 특이성을 적용하는 가장 크고 효과적인 방법 중 하나는 특정 움직임 패턴을 파악하는 것이다. 높은 속도의 움직임이 필요한 스포츠는 플라이오메트릭이나 파워 기반 저항 운동과 같이 이러한 패턴을 통합하는 움직임을 강조해야 한다. 전반적으로 트레이닝 프로그램에서 움직임 패턴의 유사성이 높을수록 스포츠 관련 활동으로의 전이 효과가 더 커진다.

이 규칙의 예외는 특정 운동 패턴이 부상 위험을 높이거나 기능 장애 움직임을 악화시킬 때 발생한다. 이러한 상황이 발생하면 부상 위험을 최소화하면서 움직임을 가능한 한 구체적으로 유지해야 한다. 예를 들어, 운동선수는 높은 수준의 파워가 필요하지만, 아마도 이 같은 운동선수는 신장성 제어가 부족하고 점프 착지 동작을 수행할 때 미숙한 착지 역학을 보일 것이다. 따라서 피트니스 전문가는 스포츠에 필요한 폭발적인 움직임 패턴으로 진행하기 전에 먼저 신장성 제어와 적절한 착지 역학을 강조하면서 체계적인 방식으로 선수를 트레이닝해야 한다.

트레이닝 팁

타입I 근육 섬유는 타입II 근육 섬유와 다르게 기능한다는 것을 기억하라. 타입I(예: 수축 속도가 느린) 근육 섬유는 관절 안정, 지구력, 자세 조절 등 지속적인 수축이 필요한 근육에 있어 중요하다. 타입II(수축 속도가 빠른) 근육 섬유는 타입I 섬유보다 크기가 크고, 최대 장력을 빠르게 생성하며, 피로도가 더 빠르다. 이 섬유들은 단거리 달리기와 같은 폭발적인 힘을 필요로 하는 움직임을 만드는 데 있어 중요하다. 더 높은 강도로 훈련하기 위해서는 적절한 자세 안정화가 필요하므로 조직들은 더 높은 수준의 훈련에 대비하기 위해 다르게 훈련될 필요가 있다. 이는 특이성의 원칙을 따르는 것 외에도, 운동 프로그램이 고객의 능력 수준에 따라 체계적이고 점진적이어야 한다는 것을 강조하는 것이다.

기계적, 신경근적, 대사적 특이성

이전 섹션에서는 일반적 유형의 특이성에 대해 간단하게 논의했다. 이 섹션은 기계적, 신경근적, 대사적 특이성과 이러한 특이성이 트레이닝 프로그램과 어떻게 관련되는지에 대한 더욱 자세한 내용을 제공할 것이다.

트레이닝 중 적응 정도는 훈련 프로그램의 기계적, 신경근적 및 대사적 특이성과 직접적인 관련이 있다(Evans, 2019). 고객을 위한 프로그램 목표를 효과적으로 달성하기 위해 피트니스 전문가는 운동 루틴을 지속적으로 평가하고 조작해야 한다.

- 기계적 특이성(mechanical specificity)은 신체에 부과되는 무게 및 움직임을 말한다(Schoenfeld, 2011). 예를 들면, 다리의 근지구력 발달을 위해 다리 관련 운동을 할 때 가벼운 무게와 많은 반복이 필요하다. 가슴에서 최대 근력을 개발하기 위해 피트니스 전문가는 가슴 관련 운동 중에 무거운 중량을 사용해야 한다.
- 신경근적 특이성(neuromuscular specificity)은 수축 및 운동 선택의 속도를 말한다(Duchateau et al., 2006; Gabriel et al., 2006). 미는 동안 더 높은 수준의 안정성을 개발하려면 통제되고 불안정한 운동과 함께 느린 속도로 가슴 운동을 수행해야 한다. 더 높은 수준의 근력 개발을 위해서는 주동근 강화에 중점을 두고 더 무거운 하중과 함께 더 안정적인 환경에서 운동을 수행해야 한다(그림 20-3). 저중량, 빠른 속도의 움직임은 더 높은 수준의 파워를 발달시킬 수 있다(그림 20-4).
- 대사적 특이성(metabolic specificity)은 신체에 가해지는 에너지 요구량을 말한다. 유산소 지구력을 개발하기 위해 저항 트레이닝은 세트 사이에 최소한의 휴식 시간을 주고 길게 지속되는 운동을 한다. 지구력 트레이닝은 신체에 에너지를 공급하기 위해 주로 유산소 경로를 사용한다. 그러나 최대의 근력이나 파워를 개발하기 위한 저항 트레이닝 프로그램은 아데노신 삼인산(adenosine triphosphate, ATP)을 보충하기 위해 더 긴 휴식 시간이 필요하므로 각 운동의 강도를 높게 유지할 수 있다. 이때 에너지는 주로 무산소성 대사 경로를 따른다(Duchateau et al., 2006; Gabriel et al., 2006).

피트니스 전문가는 고객의 트레이닝 프로그램이 그들의 일상생활, 건강 및 웰빙 목표의 특정한 요구를 충족하도록 설계되어야 한다는 것을 기억해야 한다. 다음 예는 체지방 감소를 목표로 하는 고객에게 특이성의 개념을 적용한 것이다.

그림 20-2 안정성을 위한 트레이닝

특이성 원리 Principle of specificity 신체가 주어진 특정 요구 사항에 적응할 것이라는 원칙. 부과된 요구에 대한 특정 적응(SAID) 원칙이라고도 함

기계적 특이성 Mechanical specificity 신체에 부과되는 무게 및 운동을 말한다.

신경근적 특이성 Neuromuscular specificity 수축 및 운동 선택의 속도를 나타낸다.

대사적 특이성 Metabolic specificity 신체에 부과되는 에너지 요구를 말한다.

아데노신 삼인산 Adenosine triphosphate (ATP) 인체에서 주요 형태의 에너지 역할을 하는 고에너지 분자. 인체의 에너지 화폐로 알려져 있다.

그림 20-3 근력을 위한 트레이닝

그림 20-4 파워를 위한 트레이닝

1. 기계적으로 중간 정도의 무게를 사용할 때, 신체는 앉거나 누운 자세보다 서 있는 상태에서 움직임을 수행할 때 더 많은 칼로리를 소모한다(Duchateau et al., 2006; Gabriel et al., 2006). 예를 들어, 서서 하는 케이블 로우와 앉아서 수행하는 머신 로우를 비교해볼 수 있다.
2. 신경근적 관점에서 신체는 통제되고 불안정한 환경에서 더 많은 근육을 더 오래 사용할 때 더 많은 칼로리를 소비한다. 예를 들어, 서서 하는 덤벨 숄더 프레스와 앉아서 하는 머신 숄더 프레스를 비교해볼 수 있다.
3. 대사적으로 신체는 완전한 회복을 위한 휴식 시간이 짧을 때 더 많은 칼로리를 소모한다. 예를 들어 고객이 세트 사이에 휴식을 거의 또는 전혀 갖지 않고 서킷 방식으로 저항 트레이닝 운동을 수행하도록 할 수 있다.

체중 감량을 위한 트레이닝 프로그램에 특이성의 원리를 적용할 때 고객은 대부분의 운동을 서서 적당한 무게로 수행해야 한다. 또한 각 운동 동안 가능한 한 많은 근육을 동원하고 사용해야 하며, 더 많은 칼로리 소비를 위해 휴식 시간을 주의 깊게 모니터링해야 한다.

저항 트레이닝의 점진적 적응

적응의 개념은 신체에 가해지는 스트레스를 기반으로 어떤 유형의 변화가 일어나는 것이다. 저항 트레이닝 프로그램은 다양한 적응이 일어나 변화를 일으키도록 설계되었다. 목표가 근지구력, 근력, 비대 또는 파워를 증가시키는 것이든 체지방을 줄이고 전반적인 건강을 개선하는 것이든 저항 트레이닝의 사용은 모든 피트니스 프로그램의 중요한 구성요소이다. 이것은 최적의 건강과 수명을 보장하는 데 도움이 된다. 더 큰 힘과 지구력을 개발함에 따라 탈진 단계(예: GAS)에 도달하기까지 더 오랜 시간 트레이닝할 수 있고, 이것은 시간이 지남에 따라 더 높은 수준의 변화와 적응으로 이어진다. 저항 트레이닝에서 발생하는 주요 적응에는 안정화, 근지구력, 근비대, 근력 및 파워가 있다.

안정화

안정화(stabilization)는 모든 움직임 동안 올바른 자세를 유지하기 위해 관절에 최적의 동적 안정화를 제공하는 신체의 능력이다. 다시 말해, 안정화는 적절한 운동면에서 알맞은 타이밍에 적당한 양의 힘으로 적절한 근육을 움직여 관절과 척추를 지지하도록 하는 것이다. 이것은 단축성 힘의 생산을 증가시키고 신장성 힘을 감소시키며, 주동근이 최적으로 동원되도록 지원한다. 이를 위해서는 높은 수준의 근지구력이 필요하다. 통제되고 불안정한 환경에서의 반복적인 트레이닝은 신체를 안정화시키고 균형을 유지하는 능력을 증가시킨다(Coulombe et al., 2017; Lesinski et al., 2015).

반대로, 통제되고 불안정한 운동으로 트레이닝을 수행하지 않으면 동일한 수준의 안정성을 얻지 못하고, 관절의 안정성이 더욱 악화될 수 있다(Behm et al., 2010; Lesinski et al., 2015). 연구에 따르면 부적절한 안정화는 근육의 힘 생성에 부정적인 영향을 미칠 수 있다(Behm et al., 2010; Brachman et al., 2017; Rivera et al., 2017). 안정성은 움직이는 동안 코어와 관절을 지지하여 팔과 다리가 더 효율적으로 움직이도록 하기 때문에 신체 능력을 향상시키기 위한 중요한 트레이닝 적응으로 볼 수 있다(Huxel Bliven & Anderson, 2013).

> **트레이닝 팁**
>
> 안정화에 초점을 맞춘 저항 운동은 본질적으로 불안정하기에, 일반적으로 서서, 또는 한 발로 서서 균형을 잡는 방식을 사용한다. 다시 말해서, 고객은 벤치나 머신과 같은 인공적인 지지에 의존하지 않고 코어와 관절 안정성을 통해 척추와 자세를 지지해야 한다. 불안정성의 정도는 고객의 육체적 능력에 따라 달라야 한다는 점에 유의한다. 이것은 아무리 강조해도 지나치지 않다. 안정화에 중점을 둔 운동은 고객이 안전하게 제어할 수 있는 정도의 불안정성만 제공해야 하며, 고객은 이상적인 자세를 유지하면서 운동을 수행할 수 있어야 한다.
>
> 또한, 안정화에 초점을 맞춘 저항 운동은 안전의 우려 때문에 안정적인 환경이 필요하므로 무거운 부하를 요구하는 근비대나 최대 근력을 발달시키는 데는 이상적이지 않다(Behm et al., 2010). 그러나 안정화 중심의 저항 운동은 고급 형태의 근력 트레이닝을 시도하기 전에 코어 및 관절 안정성의 견고한 토대를 제공하고, 주기적인 트레이닝 계획에서 필수적인 역할을 한다.

근지구력

근지구력(muscular endurance)은 장시간 동안 힘을 생산하고 유지하는 능력이다. 근지구력을 개발하고 향상시키는 것은 모든 피트니스 프로그램의 필수 구성 요소이다. 그것은 근비대, 근력 및 파워가 구축되는 기초인 코어 및 관절 안정화를 증가시키는 데 도움을 준다. 코어의 근지구력 트레이닝은 자세 안정성을 담당하는 근육, 즉 타입 I 근섬유의 동원에 초점을 맞춘다.

연구에 따르면, 높은 반복 횟수를 사용하는 저항 트레이닝 프로토콜은 근지구력을 향상시키는 가장 효과적인 방법이다. 또한 주기화 트레이닝은 국소 부위의 근지구력를 강화할 수 있으며, 단일 세트보다 복합 세트의 운동 프로그램이 근지구력을 향상시키는 데 더욱 효과적일 수 있다(Evans, 2019). Ratamess 등(2009)은 근력의 증가와 국소 부위 근지구력 사이에 관계가 존재한다는 것을 발견했는데, 이는 근력 운동만으로도 지구력이 어느 정도 향상될 수 있음을 보여준 것이다. 트레이닝의 특이성은 가장 큰 향상을 가져온다. 근지구력을 증가시키기 위한 트레이닝은 많은 반복을 수행한다는 것을 의미하며, 이는 근육의 긴장 상태 유지 시간을 증가시키거나 또는 세트 사이의 휴식 시간을 최소화한다는 것이다(Evans, 2019; Schoenfeld, 2011; Schoenfeld, Grgic, et al., 2017).

근비대

근비대(muscular hypertrophy)는 저항 트레이닝에서 볼 수 있듯이 증가된 장력에 대한 적응 반응으로 뼈대근 섬유가 커지는 것이다(Schoenfeld, 2010). 근비대는 **근원섬유(myofibrils)**의 단백질 증가로 인해 개별 근육 섬유의 단면적이 증가하는 것이 특징이며, 근육 섬유 해부학 및 기능과 함께 5장에서 자세히 설명했다. 운동 초보자의 경우 근비대의 가시적 징후는 4~8주 동안 분명하게 나타나지 않지만, 훈련 강도에 관계없이 근비대 과정은 트레이닝의 초기 단계에서 시작된다(Gabriel et al., 2006; Schoenfeld, Grgic, et al., 2017; Schoenfeld, Ogborn, et al., 2017).

점진적 과부하와 함께 다양한 반복 범위를 사용하는 저항 트레이닝 프로토콜은 근비대를 유발한다. 복합 세트를 사용하는 구조화된 점진적 저항 트레이닝 프로그램은 젊거나 나이든 남녀 모두에서 근비대를 증가시킨다(Borde et al., 2015; Lasevicius et al., 2018; Schoenfeld, Ogborn, et al., 2016, 2017). Kraemer 등(2004)은 주당 3일 동안 24주 트레이닝을 하고 운동당 8~12회 반복하는 3세트의 훈련이 근비대와 신체 구성을 개선한다는 것을 보여주었다. 따라서 점진적으로 더 높은 부하와 세트로 다양한 반복 프로토콜을 사용하는 저항 트레이닝 프로그램은 성인 모두에게서 근비대를 증가시킬 것이다.

근력

근력(strength)은 신경근계가 뼈를 당기는 근육과 결합조직의 장력을 생성하여 외력을 극복하는 능력이다. 신체 외부의 저항이 신경근육계에 안정성, 지구력, 최대 근력, 파워

> **안정화** Stabilization 모든 움직임 동안 올바른 자세를 유지하기 위해 최적의 동적 관절 지지를 제공하는 신체의 능력
>
> **근지구력** Muscular endurance 장시간 동안 힘을 생산하고 유지하는 능력
>
> **근비대** Muscular hypertrophy 뼈대근 섬유의 확대
>
> **근원섬유** Myofibrils 근육 세포의 수축성 성분. 근필라멘트(액틴 및 마이오신)는 근원섬유 내에 있다.
>
> **근력** Strength 외부 부하를 극복하기 위해 내부 긴장을 생성하는 신경근계의 능력

등 어느 것을 요구하든지 상관없이 신경근계는 내부 장력을 통해 힘을 생성시킨다. 생성된 내부 장력의 정도는 근력 적응의 결과이다. 트레이닝을 통해 생성되는 특정 형태의 근력이나 내부 장력은 고객이 진행하는 트레이닝의 유형과 강도에 따라 달라진다. 이것은 특이성의 원리를 의미한다.

저항 트레이닝 프로그램은 전통적으로 하나의 운동면(일반적으로 시상면)을 강조하며 개별 근육의 최대 근력을 증가시키는 데 초점을 맞추었다. 하지만 모든 근육의 움직임은 세 가지 운동면(시상면, 이마면, 수평면)에서 다른 속도(단축성, 등척성, 신장성)로 작용하기 때문에, 트레이닝 프로그램은 점진적 접근법을 사용하여 설계되어야 한다. 이 접근법은 다양한 운동면에서 적절한 운동을 선택하여 모든 근육을 사용할 수 있도록 설계하고, 목적에 맞춰 반복 횟수 및 운동 템포를 적용한다.

근육은 중추신경계의 통제하에서 작동되기 때문에 근력은 근육의 기능이 아니라 신경근(근육+신경계) 활성화의 결과로 고려되어야 한다. 근력은 운동 초심자에게서 빠르게 향상될 수 있으며, 구조화되고 점진적인 저항 트레이닝 프로그램을 통해 안전하게 증가시킬 수 있다. 초기 저항 트레이닝의 근력 증가의 요인은 동원된 운동 단위(motor unit) 수의 증가 때문이다(Duchateau et al., 2006; Gabriel, 2006). 초기 저항 트레이닝은 안정기에 도달할 때까지 신경 요구와 더 많은 근육 섬유 동원이 필요하며, 그 후에 나타나는 근력의 추가적인 증가는 근섬유 비대의 결과이다(Evans, 2019; Lasevicius et al., 2018; Schoenfeld, 2010).

근력은 분리해서 생각할 수 없다. 근력은 근육, 힘줄 및 인대가 부하에 대비해야 하는 안정화의 기초 위에서 구축되는데, 이때 부하는 트레이닝 초기 단계를 넘어 근력을 증가시키기 위해서 지속적으로 필요한 것이다. 안정화 중심의 저항 트레이닝은 타입I 느린 연축 섬유의 특성(느린 수축, 낮은 장력, 피로 저항)을 염두에 두고 설계되는 반면, 근력 중심 저항 트레이닝은 타입II 속근 섬유(빠른 수축, 높은 장력, 피로하기 쉬운)의 특성에 맞게 설계된다. 따라서 저항 트레이닝의 변수(세트, 반복횟수, 강도 등)는 각 섬유 타입의 특정 특성에 맞도록 조작되어야 한다. 근력 증가의 대부분은 트레이닝의 첫 12주 동안 발생하는데, 이때 신경 동원 및 근비대가 증가하기 때문이다(Duchateau et al., 2006; Evans, 2019; Schoenfeld, 2010; Schoenfeld et al., 2015). 중급 및 고급 리프터는 주기적인 일정에 따라 강도와 운동량 측면에서 보다 까다로운 프로그램을 수행하는 것이 필요하다는 것을 알게 될 것이다.

파워

파워(power)란 가능한 한 짧은 시간에 가장 큰 힘을 생산하는 신경근계의 능력이다. 이것은 힘에 속도를 곱한 간단한 방정식(힘 × 속도)으로 표시된다. 파워 적응은 안정화 및 근력 적응을 기반으로 하며, 그런 다음 일상생활과 스포츠 활동에서 볼 수 있는 보다 현실적인 속도와 힘으로 적용한다. 파워 트레이닝의 초점은 신경근 시스템이 가능한 한 빨리 힘을 생산하도록 하는 데 있다[힘 생성률(rate of force production)].

파워는 힘이나 속도 둘 중 하나만 증가하여도 증가한다. 파워 트레이닝은 근력 적응에서 볼 수 있듯이 무게(힘)를 늘리거나 무게를 이동하는 운동 속도를 증가시켜 달성할 수 있다. 파워 트레이닝은 활성화된 운동 단위의 수, 이들 간의 동기화 및 활성화되는 속도를 증가시켜 힘 생성률을 증가시킨다(Maffiuletti et al., 2016; Tredrea, 2017). GAS와 특이성의 원칙은 모두 이러한 유형의 적응에 대한 트레이닝을 최대화하기 위해 무거운 하중과 가벼운 하중 모두를 가능한 한 최대한 폭발적이고 빠른 속도로 움직이면서도 안전한 방식(제어 가능한 범위)으로 운동해야 한다고 강조한다. 따라서 슈퍼 세트 방식으로 두 가지 트레이닝 방법을 모두 사용하면 신체가 많은 수의 운동 단위를 동원하고, 활성화율(속도)을 증가시키는 데 필요한 적응을 만들 수 있다(Hermassi et al., 2019; Maffiuletti et al., 2016; Pichardo et al., 2019; Rhea & Alderman, 2004).

전문적으로 알아보기

앞서 언급한 것과 같이 파워는 힘 × 속도로 정의할 수 있다. 힘에 대한 또 다른 방정식이 존재하는데, 이는 스포츠 과학자들 및 공학자들이 자주 사용한다.

파워는 일이 수행되는 비율로 정의된다. 수행한 작업량을 해당 작업을 수행한 시간으로 나누어 계산한다.

$$일 \div 시간$$

파워는 여러 가지 형태(마력 등)로 측정할 수 있지만, 인간이 수행하는 것을 측정할 때는 일반적으로 와트를 많이 사용한다.

핵심 변수 개요

운동 훈련 변수로도 알려진 핵심 변수(acute variables)는 모든 운동 프로그램의 기초이다. 그것들은 신체에 부과되는 스트레스의 양과 궁극적으로 발생하는 신체적 적응을 결정한다. 이 섹션에 제시된 정보는 모든 핵심 변수를 자세히 설명하고, 저항 트레이닝 프로그램 개발에 있어 피트니스 전문가를 안내한다. 핵심 변수에는 반복, 세트, 트레이닝 강도, 반복 템포, 휴식 간격, 운동량(볼륨), 트레이닝 빈도, 트레이닝 기간, 운동 선택 및 운동 순서 등이 포함된다.

유용한 힌트

핵심 변수는 아래 사항들을 포함한다.

- 반복
- 세트
- 트레이닝 강도
- 반복 템포
- 휴식 간격
- 운동량(볼륨)
- 트레이닝 빈도
- 트레이닝 기간
- 운동 선택
- 운동 순서

지속적인 적응 및 향상을 위해 피트니스 전문가는 트레이닝 과정을 지속하면서, 잠재적 부상이나 오버트레이닝을 줄이기 위해 주기적으로 트레이닝 접근법과 핵심 변수를 조절해주어야 한다. 저항 트레이닝 프로그램은 바디빌딩, 파워리프팅, 올림픽 역도, 근력 및 컨디셔닝, 물리치료 등 여러 분야의 시각을 통해 설계된다. 게다가, 저항 트레이닝 프로그램은 이러한 범주의 전문가에 따라 매우 다양하다. 교육 경험의 전반적인 폭과 깊이에 따라 프로그램이 얼마나 잘 개발되고 실행되는지가 결정되지만, 이것만이 고객의 성공을 결정하는 유일한 요소는 아니다. 안전하고 효과적인 저항 트레이닝 프로그램을 설계하려면 지속적인 교육을 통해 얻은 지식, 운동에 대한 개인적 관심, 효과적인 커뮤니케이션, 동의 및 관계 구축, 다양한 고객과의 협력 등 많은 기술이 필요하다.

공인 퍼스널 트레이너가 다양한 고객을 위한 저항 트레이닝 프로그램을 능숙하게 설계하기 위해서는 운동 트레이닝 지식, 경험 및 기술의 올바른 적용과 조합을 개발하는 것이 필수적이다. 최소한 피트니스 전문가는 모든 고객을 위해 다음 질문에 자신 있게 대답할 수 있어야 한다.

- 내 고객에게 가장 적합한 운동은 무엇인가?
- 내 고객에게 금지된(즉, 사용하면 안 되는) 운동은 무엇인가?
- 내 고객에게 적합한 운동 강도는 무엇인가?
- 내 고객에게 적합한 운동은 몇 가지인가?
- 내 고객은 몇 세트와 반복을 수행해야 하는가?
- 내 고객은 일주일에 며칠을 트레이닝해야 하는가?

이러한 질문에 답할 적절한 지식과 교육이 없다면, 피트니스 전문가는 부적절하고 비효율적이거나 심지어 안전하지 않은 프로그램을 설계할 수도 있다.

트레이닝의 핵심 변수

핵심 변수는 저항 운동을 포함하여 트레이닝 프로그램 디자인에 있어 가장 기본적인 구성 요소이다. 그것들은 트레이닝 과정에서 신체에 부과되는 특정한 요구들을 결정한다. 운동 프로그램 중에 적용될 때 핵심 변수는 이러한 요구들과 달성된 적응을 나타낸다. 핵심 변수를 적절하게 조작하면 최적의 수행능력을 이끌어 내기 위한 체계적이고 구조화된 프로그램 계획을 수립할 수 있다(Ciolac & Rodrigues-Da-Silva, 2016; Duchateau et al., 2006; Evans, 2019; Mike et al., 2017; Schoenfeld et al., 2015; Schoenfeld, Ogborn, et al., 2017; Wilk, Stastny, et al., 2018). 저항 트레이닝 프로그램의 적절한 개발과 진행을 보장하기 위해 피트니스 전문가는 핵심 훈련 변수를 이해해야만 한다. 이 장에서는 각각의 핵심 변수에 대해 자세히 설명한다.

반복

반복(repetition)은 운동이 완료되는 횟수를 말하는데, 예를 들면, 바이셉 컬 15회 반복은 중량을 위로 들어올려 총 15회

운동 단위 Motor unit 하나의 운동 뉴런과 그 신경이 지배하는 모든 근육섬유 그룹

파워 Power 힘 × 속도 또는 일 ÷ 시간

힘 생성률 Rate of force production 근육이 최소한의 시간에 최대의 힘을 낼 수 있는 능력

핵심 변수 Acute variables 각 운동의 수행 방법을 지정하는 중요한 구성 요소. 운동 훈련 변수라고도 한다.

반복 Repetition 운동에서 하나의 완료된 움직임

수행했다는 뜻이다. 반복은 들어올린 하중과 반비례한다. 예를 들면, 하중이 무거울수록 반복 횟수가 낮아진다. 반복 횟수는 낮음(1~5), 중간(6~12), 높음(12이상)으로 분류된다.

세트

세트(set)는 연속적으로 수행되는 반복의 묶음이다. 고객의 피트니스 수준과 다른 핵심 변수의 양(즉, 반복 및 훈련 강도)에 따라 개인이 수행할 세트의 수가 결정된다.

세트, 반복, 강도 사이에는 반비례 관계가 있다. 일반적으로 더 낮은 강도(더 가벼운 중량)에서 더 많은 반복을 수행할 때 더 적은 세트를 수행하고, 더 높은 강도(더 무거운 중량)에서 더 적은 반복을 수행할 때 더 많은 세트를 수행한다.

트레이닝 강도

저항 트레이닝과 관련된 트레이닝 강도(training intensity)(즉, 하중)는 근비대에 상당한 영향을 미치는 것으로 나타났다. 종종 트레이닝 강도는 근육량을 자극하는 중요한 단일 운동 변수로 간주된다(Schoenfeld, Grgic, et al., 2017). 강도는 단순히 트레이닝과 관련된 노력의 정도로 설명될 수 있지만, 일반적으로 1RM(최대 반복 횟수, one repetition maximum)의 백분율로 표시되며, 주어진 중량으로 수행할 수 있는 반복의 횟수와 같다.

고객의 신체 능력, 피트니스 수준, 영양 상태 및 목표에 따라 반복 횟수, 세트, 훈련 강도가 결정된다(표 20-3).

반복 템포

반복 템포(repetition tempo)는 각 반복이 수행되는 속도와 관련된다. 많은 연구에서 근력, 파워, 근비대 측면에서 적응 과정에 대한 움직임 템포의 영향을 분석했다(Golas et al., 2016; Wilk, Golas, et al., 2018; Wilk, Stastny, et al. 2018). 저항 트레이닝의 형태는 근비대 또는 근력의 증강으로 이어지는 것으로 나타났다(Schoenfeld, Grgic, et al., 2017). 일반적으로 제어되지 않은 더 빠른 속도는 힘과 파워를 개발하는 데 사용되고, 느린 움직임 케이던스(역자 주: 달릴 때 1분간 발이 땅에 닿는 총 횟수)는 근비대를 자극하는 데 자주 사용된다. 느린 템포는 안정화 및 근지구력 발달에도 사용된다.

다음의 실제 사례는 피트니스 전문가가 반복 템포를 읽고 해석하는 방법을 이해하는 데 도움이 될 것이다. 반복 템포는 4자리 숫자 시스템을 사용한다. 각각의 숫자는 특정 근육 작용(신장성, 등척성, 단축성)을 수행하는 시간의 길이(초)를 나타낸다. 숫자는 또한 운동이 수행되는 방법과 상관없이 다음과 같은 명명 순서, 즉 신장성(eccentric)–등척성(isometric)–단축성(concentric)–등척성(isometric)으로 나열된다. 예를 들면, 4–2–1–1 템포를 사용하는 푸시업은 다음과 같다.

- 4초 동안 신체를 바닥 쪽으로 낮춘다(신장성 동작).
- 가슴을 바닥보다 약간 높은 상태로 2초간 정지한다(등척성 수축).

표 20-3 반복, 세트 및 트레이닝 강도 제안

트레이닝 적응	제안된 핵심 변수*
안정화 및 근지구력	▪ 중간에서 높은 반복 횟수: 12~20회 이상 ▪ 낮음~중간 세트: 1~3세트 ▪ 낮거나 중간 정도의 트레이닝 강도: 50~70% 1RM
근비대†	▪ 낮거나 중간 정도의 반복 횟수: 6~12회 이상 ▪ 보통에서 높은 세트: 3~6세트 ▪ 보통에서 높은 트레이닝 강도: 75~85% 1RM
최대 강도	▪ 낮은 반복 횟수: 1~5회 ▪ 높은 세트: 4~6세트 ▪ 높은 트레이닝 강도: 85~100% 1RM
파워	▪ 낮거나 중간 정도의 반복 횟수: 1~10회 ▪ 보통에서 높은 세트: 3~6세트 ▪ 낮은 트레이닝 강도: 체중의 10%(메디신 볼 사용 시) 또는 30~45%(웨이트 사용 시)

*이 표에 나열된 핵심 변수는 절대값이 아니다. 고객의 트레이닝 프로그램, 목표 및 체력 수준에 따라 적절한 핵심 변수 선택이 결정된다.
†근비대 적응은 총 트레이닝 양과 고객의 체력 수준에 따라 다양한 반복, 세트, 강도 계획으로 달성할 수 있다.

유용한 힌트

반복 템포는 운동이 처음에 스쿼트나 벤치 프레스 같은 신장성 운동으로 시작하든, 바이셉 컬이나 숄더 프레스 같은 단축성 운동으로 시작하든지에 상관없이 동일한 4개의 숫자 순서를 사용한다.

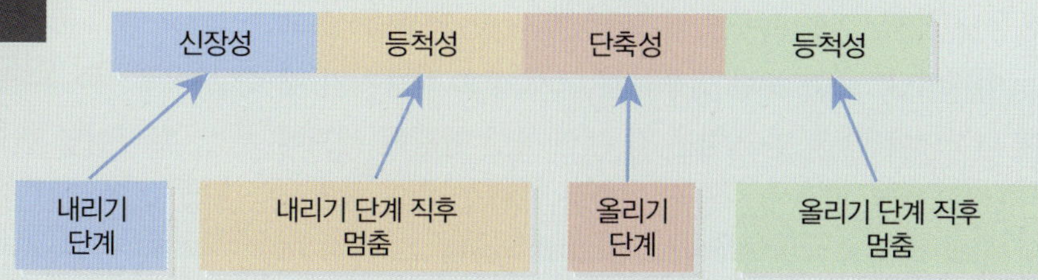

- 1초 간 위쪽으로 신체를 밀어 정상 위치로 돌아간다(단축성 수축).
- 다음 반복을 수행하기 전에 정상 위치에서 1초간 멈춘다(등척성 수축).

3-0-1-2 템포를 사용한 바벨 바이셉 컬은 아래 사항을 포함한다.

- 1초 동안 바벨을 들어올린다(단축성 수축)
- 최고점에서 2초간 멈춘다(등척성 수축)
- 3초 동안 바벨을 내린다(신장성 동작)
- 다음 반복을 수행하기 전에 맨 아래 위치에서 0초 동안 멈춘다(등척성 수축).

휴식 간격

세트 간의 회복을 최적화하기 위해 저항 트레이닝을 하는 동안에는 일정량의 휴식이 필요하다. 휴식 간격(rest interval)은 세트나 운동 사이에 회복하는 데 걸리는 시간으로, 트레이닝 프로그램의 결과에 큰 영향을 미친다. 수행된 각 운동은 에너지가 필요하다. 무산소든 유산소든 간에 트레이닝 중에 사용되는 주요 에너지 유형은 운동량, 강도 및 고객의 체력 수준에 따라 다르다.

근지구력은 주어진 기간 동안 반복되는 근수축을 유지하는 능력으로 설명할 수 있다. 앞서 언급한 바와 같이, 근지구력은 상대적으로 낮거나 중간 정도의 하중(가벼운 무게에서 중간 정도의 무게)과 보통에서 많은 반복 횟수(예: 12~20회)를 결합할 때 가장 잘 달성된다. 근지구력을 위한 일반적 휴식 권장 시간은 세트 사이에 약 30~60초이다. 단, 고객의 체력 수준에 따라 휴식 시간은 조정될 수 있다. 이러한 유형의 훈련을 수행할 때 때때로 주어진 강도를 유지하는 것이 어려워지는데, 이때는 근지구력 적응을 위해 적절한 반복 범위를 수행할 수 있도록 부하를 줄여야 한다.

근비대는 근육 세포의 크기나 양이 증가할 때 발생한다. 근비대 트레이닝에 대한 일반적인 권장 사항은 세트 사이에 짧은 휴식 시간(약 30~60초)과 함께 중간에서 높은 부하를 갖는 것이다. 부하와 휴식 간격 길이의 상호 작용으로 인해, 고객은 일련의 근비대 세트를 수행하는 동안 주어진 강도를 유지하는 것이 어려울 수 있다. 이런 경우, 피트니스 전문가는 부하를 줄여 반복이 일어날 수 있도록 해야 한다.

최대 근력 적응은 고객의 체력 수준과 운동 강도에 따라 비교적 긴 휴식 시간으로 가장 잘 달성된다. 연구에 따르면, 특히 다중 관절 운동(예: 백 스쿼트, 벤치 프레스, 데드리프트 또는 오버헤드 프레스)을 사용할 때 3~5분의 휴식 시간이 더 효과적이고 안전할 수 있다고 한다(Grgic et al., 2017; Schoenfeld, Pope, et al., 2016).

또한 파워 적응은 비교적 긴 휴식 시간을 필요로 한다. 파워 트레이닝을 할 때 세트 사이의 휴식 간격은 ATP 보충에 필요한 시간과 일치해야 한다. 연구에 따르면 이 휴식 간격은 대략 4분 정도이다(Grgic et al., 2017). 이 연구를 일반 지침으로 사용하려면 모든 사람이 다르기 때문에 세트 사이에 3~5분의 휴식이 논리적으로 적절해 보이며, 그렇게 했을 때 여러 세트와 반복 횟수에 걸쳐 힘과 파워 생성을 보존할 수 있다. 파워 개발을 위한 이러한 지침을 따름으로써 고객은 피로의 영향을 최소화할 수 있다.

세트 Set 연속되는 반복으로 이루어진 그룹

트레이닝 강도 Training intensity 최대 노력과 비교한 개인의 노력 수준으로, 일반적으로 백분율로 표시한다.

반복 템포 Repetition tempo 각 반복이 수행되는 속도

휴식 간격 Rest interval 세트 사이에 회복을 위해 사용되는 시간

운동량(볼륨)

운동량(볼륨, volume)은 피트니스의 다섯 가지 구성 요소는 아니지만, 다른 훈련 변수들과 크게 상호 작용하기 때문에 다루어야 한다. 운동량은 각 세션 동안 할당된 세트에서, 수행된 반복 횟수에 사용된 저항을 곱한 값이다. 세트는 휴식 없이 반복적으로 수행되는 횟수로 정의될 수 있는 반면, 운동량은 세션에서 수행되는 총 반복, 세트, 부하의 곱이다(Schoenfeld, Ogborn, et al., 2017; Schoenfeld et al., 2019). 이것은 아래와 같이 단순한 공식으로 나타낼 수 있다.

반복(rep) × 세트(set) × 중량(weight)

근비대 및 근력의 증가와 관련하여, 고용량 다중 세트 프로토콜이 단일 세트 프로토콜보다 효과적이라는 사실이 일관되게 입증되었다(Schoenfeld, Ogborn, et al., 2017; Schoenfeld et al., 2019).

지식 확장하기

피트니스의 다섯 가지 구성 요소는 다음과 같다.
1. 심폐지구력
2. 근력
3. 근지구력
4. 유연성
5. 신체 구성

운동량의 주요 특징 중 하나는 트레이닝의 정체를 피하고 지속적인 발전을 위해 모든 트레이닝 프로그램 전반에 걸쳐 운동량과 강도를 전략적, 체계적으로 증가시켜야 한다는 것이다. 각 트레이닝 세션에서 수행된 운동, 수행된 반복의 수, 수행된 세트의 수를 수정함으로써 운동량을 변경할 수 있다. 운동량에 대한 또 다른 주요 측면은 운동량과 강도가 반비례 관계를 가진다는 것이다. 강도가 증가하면 일반적으로 운동량은 감소하고, 운동량이 증가하면 강도는 감소하는 경우가 많다. 이는 주기화의 변형 및 모델에서 자주 관찰된다.

트레이닝 빈도

트레이닝 빈도(training frequency)는 일반적으로 주당 총 교육 세션 수를 나타낸다. 빈도는 트레이닝 기간 및 강도와 직접 관련이 있으며, 고객의 목표, 선호도 및 시간 제한에 따라 달라질 수 있다. 트레이닝 빈도에 영향을 주는 많은 요인들이 있다. 여기에는 수행된 운동의 유형, 근육 그룹의 전체 참여, 고객의 트레이닝 상태 및 프로그램의 전반적인 구조 등이 포함될 수 있으며, 특히 강도와 운동량에 초점을 맞춘다(Ochi et al., 2018; Schoenfeld et al., 2015; Schoenfeld, Ogborn, et al., 2016; Yue et al., 2018). 또한, 고객의 일반적인 생활 방식과 사회적 습관도 프로그램의 빈도 및 시행에 영향을 미치는 요소가 된다. 피트니스 전문가는 각 요소가 고객의 운동량에 스트레스를 주는 방식을 고려하지 않고 다양한 트레이닝을 시행할 수 있다. 따라서 운동량에 대한 고려가 우선되어야 한다. 일반적인 권장 사항은 동일한 근육 그룹에 스트레스를 주는 저항 트레이닝 세션 사이에 적어도 하루의 휴식을 주는 것이다. 구체적인 권장 사항은 고객의 전반적 교육 상태(초급, 중급 또는 고급)에 따라 다르다(표 20-4).

트레이닝 지속 시간

트레이닝 지속 시간(training duration)은 훈련 세션의 길이를 말한다(Borde et al., 2015; Wilk, Golas, et al., 2018). 피트니스 전문가는 지속 시간과 강도가 반비례 관계임을 이해해야 한다. 특히, 운동 세션의 강도가 증가하면 지속 시간은 감소한다. 다른 교육들과 마찬가지로 고객의 건강 상태, 트레이닝 수준 및 프로그램 목표와 같은 지속 시간과 관련된 다른 요소들도 있다. 운동량과 구체적인 유형도 핵심 요인이다. 대부분의 피트니스 관련 시나리오에서 운동 세션은 일반적으로 30~90분이다.

표 20-4 트레이닝 빈도에 대한 일반 권장 사항

저항 트레이닝 상태	권장 빈도(주당 세션)
초급 또는 초보자	2~3회
중급	종합 신체 트레이닝 세션을 사용할 경우 3회 분할 요법(즉, 각 세션의 서로 다른 근육 그룹을 훈련)을 사용할 경우 4회
고급	이 고객들은 하루에 다수의 세션을 수행할 수 있음

운동 선택

운동 선택(exercise selection)은 저항 트레이닝 프로그램을 설계할 때 상당히 중요하다. 운동 선택은 종종 트레이닝의 특이성, 장비의 이용 가능성, 트레이닝 이력, 트레이닝에 대한 헌신 및 시간 이용 가능성과 같은 요인에 영향을 받는다. 예를 들면, 다중 관절 운동을 수행하는 것은 단일 관절 운동(즉, 레그 익스텐션 또는 바이셉 컬)을 수행하는 것보다 훨씬 더 많은 노력이 필요하다.

운동을 선택할 때 고려해야 할 첫 번째 요소는 올바른 운동 기술을 수립하는 것이다. 익숙하지 않은 훈련 기술 또는 잘못된 운동 패턴을 가진 초보 고객에 대해, 피트니스 전문가는 우수한 기술 시연 및 설명을 제공하고, 적절한 기술 순서를 위한 조정 기간도 허용해야 한다. 이때가 공인 퍼스널 트레이너가 운동을 수정하거나 운동 패턴을 가르칠 수 있는 좋은 기회이며, 이는 다음에 진행되는 프로그램에 앞서 운동 기술의 견고한 기반을 구축하게 하는 시간이다. 이러한 요소들을 주의 깊게 검토한 후, 피트니스 전문가는 고객의 특정 훈련 목표를 달성하고 부상 가능성을 줄이며 훈련 적응을 최대화할 수 있는 운동을 선택할 수 있다.

저항 트레이닝 동안, 소근육 운동을 하기 이전에 대근육 운동을 수행하는 것은 올바른 방법이다(Simao et al., 2005). 이 교육 권장 사항의 근거는 두 가지이다. 첫째, 소근육 집단 운동 이전에 다중 관절 또는 복합 운동을 수행할 때 전체 훈련 세션에 대한 근력 생산이 훨씬 크게 증가한다. 둘째, 단일 관절 운동을 먼저 수행하면, 대근육 운동을 위한 힘 생산이 감소한다. 게다가, 다중 관절 운동은 단일 관절 운동에 비해 신체의 안정화가 더 많이 필요하다.

반대로, 단일 관절 운동은 개별 근육들에 더 많이 집중하게 한다. 단일 관절 운동은 미발달 근육 조직에 선택적으로 사용할 수 있으며, 근육의 대칭성을 향상시킬 수 있다. 이러한 특정한 방법으로 저항 운동을 수행하면 근력이 더 크게 향상될 수 있다.

운동 순서

운동 순서(exercise order)의 배열은 운동 중에 그것이 수행되는 방법을 설명하며, 고객의 잠재적 목표, 운동의 피로 반응 및 다중 관절 또는 단일 관절과 같은 운동의 특정 유형에 영향을 받는다(Cardozo et al., 2019; Simao et al., 2005). 운동 순서의 주된 방법은 일단 그것들을 우선 순위로 배열하는 것이다. 특히 고객은 운동에서 특정 목표를 강조하는 운동을 먼저 수행한 다음, 트레이닝 세션이 끝날 무렵에 덜 구체적인 목표를 실행한다. 이렇게 하는 것은 일차적으로 피로 요소를 줄이기 위해서이다. 운동 순서에 대한 또 다른 방법은 다중 관절 또는 단일 관절과 같이 운동의 유형에 따르는 것이다. 복합 운동으로도 알려진 다중 관절은 두 개 이상의 주요 관절을 포함하는 대근육이 동원되는 운동을 의미한다. 보조 운동으로 알려진 단일 관절은 일반적으로 소근육을 동원하고 단일 관절 운동(예를 들면, 바이셉 컬 또는 트라이셉 익스텐션)을 한다. 피트니스 전문가는 많은 운동 중에서 단중 관절 및 단일 관절 운동을 선택할 줄 알아야 한다.

이렇게 운동 순서를 정확하게 구성하면, 고객은 피로가 낮은 상태에서 복합 운동을 수행하는 동시에 우수한 기술을 최대로 습득할 수 있다. 따라서, 피트니스 전문가는 피로를 최소화할 수 있는 이상적인 방법으로, 모든 고객의 트레이닝 부하와 허용 오차 수준을 최적화할 수 있어야 한다.

저항 트레이닝 시스템

원래, 대부분의 저항 트레이닝 프로그램은 파워리프터, 올림픽 역도 선수, 바디빌더를 위해 설계되었다. 이러한 스타일의 많은 프로그램이 오늘날 인기를 유지하고 있는 것은 안정성, 근력 및 파워의 증가를 가져오는 다른 형태의 프로그램보다 과학적으로 우수해서가 아니라 훌륭한 마케팅이나 '체육관 과학(gym science)' 때문이다. 연구에 따르면, 체계적이고 통합된 트레이닝 프로그램을 따르고 주요 훈련 변수를 조작하면 근지구력, 근력, 근비대 및 수행력에서 최적의 이득을 얻을 수 있다고 한다(Garber et al., 2011; Grgic et al., 2017; Schoenfeld, Grgic, et al., 2017; Schoenfeld, Ogborn, et al., 2016).

다양한 효과를 위한 저항 트레이닝 프로그램을 구성하기 위해 수많은 트레이닝 시스템이 사용될 수 있다. 현재 피트니스 업계에서 가장 일반적으로 사용되는 몇몇 트레이닝 시스템들을 소개한다(표 20-5 참조).

트레이닝 지속 시간 Training duration 트레이닝 세션의 시간

표 20-5 저항 트레이닝 시스템

유형	정의
워밍업 세트	저항 트레이닝 운동을 심리적/생리적으로 준비하기 위한 낮은 강도의 1~2세트
단일 세트	각 운동의 한 세트 수행
다중 세트	각 운동당 여러 세트 수행
피라미드	세트마다 중량 증가(또는 감소)
슈퍼세트	최소의 휴식으로 빠르게 두 개의 운동을 수행
복합 트레이닝	무거운 하중을 가하는 다중 관절 또는 복합 운동을 수행한 후 즉시 폭발적인 움직임(예: 바벨 스쿼트 후 수직 점프) 수행
드롭 세트	세트 수행 실패 시 부하를 낮춰서 계속 세트 수행
자이언트 세트	세트 간 휴식을 최소한으로 하고, 4개 이상의 운동을 번갈아 가며 수행
휴식 중지 세트	일련의 세트 내에서 반복 사이에 약간의 일시 중지를 포함함
서킷 트레이닝	휴식을 최소화하면서 일련의 운동을 차례대로 수행
상하체 교대(peripheral heart action)	세트 전체에 걸쳐 상체와 하체 운동을 번갈아서 하는 서킷 트레이닝의 변형
분할 루틴	다른 신체 부위를 별도의 날에 훈련하는 저항 트레이닝 루틴
수직적 부하	상체를 시작으로 하체까지 빠르게 연속적으로 근력 운동을 하는 형태 (즉, 전신→가슴→등→어깨→두갈래근→세갈래근→다리)
수평적 부하	다음 운동(또는 신체 부위)으로 넘어가기 전에 모든 운동 세트(또는 신체 부위)를 수행

워밍업 세트

피트니스 전문가는 저항 트레이닝을 포함하는 격렬한 운동 이전에 고객과 함께 정기적인 준비 운동을 수행해야 한다. 워밍업 세트(warm-up set)는 부하를 늘리기 전에 낮은 강도로 1~2세트를 수행해야 한다. 이 세트의 목적은 수행할 운동에 대해 고객이 심리적·생리적으로 준비하게 하는 것이다(McGowan et al., 2015). 예를 들면, 고객은 부하를 증가시키고 나머지 세트들을 완료하기 전에 가벼운 무게로 벤치 프레스 운동을 1~2세트 수행한다. 일반적으로 워밍업 세트는 10~15회 반복하면 충분하다. 워밍업 세트 중에 선택한 부하는 과도한 피로를 유발하지 않도록 하고, 나머지 세트의 성과를 저하시키지 않도록 해야 한다.

단일 세트 시스템

이름에서 알 수 있듯이 단일 세트 시스템(single-set system)은 운동당 한 세트를 사용한다. 일반적으로 근육량의 충분한 발달과 유지를 촉진하기 위해 단일 세트 운동을 일주일에 2회 수행하는 것이 권장된다(Schoenfeld, 2011; Yu et al., 2018). 다중 세트 훈련은 고급 과정 고객의 근력과 근비대 향상에 더 유익하다고 홍보되고 있으며, 단일 세트 시스템은 특히 초급 고객들에게 유용하다(Androulakis-Korakakis et al., 2019; Cunha et al., 2018; Ralston et al., 2017).

피트니스 전문가는 개별 프로그램 디자인 옵션을 더욱 맞춤화하기 위해 단일 세트 운동의 이점 및 옵션을 탐색하는 것이 좋다. 단일 세트 트레이닝 시스템은 적응을 위한 충분한 자극을 제공하지 않는다는 부정적 인식을 가지고 있다. 하지만 인체 생리학 및 그것이 어떻게 작동하는지를 검토할 때 이는 사실이 아닐 수 있다(Garber et al., 2011). 사실상, 많은 초보 고객은 더 엄격한 트레이닝 시스템에 참여하기 전에 결합 조직과 신경 시스템의 적절한 적응 반응을 얻기 위해 단일 세트 프로그램을 따른다. 고객이 감당할 수 있는 수준 이상을 들어올리는 것을 피하도록 함으로써 부상을 방지할 수 있다.

다중 세트 시스템

다중 세트 시스템(multiple-set system)은 각 운동에 대해 여러 세트를 수행한다. 수행되는 저항(부하), 세트, 반복은 고객의 목표나 요구에 따라 선택된다(Cunha et al., 2018;

Ralston et al., 2017). 다중 세트 트레이닝은 초보 및 고급 과정 고객 모두에게 적합할 수 있지만, 특히 고급 과정 고객에게는 단일 세트보다 효과가 우수한 것으로 나타났다(Cunha et al., 2018; Ralston et al., 2017; Schoenfeld, Grgic, et al., 2017). 운동량의 증가(세트, 반복, 강도)는 추가 개선을 위해 필요하지만, 오버트레이닝을 피하기 위해 적절하게 관리되어야 한다.

피라미드 시스템

피라미드 시스템(pyramid system)은 각 세트마다 점진적으로 중량을 증가시키거나 감소시키는 접근 방식이다(그림 20-5). 가벼운 시스템에서 무거운 시스템으로 진행하는데, 고객은 일반적으로 가벼운 부하로 10~12회 반복하고, 다음 각 세트에 대해 부하를 증가시킨다. 보통 4~6세트로 1~2회 반복할 수 있을 때까지 증가시킨다. 이 시스템은 또한 오직 2~4세트, 혹은 더 높은 12~20회의 반복이 필요한 운동에서도 사용된다. 무거운 것에서 가벼운 것으로 가는 시스템은 반대 방향으로도 진행하는데, 고객이 준비 운동을 한 다음 무거운 부하로 1~2회 반복한 다음, 부하를 줄여 4~6회로 반복을 늘리는 방식이다.

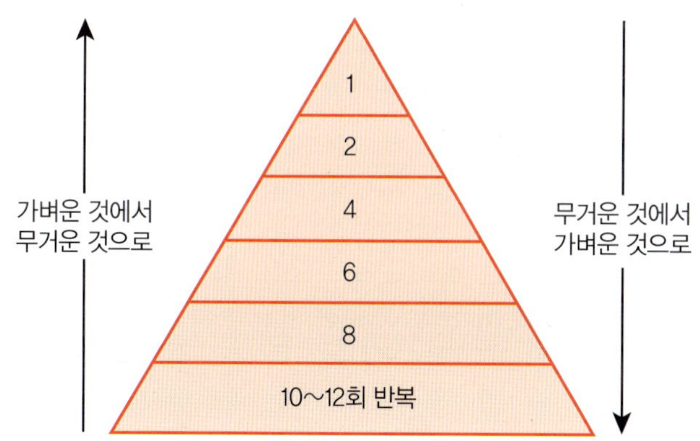

그림 20-5 피라미드 시스템

슈퍼세트 시스템

슈퍼세트 시스템(superset system)은 빠르게 연속적으로 수행되는 두 가지 운동을 차례로 사용한다. 슈퍼세트 시스템에는 여러 변형이 있다.

첫 번째 변형은 같은 근육 그룹에 대해 두 가지 운동을 연속으로 수행하는 것이다. 예를 들어, 벤치 프레스 운동을 수행한 후 즉시 푸시업을 수행하여 가슴 근육을 피로하게 할 수 있다. 이러한 방식으로 두 개의 운동을 완료하면 상대적으로 운동량이 많기 때문에 근지구력 및 근비대가 향상된다. 이런 유형의 슈퍼세트는 목표 근육 그룹에 대해 2개, 3개(tri-set), 또는 그 이상의(자이언트 세트) 운동을 이용할 수 있다. 운동 횟수가 많을수록 경험된 피로의 정도 및 근지구력에 대한 요구도 높아진다.

두 번째 변형은 가슴과 등, 또는 넙다리네갈래근(quadriceps)과 햄스트링 복합체(hamstring complex)와 같은 반대 근육 그룹을 단련하는 두 가지 운동을 연속으로 수행하는 것이다. 이런 방식으로 슈퍼세트를 수행하면 각 세트 동안 근육에 상당한 부하를 가할 수 있다. 주동근이 작동하는 동안 길항근이 회복되고, 그 반대도 마찬가지로 가능하다.

슈퍼세트는 일반적으로 세트나 운동 사이에 휴식 없이 8~12회 반복하는 세트를 말하지만, 반복 횟수에 관계 없이 사용할 수도 있다. 슈퍼 세트 시스템은 바디빌더와 운동선수들 사이에서 인기가 많으며, 사용하는 운동에 따라 근지구력, 근비대, 또는 파워에 도움이 된다.

복합 트레이닝

복합 트레이닝(complex training)은 근력과 파워를 강화하기 위한 효과적이고 시간 효율이 높은 트레이닝 방법으로, 생체역학적으로 움직임이 유사한 폭발적 운동과 무거운 저항 운동을 번갈아가며 수행하는 것이다(Freitas et al., 2017; Scott et al., 2017). 피트니스 전문가는 힘과 속도 양쪽을 한 세션에서 트레이닝한다. 특히, 피트니스 전문가는 더 높은 속도의 움직임(예: 스쿼트 점프)과 결합된 무거운 하중(예: 스쿼트)으로 두 가지 힘의 끝에서 고객을 트레이닝할 수 있다. 복합 트레이닝의 전제는 고객이나 운동선수가 이전의 고하중 운동으로 인해 파워 또는 플라이오메트릭 운동을 더 폭발적으로 수행할 수 있다는 것이다(Tredrea, 2017). 이 현상에 대한 설명은 **활성화 후 강화(post-activation potentiation, PAP)**로 알려져 있으며 복합 트레이닝의 기본 방법이다. 활성화 후 강화는 근육의 내부 수축 결과로 급성 근육력 생성이 증가하는 상태를 나타낸다. 즉, 무거운 짐을 들어 올릴 때 생성된 신경계의 흥분으로 근육의 힘이 증가하는 것을 나타낸다(Alves et al., 2019; Conrado de Freitas et al., 2018).

활성화 후 강화 Post-activation potentiation (PAP) 근육 내부 수축으로 인해 급성 근력이 증가하는 현상 복합 트레이닝은 운동량에 따라 달라지는데, 이는 신경근계를 자극하기 위해서는 충분한 세트를 완료해야 한다는 것을 의미한다(예: 3~5세트 또는 그 이상). 복합 트레이닝의 높은 스트레스로 인해 신경근계가 완전히 회복되기까지 약 72시간이 걸린다. 이를 고려하여 공인 퍼스털 트레이너는 교육을 분할하여 복합 트레이닝의 시행을 주당 2~4개의 세션으로 제한하는 것을 고려해야 한다.

드롭 세트

드롭 세트(drop-sets)는 바디빌더와 근력 운동선수들에게 인기 있는 저항 트레이닝 시스템이다. 이것은 보통 종료점을 지나도 세트를 계속할 수 있게 해주는 시스템이다. 드롭 세트는 세트 수행을 실패 지점까지 하고 나서 더 적은 무게(일반적으로 5~20%)로 감소시켜 세트를 수행하며 더 적은 반복 횟수(보통 2~4회)로 완료하는 것을 말한다. 이 절차는 여러 번 반복할 수 있다(일반적으로 세트당 2~3회 드롭). 실패 후에 휴식 없이 3회 연속 부하 감소를 수행하는 것을 트리플 드롭(triple drop)이라고 한다. 드롭 세트는 숙련된 리프터들에게 적합한 고급 저항 운동 형태이다.

자이언트 세트

자이언트 세트(giant sets)는 슈퍼세트와 매우 비슷하지만, 연속적인 세 개 이상의 운동으로 구성된다. 자이언트 세트를 수행할 때, 공인 퍼스털 트레이너는 한 번에 하나의 근육 그룹에 집중해야 하며, 3개 이상의 운동을 8~12회 반복으로 하는 것이 가장 좋다. 휴식 간격은 상당히 짧아서 운동 사이에 약 5~15초, 자이언트 세트 사이에는 몇 분(2~5분) 정도이다.

피트니스 전문가가 정확히 같은 방법이나 변형, 또는 같은 각도로 근육을 작동하지 않을 수도 있다는 것을 명심해야 한다. 따라서 고객이 필요한 반복을 완료하도록 허용하면서 도전적인 무게를 선택하는 것이 가장 좋다. 예를 들면, 체스트 자이언트 세트는 플랫 덤벨 체스트 프레스 10회, 인클라인 덤벨 프레스 10회, 디클라인 벤치 프레스 10회 및 덤벨 펙 플라이 10회 반복으로 구성할 수 있다. 공인 퍼스널 트레이너는 각 고객의 목표와 능력 수준에 맞는 자이언트 세트를 맞춤형으로 제공해야 한다. 자이언트 세트는 순수 근육량을 개선할 뿐만 아니라 1회 최고 중량, 피크 및 셔틀-런 수행 시 들어올리는 무게를 향상시키는 것으로 나타났다(Alcaraz et al., 2011).

휴식-정지 세트

휴식-정지 세트(rest-pause set)는 일반적으로 짧은 휴식 간격 중간에 보통에서 무거운 무게를 사용하여 최소의 시간에 가능한 한 많은 자극을 주는 인기 있는 트레이닝 방식이다. 휴식-정지 세트는 특히 취미로 운동하는 사람들이 긴장과 대사 스트레스하에서 시간을 늘리기 위한 생산적인 트레이닝 방식이다(Prestes et al., 2019).

휴식-정지 세트를 수행하기 위해 피트니스 전문가는 고객에게 아래와 같은 순서로 참여할 것을 지시한다.

1. 특정한 반복 횟수만큼 세트를 수행한다.
2. 무게를 낮춰 심호흡을 여러 번 한 다음 근육 실패 지점(한계치)까지 후속 반복을 완료한다.
3. 두 번째 단계를 최대한 많이 완료한다.

각 세트에서 사용되는 휴식과 부하의 양은 고객의 목표와 체력 수준에 따라 달라진다. 최대 근력을 원하는 고객에게는 더 무거운 무게와 약간 더 긴 휴식 시간이 권장되는 반면, 근비대 또는 체성분 변화를 원하는 고객에게는 적당한 하중과 더 짧은 휴식 시간이 이상적이다.

서킷 트레이닝 시스템

서킷 트레이닝 시스템(circuit-training system)은 연속적으로 수행하는 여러 운동으로 구성되며, 각 운동 사이에는 최소한의 휴식이 있다(그림 20-6). 이 프로그램의 일반적인 훈련 변수에는 낮은 세트 수에서 중간 세트 수(1~3), 중간에서 높은 반복(8~20), 운동 사이의 최소 휴식 시간이 있다. 하

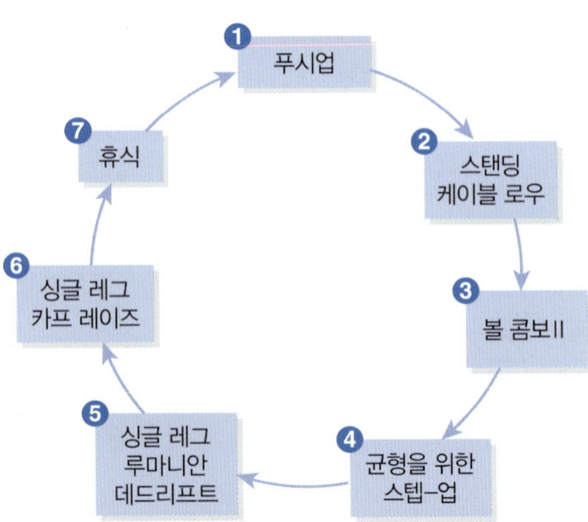

그림 20-6 서킷 트레이닝 예시

지만 이런 변수들은 원하는 효과를 위해 조작될 수 있다(Alcaraz et al., 2011; Harber et al., 2004). 서킷 트레이닝은 시간이 많지 않은 고객과 체성분 개선을 원하는 사람에게 훌륭한 트레이닝 시스템이다(Alcaraz et al., 2011; Harber et al., 2004).

상하체 교대 시스템

상하체 교대 시스템(peripheral heart action system)은 서킷 전체에서 상체와 하체를 번갈아 가며 트레이닝하는 것으로, 서킷 훈련의 또 다른 변형이다. 이 훈련 시스템은 팔과 다리 사이의 혈류를 분산시켜 잠재적으로 순환을 개선한다. 세트 사이의 운동 횟수는 프로그램 목표에 따라 달라진다. 고객은 일반적으로 원하는 적응도 및 피트니스 수준에 따라 운동당 8~20회의 반복을 수행한다. 이 시스템은 결합된 다차원적인 프로그램을 통합하고, 체성분을 변화시키고, 건강 결과를 개선하는 데 매우 유용하다(Piras et al., 2015). 일반적 저항 트레이닝 운동에서 사용하는 상하체 교대 시스템의 예시는 [표 20-6]에서 볼 수 있다.

표 20-6 상하체 교대 시스템 예시

저항 트레이닝 운동
덤벨 체스트 프레스(dumbbell chest press)
덤벨 스쿼트(dumbbell squat)
시티드 머신 로우(seated machine row)
덤벨 루마니안 데드리프트(dumbbell romanian deadlift)
스탠딩 덤벨 숄더 프레스(standing dumbbell shoulder press)

분할 루틴 시스템

분할 루틴 시스템(split-routine system)은 신체 부위별로 트레이닝하는 날짜를 다르게 하는 것이다. 많은 바디빌더와 대중적인 근력 운동선수(미식 축구, 투포환 등)는 분할 루틴 시스템을 사용한다. 바디빌더는 일반적으로 최적의 근비대를 위해 같은 날에 같은 신체 부위에 많은 운동을 수행한다. 신체를 요일마다 훈련할 부위들로 나누면 운동당 할당된 시간 동안 더 많은 운동을 수행할 수 있기 때문에 근비대를 높일 수 있다(Schoenfeld et al., 2015). 몇 가지 다른 분할 루틴의 예시는 [표 20-7]에서 볼 수 있다. 이러한 루틴들의 모든 변형은 가능하지만, 여기서 중요한 문제는 회복 시간이다. 각 신체 부위를 주당 1회 이상 훈련할 때, 피트니스 전문가는 운동량 및 강도에 대해 설명해야 한다.

표 20-7 분할 루틴 시스템: 샘플 운동

루틴	수행된 일수	훈련된 신체 부위
2일	월요일	상체
	목요일	하체
3일	월요일	가슴, 어깨, 위팔세갈래근
	수요일	다리
	금요일	등, 위팔두갈래근
4일	월요일	가슴, 위팔세갈래근
	화요일	등, 위팔세갈래근
	목요일	다리
	금요일	어깨
5일	월요일	가슴
	화요일	다리
	수요일	등
	목요일	어깨
	금요일	팔
6일	월요일과 금요일	가슴, 어깨, 위팔세갈래근
	화요일과 토요일	다리
	수요일과 일요일	등, 위팔세갈래근

수직적 부하와 수평적 부하

수직적 부하(vertical loading)는 신체 부위들을 세트 시마다 교대로 훈련하는 것으로, 운동 템플릿 아래로 수직으로 이동하며 운동하는 저항 트레이닝 시스템이다(표 20-8). 다음은 근력 운동을 상체에서 시작해 하체까지 빠르게 연속적으로 수행하는 훈련의 형태이다.

1. 전신
2. 가슴
3. 등
4. 어깨
5. 위팔두갈래근
6. 위팔세갈래근
7 다리

수직적 부하 Vertical loading 팔에서 시작되어 다리로 이동하면서 세트에서 세트로 신체 부위를 번갈아가며 트레이닝함

표 20-8 수직적 부하

운동	세트	반복	템포	휴식	코칭 팁
전신	↓				다음 세트 시작 전에 각 신체 부위 운동 완료
가슴					
등					
어깨					
두갈래근					
세갈래근					
다리					

표 20-9 수평적 부하

운동	세트	반복	템포	휴식	코칭 팁
전신	→	→	→	→	다음 운동으로 이동하기 전에 모든 세트를 완료
다리					
가슴					
등					
어깨					
두갈래근					
세갈래근					

수직으로 부하가 걸리는 운동에서 고객은 필요한 만큼 반복하기 위해 첫 번째 전신 운동을 수행하고 나서 다음으로 가슴 운동으로 이동한다. 가슴 운동 후에는 등 운동으로 이동하여 같은 방식으로 다음 운동을 진행한다. 모든 단계를 마친 후 다시 첫 번째 전신 운동으로 돌아가 원하는 세트만큼 운동을 계속한다. 이것은 운동 사이의 휴식 시간을 최소화하여 서킷 스타일로 수행할 수 있다.

이 수직적 부하 시스템은 휴식에 낭비되는 시간을 최소화하면서 각 신체 부위에 최대의 회복 시간을 주는 데 매우 유용하다. 예를 들어, 각 운동을 수행하는 데 1분이 걸린다면 고객이 가슴 운동으로 돌아올 때까지 7~10분이 지나므로 이 시간은 가슴의 적절한 회복을 위해 충분한 시간이다. 7~10분이 지나도 고객은 끊임없이 움직일 수 있으며, 운동할 때마다 한 세트의 운동을 수행할 수 있다.

수평적 부하(horizontal loading)란 [표 20-9]에서와 같이 다음 신체 부위로 넘어가기 전에 한 부위의 운동을 완전히 마치는 것이다. 예를 들면, 가슴 운동 3세트와 등 운동 3세트를 수행하는 경우, 고객은 등 운동으로 이동하기 전에 가슴 운동 3세트 전부를 수행해야 한다. 따라서 운동의 진행은 템플릿 전체에 걸쳐 수평적이 된다. 이것은 헬스클럽에서 가장 일반적으로 사용되는 방법이며, 근비대, 최대 근력 운동, 파워 트레이닝에서 적합하다(Grgic et al., 2017; Schoenfeld, 2011; Schoenfeld, Pope, et al., 2016).

수평적 부하 시스템의 단점은 일반적으로 휴식하는 데 걸리는 시간의 양인데, 종종 휴식 시간이 실제 운동 시간보다 길어지기도 한다. 수평적 부하는 휴식 기간이 모니터링 되고 세트 간 휴식 시간이 30~90초로 제한되면 신진대사를 더욱 촉진하는 진행이 가능하다. 같은 근육 그룹이 최소한의 회복 시간을 갖고 운동하게 되면 근육의 대사 작용 및 근비대 관련 적응이 더욱 빠르게 발달할 수 있다(Grgic et al., 2017; Schoenfeld, 2011; Schoenfeld, Pope, et al., 2016; Wilk, Stastny, et al., 2018).

안전

공인 퍼스널 트레이너의 가장 중요한 목표는 고객에게 아무런 해가 없도록 하는 것이다. 모든 운동 경기와 마찬가지로 부상에 대한 민감성은 항상 존재한다. 피트니스 전문가는 부상 위험을 최소화하면서 고객의 결과를 최대화하기 위해 모든 위험 관리 수단을 사용해야 한다. 공인 퍼스널 트레이너가 과학과 과학을 응용한 지식 수준을 높이면 인식이 향상되어 잘못된 판단과 부주의로 인한 고객의 부상 위험을 줄일 수 있다.

안전한 환경 유지

피트니스 전문가의 실무 범위에는 잠재 고객을 인터뷰하여 고객의 건강 이력, 생활 방식, 운동 의지 및 능력에 관련된 정보를 수집할 수 있는 권한이 있다. 피트니스 전문가의 주된 활동은 지도, 시범, 가르침, 평가 및 광범위한 교육 제공에 집중되어 있다. 적절한 고객 상담, 선별 및 종합적 평가를 통해 안전하고 효율적인 운동 프로그램을 만들고 승인해야 한다. 또한 비상 상황이 발생했을 때 적절하게 대응할 수 있어야 한다.

적절한 장비 배치

장비는 프리 웨이트(역자 주: 맨몸이나 바벨을 활용한 운동), 저항 트레이닝 머신, 플라이오메트릭스 및 워밍업 영역을 포함하여, 특정 범주에 따라 그룹화되어 배치되어야 한다. 장비의 적절한 배치는 체육관과 체력 단련실 전체의 진행 과정을 원활하게 하고, 혼잡을 줄이며, 공간 사용을 극대화한다. 피트니스 전문가는 각 세션 동안 사용되는 특정한 장비를 알고 있어야 하며, 모든 장비를 원래 위치에 돌려놓아야 한다. 이는 장비의 상태 유지에 도움이 되며 정돈되지 않은 장비에 걸려 넘어지는 부상의 위험을 줄인다. 또한 마모된 케이블 및 분실 또는 불안정한 부품과 같은 손상된 장비를 절대 사용해서는 안 된다. 모든 장비는 파손된 경우 수리하거나 교체해야 한다. 현재 사용하고 있는 기존 장비는 정기적으로 청소하고 시간에 따라 업그레이드해야 한다.

스팟팅 기술

공인 퍼스널 트레이너는 운동 중에 적절한 기술을 가르치고 모델링하고 도와주며, 안전한 운동 실행이 숙련될 때까지 모든 운동을 모니터링해야 한다. 피트니스 전문가는 모든 세션에서 최대의 안전과 고품질의 코칭을 위해 스팟팅(역자 주: 보조) 기술과 관련된 높은 수준의 자신감과 경험을 보여주는 것이 중요하다. 바벨 백 스쿼트, 벤치 프레스 또는 덤벨 숄더 프레스와 같은 복합 운동은 특히 더 무거운 하중을 사용할 때 부상 위험을 줄이기 위해 보조자가 필요하다. 연구에 따르면 적절한 스팟팅 기술을 통해 부상을 줄일 수 있다고 한다(Lombardi & Troxel, 2003).

피트니스 전문가는 스팟팅 활동을 하는 동안 다음 체크리스트를 사용해야 한다.

- 보조자는 각 세트를 시작하기 전에 고객이 수행한 총 반복 횟수를 조절해야 한다.
- 보조자는 서서 안정된 자세를 유지하여 해당 운동의 안정성을 최대한 높여야 한다.
- 숙련된 보조자는 특히 스티킹 포인트(sticking point, 들어올리는 도중에 갑자기 힘이 약해지는 지점)에서 고객이 리프트를 성공적으로 수행할 수 있도록 적절하고 충분한 지원을 해준다.
- 공인 퍼스널 트레이너는 덤벨을 사용할 때(예: 덤벨 숄더 프레스) 팔꿈치 대신 고객의 손목을 보아야 한다. 손목을 보조하면 더 잘 지지해줄 수 있고 팔꿈치가 안쪽으로 무너지는 것을 방지한다.
- 바벨 스쿼트 운동 중에 보조자는 리프터 뒤에 위치해야 하며 보조자의 위팔을 리프터의 겨드랑이 아래에 놓아야 한다. 이 자세가 보조자와 리프터 사이에서 최대로 스팟팅해 줄 수 있는 자세이다.
- 공인 퍼스널 트레이너는 보조자 한 명으로 감당할 수 없는 부하를 사용할 경우, 추가 보조자를 사용하는 것이 좋다. 예를 들어, 헤비 바벨 백 스쿼트 운동 중에 두 명의 보조자가 바벨의 반대편에 선다(그림 20-7). 필요하면 보조자는 고객의 운동이 완료될 때까지 바벨의 끝을 들어올려 운동 수행에 도움을 준다.
- 피트니스 전문가가 웨이트 스택 아래 손을 넣어 기계 기반 또는 케이블 기반 운동을 보조하는 것은 권장하지 않는다. 이것은 보조자와 리프터의 부상 위험을 높인다.

그림 20-7 바벨 스쿼트를 보조하는 두 사람

운동 모니터링

피트니스 전문가는 운동 강도 및 운동 기술뿐만 아니라 운동 세션 동안 고객을 가까이서 모니터링해야 한다. 운동

수평적 부하 Horizontal loading 다음 운동 또는 신체 부위로 넘어가기 전에 운동이나 신체 부위의 모든 세트를 수행함

강도 모니터링은 심박수 또는 운동 자각도와 같이 여러 가지 방식으로 수행되는데, 이것은 1~10까지의 주관적인 평가 척도를 사용하여 고객의 호흡 곤란, 피로, 땀 발생률 및 근육통과 같은 물리적 지표를 운동 중에 주관적으로 평가하는 것이다(Muyor, 2013)(표 20-10). 낮은 점수는 낮은 강도를 나타내는 반면 10에 가까운 등급은 높은 강도를 뜻한다.

표 20-10 운동 자각도

등급	운동 자각 수준
0	비운동, 휴식 상태
1	매우 가볍다
2-3	가볍다
4-5	중강도, 다소 힘들다
6-7	고강도, 힘들다
8-9	매우 힘들다
10	최대치에 달하는 강도

5개의 운동 사슬 체크포인트

운동 강도를 추적하는 것과 더불어, 피트니스 전문가는 적절한 운동 기술을 가르치고 교정하는 데 능숙해야 한다. 다시 말하면, 피트니스 전문가는 고객의 운동을 모니터링할 때 부지런하고 세심해야 하며, 고객이 운동을 올바르게 수행할 수 있도록 적절하게 교정해주고 신호를 주어야 한다. 이것은 부상 위험을 최소화하고 근육 동원을 최대화한다. 모든 운동과 마찬가지로 항상 운동량이나 중량 증가보다 질을 우선해야 하며, 5개의 운동 사슬 체크포인트를 항상 모니터링해야 한다(그림 20-8).

적절한 호흡 기술

호흡은 자율신경계에 의해 통제되고 조정되지만, 적절한 호흡은 자동으로 이루어지지 않는다. 호흡하는 동안 습관적 호흡근의 사용은 근육의 사용 방법에 영향을 미치기 때문에 호흡은 근육의 기능과 자세에 영향을 준다(Courtney, 2009).

특히 저항 트레이닝 동안에 피트니스 전문가는 고객에게 적절한 호흡 기술을 가르쳐 수행능력을 최대화하고 부상 위험을 최소화해야 한다. 운동의 단축 단계 동안에 고객은 가급적 입을 통해 숨을 내쉬어야 하고(호기), 반면 들어올릴 때의 신장 부분에서는 숨을 들이마셔야 한다(흡기).

호흡 기술에 대해 논의할 때, 발살바 메뉴버(Valsalva maneuver)는 특히 최대 또는 최대에 가까운 리프트를 수행할 때 척추 안정성을 보장하기 위한 유용한 전략이 될 수 있다(Hackett & Chow, 2013). 이 과정은 닫힌 성대문(glottis)에 대한 호기를 포함하여 추가적인 복강 내 압력과 척추 안정성을 만들어 낸다. 또한 이것은 들어올리는 중에 척추 디스크의

1. **발:** 대략 어깨너비로 벌리고 정면을 향함(다른 발 위치가 필요한 운동이 아닌 경우)
2. **무릎:** 두 번째와 세 번째 발가락과 일직선이 되도록(무릎을 안쪽으로 굽히지 않도록 한다) 함
3. **엉덩이:** 수평 및 중립 위치
4. **어깨:** 중립 자세(운동에서 요구하지 않는다면 어깨를 내밀거나 들어올리지 않도록 한다.)
5. **머리:** 중립 위치의 목뼈

그림 20-8 5개의 운동 사슬 체크포인트

결합 압축력을 감소시킨다. 척추를 안정적으로 유지하려면 배가로근(transverse abdominis), 배곧은근(rectus abdominis), 배바깥빗근(external oblique), 배속빗근(internal oblique), 가로막(diaphragm) 등 많은 복근을 사용하여 몸통을 지탱해야 하므로 복강 내 압력이 많이 발생하는데, 이 과정은 무거운 하중을 들어올릴 때 매우 중요하다(Kroell & Mike, 2017).

그러나 '발살바 메뉴버'는 가벼운 어지러움과 현기증을 일으킬 수 있고 심장으로 가는 정맥혈의 귀환을 방해하며, 심박수와 혈압을 상승시킬 수 있기 때문에 잠재적으로 위험하다. 그래서 발살바 메뉴버는 일반적으로 고혈압 및 기타 심장 질환을 가지고 있는 고객에게는 권장되지 않는다(Looga, 2005). 대부분의 피트니스 고객이 최대 근력이 아닌 체중 감소나 건강의 개선을 원한다는 점을 고려할 때, 고객이 신체적으로 건강하고 최대 강도를 추구하지 않는 이상 발살바 메뉴버를 사용할 필요는 없다.

표 20-11 저항 운동 매개 변수

저항 운동 변수	
점진적 ■ 쉬움에서 어려움으로 ■ 단순함에서 복잡함으로 ■ 정적에서 동적으로 ■ 느림에서 빠름으로 ■ 안정화 → 강도 → 힘	운동량(Volume) ■ 세트 • 낮음 • 보통 • 높음 ■ 반복 • 낮음 • 보통 • 높음
운동 범위 ■ 전체 ■ 부분 ■ 끝 가동 범위 ■ 혼합 범위	운동면 ■ 시상면 ■ 이마면 ■ 수평면(가로면) ■ 다중면
운동의 속도 ■ 느림 ■ 중간 ■ 빠름 ■ 격렬함	저항 ■ 체중 ■ 가벼움 ■ 중간 ■ 무거움

저항 트레이닝 지침

저항 운동은 최적의 관절 안정성, 근지구력, 근력, 파워 및 조화로운 움직임을 보장하기 때문에 모든 운동 트레이닝 프로그램의 필수 구성 요소이다. 또한 저항 운동은 제지방 근육량 증가, 체지방 감소, 운동 능력 향상 등 수많은 건강 지표 개선을 가져다 주는 효과적인 운동 유형이다(Ciolac & Rodrigues-Da-Silva, 2016; Schoenfeld, Ogborn, et al., 2016; Westcott, 2012). 저항 트레이닝의 프로그램은 체계적이고 점진적이어야 한다. 따라서 피트니스 전문가는 적절한 운동 선택 기준 및 진행 이정표를 포함한 특정 프로그램 지침을 따라야 한다(표 20-11).

저항 트레이닝 진행

저항 운동을 운동 프로그램에 도입할 때 처음에는 이상적인 패턴을 최적화하는 데 초점을 맞춰야 한다. 이러한 패턴에는 스쿼팅(쪼그려 앉기), 밀기, 당기기, 수직 프레싱, 힙 힌지가 있지만 여기에 국한하지 않는다. 고객은 피트니스 전문가가 복잡하거나 발전된 형태의 운동을 도입하기 전에 이러한 기본 동작 패턴에 익숙해져야 한다. 또한, 운동 머신, 프리웨이트 및 기타 유형의 운동 장비의 적절한 사용과 같은 기본적 운동 기술을 습득하는 데 중점을 두는 것이 무엇보다 중요하다. 이것은 특히 신규 고객이나 건강이 좋지 않은 고객의 부상 위험을 최소화하는 데 있어 중요하다.

고객이 적절한 운동 능력을 보이면 저항 운동이 진행될 수 있다. 미국스포츠의학회(NASM)는 다음 세 가지 단계를 이용한 체계적인 방법의 저항 트레이닝을 권고한다. (1) 안정화 중심 운동 (2) 근력 중심 운동 (3) 파워 중심 운동. 이 순서는 매우 중요하다.

안정화 중심 운동

첫째, 고객은 안정성 및 근지구력 적응에 초점을 맞춰야 한다. 이것은 코어 및 관절 안정성의 적절한 기반을 제공하고, 운동의 더 높은 요구에 대한 결합 조직(힘줄, 인대)을 준비한다. 또한, 고객은 특히 더 무거운 부하를 사용하는 고급 운동을 하는 동안, 이상적인 자세와 척추 안정성을 유지하는 데 필요한 타입 I 근육 섬유를 강화할 수 있고, 더 높은

발살바 메뉴버 Valsalva maneuver 기관지를 닫은 채 숨을 내뱉으려고 배에 힘을 주는 조작. 추가적인 복부 압력 및 척추 안정화를 만들어낸다.

그림 20-9 스탠딩 케이블 로우 진행

그림 20-10 싱글 레그 케이블 로우 진행

그림 20-11 닐링 케틀벨 보텀업 운동

그림 20-12 어스퀘이크 바

> **중요**
>
> 안정화에 초점을 맞춘 저항 운동은 느린 반복 템포, 많은 양의 반복(일반적으로 12~20회), 몇 개의 세트(1~3세트)를 사용해야 한다. 이러한 트레이닝 형태는 근지구력, 자세 및 관절 안정성을 향상시킨다. 그러나 운동은 고객의 능력 수준에 맞게 계획되어야 한다.
>
> 예를 들면, 매우 숙련된 운동선수는 한 발 리프트와 같은 고급 안정화 트레이닝을 수행하거나 어스퀘이크 바나 케틀벨 같은 도구들을 이용한 독특한 부하 계획을 사용할 수 있다.
>
> 반대로, 운동에 익숙하지 않은 노인은 덜 발전된 형태의 안정성 트레이닝부터 시작해야 한다. 이런 경우, 앉은 자세에서 탄성 밴드를 사용하는 것이 이 고객이 안전하게 수행할 수 있는 가장 불안정한 자세일 수 있다. 시간이 지나 연습량이 쌓이고 상태가 개선되면 노인은 더욱 어려운 안정화 트레이닝을 마칠 수 있게 된다.

수준의 근지구력을 얻을 수 있다. 이런 형태의 저항 트레이닝은 느린 반복 템포와 많은 반복 계획을 사용하여 양쪽(bilateral) 움직임에서 한쪽(unilateral) 움직임으로 진행함으로써 코어 안정성과 고유수용감각(proprioception)을 단련할 수 있다. 예를 들면, 스탠딩 케이블 로우(standing cable row)는 두 팔 운동에서 교대 팔 운동, 한 팔 운동으로 진행할 수 있고, 한 번의 운동으로 다양한 운동 효과를 얻을 수 있다(그림 20-9).

또한, 이 범주 내에서 기저면을 줄여서 진행할 수도 있다. 예를 들면, 같은 케이블 로우 시퀀스(양팔, 팔 교대, 한 팔)를 한 발 자세(싱글 레그)로 진행하여 고객의 자세, 균형, 관절 안정성에 더욱 도전적으로 진행할 수 있다(그림 20-10).

마지막으로, 특유의 부하 패턴과 전문 장비를 사용하여 팔의 안정화 요구를 증가시키기 위한 저항 운동을 진행할 수 있다. 예를 들면, 케틀벨 보텀업 운동은 코어와 어깨 안정성 모두에 도전하는 독특한 부하 패턴이며(그림 20-11), 어스퀘이크 바는 팔의 안정성과 근력 모두에 동시에 작용하는 독특한 도구이다(그림 20-12).

근력 중심 운동

근력 중심의 저항 운동은 고객이 충분한 운동 능력, 안정성 및 근지구력을 얻은 후에 진행하는 것이 안전하다. 이러한 운동들은 근력과 근비대의 적응에 집중하며, 일반적으로 안정화 중심 저항 운동보다 더 무거운 부하를 필요로 하기 때문이다. 이들 운동의 목표는 근육 크기 및 근력 증가를 위해 신체에 부과되는 스트레스의 양을 늘리는 것이다. 이 트레이닝 기간은 안정화를 위해 필요한 진행 과정이며, 근육 크기, 근력, 골밀도의 증가를 원하는 모든 사람에게 적합하다. 이 범주의 일반적 운동에는 스쿼트, 루마니안 데드리프트, 벤치 프레스 및 기타 일반적인 웨이트리프팅 운동 등이 있다(그림 20-13).

파워 중심 운동

마지막 진행은 파워의 적응에 중점을 둔다. 파워에 초점을 맞춘 저항 운동은 힘 생성률(또는 근육 수축 속도)을 증가시키도록 설계되었다. 이러한 형태의 훈련은 이전에 획득한 안정화 및 근력의 적응을 사용하고, 일상생활과 스포츠에서 신체가 접하게 될 보다 현실적인 속도와 힘을 적용한다.

파워 트레이닝은 피트니스 환경에서 흔하거나 일상적인 운동은 아니지만, 적절히 계획된 트레이닝 프로그램에서 실행 가능하고 분명한 목적이 있는 운동이다. 파워 중심 저항 운동의 예에는 메디신 볼 던지기나 격렬한 플라이오메트릭 같은 폭발적인 운동이 포함된다(하지만, 이에 국한되지는 않는다)(그림 20-14).

양쪽 Bilateral 신체의 양 측면과 관련되어 있는 것
한쪽 Unilateral 신체의 한 측면과 관련되어 있는 것
고유수용감각 Proprioception 신체의 일반적인 방향과 부분의 상대적 위치를 자연스럽게 감지하는 능력

그림 20-13 근력 중심 저항 운동

그림 20-14 파워 중심 저항 운동

저항 트레이닝 운동

다음은 일반적인 안정화 중심, 근력 중심, 파워 중심 저항 트레이닝 운동의 목록이다. 그러나 이것이 해당 운동의 전부는 아니다.

전신 운동 설명

볼 스쿼트, 컬 투 프레스

Ball Squat, Curl to Press

1

2

기술

볼 스쿼트를 수행할 때는 스쿼팅 동작(의자에 앉는 동작)과 기대어 지지하는 동작(공에 등을 기대기)에 볼을 사용한다.

3

다중면 스텝업, 밸런스, 컬 투 오버헤드 프레스

Multiplanar Step-Up, Balance, Curl to Overhead Press

기술

머리 위로 들어올릴 때 허리가 절대로 아치형이 되지 않도록 한다. 이것은 넓은등근의 과활성 및 복부 근육의 저활성을 나타낸다.

싱글 레그 스쿼트, 컬 투 오버헤드

Single-Leg Squat, Curl to Overhead Press

기술

싱글 레그 스쿼트를 수행할 때는 이상적인 자세를 유지하면서 안전하게 제어할 수 있는 깊이까지만 스쿼트한다.

1

2

3

4

싱글 레그 스쿼트 투 로우

Single-Leg Squat to Row

기술

이 전신 운동은 후방 운동 사슬의 많은 근육들을 대상으로 하는데, 여기에는 큰볼기근 및 뒤어깨세모근, 마름근(능형근)과 같은 어깨 당김근들이 포함된다.

양팔 덤벨 프레스와 함께하는 다중 평면 런지

Multiplanar Lunge to Two-Arm Dumbbell Press

기술

스쿼트 또는 런지 동작을 할 때 발을 똑바로 유지하고, 두 번째와 세 번째 발가락에 무릎을 맞춘다. 이것은 적절한 관절 역학과 최적의 힘 생성을 보장하여 운동의 이점은 증가시키면서 위험은 감소시킨다.

양팔 컬 프레스와 함께하는 스쿼트

Squat, Curl to Two-Arm Press

기술

고객이 이상적인 형태로 바이셉 컬 및 오버헤드 프레스를 수행할 수 있는 부하를 선택한다. 이때 상체가 하체보다 먼저 피로해진다.

슈러그 투 카프레이즈와 함께하는 데드리프트

Deadlift, Shrug to Calf Raise

기술

이 운동은 일반적으로 무거운 하중을 사용하여 수행할 수 있다. 이것은 올림픽 역도 선수들을 위한 보완적 운동이다.

양팔 푸시 프레스

Two-Arm Push Press

안전 수칙

이것은 파워 중심 저항 운동이다. 이 운동을 시도하기 전에 먼저 적절한 움직임 패턴, 안정화 및 근력을 갖출 것을 권한다.

바벨 클린

Barbell Clean

안전 수칙

옆의 이미지는 바벨 클린을 수행하는 간단한 그림이다. 이 운동은 시도하기 전 적절한 지도가 필요한 고급 파워 운동이다.

가슴/푸싱 운동 설명

푸시업

Push-Up

안전 수칙

푸시업을 수행할 때 발생하는 일반적인 보상은 엉덩이가 땅을 향해 떨어질 때 허리가 아치형이 되는 것이다. 이것은 활동성이 부족한 복부를 가지고 있어 운동을 이전 단계로 돌려야 한다는 지표이다.

푸시업: 짐볼 위에서 하기

Push-Up: Hands on Ball

안전 수칙

짐볼을 사용하는 것이 너무 어려운 경우, 일반적인 바닥 푸시업으로 되돌린다.

스탠딩 케이블 체스트 프레스

Standing Cable Chest Press

기술

어깨를 들어올리는 것은 스탠딩 케이블 체스트 프레스를 수행할 때 일어나는 일반적 보상이다. 이것은 등세모근의 과활성을 나타내므로 추가적인 스트레칭이 필요하다.

플랫 덤벨 체스트 프레스

Flat Dumbbell Chest Press

기술

체스트 프레스를 수행할 때, 팔꿈치가 어디까지 내려가는지를 나타내는 어깨관절의 가동 범위는 들어올리는 하중(제어)과 조직 신장성에 의해 결정된다. 핵심은 보상 없이 제어할 수 있는 만큼만 진행하는 것이다.

바벨 벤치 프레스

Barbell Bench Press

기술

운동하는 동안 발은 바닥에 닿아 있어야 하고, 엉덩이, 어깨, 머리는 벤치와 닿아 있어야만 한다. 높이의 제한으로 인해 바닥에 닿을 수 없는 경우에는 발 아래에 웨이트플레이트를 사용한다.

메디신 볼 체스트 패스

Medicine Ball Chest Pass

기술

기구나 시설의 제약으로 메디신 볼로 파워 운동을 할 수 없는 경우에는 튜빙이나 케이블 기구를 이용하여 할 수도 있다. 이때에는 무게나 저항을 조절하여 보상 없이 빠르고 제어할 수 있는 움직임을 수행할 수 있도록 한다.

메디신 볼 로테이션 체스트 패스

Medicine Ball Rotation Chest Pass

기술

고객은 공인 퍼스널 트레이너나 벽을 향해 공을 던진다. 벽을 향해 던지는 경우, 고객에게 튕겨 나오는 공을 잡도록 안내한다.

백/풀링 운동 설명

볼 코브라

Ball Cobra

기술

이 운동을 하는 동안 팔을 바깥쪽으로 회전시키고 엄지 손가락은 하늘로 향하도록 한다.

볼 덤벨 로우

Ball Dumbbell Row

기술

엎드린 자세로 운동하는 것은 불편할 수 있다. 과체중의 고객은 기구를 사용하거나 선 자세, 힙힌지 자세로 수행하는 것이 더 적절하다.

스탠딩 케이블 로우

Standing Cable Row

기술

로우를 수행할 때 어깨뼈(scapulae)를 뒤로 당기고 누르면서 운동을 시작한다. 어깨가 올라가게 하지 않도록 한다.

시티드 케이블 로우

Seated Cable Row

기술

운동 효과를 높이고 부상의 위험을 줄이려면 운동하는 동안 몸통을 움직이지 않게 유지한다. 로우를 수행하는 동안 몸통을 구부리거나 늘리는 것은 운동량을 만들어 운동의 효율성을 감소시키고 허리에 스트레스를 준다.

시티트 랫 풀다운

Seated Lat Pulldown

안전 수칙

목 뒤에 바를 두고 랫 풀다운을 수행하는 것은 어깨 관절과 목뼈에 스트레스를 주기 때문에 권장하지 않는다. 바를 사용하여 랫풀다운 운동을 하는 경우 바가 얼굴 앞쪽을 지나 대략 어깨 높이까지 내려와야 한다.

메디신 볼 풀오버 스로우

Medicine Ball Pullover Throw

안전 수칙

어깨와 허리에 가해지는 스트레스를 줄이기 위해서는 이 운동을 수행하기 전에 넓은등근의 최적의 신장성(extensibility)을 확보하는 것이 중요하다.

사커 스로우

Soccer Throw

기술

체중의 10% 이하의 메디신 볼을 사용한다. 목표는 힘 생산을 최대화하기 위해 가능한 한 세게 볼을 던지는 것이다.

어깨/수직 프레싱 운동 설명

튜빙 엑스터널 로테이션

Tubing External Rotation

기술

이 운동은 가시아래근(infra-spinatus) 및 작은원근(teres minor)과 같은 회전근개(돌림근띠, rotator cuff) 근육을 강화하는 데 도움을 준다. 이 두 근육은 바깥쪽으로 어깨를 회전시킨다.

튜빙 인터널 로테이션

Tubing Internal Rotation

기술

이 운동은 4개의 회전근개(돌림근띠) 중 하나인 어깨밑근(subscpularis)을 강화하는 데 도움을 준다. 이 근육은 어깨를 안쪽으로 회전시킨다.

싱글 레그 덤벨 스캡션

Single-Leg Dumbbell Scaption

기술

팔을 45도 각도로 펴고, 어깨뼈면(견갑면, scapular plane)에서 어깨 운동을 수행하면 가시위근(극상근, supraspinatus)이 어깨 내에서 충돌할 위험이 줄어든다. 한쪽 다리로 서 있는 것이 너무 어렵다면 두 다리로 수행한다.

볼 콤보 I

Ball Combo I

기술

이 운동은 세 부분으로 구성되어 있다. Y(스캡션) 자세, T(어깨 벌리기) 자세, A(코브라) 자세를 순서대로 수행한다.

볼 콤보 II

Ball Combo II

기술

볼 콤보 I처럼, 이 운동 역시 덤벨 로우, 숄더 엑스터널 로테이션, 프론 숄더 프레스, 세 부분으로 구성된다.

스탠딩 덤벨 숄더 프레스

Standing Dumbbell Shoulder Press

안전 수칙

등 아래 부분의 부상을 최소화하기 위해 모든 오버헤드 프레스 운동에서 적절한 코어 활성화가 중요하다.

스탠딩 덤벨 레터럴 레이즈

Standing Dumbbell Lateral Raise

기술

이 운동은 중간어깨세모근(middle deltoid) 강화에 도움을 준다. 어깨세모근은 앞어깨세모근(anterior deltoid), 중간어깨세모근(middle deltoid), 뒤어깨세모근(posterior deltoid), 세 부분으로 구성되어 있다.

시티드 덤벨 숄더 프레스

Seated Dumbbell Shoulder Press

안전 수칙

오버헤드 프레스를 할 때 목뼈는 중립을 유지하여 머리가 뒤로 당겨지도록 한다. 머리는 앞으로 움직이지 않도록 해야 하는데, 이는 목 뒤 근육과 목뼈에 과도한 스트레스를 주기 때문이다.

시티드 숄더 프레스 머신

Seated Shoulder Press Machine

기술

발을 바닥에 평평하게 놓고 기구에 올바르게 위치했는지 확인한다.

프론트 메디신 볼 오블리크 스로우

Front Medicine Ball Oblique Throw

기술

파트너를 사용할 수 없는 경우 메디신 볼을 벽에 던지는 방식으로 수행할 수 있다.

오버헤드 메디신 볼 스로우

Overhead Medicine Ball Throw

안전 수칙

볼이 머리 위의 전등이나 천장에 부딪치는 것을 방지하기 위해 야외에서 수행하는 것이 가장 좋다.

두갈래근 운동 설명

싱글 레그 덤벨 컬

Single-Leg Dumbbell Curl

기술

운동 중 어깨뼈를 수축시킨 상태를 유지하면 어깨뼈의 적절한 안정성이 보장되어 위팔두갈래근의 근육 조직에 더 중점을 두게 된다.

스탠딩 덤벨 컬

Standing Dumbbell Curl

기술

싱글 레그 덤벨 컬과 같은 방식으로 수행한다. 무게를 위로 들어올리기 위해 탄력을 사용하지 않도록 안내한다.

스탠딩 바벨 컬

Standing Barbell Curl

안전 수칙

팔꿈치에 가해지는 스트레스를 줄이려면 바를 너무 가깝거나 멀게 잡지 않도록 한다. 그립의 너비를 결정하기 위해 고객은 자신의 손이 옆으로 자연스럽게 떨어지도록 팔꿈치를 펴고, 손바닥은 앞을 향하도록 해야 한다. 이것이 바를 잡을 때의 올바른 자세이다.

스탠딩 해머 컬

Standing Hammer Curl

기술

운동 중 손바닥은 서로 마주 보도록 한다. 이 운동은 위팔두갈래근과 아래팔 근육을 강화시킨다.

시티드 양팔 덤벨 바이셉 컬

Seated Two-Arm Dumbbell Biceps Curl

기술

팔을 교대로 사용하거나 한 팔로 수행할 수 있다.

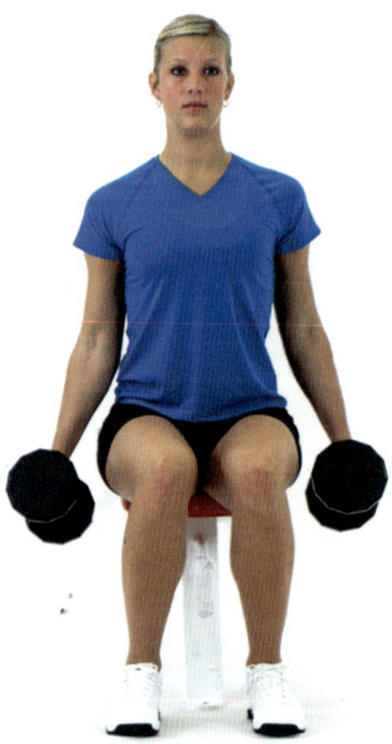

바이셉 컬 머신

Biceps Curl Machine

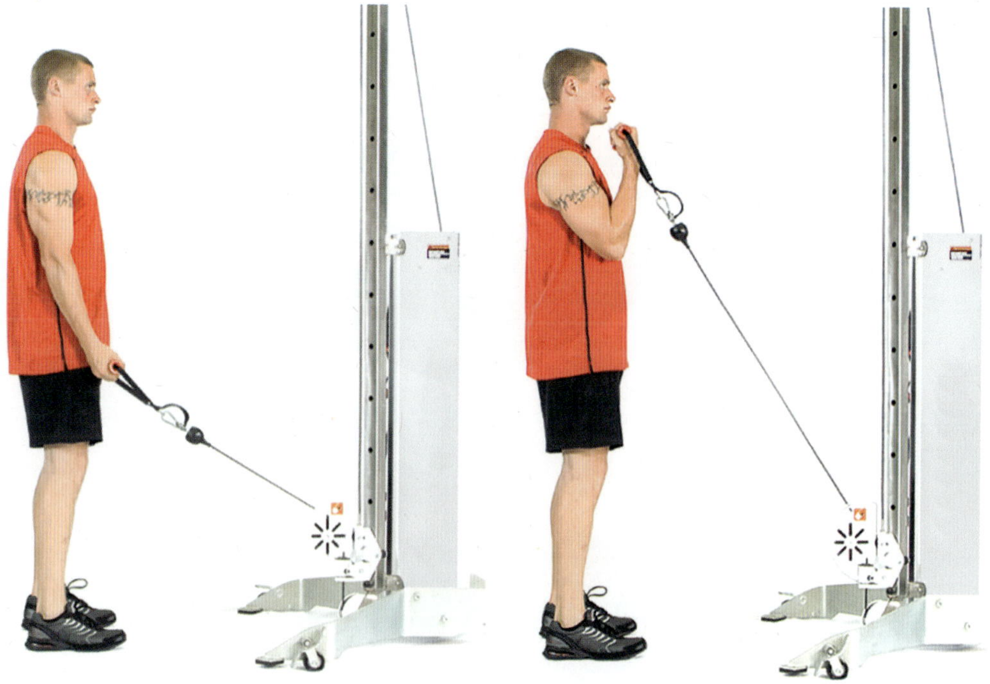

기술

바이셉 컬을 수행할 때는 바른 자세를 유지하는 것이 중요하다. 몸통이 지나치게 구부러지거나 펴지지 않도록 한다.

세갈래근 운동 설명

수파인 볼 덤벨 트라이셉 엑스텐션(덤벨 스컬 크러셔)

Supine Ball Dumbbell Triceps Extensions (Dumbbell Skull Crushers)

안전 수칙

바로 누운 자세에서 짐볼 운동을 수행할 때, 머리는 편안하게 볼 위에 놓여 있어야 한다. 이렇게 하면 경추에 가해지는 스트레스가 줄어든다.

프론 볼 덤벨 트라이셉 엑스텐션

Prone Ball Dumbbell Triceps Extensions

기술

최적의 정렬을 위해 발목, 무릎, 엉덩이, 어깨, 귀가 모두 정렬되어 운동 내내 유지되도록 한다.

케이블 푸시다운

Cable Pushdown

기술

케이블 푸시다운을 수행할 때 로프를 사용하면 손을 바위에 밀착해서 고정하는 것에 비해 팔꿈치가 자연스럽게 움직이는 경로를 만들 수 있다. 이것은 팔꿈치 통증을 감소시키는 데 도움이 된다.

수파인 벤치 바벨 트라이셉 엑스텐션(바벨 스컬 크러셔스)

Supine Bench Barbell Triceps Extensions (Barbell Skull Crushers)

안전 수칙

바벨 컬과 마찬가지로 손을 바에 너무 가깝게 두면 팔꿈치에 가해지는 스트레스가 증가할 수 있다. 손을 어깨너비만큼 벌리면 팔꿈치에 가해지는 스트레스를 줄일 수 있다.

클로즈 그립 벤치 프레스

Close Grip Bench Press

기술

적절한 손 위치는 어깨너비보다 약간 안쪽에 있어야 한다. 손을 안쪽으로 움직이면 세갈래근이 더욱 강조된다. 그러나 전면 어깨와 가슴 또한 이 운동과 관련이 있다.

다리 운동 설명

볼 스쿼트

Ball Squat

안전 수칙

볼 스쿼트는 적절한 스쿼트 운동법을 교육하는 좋은 방법이다. 최종 목표는 고객이 짐볼 없이 스쿼트를 진행하는 것이다.

싱글 레그 스쿼트

Single-Leg Squat

안전 수칙

이 운동은 안정화에 중점을 둔 고급 다리 운동이다. 고객은 안전하게 제어할 수 있는 정도로만 스쿼트를 진행해야 한다.

싱글 레그 루마니안 데드리프트

Single-Leg Romanian Deadlift

기술

이 운동은 햄스트링, 볼기근 복합체 및 허리세움근(등 근육)과 같은 후면 사슬의 많은 근육을 강화시킨다.

카프 레이즈

Calf Raise

기술

이 운동은 다리 아래의 장딴지근, 가자미근 및 다리 아래의 기타 발바닥굽힘근을 강화하는 데 도움을 준다.

다중 평면 스텝업

Multiplanar Step-Up

기술

런지는 훌륭한 다리 강화 운동이다. 하지만, 많은 고객이 이 운동을 적절히 수행하는 데 필요한 유연성과 안정성이 부족하다. 스텝업은 런지를 정확히 수행할 수 있는 적절한 유연성 및 안정성을 개발할 때까지 런지를 대체하는 훌륭한 방법이다.

다중 평면 런지

Multiplanar Lunge

기술

런지는 프론트(정면) 런지, 레터럴(측면) 런지, 터닝(회전) 런지 등 모든 방향에서 수행이 가능하며, 리버스(역) 런지 또한 옵션 중 하나이다.

덤벨 스쿼트

Dumbbell Squat

기술

발이 어깨너비만큼 떨어져 있고, 발가락은 똑바로 앞을 향하며, 무릎은 두 번째 및 세 번째 발가락과 일직선이 되도록 한다. 무릎 외반(무릎이 안쪽으로 함몰됨)을 피하는 것은 무릎 인대에 가해지는 의도되지 않은 스트레스를 최소화하기 위해 중요하다.

레그 프레스(힙 슬레드)

Leg Press (Hip Sled)

기술

발이 플랫폼 위에서 어깨너비만큼 떨어져 있고, 발가락은 똑바로 앞을 향하며, 무릎이 두 번째 및 세 번째 발가락과 일직선이 되도록 한다. 이렇게 하면 무릎, 엉덩이 및 등에 가해지는 스트레스를 줄일 수 있다.

바벨 스쿼트

Barbell Squat

안전 수칙

"스쿼트를 할 때 얼마나 아래까지 내려가야 할까?" 대답은 "보상 없이 통제가 가능한 범위만큼만"이다. 유연성과 안정화 근력을 더 많이 개발해 보상이 발생하지 않는다고 가정할 때 관절가동범위는 증가할 수 있다.

데드리프트

Deadlift

기술

운동 기간 동안 5개의 모든 운동 사슬 체크포인트, 특히 고객의 척추 위치를 모니터링한다. 척추는 둥글게 되거나 구부러지지 않고 중립 자세를 유지하도록 한다.

스쿼트 점프

Squat Jump

안전 수칙

무릎이 안쪽으로 함몰된 상태에서 착지하는 것은 위험하며, 통증과 부상을 유발할 수 있다. 발을 똑바로 앞으로 향하게 하고 무릎이 두 번째와 세 번째 발가락을 따라 움직이는 최적의 착지 메커니즘을 보이도록 한다.

턱 점프

Tuck Jump

기술

점프 운동을 수행할 때, 발의 볼이나 발 뒤꿈치보다는 발의 볼 바로 뒷부분으로 착지하도록 한다. 이것은 발과 다리를 통한 적절한 힘 분배를 보장하여 힘 생산 능력을 향상시킨다.

요약

이 장에서는 피트니스 전문가가 다양한 고객을 위한 안전하고 효과적인 저항 트레이닝 프로그램을 설계하는 데 필요한 필수 정보를 제공한다. 이 장에서 탐구한 주요 저항 트레이닝 개념에는 적응 원리, 점진적 과부하, 특이성 원리, 근력 개발의 특성 및 다양한 유형의 트레이닝 시스템, 실행 및 운동 진행 과정 등이 있다.

이 장에서 논의된 기본 원리들을 준수함으로써 피트니스 전문가는 저항 트레이닝 프로그램을 통해 원하는 결과를 낼 수 있다. 이러한 기본 원칙을 다루지 않는 프로그램은 부상 위험을 높이고 운동의 지속성을 저해할 수 있다.

제20장 리뷰

저항 트레이닝 프로그램을 실행하기 위한 많은 과학적 개념과 실제 적용 전략이 탐구되어 왔다. 부상 위험을 최소화하고 프로그램에 대한 참가자의 지속성을 강화하기 위해서는 이러한 개념들을 따라야 한다. 여기에는 적응의 원리, 저항 트레이닝의 점진적 적응, 트레이닝의 핵심 변수, 저항 트레이닝 시스템, 안전, 다양한 저항 트레이닝 운동의 실행 등이 있다.

최적의 트레이닝 결과를 얻으려면 신체가 특별히 부과된 요구 및 스트레스에 적응해야 한다. 스트레스에 적응하는 능력은 경고 반응, 저항 발달, 탈진의 3단계를 포함하는 일반적 적응 증후군으로 알려져 있다.

덧붙여, 신체의 다른 조직은 특이성의 원리, 또는 SAID 원리에서 보여지듯 서로 다른 스트레스에 반응한다. 트레이닝 프로그램은 가능한 한 최상의 결과를 보장하고, 각 조직의 적응을 최적화하기 위해 다양한 강도 및 스트레스 요인을 제공해야 한다. 트레이닝 중 발생하는 적응의 정도는 트레이닝 프로그램의 기계적, 신경근적, 대사적 특이성과 직접적으로 연관이 있다.

저항 트레이닝 프로그램은 다양한 근력 적응을 불러오는 생리적 변화를 일으킨다. 전통적인 저항 트레이닝 프로그램이 개별 근육의 최대 강도 개발에 초점을 맞춘 반면, 현대의 프로그램은 적절한 운동 선택, 모든 근육 활동, 운동의 다중 평면 및 반복 템포를 강조한다. 트레이닝 적응은 안정화, 근지구력, 근비대, 근력 및 파워로 분류할 수 있다.

핵심 변수는 신체에 부과되는 스트레스의 양과 궁극적으로 신체에 어떤 적응이 일어날지를 결정한다. 저항 트레이닝 프로그램을 설계할 때 고려해야 할 핵심 변수에는 반복, 세트, 트레이닝 강도, 휴식 간격, 운동량, 트레이닝 빈도, 트레이닝 기간, 운동 선택 및 운동 순서가 있다.

다양한 효과를 위해 저항 트레이닝 프로그램 구성에서 사용할 수 있는 수많은 트레이닝 시스템이 있다. 즉, 단일 세트, 다중 세트, 피라미드, 슈퍼세트, 복합 트레이닝, 드롭 세트, 자이언트 세트, 휴식-정지 세트, 서킷 트레이닝, 상하체 교대, 분할 루틴, 수직 부하 및 수평적 부하 시스템 등이다.

피트니스 전문가에게 가장 중요한 목표는 고객에게 해를 입히지 않는 데 전념하는 것이다. 따라서, 안전한 환경 유지, 적절한 장비 설정, 적절한 스팟팅 기술의 사용 및 5개의 운동 사슬 체크포인트 모니터링과 같은 안전 조치를 따라야 한다.

마지막으로, 저항 트레이닝은 체계적이고 점진적으로 프로그래밍 되어야 한다. 피트니스 전문가는 적절한 운동 선택 기준 및 진행 단계를 포함하여 특정한 프로그램 지침을 따라야 한다. 저항 운동을 시작하려면 이상적 움직임 패턴을 최적화하는 데 초점을 맞춰야 한다.

고객이 적절한 움직임 능력을 보이면 저항 트레이닝 프로그램은 다음 세 단계, 즉 (1) 안정화 중심 운동 (2) 근력 중심 운동 (3) 파워 중심 운동을 사용하여 체계적인 방식으로 진행해야 한다.

제20장 하이라이트

- GAS(일반적 적응 증후군) 모델은 스트레스에 대한 세 가지 반응 단계, 즉 경고 반응, 저항 증가 및 탈진을 개략적으로 설명한다.
- 스트레스 요인에 대한 초기 반응인 경고 단계에는 피로, 관절 경직, 또는 지연성 근육통 등이 있다.
- 저항 발달 단계는 훈련 적응으로 이어지는 수많은 생리적 변화들을 말하는데, 훈련 적응은 궁극적으로 수행능력 향상을 촉진한다.
- 장기간 이어지는 또는 견딜 수 없을 만큼 많은 스트레스는 탈진으로 이어지는데, 탈진은 스트레스 골절

(stress fractures), 근육 파열(muscle strains) 및 인대 염좌(ligament sprains), 관절 통증(joint pain), 정서적 피로(emotional fatigue) 등이 특징이다.

- 특이성의 원리는 종종 SAID 원리(특이성의 원리)로 불리며, 운동에 대한 신체의 반응과 적응을 설명한다.
- 기계적 특이성은 신체에 부과되는 무게와 움직임을 말한다.
- 신경근적 특이성은 수축 및 운동 선택의 속도를 나타낸다.
- 대사적 특이성은 신체에 부과되는 에너지 요구량을 말한다.
- 저항 트레이닝에서 발생하는 주요 적응에는 안정화, 근지구력, 근비대, 근력 및 파워가 있다.
- 안정화는 모든 움직임 동안 올바른 자세를 유지하기 위해 최적의 동적 관절 지지를 제공하는 신체의 능력이다.
- 근지구력은 힘을 생성하고 장기간 유지시키는 능력이다.
- 근비대는 뼈대근 섬유의 비대이다.
- 근력은 특히 뼈를 잡아 당기는 근육과 결합 조직에 내부 긴장을 생성하여 외부의 힘을 극복하는 신경근육계의 능력이다.
- 파워는 최단 시간에 최대의 힘을 만들어 내는 신경 근육계의 능력이다.
- 핵심 변수로는 반복, 세트, 트레이닝 강도, 반복 템포, 휴식 간격, 운동량, 트레이닝 빈도, 트레이닝 기간, 운동 선택 및 운동 순서 등이 있다.
- 다양한 효과를 위해 저항 트레이닝 프로그램 구성에 사용할 수 있는 수많은 트레이닝 시스템들이 있다. 가장 일반적인 트레이닝 시스템에는 워밍업 세트, 단일 세트, 다중 세트, 피라미드, 슈퍼세트, 복합 트레이닝, 드롭 세트, 자이언트 세트, 휴식-정지 세트, 서킷 트레이닝, 상하체 교대, 분할 루틴, 수직 및 수평적 부하 등이 있다.
- 피트니스 전문가는 고객에게 해를 끼치지 않도록 해야 한다. 이를 위해서는 안전한 환경 유지, 적절한 장비 설정 보장, 적절한 스팟팅 절차 사용, 5개의 운동 사슬 체크포인트를 활용한 운동 기술 모니터링 등이 필요하다.
- 저항 운동은 처음에는 이상적 운동 패턴의 최적화에 초점을 맞춰야 한다. 고객이 적절한 운동 숙련도를 보이면 (1) 안정화 중심 운동 (2) 근력 중심 운동 (3) 파워 중심 운동, 이 세 개의 단계를 사용하여 체계적인 방식으로 진행해야 한다.

참고 문헌

Alcaraz , P. E., Perez-Gomez, J., Chavarrias, M., & Blazevich, A. J. (2011). Similarity in adaptations to high-resistance circuit vs. traditional strength training in resistance-trained men. *Journal of Strength and Conditioning Research, 25*(9), 2519–2527. https:// doi.org/10.1519/JSC.0b013e3182023a51

Alves, R. R., Viana, R. B., Silva, M. H., Guimarães, T. C., Vieira, C. A., Santos, D. A. T., & Gentil, P. R. V. (2019). Postactivation potentiation improves performance in a resistance training session in trained men. *Journal of Strength and Conditioning Research.* Advance online publication. https://doi.org/10.1519/JSC .0000000000003367

Androulakis-Korakakis, P., Fisher, J. P., & Steele, J. (2020). The minimum effective training dose required to increase 1RM strength in resistance-trained men: A systematic review and metaanalysis. *Sports Medicine, 50*(4), 751–765. https://doi.org/10.1007 /s40279-019-01236-0

Behm, D. G., Drinkwater, E. J., Willardson, J. M., & Cowley, P. M. (2010). Canadian Society for Exercise Physiology position stand: The use of instability to train the core in athletic and nonathletic conditioning. *Applied Physiology, Nutrition, and Metabolism, 35*(1), 109–112. https://doi.org/10.1139/H09-128

Borde, R., Hortobágyi, T., & Granacher, U. (2015). Dose-response relationships of resistance training in healthy old adults: A systematic review and meta-analysis. *Sports Medicine, 45*(12), 1693–1720. https://doi.org/10.1007/s40279-015-0385-9

Brachman, A., Kamieniarz, A., Michalska, J., Pawłowski, M., Słomka, K. J., & Juras, G. (2017). Balance training programs in athletes—a systematic review. *Journal of Human Kinetics, 58*(1), 45–64. https://doi.org/10.1515/hukin-2017-0088

Cardozo, D. C., De Salles, B. F., Mannarino, P., Vasconcelos, A., Miranda, H., Willardson, J. M., & Simão, R. (2019). The effect of exercise order in circuit training on muscular strength and functional fitness in older women. *International Journal of Exercise Science, 12*(4), 657–665.

Ciolac, E. G., & Rodrigues-Da-Silva, J. M. (2016). Resistance training as a tool for preventing and treating musculoskeletal disorders. *Sports Medicine, 46*(9), 1239–1248. https://doi.org/10.1007 /s40279-016-0507-z

Conrado de Freitas, M., Rossi, F. E., Colognesi, L. A., de Oliveira, J. V. N., Zanchi, N. E., Lira, F. S., . . . Gobbo, L. A. (2018). Postactivation potentiation improves acute resistance exercise performance and muscular force in trained men. *Journal of Strength and Conditioning Research.* Advance online publication. https://doi.org/10.1519/JSC.0000000000002897

Coulombe, B. J., Games, K. E., Neil, E. R., & Eberman, L. E. (2017). Core stability exercise versus general exercise for chronic low back pain. *Journal of Athletic Training, 52*(1), 71–72. https://doi.org /10.4085/1062-6050-51.11.16

Courtney, R. (2009). The function of breathing and its dysfunctions and their relationship to breathing therapy. *International Journal of Osteopathic Medicine, 12*(3), 78–85. https://doi.org/10.1016

/j.ijosm.2009.04.002

Cunanan, A. J., DeWeese, B. H., Wagle, J. P., Carroll, K. M., Sausaman, R., Hornsby, W. G., . . . Stone, M. H. (2018). The general adaptation syndrome: A foundation for the concept of periodization. *Sports Medicine*, *48*(4), 787–797. https://doi.org /10.1007/s40279-017-0855-3

Cunha, P. M., Nunes, J. P., Tomeleri, C. M., Nascimento, M. A., Schoenfeld, B. J., Antunes, M., . . . Cyrino, E. S. (2018). Resistance training performed with single and multiple sets induces similar improvements in muscular strength, muscle mass, muscle quality, and IGF-1 in older women: A randomized controlled trial. *Journal of Strength and Conditioning Research, 34*(4), 1008–1016. https:// doi.org/10.1519/JSC.0000000000002847

Duchateau, J., Semmler, J. G., & Enoka, R. M. (2006). Training adaptations in the behavior of human motor units. *Journal of Applied Physiology*, *101*(6), 1766–1775. https://doi.org/10.1152 /japplphysiol.00543.2006

Evans, J. W. (2019). Periodized resistance training for enhancing skeletal muscle hypertrophy and strength: A mini-review. *Frontiers in Physiology*, *10*, 13. https://doi.org/10.3389/fphys .2019.00013

Franchi, M. V., Reeves, N. D., & Narici, M. V. (2017). Skeletal muscle remodeling in response to eccentric vs. concentric loading: Morphological, molecular, and metabolic adaptations. *Frontiers in Physiology*, *8*, 447. https://doi.org/10.3389/fphys.2017.00447

Freitas, T. T., Martinez-Rodriguez, A., Calleja-González, J., & Alcaraz, P. E. (2017). Short-term adaptations following complex training in team-sports: A meta-analysis. *PLoS One*, *12*(6), e0180223. https:// doi.org/10.1371/journal.pone.0180223

Gabriel, D. A., Kamen, G., & Frost, G. (2006). Neural adaptations to resistive exercise: Mechanisms and recommendations for training practices. *Sports Medicine*, *36*(2), 133–149. https://doi.org/10.2165 /00007256-200636020-00004

Garber, C. E., Blissmer, B., Deschenes, M. R., Franklin, B. A., Lamonte, M. J., Lee, I. M., & Swain, D. P. (2011). American College of Sports Medicine position stand. Quantity and quality of exercise for developing and maintaining cardiorespiratory, musculoskeletal, and neuromotor fitness in apparently healthy adults: Guidance for prescribing exercise. *Medicine and Science in Sports & Exercise*, *43*(7), 1334–1359. https://doi.org/10.1249/MSS .0b013e318213fefb

Golas, A., Maszczyk, A., Zajac, A., Mikolajec, K., & Stastny, P. (2016). Optimizing post activation potentiation for explosive activities in competitive sports. *Journal of Human Kinetics*, *52*(1), 95–106. https:// doi.org/10.1515/hukin-2015-0197

Grgic, J., Lazinica, B., Mikulic, P., Krieger, J. W., & Schoenfeld, B. J. (2017). The effects of short versus long inter-set rest intervals in resistance training on measures of muscle hypertrophy: A systematic review. *European Journal of Sports Science*, *17*(8), 983–993. https://doi.org/10 .1080/17461391.2017.1340524

Hackett, D. A., & Chow, C. M. (2013). The Valsalva maneuver: Its effect on intra-abdominal pressure and safety issues during resistance exercise. *Journal of Strength and Conditioning Research*, *27*(8), 2338–2345. https://doi.org/10.1519/JSC.0b013e31827de07d

Harber, M. P., Fry, A. C., Rubin, M. R., Smith, J. C., & Weiss, L. W. (2004). Skeletal muscle and hormonal adaptations to circuit weight training in untrained men. *Scandinavian Journal of Medicine and Science in Sports*, *14*(3), 176–185. https://doi.org /10.1111/j.1600-0838.2003.371.x

Hermassi, S., Ghaith, A., Schwesig, R., Shephard, R. J., & Souhaiel Chelly, M. (2019). Effects of short-term resistance training and tapering on maximal strength, peak power, throwing ball velocity, and sprint performance in handball players. *PLoS One*, *14*(7), e0214827. https:// doi.org/10.1371/journal.pone.0214827

Huxel Bliven, K. C., & Anderson, B. E. (2013). Core stability training for injury prevention. *Sports Health*, *5*(6), 514–522. https://doi .org/10.1177/1941738113481200

Kraemer, W. J., Nindl, B. C., Ratamess, N. A., Gotshalk, L. A., Volek, J. S., Fleck, S. J., . . . Häkkinen K. (2004). Changes in muscle hypertrophy in women with periodized resistance training. *Medicine and Science in Sports & Exercise*, *36(4)*, 697–708. https:// doi.org/10.1249/01. mss.0000122734.25411.cf

Kroell, J., &, Mike, J. N. (2017). Exploring the standard barbell overhead press. *Strength and Conditioning Journal*, *39*(6), 70–75. https://doi. org/10.1519/SSC.0000000000000324

Lasevicius, T., Ugrinowitsch, C., Schoenfeld, B. J., Roschel, H., Tavares, L. D., Souza, E. O. D., & Tricoli, V. (2018). Effects of different intensities of resistance training with equated volume load on muscle strength and hypertrophy. *European Journal of Sport Science*, *18*(6), 772–780. https://doi.org/10.1080/17461391.2018 .1450898

Lesinski, M., Hortobágyi, T., Muehlbauer, T., Gollhofer, A., & Granacher, U. (2015). Effects of balance training on balance performance in healthy older adults: A systematic review and meta-analysis. *Sports Medicine*, *45*(12), 1721–1738. https://doi .org/10.1007/s40279-015-0375-y

Lombardi, V., & Troxel, R. (2003). U.S. injuries and deaths associated with weight training. *Medicine and Science in Sports & Exercise*, *35*(5), S203.

Looga, R. (2005). The Valsalva manoeuvre—cardiovascular effects and performance technique: A critical review. *Respiratory Physiology & Neurobiology*, *147*(1), 39–49. https://doi.org/10.1016/j.resp .2005.01.003

Maffiuletti, N. A., Aagaard, P., Blazevich, A. J., Folland, J., Tillin, N., & Duchateau, J. (2016). Rate of force development: Physiological and methodological considerations. *European Journal of Applied Physiology*, *116*(6), 1091–1116. https://doi.org/10.1007/s00421 -016-3346-6

McGowan, C. J., Pyne, D. B., Thompson, K. G., & Rattray, B. (2015). Warm-up strategies for sport and exercise: Mechanisms and applications. *Sports Medicine*, *45*(11), 1523–1546. https://doi.org /10.1007/s40279-015-0376-x

Meeusen, R., Duclos, M., Foster, C., Fry, A., Gleeson, M., Nieman, D., . . . Urhausen, A. (2013). Prevention, diagnosis, and treatment of the overtraining syndrome: Joint consensus statement of the European College of Sport Science and the American College of Sports Medicine. *Medicine and Science in Sports & Exercise, 45*(1), 186–205. https://doi.org/10.1249/MSS.0b013e318279a10a

Meeusen, R., Duclos, M., Gleeson, M., Rietjens, G., Steinacker, J., & Urhausen, A. (2006). The overtraining syndrome—facts & fiction. *European Journal of Sport Science*, *6*(4), 263–263. https:// doi. org/10.1080/17461390601151302

Mike, J. N., Cole, N., Herrera, C., Vandusseldorp, T., Kerksick, C. M., & Kravitz, L. (2017). Effects of eccentric contraction duration of muscle strength, power production, vertical jump, and soreness. *Journal of Strength and Conditioning Research*, *31*(3), 773–786. https://doi. org/10.1519/JSC.0000000000001675

Muyor, J. M. (2013). Exercise intensity and validity of the ratings of perceived exertion (Borg and OMNI scales) in an indoor cycling session. *Journal of Human Kinetics*, *39*(1), 93–101. https://doi.org /10.2478/hukin-2013-0072

Ochi, E., Maruo, M., Tsuchiya, Y., Ishii, N., Miura, K., & Sasaki, K. (2018). Higher training frequency is important for gaining muscular strength under volume-matched training. *Frontiers in Physiology*, *9*, 744. https://doi.org/10.3389/fphys.2018.00744

Pichardo, A. W., Oliver, J. L., Harrison, C. B., Maulder, P. S., Lloyd, R. S., & Kandoi, R. (2019). Effects of combined resistance training and weightlifting on motor skill performance of adolescent male athletes. *Journal of Strength and Conditioning Research*, *33*(12), 3226–3235. https://doi.org/10.1519/JSC .0000000000003108

Piras, A., Persiani, M., Damiani, N., Perazzolo, M., & Raffi, M. (2015). Peripheral heart action (PHA) training as a valid substitute to high intensity interval training to improve resting cardiovascular changes and autonomic adaptation. *European Journal of Applied Physiology*, *115*(4), 763–773. https://doi.org/10.1007/s00421 -014-3057-9

Prestes, J., Tibana, R. A., de Araujo Sousa, E., da Cunha Nascimento, D., de Oliveira Rocha, P., Camarço, N. F., . . . Willardson, J. M. (2019). Strength and muscular adaptations after 6 weeks of rest-pause vs. traditional multiple-sets resistance training in trained subjects. *Journal of Strength and Conditioning Research*, *33*(Suppl 1), S113–S121. https://doi.org/10.1519/JSC.0000000000001923

Ralston, G. W., Kilgore, L., Wyatt, F. B., & Baker, J. S. (2017). The effect of weekly set volume on strength gain: A meta-analysis. *Sports Medicine*, *47*(12), 2585–2601. https://doi.org/10.1007/s40279 -017-0762-7

Ratamess, N., Alvar, B. A., Evetoch, T., Housh, T., Kibler, W. B., Kraemer, W. J., & Triplett, N. T. (2009). American College of Sports Medicine position stand. Progression models in resistance training for healthy adults. *Medicine and Science in Sports & Exercise*, *41*(3), 687–708. https://doi.org/10.1249 /MSS.0b013e3181915670

Rhea, M. R., & Alderman, B. L. (2004). A meta-analysis of periodized versus nonperiodized strength and power training programs. *Research Quarterly for Exercise and Sport*, *75*(4), 413–422. https://doi.org/10.1080/02701367.2004.10609174

Rivera, M. J., Winkelmann, Z. K., Powden, C. J., & Games, K. E. (2017). Proprioceptive training for the prevention of ankle sprains: An evidence-based review. *Journal of Athletic Training*, *52*(11), 1065–1067. https://doi.org/10.4085/1062-6050-52.11.16

Schoenfeld, B. J. (2010). The mechanisms of muscle hypertrophy and their application to resistance training. *Journal of Strength and Conditioning Research*, *24*(10), 2857–2872. https://doi.org/10.1519 / JSC.0b013e3181e840f3

Schoenfeld, B. J. (2011). The use of specialized techniques to maximize muscle hypertrophy. *Strength and Conditioning Journal*, *33*(4), 60–65. https://doi.org/10.1519/SSC.0b013e3182221ec2

Schoenfeld, B. J., Contreras, B., Krieger, J., Grgic, J., Delcastillo, K., Belliard, R., & Alto, A. (2019). Resistance training volume enhances muscle hypertrophy but not strength in trained men. *Medicine and Science in Sports & Exercise*, *51*(1), 94–103. https:// doi.org/10.1249/ MSS.0000000000001764

Schoenfeld, B. J., Grgic, J., Ogborn, D., & Krieger, J. W. (2017). Strength and hypertrophy adaptations between low- vs. high-load resistance training: A systematic review and meta-analysis. *Journal of Strength and Conditioning Research*, *31*(12), 3508–3523. https:// doi. org/10.1519/JSC.0000000000002200

Schoenfeld, B. J., Ogborn, D., & Krieger, J. W. (2016). Effects of resistance training frequency on measures of muscle hypertrophy: A systematic review and meta-analysis. *Sports Medicine*, *46*(11), 1689–1697. https://doi.org/10.1007/s40279-016-0543-8

Schoenfeld, B. J., Ogborn, D., & Krieger, J. W. (2017). Dose-response relationship between weekly resistance training volume and increases in muscle mass: A systematic review and meta-analysis. *Journal of Sports Sciences*, *35*(11), 1073–1082. https://doi.org/10 .1080/02640414.2016.1210197

Schoenfeld, B. J., Pope, Z. K., Benik, F. M., Hester, G. M., Sellers, J., Nooner, J. L., . . . Krieger, J. W. (2016). Longer interset rest periods enhance muscle strength and hypertrophy in resistance-trained men. *Journal of Strength and Conditioning Research*, *30*(7), 1805–1812. https://doi.org/10.1519/JSC.0000000000001272

Schoenfeld, B. J., Ratamess, N. A., Peterson, M. D., Contreras, B., & Tiryaki-Sonmez, G. (2015). Influence of resistance training frequency on muscular adaptations in well-trained men. *Journal of Strength and Conditioning Research*, *29*(7), 1829–1829. https:// doi. org/10.1519/JSC.0000000000000970

Scott, D. J., Ditroilo, M., & Marshall, P. A. (2017). Complex training: The effect of exercise selection and training status on postactivation potentiation in rugby league players. *Journal of Strength and Conditioning Research*, *31*(10), 2694–2703. https:// doi.org/10.1519/ JSC.0000000000001722

Selye, H. A. (1936). Syndrome produced by diverse nocuous agents. *Nature*, *138*, 32. https://doi.org/10.1038/138032a0

Simao, R., Farinatti, P. de T., Polito, M. D., Major, A. S., & Fleck, S. J. (2005). Influence of exercise order on the number of repetitions performed and perceived exertion during resistance exercise. *Journal of Strength and Conditioning Research*, *19*(1), 152–156. https://doi. org/10.1519/1533-4287(2005)192.0.CO;2

Tredrea, M. S. J. (2017). Applied complex training: An updated review and practical applications. *Journal of Australian Strength and Conditioning*, *25*(3), 15.

Westcott, W. L. (2012). Resistance training is medicine. *Current Sports Medicine Reports*, *11*(4), 209–216. https://doi.org/10.1249/JSR .0b013e31825dabb8

Wilk, M., Golas, A., Stastny, P., Nawrocka, M., Krzysztofik, M., & Zajac, A. (2018). Does tempo of resistance exercise impact training volume? *Journal of Human Kinetics*, *62*(1), 241–250. https:// doi.org/10.2478/ hukin-2018-0034

Wilk, M., Stastny, P., Golas, A., Nawrocka, M., Jelen, K., Zajac, A., & Tufano, J. J. (2018). Physiological responses to different neuromuscular movement task during eccentric bench press. *Neuroendocrinology Letters*, *39*(1), 101–107.

Yue, F. L., Karsten, B., Larumbe-Zabala, E., Seijo, M., & Naclerio, F. (2018). Comparison of 2 weekly-equalized volume resistance training routines using different frequencies on body composition and performance in trained males. *Applied Physiology, Nutrition, and Metabolism*, *43*(5), 475–481. https://doi.org/10.1139/apnm -2017-0575

SECTION 6

프로그램 디자인

CHAPTER 21

최적의 운동수행능력 트레이닝(OPT) 모델

학습 목표

- 선형 주기화와 파동형 주기화 간의 차이점을 구분할 수 있다.
- 장주기, 중주기, 단주기 간의 차이점을 구분할 수 있다.
- 최적의 운동수행능력(Optimum Performance Training®, OPT™) 모델의 다섯 가지 단계 모두에서 사용되는 운동 프로토콜을 평가할 수 있다.
- OPT 모델을 사용하여 다양한 고객의 목표에 맞춰 피트니스 프로그램을 설계할 수 있다.

프로그램 디자인 개요

고객을 위해 운동 프로그램을 만들고 수정하기 위해서는 고객의 목표, 운동에 대한 적응 능력, 고유의 신체 능력과 병력 등 고려해야 할 사항이 많기 때문에 복잡한 과정이 될 수 있다. 거기다 선택할 수 있는 다양한 운동 형태가 있기 때문에 피트니스 전문가는 프로그램 디자인 과정에서 혼란과 좌절을 경험할 수도 있다. 이러한 우려 속에서 운동 프로그램을 설계할 때 가장 중요한 요소는 고객이 프로그램을 선택하도록 하는 것이다. 프로그램이 초보자들을 위한 것이든, 피트니스에 열정적인 사람을 위한 것이든, 또는 경험 많은 운동선수를 위한 것이든 간에 고객에게 효과적이고 의미 있는 운동이 되려면 운동 프로그램에 개별성과 고유성이 필요하다. 이것은 고객이 열심히 운동에 참여하도록 만들고, 건강, 체력, 피트니스 목표를 향한 고객의 성공을 확실히 하는 데 도움을 준다.

덧붙여, 피트니스 전문가가 개인의 니즈, 목표, 능력에 따라 각 고객에게 맞춤화된 운동 프로그램을 설계하고 이행하는 것은 아주 중요하다. 고객의 적절한 평가, 태도, 체력 수준에 기초한 운동 프로그램은 성공과 운동의 지속성(adherence)을 보장하는 데에도 도움을 준다.

이 과정을 돕기 위해 피트니스 전문가는 운동 프로그램의 적절성을 갖추고, 관련된 특정 질문에 답할 수 있어야 한다.

- 고객의 니즈, 목표, 능력은 무엇인가?
- 과거의 부상이나 의학적 상태 때문에 운동하는 데 주의 사항이나 금지 사유는 없는가?
- 고객의 피트니스를 평가한 결과는 어떠한가? 근육 불균형, 나쁜 자세, 제한된 가동성이 보이는가?
- 고객이 좋아하거나 싫어하는 운동 형태는 무엇인가? 긍정적인 환경을 조성할 수 있도록 좋아하는 운동을 프로그램에 통합시키고 있는가?
- 세트, 반복, 휴식 주기 같은 운동 변수는 무엇이며, 고객의 능력, 목표, 트레이닝 단계에 적절하게 이용하는가?
- 프리 웨이트, 탄성 밴드, 기구 같은 운동 유형 중 어떤 운동이 고객의 목표와 피트니스 레벨에 적절한가?
- 운동 세션의 적절한 빈도(주당 횟수) 및 지속 시간(세션당 시간)은 얼마인가?

지속성 Adherence 주어진 행동이나 행동 계획에 지속해서 따르는 정도

피트니스 전문가가 이 질문에 일관성 있게 답할 수 있다면, 고객은 안전하고 효과적인 방식으로 피트니스 목표를 달성할 수 있을 것이다. 그렇지 않다면 피트니스 전문가는 부적절한 운동 프로그램을 만들고 있을 가능성이 크며, 이로 인해 부상이나 과도한 피로가 발생하여 오버트레이닝(overtraining) 또는 번아웃으로 이어질 수 있다(Walters et al., 2018). 반대로, 지정된 프로토콜을 준수함으로써 위험 요소를 줄일 수 있으며, 고객은 안전하고 긍정적인 환경에서 운동할 수 있게 된다.

피트니스 프로그래밍도 연습이 필요하지만, 다른 것과 마찬가지로 다양한 사람들을 트레이닝하면서 얻은 경험이 많을수록 점점 쉬워진다. 목표는 지속적으로 발생하는 과부하를 극복하고 피트니스 목표를 달성하기 위해 체계적이고 점진적이며 고유한 운동 프로그램을 만드는 것이다. 또한 프로그램을 설계할 때 유연성, 심폐, 코어, 밸런스, 플라이오메트릭, 속도·민첩성·순발력(SAQ), 저항력 등 다양한 형태의 트레이닝을 통합해 접근하는 것이다(Bennell et al., 2012; Bhagyalakshmi et al., 2007; DiStefano et al., 2013; Eriksen et al., 2002; Ng et al., 2012). 통합적인 접근법을 사용하면 체계화된 진행을 통해 부상 위험을 최소화할 수 있다(Faude et al., 2018; Hislop et al., 2017; Padua et al., 2018).

일부 고객, 혹은 피트니스 전문가는 프로그램 디자인 시 지나치게 단순화된 접근법을 사용하고 싶은 유혹을 받을 수 있다. 예를 들면, 운동 프로그램에서 지방 감소 목표를 위한 최대 칼로리 소모, 혹은 운동 능력 향상을 위한 속도 및 파워 발달 같은 특정 요인을 지나치게 강조할 수 있다. 그러나 균형 잡힌 운동 프로그램은 점진적이고 체계적이어야 하며, 적절한 움직임 패턴의 교육, 운동 사슬(kinetic chain)의 가동성 및 안정성 향상, 근지구력과 유산소 지구력 향상, 부상 가능성 감소와 같은 많은 변수를 고려해야 한다. 다시 말해 운동 프로그래밍은 체지방 감소, 근육량 증가 또는 근력 및 파워 향상 같은 눈에 보이는 표면적인 요소 이상을 포함하고 있어야 한다(Teyhen et al., 2014). 이것은 '빙산 효과'라고도 알려져 있다(그림 21-1).

프로그램 디자인

프로그램 디자인은 특정 피트니스 또는 수행 목표를 달성하기 위해 적절한 양과 강도로 운동을 조직적으로 구성하는 것이다(Lorenz & Morrison, 2015). 다시 말하면 고객의 능력, 한계 및 목표에 따라 로드맵과 단계별 프로세스, 수정 및 매개 변수를 제공하는 것이다. 성공적인 프로그램 디자인을 위해서 피트니스 전문가는 트레이닝 계획 및 주기화에 대해 명확하게 이해하고 있어야 한다.

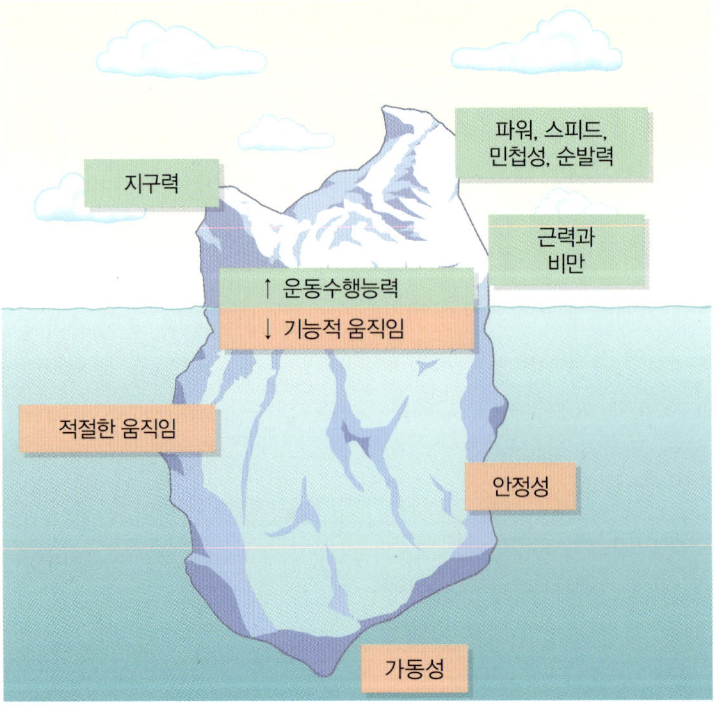

그림 21-1 빙산 효과

트레이닝 계획

목표를 달성하기 위해 트레이닝 프로그램은 장기 및 단기 목표를 이용한 계획으로 조직화해야 한다. 트레이닝 계획(training plan)은 피트니스 전문가가 고객의 목표를 달성하는 데 이용하는 구체적인 개요이다. 여기서는 사용될 트레이닝 형태, 소요 시간, 빈도, 그리고 수행할 특정 운동을 결정한다. 트레이닝 계획은 고객마다 달라야 하며, 틀에 박힌 운동 프로그램이나 계획을 사용하지 말아야 한다. 피트니스 전문가는 핵심 변수(acute variables)를 조절해서 안전하고 효율적인 프로그램을 계획하는 것의 중요성을 이해해야 한다.

주기화 기초

피트니스와 스포츠 수행력 프로그래밍은 주기화(periodization) 개념에 기초하고 있다. 주기화(또는 계획된 피트니스 트레이닝)는 고객이 트레이닝에 잘 적응하도록 하고 고객의 부상을 예방하기 위해 스트레스의 양과 유형을 변화시키는 것으로, 일반적인 적응증후군과 특이성의 원리(20장에서 논의됨)를 활용해 프로그램을 설계하는 체계적 접근법이다. 주기화는 최적의 적응력을 장려하기 위해 정기적으로 계획된 기간에 트레이닝 프로그램을 변경한다(Evans, 2019; Lorenz et al., 2010). 주기화는 두 가지 기본 목표가 있다.

1. 연간 트레이닝 계획(장주기), 월간 트레이닝 계획(중주기), 주간 또는 일일 트레이닝 계획(단주기), 이렇게 구별되는 트레이닝 주기(또는 단계)로 나눈다.
2. 트레이닝 양을 조절하고 부상을 예방하기 위해 각 주기(또는 단계)마다 다른 형태의 근력을 훈련한다.

연간 계획(장주기)

연간 트레이닝 계획, 또는 장주기는 트레이닝 프로그램이 원하는 목표를 이루기 위해 장기적으로 매월 진행되는 방식을 보여준다. 여기에는 지정된 트레이닝 일정, 피트니스 세션, 회복 기간이 요약되어 있다(Williams et al., 2017). 다시 말해, 장주기는 그 해의 전체 트레이닝 요법에 대한 조감도를 제공한다. 이를 통해 고객은 피트니스 전문가가 고객의 목표 달성을 위해 어떻게 트레이닝할지를 명확하게 알 수 있다. 스포츠 컨디셔닝의 영역에서 장주기는 준비 기간, 시합 기간, 전환 기간(즉, 시즌 전, 시즌 중, 시즌 후)으로 구분되며, 이 기간은 1년에 걸쳐 나누어진다(그림 21-2)(Kostiukevych et al., 2019; Nuell et al., 2019).

월간 계획(중주기)

월별 트레이닝 계획 또는 중주기는 트레이닝 계획을 구체화된 월별 사이클로 나눈다(Aoki et al., 2017; Owen et al., 2017). 월간 계획에는 각 운동을 한 날짜와 트레이닝 스타일이 자세히 설명되어 있다(그림 21-3). 이를 통해 고객은 자신의 교육 일정을 더 작은 규모로 볼 수 있는데, 연간 계획(장주기)보다 더 자세한 정보를 얻을 수 있다.

중주기는 보통 4주 기간이며, 모든 경우에 한 달일 필요는 없다는 것을 유념해야 한다. 예를 들어, 바디빌더는 대회 준비를 위해 3주간의 지방 감량 중주기를 따를 수 있고, 야구 투수는 6주간의 오프 시즌 중주기 프로그램을 사용하여 팔의 힘을 키우고 투구 속도를 높일 수 있다.

오버트레이닝 Overtraining 트레이닝의 과도한 빈도, 양, 강도로 인해 수행능력이 저하된 상태이며, 적절한 휴식과 회복 부족으로 발생한다.
운동 사슬 Kinetic chain 움직임을 위해 함께 작용하는 상호 의존적 연결 사슬로서 인체를 설명하는 개념
트레이닝 계획 Training plan 피트니스 전문가가 트레이닝의 형태, 시간, 향후의 변화, 수행해야 하는 특정 운동을 구체화하여 만든 구체적인 개요
핵심 변수 Acute variables 각 운동의 수행 방법을 지정하는 중요한 구성 요소. 운동 훈련 변수라고도 한다.
주기화 Periodization 시간이 지남에 따라 수행능력을 향상시키기 위해 조직화된 방식으로 훈련 변수를 거시적으로 관리하거나 계획적으로 조작하는 것

	1월	2월	3월	4월	5월	6월	7월	8월	9월	10월	11월	12월
준비 기간 (시즌 전)		×	×									
시합 기간 (시즌 중)				×	×	×	×	×	×	×		
전환 기간 (시즌 후)	×										×	×

그림 21-2 연간 트레이닝 계획 예시

	1주차							2주차							3주차							4주차						
	M	T	W	T	F	S	S	M	T	W	T	F	S	S	M	T	W	T	F	S	S	M	T	W	T	F	S	S
심폐 운동	×		×					×		×					×		×					×		×				
저항 운동		×		×					×		×					×		×					×		×			
SAQ					×							×							×									
재평가																										×		

그림 21-3 월별 트레이닝 계획 예시

주간 계획(단주기)

주간 계획 또는 단주기는 한 주 동안에 이루어지는 특정 운동을 자세히 설명한 것이다(그림 21-4). 많은 고객이 이 계획을 높이 평가하지만, 먼저 연간 또는 월간 트레이닝 계획을 세우지 않으면 주간 계획은 목적, 집중, 방향을 상실할 수 있다. 단주기는 보통 7일이지만, 고객의 스케줄에 따라서 원하는 경우 10일까지 늘릴 수도 있다(Dolci et al., 2020; Schneider et al., 2019). 대부분의 경우, 고객의 트레이닝 일정과 목표에 따라 3~6주의 단주기가 월간 계획을 형성한다.

OPT 모델을 장주기, 중주기, 단주기로 통합하는 것과 관련된 심층적 논의는 이 장의 뒷부분에서 논의한다.

> **전문적으로 알아보기**
>
> 주기화의 기원은 연중 특정 시기에 시즌이 진행되는 육상 경기에서 비롯되었다. 근력 및 스포츠 코치는 경기 스케줄에 맞춰 운동선수가 최고의 수행능력을 발휘할 수 있도록 주기화를 이용한다.
>
> 주기화는 시즌으로 이어지는 세 가지 뚜렷한 단계, 즉 준비기, 시합기, 전환기로 나눌 수 있다. 준비기는 트레이닝의 양과 강도를 대회 전에 최고 수준으로 점진적으로 늘리는 것을 목표로 한다. 시합기는 경기(시즌 중) 기간으로, 오버트레이닝과 번아웃을 최소화하면서 선수를 최상의 컨디션으로 유지하는 것을 목표로 한다. 전환기(시즌 후)는 경쟁 단계가 끝난 시점으로 운동선수는 적극적 휴식을 취하고 운동의 강도를 점점 줄여 나간다(Lyakh et al., 2016).

선형 주기화 및 파동형 주기화

주기화는 많은 피트니스 목표를 달성하기 위한 프로그램을 설계하는 데 있어 효과적인 방법으로 여겨져 왔지만, 현재까지 모든 피트니스 전문가에게 통용되고 있는 것은 아니다. 주기화는 근지구력, 근력, 파워 같은 신체의 다양한 적응력을 끌어내기 위해 특정 시간에 다양한 형태의 트레이닝을 반복적으로 사용하는 것을 말한다(Evans, 2019; Lorenz et al., 2010). 주기화는 또한 트레이닝을 더욱 효과적으로 관리하고, 경기의 피크 주기를 만들며, 부상과 오버트레이닝의 위험을 줄이는 것을 목표로 한다(Conlon et al., 2016; Raiola & D'Isanto, 2016; Rønnestad et al., 2019; Strohacker et al., 2015).

선형 주기화

선형 주기화(linear periodization)는 트레이닝 부하의 강도를 점진적으로 높이는 동시에 일정 기간 운동량을 줄이는 것을 목표로 하는 전통적인 프로그램 디자인 방법이다(da Silva et al., 2016; Mattocks et al., 2016; Pitta et al., 2019). 선형 주기화는 접근 방식이 일관되며 운동 진행을 위해 미리 결정된 일정이나 프로토콜을 사용하는 경우가 많다. 예를 들어 한 접근 방식은 처음 4주 동안 근지구력과 관절 안정성을 개발하기 위해 가벼운 하중을 사용하며, 중간 하중으로 4주를 수행하고, 마지막으로 4주 동안 무거운 하중을 사용하여 근비대(hypertrophy) 및 최대 근력을 개발한다. [그림 21-5]는 시간이 흐름에 따라 어떻게 진행되는지를 보여준다.

피트니스 전문가는 이 방법이 간단하고 따라하기 쉽기 때문에 초보자나 운동 경험이 많은 사람에게 사용할 수 있다. 이 접근법을 사용하면 프로그램 내에서 사용되는 부하와

월요일	화요일	수요일	목요일	금요일	토요일	일요일
심폐 운동	저항 운동	심폐 운동	저항 운동	SAQ	휴식	휴식

그림 21-4 주간 트레이닝 계획 예시

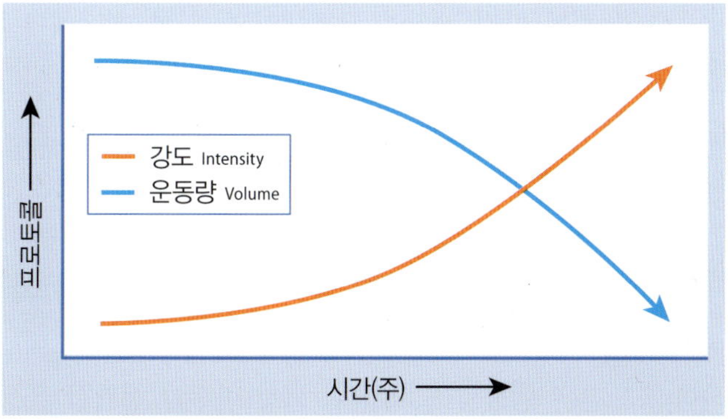

그림 21-5 선형 주기화

강도가 체계적으로 증가한다. [표 21-1]은 트레이닝 부하를 점진적으로 늘리는 선형 주기화를 사용한 예시이다. 물론 여러 변형 방법이 존재한다.

선형 주기화 계획은 부하/강도 이상의 것을 수정할 수 있으며 운동 프로그램을 진행하기 위해 운동 선택, 휴식 주기, 운동량(세트+반복)도 조절할 수 있다. 이것은 체중 감량을 원하는 사람이나 유산소 능력 향상을 원하는 지구력 운동선수와 같이 근력과 근비대 이외의 목표를 가진 사람에게 중요한 고려 사항이다.

파동형 주기화

파동형 주기화(undulating periodization) 또는 비선형 주기화는 운동량, 강도, 운동 선택에서 일별 또는 주별로 부하에 변화를 준다(Caldas et al., 2016; Painter et al., 2018; Ullrich et al., 2016). 이러한 형태의 주기화는 운동이 재미가 없거나 지루하지 않게 해주어 심리적으로 도움이 된다. 피트니스 전문가는 한 주 안에 다양한 트레이닝 프로토콜을 전부 사용할 수 있기 때문에 접근법에 좀 더 창의성을 발휘해야 한다.

예를 들어, 피트니스 전문가는 월요일에는 근지구력 집중 운동, 수요일에는 파워 집중 운동, 금요일에는 근비대 집중 운동으로 배분할 수 있다. 이 방법을 사용하여 다양한 스타일의 트레이닝을 일주일 동안 해볼 수 있다(표 21-2). 이러한 일상적 변화를 주면 신체에 가해지는 스트레스도 지속적으로 변화하여 고객의 수행능력도 나아지게 된다(Jaimes et al., 2019).

선형 주기화와 파동형 주기화 모두 이 장의 뒷부분에서 OPT 모델의 관점에서 논의한다.

최적의 운동수행능력 트레이닝 모델

미국스포츠의학회(NASM)는 계획적이고 체계적이며 주기화된 트레이닝 프로그램으로 OPT 모델을 설계했다(그림 21-6). OPT 모델은 유연성, 근지구력, 유산소 지구력, 코어 안정성, 밸런스, 근력, 협응력, 파워 같은 모든 신체적 능력을 동시에 향상시키기 위해 개발되었다. 게다가, 다양한 고객과 운동선수들에게 체지방을 줄이고 제지방 근육량을 늘리며, 운동 능력과 전반적인 건강을 개선하는 데 매우 성공

선형 주기화 Linear periodization 정해진 주기에 걸쳐 운동량을 줄이면서 동시에 트레이닝 부하의 강도를 서서히 늘리는 것을 목표로 하는 전통적인 트레이닝 설계 방법

근비대 Hypertrophy 기관이나 조직의 비대화. 피트니스 맥락에서는 골격근을 크게 하는 것을 설명하는 데 주로 사용된다.

파동형 주기화 Undulating periodization 비선형 주기화로도 알려진 프로그래밍 계획. 일일 또는 주간 단위로 부하에 차이를 두면서 운동량, 강도, 운동 선택의 변화를 준다.

표 21-1 선형 부하 과정 예시

기간		강도: 1~최대 반복(1RM)	
1~4주:	안정성과 근지구력	약한 부하에서 중간 부하:	1RM의 60~70%
5~8주:	근비대 및 근력	중간 부하에서 무거운 부하:	1RM의 70~85%
9~12주:	최대 근력	무거운 부하에서 최대 부하:	1RM의 85~100%

표 21-2 파동형 주기화 예시

월요일	화요일	수요일	목요일	금요일
근지구력 집중 운동		파워 집중 운동		근비대 집중 운동

적인 도움을 주었다. 이것은 근거기반 모델로 실험실 환경과 실생활의 고객 및 운동선수 모두에서 테스트와 검증을 받았다(DiStefano et al., 2013).

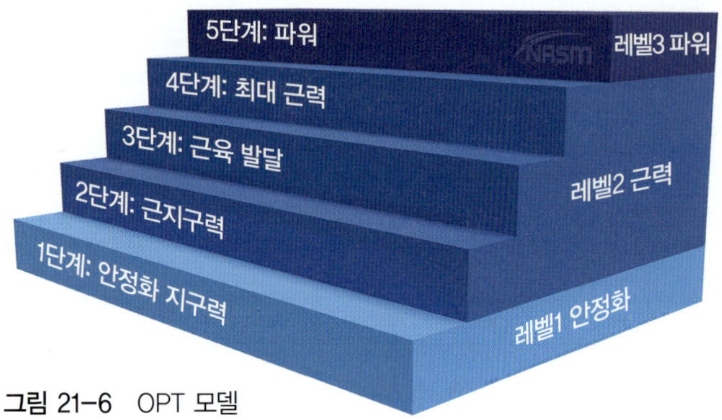

그림 21-6 OPT 모델

전통적인 주기화 운동 모델에 나타나는 여러 가지 트레이닝 기간에는 준비(도입) 기간, 근비대 기간, 최대 근력 기간, 파워 기간이 있다. OPT 모델은 이 기간들을 안정화, 근력, 파워, 이 세 가지 레벨로 크게 구분하여 단순화시켰다. 또한 OPT 모델은 한 걸음 더 나아가 세 가지 레벨을 5개의 고유한 트레이닝 단계로 세분화했다(표 21-3).

OPT 모델은 여러 레벨의 신체 적응을 통해 고객을 안내하는 계단으로 생각할 수 있다. 이 과정에서 고객은 목표, 필요성, 능력에 따라 계단을 오르내리고, 다른 계단에서는 멈추며 다양한 높이로 이동할 수 있다.

OPT 일일 운동 템플릿

OPT 모델은 구체적인 운동 템플릿을 사용하여 안전하고 체계적이며 점진적인 양식으로 일일 운동 루틴을 구성하는 데 도움을 준다. 트레이닝의 다섯 단계 중 어느 단계를 이행하더라도 같은 템플릿을 따른다. 핵심 변수와 선택한 운동만 유일하게 다를 뿐이다(그림 21-7). 운동 템플릿은 준비 운동부터 정리 운동까지로 구성되어 있으며 6개 파트, 즉 준비 운동, 활성화, 스킬 개발, 저항 트레이닝, 클라이언트 초이스, 정리 운동으로 나누어진다.

준비 운동

운동 템플릿의 첫 번째 섹션 제목은 준비 운동(Warm-Up)이며, 유연성 트레이닝과 선택된 심폐 운동으로 구성되어 있다. 유연성 트레이닝은 다른 형태의 운동과 마찬가지로 체계적인 과정을 따라야 하며 분명한 목적이 있어야 한다. 유연성 기술은 관절가동범위와 조직의 신장성을 높이고 근육 불균형을 바로잡는 데 사용된다. 또한 이 기술은 몸이 신체활동을 준비하는 데 도움이 되는 통합 준비 운동 단계의

표 21-3 OPT 모델 요약 차트

레벨	단계	기본 적응	기본 진행 방법
안정화	1. 안정화 지구력 트레이닝	▪ 가동성 및 유연성 ▪ 코어 및 관절 안정화 ▪ 자세 정렬 및 제어 ▪ 근지구력 및 유산소 지구력	▪ 기본적인 움직임 패턴을 숙지한다. ▪ 기본 움직임 패턴이 확립되면 고유수용감각을 자극하는 운동(통제되지만 불안정한)을 진행한다 ▪ 기본 움직임 패턴이 확립되면 운동을 조금 더 복잡하게 한다.
근력	2. 근지구력 트레이닝	▪ 코어 근력 및 관절 안정화 ▪ 근지구력 및 주동근 근력	▪ 휴식 주기를 줄인다. ▪ 운동량을 늘린다(반복수+세트). ▪ 저항 운동의 부하(무게)를 늘린다. ▪ 저항 운동의 복잡성을 높인다.
	3. 근육 발달 트레이닝	▪ 코어 근력 ▪ 근력 및 근비대	▪ 운동량을 늘린다. ▪ 저항 운동의 부하를 높인다. ▪ 저항 운동의 복잡성을 높인다.
	4. 최대 근력 트레이닝	▪ 코어 근력 ▪ 최대 근력	▪ 저항 운동의 부하를 높인다. ▪ 저항 운동의 세트 수를 늘린다.
파워	5. 파워 트레이닝	▪ 코어 근력 ▪ 최대 근력 ▪ 힘 생성률	▪ 저항 운동의 부하를 높인다. ▪ 운동의 속도(반복 속도)를 높인다. ▪ 운동 세트를 늘린다.

Optimum Performance Training® NASM NATIONAL ACADEMY OF SPORTS MEDICINE

CLIENT'S NAME:
GOAL:
PHASE:
DATE:

EXERCISE	SETS	REPS	TEMPO	REST	NOTES
WARM-UP					
ACTIVATION (core & balance)					
SKILL DEVELOPMENT (plyometric & SAQ)					
RESISTANCE TRAINING					
CLIENT'S CHOICE					
COOL-DOWN					

Coaching Tips:

그림 21-7 OPT 운동 템플릿

일부로 사용되며 고객 평가 결과, 트레이닝 유형, 운동의 고유 요구 사항에 따라 선택된다. 정적 스트레칭 같은 스트레칭 기술은 평가 과정에서 과활성화된 것으로 확인된 조직에만 적용한다.

준비 운동 기간의 심폐 운동의 비중은 보통 5~10분 사이이다. 준비 운동의 목적은 심박수와 호흡 수, 조직의 온도를 높여 더 높은 트레이닝 강도를 위해 고객을 준비시키는 것이다(McGowan et al., 2015; Silva et al., 2018).

활성화

OPT 프로그램 템플릿의 다음 섹션은 활성화(Activation)이다. 활성화에는 코어 운동과 밸런스 운동이 있다. 이 섹션은 전체적인 준비 운동의 연속이다. 이전 섹션에서 다양한 유연성 기술을 수행하여 과활성 근육을 해결했다면 그 다음 단계는 평가 과정에서 확인된 저활성화된 근육을 강화시켜야 한다. 이것은 이상적인 관절 정렬과 안정성, 조절력을 재설정하는 데 도움이 된다. 이를 위해 코어 운동 및 밸런스 운동들을 해야 한다.

코어 운동은 자세를 개선하고(Ko & Kang, 2017; Park et al., 2016), 수행능력을 향상시키며(Butcher et al., 2007; Dello Iacono et al., 2016; Shinkle et al., 2012), 부상에 대한 저항력(Huxel Bliven & Anderson, 2013)과 부상 회복 속도(Coulombe et al., 2017)를 높이는 데 매우 중요하다.

밸런스 운동은 부상 예방 프로그램에서 중요한 구성 요소이며, 발목염좌나 전방십자인대 파열 같은 다리 부상을 줄이는 데 도움이 되는 것으로 입증되었다(Dargo et al., 2017; Nessler et al., 2017; Rivera et al., 2017). 또한 운동 능력과 자세를 향상시키는 데 효과적인 운동 양식이다(Brachman et al., 2017). 따라서 코어 운동과 밸런스 운동이 짝을 이룰 때 유연성 기술 이후 효과적인 준비 운동 전략이 될 수 있다.

> **전문적으로 알아보기**
>
> 교정 운동(corrective exercise)에 지식이 있고 숙련된 사람은 이 섹션에서 독립적인 근력 강화 기술과 같은 다른 형태의 활성화 기술로 대체할 수 있다. 교정 운동에 대한 자세한 내용은 NASM의 교정 운동 전문가 과정을 참고하라.

스킬 개발

스킬 개발(Skill Development) 섹션은 운동에서 선택적인 부분이지만, 목표나 피트니스 레벨에 따라서 많은 고객과 운동선수에게 유용하다. 피트니스 전문가는 이 섹션에 플라이오메트릭과 SAQ 운동을 배치한다. 이런 형태의 운동은 나아가 고객의 민첩성, 반응 시간, 전반적인 운동 능력을 더욱 발달시킨다(Makhlouf et al., 2018; Oxfeldt et al., 2019). 또한 플라이오메트릭과 SAQ 트레이닝은 유산소 능력을 향상시키는 효과적인 운동 양식이며, 원한다면 전통적인 항정 상태의 심폐 운동을 대체할 수 있다.

피트니스 전문가는 또한 이미 언급한 플라이오메트릭과 SAQ 운동을 선택하여 기술을 배우는 데 특화된 수업으로 진행할 수 있다. 예를 들어, 운동을 처음하는 고객은 밀기, 당기기, 프레싱, 스쿼트, 힙 힌지, 다중면 운동 같은 기초 움직임 패턴을 완벽하게 하는 방법을 교육 받아야 한다. 운동 기구에 대한 지침은 운동 템플릿의 이 섹션에 포함시킬 수 있다.

좀 더 진행한 상위 단계의 고객은 이 부분에서 올림픽 역도나 무술 훈련 같은 고급 운동을 소개할 수 있다. 꼭 알아두어야 할 점은 이 섹션은 새로운 기술 교육과 실습을 위한 것이지 고강도 운동을 위한 것이 아니란 점이다. 예를 들어, 올림픽 역도가 처음인 고객은 기본 움직임 패턴을 배울 때까지 맞춤봉이나 이와 유사한 도구로 연습하게 한다. 무술 운동이 처음인 고객은 이후 프로그램에 고강도 형태의 기술들을 넣기 전까지 펀치와 발차기 트레이닝을 적절한 형태로 연습하게 한다.

저항 트레이닝

저항 운동은 모든 운동 트레이닝 프로그램의 필수적인 요소이다. 저항 트레이닝은 관절과 코어 안정성, 근지구력, 근비대, 근력, 파워, 운동 능력을 발달시키는 데 좋다. 제지방 근육량을 늘리고 체지방을 줄이며, 수많은 건강 지표를 개선하는 데도 효과적인 방법이다(Ciolac & Rodrigues-da-Silva, 2016; Schoenfeld et al., 2016; Westcott, 2012). 저항 운동은 목적에 따라 점진적으로 프로그래밍해야 한다. 따라서 피트니스 전문가는 적절한 운동 선택 기준 및 진행 과정에 대한 이정표를 포함한 특정 프로그램 지침을 따라야 한다. OPT 모델에는 선택한 저항 운동의 유형과 적절한 핵심 변수를 포함하여 트레이닝의 각 단계에 대한 특정 매개 변수가 있다. 이에 대해서는 이 장의 뒷부분에서 설명한다.

클라이언트 초이스

운동 프로그램을 개발하는 데 있어 가장 중요한 고려 사항은 논란의 여지 없이 고객의 지속적인 참여를 이끄는 것이다. 피트니스 전문가는 고객의 건강, 신체 구성 및 운동 능력에 상당한 영향을 미칠 수 있다. 따라서 피트니스 전문가는 고객이 피트니스 루틴을 계속할 수 있는 환경을 만들어주어야 할 책임이 있다. 고객이 좋아하는 운동을 할 수 있도록 자율성(autonomy)을 보장하면서 자신감과 유능감을 느낄 수 있게 도와주어야 한다. 자기 효능감(self-efficacy)은 운동 행동에서 잘 알려진 결정 요인이므로 운동의 지속성을 높이기 위해서는 자기 효능감에 영향을 주는 행동 변화 기술을 사용해야 한다. 이것은 운동 템플릿, 클라이언트 초이스 섹션에 나와 있는 기본적인 사항이다.

이 섹션에서 고객은 프로그램에 포함시킬 가장 좋아하는

운동 몇 가지를 선택한다. 일부 고객은 미적 목적을 위해 팔 근육 운동을 하겠다고 할 수도 있다. 다른 고객은 선호도에 따라 복부 운동이나 리프트를 추가할 수도 있다. 피트니스 전문가는 고객이 좋아하는 운동 중 몇 가지(보통 한두 가지)를 선택하도록 하고 선택한 운동이 안전하지 않은 경우에만 개입하도록 한다.

정리 운동(쿨다운)

정리 운동(cool-down)은 신체가 운동 상태에서 안정된 휴식 상태로 원활하게 전환되도록 해준다. 정리 운동의 목적은 심장박동과 호흡수를 줄이고, 체온을 서서히 낮추고, 근육을 최적의 휴식 길이로 되돌리고, 하체에 혈액이 모이는 것을 막아주어 신체 시스템을 기준선에 가깝게 회복시켜 주는 것이다.

가벼운 심폐 운동은 정리 운동에서 선택적인 요소이다. 심폐 강화 운동을 할 때, 고객은 걷기 편안한 속도에 도달할 때까지 속도와 강도를 서서히 낮추어야 한다. 심폐 정리 운동은 보통 5~10분이 소요된다.

끝나고 나면 고객은 자가근막기법과 정적 스트레칭을 수행하여 근육을 평상시 길이-장력 관계(length-tension relationship)로 돌아가도록 재조정해야 한다. 유연성 기법은 정리 운동에서 중요한 요소이므로 간과하거나 건너뛰어서는 안 된다. 이 기법은 지연성 근육통 관련 영향을 줄여주고, 운동에서 빨리 회복되게 하며, 다음 훈련 세션에서 향상된 기량을 발휘할 수 있도록 신체를 준비시키기 때문이다(Pearcey et al., 2015).

OPT 모델의 안정화 단계

OPT 모델의 첫 번째 단계는 두 가지 주요 적응에 초점이 맞춰져 있다. (1) 적절한 움직임 패턴의 발달 (2) 전체 운동역학 사슬의 가동성과 안정성. OPT 모델의 이 두 가지 단계는 이후 이어질 더 높은 수준의 트레이닝 요구 사항에 맞게 신체를 준비하도록 고안되어 있다. 이 단계에서는 모든 초보자에게 자신감을 심어주고, 운동 프로그램에 대한 지속성을 높이며, 궁극적으로 탈진이나 부상으로 이어질 수 있는 고강도 트레이닝에서의 스트레스를 최소화하는 것이 중요하다. 또한 높은 수준의 코어 안정성과 관절 안정성을 유지하기 위해, 근력 및 파워 트레이닝에 집중하는 단계 이후에 이 레벨로 다시 순환해야 한다. 이 레벨은 더 격렬한 트레이닝을 한 신체가 적극적으로 휴식을 취하고 회복할 수 있도록 한다. 안정화 레벨은 다음의 사항들에 집중하고 있다.

- 적절한 움직임 패턴 발달: 스쿼트, 밀기, 당기기, 프레싱, 힙 힌지 및 다중면 움직임
- 기본적인 운동 기술 숙지 및 운동 기구, 프리 웨이트, 심폐 기구의 적절한 사용
- 근육 불균형 교정
- 코어 근육의 활성화 및 척추와 골반 안정화 개선
- 신체활동, 운동, 스포츠를 하는 동안 밸런스, 협응력, 자세 제어 강화
- 근육, 힘줄, 인대, 관절을 향후 진행될 트레이닝 요구에 맞게 준비시킴으로써 조직의 과부하 방지
- 심폐 지구력 및 근지구력 강화
- 고객의 자신감과 운동 지속성 촉진

OPT 모델에서 트레이닝의 안정화 레벨은 단일 단계로서, 1단계 안정화 지구력 트레이닝이다.

1단계 안정화 지구력 트레이닝

1단계 안정화 지구력 트레이닝은 밀기, 당기기, 프레싱, 스쿼트, 힙 힌지 그리고 전반적인 움직임 능력에 대한 적절한 움직임 패턴의 수행 방법을 고객에게 가르치기 위해 고안되었다. 이 단계에서는 운동 기구의 적절한 사용, 프리 웨이트 및 밸런스 운동 기구, 폼 롤러, 기타 다른 유형의 운동 기구 같은 기초적인 운동 기술을 습득하는 데 초점이 맞춰져 있다. 이 단계는 컨디션이 좋지 않거나 운동을 처음 하는 고객의 부상 위험을 최소화하는 데 특히 중요하다. 피트니스 전문가는 이 단계에서 고객의 근육 불균형을 바로잡고, 관절 가동범위를 개선시키며, 코어와 말초 관절의 안정성을 향상

자율성 Autonomy 어떻게 행동하고 싶은가에 맞춰서 행동하는 것

자기 효능감 Self-efficacy 과업, 목표를 달성하거나 성과를 완수할 수 있다는 믿음. 자신감이라고도 한다.

길이-장력 관계 Length-tension relationship 근육의 휴식 길이와 이 휴식 길이에서 근육이 만들어 낼 수 있는 장력

시키도록 돕는다. 이 도입 단계는 구조화된 운동을 할 수 있는 신체 능력과 운동 수준에 따라서 2~6주 정도 걸릴 수 있고, 고객의 능력 수준과 움직임 능력에 따라 소요되는 시간이 달라진다.

기본 움직임 패턴의 트레이닝

기본 움직임 패턴(fundamental movement patterns)은 모든 피트니스 전문가가 고객에게 시연하고 가르쳐야 한다. 피트니스 전문가는 부상을 최소화하고 운동 효율을 높이기 위해 이러한 움직임 패턴을 고객이 숙달하도록 트레이닝해야 한다. 대부분의 운동은 아래의 운동 패턴 중 최소 한 가지 이상이 들어있지만, 여러 움직임 패턴과 단일 운동을 결합할 수도 있다.

1. 스쿼트(squatting)
2. 힙 힌지(hip hinge)
3. 당기기(pulling motions)
4. 밀기(pushing motions)
5. 프레싱(pressing)
6. 다중면 움직임(multiplanar movement)

스쿼트

바닥에서 무엇을 들어올리거나, 아이의 신발 끈을 묶기 위해 몸을 낮추거나, 단순히 의자에 앉았다 일어설 때와 같이 스쿼트 움직임 패턴(그림 21-8)은 일상생활활동(activities of daily living, ADL) 전반에 걸쳐 많이 사용된다.

스쿼트는 복합(다중관절) 움직임 패턴[compound (multijoint) movement pattern]으로서 관련된 관절(발목, 무릎, 엉덩관절)이 많고 여러 근육이 사용된다. 결과적으로 스쿼트는 근지구력, 근비대, 근력, 넙다리네갈래근과 큰볼기근의 힘을 향상시키는 등 이점이 많은 운동이다(Clark et al., 2012; Schoenfeld, 2010). 스쿼트와 스쿼트를 변형한 운동들은 많은 운동 프로그램에서 필수 운동이 되어야 한다. 더 나아가 적절한 스쿼트 기술은 무릎과 등 부상 위험을 감소시키는 데 필요하다는 연구가 있다(Comfort et al., 2018; Fry et al., 2003). 따라서 피트니스 전문가는 고객에게 스쿼트 움직임 패턴을 능숙하고 유능하게 가르쳐야 한다(표 21-4).

표 21-4 스쿼트

종류	설명
근육	넙다리네갈래근, 볼기근 복합체, 햄스트링, 장딴지근
기본적인 관절 움직임	발목, 무릎, 엉덩관절의 굽힘과 폄
일상 행동 예시	앉았다 일어나기, 차에 타고 내리기, 계단 오르기
운동 예시	백 스쿼트, 프론트 스쿼트, 오버헤드 스쿼트, 레그 프레스, 스텝업

적절한 스쿼트 기술은 다음과 같다.

- 발은 앞을 향하도록 하고 발과 발목 복합체가 과도한 엎침(overpronation)이 되지 않도록 한다.
- 두 번째와 세 번째 발가락 위로 무릎을 위치시킨다. 무릎이 안쪽으로 모이지 않도록 한다(무릎 외반슬).
- 골반과 척추는 중립 자세를 취한다.
- 발목과 엉덩관절을 균등하게 구부린다. 몸통과 정강이 각도를 평행하게 유지하여 발목, 무릎, 엉덩이에 가해지는 힘을 균등하게 한다.
- 머리와 어깨는 중립 자세를 유지한다.

그림 21-8 바벨 스쿼트

힙 힌지

힙 힌지(hip hinge)는 스쿼트처럼 정원 가꾸기, 집안일 또는 바지를 입는 단순한 행동과 같이 일상생활의 여러 움직임에서 사용된다(표 21-5). 힙 힌지는 케틀벨 스윙(그림 21-9)이나 스티프 레그드 데드리프트(stiff-legged dead-lift)와 같이 무릎이나 발목의 움직임이 상대적으로 적으며, 선 자세에서 엉덩관절을 구부리고 펴야 한다(McGill & Marshall, 2012). 대부분의 움직임은 엉덩관절에서 나오지만, 꼽추 자세로 알려진 척주후만증(kyphosis)처럼 척추를 둥글게 하는 척추 굽힘과는 다르다.

표 21-5 힙 힌지

종류	설명
근육	햄스트링, 볼기근 복합체, 허리 아랫부분과 복부
기본적인 관절 움직임	엉덩관절의 굽힘과 폄
일상 행동 예시	바지를 입기 위해 구부리기, 손을 뻗어 바닥의 상자 잡기, 청소, 정원 가꾸기
운동 예시	루마니안 데드리프트, 백 익스텐션, 굿 모닝, 케틀벨 스윙, 올림픽 역도

스쿼트 움직임 패턴과 힙 힌지의 움직임 패턴은 비슷하지만, 특히 발목, 무릎, 엉덩관절의 움직임과 관련된 눈에 띄는 차이점이 있다. 스쿼트 패턴은 발목 발등굽힘과 발바닥굽힘, 무릎 굽힘과 폄이 요구되는 반면, 힙 힌지에는 상대적으로 무릎을 움직이지 않으면서 증가된 엉덩관절의 굽힘과 폄이 필요하다(무릎은 부드럽게 구부러질 것이다).

고객에게 정형외과적 제약이 없는 이상, 힙 힌지는 후방사슬 다리 근육(햄스트링)과 더불어 앞 코어(배곧은근)와 뒤쪽 코어(척주세움근 및 볼기근 복합체) 둘 다를 강화하는 데 유용하다.

당기기

당기기(pulling)는 다른 움직임처럼 중요한 들어올리기 운동의 변형이며 근지구력, 근비대, 근력, 파워를 위한 모든 유형의 운동 프로그램을 강화하는 데 이용될 수 있다(표 21-6). 피트니스 전문가는 앞쪽 근육과 뒤쪽 근육 사이의 균형을 촉진하기 위해 당기기 운동을 운동 프로그램에 통합시켜야 한다. 또한 상체에 대한 당기기 운동은 둥근 어깨 및 거북목

표 21-6 당기기 움직임 패턴

종류	설명
근육	상체: 넓은등근, 큰원근, 마름근(능형근), 등세모근, 위팔두갈래근, 뒤쪽 어깨세모근(후삼각근)
기본적인 관절 움직임	어깨: 어깨뼈 수축(뒤당김), 어깨 폄, 어깨 수평 벌림, 어깨 모음 팔: 팔꿈치 굽힘
일상 행동 예시	문 열기, 기어오르기, 낙엽 갈퀴로 긁기
운동 예시	턱걸이(풀업, 친업), 랫 풀다운, 로우, 코브라

기본 움직임 패턴 Fundamental movement patterns 일상생활에서 수행되는 일반적이고 필수적인 동작으로 트레이닝 세션 내에서 운동 동작과 관련되는 움직임

일상생활활동 Activities of daily living (ADL) 기본적인 생활을 관리하기 위해 필요한 기본 활동, 즉 목욕, 옷 입기, 몸단장, 식사 준비, 가사 등

복합(다중관절) 움직임 패턴 Compound (multijoint) movement pattern 여러 관절과 근육 그룹이 관련된 운동 또는 움직임 패턴

척주후만증 Kyphotic/Kyphosis 등뼈 부위의 정상적인 굽힘으로 척추의 볼록한 부분을 만든다.

그림 21-9 케틀벨 스윙

같은 잘못된 자세를 바로잡는 데 도움이 된다(Bae et al., 2016). 당기기 동작에는 위팔두갈래근, 아래팔, 등 근육을 포함하는 다양한 근육이 관여한다. 흔한 당기기 운동에는 턱걸이, 턱걸이 변형, 코브라, 랫 풀다운, 로잉(노 젓기) 변형이 있다(그림 21-10).

그림 21-10 TRX 로우

밀기

밀기 동작(pushing motions)은 당기기 동작에 대한 균형을 잡아주는 움직임이다. 대부분의 밀기 동작은 상체와 관련되어 있다. 상체를 미는 움직임과 관련된 운동의 예로는 바벨 벤치 프레스(그림 21-11), 덤벨 체스트 프레스, 푸시업이 있다. 상체의 단축성 관절 동작에는 어깨뼈 내밈, 어깨 굽힘, 어깨 수평 모음, 팔꿈치 폄이 있다. 가슴 근육은 대부분의 상체 밀기 운동에서 사용되는 주동근인 반면, 위팔세갈래근과 앞쪽 어깨세모근은 움직임 패턴 전반에서 **협력근(synergists)**처럼 작용한다. [표 21-7]은 밀기 움직임에 대한 자세한 설명이다.

표 21-7 밀기 움직임 패턴

종류	설명
근육	상체: 큰가슴근, 앞쪽 어깨세모근, 위팔세갈래근
기본적인 관절 움직임	어깨: 어깨 내밈, 어깨 굽힘, 어깨 수평 모음 팔: 팔꿈치 폄
일상 행동 예시	슈퍼마켓 카트 밀기, 문 열기
운동 예시	푸시업, 벤치 프레스, 덤벨 체스트 프레스, 클로즈 그립 벤치 프레스, 클로즈 그립 푸시업

지식 확장하기

밀고 당기는 운동을 분리해야 한다고 생각할 필요는 없다. 이 둘은 하나의 운동으로 통합될 수 있다. 밀고 당기는 운동을 교대로 하면 각기 다른 날 각각의 운동을 분리해서 하는 것과는 다른 자극을 주게 된다.

프레싱

프레싱 동작(pressing motions)은 밀기 동작으로 분류되기도 한다. 그러나 프레싱은 일반적으로 들어 올리거나 머리 위로 손을 뻗는 것과 같이 더 수직으로 향하는 움직임을

그림 21-11 바벨 벤치 프레스

나타낸다. 프레싱은 광범위한 스펙트럼의 움직임을 포괄하지만, 가장 눈에 띄는 움직임은 팔꿈치 폄과 결합된 어깨 굽힘이다(그림 21-12). 예로는 덤벨 숄더 프레스, 바벨 숄더 프레스, 푸시 프레스, 아놀드 프레스가 있다. 이 움직임 패턴은 어깨 근육 및 어깨세모근, 등세모근에 크게 중점을 둔다(표 21-8). 또한 회전근개(돌림근띠) 근육은 프레싱 움직임 패턴을 이행하는 동안 오목위팔관절(어깨)을 적절히 안정화시켜야 한다. 따라서, 회전근개, 어깨세모근, 등세모근은 어깨뼈의 적절한 움직임을 위하여 함께 움직여야 한다(shoulder blades; Lugo et al., 2008). 사람들은 나이, 업무 환경, 운동 습관, 건강 상태와 같은 여러 요인들로 인해 어깨 기능 장애를 겪을 수 있다(Burbank et al., 2008; Meislin et al., 2005). 이러한 이유로 피트니스 전문가는 고객이 통증 없이 움직일 수 있는 범위 전체를 이용하여 머리 위 프레싱 움직임을 안전하게 할 수 있는 능력을 키워주어야 한다.

표 21-8 프레싱 움직임 패턴

종류	설명
근육	어깨세모근, 등세모근, 위팔세갈래근, 회전근개(돌림근띠)
기본적인 관절 움직임	어깨: 어깨 굽힘 팔: 팔꿈치 폄
일상 행동 예시	물건을 머리 위로 들어올리거나 높은 위치의 물건에 손 뻗어 올리기
운동 예시	덤벨 숄더 프레스, 바벨 숄더 프레스, 푸시 프레스, 아놀드 프레스

다중면 움직임

일상생활 및 스포츠 활동에서는 시상면, 이마면, 수평면 이렇게 세 가지 면에서 모두 움직임이 발생한다. 그러나 대부분의 전통적인 피트니스 프로그램은 단축성 생성에 주로 중점을 두고 시상면에서의 운동을 지나치게 강조한다. 일상적인 움직임과 스포츠가 다중면이라면, 피트니스 전문가는 다중면 운동을 통합하여 피트니스 전달 효과를 극대화해야 한다. 트레이닝 프로그램에서 움직임 패턴에 대한 유사성이 클수록 스포츠 관련이나 일상생활 관련 활동으로 전환되는 효과가 더 커진다. 시상면에서만 트레이닝하는 것은 고객에게 모든 운동면에서 효과적으로 움직이는 운동 학습 기회를 주지 않는 것이다.

게다가, 많은 비접촉성 다리 부상이 이마면과 수평면 운동에서 발생한다(Padua et al., 2018; Quatman et al., 2010). 따라서 모든 운동면에서 다양한 운동이 일어날 수 있도록 프로그래밍하는 것은 부상 가능성을 줄이기 위한 트레이닝 프로그램의 중요한 구성 요소이다.

고유수용감각 요구의 증가

고객이 기본적인 움직임 능력을 습득하고 다양한 운동 기구에 익숙해진 후부터, 1단계 프로그램의 초점은 코어와 관절 안정성 및 자세 개선으로 넘어간다. 이것은 운동의 고유

협력근 Synergists 움직임을 일으키기 위해 주동근을 돕는 근육

그림 21-12 시티드 숄더 프레스

수용감각 요구를 증가시킴으로써 이루어질 수 있다. 즉, 이 단계에서의 운동 과정은 외부의 하중을 늘리는 것보다는 이상적인 자세 통제와 밸런스를 유지하는 데 더 집중해야 한다. 흔한 사례로는 선별된 특정 기구를 이용하는 것에서부터 바벨, 덤벨, 기타 형태의 프리 웨이트 형태까지 진행하는 것이다. 또 다른 사례로는 안정적으로 앉아 있는 자세에서 서는 자세, 또는 한 발로 선 자세로 발전시키는 운동이 있다. 이런 형태의 진행은 기능적 움직임 패턴 수행 시 몸통과 말초 관절(발목, 무릎, 엉덩관절, 어깨)의 안정성을 요구하게 된다. 결과적으로 운동 중 코어 근육과 밸런스 메커니즘에 대한 요구를 더 많이 생성하게 된다(Behm et al., 2002, 2010; Behm & Anderson, 2006; Willardson, 2007). 고유수용감각(불안정적이지만 통제 가능한) 트레이닝은 여러 연구에서 부상 위험을 줄이는 효과적인 운동 형태로 나타났다(de Vasconcelos et al., 2018; Riva et al., 2016, Rivera et al., 2017; Verhagen et al., 2004). 불안정성의 수준은 고객마다 달라야 하며, 피트니스 전문가는 운동의 고유수용감각 요구를 증가시킬 때 항상 주의를 기울여야 한다.

이것은 OPT 모델에서 수행되는 첫 번째 단계이지만, 2~5단계까지의 고강도 트레이닝 기간 사이에 이 단계를 순환하는 것도 중요하다. 그렇게 할 때 적절한 회복을 얻을 수 있고, 근력과 파워, 또는 모두에 대한 최적의 적응을 보장하는 높은 수준의 안정성을 유지하게 한다.

고유수용감각 요구에 더해서, 핵심 변수는 운동량(세트와 반복 횟수)과 강도(부하, 운동 선택, 또는 운동면)를 증가시키고, 고객이 인지하는 노력 등급에 따라 휴식 시간을 줄임으로써 진행될 수 있다. 이때 운동의 강도와 난이도는 고객에 따라 달라야 함을 유념해야 한다. 피트니스 전문가는 고객의 현재 능력과 피트니스 수준에 맞는 운동 프로그램을 설계해야 한다.

정리하자면, 1단계 안정화 지구력 트레이닝은 아래의 사항에 중점을 둔다.

- 이상적인 움직임 패턴과 운동 기술 교육
- 유연성과 관절 가동성 증가
- 평가 결과에 근거한 관절 불균형 개선
- 관절 및 코어 안정성 증가
- 근지구력과 유산소 능력 향상
- 고유수용감각, 밸런스, 전반적인 협응력 향상
- 운동에 대한 고객의 자신감과 지속성 촉진

1단계 안정화 지구력 트레이닝 프로그램 디자인

앞서 내용을 상기해 보면, 일일 OPT 운동 프로그램에는 준비 운동, 활성화, 스킬 개발, 저항 트레이닝, 클라이언트 초이스, 정리 운동 등 여러 섹션이 있었다. 각 섹션은 특정한 신체적, 신경학적, 심리적 적응을 이끌어내기 위해 운동에 포함시킨다. 그러나 특히 시간이 제한된 고객의 운동에는 모든 섹션을 포함시키지 않아도 된다. 고객의 목표, 필요성, 능력에 따라 어떤 섹션이 가장 중요한지를 피트니스 전문가가 재량껏 판단해야 한다.

안정화 레벨의 준비 운동

1단계 안정화 지구력 트레이닝에 사용되는 유연성 기술에는 (1) 폼 롤링 같은 자가근막기법 (2) 정적 스트레칭 (3) 선택적 동적 스트레칭이 있다.

자가근막기법을 시행할 때는 최적의 이완 반응을 이끌어내기 위해 1~3개의 근육 집단을 선택해서 압통점을 최소 30초 동안 눌러 이완시킨다. 자가근막기법을 수행하는 방법에 대한 자세한 내용은 14장 유연성 트레이닝 개념을 참고하라.

자가근막기법을 완료한 후, 다음 단계는 1~3개의 정적 스트레칭을 하는 것이다. 대부분의 경우, 자가근막기법을 행하는 동안 목표로 하는 동일한 근육을 정적으로 스트레칭하는 것이 가장 좋다. 두 기법을 함께 적용하면 더 큰 이완과 관절가동범위를 가질 수 있다(Fairall et al., 2017; Mohr et al., 2014; Škarabot et al., 2015). 정적 스트레칭을 할 때는 관절가동범위를 최적으로 늘리기 위해 최소 30초간 스트레칭 자세를 유지하는 것이 중요하다(Behm et al., 2016; Kay & Blazevich, 2012).

동적 스트레칭은 1단계 프로그램에서는 선택 사항이다. 그러나 유연성 루틴에 동적 스트레칭을 포함하는 것이 주목받고 있다(Behm & Chaouachi, 2011; Behm et al., 2016; Kallerud & Gleeson, 2013; Opplert & Babault, 2018). 동적 스트레칭을 추가하면 관절가동범위가 더욱 증가할 뿐만 아니라 근력과 파워 출력도 증가시킬 수 있다. 동적 스트레칭을 포함하기로 선택한 경우, 반복 범위를 10~15회로 하면서 동적 스트레칭 3~10개를 하나의 세트로 선택한다.

동적 스트레칭과 유사하게, 심폐 운동 포함 여부 역시 선택 사항이다. 예를 들어, 피트니스 전문가가 동적 스트레칭의 순환 프로그램을 만드는 경우 심폐 운동은 불필요하다.

중요

1단계 안정화 지구력 트레이닝 프로그램에 사용된 유연성 기술은 (1) 자가근막기법 (2) 정적 스트레칭 (3) 선택적 동적 스트레칭이 있다.

자가근막기법과 정적 스트레칭은 평가 과정 동안 과활성으로 판단된 근육에 집중해야 한다.

안정화 레벨의 활성화

1단계 안정화 지구력 트레이닝 프로그램에 사용된 활성화 기술에는 코어 운동 및 밸런스 운동이 있다. 1단계 프로그램에서 코어 운동을 선택할 때는 코어 안정화와 **척추원반(추간판)의 안정성**(Intervertebral stability)을 강조하는 운동을 선택하는 것이 중요하다. 이 운동은 주로 국소 코어 근육인 회전근(rotatores), 뭇갈래근(multifidus), 배가로근(transverse abdominis), 가로막(횡격막, diaphragm)을 대상으로 한다(국소 코어 근육에 대해서는 16장 코어 트레이닝 개념 참조). 이 단계에서의 코어 운동은 운동의 특성에 따라 등척성 수축에 집중하거나 척추를 거의 움직이지 않고 느린 속도로 반복해야 한다. 느린 반복의 예는 4-2-1-1(신장성 수축 4초, 등척성 유지 2초, 단축성 수축 1초, 등척성 유지 1초)이다. 반복 속도에 대한 검토는 20장에서 다루고 있다. 이 단계에서 코어 운동의 양과 강도는 상대적으로 낮아야 하는데, 더 강한 운동을 하기 전에 국소 코어 근육을 지치게 하는 것이 아니라 활성화시키는 것이 목표이기 때문이다. 반복 범위 12~20회로 코어 운동 1~4개 중에서 선택하여 1~3세트를 실시한다. 코어 운동을 하면 과도한 근육 피로나 기력 소진 없이 근육 활성화를 촉진하고, 이후의 추가 운동을 위해 신체를 준비시킬 수 있다.

트레이닝 팁

코어 안정화와 척추원반 안정성을 강조하는 코어 운동은 대개 척추를 거의 움직이지 않는다. 예를 들면 행진하기(marching), 플로어 브릿지, 볼 브릿지, 플로어 프론 코브라, 볼 코브라, 플랭크, 사이드 플랭크, 버드 독, 팔로프 프레스, 데드 버그가 있다(그러나 여기에 설명된 운동에만 국한하지 않는다).

코어 트레이닝과 마찬가지로 밸런스 트레이닝도 체계적이고 점진적이어야 한다. 피트니스 전문가는 구체적인 프로그램 가이드라인, 적절한 운동 선택 기준, 세부 프로그램 변수를 따라야 한다. 밸런스 트레이닝의 주요 목표는 통제된 불안정성을 만들어서 안정성의 한계에 대해 고객에게 끊임없이 인식시키는 것이다. 적절한 과정을 따르지 않으면 보상 패턴으로 이어지거나 부적절한 실행으로 운동 효과가 감소하고 부상 위험이 증가할 수 있다.

1단계 운동 프로그램에 밸런스 운동을 도입할 때, 처음에는 균형을 잡는 다리의 관절에는 움직임이 거의 없어야 한다. 이 도입 단계의 밸런스 운동은 관절 안정성을 높이기 위해 반사적(자동적) 관절 안정성 수축을 향상시키도록 고안되었다. 코어 트레이닝처럼 느린 반복 속도로 밸런스 운동 1~4개 중 선택하여 반복 범위 12~20회(각 다리마다 6~10회 반복)로 1~3세트를 실시한다.

트레이닝 팁

1단계 프로그램에 이상적인 밸런스 운동, 즉 균형을 잡는 다리의 관절이 거의 움직이지 않는 운동에는 다음과 같은 것들이 있지만, 이에 국한하지는 않는다. 일자로 서기, 싱글 레그 밸런스, 싱글 레그 밸런스 리치, 싱글 레그 힙 로테이션, 싱글 레그 리프트 앤 촙, 싱글 레그 암 앤 레그 모션, 싱글 레그 윈드밀, 싱글 레그 스로우 앤 캐치. 밸런스 운동은 자극을 높이기 위한 밸런스 도구(즉, 밸런스 디스크, 폼 패드, 또는 워블 보드)를 반드시 이용할 필요는 없다. 그러나 이러한 도구들은 더 고급 과정의 고객에게는 선택 사항이 될 수 있다.

안정화 레벨의 스킬 개발

스킬 개발 영역에서 피트니스 전문가는 플라이오메트릭 운동 및 SAQ 운동을 프로그래밍하거나 기본 움직임 패턴과 운동 기구 사용법에 대해 지침을 줄 수 있다. 이 선택은 고객

척추원반(추간판)의 안정성 Intervertebral stability 척추 간격을 안정화시키고 지지하는 것

의 기술과 피트니스 수준에 따라 정해지며 피트니스 전문가의 재량에 달려 있다.

적당한 피트니스 경험이 있는 고객은 플라이오메트릭과 SAQ 운동을 안전하게 할 수 있지만, 이런 운동들은 선택 사항이다. 플라이오메트릭 운동을 도입하려면, 처음에는 움직임 패턴을 가장 잘 배울 수 있는 낮은 점프를 진행한다. 고객은 착지한 뒤 착지 자세를 3~5초간 유지해야 한다. 착지 자세를 유지할 때에는 다음 점프 전 잘못된 자세를 바로 잡기 위해 자세를 조정한다. 반복 범위 5~8회 사이로, 플라이오메트릭 운동 1~3개 중에서 선택하고, 1~3세트를 수행한다.

트레이닝 팁

이 프로토콜을 이용하는 운동은 다음과 같은 것이 있지만, 설명된 운동에만 국한하지는 않는다. 안정화 스쿼트 점프, 안정화 박스 점프업, 안정화 박스 점프 다운, 안정화 다중면 점프.

플라이오메트릭 트레이닝과 마찬가지로 SAQ 운동의 안전성과 성공은 고객의 신체 능력과 피트니스 수준에 달려 있다. 피트니스 전문가가 고객의 능력에 적합한 훈련을 더 잘 찾을수록, 프로그램은 더 안전하고 효과적이다. 모든 운동은 부상 위험을 최소화할 수 있는 정확한 기술로 실시되어야 한다. 사다리 드릴이나 콘 드릴 같은 SAQ 운동을 1~3개 선택하여 1~3회를 반복 범위로 1~3세트를 수행한다.

트레이닝 팁

이 프로토콜을 이용한 운동의 예는 다음과 같지만, 설명된 운동에만 국한하지는 않는다. 한 발 들어가기(one-ins), 두 발 들어가기(two-ins), 사이드 셔플, 인-인-아웃-아웃, 지그재그, 알리 셔플 같은 스피드 사다리 훈련과, 5-10-5 훈련, T-훈련, 박스 훈련, 수정된 박스 훈련, LEFT 훈련 같은 콘 훈련도 적절하다.

안정화 레벨의 저항 트레이닝

1단계에서 하는 저항 트레이닝 기술은 앞서 얘기한 움직임 패턴을 개선시키는 데 초점을 맞추어야 한다. 또한 이 단계의 저항 트레이닝은 자세 제어, 코어 관절과 말초 관절의 가동성과 안정성 및 전반적인 근지구력을 향상시키는 것을 목표로 해야 한다. 이를 위해서는 통제되었지만, 점차적으로 불안정해지는 환경에서 시행되는 근력 트레이닝 운동이 필요하다.

핵심 변수에는 각 운동마다 느린 반복 속도로 12~20회 반복으로 1~3세트를 하는 것이 포함된다. 코어 및 밸런스 운동과 마찬가지로, 저항 트레이닝 중 느린 반복 속도의 예로는 4-2-1-1(신장성 동작 4초, 등척성 유지 2초, 단축성 수축 1초, 등척성 유지 1초)이 있다. 1단계 저항 트레이닝 운동의 목표는 나중에 OPT 모델에서 사용되는 더 높은 부하를 위해 근육, 인대, 힘줄, 관절을 적절히 준비시키고, 이상적인 관절 안정성, 근지구력, 신경근 효율성(neuromuscular efficiency)을 촉진하는 것이다.

트레이닝 팁

안정화 중심의 저항 트레이닝은 벤치나 머신 같은 인공 지지대에 의존하는 대신 코어와 관절의 안정화 근육을 이용하여 자세를 지탱하게 한다. 이것은 대개 서 있기, 또는 싱글 레그 스탠딩 운동 같은 형태를 취한다. 스테빌리티 볼이나 기타 기구를 포함시키는 것처럼 밸런스 기구 사용은 선택 사항이다. 그러나 불안정성의 정도는 고객의 신체 능력에 따라 달라진다.

안정화 레벨의 클라이언트 초이스

운동의 이 섹션에서 고객은 자신의 운동을 선택할 수 있다. 대부분의 경우 한두 가지면 충분하다. 이 부분에서는 운동 프로그램에 독특하고 재미있는 요소를 더한다. 목표는 고객이 운동을 지속하게 하고 자기 효능감을 높이는 것이다. 이 섹션에서는 안전하고 적합하다고 판단되는 모든 유형의 운동이 허용된다.

안정화 레벨의 정리 운동

정리 운동은 5~10분간 지속되어야 하며, 다음 순서로 진행된다. (1) 선택적 심폐 운동 (2) 자가근막기법 (3) 정적 스트레칭. 폼 롤링 같은 자가근막기법을 실시할 때는 1~3개의 근육 그룹을 선택하고 각 압통 부위에 최소 30초간 유지하여 최적의 이완 반응을 이끌어 낸다. 이후 동일한 근육 그룹에 대한 정적 스트레칭이 뒤따른다.

1단계 안정화 지구력 트레이닝 개요

[표 21-9]는 1단계 안정화 지구력 트레이닝의 전체 개요를 보여준다. 심폐 운동은 이 차트에 포함되지는 않았지만 OPT 운동에 통합하거나 별도로 수행할 수 있다는 것을 알고 있어야 한다.

신경근 효율성 Neuromuscular efficiency 신경계가 정확한 근육을 동원하여 힘을 생성하고, 힘을 줄이며, 세 가지 운동면 모두에서 신체 구조를 동적으로 안정화시키는 능력

표 21-9 1단계 안정화 지구력 트레이닝

운동 선택	세트	반복	속도	휴식	강도	운동 선택	비고
준비 운동							
자가근막기법	1~3	1	30초 유지	해당 사항 없음	해당 사항 없음	1~3개의 신체 부위	30초간 압통점에서 유지
정적 스트레칭	1~3	1	30초 유지	해당 사항 없음	해당 사항 없음	1~3개의 신체 부위	30초간 스트레칭 유지
심폐 (선택 사항)	1	해당 사항 없음	해당 사항 없음	0~90초	낮음	해당 사항 없음	5~10분, 낮은 강도
동적 스트레칭 (선택사항)	1	10~15	중간~ 다소 빠르게	0~90초	해당 사항 없음	3~10개의 운동	서킷 형식으로 실시할 수 있음
활성화							
코어	1~3	12~20	느리게	0~90초	해당 사항 없음	1~4개의 운동	코어 및 밸런스 운동은 서킷 형식으로 실시할 수 있음
밸런스	1~3	12~20 (6~10 싱글 레그 운동)	느리게	0~90초	해당 사항 없음	1~4개의 운동	
스킬 개발							
플라이오메트릭 (선택사항)	1~3	5~8	3~5초간 착지 자세 유지	0~90초	해당 사항 없음	1~3개의 운동	각 점프 전 자세 잡기
속도, 민첩성, 순발력 (선택사항)	1~3	1~3	중간	0~90초	해당 사항 없음	4~6개의 운동	제한된 수평 관성 및 예측할 수 없는 훈련 선택
저항 트레이닝							
저항	1~3	12~20	느리게	0~90초	12~20RM	신체 부위 또는 동작 패턴당 1~3개의 운동	몸이 좋지 않은 고객의 경우 적게는 8번 반복이 허용됨
클라이언트 초이스							
고객이 선택한 운동	핵심 변수는 피트니스 전문가의 재량에 따른다.						
정리 운동							
심폐 (선택사항)	1	1	낮은 강도	해당 사항 없음	해당 사항 없음	해당 사항 없음	점진적으로 속도를 줄임
자가근막기법	1~3	1	30초 유지	해당 사항 없음	해당 사항 없음	1~3개의 신체 부위	30초간 압통점에서 유지
정적 스트레칭	1~3	1	30초 유지	해당 사항 없음	해당 사항 없음	1~3개의 신체 부위	30초간 스트레칭 유지

노트: RM=최대 반복 횟수

OPT 모델의 근력 레벨

OPT 모델의 두 번째 레벨의 트레이닝은 근력의 주요 적응에 중점을 둔다. 여러 유형의 근력이 있지만, OPT 모델은 근지구력, 근육 발달, 최대 근력의 향상을 강조한다. 이것은 근육 크기, 근력, 운동 능력을 향상시키기 위해 신체에 가해지는 스트레스의 양을 늘리면서 안정성을 유지하도록 만들어졌다. 이 트레이닝 기간은 칼로리 소모량 증대 및 근육 크기, 근육량, 골밀도를 늘리고 싶은 누구에게나 필수적인 과정이다. 트레이닝의 강도는 다음에 중점을 둔다.

- 더 큰 관절가동범위와 더 무거운 부하로 골반과 척추를 안정화시키는 코어 근육 능력을 향상
- 근육, 인대, 힘줄, 관절이 부하를 견디는 힘 향상
- 운동량 증대
- 근육의 세포 변화를 유도하기 위해 크레아틴 인산(ATP-PC) 및 해당 과정의 에너지 시스템을 끊임없이 요구함으로써 대사 수요를 늘림
- 외부 부하를 극복하기 위해 더 많은 운동 단위 동원(최대 강도)

OPT 모델에서 근력 레벨은 3단계로 구성된다. 2단계 근지구력 트레이닝, 3단계 근육 발달 트레이닝, 4단계 최대 근력 트레이닝이다.

2단계 근지구력 트레이닝

2단계 근지구력 트레이닝은 안정화 지구력, 근비대, 근력 증가를 촉진시키는 하이브리드 형태의 트레이닝이다. 이 단계의 독특한 측면은 근력에 중점을 둔 운동(예: 벤치 프레스) 뒤에 이와 유사한 생체역학적 움직임을 가지되 안정화에 중점을 둔 운동(예: 푸시업)이 뒤따르는 슈퍼세트 기술을 사용한다는 점이다. 따라서 수행되는 모든 운동 세트에 실제로 적용되는 운동은 두 가지이다. 이 트레이닝 단계에서는 좀더 많은 양의 훈련을 하게 된다.

1단계와 유사하게 2단계 핵심 변수는 고유수용감각 요구(불안정성), 볼륨(세트 또는 반복), 강도(부하, 운동 선택, 다중면 운동)를 늘리고 휴식 시간을 줄임으로써 진행할 수 있다. 고객은 목표, 체력 수준, 트레이닝 스케줄에 따라 이 단계에서 2~6주를 보낸다.

3단계 근육 발달 트레이닝

3단계 근육 발달 트레이닝은 전반적인 근육 크기를 증가시키는 세포 변화를 높이기 위함이며, 높은 수준의 운동량에 초점을 맞춰 최대 근육 성장에 특화되어 있다.

이 트레이닝 단계의 목표는 주로 근비대이기 때문에 피트니스 전문가는 프로그램의 강도와 양을 늘리고 싶어 한다. 이 범주에 속하는 고객은 일반적으로 2~6주 동안 이 교육 단계를 유지한 후 다시 1단계 또는 2단계로 돌아가거나 4단계 또는 5단계로 진행한다.

마라톤 선수 같은 일부 고객은 근비대를 원하지 않을 수 있으므로 이 단계는 선택 사항이다. 그러나 3단계는 핵심 변수를 조작하여 유산소 및 무산소 에너지 시스템에 대한 스트레스를 증가시킬 수 있기 때문에 근비대를 넘어 많은 목표를 위해 사용될 수 있다. 예를 들면 3단계 프로그램은 휴식 주기를 제한해 신진대사를 더 많이 요구하도록 함으로써 체중 감량 및 심폐 조절에 이상적이다.

4단계 최대 근력 트레이닝

4단계 최대 근력 트레이닝은 신체 조직에 가해지는 부하를 늘리는 데 집중되어 있다. 다시 말해, 4단계에서는 점차적으로 더 무거운 부하 강도, 혹은 최대 강도까지 들어올리도록 한다. 최대 강도는 더 많은 운동 단위 동원과 힘 생성률을 향상시킨다. 이 단계는 일부 고객에게 선택적인 단계로 볼 수 있지만, 최대 강도 트레이닝은 5단계에서 사용되는 파워 트레이닝의 장점을 높이는 데 도움이 되는 것으로 나타났다. 이 단계의 목표는 주로 최대 근력이기 때문에 피트니스 전문가는 강도(부하)와 각 운동에서 시행하는 세트 수를 늘리고 싶어 한다. 고객이 더 무거운 부하로 트레이닝할 때는 반복 범위는 감소하고 휴식 주기는 ATP의 완전한 회복을 위해 늘려야 한다. 이 범주에 속하는 고객은 보통 이전 단계로 돌아가거나 5단계로 진행하기 전에 2~6주 기간 동안 이 단계를 유지한다. 일부 고객은 최대 근력을 원하지 않을 수 있으므로 이 단계는 선택 사항이다.

근력 레벨 프로그램 디자인

OPT 모델의 2~4단계는 1단계와 동일한 운동 템플릿을 이용한다. 그러나 핵심 변수가 다르고, 운동은 좀 더 진전된 운동을 선택한다.

근력 레벨의 준비 운동

2~4단계에서 사용되는 유연성 기술에는 (1) 폼 롤링 같은 자가근막기법 (2) 능동적 스트레칭 (3) 동적 스트레칭(선택사항)이 있다. 자가근막기법을 시행할 때 목표로 할 근육 그룹을 1~3개를 선택하고 각 압통 부위를 최소 30초 동안 유지하여 최적의 이완 반응을 이끌어 낸다. 자가근막기법을 완료한 후 다음 단계는 1~3가지의 능동적 스트레칭을 한다. 능동적 스트레칭은 5~10회 반복으로 진행하며 스트레칭 자세는 1~2초간만 유지한다. 동적 스트레칭을 포함하고자 하면 반복 범위를 10~15회로 하는 3~10가지 동적 스트레칭 한 세트를 시행한다.

1단계와 유사하게 심폐 트레이닝은 고객의 준비 운동에 있어 선택적인 요소이다. 심폐 운동을 포함하는 경우, 강도를 다소 낮추고 5~10분간 실시해야 한다.

유용한 힌트

1단계 유연성 루틴에는 자가근막기법, 정적 스트레칭, 선택적 동적 스트레칭이 포함된다. 2~4단계에서도 유연성 루틴이 진행되며, 유연성 기술에는 자가근막기법, 능동적 스트레칭, 선택적 동적 스트레칭이 있다.

근력 레벨의 활성화

1단계와 유사하게, 2~4단계에서 사용되는 활성화 기술에는 코어와 밸런스 운동이 있다. 그러나 운동은 이전에 시행한 운동에서 진보된 형태로 진행하는 것이 이상적이다. 그러기 위해서 코어 운동에는 모든 관절가동범위에서 더욱 동적인 척추의 단축성, 신장성 움직임이 포함되어야 한다. 즉 이러한 운동은 약간 빠른 템포로 몸통의 굽힘과 폄, 회전 동작이 일어나도록 한다. 반복 범위 8~12회로, 1~4개의 코어 운동을 선택하여 중간 정도의 반복 속도로 2~4 세트를 진행한다. 중간 정도의 반복 속도의 예는 2-0-2-0이 있다(신장성 동작 2초-등척성 유지 0초-단축성 수축 2초-등척성 유지 0초).

이 단계에는 더 발전한 단계의 운동을 포함시키는 것이 권장되지만, 척추원반(추간판) 안정화를 개선하기 위해 추가 운동이 필요한 경우처럼 중요하고 적절하다고 판단되는 경우, 피트니스 전문가의 재량에 따라 1단계에서 사용했던 코어 운동을 포함시킬 수 있다.

트레이닝 팁

이 단계의 트레이닝에 적절한, 척추 굽힘, 폄 및 회전이 들어 있는 코어 운동에는 플로어 크런치, 볼 크런치, 백 익스텐션, 리버스 크런치, 니 업, 케이블 로테이션, 케이블 리프트, 케이블 촙 등이 있다.

밸런스 운동의 다음 과정은 균형을 잡고 있는 다리(balance leg)의 모든 관절가동범위에서 동적인 신장성 및 단축성 운동을 하는 것이다. 움직임들은 동작의 중간 범위에서 제어가 필요하고, 동작의 끝 범위에서는 등척성 안정화가 필요하다. 각 운동마다 속도와 신경의 요구 역시 진전된다. 중간 정도의 반복 속도로 반복 범위 8~12회, 1~4가지 밸런스 운동을 택해서 2~4세트를 시행한다. 그러나 한쪽 다리를 사용하는 동안 적절한 다리와 몸통 정렬 및 제어를 위해 추가 보완이 중요하다고 판단되는 경우, 피트니스 전문가는 재량으로 1단계에서 사용한 밸런스 운동을 포함시킬 수 있다.

트레이닝 팁

이 프로토콜을 따르는 밸런스 운동에는 싱글 레그 스쿼트, 싱글 레그 스쿼트 터치 다운, 싱글 레그 루마니안 데드리프트, 밸런스 다중면 스텝업, 밸런스 다중면 런지가 있다(설명된 운동에만 국한하지 않는다).

근력 레벨의 스킬 개발

스킬 개발 섹션에서 피트니스 전문가는 플라이오메트릭 및 SAQ 운동을 프로그래밍하거나 올림픽 역도, 파워 리프트, 무술 훈련처럼 대체 형태의 운동에 대한 지침을 제공할 수 있다. 이런 선택은 피트니스 전문가의 전문성과 고객의 목표에 달려 있다. 플라이오메트릭 트레이닝을 한다면 운동은 1단계에서 진행해야 하며, 더 높으며 동적인 움직임이 있는 점프를 넣어야 한다. 이 운동은 반복적인 방식으로 수행되며 트레이닝을 반복하기 전 상대적으로 바닥에서 머무는 시간이 짧다. 다시 말하면, 더이상 착지 자세를 3~5초간 유지하지 않고 착지하자마자 다른 점프를 시작한다. 반복 범위 8~12회로 하여 1~4개의 플라이오메트릭 운동을 선택하여 2~4세트를 시행한다.

그러나 피트니스 전문가는 중요하다고 판단되는 경우, 특히 고급 형태의 플라이오메트릭 트레이닝을 하는 데 어려움을 겪거나 더 많은 연습이 필요한 경우에는 1단계에서 사용했던 플라이오메트릭 운동을 재량으로 포함시키거나 대체할 수 있다.

플라이오메트릭 트레이닝처럼 SAQ 운동도 고객의 신체 역량과 목표에 따라 달라진다. SAQ 운동은 OPT 모델의 근력 레벨에서는 선택 사항이지만, 속도와 반응 시간, 협응력, 무산소 상태를 개선하고 싶은 사람에게는 유용한 운동 방식이다. 모든 운동은 부상 위험을 최소화하기 위해 정확한 기술로 시행해야 한다. 3~5회 사이 반복 범위로 1~4개의 SAQ 운동을 택하여 2~4세트를 수행한다.

트레이닝 팁

이 프로토콜을 따르는 플라이오메트릭 운동의 예로는 스쿼트 점프, 턱 점프, 버트킥, 파워 스텝업 등이 있지만, 이에 국한하지는 않는다.

근력 레벨의 저항 트레이닝

OPT 모델의 근력 레벨 내 각 단계에는 특정 신체 적응을 이끌어 내기 위한 특정 저항 트레이닝 프로토콜이 있다.

2단계 저항 트레이닝 프로토콜

2단계는 하이브리드 형태의 트레이닝이며, 1단계에서 사용된 안정화 집중 트레이닝과 3단계에서 사용된 근비대 트레이닝 사이의 가교 역할을 한다고 볼 수 있다. 2단계에는 슈퍼세트가 필요한데, 처음에는 일반적인 근력 트레이닝이고 그 다음에는 같은 신체 부위에 대한 안정화 집중 운동이 뒤따르는 방식이다. 예를 들어, 고객은 가슴 근육을 위한 일반적인 근력 집중 운동인 벤치 프레스 운동을 수행한 후 자세 조절, 안정성 및 근지구력에 더 중점을 둔 푸시업을 수행할 수 있다. [표 21-10]은 이런 트레이닝 스타일을 사용하여 수행할 수 있는 일반적인 슈퍼세트를 나열했지만, 가능성은 무한하다. 각 신체 부위에 대해 반복 범위 8~12회로 1~2개의 슈퍼세트를 선택하여 2~4세트를 시행한다. 슈퍼세트의 첫 번째 운동은 중간 속도의 2-0-2-0으로 수행하고, 두 번째 운동은 느린 속도 4-2-1-1로 수행한다.

표 21-10 2단계 슈퍼세트 예시

근력 중심 운동	안정성 중심 운동
벤치 프레스 (Bench press)	푸시업 (Push-up)
머신 체스트 프레스 (Machine chest press)	싱글 레그 케이블 프레스 (Single-leg cable press)
머신 랫 풀다운 (Machine lat pulldown)	스탠딩 랫 풀다운 (Standing lat pulldown)
머신 케이블 로우 (Machine cable row)	스탠딩 케이블 로우 (Standing cable row)
머신 숄더 프레스 (Machine shoulder press)	스탠딩 바텀업 케틀벨 프레스 (Standing bottoms-up kettlebell press)
시티드 덤벨 숄더 프레스 (Seated dumbbell shoulder press)	싱글 레그 덤벨 숄더 프레스 (Single-leg dumbbell shoulder press)
바벨 스쿼트 (Barbell squat)	싱글 레그 스쿼트 (Single-leg squat)
루마니안 데드리프트 (Romanian deadlift)	싱글 레그 루마니안 데드리프트 (Single-leg Romanian deadlift)
머신 카프 레이즈 (Machine calf raise)	싱글 레그 카프 레이즈 (Single-leg calf raise)

3단계 저항 트레이닝 프로토콜

3단계의 저항 트레이닝은 근육 발달의 적응을 위한 것이지만, 이 단계의 트레이닝에는 신체 구성 개선과 같은 일반적인 피트니스 목표와 일치하는 여러 장점이 있다. 근육량을 늘리고 체중 관리와 신진대사 개선을 원하는 고객은 이러한 트레이닝을 통해 여러 이점을 얻을 수 있다. 사실, 저항 트레이닝은 제지방(지방 없는) 근육량을 보존하면서 체중을 감소시키는 중요한 프로토콜이다(Cava et al., 2017). 이 단계의 트레이닝 목표는 주로 근비대이기 때문에 피트니스 전문가는 프로그램의 양과 강도를 늘리고 싶어 한다. 중간 정도의 2-0-2-0 속도로 6~12회 반복으로 3~6세트를 진행하되, 신체 부위당 2~4가지의 운동을 택한다. 그러나 추가 근지구력이 요구되는 경우, 12~20회처럼, 12회 이상 반복하는 것을 선택할 수도 있다(Schoenfeld et al., 2015, 2019).

4단계 저항 트레이닝 프로토콜

4단계의 저항 트레이닝은 최대 근력의 적응을 위해 특화되어 있다. 최적으로 근력을 강화하려는 근력 선수들 같은 고객은 근비대를 향상하려는 사람과 마찬가지로 이런 형태의 트레이닝에서 혜택을 받을 수 있다. 이 트레이닝은 점진적인 훈련을 통해 이 단계까지 진행해온 사람들에게만 추천한다.

1~5회의 반복으로 4~6세트를 실시하되 폭발적인 반복 속도(X-X-X-X로 표시)로 신체 부위당 2~4회 실시한다. 그러나 추가 볼륨이 필요한 레벨이 높은 고객에게는 6세트 이상을 하도록 할 수 있다. 그러나 OPT 모델의 처음 세 단계를 진행해온 모든 고객이 전부 최대 근력을 키우고 싶어하는 것은 아니기 때문에 이 단계는 OPT 모델에서 선택 사항이다.

근력 레벨 클라이언트 초이스

1단계와 똑같이 고객은 이 섹션에서 하고 싶은 운동을 선택할 수 있다. 안전하다고 여겨진다면 어떤 운동이라도 할 수 있다.

근력 레벨의 정리 운동

정리 운동(cool-down)은 OPT 모델의 5단계 모두에서 동일하며, 5~10분 사이로 진행해야 한다. 여기에는 심폐 운동(선택 사항), 자가근막기법, 정적 스트레칭순으로 진행한다. 폼 롤링 같은 자가근막기법을 시행할 때 1~3개의 근육 그룹을 선택하고, 각 압통 부위를 최소 30초간 유지하여 최적의 이완 반응을 이끌어 낸다. 이후 같은 근육 그룹에 대해서 정적 스트레칭이 뒤따른다.

2단계 근지구력의 트레이닝 개요

[표 21-11]은 2단계 근지구력 트레이닝의 전체 개요를 보여준다. 심폐 운동은 차트에 포함되어 있지 않지만, 언제든지 OPT 운동에 통합하거나 별도로 수행할 수 있다.

3단계 근육 발달의 트레이닝 개요

[표 21-12]는 3단계 근육 발달 트레이닝의 전체 개요를 보여준다. 심폐 운동은 차트에 포함되어 있지 않지만, OPT 운동 내에서 언제든지 수행하거나 별도로 수행할 수 있다.

4단계 최대 근력 트레이닝 개요

[표 21-13]은 4단계 최대 근력 트레이닝에 대한 전체 개요를 보여준다. 심폐 운동은 이 차트에 포함되지 않았지만, OPT 운동 내에서 언제든지 수행하거나 별도로 수행할 수 있다.

파워

OPT 모델의 세 번째 레벨인 파워는 힘 생성률(또는 근육 수축 속도)을 증가시키기 위해 고안되었다. 이 형태의 트레이닝은 이전 단계에서 얻은 안정성과 근력 적응을 이용하여 일상 및 스포츠에서 적용 가능한 보다 현실적인 스피드와 힘을 적용한다.

파워 트레이닝은 보통 피트니스 환경에서 일반적인 방법으로 훈련되기 어려우며, 의도적으로 적절히 설계된 트레이닝 프로그램에서 실행 가능하다. 파워는 힘에 속도를 곱한 값으로 정의된다($P = F \times V$). 따라서 힘이나 속도가 증가하면 파워도 증가하게 된다. 파워는 점진적인 근력 트레이닝에서처럼 부하(또는 힘)를 늘리거나 부하가 움직이는 속도(speed)[또는 가속도(velocity)]를 증가시킴으로써 달성된다. 이 효과가 결합되면 일상 활동과 스포츠 활동 모두에서 더 나은 힘 생성률을 보여준다.

최적의 파워 레벨을 개발하려면, 빠른 속도에서 무거운 부하[85~100% 강도 또는 1~5회 최대 반복(RM)] 및 가벼운 부하(30~45% 강도 또는 8~10 RM) 둘 다에서 훈련해야 한다. 파워 트레이닝의 초점은 활성화된 운동 단위의 수, 이들 사이의 동시성 및 활성화되는 속도를 증가시켜 힘 생성률을 향상시키는 데 있다(Freitas et al., 2017; Li et al., 2019; Santos & Janeira, 2008). 이 범주의 고객은 이전 단계로 돌아가기 전에 일반적으로 2~6주간 이 단계의 트레이닝을 지속하지만, 이는 고객의 훈련 목표나 운동 경기 스케줄에 따라 크게 좌우된다.

OPT 모델의 파워 레벨은 5단계 파워 트레이닝 한 단계로 구성된다.

파워 레벨 프로그램 디자인

OPT 모델의 이전 단계와 마찬가지로, 5단계도 동일한 운동 템플릿을 사용한다. 그러나 핵심 훈련 변수와 운동 선택은 근육의 파워를 강화하는 데 초점을 맞추고 있다.

표 21-11 2단계 근지구력 트레이닝

운동 선택	세트	반복	속도	휴식	강도	운동 선택	비고
준비 운동							
자가근막기법	1~3	1	30초 유지	해당 사항 없음	해당 사항 없음	1~3개의 신체 부위	30초간 압통점에서 유지
능동적 스트레칭	1~3	5~10	1~2초 유지	해당 사항 없음	해당 사항 없음	1~3개의 신체 부위	각 스트레칭 동작에서 1~2초간 유지
심폐 (선택 사항)	1	해당 사항 없음	해당 사항 없음	0~90초	낮음	해당 사항 없음	5~10분, 낮은 강도
동적 스트레칭 (선택사항)	1	10~15	중간~ 다소 빠르게	0~90초	해당 사항 없음	3~10개의 운동	서킷 형식으로 실시할 수 있음
활성화							
코어	2~4	8~12	중간	0~60초	해당 사항 없음	1~4개의 운동	코어 및 밸런스 운동은 서킷 형식으로 실시할 수 있음
밸런스	2~4	8~12	중간	0~60초	해당 사항 없음	1~4개의 운동	
스킬 개발							
플라이오메트릭 (선택사항)	2~4	8~12	반복	0~60초	해당 사항 없음	1~4개의 운동	반복적인 속도로 실시
속도, 민첩성, 순발력 (선택사항)	2~4	3~5	빠르게	0~60초	해당 사항 없음	6~8개의 운동	수평 관성을 더 많이 허용하나 예측 불가능한 운동은 제한됨
저항 트레이닝							
저항	2~4	8~12(근력) 8~12(안정성)	중간~느리게	슈퍼세트 이후 60초	8~12RM	각 신체 부위마다 1~2개의 슈퍼세트	안정성 집중 운동(느린 속도)과 함께 근력 집중 운동(중간 속도)을 슈퍼세트로 실시
클라이언트 초이스							
고객이 선택한 운동	핵심 변수는 피트니스 전문가의 재량에 따른다.						
정리 운동							
심폐 (선택사항)	1	1	낮은 강도	해당 사항 없음	해당 사항 없음	해당 사항 없음	점진적으로 속도를 줄임
자가근막기법	1~3	1	30초 유지	해당 사항 없음	해당 사항 없음	1~3개의 신체 부위	30초간 압통점에서 유지
정적 스트레칭	1~3	1	30초 유지	해당 사항 없음	해당 사항 없음	1~3개의 신체 부위	30초간 스트레칭 유지

노트: RM=최대 반복 횟수

표 21-12 3단계 근육 발달 트레이닝

운동 선택	세트	반복	속도	휴식	강도	운동 선택	비고
준비 운동							
자가근막기법	1~3	1	30초 유지	해당 사항 없음	해당 사항 없음	1~3개의 신체 부위	압통점에서 30초간 유지
능동적 스트레칭	1~3	5~10	1~2초 유지	해당 사항 없음	해당 사항 없음	1~3개의 신체 부위	각 스트레칭 동작에서 1~2초간 유지
심폐 (선택 사항)	1	해당 사항 없음	해당 사항 없음	0~90초	낮음	해당 사항 없음	5~10분 낮은 강도
동적 스트레칭 (선택사항)	1	10~15	중간~ 다소 빠르게	0~90초	해당 사항 없음	3~10개의 운동	서킷 형식으로 실시할 수 있음
활성화							
코어	2~4	8~12	중간	0~60초	해당 사항 없음	1~4개의 운동	코어 및 밸런스 운동은 서킷 형식으로 실시할 수 있음
밸런스	2~4	8~12	중간	0~60초	해당 사항 없음	1~4개의 운동	
스킬 개발							
플라이오메트릭 (선택사항)	2~4	8~12	반복	0~60초	해당 사항 없음	1~4개의 운동	반복적인 속도로 실시
속도, 민첩성, 순발력 (선택사항)	2~4	3~5	빠르게	0~60초	해당 사항 없음	6~8개의 운동	수평 관성을 더 많이 허용하나 예측 불가능한 운동은 제한됨
저항 트레이닝							
저항	3~6	6~12	중간	0~60초	해당 사항 없음	2~4개의 운동	추가 근지구력이 필요한 경우 12~20회 반복 가능
클라이언트 초이스							
고객이 선택한 운동	핵심 변수는 피트니스 전문가의 재량에 따른다.						
정리 운동							
심폐 (선택사항)	1	1	낮은 강도	해당 사항 없음	해당 사항 없음	해당 사항 없음	점진적으로 속도를 줄임
자가근막기법	1~3	1	30초 유지	해당 사항 없음	해당 사항 없음	1~3개의 신체 부위	30초간 압통점에서 유지
정적 스트레칭	1~3	1	30초 유지	해당 사항 없음	해당 사항 없음	1~3개의 신체 부위	30초간 스트레칭 유지

노트: RM=최대 반복 횟수

표 21-13 4단계 최대 근력 트레이닝

운동 선택	세트	반복	속도	휴식	강도	운동 선택	비고
준비 운동							
자가근막기법	1~3	1	30초 유지	해당 사항 없음	해당 사항 없음	1~3개의 신체 부위	30초간 압통점에서 유지
능동적 스트레칭	1~3	5~10	1~2초 유지	해당 사항 없음	해당 사항 없음	1~3개의 신체 부위	각 스트레칭 동작에서 1~2초간 유지
심폐 (선택 사항)	1	해당 사항 없음	해당 사항 없음	0~90초	낮음	해당 사항 없음	5~10분, 낮은 강도
동적 스트레칭 (선택사항)	1	10~15	중간~ 다소 빠르게	0~90초	해당 사항 없음	3~10개의 운동	서킷 형식으로 실시할 수 있음
활성화							
코어	2~4	8~12	중간	0~60초	해당 사항 없음	1~4개의 운동	코어 및 밸런스 운동은 서킷 형식으로 실시할 수 있음
밸런스	2~4	8~12	중간	0~60초	해당 사항 없음	1~4개의 운동	
스킬 개발							
플라이오메트릭 (선택사항)	2~4	8~12	적당히 빠르게	0~60초	해당 사항 없음	1~4개의 운동	반복적인 속도로 실시
속도, 민첩성, 순발력 (선택사항)	2~4	3~5	빠르게	0~60초	해당 사항 없음	6~8개의 운동	수평 관성을 더 많이 허용하나 예측 불가능한 운동은 제한적임
저항 트레이닝							
저항	4~6	1~5	폭발적으로	2~4분	1~5RM	2~4개의 운동	숙련된 고객을 위해 6세트 이상 추가 가능
클라이언트 초이스							
고객이 선택한 운동	핵심 변수는 피트니스 전문가의 재량에 따른다.						
정리 운동							
심폐 (선택사항)	1	1	낮은 강도	해당 사항 없음	해당 사항 없음	해당 사항 없음	점진적으로 속도를 줄임
자가근막기법	1~3	1	30초 유지	해당 사항 없음	해당 사항 없음	1~3개의 신체 부위	30초간 압통점에서 유지
정적 스트레칭	1~3	1	30초 유지	해당 사항 없음	해당 사항 없음	1~3개의 신체 부위	30초간 스트레칭 유지

노트: RM=최대 반복 횟수

파워 레벨의 준비 운동

5단계에서 사용되는 유연성 기술에는 자가근막기법과 동적 스트레칭이 있다. 자가근막기법을 수행할 때 1~3개의 근육 그룹을 택해서 30초간 압통점에서 유지한다. 자가근막기법을 완료한 후 다음 단계는 동적인 스트레칭을 수행하는 것이다. 반복 범위 10~15회로 하여 3~10가지의 동적 스트레칭을 택하여 실행한다.

동적 스트레칭은 **특정적 준비 운동**(specific warm-up) 역할도 하고 이후 시행될 운동의 요구에 맞게 조직을 적절히 준비시키기 때문에, 5단계 준비 운동 중에는 심폐 운동이 필요치 않다.

> **유용한 힌트**
>
> 5단계 유연성 루틴은 일반적으로 정적 스트레칭이나 능동적 스트레칭을 포함하지 않는다. 대신, 자가근막기법과 동적 스트레칭만 수행된다. 그러나 고객이나 선수가 제한된 관절가동범위나 근육 불균형을 보인다면, 동적 스트레칭에 앞서 정적 스트레칭 또는 능동적 스트레칭을 포함시킬 수 있다.

파워 레벨의 활성화

OPT 모델의 안정화와 근력 레벨과 마찬가지로, 5단계에 사용되는 활성화 기술에는 코어와 밸런스 운동이 있다. 그러나 대부분의 이런 운동은 저항 트레이닝 섹션에서 선행되었으므로 이 단계에서 코어와 밸런스 운동은 선택 사항이다.

코어 운동을 프로그램에 넣을 경우, 전체 관절가동범위에서 코어 근육의 힘 생성률을 늘리도록 고안된 폭발적인 움직임을 포함시켜야 한다. 반복 범위를 8~12회로 하고, 1~2가지의 코어 운동을 택하여 아주 폭발적인 속도로 1~3세트를 시행한다. 그러나 고객에 따라 척추원반(추간판) 안정화 또는 회전 코어 근력을 개선하기 위한 추가 운동이 필요한 경우처럼 중요하고 적절하다고 판단되는 경우, 피트니스 전문가는 재량에 따라 이전 단계에서 사용된 코어 운동을 포함시키거나 대체할 수 있다.

> **트레이닝 팁**
>
> 코어 활성화 과정에는 코어 근육의 파워를 증진하도록 설계된 코어 운동이 포함된다. 여기에 해당하는 운동의 예로는 메디신 볼 로테이션 체스트 패스, 볼 메디신 볼 풀오버 스로우, 프론트 메디신 볼 오블리크 스로우, 사이드 메디신 볼 오블리크 스로우, 메디신 볼 사커 스로우, 메디신 볼 오버헤드 스로우, 메디신 볼 우드촙 스로우가 있다(설명된 운동에만 국한하지 않는다).

5단계에 사용된 밸런스 운동은 이전 단계에서 진행된 과정의 연속으로 신체를 동적인 상태에서 통제된 정지 상태로 이동하는 적절한 감속 능력을 개발하기 위해 설계되었다. 즉, 이 운동은 뛰는 동작과 한 발 착지 자세가 결합되어 있다. 착지 자세는 3~5초간 유지한다.

> **트레이닝 팁**
>
> 신장성 제어 및 감속에 초점을 맞춘 밸런스 운동의 예로는 안정화 다중면 홉(Hop), 안정화 다중면 싱글 레그 박스 홉 업, 안정화 다중면 싱글 레그 박스 홉 다운이 있다(설명된 운동에만 국한하지 않는다).

파워 레벨의 스킬 개발

OPT 모델의 이전 단계와 비슷하게, 스킬 개발 섹션은 플라이오메트릭과 SAQ 운동을 위해, 또는 대체 운동 형태에 대한 지침을 주기 위해 마련된 섹션이다. 둘 중 어느 것을 결정할지는 고객의 목표, 요구 사항, 능력에 따라야 한다. 또한 저항 트레이닝 부분에서 파워 기반 움직임이 수행되기 때문에 이 운동 섹션에서 플라이오메트릭과 SAQ 운동은 선택 사항이다.

플라이오메트릭 훈련을 실시하는 경우, 이 운동은 2~4단계까지 계속되어야 하며, 폭발적이고 강력한 움직임이 포함되어야 한다. 이 운동은 전체 운동 사슬의 힘 생성률과 신장성 근력을 더욱 증가시키기 위해 고안되었다. 반복 범위

> **특정적 준비 운동** Specific warm-up 곧이어 수행할 더 격렬한 운동의 동작들과 유사한 동작으로 수행하는 저강도 운동

8~12회로, 1~4개의 플라이오메트릭 운동을 택해서 3~5세트를 실시한다. 그러나 중요하고 적절하다고 판단되는 경우 피트니스 전문가는 재량으로 이전 단계에서 사용된 플라이오메트릭 운동을 포함시키거나 다른 것으로 대체할 수 있다.

플라이오메트릭 트레이닝과 유사하게 SAQ 운동은 고객의 신체 능력과 목표에 따라 달라진다. SAQ 운동은 5단계 운동에서는 선택 사항이지만, 속도, 파워, 전반적으로 향상된 운동 능력을 원하는 사람에게는 유용한 운동 방식이다. 이런 중요성 때문에 피트니스 전문가는 저항 트레이닝이 없는 날 SAQ 운동을 포함시킬 수 있다. 반복 범위 3~5회 사이로 1~4개의 SAQ 운동을 택하여 3~5세트 시행한다.

트레이닝 팁

5단계에서 사용되는 플라이오메트릭 운동은 가능한 한 빠르고 폭발적으로 수행해야 한다. 이 프로토콜을 이용한 운동의 예로는 아이스 스케이터, 싱글 레그 파워 스텝업, 고유수용감각 플라이오메트릭, 뎁스 점프(depth jumps)가 있다(설명된 운동에만 국한하지 않는다).

파워 레벨의 저항 트레이닝

파워 트레이닝 단계는 파워를 높이기 위해 강한 힘과 높은 속도 모두에 집중한다. 이것은 각 신체 부위별 근력 중심 운동을 파워 중심 운동과 함께 슈퍼세트로 진행함으로써 달성된다(무거운 바벨 벤치 프레스와 함께 폭발적인 속도의 메디신 볼 체스트 패스의 슈퍼세트를 실시하는 것처럼). 이런 형태의 트레이닝을 복합 트레이닝 및 대조 트레이닝이라고 한다.

트레이닝 강도의 범위는 여러 생리학적 변화를 자극하는 데 있어 중요하다. 첫 번째 운동은 고객의 1RM의 약 85~100%인 1~5RM의 무거운 하중을 사용한다. 다시 말해 슈퍼세트의 첫 번째 운동은 많은 양의 힘을 생성하기 위해 신체가 도전하도록 하는 헤비 리프트이다. 이러한 운동과 부하는 파워 공식(힘 × 속도)에서 힘을 증가시켜 파워를 늘리는 것이다. 슈퍼세트의 두 번째 운동은 가벼운 부하로 폭발적인 움직임을 주어 스피드와 속도를 발달시키는 데 초점을 맞추고 있다. 이런 운동을 실시할 때는 메디신 볼, 튜브, 웨이트 베스트 같은 운동 도구로 하는 것이 일반적이다. 그러나 바디 웨이트(맨몸 운동) 역시 여러 파워 기반 플라이오메트릭 훈련에서 흔하다. 빠른 속도에서 가벼운 하중(30~45% 강도 또는 8~10RM)이 적절하지만, 메디신 볼을 사용할 때는 고객 체중의 10%를 넘지 않도록 한다. 이 운동은 파워 공식(힘 × 속도)에서 속도에 영향을 준다.

근력과 파워 기반 운동을 슈퍼세트로 훈련함으로써 파워 출력이 향상된다(Cormier et al., 2020; Freitas et al., 2017; Li et al., 2019; Santos & Janeira, 2008). 이 단계의 목표는 주로 파워이기 때문에 피트니스 전문가는 세트 수, 강도(부하), 속도를 점차적으로 늘리면서 진행하기를 원할 것이다.

파워 레벨 클라이언트 초이스

OPT 모델의 이전 단계와 동일하게 고객은 원하는 운동을 고를 수 있다. 안전하고 고객의 능력에 적합하다고 판단되는 한 모든 유형의 운동이 이 섹션에서는 허용된다.

파워 레벨의 정리 운동

앞서 말했듯이 정리 운동 부분은 OPT 모델의 5단계 모두에서 동일하다. 정리 운동은 5~10분간 이루어져야 하며, 심폐 운동(선택 사항), 자가근막기법, 정적 스트레칭을 순서대로 혼합하여 사용한다.

5단계 파워 트레이닝의 개요

[표 21-14]는 5단계 파워 트레이닝의 전체 개요를 보여준다. 심폐 운동은 이 차트에 포함되지 않았지만 OPT 운동 내에서 언제든지 수행하거나 별도로 수행할 수 있음을 알아야 한다.

OPT 모델의 적용

프로그램 디자인, 주기화, OPT 모델의 개념이 모두 설명되었다. 프로그램 디자인은 목표를 달성하기 위한 목적 의식이 있는 시스템, 또는 계획을 만드는 것이다. 주기화는 피트니스 전문가가 신체에 부적절하고 회복할 수 없는 스트레스를 줄 위험을 최소화하면서 최적의 적응을 위한 프로그램을 전략적으로 계획하고 설계할 수 있도록 하는 과학적 기초이다. OPT 모델은 다양한 목표와 능력을 가진 고객을 위한 프로그램을 만드는 데 사용할 수 있는 검증되고 사용하기 쉬운

표 21-14 5단계 파워 트레이닝

운동 선택	세트	반복	속도	휴식	강도	운동 선택	비고
준비 운동							
자가근막기법	1~3	1	30초 유지	해당 사항 없음	해당 사항 없음	1~3개의 신체 부위	압통점에서 30초간 유지
동적 스트레칭	1~3	10~15	중간	0~90초	해당 사항 없음	3~10개의 운동	서킷 형식으로 실시할 수 있음
활성화							
코어 (선택사항)	1~3	8~12	폭발적으로	0~60초	해당 사항 없음	1~2개의 운동	폭발적인 빠르기로 실시
밸런스 (선택사항)	1~3	8~12	제어됨	0~60초	해당 사항 없음	1~2개의 운동	착지 자세에서 3~5초 유지
스킬 개발							
플라이오메트릭 (선택사항)	3~5	8~12	폭발적으로	0~60초	해당 사항 없음	1~4개의 운동	폭발적인 속도로 실시
속도, 민첩성, 순발력 (선택사항)	3~5	3~5	폭발적으로	0~60초	해당 사항 없음	6~10개의 운동	최대 수평 관성과 예측이 불가능한 훈련
저항 트레이닝							
저항	3~5	1~5(근력) 8~10(파워)	폭발적으로	두 운동 사이에 1~2분, 서킷 사이에서 3~5분	1~5RM 8~10RM 또는 30~45% 1RM	신체 부위마다 1~2가지 슈퍼세트	근력 집중 운동(무거운 부하)과 파워 집중 운동(가벼운 부하)을 함께 슈퍼세트로 실시
클라이언트 초이스							
고객이 선택한 운동	핵심 변수는 피트니스 전문가의 재량에 따른다.						
정리 운동							
심폐 (선택사항)	1	1	낮은 강도	해당 사항 없음	해당 사항 없음	해당 사항 없음	점진적으로 속도를 줄임
자가근막기법	1~3	1	30초 유지	해당 사항 없음	해당 사항 없음	1~3개의 신체 부위	30초간 압통점에서 유지
정적 스트레칭	1~3	1	30초 유지	해당 사항 없음	해당 사항 없음	1~3개의 신체 부위	30초간 스트레칭 유지

노트: RM=최대 반복 횟수

주기화 시스템이다. 이러한 개념에 대한 이해도 중요하지만, 무엇보다 다양한 고객과 함께 여러 상황을 적절히 판단하여 적용할 수 있는 능력이 중요하다. 이 섹션에서는 체지방 감소, 제지방 체중 증가, 일반적인 스포츠 수행능력 등의 목표를 위해 OPT 모델을 구체적으로 적용하는 방법을 보여준다. 체지방 감소, 제지방(지방 제외) 체중 증가 및 일반적인 수행능력에 대한 샘플 프로그램은 부록 B를 참조하기 바란다.

체지방 감소 목표를 위한 OPT 모델의 적용

체지방 감소를 위해 고객은 섭취량보다 더 많은 칼로리를 소비해야 한다. 연소되는 칼로리를 늘리는 가장 좋은 방법은 구조화된 운동과 일상의 신체활동을 늘리는 것이다. 저항 트레이닝은 지방 없는 근육 조직을 유지하거나 증가시켜 칼로리를 연소할 수 있는 강력한 자극을 준다. 활동을 더 많이 하고 지방이 없는 근육이 많을수록 하루 동안 더 많은 칼로리를 소모한다. 저항 트레이닝은 또한 근력 증가라는 추가적인 이점도 있다.

다음 프로그램은 OPT 모델이 체지방 감소 목표를 가진 고객에게 어떻게 사용될 수 있는지를 보여주는 일반적인 예시이다. [그림 21-13]은 연간 계획 샘플을 보여준다. 최대 근력 또는 파워가 목표에 포함되지 않았기 때문에 고객은 OPT 모델의 첫 세 단계만 거치면 된다. 고객은 안정화 근육의 적절한 근육 밸런스와 근지구력을 위해 1월에 1단계를 시작한다. 2월에 2단계, 3월에 3단계로 넘어가기 전 약 4주간 이 단계를 시행하게 된다. 이 패턴은 6개월간 이어질 것이다. 7~12월까지는 지루함을 최소화하고, 동시에 세 가지 적응(안정화, 근지구력, 근비대)을 지속적으로 개선하기 위해 세 단계를 모두 동시에 수행하는 파동형 주기화를 수행한다.

게다가, 심폐 트레이닝은 OPT 모델과 함께 수행되어 체중 감량을 원하는 고객에게는 추가 칼로리 소모뿐만 아니라 건강과 전반적인 체력을 증진시켜 준다. 심폐 트레이닝은 매월 시행되어야 하며, 운동하는 날(또는 고객의 스케줄에 맞춰 주중 다른 날)에 수행할 수 있다.

[그림 21-14]는 1월의 월간 계획을 보여준다. 이 계획은 주 3일 운동 계획을 나타내고 있는데, 월·수·금요일이 운동하는 날이다. 그러나 이 월간 계획은 고객의 스케줄과 운동 의지에 따라 주 2~4회 이상은 쉽게 수행할 수 있다.

[그림 21-15]는 OPT 모델의 처음 3단계가 동시에 시행되는 파동형 주기의 시작인 6월의 월간 계획을 보여준다. 전월처럼 이 계획도 월·수·금요일에 운동 스케줄이 잡혀 있는 주 3일 운동 계획이다. 심폐 운동은 운동하는 날(또는 고객의 스케줄에 맞춰 주중 다른 날)에 실시될 수 있다.

연간 계획

레벨	달 / 단계	1월	2월	3월	4월	5월	6월	7월	8월	9월	10월	11월	12월
안정화	1	×			×			×	×	×	×	×	×
근력	2		×			×		×	×	×	×	×	×
	3			×			×	×	×	×	×	×	×
	4												
파워	5												
심폐		×	×	×	×	×	×	×	×	×	×	×	×

그림 21-13 체지방 감소를 목표로 한 연간 계획

월간 계획

주	1							2							3							4						
날짜 / 단계	M	T	W	T	F	S	S	M	T	W	T	F	S	S	M	T	W	T	F	S	S	M	T	W	T	F	S	S
1	×		×		×			×		×		×			×		×		×			×		×		×		
2																												
3																												
4																												
5																												
심폐	×		×		×			×		×		×			×		×		×			×		×		×		
재평가																												

그림 21-14 체지방 감소 월간 계획: 1월

월간 계획																												
주	1							2							3							4						
날짜 / 단계	M	T	W	T	F	S	S	M	T	W	T	F	S	S	M	T	W	T	F	S	S	M	T	W	T	F	S	S
1	×							×							×							×						
2			×							×							×							×				
3					×							×							×							×		
4																												
5																												
심폐	×		×		×			×		×		×			×		×		×			×		×		×		
재평가																												

그림 21-15 체지방 감소 월간 계획: 6월

제지방 체중을 늘리기 위한 OPT 모델의 적용

근비대는 간단히 만성적 근육 비대로 정의할 수 있다. 이 목표를 달성하기 위해서는 근육이 세포 구성을 재생하고 증가시키기 위해 더 높은 볼륨(더 많은 세트, 반복 횟수 및 강도)으로 트레이닝 프로그램을 진행해야 한다. 다음의 프로그램은 OPT 모델이 제지방 체중(lean body mass) 증가를 목표로 하는 고객에게 어떻게 사용되는지를 알려주는 일반적인 예시이다. 근비대 목표를 가진 고객은 그들의 요구와 필요에 따라 OPT 모델의 처음 4단계를 순환할 수 있다.

[그림 21-16]은 연간 계획의 예를 보여준다. 고객은 안정화 근육의 밸런스와 지구력을 적절하게 만들기 위해 1단계를 1월에 시작한다. 그리고 2단계로 진입하기 전 약 4주간 이 과정을 시행한다. 1단계는 목표에 필요한 더 높은 트레이닝에 대비해 결합 조직과 근육을 준비하는 단계이기 때문에 매우 중요하다. 적절한 준비 없이는 부상을 입을 수 있다. 연간 계획의 나머지는 2~4단계까지를 반복한다. 2단계는 3단계와 4단계의 더 큰 요구 사항을 위해 준비시키는 단계이므로 더 큰 지구력과 더 많은 볼륨이 필요하다.

3단계는 근비대를 최대화하는 데 특화되어 있으며, 근비대로 이어지는 세포 변화를 최대화하기 위해 신체에 더 많은 스트레스를 가한다. 4단계는 고객이 향후 더 무거운 중량으로 트레이닝할 수 있도록 최대 근력을 늘리는 데 사용된다. 이는 더 많은 양의 트레이닝과 함께 더 높은 근육 성장을 가져온다. 심폐계를 효율적으로 만들고 조직을 최적으로 회복하도록 촉진하기 위해 심폐 트레이닝은 매달 실시해야 한다.

연간 계획													
레벨	달 / 단계	1월	2월	3월	4월	5월	6월	7월	8월	9월	10월	11월	12월
안정화	1	×											
근력	2		×			×				×		×	
	3			×			×		×		×		×
	4				×			×					
파워	5												
심폐		×	×	×	×	×	×	×	×	×	×	×	×

그림 21-16 근육 증가를 목표로 한 연간 계획

월간 계획																												
주	1							2							3							4						
날짜 단계	M	T	W	T	F	S	S	M	T	W	T	F	S	S	M	T	W	T	F	S	S	M	T	W	T	F	S	S
1	×	×		×	×			×	×		×	×			×	×		×	×			×	×		×	×		
2																												
3																												
4																												
5																												
심폐	×	×		×	×			×	×		×	×			×	×		×	×			×	×		×	×		
재평가																												

그림 21-17 근육 증가 월간 계획: 1월

월간 계획																												
주	1							2							3							4						
날짜 단계	M	T	W	T	F	S	S	M	T	W	T	F	S	S	M	T	W	T	F	S	S	M	T	W	T	F	S	S
1																												
2	×	×		×	×			×	×		×	×			×	×		×	×			×	×		×	×		
3																												
4																												
5																												
심폐	×	×		×	×			×	×		×	×			×	×		×	×			×	×		×	×		
재평가																												

그림 21-18 근육 증가 월간 계획: 2월

월간 계획																												
주	1							2							3							4						
날짜 단계	M	T	W	T	F	S	S	M	T	W	T	F	S	S	M	T	W	T	F	S	S	M	T	W	T	F	S	S
1																												
2																												
3	×	×		×	×			×	×		×	×			×	×		×	×			×	×		×	×		
4																												
5																												
심폐	×	×		×	×			×	×		×	×			×	×		×	×			×	×		×	×		
재평가																												

그림 21-19 근육 증가 월간 계획: 3월

월간 계획																												
주	1							2							3							4						
날짜 단계	M	T	W	T	F	S	S	M	T	W	T	F	S	S	M	T	W	T	F	S	S	M	T	W	T	F	S	S
1																												
2																												
3																												
4	×	×		×	×			×	×		×	×			×	×		×	×			×	×		×	×		
5																												
심폐	×	×		×	×			×	×		×	×			×	×		×	×			×	×		×	×		
재평가																												

그림 21-20 근육 증가 월간 계획: 4월

[그림 21-17]은 1월(1단계)의 월간 계획을 보여준다. 이 계획은 신체 각 부위에 대한 분할 루틴을 사용하여 월, 화, 목, 금 운동을 하는 주 4일 운동 계획이다. 유산소 운동은 운동하는 날(혹은 고객의 스케줄에 따라 주중 다른 날)에 할 수 있다.

[그림 21-18], [그림 21-19], [그림 21-20]은 2월부터 4월까지의 월간 계획이다. 전월들처럼 이 계획은 신체 부위에 대한 분할 루틴을 사용하여 주 4일 운동을 보여준다. 심폐 운동은 운동하는 날(혹은 고객의 스케줄에 따라 주중 다른 날) 시행할 수 있다.

일반적인 스포츠 수행능력 향상을 위한 OPT 모델의 적용

일반적인 스포츠 수행능력을 향상시키기 위한 목표를 위해서는 전반적인 지구력, 근력, 파워의 출력을 향상시켜야 한다. 트레이닝은 안정화 단계부터 파워 단계를 거쳐 진행된다. 다음 프로그램은 OPT 모델이 일반적인 수행력 향상을 목표로 하는 고객에게 어떻게 적용되는지에 대한 일반적인 예시이다. 고객은 본인의 필요와 의지에 따라 OPT 전체 모델을 순환할 수 있다. 그러나 보통의 고객에게는 1, 2, 5단계가 가장 중요하고 연관성이 크다. 3단계는 근비대를 최대화하는 데 전념하기 때문에, 일반적인 기량을 향상하는 데는 필요하지 않을 수도 있다. 4단계는 필요하다면 5단계에서의 적응을 최적화하기 위한 초기 근력 레벨을 높이기 위해 적당히 사용할 수 있다.

[그림 21-21]은 연간 계획을 보여준다. 고객은 안정화 근육의 적절한 근육 밸런스와 근지구력을 위해 1단계를 1월에 시작한다. 2단계로 넘어가기 전 약 4주간 이 단계를 수행한다. 1단계는 향후 있을 더 높은 수준의 트레이닝 요구 사항에 따라 연결 조직과 근육을 준비해야 하기 때문에 고객에게 중요하다. 적절한 준비가 없다면 고객의 부상 가능성이 높아진다. 연간 계획의 나머지는 1, 2단계와 5단계를 반복하는 것을 보여준다. 2단계는 5단계의 더 큰 요구 사항을 위해 고객을 준비시키는 단계이므로 전반적으로 더 큰 근지구력이 촉진된다. 앞서 언급한 바와 같이 4단계는 고객의 근력을 증가시키는 데 사용될 수 있지만, 고객이 반드시 최대 근력을 갖추어야 할 경우가 아니면 꼭 필요한 단계는 아니다. 5단계는 근력과 파워 향상을 촉진시키는데, 이는 대부분의 스포츠에서 힘을 발휘하는 데 이상적이다.

3월부터는 1, 2, 5단계를 같은 달, 같은 주에 시행한다. 파동형 주기는 고객이 일주일 동안 다양한 강도로 훈련할 수 있게 하여 일정 수준의 체력에 도달하면 여러 가지 적응을 이끌어 낸다(Grgic et al., 2017). 이 프로그램에서는 안정화(1단계), 근력(2단계), 파워(5단계)를 모두 함께 트레이닝한다. 심폐 운동은 운동하는 날(또는 고객의 스케줄에 따라 주중 다른 날) 시행할 수 있다.

비교적 고강도 OPT 운동(5단계)을 하는 날에는 고강도 심폐 운동을 하지 않는 것이 중요하다. 오히려 고강도 OPT 운동(5단계)은 저강도 심폐 프로그램과 함께 구성되어야 한다. 역으로, 고강도 심폐 프로그램은 저강도 OPT 운동(1단계)과 짝을 이루어야 한다.

연간 계획													
레벨	달 / 단계	1월	2월	3월	4월	5월	6월	7월	8월	9월	10월	11월	12월
안정화	1	×		×	×	×	×	×	×	×	×	×	×
근력	2		×	×	×	×	×	×	×	×	×	×	×
	3												
	4												
파워	5			×	×	×	×	×	×	×	×	×	×
심폐		×	×	×	×	×	×	×	×	×	×	×	×

그림 21-21 일반 수행능력을 목표로 한 연간 계획

월간 계획																												
주	1							2							3							4						
날짜 / 단계	M	T	W	T	F	S	S	M	T	W	T	F	S	S	M	T	W	T	F	S	S	M	T	W	T	F	S	S
1	×		×		×			×		×		×			×		×		×			×		×		×		
2																												
3																												
4																												
5																												
심폐	×		×		×			×		×		×			×		×		×			×		×		×		
재평가																												

그림 21-22 일반 수행능력 월간 계획: 1월

월간 계획																												
주	1							2							3							4						
날짜 / 단계	M	T	W	T	F	S	S	M	T	W	T	F	S	S	M	T	W	T	F	S	S	M	T	W	T	F	S	S
1																												
2	×		×		×			×		×		×			×		×		×			×		×		×		
3																												
4																												
5																												
심폐	×		×		×			×		×		×			×		×		×			×		×		×		
재평가																												

그림 21-23 일반 수행능력 월간 계획: 2월

월간 계획																												
주	1							2							3							4						
날짜 단계	M	T	W	T	F	S	S	M	T	W	T	F	S	S	M	T	W	T	F	S	S	M	T	W	T	F	S	S
1			×							×							×							×				
2	×							×							×							×						
3																												
4																												
5					×							×							×							×		
심폐	×		×		×			×		×		×			×		×		×			×		×		×		
재평가																												

그림 21-24 일반 수행능력 월간 계획: 3월

[그림 21-22]은 1월의 월간 계획을 보여준다. 이 계획은 월, 수, 금요일에 전신 운동이 포함된 주 3일 스케줄로 되어 있다. 심폐 운동은 운동하는 날(또는 고객의 스케줄에 따라 주중 다른 날)에 할 수 있다.

[그림 21-23]은 2월의 월간 계획을 보여준다. 이전 달과 마찬가지로 이 계획은 월, 수, 금요일에 전신 운동이 예정된 주 3일 스케줄로 되어 있다. 이 월간 계획은 신체 각 부분에 대해 분할된 루틴으로 주 4일 운동으로 쉽게 바꿀 수 있다. 심폐 운동은 운동하는 날(또는 고객의 스케줄에 따라 주중 다른 날)에 할 수 있다.

[그림 21-24]는 3월의 월간 계획을 보여준다. 이전 달과 마찬가지로 이 계획은 월, 수, 금요일에 전신 운동이 예정된 주 3일 스케줄로 되어 있다. 그러나 이번 달에는 1, 2, 5단계가 같은 주에 수행된다. 이는 파워를 높이는 데 필요한 안정화 수준과 근력을 보장하면서, 동시에 비교적 저강도로 더욱 천천히, 적절한 속도로 트레이닝하면서 파워 트레이닝을 진행하는 데 도움이 된다. 심폐 운동은 운동하는 날(또는 고객의 스케줄에 따라 주중 다른 날)에 시행될 수 있다.

요약

고객의 운동 프로그램을 설계하는 것은 복잡한 과정이 될 수 있다. 고객의 목표, 신체 능력, 피트니스 수준, 운동을 지속해 온 시간, 병력 등 고려해야 할 변수가 너무나 많기 때문이다. 또한 운동 프로그램은 운동에 대한 몰입도와 지속성을 위해 각각의 개성과 고유성이 필요하다. 결과적으로, 피트니스 전문가는 고객의 목표, 요구 사항, 능력을 기반으로 운동 프로그램을 설계하는 것이 중요하다. 더욱이, 유연성, 심폐 체력, 코어, 밸런스, 플라이오메트릭, SAQ, 저항 트레이닝을 포함하는 프로그램을 설계하기 위해 통합적이고 다중적인 접근법을 채택해야 한다. 이것이 NASM OPT 모델의 기초이다.

OPT 모델은 크게 세 가지 레벨(안정화, 근력, 파워)로 구성되어 있고, 이 레벨은 5단계로 나누어진다. OPT 모델은 근거기반 모델로 실험실 환경에서도 검증되었으며, 실제 고객과 운동선수가 건강, 피트니스, 수행 목표 달성을 성공했다. 또한 이 모델은 유연성, 지구력, 코어 안정성, 관절 안정성, 근비대, 근력, 파워를 동시에 향상시키기 위해 개발되었다. OPT 모델은 체지방을 줄이고, 제지방 체중을 늘리며, 운동수행능력을 향상시키는 데에도 아주 유용하다.

제21장 리뷰

피트니스 트레이닝(또는 주기화) 계획은 적절한 간격으로 트레이닝 프로그램을 발전시켜 신체에 가해지는 스트레스를 조절해 고객이 잘 적응할 수 있도록 한다. 트레이닝 계획은 훈련 형태, 소요 시간, 변화 주기, 실시할 운동을 명확히 하는 것이다.

연간 계획(또는 장주기)은 1년 단위의 트레이닝 프로그램이다. 연간 계획은 월간 계획(또는 중주기)으로 세분화되고, 월간 계획에는 매월 수행할 특정 트레이닝 계획이 자세히 드러나 있다. 주간 계획(또는 단주기)은 고객이 일주일 동안 하게 될 특정한 운동들이다. 트레이닝 계획에는 훈련 부하의 강도를 점진적으로 증가시키면서 동시에 설정된 기간 동안 볼륨을 감소시키는 선형 주기화, 또는 볼륨, 강도 및 운동 선택의 변화를 사용하여 매일 또는 매주 부하 차이를 제공하는 파동형 주기화가 있다.

OPT 모델은 다양한 목표와 능력을 가진 고객을 위한 프로그램을 만드는 데 사용하는 계획된 피트니스 트레이닝 시스템이다. 이 모델은 일일 운동 루틴을 조직화하기 위해 특정한 운동 템플릿을 이용한다. 운동 템플릿은 준비 운동, 활성화, 스킬 개발, 저항 트레이닝, 클라이언트 초이스, 정리 운동, 이렇게 6가지 부분으로 나누어진다.

전통적인 주기화 모델에서 볼 수 있는 트레이닝의 여러 레벨에는 해부학적 적응, 근비대, 최대 근력, 파워가 있다. OPT 모델에서는 이것을 안정화, 근력, 파워 레벨로 단순화시켰다. 이것은 다시 5개의 다른 단계로 세분화된다. 1단계 안정화 지구력 트레이닝, 2단계 근지구력 트레이닝, 3단계 근육 발달 트레이닝, 4단계 최대 근력 트레이닝, 5단계 파워 트레이닝이 그것이다.

첫 번째 레벨인 안정화는 더 높은 레벨의 훈련에 몸을 대비하도록 만들어졌기 때문에 모든 초보자에게 필수적이다. 고급 과정의 고객에게 이 레벨은 더욱 격렬한 트레이닝에서 능동적으로 신체를 회복할 수 있도록 해준다. 여기에는 움직임 패턴, 코어 및 관절 안정화, 근지구력과 관절 가동성의 개선을 강조하는 저강도의 고반복 트레이닝이 있다. 고객이 적절한 움직임 능력을 보여주면 안정화 레벨의 운동은 점차적으로 더 높은 고유수용감각과 자세 조절에 도전하게 된다. 안정화 레벨은 1단계 안정화 지구력 트레이닝 한 가지 단계로 구성되어 있다.

두 번째 단계인 근력은 근지구력, 근육 크기, 최대 근력을 높이기 위해 고안되었다. OPT 모델의 근력 레벨은 다음 세 가지 단계, 즉 2단계 근지구력 트레이닝, 3단계 근육 발달 트레이닝, 4단계 최대 근력 트레이닝으로 구성되어 있다. 2단계는 근력에 좀 더 집중된 운동 후에 유사한 생체역학적 움직임과 안정화에 중점을 둔 운동을 조합한 슈퍼세트 기술이 사용된다. 3단계는 비교적 높은 수준의 운동 강도에 초점을 맞춰 최대 근비대를 강조한다. 4단계는 최대 근력을 개발하기 위해 신체 조직에 가해지는 부하를 늘리는 데 초점을 맞춘다.

세 번째 레벨인 파워는 힘 생성률을 높이기 위해 설계되었다. 최적 수준의 힘을 개발하기 위해서는 빠른 속도에서 무거운 부하 및 가벼운 부하 둘 다를 사용해 트레이닝해야 한다. 파워 레벨은 5단계 파워 트레이닝 한 가지 단계로 이루어져 있다. 이 단계는 파워를 향상시키기 위해 큰 힘과 속도에 초점을 두고 있다.

피트니스 전문가는 다양한 상황과 다양한 고객에게 OPT 모델을 적용할 수 있어야 한다. 예를 들어, OPT 모델은 체지방을 감소시키고, 순수 근육량을 늘리며 일반적인 스포츠 기량을 향상시키는 데 사용될 수 있다.

체지방을 줄이기 위해서는 섭취량보다 더 많은 칼로리를 소비해야 한다. 이 목표에는 최대 근력이나 파워가 포함되지 않기 때문에 고객은 OPT 모델의 처음 3단계만 거치면 된다. 심폐계의 효율을 높이고 칼로리 소모량을 늘리기 위해 심폐 트레이닝은 매달 실시되어야 한다.

순수 근육량(제지방량)을 늘리려면 근육의 크기를 늘리기 위해 고객은 더 많은 양의 운동을 해야 하며, 안정화 근육의 적절한 균형과 지구력을 보장하기 위해 1단계에서 시작한다. 연간 계획의 나머지 부분은 2단계(더 높은 근지구력과 더 많은 운동량), 3단계(근비대를 위한 더 많은 양의 스트레스), 4단계(향상된 근력 능력과 더 많은 근비대)가 순환되는 것을 보여준다. 심폐계의 효율을 높이고 최적의 조직 회복력을 촉진하기 위해 심폐 트레이닝은 매달 실시한다.

일반적인 수행능력을 향상시키기 위해 고객은 전반적인 고유수용감각, 근력, 힘 생성률을 높여야 한다. 이 단계에서는 OPT 모델 전체를 트레이닝으로 이용할 수 있지만, 일반적인 고객의 경우에는 1, 2, 5단계가 가장 중요하다. 고객은 2단계로 진행하기 전에 안정화 근육의 적절한 균형과 지구력을 확보하기 위해 1단계에서 시작한다. 연간 계획의 나머지는 파동형 주기화 계획을 이용하여 1, 2, 5단계를 순환하도록 한다. 심폐 트레이닝은 역시 매월 실시할 수 있다.

제21장 하이라이트

- 고객 평가에 기초한 운동 프로그램은 개별성을 가지며 고객에게 긍정적 영향을 주는데, 이는 프로그램에 대한

고객의 지속성을 높여준다.

- 피트니스 전문가는 프로그램 디자인 시 유연성, 심폐, 코어, 밸런스, 플라이오메트릭, SAQ, 저항 트레이닝을 포함하는 통합적이고 다중적인 접근법을 채택해야 한다.
- 운동 프로그램은 적절한 움직임 패턴의 교육, 가동성 및 안정성 증진, 지구력 강화, 부상 가능성 감소같이 다양한 요소를 고려해야 한다.
- 트레이닝 계획은 사용할 트레이닝의 형태, 운동 시간, 변화 주기, 수행할 운동을 결정한다.
- 주기화는 프로그램 디자인에 있어 신체 적응력을 높이고 오버트레이닝과 부상 위험을 줄이기 위해 신체에 가해지는 스트레스의 양과 형태를 다양화시켜 주는 체계적인 접근법이다.
- 연간 트레이닝 계획 또는 장주기는 장기 트레이닝 프로그램과 매월 진행 상황을 보여준다.
- 월간 트레이닝 계획 또는 중주기는 보통 1개월 단위로 설계한다.
- 주간 계획 또는 단주기는 주 단위로 시행할 특정 운동을 보여준다.
- 선형 주기화는 프로그램의 강도를 서서히 늘리면서 동시에 특정 시간에 걸쳐 운동량을 줄인다.
- 파동형 주기화는 운동량, 강도, 운동 선택에 있어 변화를 주어 일일 또는 주간 기준으로 부하 차이를 준다.
- OPT 모델은 안정화, 근력, 파워, 세 가지 레벨로 구성된다.
- OPT 모델에는 5가지의 고유 단계가 있다. 1단계 안정화 지구력 트레이닝, 2단계 근지구력 트레이닝, 3단계 근육 발달 트레이닝, 4단계 최대 근력 트레이닝, 5단계 파워 트레이닝이다.
- OPT 운동 템플릿은 준비 운동, 활성화, 스킬 개발, 저항 트레이닝, 클라이언트 초이스, 정리 운동, 이 6가지 운동 파트로 나눠진다. 심폐 트레이닝은 OPT 템플릿의 모든 섹션에서 통합할 수 있다.
- 1단계 안정화 지구력 트레이닝은 밀기, 당기기, 프레싱, 스쿼트, 힙 힌지, 전반적인 움직임 기능을 포함한, 적절한 움직임 패턴의 수행 방법을 고객에게 가르친다.
- 고객이 적절한 움직임 패턴을 보이면, 고유수용감각, 밸런스 및 자세 조절을 강화하는 데에 중점을 두어 1단계 프로그램이 진행된다.
- 2단계 근지구력 트레이닝은 근력 중심 운동 직후에 유사한 생체역학적 움직임을 가진 안정화 중심 운동이 뒤따르는 슈퍼세트를 사용하여 하이브리드 형태로 진행한다.
- 3단계 근육 발달 트레이닝은 근력에 집중된 운동량을 높이면서 근비대를 강화하기 위해 설계되었다.
- 4단계 최대 근력 트레이닝은 근력을 높이기 위해 무거운 저항 운동을 포함시켜야 한다.
- 5단계 파워 트레이닝은 힘 생성률을 높이기 위해 슈퍼세트 기술을 이용한다. 이 기술은 무거운 저항 트레이닝 운동을 수행한 후 유사한 생체역학적 동작으로 폭발적인 파워 기반 운동을 즉시 수행하는 것을 말한다.
- OPT 모델은 선형 및 파동형 주기화를 모두 사용하여 어떤 수준과 능력을 가진 고객이라도 체지방 감소, 근육량 증대, 운동수행능력 향상을 가져오며, 이에 국한하지 않은 다양한 목표를 달성할 수 있게 돕는 운동 프로그램 모델이다.

참고 문헌

Aoki, M. S., Arruda, A. F. S., Freitas, C. G., Miloski, B., Marcelino, P. R., Drago, G., . . . Moreira, A. (2017). Monitoring training loads, mood states, and jump performance over two periodized mesocycles in elite young volleyball players. *International Journal of Sports Science & Coaching, 12*(1), 130–137.

Bae, W. S., Lee, H. O., Shin, J. W., & Lee, K. C. (2016). The effect of middle and lower trapezius strength exercises and levator scapulae and upper trapezius stretching exercises in upper crossed syndrome. *Journal of Physical Therapy Science, 28*(5), 1636–1639. https://doi.org/10.1589/jpts.28.1636

Behm, D. G., & Anderson, K. G. (2006). The role of instability with resistance training. *Journal of Strength & Conditioning Research, 20*(3), 716–722. https://doi.org/10.1519/00124278-200608000-00039

Behm, D. G., Anderson, K., & Curnew, R. S. (2002). Muscle force and activation under stable and unstable conditions. *Journal of Strength & Conditioning Research, 16*(3), 416–422. https://doi.org/10.1519/1533-4287(2002)0162.0.co;2

Behm, D. G., Blazevich, A. J., Kay, A. D., & McHugh, M. (2016). Acute effects of muscle stretching on physical performance, range of motion, and injury incidence in healthy active individuals: A systematic review. *Applied Physiology, Nutrition, and Metabolism, 41*(1), 1–11. https://doi.org/10.1139/apnm-2015-0235

Behm, D. G., & Chaouachi, A. (2011). A review of the acute effects of static and dynamic stretching on performance. *European Journal of Applied Physiology, 111*(11), 2633–2651. https://doi.org /10.1007/s00421-011-1879-2

Behm, D. G., Drinkwater, E. J., Willardson, J. M., & Cowley, P. M. (2010). Canadian Society for Exercise Physiology position stand: The use of instability to train the core in athletic and nonathletic conditioning. *Applied Physiology, Nutrition, and Metabolism, 35*(1), 109–112. https://doi.org/10.1139/h09-128

Bennell, K. L., Ahamed, Y., Bryant, C., Jull, G., Hunt, M. A., Kenardy, J., . . . Keefe, F. J. (2012). A physiotherapist-delivered integrated exercise and pain coping skills training intervention for individuals with knee osteoarthritis: A randomised controlled trial protocol. *BMC Musculoskeletal Disorders, 13*(129), 1–17. https://doi.org/10.1186/1471-2474-13-129

Bhagyalakshmi, S., Nagaraja, H., Anupama, B., Ramesh, B., Prabha, A., Niranjan, M., & Shreedhara, A. (2007). Effect of supervised integrated exercise on heart rate variability in type 2 diabetes mellitus. *Kardiologia Polska, 65*(4), 363–368; discussion 369.

Brachman, A., Kamieniarz, A., Michalska, J., Pawłowski, M., Słomka, K. J., & Juras, G. (2017). Balance training programs in athletes—A systematic review. *Journal of Human Kinetics, 58*(1), 45–64. https://doi.org/10.1515/hukin-2017-008

Burbank, K. M., Stevenson, J. H., Czarnecki, G. R., & Dorfman, J. (2008). Chronic shoulder pain: Part I. Evaluation and diagnosis. *American Family Physician, 77*(4), 453–460.

Butcher, S. J., Craven, B. R., Chilibeck, P. D., Spink, K. S., Grona, S. L., & Sprigings, E. J. (2007). The effect of trunk stability training on vertical takeoff velocity. *Journal of Orthopaedic & Sports Physical Therapy, 37*(5), 223–231. https://doi.org/10.2519/jospt.2007.2331

Caldas, L. C., Guimarães-Ferreira, L., Duncan, M. J., Leopoldo, A. S., Leopoldo, A. P. L., & Lunz, W. (2016). Traditional vs. undulating periodization in the context of muscular strength and hypertrophy: A meta-analysis. *International Journal of Sports Science, 6*(6), 219–229. https://doi.org/10.5923/j.sports .20160606.04

Cava, E., Yeat, N. C., & Mittendorfer, B. (2017). Preserving healthy muscle during weight loss. *Advances in Nutrition, 8*(3), 511–519. https://doi.org/10.3945/an.116.014506

Ciolac, E. G., & Rodrigues-da-Silva, J. M. (2016). Resistance training as a tool for preventing and treating musculoskeletal disorders. *Sports Medicine, 46*(9), 1239–1248. https://doi.org/10.1007/s40279 -016-0507-z

Clark, D. R., Lambert, M. I., & Hunter, A. M. (2012). Muscle activation in the loaded free barbell squat: A brief review. *Journal of Strength & Conditioning Research, 26*(4), 1169–1178. https://doi.org /10.1519/JSC.0b013e31822d533d

Comfort, P., McMahon, J. J., & Suchomel, T. J. (2018). Optimizing squat technique—Revisited. *Journal of Strength & Conditioning, 40*(6), 68–74. https://doi.org/10.1519/SSC.0000000000000398

Conlon, J. A., Newton, R. U., Tufano, J. J., Banyard, H. G., Hopper, A. J., Ridge, A. J., & Haff, G. G. (2016). Periodization strategies in older adults. *Medicine & Science in Sports & Exercise, 48*(12), 2426– 2436. https://doi.org/10.1249/mss.0000000000001053

Cormier, P., Freitas, T. T., Rubio-Arias, J. Á., & Alcaraz, P. E. (2020). Complex and contrast training: Does strength and power training sequence affect performance-based adaptations in team sports? A systematic review and meta-analysis. *Journal of Strength & Conditioning Research, 34*(5), 1461–1479. https://doi.org/10.1519/JSC.0000000000003493

Coulombe, B. J., Games, K. E., Neil, E. R., & Eberman, L. E. (2017). Core stability exercise versus general exercise for chronic low back pain. *Journal of Athletic Training, 52*(1), 71–72. https://doi.org /10.4085/1062-6050-51.11.16

Dargo, L., Robinson, K. J., & Games, K. E. (2017). Prevention of knee and anterior cruciate ligament injuries through the use of neuromuscular and proprioceptive training: An evidence-based review. *Journal of Athletic Training, 52*(12), 1171–1172. https:// doi.org/10.4085/1062-6050-52.12.21

da Silva, F. P., Vilaça-Alves, J., de Souza, L. L., dos Santos, J. S., Figueiredo, T., Paz, G. A., . . . Miranda, H. (2016). Effects of daily and flexible non-linear periodization on maximal and submaximal strength, vertical jump and speed performance of Brazilian Army skydivers. *International Journal of Sports and Exercise Medicine, 2*(4), 1–6. https://doi.org/10.23937/2469-5718/1510047

Dello Iacono, A., Padulo, J., & Ayalon, M. (2016). Core stability training on lower limb balance strength. *Journal of Sports Sciences, 34*(7), 671–678. https://doi.org/10.1080/02640414.2015.1068437

de Vasconcelos, G. S., Cini, A., Sbruzzi, G., & Lima, C. S. (2018). Effects of proprioceptive training on the incidence of ankle sprain in athletes: Systematic review and meta-analysis. *Clinical Rehabilitation, 32*(12), 1581–1590. https://doi.org/10.1177 /0269215518788683

DiStefano, L. J., DiStefano, M. J., Frank, B. S., Clark, M. A., & Padua, D. A. (2013). Comparison of integrated and isolated training on performance measures and neuromuscular control. *Journal of Strength & Conditioning Research, 27*(4), 1083–1090. https://doi .org/10.1519/jsc.0b013e318280d40b

Dolci, F., Kilding, A. E., Chivers, P., Piggott, B., & Hart, N. H. (2020). High-intensity interval training shock microcycle for enhancing sport performance. *Journal of Strength & Conditioning Research, 34*(4), 1188–1196. https://doi.org/10.1519/JSC.0000000000003499

Eriksen, H. R., Ihlebaek, C., Mikkelsen, A., Grønningsaeter, H., Sandal, G. M., & Ursin, H. (2002). Improving subjective health at the worksite: A randomized controlled trial of stress management training, physical exercise and an integrated health programme. *Occupational Medicine, 52*(7), 383–391.

Evans, J. W. (2019). Periodized resistance training for enhancing skeletal muscle hypertrophy and strength: A mini-review. *Frontiers in Physiology, 10*, 13. https://doi.org/10.3389/fphys.2019 .00013

Fairall, R. R., Cabell, L., Boergers, R. J., & Battaglia, F. (2017). Acute effects of self-myofascial release and stretching in overhead athletes with GIRD. *Journal of Bodywork and Movement Therapies, 21*(3), 648–652. https://doi.org/10.1016/j.jbmt.2017.04.001

Faude, O., Rommers, N., & RÖssler, R. (2018). Exercise-based injury prevention in football. *German Journal of Exercise and Sport Research, 48*(2), 157–168.

Freitas, T. T., Martinez-Rodriguez, A., Calleja-González, J., & Alcaraz, P. E. (2017). Short-term adaptations following complex training in team-sports: A meta-analysis. *PLoS One, 12*(6), e0180223. https:// doi.org/10.1371/journal.pone.0180223

Fry, A. C., Smith, J. C., & Schilling, B. K. (2003). Effect of knee position on hip and knee torques during the barbell squat. *Journal of Strength & Conditioning Research, 17*(4), 629–633. https://doi.org /10.1519/1533-4287(2003)0172.0.co;2

Grgic, J., Mikulic, P., Podnar, H., & Pedisic, Z. (2017). Effects of linear and daily undulating periodized resistance training programs on measures of muscle hypertrophy: A systematic review and meta-analysis. *PeerJ, 5*, e3695. https://doi.org/10.7717/peerj.3695

Hislop, M. D., Stokes, K. A., Williams, S., McKay, C. D., England, M. E., Kemp, S. P. T., & Trewartha, G. (2017). Reducing musculoskeletal injury and concussion risk in schoolboy rugby players with a pre-activity movement control exercise programme: A cluster randomised controlled trial. *British Journal of Sports Medicine, 51*(15), 1140–1146. https://doi.org/10.1136/bjsports-2016-097434

Huxel Bliven, K. C., & Anderson, B. E. (2013). Core stability training for injury prevention. *Sports Health, 5*(6), 514–522. https://doi.org /10.1177/1941738113481200

Jaimes, D., Contreras, D., Franco Jimenez, A. M., Orcioli-Silva, D., Barbieri, F. A., & Bucken Gobbi, L. T. (2019). Effects of linear and undulating periodization of strength training in the acceleration of skater children. *Motriz: Revista de Educação Fisica, 25*(1), 1–7.

Kallerud, H., & Gleeson, N. (2013). Effects of stretching on performances involving stretch-shortening cycles. *Sports Medicine, 43*(8), 733–750. https://doi.org/10.1007/s40279-013 -0053-x

Kay, A. D., & Blazevich, A. J. (2012). Effect of acute static stretch on maximal muscle performance: A systematic review. *Medicine & Science in Sports & Exercise*, *44*(1), 154–164. https://doi.org /10.1249/ mss.0b013e318225cb27

Ko, K.-J., & Kang, S.-J. (2017). Effects of 12-week core stabilization exercise on the Cobb angle and lumbar muscle strength of adolescents with idiopathic scoliosis. *Journal of Exercise Rehabilitation*, *13*(2), 244–249. https://doi.org/10.12965/jer .1734952.476

Kostiukevych, V., Lazarenko, N., Shchepotina, N., Kulchytska, I., Svirshchuk, N., Vozniuk, T., . . . Hudyma, S. (2019). Management of athletic form in athletes practicing game sports over the course of training macrocycle. *Journal of Physical Education and Sport*, *19*(5), 28–34.

Li, F., Wang, R., Newton, R. U., Sutton, D., Shi, Y., & Ding, H. (2019). Effects of complex training versus heavy resistance training on neuromuscular adaptation, running economy and 5-km performance in well-trained distance runners. *PeerJ*, *7*, e6787. https://doi.org/10.7717/peerj.6787

Lorenz, D., & Morrison, S. (2015). Current concepts in periodization of strength and conditioning for the sports physical therapist. *International Journal of Sports Physical Therapy*, *10*(6), 734–747.

Lorenz, D. S., Reiman, M. P., & Walker, J. C. (2010). Periodization: Current review and suggested implementation for athletic rehabilitation. *Sports Health*, *2*(6), 509–518. https://doi.org /10.1177/1941738110375910

Lugo, R., Kung, P., & Ma, C. B. (2008). Shoulder biomechanics. *European Journal of Radiology*, *68*(1), 16–24. https://doi.org /10.1016/j. ejrad.2008.02.051

Lyakh, V., Mikołajec, K., Bujas, P., Witkowski, Z., Zając, T., Litkowycz, R., & Banyś, D. (2016). Periodization in team sport games: A review of current knowledge and modern trends in competitive sports. *Journal of Human Kinetics*, *54*(1), 173–180. https://doi.org /10.1515/ hukin-2016-0053

Makhlouf, I., Chaouachi, A., Chaouachi, M., Ben Othman, A., Granacher, U., & Behm, D. G. (2018). Combination of agility and plyometric training provides similar training benefits as combined balance and plyometric training in young soccer players. *Frontiers in Physiology*, *9*, 1611. https://doi.org/10.3389/fphys.2018 .01611

Mattocks, K. T., Dankel, S. J., Buckner, S. L., Jessee, M. B., Counts, B. R., Mouser, J. G., . . . Loenneke, J. P. (2016). Periodization: What is it good for? *Journal of Trainology*, *5*(1), 6–12. https://doi.org /10.17338/ trainology.5.1_6

McGill, S. M., & Marshall, L. W. (2012). Kettlebell swing, snatch, and bottoms-up carry: Back and hip muscle activation, motion, and low back loads. *Journal of Strength & Conditioning Research*, *26*(1), 16–27. https://doi.org/10.1519/JSC.0b013e31823a4063

McGowan, C. J., Pyne, D. B., Thompson, K. G., & Rattray, B. (2015). Warm-up strategies for sport and exercise: Mechanisms and applications. *Sports Medicine*, *45*(11), 1523–1546. https://doi.org /10.1007/s40279-015-0376-x

Meislin, R. J., Sperling, J. W., & Stitik, T. P. (2005). Persistent shoulder pain: Epidemiology, pathophysiology, and diagnosis. *American Journal of Orthopedics*, *34*(12 Suppl), 5–9.

Mohr, A. R., Long, B. C., & Goad, C. L. (2014). Effect of foam rolling and static stretching on passive hip-flexion range of motion. *Journal of Sport Rehabilitation*, *23*(4), 296–299. https://doi.org /10.1123/ jsr.2013-0025

Nessler, T., Denney, L., & Sampley, J. (2017). ACL injury prevention: What does research tell us? *Current Reviews in Musculoskeletal Medicine*, *10*(3), 281–288. https://doi.org/10.1007/s12178-017 -9416-5

Ng, L. J., Sih, B. L., & Stuhmiller, J. H. (2012). An integrated exercise response and muscle fatigue model for performance decrement estimates of workloads in oxygen-limiting environments. *European Journal of Applied Physiology*, *112*(4), 1229–1249. https://doi. org/10.1007/s00421-011-2062-5

Nuell, V. S., Illera-Dominguez, V. R., Carmona, G., Alomar, X., Padullés, J. M., Lloret, M., & Cadefau, J. A. (2019). Hypertrophic muscle changes and sprint performance enhancement during a sprint-based training macrocycle in national-level sprinters. *European Journal of Sport Science*, 1–10. Advance online publication. https://doi.org/10.1080/1 7461391.2019.1668063

Opplert, J., & Babault, N. (2018). Acute effects of dynamic stretching on muscle flexibility and performance: An analysis of the current literature. *Sports Medicine*, *48*(2), 299–325. https://doi.org/10.1007 / s40279-017-0797-9

Owen, A. L., Lago-Peñas, C., Gómez, M. A., Mendes, B., & Dellal, A. (2017). Analysis of a training mesocycle and positional quantifications in elite European soccer players. *International Journal of Sports Science & Coaching*, *12*(5), 665–676. https:// doi. org/10.1177%2F1747954117727851

Oxfeldt, M., Overgaard, K., Hvid, L. G., & Dalgas, U. (2019). Effects of plyometric training on jumping, sprint performance, and lower body muscle strength in healthy adults: A systematic review and meta-analyses. *Scandinavian Journal of Medicine and Science in Sports*, *29*(10), 1453–1465. https://doi.org/10.1111/sms.13487

Padua, D. A., DiStefano, L. J., Hewett, T. E., Garrett, W. E., Marshall, S. W., Golden, G. M., . . . Sigward, S. M. (2018). National Athletic Trainers Association position statement: Prevention of anterior cruciate ligament injury. *Journal of Athletic Training*, *53*(1), 5–19. https://doi. org/10.4085/1062-6050-99-16

Painter, K. B., Haff, G. G., Triplett, N. T., Stuart, C., Hornsby, G., Ramsey, M. W., . . . Stone, M. H. (2018). Resting hormone alterations and injuries: Block vs. "daily undulating periodization" weight-training among D-1 track and field athletes. *Sports*, *6*(1), 3. https://doi. org/10.3390/sports6010003

Park, Y. H., Park, Y. S., Lee, Y. T., Shin, H. S., Oh, M.-K., Hong, J., & Lee, K. Y. (2016). The effect of a core exercise program on Cobb angle and back muscle activity in male students with functional scoliosis: A prospective, randomized, parallel-group, comparative study. *Journal of International Medical Research*, *44*(3), 728–734. https://doi. org/10.1177/0300060516639750

Pearcey, G. E., Bradbury-Squires, D. J., Kawamoto, J. E., Drinkwater, E. J., Behm, D. G., & Button, D. C. (2015). Foam rolling for delayed-onset muscle soreness and recovery of dynamic performance measures. *Journal of Athletic Training*, *50*(1), 5–13. https://doi.org /10.4085/1062-6050-50.1.01

Pitta, R. M., de Sá Pinto Montenegro, C. G., Rica, R. L., Bocalini, D. S., Tibana, R. A., Prestes, J., . . . Figueira, A. J., Jr. (2019). Comparison of the effects of linear and non-linear resistance training periodization on morphofunctional capacity of subjects with different fitness levels: A systematic review. *International Journal of Exercise Science*, *12*(4), 666–690.

Quatman, C. E., Quatman-Yates, C. C., & Hewett, T. E. (2010). A 'plane' explanation of anterior cruciate ligament injury mechanisms. *Sports Medicine*, *40*(9), 729–746. https://doi.org/10.2165 /11534950-000000000-00000

Raiola, G., & D'Isanto, T. (2016). Assessment of periodization training in soccer. *Journal of Human Sport & Exercise*, *11*(Proc1), S267–S278. https://doi.org/10.14198/jhse.2016.11.Proc1.19

Riva, D., Bianchi, R., Rocca, F., & Mamo, C. (2016). Proprioceptive training and injury prevention in a professional men's basketball team: A six-year prospective study. *Journal of Strength & Conditioning Research*, *30*(2), 461–475. https://doi.org/10.1519 / jsc.0000000000001097

Rivera, M. J., Winkelmann, Z. K., Powden, C. J., & Games, K. E. (2017). Proprioceptive training for the prevention of ankle sprains: An evidence-based review. *Journal of Athletic Training*, *52*(11), 1065–1067. https://doi.org/10.4085/1062-6050-52.11.16

Rønnestad, B. R., Øfsteng, S. J., & Ellefsen, S. (2019). Block periodization of strength and endurance training is superior to traditional periodization in ice hockey players. *Scandinavian Journal of Medicine*

& *Science in Sports*, *29*(2), 180–188. https:// doi.org/10.1111/ sms.13326

Santos, E. J., & Janeira, M. A. (2008). Effects of complex training on explosive strength in adolescent male basketball players. *Journal of Strength & Conditioning Research*, *22*(3), 903–909. https://doi.org /10.1519/jsc.0b013e31816a59f2

Schneider, C., Wiewelhove, T., Raeder, C., Flatt, A. A., Hoos, O., Hottenrott, L., . . . Ferrauti, A. (2019). Heart rate variability monitoring during strength and high-intensity interval training overload microcycles. *Frontiers in Physiology*, *10*, 582. https://doi. org/10.3389/fphys.2019.00582

Schoenfeld, B. J. (2010). Squatting kinematics and kinetics and their application to exercise performance. *Journal of Strength & Conditioning Research*, *24*(12), 3497–3506. https://doi.org/10.1519 / JSC.0b013e3181bac2d7

Schoenfeld, B. J., Contreras, B., Krieger, J., Grgic, J., Delcastillo, K., Belliard, R., & Alto, A. (2019). Resistance training volume enhances muscle hypertrophy but not strength in trained men. *Medicine & Science in Sports & Exercise*, *51*(1), 94–103. https:// doi.org/10.1249/ MSS.0000000000001764

Schoenfeld, B. J., Ogborn, D., & Krieger, J. W. (2016). Effects of resistance training frequency on measures of muscle hypertrophy: A systematic review and meta-analysis. *Sports Medicine*, *46*(11), 1689–1697. https://doi.org/10.1007/s40279-016-0543-8

Schoenfeld, B. J., Peterson, M. D., Ogborn, D., Contreras, B., & Sonmez, G. T. (2015). Effects of low- vs. high-load resistance training on muscle strength and hypertrophy in well-trained men. *Journal of Strength & Conditioning Research*, *29*(10), 2954–2963. https:// doi.org/10.1519/ jsc.0000000000000958

Shinkle, J., Nesser, T. W., Demchak, T. J., & McMannus, D. M. (2012). Effect of core strength on the measure of power in the extremities. *Journal of Strength & Conditioning Research*, *26*(2), 373–380. https:// doi.org/10.1519/JSC.0b013e31822600e5

Silva, L. M., Neiva, H. P., Marques, M. C., Izquierdo, M., & Marinho, D. A. (2018). Effects of warm-up, post-warm-up, and re-warm-up strategies on explosive efforts in team sports: A systematic review. *Sports Medicine*, *48*(10), 2285–2299. https://doi.org/10.1007 /s40279-018-0958-5

Škarabot, J., Beardsley, C., & Štirn, I. (2015). Comparing the effects of self-myofascial release with static stretching on ankle range-of-motion in adolescent athletes. *International Journal of Sports Physical Therapy*, *10*(2), 203–212.

Strohacker, K., Fazzino, D., Breslin, W. L., & Xu, X. (2015). The use of periodization in exercise prescriptions for inactive adults: A systematic review. *Preventive Medicine Reports*, *2*, 385–396. https:// doi.org/10.1016/j.pmedr.2015.04.023

Teyhen, D., Bergeron, M. F., Deuster, P., Baumgartner, N., Beutler, A. I., de la Motte, S. J., . . . O'Connor, F. (2014). Consortium for health and military performance and American College of Sports Medicine Summit. *Current Sports Medicine Reports*, *13*(1), 52–63. https://doi. org/10.1249/jsr.0000000000000023

Ullrich, B., Pelzer, T., Oliveira, S., & Pfeiffer, M. (2016). Neuromuscular responses to short-term resistance training with traditional and daily undulating periodization in adolescent elite judoka. *Journal of Strength & Conditioning Research*, *30*(8), 2083–2099. https:// doi. org/10.1519/JSC.0000000000001305

Verhagen, E., van der Beek, A., Twisk, J., Bouter, L., Bahr, R., & van Mechelen, W. (2004). The effect of a proprioceptive balance board training program for the prevention of ankle sprains. *American Journal of Sports Medicine*, *32*(6), 1385–1393. https://doi.org /10.1177/0363546503262177

Walters, B. K., Read, C. R., & Estes, A. R. (2018). The effects of resistance training, overtraining, and early specialization on youth athlete injury and development. *Journal of Sports Medicine and Physical Fitness*, *58*(9), 1339–1348. https://doi.org/10.23736 /S0022-4707.17.07409-6

Westcott, W. L. (2012). Resistance training is medicine. *Current Sports Medicine Reports*, *11*(4), 209–216. https://doi.org/10.1249/JSR .0b013e31825dabb8

Willardson, J. M. (2007). Core stability training: Applications to sports conditioning programs. *Journal of Strength & Conditioning Research*, *21*(3), 979–985. https://doi.org/10.1519/r-20255.1

Williams, T. D., Tolusso, D. V., Fedewa, M. V., & Esco, M. R. (2017). Comparison of periodized and non-periodized resistance training on maximal strength: A meta-analysis. *Sports Medicine*, *47*(10), 2083–2100. https://doi.org/10.1007/s40279-017-0734-y

CHAPTER 22

다양한 운동 장비

학습 목표

- 일반 운동 장비와 그 사용법을 분류할 수 있다.
- 특정한 목표를 가진 고객에게 다양한 운동 장비 사용법을 설명할 수 있다.
- 저항 및 고유수용감각 장비와 피트니스 트래커(피트니스 웨어러블)의 안전하고 효과적인 사용법을 결정할 수 있다.

저항 트레이닝 장비 개요

공인 퍼스널 트레이너, 그들의 고객, 헬스클럽 회원들은 훈련 및 동기 부여를 위한 새롭고도 더욱 효율적인 방법을 항상 찾고 있다. 따라서, 피트니스 전문가는 고객이 운동 동기를 유지하고 건강과 피트니스 목표를 달성하도록 돕기 위해 다양한 운동 장비(modalities)들을 효과적으로 통합하는 방법을 배우는 것이 중요하다.

근력을 개발하는 데 사용되는 다양한 저항 트레이닝 장비들이 있다. 근력 트레이닝 프로그램에서 사용되는 가장 일반적인 저항의 형태는 프리 웨이트(예: 덤벨, 바벨), 체중, 부위별 머신, 케이블 기기 형태의 실제 하중이다. 저항은 튜빙 밴드나 탄성 밴드를 사용할 때 탄성의 형태로 나타날 수도 있다. 이 섹션에서는 일반적인 저항 트레이닝 장비에 대한 기본 정보뿐만 아니라 그것들의 이점과 적용법을 다루었다. 추가적인 저항 트레이닝 운동을 포함한 저항 트레이닝에 대한 보다 자세한 논의는 제20장 '저항 트레이닝 개념'에서 확인할 수 있다.

위험 대 보상

지난 몇 년 동안, 피트니스 장비 제조업체들은 책임감과 운동 추적을 강화할 수 있는 새로운 피트니스 장비 및 기술 장치의 개발을 지원해 왔다. 이것들을 올바르게 사용하면 피트니스 전문가는 보다 적절하고 효과적인 코칭을 제공할 수 있다. 새로운 피트니스 장비는 많은 이점이 있지만, 운동 프로그램에 도입하기 전에 몇가지 예방 조치가 필요하다.

최상의 트레이닝 장비들을 선택하고 이를 프로그램에 통합할 때는 안전과 효율성을 최우선으로 생각해야 한다. 새로운 운동 장비나 고급 운동 장비를 도입하기 전에 고객의 신체 능력을 평가하는 것은 피트니스 전문가의 책임이다. 위험이 보상보다 큰 특정 사례들이 있기 때문이다.

1. **기능을 넘어선 운동 형태를 우선하지 말아야 한다.**
    - 장비와 상관없이 적절한 운동 기술을 간과하는 것은 절대로 권장하지 않는다. 피트니스 전문가는 고객이 기본 동작 패턴을 능숙하게 익힌 후에야만 새로운 장비나 고급 운동을 도입해야 한다.
2. **불안정한 표면에서 트레이닝할 때는 항상 조심한다.**

운동 장비 Modalities 운동 또는 움직임을 강화하여 원하는 결과를 만들어 내도록 설계된 장치 또는 도구. 심혈관 건강을 위한 러닝머신 또는 근력/근비대를 위한 덤벨 등이 있다.

- 밸런스 운동은 OPT 모델의 필수적인 부분이며 공인 퍼스널 트레이너가 도입해야 하는 운동이다. 그러나 고객의 기능적 능력 및 목표에 따라 적절한 밸런스 장비들을 사용하여 천천히 신중하게 접근해야 한다. 예를 들면, 밸런스 트레이닝 도구에서 균형을 잡으려고 할 때 무거운 중량을 들어올리는 것은 매우 위험하므로 권장하지 않는다. 밸런스 운동 및 장비들은 균형, 발목 안정성 및 협응력을 향상시키는 것으로 나타났지만, 안전상의 이유로 최대 또는 최대에 가까운 무게를 수행하는 데 사용해서는 안 된다(Brachman et al., 2017; Linens et al., 2016; Wortmann & Docherty, 2013). 연구에 따르면 관절과 코어 근육의 안정화 근육 동원이 증가하는 동안 불안정한 표면에서 들어올릴 때 사용되는 주동근의 이점이 제한적이라는 것이 밝혀졌다(Cressey et al., 2007). 결과적으로, 밸런스 장비는 최대 힘이나 힘을 증가시키는 것을 목표로 하기보다는 균형, 협응 및 관절 안정성을 향상시키기 위해 활용해야 한다.

3. **피트니스 앱의 한계를 파악한다.**
   - 피트니스 앱은 대부분의 스마트폰에서 다운로드해 사용할 수 있는 애플리케이션으로, 특정 피트니스 목표를 달성할 수 있도록 설계되었다. 하지만, 피트니스 트래커가 항상 100% 정확하지는 않다(Evenson et al., 2015). 실제 운동 노력에 대한 출력 오산으로 잠재적인 과로로 이어질 수도 있다. 일부 피트니스 앱에는, 특히 과거에 부상을 입었거나 만성 질환을 앓았던 고객에게 금지된 콘텐츠가 담겨 있다. 겉모습만 그럴듯한 장치(gimmicky)나 위험한 운동이 시도되지 않도록 주의를 기울여야 한다.

근력 트레이닝 머신

부위별 근력 트레이닝 머신은 피트니스 시설에서 인기가 많고, 신규 고객에게 사용하기 좋은 훌륭한 저항 트레이닝 기구이다. 대부분의 근력 트레이닝 머신은 도표나 그림과 함께 사용하기 비교적 쉬우며, 대개 덤벨이나 바벨보다 덜 위협적이다. 대부분의 운동 초보자가 저항 트레이닝에 대한 경험이 부족하기 때문에 근력 트레이닝 머신은 프리 웨이트

보다 더욱 안전하고 효과적인 대안이 될 수 있다.

머신은 대개 개인을 고정된 운동면에 유지시키는데, 이는 불필요한 근골격계 스트레스를 유발할 수 있는 과도한 관절 가동범위를 제한해 준다. 근력 트레이닝 머신은 또한 안정성이 부족하거나 다른 기능적 한계가 있는 사람을 위한 근력 운동 장비가 될 수 있다. 또한 대부분의 근력 트레이닝 머신은 핀을 당기거나 다이얼을 돌리기만 하면 부하를 빠르게 변경할 수 있는 장점이 있다. 그러므로 대개 슈퍼세트(superset)와 서킷 트레이닝(circuit training) 운동을 수행하는 초보자들이 사용한다. 또한 부위별 근력 트레이닝 머신은 보조자가 필요 없다.

근력 트레이닝 머신이 사용하기 덜 부담스럽지만, 가끔 그것만의 단점도 있다. 근력 머신은 안정성(stability)을 위해 코어 근육을 사용하기보다 인공적인 지지를 제공하기 때문에 코어 안정성(core stability)과 근육 협응력 향상에 대해 프리 웨이트보다 효과가 적다(Stone et al., 2002; Vinstrup et al., 2015). 또한 팔과 다리를 동시에 사용하는 전신 운동을 할 수 없는 것이 많다(Stone et al., 2002). 게다가, 모든 근력 트레이닝 머신이 모든 체형에 맞게 설계된 것이 아니어서 운동 효과를 제한하고 관절에 더 많은 스트레스를 발생시킬 수 있다. 마

유용한 힌트

공인 퍼스널 트레이너는 비만하거나, 키가 작거나 키가 매우 크거나, 의도한 대로 장비를 적절하게 사용할 수 없는 사람들과 함께 수업할 때 부위별 근력 트레이닝 머신의 한계를 이해하는 것이 중요하다.

그림 22-1 숄더 프레스 머신에서의 진행

지막으로, 부위별 근력 트레이닝 머신은 주로 하나의 운동면에서 작동하여 모든 운동면(planes of motion)에서 근력을 개발하는 능력이 부족하다(Saeterbakken & Fimland, 2012).

트레이닝 초기 단계에 건강한 성인이 부위별 근력 트레이닝 머신을 사용하는 것은 비교적 안전한 분위기를 만들고, 현재 신체 능력에 맞는 근력 트레이닝 옵션을 제공하기 위해 필요할 수 있다. 결국, 피트니스 전문가는 적절한 지시와 교육을 통해 관절 가동성, 안정성, 움직임 패턴 개선을 위해 고유수용감각이 풍부한 환경(proprioceptively enriched environment)으로 발전시키도록 노력해야 한다. 예를 들어, 고객은 첫 주 동안 머신을 이용해 숄더 프레스 운동을 시작하여 덤벨을 이용한 시티드 숄더 프레스 운동을 수행하고, 결국에는 스탠딩 숄더 프레스를 수행할 수 있다(그림 22-1).

슈퍼세트 Superset 최소의 휴식이나 또는 휴식 없이 두 개의 운동을 빠르게 이어서 수행함

서킷 트레이닝 Circuit training 최소의(또는 제한된) 휴식을 포함하여 차례로 수행되는 일련의 운동

안정성 Stability 자신의 균형에 대한 외부 장애에 대한 저항

코어 안정성 Core stability 사지가 움직이는 동안 적절하게 척추를 안정시키면서 자세를 유지하는 능력

운동면 Planes of motion 인체가 움직이는 운동의 평면이며, 시상면, 이마면, 수평면이 있다.

고유수용감각이 풍부한 환경 Proprioceptively enriched environment 신체가 내부 균형 및 안정화 메커니즘을 이용하도록 하는 불안정한(하지만 통제가 가능한) 운동 환경

덤벨을 사용하려면 코어 근육이 안정화되어야 할 뿐만 아니라 부하를 처리하기 위해 어깨 안정성이 더 많이 필요하다. 사용된 운동 장비는 고객의 목표, 요구, 필요 및 능력에 따라 달라야 한다. 부위별 근력 트레이닝 머신의 장단점은 [표 22-1]에 설명되어 있다. 근력 트레이닝 머신은 여러 가지 목적에 따라 다양한 사람들이 사용할 수 있기 때문에 OPT 모델의 모든 운동 프로그램 및 단계에서 효과적으로 사용할 수 있다.

표 22-1 근력 머신의 장단점

장점	단점
특정 고객에게 덜 부담스러울 수 있음	많은 머신이 전신 운동 수행이 어려움
재활이나 바디빌딩 목적으로 특정 근육 그룹을 단련할 수 있음	주로 한 운동면에서 움직임
하나의 웨이트 머신에서 다양한 강도(하중) 제공	코어 안정화 시스템을 거의 단련할 수 없음
보조자가 필요 없음	운동수행능력 향상에 적합하지 않음
특별한 도움이 필요한 고객을 위해 추가 지원 제공	머신은 모든 체형에 다 맞지는 않음(단신, 장신 또는 비만인 고객은 머신 조정이 어려울 수 있음)
고객을 고정된 운동면에 유지하도록 하여 과도한 관절가동범위를 제한할 수 있음	다른 근력 트레이닝 장비에 비해 비쌈

프리 웨이트(바벨과 덤벨)

덤벨이나 바벨 같은 프리 웨이트(자유 중량)는 다양한 사람들이 피트니스, 건강 및 스포츠 수행 목표를 달성하기 위해 사용한다. 프리 웨이트는 일상생활과 스포츠에서 경험하는 것과 같은 관절가동범위로 모든 운동면(즉, 시상면, 이마면, 수평면)에서 운동할 수 있게 한다. 이러한 모든 동작을 결합하면 **운동 학습**(motor learning)이 향상되고 근육 협응력과 수행능력이 향상된다(Saeterbakken & Fimland, 2012). 또한, 많은 프리 웨이트는 **양쪽**(bilateral) 움직임에서 **한쪽**(unilateral) 움직임으로 진행함으로써 코어 안정성과 **고유수용감각**(proprioception)에 대한 더 큰 요구를 쉽게 충족시킬 수 있다. 예를 들면, 덤벨 체스트 프레스는 양팔 운동, 교대 운동, 한팔 운동으로 진행할 수 있어 하나의 운동을 매우 다양하게 활용할 수 있다(그림 22-2). 프리 웨이트 운동은 또한 고객이 전신을 통합하는 다중(복합) 관절 움직임을 수행할 수 있게 해준다. 복합적인 운동을 하면 더 많은 에너지가 필요하므로 더 짧은 기간에 더 많은 칼로리도 소비할 수 있다(Viana et al., 2019). 이것은 지방 감소와 같은 체성분 변화를 원하는 사람에게 이상적이다.

프리 웨이트가 자세 안정성, 근력, 근비대 및 파워 향상과 같은 많은 이점을 주지만, 적절한 운동 기술, 즉 제어 능력과 안정성이 숙달될 때까지는 초보 운동자에게 위험할 수도 있다. 특정 운동이 프리 웨이트를 사용하여 수행하기 너무 어렵다면, 근력과 협응 능력이 기준 수준으로 충족될 때까지 근력 트레이닝 머신으로 되돌아가야 한다. 이 기간이 지난 이후, 프리 웨이트 운동을 프로그램에 다시 도입하여 안정성, 근력 및 파워를 더욱 강화시킬 수 있다. 또한 많은 프리 웨이트 운동, 특히 오버헤드 리프트는 적절한 운동 기술과 안전을 보장하기 위해 종종 보조자가 필요하다. 프리 웨이트의 장단점은 [표 22-2]에 설명되어 있다. 프리 웨이트는 다양한 방식으로 많은 목표를 위해 사실상 모든 사람이 사용할 수 있기 때문에 OPT 모델의 모든 단계에서 효과적이다.

표 22-2 프리 웨이트의 장단점

장점	단점
특정 근육 그룹을 단련하거나 다중 근육 그룹을 목표로 하는 데 사용할 수 있음	보조자가 필요할 수 있음
운동수행능력을 향상시킬 수 있음	운동 기술이 숙련되기 전까지 초보자에게 너무 어려울 수 있음
코어 안정화 시스템을 단련할 수 있음	강도(하중)를 변경하려면 여러 개의 덤벨이나 바벨이 필요함
동적 관절 안정화 및 고유수용 감각을 향상시킬 수 있음	잠재적으로 더 위험함
여러 운동면으로 움직일 수 있음	일부 사람에게는 부담스러움

케이블 머신

케이블 머신은 프리 웨이트와 유사한 움직임의 자유가 있으면서 보조자가 필요 없기 때문에 근력 트레이닝 머신과 유사한 안전을 보장한다. 그런 점에서 다양한 피트니스 및 스포츠 수행능력을 위한 이점이 있다. 케이블 머신은 모든 신체 부위에 저항력을 제공하도록 조정할 수 있으며, 안정성, 근지구력, 비대(근육 크기 증가), 근력 및 파워를 개발하는 데 효과적이다. 연구에 따르면, 케이블 머신은 부위별 근력 트레이닝 머신과 비교할 때 더 넓은 관절가동범위를 제공하는 것으로 밝혀졌다(Signorile et al., 2017). 또한 많은 머신 운동에서 볼 수 있듯이 서 있는 자세와 앉은 자세에서 운동

그림 22-2 덤벨 체스트 프레스 진행

하는 동안 코어를 단련하는 훌륭한 운동이며, 노인에게도 유익한 것으로 입증되었다(Balachandran et al., 2016).

케이블 머신을 사용할 때는 케이블의 저항 각도(당기는 선)를 단련되는 근육의 당김선에 맞추는 것이 중요하다. 관절 운동은 뼈를 잡아 당기는 근육에 의해 발생한다는 점을 기억해야 한다. 근육은 스스로 저항의 방향을 조절할 수 없다. 따라서, 각 케이블 운동은 근육이 자연스럽게 당기는 선과 일치해야만 한다.

예를 들면, 바이셉 컬(팔꿈치 굽힘)을 수행할 때, 케이블은 팔꿈치 굽힘(팔꿈치를 펴는 방향으로 당김)에 대항해 수직 움직임에 저항을 주는 위치에 있어야 한다(그림 22-3). 그러나 스탠딩 트라이셉 익스텐션 운동(그림 22-4)에서는 팔꿈치 폄(팔꿈치를 굽히는 방향으로 당김)에 저항하는 방식으로 저항이 일치되어야 한다. 어깨 폄과 견갑골 뒤당김(수축)이 필요한 스탠딩 케이블 로우를 하는 동안, 저항은 어깨

운동 학습 Motor learning 연습과 경험을 통한 운동 제어 과정의 통합이며, 숙련된 운동 행동을 생산할 수 있는 역량은 상대적으로 영구적인 변화로 이어진다.

양쪽 Bilateral 신체의 양 측면과 관련되어 있는 것

한쪽 Unilateral 신체의 한 측면과 관련되어 있는 것

고유수용감각 Proprioception 신체의 일반적인 방향과 부분의 상대적 위치를 자연스럽게 감지하는 신체의 능력

그림 22-3 케이블 바이셉 컬

그림 22-4 스탠딩 트라이셉 익스텐션

굽힘과 견갑골 벌림(신장)으로 당기는 위치에 있어야 한다(그림 22-5). 스탠딩 케이블 체스트 프레스(어깨 수평 모음)를 하는 동안, 저항은 어깨를 수평 벌림으로 당기는 위치에 있어야 한다(그림 22-6).

케이블 머신은 프리 웨이트와 유사한 다양한 방식으로 거의 모든 사람에게 사용할 수 있기 때문에 OPT 모델의 모든 단계에서 효과적으로 사용할 수 있다.

탄성 저항

탄성 저항 트레이닝(elastic resistance training)은 비용면에서 프리 웨이트나 머신보다 저렴한 대안이다. 다양한 형태의 탄성 저항 트레이닝을 사용하여 협응력, 근지구력 및 관절 안정화를 개선할 수 있다. 탄성 저항 트레이닝은 최대 근력이나 근비대를 향상시키는 데 이상적이지 않을 수 있지만, 피트니스 및 재활 목적으로는 매우 유익한 것으로 나타났다(Andersen et al., 2010; Colado et al., 2010).

탄성 저항 트레이닝 기술을 사용하면 다중 운동면에서 움직일 수 있으며, 종종 부위별 근력 트레이닝 머신을 사용하는 것보다 훈련 중에 더 큰 ROM을 달성할 수 있다. 고객들은 고정점을 높이거나 낮추어 당기는 선을 조정할 수 있으며,

그림 22-5 스탠딩 케이블 로우

그림 22-6 스탠딩 케이블 체스트 프레스

© Jasminko Ibrakovic/Shutterstock.

여러 가지 운동들을 매끄럽게 결합할 수 있다. 탄성 밴드와 튜빙 밴드를 사용하면 고객이 골프 스윙이나 테니스 포핸드와 같은 스포츠별 움직임을 모방한 저항 운동을 수행할 수도 있다.

탄성 밴드는 다양한 색상, 모양 및 두께가 있다. 색상 코딩 시스템은 고무 두께의 차이와 튜빙 밴드 및 탄성 밴드의 저항을 식별하는 데 사용된다. 탄성 저항은 고무 밴드처럼 작동한다. 튜빙 밴드의 두께가 두꺼울수록 늘어나는 저항이 커지므로 늘어나는 데 더 큰 힘이 필요하다. 탄성 밴드가 휴식 길이의 250% 이상 늘어나서는 안 된다(Page & Ellenbecker, 2003). 탄성 밴드가 제공하는 저항이 충분하지 못하면, 더 두꺼운 밴드로 진행하거나 동일한 중간 저항의 튜빙 밴드 2개를 사용해야 한다. 두꺼운 튜빙 밴드는 얇거나 중간 두께의 튜빙 밴드보다 움직임에서 탄성 한계에 더 빨리 도달한다는 점에 유의해야 한다. 이것은 전체 관절가동범위에서 움직임을 수행하는 능력에 영향을 준다. 또한 특정 관절 위치에서 너무 많은 스트레스를 유발할 수 있다. 따라서 어떤 경우에는 2개의 중간 저항을 사용하는 것이 더 나은 해결책일 수 있다.

탄성 밴드나 튜빙 밴드의 문제점 중 하나는 고무가 전체 관절가동범위를 통해 늘어나면서 저항이 변한다는 것이다. 예를 들면, 튜빙 밴드 바이셉 컬의 끝과 비교하여 시작에서 발생하는 저항의 양은 크게 다를 수 있는데, 이는 저항이 일정하지 않음을 의미한다(그림 22-7). 튜빙 밴드의 기계적 신축 특성은 두께, 사용 기간, 사용 빈도 및 고무가 늘어나는 속도에 따라 달라진다. 따라서 사용되는 각 튜빙 밴드 또는 탄성 밴드의 정확한 저항은 알기가 어렵다. 피트니스 환경에서

그림 22-7 튜빙 밴드 바이셉 컬

는 색상으로 구분된 탄성 밴드를 사용하여 저항을 정확하게 정량화할 수 없지만, 여러 연구에서는 다양한 늘리기 단계에서 힘을 예측하기 위해 선형 방정식을 정확하게 개발했다(Thomas et al., 2005). 튜빙 밴드 및 탄성 밴드의 각 제조업체는 서로 다른 색상 코딩 시스템을 사용하므로, 올바른 저항을 선택했는지 확인하기 위해 다른 브랜드의 색상 코딩 시스템을 검토하는 것이 중요하다. 또한, 연구 결과에 따르면 각 제조업체마다 탄성 밴드 장력에 불일치가 있다고 한다(Fuentes et al., 2019).

탄성 저항이 워낙 다용도이기 때문에 피트니스 전문가는 헬스클럽, 부트 캠프, 운동수행능력 센터 및 재활 클리닉 등 다양한 환경에서 빈번하게 사용한다. 다용도성에 더하여, 탄성 저항의 가장 큰 장점 중의 하나는 프리 웨이트에 비해 비용이 저렴하고 휴대가 간편하다는 것이다. 탄성 저항 밴드는 가벼워서 어디든 휴대할 수 있다. 예를 들어, 여행 중인 비즈니스맨, 피서객, 재택 개인 트레이너 모두 탄성 저항의 이점을 누릴 수 있다.

탄성 저항은 다양한 방식으로, 거의 모든 사람에 의해, 그리고 OPT 모델의 모든 단계에서 효과적으로 사용될 수 있다. 그러나 앞서 언급한 것과 같이 근골격계에 과부하를 주기 위해서는 고강도(무거운 하중)가 필요하기 때문에 근비대 또는 최대 근력을 원하는 고객에게는 이상적인 방식이 아닐

그림 22-8 튜빙 밴드 스피드 스쿼트

수 있다. OPT 모델의 5단계에서 튜빙 밴드는 튜빙 밴드 스피드 스쿼트(그림 22-8)와 같이 폭발적인 움직임이 필요한 파워 운동 중에 저항을 줄 수 있다.

중요

탄력 밴드가 망가져 피트니스 전문가나 고객에게 부상을 입힐 수 있기 때문에 운동 전 밴드에 균열이나 찢어짐, 또는 과도한 마모 부위가 없는지를 확인해야 한다. 운동과 상관없이 문제가 있는 밴드는 절대 사용해서는 안 된다.

TRX 립 트레이너

TRX 립 트레이너는 저항 밴드 트레이닝의 또 다른 형태이지만, 나일론으로 덮인 저항 밴드의 한쪽 끝에 부착된 레버 바를 사용한다(그림 22-9). 탄성 밴드와 마찬가지로 TRX 립 트레이너도 다양한 저항 수준이 있다. 저항밴드의 레벨 표기가 가벼울수록(lighter) 저항이 적고, 레벨 표기가 무거울수록(heavier) 저항이 커진다. 트레이닝하는 동안 밴드 저항을 수정할 수 있는 기능 때문에 TRX 립 트레이너는 초보자 및 숙련된 피트니스 애호가 또는 운동선수들 모두에게 다기능 도구이다.

이 형태의 저항은 비대칭 저항 하중(asymmetrical resistance loading)을 통해 몸통 회전 운동과 반회전 운동(anti-rotational exercises)을 통합하여 코어와 결합하도록 설계되었다. 이러한 방식의 트레이닝은 코어, 밸런스, 안정성, 파워 및 협응력을 강화하는 데 도움이 되는 것으로 나타났다(Kibler et al., 2006).

그림 22-9 TRX 립 트레이너

회전 운동은 배바깥빗근, 배속빗근, 엉덩관절 회전근 등 코어의 여러 근육들을 대상으로 하는 몸통의 제어된 비틀림 동작이다. 반대로, 반회전(antirotational) 운동은 고정된 몸통 위치에서 수행된다. 이런 운동은 코어의 심부 근육을 대상으로 하며 요추(lumbar spine)를 안정화시키고, 본질적으로 한쪽 면(unilateral)만의 운동 성격을 띤다.

다른 장비들과 마찬가지로, 특히 높은 부하의 저항이 적용될 때에도 자세가 무너져서는 안 된다. 탄성 밴드 및 튜빙 밴드와 비슷하게 TRX 립 트레이너는 OPT 모델의 모든 단계에서 사용할 수 있지만, 무거운 부하의 운동이 필요한 경우에는 적합하지 않다.

전문적으로 알아보기

요추가 아닌 **흉추(thoracic spine)**는 몸통 회전이 가장 많이 일어나는 곳이다. 요추의 전체 관절가동범위는 건강한 사람은 약 12~13도인 반면, 흉추는 각 방향으로 35도씩 회전해 거의 70도의 관절가동범위를 가지고 있다(Johnson et al., 2012).

메디신 볼

메디신 볼(medicine ball)은 무게가 있는 공으로 무게와 크기가 여러 가지이며, 다양한 재료로 만들어진다. 이것은 3,000년 전 그리스인과 이집트인까지 거슬러 올라가는 역사를 가진, 가장 오래된 저항 트레이닝 수단 중 하나이다. 메디신 볼이라는 이름은 재활 과정에서 의사들이 이 공을 처음 사용해 붙여졌다. 수백 년 동안, 메디신 볼은 인디언 클럽, 덤벨, 완드(wand)와 함께 피트니스의 '4대 기수[역자 주: 성경에서 나오는 '네 명의 기수'에서 차용, 특정 분야에서 대표적인 4명(개)를 뜻함]' 중 하나로 여겨져 왔다(Jespersen & Potvin, 2002). 메디신 볼은 던지거나 잡을 수 있고, 다양한 운동면과 속도로 저항을 줄 수 있기 때문에 현재에도 여전히 인기가 많다. 메디신 볼은 메디신 볼 스쿼트(**그림 22-10**) 또는 메디신 볼 푸시업(**그림 22-11**)과 같은 운동에서 불안정성을 더하기 위해 다른 저항 도구와 마찬가지로 사용할 수 있다.

비대칭 저항 하중 Asymmetrical resistance loading 동일하지 않거나 균일하지 않은 저항력. 예를 들면 각 말단에 다른 하중을 사용하거나 일방적인 운동을 수행하는 것을 말한다.

반회전 운동 Antirotational exercises 운동하는 사람이 몸통을 회전해서 일으키는 힘에 저항하는 방식으로 수행하는 코어 운동. 본질적으로 한쪽 면의 운동이다.

요추 Lumbar spine 척추의 허리 부위이며, 일반적으로 로우 백으로 알려져 있다. L1–L5로 알려진 5개의 척추뼈로 구성된다.

흉추 Thoracic spine 척추의 중간 영역을 구성하는 12개의 척추체(T1–T12)로 구성된다. 흉추 각각의 층에서 흉곽에 부착되어 안정성 및 구조적 지지를 제공한다.

그림 22-10 메디신 볼 스쿼트

그림 22-11 메디신 볼 푸시업

메디신 볼은 근력, 지구력 및 파워를 증가시키거나 재활을 돕기 위한 프로그램의 일부로 다양한 대상에서 이용할 수 있다(Faigenbaum & Mediate, 2006, 2008). 개인 트레이닝 고객은 메디신 볼을 다목적으로 즐기고, 운동선수는 던지고 잡을 수 있는 능력을 통해 역동적인 파워를 얻는 데 이용한다. 폭발적인 힘을 발달시키기 위해서는 운동 속도가 중요한데, 그런 점에서 메디신 볼 트레이닝의 독특한 이점이 있다. 이상적인 훈련 환경에서 특히 스포츠 수행능력을 위해 파워 능력을 증가시키려면 최대 운동 속도에 도달해야 한다(Hermassi et al., 2015; Ignjatovic et al., 2012). 메디신 볼은 신장 감속 없이 가능한 한 폭발적으로 움직일 수 있게 해주기 때문에 매우 유용한 장비이다. 예를 들면, 닐링 메디슨 볼 체스트 패스(kneeling medicine ball chest pass)를 수행할 때 고객은 운동이 끝날 때 메디신 볼을 놓을 수 있으므로 완전한 단축성 근력 개발이 가능하다(그림 22-12). 스피드 벤치 프레스(speed bench press)와 같이 폭발적인 방식으로 수행되는 대부분의 프리 웨이트 운동은 체중이 공중으로 딸려가는 것을 피하기 위해 움직임의 끝 즈음에 부하를 줄여야 한다. 이 운동은 전체 관절가동범위를 통해 모든 힘을 표출해서는 안 된다. 저항 트레이닝과 함께 폭발적인 메디신 볼 움직임은 운동 속도 및 스포츠 수행에 영향을 주는 다른 요인들의 개선에 효과적인 것으로 확인되었다(Fletcher & Hartwell, 2004; Ignjatovic et al., 2012; Szymanski et al., 2007).

폭발적인 파워를 위해 메디신 볼을 사용할 때는 용도를 평가해 원하는 목표를 안전하고 효과적으로 달성할 수 있는 것을 선택하는 것이 중요하다. 메디신 볼은 단단한 고무, 가죽 또는 기타 가죽과 유사한 재료로 만든다. 무게는 대부분 1~30파운드(0.4~14kg)이다. 고속 움직임에서는 일반적으로 개인 체중의 10% 미만인 더 가벼운 공이 필요하다. 고무 메디신 볼은 튀기거나 벽에 공을 던지는 것과 같은 리바운드 활동에 가장 잘 사용된다. 피트니스 전문가는 메디신볼을 던지고 잡는 프로그램을 시행하기 전에 메디신볼 트레이닝에 대한 고객과 훈련 환경 및 자신의 전문성 수준을 평가하는 것이 중요하다.

그림 22-12 닐링 메디신 볼 체스트 패스

케틀벨 트레이닝

© Lunopark/Shutterstock.

케틀벨은 철을 녹여 만든 공으로 손잡이가 있고 바닥이 평평하다. 처음에는 시장에서나 농사를 지을 때 무게를 측정하는 단위로 사용되다가 나중에 러시아 군대에서 컨디셔닝 및 근력 강화에 사용되었다. 러시아어로 기이라(giyra)라고 하는 케틀벨은 매우 적은 무게[예: 5파운드(2.3kg)]에서 대회 스타일 무게[140파운드(64kg)]에 이르기까지 다양하며, 더 무거운 것도 있다. 케틀벨은 무게중심이 핸들에서 멀리 떨어져 있다는 점에서 덤벨이나 바벨 또는 메디신 볼과 다르다. 이 때문에 더 많은 근력과 협응력이 필요할 뿐만 아니라 특정 움직임 동안 안정근과 주동근의 동원을 동시에 증가시키도록 한다. 이것은 특히 모든 케틀벨 트레이닝의 기초가 되는 스윙 타입 동작에 해당된다(그림 22-13). 양 손, 한 팔, 핸드-투-핸드 그립 또는 릴리즈-앤-캐치 동작 중 어떤 것이든 간에 다양한 위치와 운동 옵션을 통해 기술, 협응력, 근력 및 파워를 향상시킬 수 있다. 다양한 변형을 통해 사용자가 동적 힘 조절을 통해 재미있고 도전적이며 효과적으로 운동하며 강력한 힘을 통제할 수 있도록 한다.

케틀벨 트레이닝의 장점

케틀벨 트레이닝의 이점은 다양하다. 그래서 건강과 피트니스의 모든 측면을 향상시키려는 사람과 프로 선수 및 올림픽 선수에게 사용할 수 있다. 케틀벨 트레이닝의 장점은 아래와 같다.

- 운동성, 협응력 및 밸런스 향상
- 정신 집중력 및 체력 향상
- 산소 흡수량 증가
- 고립화 트레이닝 대비 전신 컨디셔닝 증가
- 후면 사슬[장딴지근, 햄스트링 복합체, 볼기근(둔근), 척주세움근]의 동원
- 코어 안정성 및 근지구력 증가
- 힘과 파워 증가
- 그립 강도 향상
- 대사량 및 칼로리 소비 증가(Chen et al., 2018; Falatic et al., 2015; Manocchia et al., 2010)

그림 22-13 한 팔 케틀벨 스윙

지식 확장하기

케틀벨을 던지고, 잡고, 감속하고, 가속하는 높은 신진대사 노력으로 엄청난 체력을 개발할 수 있다. 동시에 다양한 피트니스 능력이 요구되어 신체 기능이 크게 증가하며 더 많은 칼로리 소모가 일어난다. 이러한 심혈관 개선 효과는 기초 스윙 운동을 통해서 쉽게 느낄 수 있다(Vancini et al., 2019).

케틀벨 프로그램 디자인 전략

모든 운동 방식과 마찬가지로, 부상을 피하기 위해 적절한 자세와 기술을 숙련해야만 한다. 케틀벨 트레이닝에 필요한 기술은 자격을 갖춘 케틀벨 강사의 지도를 통하여 세심한 집중 연습이 필요하다. 대부분의 케틀벨 운동은 근지구력과 정신력을 바탕으로 하는 안정근에서 주동근까지 다중관절 운동과 후면 근육 그룹을 포함한다. 내면의 집중과 기술에 대한 의식적 주의가 없으면 부상을 당할 수 있으므로, 운동마다 정교한 테크닉으로 모든 기술을 연마해야 한다. 후방 사슬에 대한 강조는 기초부터 시작해 매 반복 시 완벽한 형태를 유지하는 것이 우선되어야 한다. 복부 할로잉(배를 움푹 들어가게 만드는 것) 및 브레이싱을 포함하는 볼기근과 넓은등근 수축의 적절한 기술은 계속해서 주의 깊게 진행해야 한다. 케틀벨 운동을 정확하게 하기 위해서는 코어 근육을 섬세하게 조절하여 동작을 수행할 수 있는 능력을 갖추어야 하기 때문에 이 장비는 모든 사람에게 적합하지 않을 수 있다.

또한, 모든 운동과 마찬가지로, 항상 움직임의 질은 운동량이나 무게를 증가시키는 것보다 우선해야 하며 5개의 운동 사슬 체크포인트를 모니터링해야 한다(그림 22-14).

1. 발: 대략 어깨너비로 벌리고 정면을 향하게 한다(스타일 혹은 목적에 따라 다를 수 있음).
2. 무릎: 두 번째 및 세 번째 발가락과 일직선이 되도록 한다(외전 또는 내전 방지).
3. 엉덩이: 중립 위치를 유지하며 요추와의 동일 중력선에 정렬되도록 한다.
4. 어깨: 어깨뼈의 안정근을 활성화하기 위해 중립 자세 또는 어깨뼈를 내리고 약간 뒤로 당긴다(스타일 또는 목적에 따라 다를 수 있음).
5. 머리: 목뼈는 중립 위치(턱 당기기)

좀더 안전하고 적절한 형태를 위해 추가 지침으로 손을 보호하기 위해 적절히 초크를 사용할 것, 탄성 바닥에서 충분한 공간을 확보하거나 야외 공간을 사용할 것, 장갑 착용 금지 등이 있다.

케틀벨은 OPT 모델의 모든 단계에서 효과적으로 통합될 수 있다. 예를 들면, 레니게이드 로우는 안정성 및 허리 근력을 향상시키기 위해 제1단계에서 사용할 수 있는 운동이다(그림 22-15). 제2단계에서 고객은 시티드 케이블 로우와 레니게이드 로우를 슈퍼세트로 진행할 수 있다(그림 22-16). 제5단계에서는 오버헤드 프레스 스쿼트와 케틀벨 스내치(kettlebell snatch)를 슈퍼세트로 대체할 수 있다(그림 22-17).

그림 22-14 케틀벨 5개 운동 사슬 체크포인트

그림 22-15 케틀벨 레니게이드 로우

그림 22-16 케이블 로우와 케틀벨 레니게이드 로우의 슈퍼세트

그림 22-17 오버헤드 프레스 스쿼트와 케틀벨 스내치의 슈퍼세트

바디웨이트 트레이닝

바디웨이트(체중) 운동은 운동에 대한 저항을 주기 위해 중력과 함께 개인의 체중을 사용한다. 이런 운동은 덤벨이나 근력 트레이닝 머신과 같이 추가 하중이 필요하지 않다. 일반적인 바디웨이트 근력 운동에는 푸시업, 풀업, 바디웨이트 스쿼트, 싯업(윗몸일으키기) 등이 포함된다. 바디웨이트 운동은 코어, 밸런스 및 플라이오메트릭 트레이닝에도 자주 사용된다(16~18장 참조).

바디웨이트 운동을 수행함으로써 개인은 모든 운동면에서 트레이닝하는 방법을 배우고, 더 큰 운동 감각 인지(kinesthetic awareness)를 얻을 수 있다. 대부분의 바디웨이트 트레이닝 운동이 닫힌 사슬 운동이기 때문에 이는 부분적으로 사실이다. 닫힌 사슬 운동은 열린 사슬 운동과 비교할 때 더 큰 근육 활성화로 이어질 수 있다(Augustsson et al., 1998; Brindle et al., 2002; Pozzi et al., 2019). 또한, 바디웨이트 트레이닝 운동은 언제 어디서나 가능하기 때문에 여행을 자주 하는 사람이나 헬스클럽 환경을 즐기지 못하는 사람에게 추가적 이점이 있다.

운동 감각 인지 Kinesthetic awareness 신체가 동작의 다중 평면을 통해 움직일 때 그 위치에 대한 인지

> **지식 확장하기**
>
> 닫힌 사슬 운동은 사지 말단(손 또는 발)이 일정하게 고정되어 있고, 개인이 가하는 힘이 저항(예: 땅이나 움직이지 않는 물체)을 극복할 만큼 충분히 크지 않은 움직임을 말한다. 닫힌 사슬 운동의 예로는 푸시업, 및 스쿼트가 있다.
>
> 열린 사슬 운동은 사지 말단이 고정되어 있지 않고, 신체가 가하는 힘이 저항(바벨 또는 덤벨)을 극복할 만큼 충분히 큰 움직임이다. 열린 사슬 운동의 예로는 벤치 프레스, 랫 풀다운 및 머신 레그 익스텐션 운동이 있다.

서스펜션 바디웨이트 트레이닝

서스펜션 바디웨이트 트레이닝(suspended bodyweight training)은 사용자의 체중을 지탱할 수 있는 로프와 웨빙(webbing) 시스템을 사용하는 바디웨이트 트레이닝의 혁신적인 접근 방식이다. 서스펜션 바디웨이트 트레이너는 사실상 모든 고객의 요구에 맞게 운동을 수정할 수 있다는 점에서 독특한 개념이다. 서스펜션 운동은 사용자의 손이나 발을 하나의 고정점으로 지지하고, 신체의 반대쪽 끝이 지면과 접촉하여 개인의 요구와 목표에 맞게 움직임의 부하를 증가 또는 감소시킬 수 있다는 점에서 전통적인 운동과 차이가 있다(그림 22-18) 이 운동은 고유수용감각이 풍부한 환경에서 다중 평면, 다중 관절 운동을 위해 신체의 위치와 안정성을 조작할 수 있다(Gaedtke & Morat, 2015).

서스펜션 바디웨이트 트레이닝에 따른 생리학적 이점은 다음과 같다.

- 코어 근육 활성화 증가
- 척추에 낮은 압축 하중
- 밸런스 증가
- 칼로리 소비의 잠재적 증가
- 유연성 및 관절 가동성 증가(Cugliari & Boccia, 2017; Dudgeon et al., 2010; Mok et al., 2015; Scheett et al., 2010)

공인 퍼스널 트레이너가 고객을 안전하게 안내하고 지시하며 적절하게 교육할 때, 서스펜션 바디웨이트 운동은 적절한 운동 패턴이 습득되어 안정성과 코어 근력이 강화되며, 신진대사의 이점을 얻을 수 있는 강력한 방법이 된다. 트레이닝의 안정화 요구 사항 때문에 서스펜션 바디웨이트 운동은 OPT 모델의 1단계와 2단계에서 이상적이며, 모든 단계, 특히 코어 및 밸런스 트레이닝 중에 통합할 수 있다. 예를 들면, 제1단계 '안정화 지구력 트레이닝'에서 고객은 가슴 운동으로 서스펜션 푸시업을 사용할 수 있다(그림 22-19). 또한 제2단계 '근지구력 트레이닝'에서 바벨 벤치 프레스를 수행한 후 서스펜션 푸시업을 슈퍼세트로 할 수 있다(그림 22-20).

그림 22-18 TRX 서스펜션 트레이너

그림 22-19 TRX 서스펜션 푸시업

그림 22-20 벤치 프레스와 TRX 서스펜션 푸시업의 슈퍼 세트

샌드백(모래 주머니)

샌드백은 피트니스 전문가가 고객을 트레이닝할 때 독특하고 다양하게 사용할 수 있는 도구이다. 샌드백은 이동, 들어올리기, 던지기 및 당기기를 위해 설계되었으며, 대부분 손잡이를 쉽게 바꿀 수 있도록 여러 개의 손잡이가 달려 있다(그림 22-21). 원래 운동선수, 군인, 응급처치 대원, 또는 스트롱맨 종목에 출전하는 사람들이 사용하는 컨디셔닝 도구로 사용되었던 샌드백은 대부분의 피트니스 애호가들이 사용할 수 있는 매우 효과적이고 기능적인 트레이닝 도구임이 입증되었다. 샌드백은 휴대가 가능하기 때문에 실내 및 실외 부트 캠프 수업은 물론 서킷이나 고강도 인터벌 트레이닝(HIIT) 프로그램에서도 이상적인 도구이다. 바벨, 덤벨 및 부위별 머신과 달리 샌드백 안의 모래는 끊임없이 움직이며 지속적인 불안정성을 만들어낸다. 이러한 불안정성은 여러 운동면의 움직임과 결합되어 단독 운동보다 더 역동적으로 코어 근육을 사용하고 관절을 안정화시킨다(McGill et al., 2009).

서스펜션 바디웨이트 트레이닝 Suspended bodyweight training 다양한 운동을 수행하는 동안, 사용자가 자신의 체중을 사용하여 운동을 수행할 수 있도록 로프와 줄 길이 조절 시스템을 사용하는 저항 트레이닝의 형태

그림 22-21 샌드백 운동

샌드백은 비대칭 하중 및 회전 운동을 포함한 대부분의 움직임 및 운동에 다양한 저항을 제공한다. 고객은 구부리고, 무릎을 꿇고, 쪼그려 앉고, 비틀고, 폭발하는 실제 교육 환경에 놓이면 전반적인 대사 활동이 증가한다(Delvecchio, 2018; McGill et al., 2009). 샌드백의 중량 범위는 15파운드(6.8kg)에서 160파운드(72.5kg) 초과까지 다양하며, OPT 모델의 모든 단계에서 적용할 것을 적극 권장한다.

유용한 힌트

샌드백은 지저분할 수 있다. 모래는 DIY(Do It Yourself)로 구하거나, 판매점에서 구입해야 한다. 샌드백에 모래를 채울 때 내부 백 바깥쪽에 모래 잔여물을 제거해야 한다.

바이퍼

바이퍼(ViPR)는 활력(vitality), 수행능력(performance), 회복(reconditioning)의 약자이다. 바이퍼 제품은 인체 공학적으로 배치된 손잡이와 양 끝에 구멍이 있는 경화 고무로 구성된 원통형 튜브이다(그림 22-22). 끌고, 던지고, 들어 올리고, 당기고, 밀고, 옮기기 위해 설계되었으며, 저항 운동 기구로 다방향 전신 운동을 수행할 수 있도록 해준다.

바이퍼는 2~26kg까지 9가지의 무게가 있다(2, 4, 6, 8, 10, 12, 20, 26kg). 다양한 무게로 초보자나 컨디션이 좋지 않은 사람부터 프로 운동선수에 이르기까지 모든 사람에게 충분한 무게 변화를 줄 수 있다.

바이퍼는 **로디드 무브먼트 트레이닝(무게를 추가한 움직임 트레이닝: loaded movemet training)**이며, 이것은 기존의 저항 운동과 비교해볼 때 독특하게 다르다. 많은 덤벨과 바벨의 움직임이 시상면에서 수행되지만, 바이퍼는 단일 평면에서의 움직임으로 제한되지 않고, 세 개의 운동면 모두에서 저항을 경험할 수 있다. 바이퍼는 회전 운동을 통해 코어 안정성 개발도 촉진한다. 목표는 코어와 엉덩이 근육 조직을 더 잘 활용하여 지면에서 상체로 힘을 전달하는 것이다(Gamble, 2007). 바이퍼 운동은 특히 야구, 라크로스, 하키, 골프, 테니스 및 폭발적인 회전력을 필요로 하는 다른 스포츠에도 좋다. 바이퍼의 또 다른 장점은 움직임이 느려 제어된 동작으로 할 수도 있고, 고객의 목표와 욕구에 따라 폭발적으로 수행할 수도 있다는 점이다. 이러한 다목적성으로 인해 바이퍼는 OPT 모델의 모든 단계에서 사용 가능하다.

그림 22-22 바이퍼

배틀 로프

피트니스 분야에서 인기가 많은 또 다른 도구는 배틀 로프이다(그림 22-23). 피트니스 로프나 트레이닝 로프라고도 불리는 배틀 로프는 고강도 운동을 제공하여 전신 컨디셔닝뿐만 아니라 전반적인 심혈관에 좋은 영향을 미친다(Fountaine & Schmidt, 2015). 배틀 로프는 튼튼한 나일론으로 만들어지며 다양한 길이와 두께가 있다. 일반적으로 지름이 2.5~5cm(1.0, 1.5, 2인치)이고, 길이는 9m(30피트), 12m(40피트), 15m(50피트)가 많이 쓰인다. 로프의 무게는 굵기와 길이에 따라 달라진다. 15m(50피트) 길이의 로프가 가장 일반적이다. 더 얇은 로프는 무게가 가벼워 운동 초보자, 키가 작은 사람, 또는 손이 작거나 쥐는 힘이 약한 사람에게 권장된다. 더 큰 로프는 더 무겁기 때문에 운동에 숙련된 사람이나 근력 또는 파워 개발을 원하는 사람에게 이상적이다.

배틀 로프 운동은 충격이 적은 활동으로서 관절에 미치는 영향을 최소화한다. 또한 주동근의 활성화와 안정화된 근육 조직 및 코어의 결합을 필요로 하며, 신진대사 요구를 증가시킨다. 배틀 로프는 한쪽면 또는 양쪽면 모두 운동을 수행할 수 있게 해준다(Calatayud et. al, 2015).

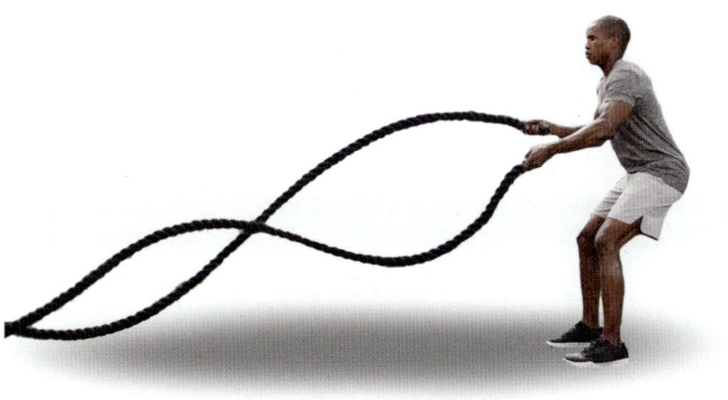

그림 22-23 배틀 로프

트레이닝 팁

주로 30초 이상 운동하는 유산소 및 근지구력 적응에는 더 작은 로프(지름 1.0~1.5인치)가 사용된다. 더 무거운 로프(지름 2인치)는 30초 이하로 운동하는 근력, 파워와 같은 무산소 적응에 잘 사용된다.

고유수용감각 장비 개요

고유수용감각은 신체 위치와 팔다리의 움직임을 감지하는 능력이며, 균형의 중요한 구성 요소이다. 고유수용감각의 기본 구성 요소는 부상의 위험을 줄이고, 운동 수행력을 증가시키는 데 도움이 되는 자세 제어 또는 밸런스를 유지하는 능력이다. 다양한 고유수용감각 장비를 이용한 밸런스 및 안정성 트레이닝은 움직임 패턴, 관절 안정성, 수행능력 최적화의 효과적인 전략이 될 수 있다(Willardson, 2004).

짐볼(스태빌리티 볼, 안정화 볼)

'스위스 볼'로도 알려진 짐볼(스태빌리티 볼, 안정화 볼)은 다양한 훈련 시설에서 많은 사람이 자주 사용한다. 스위스의 물리 치료사인 Susanne Klein-Vogelbach(1990) 박사가 여러 정형외과적 문제들을 가진 성인들을 위해 이것을 대중화했다. 미국 물리치료사들은 이런 기술을 관찰하고 적용하기 시작하면서 이 훈련 도구를 '스위스 볼'이라고 불렀다(Carrière, 1998). 이 볼은 주로 부드러운 폴리염화비닐로 만들며 크기도 다양하다(표 22-3). 이 볼의 주요 용도는 운동에서 안정성 요구를 높이는 것이지만, 스쿼트 운동을 하는 동안 올바른 자세를 강화하는 데에도 사용할 수 있다.

표 22-3 짐볼 사이즈 차트

키	권장 크기*
152cm(5피트) 이하	45cm
152cm(5피트) 초과 170cm(5피트 7인치) 이하	55cm
170cm(5피트 7인치) 초과 183cm(6피트) 이하	65cm
183cm(6피트) 초과	75cm

*이것들은 권장 크기이다. 엉덩이와 무릎을 90도로 구부리고 발을 바닥에 평평하게 둔 상태에서 볼 위에 편하게 앉을 수 있는 크기를 선택해야 한다.

짐볼을 적절하게 사용하면 운동용 벤치, 의자, 바닥과 같은 보다 안정적인 표면에서보다 코어 근육의 강도 및 안정성을 높일 수 있다(Behm & Colado, 2012; Carter et al., 2006; Stanton et al., 2004; Sternlich et al., 2007; Willardson, 2004). 볼의 구 모양은 불안정한 기저면을 만들어 사용자가 공의 미묘한

로디드 무브먼트 트레이닝(무게를 추가한 움직임 트레이닝) Loaded movement training 동적, 전신, 다중 평면 이동에 추가 중량 또는 하중을 더하는 것

그림 22-24 엎드린 자세

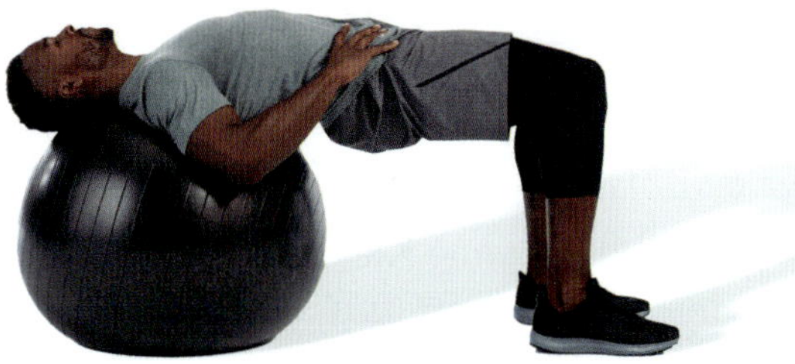

그림 22-25 똑바로 누운 자세

그림 22-26 안정성 볼 플랭크

움직임에 따라 끊임없이 신체의 위치를 조절하게 한다. 짐볼은 가벼운 하중이나 체중을 이용하여 다양한 엎드린 자세(그림 22-24)와 똑바로 누운 자세(그림 22-25)로 운동하는데, 전통적인 벤치 대신에 사용하는 것이 가장 일반적이다. 하지만, 짐볼은 밸런스나 제어 능력이 뛰어나지 않으면 위험할 수 있으므로 고객을 대상으로 위험 대비 보상을 평가하고 모든 안전 지침(표 22-4)을 따르는 것이 중요하다. 짐볼 위에 서는 것은 절대로 해서는 안 된다.

짐볼은 안정성의 강도를 높여야 하는 고객들에게 가장 잘 사용된다. 다른 운동 기술과 같이 안정적인 표면에서 불안정한 표면으로 적절하게 진행하면서 관찰한다. 예를 들면, 고객이 바닥이나 벤치와 같은 안정적인 표면에서 플랭크 자세를 유지할 수 있다면 짐볼을 사용해 운동의 강도 및 난이도를 높일 수 있다(그림 22-26). 또한, 짐볼의 구 모양 때문에 짐볼 크런치가 전통적인 바닥 크런치에 비해 관절가동범위가 더 넓다(그림 22-27). 볼의 굴곡 때문에 사용자는 바닥에서 크런치를 수행할 때보다 척추 폄 효과가 더 크므로 관절가동범위가 넓어져 복부 힘을 증가시킬 수 있다(Sternlicht et al., 2007). 허리 통증과 같은 제약이 있는 고객은 볼의 윤곽적 특성을 이용하는데, 특히 볼 월 스쿼트를 할 때 지지하면 서 있을 때 더 큰 편안함과 지지력을 줄 수 있다(그림 22-28). 볼 월 스쿼트를 수행하면 고객은 적절한 움직임 패턴을 배우고, 스쿼트 동작에 필요한 안정성과 힘을 기르는 데 도움을 받을 수 있다.

표 22-4 짐볼 안전 지침	
사용 전 점검 프로세스	짐볼에 손상, 찢어짐, 마모된 부분이 있는지 점검한다.
	볼이 완전히 팽창되었는지 확인한다(딱딱하게 느껴져야 함).
	터짐 방지 짐볼을 선택한다.
	권장 중량 용량을 검사하고 그것을 초과하지 않도록 한다.
짐볼의 적절한 사용	운동 머신, 가구, 또는 기타 장비에서 떨어진 공간에서만 짐볼을 사용한다.
	장시간 햇빛에 노출하지 않도록 하고, 히터 및 벽난로와 같은 직접 열원으로부터 멀리 떨어진 곳에 볼을 보관한다.
	장신구와 같이 볼에 구멍을 낼 수 있는 날카로운 물건을 착용하지 않는다.
	짐볼 위에 서서 운동하지 않는다.
	고객이 처음 사용하는 경우, 적절한 운동 기술을 보장하고 사용자가 넘어질 염려를 덜기 위해 피트니스 전문가가 볼을 잡아준다.
	아이들은 어른의 적절한 감독하에서만 짐볼을 사용하게 한다.
	모든 운동을 하는 동안 5개의 운동 사슬 체크포인트를 사용하여 올바른 자세를 유지한다.
	짐볼 위에서 최대 또는 최대에 가까운 리프트를 수행하지 않는다.

그림 22-27 바닥 크런치 대 짐볼 크런치

그림 22-28 볼 월 스쿼트

짐볼 사용 시 정형외과적 제약이 없는 한, 균형 감각이 낮은 운동 초보자는 특히 OPT 모델의 1단계에서 안정적인 표면에서 운동을 숙련한 뒤 짐볼과 같은 불안정한 운동으로 진행하는 것이 좋다. 앞서 언급한 것과 같이, 볼의 불안정성은 균형 감각이 나쁜 고객에게 낙상의 위험을 초래할 수 있다. 또한, 최대 힘을 생성하고자 하는 사람은 짐볼을 기저면으로 사용하지 말아야 한다. 짐볼 훈련은 무거운 하중(1RM의 85~100%)을 사용하는 최대 리프트에는 권장되지 않는다(Anderson & Behm, 2005).

보수 볼

보수(BOSU) 볼은 단단한 플라스틱 표면에 부착된 팽창된 고무 반구이며, 반으로 잘라 놓은 짐볼처럼 보인다. 보수(BOSU)라는 이름은 '양쪽 활용(both sides utilized)'의 약자이며, 어느 한 쪽이든 위로 해서 사용할 수 있는 기능을 나타낸다. 평평한 면이 아래로 내려가면 돔 부분은 짐볼과 유사한 표면을 제공하여 안정성에 도전하지만, 서 있기에 충분할 정도로 안정적이다(그림 22-29). 돔 부분이 아래로 내려가도록 하면 바닥면이 상체 운동을 할 때 손을 놓을 수 있는 플랫폼과(평평한 바닥)과 같은 역할을 하며 불안정한 표면을 동시에 제공한다(그림 22-30).

중요

보수 볼은 양면 모두를 사용할 수 있지만, 평평한 면(돔 부분이 아래) 위에 서는 동작은 제조사에서 권장하지 않는다.

보수 볼을 이용한 트레이닝은 안정성을 요구하여 훈련 강도를 높일 수 있다. 짐볼과 달리 보수 볼의 돔 부분은 서 있어도 안전하기 때문에 다리의 균형과 안정성을 목표로 하는 실용적인 도구이다. 불안정한 표면에 서서 하는 트레이닝은 안정적인 표면에서 하는 트레이닝과 비교할 때 신경근 활동을 더욱 증가시키는 것으로 밝혀졌으며, 특히 부상 예방 및 재활 기간 동안의 밸런스, 안정성, 근력을 증가시키는 데 영향을 미치는 것으로 나타났다(Anderson & Behm, 2005; Behm & Colado, 2012; Fitzgerald et al., 2000; Myer et al., 2006). 보수 볼의 독특한 모양과 기능으로 다양한 운동이 가능하다. 짐볼을 사용하는 것과 마찬가지로 안정적이고 지지된 환경에서 적응한 뒤 보다 불안정한 보수 볼로 진행하여 안전성을 확보해야 한다. 안정화 요구 때문에 보수 볼은 OPT 모델의 제1단계와 제2단계에서 사용하기에 이상적이며, 특히 코어 및 밸런스 운동을 수행할 때 모든 단계에서 사용할 수 있다.

그림 22-29 보수 볼 스쿼트(둥근 표면)

그림 22-30 보수 볼 푸시업(평평한 표면)

테라 코어

테라 코어(Terra-Core)는 팽창된 고무 주머니와 표면이 단단한 뒷면으로 구성되어 있다. 그러나 테라 코어의 직사각형 모양은 길이 114cm(45인치), 넓이 43cm(17인치), 높이 25cm(10인치)로 전체적으로 공간이 더 크다. 안정성은 보수볼과 유사하며, 체중을 기구에 실으면 주머니 내부의 이동된 공기가 **동요(섭동, perturbation)**를 일으켜 사용자는 균형과 안정성을 위해 코어 근육 조직과 지지 관절을 적극적으로 사용해야 한다.

테라 코어는 같은 분류의 다른 도구들과 마찬가지로 무게가 14kg(31파운드)밖에 되지 않아 휴대가 가능하므로 부트캠프, 소규모 그룹, 1대1 개인 훈련에 이상적이며 재활 및 물리 치료 환경에서도 사용할 수 있다. 게다가, 짐볼과 달리 테라 코어에 반듯이 누운 상태에서 덤벨 체스트 프레스와 같은 일부 저항 운동을 해도 안전하다. 또한, 테라 코어에는 장비의 하부에 다양한 추가 기능을 위한 핸들, 사이드바 및 저항 밴드가 있다(그림 22-31).

> **중요**
>
> 저항을 추가하기 전에, 불안정한 표면에서 하는 모든 움직임이 체중을 충분히 활용하여 수행되도록 하는 것은 피트니스 전문가의 책임이다.

동요(섭동) Perturbation 외력의 작용으로 인해 발생하는 신체의 상태 변화

그림 22-31 테라 코어

트래커(추적기)

피트니스(활동) 트래커(fitness trackers)는 피트니스 산업 내에서 귀중한 자산이며 그 인기는 점점 높아질 것이다. 피트니스 트레커는 사용자의 활동 수준을 추적할 수 있게 만든 전자 웨어러블 장치이며(그림 22-32), 시계, 밴드, 반지, 심박수 모니터 및 보행계와 같은 다양한 형태로 만들어졌다. 사용이 편리하고 내재적 동기를 부여한다는 점은 지속적으로 사람들이 피트니스 트래커를 구매하는 핵심적인 요소이다(Kim, 2104; Munson & Consolvo, 2012).

그림 22-32 피트니스 트래커

피트니스 트래커

피트니스 트래커의 가격은 매우 다양하므로 사용자들은 자신의 요구에 가장 적합한 제품을 결정하기 전에 다음과 같은 과제를 먼저 해결하는 것이 바람직하다. 피트니스 트래커 구입 전에 다음 질문들을 해야 한다.

- 정말 추적하고 싶은 것은 무엇인가?
  - 걸음 수
  - 심박수
  - 칼로리
- 얼마를 투자할 수 있는가?
- 나의 궁극적 목표는 무엇인가?
  - 체중 감량
  - 경기나 집단 활동을 위한 훈련
  - 건강 또는 의료적 목적

일단 이 질문들이 해결되면 어떤 피트니스 트래커를 구매할지 결정하기가 훨씬 쉬워진다. 피트니스 트래커는 [표 22-5]와 같은 다양한 기능을 제공한다.

표 22-5 피트니스 트래커의 특성

특성
■ 브랜드 호환성(iOS 또는 안드로이드)
■ 걸음 수 측정/거리
■ 칼로리 측정
■ 운동 알림
■ 심박수 모니터
■ GPS
■ 수면 추적
■ 배터리 수명
■ 방수
■ 활동 인식: 수영, 사이클, 달리기, 조깅, 걷기, 웨이트 리프팅

피트니스 트래커를 사용하면 많은 이점이 있다. 그러나 동기 부여, 책임감, 정확성 및 의료 목적이 이러한 기기를 구매하는 주요 이유로 보인다.

동기 부여

- 많은 피트니스 트래커에는 사용자에게 지속적으로 목표를 상기시키는 캘린더, 알람, 또는 일일 동기 부여 메시지와 같은 개인화된 프로그램 알림이 장착되어 있다. 이것은 특히 혼자 운동하는 사람들에게 매우 효과적이다.
- 일부 연구에 따르면 피트니스 프로그램을 시작하는 사람 중 약 50%가 첫 6개월 안에 그만둔다고 한다(Henriksen et al., 2018). 피트니스 트래커를 착용하면 신체활동 증가를 촉진할 수 있다.
- 운동과 활동을 저장/기록하는 기능은 사용자에게 긍정적인 영향을 미치는 것으로 보이지만, 사용자의 노력이 미흡할 경우 오히려 부정적인 영향을 미칠 수도 있다.
- 피트니스 트래커는 사용자에게 형태별 피드백을 제공한다. 체중 감소나 허리 치수 감소와 같은 신체적 결과는 눈에 띄지 않지만, 트래커는 사용자의 동기를 강화할 수 있는 이들 노력에 대한 모니터링을 제공한다.

책임감

- 그룹(예: 체중 감량 그룹)의 구성원일 경우 피트니스 트래커는 각 구성원이 팀과의 약속을 잘 지키고 있는지 확인하는 방법이 되어준다. 팀 구성원들은 결과를 비교/추적하여 서로의 책임을 물을 수 있다.

정확성

- 아쉽게도 피트니스 트래커는 100% 정확하지는 않으며, 이 정확도는 제조업체 및 모델에 따라 다르다. 그럼에도 여전히 개인의 활동 수준에 대한 훌륭한 추정치를 제공하고, 목표 설정 및 결과 추적에 도움을 주는 도구이다.

의료 목적

- 고혈압, 심장병, 당뇨와 같은 의료 상태를 가진 사람들에게 피트니스 트래커는 약의 복용 시간, 식사 시간, 운동 시간을 알려주는 유용한 도구가 된다.
- 환자의 개인 이력을 추적하는 것은 특정한 질병을 치료할 때 의사에게 매우 유용하다. 어떤 경우에는 피트니스 트래커의 사용으로 생명을 구할 수도 있다.

피트니스 및 영양 앱

© Rawpixel.com/Shutterstock.

스마트폰 기술로 인해 피트니스 프로그램에 접근하거나 우리의 영양 습관을 모니터링할 수 있는 기능이 말 그대로 우리 손 끝에 있다. 이런 애플리케이션(앱)의 다양성과 편의성은 사람들에게 영양과 피트니스 목표를 통제할 수 있는 능력을 부여했다. 영양 및 피트니스 앱은 과거보다 훨씬 쉽게 건강 목표를 달성할 수 있는 로드맵을 제공하며, 아울러 건강과 피트니스 목표를 달성할 수 있도록 설계된 개인화된 프로그램을 제공한다.

영양 앱

영양 섭취를 추적하면 많은 이점이 있다. 새롭게 출시되는 많은 앱은 단순한 칼로리 측정 이상의 기능을 가지고 있다. 이것은 감량, 근육 생성, 또는 운동수행능력 향상을 위해 노력하는 사람들에게 특히 중요할 수 있다.

영양 앱은 다음과 같은 이점이 있다.

- 식단 계획
- 칼로리 파악 및 계산
- 식품 라벨 읽기 및 이해
- 대량 영양소 섭취 추적(단백질, 탄수화물, 지방)
- 영양 성분 추적(예: 비타민, 미네랄, 섬유질)

지식 확장하기

모든 영양바가 영양가가 있는 것은 아니다. 일부는 초코바보다 많은 설탕과 지방을 포함하고 있다.

- 건강에 좋은 식품 선택
- 운동 에너지 공급
- 레시피 찾기
- 긍정적 식습관 형성

피트니스 앱

피트니스 앱은 거의 모든 모바일 기기에서 사용할 수 있고 다운로드가 가능한 어플리케이션으로, 사용자가 특정 피트니스 목표를 달성할 수 있도록 설계되었다. 피트니스 앱은 피트니스 애호가들이 운동할 수 있도록 하는 저렴하고 편리한 방법이며, 고강도 인터벌 트레이닝, 근력 트레이닝, 요가 및 필라테스 등의 다양한 운동 형식의 앱이 있다.

피트니스 앱의 이점은 아래와 같다.

- 컴퓨터, 태블릿, 또는 스마트폰으로 언제 어디서나 운동 루틴에 접근 가능
- 사용자 목표 및 운동 기호에 따른 맞춤형 피트니스 프로그램 제공
- 장비가 필요 없는 운동 프로그램 이용
- 완료된 운동 및 운동 소요 시간 추적
- 운동 루틴 완료를 위한 일일, 주간, 월간 알림
- 1 대 1 또는 그룹 교육 시뮬레이션
- 매일 걸음 수 추적
- 신체활동으로 소비되는 칼로리 추적
- 달린 마일 수나 들어올린 중량 등의 피트니스 성과물 추적
- 적절한 운동 기술 지도

현재 시장에는 여러 피트니스 앱들이 있으며, 대부분 무료 체험 기간을 제공하고 있다. 사용자는 여러 어플리케이션을 테스트하여 자신의 요구에 가장 잘 맞는 앱을 선택할 수 있다. 만성 질환이 있는 사람은 새로운 운동 루틴 시작 전에 의료 허가를 받아야 할 수 있다는 점을 기억해야 한다. 또한 감독 없이 운동 루틴을 수행하는 것은, 특히 운동을 처음 하는 사람들에게 위험할 수 있다.

심박수 모니터

심박수 모니터(heart rate monitors, HRM)는 피트니스 업계에서 매우 인기 있다. 이것은 전통적으로 달리기 선수와

철인 3종 경기 선수들과 같은 지구력 운동선수들이 훈련 수준을 모니터링하는 데 사용하다가 현재에는 피트니스 운동을 주로하는 사람들에게 더 널리 사용되고 있다. 일부 소규모 또는 대규모 체육관에서는 수강생들이 수업을 들을 때 HRM을 착용해야 한다. 이것은 안전 보장을 위한 것이기도 하지만, 수업 중 운동 수준을 모니터링하는 데에도 사용된다. HRM을 사용하면 운동 중 심장 반응에 대한 객관적이고 정량화된 데이터를 얻을 수 있다. HRM은 또한 운동 후 개인의 회복 심박수에 대한 정보도 제공한다.

HRM은 1분 주기로 심장 박동의 양을 측정한다. 심장 박동이 빨라지는 것은 신체활동의 수준이 높다는 것을 의미한다. 이와 같이 HRM을 사용하여 사람들은 자신들의 운동 수준을 객관적으로 측정할 수 있다. 가장 일반적인 HRM의 유형은 광 LED 센서가 내장된 흉부 스트랩 모니터와 손목 밴드/시계이다(그림 22-33).

그림 22-33 심박수 모니터

손목 밴드/시계가 가장 편리하고 널리 사용되는 HRM이지만, 흉부 스트랩 모니터가 가장 정확한 판독값을 제공한다. 또한 손목에 차는 기기는 사용자가 고강도 활동을 수행할 때 정확도가 떨어지며, 상체 움직임을 수행할 때 더욱 부정확한 판독값이 발생할 수 있다(Cadmus-Bertram et al., 2017).

중요

격렬한 운동 후 첫 1분 안에 개인의 심박수가 떨어지는 속도는 심장 건강의 훌륭한 지표이다. 비정상적으로 천천히 안정시 심박수로 돌아온다면 심장 건강이 좋지 않다고 예측할 수 있다.

피트니스 트래커와 같이 심박수 모니터도 품질 및 제공되는 추가 기능에 따라 가격이 매우 다양하다. 구매자들은 개인적 요구에 가장 잘 맞는 기기를 구입하기 위해 구매 전에 구매해야 할 이유에 대해 스스로 질문해 보는 것이 좋다.

트레이닝 팁

미국 질병통제예방센터(Centers for Disease Control and Prevention)와 세계보건기구(WHO)는 최적의 건강을 위해 일주일에 중강도의 유산소 활동 150분 또는 격렬한 유산소 활동 75분을 권장한다.

요약

이 장에서는 피트니스 전문가에게 다양한 운동 장비 및 그 사용법을 소개했다. 저항 트레이닝 장비, 고유수용감각 장비 및 트래커 등 여러 운동 장비들에 대한 몇 가지 유형들이 있다.

저항 트레이닝 장비는 부위별 머신, 프리 웨이트, 케이블 머신, 탄성 저항, 메디신 볼, 케틀벨, 서스펜션 바디웨이트 트레이너, 샌드백, 바이퍼 및 배틀 로프 등과 같이 다양한 형태가 있다. 짐볼, 보수 볼 및 테라 코어와 같은 고유수용감각 장비는 밸런스, 협응력, 관절 안정성을 강화하는 운동에 불안정성을 도입하는 데 유용하다. 심박수 모니터와 영양 및 피트니스 앱을 포함한 트래커의 인기는 책임감, 동기 부여, 일관성 및 안전에 대한 추가적인 수단을 제공한다. 이러한 앱들을 통해 공인 퍼스널 트레이너는 보다 효과적으로 고객이 목표를 달성하도록 도울 수 있다.

그러나 가능한 한 많은 피트니스 장비를 잘 이해하는 것은 피트니스 전문가에게 반드시 필요하다. 피트니스 전문가는 각각의 장비를 더 잘 이해함으로써 고객을 위한 다목적, 효율적, 기능적 프로그램을 더 잘 설계할 수 있다.

제22장 리뷰

건강 및 피트니스 산업에서 피트니스 전문가가 성공하기 위해서는 이 장에서 설명한 다양한 저항 트레이닝 장비들을 통합하는 방법을 적절히 이해하는 것이 필수적이다. 이 장에서 설명한 각 장비는 OPT 모델의 전 단계에서 중요한 역할을 하지만, 각 장비를 실행하는 방법과 시기를 아는 것은 공인 퍼스널 트레이너의 책임이다. 각 고객의 요구와 한계를 더 잘 이해함으로써 피트니스 전문가는 모든 장비들을 능숙하게 이용하여 목표별 프로그램을 설계할 수 있다.

머신들은 목표로 하는 근육 그룹의 근력을 개발하는 데 이상적이며, 대개 초보자, 컨디션이 좋지 않은 사람 및 노인이 첫 번째로 선택하기 좋은 도구이다. 대부분의 부위별 머신들은 프리 웨이트보다 코어나 전신 운동 효과에 있어서는 뒤처진다는 점을 기억해야 한다.

반대로, 프리 웨이트 운동은 더 넓은 범위의 움직임을 갖고 모든 운동면에서 수행할 수 있지만, 이러한 프리 웨이트는 숙련되기에 시간이 걸리며 부상에 위협 요소가 있다. 케이블 머신, 탄성 저항 및 TRX 립 트레이너는 프리 웨이트와 유사한 다방향의 부하 저항을 제공하며, 코어 발달에 유익한 것으로 입증되었다.

밸런스 장비는 발목의 안정성, 자세 및 균형을 향상시킬 수 있기 때문에 모든 프로그램에 추가할 수 있지만, 낙상 위험 역시 내재되어 있다. 공인 퍼스널 트레이너는 모든 운동에서 적절한 형태와 운동 기술을 유지하는 것이 의무이다.

피트니스 및 영양 앱, 심박수 모니터와 같은 기기는 동기부여, 책임감 및 운동수행능력을 높이는 데 도움이 되지만, 항상 100% 정확한 것은 아니다. 예를 들어, 연구에 따르면 손목에 착용하는 심박수 모니터는 특히 상체 운동 중에 흉부 스트랩 모니터보다 정확도가 떨어진다. 그럼에도 불구하고 이런 장치들은 특히 운동 노력을 모니터링하고 추적하는 훌륭한 기능을 가진 추가 장치이다.

제22장 하이라이트

- 운동 장비는 원하는 결과를 얻기 위해 운동 또는 움직임 강화를 목적으로 설계된 도구이다.
- 저항 트레이닝 장비, 밸런스 도구 및 피트니스 트래커 등 다양한 종류의 운동 장비들이 있다.
- 어떤 트레이닝 장비를 사용하는 것이 좋은지, 언제 그것을 프로그램에 통합할지를 결정할 때에는 안전과 효율성을 염두에 두어야 한다.
- 대부분의 초보 운동자는 저항력 트레이닝 경험이 부족하기 때문에 근력 트레이닝 머신이 프리 웨이트보다 더 안전하고 효과적인 옵션이다. 그러나 근력 트레이닝 머신은 코어 근육을 사용하는 대신 인공적인 지지를 사용하기 때문에 코어 안정성과 근육 협응력 향상에 있어서는 프리 웨이트보다 못하다.
- 프리 웨이트는 OPT 모델의 모든 단계에서 대부분의 사람에게 다양한 방식으로 사용할 수 있으며, 매우 다목적이지만 일부 고객에게는 위협적일 수도 있다.
- 케이블 머신은 부위별 근력 트레이닝 머신에 비해 더 높은 ROM을 제공한다. 케이블 머신을 사용할 때는 케이블의 저항을 근육의 자연스러운 당김선에 맞추는 것이 중요하다.
- 탄성 밴드와 튜빙 밴드도 골프 스윙이나 테니스 포핸드와 같은 스포츠 특유의 동작을 모방한 저항 운동을 가능하게 해준다. 탄성 저항은 휴대가 가능하고 저렴하지만, 높은 수준의 근력과 근비대를 개발하고자 할 때는 부적합하다.
- 메디신 볼은 다른 저항 도구들과 마찬가지로 운동에 부하 또는 불안정성을 추가하기 위해 사용한다. 메디신 볼은 근력, 지구력, 파워를 증가시키기 위한 프로그램의 일부로 다양한 사람과 함께 사용할 수 있으며, 부상으로 인한 재활에도 도움이 된다.
- 케틀벨은 무게중심이 핸들에서 멀리 떨어져 있다는 점에서 덤벨, 바벨, 또는 메디신 볼과 다르다. 그러므로 더 많은 힘과 협응력을 요구할 뿐만 아니라 특정 움직임에서 안정근과 주동근의 동원을 동시에 증가시킨다. 많은 케틀벨 운동은 다양한 관절 운동 및 근육 그룹 운동에 좋다.
- 서스펜션 바디웨이트 트레이닝은 로프와 웨빙 시스템을 사용하여 다양한 운동을 수행하면서 자신의 체중을 이용해서 운동을 한다는 점에서 혁신적인 체중 피트니스 트레이닝 방법이다.
- 샌드백은 옮기고, 들어올리고, 던지고, 당기도록 설계되었으며, 손잡이를 쉽게 바꿀 수 있도록 여러 개의 손잡이가 달려 있다. 바벨, 덤벨, 부위별 웨이트 머신과는 달리 백 안의 모래는 끊임없이 움직이며 지속적인 불안정성을 제공한다.
- 바이퍼(ViPR)는 활력(vitality), 수행능력(performance),

회복(reconditioning)의 약자이다. 이것은 끌고, 던지고, 들어올리고, 당기고, 밀고, 옮기도록 설계되었다. 이 설계는 부하 운동 트레이닝으로 알려진 외부 부하 저항으로 다방향 전신 운동을 수행할 수 있도록 한다.

- 배틀 로프는 일반적으로 튼튼한 나일론으로 만들어지며, 다양한 길이와 두께가 있다. 배틀 로프는 관절에 충격을 덜 주는 활동이다.
- 밸런스 장비는 균형, 발목 안정성 및 협응력을 개선하지만, 안전을 위해 최대 또는 거의 최대에 가까운 중량으로 트레이닝하는 데 사용해서는 안 된다.
- '스위스 볼'로도 알려진 짐볼은 다양한 트레이닝 시설에서 많은 사람에게 흔히 사용된다. 이것은 주로 운동에서 안정성 요구를 높이는 데 사용되며, 스쿼트 동작을 하는 동안 적절한 자세 강화를 위해서도 사용될 수 있다.
- 보수 볼은 단단한 플라스틱 표면에 부착되어 있는 팽창된 고무 반구이며, 반으로 잘린 짐볼처럼 보인다. 보수 볼 트레이닝은 안정성을 향상시켜 운동 강도를 높이는 기능을 한다.
- 테라 코어는 팽창식 고무 주머니와 표면이 단단한 지지대로 구성된다. 짐볼과는 달리 테라 코어 위에 반듯이 누운 상태에서 덤벨 체스트 프레스 같은 일부 저항 운동을 해도 안전하다.
- 피트니스 트래커는 사용자가 자신의 활동 수준을 추적할 수 있게 해주는 착용 가능한 전자 기기이다. 시계, 밴드, 반지, 심박수 모니터 및 만보기와 같이 다양한 형태로 제공된다. 사용이 편리하고 내재적 동기를 부여한다는 점이 구매자들이 이 기기를 계속 사용하는 핵심 요소이다.

참고 문헌

Andersen, L. L., Andersen, C. H., Mortensen, O. S., Poulsen, O. M., Bjørnlund, I. B., & Zebis, M. K. (2010). Muscle activation and perceived loading during rehabilitation exercises: Comparison of dumbbells and elastic resistance. *Physical Therapy, 90*(4), 538–549. https://doi.org/10.2522/ptj.20090167

Anderson, K. G., & Behm, D. G. (2005). Maintenance of EMG activity and loss of force output with instability. *Journal of Strength and Conditioning Research, 19*(3), 193–201. https://doi.org/10.1519/1533-4287(2004)182.0.CO;2

Augustsson, J., Esko, A., Thomeé, R., & Svantesson, U. (1998). Weight training of the thigh muscles using closed vs. open kinetic chain exercises: A comparison of performance enhancement. *Journal of Orthopedic and Sports Physical Therapy, 27*(1), 3–8. https://doi.org/10.2519/jospt.1998.27.1.3

Balachandran, A., Martins, M. M., De Faveri, F. G., Alan, O., Cetinkaya, F., & Signorile, J. F. (2016). Functional strength training: Seated machine vs standing cable training to improve physical function in elderly. *Experimental Gerontology, 82,* 131–138. https://doi.org/10.1016/j.exger.2016.06.012.

Behm, D., & Colado, J. (2012). The effectiveness of resistance training using unstable surfaces and devices for rehabilitation. *International Journal of Sports Physical Therapy, 7,* 226–241. Retrieved from https://www.ncbi.nlm.nih.gov/pmc/articles /PMC3325639/

Brachman, A., Kamieniarz, A., Michalska, J., Pawłowski, M., Słomka, K. J., & Juras, G. (2017). Balance training programs in athletes: A systematic review. *Journal of Human Kinetics, 1*(58), 45–64. https://doi.org/10.1515/hukin-2017-0088.

Brindle, T. J., Nyland, J., Ford, K., Coppola, A., & Shapiro, R. (2002). Electromyographic comparison of standard and modified closed-chain isometric knee extension exercises. *Journal of Strength and Conditioning Research, 16*(1), 129–134. https://doi.org/10.1519/1533-4287(2002)0162.0.CO;2

Cadmus-Bertram, L., Gangnon, R., Wirkus, E. J., Thraen-Borowski, K. M., & Gorzelitz-Liebhauser, J. (2017). The accuracy of heart rate monitoring by some wrist-worn activity trackers. *Annals of Internal Medicine, 166*(8), 610–612. https://doi.org/10.7326 /L16-0353.

Calatayud, J., Martin, F., Colado, J. C., Benítez, J. C., Jakobsen, M. D., & Andersen, L. L. (2015). Muscle activity during unilateral vs. bilateral battle rope exercises. *Journal of Strength and Conditioning Research, 29*(10), 2854–2859. https://doi.org /10.1519/JSC.0000000000000963

Carrière, B. (1998). *The Swiss ball: Theory, basic exercises and clinical application*. New York, NY: Springer-Verlag.

Carter, J. M., Beam, W. C., McMahan, S. G., Barr, M. L., & Brown, L. E. (2006). The effects of stability ball training on spinal stability in sedentary individuals. *Journal of Strength and Conditioning Research, 20*(2), 429–435. https://doi.org/10.1519 /R-18125.1

Chen, H. T., Wu, H. J., Chen, Y. J., Ho, S. Y., & Chung, Y. C. (2018). Effects of 8-week kettlebell training on body composition, muscle strength, pulmonary function, and chronic low-grade inflammation in elderly women with sarcopenia. *Experimental Gerontology, 112,* 112–118. https://doi.org/10.1016/j.exger .2018.09.015

Colado, J. C., Garcia-Masso, X., Pellicer, M., Alakhdar, Y., Benavent, J., & Cabeza-Ruiz, R. (2010). A comparison of elastic tubing and isotonic resistance exercises. *International Journal of Sports Medicine, 31*(11), 810–817. https://doi.org/10.1055/s-0030 -1262808

Cressey, E., West, C., Tiberio, D., Kraemer, W. J., & Marsh, C. M. (2007). The effects of ten weeks of lower-body unstable surface training on markers of athletic performance. *Journal of Strength and Conditioning Research, 21*(2), 561–567. https://doi.org /10.1519/R-19845.1

Cugliari, G., & Boccia, G. (2017). Core muscle activation in suspension training exercises. *Journal of Human Kinetics, 56,* 61–71. https:// doi.org/10.1515/hukin-2017-0023

Delvecchio, L. (2018). The science of powerbag training. *Journal of Yoga and Physiotherapy, 5*(5), 95. https://doi.org/10.19080/JYP.2018.05.555673

Dudgeon, W. D., Aartun, J. D., Herrin, J., Thomas, D. D., & Scheett, T. P. (2010) Metabolic responses during and following a suspension training workout. *Medicine in Science and Sports Exercise, 42,* 695–696. https://doi.org/10.1249/01.MSS.0000385941.71566.aa

Evenson, K. R., Goto, M. M., & Furberg, R. D. (2015). Systematic review of the validity and reliability of consumer-wearable activity trackers. *International Journal of Behavioral Nutrition and Physical Activity, 12,* 159. https://doi.org/10.1186/s12966-015-0314-1

Faigenbaum, A. D., & Mediate, P. (2006). Effects of medicine ball training on fitness performance of high-school physical education students. *Physical Educator, 63*(3), 160–167. https://doi.org /10.1080/07303084.2008.10598154

Faigenbaum, A. D., & Mediate, P. (2008). Medicine ball training for kids: Benefits, concerns, and program design considerations. *ACSM's Health & Fitness Journal, 12*(3), 7–12. https://doi.org /10.1249/FIT.0b013e31817047a2

Falatic, J. A., Plato, P. A., Holder, C., Finch, D., Han, K., & Cisar, C. J. (2015). Effects of kettlebell training on aerobic capacity. *Journal of Strength and Conditioning Research 29*(7), 1943–1947. https:// doi.org/10.1519/JSC.0000000000000845

Fitzgerald, G. K., Axe, M. J., & Snyder-Mackler, L. (2000). The efficacy of perturbation training in nonoperative anterior cruciate ligament rehabilitation programs for physical active Individuals. *Physical Therapy, 80*(2), 128–140.

Fletcher, I. M., & Hartwell, M. (2004). Effect of an 8-week combined weights and plyometrics training program on golf drive performance. *Journal of Strength and Conditioning Research, 18*(1), 59–62. https://doi.org/10.1519/1533-4287(2004)0182.0.co;2

Fountaine, C., & Schmidt, B. (2015). Metabolic cost of rope training. *Journal of Strength and Conditioning Research, 29*(4), 889–893. https://doi.org/10.1519/JSC.0b013e3182a35da8

Fuentes, A. D., Smith, C. J., & Shoepe, T. C. (2019). Loading patterns of rubber-based resistance bands across distributors. *Sports, 7*(1), 21. https://doi.org/10.3390/sports7010021

Gaedtke, A., & Morat, T. (2015). TRX suspension training: A new functional training approach for older adults—Development, training control and feasibility. *International Journal of Exercise Science, 8*(3), 224–233. Retrieved from: https://www.ncbi.nlm .nih.gov/pubmed/27182415

Gamble, P. (2007). An integrated approach to training core stability. *Journal of Strength and Conditioning Research, 29*(1), 58–68. https://doi.org/10.1519/00126548-200702000-00010

Henriksen, A., Haugen Mikalsen, M., Woldaregay, A. Z., Muzny, M., Hartvigsen, G., Hopstock, L. A., & Grimsgaard, S. (2018). Using fitness trackers and smartwatches to measure physical activity in research: Analysis of consumer wrist-worn wearables. *Journal of Medical Internet Research, 20*(3), e110. https://doi.org/10.2196 / jmir.9157.

Hermassi, S., van den Tillaar, R., Khlifa, R., Chelly, M. S., & Chamari, K. (2015). Comparison of in-season-specific resistance vs. a regular throwing training program on throwing velocity, anthropometry, and power performance in elite handball players. *Journal of Strength and Conditioning Research, 29*(8), 2105–2114. https://doi.org/10.1519/JSC.0000000000000855.

Ignjatovic, A. M., Markovic, Z. M., & Radovanovic, D. S. (2012). Effects of 12-week medicine ball training on muscle strength and power in young female handball players. *Journal of Strength and Conditioning Research, 26*(8), 2166–2173. https://doi.org/10.1519 / JSC.0b013e31823c477e

Jespersen, M., & Potvin A. N. (2002). *The great medicine ball handbook: The quick reference guide to medicine ball exercises.* Surrey, BC: Productive Fitness Products.

Johnson, K. D., Kim, K. M., Yu, B. K., Saliba, S., & Grindstaff, T. L. (2012). Reliability of thoracic spine rotation range-of-motion measurements in healthy adults. *Journal Athletic Training, 47*(1), 52–60. https://doi.org/10.4085/1062-6050-47.1.52

Kibler, W. B., Press, J., & Sciascia, A. (2006). The role of core stability in athletic function. *Sports Medicine, 36*(3), 189–198. https:// doi.org/10.2165/00007256-200636030-00001

Kim, J. (2014). Analysis of health consumers' behavior using self-tracker for activity, sleep, and diet. *Telemedicine Journal and e-Health, 20*(6), 552–558. https://doi.org/10.1089/tmj.2013.0282

Klein-Vogelbach, S. (1990) *Functional kinetics: Observing, analyzing, and teaching human movement.* Heidelberg, Germany: Springer-Verlag.

Linens, S. W., Ross, S. E., & Arnold, B. L. (2016). Wobble board rehabilitation for improving balance in ankles with chronic instability. *Clinical Journal of Sport Medicine, 26*(1), 76–82. https://doi.org/10.1097/JSM.0000000000000191

Manocchia, P., Spierer, D. K., Minichiello, J., Braut, S., Castro, J., & Markowitz, R. (2010). Transference of kettlebell training to traditional Olympic weight lifting and muscular endurance. *Journal of Strength and Conditioning Research, 24,* 1. https:// doi.org/10.1097/01.JSC.0000367164.33477.62

McGill, S., McDermott, A., & Fenwick, C. (2009). Comparison of different strongman events: Trunk muscle activation and lumbar spine motion, load, and stiffness. *Journal of Strength and Conditioning Research, 23*(4), 1148–1161. https://doi.org/10.1519/JSC.0b013e318198f8f7

Mok, N. W., Yeung, E. W., Cho, J. C., Hui, S. C., Liu, K. C., & Pang, C. H. (2015). Core muscle activity during suspension exercises. *Journal of Science and Medicine in Sport, 18*(2), 189–194. https:// doi.org/10.1016/j.jsams.2014.01.002

Munson, S. A., & Consolvo, S. (2012). Exploring goal-setting, rewards, self-monitoring, and sharing to motivate physical activity. Proceedings of the 2012 6th International Conference on Pervasive Computing Technologies for Healthcare (Pervasive Health). USA, 25–32. doi10.4108/icst.pervasivehealth .2012.248691

Myer, G. D., Ford, K. R., McLean, S. G., & Hewett, T. E. (2006). The effects of plyometric versus dynamic stabilization and balance training on lower extremity biomechanics. *American Journal of Sports Medicine, 34*(3), 445–455. https://doi.org/10.1177 /0363546505281241

Page, P., & Ellenbecker, T. S. (Eds.). (2003). *The Scientific and Clinical Application of Elastic Resistance.* Champaign, IL: Human Kinetics.

Pozzi, F., Plummer, H. A., Sanchez, N., Lee, Y., & Michener, L. A. (2019). Electromyography activation of shoulder and trunk muscles is greater during closed chain compared to open chain exercises. *Journal of Electromyography and Kinesiology.* 102306. https://doi.org/10.1016/j.jelekin.2019.05.007

Saeterbakken, A. H., & Fimland, M. S. (2012). Muscle activity of the core during bilateral, unilateral, seated and standing resistance exercise. *European Journal of Applied Physiology, 112*(5), 1671–1678. https://doi.org/10.1007/s00421-011-2141-7.

Scheett, T. P., Aartun, J. D., Thomas, D. D., Herrin, J., & Dudgeon, W. D. (2010). Physiological markers as a gauge of intensity for suspension training exercise. *Medicine and Science in Sports and Exercise, 42*(5), 696. https://doi.org/10.1249/01.MSS.0000385942 .71566.71

Signorile, J. F., Rendos, N. K., Heredia Vargas, H. H., Alipio, T. C., Regis, R. C., Eltoukhy, M. M., . . . Romero, M. A. (2017). Differences in muscle activation and kinematics between cable-based and selectorized weight training. *Journal of Strength and Conditioning Research, 31*(2), 313–322. https://doi. org/10.1519/JSC.0000000000001493

Stanton, R., Reaburn, P. R., & Humphries, B. (2004). The effect of short-term swiss ball training on core stability and running economy. *Journal of Strength and Conditioning Research, 18*(3), 522–528. https://doi.org/10.1519/1533-4287(2004)182.0.CO;2

Sternlicht, E., Rugg, S., Fujii, L. L., Tomomitsu, K. F., & Seki, M. M. (2007). Electromyographic comparison of a stability ball crunch with a traditional crunch. *Journal of Strength and Conditioning Research, 21*(2), 506–509. https://doi.org/10.1519/R-20436.1

Stone, M., Plisk, S., & Collins, D. (2002). Training principles: Evaluation of modes and methods of resistance training—A coaching perspective. *Sports Biomechanics, 1*(1), 79–103. https://doi.org /10.1080/14763140208522788

Szymanski, D. J., Szymanski, J. M., Bradford, T. J., Schade, R. L., & Pascoe, D. D. (2007). Effect of twelve weeks of medicine ball training on high school baseball players. *Journal of Strength and Conditioning Research, 21*(3), 894–901. https://doi.org/10.1519 /R-18415.1

Thomas, M., Muller, T., & Busse, M. W. (2005). Quantification of tension in Thera-Band and Cando tubing at different strains and starting lengths. *Journal of Sports Medicine and Physical Fitness, 45* (2), 188–198.

Vancini, R. L., Andrade, M. S., Rufo-Tavares, W., Zimerer, C., Nikolaidis, P. T., & de Lira, C. (2019). Kettlebell exercise as an alternative to improve aerobic power and muscle strength. *Journal Human Kinetics, 66,* 5–6. https://doi.org/10.2478/hukin-2018 -0062

Viana, R. B., Naves, J. P. A., Coswig, V. S., Barbosa de Lira, C. A., Steele, J., Fisher, J. P., & Gentil, P. (2019). Expression of concern: Is interval training the magic bullet for fat loss? A systematic review and meta-analysis comparing moderate-intensity continuous training with high-intensity training (HIIT). *British Journal of Sports Medicine.* https://doi.org/10.1136/bjsports-2018 -099928eoc1

Vinstrup, J., Sundstrup, E., Brandt, M., Jakobsen, M. D., Calatayud, J., & Andersen, L. L. (2015). Core muscle activity, exercise preference, and perceived exertion during core exercise with elastic resistance versus machine. *Scientifica* (*Cairo*)*2015,* 403068. https://doi.org /10.1155/2015/403068403068

ViPR. (n.d.). Loaded movement training. Retrieved January 6, 2020, from https://www.viprfit.com/about/LoadedMovementTraining .aspx.

Willardson, J. M. (2004). The effectiveness of resistance exercises performed on unstable equipment. *Journal of Strength and Conditioning, 26*(5), 70–74. https://doi.org/10.1519/00126548 -200410000-00015

Wortmann, M. A., & Docherty, C. L. (2013). Effect of balance training on postural stability in subjects with chronic ankle instability. *Journal of Sport Rehabilitation, 22*(2),143–149. https://doi.org /10.1123/ jsr.22.2.143

CHAPTER 23

만성 건강 질환 및 특수 대상자

학습 목표

- 다양한 사람들을 위한 운동의 필요성과 한계를 파악할 수 있다.
- 만성 질환과 운동에 반응하고 적응하는 고객의 건강상 제약 사항 및 장애를 요약할 수 있다.
- 만성 질환, 만성 질환의 위험 요소, 기타 신체나 건강상 문제가 있는 고객의 트레이닝에서 고려해야 할 사항을 구분할 수 있다.
- 운동 시 특수 대상자들을 수용하기 위해 고려해야 할 사항들을 파악할 수 있다.

지금까지는 건강한 성인의 운동 시 고려 사항에 대해 초점을 맞추었다면, 이 장에서는 만성적인 건강 문제나 기능적 제약이 있는 사람의 운동 프로그램에 초점을 맞추었다. 여기서는 또한 이들의 운동 프로그램 평가 및 설계 시 필요한 중요한 정보와 권장 사항에 대해서도 설명한다.

개인 트레이닝 서비스를 찾는 고객에게서 흔히 볼 수 있는 만성 건강 상태나 기능적 제약에 대해 간략하게 살펴보고, 만성 질환 또는 기능적 제약이 있는 사람을 위한 운동 시 고려 사항에 대한 추가 자료도 제공한다.

연령 고려 사항

전체적으로 청소년들의 신체활동량이 감소하고 있다. 어떤 지역에서는 체계적인 청소년 스포츠가 점점 줄어들고 있다. 청소년의 스포츠 참여율이 저조한 이유는 부모에게 부과되는 높은 비용과 요구 조건, 많은 여행, 부상에 대한 우려 등을 꼽을 수 있다(Merkel, 2013). 그러므로 한두 시즌뿐만 아니라 1년 내내 할 수 있는 청소년 대상 피트니스 트레이닝에 대한 인식과 접근성을 높일 필요가 있다.

청소년이란 용어는 6~20세의 어린이 및 청소년을 가리킨다. 어린이나 청소년 그룹에서는 같은 나이일지라도 성장, 발달, 신체적 성숙의 차이로 인해 운동에 대한 반응이 매우 다양하다. 청소년 피트니스와 운동에 대해 이전에 발표된 지침은 스포츠별 트레이닝에 중점을 두었다. 그러나 소아 비만과 당뇨가 증가하면서 현재의 청소년 건강 지침은 건강한 생활 방식과 건강 관련 체력 증진에 중점을 두고 있다(U.S. Department of Health and Human Services, 2018). 현재 지침에 따르면 어린이와 청소년은 매일 60분(1시간) 이상 중강도에서 고강도 수준의 신체활동을 해야 한다고 되어 있다. 그러나 안타깝게도 많은 서구 국가에서 청소년의 신체활동 부족이 심각한 것으로 나타나고 있다. 예를 들어 미국의 경우는 청소년의 25%만이 최소한의 지침을 따르고 있는 실정이다(Katzmarzyk et al., 2016). 어린이와 청소년은 건강 증진 및 만성 질환 발병 위험을 낮추기 위해 매일 유산소 활동, 근육 강화 활동, 뼈 강화 활동을 해야 한다. 늘어나는 소아 비만과 소아 당뇨병에 대응하여 세계보건기구(WHO)는 주요 체육 및 공중보건 기구와 함께 아동 및 청소년을 위한 신체활동에 대한 새로운 성명을 내놓았다. WHO(2010)는 5~17세 아동은 매일 60분 동안 중강도에서 고강도의 신체활동과 운동을 할 것을 권장했다.

어린이와 성인 간의 생리학적 차이

어린이와 성인 간에는 근본적인 생리학적 차이가 있다. 청소년은 운동 트레이닝에 있어 성인과 유사한 효과를 경험하더라도 성인과 동일한 반응이나 적응을 보이지 않으며, 같은 방법으로 진행하지도 않는다. 청소년 운동 트레이닝 프로그램은 그들의 생리학적 능력에 맞게 진행되어야 한다. 피트니스 전문가는 운동에 대한 반응과 적응에 영향을 미치는 청소년과 성인 간의 중요한 생리학적 차이에 대해 알고 있어야 한다. 여기에는 다음과 같은 것들이 있다(표 23-1)(Michael & Saltarelli, 2019).

- 최고산소섭취량(peak oxygen uptake): 어린이는 일반적으로 최대 운동 시 산소 섭취량의 안정기를 나타내지 않으므로 $\dot{V}O_{2max}$ 또는 최대산소섭취량(maximal oxygen uptake)보다 '최고산소섭취량'이라는 용어가 더 적절하다. 체중에 따른 최고산소소비량(peak oxygen consumption)은 남자 청소년과 성인 남성에서 비슷하고, 여자 청소년의 경우 성인 여성에 비해 조금 더 높다. 힘 생성률이나 근력도 마찬가지이다.
- 최대하 산소요구량(또는 움직임의 경제성): 아동은 성인에 비해 최대하 운동 시에 최고산소섭취량이 높기 때문에 운동 시 효율성이 떨어지는 편이다.
- 아동은 고강도 운동을 유지할 수 있을 만큼 충분한 수준의 당 분해 효소를 생산하지 못한다.
- 아동은 덥고 습한 환경에 반응하는 속도가 느리고 땀을 배출하는 능력이 제한되어 있는 등, 체온 조절 시스템이 아직 미숙하다.

상대적으로 높은 최고산소섭취량 때문에 아동들은 지구력 운동을 매우 잘 수행할 수 있다. 그러나 성인에 비해 최대하 산소요구량이 더 높고 절대적 발한 비율이 더 낮기 때문에 덥고 습한 환경에서 하는 운동은 견디지 못한다. 덥고

표 23-1 청소년에 대한 생리학적 고려 사항 및 트레이닝 시 고려 사항

생리학적 고려 사항	성인과 비교했을 때 운동이 갖는 의미	건강과 피트니스에 대한 고려 사항	스포츠, 운동 트레이닝에 대한 고려 사항
최고산소섭취량은 체중 대비 성인과 유사하다.	지구력이 필요한 운동은 비교적 잘 수행할 수 있다.	일주일의 대부분, 또는 매일 60분 간의 신체활동과 발달에 적합한 운동을 하도록 한다.	유산소 트레이닝 양은 적응 주기당 10%를 초과해서는 안 된다(주당 200분 운동 시 강도를 높이기 전 220분으로 늘림).
걷기 및 달리기에서 최대하 산소요구량은 성인보다 높다.	지속적인 고강도 운동을 할 때 피로와 열이 발생할 가능성이 더 높다.	청소년의 경우 중강도에서 고강도의 신체활동은 60분간 주 3일 이상, 고강도 운동은 주 3일간 시행한다.	10초를 초과하는 격렬한 무산소 운동(90% HR_{max} 이상)은 잘 견디지 못한다. 격렬한 트레이닝 사이에 충분한 휴식과 회복 시간을 주어야 한다.
당 분해 효소가 성인보다 낮다.	지속 시간이 길지 못하고(10~90초) 고강도 운동수행능력은 떨어진다.	근력을 위한 저항 운동: 8~10가지 운동을 운동마다 8~12회 반복하여 1~2세트로 진행. 균형, 기술 및 통제된 움직임을 강조한다.	근력 발달을 위해 반복 횟수는 세트당 6~8회, 근지구력 강화 시에는 20회를 초과해서는 안 된다.
발한 비율	극한 환경, 특히 더위와 습도에 대한 저항력이 떨어진다.	주당 2~3일, 30분간의 준비 운동과 정리 운동 시간을 추가한다.	주당 2~3일, 처음에는 반복 횟수를 늘리고, 그다음은 저항력을 늘리면서 부하를 늘려간다.

습한 환경에서 하는 고강도 운동은, 아동들의 경우 잦은 휴식을 포함해 30분 내로 제한해야 한다. 성인과 마찬가지로 운동 전, 운동 중, 운동 후에 적절한 수분을 보충해주는 것이 이들에게 매우 중요하다. 꾸준히 저강도 지구력 운동을 하는 성인과는 달리, 아동은 지속적인 무산소 운동을 지원하는 데 필요한 당 분해 효소가 적게 생성된다. 이 때문에 짧은 주기(10~90초)의 고강도 무산소 운동을 할 때는 불리하다. 그러므로 트레이닝에 대한 안정성을 고려한다면 아동을 고강도 수준으로 트레이닝할 때는 휴식 간격을 계획적으로 주어야 한다.

청소년을 위한 저항 트레이닝

© Chinnapong/Shutterstock.

연구에 따르면 저항 트레이닝은 아동과 청소년에게 안전하고 효과적인 것으로 나타났다(Lloyd et al., 2014). 청소년의 건강과 체력 증진을 위한 저항 트레이닝은 축구, 럭비, 농구 등의 인기 있는 스포츠와 비교했을 때 부상 위험이 더 낮았다(Faigenbaum & Myer, 2009; U.S. Consumer Product Safety Commission, 2019). 청소년 저항 트레이닝과 관련된 가장 흔한 부상은 인대 염좌(삠, sprain) 및 힘줄이나 근육 긴장(strain)이었으며, 이것은 대부분 전문 관리 감독의 부실, 미숙한 기술, 부적절한 진행 과정으로 인해 발생한 것이었다(Lloyd et al., 2014). 부상은 저항 트레이닝을 포함해 다른 여러 활동이나 스포츠에서 누구에게나 발생할 수 있는 것이다.

그런데 청소년 대상 저항 트레이닝의 효과를 조사한 잘 설계된 과학 연구에서는 부상이 보고된 적이 없었다(Lloyd et al., 2014). 더욱이 이 주제에 대해 발표한 대부분의 연구에서 아동과 청소년 모두는 성장 및 발달과 관련된 것 이상으로 저항 트레이닝을 통해 상당한 수준의 근력을 얻을 수 있었다고 보고했다(Myers et al., 2017).

트레이닝을 받지 않은 아동은, 8주간의 점진적인 저항 트레이닝 실시 후에 평균 30~40% 이상의 근력 향상을 보였다(Lloyd et al., 2014). 청소년기의 저항 트레이닝은 단거리 달리기, 점프, 체성분, 골밀도 등 운동 능력 향상에도 효과가 있는 것으로 나타났다(Dahab & McCambridge, 2009; Lloyd et al., 2014; Roberts et al., 2008). 트레이닝 프로그램을 실시한 후에 나타나는 근력과 수행능력의 향상은 근비대보다는 신경 적응 때문인 것으로 보인다. 신경 적응에는 주동근과 길항근 사이의 더 나은 협응, 운동 단위 동원 증가, 활성화 중 근육에 더 높은 신경 신호 전달 등이 있다(Lloyd et al., 2014).

청소년을 위한 트레이닝 프로그램을 설계할 때는 12장에서 논의했던 다양한 움직임 평가를 이용하여 움직임 손상 요소를 알아보는 것이 중요하다. 피트니스 전문가는 움직임 평가를 통해 개별화된 프로그램을 설계하는 데 도움이 되는 정보를 얻을 수 있다. 운동 진행 과정은 청소년의 성숙도, 동적 자세 조절(유연성, 안정성) 능력, 지금까지의 트레이닝에 대한 반응에 기초해서 결정해야 한다. 또한 가장 중요하게 고려해야 할 사항 중 하나는 안전과 재미이다. 청소년 피트니스 트레이닝의 권장 사항은 [표 23-2]에 나타나 있다.

표 23-2 청소년을 위한 기본 트레이닝 지침	
유형	걷기, 조깅, 달리기, 게임, 활동, 스포츠, 수중 운동, 저항 트레이닝
운동 횟수	주당 5~7일
강도	중강도에서 고강도의 심폐 운동 트레이닝
운동 시간	하루 60분
피트니스 평가	오버헤드 스쿼트 평가 푸시업 평가 심폐 평가
유연성	자가근막기법, 정적 스트레칭, 능동적 스트레칭, 동적 스트레칭
저항 트레이닝	주당 2~3일, 40~70%의 강도로 8~12회 반복하는 운동을 1~2세트 실시한다. 동적 자세 제어 및 신체 능력을 기반으로 한 운동 프로그램은 성숙한 청소년에게만 실시한다.
특별 고려 사항	청소년에 대한 운동 과정의 진행은 부하의 양이 아니라 자세 제어를 기반으로 해야 한다. 운동을 재미있게 만든다.

노인

금세기 중반까지 약 8,700만 명, 즉 미국 전체 인구의 약 21%가 65세 이상일 것으로 추산된다(Ortman et al., 2014). 전 세계적으로 60세 이상 인구는 약 9억 6,200만 명으로 1980년에 비해 2배 이상 늘었다(Department of Economic and Social Affairs, 2017). 인구가 고령화됨에 따라 사망률(mortality), 수명, 삶의 질과 같은 문제가 점점 중요해지고 있다. 평균 연령이 상승하는 것은 피트니스 전문가에게도 중요한 의미가 있다. 기능적 독립성을 개선하고 유지하는 데 도움이 되는 운동의 역할이 더 널리 알려지고 받아들여지면서 퍼스널 트레이너의 기회도 늘어나고 있다.

노화는 노년층에서 나타나는 퇴행 및 기능적 능력 상실과 같은 말이다. 노화와 관련된 퇴행의 전형적인 형태에는 골다공증, 관절염, 퇴행성 요통, 비만 등이 있다(Demontiero et al., 2012). 노화와 관련된 만성 질환자의 특별 고려 사항은 나중에 다루기로 한다. 그러나 건강한 노년층에 대한 고려 사항을 살펴보는 것은 피트니스 전문가가 이 연령층을 위한 프로그램을 효과적으로 평가하고 설계하도록 하는 데 도움이 될 것이다.

노화와 함께 발생되는 다양한 생리학적 변화는 자연스러운 현상이지만, 일부는 질병과 관련이 있는 것으로 보아야 한다. 예를 들어, 혈압은 휴식 시와 운동 중에 더 높아지는데, 이것은 질병으로 인한 것일 수도 있고, 질병과 운동이 복합적으로 작용해 나타날 수도 있다. 동맥경화증(arteriosclerosis)은 노화로 발생하는 자연스러운 생리학적 과정으로 동맥의 탄력과 유연성이 떨어져서 혈류에 대한 저항이 커지고 혈압이 높아지는 것(고혈압)을 말한다. 고혈압에 대해서는 이 장의 뒷부분에서 설명할 것이다. 한편, 죽상동맥경화증(atherosclerosis)은 주로 잘못된 생활방식으로 발생하며 동맥벽에 플라크가 쌓여 혈류가 막히고 저항과 혈압을 증가시키는 것이다.

고혈압의 또 다른 질병 관련 원인은 말초혈관질환인데, 이것은 보통 다리의 말초동맥 내에 플라크가 형성되는 것이다. 고혈압 진단을 받은 사람은 혈압이 계속 상승하거나 심장 질환에 대한 다른 위험 요소가 있는 경우, 주의 깊게 모니터링하여 전문의에게 의뢰해야 한다. 연령과 관계없이 고혈압인 사람은 모두 추가 평가를 위해 의사에게 의뢰해야 한다. 미국심장학회(American College of Cardiology) 및 미국심장협회(American Heart Association)는 정상 혈압을 120/80mmHg 미만으로 명시하도록 혈압 지침을 업데이트했다. 상승된 협압은 수축기 혈압 120~129mmHg, 이완기 80mmHg 미만이다. 1단계 고혈압은 수축기 130~139mmHg 또는 이완기 80~89mmHg이며, 2단계 고혈압은 수축기 140mmHg 이상 또는 이완기 90mmHg 이상인 상태이다. 고혈압 위기는 수축기 혈압 180mmHg 이상 또는 이완기 혈압 120mmHg 이상인 경우이다. 모든 혈압 측정은 의료 전문가가 최소 두 번 이상 다른 상황에서 측정해 얻어야 한다(American College of Cardiology, 2017).

노화로 인한 생리학적 기능의 정상적인 퇴화에도 불구하고, 만성 질환 유무와 관계없이 노령층은 건강해 보이는 젊은층과 동일한 방식으로 운동에 반응할 수 있고, 반응한다. 노화로 인해 정상적으로 감소하는 생리학적, 기능적인 변화에는 다음과 같은 것들이 있다.

- 도달 가능한 최대 심박수
- 심박출량
- 근육량
- 밸런스
- 협응력(신경근 효율성)
- 연결 조직의 탄력성
- 골밀도
- 동화 작용 호르몬

노화로 인한 정상적인 생리학적 변화나 비정상적인 병리학적 변화 모두 운동 트레이닝 반응에 영향을 미친다. 노화와 관련한 퇴행으로 근력, 지구력, 관절 및 관절가동범위, 심폐 건강, 고유수용감각(proprioception) 등이 상당히 줄어들어 기능적 능력 감소로 이어진다(Colon-Emeric et al., 2013; Moore et al., 2016). 근본적으로 퇴화의 영향을 가장 많이 받는 기능적 활동 중 하나는 걷기이다. 본인의 환경에서 자유롭게 이동할 수 있는 능력이 감퇴하면 신체적, 정서적 독립성이 줄어들 뿐만 아니라 퇴행성 주기가 더 빨라지게 된다(Hertling & Kessler, 2006). 목욕, 식사, 가사 및 여가 활동과 같은 정상적인 일상 활동을 수행하는 능력 유무는 개인의 기능적 상태를 결정하는 측정치로도 이용될 수 있다.

만성 질환이나 퇴행성 질환을 하나 이상 가진 사람은 부상에 대한 두려움과 자신감 부족으로 저항 운동이나 유산소 운동 참여를 회피하려는 경향을 보인다(Fragala et al., 2019). 그러나 근골격의 퇴화는 전적으로 노화와 관련된 것이 아니다. 노화에 따른 근력 손실 및 기능 저하를 예방하기 위해 특정 조치를 취할 수 있다는 연구 결과가 있는 만큼 마냥 피하지는 말아야 한다(Fragala et al., 2019; Hong & Kim, 2018). 이 연구는 또한 근력 및 고유수용감각의 손실을 포함해 노인의 기능적 능력 감소를 초래하는 많은 구조적 결함은, 반복적인 신체활동과 운동으로 지연시키거나 심지어 향상시킬 수 있음을 입증했다(Giallauria et al., 2016; Law et al., 2016).

퍼스널 트레이너는 운동을 통해 노년층의 전반적인 건강과 웰빙에 극적인 변화를 줄 수 있다. 운동 트레이닝을 시작하기 전에 노년층은 신체활동 전 건강검사 설문지(Physical Activity Readiness Questionnaire Plus, PAR-Q+)를 작성해야 한다. 또한 건강 이력 설문 및 적합한 피트니스와 움직임 평가를 완료하는 것이 좋다(11장과 12장에서 이미 논의됨). 앉았다 일어서기, 등 긁기, 일어서서 걷기와 같이 노인의 체력 테스트에 포함된 것과 같은 움직임에 대한 평가는, 움직임 질과 일상 활동 수행능력에 대한 정보를 준다. 활동적인 노년층을 트레이닝하는 데 관심이 있는 피트니스 전문가는 이러한 평가와 관련하여 고급 과정의 교육을 받아야 한다.

유연성 평가 및 트레이닝 또한 노년층에게 고려해야 할 중요한 사항이다. 노년층의 연결 조직은 탄력성이 떨어져 움직임을 감소시키고 부상의 위험을 증가시키기 때문이다. 14장에서 논의했던 자가근막기법은 움직임을 수행할 충분한 능력이 있고 숙련되어 있다면, 정맥류 또는 기타 유형의 금기 사항이 없는 경우 노년층에게도 권장된다. 정적 스트레칭도 잘 견딜 수 있다면 권장한다. 그렇지 않으면 준비 운동 기간에 관절 움직임을 돕기 위해 간단한 형태의 능동적 또는 동적 스트레칭이 권장된다.

저강도에서 중강도의 심폐 훈련도 이 연령층에게 좋다. 그러나 특정 처방약을 복용하는 고령자 및 만성 질환자는 주의 깊게 모니터링해야 한다. 체력 트레이닝은 이상적인 움직임 패턴을 실행해야 하고, 적절한 코어, 밸런스, 저항력 운동을 이용한 안정화를 강화하는 데 집중하면서 좀 더 상위 단계를 실시하기까지 천천히 진행되어야 한다.

노년층을 위한 운동 프로그램을 설계할 때, 피트니스 전문가는 안전을 보장하기 위해 특별한 주의를 기울여야 한다. 피트니스 전문가가 고객의 능력에 적합한 운동을 잘 매치할수록 프로그램은 더욱 안전해지고 효율이 높아진다. 모든 운동은 부상 위험을 최소화하기 위해 정확한 기술과 제어 방법으로 수행되어야 한다. 늘 그렇듯 피트니스 전문가는 노인과 관련한 질문이 발생할 때마다 전문의와 상담하는 것이 좋다.

건강한 노인을 트레이닝하기 위한 생리학적 고려 사항과 그 의의는 [표 23-3], [표 23-4]에 나와 있다(Moore et al., 2016; Riebe et al., 2018; Thompson, 2019).

표 23-3 노년층을 위한 생리학적 고려 사항 및 트레이닝 시 고려 사항

생리학적 고려 사항	건강과 피트니스에 대한 고려 사항
최대산소섭취량, 최대 운동 심박수, 폐 기능의 정도가 모두 감소한다.	최초 운동 부하는 낮아야 하며, 주당 3~5일로 점진적으로 진행한다. 지속시간은 20~45분 강도는 최고산소섭취량의 45~80%
체지방률이 늘고 골밀도와 순수 근육량이 감소한다.	저항 운동에서 초기에는 중량은 낮추고 진행 속도는 느리게 하는 것이 좋다(예: 8~10가지 운동을 8~20회 반복, 1~3세트로 진행, 세션 길이는 20~30분)
밸런스, 보행 역학, 신경근 협응력이 떨어진다.	운동 방법은 낙상을 방지하는 것으로 선택해 진행한다. 심폐 운동은 입식(등받이 없는)또는 등받이가 있는(리컴번트) 사이클, 수중 운동 또는 손잡이가 있는 러닝머신을 이용한다. 저항 운동은 앉은 자세로 하는 머신(나중에 서서 하는 운동으로 진행)으로 진행한다.
심장 질환 진단 비율도 높지만 발견하지 못한 심장 질환 비율도 높다.	만성 질환의 징후나 증상을 모니터링하는 것과 마찬가지로 운동 중 맥박 평가에 대한 지식은 매우 중요하다.
불규칙한 맥박이 더 자주 발생한다.	특히 고객이 약을 복용 중인 경우 발생 가능한 운동 부작용에 대해서 고객의 주치의 또는 헬스케어 전문가와 상의해야 한다.

표 23-4 노년층을 위한 기본 운동 지침	
유형	고정식 또는 누워서 하는 사이클링, 수중 운동, 손잡이가 있는 러닝머신
운동 횟수	중강도의 운동으로 주당 3~5일 또는 고강도 운동으로 주 3일
강도	최고 $\dot{V}O_{2max}$의 40~85%
운동 시간	하루 30~60분 또는 운동당 8~10분
움직임 평가	밀기 평가 당기기 평가 오버헤드 스쿼트(가능한 경우)
유연성	휴대용 롤러를 사용한 자가근막기법(가능한 경우), 정적 스트레칭, 느리고 통제된 능동적 또는 동적 움직임
저항 트레이닝	주당 3~5일, 40~80%의 강도로 8~20회 반복, 1~3세트 다음 단계로 넘어가기까지 트레이닝은 천천히 진행해야 하며, 이상적인 움직임 패턴으로 적절한 코어, 밸런스, 저항 운동을 하되 안정화 강화에 중점을 둔다.
특별 고려 사항	천천히 진행하되, 진행 과정은 잘 모니터링해야 하며, 자세 조절에 기반해야 한다. 운동은 가능하면 자유롭게 앉거나(지지대 없이) 서서 진행해야 한다. 호흡을 정상적으로 하고 있는지 확인하고, **발살바 메뉴버(Valsalva maneuver)**에서처럼 숨을 참지 않도록 한다. 자가근막기법이나 정적 스트레칭을 견딜 수 없으면 느리고 통제된 능동적, 동적 스트레칭을 선택한다.

비만

비만(obesity)은 미국과 산업화된 대부분의 나라에서 가장 급증하는 건강 문제이다. 실제로 비만은 1975년 이래 거의 3배나 증가했다(WHO, 2018b). 현재 20세 이상 미국 인구의 72%는 과체중(overweight)이거나 비만이며, 20세 이상 미국 인구의 약 40%가 비만이다(Hruby & Hu, 2015). 비만은 복합적인 질병이며 정서적, 사회적 문제와 함께 다양한 만성 건강 문제를 일으킬 수 있다.

체질량 지수(BMI)

체질량 지수(BMI)는 사람의 키를 기준으로 건강한 체중의 범위를 추정하는 방법으로 사용된다. 측정 및 계산이 간단해서 저체중, 과체중, 비만인 사람을 식별하는 평가 도구로 가장 널리 사용되고 있다. BMI는 킬로그램(kg) 단위의 체중을 미터(m) 단위의 신장(키)을 제곱하여 나눈 값이다. 예를 들어, 몸무게가 91kg(200파운드)이고 신장이 178cm(70인치, 또는 3.16m^2)인 사람의 BMI는 28.79(91kg/3.16m^2)이다. BMI는 실제 체지방 비율을 측정한 것이 아니기 때문에 현실적인 체중 감소 목표를 개발하고 고객에게 피드백을 제공하기 위해서는 생체전기저항측정법 또는 둘레측정법과 같은 다른 기술을 함께 사용할 수도 있다. 그러나 체지방 측정이 고객에게 민감한 사항일 수 있기 때문에 비만인 사람들에게 사용하는 것은 신중해야 한다. BMI가 완벽한 측정법은 아니지만, 비교할 수 있는 신뢰성 있는 수치를 제공하고 합리적인 목표를 설정할 수 있게 해준다. 예를 들어, BMI를 계산하면 더 낮은 BMI를 달성하겠다는 현실적인 목표를 세울 수 있다. 18.5~24.9 사이의 BMI는 정상 범위, 25.0~29.9는 과체중, 30 이상은 비만으로 본다(표 23-5). 만성 질환 위험은 성인 및 청소년 모두에서 BMI 상승과 비례하여 증가한다.

표 23-5 체질량 지수

BMI	질병 위험	분류
<18.5	증가	저체중
18.5~24.9	낮음	정상 체중
25.0~29.9	증가	과체중
30.0~34.9	높음	비만
35.0~39.9	매우 높음	비만Ⅱ
≥40.0	극단적으로 높음	비만Ⅲ

비만의 원인

비만의 원인은 복합적이고 다양하지만, 생리학적으로 에너지 균형(칼로리 과다 섭취 및 적은 소비)에 문제가 있다는 사실에 동의하지 않는 사람은 거의 없다. 비만은 복잡한 의학적 문제이기 때문에 피트니스 전문가는 정확하고 실행 가능한 식이 섭취 권고를 위해 공인된 식이 영양사(기타 자격을 갖춘 전문가)와 긴밀히 협력하는 것이 중요하다.

전반적으로 좌식 생활을 하는 성인은 10년마다 약 5파운드(약 2.3kg)씩 근육이 감소함과 동시에 10년에 15파운드(약 6.8kg)의 지방이 늘어난다고 한다(Mozaffarian et al., 2011). 또한 평균적인 성인은 30~80세 사이에 제지방량이 약 15% 감소한다. 연령과 관련하여 지방 증가 정도를 조사했을 때, 체지방은 연령 문제가 아니라 주당 운동 시간과 관련 있는 것으로 나타났다(Maciejczyk et al., 2014). 또한 좌식 생활을 많이 하는 사람들 중 남성의 경우, 일일 활동 수준이 체지방량이 변하는 원인의 75% 이상을 차지한다고 보고하고 있다(Drewnowski & Darmon, 2005).

비만과 운동

© Africa Studio/Shutterstock.

규칙적인 신체활동과 운동은 장기적으로 성공적인 체중 감량을 달성하는 가장 중요한 요인 중 하나이다. 비만과 병적으로 비만인 고객은 운동과 관련한 독특한 문제들을 가지고 있다는 점을 주목해야 한다. 예를 들면, 체중과 그들의 보행(걷는 패턴) 간의 상관관계가 있다는 연구 결과가 있다. 비만인은 비만이 아닌 사람과 비교할 때 걷는 동안과 최대 보행 속도 모두에서 보행의 패턴이 다르다고 한다(Ko et al., 2010). 비만 고객을 위한 운동 트레이닝은 코어, 밸런스, 심폐, 저항 트레이닝을 조합해 주로 에너지 소비에 초점을 맞추어 칼로리를 소모하도록 진행해야 하며, 균형 및 보행 역학을 개선하도록 도와야 한다(Benito et al., 2016; Lagally et al., 2009).

효과적인 체중 감량을 위해 비만인 고객은 운동 세션당 200~300kcal를 소비해야 하며, 신체활동과 운동을 통해 주당 최소 1,200kcal의 에너지 소비 목표를 가져야 한다. 처음 설정한 운동 에너지 소비 목표는 서서히 늘려서 주당 2,000kcal까지 늘린다(Donnelly et al., 2009). 체중 감량을 위해 설계된 모든 운동 프로그램에 저항 트레이닝을 점차적으로 추가시켜야 하지만, 지속적인 장기 유산소 지구력 운동도 우선순위에 넣어야 한다. 연구에 따르면 서킷(순환) 스타일의 저항 트레이닝은 빠른 속도로 걷는 운동과 비교할 때 동일한 시간에서 거의 동일한 칼로리 소비율을 보인 것으로 나타났다(Catenacci et al., 2011). 그러므로 저항 트레이닝은 체중 감량 프로그램의 중요한 구성 요소이다. 저항 트레이닝은 제지방량을 유지하도록 하거나 증가시켜서 결국 신진대사율을 높이고, 체성분을 개선시켜 주기 때문이다.

비만 고객을 위한 유산소 및 저항 트레이닝 프로그램을 설계할 때는 건강한 성인과 동일한 트레이닝 지침을 사용할 수 있다. 건강 및 움직임 평가는 초기 프로그램 디자인 목표와 변수를 설정하기 위해 항상 실시해야 한다(Moore et al., 2016). 예를 들면, 밀기, 당기기, 조정된 스쿼트 평가를 사용하여 12장에서 제시한 일부 적합성 평가를 이 집단에 적용할 수 있다. 비만인의 평가나 훈련을 위한 저항 트레이닝 운동은 케이블, 튜빙 운동이나 앉거나 선 자세에서 체중을 이용하여 하는 운동이 가장 좋다. 유연성 운동 역시 서거나 앉은 자세

사망률 Mortality 사망 또는 사망의 위험이 있는 상태

동맥경화증 Arteriosclerosis 동맥의 탄력이 떨어지고 경화되는 것을 일컫는 일반적인 용어

죽상동맥경화증 Atherosclerosis 동맥에서 플라크가 형성되어 혈류를 감소시키는 증세

고유수용감각 Proprioception 신체의 일반적인 방향과 부분의 상대적 위치를 자연스럽게 감지하는 신체의 능력

신체활동 전 건강 검사 설문지 Physical Activity Readiness Questionnaire (PAR-Q+) 구조적 운동을 위한 개인의 신체적 준비 상황을 평가하기 위해 고안된 세부적인 설문지

발살바 메뉴버 Valsalva maneuver 기관지를 닫은 채 숨을 내뱉으려고 배에 힘을 주는 조작. 추가적인 복부 압력 및 척추 안정화를 만들어낸다.

비만 Obesity 과도한 체지방과 관련된 복합 질병. 체질량 지수 30 이상을 비만으로 분류한다.

과체중 Overweight 정상 체중보다 높은 체중. 체질량 지수 25.0~29.9 사이를 말한다.

에서 수행해야 한다. 예를 들어, 무릎 꿇고 하는 엉덩관절 굽힘근 스트레칭보다는 서서 하는 엉덩관절 굽힘근 스트레칭(스탠딩 힙 플렉서), 서서 또는 앉아서 하는 햄스트링 스트레칭, 벽에서 하는 장딴지 스트레칭, 앉아서 하는 모음근 스트레칭이 좋다. 그러나 자가근막기법은 주의해서 실시해야 하며 집에서 하는 것은 피하는 것이 좋다(비만 고객의 운동에 있어 심리사회적 측면에 대해서는 다음에 논의하겠다).

이들에게는 코어와 밸런스 트레이닝 또한 중요한데, 비만인은 균형이나 걷는 속도가 떨어지기 때문이다. 비만인 사람들은 운동 시 나타나는 저혈압(낮은 혈압) 및 고혈압(높은 혈압) 반응 모두에 취약하기 때문에 엎드린 자세(배로) 또는 누운 자세(등으로)를 취할 때는 주의해야 한다. 비만인 고객은 선 자세로 운동하는 것이 더 적절하고 본인들에게도 더 편하다. 예를 들어, 경사 형태의 플랭크 운동을 하거나(그림 23-1) 스탠딩 메디신 볼 로테이션(그림 23-2)을 하는 것이 바닥에 반듯이 누워서 하는 크런치보다 특정 비만 고객에게는 더 적합하다. 저항 트레이닝은 앉은 자세에서 시작해서 선 자세로 점진적으로 진행하는 것이 좋다.

피트니스 전문가는 고객이 저항 트레이닝 중 올바르게 호흡하는지, 운동 중에 긴장하거나 운동 기구를 너무 꽉 잡아 혈압을 상승시키지는 않는지도 확인해야 한다.

그림 23-1 인클라인 플랭크

비만 고객과 함께 운동할 때의 심리적 측면

비만은 사람의 정서와 자존감에 영향을 미칠 수 있기 때문에 독특한 만성 질환이라고 할 수 있다(Beck, 2016). 비만은 신체적인 측면만큼 정서적, 사회적 측면도 변화시킬 수 있다. 피트니스 전문가는 비만 고객을 트레이닝할 때 비만의 심리사회적 측면을 알고 있어야 고객이 사회적으로나 정서적으로 안정감을 느끼게 할 수 있다. 그들의 정서적, 신체적 웰빙에 대한 이러한 관심은 고객과 피트니스 전문가 사이의 신뢰를 구축해 고객이 체중 감량 및 운동 프로그램을 더 잘 준수하도록 돕는다.

그림 23-2 스탠딩 메디신 볼 로테이션

표 23-6 과체중 혹은 비만인 사람을 위한 생리학적 고려 사항 및 트레이닝 시 고려 사항

생리학적 고려 사항	건강과 피트니스에 대한 고려 사항
고혈압, 심혈관 질환, 당뇨병을 포함한 기타 동반 질환(진단 받았거나 진단 받지 않은)이 있을 수 있다.	초기 검사에서 진단 받지 않은 동반 질환이 없는지 확인해야 한다.
최대산소섭취량 및 환기(무산소) 역치는 일반적으로 감소한다.	체중을 지지하는 테스트나 트레이닝 방식(사이클 에르고미터, 수영, 수중 에어로빅)이 좋다. 고객에게 이러한 제한 사항이 없다면 운동의 지속성을 위해 걷기 프로그램을 고려한다.
다이어트를 병행할 경우 운동 능력을 방해하고 제지방량이 현저히 감소할 수 있다.	초기 프로그램에서는 운동 강도를 높이기 전까지 저강도로 적당한 운동 시간(최대 60분까지 허용)과 빈도(주당 5~7일)로 실시한다. 운동 강도는 운동 능력의 60~80%를 넘지 않아야 하며, 주당 열량은 최소 1,200kcal이고, 가능한 범위 내에서 2,000kcal까지 진행할 수 있다.
체성분 측정은 과체중 또는 비만의 정도를 정확하게 반영하지 않을 수 있다.	체중 감소를 알아보기 위해 BMI, 체중, 허리-엉덩이 둘레 또는 둘레 측정을 이용할 수 있다.

적절한 운동 선택과 자세는 고객의 웰빙에 매우 중요하다. 예를 들어, 기구들은 대개 비만인에게 맞게 설계되지 않아 기구에 들어가고 나오는 데 상당한 불편이 있을 수 있다. 그러므로 운동 머신 대신 덤벨, 케이블, 또는 튜빙이 더 효과적이다. 일부 비만 고객은 유연성 기술을 수행하는 데 불편함을 느낄 수 있으므로 바닥에서 실시하는 자가근막기법은 주의를 기울여 시행하거나 하지 말아야 한다. 고객이 자신 없어하거나 사생활 보호를 원할 경우 일부 운동은 집에서 하도록 하거나 헬스 클럽 내에서 프라이버시가 보장된 공간에서 해보도록 하는 것이 좋다. 또한 비만 고객은 정형외과적(관절) 부담을 줄이기 위해 체중을 지지해줄 수 있는 운동(사이클링이나 수영)이 권장된다. 그렇지만 걷기는 비만 고객이 더 선호하는 운동이자 쉽게 할 수 있고, 꾸준히 할 수 있는 운동이다. 특히 지속성(adherence)의 관점에서 걷기의 이점이 정형외과적 부상 위험보다 더 크다고 생각되면 걷기는 우선적으로 추천해야 할 운동이다. 피트니스 전문가는 자세, 사생활을 보장해주는 트레이닝 시설의 위치, 운동 기구의 선택 등 비만 고객이 운동하게 될 모든 상황을 확인해야 한다. 비만 고객을 위한 운동 시 고려 사항은 [표 23-6]과 [표 23-7]에 나와 있다.

지속성 Adherence 주어진 행동이나 행동 계획에 지속해서 따르는 정도

표 23-7 과체중 또는 비만인 사람을 위한 기본적인 운동 지침

유형	적은 충격 운동(러닝머신 걷기, 로잉, 고정식 사이클링, 수중 운동)
운동 횟수	주당 최소 5일
강도	최대 심박수의 60~80% 필요한 경우 최대 심박수의 40~70%로 변경할 수 있다. 운동 강도를 확인하기 위해 대화 테스트*를 해보면 도움이 된다.
운동 시간	1일 40~60분 또는 1일 2회 20~30분씩
평가	밀기 평가 당기기 평가 오버헤드 스쿼트 평가(가능한 경우)
유연성	자가근막기법(고객이 편안하게 느낄 경우에만) 정적, 능동적, 동적 스트레칭
저항 트레이닝	주당 2~3일, 10~15회 반복, 1~3세트 견딜 수 있으면 20회 정도로 반복 횟수를 높여서 서킷(순환) 방식으로 수행할 수 있다.
특별 고려 사항	고객이 시설의 위치와 장소를 잘 알고 있으며 편안하게 느껴야 한다. 운동은 서거나 앉은 자세에서 수행한다. 고객은 다른 만성 질환을 갖고 있을 수 있다. 이런 경우 고객의 주치의로부터 허락을 받아야 한다.

*대화 테스트는 강도를 측정하는 방법이다. 운동 중 대화를 편하게 이어갈 수 있다면 트레이닝 시 심장박동의 범위가 아마도 낮을 것이다. 고객이 문장을 완전히 말하기 어려울 정도라면 심장박동의 범위가 높은 상태이다. 사람의 반응과 운동 상태에 따라서 강도를 적절하게 조정한다.

당뇨병

당뇨병(diabetes)은 인체에서 충분한 인슐린을 생산하지 못하거나(제1형) 인체가 인슐린에 정상적으로 반응하지 못하는(제2형) 대사 장애이다. 미국에서는 약 2,360만 명의 어린이와 성인이 당뇨병을 앓고 있다(인구의 9.4%)(Bullard et al., 2018). 당뇨병은 전 세계 7번째 사망 원인이며, 심장 질환, 고혈압, 성인기 발병 실명의 위험과도 관련되어 있다(Bullard et al., 2018). 전 세계적으로 당뇨병 발생은 1980년 1억 800만 명에서 2014년 4억 2,200만 명으로 증가했다(WHO, 2018a). 30세 이전에 당뇨병이 발병한 사람은 40세 이전에 사망할 확률이 그렇지 않은 사람에 비해 20배나 높은 것으로 나타났다(Thent et al., 2013).

당뇨병에는 제1형(인슐린 의존성 당뇨병)과 제2형(인슐린 비의존성 당뇨병), 두 가지 종류가 있다. 제2형 당뇨병은 인슐린 비의존성 당뇨병으로 불리며, 제2형 당뇨병을 가진 사람 중 일부는 혈당 수치를 관리할 수 없어 추가 인슐린 투여가 필요하다. 제2형 당뇨병은 소아 비만 및 성인기 발병 비만과 밀접한 관련이 있다.

제1형 당뇨병은 대개 어린이, 10대 또는 젊은 성인에서 진단된다. 제1형 당뇨병은 베타 세포라 불리는 췌장의 특수 세포가 인슐린 분비를 중단하여 혈당 수치가 올라가고, 고혈당증(hyperglycemia)을 유발한다. 이 고혈당증을 관리하기 위해 제1형 당뇨병이 있는 사람은 췌장이 생성하지 못하는 인슐린을 보충하기 위해 인슐린 주사를 맞아야 한다. 운동은 세포가 포도당을 이용하는 비율을 높여주는데, 이는 운동으로 인슐린 수치를 조절할 수 있음을 의미한다. 제1형 당뇨병 환자가 운동 전, 운동 중, 운동 후에 혈당 수치를 관리하지 않으면 혈당 수치가 급격히 떨어져 저혈당증(hypoglycemia)을 일으키고, 허약, 어지러움, 의식 상실이 올 수 있다. 인슐린, 적절한 식이요법, 운동이 제1형 당뇨병 환자에게 할 수 있는 주요 처방이며, 이런 사람은 안전을 위해 운동 전반에 걸쳐 모니터링해야 한다.

제2형 당뇨병은 비만, 특히 복부 비만과 관련 있다(Caspard et al., 2017). 전 세계적으로 성인의 제2형 당뇨병 발병률과 유병률은 최근 몇 년간 급격히 증가했다. 복부 비만의 증가와 자발적인 신체활동의 부족으로 나타난 어린이의 제2형 당뇨병 발병률 증가는 심각한 공중 보건 문제이다. 제2형 당뇨병 환자는 일반적으로 적절한 양의 인슐린을 생산하지만, 세포가 인슐린에 내성이 생긴 상태이다. 즉, 인슐린이 적절한 양의 혈당을 세포 안으로 전달하지 못한다는 뜻이다. 이런 상태는 고혈당증을 유발한다. 만성적인 고혈당증은 신장, 심장, 신경, 눈, 순환 계통을 망가뜨려 여러 질병을 가져온다. 제2형 당뇨병 환자는 제1형 당뇨병 환자와 똑같이 극심한 혈당 변화를 경험하지는 않지만, 그 증상을 알고 있어야 하며, 특히 인슐린 치료를 받고 있는 제2형 당뇨병 환자의 경우 더욱 그렇다.

운동과 당뇨병

두 종류의 당뇨병 환자에게 운동의 가장 중요한 목표는 혈당 조절이며, 제2형 당뇨병 환자에게는 체중 감량과 에너지 소비이다. 운동은 인슐린과 유사한 작용을 하여 골격근 운동을 통해 순환하는 포도당의 흡수를 증진시키기 때문에 두 가지 당뇨병 모두에 효과적이다. 연구에 따르면 운동은 조직 민감도, 포도당 내성, 인슐린 요구량을 포함한 다양한 포도당의 척도를 개선시키는 것으로 나타났다(Moore et al., 2016; Thent et al., 2013). 따라서 운동은 제2형 당뇨병의 치료와 예방에 매우 긍정적인 효과가 있는 것으로 밝혀졌다.

당뇨병 환자를 트레이닝할 때는 운동 중이나 후에 저혈당 또는 고혈당을 예방하기 위한 전략이 필요하다. 혈당이 안정되었을 때나 증상에 따라서 어떻게 운동을 진행하고 연기해야 하는지에 대한 특정 운동 지침이나 권장 사항을 가지고 있어야 한다. 대부분의 경우, 다른 건강 관련 문제를 제외한다면 당뇨병 환자의 운동 관리 목표는 신체활동이 부족하거나 과체중인 사람의 목표와 비슷하다. 걷기는 비만 고객에게 매우 좋은 운동 형태이지만, 당뇨병 환자에게는 발 감염을 유발할 수 있는 수포와 발의 미세 외상을 예방하기 위해 주의를 기울여야 한다. 또한 저혈당이나 고혈당의 위험을 줄이기 위해 운동 전후에 탄수화물 섭취와 인슐린 사용에 대해 조언할 때는 특별한 주의를 기울여야 한다.

당뇨병 환자를 위한 운동 지침은 제2형 당뇨병 환자가 대개

당뇨병 Diabetes 인슐린 결핍으로 인한 만성 대사 장애로 탄수화물 사용이 감소하고 지방과 단백질 사용이 증가한다.

고혈당증 Hyperglycemia 높은 혈당 상태. 혈류에 상승된 포도당 상태

저혈당증 Hypoglycemia 낮은 혈당 상태. 혈류의 포도당 결핍 상태

비만이기 때문에 비만 성인을 위한 운동 지침과 유사하다. 이런 경우, 더욱 안정적인 혈당 관리와 최대 칼로리 소비를 위해서 매일 운동하는 것이 좋다(표 23-8 및 표 23-9). 저강도 운동은 부상 위험을 줄일 수 있으며, 저항 트레이닝은 건강과 체력을 위해 전반적인 운동의 일부로 포함시켜 진행한다. 평가 절차는 11장과 12장에서 설명한 절차를 따른다. 유연성 트레이닝은 제안된 대로 시행할 수 있으나 자가근막기법에 특별한 주의를 기울여야 한다. 신경 장애(즉, 발과 다리의 보호 감각 상실)가 있는 사람에게는 자가근막기법을 실시하지 말아야 한다. 자가근막기법에 신중해야 한다는

트레이닝 팁

혈당 수치는 하루에도 여러 번 바뀔 수 있는데, 특히 식사 직전과 직후에 심하다. 정상 혈당 수치는 보통 공복 시 100mg/dL 미만, 식후 2시간 후 140mg/dL 미만이다.

저혈당은 혈당이 너무 낮아 정상적인 생리 기능을 지원할 수 없는 상태를 말한다. 저혈당의 증상은 일반적으로 혈당 수치가 70mg/dL 미만으로 떨어질 때 발생한다. 저혈당의 신호와 증상을 알아채는 것이 저혈당을 바로잡는 첫 단계이다. 저혈당의 증상에는 다음과 같은 것들이 있다.

- 피로
- 창백하고 축축한 피부
- 불규칙한 심박수
- 발한
- 떨리고 불안정한 기분
- 극심한 배고픔

저혈당 증상이 심해지면 다음과 같은 저혈당 신호와 증상이 나타날 수 있다.

- 의식 혼란
- 시야 흐려짐
- 발작 가능성
- 극도로 과민해짐

저혈당의 초기 치료는 주스, 소다수, 딱딱한 사탕 같이 단순당을 섭취하는 것이다. 증상이 개선되지 않으면 전문의를 찾아 의료적 도움을 받아야 한다.

표 23-8 당뇨병 환자를 위한 생리학적 고려 사항 및 트레이닝 시 고려 사항

생리학적 고려 사항	건강과 피트니스에 대한 고려 사항	스포츠, 운동 트레이닝에 대한 고려 사항
동반 질환(심혈관 질환, 비만, 고혈압 포함)과 자주 연관된다.	제2형 당뇨병 운동 프로그램은 체중 감량과 심장 보호를 최대화하기 위해 주당 1,000~2,000kcal의 열량 소비를 목표로 한다.	동반 질환(두 가지 만성 질병의 존재) 검사가 중요하다.
운동은 인슐린과 유사한 효과가 있다.	격렬한 신체 운동은 저혈당증의 위험을 높인다.	저혈당의 징후와 증상을 주시한다.
저혈당증은 운동 후 몇 시간 후나 운동 중에 발생할 수 있다.	최근에 진단 받은 사람은 운동 전, 운동 중, 운동 후에 혈당을 측정한다.	야간 저혈당을 예방하기 위해 운동 후 혈당을 보충한다.
베타 차단제를 복용하는 사람은 저혈당증의 징후와 증상을 인지하지 못할 수 있다.	운동의 강도와 기간에 비례해 약간의 인슐린 감소, 탄수화물 섭취 증가가 필요할 수 있다.	운동 전에 상당한 인슐린 용량 감소가 필요할 수 있다. 운동 전과 운동 중에 탄수화물 섭취가 필요할 수 있다.
운동 중 과도한 체온 증가는 저혈당증의 징후일 수 있다.	운동 후 탄수화물 섭취를 권장한다.	초기 운동 프로그램에서는 일관된 혈당 조절을 위해 최대 60분의 지속 시간과 주당 5~7일의 빈도로, 저강도로 진행한다. 강도는 처음부터 운동 능력의 50~90%를 넘지 않도록 한다.
망막 질환의 위험이 증가한다.	저혈당증의 징후와 증상을 인지하도록 한다.	저항 트레이닝 지침은 정상 체중의 건강한 성인의 지침을 따른다.
말초신경병증(손이나 발의 쇠약, 무감각, 또는 통증)은 비정상적 보행과 발의 물집으로 인한 감염 위험을 증가시킬 수 있다.	적절한 신발을 신고 체중 부하 운동을 조심스럽게 진행한다.	수포 또는 피부 상처를 매일 확인하고 적절한 신발을 신도록 한다.

표 23-9 당뇨병 환자를 위한 기본 운동 지침

유형	적은 충격의 운동(사이클링, 러닝머신 걷기, 수영 같은 운동)
운동 횟수	주당 4~7일
강도	최대 심박수의 50~90% 심폐 트레이닝(필요한 경우 최대 심박수의 40~70%로 변경할 수 있다)
운동 시간	20~60분
평가	밀기 평가 당기기 평가 오버헤드 스쿼트 평가(견딜 수 있다면)
유연성	정적 스트레칭, 능동적 스트레칭, 동적 스트레칭
저항 트레이닝	주당 2~3일, 10~15회 반복하는 운동을 1~3세트 실시 20회로 반복 횟수를 더 높일 수도 있다.
특별 고려 사항	적합한 신발을 신게 하고, 고객 또는 의사에게 발의 수포나 비정상적인 마모 패턴이 있는지 확인하도록 한다. 갑작스러운 저혈당증을 피하기 위해 운동 중 간식(탄수화물의 빠른 공급원)을 지참하도록 조언한다. 과도한 플라이오메트릭 트레이닝은 피하고, 고강도의 트레이닝은 권장하지 않는다. 자가근막기법은 금기일 수 있다. 의사의 허락이 있어야 한다.

전문가의 조언은 물론이고, 고객이 치료를 받고 있다면 금기 사항일 수 있으므로 당뇨병 전문가로부터도 조언을 얻어야 한다. 통합 트레이닝 프로그램은 당뇨병 환자에게 적합하지만, 플라이오메트릭 트레이닝은 부적절할 수 있다.

고혈압

혈압은 혈액이 혈관벽, 특히 동맥에 가하는 압력으로 정의된다. 혈압은 심장박동의 세기, 동맥벽의 탄성, 혈액의 양과 점성, 개인의 건강, 나이, 신체적 상태에 따라 다르게 나타난다. 고혈압(hypertension) 또는 높은 혈압은 동맥 혈압이 수축기 120mmHg 이상, 이완기 80mmHg 이상인 흔한 의학적 장애이다. 최소 2회 이상 다른 상황에서 측정한 혈압이 정상보다 높거나, 현재 혈압 조절을 위해 약물을 복용하고 있는 경우 고혈압이 있는 것으로 간주한다. 미국심장학회(American College of Cardiology)와 미국심장협회(American Heart Association)는 최근에 업데이트된 혈압 지침을 발표했다(American College of Cardiology, 2017). 개정된 지침은 다음과 같다.

- 정상 혈압은 120/80mmHg 미만이다.
- 높은 혈압은 수축기 120~129mmHg, 이완기 80mmHg 미만이다.
- 1단계 고혈압은 수축기 130~139mmHg, 이완기 80~89mmHg이다.
- 2단계 고혈압은 수축기 140mmHg 이상, 이완기 90mmHg 이상이다.
- 고혈압성 위기는 수축기 180mmHg 이상, 이완기 120mmHg 이상이다.

고혈압의 가장 흔한 원인은 흡연, 운동 부족, 과도한 음주, 과체중 등이 있다. 고혈압의 건강상 위험성은 잘 알려져 있으며, 뇌졸중(stroke), 심혈관 질환, 심부전(heart failure), 신부전(kidney failure)을 불러올 수 있다.

고혈압을 관리하는 가장 일반적이고 전형적인 방법 중 하나는 항고혈압 약을 복용하는 것이다(Khera et al., 2018). 약물이 매우 효과적이긴 하지만, 규칙적인 신체활동, 건강한 식사, 금연을 포함하는 포괄적인 생활 방식의 변화도 혈압을 낮추어 약물이 필요 없게 하거나 줄여주는 것으로 나타났다(Ghadieh & Saab, 2015).

연구에 따르면 운동은 수축기 혈압과 이완기 혈압 모두에서 평균 10~20mmHg 정도를 떨어뜨리는 데 어느 정도 효과가 있는 것으로 드러났다(Börjesson et al., 2015). 왜냐하면 운동은 신체활동이나 다른 생리적 스트레스 요인에 신체가 더 적절하게 반응하도록 하기 때문이다. 이런 변화는 크지는 않지만, 혈압이 낮아지면 전반적인 건강 위험도 줄어들기 때문에 이러한 사실은 매우 중요하다. 혈압을 낮추는 데에 저강도에서 중강도의 심폐 운동은 고강도 운동 만큼이나 효과가 있는 것으로 나타났다(Costa et al., 2018). 이것은 고강도 심폐 운동을 할 신체적 능력이 없거나 고혈압이 있는 노년층이나 비만인 사람에게 중요한 사실이다.

운동, 식이요법, 체중 감량(적절한 경우에) 등 혈압을 낮추기 위한 전반적인 계획을 세워 실천하는 것도 필요하지만, 가장 중요한 것은 병원 치료를 받고 있다면 의학적 치료 계획을 준수하는 것이다. 피트니스 전문가는 모든 고객에게 처방약을 복용하는 것이 중요하다는 것을 강조해야 한다. 또한, 최대하 운동 검사 동안이나, 편안한 운동 부하에서 측정된 운동에 대한 고객의 심박수 반응을 평가해야 한다. 고혈압 환자는 심박수 변화를 가져오는 약물을 자주 복용하는데, 이들 약물은 운동에 대한 심박수 반응을 둔화시켜 예측 공식 또는 트레이닝 시 심박수 추정치를 무용지물로 만든다. 따라서 피트니스 전문가는 모든 고객들, 특히 고혈압이 있는 고객의 휴식기와 운동 시 혈압을 정확하게 평가하는 방법을 배워야 한다. 혈압 측정 방법은 지역 의료 기관이나 병원에서 실시하는 수업에서 배울 수 있다.

고혈압이 있는 고객의 경우 운동 트레이닝 세션 내내 신체 자세를 모니터링하는 것도 중요하다. 비만이나 당뇨병 환자처럼 고혈압이 있는 고객의 신체 자세는 운동 전, 운동 중, 운동 이후의 혈압에 극적인 영향을 미친다. 눕거나 엎드린 자세(특히 머리가 심장보다 낮은 경우)는 혈압을 종종 높일 수 있으므로, 이런 자세는 하지 못하게 한다. 예를 들면, 엉덩관절 강화를 위해 플로어 브릿지(그림 23-4)를 하는 것보다 스탠딩 케이블 힙 익스텐션(그림 23-3) 운동이 더 적절하다. 고혈압 환자에게는 운동에 대한 저혈압 반응과 고혈압 반응 모두가 나타날 수 있다는 점에 유의해야 하는데, 특히 약물이나 신체 자세, 운동 선택의 영향을 고려할 때 더욱 그렇다.

고혈압 환자를 평가할 때는 11장과 12장의 지침을 따라야 한다. 또한 운동은 앉거나 선 자세에서 수행해야 한다(표 23-10, 표 23-11). 고객에게 다양한 유연성 기술을 사용할 수 있지만, 정적, 능동적 스트레칭이 가장 쉽고 안전하다. 바닥에서 수행되는 폼 롤링은 누워서 해야 하기 때문에 금지하는 것이 좋다. 처음에는 지속적이면서 저강도(운동 능력의 50~85%)인 유산소 심폐 프로그램이 권장되지만, 이것도 의사의 승인 후에만 가능하다.

고혈압을 가진 사람에게는 누워서 하는 코어 운동보다 선 자세에서 하는 코어 운동이 더 좋다. 스탠딩 케이블 등 회전(그림 23-5) 또는 선 자세로 하는 코브라(그림 23-6)가 좋은 예이다. 플라이오메트릭 트레이닝은 이들에게 주의하여 사용해야 한다.

그림 23-3 스탠딩 케이블 힙 익스텐션

그림 23-4 플로어 브릿지

고혈압 Hypertension 지속적으로 상승된 혈압

뇌졸중 Stroke 동맥이 막히거나 혈관이 파열되어 갑자기 뇌에 혈액 공급이 부족해진 현상

심부전 Heart failure 몸이 필요로 하는 충분한 혈액을 심장이 보내줄 수 없는 상태

신부전 Kidney failure 신장이 혈액의 노폐물을 충분히 걸러줄 수 없는 갑작스러운 상태로 신장 기능 상실을 초래한다.

표 23-10 고혈압 환자를 위한 생리학적 고려 사항 및 트레이닝 시 고려 사항

생리학적 고려 사항	건강과 피트니스, 스포츠, 운동 트레이닝에 대한 고려 사항
운동에 대한 혈압 반응은 운동 형태나 강도에 따라 다양하게 나타나고, 과장될 수도 있다.	처음에는 지속적이고 저강도(운동 역량의 50~85%)인 유산소 운동 프로그램이 좋다. 운동 횟수와 시간은 최소 주당 3~5일, 1일 20~45분이어야 하며, 체중 감량이 필요하면 전체 운동량을 추가로 늘린다.
약물 치료에도 불구하고, 운동 전 고혈압이 나타날 수 있다.	저항 운동은 말초 심장 활동 또는 서킷(순환) 방식으로 구성해야 한다. 발살바 메뉴버를 피하고, 리드미컬한 호흡과 근육 건강을 위한 프로그램 디자인을 강조한다(예: 8~10가지 운동, 10~20회 반복, 1~3세트, 주당 2~3일).
고협압은 비만, 심혈관 질환, 당뇨병 등 다른 동반 질환과 관련이 있다.	동반 질환에 대한 검사가 중요하다. 운동은 체중 감량과 심장 보호를 최대화하기 위해 주당 1,500~2,000kcal의 칼로리 소비를 목표로 하되 견딜 수 있는 범위에서 진행한다.
베타 차단제와 같은 일부 고혈압 치료제는 휴식 시 심박수와 운동 반응을 감소시킨다.	심박수에 영향을 미치는 약을 복용하는 고객의 경우, 최대 심박수 예측 공식을 사용하지 않는다. 실제 심박수 반응 또는 대화 테스트를 실시한다. SBP(수축기 혈압) 200mmHg와 DBP(이완기 혈압) 115mmHg에 도달할 경우 즉시 운동을 중단한다. 피트니스 시설이 마련한 다른 지침도 항상 확인한다(Riebe et al., 2018).

노트: SBP: 수축기 혈압, DBP: 이완기 혈압

표 23-11 고혈압 환자를 위한 기본 운동 지침

유형	고정식 사이클링, 러닝머신 걷기, 로잉(rowers)
운동 횟수	주당 3~7일
강도	최대 심박수의 50~85% 심폐 운동은 필요한 경우 최대 심박수 40%에서 시작하여 허용되는 수준까지 진행할 수 있다.
운동 시간	30~60분
평가	밀기 평가 당기기 평가 오버헤드 스쿼트 평가 싱글 레그 스쿼트 평가(허용되는 경우)
유연성	서 있거나 앉은 자세에서 정적 및 능동적 스트레칭
저항 트레이닝	주당 2~3일, 10~20회 반복, 1~3세트 리프트의 등축성 및 단축성 부분에서 1초를 넘기지 않는 속도로 한다. 적절한 휴식 간격을 주면서 서킷(순환 방식) 또는 PHA(상하체 교대 시스템) 웨이트 트레이닝 중 선택한다.
특별 고려 사항	무거운 리프트와 발살바 메뉴버는 피한다. 고객이 정상적인 방식으로 숨쉬고 있는지 확인한다. 고객이 무게를 너무 많이 잡거나 주먹을 꽉 쥐지 않도록 한다. 확장된 등척성 및 단축성 근육 운동을 피하기 위해 속도를 조절한다. 서 있거나 앉은 자세에서 운동한다. 가능한 한 어지러움을 피하기 위해 천천히 일어서게 한다. 모든 진행은 천천히 한다.

저항 트레이닝은 주로 앉거나 선 자세로 한다. 운동 트레이닝 프로그램은 팔다리 사이의 혈류를 분산시키기 위해 천천히 진행되어야 하며, 순환 방식이나 상하체 교대 시스템(PHA)(20장 참고)으로 수행해야 한다. 피트니스 전문가는 고혈압이 있는 고객이 항상 정상적으로 호흡하도록 노력해야 하고, 운동 장비를 사용할 때는 발살바 메뉴버나 과도한

그림 23-5 스탠딩 케이블 등 회전

그림 23-6 스탠딩 코브라

그립(너무 꽉 쥐기) 동작을 피하도록 한다. 이는 혈압을 갑자기 상승시키기 때문이다. 또한 고혈압이 있는 사람이 앉거나 누운 자세에서 일어설 때 어지러움을 느낄 수 있으므로 주의깊게 살펴야 한다.

관상동맥심장질환

관상동맥심장질환(Coronary heart disease, CHD)은 최근 몇 년 동안 사망률이 크게 감소했음에도 불구하고 남녀 모두에서 주요 사망 및 장애 요인으로 남아 있다(Mensah et al., 2017). CHD는 죽상동맥경화증(플라크 형성)이 원인으로, 관상동맥을 좁아지게 해서 결국에는 협심증(흉통), 심근경색증(심장마비), 또는 두 가지 모두를 일으킨다(Triposkiadis et al., 2007). CHD의 주요 요인은 나쁜 생활 습관(주로 흡연, 영양이 부족한 식단, 신체활동 부족)이다(Esselstyn, 2017). 의학계에서 CHD 치료는 플라크 안정화라고 불리는 관상동맥 내벽의 건강을 개선하는 것에 중점을 둔다. CHD 치료에 대한 다른 방안으로는 의약품을 이용한 의학적 관리와, 더 건강한 식이요법, 더 많은 운동, 금연, 스트레스 줄이기 등 적극적인 생활방식 개선을 통한 치료이다.

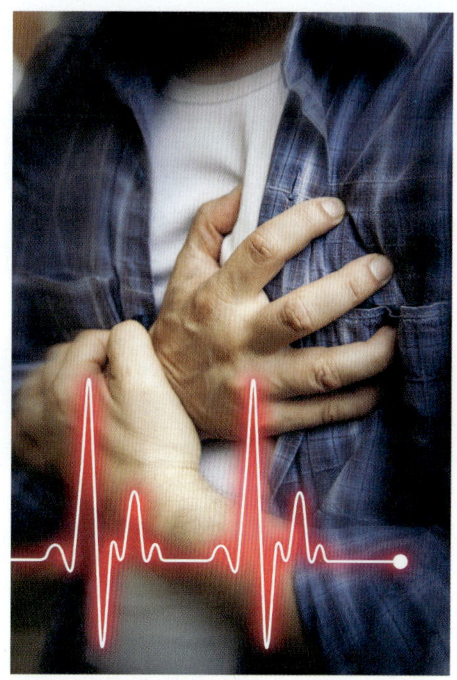

© Hriana/Shutterstock.

심장 질환을 진단 받았거나 진단 되지 않은 심장 질환이 있는 사람의 수가 늘어나면서 적절한 운동에 대해 피트니스 전문가의 조언을 구하려는 사람도 증가하고 있다. CHD 환자를 위한 운동 프로그램에서는 심각한 심혈관 합병증, 심지어 사망에 이르기도 하는 합병증의 위험이 낮아진다. CHD

표 23-12 관상동맥심장질환을 가진 사람을 위한 생리학적 고려 사항 및 트레이닝 시 고려 사항

생리학적 고려 사항	건강과 피트니스, 스포츠, 운동 트레이닝에 대한 고려 사항
심장 질환의 특성은 특정 수준의 운동에서 유발될 수 있으므로 그 이상은 위험하다.	운동의 안전 상한선을 가급적이면 심박수를 기준으로 해서 정한다. 심박수는 심장 질환이 있는 고객의 경우 기존의 예측 공식으로 계산해서는 안 되며, 주치의와 상의해야 한다.
심장 질환을 가진 고객은 협심증이나 기타 경고 신호가 없을 수도 있다.	고객은 자신의 맥박수를 관찰하고 정확한 모니터를 사용해 운동을 안전한 상한선 미만으로 유지할 수 있어야 한다.
기저 질환 및 약물 복용으로 운동에 반응하는 심박수는 연령 예측 공식과 항상 많은 차이가 있으며 대부분 더 낮게 나타난다.	운동을 중단하거나 줄이라는 신호나 증상이 항상 있어야 하지만, 일부 고객에게는 이 경고 시스템이 없을 수도 있으므로 심박수 모니터링이 더욱 중요하다.
고객에게 당뇨병, 고혈압, 말초 혈관 질환, 비만 같은 다른 동반 질환이 있을 수 있다.	질환에 기반해서 운동을 조정해야 하기 때문에 동반 질환을 찾아내는 것이 중요하다.
최고산소섭취량(환기 역치도 마찬가지로)은 손상된 심장 펌프와 말초 근육 손상으로 인해 종종 줄어든다.	운동 프로그램을 시작할 때는 저강도로 하되, 전문 교육을 받은 공인 운동 생리학자 또는 물리치료사가 제공하는 권장 사항을 기반으로 해야 한다. 유산소 운동 지침은 최대 운동 능력 40~80%에서 주당 3~5일, 최소 20~30분간 해야 하지만, 주치의가 처방한 안전한 운동 상한선 아래를 유지해야 한다. 심장 보호를 최대화하기 위해 일반적으로 칼로리 소비량 목표는 주당 1,500~2,000kcal가 권장되며, 허용 가능한 수준으로 진행한다. 저항 트레이닝은 유산소 운동 프로그램을 3개월 이상 자각 증상 없이 편안하게 운동한 후에 시작할 수 있다. 서킷(순환) 트레이닝 형식이 권장되며, 8~10개의 운동, 10~20회 반복, 1~3세트를 실시한다. 세트 사이에 필요한 만큼 호흡 조절과 휴식을 강조한다.

를 가진 고객을 위한 운동에서는 의사와 피트니스 전문가가 잘 보호하고 모니터링하기 때문이다. 그럼에도 피트니스 전문가는 심장병을 가진 고객을 늘 의식하고, 운동이 심장 질환에 위험을 초래할 수 있다는 점을 기억하면서 효과적인 운동 프로그램을 설계하도록 해야 한다(표 23-12).

어떤 경우에는 CHD가 있는 고객이 심장 재활 프로그램을 마친 후 피트니스 프로그램을 시작하기도 한다. 이때 심장 재활 프로그램을 마쳤는지 여부와 관계없이 피트니스 전문가는 고객의 질병, 약물 복용 상태를 알아야 하며, 가장 중요한 것은 고객의 주치의가 처방한 운동의 안전한 상한선 및 기타 제한 사항에 대해 명확하게 이해하고 있어야 한다는 것이다. 피트니스 전문가는 이러한 정보를 습득하는 데 있어 타협해서는 안 되며, 정보를 얻을 때까지는 고객을 운동에 참여하게 해서는 안 된다. 그러나 대부분, 고객을 통해 이 정보를 쉽게 얻을 수 있다.

고객은 자신의 맥박수를 찾아 관찰하거나 정확한 심박수 모니터를 사용하여 운동의 안전한 상한선 아래에 머물러야 한다. 또한 숨가쁨, 어지러움, 과도한 피로 같은 운동에 대한 내성의 신호와 증상에 대한 교육을 받아야 한다. 심장 질환 고객의 운동에 대한 심박수 반응은 연령 예측 공식과 상당히 다를 수 있고, 종종 더 낮을 수도 있다는 점에 유의해야 한다. 징후와 증상은 항상 운동을 줄이거나 중단하라는 신호로 받아들여야 하지만, 그것은 CHD 환자에 따라 상당히 다르므로 심박수와 협심증과 같은 CHD 악화 징후를 주의 깊게 관찰하는 것이 더욱 중요해지고 있다. 운동 강도를 평가하는 다른 유용한 방법으로 운동자각도(표 23-13) 또는 대화 테스트가 있다. 이것은 심박수를 잴 필요없이 운동 강도를 측정할 수 있게 해준다.

안정된 관상동맥질환을 가지고 있는 고객들, 특히 심장 재활 프로그램에 참가한 환자는 사망 위험률 감소, 운동 내성 증가, 근력 향상, 협심증 및 심부전 증상 감소, 심리적 상태 및 사회적 적응 개선 등과 같은 운동의 기능을 알아야 하며, 모른다면 교육을 받아야 한다. 집중 교육과 함께 운동, 상담, 지질 하강제 같은 다인자 중재 프로그램이 적절하게 사용될 때 심장 질환이 느려지거나 심지어 향상될 수 있다는 증거도 나오고 있다(Maruthur et al., 2009; Pischke et al., 2008).

피트니스 전문가는 운동만의 이점을 과대평가하지 않도

표 23-13 운동자각도

정도	운동 자각 수준
0	비운동, 휴식 상태
1	매우 가볍다
2–3	가볍다
4–5	중간, 다소 힘들다
6–7	고강도, 힘들다
8–9	매우 힘들다
10	최대치에 달하는 강도

록 주의해야 하며, 고객에게 심장 질환에 대한 종합적인 접근의 중요성을 강조해야 한다. 그렇다 하더라도 운동은 매우 중요하며, 대부분의 건강 및 피트니스 환경에서 안전하게 시행될 수 있다(표 23-14). 피트니스 전문가는 CHD가 있는 고객을 평가하기 위해서는 11장과 12장의 지침을 따라야 한다. 가능하면 운동은 앉거나 선 자세로 수행하되, 고객은 쉽고 안전한 자세에서 정적 스트레칭 및 능동적 스트레칭을 수행해야 한다. 자가근막기법에 대한 특정 권장 사항에 대해서는 전문의와 상담해야 한다. 심폐 트레이닝은 중강도의 운동(HR_{max} 40~75%)에 초점을 맞추고, 주치의의 조언에 따라 진행해야 한다.

코어 운동은 선 자세로 하는 것이 좋다. 몇 가지 예를 들면, 인클라인 플랭크, 스탠딩 케이블 아이소-로테이션 또는 선 자세의 코브라 등이 있다. 이 그룹에게는 플라이오메트릭이나 등척 운동은 초기 몇 달간은 시행하지 않는다.

저항 트레이닝은 앉거나 선 자세에서 하는 것이 이상적이다. 이들에게는 저강도 트레이닝이 적합하다. 프로그램은 고객이 필요한 만큼 충분한 휴식을 취하면서 서킷 스타일이나 상하체 교대 시스템(PHA)으로 실시하는 것이 이상적이다(20장 참고). 피트니스 전문가는 고객이 호흡을 제대로 하는지, 운동 시 무리한 힘을 가하거나 운동 장비를 너무 꽉 쥐지 않는지 확인해야 한다. 이러한 행동은 혈압을 높일 수 있기 때문이다.

골다공증

골감소증(osteopenia)은 골밀도(bone mineral density, BMD)가 정상 상태보다 낮아 골다공증의 전조로 여겨지는 상태이며, 골다공증(osteoporosis)은 골밀도(BMD)가 감소

표 23-14 관상동맥심장질환이 있는 사람을 위한 기본 운동 지침

유형	고정식 사이클링, 러닝머신 걷기, 로잉과 같은 큰 근육 그룹을 많이 쓰는 활동
운동 횟수	주당 3~5일
강도	HR_{max}의 40~75% 정도의 중강도 운동. 다음 단계로 진행 시에는 반드시 주치의의 조언을 구한다. 약물이 심박수에 영향을 줄 수 있으므로 대화 테스트도 적절할 수 있다.
운동 시간	준비 운동 5~10분, 운동 시간 20~40분, 정리 운동 5~10분
평가	밀기 평가 당기기 평가 오버헤드 스쿼트 평가(견딜 수 있는 경우)
유연성	서거나 앉은 자세로 정적 스트레칭 및 능동적 스트레칭
저항 트레이닝	주당 2~3일, 10~20회 반복, 1~3세트 등척성, 단축성 부분에서 1초를 넘기지 않는 속도로 진행한다. 적절한 휴식 간격을 주고, 서킷 또는 PHA(상하체 교대 시스템) 웨이트 트레이닝을 선택 사항으로 시행한다.
특별 고려 사항	고객은 당뇨병, 고혈압, 말초혈관질환, 비만 등 다른 질병도 고려해야 한다. 확장된 등척성 및 단축성 근육 운동을 피하기 위해 속도를 조절한다. 무거운 리프트와 발살바 메뉴버는 피한다. 고객이 정상적으로 호흡하는지 확인한다. 트레이닝 시 고객이 무게를 너무 많이 잡거나 주먹을 꽉 쥐지 않도록 한다. 서거나 앉은 자세에서 운동을 실시한다. 천천히 진행한다.

하고 뼈의 미세 구조가 파괴되어 뼈의 실제 단백질이 변형되는 뼈의 질병이다(그림 23-7). 골다공증에는 제1형(1차성)과 제2형(2차성)의 두 가지 형태 또는 부류가 있다. 1차성 골다공증은 정상적인 노화와 관련 있으며 에스트로겐과 프로게스테론 생성이 줄어든 것에 기인한다. 두 호르몬 모두 뼈의 소실 속도를 제어하는 데 관여한다. 2차성 골다공증은 과도한 음주, 흡연, 특정 질병 또는 특정 약물 등 정상적인 뼈 재생을 방해하는 특정 의학적 상태 또는 약물로 인해 발생한다. 두 가지 유형 모두 치료가 가능하며 남녀 모두에게 발병할 수 있다. 골감소증과 골다공증을 가진 고객들이 운동으로 증상을 지연시키거나 호전시키기 위해 피트니스 전문가를 찾는 경우가 점점 늘고 있다. 이들 대다수가 여성이지만, 남성들 역시 안심할 수만은 없다.

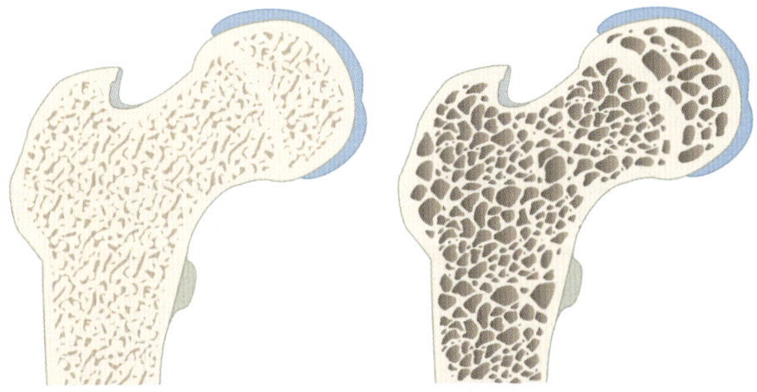

그림 23-7 골다공증

제1형 골다공증은 보통 여성의 폐경기에 2차적으로 발생하는 에스트로겐 결핍이 원인이 되어 나타나며, 대부분 폐경 후 여성에게서 많이 발생한다. 이 질환의 특징은 뼈의 재형성(새로운 뼈의 형성)은 감소하고 뼈의 재흡수(오래된 뼈의 제거)는 증가하면서 뼈의 미네랄 밀도가 감소하는 것이다.

골다공증은 일반적으로 넙다리뼈(허벅지뼈)와 요추(허리)에 영향을 미친다. 이들 뼈는 코어의 일부로 대부분의 힘이 모이는 신체 부위에 있다. 따라서 BMD가 감소하면 코어가 약화된 상태가 되어 골절과 같은 부상에 더 취약해진다. 연구에서는 50세 이상 폐경 여성의 엉덩관절 골절 위험이 5년마다 2배씩 증가하는 것으로 보고했다(Sullivan et al., 2017; Svejme et al., 2012). 미국, 일본, 유럽에서는 약 7,500만 명의 사람들이 골다공증을 앓고 있다(International Osteoporosis Foundation, 2019). 골다공증의 예방과 치료에는 식이요법과 운동 모두가 중요한 것으로 밝혀졌다(Akkawi & Zmerly, 2018; International Osteoporosis Foundation, 2019).

골다공증에 영향을 미치는 위험 요소에는 여러 가지가 있다. 가장 중요한 것 중 하나는 최대 골량이다. 최대 골량은 사람이 일생 동안 달성할 수 있는 가장 높은 골질량을 말한다. 뼈의 재형성은 근골격계에 가해지는 스트레스의 결과로 발생한다. 그러므로 지속적인 뼈의 재형성을 유지하려면 신체에 적절한 스트레스가 가해지도록 충분한 활동을 해주어야 한다. 이것은 최대 골량에 도달하려는 청소년과 젊은 성인에게서 특히 중요하다.

다른 위험 요인으로는 신체활동 부족, 흡연, 과도한 음주, 칼슘 섭취 부족 등이 있다(Akkawi & Zmerly, 2018; International Osteoporosis Foundation, 2019). 피트니스 전문가가 해야 할 핵심은 종합적인 건강 및 피트니스 프로그램을 통해 이런 요인들에 긍정적인 영향을 미칠 수 있다는 사실을 인식하는 것이다(표 23-15). 운동 프로그램 외에도 고객에게 칼슘과 비타민 D 섭취를 늘리고 음주를 줄이며 금연하도록 권장해야 한다(Akkawi & Zmerly, 2018; International Osteoporosis Foundation, 2019).

신체활동과 관련해서 골감소증 또는 골다공증 여부와 관계없이 고객이 체중을 싣는 운동(걷기, 조깅, 댄스, 계단 오르기 등) 또는 저항 트레이닝에 어느 정도 참여할 수 있는지를 결정하는 것이 중요하다. 예를 들면, 뼈에 스트레스를 주어(체중을 싣는 운동 또는 더 무거운 저항력 운동) 골질량을 늘리도록 고안된 운동의 이점과 진행성 골다공증으로 촉발될 수 있는 골절 위험 사이의 균형을 찾아야 한다.

저항 트레이닝에 참여한 사람은 그렇지 않은 사람들에 비해 BMD가 더 높다는 것이 입증되었다(Hong & Kim, 2018). 그러나 저항 트레이닝은 BMD를 몇 퍼센트 이상은 늘리지 않는 것으로 나타나 일부 연구자들은 저항 트레이닝으로 인한 골밀도 증가가 골절 발생을 예방할 만큼 충분치 않다고 생각하고 있다. 실제로 골절을 상쇄하려면 BMD가 20% 증가해야 한다고 추정한다. 따라서 단독으로 하는 근력 트레이닝보다는 낙상 예방에 중점을 둔 트레이닝이 고령자에게 더 유리하다는 주장이 제기되고 있다. 따라서 유연성과 골밀도(BMD)를 증가시키기 위해서는 저항 트레이닝과 코어 운동, 그리고 신체 인식, 협응력, 균형 감각을 향상시키는 밸런스 트레이닝을 결합한 운동이 이들에게 더 적합하다(표 23-16).

표 23-15 골다공증 환자를 위한 생리학적 고려 사항 및 트레이닝 시 고려 사항

생리학적 고려 사항	건강과 피트니스, 스포츠, 운동 트레이닝에 대한 고려 사항
최대산소섭취량 및 환기 역치가 만성적인 건강 손상으로 인해 자주 낮아진다.	일반적인 운동 부하 처방은 피트니스 표준과 같다. 최대 운동 능력의 40~70%로 주당 3~5일, 세션당 20~30분간 실시한다.
보행과 밸런스에 부정적인 영향을 미칠 수 있다.	생리학적, 신체적 제약으로 인해 밸런스를 강조하는 저강도의 체중 지지 운동 프로그램이 적합하다.
만성적 척추 골절로 심각한 허리 통증을 유발할 수 있다.	골감소증(운동 금기 사항 없음)이 있는 고객에게는 골질량을 늘리기 위해 저항 트레이닝이 좋다. 척추에 동적인 굽힘 운동을 피해야 한다. 1RM의 75% 이상인 부하가 골밀도를 늘리는 것으로 나타났지만, 고객이 이 부하를 견딜 수 있도록 적절하게 진행해야 한다. 서킷 트레이닝 형식이 권장되며, 8~10개의 운동을 운동당 8~12회씩 1세트를 실시하되, 세트 사이에 필요한 만큼 휴식한다.
나이, 질병, 키, 컨디션 저하로 낙상 위험이 높다.	중증 골다공증 환자는 하중에 의한 골절 위험을 줄이기 위해 수중 운동으로 전환해야 한다. 수중 운동이 불가능하다면 사이클링과 같은 다른 체중 지원 운동을 사용하고, 징후와 증상을 모니터링한다. 금연, 금주, 칼슘 및 비타민 D 섭취량 증가 등 뼈 건강을 증진시키는 생활 습관을 강화한다.

노트: 1RM: 1회 최대 반복

표 23-16 골다공증 환자를 위한 기본적인 운동 지침

유형	손잡이가 있는 러닝머신
운동 횟수	주당 2~5일
강도	심폐 트레이닝은 중강도(HR_{max} 40~65%)에서 시작하고 견딜 수 있는 정도로 점차적으로 진행한다.
운동 시간	하루 20~60분 또는 한차례에 8~10분 운동
평가	밀기 평가 당기기 평가 오버헤드 스쿼트 평가(견딜 수 있다면)
유연성	정적 및 능동적 스트레칭
저항 트레이닝	주당 2~3일, 8~20회 반복, 1~3세트
특별 고려 사항	천천히 진행하되 그 과정을 잘 모니터링하고, 기본적인 자세 조절에 주력한다(Katzman et al., 2017). 척추후만증을 줄이는 자세한 사항들에 대해서는 추가 자료들을 참조한다. 엉덩이, 넙다리, 등, 팔 운동에 집중한다. 스쿼트 및 레그 프레시 운동 시에 과도한 척추 부하가 발생하지 않도록 한다. 고객이 정상적인 방식으로 호흡하는지 확인하고, 발살바 메뉴버처럼 숨을 참지 않도록 한다.

운동 프로그램을 실행할 때 피트니스 전문가는 몇 가지 사전 예방 조치를 따라야 한다. 예를 들어, 고객이 보조 없이도 동작들을 꽤 잘 따라하면 움직임 평가를 따른다. 고객이 잘 돌아다니지 못한다면 평가 과정과 운동 프로그램 동안 더 안정적인 머신 기반 장비를 사용하는 것이 좋다. 피트니스 전문가는 가능한 한 고객들과 가까이에서 운동 사슬 체크포인트를 따르게 하되, 퇴행으로 교정할 수 없는 자세가 있다는 점을 알아야 한다. 그러므로 보편적으로 이상적인 자세가 아닌, 자신들에게 맞는 이상적인 자세로 유도해야 하며, 앉거나 선 자세에서 운동하도록 해야 한다.

골감소증 Osteopenia 정상 골밀도보다 낮은 상태이며 골다공증의 전조이다.
골다공증 Osteoporosis 골밀도가 감소하여 골절의 위험을 증가시키는 상태 유연성 운동은 정적 스트레칭이나 능동적 스트레칭으로 제한해 자세를 개선시키며, 척주후만증(꼽추 자세)으로 진행되지 않는 것을 목표로 한다. 자가근막기법은 이들에게는 금지 운동이다. 심폐 트레이닝은 걷기 프로그램과 함께 중강도(HR_{max} 40~65%) 수준에서 시작하고, 주치의의 권고 및 고객의 운동 능력에 따라야 한다. 체중을 싣는 운동(예: 걷기 또는 조깅)은 그렇지 않은 운동(사이클링, 수영)에 비해 BMD를 늘리는 데 더 도움이 되지만, 고객이 이런 운동을 안전하게 수행할 수 있어야 한다. 그렇지 않다면 안전을 위해 수중 운동이나 사이클링으로 대체해야 한다.

선 자세에서 이루어지는 코어 운동의 예로는 인클라인 플랭크 또는 서서 하는 코브라 등이 있다. 다른 예로는 스탠딩 케이블 로테이션 또는 메디컬 볼 로테이션이 있다. 크런치 또는 척추를 많이 구부려야 하는 동작에는 주의를 기울여야 하는데, 관절가동범위를 관찰하고 전문의의 허락을 받아야 한다. 플라이오메트릭은 대개 이런 고객에게 권장하지 않는다.

저항 트레이닝은 앉거나 선 자세에서 수행해야 한다. 연구에 따르면 뼈 형성을 자극하기 위해서는 더 높은 강도(75~85%)가 필요하며, 반복 횟수보다는 하중이 뼈 형성에 결정적 영향을 미치는 것으로 나타났다(Hong & Kim, 2018). 그러나 이러한 강도에 알맞은 운동 사슬이 준비되도록 피트니스 전문가는 운동을 천천히 진행해야 한다. 안정화 중심의 저항 트레이닝도 낙상 및 엉덩관절 골절을 불러오는 균형 감각 부족을 향상시키는 데 있어서 중요하다. 일반적으로 골량에 대한 효과가 나타나려면 비교적 고강도의 일관된 운동을 약 6개월 정도는 수행해야 하지만, 만일 적절하게 진행하지 않으면 부상을 입거나 진행에 차질이 생길 수 있다는 점도 유의해야 한다. 이런 고객을 위한 운동 트레이닝 프로그램은 엉덩이, 넙다리, 등, 팔에 초점을 맞춘 서킷 스타일 또는 PHA 트레이닝 시스템(20장 참고)으로 수행하는 것이 좋다. 선 자세로 운동을 진행하면 엉덩이, 넙다리, 등에 스트레스가 증가하고 균형감이 더욱 필요한데, 스트레스와 균형 감각은 모두 골다공증을 극복하는 데 필요한 요소이다.

관절염

관절염(arthritis)은 신체의 관절에 주로 영향을 미치는 염증성 질환이다. 관절염은 미국 성인 장애의 주요 원인이며, 상당한 활동 제약, 운동 장애, 삶의 질 감소, 의료 비용 상승이 뒤따른다(Hootman et al., 2016). 관절염의 대표적인 두 가지 유형은 **골관절염**(osteoarthritis)과 **류마티스 관절염**(rheumatoid arthritis)이다.

골관절염은 관절 내 연골의 퇴행으로 발생한다. 연골이 부족하면 관절 뼈의 표면에 마모가 생기고 불규칙한 새로운 뼈 성장(골증식증)을 만들어 관절에 염증과 통증을 유발한다. 가장 흔하게 영향을 받는 관절은 손, 무릎, 엉덩이, 척추 관절이다.

류마티스 관절염은 인체의 면역체계에 문제가 생겨 면역체계가 오히려 자신의 조직(이 경우, 관절 또는 장기에 있는 조직)을 공격하는 관절 질환이다. 이것은 여러 관절에 염증 반응을 일으켜 통증과 경직을 유발한다. 이 질환은 전신에 영향을 주며 다양한 관절과 기관계에도 영향을 줄 수 있다. 가장 흔하게 영향을 받는 관절은 손, 발, 손목, 무릎의 관절이다. 보통 아침에 뻣뻣함(경직)이 30분 이상 지속되는 특징이 있는데, 이러한 현상은 급성 또는 만성 모두에서 나타난다. 결국에는 관절의 완전성이 영구적으로 상실되고 관절 통증이 증가하며 이동성 및 전반적인 기능이 감퇴한다.

피트니스 전문가는 류마티스 관절염과 골관절염 간의 차이를 이해하고, 급성 류마티스 관절염 악화의 징후와 증상을 파악하고 있어야 한다. 관절염 발적(flare-up)이 있는 경우에는 유연성 운동을 연기해야 할 수도 있다(표 23-17).

피트니스 전문가는 또한 관절 통증에 대한 운동 프로그램의 효과를 평가하기 위해 관절염 환자의 진행 상황을 모니터링해야 한다. 운동 후에 통증이 1시간 이상 지속된다면 그 운동을 수정하거나 제외시켜야 한다는 표시이다. 또한 관절의 악화를 줄이기 위해 고강도 운동이나 많은 반복 운동은 피해야 한다. 그런 점에서 관절염이 있는 고객에게는 양이 적은 서킷 프로그램이나 다중 세션 형식이 적합하다(표 23-18).

피트니스 전문가는 관절염 환자가 복용하는 약물에 대해 알고 있어야 한다. 경구용 코르티코스테로이드(corticosteroids)를 복용하는 고객은 특히 장기 복용 시 골다공증, 체질량 증가, 위장 출혈의 병력이 있는 경우 빈혈(적혈구 수치 감소)이 나타날 수 있다. 코르티코스테로이드 또한 골절 위험을 높인다. 골관절염이 있는 사람은 근력, 고유수용감각, 이동성이 감퇴하며, 서 있을 때 균형 감각이 떨어지는 것으로 연구에서 나타났다. 이것은 무릎 폄근의 힘 손실이 골관

표 23-17 관절염 환자를 위한 생리학적 고려 사항 및 트레이닝 시 고려 사항

생리학적 고려 사항	건강과 피트니스, 스포츠, 운동 트레이닝에 대한 고려 사항
최대산소섭취량과 환기 역치는 통증 및 관절 염증과 관련된 운동 부족으로 인해 낮아지는 경우가 많다.	러닝머신, 일립티컬 트레이너 또는 팔과 다리 사이클을 사용하는 다중 세션 방식이나 서킷 형식은 고강도 단일 모드의 운동 형식보다 더 낫다. 유산소 트레이닝에 대한 일반적인 원칙이 적용된다(최대 운동 능력의 60~80%로 주당 3~5일). 운동 시간은 주당 3~5일, 간헐적 또는 순환 형식에 따라 총 30분이다.
약물은 뼈와 근육 건강에 상당한 영향을 미칠 수 있다.	가능하면 운동 프로그램에 기능 운동을 통합한다.
급성 관절염 발병의 영향으로 운동 효과가 떨어질 수 있다.	급성 관절염 발작과 관련된 징후 및 증상이 나타나면 트레이닝을 중단하거나 변경해야 하며, 1시간 이상 관절 통증이 지속될 때는 운동 형식을 바꾸어야 한다.
관절염은 이른 아침에 경직이 올 수 있다.	관절염 환자를 위한 이른 아침 운동은 피한다.
골감소증이나 골다공증과 같은 동반된 질환이 있는지 평가한다.	통증을 가이드 삼아서 견딜 수 있는 저항 트레이닝을 권장한다. 아주 적은 횟수로 반복하기 시작해서 일반적인 횟수까지 서서히 늘린다(예: 무게를 늘리기 전에 주당 2~3일, 8~10개의 운동을 10~12회 반복하여 1세트로 진행)

표 23-18 관절염 환자를 위한 기본 운동 지침

유형	러닝머신 걷기, 고정식 사이클링, 로잉, 충격이 적은 에어로빅 또는 스텝 에어로빅
운동 횟수	주당 3~5일
강도	저강도에서 중강도(HR_{max}의 40~65%)로 고객의 능력에 따라 견딜 수 있는 만큼 진행한다.
운동 시간	30분
평가	밀기 평가 당기기 평가 오버헤드 스쿼트 평가(견딜 수 있는 경우)
유연성	정적 또는 능동적 스트레칭과 통제된 동적 스트레칭
저항 트레이닝	주당 2~3일, 10~12회 반복으로 1~3세트 서킷 방식이나 PHA 트레이닝 시스템 사용
특별 고려 사항	무거운 리프팅이나 높은 반복 횟수를 피한다. 그보다는 낮은 부하에 높은 반복 횟수가 더 적절하다. 통증이 없는 관절가동범위를 유지한다. 딱 5분 운동으로 시작하고, 필요하다면 질환의 심각성에 따라서 점차적으로 늘려간다.

절염의 강력한 예측 인자임을 보여준다(Glass et al., 2013). 또한 연구자들은 골관절염이 있는 환자는 무릎 폄근(네갈래근)의 근육 억제가 증가하여 무릎 폄근을 최적의 수준으로 효과적으로 활성화할 수 없다는 것을 보여주었다(Ahmed, 2011; Hu et al., 2018; Kim et al., 2018). 밸런스와 근력은 걷기에 필수 요소이므로 이 영역에서 손실이 발생하면 운동 능력과 일상생활을 영위하는 데 부정적인 영향을 준다. 이런 주장은 낙상한 적이 있는 노령층에서 동적인 균형 감각이 크게 떨어진다는 연구를 통해 뒷받침되고 있다(Rice et al., 2014).

관절염 환자는 운동을 피하는 것이 관행이었다. 그러나 트레이닝이 관절염 증상에 미치는 영향에 대한 연구는 그런 생각에 변화를 가져다주었다(Ahmed, 2011; Kim et al., 2018). 일부 연구에서는 근력 트레이닝 프로그램이 관절염 증상을 완화한다고 보고하고 있고, 다른 연구에서는 중등도 근육 억제

관절염 Arthritis 관절의 만성적인 염증
골관절염 Osteoarthritis 관절 내 연골의 퇴화로 인해 발생한다.
류마티스 관절염 Rheumatoid arthritis 인체의 면역체계가 오히려 자신의 조직을 공격하는 퇴행성 관절 질환

가 있는 환자에서 트레이닝을 통해 근육 억제가 감소하고 근력이 증가했다고 보고하고 있다(Messier et al., 2013). 따라서 관절염이 있는 사람은 일상생활의 활동을 늘리는 동시에 안정성과 근력을 높이기 위해 규칙적인 운동 프로그램에 참여하는 것이 좋다. 관절염 환자의 운동과 관련한 위험이 있지만, 관절염에 이차적인 관절 제한이 있는, 즉 상태가 좋지 않은 고객의 기능적 이동성과 지구력을 회복하는 데에 운동은 매우 중요하다. 관절염의 증상(관절 통증 및 뻣뻣함)은 근위축(atrophy) 및 조직의 유연성 부족에서 오는 비활동성으로 인해 더욱 심해진다. 앉은 자세(지지 없이)와 선 자세에서 운동을 수행하면 고객의 기능적 능력과 균형감이 향상된다.

발적 증상(빨갛게 부어오름)을 줄이기 위한 평가 및 활동 권장 사항에서는 체계적인 접근 방식이 중요하다. 11장과 12장의 평가 지침을 따르면서 평가 중에 고객이 통증 없이 운동할 수 있는 관절가동범위를 찾아 기록해 두는 것이 좋다. 운동을 통해 근력을 향상시키고 유연성을 강화하면 관절염과 관련된 증상을 줄이는 데 도움이 된다. 정적 및 능동적 형태의 스트레칭을 사용할 수 있는데, 앉거나 서 있는 자세에서 하면 더 잘할 수 있다. 허용된다면 자가근막기법을 실시할 수도 있다. 심폐 트레이닝은 중강도(HR_{max} 40~65%)에서 시작해야 하며 고객의 능력과 주치의의 권고에 따라서 허용되는 만큼만 진행한다. 코어와 밸런스 운동은 관절염 환자의 관절 안정성과 밸런스를 높이는 데 매우 중요하다. 플라이오메트릭 트레이닝은 추천하지 않는다. 저항 트레이닝은 관절이 받는 스트레스를 증가시키는 무겁고 반복적인 관절 부하를 피하기 위해 반복 횟수를 줄인(10~12회) 가벼운 운동이 적합하다.

암

암(cancer)은 미국 및 전 세계의 주요 사망 원인 중 하나이다. 남녀의 약 38.4%가 일생 동안 암을 진단받는 것으로 추정된다(Siegel et al., 2019).

의학의 발달로 암을 발견하고 치료하는 기법이 나아짐에 따라 사람들의 삶의 질과 수명 역시 향상되었다. 최근 몇 년 동안 암 치료에서 운동의 긍정적 이점을 입증하는 많은 연구들이 있었다. 운동은 유산소 및 근육 건강 개선, 제지방 체중 유지, 피로 감소, 삶의 질 개선, 기분 및 자아 개념에 대한 긍정적인 영향 등 암 극복에 좋은 영향을 미치는 것으로 드러났다(Segal et al., 2017). 암은 단일 질병이 아니라 동일하게 설명되는(세포 분열, 축적, 죽음과 관련해서) 질병들의 집합이기 때문에 그 징후와 증상은 매우 다양하다. 이 섹션에서는 암의 예방과 치료에 있어 운동의 역할을 간단하게 살펴보기로 한다.

암 환자가 복용하는 약물은 말초신경 손상, 심장 및 폐 문제, 근골격 근육병증(근육 약화 및 근육 소모), 빈혈, 잦은 메스꺼움 등 상당한 부작용을 유발한다. 게다가 암의 치료 과정은 대부분 삶의 질을 떨어뜨린다. 피트니스 전문가는 암 치료 과정에서 나타나는 다양한 부작용에 대한 지식을 가지고 있어야 한다. 이들 부작용은 대부분의 다른 만성 질환의 치료에서 나타나는 부작용보다 훨씬 더 클 수 있기 때문이다(표 23-19).

운동은 암에서 회복하려는 고객에게 중요한 개입이 될 수 있다. 운동에 대한 내성을 개선시키고 암과 관련된 세포 위험을 줄여주며 삶의 질을 높여준다(Segal et al., 2017). 좀더 구체적으로 말하자면, 적당한 기간 동안 저강도 또는 중강도로 운동하면 더 긴 기간 동안 고강도로 운동할 때보다 면역체계에 보다 긍정적인 영향을 미치는 것으로 나타났다. 또한 중강도에서 고강도의 신체활동은 특정 형태의 암 발병률 및 사망률 감소를 가져온다고 한다(Schwartz et al., 2017).

암 환자를 위한 운동 프로그램은 특정 지침을 따라야 한다(표 23-20). 암 환자를 위한 평가 과정은 11장과 12장의 지침을 따른다. 특정 밀기, 당기기, 오버헤드 스쿼트 평가는 고객의 능력 수준을 나타내지만, 생략할 수도 있다. 유연성을 위해서는 정적 및 능동적 스트레칭을 한다. 자가근막기법은 방해하는 합병증이 없는 경우 사용할 수 있지만, 의문이 생긴다면 주치의에게 확인한다. 화학적 치료 또는 방사선 치료를 받는 고객에게 자가근막기법은 권장되지 않는다. 암 환자에게 심폐 트레이닝은 매우 중요하지만, 5분의 가벼운 유산소 운동으로 시작하여 주당 3~5일, 최대 30분까지 진행할 수 있다. 주치의가 동의한다면 고강도 유산소 트레이닝도 가능하다.

코어 및 밸런스 트레이닝은, 활동 부족으로 손실된 일상 활동에 필요한 안정성을 회복하는 데 도움이 되기 때문에 암 환자에게는 필수적이다. 고객은 자신의 신체 능력에 따라

표 23-19 암 환자를 위한 생리학적 고려 사항 및 트레이닝 시 고려 사항

생리학적 고려 사항	건강과 피트니스, 스포츠, 운동 트레이닝에 대한 고려 사항
쉽게 피로하고 허약하다.	유산소 운동은 일반적인 유산소 운동 유형(러닝머신, 일립티컬 트레이너, 사이클, 환자의 선호도에 따라 다름)을 사용하여 주당 3~5일, 저강도에서 중강도(최대 운동 능력의 40~45%)로 수행한다. 특히, 암 치료 중에는 고강도의 트레이닝은 피한다.
과도한 피로는 전반적인 활동 감소를 가져온다.	간헐적 운동으로 유산소 운동을 총 20~30분간 진행한다.
면역 기능이 저하되어 있다.	저항 트레이닝을 실시할 수 있다(주당 2~3일, 8~10개 운동을 1세트로, 피로할 때까지 10~15번 반복). 면역력이 약화되었기 때문에 개인 세션 또는 사람이 많지 않은 곳에서 수행한다.
제지방 근육량이 감소되어 있다.	관절가동범위와 밸런스의 감소 정도를 평가하고 중재 방안을 제시한다.

표 23-20 암 환자를 위한 기본 운동 지침

유형	러닝머신 걷기, 고정식 사이클링, 로잉, 충격이 적은 에어로빅 또는 스텝 에어로빅
운동 횟수	주당 3~5일
강도	심폐 트레이닝은 중강도(HR_{max}의 40~70%)로 시작하여 허용 범위 내에서 진행한다.
운동 시간	세션당 15~30분(5분으로 시작할 수 있다.)
평가	밀기 평가 당기기 평가 오버헤드 스쿼트 평가(견딜 수 있는 경우)
유연성	정적 및 능동적 스트레칭
저항 트레이닝	주당 2~3일, 10~15회 반복, 1~3세트 서킷 방식이나 PHA(상하체 교대 시스템) 트레이닝 시스템을 사용할 수 있다.
특별 고려 사항	초기 단계에서는 무거운 리프트는 피한다. 적절한 휴식 간격을 허용하고, 천천히 진행한다. 5분 운동으로 시작하고, 상태와 피로도에 따라 점차적으로 늘려간다.

천천히 진행한다. 이들을 위한 저항 트레이닝은 10~15회 반복으로 1~3세트를 실시한다.

운동과 임신

남녀 간의 운동 중 생리학적 차이는 문헌에 잘 정리되어 있다. 남녀 간 운동 능력 차이는 대부분 신체 구조, 근육량, 제지방 체질량비, 그리고 적은 편이긴 하지만 혈액의 화학적 구성 차이로 설명할 수 있다. 그러나 체성분에 대한 측정값을 조정하면 생리학적 및 기능적 매개 변수는 상당히 좁아지거나 완전히 소거되어 성별 차이가 거의 없어진다. 그러나 임신 중인 여성은 각별한 주의가 필요하다(표 23-21).

근위축 Atrophy 근육 조직의 크기 감소 또는 쇠퇴

암 Cancer 인체의 다른 부분을 침범하거나 퍼질 가능성이 있는 비정상적인 세포 성장과 관련된 질병 그룹

표 23-21 여성 및 임산부를 위한 생리학적 고려 사항 및 트레이닝 시 고려 사항

생리학적 고려 사항	건강과 피트니스, 스포츠, 운동 트레이닝에 대한 고려 사항
임신 2~3기 중 지속적 출혈이 있거나, 임신성 고혈압 또는 현재 또는 이전 임신에서 조기 진통이 있는 경우(이에 국한하지 않음) 운동은 금지한다.	운동 금지 사유가 있는지 주의 깊게 살핀다.
유산소 운동을 위한 산소 이용 능력이 감소한다.	저강도에서 중강도(최대 운동 능력의 40~50%)의 유산소 운동을 주당 3~5일 실시하고, 특정 러닝머신이나 일립티컬 트레이닝 방식이 좋으며, 체중을 싣지 않는 운동(예: 수영, 사이클링)을 강조한다.
자세는 격렬한 운동 중에 자궁으로 가는 혈류에 영향을 줄 수 있다.	특히 임신 첫 3개월 이후에는 엎드린 자세(복와위)와 바로 누운 자세(앙와위) 운동을 피한다. 대안으로는 등을 대고 누워 머리와 몸통을 15~45도 사이로 들어 올리는 자세를 취할 수 있다.
운동하지 않아도 임신은 에너지 밸런스를 유지하기 위해 하루 300kcal의 대사량을 더 요구한다.	운동 효과를 유지하기 위해 적절한 칼로리 섭취가 권장된다.
35세 이상, 유산 이력, 당뇨병, 갑상선 질환, 빈혈, 비만, 신체활동 부족 임신부는 고위험군으로 간주한다.	임신부 운동에 특화된 저항, 유연성, 밸런스 트레이닝에 대한 보고된 지침은 없다. 유산소 운동 강도는 특별 고려 사항 및 금지 사항에 신중한 주의를 기울여 최대 운동 능력의 40~50% 이하로 낮게 한다. 특별 고려 사항 및 금지 사항을 추가하는 것이 도움이 될 수 있다. 저항 트레이닝은 주치의가 허락한 경우, 서킷 방식이 좋으며, 운동당 12~15회씩 1~3세트를 하고, 필요에 따라 세트 사이에 호흡 조절과 휴식을 강조한다. 운동 중 열을 쉽게 발산할 수 있는 옷을 입는 것이 좋다. 산후 운동은 임신 중 발생하는 생리학적 변화가 최대 6주 동안 지속될 수 있으므로 임신 시 지침과 유사해야 한다.

임신 중 운동이 산모와 태아 건강에 미치는 유익한 영향에 대해 많은 연구가 있었다(Hinman et al., 2015; Szumilewicz et al., 2018). 운동으로 인한 혈액 순환 증가나 체온 조절 변화, 또는 산소 공급 감소로 인해 태아에게 해를 끼칠 수 있다는 두려움이 있지만, 이것은 적절한 예방 조치를 통해 최소화할 수 있다(Hinman et al., 2015; Szumilewicz et al., 2018). 레크리에이션과 같은 가벼운 활동은 모든 임신부에게 유익하다는 의견에는 대부분 동의하고 있다. 임신 전부터 운동 프로그램에 참여해온 여성은 활동량을 줄여야 하는 임신 3개월까지도 중강도 수준의 운동을 계속할 수 있다(American College of Obstetricians and Gynecologists, 2015).

태아가 점차 자라면서 산모의 자세를 변화시키는데, 이때 유연성과 코어 트레이닝, 특히 골반기저근의 힘을 향상시키는 코어 운동이 중요해진다. 임신부가 임신 중기(임신 2기 및 3기 또는 12주 이후)로 접어들면 엎드린 자세(복와위)나 바로 누운 자세(앙와위), 통제되지 않는 몸통 비틀기 동작은 피해야 한다. 또한 엉덩관절 벌림 및 엉덩관절 모음 머신과 같은 특정 저항 운동은 권장하지 않는다(American College of Obstetricians and Gynecologists, 2015; Szumilewicz et al., 2018). 심혈관계도 변화가 일어나 운동 능력이 감소하기 때문에 심혈관 운동 프로그램을 변경해야 하며, 유산소 운동 중 수분 보충의 중요성도 커지게 된다. 마지막으로, 피트니스 전문가는 출산이 가까운 여성은 메스꺼움, 어지러움, 실신에 취약하다는 사실을 알고 있어야 한다. 임신한 여성이 복부 통증(또는 수축), 과도한 호흡 곤란, 출혈 또는 양수 누출과 함께 이러한 증상이 나타나면 즉시 운동을 중단해야 한다(American College of Obstetricians and Gynecologists, 2015; Szumilewicz et al., 2018).

출산 후에는 임신 전의 건강 상태와 체성분 상태로 돌아가기 위해 운동 프로그램을 서두르는 경향이 있다. 피트니스 전문가는 임신 중 일어난 변화가 출산 후 한 달에서 한 달 반가량 지속된다는 점을 고객에게 주지시켜야 한다. 출산 후 여성에게는 자세, 관절 정열, 안정성, 운동 기능 및 배가로근, 배속빗근, 골반기저근과 같은 심부 코어 안정화 시스템의 동원을 재교육하는 것이 권장되고 있다. 그렇기 때문에 보다 격렬한 운동 프로그램은 미루고, 점진적으로 진행해야 한다.

표 23-22 여성과 임신부를 위한 기본 운동 지침

유형	흔들리는 동작을 피하는 저충격 또는 스텝 에어로빅, 러닝머신 걷기, 고정된 사이클링, 수중 운동
운동 횟수	주당 3~5일
강도	중강도(HR_{max}의 70%). 견딜 수 있거나 주치의의 조언에 기초하여 늘릴 수 있다.
운동 시간	하루 15~30분. 5분 운동으로 시작하여 상태에 따라 점차적으로 30분까지 늘린다.
평가	밀기 평가 당기기 평가 오버헤드 스쿼트 평가(견딜 수 있는 경우)
유연성	자가근막기법, 정적 및 능동적 스트레칭
저항 트레이닝	주당 2~3일, 낮은 부하로 12~15회 반복 중강도에서 고강도 저항 운동은 고객이 운동에 익숙하다면 임신 1기에서 할 수 있다. 그러나 2~3기에는 저강도의 운동 프로그램이 권장된다.
특별 고려 사항	임신 12주 이후에는 엎드린 자세(복와위) 또는 바로 누운 자세(앙와위)로 운동하는 것은 피한다. 부어오른 부위나 정맥류에 자가근막기법을 실시하지 않는다. 플라이오메트릭 트레이닝은 2~3기에는 권장하지 않는다.

지식 확장하기

임신은 세 개의 구간 또는 3분기로 나눌 수 있다.

- 1기: 1~13주
- 2기: 14~26주
- 3기: 27주~임신 말기

피트니스 전문가는 11장과 12장의 평가 지침을 따라야 하며, 해당되는 경우 앉거나 서서 하는 평가를 이용한다(표 23-22). 유연성 운동을 할 때, 특히 임신 2, 3기에는 앉은 자세와 선 자세에서 수행해야 한다. 정적 스트레칭 및 능동적 스트레칭을 사용해야 하며 자가근막기법도 허용 범위 내에서 사용할 수 있다. 자가근막기법은 아프거나 부어오른 정맥류(예: 장딴지)에는 실시해서는 안 된다. 임신 2~3기에는 눕거나 엎드린 자세로 자가근막기법을 수행해서는 안 된다. 심폐 트레이닝은 주로 중강도(HR_{max} 40~70%) 운동으로 구성해야 하며 허용되는 범위 내에서 의사의 조언에 따라 진행해야 한다. 임신 전에 운동하지 않았던 여성은 15분 동안의 지속적 유산소 활동으로 시작하여 30분까지 점차적으로 늘릴 수 있는데, 저강도에서 중강도가 좋다. 임신 1기 이후에는 플라이오메트릭은 하지 않는다. 운동에 익숙한 임신부라면 1기에 중강도에서 고강도 저항 트레이닝을 사용할 수 있다. 그러나 2기, 3기에는 저강도 운동 프로그램을 따라야 한다.

만성 폐질환

흡연은 지난 몇십 년간 점차 줄어들고 있지만, 여전히 만성 폐질환 발병의 주요 위험 요소이자 예방 가능한 사망 요인 중 하나이다. 만성 폐질환은 폐쇄성과 억제성으로 크게 나눠진다. 먼저 억제성 폐질환(restrictive lung disease)은 폐조직이 섬유화되어 폐섬유증 또는 석면폐증과 같은 기능 장애가 오는 질환이다. 억제성 폐질환에서는 갈비뼈 골절, 신경근 질환 또는 비만과 같은 여러 원인의 결과로 폐 확장 능력이 감소한다. 만성폐쇄폐질환(chronic obstructive lung disease)에서는 폐 조직은 정상일 수 있으나 공기 흐름이 제한된다. 주요 폐쇄성 폐질환에는 천식, 만성 기관지염, 폐기종이 있다. 이런 질환들은 만성 염증(천식은 환경적 자극 요소들이 원인일 수 있지만 주로 흡연에 의해 유발됨)

억제성 폐질환 Restrictive lung disease 폐를 확장하는 능력이 감소하는 섬유성 폐 조직의 상태

만성폐쇄폐질환 Chronic obstructive lung disease 일반적으로 점액 생성으로 인한 기도 폐쇄로 폐를 통과하는 기류가 변경된 상태

표 23-23 폐질환을 가진 사람을 위한 생리학적 고려 사항 및 트레이닝 시 고려 사항

생리학적 고려 사항	건강과 피트니스, 스포츠, 운동 트레이닝에 대한 고려 사항
폐질환은 심혈관 질환을 포함한 다른 동반 질환과 자주 연관된다.	동반 질환이 있는지 사전에 검사한다.
폐에서의 가스 교환 능력이 감소하여 산소포화도를 낮추고 낮은 운동 부하에도 호흡 곤란을 보일 수 있다.	가능하다면 산소포화측정기를 사용하여 산소포화도를 측정한다. 산소포화 측정값은 90% 이상이어야 하며, 반드시 85% 이상은 되어야 한다. 이 수치 이하의 값일 경우 증상과 관계없이 운동을 중단해야 한다.
만성적인 컨디션 저하는 유산소 체력을 저하시키고 근육 기능을 감퇴시킨다.	유산소 운동 프로그램은 고객의 숨찬 정도에 따라 진행되어야 한다. 최대 운동 능력의 40~60% 부하로 주당 3~5일, 허용 가능한 범위에서 20~45분간 실시한다. 아마 가능할 것이다. 전체 운동 지속 시간을 충분히 완수하려면 자주 휴식을 취하고, 간헐적으로 운동한다.
팔 운동은 다리 운동에 비해 호흡 곤란과 피로가 예상보다 빨리 유발될 수 있다.	팔 운동은 피로도에 따라 신중하게 프로그래밍하고 수정해야 한다. 저항 트레이닝이 도움이 될 수 있다. 단, 보수적인 지침을 따른다. PHA 형식의 서킷 트레이닝이 권장된다(8~10개의 운동을 운동당 8~15회 반복하고, 1세트로 함). 세트 사이에 호흡 조절과 필요한 만큼의 휴식이 있어야 한다.
근육 소실이 상당하며 저체중이다(BMI<18).	매우 말랐다면 운동에 쓴 칼로리를 상쇄할 만큼의 적절한 칼로리를 섭취하도록 권해야 한다.
보충용 산소를 이용할 수 있다.	피트니스 전문가는 고객이 운동 중 산소 흐름을 조절할 수 없을 때 처치할 수 있는 약물을 알고 있어야 한다. 고객이 운동 중 비정상적인 호흡 곤란을 보이거나 산소포화도가 떨어지는 증상이 나타나면 운동을 중단하고 전문의의 상담을 받아야 한다. 이런 환자는 대부분 구조 또는 기타 치료용 흡입기를 가지고 있다. 피트니스 전문가는 고객에게 현재 사용하고 있는 약과 항상 휴대해야 하는 약이 무엇인지 확인해야 한다.

및 점액 생성으로 인한 기도 폐쇄가 특징이다. 피트니스 전문가는 낭성섬유증(cystic fibrosis)이 있는 고객을 만날 수 있다. 낭성섬유증은 과도한 점액 생성으로 폐에 영향을 미치는 질병으로써 폐에만 국한하지 않고 유전적 장애로 분류되는 병이다.

운동 중에 나타나는 장애는 억제성 폐질환과 폐쇄성 폐질환 모두 유사하다(표 23-23). 환기 능력과 가스 교환 능력이 줄어드는 문제뿐만 아니라 유산소 운동 능력 및 지구력을 감소시키고 산소포화도를 저하시킨다. 폐질환이 있는 고객은 저강도의 운동에도 피로를 느끼며 종종 호흡 곤란(dyspnea)이나 숨가쁨을 경험한다. 폐기종이 있는 사람은 대개 저체중이며, 고된 호흡을 돕기 위해 목 근육이 과도하게 사용되어 비대해지고 전반적인 근육 소실을 보일 수 있다. 만성 기관지염을 앓는 사람은 폐기종 환자들과 반대로 과체중이거나 가슴이 발달했을 수 있다.

일반적으로, 폐질환자를 위한 운동은 보통 사람의 적절한 운동과 비슷하다(표 23-24). 운동은 다른 많은 생리학적, 심리적 이점도 있겠지만, 특히 기능적 능력을 향상시키고 호흡 곤란 증상을 감소시킨다(Ries et al., 2007). 이들은 다리를 이용한 심폐 트레이닝이나 저항 트레이닝을 가장 잘 견딘다. 팔 운동은 운동 중 팔의 안정화와 관련된 이차 호흡 근육에 스트레스를 증가시킨다(AmericanAssociation of Cardiovascular and Pulmonary Rehabilitation, 2019). 따라서 이들의 운동을 설계할 때는 적절한 휴식 간격을 보장하는 것이 중요하며, PHA 트레이닝 시스템을 사용하는 것도 권장된다.

일부 고객의 경우, 흡기 근육의 트레이닝이 특히 호흡 관련 운동 능력을 향상시킬 수 있다. 피트니스 전문가는 이 운동을 일반 운동 프로그램에서 늘릴 수 있는지를 알아보기 위해 전문가에게 문의해 보아야 한다. 더 많은 정보를 원한다면 미국 심혈관 및 폐재활협회(American Association of Cardiovascular and Pulmonary Rehabilitation, 2019)에서 발행한 폐질환 환자의 운동 평가 및 트레이닝에 관한 포괄적 지침을 참조하기 바란다.

표 23-24 폐질환이 있는 사람을 위한 기본 운동 지침	
유형	러닝머신 걷기, 고정식 사이클링, 스텝퍼, 일립티컬 트레이너
운동 횟수	주당 3~5일
강도	최고 운동 능력의 40~60%
운동 시간	20~45분까지
평가	밀기 평가(견딜 수 있는 경우) 당기기 평가(견딜 수 있는 경우) 오버헤드 스쿼트(견딜 수 있는 경우)
유연성	정적 및 능동적 스트레칭 자가근막기법(견딜 수 있는 경우)
저항 트레이닝	주당 2~3일, 8~15회 반복으로 1~3세트 PHA 트레이닝 시스템이 권장된다.
특별 고려 사항	상체 운동은 호흡 곤란 위험을 높이므로 반드시 모니터링해야 한다. 운동 사이 충분한 휴식을 취하게 한다.

간헐파행과 말초동맥질환

간헐파행(간헐절뚝거림, intermittent claudication)은 말초혈관 질환이라고도 하는 말초동맥질환으로 인해 발생하는 징후의 명칭이다. 간헐파행은 다리로 가는 혈액 공급 감소로 가벼운 운동을 하는 동안 다리를 절게 되거나 통증이 생기는 것이며, 말초동맥질환(peripheral arterial disease, PAD)은 다리에 혈액 공급을 담당하는 주요 동맥이 좁아지는 것이다(그림 23-8).

PAD 환자의 운동에서 겪는 가장 큰 제약 요인은 다리 통증이다. 피트니스 전문가는 고객이 운동 중에 간헐파행 증상으로 다리가 아픈지, 아니면 단순한 컨디션 저하로 다리가 아픈지(조임, 경련 및 통증)를 구별하는 것이 어려울 수 있다(표 23-25).

고객이 PAD로 진단 받았다면 간헐파행에 의한 증상일 가능성이 높지만, 여전히 컨디션 난조와 관련되어 있을 수도 있으므로 고객의 상태에 대해 의사와 상담해야 한다(Hamburg

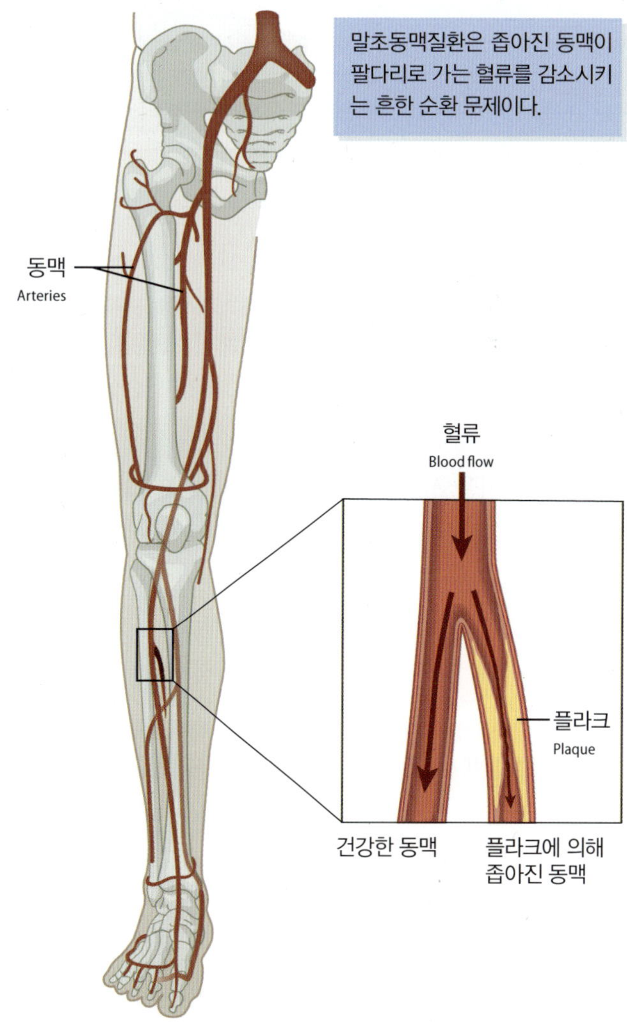

그림 23-8 말초동맥질환

호흡 곤란 Dyspnea 숨가쁨 또는 호흡이 힘듦

간헐파행(간헐절뚝거림) Intermittent claudication 말초동맥 질환으로 인해 발생하는 증상들의 징후

말초동맥질환 Peripheral arterial disease (PAD) 일반적으로 죽상동맥경화증의 결과로 혈관이 좁아지거나 막히는 질병군. 말초혈관질환이라고도 한다.

표 23-25 간헐파행 또는 PAD 환자를 위한 생리학적 고려 사항 및 트레이닝 시 고려 사항

생리학적 고려 사항	건강과 피트니스, 스포츠, 운동 트레이닝에 대한 고려 사항
PAD가 있는 사람은 대개 관상동맥질환이나 당뇨병도 함께 가지고 있다.	관상동맥질환을 함께 갖고 있는 고객은 설정된 심박수 상한선을 초과해서는 안 된다(보통, 이 상한선은 걷기 테스트에서 다리 통증으로 정해진다). 다리 통증이 운동에 장애가 되지 않도록 방법을 바꾸면 심장 부하가 더 높아 부적절할 수 있다. 가능하면 걷기를 이용한 지속적인 운동 형태가 좋다. 운동 시간은 총 20~30분으로 하고, 10분 또는 그 이상의 연속 운동, 주당 3~5일에서 7일까지 한다.
과도한 흡연은 PAD 및 운동 내성을 매우 악화시킨다.	금연이 강력히 권고된다. 고객이 계속 흡연한다면, 운동 전 최소 1시간 내에는 흡연을 금지한다.
PAD는 유산소 능력과 지구력을 감소시킨다.	걷기에 중점을 둔 유산소 운동에 집중한다.
저항 트레이닝은 전반적인 신체 기능을 향상시킬 수 있지만 PAD의 한계를 해결하지 못할 수 있다.	저항 운동은 유산소 운동과 상호 보완적이나 유산소 운동을 대체해서는 안 된다. 서킷 트레이닝 형식이 좋다(예: 8~10가지 운동을 운동당 8~12회 반복으로 1~3세트 진행. 반복 횟수를 최대 12~20회까지 늘린다). 통증 내성에 따라 강도를 조절하는 간헐적 운동이 필요하다. 일반적인 지침은 중강도에서 심한 불편감을 느낄 때까지 운동하고, 진정될 때까지 휴식을 취한 후, 총 운동 시간(20~30분)에 도달할 때까지 반복할 것을 제안한다. 항상 동반 질환이 없는지 확인한다.

& Balady, 2011). 운동 중 통증이 지속되면 피트니스 전문가는 즉시 전문 의사에게 진찰 받게 해야 한다.

피트니스 전문가가 질환과 컨디션 난조를 구분할 수 있는 능력이 향상되었다고 하더라도, 여러 측면에서 그것이 정말 중요한 것은 아니다. 피트니스 전문가는 제한된 요소들에 직면했을 때 신체 기능을 향상시키는 트레이닝 방법을 지속적으로 개발해야 한다(Hamburg & Balady, 2011). PAD나 컨디션 난조의 경우, 운동 사이에 필요한 만큼의 휴식을 취하는 간헐적 운동 형식을 사용하는 것은 유사하다(표 23-26). PAD는 관상동맥심장질환이나 당뇨병과 관련되어 있기 때문에 피트니스 전문가는 기저 질환을 인지하고 있어야 하며, 진단받지 않은 또다른 동반 질환이 있을 수 있다는 것을 의심해야 한다. 따라서 PAD 환자가 운동하기 위해서는 의사의 허락이 필요하다.

11장과 12장에서 소개한 평가 과정을 사용하여 체계적이고 통합적인 운동 프로그램을 설계해야 한다. 움직임 평가의 반복 횟수는 고객의 능력에 따라서 줄일 수도 있다. 평가를 잘 마치기 위해서는 고객이 이 과정을 편안하게, 잘 따라할 수 있도록 진행하는 것이 중요하다.

이들에게는 정적 스트레칭과 능동적 스트레칭을 실시해야 한다. 자가근막기법에 대한 지침은 현재 알려져 있지 않으며, 전문의의 허락이 없는 한 이들에게 사용하지 않는 것이 좋다. 저항 트레이닝의 반복 횟수는 8~12회에서 시작하여 천천히 12~20회로 늘릴 수 있다. 운동 시간은 처음에는 5~10분으로 시작하고 20~30분으로 서서히 늘린다.

표 23-26 간헐파행 또는 PAD 환자를 위한 기본 운동 지침

유형	러닝머신 걷기, 고정식 사이클링, 스텝퍼, 일립티컬 트레이너
운동 횟수	주당 3~5일에서 매일
강도	HR_{max}의 50~85%
운동 시간	20~30분까지
평가	밀기 평가 당기기 평가 오버헤드 스쿼트 평가(견딜 수 있는 경우)
유연성	정적 및 능동적 스트레칭
저항 트레이닝	서킷 트레이닝 형식이 권장된다(예: 8~10가지 운동을 8~12회 반복하여 1~3세트로 진행. 반복 횟수를 12~20회까지 서서히 늘린다).
특별 고려 사항	운동 사이에 충분한 휴식을 취하도록 한다. 운동 시작은 5~10분간의 활동으로 한다. 천천히 진행한다.

요약

지금까지는 건강한 성인을 위한 운동 시 고려 사항에 초점을 맞추었다면, 이 장에서는 만성 질환과 기능적 한계를 가진 고객을 위한 운동 프로그램 평가 및 설계를 위한 정보와 권장 사항을 다루었다. 만성적인 질환과 기능적 한계를 가진 고객을 위한 트레이닝은 피트니스 산업에서 성장하고 있는 부문이다. 전 세계 인구의 약 1/3이 과체중 또는 비만이며, 더 많은 사람이 매일 최소 하나 이상의 만성 건강 질환과 싸우고 있다. 게다가 고객의 연령은 임신과 같은 다른 정상적인 건강 시나리오와 마찬가지로 트레이닝 결정에 영향을 미친다. 연구자들은 점진적인 운동과 많은 신체활동이 다양한 특수 집단의 건강과 삶의 질을 크게 향상시킬 수 있음을 보여주었다. 피트니스 전문가는 광범위한 고객에게 서비스를 제공하기 위해 다양한 사용자를 위한 프로그램 디자인의 복잡성을 이해하는 것이 매우 중요하다. 건강한 사람과 트레이닝하는 것 이상으로 특수 집단을 위한 트레이닝에도 지속적으로 지식을 쌓고 분야를 확장해 나가야 한다. 임상적 운동생리학 분야가 급속히 성장하는 가운데 피트니스 전문가는 그 성장의 중요한 부분이 되고 있다.

제23장 리뷰

이 장에서는 다양한 특수 대상자들과 만성적 질환이 있는 사람의 운동 시 고려 사항을 제시했다. 건강해 보이는 사람과 특수한 질환이 있는 사람 사이에는 근본적인 생리적 차이가 있다는 것을 이해하는 것이 중요하다. 특수한 질환을 가진 고객은 건강해 보이는 성인과 유사한 운동 트레이닝 효과를 경험할 수 있지만, 어떤 사람은 같은 방식으로 반응하거나 적응하지 않으며, 또는 같은 방법으로 운동을 진행하지도 않는다. 피트니스 전문가는 고객의 중요한 생리학적, 건강상의 차이와 잠재적인 제약 요인이 운동의 반응과 적응에서 어떤 영향을 미치는지를 알고 있어야 한다.

이 장에서 논의한 특수 대상자들에는 청소년, 노인, 임신부 및 산후 고객들이 있다. 그밖에 비만, 당뇨병, 고혈압, 관상동맥질환, 골다공증, 관절염, 암, 만성폐질환, 간헐파행과 PAD 등 다양한 만성 질환에 대해서도 다루었다. 피트니스 전문가는 이러한 특수 집단과 만성 질환자에 대한 기본적인 이해를 통해 고객의 고유한 요구 사항을 충족시킬 수 있도록 운동 루틴을 조정해 나가는 것이 중요하다.

제23장 하이라이트

이 장에서는 만성 질환자와 운동에 기능적 제약이 있는 고객을 위한 운동 프로그램 평가 및 설계 시 중요 정보와 권장 사항을 다루었다. 건강한 성인을 대상으로 한 운동 트레이닝 원칙은 만성적인 질환이나 기능적 제약을 가진 고객에게 적용되기 위해서는 변형되고 수정되어야 한다.

- 스포츠 시즌 동안만이 아니라 1년 내내 이루어지는 청소년 피트니스 트레이닝에 대한 인식과 접근성을 높여야 한다.
- 소아 비만과 소아 당뇨병이 엄청나게 증가하는 것을 고려할 때, 현재의 청소년 피트니스 지침은 건강한 생활방식과 건강 관련 체력 증진에 초점을 맞추고 있다. 현재 권고안은 아동 및 청소년은 중강도에서 고강도의 운동을 매일 60분 이상 하도록 명시하고 있다.
- 아동과 성인 사이에는 근본적인 생리학적 차이가 있음을 이해해야 한다.
- 저항 트레이닝이 아동과 청소년에게 안전하고 효과적인 것으로 연구에서 입증되었다.
- 노화 관련 생리적 기능의 정상적인 퇴보에도 불구하고 만성 질환이 있든 없든 노년층의 트레이닝은 건강한 젊은 성인과 거의 같은 방식으로 진행하고, 또 그렇게 반응한다.
- 체계적인 트레이닝 과정을 지속해 나감으로써 피트니스 전문가는 노인의 전반적인 건강과 삶에 극적인 영향을 미칠 수 있다.
- 규칙적인 신체활동과 운동은 장기적으로 성공적인 체중 감량을 이루는 데 가장 중요한 요소이다.
- 운동은 제2형 당뇨병 치료와 예방에 매우 긍정적인 영향을 미치는 것으로 나타났다.
- 안정적 관상동맥질환이 있는 고객, 특히 심장 재활 프로그램에 참여한 경험이 있는 환자는, 사망률 감소, 운동 내성 증가, 근력 증가, 협심증 및 심부전 증상 감소, 심리적 상태 및 사회적 적응 개선 등의 운동의 중요성과 이점을 알아야 하며, 모른다면 가르쳐 주어야 한다.

- 골다공증 및 골감소증 환자에게는 BMD를 증가시키기 위한 저항 트레이닝과 유연성, 코어, 그리고 고유수용감각을 높이기 위한 밸런스 트레이닝을 결합한 운동요법이 효과적이다.
- 피트니스 전문가는 류마티스 관절염과 골관절염 간의 차이를 파악하고, 급성 류마티스 관절염의 악화 증상과 징후에 대해 알고 있어야 한다.
- 피트니스 전문가는 또한 관절 통증에 대한 운동 프로그램의 효과를 평가하기 위해 관절염 환자의 운동 진행 과정을 모니터링해야 한다.
- 운동은 암의 회복 단계에 있는 환자에게도 중요하다. 운동 내성을 증가시키고 암과 관련된 세포적 위험을 줄이며 삶의 질을 높여준다.
- 임신 중 운동이 산모와 발달 중인 태아 모두의 생리와 건강에 이로운 영향을 미친다는 많은 연구가 있다.
- 폐질환을 앓는 고객은 저강도의 운동에도 피로를 느끼고 호흡 곤란을 자주 겪는다.
- PAD 환자의 운동을 제한하는 가장 큰 요인은 다리 통증이다.

참고 문헌

Ahmed, A. F. (2011). Effect of sensorimotor training on balance in elderly patients with knee osteoarthritis. *Journal of Advanced Research, 2*(4), 305–311. https://doi.org/10.1016/j.jare.2011.02.001

Akkawi, I., & Zmerly, H. (2018). Osteoporosis: Current concepts. *Joints, 6*(02), 122–127. https://doi.org/10.1055/s-0038-1660790

American Association of Cardiovascular and Pulmonary Rehabilitation. (2019). *Guidelines for pulmonary rehabilitation programs: American Association of Cardiovascular and Pulmonary Rehabilitation* (4th ed.). Champaign, IL: Human Kinetics.

American College of Cardiology. (2017). *New ACC/AHA high blood pressure guidelines lower definition of hypertension* [ACC News Story]. https://www.acc.org/latest-in-cardiology/articles/2017/11/08/11/47/mon-5pm-bp-guideline-aha-2017

American College of Obstetricians and Gynecologists. (2015). *Physical activity and exercise during pregnancy and the postpartum period committee opinion.* Washington, DC: American College of Obstetricians and Gynecologists.

Beck, A. R. (2016). Psychosocial aspects of obesity. *NASN School Nurse, 31*(1), 23–27. https://doi.org/10.1177/1942602X15619756

Benito, P. J., Alvarez-Sβnchez, M., Díaz, V., Morencos, E., Peinado, A. B., Cupeiro, R., & Maffulli, N. (2016). Cardiovascular fitness and energy expenditure response during a combined aerobic and circuit weight training protocol. *PLoS One, 11*(11), e0164349. https://doi.org/10.1371/journal.pone.0164349

Börjesson, M., Onerup, A., Lundqvist, S., & Dahlöf, B. (2015). Physical activity and exercise lower blood pressure in individuals with hypertension: Narrative review of 27 RCTs. *British Journal of Sports Medicine, 50*(6), 356–361. https://doi.org/10.1136/bjsports-2015-095786

Brown, J. C., Winters-Stone, K., Lee, A., & Schmitz, K. H. (2012). Cancer, physical activity, and exercise. *Comprehensive Physiology, 2*(4), 2775–2809. https://doi.org/10.1002/cphy.c120005

Bullard, K. M., Cowie, C. C., Lessem, S. E., Saydah, S. H., Menke, A., Geiss, L. S., . . . Imperatore, G. (2018). Prevalence of diagnosed diabetes in adults by diabetes type—United States, 2016. *Morbidity and Mortality Weekly Report, 67*(12), 359–361.

Caspard, H., Jabbour, S., Hammar, N., Fenici, P., Sheehan, J. J., & Kosiborod, M. (2017). Recent trends in the prevalence of type 2 diabetes and the association with abdominal obesity lead to growing health disparities in the USA: An analysis of the NHANES surveys from 1999 to 2014. *Diabetes, Obesity and Metabolism, 20*(3), 667–671. https://doi.org/10.1111/dom.13143

Catenacci, V. A., Grunwald, G. K., Ingebrigtsen, J. P., Jakicic, J. M., McDermott, M. D., Phelan, S., . . . Wyatt, H. R. (2011). Physical activity patterns using accelerometry in the National Weight Control Registry. *Obesity, 19*(6), 1163–1170. https://doi.org/10.1038/oby.2010.264

Colon-Emeric, C. S., Whitson, H. E., Pavon, J., & Hoenig, H. (2013). Functional decline in older adults. *American Family Physician, 88*(6), 388–394.

Costa, E. C., Hay, J. L., Kehler, D. S., Boreskie, K. F., Arora, R. C., Umpierre, D., . . . Duhamel, T. A. (2018). Effects of high-intensity interval training versus moderate-intensity continuous training on blood pressure in adults with pre- to established hypertension: A systematic review and meta-analysis of randomized trials. *Sports Medicine, 48*(9), 2127–2142. https://doi.org/10.1007/s40279-018-0944-y

Dahab, K. S., & McCambridge, T. M. (2009). Strength training in children and adolescents: Raising the bar for young athletes? *Sports Health, 1*(3), 223–226. https://doi.org/10.1177/1941738109334215

Demontiero, O., Vidal, C., & Duque, G. (2012). Aging and bone loss: New insights for the clinician. *Therapeutic Advances in Musculoskeletal Disease, 4*(2), 61–76. https://doi.org/10.1177/1759720X11430858

Department of Economic and Social Affairs. (2017). *World population ageing 2017: Highlights* (Report No. ST/ESA/SER.A/397). Retrieved from https://www.un.org/en/development/desa/population/publications/pdf/ageing/WPA2017_Highlights.pdf

Donnelly, J. E., Blair, S. N., Jakicic, J. M., Manore, M. M., Rankin, J. W., & Smith, B. K. (2009). Appropriate physical activity intervention strategies for weight loss and prevention of weight regain for adults. *Medicine & Science in Sports & Exercise, 41*(2), 459–471. https://doi.org/10.1249/mss.0b013e3181949333

Drewnowski, A., & Darmon, N. (2005). The economics of obesity: Dietary energy density and energy cost. *American Journal of Clinical Nutrition, 82*(1), 265S–273S. https://doi.org/10.1093/ajcn/82.1.265s

Esselstyn, C. B. (2017). A plant-based diet and coronary artery disease: A mandate for effective therapy. *Journal of Geriatric Cardiology, 14*(5), 317–320.

Faigenbaum, A. D., & Myer, G. D. (2009). Resistance training among young athletes: Safety, efficacy and injury prevention effects. *British Journal of Sports Medicine, 44*(1), 56–63. https://doi.org/10.1136/bjsm.2009.068098

Fragala, M. S., Cadore, E. L., Dorgo, S., Izquierdo, M., Kraemer, W. J., Peterson, M. D., & Ryan, E. D. (2019). Resistance training for older adults: Position statement from the National Strength and Conditioning Association. *Journal of Strength & Conditioning Research, 33*(8), 2019–2052. https://doi.org/10.1519/JSC.0000000000003230

Ghadieh, A. S., & Saab, B. (2015). Evidence for exercise training in the management of hypertension in adults. *Canadian Family Physician, 61*(3), 233–239.

Giallauria, F., Cittadini A., Smart N. A., & Vigorito C. (2016). Resistance training and sarcopenia. *Monaldi Archives for Chest Disease, 84*(1–2), 738. https://doi.org/10.4081/monaldi.2015.738

Glass, N. A., Torner, J. C., Frey Law, L. A., Wang, K., Yang, T., Nevitt, M. C., . . . Segal, N. A. (2013). The relationship between quadriceps muscle weakness and worsening of knee pain in the MOST cohort: A 5-year longitudinal study. *Osteoarthritis and Cartilage, 21*(9), 1154–1159. https://doi.org/10.1016/j.joca.2013.05.016

Hamburg, N. M., & Balady, G. J. (2011). Exercise rehabilitation in peripheral artery disease: Functional impact and mechanisms of benefits. *Circulation, 123*(1), 87–97. https://doi.org/10.1161 / CIRCULATIONAHA.109.881888

Hertling, D., & Kessler, R. M. (2006). *Management of common musculoskeletal disorders: Physical therapy principles and methods* (4th ed). Philadelphia, PA: Lippincott, Williams & Wilkins.

Hinman, S. K., Smith, K. B., Quillen, D. M., & Smith, M. S. (2015). Exercise in pregnancy. *Sports Health: A Multidisciplinary Approach, 7*(6), 527–531. https://doi.org/10.1177 /1941738115599358

Hong, A. R., & Kim, S. W. (2018). Effects of resistance exercise on bone health. *Endocrinology and Metabolism, 33*(4), 435–444. https:// doi.org/10.3803/EnM.2018.33.4.435

Hootman, J. M., Helmick, C. G., Barbour, K. E., Theis, K. A., & Boring, M. A. (2016). Updated projected prevalence of self-reported doctor-diagnosed arthritis and arthritis-attributable activity limitation among US adults, 2015–2040. *Arthritis & Rheumatology, 68*(7), 1582–1587.

Hruby, A., & Hu, F. B. (2015). The epidemiology of obesity: A big picture. *Pharmacoeconomics, 33*(7), 673–689. https://doi.org /10.1007/s40273-014-0243-x

Hu, B., Skou, S. T., Wise, B. L., Williams, G. N., Nevitt, M. C., & Segal, N. A. (2018). Lower quadriceps rate of force development is associated with worsening physical function in adults with or at risk for knee osteoarthritis: 36-month follow-up data from the osteoarthritis initiative. *Archives of Physical Medicine and Rehabilitation, 99*(7), 1352–1359. https://doi.org/10.1016/j.apmr .2017.12.027

International Osteoporosis Foundation. (2019). *Facts and statistics*. https:// www.iofbonehealth.org/facts-statistics

Katzman, W. B., Vittinghoff, E., Lin, F., Schafer, A., Long, R. K., Wong, S., . . . Lane, N. E. (2017). Targeted spine strengthening exercise and posture training program to reduce hyperkyphosis in older adults: Results from the study of hyperkyphosis, exercise, and function (SHEAF) randomized controlled trial. *Osteoporosis International, 28*(10), 2831–2841. https://doi.org/10.1007/s00198 -017-4109-x

Katzmarzyk, P. T., Denstel, K. D., Beals, K., Bolling, C., Wright, C., Crouter, S. E., . . . Sisson, S. B. (2016). Results from the United States of America's 2016 report card on physical activity for children and youth. *Journal of Physical Activity & Health, 13*(11 Suppl 2), S307–S313. https://doi.org/10.1123/jpah.2016-0321

Khera, R., Lu, Y., Lu, J., Saxena, A., Nasir, K., Jiang, L., & Krumholz, H. M. (2018). Impact of 2017 ACC/AHA guidelines on prevalence of hypertension and eligibility for antihypertensive treatment in United States and China: Nationally representative cross sectional study. *BMJ, 362*, k2357. https://doi.org/10.1136/bmj.k2357

Kim, D., Park, G., Kuo, L., & Park, W. (2018). The effects of pain on quadriceps strength, joint proprioception and dynamic balance among women aged 65 to 75 years with knee osteoarthritis. *BMC Geriatrics, 18*, 245. https://doi.org/10.1186/s12877-018-0932-y

Lagally, K. M., Cordero, J., Good, J., Brown, D. D., & McCaw, S. T. (2009). Physiologic and metabolic responses to a continuous functional resistance exercise workout. *Journal of Strength and Conditioning Research, 23*(2), 373–379. https://doi.org/10.1519 / JSC.0b013e31818eb1c9

Law, T. D., Clark, L. A., & Clark, B. C. (2016). Resistance exercise to prevent and manage sarcopenia and dynapenia. *Annual Review of Gerontology and Geriatrics, 36*(1), 205–228.

Lloyd, R. S., Faigenbaum, A. D., Stone, M. H., Oliver, J. L., Jeffreys, I., Moody, J. A., . . . Myer G. D. (2014). Position statement on youth resistance training: The 2014 international consensus. *British Journal of Sports Medicine, 48*(7), 498–505. https://doi.org/10.1136 / bjsports-2013-092952

Maciejczyk, M., Więcek, M., Szymura, J., Szyguła, Z., Wiecha, S., & Cempla, J. (2014). The influence of increased body fat or lean body mass on aerobic performance. *PLoS One, 9*(4), e95797. https://doi. org/10.1371/journal.pone.0095797

Maruthur, N. M., Wang, N.-Y., & Appel, L. J. (2009). Lifestyle interventions reduce coronary heart disease risk: Results from the PREMIER trial. *Circulation, 119*(15), 2026–2031. https://doi.org /10.1161/circulationaha.108.809491

Mensah, G. A., Wei, G. S., Sorlie, P. D., Fine, L. J., Rosenberg, Y., Kaufmann, P. G., . . . Gordon, D. (2017). Decline in cardiovascular mortality: Possible causes and implications. *Circulation Research, 120*(2), 366–380.

Merkel D. L. (2013). Youth sport: Positive and negative impact on young athletes. *Open Access Journal of Sports Medicine, 4*, 151–160. https:// doi.org/10.2147/OAJSM.S33556

Messier, S. P., Mihalko, S. L., Beavers, D. P., Nicklas, B. J., DeVita, P., Carr, J. J., . . . Loeser, R. F. (2013). Strength training for arthritis trial (START): Design and rationale. *BMC Musculoskeletal Disorders, 14*, 208. https://doi.org/10.1186/1471-2474-14-208

Michael, T. J., & Saltarelli, W. A. (2019). Children. In J. K. Ehrman, P. M. Gordon, P. S. Visich, & S. J. Keteyian (Eds.), *Clinical exercise physiology* (pp. 557–570). Champaign, IL: Human Kinetics.

Moore, G. E., Durstine, J. L. & Painter, P. L. (Eds.). (2016). *ACSM's exercise management for persons with chronic diseases and disabilities* (4th ed.). Champaign, IL: Human Kinetics.

Mozaffarian, D., Hao, T., Rimm, E. B., Willett, W. C., & Hu, F. B. (2011). Changes in diet and lifestyle and long-term weight gain in women and men. *New England Journal of Medicine, 364*(25), 2392–2404. https://doi.org/10.1056/NEJMoa1014296

Myers, A. M., Beam, N. W., & Fakhoury, J. D. (2017). Resistance training for children and adolescents. *Translational Pediatrics, 6*(3), 137–143. https://doi.org/10.21037/tp.2017.04.01

Ortman, J. M., Velkoff, V. A., & Hogan, H. (2014). *An aging nation: The older population in the United States* (Report No. P25-1140). United States Census Bureau. https://www.census.gov/prod /2014pubs/p25-1140.pdf

Pischke, C. R., Scherwitz, L., Weidner, G., & Ornish, D. (2008). Long-term effects of lifestyle changes on well-being and cardiac variables among coronary heart disease patients. *Health Psychology, 27*(5), 584–592. https://doi.org/10.1037/0278 -6133.27.5.584

Rice, D. A., McNair, P. J., Lewis, G. N., & Dalbeth, N. (2014). Quadriceps arthrogenic muscle inhibition: The effects of experimental knee joint effusion on motor cortex excitability. *Arthritis Research & Therapy, 16*(502). https://doi.org/10.1186 /s13075-014-0502-4

Riebe, D., Ehrman, J. K., Ligouri, G., & Magal, M. (Eds.). (2018). *ACSM's guidelines for exercise testing and prescription* (10th ed.). Philadelphia, PA: Wolters Kluwer.

Ries, A. L., Bauldoff, G. S., Carlin, B. W., Casaburi, R., Emery, C. F., Mahler, D. A., . . . Herrerias, C. (2007). Pulmonary rehabilitation: Joint ACCP/AACVPR evidence-based clinical practice guidelines. Chest, *131*(5 Suppl), 4S–42S. https://doi.org /10.1378/chest.06-2418

Roberts, S., Ciapponi, T., & Lytle, R. (2008). *Developing strength in children and adolescents*. Reston, VA: National Association for Sport and Physical Education.

Schwartz, A. L., de Heer, H. D., & Bea, J. W. (2017). Initiating exercise interventions to promote wellness in cancer patients and survivors. *Oncology, 31*(10), 711–717. https://www.ncbi.nlm.nih .gov/pmc/articles/PMC6361522/

Segal, R., Zwaal, C., Green, E., Tomasone, J., Loblaw, A., Petrella, T., & Exercise for People with Cancer Guideline Development Group. (2017). Exercise for people with cancer: A systematic review. *Current*

Oncology, *24*(4), 290. https://doi.org/10.3747 /co.24.3519

Siegel, R. L., Miller, K. D., & Jemal, A. (2019). Cancer statistics, 2019. *CA: A Cancer Journal for Clinicians*, *69*(1), 7–34. https://doi.org /10.3322/caac.21551

Svejme, O., Ahlborg, H. G., Nilsson, J. Å., & Karlsson, M. K. (2012). Early menopause and risk of osteoporosis, fracture and mortality: A 34-year prospective observational study in 390 women. *BJOG: An International Journal of Obstetrics & Gynecology*, *119*(7), 810–816. https://doi.org/10.1111/j.1471-0528.2012.03324.x

Sullivan, S. D., Lehman, A., Nathan, N. K., Thomson, C. A., & Howard, B. V. (2017). Age of menopause and fracture risk in postmenopausal women randomized to calcium + vitamin D, hormone therapy, or the combination: Results from the Women's Health Initiative Clinical Trials. *Menopause*, *24*(4), 371–378. https://doi.org/10.1097/GME.0000000000000775

Szumilewicz, A., Worska, A., Santos-Rocha, R., & Oviedo-Caro, M. Á. (2018). Evidence-based and practice-oriented guidelines for exercising during pregnancy. In R. Santos-Rocha (Ed.), *Exercise and sporting activity during pregnancy* (pp. 157–181). Springer. https://doi.org/10.1007/978-3-319-91032-1_7

Thent, Z. C., Das, S., & Henry, L. J. (2013). Role of exercise in the management of diabetes mellitus: The global scenario. *PLoS One*, *8*(11), e80436. https://doi.org/10.1371/journal.pone.0080436

Thompson, W. R. (2019). *ACSM's clinical exercise physiology*. Philadelphia, PA: Wolters Kluwer.

Triposkiadis, F., Starling, R. C., & Stefanadis, C. (2007). Diagnosis and management of chronic coronary artery disease. *Current Cardiology Reviews*, *3*(3), 221–231. https://doi.org/10.2174/1573403x10703030221

U.S. Consumer Product Safety Commission. (2019). *National Electronic Injury Surveillance System* [Online data center]. https://www.cpsc.gov/Research--Statistics/NEISS-Injury-Data

U.S. Department of Health and Human Services. (2018). *Physical activity guidelines for Americans* (2nd ed.). Washington, DC: U.S. Department of Health and Human Services.

World Health Organization. (2010). *Global recommendations on physical activity for health*. Geneva, Switzerland: World Health Organization. https://www.who.int/dietphysicalactivity /global-PA-recs-2010.pdf

World Health Organization. (2018a). *Diabetes* [Fact sheets]. Geneva, Switzerland: World Health Organization. https://www.who.int / news-room/fact-sheets/detail/diabetes

World Health Organization. (2018b). *Obesity and overweight* [Fact sheets]. Geneva, Switzerland: World Health Organization. https://www.who.int/news-room/fact-sheets/detail/obesity -and-overweight

부록 A: 평가와 프로그래밍 템플릿

2020 PAR-Q+

모두를 위한 신체활동 준비도 설문지

규칙적인 신체활동의 건강적 이점은 분명합니다. 그러므로 매주 신체활동에 참여해야 합니다. PAR-Q+에 의거한 신체활동 참여는 대부분의 사람들에게 매우 안전합니다. 이 설문지는 신체적으로 활발한 활동을 하기 전에 의사 또는 자격을 갖춘 운동 전문가에게 조언을 구할 필요가 있는지를 알려줄 것입니다.

일반 건강 질문

아래 7개의 질문을 신중하게 읽고 정직하게 '예' 또는 '아니오'로 답하시오.	예	아니오
1) 의사가 심장 질환☐ **또는** 고혈압☐이 있다고 한 적이 있습니까?	☐	☐
2) 휴식 중이나 일상 **또는** 신체활동을 할 때 통증을 느낀 적이 있습니까?	☐	☐
3) 어지러움 때문에 균형을 잃거나 지난 12개월 이내에 의식을 잃은 적이 있습니까? 과호흡과 관련이 있는 어지러움이라면 **'아니오'**라고 답하시오.(격렬한 신체활동 포함)	☐	☐
4) 만성 질환으로 진단 받은 적이 있습니까?(심장 질환 또는 고혈압 외) **상태를 작성하시오:** ______	☐	☐
5) 현재 만성 질환으로 처방약을 복용 중입니까? **상태와 약에 대해 작성하시오:** ______	☐	☐
6) 현재(아니면 12개월 이내에) 신체활동으로 더 나빠질 수 있는 뼈, 관절, 또는 연부조직(근육, 인대 또는 힘줄) 문제를 가지고 있습니까? 만약 과거의 문제가 **현재 신체 능력과 관련이 없다면** '**아니오**'라고 답하시오. **상태를 작성하시오:** ______	☐	☐
7) 의사가 의학적 감독하에서만 신체활동을 해야 한다고 한 적이 있습니까?	☐	☐

☑ **만약 위의 모든 질문에 '아니오'라고 답했다면 당신은 신체활동을 할 수 있습니다. 참가신청서에 서명하십시오. 페이지 2와 3은 작성하지 마십시오.**

- 신체를 보다 더 활동적으로 사용하십시오
- 천천히 시작하고 점진적으로 진행하십시오.
- 연령에 맞는 글로벌 신체활동 지침을 따르십시오. (https://apps.who.int/iris/handle/10665/44399).
- 당신은 건강과 피트니스 평가에 참여할 수도 있습니다.
- 만약 45세 이상이고, 규칙적이고 활동적이며 최대의 노력을 필요로 하는 운동에 익숙하지 않다면 운동에 참여하기 전에 자격을 갖춘 운동 전문가와 상담하십시오.
- 추가 질문이 있다면 자격을 갖춘 운동 전문가와 상담하십시오.

참가서

동의에 필요한 법적 연령 미만이거나 보호자의 동의가 필요한 경우, 부모, 보호자 또는 이에 준하는 위탁자도 이 양식에 서명해야 합니다.

아래에 서명한 본인은 이 설문지를 충분히 이해하고 작성했습니다. 본인은 본 신체활동 허가증이 완료된 날부터 최대 12개월 동안 유효하며 본인의 상태가 변경될 경우 무효화됨을 인정합니다. 또한 커뮤니티/피트니스 센터에서 기록을 위해 이 양식의 사본을 보관할 수 있다는 점도 인정합니다. 이 경우, 해당 법률에 따라 기밀이 유지됩니다.

이름 ______________________ 날짜 ______________________

서명 ______________________ 증인 ______________________

부모/보호자/위탁자 서명 ______________________

● **만약 위의 질문 중 하나 또는 두 개의 질문에 '예'라고 대답했다면 페이지 2와 3을 완료하십시오.**

⚠ **만약 아래와 같은 상황이라면 신체활동을 미루십시오.**

- V 감기나 열과 같이 일시적인 질병이 있을 경우: 증상이 나아질 때까지 쉬는 것이 좋습니다.
- V 임신했다면 더 많은 신체활동 프로그램으로 진행하기 전에 의사나 자격을 갖춘 운동 전문가와 상담하고 www.eparmedx.com에서 ePARmed-X+를 완료하십시오.
- V 당신의 건강에 이상이 있다면, 신체활동 프로그램을 계속하기 전에 이 질문지의 2~3페이지를 체크하고 의사나 자격을 갖춘 운동 전문가와 상담하십시오.

2020 PAR-Q+

당신의 의학적 상태에 따른 후속 질문

1. 관절염, 골다공증 또는 허리 문제가 있습니까?
만약 위와 같은 상태가 있다면 1a~1c에 답하시오. 만약 **없다면**☐ 질문 2로 이동하시오.

1a. 약이나 의사 처방으로 상태를 조절하는 데 어려움이 있습니까? (만약 현재 약을 복용하지 않거나 질병 상태가 아니라면 '**아니오**'라고 답하시오.)	예☐	아니오☐
lb. 통증을 일으키는 관절 문제, 최근의 골절, 또는 골다공증, 암으로 야기된 골절, 척추 문제(예: 척추전방전위증), 척추분리증/관절간부(척주 뒷면의 뼈 고리에 금이 감)를 가지고 있습니까?	예☐	아니오☐
1c. 3개월 이상 스테로이드 주사를 맞거나 스테로이드 알약을 규칙적으로 복용한 적이 있습니까?	예☐	아니오☐

2. 현재 어떤 유형의 암을 가지고 있습니까?
만약 현재 암의 상태라면 2a~2b에 답하시오. 만약 **아니라면**☐ 질문 3으로 이동하시오.

2a. 아래 유형의 암을 진단 받았습니까? 폐/기관지, 다중의 골수종(형질세포의 암), 머리 또는 목	예☐	아니오☐
2b. 암 치료를 현재 받고 있습니까?(예: 항암 치료 또는 방사선 치료)	예☐	아니오☐

3. 심장 또는 심혈관 문제가 있습니까? 여기에는 관상동맥질환, 심부전, 심장 리듬의 이상 진단을 포함합니다.
만약 위의 상태를 가지고 있다면 질문 3a~3d에 답하시오. 만약 **아니라면**☐ 질문 4로 이동하시오.

3a. 약이나 다른 의사 처방 치료로 상태를 조절하는 데 어려움이 있습니까? (만약 현재 약을 복용 중이거나 치료를 받고 있지 않다면 '**아니오**'라고 답하시오.)	예☐	아니오☐
3b. 의학적 관리가 필요한 심박 이상을 가지고 있습니까?(예: 심방세동, 심실기 외 수축)	예☐	아니오☐
3c. 만성 심부전이 있습니까?	예☐	아니오☐
3d. 관상동맥질환(심혈관)을 진단 받고 지난 2개월 동안 규칙적인 신체활동을 하지 않았습니까?	예☐	아니오☐

4. 현재 고혈압이 있습니까?
만약 고혈압이 있다면 4a~4b에 답하시오. 만약 **아니라면**☐ 질문 5로 이동하시오.

4a. 약이나 다른 의사 처방 치료로 상태를 조절하는 데 어려움이 있습니까? (만약 현재 약을 복용 중이거나 치료를 받고 있지 않다면 '**아니오**'라고 답하시오.)	예☐	아니오☐
4b. 약이 있거나 없는 상태에서 휴식 상태의 혈압이 160/90mmHg과 같거나 그 이상입니까? (만약 휴식 상태의 혈압을 모른다면 '**예**'라고 답하시오.)	예☐	아니오☐

5. 대사증후군이 있습니까? 여기서는 제1형 당뇨병과 제2형 당뇨병, 선재성 당뇨병을 포함합니다.
만약 대사증후군을 현재 가지고 있다면 질문 5a~5e 질문에 답하시오. 만약 **아니라면**☐ 질문 6으로 이동하시오.

5a. 음식, 약 또는 의사 처방이나 치료로 혈당 수치를 관리하는 데 어려움이 있습니까?	예☐	아니오☐
5b. 운동 후나 일상 생활 중에 저혈당(저혈당)의 징후 및 증상을 자주 겪습니까? 저혈당증의 증상으로는 떨림, 신경과민, 일상적이지 않은 과민성, 비정상적인 발한, 어지러움 또는 현기증, 정신 착란, 말하기 어려움, 쇠약 또는 불면이 포함될 수 있습니다.	예☐	아니오☐
5c. 심장이나 혈관 질환과 같은 당뇨병 합병증이나, 눈, 신장 **또는** 발가락과 발의 감각에 영향을 미치는 합병증의 징후나 증상이 있습니까?	예☐	아니오☐
5d. 대사증후군 같은 질병이 있습니까?(예: 임신 관련 당뇨병, 만성 신장 질환 또는 간 질환)	예☐	아니오☐
5e. 가까운 미래에 강도 높은 운동을 할 계획이 있습니까?	예☐	아니오☐

2020 PAR-Q+

6. **정신 건강 문제나 학습 장애가 있습니까? 여기에는 알츠하이머, 치매, 우울증, 불안 장애, 섭식 장애, 정신 장애, 지적 장애, 다운증후군 등을 포함합니다.**
   만약 위의 상태가 현재 있다면 질문 6a~6b에 답하시오. 만약 **아니라면**☐ 질문 7로 이동하시오.

6a. 약이나 의사 처방으로 당신의 상태를 통제하는 데 어려움이 있습니까?
(만약 현재 약이나 치료를 받고 있지 않다면 '**아니오**'라고 답하시오.) 예☐ 아니오☐

6b. 신경이나 근육에 영향을 미치는 다운증후군과 허리 문제가 있습니까? 예☐ 아니오☐

7. **호흡기 질환을 가지고 있습니까? 여기에는 만성폐쇄폐질환, 천식, 폐고혈압을 포함합니다.**
   만약 위의 상태가 현재 있다면 질문 7a~7d에 답하시오. 만약 **아니라면**☐ 질문 8로 이동하시오.

7a. 약이나 의사 처방으로 당신의 상태를 통제하는 데 어려움이 있습니까?
(만약 현재 약이나 치료를 받고 있지 않다면 '**아니오**'라고 답하시오.) 예☐ 아니오☐

7b. 의사가 휴식 중이나 운동 중 혈중 산소 수치가 낮아 산소 보충 요법이 필요하다고 말한 적이 있습니까? 예☐ 아니오☐

7c. 천식일 경우, 현재 가슴이 답답하고, 천명이 나고, 호흡이 힘들고, 기침이 지속되거나(주당 2일 이상) 지난 일주일 동안 2회 이상 구조 약물을 사용한 적이 있습니까? 예☐ 아니오☐

7d. 당신은 의사로부터 폐 혈관에 고혈압이 있다고 들은 적이 있습니까? 예☐ 아니오☐

8. **척추 손상이 있습니까? 여기에는 사지 마비와 하반신 마비가 포함됩니다.**
   위의 조건이 있는 경우 질문 8a~8c에 답하시오. 만약 **아니라면**☐ 질문 9로 이동하시오.

8a. 약이나 의사 처방으로 당신의 상태를 통제하는 데 어려움이 있습니까?
(만약 현재 약이나 치료를 받고 있지 않다면 '**아니오**'라고 답하시오.) 예☐ 아니오☐

8b. 어지러움, 현기증 및 실신을 유발할 정도로 안정시 혈압이 일반적으로 낮습니까?
담당 의사가 갑작스럽게 고혈압이 발병했다고 말한 적이 있습니까(자율신경반사부전이라고 알려진)? 예☐ 아니오☐

9. **뇌졸중을 겪은 적이 있습니까? 여기에는 일과성 허혈성 발작(TIA) 또는 뇌졸중을 포함합니다.**
   만약 위의 상태가 현재 있다면 질문 9a~9c에 답하시오. 만약 **아니라면**☐ 질문 10으로 이동하시오.

9a. 약이나 의사 처방으로 상태를 통제하는 데 어려움이 있습니까?
(만약 현재 약이나 치료를 받고 있지 않다면 '**아니오**'라고 답하시오.) 예☐ 아니오☐

9b. 걷기나 이동에 장애가 있습니까? 예☐ 아니오☐

9c. 지난 6개월 안에 뇌졸중이나 신경 또는 근육에 장애를 겪은 적이 있습니까? 예☐ 아니오☐

10. **위에는 기록되어 있지 않은 다른 의학적 상태나 두 개 이상의 의학적 상태를 가지고 있습니까?**
    만약 다른 의학적 상태가 있다면 10a~10c의 질문에 답하시오. 만약 **아니라면**☐ 4페이지의 권장 사항을 읽으시오.

10a. 지난 12개월 내에 머리 부상의 결과로 일시적 기억 상실, 기절 **또는** 의식 상실을 겪은 적이 있습니까? 예☐ 아니오☐

10b. 위에 작성하지 않은 의학적 문제가 있습니까? (예: 간질, 신경학적 문제, 신장 문제 등) 예☐ 아니오☐

10c. 현재 두 가지 이상의 질병을 가지고 있습니까? 예☐ 아니오☐

당신의 건강 상태를 작성하십시오. ____________________
여기에 관련된 모든 처방약이 있습니다.

현재 의학적 상태에 대한 권장 사항을 보려면 4페이지로 이동하고, 참가 신청서에 서명하십시오.

2020 PAR-Q+

☑ 만약 당신의 의학적 상태에 대한 모든 후속 질문(2~3페이지)에 '아니오'라고 답했다면 당신은 신체적으로 프로그램에 참여할 준비가 되었습니다. 아래의 참가 신청서에 서명하십시오.

- 여러분의 건강 요구를 충족시키기 위해 안전하고 효과적인 신체활동 계획을 개발할 수 있도록 자격을 갖춘 운동 전문가와 상담하는 것이 좋습니다.
- 운동은 천천히 시작하고 점진적으로 진행하기를 권장합니다. - 20~60분, 유산소 운동과 근육 강화 운동을 포함하여 일주일에 3~5일 정도.
- 프로그램이 진행되면 일주일에 150분, 혹은 그 이상의 적당한 강도의 신체활동을 목표로 삼아야 합니다.
- 만약 45세 이상이고, 규칙적으로 최대의 노력이 필요한 격렬한 운동에 익숙하지 않다면 운동을 하기 전에 자격을 갖춘 운동 전문가와 상의해야 합니다.

만약 당신의 의학적 상태에 대해 **하나 또는 그 이상의 질문**에 **'예'**라고 답했다면:

신체활동을 하거나 피트니스 평가에 참여하기 전에 추가 정보를 얻어야 합니다. 특별히 디자인된 온라인 검진 및 추천 운동 프로그램을 이수해야 합니다. **www.eparmedx.com**에 있는 **ePARmed-X+**에서 추가 정보를 얻으십시오. 그리고 자격을 갖춘 운동 전문가와 상의하십시오.

⚠ 만약 이러한 상태라면 프로그램 진행을 미루십시오.

- V 감기나 열과 같은 일시적인 병에 걸렸을 때: 증상이 나아질 때까지 기다리는 것이 좋습니다.
- V 임신 중일 때: 담당 의사, 자격을 갖춘 운동 전문가와 상의하거나 신체활동을 하기 전에 www.eparmedx.com에 있는 ePARmed-X+를 작성하십시오.
- V 건강 상태에 변화가 생겼을 때: 신체활동 프로그램 전에 의사 또는 자격을 갖춘 운동 전문가와 상의하십시오.

- PAR-Q+를 복사하는 것이 좋습니다. 전체 설문지 사용을 권장하며 내용 변경은 추천하지 않습니다.
- 저작자, PAR-Q+ 협업, 파트너 조직 및 해당 대리인은 PAR-Q+ 또는 ePARmed-X+를 사용하는 사람에 대해 어떠한 책임도 지지 않습니다. 설문지를 작성한 후 의문 사항이 있는 경우 신체활동을 하기 전에 의사와 상의하십시오.

참가 신청서

- PAR-Q+를 완료한 모든 사람은 아래 신청서를 읽고 서명하십시오.
- 동의에 필요한 법적 연령 미만이거나 보호자의 동의가 필요한 경우, 부모, 보호자 또는 위탁자도 이 양식에 서명해야 합니다.

아래에 서명한 본인은 이 설문지를 충분히 이해하고 작성했습니다. 본인은 본 신체활동 허가증이 완료된 날부터 최대 12개월 동안 유효하며 본인의 상태가 변경될 경우 무효화됨을 인정합니다. 또한 커뮤니티/피트니스 센터에서 기록을 위해 이 양식의 사본을 보관할 수 있다는 점도 인정합니다. 이 경우, 해당 법률에 따라 기밀이 유지됩니다.

이름 ______________________ 날짜 ______________________

서명 ______________________ 증인 ______________________

부모/보호자/위탁자 서명 ______________________

더 많은 정보를 위해 연락하십시오.

www.eparmedx.com
Email: eparmedx@gmail.com

Citation for PAR-Q+
Warburton DER, Jamnik VK, Bredin SSD, and Gledhill N on behalf of the PAR-Q+ Collaboration. The Physical Activity Readiness Questionnaire for Everyone (PAR-Q+) and Electronic Physical Activity Readiness Medical Examination (ePARmed-X+). Health & Fitness Journal of Canada 4(2):3-23, 2011.

The PAR-Q+ was created using the evidence-based AGREE process (1) by the PAR-Q+ Collaboration chaired by Dr. Darren E. R. Warburton with Dr. Norman Gledhill, Dr. Veronica Jamnik, and Dr. Donald C. McKenzie (2). Production of this document has been made possible through financial contributions from the Public Health Agency of Canada and the BC Ministry of Health Services. The views expressed herein do not necessarily represent the views of the Public Health Agency of Canada or the BC Ministry of Health Services.

Key References

1. Jamnik VK, Warburton DER, Makarski J, McKenzie DC, Shephard RJ, Stone J, and Gledhill N. Enhancing the effectiveness of clearance for physical activity participation; background and overall process. APNM 36(S1):S3-S13, 2011.
2. Warburton DER, Gledhill N, Jamnik VK, Bredin SSD, McKenzie DC, Stone J, Charlesworth S, and Shephard RJ. Evidence-based risk assessment and recommendations for physical activity clearance; Consensus Document. APNM 36(S1):S266-s298, 2011.
3. Chisholm DM, Collis ML, Kulak LL, Davenport W, and Gruber N. Physical activity readiness. British Columbia Medical Journal. 1975;17:375-378.
4. Thomas S, Reading J, and Shephard RJ. Revision of the Physical Activity Readiness Questionnaire (PAR-Q). Canadian Journal of Sport Science 1992;17:4 338-345.

 4/4
11-01-2019

생활 습관 및 건강 기록 설문지

NASM
NATIONAL ACADEMY OF SPORTS MEDICINE

고객 개인 정보

이름: ______________________ 일자: ________

나이: ________ 성별: ________ 신장: ________ 체중: ________

담당 의사 이름과 연락처: ______________________

긴급 연락망 이름과 연락처: ______________________

운동	
현재 참여 중인 운동은 무엇입니까? (예시: 달리기, 웨이트 리프팅, 그룹 운동, 기타)	________
일주일에 며칠 정도 최소 60분 동안 중강도의 운동을 합니까?	________
다음의 피트니스 목표는 당신에게 얼마나 중요합니까? 0에서 10까지의 척도로 나타내시오.	체중 감량: ________ 근육 증량: ________ 스포츠 성과: ________ 건강 개선: ________

다이어트	
당신의 전반적인 식단이 건강하다고 생각합니까? 0에서 10까지의 척도로 나타내시오.	________
어떤 유형의 식단을 현재 따르고 있습니까? 만약 그렇다면 어떤 식단이고, 어떤 이유입니까?	________
일일 염분 섭취는 어떻게 평가할 수 있습니까? 낮음, 중간, 높음	________
일일 당 섭취를 어떻게 평가할 수 있습니까? 낮음, 중간, 높음	________
일일 지방 섭취를 어떻게 평가할 수 있습니까? 낮음, 중간, 높음	________
정크 푸드에 대한 유혹을 얼마나 효과적으로 통제하고 있습니까? 0에서 10까지의 척도로 나타내시오.	________
일주일에 알코올을 얼마나 소비합니까?	________

생활 습관 및 건강 기록 설문지

NASM NATIONAL ACADEMY OF SPORTS MEDICINE

커피, 차, 탄산음료 및 에너지 드링크와 같은 카페인 음료를 소비합니까? 일주일에 소비하는 양은 얼마입니까?

라이프 스타일

당신은 매일 충분한 수면을 취하고 휴식한 느낌으로 일어납니까?

당신의 평균 스트레스 수준은 0에서 10까지 중 어느 정도입니까?

현재 스트레스를 관리하기 위해 어떤 방법을 사용하고 있습니까?

담배를 피웁니까, 아니면 전자담배를 사용합니까?

직업

당신의 직업은 무엇입니까?

당신의 직업은 장시간 앉아있어야 합니까? (맞다면 설명하시오.)

당신의 직업은 반복적인 움직임을 필요로 합니까? (맞다면 설명하시오.)

당신의 직업은 굽이 달린 신발을 신어야 합니까(예: 구두, 작업화)?

취미

어떤 레크리에이션 활동(골프, 스키 등)에 참여하고 있습니까? (있다면 설명하시오.)

추가적인 취미 활동(정원 가꾸기, 낚시, 음악 등)이 있습니까? (있다면 설명하시오.)

의료

과거에 있었던 근골격계 손상 이력을 작성하시오.

수술 경험이 있다면 작성하시오.

부상이나 수술 경험이 있다면, 제대로 재활치료를 받고 의사로부터 신체활동 복귀 허가를 받았습니까?

생활 습관 및 건강 기록 설문지

만성적인 건강 질환(심혈관 질환, 폐 질환, 고혈압, 당뇨병 또는 암)을 가지고 있습니까? (있다면 설명하시오.)

____

약을 복용하고 있습니까? 만약 그렇다면 의사로부터 신체활동에 참여해도 된다는 허가를 받았습니까?

____

추가 기록

____

____

____

____

____

____

____

____

____

____

____

____

____

____

____

____

체성분 측정

NASM
NATIONAL ACADEMY OF SPORTS MEDICINE

이름: ______________________ 일자: __________

신장: __________

체중: __________ 체질량 지수(BMI): __________

둘레 측정

위치	측정1	측정2
목		
가슴		
팔		
허리		
엉덩이		
허벅지		
종아리		

허리-엉덩이 비율: __________

피하 지방 측정

프로토콜: __________

위치	측정1	측정2
어깨뼈(견갑골) 밑		
가슴		
두갈래근(이두근)		
세갈래근(삼두근)		
복부		
겨드랑이		
위엉덩뼈(상장골)		
허벅지		
총		

체지방률을 결정하려면 선택한 측정 프로토콜에 대한 적절한 온라인 자료를 사용하십시오.

체지방(%): __________

정적 및 동적 자세 평가

이름: ______________________ 일자: __________

둘레 측정

관찰면	관찰	평가
전면	평발비틀림증후군	예/아니오
측면	하부교차증후군	예/아니오
측면	상부교차증후군	예/아니오

오버헤드 스쿼트 평가(OHSA)

관찰면	운동 사슬 체크 포인트	관찰	평가	
			왼쪽	오른쪽
전면	발/발목	발이 무너지거나 발끝이 바깥쪽으로 향하는가?	예/아니오	예/아니오
	무릎	무릎이 모이는가?	예/아니오	예/아니오
측면	허리–골반–엉덩관절 복합체	몸통을 앞으로 과도하게 기울이는가?	예/아니오	
		허리 아치가 과도하게 생기는가?	예/아니오	
	어깨	팔이 앞으로 떨어지는가?	예/아니오	

싱글 레그 스쿼트 평가

관찰면	운동 사슬 체크 포인트	관찰	평가	
			왼쪽	오른쪽
전면	무릎	무릎이 모이는가?	예/아니오	예/아니오

밀기, 당기기 평가

관찰면	운동 사슬 체크 포인트	관찰	평가	
			밀기	당기기
측면	허리–골반–엉덩관절 복합체	허리 아치가 과도하게 생기는가?	예/아니오	예/아니오
	어깨	어깨가 올라가는가?	예/아니오	예/아니오
	머리/목	머리를 앞으로 내미는가?	예/아니오	예/아니오

정적 및 동적 자세 평가

NASM
NATIONAL ACADEMY OF SPORTS MEDICINE

정적 자세 평가

평발비틀림증후군		하부교차증후군		상부교차증후군	
과활성	저활성	과활성	저활성	과활성	저활성
장딴지근	앞정강근	엉덩이굽힘근	큰볼기근	위등세모근	깊은목굽힘근
가자미근	뒤정강근	요추폄근	중간볼기근	어깨올림근(견갑거근)	마름근(능형근)
모음근	큰볼기근		햄스트링	목빗근(흉쇄유돌근)	중간등세모근
엉덩이굽힘근	중간볼기근		복부	큰가슴근(대흉근)	아래등세모근
				작은가슴근(소흉근)	

동적 자세 평가

관찰면	운동 사슬 체크포인트	운동 장애	과활성 근육	저활성 근육
전면	발과 발목	평발 및 발이 바깥쪽으로 향함	가자미근	앞정강근
			장딴지근	뒤정강근
			햄스트링 복합체	큰볼기근
				중간볼기근
	무릎	안쪽으로 굽음	넙다리근막긴장근(TFL)	큰볼기근
			모음근 복합체	중간볼기근
				앞정강근
				뒤정강근
측면	LPHC	몸통이 지나치게 앞으로 기울어짐	가자미근	햄스트링 복합체
			장딴지근	큰볼기근
			엉덩관절 복합체	허리폄근
			배곧은근(복직근)	
			배바깥빗근(외복사근)	
		과도한 허리 아치	엉덩관절굽힘근	큰볼기근
			허리폄근	햄스트링 복합체
			넓은등근(광배근)(OHSA만)	복부
	어깨	팔이 앞으로 떨어짐	넓은등근	중간등세모근
			큰원근(대원근)	아래등세모근
			큰가슴근	마름근(능형근)
			작은가슴근	뒤어깨세모근
				회전근개(돌림근띠)
		어깨뼈 들어올림(밀기/당기기에서만)	어깨올림근(견갑거근)	아래등세모근
			위등세모근	
	머리와 목	머리만 앞으로 나감(밀기/당기기에서만)	어깨올림근	깊은목굽힘근
			목빗근(흉쇄유돌근)	

과활성 근육: ______________________________

저활성 근육: ______________________________

심폐 평가

NASM
NATIONAL ACADEMY OF SPORTS MEDICINE

이름: ______________________ 일자: __________

안정시 심박수(RHR): __________

최대 심박수(추정): __________

혈압(만약 PAR-Q/병력에 의해 필요하다면): __________

YMCA 3분 스텝 검사

회복 심박수: __________

이 테스트에 대한 고객의 심폐 적합성 등급을 결정하려면 회복 심박수와 비교하십시오.

표 11-13 *NASM Essentials of Personal Fitness Training*(7th ed.) 교재

매우 나쁨	나쁨	평균 이하	평균	평균 이상	좋음	우수

락포트 걷기 검사

시간: __________ 심박수: __________

이 테스트에 대한 고객의 심폐 적합성 등급을 결정하려면 완료 시간과 비교하십시오.

표 11-14 *NASM Essentials of Personal Fitness Training*(7th ed.) 교재

나쁨	적정	평균	평균 이상	좋음	우수

1.5마일 달리기

시간: __________ 심박수: __________

이 테스트에 대한 고객의 심폐 적합성 등급을 결정하려면 완료 시간과 비교하십시오.

표 11-15 또는 표 11-16 *NASM Essentials of Personal Fitness Training*(7th ed.) 교재

매우 나쁨	나쁨	적정	좋음	우수	뛰어남

VT1/VT2 대화 테스트

VTI에 대한 시간: _______ VTI 심박수: _______ VT2에 대한 시간: _______ VT2 심박수: _______

연간 및 월간/주간 프로그래밍 템플릿

NASM
NATIONAL ACADEMY OF SPORTS MEDICINE

고객 이름: ______________________________ 일자: ____________

피트니스 전문가 이름: ______________________________

목표: ______________________________

연간 계획

레벨	달 단계	1월	2월	3월	4월	5월	6월	7월	8월	9월	10월	11월	12월
안정화	1												
근력	2												
	3												
	4												
파워	5												

월간/주간 계획

주	1							2							3							4						
날짜 단계	M	T	W	T	F	S	S	M	T	W	T	F	S	S	M	T	W	T	F	S	S	M	T	W	T	F	S	S
1																												
2																												
3																												
4																												
5																												
심폐																												
재평가																												

OPT (Optimum Performance Training®)

NASM
NATIONAL ACADEMY OF SPORTS MEDICINE

고객 이름:					
목표:					
단계:					
날짜:					
운동	세트	담당자	속도	휴식	비고
준비 운동					
활성화(코어&밸런스)					
스킬 개발(플라이오메트릭&SAQ)					
저항 트레이닝					
클라이언트 초이스					
정리 운동(쿨다운)					

Coaching Tips:

1RM(1회 반복 최대 무게) 환산표

Pounds	10 reps	9 reps	8 reps	7 reps	6 reps	5 reps	4 reps	3 reps	2 reps
5	7	6	6	6	6	6	6	5	5
10	13	13	13	12	12	11	11	11	11
15	20	19	19	18	18	17	17	16	16
20	27	26	25	24	24	23	22	22	21
25	33	32	31	30	29	29	28	27	26
30	40	39	38	36	35	34	33	32	32
35	47	45	44	42	41	40	39	38	37
40	53	52	50	48	47	46	44	43	42
45	60	58	56	55	53	51	50	49	47
50	67	65	63	61	59	57	56	54	53
55	73	71	69	67	65	63	61	59	58
60	80	77	75	73	71	69	67	65	63
65	87	84	81	79	76	74	72	70	68
70	93	90	88	85	82	80	78	76	74
75	100	97	94	91	88	86	83	81	79
80	107	103	100	97	94	91	89	86	84
85	113	110	106	103	100	97	94	92	89
90	120	116	113	109	106	103	100	97	95
95	127	123	119	115	112	109	106	103	100
100	133	129	125	121	118	114	111	108	105
105	140	135	131	127	124	120	117	114	111
110	147	142	138	133	129	126	122	119	116
115	153	148	144	139	135	131	128	124	121
120	160	155	150	145	141	137	133	130	126

Pounds	10 reps	9 reps	8 reps	7 reps	6 reps	5 reps	4 reps	3 reps	2 reps
125	167	161	156	152	147	143	139	135	132
130	173	168	163	158	153	149	144	141	137
135	180	174	169	164	159	154	150	146	142
140	187	181	175	170	165	160	156	151	147
145	193	187	181	176	171	166	161	157	153
150	200	194	188	182	176	171	167	162	158
155	207	200	194	188	182	177	172	168	163
160	213	206	200	194	188	183	178	173	168
165	220	213	206	200	194	189	183	178	174
170	227	219	213	206	200	194	189	184	179
175	233	226	219	212	206	200	194	189	184
180	240	232	225	218	212	206	200	195	189
185	247	239	231	224	218	211	206	200	195
190	253	245	238	230	224	217	211	205	200
195	260	252	244	236	229	223	217	211	205
200	267	258	250	242	235	229	222	216	211
205	273	265	256	248	241	234	228	222	216
210	280	271	263	255	247	240	233	227	221
215	287	277	269	261	253	246	239	232	226
220	293	284	275	267	259	251	244	238	232
225	300	290	281	273	265	257	250	243	237
230	307	297	288	279	271	263	256	249	242
235	313	303	294	285	276	269	261	254	247
240	320	310	300	291	282	274	267	259	253
245	327	316	306	297	288	280	272	265	258

Pounds	10 reps	9 reps	8 reps	7 reps	6 reps	5 reps	4 reps	3 reps	2 reps
250	333	323	313	303	294	286	278	270	263
255	340	329	319	309	300	291	283	276	268
260	347	335	325	315	306	297	289	281	274
265	353	342	331	321	312	303	294	286	279
270	360	348	338	327	318	309	300	292	284
275	367	355	344	333	324	314	306	297	289
280	373	361	350	339	329	320	311	303	295
285	380	368	356	345	335	326	317	308	300
290	387	374	363	352	341	331	322	314	305
295	393	381	369	358	347	337	328	319	311
300	400	387	375	364	353	343	333	324	316
305	407	394	381	370	359	349	339	330	321
310	413	400	388	376	365	354	344	335	326
315	420	406	394	382	371	360	350	341	332
320	427	413	400	388	376	366	356	346	337
325	433	419	406	394	382	371	361	351	342
330	440	426	413	400	388	377	367	357	347
335	447	432	419	406	394	383	372	362	353
340	453	439	425	412	400	389	378	368	358
345	460	445	431	418	406	394	383	373	363
350	467	452	438	424	412	400	389	378	368
355	473	458	444	430	418	406	394	384	374
360	480	465	450	436	424	411	400	389	379
365	487	471	456	442	429	417	406	395	384
370	493	477	463	448	435	423	411	400	389

Pounds	10 reps	9 reps	8 reps	7 reps	6 reps	5 reps	4 reps	3 reps	2 reps
375	500	484	469	455	441	429	417	405	395
380	507	490	475	461	447	434	422	411	400
385	513	497	481	467	453	440	428	416	405
390	520	503	488	473	459	446	433	422	411
395	527	510	494	479	465	451	439	427	416
400	533	516	500	485	471	457	444	432	421
405	540	523	506	491	476	463	450	438	426
410	547	529	513	497	482	469	456	443	432
415	553	535	519	503	488	474	461	449	437
420	560	542	525	509	494	480	467	454	442
425	567	548	531	515	500	486	472	459	447
430	573	555	538	521	506	491	478	465	453
435	580	561	544	527	512	497	483	470	458
440	587	568	550	533	518	503	489	476	463
445	593	574	556	539	524	509	494	481	468
450	600	581	563	545	529	514	500	486	474
455	607	587	569	552	535	520	506	492	479
460	613	594	575	558	541	526	511	497	484
465	620	600	581	564	547	531	517	503	489
470	627	606	588	570	553	537	522	508	495
475	633	613	594	576	559	543	528	514	500
480	640	619	600	582	565	549	533	519	505
485	647	626	606	588	571	554	539	524	511
490	653	632	613	594	576	560	544	530	516
495	660	639	619	600	582	566	550	535	521

Pounds	10 reps	9 reps	8 reps	7 reps	6 reps	5 reps	4 reps	3 reps	2 reps
500	667	645	625	606	588	571	556	541	526
505	673	652	631	612	594	577	561	546	532
510	680	658	638	618	600	583	567	551	537
515	687	665	644	624	606	589	572	557	542
520	693	671	650	630	612	594	578	562	547
525	700	677	656	636	618	600	583	568	553
530	707	684	663	642	624	606	589	573	558
535	713	690	669	648	629	611	594	578	563
540	720	697	675	655	635	617	600	584	568
545	727	703	681	661	641	623	606	589	574
550	733	710	688	667	647	629	611	595	579
555	740	716	694	673	653	634	617	600	584
560	747	723	700	679	659	640	622	605	589
565	753	729	706	685	665	646	628	611	595
570	760	735	713	691	671	651	633	616	600
575	767	742	719	697	676	657	639	622	605
580	773	748	725	703	682	663	644	627	611
585	780	755	731	709	688	669	650	632	616
590	787	761	738	715	694	674	656	638	621
595	793	768	744	721	700	680	661	643	626
600	800	774	750	727	706	686	667	649	632
605	807	781	756	733	712	691	672	654	637
610	813	787	763	739	718	697	678	659	642
615	820	794	769	745	724	703	683	665	647
620	827	800	775	752	729	709	689	670	653

Pounds	10 reps	9 reps	8 reps	7 reps	6 reps	5 reps	4 reps	3 reps	2 reps
625	833	806	781	758	735	714	694	676	658
630	840	813	788	764	741	720	700	681	663
635	847	819	794	770	747	726	706	686	668
640	853	826	800	776	753	731	711	692	674
645	860	832	806	782	759	737	717	697	679
650	867	839	813	788	765	743	722	703	684
655	873	845	819	794	771	749	728	708	689
660	880	852	825	800	776	754	733	714	695
665	887	858	831	806	782	760	739	719	700
670	893	865	838	812	788	766	744	724	705
675	900	871	844	818	794	771	750	730	711
680	907	877	850	824	800	777	756	735	716
685	913	884	856	830	806	783	761	741	721
690	920	890	863	836	812	789	767	746	726
695	927	897	869	842	818	794	772	751	732
700	933	903	875	848	824	800	778	757	737
705	940	910	881	855	829	806	783	762	742
710	947	916	888	861	835	811	789	768	747
715	953	923	894	867	841	817	794	773	753
720	960	929	900	873	847	823	800	778	758
725	967	935	906	879	853	829	806	784	763
730	973	942	913	885	859	834	811	789	768
735	980	948	919	891	865	840	817	795	774
740	987	955	925	897	871	846	822	800	779
745	993	961	931	903	876	851	828	805	784

Pounds	10 reps	9 reps	8 reps	7 reps	6 reps	5 reps	4 reps	3 reps	2 reps
750	1000	968	938	909	882	857	833	811	789
755	1007	974	944	915	888	863	839	816	795
760	1013	981	950	921	894	869	844	822	800
765	1020	987	956	927	900	874	850	827	805
770	1027	994	963	933	906	880	856	832	811
775	1033	1000	969	939	912	886	861	838	816
780	1040	1006	975	945	918	891	867	843	821
785	1047	1013	981	952	924	897	872	849	826
790	1053	1019	988	958	929	903	878	854	832
795	1060	1026	994	964	935	909	883	859	837
800	1067	1032	1000	970	941	914	889	865	842
805	1073	1039	1006	976	947	920	894	870	847
810	1080	1045	1013	982	953	926	900	876	853
815	1087	1052	1019	988	959	931	906	881	858
820	1093	1058	1025	994	965	937	911	886	863
825	1100	1065	1031	1000	971	943	917	892	868
830	1107	1071	1038	1006	976	949	922	897	874
835	1113	1077	1044	1012	982	954	928	903	879
840	1120	1084	1050	1018	988	960	933	908	884
845	1127	1090	1056	1024	994	966	939	914	889
850	1133	1097	1063	1030	1000	971	944	919	895
855	1140	1103	1069	1036	1006	977	950	924	900
900	1200	1161	1125	1091	1059	1029	1000	973	947
905	1207	1168	1131	1097	1065	1034	1006	978	953
910	1213	1174	1138	1103	1071	1040	1011	984	958

Pounds	10 reps	9 reps	8 reps	7 reps	6 reps	5 reps	4 reps	3 reps	2 reps
915	1220	1181	1144	1109	1076	1046	1017	989	963
920	1227	1187	1150	1115	1082	1051	1022	995	968
925	1233	1194	1156	1121	1088	1057	1028	1000	974
930	1240	1200	1163	1127	1094	1063	1033	1005	979
935	1247	1206	1169	1133	1100	1069	1039	1011	984
940	1253	1213	1175	1139	1106	1074	1044	1016	989
945	1260	1219	1181	1145	1112	1080	1050	1022	995
950	1267	1226	1188	1152	1118	1086	1056	1027	1000
955	1273	1232	1194	1158	1124	1091	1061	1032	1005
960	1280	1239	1200	1164	1129	1097	1067	1038	1011
965	1287	1245	1206	1170	1135	1103	1072	1043	1016
970	1293	1252	1213	1176	1141	1109	1078	1049	1021
975	1300	1258	1219	1182	1147	1114	1083	1054	1026
980	1307	1265	1225	1188	1153	1120	1089	1059	1032
985	1313	1271	1231	1194	1159	1126	1094	1065	1037
990	1320	1277	1238	1200	1165	1131	1100	1070	1042
995	1327	1284	1244	1206	1171	1137	1106	1076	1047
1000	1333	1290	1250	1212	1176	1143	1111	1081	1053

부록 B: 운동 프로그램

Optimum Performance Training®

NASM
NATIONAL ACADEMY OF SPORTS MEDICINE

CLIENT'S NAME: Jane Doe
GOAL: Fat Loss
PHASE: 1 Stabilization Endurance Training
DATE: 1 of 12

EXERCISE	SETS	REPS	TEMPO	REST	NOTES
WARM-UP					
Foam Roll: Calves, Adductors, Lats	1	1	30 sec	0 sec	Hold tender spot for 30 sec
Static Stretch: Calves, Adductors, Lats	1	1	30 sec	0 sec	Hold each stretch for 30 sec
Cardio	1	1	5 min	60 sec	Brisk walk or slow jog for 5 min
ACTIVATION (core & balance)					
Core: Floor Bridge	1	15	Slow	0	
Core: Floor Cobra	1	15	Slow	0	
Balance: Single-leg Balance Reach: Frontal Plane	1	16	Slow	90 sec	8 reps each leg
SKILL DEVELOPMENT (plyometric & SAQ)					
RESISTANCE TRAINING					
Squat Pattern: Ball Squat	1	20	Slow	0	
Hinge Pattern: Bodyweight Good Mornings	1	20	Slow	0	
Push Pattern: Incline Push-up	1	20	Slow	0	Use a wall, bench, or chair
Pull Pattern: Standing Tubing Row	1	20	Slow	0	
Press Pattern: Standing Tubing Shoulder Press	1	20	Slow	90 sec	
CLIENT'S CHOICE					
Plank	1	1	Slow	90 sec	Hold for 30 sec
COOL-DOWN					
Cardio	1	1	5 min	0 sec	Gradually reduce speed
Foam Roll: Calves, Adductors, Lats	1	1	30 sec	0 sec	Hold tender spot for 30 sec
Static Stretch: Calves, Adductors, Lats	1	1	30 sec	0 sec	Hold each stretch for 30 sec

Coaching Tips: Perform activation and resistance exercises in two mini circuits.

Optimum Performance Training®

NASM
NATIONAL ACADEMY OF SPORTS MEDICINE

CLIENT'S NAME: Jane Doe

GOAL: Fat Loss

PHASE: 1 Stabilization Endurance Training

DATE: 2 of 12

EXERCISE	SETS	REPS	TEMPO	REST	NOTES
WARM-UP					
Foam Roll: Calves, Adductors, Lats	1	1	30 sec	0 sec	Hold tender spot for 30 sec
Static Stretch: Calves, Adductors, Lats	1	1	30 sec	0 sec	Hold each stretch for 30 sec
Cardio	1	1	5 min	60 sec	Brisk walk or slow jog for 5 min
ACTIVATION (core & balance)					
Core: Ball Bridge	1	15	Slow	0	
Core: Ball Cobra	1	15	Slow	0	
Balance: Single-leg Hip Rotation	1	16	Slow	90 sec	8 reps each leg
SKILL DEVELOPMENT (plyometric & SAQ)					
RESISTANCE TRAINING					
Squat Pattern: Bodyweight Squat	1	20	Slow	0	
Hinge Pattern: Romanian Deadlift	1	20	Slow	0	Use light weight or bodyweight
Push Pattern: Standing Tubing Chest Press	1	20	Slow	0	
Pull Pattern: Inverted Row	1	20	Slow	0	Use a Smith machine or another sturdy object
Press Pattern: Standing Dumbbell Shoulder Press	1	20	Slow	90 sec	
CLIENT'S CHOICE					
Side Plank	1	1	Slow	90 sec	Hold 30 sec each side
COOL-DOWN					
Cardio	1	1	5 min	0 sec	Gradually reduce speed
Foam Roll: Calves, Adductors, Lats	1	1	30 sec	0 sec	Hold tender spot for 30 sec
Static Stretch: Calves, Adductors, Lats	1	1	30 sec	0 sec	Hold each stretch for 30 sec

Coaching Tips: Perform activation and resistance exercises in two mini circuits.

Optimum Performance Training®

CLIENT'S NAME: Jane Doe					
GOAL: Fat Loss					
PHASE: 1 Stabilization Endurance Training					
DATE: 3 of 12					
EXERCISE	**SETS**	**REPS**	**TEMPO**	**REST**	**NOTES**
WARM-UP					
Foam Roll: Calves, Adductors, Lats	1	1	30 sec	0 sec	Hold tender spot for 30 sec
Static Stretch: Calves, Adductors, Lats	1	1	30 sec	0 sec	Hold each stretch for 30 sec
Cardio	1	1	5 min	60 sec	Brisk walk or slow jog for 5 min
ACTIVATION (core & balance)					
Core: Bird Dog	1	16	Slow	0	8 each side
Core: Pallof Press	1	16	Slow	0	8 each side
Balance: Single-leg Lift and Chop	1	16	Slow	90 sec	8 reps each leg
SKILL DEVELOPMENT (plyometric & SAQ)					
Plyometric: Squat Jump with Stabilization	1	8	Slow	90 sec	Hold landing 3–5 sec
RESISTANCE TRAINING					
Total Body: Ball Squat, Curl to Press	2	15	Slow	0	
Chest: Standing Cable Chest Press	2	15	Slow	0	
Back: Standing Cable Row	2	15	Slow	0	
Shoulders: Standing Dumbbell Scaption	2	15	Slow	0	
Legs: Step-up to Balance	2	15	Slow	90 sec	
CLIENT'S CHOICE					
Floor Bridge	2	15	Slow	90 sec	
COOL-DOWN					
Cardio	1	1	5 min	0 sec	Gradually reduce speed
Foam Roll: Calves, Adductors, Lats	1	1	30 sec	0 sec	Hold tender spot for 30 sec
Static Stretch: Calves, Adductors, Lats	1	1	30 sec	0 sec	Hold each stretch for 30 sec

Coaching Tips: Perform activation and resistance exercises in two mini circuits.

Optimum Performance Training®

NASM
NATIONAL ACADEMY OF SPORTS MEDICINE

CLIENT'S NAME: Jane Doe					
GOAL: Fat Loss					
PHASE: 1 Stabilization Endurance Training					
DATE: 4 of 12					
EXERCISE	**SETS**	**REPS**	**TEMPO**	**REST**	**NOTES**
WARM-UP					
Foam Roll: Calves, Adductors, Lats	1	1	30 sec	0 sec	Hold tender spot for 30 sec
Static Stretch: Calves, Adductors, Lats	1	1	30 sec	0 sec	Hold each stretch for 30 sec
Cardio	1	1	5 min	60 sec	Brisk walk or slow jog for 5 min
ACTIVATION (core & balance)					
Core: Plank	2	1	Slow	0	Hold for 30 sec
Core: Side Plank	2	1	Slow	0	Hold for 30 sec
Balance: Single-leg Arm and Leg Motion	2	16	Slow	90 sec	8 reps each leg
SKILL DEVELOPMENT (plyometric & SAQ)					
Plyometric: Box Jump-up with Stabilization	2	8	Slow	90 sec	Hold landing for 3–5 sec
SAQ: Speed Ladder One-ins, Two-ins, Side Shuffle	2	1	Moderate	90 sec	
RESISTANCE TRAINING					
Total-Body: Step-up, Balance, Curl to Press	2	15	Slow	0	
Chest: Push-up	2	15	Slow	0	Modified push-up if necessary
Back: Ball Cobra	2	15	Slow	0	
Shoulders: Single-leg Dumbbell Scaption	2	15	Slow	0	
Legs: Lunge to Balance	2	15	Slow	90 sec	
CLIENT'S CHOICE					
Elliptical Machine	1	1	Moderate	90 sec	Moderate intensity for 10 min
COOL-DOWN					
Cardio	1	1	5 min	0 sec	Gradually reduce speed
Foam Roll: Calves, Adductors, Lats	1	1	30 sec	0 sec	Hold tender spot for 30 sec
Static Stretch: Calves, Adductors, Lats	1	1	30 sec	0 sec	Hold each stretch for 30 sec

Coaching Tips: Perform activation and resistance exercises in two mini circuits.

Optimum Performance Training®

EXERCISE	SETS	REPS	TEMPO	REST	NOTES
CLIENT'S NAME: Jane Doe					
GOAL: Fat Loss					
PHASE: 2 Strength Endurance Training					
DATE: 5 of 12					
WARM-UP					
Foam Roll: Calves, Adductors, Tensor Fascia Latae, Lats	1	1	30 sec	0 sec	Hold tender spot for 30 sec
Active Stretch: Calves, Adductors, Lats	1	10	1–2 sec	0 sec	Hold each stretch for 1–2 sec
Cardio	1	1	5 min	60 sec	Brisk walk or slow jog for 5 min
ACTIVATION (core & balance)					
Core: Ball Crunch	2	12	Moderate	0	
Core: Cable Rotation	2	12	Moderate	0	
Balance: Single-leg Squat	2	12	Moderate	60 sec	
SKILL DEVELOPMENT (plyometric & SAQ)					
Plyometric: Squat Jump	2	8	Repeating	60 sec	
SAQ: Speed Ladder One-ins, Two-ins, Side Shuffle, In-In-Out-Out	2	1	Fast	60 sec	
RESISTANCE TRAINING					
Legs: Dumbbell Squat Legs: Single-leg Squat	2	12 12	Moderate Slow	0 60 sec	
Chest: Dumbbell Chest Press Chest: Push-up	2	12 12	Moderate Slow	0 60 sec	Modified push-up if necessary
Back: Lat Pulldown Back: Single-leg Lat Pulldown	2	12 12	Moderate Slow	0 60 sec	
Shoulders: Shoulder Press Machine Shoulders: Single-leg Dumbbell Shoulder Press	2	12 12	Moderate Slow	0 60 sec	
CLIENT'S CHOICE					
Standing Dumbbell Biceps Curls	2	12	Moderate	0 sec	
Standing Triceps Pushdowns	2	12	Moderate	60 sec	
COOL-DOWN					
Cardio	1	1	5 min	0 sec	Gradually reduce speed
Foam Roll: Calves, Adductors, Lats	1	1	30 sec	0 sec	Hold tender spot for 30 sec
Static Stretch: Calves, Adductors, Lats	1	1	30 sec	0 sec	Hold each stretch for 30 sec

Coaching Tips: Perform activation and client's choice exercises in two mini circuits. Resistance training consists of supersets for each body part.

Optimum Performance Training®

CLIENT'S NAME: Jane Doe					
GOAL: Fat Loss					
PHASE: 2 Strength Endurance Training					
DATE: 6 of 12					
EXERCISE	**SETS**	**REPS**	**TEMPO**	**REST**	**NOTES**
WARM-UP					
Foam Roll: Calves, Adductors, Tensor Fascia Latae, Lats	1	1	30 sec	0 sec	Hold tender spot for 30 sec
Active Stretch: Calves, Adductors, Lats	1	10	1–2 sec	0 sec	Hold each stretch for 1–2 sec
Cardio	1	1	5 min	60 sec	Brisk walk or slow jog for 5 min
ACTIVATION (core & balance)					
Core: Reverse Crunch	2	12	Moderate	0	
Core: Knee-up	2	12	Moderate	0	
Balance: Single-leg Squat Touchdown	2	12	Moderate	60 sec	
SKILL DEVELOPMENT (plyometric & SAQ)					
Plyometric: Tuck Jump	2	8	Repeating	60 sec	
SAQ: Speed Ladder One-ins, Two-ins, Side Shuffle, In-In-Out-Out	2	1	Fast	60 sec	
RESISTANCE TRAINING					
Legs: Romanian Deadlift Legs: Single-leg Romanian Deadlift	2	12 12	Moderate Slow	0 60 sec	
Chest: Barbell Bench Press Chest: Single-leg Standing Cable Press	2	12 12	Moderate Slow	0 60 sec	
Back: Seated Cable Row Back: Ball Dumbbell Row	2	12 12	Moderate Slow	0 60 sec	
Shoulders: Standing Dumbbell Shoulder Press Shoulders: Ball Combo I	2	12 12	Moderate Slow	0 60 sec	
CLIENT'S CHOICE					
Plank	2	1	Moderate	0 sec	Hold each set for 30 sec
Floor Crunch	2	20	Moderate	60 sec	
COOL-DOWN					
Cardio	1	1	5 min	0 sec	Gradually reduce speed
Foam Roll: Calves, Adductors, Lats	1	1	30 sec	0 sec	Hold tender spot for 30 sec
Static Stretch: Calves, Adductors, Lats	1	1	30 sec	0 sec	Hold each stretch for 30 sec

Coaching Tips: Perform activation exercises and client's choice exercises in two mini circuits. Resistance training consists of supersets for each body part.

Optimum Performance Training®

CLIENT'S NAME: Jane Doe					
GOAL: Fat Loss					
PHASE: 2 Strength Endurance Training					
DATE: 7 of 12					
EXERCISE	**SETS**	**REPS**	**TEMPO**	**REST**	**NOTES**
WARM-UP					
Foam Roll: Calves, Adductors, Tensor Fascia Latae, Lats	1	1	30 sec	0 sec	Hold tender spot for 30 sec
Active Stretch: Calves, Adductors, Lats	1	10	1–2 sec	0 sec	Hold each stretch for 1–2 sec
Cardio	1	1	5 min	60 sec	Brisk walk or slow jog for 5 min
ACTIVATION (core & balance)					
Core: Cable Lift	2	12	Moderate	0	
Core: Cable Chop	2	12	Moderate	0	
Balance: Single-leg Romanian Deadlift	2	12	Moderate	60 sec	
SKILL DEVELOPMENT (plyometric & SAQ)					
Plyometric: Lunge Jump	2	8	Repeating	60 sec	
SAQ: Speed Ladder One-ins, Two-ins, Side Shuffle, In-In-Out-Out	2	1	Fast	60 sec	
RESISTANCE TRAINING					
Legs: Leg Press Legs: Step-up to Balance	3	10 10	Moderate Slow	0 60 sec	
Chest: Barbell Bench Press Chest: Push-up with Rotation	3	10 10	Moderate Slow	0 60 sec	
Back: Seated Lat Pulldown Back: Ball Cobra	3	10 10	Moderate Slow	0 60 sec	
Shoulders: Standing Dumbbell Lateral Raise Shoulders: Ball Combo II	3	10 10	Moderate Slow	0 60 sec	
CLIENT'S CHOICE					
Jump Rope	1	1	Moderate	60 sec	Jump rope for 5 min
COOL-DOWN					
Cardio	1	1	5 min	0 sec	Gradually reduce speed
Foam Roll: Calves, Adductors, Lats	1	1	30 sec	0 sec	Hold tender spot for 30 sec
Static Stretch: Calves, Adductors, Lats	1	1	30 sec	0 sec	Hold each stretch for 30 sec

Coaching Tips: Perform activation exercises in a circuit. Resistance training consists of supersets for each body part.

Optimum Performance Training®

CLIENT'S NAME: Jane Doe					
GOAL: Fat Loss					
PHASE: 2 Strength Endurance Training					
DATE: 8 of 12					
EXERCISE	**SETS**	**REPS**	**TEMPO**	**REST**	**NOTES**
WARM-UP					
Foam Roll: Calves, Adductors, Tensor Fascia Latae, Lats	1	1	30 sec	0 sec	Hold tender spot for 30 sec
Active Stretch: Calves, Adductors, Lats	1	10	1–2 sec	0 sec	Hold each stretch for 1–2 sec
Cardio	1	1	5 min	60 sec	Brisk walk or slow jog for 5 min
ACTIVATION (core & balance)					
Core: Ball Crunch	2	12	Moderate	0	
Core: Cable Rotation	2	12	Moderate	0	
Balance: Lunge to Balance	2	12	Moderate	60 sec	
SKILL DEVELOPMENT (plyometric & SAQ)					
Plyometric: Butt Kick	2	8	Repeating	60 sec	
SAQ: Speed Ladder One-ins, Two-ins, Side Shuffle, In-In-Out-Out	2	1	Fast	60 sec	
RESISTANCE TRAINING					
Legs: Dumbbell Squat Legs: Single-leg Squat Touchdown	3	10 10	Moderate Slow	0 60 sec	
Chest: Dumbbell Chest Press Chest: Push-up: Hands on Ball	3	10 10	Moderate Slow	0 60 sec	
Back: Pull-up Back: Suspension Row	3	10 10	Moderate Slow	0 60 sec	
Shoulders: Seated Dumbbell Shoulder Press Shoulders: Single-leg Dumbbell Shoulder Press	3	10 10	Moderate Slow	0 60 sec	
CLIENT'S CHOICE					
Cat and Camel Yoga Pose	1	1	Slow	0 sec	
Child's Pose	1	1	Slow	0 sec	Hold for 30 sec
COOL-DOWN					
Cardio	1	1	5 min	0 sec	Gradually reduce speed
Foam Roll: Calves, Adductors, Lats	1	1	30 sec	0 sec	Hold tender spot for 30 sec
Static Stretch: Calves, Adductors, Lats	1	1	30 sec	0 sec	Hold each stretch for 30 sec

Coaching Tips: Perform activation exercises in a circuit. Resistance training consists of supersets for each body part.

Optimum Performance Training®

CLIENT'S NAME: Jane Doe					
GOAL: Fat Loss					
PHASE: 3 Muscular Development Training					
DATE: 9 of 12					
EXERCISE	**SETS**	**REPS**	**TEMPO**	**REST**	**NOTES**
WARM-UP					
Foam Roll: Calves, Adductors, Tensor Fascia Latae, Lats	1	1	30 sec	0 sec	Hold tender spot for 30 sec
Active Stretch: Calves, Adductors, Lats	1	10	1–2 sec	0 sec	Hold each stretch for 1–2 sec
Cardio	1	1	5 min	60 sec	Brisk walk or slow jog for 5 min
ACTIVATION (core & balance)					
Core: Reverse Crunch	2	12	Moderate	0	
Core: Back Extension	2	12	Moderate	0	
Balance: Lunge to Balance	2	12	Moderate	60 sec	
SKILL DEVELOPMENT (plyometric & SAQ)					
Plyometric: Repeat Box Jumps	2	8	Repeating	60 sec	
SAQ: Speed Ladder One-ins, Two-ins, Side Shuffle, In-In-Out-Out, Ali Shuffle	2	1	Fast	60 sec	
RESISTANCE TRAINING					
Chest: Dumbbell Chest Press Chest: Incline Dumbbell Chest Press	3 3	12 12	Moderate Moderate	30 sec 30 sec	
Back: Lat Pulldown Back: Suspension Row	3 3	12 12	Moderate Moderate	30 sec 30 sec	
Shoulders: Standing Dumbbell Shoulder Press Shoulders: Standing Dumbbell Lateral Raise	3 3	12 12	Moderate Moderate	30 sec 30 sec	
CLIENT'S CHOICE					
Punching Bag	1	1	Moderate	60 sec	5 min
COOL-DOWN					
Cardio	1	1	5 min	0 sec	Gradually reduce speed
Foam Roll: Calves, Adductors, Lats	1	1	30 sec	0 sec	Hold tender spot for 30 sec
Static Stretch: Calves, Adductors, Lats	1	1	30 sec	0 sec	Hold each stretch for 30 sec

Coaching Tips: Perform activation exercises in a circuit.

Optimum Performance Training®

NASM
NATIONAL ACADEMY OF SPORTS MEDICINE

CLIENT'S NAME: Jane Doe
GOAL: Fat Loss
PHASE: 3 Muscular Development Training
DATE: 10 of 12

EXERCISE	SETS	REPS	TEMPO	REST	NOTES
WARM-UP					
Foam Roll: Calves, Adductors, Tensor Fascia Latae, Lats	1	1	30 sec	0 sec	Hold tender spot for 30 sec
Active Stretch: Calves, Adductors, Lats	1	10	1–2 sec	0 sec	Hold each stretch for 1–2 sec
Cardio	1	1	5 min	60 sec	Brisk walk or slow jog for 5 min
ACTIVATION (core & balance)					
Core: Ball Crunch	2	12	Moderate	0	
Core: Reverse Crunch	2	12	Moderate	0	
Balance: Step-up to Balance	2	12	Moderate	60 sec	
SKILL DEVELOPMENT (plyometric & SAQ)					
Plyometric: Power Step-up	2	8	Repeating	60 sec	
SAQ: Speed Ladder One-ins, Two-ins, Side Shuffle, In-In-Out-Out, Ali Shuffle	2	1	Fast	60 sec	
RESISTANCE TRAINING					
Legs: Dumbbell Squat Legs: Dumbbell Romanian Deadlift Legs: Calf Raise	3 3 3	12 12 12	Moderate Moderate Moderate	30 sec 30 sec 30 sec	
Biceps: Standing Dumbbell Curl Biceps: Standing Hammer Curl	3 3	12 12	Moderate Moderate	30 sec 30 sec	
Triceps: Cable Pushdown Triceps: Supine Bench Barbell Triceps Extension	3 3	12 12	Moderate Moderate	30 sec 30 sec	
CLIENT'S CHOICE					
Jump Rope	1	1	Moderate	60 sec	5 min
COOL-DOWN					
Cardio	1	1	5 min	0 sec	Gradually reduce speed
Foam Roll: Calves, Adductors, Lats	1	1	30 sec	0 sec	Hold tender spot for 30 sec
Static Stretch: Calves, Adductors, Lats	1	1	30 sec	0 sec	Hold each stretch for 30 sec

Coaching Tips: Perform activation exercises in a circuit.

Optimum Performance Training®

NASM
NATIONAL ACADEMY OF SPORTS MEDICINE

CLIENT'S NAME: Jane Doe					
GOAL: Fat Loss					
PHASE: 3 Muscular Development Training					
DATE: 11 of 12					
EXERCISE	**SETS**	**REPS**	**TEMPO**	**REST**	**NOTES**
WARM-UP					
Foam Roll: Calves, Adductors, Tensor Fascia Latae, Lats	1	1	30 sec	0 sec	Hold tender spot for 30 sec
Active Stretch: Calves, Adductors, Lats	1	10	1–2 sec	0 sec	Hold each stretch for 1–2 sec
Cardio	1	1	5 min	60 sec	Brisk walk or slow jog for 5 min
ACTIVATION (core & balance)					
Core: Cable Lift	2	12	Moderate	0	
Core: Cable Chop	2	12	Moderate	0	
Balance: Single-leg Romanian Deadlift	2	12	Moderate	60 sec	
SKILL DEVELOPMENT (plyometric & SAQ)					
Plyometric: Squat Jump	2	8	Repeating	60 sec	
SAQ: Speed Ladder One-ins, Two-ins, Side Shuffle, In-In-Out-Out, Ali Shuffle	2	1	Fast	60 sec	
RESISTANCE TRAINING					
Chest: Barbell Chest Press Chest: Standing Cable Chest Press	4 4	10 10	Moderate Moderate	30 sec 30 sec	
Back: Barbell Bent-over Row Back: Seated Lat Pulldown	4 4	10 10	Moderate Moderate	30 sec 30 sec	
Shoulders: Seated Shoulder Press Machine Shoulders: Standing Dumbbell Lateral Raise	4 4	10 10	Moderate Moderate	30 sec 30 sec	
CLIENT'S CHOICE					
Punching Bag	1	1	Moderate	60 sec	5 min
COOL-DOWN					
Cardio	1	1	5 min	0 sec	Gradually reduce speed
Foam Roll: Calves, Adductors, Lats	1	1	30 sec	0 sec	Hold tender spot for 30 sec
Static Stretch: Calves, Adductors, Lats	1	1	30 sec	0 sec	Hold each stretch for 30 sec

Coaching Tips: Perform activation exercises in a circuit.

Optimum Performance Training®

NASM NATIONAL ACADEMY OF SPORTS MEDICINE

CLIENT'S NAME: Jane Doe

GOAL: Fat Loss

PHASE: 3 Muscular Development Training

DATE: 12 of 12

EXERCISE	SETS	REPS	TEMPO	REST	NOTES
WARM-UP					
Foam Roll: Calves, Adductors, Tensor Fascia Latae, Lats	1	1	30 sec	0 sec	Hold tender spot for 30 sec
Active Stretch: Calves, Adductors, Lats	1	10	1–2 sec	0 sec	Hold each stretch for 1–2 sec
Cardio	1	1	5 min	60 sec	Brisk walk or slow jog for 5 min
ACTIVATION (core & balance)					
Core: Cable Rotation	2	12	Moderate	0	
Core: Knee-up	2	12	Moderate	0	
Balance: Single-leg Squat Touchdown	2	12	Moderate	60 sec	
SKILL DEVELOPMENT (plyometric & SAQ)					
Plyometric: Tuck Jump	2	8	Repeating	60 sec	
SAQ: Speed Ladder One-ins, Two-ins, Side Shuffle, In-In-Out-Out, Ali Shuffle	2	1	Fast	60 sec	
RESISTANCE TRAINING					
Legs: Barbell Squat	4	10	Moderate	30 sec	
Legs: Barbell Romanian Deadlift	4	10	Moderate	30 sec	
Legs: Calf Raise	4	10	Moderate	30 sec	
Biceps: Standing Barbell Curl	4	10	Moderate	30 sec	
Biceps: Standing Hammer Curl	4	10	Moderate	30 sec	
Triceps: Cable Pushdown	4	10	Moderate	30 sec	
Triceps: Supine Bench Barbell Triceps Extension	4	10	Moderate	30 sec	
CLIENT'S CHOICE					
Jump Rope	1	1	Moderate	60 sec	5 min
COOL-DOWN					
Cardio	1	1	5 min	0 sec	Gradually reduce speed
Foam Roll: Calves, Adductors, Lats	1	1	30 sec	0 sec	Hold tender spot for 30 sec
Static Stretch: Calves, Adductors, Lats	1	1	30 sec	0 sec	Hold each stretch for 30 sec

Coaching Tips: Perform activation exercises in a circuit.

Optimum Performance Training®

CLIENT'S NAME: John Doe					
GOAL: Muscle Gain					
PHASE: 1 Stabilization Endurance Training					
DATE: 1 of 12					
EXERCISE	**SETS**	**REPS**	**TEMPO**	**REST**	**NOTES**
WARM-UP					
Foam Roll: Calves, Tensor Fascia Latae, Thoracic Spine	1	1	30 sec	0 sec	Hold tender spot for 30 sec
Static Stretch: Calves, Tensor Fascia Latae, Erector Spinae	1	1	30 sec	0 sec	Hold each stretch for 30 sec
Dynamic Stretch: Tube Walking: Side to Side	1	10	Moderate	60 sec	
ACTIVATION (core & balance)					
Core: Dead Bug	1	15	Slow	0	
Core: Bird Dog	1	15	Slow	0	
Balance: Single-leg Balance Reach	1	16	Slow	90 sec	8 reps each leg
SKILL DEVELOPMENT (plyometric & SAQ)					
RESISTANCE TRAINING					
Squat Pattern: Ball Squat	2	15	Slow	0	
Hinge Pattern: Single-leg Romanian Deadlift	2	15	Slow	0	
Push Pattern: Tubing Chest Press	2	15	Slow	0	
Pull Pattern: Tubing Row	2	15	Slow	0	
Press Pattern: Standing Tubing Shoulder Press	2	15	Slow	90 sec	
CLIENT'S CHOICE					
Calf Raise	1	20	Slow	90 sec	
COOL-DOWN					
Foam Roll: Calves, Tensor Fascia Latae, Thoracic Spine	1	1	30 sec	0 sec	Hold tender spot for 30 sec
Static Stretch: Calves, Tensor Fascia Latae, Erector Spinae	1	1	30 sec	0 sec	Hold each stretch for 30 sec

Coaching Tips: Perform activation and resistance exercises in two mini circuits.

Optimum Performance Training®

CLIENT'S NAME: John Doe
GOAL: Muscle Gain
PHASE: 1 Stabilization Endurance Training
DATE: 2 of 12

EXERCISE	SETS	REPS	TEMPO	REST	NOTES
WARM-UP					
Foam Roll: Calves, Tensor Fascia Latae, Thoracic Spine	1	1	30 sec	0 sec	Hold tender spot for 30 sec
Static Stretch: Calves, Tensor Fascia Latae, Erector Spinae	1	1	30 sec	0 sec	Hold each stretch for 30 sec
Dynamic Stretch: Tube Walking: Side to Side	1	10	Moderate	60 sec	10 reps each direction
ACTIVATION (core & balance)					
Core: Plank	1	1	Slow	0	Hold for 30 sec
Core: Side Plank	1	1	Slow	0	Hold for 30 sec each side
Balance: Single-leg Windmill	1	16	Slow	90 sec	8 reps each leg
SKILL DEVELOPMENT (plyometric & SAQ)					
RESISTANCE TRAINING					
Squat Pattern: Step-up to Balance	2	15	Slow	0	
Hinge Pattern: Single-leg Romanian Deadlift	2	15	Slow	0	
Push Pattern: Push-up	2	15	Slow	0	Modified push-up if necessary
Pull Pattern: Suspension Trainer Row	2	15	Slow	0	
Press Pattern: Standing Dumbbell Shoulder Press	2	15	Slow	90 sec	
CLIENT'S CHOICE					
Stability Ball Hamstring Curl	2	15	Slow	90 sec	
COOL-DOWN					
Foam Roll: Calves, Tensor Fascia Latae, Thoracic Spine	1	1	30 sec	0 sec	Hold tender spot for 30 sec
Static Stretch: Calves, Tensor Fascia Latae, Erector Spinae	1	1	30 sec	0 sec	Hold each stretch for 30 sec

Coaching Tips: Perform activation and resistance exercises in two mini circuits.

Optimum Performance Training®

NASM
NATIONAL ACADEMY OF SPORTS MEDICINE

CLIENT'S NAME: John Doe					
GOAL: Muscle Gain					
PHASE: 1 Stabilization Endurance Training					
DATE: 3 of 12					
EXERCISE	**SETS**	**REPS**	**TEMPO**	**REST**	**NOTES**
WARM-UP					
Foam Roll: Calves, Tensor Fascia Latae, Thoracic Spine	1	1	30 sec	0 sec	Hold tender spot for 30 sec
Static Stretch: Calves, Tensor Fascia Latae, Erector Spinae	1	1	30 sec	0 sec	Hold each stretch for 30 sec
Dynamic Stretch: Tube Walking: Side to Side	1	10	Moderate	60 sec	10 reps each leg
ACTIVATION (core & balance)					
Core: Fire Hydrant	1	16	Slow	0	8 each side
Core: Pallof Press	1	16	Slow	0	8 each side
Balance: Single-leg Lift and Chop	1	16	Slow	90 sec	8 reps each leg
SKILL DEVELOPMENT (plyometric & SAQ)					
Plyometric: Squat Jump with Stabilization	1	8	Slow	90 sec	Hold landing 3–5 sec
RESISTANCE TRAINING					
Total Body: Ball Squat, Curl to Press	2	15	Slow	0	
Chest: Single-leg Cable Chest Press	2	15	Slow	0	
Back: Standing Lat Pulldown	2	15	Slow	0	
Shoulders: Single-leg Scaption	2	15	Slow	0	
Biceps: Single-leg Dumbbell Curl	2	15	Slow	0	
Triceps: Supine Ball Dumbbell Triceps Extensions	2	15	Slow	0	
Legs: Multiplanar Step-up to Balance	2	15	Slow	90 sec	
CLIENT'S CHOICE					
Side Plank	2	1	Slow	90 sec	Hold for 30 sec each side
COOL-DOWN					
Foam Roll: Calves, Tensor Fascia Latae, Thoracic Spine	1	1	30 sec	0 sec	Hold tender spot for 30 sec
Static Stretch: Calves, Tensor Fascia Latae, Erector Spinae	1	1	30 sec	0 sec	Hold each stretch for 30 sec

Coaching Tips: Perform activation and resistance exercises in two mini circuits.

Optimum Performance Training®

CLIENT'S NAME: John Doe

GOAL: Muscle Gain

PHASE: 2 Strength Endurance Training

DATE: 4 of 12

EXERCISE	SETS	REPS	TEMPO	REST	NOTES
WARM-UP					
Foam Roll: Calves, Tensor Fascia Latae, Thoracic Spine	1	1	30 sec	0 sec	Hold tender spot for 30 sec
Active Stretch: Calves, Tensor Fascia Latae, Pectorals	1	10	1–2 sec	0 sec	Hold each stretch for 1–2 sec
Dynamic Stretch: Tube Walking: Side to Side	1	10	Moderate	60 sec	10 reps each leg
ACTIVATION (core & balance)					
Core: Ball Crunch	2	12	Moderate	0	
Core: Back Extension	2	12	Moderate	0	
Balance: Single-leg Squat	2	12	Moderate	60 sec	
SKILL DEVELOPMENT (plyometric & SAQ)					
Plyometric: Box Jump-up	2	8	Repeating	60 sec	
RESISTANCE TRAINING					
Chest: Dumbbell Chest Press Chest: Push-up	2	12 12	Moderate Slow	0 sec 60 sec	Modified push-up if necessary
Back: Seated Cable Row Back: Ball Dumbbell Row	2	12 12	Moderate Slow	0 sec 60 sec	
Shoulders: Standing Dumbbell Shoulder Press Shoulders: Single-leg Scaption	2	12 12	Moderate Slow	0 sec 60 sec	
Biceps: Biceps Curl Machine Biceps: Single-leg Dumbbell Curl	2	12 12	Moderate Slow	0 sec 60 sec	
Triceps: Cable Pushdown Triceps: Prone Ball Dumbbell Triceps Extension	2	12 12	Moderate Slow	0 sec 60 sec	
Legs: Leg Press Legs: Single-leg Squat	2	12 12	Moderate Slow	0 sec 60 sec	
CLIENT'S CHOICE					
Plank	2	1	Slow	60 sec	Hold for 30 sec
COOL-DOWN					
Foam Roll: Calves, Tensor Fascia Latae, Thoracic Spine	1	1	30 sec	0 sec	Hold tender spot for 30 sec
Static Stretch: Calves, Tensor Fascia Latae, Pectorals	1	1	30 sec	0 sec	Hold each stretch for 30 sec

Coaching Tips: Perform activation exercises in a circuit. Resistance training consists of supersets for each body part.

Optimum Performance Training®

CLIENT'S NAME: John Doe					
GOAL: Muscle Gain					
PHASE: 2 Strength Endurance Training					
DATE: 5 of 12					
EXERCISE	**SETS**	**REPS**	**TEMPO**	**REST**	**NOTES**
WARM-UP					
Foam Roll: Calves, Tensor Fascia Latae, Thoracic Spine	1	1	30 sec	0 sec	Hold tender spot for 30 sec
Active Stretch: Calves, Tensor Fascia Latae, Pectorals	1	10	1–2 sec	0 sec	Hold each stretch for 1–2 sec
Dynamic Stretch: Tube Walking: Side to Side	1	10	Moderate	60 sec	10 reps each leg
ACTIVATION (core & balance)					
Core: Cable Lift	2	12	Moderate	0	
Core: Cable Chop	2	12	Moderate	0	
Balance: Single-leg Squat	2	12	Moderate	60 sec	
SKILL DEVELOPMENT (plyometric & SAQ)					
Plyometric: Box Jump-down	2	8	Repeating	60 sec	
RESISTANCE TRAINING					
Legs: Romanian Deadlift Legs: Single-leg Romanian Deadlift	2	12 12	Moderate Slow	0 sec 60 sec	
Chest: Dumbbell Chest Press Chest: Push-up: Hands on Ball	2	12 12	Moderate Slow	0 sec 60 sec	Modified push-up if necessary
Back: Lat Pulldown Back: Single-leg Lat Pulldown	2	12 12	Moderate Slow	0 sec 60 sec	
Shoulders: Shoulder Press Machine Shoulders: Single-leg Dumbbell Shoulder Press	2	12 12	Moderate Slow	0 sec 60 sec	
Biceps: Standing Dumbbell Curl Biceps: Single-leg Dumbbell Curl	2	12 12	Moderate Slow	0 sec 60 sec	
Triceps: Cable Push-down Triceps: Close Grip Push-up	2	12 12	Moderate Slow	0 sec 60 sec	
CLIENT'S CHOICE					
Floor Crunch	3	20	Moderate	60 sec	
COOL-DOWN					
Foam Roll: Calves, Tensor Fascia Latae, Thoracic Spine	1	1	30 sec	0 sec	Hold tender spot for 30 sec
Static Stretch: Calves, Tensor Fascia Latae, Pectorals	1	1	30 sec	0 sec	Hold each stretch for 30 sec

Coaching Tips: Perform activation exercises in a circuit. Resistance training consists of supersets for each body part.

Optimum Performance Training®

CLIENT'S NAME: John Doe					
GOAL: Muscle Gain					
PHASE: 2 Strength Endurance Training					
DATE: 6 of 12					
EXERCISE	**SETS**	**REPS**	**TEMPO**	**REST**	**NOTES**
WARM-UP					
Foam Roll: Calves, Tensor Fascia Latae, Thoracic Spine	1	1	30 sec	0 sec	Hold tender spot for 30 sec
Active Stretch: Calves, Tensor Fascia Latae, Pectorals	1	10	1–2 sec	0 sec	Hold each stretch for 1–2 sec
Dynamic Stretch: Tube Walking: Side to Side	1	10	Moderate	60 sec	10 reps each leg
ACTIVATION (core & balance)					
Core: Reverse Crunch	2	12	Moderate	0	
Core: Knee-up	2	12	Moderate	0	
Balance: Single-leg Squat Touchdown	2	12	Moderate	60 sec	
SKILL DEVELOPMENT (plyometric & SAQ)					
Plyometric: Tuck Jump	2	8	Repeating	60 sec	
RESISTANCE TRAINING					
Legs: Barbell Squat Legs: Single-leg Squat	3	10 10	Moderate Slow	0 sec 60 sec	
Chest: Barbell Bench Press Chest: Single-leg Standing Cable Press	3	10 10	Moderate Slow	0 sec 60 sec	
Back: Seated Cable Row Back: Single-leg Cable Row	3	10 10	Moderate Slow	0 sec 60 sec	
Shoulders: Standing Dumbbell Shoulder Press Shoulders: Ball Combo I	3	10 10	Moderate Slow	0 sec 60 sec	
Biceps: Standing Barbell Curl Biceps: Single-leg Hammer Curl	3	10 10	Moderate Slow	0 sec 60 sec	
Triceps: Cable Push-down Triceps: Prone Ball Dumbbell Triceps Extensions	3	10 10	Moderate Slow	0 sec 60 sec	
CLIENT'S CHOICE					
Calf Raise	3	8	Moderate	60 sec	
COOL-DOWN					
Foam Roll: Calves, Tensor Fascia Latae, Thoracic Spine	1	1	30 sec	0 sec	Hold tender spot for 30 sec
Static Stretch: Calves, Tensor Fascia Latae, Pectorals	1	1	30 sec	0 sec	Hold each stretch for 30 sec

Coaching Tips: Perform activation exercises in a circuit. Resistance training consists of supersets for each body part.

Optimum Performance Training®

NASM
NATIONAL ACADEMY OF SPORTS MEDICINE

CLIENT'S NAME: John Doe					
GOAL: Muscle Gain					
PHASE: 3 Muscular Development Training					
DATE: 7 of 12					
EXERCISE	**SETS**	**REPS**	**TEMPO**	**REST**	**NOTES**
WARM-UP					
Foam Roll: Calves, Tensor Fascia Latae, Thoracic Spine	1	1	30 sec	0 sec	Hold tender spot for 30 sec
Active Stretch: Calves, Tensor Fascia Latae, Pectorals	1	10	1–2 sec	0 sec	Hold each stretch for 1–2 sec
Dynamic Stretch: Tube Walking: Side to Side	1	10	Moderate	60 sec	10 reps each leg
ACTIVATION (core & balance)					
Core: Cable Lift	2	12	Moderate	0	
Core: Cable Chop	2	12	Moderate	0	
Balance: Single-leg Romanian Deadlift	2	12	Moderate	60 sec	
SKILL DEVELOPMENT (plyometric & SAQ)					
RESISTANCE TRAINING					
Chest: Barbell Bench Press Chest: Incline Dumbbell Chest Press Chest: Push-ups	4 4 4	10 10 10	Moderate Moderate Moderate	30 sec 30 sec 30 sec	
Back: Pull-ups Back: Seated Cable Row Back: Seated Lat Pulldown	4 4 4	10 10 10	Moderate Moderate Moderate	30 sec 30 sec 30 sec	
CLIENT'S CHOICE					
Punching Bag	1	1	Moderate	60 sec	Punch bag for 5 min
COOL-DOWN					
Foam Roll: Calves, Tensor Fascia Latae, Thoracic Spine	1	1	30 sec	0 sec	Hold tender spot for 30 sec
Static Stretch: Calves, Tensor Fascia Latae, Pectorals	1	1	30 sec	0 sec	Hold each stretch for 30 sec

Coaching Tips: Perform activation exercises in a circuit.

Optimum Performance Training®

CLIENT'S NAME: John Doe					
GOAL: Muscle Gain					
PHASE: 3 Muscular Development Training					
DATE: 8 of 12					
EXERCISE	**SETS**	**REPS**	**TEMPO**	**REST**	**NOTES**
WARM-UP					
Foam Roll: Calves, Tensor Fascia Latae, Thoracic Spine	1	1	30 sec	0 sec	Hold tender spot for 30 sec
Active Stretch: Calves, Tensor Fascia Latae, Pectorals	1	10	1–2 sec	0 sec	Hold each stretch for 1–2 sec
Dynamic Stretch: Tube Walking: Side to Side	1	10	Moderate	60 sec	10 reps each direction
ACTIVATION (core & balance)					
Core: Reverse Crunch	2	12	Moderate	0	
Core: Cable Rotation	2	12	Moderate	0	
Balance: Step-up to Balance	2	12	Moderate	60 sec	
SKILL DEVELOPMENT (plyometric & SAQ)					
RESISTANCE TRAINING					
Legs: Barbell Squat Legs: Romanian Deadlift Legs: Multiplanar Lunges Legs: Calf Raise	4 4 4 4	10 10 10 10	Moderate Moderate Moderate Moderate	30 sec 30 sec 30 sec 30 sec	
CLIENT'S CHOICE					
Machine Hamstring Curls	3	10	Moderate	30 sec	
COOL-DOWN					
Foam Roll: Calves, Tensor Fascia Latae, Thoracic Spine	1	1	30 sec	0 sec	Hold tender spot for 30 sec
Static Stretch: Calves, Tensor Fascia Latae, Pectorals	1	1	30 sec	0 sec	Hold each stretch for 30 sec

Coaching Tips: Perform activation exercises in a circuit.

Optimum Performance Training®

CLIENT'S NAME: John Doe					
GOAL: Muscle Gain					
PHASE: 3 Muscular Development Training					
DATE: 9 of 12					
EXERCISE	**SETS**	**REPS**	**TEMPO**	**REST**	**NOTES**
WARM-UP					
Foam Roll: Calves, Tensor Fascia Latae, Thoracic Spine	1	1	30 sec	0 sec	Hold tender spot for 30 sec
Active Stretch: Calves, Tensor Fascia Latae, Pectorals	1	10	1–2 sec	0 sec	Hold each stretch for 1–2 sec
Dynamic Stretch: Tube Walking: Side to Side	1	10	Moderate	60 sec	10 reps each direction
ACTIVATION (core & balance)					
Core: Ball Crunch	2	12	Moderate	0	
Core: Back Extension	2	12	Moderate	0	
Balance: Single-leg Romanian Deadlift	2	12	Moderate	60 sec	
SKILL DEVELOPMENT (plyometric & SAQ)					
RESISTANCE TRAINING					
Shoulders: Standing Dumbbell Shoulder Press Shoulders: Standing Dumbbell Lateral Raise Shoulders: Dumbbell Rear Fly	4 4 4	10 10 10	Moderate Moderate Moderate	30 sec 30 sec 30 sec	
Biceps: Biceps Curl Machine Biceps: Standing Hammer Curl	4 4	10 10	Moderate Moderate	30 sec 30 sec	
Triceps: Cable Pushdown Triceps: Supine Bench Barbell Triceps Extension	4 4	10 10	Moderate Moderate	30 sec 30 sec	
CLIENT'S CHOICE					
Punching Bag	1	1	Moderate	60 sec	5–10 min
COOL-DOWN					
Foam Roll: Calves, Tensor Fascia Latae, Thoracic Spine	1	1	30 sec	0 sec	Hold tender spot for 30 sec
Static Stretch: Calves, Tensor Fascia Latae, Pectorals	1	1	30 sec	0 sec	Hold each stretch for 30 sec

Coaching Tips: Perform activation exercises in a circuit.

Optimum Performance Training®

CLIENT'S NAME: John Doe					
GOAL: Muscle Gain					
PHASE: 4 Maximal Strength Training					
DATE: 10 of 12					
EXERCISE	**SETS**	**REPS**	**TEMPO**	**REST**	**NOTES**
WARM-UP					
Foam Roll: Calves, Tensor Fascia Latae, Thoracic Spine	1	1	30 sec	0 sec	Hold tender spot for 30 sec
Active Stretch: Calves, Tensor Fascia Latae, Pectorals	1	10	1–2 sec	0 sec	Hold each stretch for 1–2 sec
Dynamic Stretch: Tube Walking: Side to Side	1	10	Moderate	60 sec	10 reps each direction
ACTIVATION (core & balance)					
Core: Ball Crunch	2	12	Moderate	0	
Core: Reverse Crunch	2	12	Moderate	0	
Balance: Step-up to Balance	2	12	Moderate	60 sec	
SKILL DEVELOPMENT (plyometric & SAQ)					
RESISTANCE TRAINING					
Chest: Barbell Bench Press Chest: Incline Dumbbell Chest Press Chest: Decline Dumbbell Chest Press	5 5 5	5 5 5	Explosive Explosive Explosive	3 min 3 min 3 min	
Back: Barbell Bent-over Row Back: Seated Lat Pulldown Back: Seated Cable Row	5 5 5	5 5 5	Explosive Explosive Explosive	3 min 3 min 3 min	
CLIENT'S CHOICE					
Floor Crunch	1	20	Moderate	30 sec	
COOL-DOWN					
Foam Roll: Calves, Tensor Fascia Latae, Thoracic Spine	1	1	30 sec	0 sec	Hold tender spot for 30 sec
Static Stretch: Calves, Tensor Fascia Latae, Pectorals	1	1	30 sec	0 sec	Hold each stretch for 30 sec

Coaching Tips: Perform activation exercises in a circuit.

Optimum Performance Training®

NASM
NATIONAL ACADEMY OF SPORTS MEDICINE

CLIENT'S NAME: John Doe					
GOAL: Muscle Gain					
PHASE: 4 Maximal Strength Training					
DATE: 11 of 12					
EXERCISE	**SETS**	**REPS**	**TEMPO**	**REST**	**NOTES**
WARM-UP					
Foam Roll: Calves, Tensor Fascia Latae, Thoracic Spine	1	1	30 sec	0 sec	Hold tender spot for 30 sec
Active Stretch: Calves, Tensor Fascia Latae, Pectorals	1	10	1–2 sec	0 sec	Hold each stretch for 1–2 sec
Dynamic Stretch: Tube Walking: Side to Side	1	10	Moderate	60 sec	10 reps each direction
ACTIVATION (core & balance)					
Core: Cable Lift	2	12	Moderate	0	
Core: Cable Chop	2	12	Moderate	0	
Balance: Single-leg Romanian Deadlift	2	12	Moderate	60 sec	
SKILL DEVELOPMENT (plyometric & SAQ)					
RESISTANCE TRAINING					
Legs: Barbell Squat Legs: Romanian Deadlift Legs: Leg Press Legs: Calf Raise	5 5 5 5	5 5 5 5	Explosive Explosive Explosive Explosive	3 min 3 min 3 min 3 min	
CLIENT'S CHOICE					
Treadmill Walking	1	1	5 min	60 sec	Walk for 5 min
COOL-DOWN					
Foam Roll: Calves, Tensor Fascia Latae, Thoracic Spine	1	1	30 sec	0 sec	Hold tender spot for 30 sec
Static Stretch: Calves, Tensor Fascia Latae, Pectorals	1	1	30 sec	0 sec	Hold each stretch for 30 sec

Coaching Tips: Perform activation exercises in a circuit.

Optimum Performance Training®

NASM
NATIONAL ACADEMY OF SPORTS MEDICINE

CLIENT'S NAME: John Doe					
GOAL: Muscle Gain					
PHASE: 4 Maximal Strength Training					
DATE: 12 of 12					
EXERCISE	**SETS**	**REPS**	**TEMPO**	**REST**	**NOTES**
WARM-UP					
Foam Roll: Calves, Tensor Fascia Latae, Thoracic Spine	1	1	30 sec	0 sec	Hold tender spot for 30 sec
Active Stretch: Calves, Tensor Fascia Latae, Pectorals	1	10	1–2 sec	0 sec	Hold each stretch for 1–2 sec
Dynamic Stretch: Tube Walking: Side to Side	1	10	Moderate	60 sec	10 reps each direction
ACTIVATION (core & balance)					
Core: Cable Rotation	2	12	Moderate	0	
Core: Knee-up	2	12	Moderate	0	
Balance: Single-leg Squat Touchdown	2	12	Moderate	60 sec	
SKILL DEVELOPMENT (plyometric & SAQ)					
RESISTANCE TRAINING					
Shoulders: Standing Barbell Shoulder Press Shoulders: Dumbbell Lateral Raise Shoulders: Dumbbell Rear Fly	5 5 5	5 5 5	Explosive Explosive Explosive	5 min 5 min 5 min	
Biceps: Biceps Curl Machine Biceps: Standing Hammer Curl	5 5	5 5	Explosive Explosive	5 min 5 min	
Triceps: Cable Pushdown Triceps: Close Grip Bench Press	5 5	5 5	Explosive Explosive	5 min 5 min	
CLIENT'S CHOICE					
Back Extension	2	10	Moderate	60 sec	
COOL-DOWN					
Foam Roll: Calves, Tensor Fascia Latae, Thoracic Spine	1	1	30 sec	0 sec	Hold tender spot for 30 sec
Static Stretch: Calves, Tensor Fascia Latae, Pectorals	1	1	30 sec	0 sec	Hold each stretch for 30 sec

Coaching Tips: Perform activation exercises in a circuit.

Optimum Performance Training®

CLIENT'S NAME: Jane Doe					
GOAL: Sport Performance					
PHASE: 1 Stabilization Endurance Training					
DATE: 1 of 12					
EXERCISE	**SETS**	**REPS**	**TEMPO**	**REST**	**NOTES**
WARM-UP					
Foam Roll: Calves, Adductors, Tensor Fascia Latae, Lats	1	1	30 sec	0 sec	Hold tender spot for 30 sec
Static Stretch: Calves, Adductors, Tensor Fascia Latae, Lats	1	1	30 sec	0 sec	Hold each stretch for 30 sec
Dynamic Stretch: Leg Swings: Side to Side; Leg Swings: Front to Back; Tube Walking: Side to Side	1	10	Moderate	90 sec	10 reps each leg
ACTIVATION (core & balance)					
Core: Ball Bridge	1	15	Slow	0	
Core: Ball Cobra	1	15	Slow	0	
Balance: Single-leg Hip Rotation	1	16	Slow	90 sec	8 reps each leg
SKILL DEVELOPMENT (plyometric & SAQ)					
Plyometric: Squat Jump with Stabilization	1	8	Slow	90 sec	Hold landing 3–5 sec
Cone Drills: 5-10-5 Drill, Box Drill	1	1	Moderate	90 sec	
RESISTANCE TRAINING					
Squat Pattern: Ball Squat	2	15	Slow	0	
Hinge Pattern: Single-leg Romanian Deadlift	2	15	Slow	0	
Push Pattern: Push-up with Rotation	2	15	Slow	0	
Pull Pattern: Single-leg Cable Row	2	15	Slow	0	
Press Pattern: Single-leg Dumbbell Shoulder Press	2	15	Slow	90 sec	
CLIENT'S CHOICE					
Plank	2	1	Slow	90 sec	Hold for 30 sec
COOL-DOWN					
Foam Roll: Calves, Adductors, Tensor Fascia Latae, Lats	1	1	30 sec	0 sec	Hold tender spot for 30 sec
Static Stretch: Calves, Adductors, Tensor Fascia Latae, Lats	1	1	30 sec	0 sec	Hold each stretch for 30 sec

Coaching Tips: Perform activation and resistance exercises in two mini circuits.

Optimum Performance Training®

NASM
NATIONAL ACADEMY OF SPORTS MEDICINE

CLIENT'S NAME: Jane Doe

GOAL: Sport Performance

PHASE: 1 Stabilization Endurance Training

DATE: 2 of 12

EXERCISE	SETS	REPS	TEMPO	REST	NOTES
WARM-UP					
Foam Roll: Calves, Adductors, Tensor Fascia Latae, Lats	1	1	30 sec	0 sec	Hold tender spot for 30 sec
Static Stretch: Calves, Adductors, Tensor Fascia Latae, Lats	1	1	30 sec	0 sec	Hold each stretch for 30 sec
Dynamic Stretch: Leg Swings: Side to Side; Leg Swings: Front to Back; Tube Walking: Side to Side	1	10	Moderate	90 sec	10 reps each leg
ACTIVATION (core & balance)					
Core: Plank	1	1	Slow	0	
Core: Side Plank	1	1	Slow	0	
Balance: Single-leg Windmill	1	16	Slow	90 sec	8 reps each leg
SKILL DEVELOPMENT (plyometric & SAQ)					
Plyometric: Box Jump-up with Stabilization	1	8	Slow	90 sec	Hold landing 3–5 sec
Cone Drills: 5-10-5 Drill, Box Drill	1	1	Moderate	90 sec	
RESISTANCE TRAINING					
Squat Pattern: Step-up to Balance	2	15	Slow	0	
Hinge Pattern: Kettlebell Single-leg Romanian Deadlift	2	15	Slow	0	
Push Pattern: Suspension Push-up	2	15	Slow	0	
Pull Pattern: Suspension Row	2	15	Slow	0	
Press Pattern: Standing Dumbbell Arnold Press	2	15	Slow	90 sec	
CLIENT'S CHOICE					
Biceps Curls	2	15	Slow	90 sec	
COOL-DOWN					
Foam Roll: Calves, Adductors, Tensor Fascia Latae, Lats	1	1	30 sec	0 sec	Hold tender spot for 30 sec
Static Stretch: Calves, Adductors, Tensor Fascia Latae, Lats	1	1	30 sec	0 sec	Hold each stretch for 30 sec

Coaching Tips: Perform activation and resistance exercises in two mini circuits.

Optimum Performance Training®

NASM
NATIONAL ACADEMY OF SPORTS MEDICINE

CLIENT'S NAME: Jane Doe					
GOAL: Sport Performance					
PHASE: 1 Stabilization Endurance Training					
DATE: 3 of 12					
EXERCISE	**SETS**	**REPS**	**TEMPO**	**REST**	**NOTES**
WARM-UP					
Foam Roll: Calves, Adductors, Tensor Fascia Latae, Lats	1	1	30 sec	0 sec	Hold tender spot for 30 sec
Static Stretch: Calves, Adductors, Tensor Fascia Latae, Lats	1	1	30 sec	0 sec	Hold each stretch for 30 sec
Dynamic Stretch: Leg Swings: Side to Side; Leg Swings: Front to Back; Tube Walking: Side to Side	1	10	Moderate	90 sec	10 reps each leg
ACTIVATION (core & balance)					
Core: Fire Hydrant	1	16	Slow	0	8 each side
Core: Pallof Press	1	16	Slow	0	8 each side
Balance: Single-leg Arm and Leg Motion	1	16	Slow	90 sec	8 reps each leg
SKILL DEVELOPMENT (plyometric & SAQ)					
Plyometric: Squat Jump-down with Stabilization	1	8	Slow	90 sec	Hold landing 3–5 sec
Cone Drills: 5-10-5 Drill, Box Drill	1	1	Moderate	90 sec	
RESISTANCE TRAINING					
Total Body: Single-leg Squat to Row	3	12	Slow	0	6 reps each leg
Chest: Single-leg Cable Chest Press	3	12	Slow	0	
Back: Single-leg Cable Row	3	12	Slow	0	
Shoulders: Single-leg Scaption	3	12	Slow	0	
Legs: Step-up to Balance	3	12	Slow	90 sec	
CLIENT'S CHOICE					
Triceps Pushdown	3	12	Slow	90 sec	
COOL-DOWN					
Foam Roll: Calves, Adductors, Tensor Fascia Latae, Lats	1	1	30 sec	0 sec	Hold tender spot for 30 sec
Static Stretch: Calves, Adductors, Tensor Fascia Latae, Lats	1	1	30 sec	0 sec	Hold each stretch for 30 sec

Coaching Tips: Perform activation and resistance exercises in two mini circuits.

Optimum Performance Training®

CLIENT'S NAME: Jane Doe					
GOAL: Sport Performance					
PHASE: 1 Stabilization Endurance Training					
DATE: 4 of 12					
EXERCISE	**SETS**	**REPS**	**TEMPO**	**REST**	**NOTES**
WARM-UP					
Foam Roll: Calves, Adductors, Tensor Fascia Latae, Lats	1	1	30 sec	0 sec	Hold tender spot for 30 sec
Static Stretch: Calves, Adductors, Tensor Fascia Latae, Lats	1	1	30 sec	0 sec	Hold each stretch for 30 sec
Dynamic Stretch: Leg Swings: Side to Side; Leg Swings: Front to Back; Tube Walking: Side to Side	1	10	Moderate	90 sec	10 reps each leg
ACTIVATION (core & balance)					
Core: Dead Bug	2	16	Slow	0	8 reps each side
Core: Farmer's Carry	2	1	Slow	0	30 feet up and back
Balance: Single-leg Throw and Catch	2	16	Slow	90 sec	8 reps each leg
SKILL DEVELOPMENT (plyometric & SAQ)					
Plyometric: Multiplanar Jump with Stabilization	2	8	Slow	90 sec	Hold landing for 3–5 sec
Cone Drills: 5-10-5 Drill, Box Drill	2	1	Moderate	90 sec	
RESISTANCE TRAINING					
Total-Body: Single-leg Squat, Curl to Overhead Press	3	12	Slow	0	
Chest: Push-up: Hands on Ball	3	12	Slow	0	
Back: Ball Dumbbell Row	3	12	Slow	0	
Shoulders: Ball Combo II	3	12	Slow	0	
Legs: Single-leg Romanian Deadlift	3	12	Slow	90 sec	
CLIENT'S CHOICE					
Jump Rope	1	1	5 min	90 sec	5 min of jump rope
COOL-DOWN					
Foam Roll: Calves, Adductors, Tensor Fascia Latae, Lats	1	1	30 sec	0 sec	Hold tender spot for 30 sec
Static Stretch: Calves, Adductors, Tensor Fascia Latae, Lats	1	1	30 sec	0 sec	Hold each stretch for 30 sec

Coaching Tips: Perform activation and resistance exercises in two mini circuits.

Optimum Performance Training®

CLIENT'S NAME: Jane Doe					
GOAL: Sport Performance					
PHASE: 2 Strength Endurance Training					
DATE: 5 of 12					
EXERCISE	**SETS**	**REPS**	**TEMPO**	**REST**	**NOTES**
WARM-UP					
Foam Roll: Calves, Adductors, Tensor Fascia Latae, Lats	1	1	30 sec	0 sec	Hold tender spot for 30 sec
Active Stretch: Calves, Adductors, Tensor Fascia Latae, Lats	1	10	1–2 sec	0 sec	Hold each stretch for 1–2 sec
Dynamic Stretch: Leg Swings: Side to Side; Leg Swings: Front to Back; Tube Walking: Side to Side	1	10	Moderate	90 sec	10 reps each leg
ACTIVATION (core & balance)					
Core: Reverse Crunch	2	12	Moderate	0	
Core: Knee-up	2	12	Moderate	0	
Balance: Single-leg Romanian Deadlift	2	12	Moderate	60 sec	
SKILL DEVELOPMENT (plyometric & SAQ)					
Plyometric: Squat Jump	2	8	Repeating	60 sec	
Cone Drills: 5-10-5 Drill, Modified Box Drill, LEFT Drill	2	1	Fast	60 sec	
RESISTANCE TRAINING					
Legs: Leg Press Legs: Single-leg Squat	2	12 12	Moderate Slow	0 60 sec	
Chest: Dumbbell Chest Press Chest: Push-up with Rotation	2	12 12	Moderate Slow	0 60 sec	
Back: Pull-up Back: Single-leg Lat Pulldown	2	12 12	Moderate Slow	0 60 sec	
Shoulders: Shoulder Press Machine Shoulders: Kettlebell Bottoms-up Shoulder Press	2	12 12	Moderate Slow	0 60 sec	
CLIENT'S CHOICE					
Floor Crunch	2	20	Moderate	60 sec	
COOL-DOWN					
Foam Roll: Calves, Adductors, Tensor Fascia Latae, Lats	1	1	30 sec	0 sec	Hold tender spot for 30 sec
Static Stretch: Calves, Adductors, Tensor Fascia Latae, Lats	1	1	30 sec	0 sec	Hold each stretch for 30 sec

Coaching Tips: Perform activation exercises in a circuit. Resistance training consists of supersets for each body part.

Optimum Performance Training®

CLIENT'S NAME: Jane Doe					
GOAL: Sport Performance					
PHASE: 2 Strength Endurance Training					
DATE: 6 of 12					
EXERCISE	**SETS**	**REPS**	**TEMPO**	**REST**	**NOTES**
WARM-UP					
Foam Roll: Calves, Adductors, Tensor Fascia Latae, Lats	1	1	30 sec	0 sec	Hold tender spot for 30 sec
Active Stretch: Calves, Adductors, Tensor Fascia Latae, Lats	1	10	1–2 sec	0 sec	Hold each stretch for 1–2 sec
Dynamic Stretch: Leg Swings: Side to Side; Leg Swings: Front to Back; Tube Walking: Side to Side	1	10	Moderate	90 sec	10 reps each leg
ACTIVATION (core & balance)					
Core: Ball Crunch	2	12	Moderate	0	
Core: Reverse Crunch	2	12	Moderate	0	
Balance: Single-leg Squat Touchdown	2	12	Moderate	60 sec	
SKILL DEVELOPMENT (plyometric & SAQ)					
Plyometric: Tuck Jump	2	8	Repeating	60 sec	
Cone Drills: 5-10-5 Drill, Modified Box Drill, LEFT Drill	2	1	Fast	60 sec	
RESISTANCE TRAINING					
Legs: Romanian Deadlift Legs: Single-leg Romanian Deadlift	2	12 12	Moderate Slow	0 60 sec	
Chest: Barbell Bench Press Chest: Suspension Push-up	2	12 12	Moderate Slow	0 60 sec	
Back: Seated Cable Row Back: Suspension Row	2	12 12	Moderate Slow	0 60 sec	
Shoulders: Standing Kettlebell Shoulder Press Shoulders: Ball Combo I	2	12 12	Moderate Slow	0 60 sec	
CLIENT'S CHOICE					
Plank	2	1	Moderate	0 sec	Hold each set for 30 sec
COOL-DOWN					
Foam Roll: Calves, Adductors, Tensor Fascia Latae, Lats	1	1	30 sec	0 sec	Hold tender spot for 30 sec
Static Stretch: Calves, Adductors, Tensor Fascia Latae, Lats	1	1	30 sec	0 sec	Hold each stretch for 30 sec

Coaching Tips: Perform activation exercises in a circuit. Resistance training consists of supersets for each body part.

Optimum Performance Training®

CLIENT'S NAME: Jane Doe					
GOAL: Sport Performance					
PHASE: 2 Strength Endurance Training					
DATE: 7 of 12					
EXERCISE	**SETS**	**REPS**	**TEMPO**	**REST**	**NOTES**
WARM-UP (stretching & cardio)					
Foam Roll: Calves, Adductors, Tensor Fascia Latae, Lats	1	1	30 sec	0 sec	Hold tender spot for 30 sec
Active Stretch: Calves, Adductors, Tensor Fascia Latae, Lats	1	10	1–2 sec	0 sec	Hold each stretch for 1–2 sec
Dynamic Stretch: Leg Swings: Side to Side; Leg Swings: Front to Back; Tube Walking: Side to Side	1	10	Moderate	90 sec	10 reps each leg
ACTIVATION (core & balance)					
Core: Cable Rotation	2	12	Moderate	0	
Core: Back Extension	2	12	Moderate	0	
Balance: Multiplanar Lunge to Balance	2	12	Moderate	60 sec	
SKILL DEVELOPMENT (plyometric & SAQ)					
Plyometric: Repeat Box Jumps	2	8	Repeating	60 sec	
Cone Drills: 5-10-5 Drill, Modified Box Drill, LEFT Drill	2	1	Fast	60 sec	
RESISTANCE TRAINING					
Legs: Multiplanar Lunges Legs: Multiplanar Step-up to Balance	3	8 8	Moderate Slow	0 60 sec	
Chest: Dumbbell Chest Press Chest: Push-up with Rotation	3	8 8	Moderate Slow	0 60 sec	
Back: Bent-over Barbell Row Back: Ball Dumbbell Row	3	8 8	Moderate Slow	0 60 sec	
Shoulders: Standing Dumbbell Lateral Raise Shoulders: Single-leg Scaption	3	8 8	Moderate Slow	0 60 sec	
CLIENT'S CHOICE					
Jump Rope	1	1	Moderate	60 sec	Jump rope for 5 min
COOL-DOWN					
Foam Roll: Calves, Adductors, Tensor Fascia Latae, Lats	1	1	30 sec	0 sec	Hold tender spot for 30 sec
Static Stretch: Calves, Adductors, Tensor Fascia Latae, Lats	1	1	30 sec	0 sec	Hold each stretch for 30 sec

Coaching Tips: Perform activation exercises in a circuit. Resistance training consists of supersets for each body part.

Optimum Performance Training®

CLIENT'S NAME: Jane Doe					
GOAL: Sport Performance					
PHASE: 2 Strength Endurance Training					
DATE: 8 of 12					
EXERCISE	**SETS**	**REPS**	**TEMPO**	**REST**	**NOTES**
WARM-UP					
Foam Roll: Calves, Adductors, Tensor Fascia Latae, Lats	1	1	30 sec	0 sec	Hold tender spot for 30 sec
Active Stretch: Calves, Adductors, Tensor Fascia Latae, Lats	1	10	1–2 sec	0 sec	Hold each stretch for 1–2 sec
Dynamic Stretch: Leg Swings: Side to Side; Leg Swings: Front to Back; Tube Walking: Side to Side	1	10	Moderate	90 sec	10 reps each leg
ACTIVATION (core & balance)					
Core: Cable Lift	2	12	Moderate	0	
Core: Cable Chop	2	12	Moderate	0	
Balance: Multiplanar Step-up to Balance	2	12	Moderate	60 sec	
SKILL DEVELOPMENT (plyometric & SAQ)					
Plyometric: Butt Kick	2	8	Repeating	60 sec	
Cone Drills: 5-10-5 Drill, Modified Box Drill, LEFT Drill	2	1	Fast	60 sec	
RESISTANCE TRAINING					
Legs: Kettlebell Goblet Squat Legs: Single-leg Squat Touchdown	3	8 8	Moderate Slow	0 60 sec	
Chest: Dumbbell Chest Press Chest: Single-leg Cable Chest Press	3	8 8	Moderate Slow	0 60 sec	
Back: Seated Cable Row Back: Suspension Row	3	8 8	Moderate Slow	0 60 sec	
Shoulders: Seated Dumbbell Shoulder Press Shoulders: Earthquake Bar Shoulder Press	3	8 8	Moderate Slow	0 60 sec	
CLIENT'S CHOICE					
Speed Ladder: 1-ins, 2-ins, Side Shuffle	1	1	Moderate	60 sec	
COOL-DOWN					
Foam Roll: Calves, Adductors, Tensor Fascia Latae, Lats	1	1	30 sec	0 sec	Hold tender spot for 30 sec
Static Stretch: Calves, Adductors, Tensor Fascia Latae, Lats	1	1	30 sec	0 sec	Hold each stretch for 30 sec

Coaching Tips: Perform activation exercises in a circuit. Resistance training consists of supersets for each body part.

Optimum Performance Training®

NASM
NATIONAL ACADEMY OF SPORTS MEDICINE

CLIENT'S NAME: Jane Doe					
GOAL: Sport Performance					
PHASE: 5 Power Training					
DATE: 9 of 12					
EXERCISE	**SETS**	**REPS**	**TEMPO**	**REST**	**NOTES**
WARM-UP					
Foam Roll: Calves, Adductors, Tensor Fascia Latae, Lats	1	1	30 sec	0 sec	Hold tender spot for 30 sec
Dynamic Stretch: Leg Swings: Side to Side; Leg Swings: Front to Back; Tube Walking: Side to Side, Ball Russian Twist; Push-up with Rotation	1	10	Moderate	60 sec	10 reps each leg
ACTIVATION (core & balance)					
Core: Pallof Press	2	12	Slow	0	
Balance: Multiplanar Hop with Stabilization	2	12	Controlled	60 sec	Hold landing 3–5 sec
SKILL DEVELOPMENT (plyometric & SAQ)					
RESISTANCE TRAINING					
Legs: Barbell Squat Legs: Squat Jump	4	5 10	Explosive Explosive	0 2 min	
Chest: Dumbbell Chest Press Chest: Medicine Ball Chest Pass	4	5 10	Explosive Explosive	0 2 min	
Back: Seated Cable Row Back: Medicine Ball Pulllover Throw	4	5 10	Explosive Explosive	0 2 min	
Shoulders: Shoulder Press Machine Shoulders: Front Medicine Ball Oblique Throw	4	5 10	Explosive Explosive	0 2 min	
CLIENT'S CHOICE					
Punching Bag	1	1	Explosive	2 min	Hit punching bag for 2 min
COOL-DOWN					
Foam Roll: Calves, Adductors, Tensor Fascia Latae, Lats	1	1	30 sec	0 sec	Hold tender spot for 30 sec
Static Stretch: Calves, Adductors, Tensor Fascia Latae, Lats	1	1	30 sec	0 sec	Hold each stretch for 30 sec

Coaching Tips: Resistance training consists of supersets for each body part.

Optimum Performance Training®

CLIENT'S NAME: Jane Doe					
GOAL: Sport Performance					
PHASE: 5 Power Training					
DATE: 10 of 12					
EXERCISE	**SETS**	**REPS**	**TEMPO**	**REST**	**NOTES**
WARM-UP					
Foam Roll: Calves, Adductors, Tensor Fascia Latae, Lats	1	1	30 sec	0 sec	Hold tender spot for 30 sec
Dynamic Stretch: Leg Swings: Side to Side; Leg Swings: Front to Back; Tube Walking: Side to Side, Ball Russian Twist; Push-up with Rotation	1	10	Moderate	60 sec	10 reps each leg
ACTIVATION (core & balance)					
Core: Cable Rotation	2	12	Moderate	0 sec	
Balance: Single-leg Hop-up with Stabilization	2	12	Controlled	60 sec	Hold landing 3–5 sec
SKILL DEVELOPMENT (plyometric & SAQ)					
RESISTANCE TRAINING					
Legs: Barbell Deadlift Legs: Tuck Jump	4	5 10	Explosive Explosive	0 2 min	
Chest: Incline Dumbbell Chest Press Chest: Plyometric Push-up	4	5 10	Explosive Explosive	0 2 min	
Back: Lat Pulldown Back: Soccer Throw	4	5 10	Explosive Explosive	0 2 min	
Shoulders: Seated Dumbbell Shoulder Press Shoulders: Overhead Medicine Ball Throw	4	5 10	Explosive Explosive	0 2 min	
CLIENT'S CHOICE					
Jump Rope	1	1	Moderate	60 sec	5 min
COOL-DOWN					
Foam Roll: Calves, Adductors, Tensor Fascia Latae, Lats	1	1	30 sec	0 sec	Hold tender spot for 30 sec
Static Stretch: Calves, Adductors, Tensor Fascia Latae, Lats	1	1	30 sec	0 sec	Hold each stretch for 30 sec

Coaching Tips: Perform activation exercises in a circuit. Resistance training consists of supersets for each body part.

Optimum Performance Training®

EXERCISE	SETS	REPS	TEMPO	REST	NOTES
CLIENT'S NAME: Jane Doe					
GOAL: Sport Performance					
PHASE: 5 Power Training					
DATE: 11 of 12					
WARM-UP					
Foam Roll: Calves, Adductors, Tensor Fascia Latae, Lats	1	1	30 sec	0 sec	Hold tender spot for 30 sec
Dynamic Stretch: Leg Swings: Side to Side; Leg Swings: Front to Back; Tube Walking: Side to Side, Ball Russian Twist; Push-up with Rotation	1	10	Moderate	60 sec	10 reps each leg
ACTIVATION (core & balance)					
Core: Cable Lift	2	12	Moderate	0 sec	
Balance: Single-leg Hop-down with Stabilization	2	12	Controlled	60 sec	Hold landing 3–5 sec
SKILL DEVELOPMENT (plyometric & SAQ)					
RESISTANCE TRAINING					
Legs: Leg Press Legs: Depth Jump	5	5 10	Explosive Explosive	0 2 min	
Chest: Chest Press Machine Chest: Medicine Ball Rotational Chest Pass	5	5 10	Explosive Explosive	0 2 min	
Back: Lat Pulldown Back: Medicine Ball Woodchop Throw	5	5 10	Explosive Explosive	0 2 min	
Shoulders: Shoulder Press Machine Shoulders: Speed Tubing Shoulder Press	5	5 10	Explosive Explosive	0 2 min	
CLIENT'S CHOICE					
Dumbbell Biceps Curls	3	10	Moderate	60 sec	
COOL-DOWN					
Foam Roll: Calves, Adductors, Tensor Fascia Latae, Lats	1	1	30 sec	0 sec	Hold tender spot for 30 sec
Static Stretch: Calves, Adductors, Tensor Fascia Latae, Lats	1	1	30 sec	0 sec	Hold each stretch for 30 sec

Coaching Tips: Resistance training consists of supersets for each body part.

Optimum Performance Training®

CLIENT'S NAME: Jane Doe					
GOAL: Sport Performance					
PHASE: 5 Power Training					
DATE: 12 of 12					
EXERCISE	**SETS**	**REPS**	**TEMPO**	**REST**	**NOTES**
WARM-UP					
Foam Roll: Calves, Adductors, Tensor Fascia Latae, Lats	1	1	30 sec	0 sec	Hold tender spot for 30 sec
Dynamic Stretch: Leg Swings: Side to Side; Leg Swings: Front to Back; Tube Walking: Side to Side, Ball Russian Twist; Push-up with Rotation	1	10	Moderate	60 sec	10 reps each leg
ACTIVATION (core & balance)					
Core: Cable Chop	2	12	Moderate	0 sec	
Balance: Multiplanar Hop with Stabilization	2	12	Controlled	60 sec	Hold landing 3–5 sec
SKILL DEVELOPMENT (plyometric & SAQ)					
RESISTANCE TRAINING					
Legs: Dumbbell Squat Legs: Squat Jump	5	5 10	Explosive Explosive	0 2 min	
Chest: Barbell Bench Press Chest: Push-up with Rotation	5	5 10	Explosive Explosive	0 2 min	
Back: Seated Cable Row Back: Soccer Throw	5	5 10	Explosive Explosive	0 2 min	
Shoulders: Seated Dumbbell Shoulder Press Shoulders: Front Medicine Ball Oblique Throw	5	5 10	Explosive Explosive	0 2 min	
CLIENT'S CHOICE					
Cable Pushdown	3	10	Moderate	60 sec	
COOL-DOWN					
Foam Roll: Calves, Adductors, Tensor Fascia Latae, Lats	1	1	30 sec	0 sec	Hold tender spot for 30 sec
Static Stretch: Calves, Adductors, Tensor Fascia Latae, Lats	1	1	30 sec	0 sec	Hold each stretch for 30 sec

Coaching Tips: Resistance training consists of supersets for each body part.

부록 C: 근육계

전통적으로 근육은 단일면에서 수축하는 것으로 인식되어 왔다. 그러나 움직임을 보다 효과적으로 이해하기 위해서는 모든 운동면과 전체 근육 활동의 스펙트럼에서 기능하는 근육을 보는 것이 중요하다. 다음 섹션에서는 인체 주요 근육의 단축성(동심성), 신장성(편심성), 등척성 작용에 대해 설명한다.

아래 다리 근육군 LOWER LEG MUSCULATURE

앞정강근(전경골근) ANTERIOR TIBIALIS

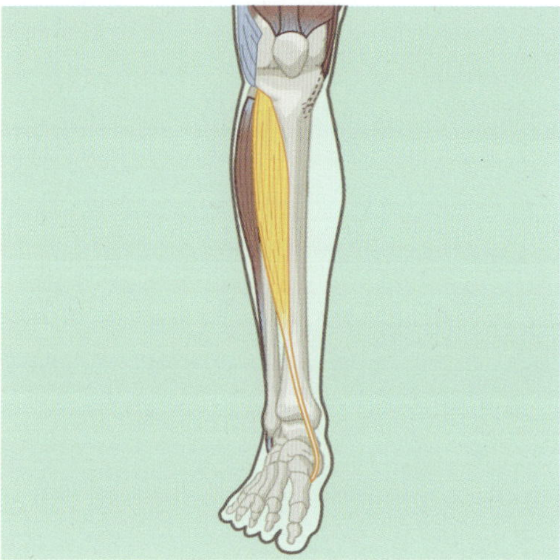

단축성 기능

- 발등굽힘과 안쪽번짐 가속

신장성 기능

- 발바닥쪽굽힘과 가쪽번짐 감속

등척성 기능

- 발의 아치 안정화

뒤정강근(후경골근) POSTERIOR TIBIALIS

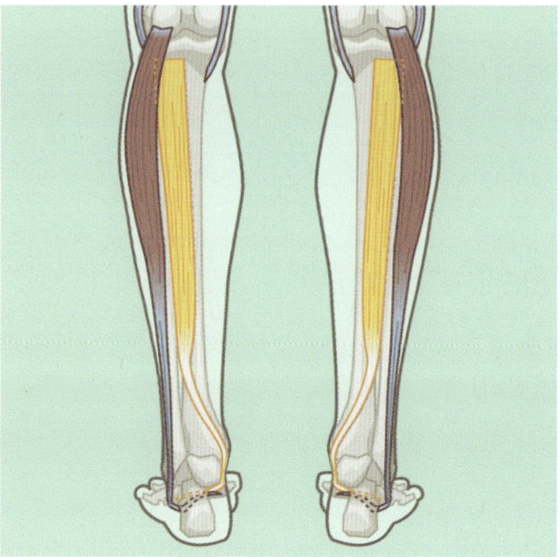

단축성 기능

- 발바닥쪽굽힘과 안쪽번짐 가속

신장성 기능

- 발의 발등굽힘과 가쪽번짐 감속

등척성 기능

- 발의 아치 안정화

가자미근(넙치근) SOLEUS

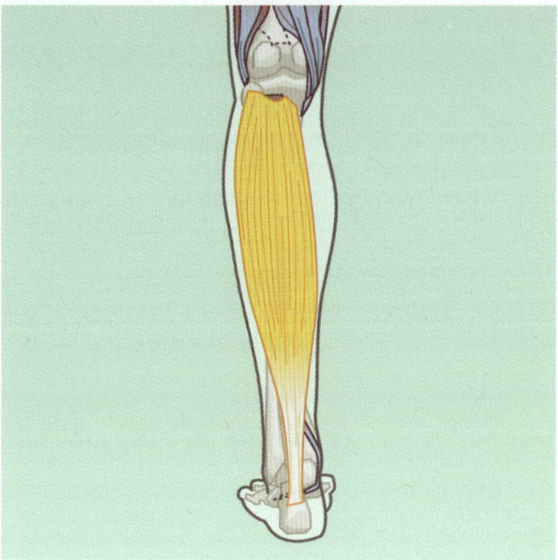

단축성 기능

- 발바닥쪽굽힘 가속

신장성 기능

- 발목 발등굽힘 감속

등척성 기능

- 발과 발목 복합체 안정화

장딴지근(비복근) GASTROCNEMIUS

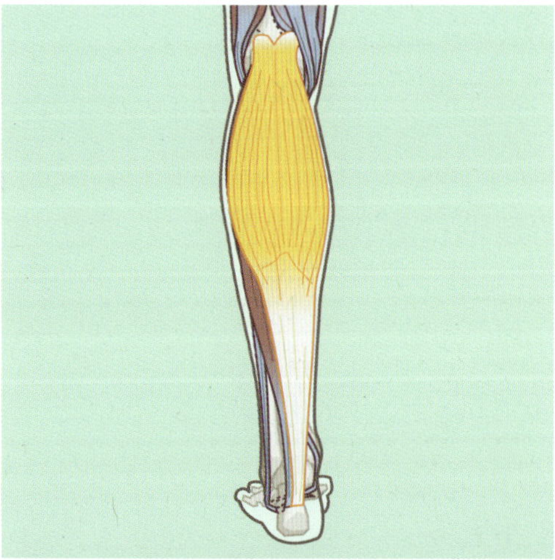

단축성 기능

- 발바닥쪽굽힘 가속

신장성 기능

- 발목의 발등굽힘 감속

등척성 기능

- 발과 발목 복합체 안정화

긴(짧은)종아리근[장(단)비골근] FIBULARIS (PERONEUS) LONGUS

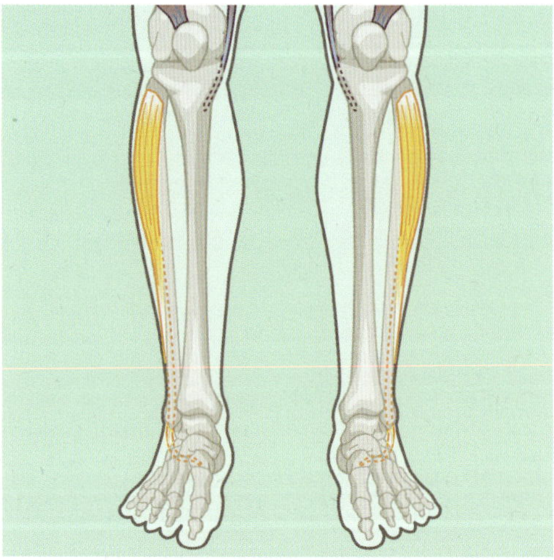

단축성 기능

- 발바닥쪽굽힘과 발의 가쪽번짐 가속

신장성 기능

- 발목의 발등굽힘과 안쪽번짐 감속

등척성 기능

- 발과 발목 복합체 안정화

햄스트링 복합체 HAMSTRING COMPLEX

넙다리두갈래근–긴갈래(대퇴이두근) BICEPS FEMORIS

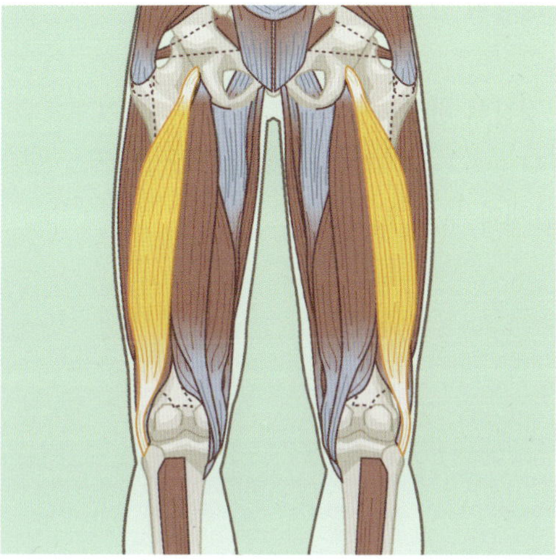

단축성 기능

- 무릎굽힘, 엉덩관절 폄, 정강뼈 바깥돌림 가속

신장성 기능

- 무릎 폄, 엉덩관절 굽힘, 정강뼈 안쪽돌림 감속

등척성 기능

- 허리–골반–엉덩관절 복합체와 무릎 안정화

넙다리두갈래근–짧은갈래(대퇴이두근) BICEPS FEMORIS

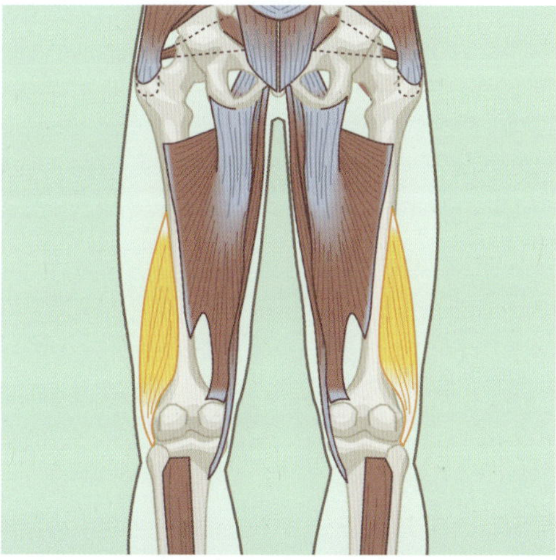

단축성 기능

- 무릎 굽힘과 정강뼈 바깥돌림 가속

신장성 기능

- 무릎 폄과 정강뼈 안쪽돌림 감속

등척성 기능

- 무릎 안정화

반막모양근(반막양근) SEMIMEMBRANOSUS

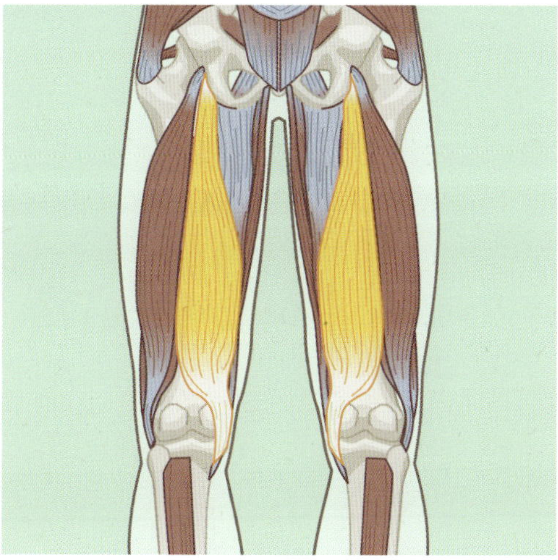

단축성 기능

- 무릎 굽힘, 엉덩관절 폄, 정강뼈 안쪽돌림 가속

신장성 기능

- 무릎 폄, 엉덩관절 굽힘, 정강뼈 바깥돌림 감속

등척성 기능

- 허리–골반–엉덩관절 복합체와 무릎 안정화

반힘줄근(반건양근) SEMITENDINOSUS

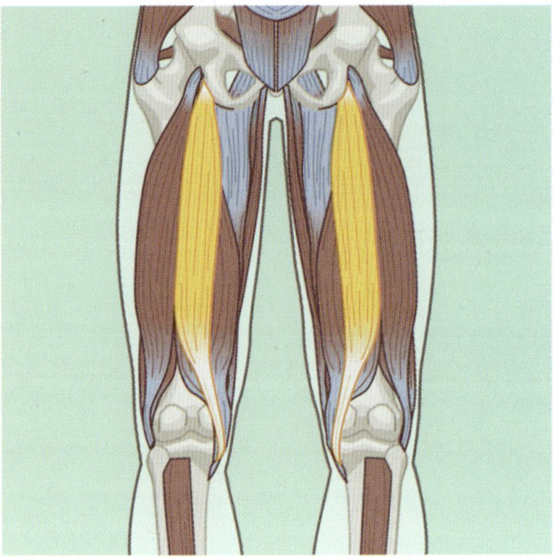

단축성 기능

- 무릎 굽힘, 엉덩관절 폄, 정강뼈 안쪽돌림 가속

신장성 기능

- 무릎 폄, 엉덩관절 굽힘, 정강뼈 바깥돌림 감속

등척성 기능

- 허리–골반–엉덩관절 복합체와 무릎 안정화

넙다리네갈래근 QUADRICEPS

가쪽넓은근(외측광근) VASTUS LATERALIS

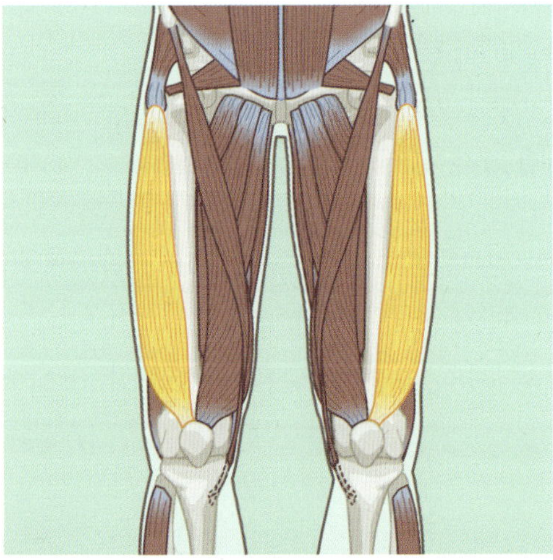

단축성 기능

- 무릎 폄 가속

신장성 기능

- 무릎 굽힘 감속

등척성 기능

- 무릎 안정화

안쪽넓은근(내측광근) VASTUS INTERMEDIUS

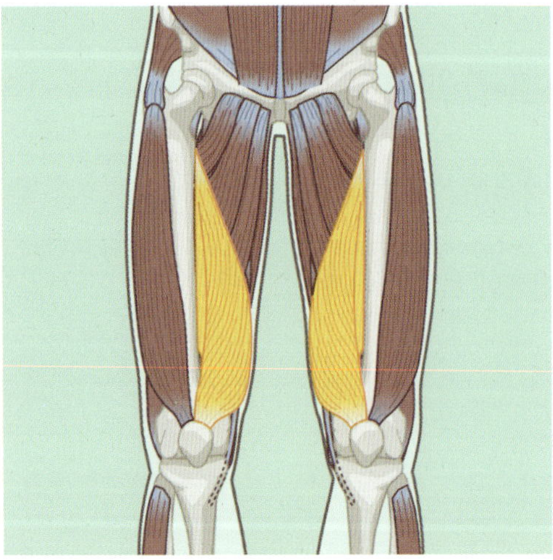

단축성 기능

- 무릎 폄 가속

신장성 기능

- 무릎 굽힘 감속

등척성 기능

- 무릎 안정화

중간넓은근(중간광근) VASTUS INTERMEIUS

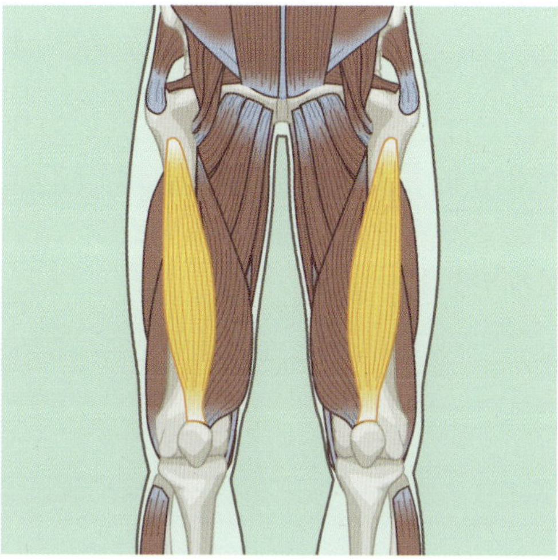

단축성 기능

- 무릎 폄 가속

신장성 기능

- 무릎 굽힘 감속

등척성 기능

- 무릎 안정화

넙다리곧은근(대퇴직근) RECTUS FEMORIS

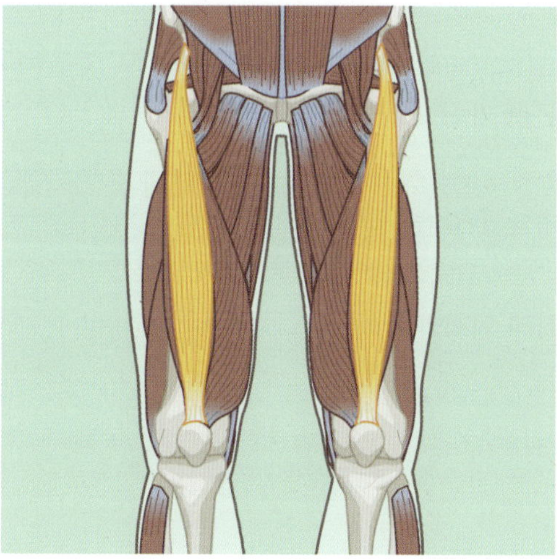

단축성 기능

- 무릎 폄과 엉덩관절 굽힘 가속

신장성 기능

- 무릎 굽힘과 엉덩관절 폄 감속

등척성 기능

- 허리–골반–엉덩관절 복합체와 무릎 안정화

엉덩이 근육군 HIP MUSCULATURE

긴모음근(장내전근) ADDUCTOR LONGUS

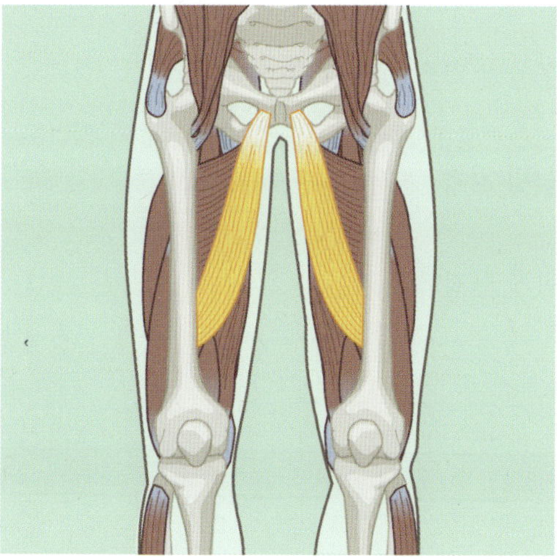

단축성 기능

- 엉덩관절 모음, 굽힘, 안쪽돌림 가속

신장성 기능

- 엉덩관절 벌림, 폄, 바깥돌림 감속

등척성 기능

- 허리–골반–엉덩관절 복합체 안정화

큰모음근(대내전근)–앞쪽 섬유 ADDUCTOR MAGNUS–ANTERIOR FIBERS

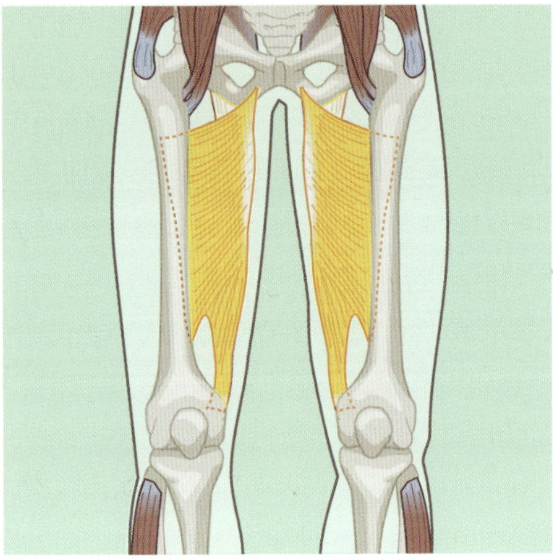

단축성 기능

- 엉덩관절 모음, 굽힘, 안쪽돌림 가속

신장성 기능

- 엉덩관절 벌림, 폄, 바깥돌림 감속

등척성 기능

- 허리–골반–엉덩관절 복합체 안정화

큰모음근(대내전근)–뒤쪽 섬유 ADDUCTOR MAGNUS–POSTERIOR FIBERS

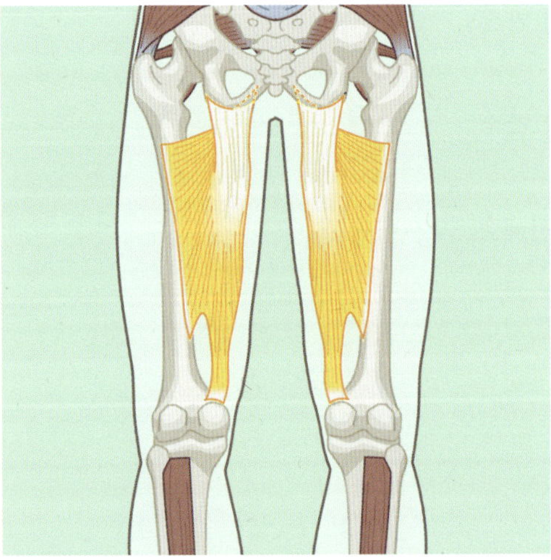

단축성 기능

- 엉덩관절 모음, 폄, 바깥돌림 가속

신장성 기능

- 엉덩관절 벌림, 굽힘, 안쪽돌림 감속

등척성 기능

- 허리–골반–엉덩관절 복합체 안정화

짧은모음근(단내전근) ADDUCTOR BREVIS

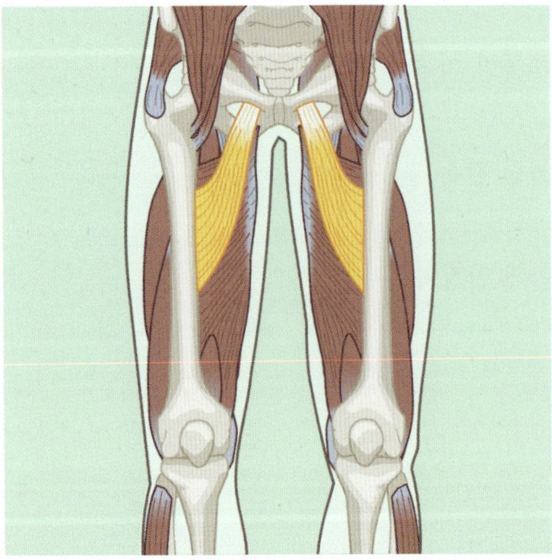

단축성 기능

- 엉덩관절 모음, 굽힘, 안쪽돌림 가속

신장성 기능

- 엉덩관절 벌림, 폄, 바깥돌림 감속

등척성 기능

- 허리–골반–엉덩관절 복합체 안정화

두덩정강근(박근) GRACILIS

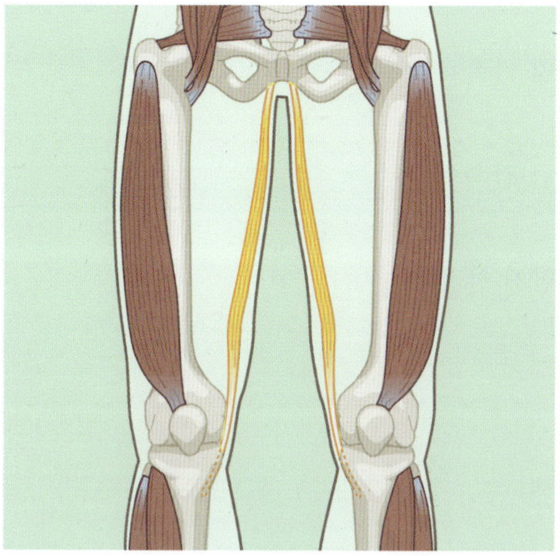

단축성 기능

- 엉덩관절 모음, 굽힘, 안쪽돌림 가속, 정강뼈 안쪽돌림 보조

신장성 기능

- 엉덩관절 벌림, 폄, 바깥돌림 감속

등척성 기능

- 허리–골반–엉덩관절 복합체와 무릎 안정화

두덩근(치골근) PECTINEUS

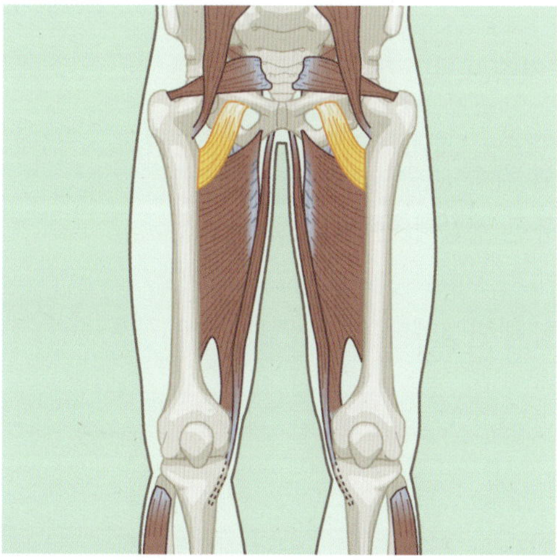

단축성 기능

- 엉덩관절 모음, 굽힘, 안쪽돌림 가속

신장성 기능

- 엉덩관절 벌림, 폄, 바깥돌림 감속

등척성 기능

- 허리–골반–엉덩관절 복합체 안정화

중간볼기근(중둔근) GLUTEUS MEDIUS

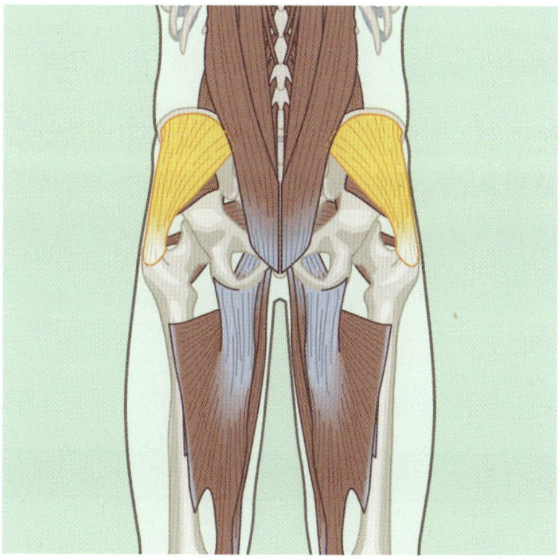

단축성 기능

- 엉덩관절 벌림과 안쪽돌림(앞쪽 섬유) 가속
- 엉덩관절 벌림과 바깥돌림(뒤쪽 섬유) 가속

신장성 기능

- 엉덩관절 모음과 바깥돌림(앞쪽섬유) 감속
- 엉덩관절 모음과 안쪽돌림(뒤쪽섬유) 감속

등척성 기능

- 허리–골반–엉덩관절 복합체 안정화

작은볼기근(소둔근) GLUTEUS MINIMUS

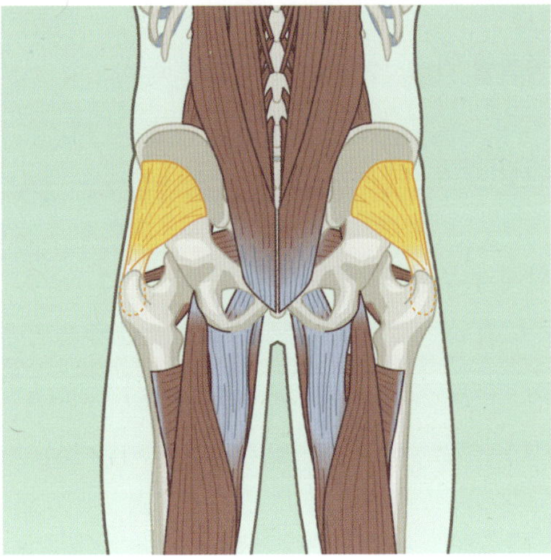

단축성 기능

- 엉덩관절 벌림과 안쪽돌림 가속

신장성 기능

- 엉덩관절 모음과 바깥돌림 감속

등척성 기능

- 허리–골반–엉덩관절 복합체 안정화

큰볼기근(대둔근) GLUTEUS MAXIMUS

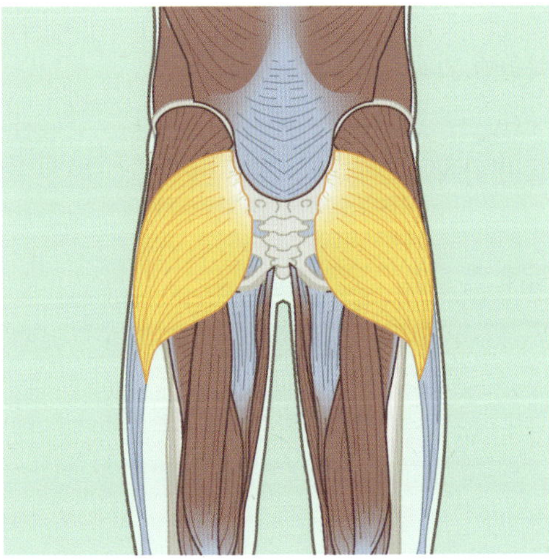

단축성 기능

- 엉덩관절 폄과 바깥돌림 가속

신장성 기능

- 엉덩관절 굽힘과 안쪽돌림 감속
- 엉덩정강띠(장경인대)를 통한 정강뼈 안쪽돌림 감속

등척성 기능

- 허리–골반–엉덩관절 복합체 안정화

넙다리근막긴장근(대퇴근막장근) TENSOR FASCIA LATAE (INCLUDING THE ILIOTIBIAL BAND)

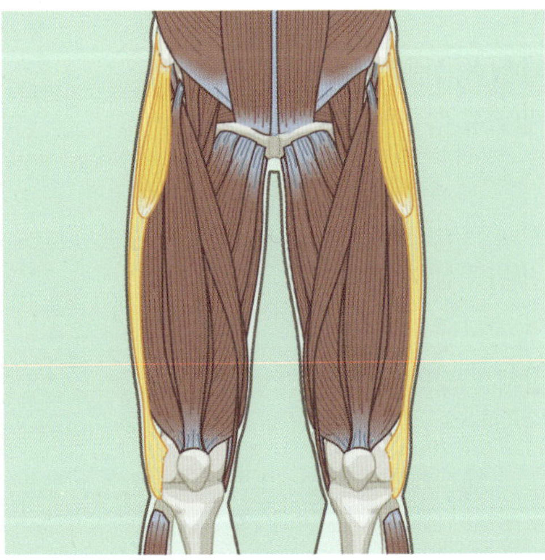

단축성 기능

- 엉덩관절 굽힘, 벌림, 안쪽돌림 가속

신장성 기능

- 엉덩관절 폄, 모음, 바깥돌림 감속

등척성 기능

- 허리–골반–엉덩관절 복합체 안정화

허리근(요근) PSOAS

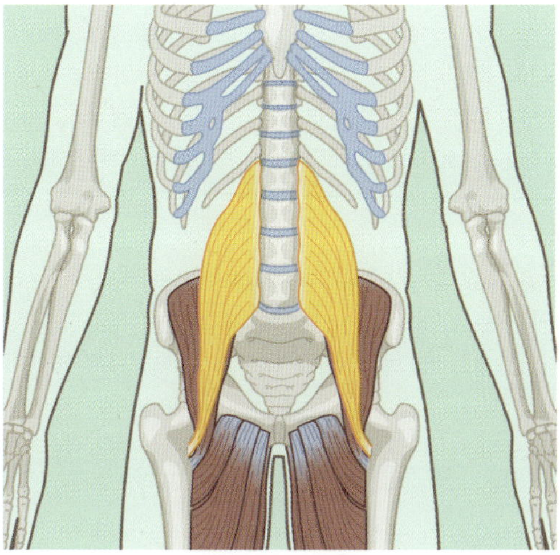

단축성 기능

- 엉덩관절 굽힘 및 바깥돌림 가속, 허리뼈 회전

신장성 기능

- 엉덩관절 안쪽돌림과 엉덩관절 폄 감속

등척성 기능

- 허리–골반–엉덩관절 복합체 안정화

엉덩근(장골근) ILIACUS

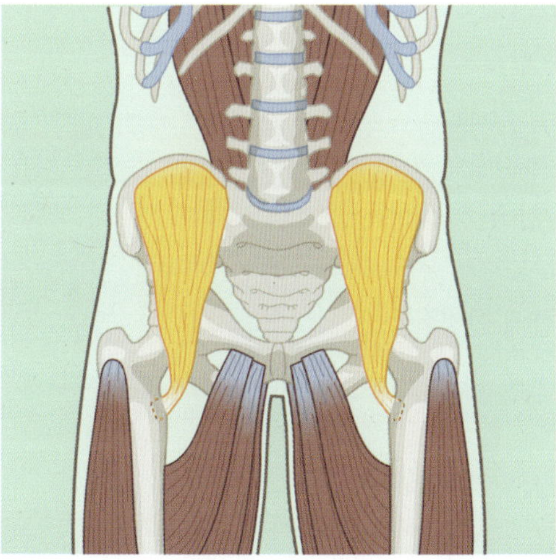

단축성 기능

- 엉덩관절 굽힘과 바깥돌림 가속

신장성 기능

- 엉덩관절 폄과 안쪽돌림 감속

등척성 기능

- 허리–골반–엉덩관절 복합체 안정화

넙다리빗근(봉공근) SARTORIUS

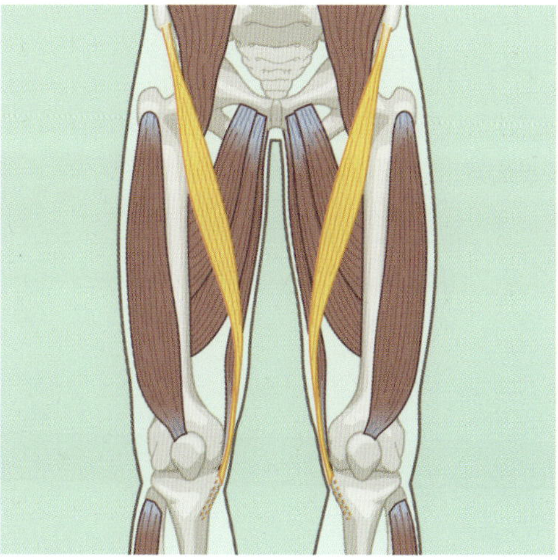

단축성 기능

- 엉덩관절 굽힘, 바깥돌림 및 벌림 가속
- 무릎 굽힘 및 안쪽돌림 가속

신장성 기능

- 엉덩관절 폄 및 안쪽돌림 감속
- 무릎 폄 및 바깥돌림 감속

등척성 기능

- 허리–골반–엉덩관절 복합체 안정화

궁둥구멍근(이상근) PIRIFORMIS

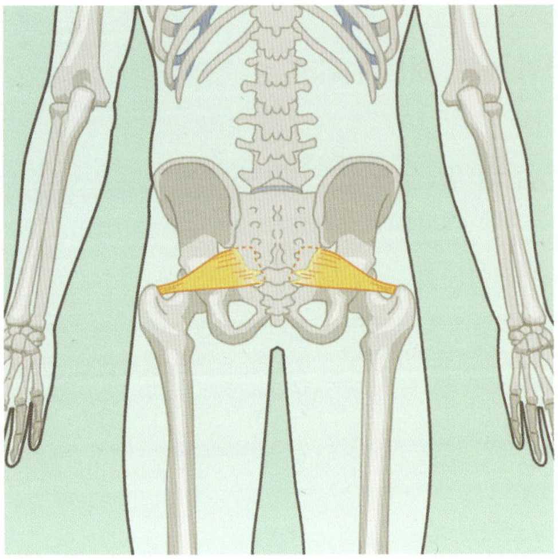

단축성 기능

- 엉덩관절 바깥돌림, 벌림, 폄 가속

신장성 기능

- 엉덩관절 안쪽돌림, 모음, 굽힘 감속

등척성 기능

- 엉덩관절과 엉치엉덩관절(천장관절) 안정화

복부 근육군 ABDOMINAL MUSCULATURE

배곧은근(복직근) RECTUS ABDOMINIS

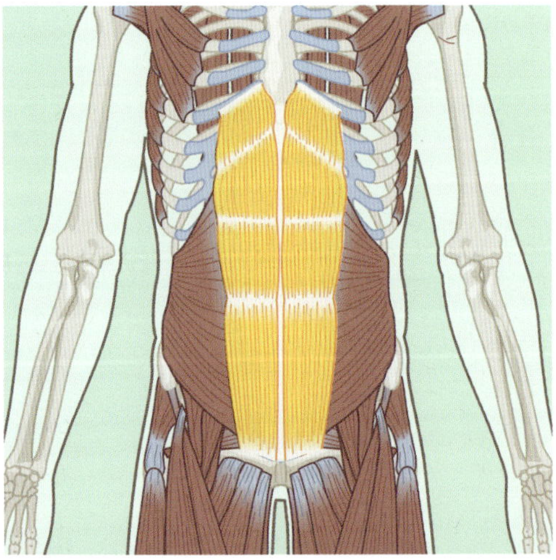

단축성 기능

- 척추 굽힘, 가쪽굽힘, 돌림 가속

신장성 기능

- 척추 폄, 가쪽굽힘, 돌림 감속

등척성 기능

- 허리–골반–엉덩관절 복합체 안정화

배바깥빗근(외복사근) EXTERNALOBLIQUE

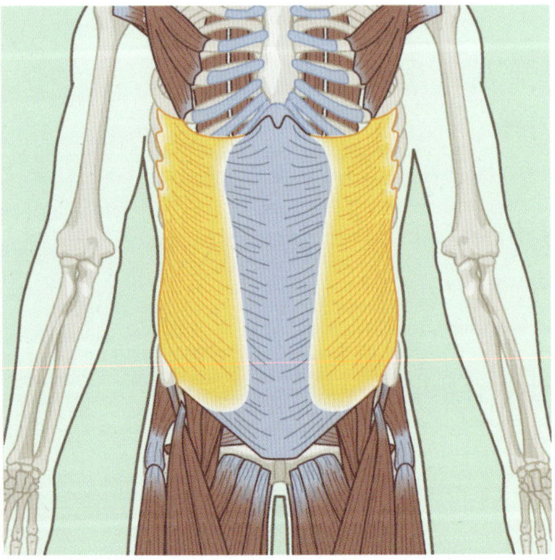

단축성 기능

- 척추 굽힘, 가쪽굽힘, 반대쪽 돌림 가속

신장성 기능

- 척추 폄, 가쪽굽힘, 돌림 감속

등척성 기능

- 허리–골반–엉덩관절 복합체 안정화

배속빗근(내복사근) INTERNAL OBLIQUE

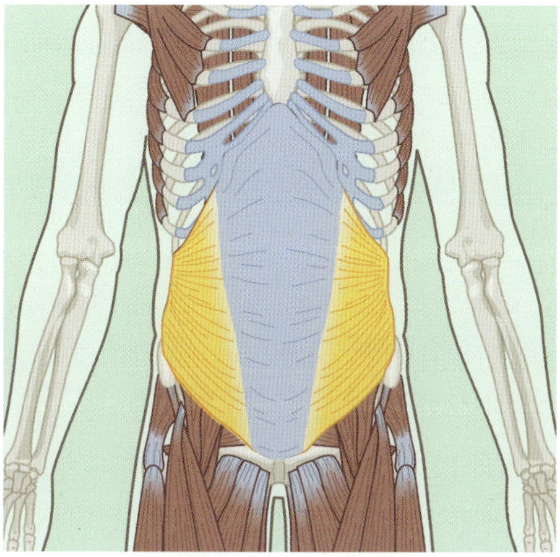

단축성 기능

- 척추 굽힘(양쪽), 가쪽굽힘, 동측 돌림 가속

신장성 기능

- 척추 폄, 돌림, 가쪽굽힘 감속

등척성 기능

- 허리-골반-엉덩관절 복합체 안정화

배가로근(복횡근) TRANSVERSE ABDOMINIS

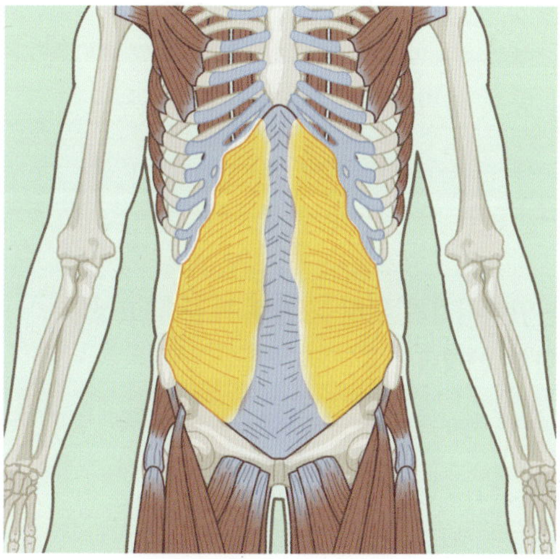

단축성 기능

- 복강 내압 증가, 복부 장기 지지

등척성 기능

- 허리-골반-엉덩관절 복합체 안정화

가로막(횡격막) DIAPHRAGM

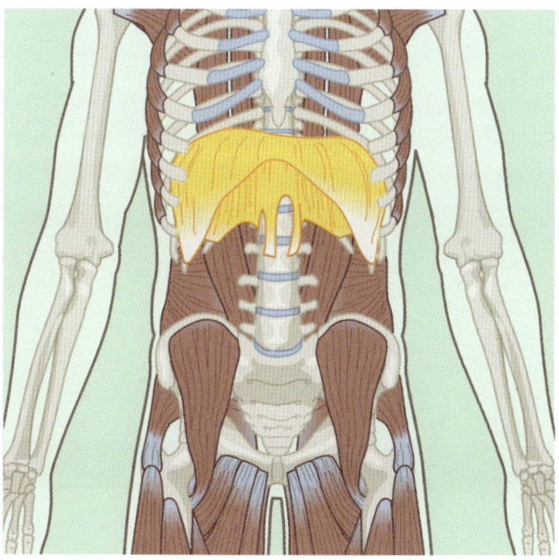

단축성 기능

- 중심 힘줄을 아래로 당기고 가슴 안 부피를 증가시킴

등척성 기능

- 허리-골반-엉덩관절 복합체 안정화

등 부위 근육군 BACK MUSCULATURE

얕은척주세움근: 엉덩갈비근, 가장긴근, 가시근 SUPERFICIAL ERECTOR SPINAE: ILIOCOSTALIS, LONGISSIMUS, AND SPINALIS

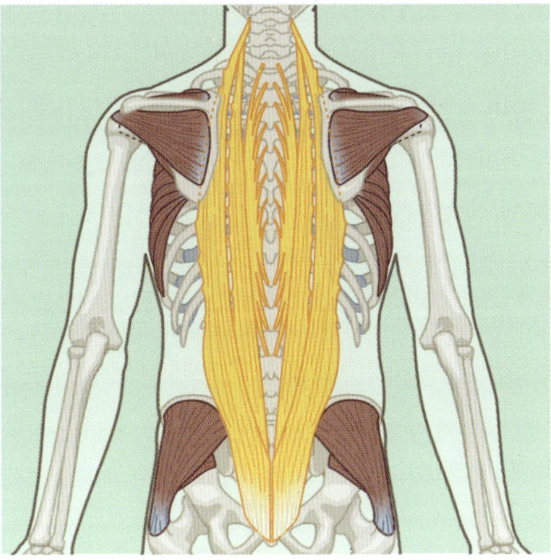

단축성 기능
- 척추 폄, 돌림, 가쪽굽힘 가속

신장성 기능
- 척추 굽힘, 돌림, 가쪽굽힘 감속

등척성 기능
- 기능적 움직임 동안의 척추의 동적 안정화

허리네모근(요방형근) QUADRATUS LUMBORUM

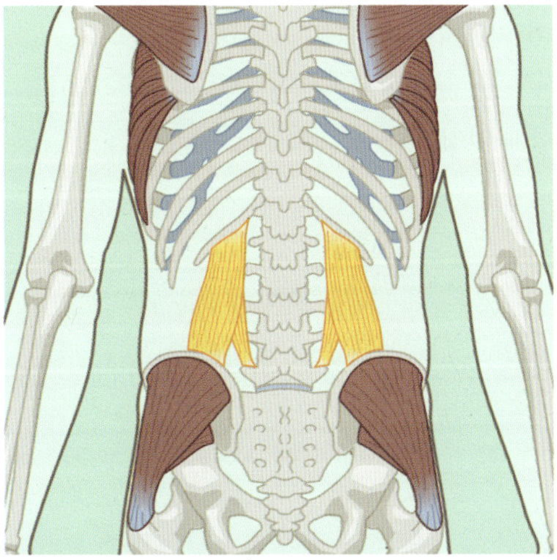

단축성 기능
- 동측 척추의 측면 굽힘과 동측 골반의 상승(elevation) 가속

신장성 기능
- 반대 측 척추 가쪽굽힘 감속

등척성 기능
- 흡기 중 가로막 부착물을 안정시키기 위해 12번째 늑골을 고정함
- 허리–골반–엉덩관절 복합체 안정화

뭇갈래근(다열근) MULTIFIDUS

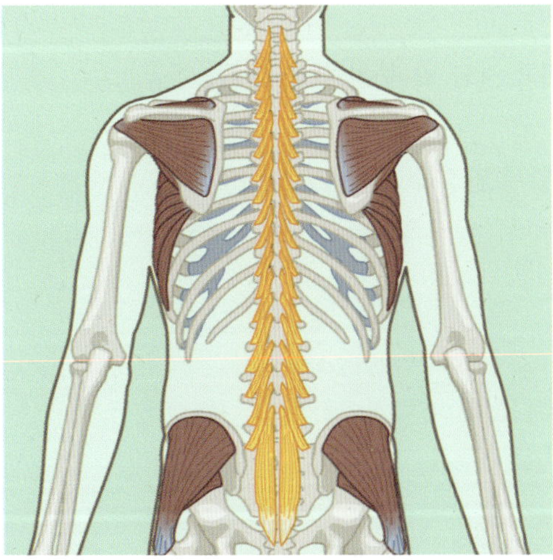

단축성 기능
- 척추 폄과 반대쪽 돌림 가속

신장성 기능
- 척추 굽힘과 돌림 감속

등척성 기능
- 척추 안정화

넓은등근(광배근) LATISSIMUS DORSI

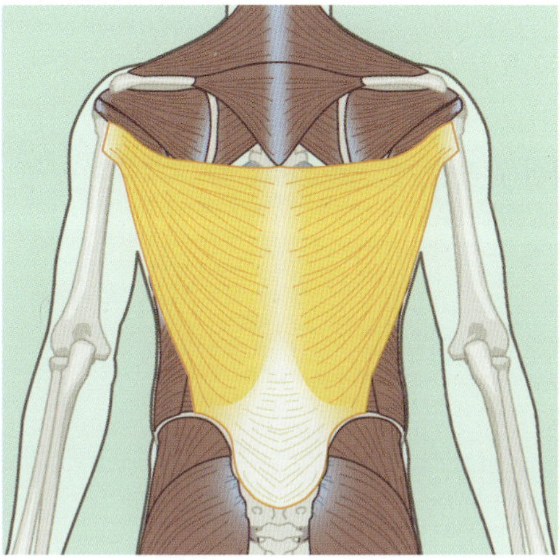

단축성 기능

- 어깨 폄, 모음, 안쪽돌림 가속

신장성 기능

- 어깨 굽힘, 벌림, 바깥돌림 감속
- 척추 굽힘 감속

등척성 기능

- 허리-골반-엉덩관절 복합체와 어깨 안정화

어깨 부위 근육근 SHOULDER MUSCULATURE

앞톱니근(전거근) SERRATUS ANTERIOR

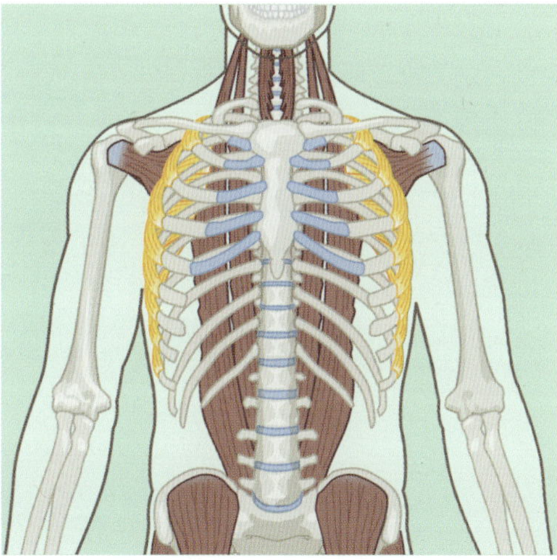

단축성 기능

- 어깨뼈 내밈 가속

신장성 기능

- 어깨뼈 뒤당김 감속

등척성 기능

- 어깨뼈 안정화

큰마름근(대능형근) RHOMBOID MAJOR

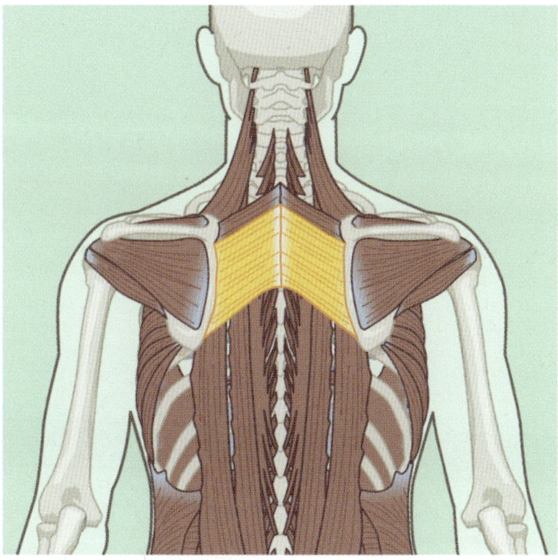

단축성 기능

- 어깨뼈의 뒤당김과 아래쪽 돌림 가속

신장성 기능

- 어깨뼈의 내밈과 위쪽돌림 감속

등척성 기능

- 어깨뼈의 안정화

작은마름근(소능형근) RHOMBOID MINOR

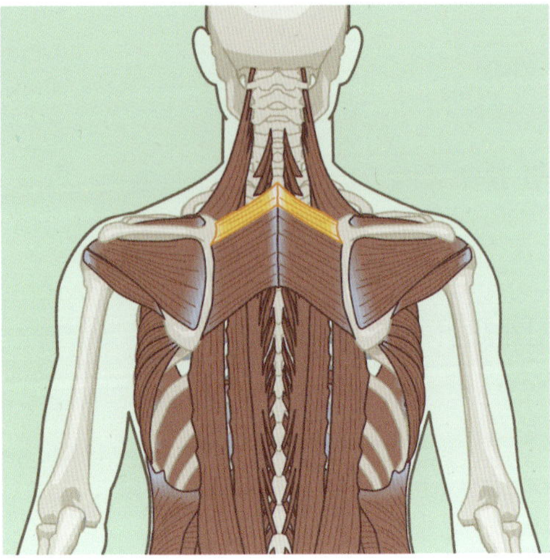

단축성 기능

- 어깨뼈의 뒤당김과 아래쪽 돌림 가속

신장성 기능

- 어깨뼈의 내밈과 위쪽 돌림 감속

등척성 기능

- 어깨뼈의 안정화

아래등세모근(하부승모근) LOWER TRAPEZIUS

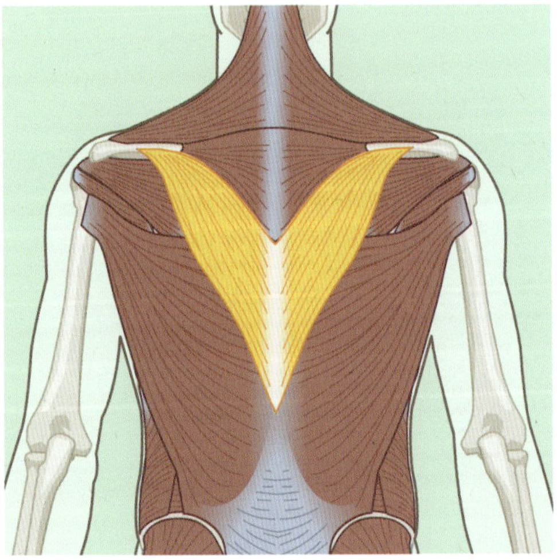

단축성 기능

- 어깨뼈 내림 가속

신장성 기능

- 어깨뼈 올림 감속

등척성 기능

- 어깨뼈 안정화

중간등세모근(중부승모근) MIDDLE TRAPEZIUS

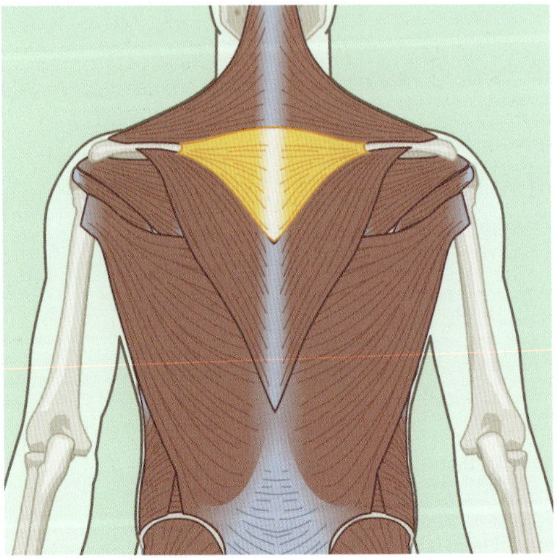

단축성 기능

- 어깨뼈 뒤당김 가속

신장성 기능

- 어깨뼈 내밈 감속

등척성 기능

- 어깨뼈 안정화

위등세모근(상부승모근) UPPER TRAPEZIUS

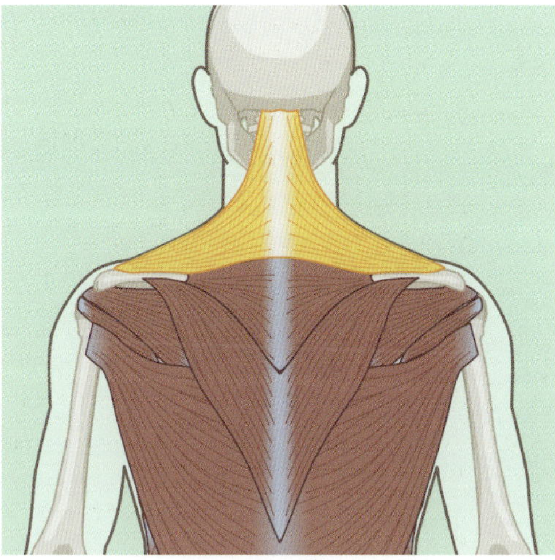

단축성 기능

- 목뼈 폄, 가쪽굽힘, 돌림 가속
- 어깨뼈 올림 가속

신장성 기능

- 목뼈 굽힘, 가쪽굽힘, 돌림 감속
- 어깨뼈 내림 감속

등척성 기능

- 목뼈와 어깨뼈 안정화

큰가슴근(대흉근) PECTORALIS MAJOR

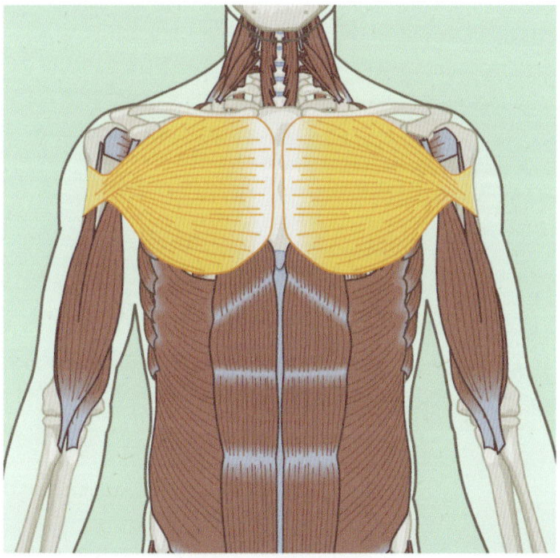

단축성 기능

- 어깨 굽힘(빗장뼈 섬유), 수평 모음, 안쪽돌림 가속

신장성 기능

- 어깨 폄, 수평 벌림, 바깥돌림 감속

등척성 기능

- 팔이음뼈(견갑대) 안정화

작은가슴금(소흉근) PECTORALIS MINOR

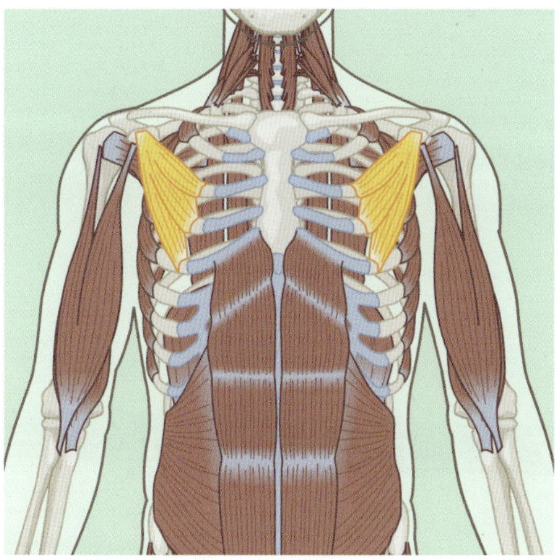

단축성 기능

- 어깨뼈 내밈 가속

신장성 기능

- 어깨뼈 뒤당김 감속

등척성 기능

- 팔이음뼈(견갑대) 안정화

앞어깨세모근(전면삼각근) ANTERIOR DELTOID

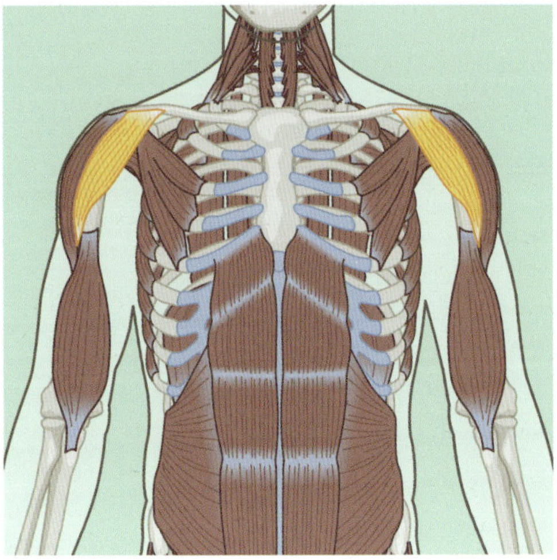

단축성 기능

- 어깨 굽힘 및 안쪽돌림 가속

신장성 기능

- 어깨 폄 및 바깥돌림 감속

등척성 기능

- 팔이음뼈(견갑대) 안정화

중간어깨세모근(측면삼각근) LATERAL (MIDDLE) DELTOID

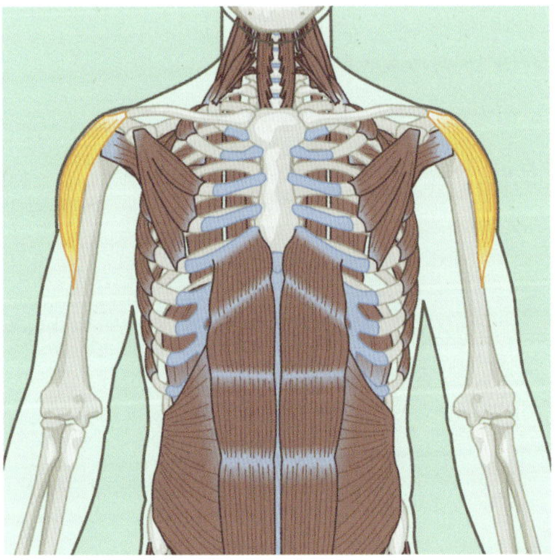

단축성 기능

- 어깨 벌림 가속

신장성 기능

- 어깨 모음 감속

등척성 기능

- 팔이음뼈(견갑대) 안정화

뒤어깨세모근(후면삼각근) POSTERIOR DELTOID

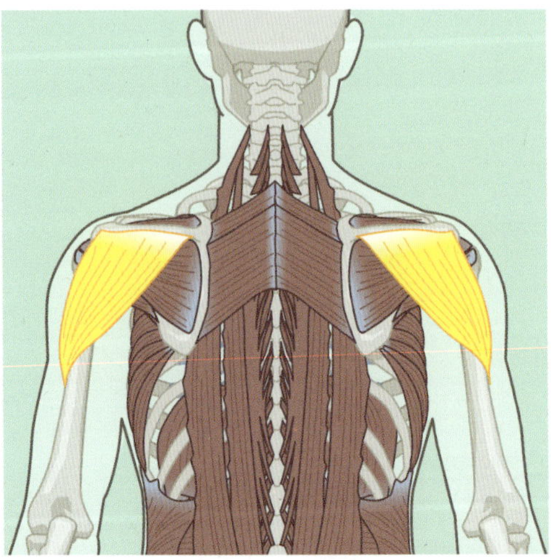

단축성 기능

- 어깨 폄 및 바깥돌림 가속

신장성 기능

- 어깨 굽힘 및 안쪽돌림 감속

등척성 기능

- 팔이음뼈(견갑대) 안정화

큰원근(대원근) TERES MAJOR

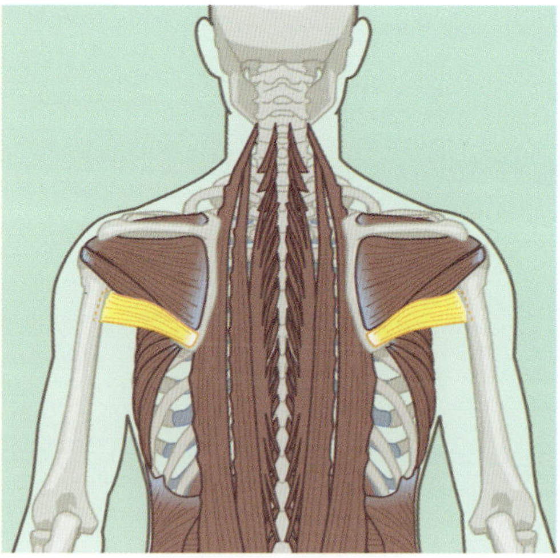

단축성 기능
- 어깨 안쪽돌림, 모음, 폄 가속

신장성 기능
- 어깨 바깥돌림, 벌림, 굽힘 감속

등척성 기능
- 팔이음뼈(견갑대) 안정화

회전근개(돌림근띠) 근육군 ROTATOR CUFF

작은원근(소원근) TERES MINOR

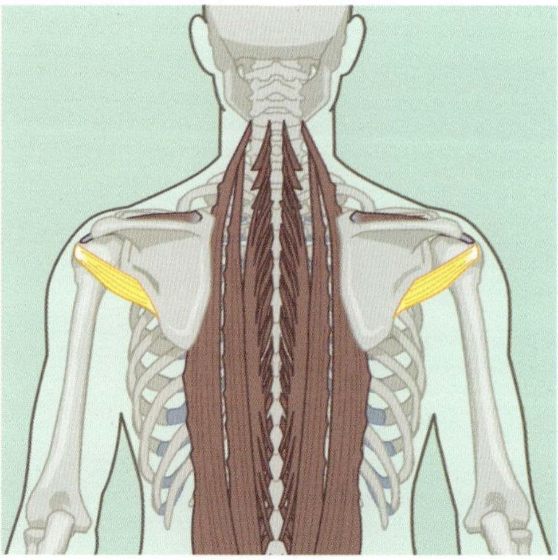

단축성 기능
- 어깨 바깥돌림 가속

신장성 기능
- 어깨 안쪽돌림 감속

등척성 기능
- 팔이음뼈(견갑대) 안정화

가시아래근(극하근) INFRASPINATUS

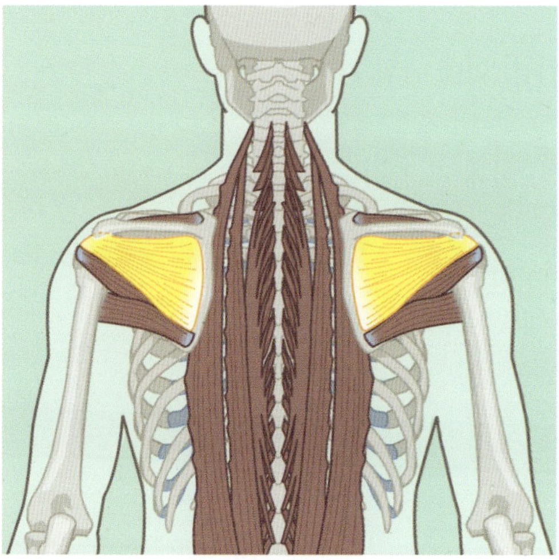

단축성 기능
- 어깨 바깥돌림 가속

신장성 기능
- 어깨 안쪽돌림 감속

등척성 기능
- 팔이음뼈(견갑대) 안정화

어깨밑근(견갑하근) SUBSCAPULARIS

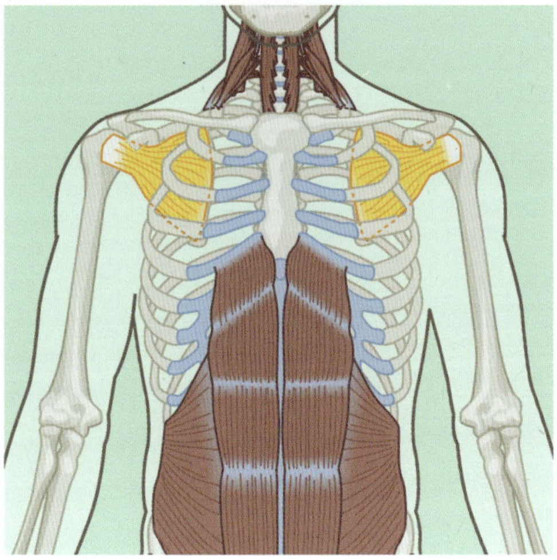

단축성 기능

- 어깨 안쪽돌림 가속

신장성 기능

- 어깨 바깥돌림 감속

등척성 기능

- 팔이음뼈(견갑대) 안정화

가시위근(극상근) SUPPASPINATUS

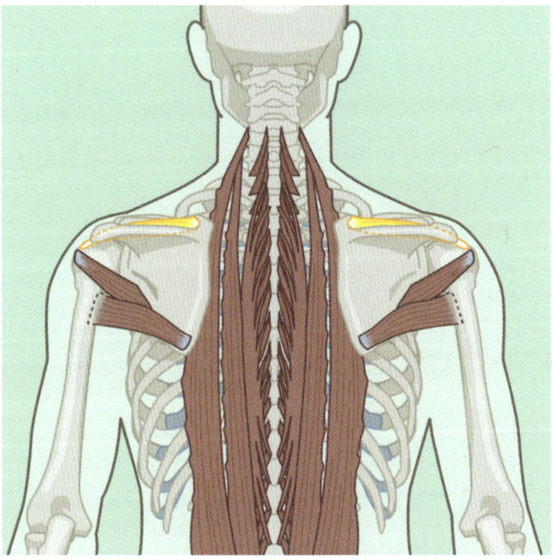

단축성 기능

- 팔 벌림 가속

신장성 기능

- 팔 모음 감속

등척성 기능

- 팔이음뼈(견갑대) 안정화

팔 부위 근육군 ARM MUSCULATURE

위팔두갈래근(상완이두근) BICEPS BRACHII

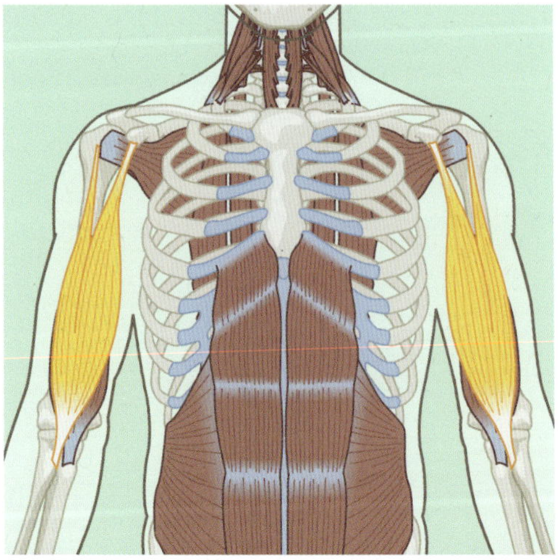

단축성 기능

- 팔꿈치 굽힘, 노자관절 뒤침, 어깨 굽힘 가속

신장성 기능

- 팔꿈치 폄, 노자관절 엎침, 어깨 폄 감속

등척성 기능

- 팔꿈치와 팔이음뼈(견갑대) 안정화

위팔세갈래근(상완삼두근) TRICEPS BRACHII

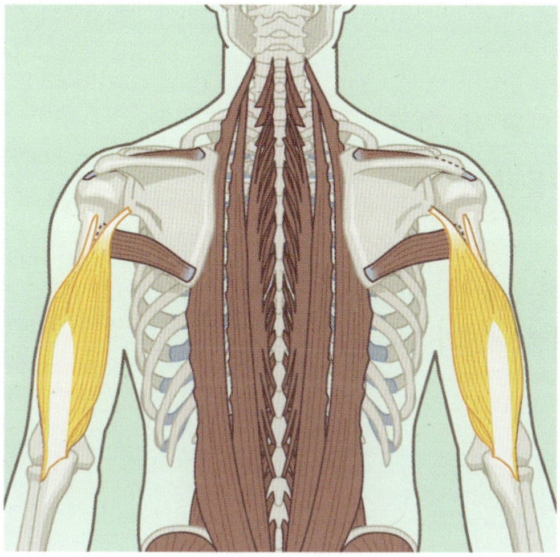

단축성 기능

- 팔꿈치 폄, 어깨 폄 가속

신장성 기능

- 팔꿈치 굽힘, 어깨 굽힘 감속

등척성 기능

- 팔꿈치와 팔이음뼈(견갑대) 안정화

위팔노근(상완요골근) BRACHIORADIALIS

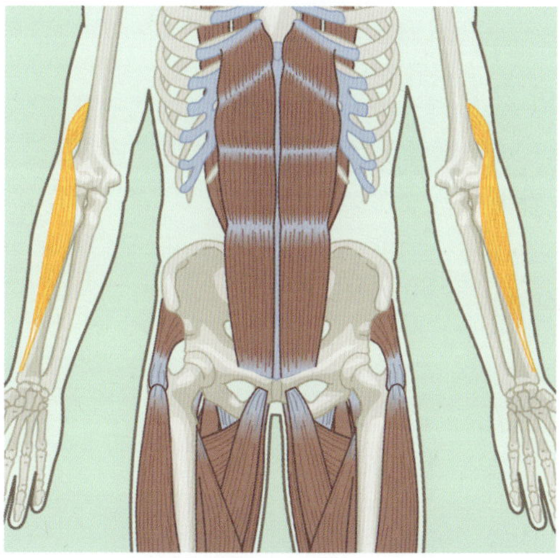

단축성 기능

- 팔꿈치 굽힘 가속

신장성 기능

- 팔꿈치 폄 감속

등척성 기능

- 팔꿈치 안정화

위팔근(상완근) BRACHIALIS

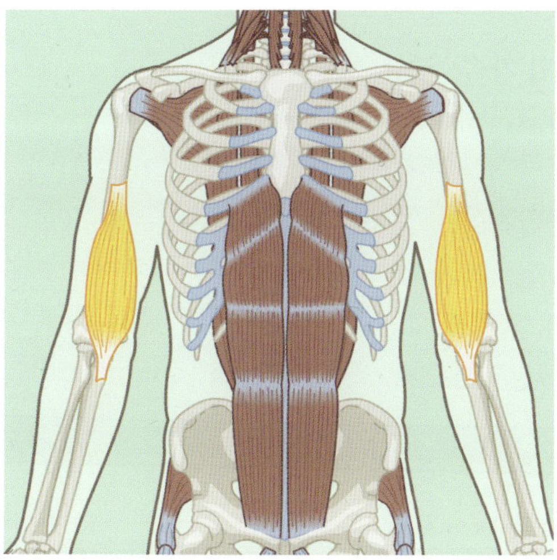

단축성 기능

- 팔꿈치 굽힘 가속

신장성 기능

- 팔꿈치 폄 감속

등척성 기능

- 팔꿈치 안정화

목 부위 근육군 NECK MUSCULATURE

어깨올림근(견갑거근) LEVATOR SCAPULAE

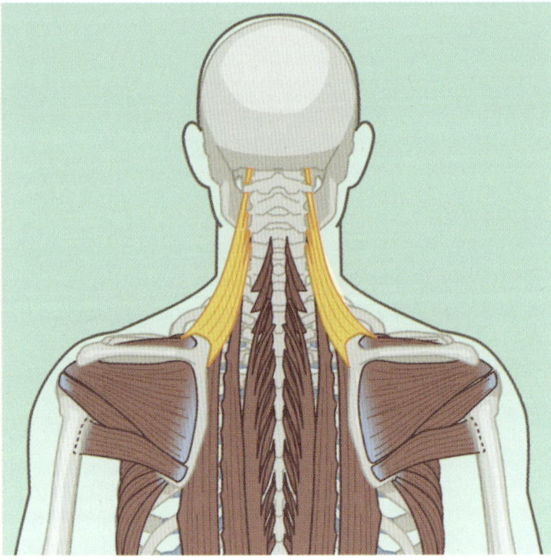

단축성 기능

- 어깨뼈가 고정되었을 때 목뼈 폄, 가쪽굽힘, 동측 돌림 가속
- 어깨뼈의 올림과 아래쪽 돌림 보조

신장성 기능

- 목뼈 굽힘과 반대 측 목뼈 돌림 및 가쪽굽힘 감속
- 목이 안정되었을 때 어깨뼈 내림과 위쪽 돌림 감속

등척성 기능

- 목뼈와 어깨뼈 안정화

목빗근(흉쇄유돌근) STERNOCLEIDOMASTOID

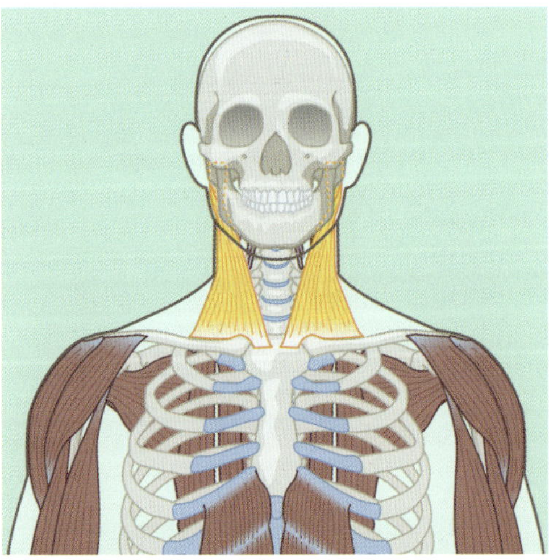

단축성 기능

- 목뼈 굽힘, 돌림, 가쪽굽힘 가속

신장성 기능

- 목뼈 폄, 돌림, 가쪽굽힘 감속

등척성 기능

- 목뼈와 봉우리빗장관절 안정화

목갈비근(사각근) SCALENES

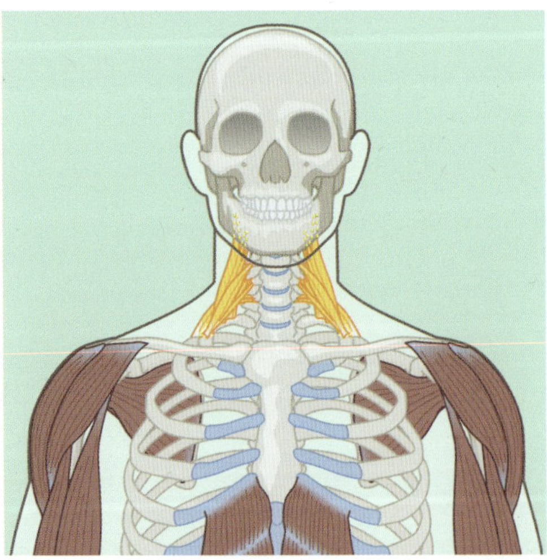

단축성 기능

- 목뼈 굽힘, 돌림, 가쪽굽힘 가속
- 흡기 동안 갈비뼈 올림 보조

신장성 기능

- 목뼈 폄, 돌림, 가쪽굽힘 감속

등척성 기능

- 목뼈 안정화

긴목근(경장근) LONGUS COLI

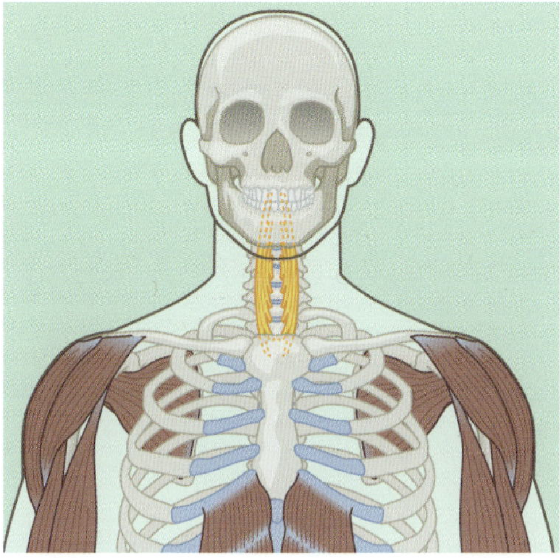

단축성 기능

- 목뼈 굽힘, 가쪽굽힘, 동측 돌림 가속

신장성 기능

- 목뼈 폄, 가쪽굽힘, 반대 측 돌림 감속

등척성 기능

- 목뼈 안정화

긴머리근(두장근) LONCUS CAPITIS

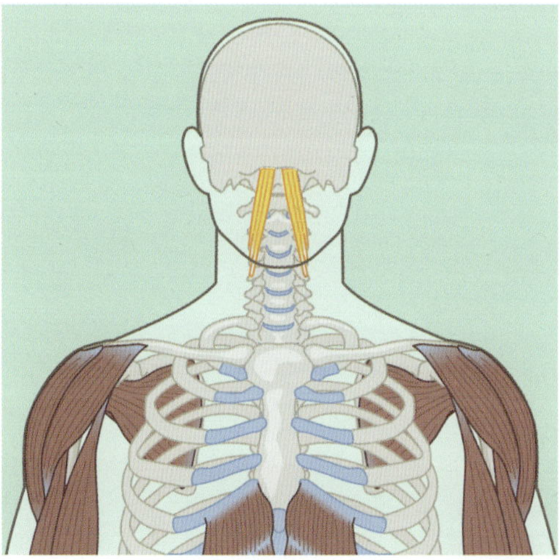

단축성 기능

- 목뼈 굽힘 및 가쪽굽힘 가속

신장성 기능

- 목뼈 폄 감속

등척성 기능

- 목뼈 안정화

용어 정리

1.5마일(2.4km) 달리기 테스트 1.5-mile (2.4-km) run test 참가자가 가능한 한 짧은 시간에 1.5마일의 거리를 이동하게 하여 심폐 지구력을 측정하는 유산소 테스트

1일 영양성분 기준치 Daily value (DV) 건강을 유지하기 위해 하루에 섭취해야 하는 영양분의 양. 4세 이상의 사람을 위해 2,000kcal를 기준으로 한다.

1일 영양성분 기준치에 대한 비율 Percent daily value (%DV) 2,000kcal 식단을 기준으로 지정된, 영양소의 1회 섭취참고량에 해당하는 일일 권장량을 백분율로 나타내는 영양성분표의 참조값

1일 총 에너지 소비량 Total daily energy expenditure (TDEE) 하루에 소비되는 총 에너지양

1회 섭취참고량 Serving size 소비자가 일반적으로 1회에 소비한다고 생각되는 제품의 양에 기반한 기준량

40야드 대시 평가 40-yard dash assessment 운동 반응 능력, 가속도 및 최대 속도를 테스트하기 위해 설계된 수행 평가

4개 부위 더닌–워머슬리 프로토콜 Four-site Durnin–Womersley protocol 신체의 4개 부위(두갈래근, 세갈래근, 어깨밑근, 엉덩뼈 위쪽)에서 피부두겹 두께를 측정하여 체지방 비율을 추정한다.

ATP–PC 시스템 ATP-PC system 무산소 대사를 통해 약 10~15초간 매우 빠르게 에너지를 공급하는 에너지 시스템

CDN 공인 전문 영양사: 주(미국)에서 공인하는 영양사/영양 전문가

DMAA 디메틸아밀라민. 흥분제와 암페타민은 한때 건강보조식품으로 합법화되었다.

SWOT 분석 SWOT analysis 자신의 강점과 약점, 성장 기회, 성공에 대한 잠재적 위협을 파악하는 데 도움이 되는 전문 개발 기법

YMCA 3분 스텝 테스트 YMCA 3-minute step test 특정 케이던스(템포)로 3분간 계단을 오르내리며 개인의 심혈관 건강을 측정하는 유산소 검사

Z–라인 Z-line 각 근원섬유마디가 만나는 지점

β산화 Beta-oxidation 산화적 인산화를 통한 지방 분해 과정의 첫 단계

가동성 Mobility 최적의 유연성과 관절가동범위. 자유롭게 움직일 수 있는 능력

가로막 호흡 Diaphragmatic breathing 복부를 팽창시켜 깊게 하는 호흡

가슴세로칸(종격) Mediastinum 폐를 제외한 흉부의 모든 내부 장기(심장, 식도 등)를 담고 있는 두 개의 폐 사이의 흉부 공간

가슴안(흉강) Thoracic cavity 심장과 폐를 감싸고 있는 가슴 안의 방

가쪽굽힘 Lateral flexion 척추를 좌우로 굽힘

가쪽번짐 Eversion 발꿈치뼈가 옆으로 움직이는 운동. 발바닥이 바깥쪽을 향한다.

각기병 Beriberi 심장과 신경의 염증이나 퇴화, 말초신경 장애, 운동 기능 장애를 유발할 수 있는 티아민 결핍증

각성제 Stimulant 생리활동 또는 대사 활동을 증진시키는 물질. 흔한 각성제로는 카페인과 니코틴이 있다.

간 Liver 오른쪽 위 복강에 있는 기관으로, 담즙의 생성과 분비를 포함하여 여러 기능을 하며 담즙은 담낭에 저장되어 농축된 후 십이지장으로 분비한다.

간헐파행(간헐절뚝거림) Intermittent claudication 말초동맥 질환으로 인해 발생하는 증상들의 징후

감각 기능 Sensory function 내부 또는 외부 환경의 변화를 감지하는 신경계의 능력

감각 운동 기능 Sensorimotor function 신체가 시각, 안뜰 및 몸감각 정보를 처리하는 방식과 그 정보에 응답하는 신체 운동 반응 간의 상호 작용

감각 운동 통합 Sensorimotor integration 알맞은 운동 반응을 수행하기 위해 감각 정보를 수집하고 해석하며 움직임을 실행하는 신경계와 근육계의 협력

갑상선 저하증(갑상샘 저하증) Hypothyroidism 심박수, 체온, 신진대사를 방해할 수 있는 갑상선의 낮은 활동

갑상선(갑상샘) Thyroid gland 목 앞쪽에 있는 내분비샘으로 티록신과 칼시토닌을 비롯한 많은 호르몬의 분비를 담당한다.

강도 Intensity 주어진 활동에 의해 신체에 가해지는 요구 수준

개방형 질문 Open-ended questions '예' 또는 '아니오'로 답할 수 없는 비지시형 질문. 질문에 대답하기 위한 비판적 사고가 필요하다.

건강 보충제 Health supplement 웰빙의 구성 요소를 증진하기 위해 사용되는 식이 보충제

건강기록설문지 Health history questionnaire (HHQ) 운동력, 식습관 및 일반적인 생활방식 등의 건강 기록 및 습관과 관련된 질문이 포함된 설문지

건강위험성평가 Health risk assessment (HRA) 격렬한 운동을 시작하는 것과 관련된 이점과 위험을 평가하는 선별 도구

걸음 횟수 Stride rate 주어진 시간(또는 거리) 동안 걸은 걸음의 수

걸음 Gait 걷기, 달리기, 전력 질주 중 하지의 생체역학적 움직임

결과 목표 Outcome goals 최종 결과에 초점을 맞춘 목표

경고 반응 단계 Alarm reaction stage 스트레스 요인에 대한 초기 반응

계획 Planning 운동이 언제 어디서 일어날 것인지에 대한 구체적인 표현

고강도 인터벌 트레이닝 High-intensity interval training (HIIT) 상대적으로 짧은 휴식 시간으로 나누어 최대에 가까운 강도의 인터벌을 교대로 하는 트레이닝 방법

고려 전 Precontemplation 고객은 운동을 하지 않으며 6개월 이내에 운동을 시작할 계획도 없다.

고려 Contemplation 개인이 변화하기 위해 생각은 하고 있지만, 아직 시작하기 위한 조치를 취하지 않은 경우. 향후 6개월 이내에 조치를 취할 수 있다.

고삼투압성(고장성) Hypertonic 체액보다 높은 용해 부하/농도를 가진 용액

고유 판매 제안 Unique selling proposition (USP) 개인이 경쟁에서 눈에 띄도록 하는 영업 프레젠테이션 중 고유한 기술이나 특성을 강조하는 서비스

고유수용감각 Proprioception 신체의 일반적인 방향과 부분의 상대적 위치를 자연스럽게 감지하는 신체의 능력

고유수용감각이 풍부한 환경 Proprioceptively enriched environment 신체가 내부 균형 및 안정화 메커니즘을 이용하도록 하는 불안정한(하지만 통제가 가능한) 운동 환경

고칼슘혈증 Hypercalcemia 과도한 혈중 칼슘 수치를 보임

고혈당증 Hyperglycemia 높은 혈당 상태. 혈류에 상승된 포도당 상태

고혈압 Hypertension 지속적으로 상승된 혈압

골감소증 Osteopenia 정상 골밀도보다 낮은 상태이며 골다공증의 전조이다.

골격근 Skeletal muscle 뼈와 뼈를 연결하는 근육 조직으로 움직일 때 힘을 생성한다.

골격근병증 Skeletal myopathy 근육 변성

골관절염 Osteoarthritis 관절 내 연골의 퇴화로 인해 발생한다.

골다공증 Osteoporosis 골밀도가 감소하여 골절의 위험을 증가시키는 상태

골반전방경사 Anterior pelvic tilt 골반의 과도한 전방 회전은 더 큰 요추전만증(허리척주앞굽음증)을

초래한다.

골반후방경사 Posterior pelvic tilt 골반의 과도한 후방 회전으로 요추전만증(허리척주앞굽음증)이 감소한다.

골운동학(뼈운동형상학) Osteokinematics 눈에 보이는 사지의 움직임을 설명하는 생체역학의 한 분야

골지힘줄기관(골지건기관) Golgi tendon organ (GTO) 뼈대근섬유가 뼈대근의 힘줄에 삽입되는 지점에 위치한 특수 감각수용기로, 근육 내부의 긴장과 긴장 변화 속도의 변화에 민감하다.

공감 Empathy 다른 사람의 감정, 태도 또는 생각과 동일시하는 능력

과다폄(과신전) Hyperextension 정상 한계 또는 관절가동범위를 벗어난 관절의 확장

과민성대장증후군 Irritable bowel syndrome 특정 음식에 의해 유발되는 위장관의 불편감. 때로는 심각하지만 음식 알레르기는 아니다.

과운동성 Hypermobility 신경 근육의 지지가 부족하면 필요 이상으로 많은 관절가동범위를 갖게 되어 해당 관절 손상의 위험이 크게 증가하는 상태

과정 목표 Process goals 최종 결과에 도달하기 위해 추구하는 과제

과체중 Overweight 정상 체중보다 높은 체중. 체질량 지수 25.0~29.9 사이를 말한다.

과활성화 Overactive 증가된 신경 작용으로 인해 근육이 만성적인 수축 상태로 유지된다.

관절 안정성 Joint stability 움직임 중에 관절을 둘러싸고 있는 조직에 의해 관절이 유지되고 조절되는 것을 의미한다.

관절 지지 시스템 Joint support system 척추의 말단 관절에 위치한 근육 안정화 시스템

관절 Joints 근육 수축의 결과로 두 뼈가 만나 움직임이 일어나는 부위

관절가동범위 Range of motion (ROM) 특정 관절 또는 신체의 부분이 움직일 수 있는 정도. 대개 각도 단위로 측정된다.

관절수용기 Joint receptors 관절주머니 내부와 주변에 위치한 수용기로 관절의 압력, 가속 및 감속에 반응한다.

관절염 Arthritis 관절의 만성적인 염증

관절운동학(관절운동형상학) Arthrokinematics 관절면 움직임에 대한 설명으로 굴림(roll), 미끄러짐(slide), 회전(spin)의 세 가지 유형으로 구성된다.

괴혈병 Scurvy 비타민 C 부족으로 인한 질병으로 자연 출혈(보통 잇몸), 빈혈, 부기, 관절 약화, 치아 상실을 특징으로 한다.

교감신경계 Sympathetic nervous system 신경 활동을 증가시키고 인체를 고조된 상태로 만드는 역할을 하는 자율신경계의 한 부분

구루병 Rickets 비타민 D 결핍으로 인한 뼈 약화 질환

구심 경로 Afferent pathway 정보를 중추신경계에 전달하는 감각 경로

굽힘 flexion 인접한 두 부위 사이의 상대 각도가 감소하는 접기 운동

권장식이허용량 Recommended dietary allowance (RDA) 특정 연령 및 성별 그룹 내에서 가장 건강한 개인의 요구를 충족하는 영양소 권장량

그렐린 Chrelin 식욕을 자극하는 배고픔 호르몬

근거기반 실무 Evidence based practice 지침이나 의사 결정을 내릴 때 근거에 의존하는 것. 개인의 전문 지식을 개발하며 외부 근거의 최상의 소스(예: 동료 검토 연구)를 최신으로 유지하고, 고객의 가치와 기대의 우선순위를 정하는 연구 방법을 말한다.

근골격계 Musculoskeletal system 인체의 모든 근육과 뼈가 결합된 상호 작용 시스템

근력 Strength 외부 부하를 극복하기 위해 내부 긴장을 생성하는 신경근계의 능력

근막 시스템 Fascial system 피부 바로 아래에서 발견되는 결합 조직으로 이루어진 연결 섬유의 그물망

근막 Fascia 근육과 뼈를 둘러싸고 있는 결합 조직

근막 Myofascial 근육과 근막(fascia)을 포함하는 신체의 결합 조직

근방추 Muscle spindles 근육의 길이와 그 변화 속도에 민감한 감각수용기

근비대 Hypertrophy 기관이나 조직의 비대화. 피트니스 맥락에서는 골격근을 크게 하는 것을 설명하는 데 주로 사용된다.

근비대 Muscular hypertrophy 뼈대근 섬유의 확대

근세사활주설 Sliding filament theory 근육 수축의 과정은 마이오신(두꺼운) 필라멘트와 액틴(얇은) 필라멘트가 서로 미끄러져 근육을 수축하여 근원섬유마디의 전체 길이를 단축시키는 것을 말한다.

근원섬유 Myofibrils 근육 세포의 수축성 성분. 근필라멘트(액틴 및 마이오신)는 근원섬유 내에 있다.

근원섬유마디(근절) Sarcomere 두 개의 Z-라인 사이에 있는 액틴과 마이오신 필라멘트로 구성된 근원섬유의 구조 단위

근위축 Atrophy 근육 조직의 크기 감소 또는 쇠퇴

근육 균형 Muscle balance 관절을 둘러싼 모든 근육이 최적의 길이-장력 관계를 가질 때 관절이 중립 위치에 놓일 수 있다.

근육 단백질 합성 Muscle protein synthesis (MPS) 새로운 근육 단백질이 형성되어 근육이 분자 수준에서 성장하거나 복구되는 과정

근육 불균형 Muscle imbalance 관절의 양쪽에 있는 근육이 변형된 길이-장력 관계를 가질 때 발생한다.

근육 시너지(근육 협력 작용) Muscle synergies 움직임을 생성하기 위해 중추신경계에 의해 동시에 동원되는 근육 그룹

근육 작용 스펙트럼 Muscle action spectrum 움직임을 수행하기 위해 필요한 신장성, 등척성, 단축성 수축의 전체 범위

근육 접합부 Neuromuscular junction 신경계가 근육섬유와 직접 통신하는 특수 부위

근육다발 Fascicles 근육 내에서 가장 큰 섬유다발. 근육다발은 근육다발막으로 둘러싸여 있다.

근육다발막 Perimysium 근육다발 주변의 결합 조직

근육바깥막(근외막 또는 상피) Epimysium 전체 근육을 직접 감싸고 있는 근막의 내부 층으로 흔히 '깊은근막(심부근막)'이라 불린다.

근육속막(근내막) Endomysium 근육다발 내에 개별 근육섬유를 둘러싸고 있는 결합 조직

근절 Sarcomere 두 개의 Z라인 사이에 있는 액틴과 마이오신 필라멘트로 구성된 근섬유의 구조 단위

근지구력 Muscular endurance 장시간 동안 힘을 생산하고 유지하는 능력

근필라멘트(근육잔섬유, 근세사) Myofilaments 근원섬유의 필라멘트. 액틴과 마이오신을 포함한다.

글루카곤 Glucagon 췌장에서 분비되는 호르몬으로 혈당을 조절하고 인슐린과 반대 기능을 한다.

글리코겐(당원) Glycogen 간, 근육 세포와 같은 신체 조직에 축적 및 저장되는 포도당. 탄수화물의 저장 형태

금기 Contraindication 특정 약물, 절차 또는 운동이 개인에게 해로울 수 있기 때문에 피해야 하는 특정 상황

금지된 각성제 Banned stimulants 특정 스포츠 또는 스포츠 리그에서 사용이 금지될 수 있는 식품 보충제. 이러한 보충제들은 불법이거나 일년 내내 금지되는 것은 아니다.

긍정적 확언 Affirmations 성격적 장점에 대한 긍정적인 언급

기계적 수용기(기계수용체) Mechanoreceptors 조직 내의 기계적 힘(촉각 및 압력)에 반응한 다음, 감각신경을 통해 신호를 전달하는 특수 구조

기계적 특이성 Mechanical specificity 신체에 부과되는 무게 및 운동을 말한다.

기계적 효과 Mechanical effect 물리적 효과가 있다.

기능 보충제 Performance supplement 기능이나 몸의 구성을 강화하는 식이 보충제. 보충제(ergogenic aid)의 원조라고도 할 수 있다.

기대치 Outcome expectations 행동에서 예상되는 긍정적이고 부정적인 결과

기본 움직임 패턴 Fundamental movement patterns 일상생활에서 수행되는 일반적이고 필수적인 동작으로 트레이닝 세션 내에서 운동 동작과 관련되는 움직임

기술 형상화 Technique imagery 정신적으로 기술을 연마하는 이미지를 만듦

기저면 Base of support 신체와 지지 표면 사이에서 만들어지는 모든 접점으로 구성된 사람의 아래 영역

기질 Substrate 아데노신 삼인산을 생성하기 위해 대사 반응에 사용되는 중간 형태의 영양소

기초대사율 Basal metabolic rate (BMR) 신체의 휴식

을 유지하는 데 필요한 에너지의 양

기타 성분 Other ingredient 맛과 부피를 위해 또는 보존제로 식이 보충제에 추가된 모든 성분. 영양성분표의 본문 아래에 나와 있다.

길이-장력 관계 Length-tension relationship 근육의 휴식길이와 이 휴식길이에서 근육이 만들어 낼 수 있는 장력

길항근 Antagonist 주동근과 정반대인 관절의 반대쪽 근육

낮은 생물가 단백질 Low Biological Value (LBV) proteins 하나 이상의 필수아미노산이 없는 식품

내반슬 Knee varus 무릎이 바깥쪽으로 굽음(밭장다리). 안쪽휜무릎이라고도 함

내분비(호르몬) 장애 Endocrine(hormonal) disorders 신체가 내분비 호르몬을 너무 적게 또는 많이 생산하는 경우

내인성 Endogenous 유기체 내에서 생성 혹은 합성되는 것

내적 동기 Intrinsic motivation 만족감을 느껴 활동이나 행동에 참여하게 되는 계기

내적 피드백 Internal feedback 움직임과 환경에 어떻게 반응하는지 모니터링하기 위해 신체가 감각 정보를 사용하는 과정

노자 뒤침(요척골 회외) Radioulnar supination 손바닥을 아래로 향한 위치에서 손바닥이 위로 오도록 팔뚝의 바깥쪽을 회전

노자 엎침(요척골 회내) Radioulnar pronation 손바닥을 위로 한 자세에서 손바닥을 아래로 향한 자세로 팔뚝 안쪽을 회전

녹말 Starch 식물에 저장된 탄수화물의 형태

논란의 여지가 있는 스트레칭 Controversial stretches 부상 위험이 있는 스트레칭

높은 생물가 단백질 High biological value (HBV) proteins 모든 필수아미노산을 포함한 단백질 식품

뇌졸중 Stroke 동맥이 막히거나 혈관이 파열되어 갑자기 뇌에 혈액 공급이 부족해진 현상

뇌하수체 Pituitary gland 성장 호르몬을 비롯한 많은 호르몬의 분비를 조절하는 내분비샘

누적 손상 주기 Cumulative injury cycle 조직 손상이 염증, 근육 경련, 고착, 신경근 조절 변화, 근육 불균형을 유발하는 주기

뉴런 Neuron 신경계의 기능적 단위인 전문화된 세포

느린맥(서맥) Bradycardia 심박수가 분당 60회 미만일 때

다낭성 난소 증후군 Polycystic ovarian syndrome (PCOS) 가임기 여성에게 발생하는 호르몬 장애로 생리불순, 남성 호르몬 안드로겐 과잉, 난소 바깥쪽 낭종, 비만 등을 일으킨다.

다당류 Polysaccharides 포도당의 긴 사슬로 구성된 탄수화물 유형. 녹말과 글리코겐이 있다.

다코사헥사엔산 Docosahexaenoic Acid (DHA) 어류나 피시 오일 같은 해산물에서 발견되는 오메가3 지방산 중 하나

단당류 Monosaccharides 탄수화물의 가장 단순한 형태. 단일 당 분자(예를 들면, 포도당)

단백질 소화율 수정 아미노산 점수 Protein digestibility-corrected amino acid score (PDCAAS) 아미노산 구성 및 그 소화성에 기반한 단백질 공급원 평가 척도

단백질 전환 Protein turnover 신체가 기존 단백질을 분해하고 구성 요소 아미노산을 재활용하여 새로운 단백질 또는 기타 질소 포함 화합물로 결합하는 과정

단백질 효율비 Protein efficiency ratio (PER) 피검자에 의해 증가된 체중을 단백질 식품 섭취량으로 나눈 단백질 평가의 척도

단백질 Protein 펩타이드 결합으로 연결된 아미노산. 체내 조직의 기본 요소

단백질의 품질 Protein quality 단백질 공급원의 아미노산 프로파일 및 소화성을 말한다.

단순당 Simple sugars 단당류와 이당류를 포함함. 혈류에 쉽게 흡수됨

단축성 근육 작용 Concentric muscle action 근육이 저항력보다 더 큰 힘을 가할 때 발생하는 근육 작용으로, 이때 근육이 단축된다.

담낭 Gall bladder 간 아래 인체의 오른쪽에 있는 기관으로, 간에서 담즙을 받아 십이지장으로 분비한다.

당기기 평가 Pulling assessment 움직임 손상과 잠재적인 근육 불균형을 파악하기 위해 당기는 운동 중에 상지와 몸통에 도전을 주는 평가

당뇨병 Diabetes 인슐린 결핍으로 인한 만성 대사 장애로 탄수화물 사용이 감소하고 지방과 단백질 사용이 증가한다.

대량 미네랄(주요 미네랄) Major minerals 체내에 많은 양이 있는 미네랄

대량 영양소 허용 섭취 범위 Acceptable macro-nutrient distribution range (AMDR) 전체 인구의 97~98%의 요구를 충족시키고 만성 질환의 위험 감소와 관련된 영양소의 섭취 범위. AMDR은 미국국립의학아카데미(National Academy of Medicine)에서 설정했다.

대량 영양소 Macronutrients 에너지 공급을 위해 많은 양이 필요한 식품 물질. 단백질, 탄수화물, 지방이 있다.

대사 Metabolism 신체의 유지를 위해 몸 안에서 일어나는 모든 화학 작용

대사당량 Metabolic equivalent (MET) 기초 대사율의 곱으로서, 신체활동에 사용되는 에너지양을 설명하는 데 사용하는 측정법. 1MET는 1분간 1kg당 3.5mL의 산소 소비량이다.

대사물 Metabolites 대사 작용에 필요한 물질의 형성

대사적 특이성 Metabolic specificity 신체에 부과되는 에너지 요구를 말한다.

대처 계획 Coping plans 목표 행동에 대한 장벽을 예상하고 의도된 전략을 사전에 준비하는 행동 변화 기술

대화 테스트 Talk test 운동하는 사람이 다양한 강도의 운동 수준에서 얼마나 대화를 유지해 나갈 수 있는지를 측정하는 유산소 테스트

데이비스 법칙 Davis's law 연부조직이 스트레스(응력)의 선을 따라 모델링된다는 법칙

운동 장비 Modalities 운동 또는 움직임을 강화하여 원하는 결과를 만들어 내도록 설계된 장치 또는 도구. 심혈관 건강을 위한 러닝머신 또는 근력/근비대를 위한 덤벨 등이 있다.

도구적 지원 Instrumental support 행동이 일어나도록 직접적으로 촉진하는 행동. 도구적 지원에는 헬스클럽으로 데려다 주는 것, 체육관 회원권을 끊어주는 것 등이 있다.

독성 Toxicity 비타민 또는 미네랄이 체내에 과다 축적되었을 때 발생하는 질병이나 기타 증상

돌기 Processes 힘줄과 인대가 부착될 수 있는 뼈에서 튀어나온 돌출부

돌창자(회장) Ileum 작은창자의 마지막 부분으로 빈창자와 막창자(맹장) 사이에 위치하며 큰창자로 이어진다.

동기 부여 상담 Motivational interviewing 양면적 감정을 탐색하고 해결함으로써 변화에 대한 내적 동기를 강화하기 위한 고객 중심의 지시적 방법

동기 Motivation 활동이나 행동에 참여하려는 노력의 강도와 방향

동맥 Arteries 심장에서 혈액을 운반하는 혈관

동맥경화증 Arteriosclerosis 동맥의 탄력이 떨어지고 경화되는 것을 일컫는 일반적인 용어

동맥계 Arterial system 심장으로부터 혈액을 운반하는 동맥 체계

동반자적 지원 Companionship support 누군가와 함께하는 것. 이 유형의 지원은 친구나 파트너와 함께 운동하는 환경에서 관찰된다.

동방결절[굴심방(SA)결절] Sinoatrial (SA) node 우심방에 있는 이 결절은 심장을 뛰게 하는 전기 신호를 시작한다.

동요(섭동) Perturbation 외력의 작용으로 인해 발생하는 신체의 상태 변화

동적 밸런스 Dynamic balance 끊임없이 변화하는 기저면 위에서 중심을 유지하는 능력

동적 스트레칭 Dynamic stretching 근육의 힘 생성과 신체의 운동량을 사용하여 사용 가능한 전체 관절가동범위를 통해 협동하여 운동을 수행하는 스트레칭 유형

동적 자세 Dynamic posture 움직이는 동안의 신체 정렬

동화 작용 Anabolic 조직을 만들고 복구하는 데 사용되는 더 작은 분자를 더 큰 단위로 합성하는 대사 과정

둘레 측정 Circumference measurement 체성분 또는 비만을 추정하는 데 사용되는 전반적인 신체 둘레를 결정하는 측정

드로우-인(끌어들이기) Drawing-in maneuver 척추 방향으로 배꼽을 끌어들임으로써 국소 코어 안정을 도모하기 위해 사용되는 동작

등삼투압성(등장성) Isotonic 체액과 유사한 용해 부하/농도를 가진 용액

등척성 근육 작용 Isometric muscle action 근육에 가해지는 힘과 같은 힘을 가할 때, 근육 길이에 가시적인 변화를 일으키지 않는다.

라포(친밀감) Rappot 두 사람이 서로의 생각을 이해하고 존중하며 의사소통이 잘 되는 관계

락토 오보 채식주의자 Lacto-ovo vegetarian 유제품과 계란을 먹는 채식주의자

락포트 걷기 테스트 Rockport walk test 컨디션이 나쁜 사람이나 체력이 약한 사람들을 위한 유산소 검사로, 가능한 빨리 걸어 1마일을 완주한 후 즉시 맥박을 측정하는 테스트

로디드 무브먼트 트레이닝(무게를 추가한 움직임 트레이닝) Loaded movement training 동적, 전신, 다중 평면 이동에 추가 중량 또는 하중을 더하는 것

로딩 Loading 근육 조직을 포화시키거나 더 적은 용량에 의지하기 전 다른 신체 조직에 저장하기 위해 많은 양을 섭취하는 것

류마티스 관절염 Rheumatoid arthritis 인체의 면역 체계가 오히려 자신의 조직을 공격하는 퇴행성 관절 질환

리버스 리스팅 Reverse listing 부정적인 진술을 긍정적인 진술로 대체하기

리파아제 Lipase 지질을 소화시키는 효소

마이오글로빈(근색소) Myoglobin 근육으로 산소 분자를 운반하는 단백질 기반의 분자

마이오신 Myosin 근육 수축을 일으키기 위해 액틴과 함께 작용하는 두꺼운 근필라멘트

마황 Ephedra 신진대사 강화 효과를 가지고 있는 식물성 알칼로이드. 미국과 EU에서는 불법 보충제이다.

만성폐쇄폐질환 Chronic obstructive lung disease 일반적으로 점액 생성으로 인한 기도 폐쇄로 폐를 통과하는 기류가 변경된 상태

만성폐쇄폐질환 Chronic obstructive pulmonary disease (COPD) 폐기종, 만성 기관지염, 난치성 천식을 포함한 진행성 폐 질환을 설명하는 데 사용하는 일반적인 용어

말초 저항 Peripheral resistance 혈액이 흐르기 위해 극복해야 하는 동맥의 저항 양

말초동맥질환 Peripheral arterial disease (PAD) 일반적으로 죽상동맥경화증의 결과로 혈관이 좁아지거나 막히는 질병군. 말초혈관질환이라고도 한다.

말초신경 장애 Peripheral neuropathy 뇌나 척수에서 발생하지 않는 신경 손상

말초신경계 Peripheral nervous system (PNS) 인체의 나머지 부분을 중추신경계에 연결하는 신경

말초혈관 확장 Peripheral vasodilation 체내에서 열을 제거하기 위해 피부 표면 근처의 혈관 지름이 확장되는 현상

멀리뛰기 평가 Long jump assessment 최대 점프 거리 및 하지 파워를 테스트하기 위해 설계된 수행 평가

멈추기 Stopping 원하지 않는 말에 "그만"이라고 큰 소리로 말하는 행위

면역 결핍 Immunodeficiency 약화된 면역 체계

모세혈관 Capillaries 가장 작은 혈관이며 혈액과 조직 사이의 원소 교환 부위이다.

모음 Adduction 신체 중간선 쪽으로 다시 움직이는 이마면의 운동

목표심박수 Target heart rate 목표로 하는 심박수(최대 심박수 대비)

몸감각계(체성감각계) Somatosensory system 신체 내 수용체(피부, 근육, 관절, 힘줄)로부터 다른 신체 부위 및 지지 표면과 관련된 신체 부위의 위치와 움직임에 대한 정보를 제공함

몸통 뼈대(축골격) Axial skeleton 두개골, 흉곽, 그리고 척추로 구성된 뼈대계의 분류

무게중심 Center of gravity 대략적으로 신체의 중간점. 사람마다 위치가 다르지만, 일반적으로 몸의 중간 부분에 있다.

무동기 Amotivation 활동이나 행동에 참여하려는 동기가 없을 때를 설명한다.

무산소 에너지 시스템 Anaerobic energy systems 글리코겐이 포도당으로 전환되고 산소가 피루브산을 분해하고 아데노신 삼인산(ATP)을 생성하기에 불충분한 작업을 수행하는 데 사용되는 에너지 시스템

무산소 운동 Anaerobic 산소의 결핍과 관련된 과정들

무산소(혐기성) Anaerobic 산소 없이 이루어지는 과정

무수 카페인 Caffeine anhydrous 커피 나무의 씨앗과 잎으로 만든 고농축 카페인 파우더

무월경 Amenorrheic 월경이 없음

미네랄 Minerals 무기, 천연 물질로 일부는 인체 영양에 필수적이다. 대량 미네랄(주요 미네랄)과 미량 미네랄 두 가지가 있다.

미량 미네랄 Trace minerals 체내에 적은 양이 있는 미네랄. 철분, 아연, 구리, 셀레늄, 요오드, 망간, 크롬, 불소, 몰리브덴

미량 영양소 Micronutrients 비타민, 미네랄 및 식물성 영양소. 이들은 대사 경로에서 중요한 조절 기능을 가지며 에너지를 생산하지 않는 영양소이다.

미즙 Chyme 위장에서 소장으로 전달되는 소화된 음식물의 반액체 덩어리

미토콘드리아 Mitochondria 세포를 위한 에너지를 만들기 위해 영양소를 이용하는 세포의 부분. 보통 세포의 발전소라고 알려져 있다.

민무늬근(평활근) Smooth muscle 장기에서 발견되는 비자발적이고 줄무늬가 없는 근육 유형

민첩성 Agility 자세를 제어하면서 신호나 자극에 빠르게 반응하여 시작(또는 가속), 중지(또는 감속 및 안정화)하고 방향을 변경하는 능력

밀기 평가 Pushing assessment 상지와 몸통의 움직임 손상 및 잠재적인 근육 불균형을 파악하기 위해 밀기 동작 중에 시행하는 평가

바깥돌림(외회전) Exteral rotation 몸 중앙으로부터 멀어지는 신체 부위의 회전

바로 누운 자세(앙와위) Supine 하늘을 보고 누운 자세

반복 템포 Repetition tempo 각 반복이 수행되는 속도

반복 Repetition 운동에서 하나의 완료된 움직임

반영적 경청 Reflective listening 화자의 말을 이해하려고 하고, 그 의미를 화자에게 다시 확인하여 그들이 올바르게 소통했는지를 확인하는 과정

반회전 운동 Antirotational exercises 운동하는 사람이 몸통을 회전해서 일으키는 힘에 저항하는 방식으로 수행하는 코어 운동. 본질적으로 한쪽 면의 운동이다.

발등굽힘 Dorsiflexion 발목에서 일어나는 굽힘

발바닥쪽굽힘 Plantar flexion 발목에서 일어나는 폄. 발을 아래로 향하게 함

발살바 메뉴버 Valsalva maneuver 기관지를 닫은 채 숨을 내뱉으려고 배에 힘을 주는 조작. 추가적인 복부 압력 및 척추 안정화를 만들어낸다.

발의 뒤침(회외) Supination of the foot 안쪽번짐(inversion), 바닥쪽굽힘(plantar flexion), 발목 모음(ankle adduction)으로 구성된 발과 발목 복합체의 다중 평면 운동. 힘 생산과 관련 있다.

발의 엎침(회내) Pronation of the foot 가쪽번짐(eversion), 발등굽힘(dorsiflexion), 발목 벌림(ankle abduction)으로 구성된 발과 발목 복합체의 다중 평면 운동. 힘 감소와 관련이 있다.

방실(AV) 결절 Atrioventricular (AV) node 심방과 심실 사이에 있는 이 결절은 동방결절의 자극을 심실로 전달하기 전에 지연시킨다.

방해 Perturbation 외부 힘의 적용으로 발생하는 신체의 현재 상태 변화

벌림 Abduction 몸의 정중선에서 멀어지는 이마면의 움직임

베타 카로틴 Beta-carotene 채소와 과일에 있는 붉은 오렌지빛 색소로 체내에서 비타민 A로 전환된다.

벤치 프레스 체력 평가 Bench press strength assessment 벤치 프레스의 1회 최대 반복 횟수를 추정하기 위해 설계된 평가

변형된 길이-장력 관계 Altered length-tension relationship 근육의 휴식길이가 너무 짧거나 길면 근육이 생성할 수 있는 힘의 양은 줄어든다.

변형된 상호억제 Altered reciprocal inhibition 과활성화된 주동근이 기능적 길항근에 대한 신경 자극을 감소시킬 때 발생한다.
변화 대화 Change talk 행동 변화를 향한 움직임을 반영하는 말
보폭 Stride length 보행 주기 동안 각 보폭의 거리
복합 탄수화물 Complex carbohydrates 다당류. 단당류의 긴 사슬, 통곡물, 콩류, 채소 등에 많이 들어 있다.
복합(다중관절) 움직임 패턴 Compound (multijoint) movement pattern 여러 관절과 근육 그룹이 관련된 운동 또는 움직임 패턴
볼기 주름 Gluteal fold 엉덩이의 접힌 부분과 허벅지 뒤쪽이 연결되는 부분
부교감신경계 Parasympathetic nervous system 신경 활동을 줄이고 인체를 좀 더 이완된 상태로 만드는 자율신경계의 한 부분
부동관절(비활막 관절) Nonsynovial joints 결합 구조에 관절주머니, 섬유질 결합 조직 또는 연골이 없는 관절
부신 Adrenal gland 신장 바로 위에 위치한 샘으로 카테콜아민과 코티솔의 분비를 담당한다.
부작용 Adverse effect 약 복용, 약물 개입 또는 식이 보충제와 관련해서 발생하는 좋지 않은 의학적 현상
부적 에너지 균형 Negative energy balance 칼로리 소비량보다 칼로리 섭취량이 적은 경우
부정맥 Arrhythmia 심장 박동의 속도나 리듬에 문제가 있는 상태로, 심장이 너무 빠르게 또는 느리게 또는 불규칙한 패턴으로 박동한다.
부정적 에너지 균형 Negative energy balance 칼로리 섭취량이 소비되는 칼로리 보다 낮은 경우
불완전 단백질 Incomplete protein 세포를 구축하는 데 필요한 하나 이상의 아미노산이 부족한 단백질
불포화지방 Unsaturated fats 화학 구조에 하나 이상의 불포화점(이중 결합)이 있는 지방산
브랜드 Brand 특별하고 고유한 특성으로 식별되는 제품 또는 서비스
브레이싱 Bracing 배곧은근과 빗근(obliques)과 같은 전체 복부를 동시에 수축시키는 것
비대칭 저항 하중 Asymmetrical resistance loading 동일하지 않거나 균일하지 않은 저항력. 예를 들면 각 말단에 다른 하중을 사용하거나 일방적인 운동을 수행하는 것을 말한다.
비만 Obesity 과도한 체지방과 관련된 복합 질병. 체질량 지수 30 이상을 비만으로 분류한다.
비운동 활동 열생성 Nonexercise activity thermogenesis (NEAT) 걷기, 가사일, 계단 오르기 등 체계적 운동 이외의 일상 활동을 통한 에너지 소비
비축관절(무축관절) Nonaxial joint 앞뒤 또는 좌우로 한 평면에서만 움직이는 미끄럼관절

비타민 Vitamins 성장 및 대사 과정을 지원하기 위해 식단에서 소량 필요한 유기 화합물 집단
비필수 아미노산 Nonessential amino acids 인체에서 합성할 수 있으며 일반적인 환경에서는 음식으로 섭취할 필요가 없는 아미노산
비헴철 Nonheme 식물성 식품에서 발견되는 철의 형태
빈도 Frequency 지정된 기간의 트레이닝 세션 수
빈창자(공장) Jejunum 샘창자와 돌창자 사이에 있는 작은창자의 일부
빈혈 Anemia 철 농도가 낮은 상태
빈호흡 Tachypnea 너무 빠른 호흡. 분당 24회 이상의 호흡
빠른맥(빈맥) Tachycardia 심박수가 분당 100회 이상일 때
뼈대계(골격계) Skeletal system 신체의 뼈에 대한 설명
뼈대근(골격근) Skeletal muscle 뼈에 연결하여 움직일 수 있는 힘을 생성하는 근육 조직의 유형
뼈모세포(골모세포) Osteoblasts 새로운 뼈 조직을 형성하고 저장하는 특별한 세포
뼈파괴세포(파골세포) Osteoclasts 노화된 뼈 조직을 분해하고 제거하는 특수 세포
사망률 Mortality 사망 또는 사망의 위험이 있는 상태
사이신경세포 Interneurons 척수와 뇌에 위치하여 구심 뉴런과 원심 뉴런 사이에 자극을 전달하는 뉴런
사이원반(개재원반) Intercalated discs 심장에서 발견되는 이러한 띠는 근육 세포를 함께 유지하는 데 도움이 된다.
사이킹 업 Psyching up 어떤 것을 수행하기 위한 심리적 준비 상태를 만드는 과정
사회경제적 지위 Socioeconomic status 교육 수준, 소득, 직업 등을 포함하는 개인이나 집단의 사회적 지위
사회적 외모 불안 Social physique anxiety 다른 사람들이 자신의 신체를 부정적으로 평가할 수 있다고 인식하는 데서 발생하는 특정 형태의 불안
사회적 지원 Social support 특정 행동을 달성하기 위해 다른 사람들을 돕는 의도적인 방법
산화적 인산화 Oxidative phosphorylation 아데노신 삼인산을 생성할 때 산소를 사용하는 미트콘드리아 내의 일련의 반응 작용
상대적 유연성 Relative flexibility 기능적으로 움직이는 동안 신체가, 저항이 가장 적은 경로를 찾는 과정
상부교차증후군 Upper crossed syndrome 머리가 앞으로 향하고 어깨가 굽은 (둥근) 자세 증후군
상호 보완 Mutual supplementation 모든 필수아미노산을 함께 제공하는 두 가지 불완전 단백질 공급원의 조합

상호억제 Reciprocal inhibition 주동근이 수축 신호를 받으면 기능적 길항근 또한 억제 신호를 받아 길어지게 한다.
샘 Glands 물질을 혈류(예: 호르몬) 또는 인체의 다른 표면으로 방출하는 세포
샘창자(십이지장) Duodenum 위와 빈창자 사이에 있는 작은창자의 일부
생물가 Biological value (BV) 단백질 공급원 중 아미노산이 흡수되는 정도를 나타내기 위해 사용되는 기준량
생물학적 비활성 Biologically inactive 체내에서 효과를 발생시킬 수 없는 비타민의 모든 형태
생물학적 활성 Biologically active 비타민이 체내에서 효과를 발생시키기 위한 비타민의 형태
생식샘(생식선) Reproductive glands 난소나 고환과 같이 성별에 따른 기능을 하는 분비샘
생체에너지학 Bioenergetics 인체의 에너지에 대한 연구
생체역학 Biomechanics 신체에 작용하는 내외부의 힘과 이 힘들에 의해 발생되는 효과들과 관련된 과학
생체전기저항분석법 Bioelectrical impedance analysis (BIA) 체내에 유입되는 전류의 흐름에 대한 저항을 측정하여 체지방 비율을 추정하는 체성분 평가 기법
서스펜션 바디웨이트 트레이닝 Suspended bodyweight training 다양한 운동을 수행하는 동안, 사용자가 자신의 체중을 사용하여 운동을 수행할 수 있도록 로프와 줄 길이 조절 시스템을 사용하는 저항 트레이닝의 형태
서킷 트레이닝 Circuit training 최소의(또는 제한된) 휴식을 포함하여 차례로 수행되는 일련의 운동
서호흡 Bradypnea 너무 느린 호흡 수. 분당 8회 미만의 호흡
선형 주기화 Linear periodization 정해진 주기에 걸쳐 운동량을 줄이면서 동시에 트레이닝 부하의 강도를 서서히 늘리는 것을 목표로 하는 전통적인 트레이닝 설계 방법
섬유질 Fiber 과일, 채소, 콩류와 같은 식물 식품에 포함된 소화할 수 없는 탄수화물
섭취 Ingestion 소화를 준비하기 위해 음식, 액체 또는 기타 물질을 체내로 가져오는 행위
성분 목록 Ingredients list 식품에 포함된 모든 성분을 중량별 내림차순으로 기록한 목록
성장 호르몬 Growth hormone 성장과 발달을 담당하는 뇌하수체에서 생성되는 동화 호르몬
성장인자 Growth factors 세포에 부착되어 성장과 발달을 돕고 부상 후 치료를 돕는 혈액 내의 물질
성장판 Growth plate 뼈의 세로 성장을 담당하는 골단에 위치한 특수 연골 디스크
세동맥 Arterioles 마지막에 모세혈관으로 나뉘는 작은 동맥
세정맥 Venules 혈액이 모세혈관에서 더 큰 정맥

으로 배출되도록 하는 작은 정맥

세트 Set 연속되는 반복으로 이루어진 그룹

세포 소기관 Organelles 세포 내에서 특정한 기능을 수행하는 작은 세포 구조. 예로는 핵, 미토콘드리아, 리소좀, 리보솜, 소포체 등이 있다.

셀프 모니터링(자기관찰) Self-monitoring 주로 일기나 일지의 형태로 자기 행동을 관찰, 측정, 평가한다.

소화 Digestion 음식이 몸을 통과하는 과정을 설명하는 다단계 과정

속도 Speed 가능한 한 빨리 의도한 방향으로 몸을 움직이는 능력

솔방울샘(송과체) Pineal gland 수면 주기를 조절하는 데 도움이 되는 호르몬인 멜라토닌을 분비하는 뇌의 작은 샘

수면무호흡증 Sleep apnea 수면 중 심한 코골이와 주간기면 등의 수면장애 증상을 나타내며 수면 중 호흡 정지가 빈번하게 발생함

수직 점프 평가 Vertical jump assessment 최대 점프 높이와 하체 근력을 테스트하기 위해 설계된 수행평가

수직적 부하 Vertical loading 팔에서 시작되어 다리로 이동하면서 세트에서 세트로 신체 부위를 번갈아가며 트레이닝함

수집 요약 Collecting summaries 생각을 유지하고 대화에 추진력을 더하기 위한 짧은 문장들

수축기 혈압 Systolic blood pressure (SBP) 심장이 뛰거나 수축할 때 동맥과 다른 혈관의 압력으로, 기록된 첫 번째(상단) 수치

수축기말 부피 End-systolic volume 혈액 배출 후 심실에 남아 있는 혈액의 부피

수평 모음 Horizontal adduction 측면 위치에서 전방 위치로 수평면에서 팔 또는 허벅지를 움직임

수평 벌림 Horizontal abductio 수평면에서 팔이나 허벅지가 앞쪽 위치에서 옆 위치로 움직이는 것

수평면(가로면) Tranverse plane 몸을 상하로 나누는 상상의 이등분선

수평적 부하 Horizontal loading 다음 운동 또는 신체 부위로 넘어가기 전에 운동이나 신체 부위의 모든 세트를 수행함

순단백질 이용률 Net protein utilization (NPU) 식단에서 섭취한 총 아미노산 질량과 비교하여 단백질로 전환된 아미노산 질량의 비율

순발력 Quickness 동적 활동 중에 모든 운동면과 신체 위치에서 최대의 힘 생성률에 맞게 반응하고 신체 위치를 변경하는 능력

슈퍼세트 Superset 최소의 휴식이나 또는 휴식 없이 두 개의 운동을 빠르게 이어서 수행함

스쿼트 체력 평가 Squat strength assessment 스쿼트 운동의 1회 최대 반복 횟수를 추정하기 위해 설계된 운동 수행 평가

스테롤 Sterols 고리 모양의 구조를 가진 지질군. 콜레스테롤은 스테롤의 일종

스트레스 Stress 까다로운 상황으로 인한 정신적 또는 정서적 긴장 상태

스트레칭 내성 Stretch tolerance 스트레칭 시 관절 가동범위의 끝부분에서 느꼈던 불편한 신체적 감각이 줄어드는 경험을 하게 되는 능력

스포츠 음료 Sports drink 신체활동 중 수분 보충 및 탄수화물 보충을 위해 탄수화물 및 전해질의 조합으로 만든 음료. 등삼투압성(운동 중 손실된 수분을 보충할 수 있도록 미네랄과 염분을 첨가), 저삼투압성, 또는 고삼투압성이 있다.

슬개건염(무릎뼈 힘줄염) Patellar tendonitis 무릎뼈와 정강뼈를 연결하는 힘줄의 손상 또는 염증

시간 Time 개인이 주어진 활동에 참여한 시간

시냅스(연접) Synapse 운동 뉴런과 근육 세포 사이의 접합부 또는 작은 틈새

시상면 Sagittal plane 몸을 왼쪽과 오른쪽으로 반으로 나누는 상상의 이등분선

시상하부 Hypothalamus 뇌하수체와 소통하는 뇌에 위치한 샘

식도 Esophagus 음식물이 구강에서 위로 전달되도록 하는 소화관의 해부학적 부분

식욕 부진 Anorexia 신경성 식욕부진증. 식욕 상실 또는 의식적으로 섭식을 거부하는 것으로 종종 위험할 정도의 저체중 또는 영양실조를 일으킨다.

식이 보충제 Dietary supplement 다음 식이 성분 중 하나 이상을 함유하거나 식단을 보완하기 위한 제품(담배 제외). 비타민, 광물, 허브 또는 기타 식물, 아미노산, 총 식이 섭취량을 증가시켜 식이를 보충하기 위해 사람이 사용하는 물질, 또는 농축물, 대사 산물, 구성 성분, 추출물 또는 이러한 성분의 조합

식이 보충제에 관한 건강 및 교육법 1994 Supplement Health and Education Act of 1994 식이 보충제를 규율하는 미국 정부의 기본 법률

식이성 발열효과 Thermic effect of food (TEF) 섭취한 영양소를 소화, 흡수 및 처리하는 데 필요한 에너지

신경 가소성 Neuroplasticity 뇌가 지속적으로 변화하거나 성장하여 개인의 전 생애에 걸쳐 신경 경로를 변화(재결성)시켜 나가는 현상

신경 활성화 Neural activation 근육이 수축하도록 지시하는 신경계의 신호

신경 회로 Neurocircuitry 뇌와 척수에 있는 뉴런의 상호 연결된 집합

신경계 Nervous system 신호를 전송하고 조율하는 뉴런이라고 하는 특수 세포 네트워크로, 인체 내에서 통신 네트워크를 제공한다.

신경근 제어 Neuromuscular control 의도적인 움직임 통제를 위한 신체 내 근육의 반응(의식 또는 무의식적)

신경근 효율성 Neuromuscular efficiency 신경계가 정확한 근육을 동원하여 힘을 생성하고, 힘을 줄이며, 세 가지 운동면 모두에서 신체 구조를 동적으로 안정화시키는 능력

신경근적 특이성 Neuromuscular specificity 수축 및 운동 선택의 속도를 나타낸다.

신경생리학적 효과 Neurophysiological effect 신경계에 영향을 미침

신경전달물질 Neurotransmitters 뉴런과 근육 사이의 시냅스를 넘어 신경 전달을 돕는 화학 메신저

신부전 Kidney failure 신장이 혈액의 노폐물을 충분히 걸러줄 수 없는 갑작스러운 상태로 신장 기능 상실을 초래한다.

신장 반응 Lengthening reaction 근육이 늘어나면 근육이 늘어나도록 하는 일련의 신경학적 반응이 발생한다.

신장-단축 주기 Stretch-shortening cycle 빠른 단축성 수축을 위해 근육에 신장성 부하를 가한다.

신장성 근육 작용 Eccentric muscle action 근육이 길어지면서 근력을 발현하는 근육 작용

신장성 Extensibility 길어지거나 늘어나는 기능

신전반사 Stretch reflex 근육이 과도하게 늘어나는 것을 방지하기 위해 근육을 수축시키는 근방추의 신경학적 신호

신체 부위의 상호 의존성 모델 Regional interdependence model 다양한 인체의 시스템, 혹은 인체 부위의 통합된 기능을 설명하는 개념

신체 이미지 Body image 자신의 육체적 자아를 보거나 신체를 시각화하는 방식

신체활동 수준 Physical activity level (PAL) 신체활동과 체계적 운동을 통해 소비하는 칼로리의 양

신체활동 전 건강 검사 설문지 Physical Activity Readiness Questionnaire (PAR-Q+) 구조적 운동을 위한 개인의 신체적 준비 상황을 평가하기 위해 고안된 세부적인 설문지

신체활동 Physical activity 여러 강도와 방법으로 에너지를 소비하는 신체 움직임. 여가 활동과 같이 구조화되지 않은 운동(예: 골프, 애견과의 산책 등)

실무 범위 Scope of practice 전문가들이 면허나 인증 조건에 따라 수행할 수 있는 행위들

실무율 All-or-nothing principle 운동 단위는 생성하는 힘의 양을 변경할 수 없다. 운동 단위는 최대로 수축하거나 전혀 수축하지 않는다.

실행 의도 Implementation intentions 언제, 어디서, 어떻게 행동해야 하는지를 지정함으로써 목표 지향적인 반응을 상황적 단서와 연결하는 행동 변화 기술

심각한 부작용 Serious adverse effect 생명을 위협하는 상황, 입원, 정상적인 생활을 영위하기 위한 능력의 영구 상실, 선천적 기형, 생식 능력 장애 또는 사망의 원인이 되는 부작용

심근 Cardiac muscle 심장의 근육

심리학 Psychology 사람, 특히 마음과 감정이 행

동에 미치는 영향에 중점을 두는 과학 분야

심박수 Heart rate (HR) 지정된 시간(보통 1분) 동안 측정한 심장 박동 수

심박출량 Cardiac output (Q) 심장의 전반적인 수행 능력(1분 동안의 심박수 × 일회박출량)

심방 Atrium (atria) 심장으로 되돌아오는 혈액을 모으는 심장 상부의 방

심부전 Heart failure 심장이 인체에 필요한 충분한 양의 혈액을 보내줄 수 없는 상태

심실 확장기말 부피 Ventricular end-diastolic volume 심장 수축 전 심실에 채워진 혈액의 부피

심실 Ventricle 폐와 몸에 혈액을 공급하는 심장 하부의 방

심장 부정맥 Heart arrhythmias 불규칙한 심장박동

심장 판막 이상 Heart valve problem 하나 이상의 심장 판막이 제대로 작동하지 않아 호흡이 가빠지고 체내에 산소 공급이 줄어드는 상태

심장마비 Heart attack 심장에 혈액과 산소를 공급하는 동맥이 막힐 때 발생한다. 의학적으로는 심근경색증으로 알려져 있다.

심폐 체력 Cardiorespiratory fitness 활동 중 신체에 산소를 공급하는 순환계 및 호흡계의 능력

심폐 평가 Cardiorespiratory assessments 개인의 유산소 체력을 측정하기 위한 프로토콜

심폐계 Cardiorespiratory system 심장, 혈액, 혈관, 폐 및 기도로 구성된 신체 시스템

심혈관계 Cardiovascular system 혈액을 인체 조직으로 운반하는 시스템으로 순환계라도 한다.

싱글 레그 스쿼트 평가 Single-leg squat assessment 싱글 레그 상태로 동적 자세, 하체 근력, 균형 및 전신적인 협응 능력을 파악하는 움직임 평가

씹기(저작) Mastication 구강 근육이 음식을 분해하는 기계적 과정

아나볼릭 스테로이드 Anabolic steroid 근육의 크기나 근력을 증진시키기 위해 호르몬 수용기에 작용하는 테스토스테론 또는 다른 호르몬제로 만든 합성물

아데노신 삼인산 Adenosine triphosphate (ATP) 인체에서 주요 형태의 에너지 역할을 하는 고에너지 분자. 인체의 에너지 화폐로 알려져 있다.

아데노신 이인산 Adenosine diphosphate (ADP) 아데노신 삼인산이 형성되는 모든 세포에서 발생하는 고에너지 합성물

아드레날린 Adrenaline 에피네프린(epinephrine)이라고도 알려진 호르몬. 신체 과정을 자극하여 각성 및 세포 대사를 증가시킨다.

아르키메데스의 원리 Archimedes' principle 변위된 유체의 부피가 해당 유체에 완전히 담근 물체의 부피 또는 표면 아래 부피의 특정 부분과 동일하다는 가정

아모티제이션 단계(전환 단계) Amortization phase 신장-단축 주기 동안 신장성 저장 단계에서 단축성 방출 단계로 전환되는 단계

아미노산 Amino acids 카르복실기(carboxyl)와 아미노기(amino group) 모두를 포함하는 단백질의 유기적 구성 요소

아세틸 조효소 A Acetyl coenzyme A 해당 과정을 통한 탄수화물의 분해와 β 산화를 통한 지방산에 의해 생성되며, 구연산 회로에 대한 이러한 기질의 전구체이다.

아세틸콜린 Acetylcholine (ACh) 활동전위가 시냅스를 넘어 근육으로 들어가는 것을 돕는 신경전달물질로, 근육 수축 단계를 시작함

안뜰계(전정계) Vestibular system 신체와 머리의 위치, 주변 환경에 대한 상대적인 공간 방향에 대한 정보를 제공한다. 이 균형 유지 기능은 귀 내이(inner ears)에 위치해 있다.

안정시 대사율 Resting metabolic rate (RMR) 수면 또는 조용히 누워 있을 때처럼 음식을 먹지 않고 완전한 휴식을 취할 때 몸이 소모하는 에너지 비율(칼로리)

안정시 심박수 Resting heart rate (RHR) 완전한 휴식을 취하는 동안 1분당 심장 박동 수

안정근 Stabilizer 몸이 움직일 때 몸통과 관절의 안정화를 위해 등척적으로 수축하는 근육

안정성 Stability 자신의 균형에 대한 외부 장애에 대한 저항

안정성의 한계 Limits of stability 사람이 넘어짐 없이 기저면을 바꾸지 않고(발을 움직이지 않고), 무게중심을 움직일 수 있는 영역

안정화 Stabilization 모든 움직임 동안 올바른 자세를 유지하기 위해 최적의 동적 관절 지지를 제공하는 신체의 능력

안쪽곁인대(MCL) 파열 Medial collateral ligament (MCL) tear 무릎 안쪽곁인대(내부측부인대)의 신장, 부분 파열 또는 완전한 파열을 의미한다.

안쪽돌림(내회전) Inernal rotation 몸 중앙으로 향하는 신체 부위의 회전

안쪽번짐 Inversion 발꿈치뼈(heel bone)가 안쪽으로 움직이는 움직임. 발바닥이 안쪽으로 향한다.

알파-리놀렌산 Alpha-Linolenic Acid (ALA) 씨앗과 씨앗 오일에서 발견되는 오메가3 지방산 중 하나. 호두, 아마씨, 일반적인 여러 가지 식물성 기름이 있다.

암 Cancer 인체의 다른 부분을 침범하거나 퍼질 가능성이 있는 비정상적인 세포 성장과 관련된 질병 그룹

액틴 Actin 근육 수축을 생성하기 위해 마이오신과 함께 작용하는 가늘고 긴 끈 같은 근필라멘트

액틴 Actin 근육 수축을 일으키기 위해 마이오신과 함께 작용하는 가늘고 끈 같은 근섬유

양면적 감정(양면 가치) Ambivalence 상황에 따라 복합적으로 나타나는 감정의 상태

양측 Bilateral 신체의 양 측면과 관련되어 있는 것

어깨뼈 내림 Scapular depression 어깨뼈를 아래쪽으로 움직인다.

어깨뼈 내밈 Scapular protraction 어깨뼈 벌림. 어깨뼈는 중앙선에서 멀어지게 움직인다.

어깨뼈 뒤당김 Scapular retraction 어깨뼈 모음. 어깨뼈는 중앙선을 향해 움직인다.

어깨뼈 올림 Scapular elevation 어깨뼈를 위쪽으로 움직인다.

어깨충돌증후군 Shoulder impingement syndrome 회전근개 조직이 어깨봉우리뼈에 마찰되어 발생하는 어깨 통증

억제성 폐질환 Restrictive lung disease 폐를 확장하는 능력이 감소하는 섬유성 폐 조직의 상태

엎드린 자세(복와위) Prone 얼굴이 바닥을 보도록 엎드린 자세

에너지 형상화 Energy imagery 에너지를 증가시키고 스트레스를 완화하는 정신적 이미지를 만듦

에르고제닉 에이드 Ergogenic aid 기량과 몸 구성을 강화시킬 수 있는 식품 보충제. 기능 보충제로도 불린다.

에이코사펜타엔산 Eicosapentaenoic Acid (EPA) 참치, 고등어, 연어, 청어 같은 냉수성 어류의 살에서 발견되는 오메가3 지방산 중 하나

엔돌핀 Endorphins 통증 인지 감소와 같은 다양한 생리적 기능을 제공하는 뇌에서 분비되는 호르몬 그룹

엘라스틴(탄력소) Elastin 피부, 힘줄, 인대 및 기타 구조에 탄성을 제공하는 단백질

여성형 유방 Gynecomastia 유방 조직 성장으로 특징되는 남성 질환

역학적 일 Mechanical work 근육 수축처럼 몸을 움직이게 하고 살아있게 만드는 물리적인 과정

연결 요약 Linking summaries 제시한 정보를 연결하는 요약. 이전의 수업에서 나온 정보도 포함한다.

연동 운동 Peristalsis 소화 중에 음식을 몸 전체로 밀어내는 위장 시스템의 근육 작용

연방규정집 Code of Federal Regulations 보충제의 라벨링, 제조 및 시장 출시 또는 제거 방법을 포함하여 식이 보충제에 대한 법률 및 규정을 설명한다.

연부조직 Soft tissue 신체 구조와 기관을 연결하고 지지하며 둘러싸고 있는 조직

연속된 탄성 요소 Series elastic component 탄성 에너지를 저장하는 근육과 힘줄의 스프링과 같은 비수축성 요소

열사병 Heatstroke 열탈진이 빨리 치료되지 않으면 발전할 수 있는 상태. 열사병의 증상은 두통, 발열, 혼란 및 방향감각 상실, 피부 홍조 등이 있다. 열사병은 응급 상황이며 빨리 치료되지 않으면 치명적일 수 있다.

열역학 제1법칙 First law of thermodynamics 에너지는 생성되거나 소멸될 수 없고, 오로지 한 형태에서

다른 형태로 순환하거나 전환될 뿐이라는 법칙

열탈진 Heat exhaustion 신체가 과열되었을 때 발생하는 상태. 더운 기후에서의 탈수에서 발생할 수 있고, 증상은 많은 땀, 빠른 맥박, 저혈압, 메스꺼움, 어지럼증, 근육 경련 등이다.

염좌(삠) Sprain 인대가 지나치게 스트레칭되거나 찢어진 상태

영양 강조 표시 Nutrition claim 식품이 특정한 영양 성질을 가지고 있거나 특정한 이점을 제공한다는 주장

영양 Nutrition 조직의 성장, 복구 및 유지, 생식, 소화 과정 및 호흡 등의 에너지 요구와 세포 과정을 지원하기 위해 식품이나 식재료를 통해 영양소를 얻는 과정

영양섭취기준 비율 Percent reference intake (%RI) 영국과 EU의 식품 라벨에 사용된다. 식품 규정량(100g 또는 100mL)이 영양소 권장량의 몇 퍼센트를 충족하는지 나타내는 기준값이다.

영양성분표 Nutrition facts panel 식품의 영양소 함량에 대한 정보를 제공하는 식품 라벨. 용기당 제공 횟수, 1회 섭취참고량, 특정 영양소의 양을 나열한다.

영양성분표 Supplement facts panel 활성 성분, 기타 성분, 1회 섭취참고량, 용기당 제공 횟수, 성분의 양, 1일 영양성분 기준치에 대한 비율이 나와 있는 식이 보충제 라벨의 영역

영업 프로세스 Sales process 잠재 고객의 요구에 대해 학습하여 그러한 요구에 대한 여러 솔루션을 식별하고 제시할 수 있는 시스템

예측 Forecasting 업무 수행에 필요한 업무량을 예측하는 데 도움이 되는 비즈니스 관리 기법

오메가3 Omega-3 고도 불포화지방산, 에이코사펜타에노산(EPA), 다코사헥사엔산(DHA), 알파-리놀렌산(ALA)

오버트레이닝 Overtraining 트레이닝의 과도한 빈도, 양, 강도로 인해 수행능력이 저하된 상태이며, 적절한 휴식과 회복 부족으로 발생한다.

오버헤드 스쿼트 평가 Overhead squat assessment (OHSA) 스쿼트 동작 중 전신의 동적 자세, 코어 안정성 및 전신의 근신경 조절 능력을 평가하기 위해 설계된 동작 평가

오보 채식주의자 Ovo-vegetarian 계란을 먹는 채식주의자

완전 단백질 Complete protein 모든 필수아미노산을 제공하는 단백질 공급원

외모 형상화 Appearance imagery 외모나 건강과 관련된 결과를 이미지로 만듦

외반슬 Knee valgus 엉덩관절 모음과 내회전으로 인해 무릎이 안쪽으로 굽음(안짱다리). 안쪽 무릎 또는 가쪽휜무릎이라고도 함

외인성 케톤 Exogenous ketones 대개 보충제 형태로 섭취되는 분리된 케톤체

외적 동기 Extrinsic motivation 다른 사람으로부터 어떤 유형의 보상이나 인정을 받기 위해 활동이나 행동에 참여하게 되는 것

외적 피드백 External feedback 내적 피드백을 보완하기 위해 피트니스 전문가, 비디오, 거울 또는 심박수 모니터 등과 같이 외부에서 제공하는 정보

요추 Lumbar spine 척추의 허리 부위이며, 일반적으로 로우 백으로 알려져 있다. L1-L5로 알려진 5개의 척추뼈로 구성된다.

운동 감각 인지 Kinesthetic awareness 신체가 동작의 다중 평면을 통해 움직일 때 그 위치에 대한 인지

운동 기능 Motor function 통합된 감각 정보에 대한 신경근(또는 신경 및 근육계)의 반응

운동 기술 Motor skills 감각 및 운동 보조 시스템의 조정된 노력을 통한 특정 움직임

운동 단위 Motor unit 하나의 운동 뉴런과 그 신경이 지배하는 모든 근육섬유 그룹

운동 대사 Exercise metabolism 운동 중 발생하는 독특한 생리적 변화와 운동 중 신체에 가해지는 요구와 관련된 생체에너지학 검사

운동 발달 Motor development 일생 동안 시간이 지남에 따라 일어나는 숙련된 운동 행동의 변화

운동 사슬 체크포인트 Kinetic chain checkpoints 움직임 평가 및 운동 중에 모니터링되는 신체의 5개 영역. 발/발목, 무릎, 허리-골반-엉덩관절 복합체, 어깨, 머리

운동 사슬 Kinetic chain 움직임을 위해 함께 작용하는 상호 의존적 연결 사슬로서 인체를 설명하는 개념

운동 조절 Motor control 중추신경계가 어떻게 내부와 외부의 감각 정보를 이전의 경험과 통합하여 운동 반응을 만들어내는지에 대한 것

운동 학습 Motor learning 연습과 경험을 통한 운동 제어 과정의 통합이며, 숙련된 운동 행동을 생산할 수 있는 역량은 상대적으로 영구적인 변화로 이어진다.

운동 행동 Motor behavior 내부 및 외부의 환경 자극에 대한 운동 반응

운동 활동 열생성 Exercise activity thermogenesis (EAT) 구조화된 운동이나 트레이닝을 할 때 소모되는 칼로리

운동 후 초과 산소 섭취량 Excess postexercise oxygen consumption (EPOC) 운동 후 몸의 신진 대사가 상승한 상태

운동량 Training volume 각 트레이닝 세션 중, 주어진 세트에서 수행된 반복 합계에, 사용된 저항을 곱한 값

운동량 Volume 정해진 시간 단위(일반적으로 1주일) 동안 수행한 운동의 양

운동면 Planes of motion 인체가 움직이는 운동의 평면이며, 시상면, 이마면, 수평면이 있다.

운동성 Motility 소화기 계통에서 내용물이 통과할 수 있는 해부학적 구조의 움직임

운동학 Kinesiology 해부학과 생리학에 관련된 움직임의 연구

운영 비용 Operational costs 일상적인 비즈니스 운영과 관련된 다양한 금전적 요구 사항

울프의 법칙 Wolff's law 뼈에 가해지는 스트레스 라인을 따라 리모델링(새로운 뼈 성장)이 어떻게 일어나는지에 대해 과학적으로 설명한다.

움직임 손상 Movement impairments 근육의 불균형 또는 가동성 제한을 나타낼 수 있는 비정상적인 움직임 패턴

원심 경로 Efferent pathway 중추신경계에서 나머지 인체 부위로 정보를 전달하는 운동 경로

위양성 검사 False-positive screenings 건강 위험성 평가 결과, 실제로는 불필요하지만, 별도의 의료 검진 절차(medical clearance)가 필요하다고 잘못 나타나는 검사

위팔동맥(상완동맥) Brachial artery 혈압 측정 위치로 자주 사용되는 팔 위의 주요 동맥

위험 요인 Risk factor 질병이나 부상의 발생 가능성을 높이는 개인의 속성, 특성 또는 환경

유당불내증 Lactose intolerance 위장관 질환으로 인해 보통 발생하는 락토오스(유당)에 민감한 증상

유산소 운동 Aerobic 산소와 관련 있고, 산소가 관여하고, 산소를 필요로 하는 과정들

유산소(호기성) Aerobic 산소와 관련되거나 산소를 필요로 하는 과정

유연성 Flexibility 전체 관절가동범위(ROM)를 허용하는 연부조직의 정상적인 신장성

유지 대화 Sustain talk 변화로부터 멀어지는 움직임을 드러내고 예측하는 말

유지 Maintenance 고객은 6개월 이상 운동했으며 지속하기 위해 노력하고 있다.

유형 Type 개인이 수행하고 있는 활동의 종류

윤활관절(활막관절) Synovial joints 액체로 채워진 관절주머니가 있는 관절

의도 Intention 행동에 영향을 미치는 동기 요인을 포착하는 생각

의사결정 균형 Decisional balance 변화의 장단점에 대해 비교하는 단계

의학적 예방 조치 Medical precautions 잠재적으로 안전하지 않을 수 있는 모든 의학적 상태

이당류 Disaccharides 두 개의 단당류가 결합하여 단순당을 형성한다. 영양적으로 중요한 세 가지 이당류에는 유당, 자당, 엿당이 포함된다.

이마면 Frontal plane 몸을 앞뒤로 나누는 가상의 이등분선. 이마면에서의 운동은 벌리기, 모으기 및 좌우 움직임이 포함된다.

이완기 혈압 Diastolic blood pressure (DBP) 심장이 쉬거나 박동 사이에 있을 때 동맥과 다른 혈관의 압력으로, 기록된 두 번째(하단) 수치

이자(췌장) Pancreas 인슐린, 글루카곤, 소화액 생

성을 포함하여 수많은 기능을 가진 기관

이화 작용 Catabolic 분자를 에너지에 사용되는 더 작은 단위로 분해하는 대사 과정

인대 Ligament 뼈와 뼈를 연결하는 섬유질 결합 조직

인산화 Phosphorylation 아데노신 삼인산을 생성하기 위해 인산 그룹이 아데노신 이인산으로 변환되는 것처럼 인산 그룹이 분자에 추가되는 것

인슐린 유사 성장인자 Insulin-like growth factors (IGF) 성장과 발달을 담당하는 간에서 생성되는 단백 동화 호르몬(anabolic hormone)

인슐린 저항성 Insulin resistance 세포가 인슐린에 반응하지 못하는 것. 제2형 당뇨병에 의해 발생한다.

인슐린 Insulin 포도당 대사를 담당하는 췌장에서 분비되는 호르몬

인원질 Phosphagen 결합이 깨지면서 에너지를 방출하는 고에너지 분자

인지된 행동 통제 Perceived behavioral control 행동을 수행할 수 있는 수단, 자원 및 기회가 있는지에 대한 평가

인지적 융합 Cognitive fusion 자신이 생각한 내용을 정확하게 믿을 때

인지질 Phospholipids 글리세롤, 2개의 지방산 사슬 및 인산기로 이루어진 지질(지방)의 유형

인체 움직임 시스템 Human movement system (HMS) 인체를 움직이기 위해 함께 작용하는 집합적 구성 요소 및 구조. 근육계, 뼈대계 및 신경계

인체계측법 Anthropometry 인체의 크기, 체중, 비율 등의 신체적 변화를 이해할 목적으로 살아있는 인간을 측정하는 학문

일반 준비 운동 General warm-up 바로 이어서 할 격렬한 운동과는 직결되지 않은 동작들로 수행하는 저강도의 운동

일반적 적응 증후군 General adaptation syndrome (GAS) 신체가 스트레스에 반응하고 적응하는 방법을 설명함

일상생활활동 Activities of daily living (ADL) 기본적인 생활을 관리하기 위해 필요한 기본 활동, 즉 목욕, 옷 입기, 몸단장, 식사 준비, 가사 등

일일 총에너지 소비량 Total daily energy expenditure (TDEE) 하루에 소비되는 총 에너지 양

일회박출량 Stroke volume 심장이 한 번 수축할 때마다 펌핑되는 혈액의 양

자가 억제 Autogenic inhibition 긴장을 감지하는 신경 자극이 근육 수축을 유발하는 자극보다 커서 근방추들에 억제 효과를 제공하는 과정

자가근막기법 Self-myofascial techniques 근막과 주변 근육 조직의 고착을 치료하고 파괴하는 데 사용되는 기술. 폼 롤링, 자가 마사지가 있다.

자기 결정 이론 Self-determination theory 인간 동기 연구를 위한 광범위한 이론적 틀

자기 대화 Self-talk 감정과 인식을 해석하고, 평가와 신념을 조절 및 변경하여 자신에게 지시와 강화를 제공하는 내적 대화

자기 모순 Self-discrepancy 실제적 자아와 이상적 자아를 비교했을 때 발생하는 내적 갈등

자기 효능감 Self-efficacy 과업, 목표를 달성하거나 성과를 완수할 수 있다는 믿음. 자신감이라고도 한다.

자세 왜곡 패턴 Postural distortion patterns 근육 불균형의 예측 가능한 패턴

자세 Posture 서기, 눕기, 앉기 같은 신체적 자세와 관련된 신체 조직의 상대적인 배치

자유지방산 Free fatty acids 저장 지방 또는 섭취된 지방이 분해되면서 발생하는 부산물로, 아데노신 삼인산을 생성하는 데 산소를 이용하는 호기성 경로를 통해서만 대사 작용이 일어난다.

자율성 Autonomy 어떻게 행동하고 싶은가에 맞춰서 행동하는 것

자율신경계 Autonomic nervous system 의지와 상관없이 움직이는 인체의 비자발적 과정(예: 혈액 순환, 음식 소화, 호르몬 생성)을 실행하는 기관에 신경 입력을 제공하는 말초신경계의 한 부분

자율적 동기 Autonomous motivation 운동의 동기가 결과와 관련이 있을 때, 운동이 고객의 정체성과 일치할 때, 고객이 운동을 즐길 때 나타남

자존감 Self-esteem 신체적, 정서적, 사회적으로 자신의 가치를 평가하는 방식

잠재 고객 Prospect 앞으로 피트니스를 계속할 가능성이 높은 고객

잡식성 식단 Omnivorous diet 동물성과 식물성 모두가 포함된 식단

장세포(창자 세포) Enterocyte 영양소를 흡수하는 장 내의 세포

재형성 Remodeling 뼈 구조의 재흡수 및 형성에 의해 뼈가 지속적으로 새로워지는 과정

잭슨-폴록 3개 부위 프로토콜 Jackson and Pollock 3-Site protocol 신체의 3개 부위에서 피부두겹 두께를 측정하여 체지방 비율을 추정한다.

잭슨-폴록 7개 부위 프로토콜 Jackson and Pollock 7-Site protocol Jackson and Pollock 7-Site protocol 신체의 7개 부위에서 피부두겹 두께를 측정하여 체지방 비율을 추정한다.

저삼투압성(저장성) Hypotonic 체액보다 낮은 용해 부하/농도를 가진 용액

저운동성 Hypomobility 관절에서 움직임의 범위가 제한될 때

저항 증가 Resistance development 신체가 스트레스 요인에 적응하는 기능적 능력을 증가시킨다.

저혈당증 Hypoglycemia 낮은 혈당 상태. 혈류의 포도당 결핍 상태

저활성화 Underactive 근육이 신경 억제 및 제한된 신경근 동원을 경험할 때

적극적 경청 Active listening 화자가 말하는 것에 진정한 관심을 갖는 경청 스타일. 청자는 화자의 메시지를 이해하기 위해 완전히 집중해야 한다.

적응성 열생성 Adaptive thermogenesis 에너지 섭취 변화에 따른 대사 적응 및 에너지 소비의 변화

전만(앞굽음) Lordotic/Lordosis 목뼈와 허리뼈 부위의 정상적인 곡선으로 척추의 오목한 부분을 형성한다.

전면 Anterior 몸의 앞쪽 면

전면부 역학 Frontside mechanics 발목 발등굽힘, 무릎 굽힘, 엉덩관절 굽힘 및 중립 골반을 포함하는 전력 질주 중 앞다리와 골반의 적절한 정렬

전방십자인대 Anterior cruciate ligament (ACL) 넙다리뼈에 대한 정강뼈의 과도한 움직임을 제한하기 위해 안정성을 제공하는 무릎관절 내의 핵심 인대

전방십자인대(ACL) 파열 Anterior cruciate ligament (ACL) tear 무릎 전방십자인대의 신장, 부분 파열 또는 완전 파열을 의미한다.

전자 전달계 Electron transport chain (ETC) 아데노신 삼인산을 생성하는 일련의 반응 작용을 통해 시트르산 회로에서 받은 양성자와 전자를 전달하는 일련의 단백질 복합체

전해질 Electrolytes 나트륨, 칼륨, 마그네슘과 같이 몸 전체에 신경 자극을 전달하는 데 도움이 되는 전하를 띤 미네랄

전환 요약 Transitional summaries 수업을 종료하거나 집중의 변화를 알리기 위해 사용되는 요약

점진적 과부하 Progressive overload 체계적이고 점진적인 접근법을 이용해서 운동 프로그램의 강도나 양을 늘리는 것

정맥울혈 Venous pooling 정맥을 통한 느린 혈류(정맥 복귀) 또는 역류로 인해 사지에 혈액이 축적되는 것

정맥 Veins 혈액을 다시 심장으로 운반하는 혈관

정보적 지원 Informational support 최신의 정확하고 유익한 정보를 제공하는 것

정서적 지원 Emotional support 배려, 공감, 관심을 보이는 것을 말하며, 다른 사람을 격려하고 긍정적으로 강화해 주는 것

정서적 판단 Affective judgment 기대되는 기쁨이나 즐거움을 나타낸다.

정적 밸런스 Static balance 정지 위치에서 기저면 내의 중심을 유지하는 능력. 선형 또는 각도의 움직임이 없음을 의미한다.

정적 스트레칭 Static stretching 근육이 수동적으로 긴장의 지점까지 늘어나고 지속적인 시간 동안 유지되는 일종의 스트레칭

정적 자세 평가 Static postural assessment 선 자세에서 신체의 최적 정렬에서 벗어나는 편차를 찾아내는 평가

정적 자세 Static posture 신체가 움직이지 않는 동안의 근골격계 위치

제3의 공간 Third space 자신의 정체성과 다른 사람들과의 관계를 경험하는 곳으로, 집이나 직장과 분리된 공동 공간

족저근막염 Plantar fasciitis 발바닥을 따라 있는 섬유 조직(족저근막)의 염증으로 종종 심한 발꿈치 통증을 유발한다.

주관적 규범 Subjective norms 중요한 사람이나 집단이 어떤 행동을 승인하고 지지할 것이라는 믿음

주기화 Periodization 시간이 지남에 따라 수행능력을 향상시키기 위해 조직화된 방식으로 훈련 변수를 거시적으로 관리하거나 계획적으로 조작하는 것

주동근 Agonist 움직임에 있어 힘을 제공하는 주요 근육

죽상동맥경화증 Atherosclerosis 동맥에서 플라크가 형성되어 혈류를 감소시키는 증세

준-동적 밸런스 Semi-dynamic balance 고정된 기저면 중심은 유지되지만, 신체를 지지하는 기반의 움직임은 허용하는 능력

준비 Preparation 고객은 가까운 장래에, 일반적으로 다음 달 안에 행동을 취하려고 한다.

줄기세포 Stem cells 뇌 세포, 혈액 세포, 심장 세포 및 뼈 세포와 같은 특수 세포로 분열 및 발달하는 신체 내의 세포

중간 지점 Midpoint VT1과 VT2 사이의 강도를 지칭하는 용어

중립 위치 Neutral position 전체 관절가동범위를 통해 효율적으로 기능할 수 있도록 하는 관절의 최적 휴식 위치

중립 척추 Neutral spine 척추 및 관련 구조가 가장 적은 하중을 받고 기능적 움직임을 최적으로 지원할 수 있는 위치

중추신경계 Central nervous system (CNS) 뇌와 척수를 포함하는 신경계의 한 부분

지렛대 Levers 근육이 붙어 있는 단단한 막대

지면 반발력 Ground reaction force 신체 부분이 지면과 접촉할 때 지면이 신체에 전달하는 반작용력

지방 분해 Lipolysis 에너지를 위한 지방의 분해 및 이용

지방 조직 Adipose tissue 주로 에너지를 저장하는 데 사용되는 지방의 대체 용어

지방 Fats 3대 영양소 중 하나이자 에너지 공급원. 지방은 몸이 일부 비타민을 이용할 수 있도록 돕고 피부를 건강하게 유지시켜 준다. 또한 몸의 에너지 저장소 역할을 한다. 음식에는 포화지방과 불포화지방의 두 가지 종류의 지방이 있다.

지속성 Adherence 주어진 행동이나 행동 계획에 지속해서 따르는 정도

지연성 근육통 Delayed-onset muscle soreness (DOMS) 격렬한 운동이나 익숙하지 않은 신체활동 후 24~72시간 사이에 자주 느끼는 통증이나 불편함

지질 Lipids 트라이글리세라이드, 인지질 및 스테롤을 포함한 지방/지방산 및 그 파생물

지질단백질 리파아제 Lipoprotein lipase (LPL) 트라이글리세라이드를 지방산으로 분해하는 효소

지질단백질 Lipoprotein 혈장 내 지방 또는 기타 지질과 결합하여 운반하는 수용성 단백질 집단

진전도 Progression 개인에게 지속적으로 부하를 주기 위해 운동 프로그램에서 강도 및 양을 진행하는 정도

진전율 Rate of progression 빈도, 강도, 시간 및 유형이 증가하는 과정 및 속도

질병률 Morbidity 질병이 있는 상태

짝힘 관계 Force-couple relationship 관절 주위에서 움직임을 만들어내기 위해 함께 작용하는 여러 근육의 협력적 작용

척수 Spinal cord 척추 안에 있는 신경다발

척주 Vertebral column 척수를 수용하는 뼈들로, 경추, 흉추, 요천추 부위로 구성된다.

척주전만(앞굽음) Lordotic/Lordosis 목뼈와 허리뼈 부위의 정상적인 굽힘으로 척추의 오목한 부분을 형성한다.

척주측만증(척주옆굽음증) Scoliosis 척추가 좌우로 비정상적으로 휘어진 상태

척주후만증(뒤굽음) Kyphotic/Kyphosis 등뼈 부위의 정상적인 굽힘으로 척추의 볼록한 부분을 만든다.

척추갈림증 Spina bifida 척추와 척수가 제대로 형성되지 않는 선천적 기형으로 신경관 결함의 일종

척추원반(추간판) Intervertebral discs 충격 흡수제 역할을 하며 움직임을 보조하는 척추 사이의 섬유질 연골 구조

척추원반(추간판)의 안정성 Intervertebral stability 척추 간격을 안정화시키고 지지하는 것

첨가당 Added sugars 식품에 첨가된 당류

체계적 문헌 연구 Systematic review 특정 주제에 대한 다양한 기존 연구 논문의 결과를 통합하고 요약하는 연구 논문의 한 유형

체성신경계 Somatic nervous system 신체의 바깥 부분과 뼈대근을 담당하고 자율적인 움직임 조절에 큰 역할을 한다.

체온 조절 Thermoregulation 몸을 식히기 위해 땀을 흘리고 몸을 따뜻하게 하기 위해 몸을 떠는 것과 같은 현상을 포함하여 신체가 비교적 일정한 내부 체온을 유지하려는 생리학적 과정

체질량 지수 Body mass index (BMI) 비만의 위험을 측정하는 데 사용되며, 신장에 대한 체중을 측정함

최적의 움직임 Optimal movement 근육 동원을 최대화하고 부상 위험을 최소화하는 생체역학적으로 효율적인 방식의 움직임

췌장 효소 Pancreatic enzymes 지방, 녹말, 단백질의 소화를 돕기 위해 신체에서 생성되는 소화 효소

친밀감 Rapport 두 사람이 서로의 생각을 이해하고 서로 존중하며 잘 소통하는 관계

카테콜아민 Catecholamine 투쟁-도피 반응으로 알려진 스트레스 반응의 일부로서 부신에서 생성되는 호르몬

칼시토닌 Calcitonin 신체가 칼슘을 적절하게 사용하여 골밀도를 유지하도록 돕는 갑상선 호르몬

컨디션 저하 Deconditioned 근육의 불균형, 유연성 저하, 코어 및 관절의 불안정성이 수반될 수 있는 신체 불균형 상태

케토시스 Ketosis 자유지방산의 산화로 충족되지 않는 에너지 수요를 맞추기 위해 간이 케톤체를 생성하는 경우 발생하는 탄수화물 고갈 상태

케톤산증 Ketoacidosis 제1형 당뇨병이나 심각한 인슐린 저항성에서 나타나는 것처럼 케톤체의 수치가 매우 높아서 발생하는 대사성 산증

케톤체 생성 Ketogenesis 특정 아미노산처럼 비지방 공급원에서 케톤체가 형성되는 것

케톤체 Ketone bodies 지방산이 산화되면서 간에서 생성되는 수용성 분자. 이들은 아데노신 삼인산을 생성하기 위해 미토콘드리아에서 산화될 수 있다.

코어 근력 Core strength 척추의 움직임을 통제하는 능력

코어 안정성 Core stability 사지가 움직이는 동안 적절하게 척추를 안정시키면서 자세를 유지하는 능력

코어 지구력 Core endurance 오랜 지속 시간 동안 척추의 움직임을 통제하는 능력

코어 Core 허리뼈, 다리이음뼈, 복부 및 엉덩관절을 포함하여 허리-골반-엉덩관절 복합체(LPHC)를 구성하는 구조

콜라겐 바탕질 Collagen matrix 콜라겐 단백질을 포함하는 결합 조직의 복잡한 그물망

콜라겐(아교질) Collagen 힘과 구조를 제공하는 결합 조직, 근육 및 피부에서 발견되는 단백질. 인체에서 가장 풍부한 단백질

콜레스테롤 Cholesterol 체세포에서 발견되는 지방질

쿠싱 증후군 Cushing's syndrome 체내에서 비정상적으로 높은 수준의 코티솔을 일으키는 호르몬 장애

크레아틴 모노하이드레이트 Creatine monohydrate 식품 보충제로 섭취할 수 있는 가장 흔하고 가장 효율이 좋은 크레아틴의 형태

크레아틴 Creatine 아미노산에서 만들어져서 트레이닝 역량, 근력, 순발력, 근육을 증진하기 위해 아데노신 삼인산 재생산을 촉진하는 식품 보충제로서 사용되는 분자

킬로미크론(유미 미립) Chylomicrons 트라이글리세라이드, 인지질, 콜레스테롤, 지용성 비타민 및 단백질을 포함하는 지방 분자. 이것들은 지질이 함유된 식품의 소화 후 장세포에 의해 형성된다.

킬로칼로리 Kilocalorie (kcal) 한 가지 음식의 칼로리. 또한 물 1kg을 섭씨 1℃ 올리는 데 필요한 에너지양

타나카 공식 Tanaka formula 개인의 최대 심박수를

연령으로부터 추정하는 공식: 208 – (0.7 × 연령).

타입I(느린 근수축) 근육섬유 Type I (slow twitch) muscle fibers 크기가 작은 근육섬유는 더 적은 양의 힘을 생성하며 피로에 잘 견딘다.

타입II 근육섬유 Type II muscle fibers 크기가 큰 근육섬유는 더 많은 양의 힘을 생성하고, 더 빨리 피로해진다.

탄성 Elasticity 연부조직이 늘어난 후 휴식길이로 돌아오는 능력

탄수화물 Carbohydrates 단당, 복합 탄수화물, 글리코겐, 섬유질을 포함하는 탄소, 수소 및 산소 분자로 구성된 화합물

탈아미노산 Deamination 에너지 대사 과정에 사용될 수 있는 기질로 아미노산이 분해되는 것

탈진 Exhaustion 장기간에 걸친 스트레스 또는 참을 수 없는 양의 스트레스는 시스템에 피로나 고통을 준다.

태도 Attitudes 관심 있는 행동에 대해 호의적이거나 호의적이지 않은 평가를 받는 정도

테스토스테론 Testosterone 남성의 2차 성징을 일으키는 호르몬

토크(회전력) torque 회전을 일으키는 힘. 일반적인 측정 단위는 뉴턴 미터(Nm)이다.

통각수용기 Nociceptors 피부와 근막 결합 조직에 위치한 통증 수용체

통합 기능 Integrative function 신체의 일반적인 방향과 부분의 상대적 위치를 자연스럽게 감지하는 신경계의 능력

통합 수행 패러다임 Integrated performance paradigm 효율적으로 움직이기 위해서는 힘을 감속(신장성)하고 안정화(등척성)한 다음, 가속(단축성)해야 한다.

통합 트레이닝 Integrated training 유연성, 심폐, 코어, 밸런스(균형), 플라이오메트릭, 스피드, 순발력, 민첩성, 저항 훈련 같은 모든 형태의 운동을 한 가지 시스템으로 통합시킨 개념

트레이닝 강도 Training intensity 최대 노력과 비교한 개인의 노력 수준으로, 일반적으로 백분율로 표시한다.

트레이닝 계획 Training plan 피트니스 전문가가 트레이닝의 형태, 시간, 향후의 변화, 수행해야 하는 특정 운동을 구체화하여 만든 구체적인 개요

트레이닝 지속 시간 Training duration 트레이닝 세션의 시간

트라이글리세라이드 Triglyceride 음식과 몸에 존재하는 대부분 지방의 화학적 형태 또는 기질 형태

특이성의 원리 Principle of specificity 신체가 주어진 특정 요구 사항에 적응할 것이라는 원칙. 부과된 요구에 대한 특정 적응(SAID) 원칙이라고도 함

특정적 준비 운동 Specific warm-up 곧이어 수행할 더 격렬한 운동의 동작들과 유사한 동작으로 수행하는 저강도 운동

파동형 주기화 Undulating periodization 비선형 주기화로도 알려진 프로그래밍 계획. 일일 또는 주간 단위로 부하에 차이를 두면서 운동량, 강도, 운동 선택의 변화를 준다.

파워 스트로크 Power stroke 마이오신 머리는 액틴에 결합하여 근원섬유마디 중심으로 끌어당겨서 필라멘트를 서로 미끄러지게 하여 근육을 단축시킨다.

파워 Power 힘 × 속도 또는 일 ÷ 시간

팔다리 뼈대(사지골격) Appendicular skeleton 팔, 다리, 골반대로 구성된 뼈대계의 분류

패턴 과부하 Pattern overload 장기간에 걸쳐 동일한 동작 패턴을 지속적으로 반복함으로써 기능 장애 또는 부상으로 이어질 수 있는 상태

펠라그라 Pellagra 피부 발진(피부염), 위장 장애(설사), 기분 또는 인지력 감퇴(치매)로 이어지는 니아신 또는 트립토판 결핍

펩타이드 YY Peptide YY 펩타이드 티로신(peptide tyrosine)이라고 불리는 펩타이드로 영양 공급 중에 결장 내에서 방출된다.

펩타이드 결합 Peptide bond 두 개의 아미노산을 연결하는 화학적 결합

폄 Extension 인접한 두 부위 사이의 상대 각도가 증가하는 펴기 운동

평발 Pes planus 무너진 아치를 가진 발바닥. 페스 플라누스라고도 한다.

평발(페스플라누스)비틀림증후군 Pes planus distortion syndrome 평발, 외반슬, 모음(내전) 및 안쪽돌림된 엉덩관절을 특징으로 하는 자세 증후군

폐쇄형 질문 Closed-ended questions 일반적으로 '예' 또는 '아니오'로 답할 수 있는 지시형 질문

포도당 불내성 Glucose intolerance 혈당 수치가 상승하는 상태

포도당 Glucose 인체가 에너지로 사용하는 가장 단순한 형태의 탄수화물

포도당신생합성 Gluconeogenesis 비탄수화물 공급원(단백질 및 지방)으로부터 포도당이 형성되는 것

포만감 Satiating 가득차 만족스러운 느낌

포화지방 Saturated fat 트라이글리세라이드의 한 유형으로 화학 구조에는 이중 결합(불포화점)이 없으며, 보통 실온에서 고체 상태이다. 버터, 라드, 전유, 쇠고기, 가공육, 트로피컬 오일 등

표적(수용체) 세포 Target (receptor) cell 호르몬이나 효소로부터 메시지를 받은 세포. 표적 세포는 자극되거나 활성화된 후에 작용한다.

푸시업 테스트 Push-up test 푸시 동작 중 상체의 근지구력을 측정하는 수행 평가

프로 셔틀 평가 Pro shuttle (5-10-5) assessment 측면 가속도, 감속도, 민첩성 및 제어 능력을 테스트하기 위해 설계된 수행 평가

플라이오메트릭 트레이닝 Plyometric training 신장성 근육 작용이 선행된 폭발적인 단축성 근육 수축이 있으며 빠르고 강력한 움직임을 생성하는 운동

플로어 근무 Working the floor 피트니스 전문가들이 공개적으로 세일즈를 하지 않고, 회원들과 이야기를 나누며 체육관을 돌아다니는 관계 형성 기술

피드백 Feedback 운동 학습에서 인체 움직임 시스템(HMS)을 돕기 위한 감각 정보와 감각 운동 통합의 사용

피드-포워드 활성화 Feed-forward activation 움직임을 예상하여 근육이 자동으로 활성화 됨

피하두께측정법(피부두겹법) Skinfold measurements 캘리퍼스로 신체 특정 부위 피부를 집어 체지방을 측정하는 기술

피부염 Dermatitis 피부 염증, 발진, 극심한 피부 건조 또는 포진

필수 아미노산 Essential amino acid (EAA) 인체에서 만들지 못하기 때문에 반드시 음식으로 섭취해야 하는 아미노산. 9가지 필수 아미노산이 있다.

필수 영양소 Essential nutrient 체내에서 영양분을 생성할 수 없기 때문에 반드시 음식으로 섭취해야 하는 것

하부교차증후군 Lower crossed syndrome 골반전방경사와 허리뼈의 과도한 전만(앞굽음)을 특징으로 하는 자세 증후군

하체 기능성 테스트 Lower extremity functional test (LEFT) 측면 이동 속도와 민첩성을 테스트하기 위해 설계된 수행 평가

한쪽 Unilateral 신체의 한 측면과 관련되어 있는 것

함몰 Depressions 뼈가 평평하다가 움푹 들어간 부분

항상성 Homeostasis 인체가 상대적으로 안정된 평형 상태를 유지하기 위해 노력하는 과정

항정 상태 유산소 운동 Steady-state (SS) aerobic exercise 심박수, 산소 소비, 강도를 일정하게 유지한 상태로 진행하는 유산소 운동

항정 상태 Steady-state (SS) heart rate 심혈관 시스템에서 발생하는 심박수의 생리적 반응이 수행 중인 작업의 양과 관련하여 상대적으로 일정해지는 모든 단계(즉, 심박수 반응이 수행 중인 작업 수준과 일치함)

해당 과정 Glycolysis 세포질에서 포도당을 피루브산과 아데노신 삼인산으로 전환시키는 대사 과정. 무산소 해당 과정이라고 함은 이 과정이 산소 없이 발생하는 것을 말한다.

해부학적 자세 Anatomic position 몸을 곧게 세우고, 양팔은 옆구리에 놓고, 손바닥을 앞으로 한 자세. 해부학적 명명법의 기준 위치이다.

핵 Nucleus 염색체의 형태로 세포 유전 물질의 대부분을 포함하는 세포 구조

핵심 변수 Acute variables 각 운동의 수행 방법을

지정하는 중요한 구성 요소. 운동 훈련 변수라고도 한다.

핵심 움직임 패턴 Fundamental movement patterns 일상생활 중 수행하는 평범하고 필수적인 행동이자 트레이닝 세션 중 운동의 움직임과 관련된 행동

행동 결정 요인 Determinants of behavior 행동에 영향을 미치는 심리적, 사회적 또는 환경적 요소를 말한다.

행동 변화 기술 Behavior change techniques (BCT) 행동의 몇 가지 결정 요소를 바꾸는 데 사용되는 고객에 대한 개입

행동 Action 고객은 지난 6개월 이내에 운동 루틴을 구체적으로 수정했다.

허리둘레 Waist circumference 대략 배꼽 높이에서 신체의 정중선을 중심으로 측정한 가장 얇은 둘레를 나타내는 값

허리-엉덩이 비율 Waist-to-hip ratio (WHR) 심혈관 질환과 연결될 수 있는 허리둘레와 엉덩이둘레의 비율을 표시하는 상대적 수치

허용 상한선 Tolerable upper limit 건강상 부작용 없이 하루에 섭취할 수 있는 비타민 또는 미네랄 최대량

허혈성 심장 질환 Ischemic heart disease 심장 근육에 혈액과 산소를 공급하는 관상 동맥의 협착으로 인해 발생하는 심장 관련 문제

헴철 Heme 동물성 식품에서 발견되는 철의 형태

혀 리파아제 Lingual lipase 입안에서 지질 소화 과정을 시작하는 침 속의 효소

혈관 Blood vessels 몸 전체에 혈액을 순환시키는 속이 빈 관의 네트워크

혈관신생 Angiogenesis 기존 혈관에서 새로운 모세 혈관이 형성되는 것

혈관형성(맥관형성) Vasculogenesis 새로운 모세혈관 형성

혈당부하 Glycemic load (GL) 혈당지수와 유사하지만, 먹는 식품(탄수화물)의 양을 고려한다.

혈당지수 Glycemic index (GI) 식품 섭취 후 혈당 상승을 나타내는 식품 공급원에 할당된 숫자(0~100).

혈색소침착증 Hemochromatosis 섭취한 음식에서 철을 너무 많이 흡수하는 병

혈소판 응집 Platelet aggregation 혈전이 생기기 전에 혈액 세포가 축적됨

혈압 Blood pressure (BP) 혈관 벽에 혈액에 의해 가해지는 외부 압력. 수축기 혈압과 이완기 혈압으로 기록된다.

혈액 Blood 심장, 동맥, 모세혈관 및 정맥에서 순환하는 체액. 혈액은 인체의 모든 부분에 영양분과 산소를 운반하고, 처리(예: 간)나 배설(예: 신장)을 위해 인체의 노폐물을 이동시킨다.

협력근 우세 Synergistic dominance 약하거나 억제된 주동근의 기능을 협력근이 대신할 때 발생하는 신경근 현상

협력근 Synergist 움직임을 일으키기 위해 주동근을 돕는 근육

형상화 Imagery 내면화된 경험을 구체적이고 명확한 형상으로 나타냄

호기(날숨) Expiration 흡기 근육을 능동적 또는 수동적으로 이완시켜 공기를 몸 밖으로 내보내는 과정

호르몬 전구체 Hormone precursor 다른 호르몬 또는 호르몬 유사 물질을 생성하는 데 사용되는 호르몬

호르몬 Hormone 특정 기능을 활성화하기 위해 세포로 이동하는 샘에서 방출되는 화학적 메신저

호흡 곤란 Dyspnea 숨가쁨 또는 호흡이 힘듦

호흡 펌프 Respiratory pump 골격 구조(뼈)와 연부조직(근육)이 함께 작용하여 적절한 호흡 역학을 허용하고, 흡기 중에 혈액을 심장으로 다시 펌핑하도록 한다.

호흡기계 Respiratory system 폐에서 이산화탄소를 제거하고 산소를 가져오는 폐 시스템이라고도 하는 인체 시스템. 기도, 폐, 호흡기 근육이 있다.

확산 Diffusion 외부 환경에서 인체 조직으로 산소를 얻는 과정

환기 역치 Ventilatory threshold (Tvent) 단계가 있는 운동 중에 환기가 산소 섭취량에 비례하지 않고 급격히 올라가는 시점. 이는 유산소 에너지 생산에서 무산소 에너지 생산으로의 전환을 나타낸다.

환기 역치1 Ventilatory threshold 1 (VT1) 신체가 탄수화물과 지방을 같은 비율로 혼합하여 연료로 사용하는 지점

환기 역치2 Ventilatory threshold 2 (VT2) 포도당이 활동에 필요한 거의 모든 에너지를 제공하는 지점

환기 Ventilation 폐에서 근육으로 산소가 전달되는 과정

활동전위 Action potential 중추신경계에서 말초신경계를 거쳐 신경근육 접합부를 통해 근육으로 전달되는 신경 자극

활성 성분 Active ingredient 생리학적 효과를 목적으로 첨가한 식품 보충제의 성분. 영양성분표의 본문에 나와 있다.

활성화 후 강화 Post-activation potentiation (PAP) 근육 내부 수축으로 인해 급성 근력이 증가하는 현상

회복 심박수 Recovery heart rate (RHR) 운동을 멈춘 후 측정된 심장 박동수는 개인의 건강 수준을 어느 정도 나타낸다(즉, 컨디션이 좋은 사람들은 더 빨리 회복된다).

회전 운동 Rotary motion 관절 주위 뼈의 움직임

효과기 부위 Effector sites 생리적 반응을 생성하기 위해 뉴런으로부터 신호를 받는 근육이나 장기와 같은 신체의 부위

효소 Enzyme 특정 반응이나 변화를 일으키는 인체의 물질

후면 Posterior 몸의 뒷쪽 면

후면부 역학 Backside mechanics 발목 발바닥쪽굽힘, 무릎 폄, 엉덩관절 폄 및 중립 골반을 포함하는 전력 질주 중 뒷다리와 골반의 적절한 정렬

휴식 간격 Rest interval 세트 사이에 회복을 위해 사용되는 시간

휴식 길이 Resting length 근육이 활발하게 수축하거나 늘어나지 않을 때의 근육 길이

흉추 Thoracic spine 척추의 중간 영역을 구성하는 12개의 척추체(T1–T12)로 구성된다. 흉추 각각의 층에서 흉곽에 부착되어 안정성 및 구조적 지지를 제공한다.

흡기(들숨) Inspiration 흡기 근육을 수축시켜 공기를 체내로 이동시키는 과정

흡수 Absorption 소화 과정에서 영양소가 체내로 흡수되는 과정

흥미 Enjoyment 특정 운동이나 활동에 참여하여 얻는 기쁨의 양

흥분수축연결 Excitation-contraction coupling 전기적 자극을 근육 수축으로 바꾸는 생리학적 과정

힘 생성률 Rate of force production 근육이 최소한의 시간에 최대의 힘을 낼 수 있는 능력

힘 Force 한 물체에 의해 다른 물체에 가해지는 영향으로, 두 번째 물체의 가속 또는 감속을 일으킨다.

힘줄 Tendon 근육과 뼈를 연결하는 섬유질 결합 조직